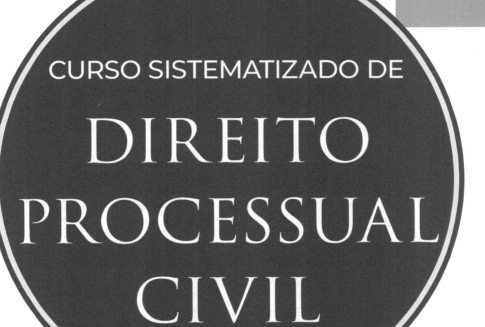

CURSO SISTEMATIZADO DE
DIREITO PROCESSUAL CIVIL

Cassio Scarpinella Bueno é Advogado formado pela Faculdade de Direito da Pontifícia Universidade Católica de São Paulo (PUC-SP), instituição na qual obteve os títulos de Mestre (1996), Doutor (1998) e Livre-Docente (2005) em Direito Processual Civil, todos com a nota máxima, e onde exerce as funções de Professor-Doutor de Direito Processual Civil nos cursos de Graduação, Especialização, Mestrado e Doutorado. Também é Professor de Processo Tributário no curso de Mestrado na mesma Faculdade. Foi *Visiting Scholar* da Columbia University (Nova Iorque) no ano acadêmico de 2000/2001.

É Presidente do Instituto Brasileiro de Direito Processual (IBDP), no triênio 2022-2024, Vice-Presidente da Região Brasil do Instituto Iberoamericano de Direito Processual (IIDP), no triênio 2023-2025, membro da International Association of Procedural Law (IAPL) e membro correspondente da Associazione Italiana Studiosi della Prova (A.I.S.P.).

Foi um dos quatro integrantes da Comissão Revisora do Anteprojeto do novo Código de Processo Civil no Senado Federal e participou dos Encontros de Trabalho de Juristas sobre o mesmo Projeto no âmbito da Câmara dos Deputados. Integrou também a Comissão de Juristas responsável pela elaboração de anteprojeto de revisão da Lei de Improbidade Administrativa.

É autor de 23 livros, dentre os quais se destacam, além do presente *Curso*, os seguintes: (1) *Manual de direito processual civil*, publicado pela Saraiva Jur (11ª edição em 2025), e (2) *Poder Público em Juízo*, publicado pela Editora Direito Contemporâneo (2ª edição em 2025).

Escreveu mais de cento e vinte e cinco livros em coautoria, sendo sua a coordenação dos *Comentários ao Código de Processo Civil* em quatro volumes da Saraiva Jur (2017), e mais de cento e quinze artigos científicos, incluindo publicações em revistas estrangeiras.

Desenvolve intensa atividade acadêmica em todo o território nacional, como palestrante e conferencista, e tem participado ativamente dos mais variados encontros de processualistas, também no exterior.

CASSIO **SCARPINELLA** BUENO

CURSO SISTEMATIZADO DE
DIREITO PROCESSUAL CIVIL

1

15ª EDIÇÃO
Revista, ampliada
e atualizada

2025

Teoria Geral do Direito Processual Civil
Parte Geral do Código de Processo Civil

De acordo com:
• Emenda Constitucional n. 134, de 2024
• Leis n. 14.833, 14.879, 14.976 e 15.040, todas de 2024

- O autor deste livro e a editora empenharam seus melhores esforços para assegurar que as informações e os procedimentos apresentados no texto estejam em acordo com os padrões aceitos à época da publicação, *e todos os dados foram atualizados pelo autor até a data de fechamento da obra.* Entretanto, tendo em conta a evolução das ciências, as atualizações legislativas, as mudanças regulamentares governamentais e o constante fluxo de novas informações sobre os temas que constam do livro, recomendamos enfaticamente que os leitores consultem sempre outras fontes fidedignas, de modo a se certificarem de que as informações contidas no texto estão corretas e de que não houve alterações nas recomendações ou na legislação regulamentadora.

- Data do fechamento do livro: 12/12/2024

- O autor e a editora se empenharam para citar adequadamente e dar o devido crédito a todos os detentores de direitos autorais de qualquer material utilizado neste livro, dispondo-se a possíveis acertos posteriores caso, inadvertida e involuntariamente, a identificação de algum deles tenha sido omitida.

- Direitos exclusivos para a língua portuguesa
  Copyright ©2025 by
  Saraiva Jur, um selo da SRV Editora Ltda.
  Uma editora integrante do GEN | Grupo Editorial Nacional
  Travessa do Ouvidor, 11
  Rio de Janeiro – RJ – 20040-040

- **Atendimento ao cliente: https://www.editoradodireito.com.br/contato**

- Reservados todos os direitos. É proibida a duplicação ou reprodução deste volume, no todo ou em parte, em quaisquer formas ou por quaisquer meios (eletrônico, mecânico, gravação, fotocópia, distribuição pela Internet ou outros), sem permissão, por escrito, da **SRV Editora Ltda.**

- Capa: Tiago Fabiano Dela Rosa
  Diagramação: SBNigri Artes e Textos Ltda

- **DADOS INTERNACIONAIS DE CATALOGAÇÃO NA PUBLICAÇÃO (CIP)**
  VAGNER RODOLFO DA SILVA – CRB-8/9410

B928c   Bueno, Cassio Scarpinella
Curso Sistematizado de Direito Processual Civil – vol. 1 – Teoria Geral do Direito
   Processual Civil/Parte Geral do Código de Processo Civil / Cassio Scarpinella
   Bueno. – 15. ed. – São Paulo: Saraiva Jur, 2025.

848 p.
ISBN: 978-85-5362-630-4 (Impresso)

1. Direito. 2. Direito Processual Civil. I. Título.

	CDD 341.46
2024-4402	CDU 347.9

Índices para catálogo sistemático:
1.   Direito Processual Civil 341.46
2.   Direito Processual Civil 347.9

Non ducor duco.

À minha esposa, à *nossa* filha e ao *nosso* filho.
Sem *Ela*, as edições anteriores deste *Curso* não teriam sido.
Sem *Ela* e sem *Eles*, as novas edições deste *Curso*
não teriam razão de ser.

Nota introdutória às novas edições após o CPC de 2015

Após um longo período de estudo e de reflexão, após mais de cinco centenas de aulas, de palestras e de cursos, alguns intensivos, com dezenas de horas de duração, que ministrei por todo o país e em não poucas localidades do exterior sobre o CPC de 2015, entendi que era chegada a hora de retomar o meu *Curso sistematizado de direito processual civil*.

Aqueles anos foram marcados pela elaboração de dois livros totalmente novos, o *Novo Código de Processo Civil anotado* e o *Manual de direito processual civil*. Convenci-me de que aquelas empreitadas, ao longo do exercício do magistério em todos os níveis superiores de ensino, aliado às inúmeras aulas e palestras já noticiadas, eram necessárias para meu próprio amadurecimento intelectual sobre o tema.

No *Novo Código de Processo Civil anotado*, as comparações do CPC de 2015 com o CPC de 1973, levando em conta o histórico do seu *processo* legislativo, permitiram externar as minhas primeiras reflexões (*anotações*) a cada um dos artigos, listando a rica produção intelectual de variados encontros de estudiosos que o novo Código acabou por motivar. Lá alcancei uma visão crítica do todo.

No *Manual de direito processual civil*, consegui fazer o que nunca havia tentado antes, em função das edições anteriores do *Curso* e de sua proposta: aliar o máximo de didatismo com a informação exata e precisa para viabilizar o estudo sistemático do direito processual civil tendo como guia de exposição o Código de Processo Civil. Tudo o que desenvolvi durante quase uma década de edições e reedições do *Curso* está lá, inclusive – e não vejo como poderia ser diferente – o modelo constitucional do direito processual civil e a revisitação dos institutos fundamentais do direito processual civil em direção ao *neoconcretismo*, mas da maneira mais direta e didática possível. Fosse para homenagear obras de grandes processualistas do passado, Pereira e Sousa, José Maria Frederico de Souza Pinto e o mais recente deles, Moacyr Amaral Santos (um dos livros que tive como referência básica ao longo do meu próprio curso de graduação, por indicação do meu Professor José Roberto de Moraes), eu o chamaria *Primeiras linhas de direito processual civil*. Não o fiz. Chamo-o de *meu Manual*.

A acolhida daqueles dois livros e de suas sucessivas reedições, todas, invariavelmente, revistas, atualizadas e (muito) ampliadas, não poderia ser melhor e mais gratificante. Foi o que precisava para retomar de vez o meu *Curso sistematizado de direito processual civil*. Até porque, desde sempre, achei que o que nele propus desde 2007 – quando veio a público a 1ª edição de seu volume 1, dedicado exclusivamente à teoria geral do direito processual civil – ainda se fazia necessário, verdadeiramente indispensável, para compreender não só o CPC de 2015, mas, muito mais do que ele, o direito processual civil como um todo, ainda que tendo o Código como referência obrigatória. É o que de variados modos, sotaques e línguas externei desde a primeira das cinco centenas de oportunidades que tive para enaltecer a necessidade de o CPC de 2015 ser analisado, interpretado e aplicado com a consciência de que ele não é um trabalho pronto e acabado. Que ele precisa, para usar o adjetivo que intitula desde sempre este *Curso*, ser *sistematizado* para o devido atingimento daquelas finalidades.

E mais do que isso, sempre me mostrei muito satisfeito com a forma de exposição e, sobretudo, a ordem dos volumes das edições anteriores deste *Curso*: partia de uma teoria geral do direito processual civil, toda ela construída a partir do "modelo constitucional", para estudar o direito processual civil como um todo tendo como pano de fundo o então vigente CPC de 1973, com suas dezenas de modificações (v. 1), dando destaque nos dois volumes seguintes às etapas do processo, a de conhecimento (v. 2) e a de cumprimento e, mais amplamente, às múltiplas formas de *concretização* da tutela jurisdicional (v. 3), sem descurar – e não poderia ser diferente naquele momento do direito positivo brasileiro –, da tutela antecipada ao lado do processo cautelar (v. 4) e dos recursos e processos e incidentes de competência originária nos Tribunais (v. 5). Os tomos do volume 2 se justificavam para permitir a análise detalhada, ao lado dos procedimentos comuns de então (t. I), dos procedimentos especiais do próprio Código (t. II) e os da legislação extravagante relativos ao direito processual público – expressão que cunhei no fim dos anos 1990 e que, ao lado das suas variantes, a mais difundida das quais é Poder Público em Juízo, está consagrada na literatura processual brasileira – e ao direito processual coletivo (t. III).

A exposição linear da metodologia que adotei originalmente para desenvolver o *Curso* que ocupa o parágrafo anterior é proposital: ela é capaz de revelar que o que lá pregava foi adotado, desde o Anteprojeto, como linha condutora básica do novo Código de Processo Civil. Se isso é mera coincidência ou não é questão que não importa. O que interessa são os fatos e a consagração legislativa do que, desde aquela época, este *Curso* já acentuava: é a proposta nele exposta, não outra, a mais adequada para estudar o direito processual. O art. 1º do CPC de 2015, a propósito, deixando de lado toda a sua inocuidade normativa, é suficientemente eloquente a respeito do assunto e da indispensabilidade do "modelo constitucional" para a finalidade última do estudo do direito processual civil.

Após meditar, escrever, descartar e testar – e estaria mentindo se dissesse que concordo com o que se atribui a Thomas Edison, sobre o processo criativo ser muito mais transpiração do que inspiração –, entendi que era importante para o *Curso* vir reformulado do começo ao fim, mormente porque, neste momento ele tem um irmão mais jovem, o *Manual*, e um primo, o *Novo Código de Processo Civil anotado*, que, junto com ele, querem disseminar o conhecimento de direito processual civil, compartilhando idênticas premissas teóricas, todas elas construídas a partir da mesma teoria geral do direito processual civil, embora de formas diversas, mas complementares.

Uma reformulação, contudo, que não só aproveita, mas também que desenvolve as conquistas das edições anteriores e de cada um de seus volumes, sendo certo que nem haveria razão para ser de outro modo diante das premissas já estabelecidas, sobretudo da teoria geral proposta pelo *Curso*. A ideia é de *continuidade*, a despeito do CPC de 2015, que é refletida inclusive na numeração das novas edições de cada volume.

O que há de mais diferente é a exteriorização do *Curso* em três volumes, cada qual dividido em duas Partes: o volume 1 é dedicado à teoria geral do direito processual civil e à Parte Geral do Código de Processo Civil; o volume 2, ao procedimento comum e aos processos nos Tribunais e meios de impugnação das decisões judiciais; o volume 3, por fim, volta-se à tutela jurisdicional executiva nas suas duas acepções codificadas, o cumprimento de sentença e o (impropriamente) chamado "processo de execução".

Antes que se pergunte onde estão os demais, importa esclarecer que, à exceção dos dedicados aos procedimentos especiais, todo o conteúdo anterior, amplamente desenvolvido, está nos seus devidos lugares. O correto é entender que os novos volumes 1 e 2 contêm mais de um volume das edições anteriores, enquanto o volume 3, pioneiro a seu tempo, continua a se dedicar ao exame da tutela jurisdicional executiva, independentemente de seu fundamento ser título executivo judicial ou extrajudicial, lado a lado. A decisão não foi fácil, mas se mostra a melhor.

Neste volume 1, a Parte I é dedicada à apresentação da teoria geral do direito processual civil. A parte II volta-se ao exame da Parte Geral do Código de Processo civil, com seus arts. 1º a 317.

A exposição de cada um daqueles temas lado a lado afasta suficientemente a percepção de que a teoria geral e a parte geral do Código poderiam ostentar o mesmo conteúdo. Não podem. Embora haja elementos na Parte Geral do Código que devem ser levados em conta para a construção da teoria geral (e o são), a proposta deste *Curso*, como já era, é a de que esta construção deve partir do modelo constitucional do direito processual civil (reapresentado e desenvolvido com um quinto grupo), que viabiliza a identificação do material normativo constitucional que impõe o modo de "dever-ser" do direito processual civil, em direção ao estudo da tutela jurisdicional como eixo gravitacional da disciplina. O caminho a trilhar para aquele fim envolve não só a indicação precisa do objeto de estudo e das bases contemporâneas do pensamento processual civil da atualidade, mas também (e como consequência inarredável), a revisitação dos institutos fundamentais do direito processual civil daquele ponto de vista, destacando a importância da tutela jurisdicional. Neste sentido, indo além do que desde a 1ª até a 8ª edição do volume 1 deste *Curso*, fui desenvolvendo, o ponto alto da exposição é o Capítulo 5 que encerra a Parte I: o *neoconcretismo*.

A segunda parte do volume dedica-se à exposição da Parte Geral do Código de Processo Civil, analisando da maneira mais didática e mais completa, dentro dos limites de um trabalho como este, e sempre dialogando com a teoria geral, cada um de seus Livros: "Das normas processuais civis", "Da função jurisdicional", "Dos sujeitos do processo", "Dos atos processuais", "Da tutela provisória" e "Da formação, da suspensão e da extinção do processo".

Não há como recusar diálogo entre as Partes I e II do volume 1. Primeiro porque ele é forçado pela própria maneira como o Código de Processo Civil regulou certos temas (o mais significativo dos quais se encontra no Capítulo I do Título único do Livro I da Parte Geral, "Das normas fundamentais do processo civil"). Segundo, e principalmente, porque o objetivo de uma teoria que quer ser geral é justamente criar condições para esse diálogo. E sempre, invariavelmente sempre, respeitando o *objeto* em estudo.

Na reconstrução do *Curso*, entendi que era o caso de passar a usar notas de rodapé, como faço na maior parte de meus trabalhos e livros, preservando o modelo de exposição direta das edições anteriores para o *Manual* e para o *Novo CPC anotado*. As possibilidades expressivas e de conteúdo que a técnica permite são incalculáveis, inclusive no seu aspecto didático, a começar pela maior fluidez do texto. Fosse para fazer um paralelo muito caro para mim, diria que neste *Curso* executo o repertório renascentista e barroco com violões de oito, dez e onze cordas, no lugar das seis tradicionais. O resultado é revelador. Basta ouvir para quem gosta das músicas daquele período. Espero que o leitor o perceba ao ler o que, doravante, está escrito.

As notas de rodapé querem em grande escala *ilustrar* certas passagens do *Curso* com posicionamentos doutrinários, jurisprudenciais e tomados por encontros de processualistas, viabilizando maior verticalização de variados temas e assuntos. Querem também reafirmar posições anteriores deste *Curso* e que foram acolhidas, às centenas, pelo CPC de 2015, razão pela qual há diversas remissões às edições anteriores, sempre com a indicação do número respectivo em que o tema é tratado para permitir que o leitor, qualquer que seja a edição que possua, acesse a informação. Como escrevi, a ideia é de continuidade.

Para este *Curso*, muito do que se acentua ser *novidade* do Código de Processo Civil é muito menos que isso, é mera forma textual de expressar o que para alguns, inclusive para suas edições anteriores, já estava suficientemente claro. É uma questão de saber ler para além do que está escrito. Não ler de forma descompromissada com os valores do sistema jurídico, como se o direito fosse um jogo de preferências pessoais e dos critérios de "razoabilidade" de cada um de seus intérpretes. É uma questão de saber *interpretar* o que está escrito, a partir das devidas fontes e dos devidos valores, todos normativos que, felizmente, correspondem aos do Estado Constitucional brasileiro, todo ele construído em torno da dignidade da pessoa humana. Por isso, a sistematização, sempre ela, que se fazia necessária ontem, continua a ser necessária ainda hoje. O direito processual civil vai muito além do Código de Processo Civil.

Quero agradecer aqui a certas pessoas, porque a Deus e a Nossa Senhora o faço sempre e invariavelmente.

Da Saraiva, agradeço aqui e sempre ao Dr. Antonio Luiz de Toledo Pinto, que, desde o meu *Execução provisória e antecipação da tutela*, me apresentou àquela casa editorial, ainda, felizmente, das mais tradicionais do país, e com a qual, desde então, passados vinte anos e vinte e um livros, tenho o privilégio de atuar. Ele, aliás, e o Luiz Facchini nunca perderam a oportunidade de me convencer a escrever também um *Manual*. A ambos meu muito obrigado! Também agradeço ao Luiz Roberto Curia e à Thais de Camargo Rodrigues, que tanto contribuíram para as últimas edições do *Curso* e para as primeiras edições do *Manual* e do *Novo Código de Processo Civil anotado*. Ao time atual, Roberto Navarro, Kelli Priscila Pinto, e, mais ainda, Daniel Pavani Naveira, meu "editor", quero externar um agradecimento especial por terem viabilizado a nova cara deste *Curso*. Literalmente.

Da minha equipe de trabalho, agradeço imensamente à advogada Fabiana Torre de Santiago Collucci e ao acadêmico de direito Renato Pessoa Martorelli, pelo auxílio na pesquisa e na leitura (e comentários) de largos trechos dos originais, e à Maria Cristina Simi pela digitação de boa parte da bibliografia e pela catalogação e digitalização de um sem-número de fontes de pesquisa lá indicados e que eu ainda guardava nas minhas "pastas vermelhas".

Para finalizar, vem à minha mente a mesma pergunta – *"Der schwer gefasste entschluss"*, para quem preferir – que ouvi e que me fiz durante todo o processo de reelaboração do *Curso*: *"Muss es sein?"* Desta vez, contudo, felizmente, ela vem acompanhada de sua única e decisiva resposta: *"Es muss sein!"*

Cassio Scarpinella Bueno
São Paulo, 3 de junho de 2018

Nota à 15ª edição do volume 1 do *Curso Sistematizado de Direito Processual Civil*

A edição de 2025 do volume 1 do meu *Curso sistematizado de direito processual civil*, a 15ª, vem atualizada e ampliada, como de hábito, com as novidades normativas advindas desde o fechamento editorial anterior[1], inclusive no âmbito do CNJ, e também com a indicação e a discussão das "teses" fixadas pelo STF no controle concentrado de constitucionalidade e em sede de repercussão geral e pelo STJ no contexto dos recursos especiais repetitivos que se relacionam aos temas tratados ao longo do trabalho.

Observando o que desde as anteriores edições me predispus, procedi também a uma série de acréscimos de decisões, inclusive de Tribunais Regionais Federais e de Tribunais de Justiça que, embora não estejam compreendidas no art. 927 do CPC, são ilustrativas das diversas possibilidades e desafios da aplicação das normas processuais no dia a dia forense.

---

1. Refiro-me à Emenda Constitucional n. 134, de 24 de setembro de 2024, que "Altera o art. 96 da Constituição Federal, para dispor sobre a eleição dos órgãos diretivos de Tribunais de Justiça"; à Lei n. 14.833, de 27 de março de 2024, que "Acrescenta parágrafo único ao art. 499 da Lei n. 13.105, de 16 de março de 2015 (Código de Processo Civil), para conferir ao réu a oportunidade de cumprir a tutela específica em caso de requerimento de sua conversão em perdas e danos"; à Lei n. 14.879, de 4 de junho de 2024, que "Altera a Lei n. 13.105, de 16 de março de 2015 (Código de Processo Civil), para estabelecer que a eleição de foro deve guardar pertinência com o domicílio das partes ou com o local da obrigação e que o ajuizamento de ação em juízo aleatório constitui prática abusiva, passível de declinação de competência de ofício"; à Lei n. 14.939, de 30 de junho de 2024, que "Altera a Lei n. 13.105, de 16 de março de 2015 (Código de Processo Civil), para prever que o tribunal determine a correção do vício de não comprovação da ocorrência de feriado local pelo recorrente, ou desconsidere a omissão caso a informação conste do processo eletrônico"; à Lei n. 14.941, de 30 de julho de 2024, que "cria o Conselho Curador do Fundo de Aperfeiçoamento da Defensoria Pública da União, referido no inciso XXI do *caput* do art. 4º da Lei Complementar n. 80, de 12 de janeiro de 1994 (Lei Orgânica da Defensoria Pública)"; à Lei n. 14.976, de 18 de setembro de 2024, que: "Altera a Lei n. 13.105, de 16 de março de 2015 (Código de Processo Civil), a fim de dispor sobre a competência dos juizados especiais cíveis para o processamento e o julgamento das causas previstas no inciso II do art. 275 da Lei n. 5.869, de 11 de janeiro de 1973"; e à Lei n. 15.040, de 9 de dezembro de 2024, que "Dispõe sobre normas de seguro privado; e revoga dispositivos da Lei n. 10.406, de 10 de janeiro de 2002 (Código Civil), e do Decreto-Lei n. 73, de 21 de novembro de 1966".

Há, outrossim, desenvolvimentos de alguns temas que, pela sua atual importância, justificaram uma preocupação maior de minha parte com os respectivos desdobramentos, devidamente indicados e destacados. É o que se deu, dentre tantas outras iniciativas, com o regime jurídico a ser observado pela Defensoria Pública quando atua na qualidade de *custos vulnerabilis* (n. 4.4.1 do Capítulo 3 da Parte I) e com o que vem sendo chamado de "assédio judicial" ou "litigância predatória" (n. 2.6 do Capítulo 3 da Parte II).

Quanto aos agradecimentos, os primeiros vão para a Deborah Caetano de Freitas Viadana, pela impecável coordenação dos trabalhos, agora editora do Grupo Editorial Nacional – GEN e, como sempre, ao público leitor, professores e professoras, estudiosos e estudiosas, profissionais de todas as funções essenciais à Administração da Justiça e estudantes, por adotarem e confiarem no meu *Curso* como guia para a compreensão do direito processual civil e para a sua devida aplicação prática.

Deixo consignado um agradecimento especial à mestranda Tais Santos de Araújo, pelo importante trabalho de pesquisa que, tenho certeza, muito contribuirá para a consolidação do *Curso* como obra de referência e de consulta.

O meu e-mail, para o recebimento de críticas e sugestões, está, como sempre, à disposição: contato@scarpinellabueno.com.br.

Bons estudos e boas reflexões de direito processual civil. Até a próxima edição!

Cassio Scarpinella Bueno

Abreviaturas

ACO – Ação cível originária
ADC – Ação declaratória de constitucionalidade
ADCT – Ato das Disposições Constitucionais Transitórias
ADI – Ação direta de inconstitucionalidade
AgInt na ExSusp – Agravo Interno na exceção de suspeição
AgInt na PET no REsp – Agravo interno na petição no recurso especial
AgInt no AREsp – Agravo interno no agravo em recurso especial
AgInt no CC – Agravo interno no conflito de competência
AgInt no REsp – Agravo interno no recurso especial
AgInt nos EDcl no AREsp – Agravo interno nos embargos de declaração no agravo em recurso especial
AgInt nos EDcl no REsp – Agravo interno nos embargos de declaração no recurso especial
AgReg em Rev Crim – Agravo regimental em revisão criminal
AgR-segundo – Segundo agravo regimental
AgRg na ACO – Agravo regimental na ação cível originária
AgRg na Rcl – Agravo regimental na reclamação
AgRg no AgRg na MC na ADI – Agravo regimental no agravo regimental na medida cautelar na ação direta de inconstitucionalidade
AgRg no AgRg no REsp – Agravo regimental no agravo regimental no recurso especial
AgRg no AREsp – Agravo regimental no agravo em recurso especial
AgRg no REsp – Agravo regimental no recurso especial
AMB – Associação dos Magistrados Brasileiros
ANAMATRA – Associação Nacional dos Magistrados da Justiça do Trabalho
ANVISA – Agência Nacional de Vigilância Sanitária
AP – Ação penal
AR – Ação rescisória
ARE AgR – Agravo regimental no recurso extraordinário com agravo
art. – artigo
arts. – artigos
BACEN – Banco Central do Brasil
CC – Código Civil (Lei n. 10.406, de 10-1-2002)
CC – Conflito de competência
c/c – conjugado com
CE – Corte Especial
CEAPRO – Centro de Estudos Avançados de Processo
CF – Constituição Federal da República Federativa do Brasil de 5 de outubro de 1988
CJF – Conselho da Justiça Federal

CLT – Consolidação das Leis do Trabalho (Decreto-lei n. 5.452, de 1º-5-1943)
CNJ – Conselho Nacional de Justiça
CNMP – Conselho Nacional do Ministério Público
coord. – coordenação/coordenadores
CPC – Código de Processo Civil (Lei n. 13.105, de 16-3-2015)
CPC de 1939 – Código de Processo Civil de 1939 (Decreto-lei n. 1.608, de 18-9-1939)
CPC de 1973 – Código de Processo Civil de 1973 (Lei n. 5.869, de 11-1-1973)
CPC de 2015 – Código de Processo Civil de 2015 (Lei n. 13.105, de 16-3-2015)
CPP – Código de Processo Penal (Decreto-lei n. 3.689, de 3-10-1941)
CTN – Código Tributário Nacional (Lei n. 5.172, de 25-10-1966)
Des. – Desembargador(a)
DJ – Diário da Justiça
DJe – Diário da Justiça eletrônico
EAREsp – Embargos de divergência em agravo em recurso especial
EC – Emenda Constitucional
EDcl no AgInt no AREsp – Embargos de declaração no agravo interno no agravo em recurso especial
EDcl no AgRg no REsp – Embargos de declaração no agravo regimental no recurso especial
EDcl no REsp – Embargos de declaração no recurso especial
ENFAM – Escola Nacional de Formação e Aperfeiçoamento de Magistrados
EREsp – Embargos de divergência em recurso especial
esp. – especialmente
EX – Exterior
FNPP – Fórum Nacional do Poder Público
FPPC – Fórum Permanente de Processualistas Civis
HC – *Habeas corpus*
HDE – Homologação de decisão estrangeira
IAC no CC – Incidente de assunção de competência no conflito de competência
IAC no REsp – Incidente de assunção de competência no recurso especial
IDC – Incidente de deslocamento de competência
IRDR – Incidente de resolução de demanda repetitiva
IRDR-Cv – Incidente de resolução de demandas repetitivas cível
j. – julgado
LC – Lei Complementar
LINDB – Lei de Introdução às Normas do Direito Brasileiro
Min. – Ministro(a)
MS AgR – Agravo regimental em mandado de segurança
m.v. – maioria de votos
n. – número(s)

OAB – Ordem dos Advogados do Brasil
org. – organização/organizadores
p. – página(s)
PET – Petição
PET no AREsp – Petição no agravo em recurso especial
PL – Projeto de lei
PLS – Projeto de lei de iniciativa do Senado Federal
ProAfR – Proposta de afetação de recurso especial
PUC Rio – Pontifícia Universidade Católica do Rio de Janeiro
PUCSP – Pontifícia Universidade Católica de São Paulo
QO na AO – Questão de ordem na ação originária
QO no Ag – Questão de ordem no agravo
Rcl-AgRg – Agravo regimental na reclamação
Rcl ED – Embargos de declaração na reclamação
RE AgR – Agravo regimental no recurso extraordinário
rel. – relator(a)
rel. p/ acórdão – relator(a) para o acórdão
RHC – Recurso em *habeas corpus*
RISTJ – Regimento interno do Superior Tribunal de Justiça
RITJSP – Regimento Interno do Tribunal de Justiça do Estado de São Paulo
RMS – Recurso ordinário em mandado de segurança
RMS AgR – Agravo regimental no recurso ordinário em mandado de segurança
RR – Recurso de revista
s. – seguinte(s)
SEC – Sentença estrangeira contestada
STF – Supremo Tribunal Federal
STJ – Superior Tribunal de Justiça
SUS – Sistema Único de Saúde
TFR – Tribunal Federal de Recursos
TJAM – Tribunal de Justiça do Estado do Amazonas
TJMG – Tribunal de Justiça do Estado de Minas Gerais
TJMT – Tribunal de Justiça do Estado de Mato Grosso
TJPR – Tribunal de Justiça do Estado do Paraná
TJRJ – Tribunal de Justiça do Estado do Rio de Janeiro
TJRO – Tribunal de Justiça do Estado de Rondônia
TJSC – Tribunal de Justiça do Estado de Santa Catarina
TJSP – Tribunal de Justiça do Estado de São Paulo
TRF – Tribunal Regional Federal
TRF2 – Tribunal Regional Federal da 2ª Região
TRF3 – Tribunal Regional Federal da 3ª Região
TST – Tribunal Superior do Trabalho
un. – unânime
v.g. – *verbi gratia*

Sumário

Nota introdutória às novas edições após o CPC de 2015... IX
Nota à 15ª edição do volume 1 do Curso Sistematizado de Direito Processual Civil............. XV
Abreviaturas XVII

Parte I
Teoria Geral do Direito Processual Civil

Capítulo 1
Objeto e desdobramentos do direito processual civil.. 3

1. Primeiras noções 3
2. Objeto do direito processual civil 11
3. Meios não jurisdicionais de solução de conflitos.. 12
   - 3.1 Conciliação 14
   - 3.2 Mediação... 15
   - 3.3 Arbitragem 16
   - 3.4 Juizados Especiais 17
4. As chamadas jurisdição contenciosa e jurisdição voluntária 18
5. Notícia histórica do direito processual civil positivado no Brasil.............................. 21
   - 5.1 Uma primeira aproximação do CPC 25
6. As subdivisões do direito processual civil 28
   - 6.1 Direito processual coletivo.. 30
   - 6.2 Direito processual público... 32
     - 6.2.1 Direito processual tributário 36
     - 6.2.2 Direito processual constitucional 37
   - 6.3 Direito processual do consumidor 37
   - 6.4 Direito processual societário.. 38

			4.3.2.5	Capacidade postulatória	315
			4.3.2.6	Citação válida	316
		4.3.3	Pressupostos negativos		316
			4.3.3.1	Litispendência	317
			4.3.3.2	Coisa julgada	317
			4.3.3.3	Perempção	318
			4.3.3.4	Convenção de arbitragem e reconhecimento da competência do tribunal arbitral	319
			4.3.3.5	Falta de caução ou outra prestação exigida pela lei	320
	4.4	Dinâmica dos pressupostos processuais			321
		4.4.1	Análise dos pressupostos processuais pelo juízo de primeiro grau de jurisdição		321
		4.4.2	Análise dos pressupostos processuais em sede recursal		322
	4.5	Proferimento de decisão de mérito e pressupostos processuais			324
	4.6	"Extinção" do processo e pressupostos processuais			325
5.	Defesa				326
	5.1	Mínimo indispensável ao exercício do direito de defesa			328
	5.2	Comportamentos do réu			329
		5.2.1	Contestação		330
		5.2.2	Exceções e objeções		332
	5.3	Exercício do direito de ação pelo réu			334

Capítulo 5
Neoconcretismo e tutela jurisdicional 339

1.	Considerações iniciais			339
2.	O neoconcretismo			341
3.	Tutela jurisdicional			345
	3.1	Tutela (material) de direitos e tutela (jurisdicional) de direitos		346
4.	Classificações da tutela jurisdicional			350
	4.1	Tutela jurisdicional classificada pela perspectiva do dano: tutela preventiva e tutela repressiva		351
		4.1.1	Uma palavra adicional sobre a tutela jurisdicional preventiva	351
	4.2	Tutela jurisdicional classificada pelo momento de sua prestação: tutela antecipada e tutela ulterior		353

4.3	Tutela jurisdicional classificada pela necessidade de sua confirmação: tutela provisória e tutela definitiva	355
4.4	Tutela jurisdicional classificada em função de suas relações com o direito material: tutela satisfativa e tutela conservativa	356
4.5	Tutela jurisdicional classificada pela eficácia: não executiva e executiva	357
5. Cognição judicial		365

Parte II
Parte Geral do Código de Processo Civil

Capítulo 1
Normas processuais civis 371

1. Considerações iniciais		371
2. Normas fundamentais do processo civil		371
2.1	Ainda o modelo constitucional do direito processual civil	373
2.2	O princípio da inércia da jurisdição	375
2.3	Acesso à justiça e meios alternativos de solução de conflitos	376
2.4	Princípio da eficiência processual	378
2.5	Boa-fé	379
2.6	Cooperação	381
2.7	Princípio da isonomia	385
2.8	Hermenêutica do direito processual civil	385
2.9	Princípio do contraditório	386
2.10	Ainda o contraditório: vedação das decisões-surpresa	388
2.11	Princípios da publicidade e da fundamentação	390
2.12	Ordem cronológica de conclusão	391
3. Aplicação das normas processuais		395
4. Aplicação supletiva e subsidiária do CPC		402

Capítulo 2
Função jurisdicional 403

1. Considerações iniciais	403

	4.3.4	Pedido de intervenção	523
	4.3.5	Assistência simples	524
		4.3.5.1 Os limites à atuação do assistente simples	527
		4.3.5.2 Justiça da decisão (eficácia da intervenção)	528
		4.3.5.3 Coisa julgada	529
	4.3.6	Assistência litisconsorcial	530
		4.3.6.1 Atuação do assistente litisconsorcial	532
		4.3.6.2 Coisa julgada	532
4.4	Denunciação da lide		533
	4.4.1	Hipóteses de cabimento	534
	4.4.2	Facultatividade da denunciação	534
		4.4.2.1 Resguardo da ação autônoma	535
		4.4.2.2 A facultatividade da denunciação e a prescrição	536
	4.4.3	Denunciações sucessivas	537
	4.4.4	Denunciação e novo fundamento	538
	4.4.5	A petição inicial da denunciação da lide	540
	4.4.6	Citação do denunciado	540
	4.4.7	Suspensão do processo	541
	4.4.8	Denunciação feita pelo autor	542
	4.4.9	Denunciação feita pelo réu	544
	4.4.10	A condenação "direta" do denunciado	545
	4.4.11	Denunciação da lide como cumulação eventual de pedido	547
	4.4.12	A responsabilização pelas verbas de sucumbência	548
4.5	Chamamento ao processo		549
	4.5.1	Hipóteses de cabimento	551
	4.5.2	Procedimento do chamamento ao processo	553
	4.5.3	Suspensão do processo	554
	4.5.4	Citação para que os chamados contestem	554
	4.5.5	Julgamento e seus efeitos	555
4.6	Incidente de desconsideração da personalidade jurídica		556
	4.6.1	Legitimidade	557
	4.6.2	Hipóteses	557
	4.6.3	Cabimento	560

		4.6.4	Anotação no distribuidor	562
		4.6.5	Desconsideração requerida com a petição inicial	562
		4.6.6	Suspensão do processo	563
		4.6.7	Pressupostos de instauração	564
		4.6.8	Admissão do incidente	565
		4.6.9	Citação e manifestação do sócio ou da pessoa jurídica	565
		4.6.10	Tutela provisória	566
		4.6.11	Julgamento e recursos	567
		4.6.12	Efeitos do julgamento	570
		4.6.13	Coisa julgada	570
		4.6.14	Despesas e honorários advocatícios	571
		4.6.15	Embargos de terceiro	572
		4.6.16	Fraude à execução	572
	4.7	*Amicus curiae*		573
		4.7.1	Pressupostos para a intervenção	574
		4.7.2	Modos de intervenção e controle	575
		4.7.3	Representatividade adequada e interesse institucional	576
		4.7.4	Candidatos a *amicus curiae*	577
		4.7.5	Prazo para manifestação	578
		4.7.6	Alteração de competência	579
		4.7.7	Legitimidade recursal	580
		4.7.8	A atuação do *amicus curiae*	581
5.	Magistrado			583
	5.1	Deveres-poderes		584
		5.1.1	Igualdade de tratamento	585
		5.1.2	Velar pela razoável duração do processo	585
		5.1.3	Zelar pela probidade processual	585
		5.1.4	Flexibilização de técnicas executivas (dever-poder geral de concretização)	585
		5.1.5	Estímulo à autocomposição	589
		5.1.6	Dilatação de prazos e inversão na ordem de produção de provas	589
		5.1.7	Dever-poder geral de polícia	591
		5.1.8	Interrogatória livre	591

		5.1.9	Dever-poder geral de saneamento	591
		5.1.10	Estímulo ao processo coletivo	592
	5.2	Critérios decisórios		594
	5.3	Responsabilidade		595
	5.4	Impedimento e suspeição		595
		5.4.1	Forma de arguição	597
		5.4.2	Outros destinatários das normas	598
	5.5	Auxiliares da Justiça		599
		5.5.1	Escrivão, chefe de secretaria e oficial de justiça	599
		5.5.2	Perito	601
		5.5.3	Depositário e administrador	602
		5.5.4	Intérprete e tradutor	602
		5.5.5	Conciliadores e mediadores judiciais	603
6.	Ministério Público			608
7.	Advocacia Privada			612
8.	Advocacia Pública			615
9.	Defensoria Pública			618

Capítulo 4
Atos processuais 621

1.	Considerações iniciais		621
2.	Forma		622
	2.1	Atos em geral	623
	2.2	Negócios processuais	624
		2.2.1 Calendário processual	632
	2.3	Prática eletrônica	635
	2.4	Atos das partes	639
	2.5	Pronunciamentos do juiz	641
	2.6	Atos do escrivão ou do chefe de secretaria	644
3.	Tempo		645
4.	Lugar		646
5.	Prazos		646
	5.1	Contagem e fluência	648

	5.2 Verificação e penalidades	654
6.	Preclusão	655
7.	Comunicação	656
	7.1 Citação	658
	7.1.1 Modalidades de citação	661
	7.2 Cartas	669
	7.3 Intimações	670
8.	Nulidades	673
9.	Distribuição e registro	680
10.	Valor da causa	682

Capítulo 5
Tutela provisória 687

1.	Considerações iniciais	687
2.	Notas de processo legislativo	689
3.	Classes	690
	3.1 Urgência e evidência	691
	3.2 Antecedente e incidente	691
	3.3 Cautelar e antecipada	692
4.	Disposições gerais	695
	4.1 Competência	695
	4.1.1 Tutela provisória perante os tribunais	695
	4.2 Motivação	697
	4.3 Duração	698
	4.4 Dever-poder geral de asseguramento (cautela) e de satisfação (antecipação). Efetivação da tutela provisória	699
	4.5 Tutela provisória requerida em caráter incidental	700
	4.6 Recorribilidade das interlocutórias relativas a tutela provisória	702
	4.7 Outras questões	703
	4.7.1 Impossibilidade de concessão de ofício	703
	4.7.2 Legitimidade	704
	4.7.3 Prazos e momentos	704
5.	Tutela de urgência	705

5.1	Pressupostos	705
5.2	Caução	708
5.3	Concessão liminar ou mediante audiência de justificação	709
5.4	Risco de irreversibilidade	710
5.5	Efetivação da tutela provisória de urgência de natureza cautelar	714
5.6	Responsabilidade pela prestação da tutela de urgência	716
5.7	Outras regras gerais	718

6. Tutela antecipada requerida em caráter antecedente 718
   - 6.1 Petição inicial 719
   - 6.2 Se concedida a tutela antecipada antecedente 720
   - 6.3 Se não concedida a tutela antecipada antecedente 722
   - 6.4 Se não houver aditamento da petição inicial 723
   - 6.5 Estabilização da tutela provisória 724
     - 6.5.1 Dinâmica da estabilização 728
7. Tutela cautelar requerida em caráter antecedente 730
   - 7.1 Citação do réu e suas atitudes 731
   - 7.2 Apresentação do pedido principal 731
   - 7.3 Duração 734
   - 7.4 Indeferimento da tutela cautelar e pedido principal 734
8. Relações entre as tutelas provisórias requeridas em caráter antecedente 735
9. Tutela da evidência 738
   - 9.1 Abuso do direito de defesa ou manifesto propósito protelatório da parte 739
   - 9.2 Alegações de fato comprovadas documentalmente e tese firmada em repetitivos ou em súmula vinculante 741
   - 9.3 Pedido reipersecutório 741
   - 9.4 Suficiência de provas 742
   - 9.5 Concessão liminar 743
10. Tutela provisória e o direito processual público 745
    - 10.1 Restrições à tutela provisória (art. 1.059) 747
    - 10.2 Em especial a "suspensão da tutela provisória" 751
    - 10.3 O art. 1.059 e a tutela da evidência 754
    - 10.4 (In)constitucionalidade do art. 1.059 755

Capítulo 6
Formação, suspensão e extinção do processo 759

1. Considerações iniciais 759
2. Formação do processo 760
3. Suspensão do processo 761
   - 3.1 Morte ou perda da capacidade processual de qualquer das partes, de seu representante legal ou de seu procurador 762
   - 3.2 Convenção das partes 764
   - 3.3 Arguição de impedimento ou suspeição 765
   - 3.4 Admissão de incidente de resolução de demandas repetitivas 765
   - 3.5 Relações externas com a decisão de mérito 766
     - 3.5.1 Relação entre processos civil e penal 767
   - 3.6 Força maior 767
   - 3.7 Tribunal Marítimo 768
   - 3.8 Outros casos previstos no Código de Processo Civil 769
   - 3.9 Parto ou concessão de adoção 770
   - 3.10 Advogado que se tornar pai 772
4. Extinção do processo 773
   - 4.1 Extinção do processo e prévio saneamento 776

Bibliografia citada e consultada 779
Sites consultados 811

Parte I

Teoria Geral do Direito Processual Civil

Capítulo 1

Objeto e desdobramentos do direito processual civil

1. PRIMEIRAS NOÇÕES

É fundamental para o início do estudo do direito processual civil que se tenha presente sua finalidade e sua adequada ambientação histórica, social, política e a indicação de como ele é – e deve ser – tratado pelo direito positivo.

Por razões que são apresentadas no n. 1 do Capítulo 2, houve tempo em que o estudioso do direito processual civil se isolou dos demais ramos do direito, querendo, com a iniciativa, demonstrar e justificar a *autonomia* científica de sua disciplina e a necessidade de um estudo próprio, distinto, adequado ao seu objeto de análise. Diante da necessidade de "criar" ou "identificar" uma disciplina autônoma, desvinculada dos demais ramos do direito, o estudioso do direito processual civil perdeu, durante considerável espaço de tempo, a necessária compreensão do todo. O isolamento e a neutralidade, típicos do estudo do direito processual civil nesta fase, causaram e causam até hoje sérias distorções com relação à sua compreensão.

O fato é que na atualidade – isso também será tratado com mais vagar no n. 1 do Capítulo 2 – já não há espaço para duvidar de que existe, autonomamente, um "direito processual civil" e uma parcela da ciência jurídica que se volta a estudá-lo como tal. Para dar um nome próprio para descrever o estudioso do "direito processual civil", esse nome é "processualista civil" ou, para simplificar, só "processualista". Isso, contudo, não significa que a compreensão do direito processual civil dispense a pesquisa sobre a razão de sua existência, de seu uso, de sua finalidade. O direito processual civil não existe em si e para si. Ele existe autonomamente do ponto de vista da ciência do direito. Mas sua finalidade é, por definição, estranha a ele. Trata-se de um ramo do direito que tem como missão última servir os outros, *concretizando-os*.

Evitando desvios de toda ordem que, embora relevantes, pertencem, mais apropriadamente, a outros estágios do estudo do direito, quiçá até mesmo a estudos mais profundos da filosofia do direito, é importante ter em mente que o direito – assim entendidas, para facilitar a exposição, as normas jurídicas expedidas pelo Estado para disciplinar as relações intersubjetivas das pessoas entre si e entre as pessoas e o próprio Estado – pode vir a ser descumprido ou, quando menos, pode ser objeto de uma ameaça de descumprimento. Dois exemplos podem ilustrar suficientemente bem essa observação.

QSA deveria pagar empréstimo que tomou de MQA no dia 10 do mês e não pagou. As regras que regem aquela relação jurídica (um contrato de mútuo regido pelos arts. 586 a 592 do Código Civil) foram descumpridas. A União não pode cobrar tributos no mesmo exercício de sua criação. Não obstante, uma hipotética medida provisória, que tem eficácia imediata, cria e impõe desde logo a cobrança de um tributo, em total afronta ao disposto no § 2º do art. 62 da Constituição Federal. Casos como esse – e seria possível multiplicar os exemplos aos milhares, invariavelmente comuns no dia a dia – retratam que as prescrições do direito material (do direito civil, no primeiro caso; do direito tributário, no segundo) não foram observadas a contento. Saber por que em alguns casos as prescrições normativas não são observadas *voluntária* ou *espontaneamente* por seus destinatários, sejam eles particulares, ou o próprio Estado, é questão impertinente para este *Curso*. Aqui, basta a sua constatação. O direito nem sempre é cumprido pelos destinatários das normas jurídicas. Por vezes, ele é descumprido; por vezes, seu cumprimento é defeituoso; por vezes, vê-se na iminência de um direito não ser cumprido ou ser descumprido. O "dever-ser" *prescrito* pelas normas jurídicas nem sempre "é".

Diante de tais situações – e basta, importa frisar, *constatá-las* para os propósitos deste *Curso* –, o que se põe para reflexão é saber como e em que condições as normas de direito material não observadas voluntária ou espontaneamente podem ser cumpridas, ainda que de maneira forçada (coercitivamente). Como fazer para que QSA pague o valor devido mesmo depois de passado o prazo contratual para pagamento? Como impedir que o tributo criado ao arrepio da autorização constitucional, constante do referido dispositivo constitucional, seja cobrado do contribuinte?

As respostas para essas questões residem no "direito processual civil". São as normas do "direito processual civil" que se ocupam de criar condições para que as consequências jurídicas decorrentes do inadimplemento de uma obrigação contratual sejam atingidas; são as normas do "direito processual civil" que criarão condições de evitar que a cobrança tributária indevida atinja o contribuinte no mesmo ano fiscal de sua criação ou, para dar destaque a uma peculiaridade do exemplo, afaste a cobrança pela forma indevida de sua instituição no ordenamento jurídico. São elas que se ocupam com as técnicas adequadas para corrigir eventuais *lesões* que ocorram na ordem jurídica e para evitar que situações de *ameaça* a direitos acabem se consumando.

Se as normas de direito material fossem bastantes, se elas fossem suficientes por si sós para assegurar sempre e invariavelmente os comportamentos e os resultados por elas anunciados, não haveria espaço ou necessidade de se pensar em normas de outra categoria, como são as normas de "direito processual". Como, entretanto, as normas de direito material e suas prescrições muitas vezes se mostram insuficientes para atingir suas próprias finalidades, é necessário que outras normas criem condições para tanto. Isso se aplica a quaisquer normas de direito material: a sua não observância escorreita dá ensejo à atuação de outras normas cuja finalidade última é impor a *concretização* daquelas outras normas. É essa a razão pela qual ainda se refere à circunstância de as normas *processuais* serem *secundárias* em relação às normas *materiais* que, nessa perspectiva, seriam normas *primárias*. A afirmação não deve ser compreendida como se as normas de direito processual civil e tudo o que elas representam e regulam estejam em "segundo plano", que sejam menos importantes que as demais. Não é disso que a distinção entre "normas primárias e secundárias" se ocupa. Ela quer ter apenas função didática e facilitadora de uma complexidade muito maior que, cabe repetir, ocupa outros níveis de indagação do estudo do direito, inclusive de sua filosofia. Elas, as "normas processuais civis", têm como objetivo regular as situações deixadas pelo descumprimento das "normas materiais" ou, quando menos, de regular as situações verificadas e verificáveis no caso de ameaça de descumprimento das "normas materiais".

Por essa razão é que se torna relevante distinguir entre dois planos de normas jurídicas para entender mais corretamente o que é, para que serve, qual a utilidade e qual é a finalidade do "direito processual civil" ou, o que é escrever o mesmo com outras palavras, as "normas de direito processual civil". As normas do "plano material" ("normas *materiais*") regulam as diversas condutas, impõem deveres e responsabilidades, criam direitos, obrigações, responsabilidades e situações jurídicas. São as "normas *primárias*" mencionadas no parágrafo anterior. As normas do "plano processual" ("normas *processuais*") regulam o que fazer quando as "normas materiais" não são cumpridas ou nas hipóteses em que o seu cumprimento voluntário ou espontâneo é ameaçado. Elas também regulam as mais diversas condutas, impõem deveres e responsabilidades, criam direitos, obrigações e situações jurídicas. Mas todo esse conjunto tem como finalidade *concretizar* as normas materiais. As "normas processuais" correspondem, para empregar a nomenclatura do parágrafo anterior, às "normas *secundárias*".

QSA tinha que pagar a dívida a MQA e não pagou, para retomar o primeiro exemplo anterior. As "normas processuais" regularão quais as providências adequadas e necessárias que MQA poderá tomar para que QSA pague, mesmo contra a sua vontade. É vedada a cobrança de tributo no mesmo exercício fiscal de sua criação. Não obstante, ele é criado *e* cobrado de imediato. As "normas processuais" regularão como o contribuinte poderá tomar providências que sejam adequadas e necessárias para impedir a cobrança do tributo.

A doutrina costuma referir, a esse respeito, que, na história humana, houve tempo em que TAT poderia, para dar exemplo diverso dos anteriores, exigir de OPT o cumprimento da obrigação por si próprio. Que TAT poderia, até mesmo, usar sua própria força física contra OPT para obter o valor devido. É o que tradicionalmente se chama de "autotutela", de "autoproteção", e, de forma não menos frequente e certamente mais didática para a exposição, de "justiça pelas próprias mãos". Não é o que, com o desenvolvimento da história humana, do surgimento e do desenvolvimento do que hoje reconhecemos como "Direito" e como "Estado", em especial de "Estado de Direito", na perspectiva que aqui interessa, prevalece. O que aconteceu, aos poucos, é que o "Estado" passou a vedar que os integrantes da sociedade e que ele próprio, Estado, *autotutelassem* seus próprios "direitos", que fizessem "justiça pelas próprias mãos". É como se o "Estado", nessa perspectiva histórica, tivesse retirado um "direito", quiçá inato com o ser humano, de se proteger e a seus bens, com suas próprias mãos, com sua própria força física. É o Estado, ainda nessa perspectiva histórica, que acaba por decidir que ele é o responsável para solucionar conflitos de interesse, que ele é o responsável para tutelar direitos, que cabe a ele, em suma, "fazer justiça".

A "justiça" – entendida a partir de uma visão amplíssima e absolutamente despretensiosa como a concretização de um direito tal qual prescrito no plano material na perspectiva de seu destinatário, uma "tutela *material* de direito, portanto" – passa a ser feita, com o surgimento e desenvolvimento do "Estado" como o conhecemos, pelo próprio Estado, em *substituição* aos destinatários das normas jurídicas. A "justiça" estatal, nesse contexto, equivale à "tutela *estatal* dos direitos" conflituosos.

Embora ainda haja, residualmente, alguma situação em que se permite a autotutela de um direito, isto é, "fazer justiça com as próprias mãos", os casos são absolutamente excepcionais e muito pouco frequentes na prática. Exemplos clássicos dessas situações estão no art. 1.210, § 1º, do Código Civil (defesa urgente da própria posse), e, em se tratando de direito público, na chamada "autoexecutoriedade" do ato administrativo: em certas situações de urgência, a Administração Pública não precisa se dirigir ao Judiciário para a prática de seus atos. Assim, por exemplo, para determinar o fechamento de um estabelecimento comercial que não tem condições mínimas de funcionamento seguro. É tão marcante serem esses casos *excepcionais*, que o uso da "própria razão", fora dos casos autorizados pela lei, é tipificado como crime de "exercício arbitrário das próprias razões". Suficientemente claro a esse propósito é o próprio tipo penal, tal qual definido no art. 345 do Código Penal: "Fazer justiça pelas próprias mãos, para satisfazer pretensão, embora legítima, salvo quando a lei o permite".

Um exemplo ilustrará mais didaticamente as considerações do parágrafo anterior. De acordo com o parágrafo único do art. 251, do Código Civil, é possível ao credor da obrigação que, em casos de urgência, faça aquilo que o devedor não fez, independentemente da intervenção do Estado, independentemente, pois, da atuação estatal. A obrigação era a de entregar flores para uma cerimônia que se realizaria no final de semana; as flores não são entregues. Aquele dispositivo do Código Civil autoriza que o credor da obrigação compre as flores, e que, depois, valha-se do Estado para se ressarcir dos danos que sofreu com o *inadimplemento* contratual. Por mais ampla que seja a indenização a ser perseguida e, eventualmente, obtida, contudo, não há como negar que o credor teve frustrada sua legítima expectativa quanto a seu "direito" porque as flores não foram entregues como deveriam ter sido. E, apenas para problematizar, não há como desconsiderar a impossibilidade temporal de o credor comprar as flores e alocá-las devidamente para os fins pretendidos de início. Quando menos porque o credor, por não ser especialista do ramo, não conseguirá ornamentar a tempo o local da cerimônia, como pretendeu. Assim, mesmo nos casos em que a lei autoriza a "autotutela", ela nem sempre significará a realização do "direito material" satisfatoriamente.

O que importa destacar para este *Curso*, contudo, não é a suficiência ou a insuficiência dos casos residuais de "autotutela", não é em que medida a "autotutela" será ou não *eficaz* o suficiente para solucionar o conflito verificado ou na iminência de se verificar no plano do direito material. O que releva para o "direito processual civil" é partir do pressuposto de que o "Estado", tal qual o conhecemos – e assim é no Estado brasileiro, da Constituição Federal de 5 de outubro de 1988 –, tutelará, ele próprio, direitos conflituosos entre as pessoas, individual ou coletivamente, e entre estas e ele próprio. Tutelar aqui significa "proteger", "concretizar um direito", "criar condições de que aquilo que *deveria-ser* na perspectiva do plano material *seja*". Impor, em última análise, a observância das "normas materiais". Quem tem *autoridade* e *legitimidade* para *impor* o cumprimento das prescrições derivadas do "plano material" é o próprio Estado, que, historicamente, reservou para si esse *poder*, que reservou para si, sempre na facilitada e didática perspectiva histórica aqui apresentada, o *monopólio da força física*. O objeto de estudo do direito processual civil preocupa-se com a atuação estatal destinada a atingir aquela finalidade.

A tutela *estatal* de direitos, dessa forma, busca *tutelar*, sempre no sentido de *proteger*, todos aqueles que se relacionam, que se vinculam, que agem de acordo (ou em desacordo) com normas jurídicas. O "entregar flores", prestação do contrato do último exemplo, é o que vincula o credor e o devedor. A satisfação do credor depende da entrega tempestiva e adequada das flores nos termos ajustados. A satisfação do devedor depende do pagamento do preço nas condições ajustadas. O "direito processual civil" não se ocupa propriamente com as "flores"; ele se ocupa com algo muito mais relevante, que é satisfazer quem se vê frustrado ou na *expectativa* de se ver frustrado, diante dos comportamentos ou da ausência de comportamentos de outros, impondo o cumprimento das normas jurídicas materiais de cada caso concreto. O "direito processual civil" se preocupa, destarte, com as *pessoas* que ostentam situações antagônicas de direito. Por isso é que os verdadeiros *protagonistas* do direito processual civil são os envolvidos no conflito ou na ameaça de conflito.

O desenvolvimento do "Estado" tal como o conhecemos – e é importante frisar que quando este *Curso* se refere a "Estado" ele está se referindo a algo extremamente concreto, definido, palpável e sensível em termos jurídicos, porque é o "Estado brasileiro" tal qual *criado pela Constituição Federal de 1988* – levou a determinadas *especializações* de suas funções. A *função estatal* que diz respeito ao estudo do "direito processual civil" é a *função jurisdicional*. As demais funções estatais, a "função administrativa" e a "função legislativa", também interessam ao estudo porque são elas que criam as "normas materiais" que devem ser observadas e que, de uma forma ou de outra, estabelecem condições de cumprimento e realização daquelas normas de direito material. Contudo, como o que interessa para o "direito processual civil" são os momentos "não cumprimento" ("frustração da expectativa derivada do direito material") e "ameaça de não cumprimento" ("ameaça de frustração da expectativa derivada do direito material"), não há como duvidar da primazia da *função jurisdicional* sobre as demais, ao menos para um *Curso* de direito processual civil.

A grande verdade, vale repetir, é que, se as prescrições de direito material fossem cumpridas espontânea ou voluntariamente pelos destinatários das normas jurídicas, muito provavelmente não haveria razão para falar de direito processual (nem civil, nem penal, nem trabalhista). Como a observância pura e simples das normas jurídicas acabaria por eliminar situações de conflito intersubjetivo, não haveria espaço, por falta de *necessidade* e de *utilidade*, para um direito processual civil. É porque a intervenção do Estado se faz *necessária* nesses casos – o Estado monopolizou, historicamente, o uso da "força física" – que essa forma de atuação do Estado deve ser entendida como *substitutiva* da vontade dos particulares e das demais funções do próprio Estado. Como há, na forma ressalvada pelo parágrafo anterior, especialização nas *funções* exercidas pelo próprio Estado, não deve causar qualquer dificuldade de compreensão a circunstância de o próprio Estado se *obrigar* a observar a ordem jurídica como um todo. Tudo se passa como se fossem parcelas específicas de atuação do Estado, umas obrigando às outras ao seu cumprimento. É diretriz que decorre suficientemente do art. 2º da Constituição Federal, quando estatui que "São Poderes da União, independentes e harmônicos entre si, o Legislativo, o Executivo e o Judiciário".

Justamente por isso – é aqui que importa chegar –, melhor do que se referir a "tutela *estatal* de direitos" é tratar de uma "tutela *jurisdicional* de direitos". A "tutela *jurisdicional* de direitos" ou, simplesmente, "tutela *jurisdicional*", nesse sentido, descreve a própria razão de ser da função jurisdicional e seu próprio exercício. Como se trata de função exercida pelo Poder Judiciário, é correta a adoção da expressão "Estado-juiz", preferida e empregada ao longo deste *Curso*. Assim, a "tutela *jurisdicional*" atua em prol da proteção dos direitos não cumpridos (porque *lesionados*) ou na iminência de não serem cumpridos (porque *ameaçados*) no "plano material". Assim, a "tutela *jurisdicional*" pressupõe que a tutela *material* de direitos (ou simplesmente "tutela de direitos") não se realize voluntária ou espontaneamente ou que haja ameaça de não se realizar. Se os direitos tais quais definidos no plano material forem observados (e não importa, como já pontuado, a razão pela qual isto se dê), afasta-se sistematicamente a *necessidade* e a *utilidade* de "tutela *jurisdicional*".

Nessa perspectiva, o "plano processual" alimenta-se dos conflitos ou de ameaças de conflitos ocorridos no "plano material", ocorridos, portanto, fora dele. O "plano processual", para ser concebido, para atuar, *pressupõe* conflitos ou ameaças de conflitos entre pessoas diversas. Sem "conflito", sem "frustração de expectativas", sem "*lesões* ou *ameaças* a direitos materiais" – essa dicotomia "lesão" e "ameaça" é fundamental para a compreensão adequada do fenômeno aqui apenas indicado e que será tratado com a profundidade necessária no n. 3.1 do Capítulo 5 –, não há espaço para falar de tutela *jurisdicional*. Não, pelo menos, no sentido que interessa para um *Curso* de direito processual civil. Ao menos um *Curso*, como o presente, que elege, conscientemente, a tutela *jurisdicional* como um de seus eixos metodológicos fundamentais, propondo a construção do que o n. 2 do Capítulo 5 chama de *neoconcretismo*.

É certo que também existem infindáveis situações de conflito entre os interessados a partir da interpretação e da aplicação das normas processuais. E sua resolução, sempre no contexto até aqui evidenciado, dar-se-á também no âmbito da tutela jurisdicional. Tal percepção, de qualquer sorte, só vem confirmar o acerto metodológico do que se afirmou até aqui.

O que poderia ser entendido como exceção ao que os parágrafos anteriores apresentam diz respeito ao que a doutrina tradicional chama de "jurisdição *voluntária*". Sem prejuízo das considerações trazidas pelo n. 4, *infra*, a atuação do Estado-juiz naqueles casos – e, *naquela perspectiva*, indubitavelmente, uma função *jurisdicional* – prescinde de *conflitos*. Ainda que a "jurisdição voluntária" se caracterize em grande parte por uma atuação jurisdicional *sem* conflitos, ela é *necessária* e, neste sentido, *útil*. Sem ela, é dizer, sem a atuação jurisdicional do Estado em determinados casos indicados pela lei, não há atuação do direito material. Ninguém se divorcia da pessoa com quem se casou e com quem tem filhos menores simplesmente porque quer. É necessário que o Estado-juiz atue neste caso, mesmo que o casal tenha absoluta consciência de que o rompimento do vínculo matrimonial é o melhor para ambos e para seus filhos. Não basta a *sua* vontade. A *vontade do Estado-juiz* (sempre substitutiva) é indispensável no caso porque a lei vigente assim determina. Nesses casos e nesse sentido, tudo também gravita em torno da tutela *jurisdicional* de direitos. São escolhas políticas feitas pelo ordenamento jurídico como esta que dão os contornos efetivos do objeto do direito processual civil, como evidenciado desde o primeiro parágrafo deste número.

Mesmo com essa ressalva, o que é mais importante destacar aqui é que todo o pensamento do direito processual civil se estrutura no contexto de atuação do Estado para solucionar conflitos – contexto amplíssimo, é verdade, mas nem por isso menos verdadeiro –, *impondo* uma solução, aquela que se esperava pudesse ocorrer "naturalmente", pela própria força vinculante das "normas materiais", das "normas primárias".

O "direito processual civil", desse modo, é disciplina que se dedica a estudar, a analisar e a *sistematizar* a atuação do próprio Estado, do Estado que, por razões perdidas no tempo, mas ainda válidas até hoje por força das opções políticas feitas pela Constituição Federal de 5 de outubro de 1988, tem o *dever* de prestar tutela *estatal* de direitos naqueles casos em que os destinatários das normas, desde o plano material, não as acatam devidamente, não as cumprem e, consequentemente, frustram legítimas expectativas de outrem. A *imposição do cumprimento dessas normas materiais* é que, em última análise, justifica a atuação do Estado em termos do "direito processual civil". E é importante ressaltar desde logo: *impor cumprimento de normas jurídicas* não pode significar um fim em si mesmo. As "normas jurídicas", quaisquer que elas sejam, pertençam ao "plano material" ou ao "plano processual", não têm nenhuma utilidade quando analisadas à luz delas próprias. As "normas jurídicas" – e seu conjunto desordenado, para não dizer "caótico", usualmente identificado como "Direito" – servem, em última análise, à *pessoa humana*. Por isso, vale repetir, mais importante que as

Se o direito processual civil volta-se ao estudo das normas regentes da *atividade jurisdicional* destinadas à resolução de conflitos intersubjetivos ou, quando menos, atividade jurisdicional destinada à realização prática de determinados direitos mesmo que não conflituosos, é fundamental distinguir as normas de direito processual civil, e, especificamente, o "direito processual civil", de outras normas jurídicas e, mais especificamente, de outras formas de resolução de conflitos que não dependam ou que não passem, ao menos necessariamente, pelo crivo da atividade jurisdicional, isto é, pelo Poder Judiciário, com a mesma predisposição e para os mesmos fins daquilo que caracteriza o objeto do direito processual civil.

Por ora, basta acentuar que o estudo do direito processual civil volta-se à resolução dos conflitos quando a autoridade responsável para a resolução é um magistrado que, como agente do Estado-juiz, manifesta-se – e tem que se manifestar – mediante a adoção de técnicas adequadas para tanto, o *processo*, sem o que não pode prestar tutela jurisdicional.

3. MEIOS NÃO JURISDICIONAIS DE SOLUÇÃO DE CONFLITOS

Muito se tem difundido a *necessidade* de serem pensados meios não jurisdicionais de solução de conflitos, assim entendidos os métodos que não envolvam ou, até mesmo, que dispensem, em maior ou em menor grau, a participação do Poder Judiciário e, consequentemente, o exercício da função jurisdicional. Em alguns desses métodos, algumas ou todas as características da *jurisdição* não se fazem presentes.

Isso, contudo, não os coloca à margem do interesse do estudioso do direito processual civil. Se, é certo, tais técnicas não se valem ou podem não se valer, necessariamente, da atuação do Estado-juiz, não é menos certo que cada uma delas representa, em um contexto mais amplo, um meio de atingir uma das finalidades mais caras ao próprio Estado Constitucional, que é a pacificação. É o que basta para eles serem mencionados no presente contexto.

Tão mais importante é a observação do parágrafo anterior porque o CPC de 2015 – e nisso reside uma importante diferença quando ele é comparado com o seu antecessor, o CPC de 1973 – é repleto de técnicas destinadas à obtenção de resolução do conflito independentemente do proferimento de decisões *impositivas* pelo Poder Judiciário. Para demonstrar o acerto da afirmação, basta destacar que o ato inicial do procedimento comum, de acordo com o art. 334 do Código de Processo Civil, não é, como regra, para que o réu apresente contestação (defesa) – como era no CPC de 1973 –, mas para que compareça a uma audiência de conciliação ou mediação e nela, com a (desejável) intermediação de um *conciliador* ou de um *mediador*, busque solução consensual, quiçá negociada, do conflito, tornando desnecessária, por isso mesmo, que seja proferida decisão (sentença) do magistrado a respeito do que levou o autor a dar início ao processo, buscando a tutela jurisdicional.

O § 2º do art. 3º da Código de Processo Civil dispõe, em total harmonia com essa afirmação, que "O Estado promoverá, sempre que possível, a solução consensual dos conflitos", sendo certo que o § 3º daquele dispositivo enaltece a "conciliação, a mediação e outros métodos de solução consensual de conflitos", que devem "[...] ser estimulados por juízes, advogados, defensores públicos e membros do Ministério Público, inclusive no curso do processo judicial", ao mesmo tempo que o § 1º faz expressa referência à arbitragem.

Trata-se, não há como negar, de uma tendência universal[2] e conscientemente aceita pelo mais recente legislador brasileiro, de reduzir a importância da "cultura da sentença" – significativa expressão cunhada por Kazuo Watanabe, Professor da Faculdade de Direito da Universidade de São Paulo[3] – em prol de outros mecanismos, ainda que não jurisdicionais e, menos que isso, sequer estatais, que permitam a solução, inclusive *autocompositiva*, dos conflitos.

Por isso mesmo, mais que meios *alternativos* de solução de conflitos – nomenclatura comumente empregada para descrever o assunto, o que se justifica apenas se se entender a resolução *jurisdicional* como referência *obrigatória* – mostra-se mais correto para a obtenção de seus objetivos tratar, compreender, estudar e estimular tais meios como métodos *adequados* de solução de conflitos. *Adequados* porque cada um deles pode mostrar-se mais *apropriado* que outros, dependendo da própria natureza do conflito, dos sujeitos interessados, das peculiaridades, inclusive do direito material, e da periodicidade de sua relação entre si, dos valores envolvidos e de outras diversas circunstâncias que, bem percebidas em si mesmas, podem ser importante fonte de informação para ajudar a descobrir a melhor forma de resolver a falta de entendimento entre dois ou mais sujeitos.

A distinção entre mediação e conciliação que pode ser extraída dos §§ 2º e 3º do art. 165 do Código de Processo Civil é pertinente aplicação normativa dessa forma de pensar, tornando lei o que, desde a Resolução n. 125/2010 do Conselho Nacional de Justiça, na sua redação original, já merecia ser compreendido como verdadeiro marco normativo da política pública dos meios adequados de solução de conflitos[4].

O tão comentado "sistema multiportas", desenvolvido a partir das concepções de Frank Sanders[5], é, por sua vez, suficientemente ilustrativo da preocupação com a busca das formas

---

2. Neste sentido, ver, com proveito: Paula Costa e Silva, *A nova face da justiça: os meios extrajudiciais de resolução de controvérsias*; Francisco José Cahali, *Curso de arbitragem*, p. 43-89, e Gladys Kessler e Linda J. Finkelstein, *The evolution of a multi-door courthouse*, p. 577-590.
3. "[...] Kazuo Watanabe identifica entre nós uma '*cultura da sentença*', que se consolida assus-tadoramente" (Rodolfo de Camargo Mancuso, *A resolução dos conflitos e a função judicial no contemporâneo Estado de Direito*, p. 156). No mesmo sentido: "A adoção de técnicas diferenciadas de tratamento de conflitos exige uma substancial modificação da visão do operador do Direito, do jurisdicionado e do administrador da justiça. Na feliz expressão de Kazuo Watanabe, a *cultura da sentença* instalou-se assustadoramente entre nós, preconi-zando um modelo de solução contenciosa e adjudicada dos conflitos de interesses. Há que se substituir, paulatinamente, a *cultura da sentença* pela *cultura da pacificação*" (Fernanda Tartuce, *Mediação nos conflitos civis*, p. 93).
4. Eloquente a ementa daquela Resolução: "Dispõe sobre a Política Judiciária Nacional de tratamento adequado dos conflitos de interesses no âmbito do Poder Judiciário e dá outras providências". Cabe notar que a Resolução foi alterada pelas Emendas n. 1/2013 e n. 2/2016 e também pelas Resoluções n. 70/2009, 290/2019, 326/2020 e 390/2021.
5. "Frank Sander's 1976 speech at the Pound Conference on 'The Causes of Popular Dissatisfaction with the Administration of Justice' (Sander 1976) is widely seen, particularly within the legal academy, as the 'big bang'

mais *adequadas* de solução de conflitos sempre a depender da natureza, da complexidade e de outros fatores que caracterizam o conflito apresentado para solução.

A importância e o notável desenvolvimento pelo qual os meios adequados de solução de conflitos passaram e vêm passando no Brasil convida até mesmo a reinterpretar ou a realocar a ideia de que o direito processual civil busca, em última análise, a "pacificação social". Se, é certo, o Estado como um todo afirma e reafirma sua autoridade por intermédio do exercício da função jurisdicional, não é menos certo ser indiferente que o litigante que não viu o seu direito reconhecido pelo Estado-juiz se sinta ou não pacificado. Sua *sujeição* ao quanto decidido pelo Estado-juiz independe de qualquer concordância sua. Esta é, não por outra razão, uma das características da *jurisdição*.

No âmbito dos meios adequados de solução de conflitos, contudo, aquela noção faz mais sentido, mormente nos casos em que existe consenso quanto à melhor forma de resolver o conflito, restabelecendo laços de adequado convívio entre os envolvidos.

3.1 Conciliação

A conciliação é o meio alternativo de solução de conflitos que representa a devida exteriorização de vontade dos *próprios* envolvidos no litígio para sua solução. O Código Civil, em seu art. 840, é bastante didático ao se referir a ela. De acordo com o dispositivo, "é lícito aos interessados prevenirem ou terminarem o litígio mediante concessões mútuas".

O art. 166, § 3º, do Código de Processo Civil indica a atuação do conciliador nos casos em que não houver vínculo anterior entre as partes, cabendo ao conciliador poder sugerir soluções para o litígio, sendo vedada a utilização de qualquer tipo de constrangimento ou intimidação para que as partes conciliem.

A conciliação pode ser realizada *extrajudicialmente*, isto é, fora do plano do processo e, portanto, sem a participação do magistrado, hipótese em que o acordo poderá ser homologado judicialmente, assumindo, com essa chancela do Estado-juiz, *status* de "título executivo *judicial*", isto é, ele passa a fazer as vezes de uma sentença proferida pelo próprio Estado-juiz. É o que está previsto no inciso III do art. 515 do Código de Processo Civil, cabendo

---

moment in the history of alternative dispute resolution (ADR). At the Pound Conference, Frank articulated his observation that traditional litigation systems process only certain kinds of disputes effectively. He suggested that the remaining types of disputes might better be addressed through other mechanisms. Frank wondered aloud whether the courts of the future (in particular, courts around the year 2000) might help to screen incoming complaints, sorting them according to criteria aimed at matching the case with the most appropriate form of resolution. Within Frank's vision, some disputes would go to trial. Others would go to arbitration, to mediation, to fact-finding, or to some other mechanism well tailored for the particulars of the dispute in question. The cover of a magazine reporting on Frank's speech at the Pound Conference showed a courthouse with a series of separately labeled doors, and thus the term 'multidoor courthouse' was born" (Michael L. Moffit, *Before the Big Bang: the making of an ADR pioneer*, p. 437-438).

às partes interessadas nessa *transformação* do seu ato negocial se valerem do *procedimento* estabelecido pelos arts. 720 a 724, consoante estabelece expressamente o inciso VIII do art. 725, todos do Código de Processo Civil.

Mesmo sem a "homologação" para os fins do precitado dispositivo de lei, o Código de Processo Civil reconhece que, preenchidas determinadas exigências, um acordo extrajudicial pode também ser equiparado a uma decisão jurisdicional. São os casos de "títulos executivos *extrajudiciais*" referidos no art. 784, sendo de destaque, para os fins aqui colimados, os previstos no inciso IV daquele dispositivo.

A conciliação também poderá ser *judicial* quando a ela se chega em meio a um processo já existente e devidamente instaurado perante o Estado-juiz.

A propósito do tema, cabe destacar também a previsão genérica do inciso V do art. 139 do CPC, segundo a qual o magistrado pode, a qualquer tempo, incentivar a conciliação entre as partes. Assim, mesmo fora da audiência de conciliação ou de mediação, há espaço para que o próprio magistrado incentive as partes à conciliação. O acordo, em tais casos, será homologado, passando a fazer as vezes de uma sentença para fins de eventual cumprimento (art. 515, III, do CPC).

3.2 Mediação

A mediação é uma forma de solução de conflitos em que um "mediador" (um terceiro imparcial) estimulará os envolvidos a colocarem fim a um litígio *existente* ou *potencial*. Ela é adequada para os casos em que há relação prévia e/ou continuada entre os sujeitos envolvidos no conflito. O § 4º do art. 166 do Código de Processo Civil, ao se referir ao papel do mediador, dispõe, didaticamente, que ele "[...] atuará preferencialmente nos casos em que houver vínculo anterior entre as partes, auxiliará aos interessados a compreender as questões e os interesses em conflito, de modo que eles possam, pelo restabelecimento da comunicação, identificar, por si próprios, soluções consensuais que gerem benefícios mútuos".

A mediação pode ser judicial ou extrajudicial.

A mediação *judicial* é objeto de disciplina expressa no Código de Processo Civil e deve ser buscada e incentivada a qualquer momento pelo magistrado (art. 139, V, do CPC), sem prejuízo da regra relativa à realização da audiência para aquele fim, decorrente do art. 334. As regras dos arts. 165 a 175 são objeto de exame do n. 5.5.5 do Capítulo 3 da Parte II.

A mediação *extrajudicial* é disciplinada pela Lei n. 13.140/2015, editada durante a *vacatio legis* do Código de Processo Civil, que cria verdadeiro procedimento para sua realização em seus arts. 14 a 23, estabelecendo importantes pontos de contato com o processo jurisdicional, máxime quando a atuação do Estado-juiz se faz necessária para garantir os resultados desejados naquela sede.

O que existe, no âmbito dos Juizados Especiais, é a criação de um *procedimento* mais simplificado que aqueles conhecidos pelo Código de Processo Civil e por leis extravagantes processuais civis, que se caracteriza pelo que o art. 2º da Lei n. 9.099/95 chama de "oralidade, simplicidade, informalidade, economia processual e celeridade, buscando, sempre que possível, a conciliação ou a transação" e que tem aplicação para os "juizados federais", de acordo com o art. 1º da Lei n. 10.259/2001 e também para os chamados "Juizados Especiais da Fazenda Pública" (art. 27 da Lei n. 12.153/2009). Um procedimento simplificado, convém ressaltar, no que diz respeito ao *reconhecimento* judicial do direito, arts. 14 a 50 da Lei n. 9.099/95 ("*atividade* jurisdicional *cognitiva*"), e à sua *realização* prática, arts. 52 e 53 da Lei n. 9.099/95 ("prestação da *tutela* jurisdicional *executiva*"), conceitos que são mais bem abordados no n. 5 do Capítulo 5.

Por essa razão é mais correto o estudo dos juizados especiais no contexto dos *procedimentos, comum e os especiais,* disciplinados pelo Código de Processo Civil e dos procedimentos disciplinados pela legislação processual civil extravagante[7].

4. AS CHAMADAS JURISDIÇÃO CONTENCIOSA E JURISDIÇÃO VOLUNTÁRIA

O n. 1, *supra,* teve oportunidade de mencionar a clássica dicotomia da doutrina do direito processual civil, que distingue a "jurisdição *contenciosa*" da "jurisdição *voluntária*".

Embora a distinção fosse expressa desde o art. 1º do CPC de 1973, no atual ela pode ser extraída do Título III do Livro I da Parte Especial, dedicado aos "procedimentos especiais". Os procedimentos que ocupam os catorze primeiros capítulos, arts. 539 a 718, são os procedimentos de "jurisdição *contenciosa*"; os do capítulo quinze, arts. 719 a 770, de "jurisdição *voluntária*".

Rigorosamente, a chamada "jurisdição voluntária" só pode ser entendida como exercício de função jurisdicional em um sentido mais amplo do conceito de "jurisdição". É certo que, das situações previstas no Capítulo XV do Título III do Livro I da Parte Especial do Código de Processo Civil, não há como negar a "substitutividade" nem a "inafastabilidade ou inevitabilidade" que caracterizam o exercício da função jurisdicional, mas o fato é que a "jurisdição *voluntária*" não se dirige à resolução de conflitos entre os envolvidos. Isso, por si só, poderia convidar o estudioso do direito processual civil a afastar de seu campo de reflexões considerações mais detidas sobre a "jurisdição voluntária".

É que, vale enfatizar, a "jurisdição voluntária" caracteriza-se, não obstante ser prestada pelo Estado-juiz, pela ausência de conflitos entre os envolvidos. Tanto que, em se tratando de jurisdição voluntária, é costume não se referir a "partes", mas a "interessados"; evita-se falar em "lide", no sentido de "conflito" ou em "pretensão", dando-se preferência a palavra diversa, "controvérsia", e assim por diante. O parágrafo único do art. 723 do Código de Processo Civil continua a autorizar que a decisão do magistrado nestes casos não observe "[...] critério de legalidade estrita,

---

7. É iniciativa que, nas edições deste *Curso* anteriores ao CPC de 2015, ocupava a Parte I do tomo I do volume 2.

podendo adotar, em cada caso, a solução que reputar mais conveniente ou oportuna". Até a "coisa julgada", qualidade de imutabilidade que possuem certas decisões jurisdicionais, quando proferidas para a solução de conflitos, é tradicionalmente recusada em se tratando de "jurisdição *voluntária*". Todos esses fatores obrigam a distinguir caracteres diferenciados em tais casos.

Estender a discussão, contudo, é medida estranha aos objetivos perseguidos por este *Curso*. Embora haja peculiaridades nos chamados "procedimentos especiais de jurisdição *voluntária*", que os apartam suficientemente dos procedimentos de "jurisdição *não voluntária*" ou "*contenciosa*", cabe examiná-los no mesmo contexto em que se *deve* compreender o exercício da função jurisdicional.

A razão pela qual o direito positivo, atual ou pretérito, ainda reserva para determinadas situações a necessária intervenção jurisdicional – e, muitas vezes, em concorrência com a atuação não jurisdicional – é indiferente para infirmar aquela imposição. Em última análise, em todas as hipóteses em que a atuação do Estado-juiz for indispensável, cabe ao processualista civil analisá-la e sistematizá-la tendo como ponto de partida o "modelo constitucional do direito processual civil" e a releitura de seus institutos fundamentais.

E porque, como a seu tempo ficará mais claro, toda a atuação do Estado, qualquer que seja ela, impõe a realização de um *processo*, o Código de Processo Civil encarregou-se de, à luz de determinadas situações de direito material, estabelecer as diretrizes desse *processo* no qual o Estado-juiz administrará interesses privados de sujeitos de direito. Consoante as características de cada situação de direito material (bastante heterogêneas, aliás), o legislador houve por bem, inclusive, criar regras distintas de *procedimento*, de forma a dar maior aderência entre os meios a serem utilizados pelo magistrado para atingimento dos fins da lei, iniciativa digna de destaque.

É o que se dá, por exemplo, com a notificação e a interpelação (arts. 726 a 729), com a alienação judicial (art. 730), com o divórcio, a separação consensual[8], a extinção consensual de união estável e a alteração do regime de bens do matrimônio (arts. 731 a 734), com os testamentos e codicilos (arts. 735 a 737), com a herança jacente (arts. 738 a 743), com os bens dos ausentes (arts. 744 e 745), com as coisas vagas (art. 746), com a interdição (arts. 747 a 758), com as disposições comuns à tutela e à curatela (arts. 759 a 763), com a organização e a fiscalização das fundações (arts. 764 e 765) e, por fim, com a ratificação dos protestos marítimos e os processos testemunháveis formados a bordo (arts. 766 a 770).

Em rigor, todos esses *procedimentos* poderiam se desenvolver perante outros órgãos do Estado – já que, isto não há como negar, há interesses relevantes envolvidos em cada uma dessas situações no plano material –, que seriam aptos a assegurar as mesmas condições de bem decidir que o magistrado.

Tão mais verdadeira essa observação porque o Código de Processo Civil, preservando e desenvolvendo iniciativa que havia tido início com a Lei n. 11.441/2007 ainda sob a égide do CPC de 1973, com o inventário e com a partilha, autoriza que certas controvérsias, atendidas

---

8. No Tema 1.053 da Repercussão Geral, o STF fixou tese no sentido de que a separação consensual não subsiste como instituto jurídico autônomo no ordenamento jurídico brasileiro desde o advento da EC n. 66/2010, preservados, contudo, os atos jurídicos perfeitos.

determinadas exigências, sejam resolvidas fora do ambiente Judiciário. É o que continua a se dar com o inventário e com a partilha (art. 610, §§ 1º e 2º)[9-10] e com a separação, (com a ressalva já feita), divórcio ou extinção de união estável (art. 733) e passou a ser admitido com a demarcação e a divisão de terras (art. 571) e com a homologação do penhor judicial extrajudicial (art. 703, § 2º). O art. 1.071, acrescentando um novo art. 216-A à Lei n. 6.015/73 (Lei dos Registros Públicos), passou a autorizar a possibilidade de o usucapião ser reconhecido extrajudicialmente.

As hipóteses de autorização legal para a administração de determinados interesses *fora* do ambiente jurisdicional e independentemente da atuação do Estado-juiz devem ser compreendidas no sentido de confirmar tudo o quanto está escrito até aqui: tudo se passa como reflexão de legítimas opções políticas que são feitas no sentido de autorizar ou não que determinadas situações sejam regradas pelos próprios interessados, com ou sem participação estatal. Não é diferente o que se dá no campo dos mecanismos não jurisdicionais de resolução de conflitos e que, não por acaso, são tão incentivados pelo CPC desde os parágrafos de seu art. 3º, coexistindo com o acesso *jurisdicional* à "Justiça".

O que cabe enfatizar, para concluir, é que, nas situações que a lei obriga a intervenção jurisdicional ou quando as partes escolham a via jurisdicional para tutelar seus interesses mesmo quando ausente o conflito, todas as considerações relativas ao direito processual civil devem se fazer presentes. Ainda que se queira acentuar que se trata do exercício de função jurisdicional *sui generis*, ela deve ser exercitada mediante *processo* e, por isso, um processo *devido* desde o modelo constitucional.

---

9. Correto entender que a existência de testamento não impede que o inventário seja extrajudicial, desde que os interessados sejam todos maiores e concordes. Nesse sentido: STJ, 3ª Turma, AgInt nos EDcl no AREsp 2.460.192/RN, rel. Min. Marco Aurélio Belizze, j.un. 20-5-2024, *DJe* 23-5-2024; STJ, 3ª Turma, REsp 1.951.456/RS, rel. Min. Nancy Andrighi, j.un. 23-8-2022, *DJe* 25-8-2022; e STJ, 4ª Turma, REsp 1.808.767/RJ, rel. Min. Luis Felipe Salomão, j. un. 15-10-2019, *DJe* 3-12-2019. A prática foi objeto de regulamentação pela Resolução n. 452/2022 do CNJ, que alterou o art. 11 da Resolução n. 35/2007 do mesmo órgão. Essa Resolução, de n. 35/2007, originalmente vocacionada a disciplinar "... a aplicação da Lei n. 11.441/07 pelos serviços notariais e de registro", passou por sucessivas modificações, passando a ter objetivo mais amplo, desde a Resolução n. 326/2020, qual seja, "... a lavratura dos atos notariais relacionados a inventário, partilha, separação consensual, divórcio consensual e extinção consensual de união estável por via administrativa". A Resolução n. 571/2024 modificou-a mais uma vez para aceitar que até menores de idade possam participar dos atos extrajudiciais lá previstos, desde que com parecer favorável do Ministério Público. Na opinião deste *Curso*, para além da discutível competência do CNJ para editar aquele ato (v. n. 3.6 do Capítulo 3), não há espaço legal para tanto.
10. O *caput* do art. 610 estabelece a necessidade de o inventário e a partilha realizarem-se judicialmente quando houver testamento ou interessado incapaz. Também que o pedido de processamento do inventário deve ser apresentado até dois meses após a abertura da sucessão, isto é, do falecimento, cabendo ao magistrado, de ofício ou a requerimento, ampliar o prazo de doze meses que o art. 611 concede para conclusão dos trabalhos. O prazo referido pelo art. 611 foi modificado transitoriamente pelo art. 16 da Lei n. 14.010, de 10 de junho de 2020, que "dispõe sobre o Regime Jurídico Emergencial e Transitório das relações jurídicas de Direito Privado (RJET) no período da pandemia do coronavírus (Covid-19)". De acordo com o *caput* daquele dispositivo, "O prazo do art. 611 do Código de Processo Civil para sucessões abertas a partir de 1º de fevereiro de 2020 terá seu termo inicial dilatado para 30 de outubro de 2020". O parágrafo único do dispositivo, por sua vez, dispõe que "o prazo de 12 (doze) meses do art. 611 do Código de Processo Civil, para que seja ultimado o processo de inventário e de partilha, caso iniciado antes de 1º de fevereiro de 2020, ficará suspenso a partir da entrada em vigor desta Lei até 30 de outubro de 2020".

5. NOTÍCIA HISTÓRICA DO DIREITO PROCESSUAL CIVIL POSITIVADO NO BRASIL

Identificado o objeto do direito processual civil, isto é, o que deve ser estudado pelo processualista civil, cabe, justamente porque este *Curso* quer ser o mais didático possível, dar notícia suficiente da evolução do direito processual civil legislado no direito brasileiro desde a época do Brasil-colônia até os dias atuais. A proposta quer permitir que o leitor visualize desde logo um quadro suficientemente claro do passado e do presente do processo civil "legislado" no ordenamento jurídico brasileiro, chave para compreender melhor não só o que hoje "é" o direito processual civil, mas, muito mais do que isso – porque a linguagem do direito é, por definição, prescritiva –, como ele "deve-ser" hoje e amanhã. É esse o objetivo deste e do número seguinte.

No período anterior à independência brasileira, vigiam no Brasil as leis portuguesas de direito processual civil, contidas nas Ordenações Afonsinas de 1456, Manuelinas de 1521 e Filipinas de 1603.

Com a independência, a vigência das Ordenações Filipinas (Decreto de 20-10-1823 da Assembleia Geral Constituinte) foi mantida, até que leis brasileiras viessem a se ocupar do assunto.

A primeira legislação brasileira sobre o direito processual civil, de acordo com a lição de Moacir Lobo da Costa[11], consta da Lei de 29 de novembro de 1832, o Código do Processo Criminal, cuja "Disposição provisória acerca da administração da justiça *civil*", um verdadeiro anexo, tem 27 artigos. Em 1850 foi editado o Regulamento n. 737, que era o que seria chamado, com nomenclatura de hoje, de "Código de Processo *Comercial*", destinado basicamente a regular a atuação judicial nos conflitos derivados da aplicação do Código Comercial, Lei n. 556, de 25 de junho de 1850, que acabara de ser promulgado, disciplinando o seu art. 27. Para os conflitos de natureza civil, isto é, não comercial, foram mantidas em vigor as leis portuguesas, com as modificações implementadas pela mencionada Disposição Provisória do Código do Processo Criminal de 1832 e pela série de leis que foram editadas desde então, tratando de temas específicos, que ensejaram a elaboração de uma verdadeira compilação das leis processuais *civis*, iniciada, por força do disposto no art. 29, § 14, da Lei n. 2.033, de 1871, pelo Conselheiro Antonio Joaquim Ribas. É a chamada "Consolidação Ribas", que, por determinação de Resolução Imperial de 28 de dezembro de 1876, acabou se tornando obrigatória.

Com a proclamação da República, foi editado o Decreto n. 763/1890 que estendeu a disciplina do Regulamento n. 737/1850 aos conflitos de natureza *civil*. Em 1898, com o Decreto n. 3.084, de 5 de novembro, foi aprovada a "Consolidação das leis referentes à Justiça Federal", que levou em conta as disposições do Decreto n. 848, de 11 de outubro de

---

11. *Breve notícia histórica do direito processual civil brasileiro e de sua literatura*, p. 5.

1890, e da Lei n. 221, de 20 de novembro de 1894. Estabeleceu-se e consolidou-se, assim, uma "Justiça Federal" e um processo próprio para as causas de interesse da União Federal.

A Constituição Republicana de 1891, nos seus arts. 62 e 65, havia, com efeito, distinguido a "justiça *federal*" da "justiça *estadual*" – o que prevalece até os dias atuais – e permitido aos Estados-membros que legislassem sobre o direito processual civil a reger a atuação dos seus próprios organismos jurisdicionais (arts. 34, n. 23, e 65, n. 2). Por isso, o já mencionado Decreto n. 3.084/1898 não tinha aplicação aos Estados, só à União Federal. Enquanto os Estados não editaram seus próprios Códigos, prevaleceu, para reger suas próprias justiças, o Regulamento n. 737/1850. Gradativamente, alguns Estados brasileiros editaram seus próprios Códigos de Processo Civil, alguns chamados de "Código de Processo Civil *e Comercial*". O primeiro deles foi o Estado do Pará (1905), vindo, depois, os do Rio Grande do Sul (1909), Maranhão (1908), Bahia (1915), Espírito Santo (1915 e 1930)[12], Minas Gerais (1916), Rio de Janeiro (1919), Paraná (1920), Piauí (1920), Sergipe (1920), Ceará (1921), Rio Grande do Norte (1922), Pernambuco (1924), antigo Distrito Federal (1924), Santa Catarina (1928), São Paulo (1930) e Paraíba (1930). Não consta que os Estados do Amazonas, Alagoas, Goiás e Mato Grosso tenham editado seus próprios Códigos de Processo Civil, embora conste que tivessem leis próprias de organização judiciária[13].

Com a Constituição Federal de 1934, foi imposta a unidade legislativa do direito processual nas mãos da União Federal (art. 5º, XIX, *a*), isto é, a nova ordem constitucional então estabelecida impediu que os Estados-membros legislassem sobre a matéria, reconhecendo à União, com exclusividade, competência legislativa para tanto. O art. 11 do Ato das Disposições Constitucionais Transitórias daquela Constituição estabelecia que, com a sua promulgação, o governo nomearia comissão de três juristas (dois ministros do Supremo Tribunal Federal, então denominado "Corte Suprema" [arts. 63, *a*, e 73, da Constituição de 1934], e um advogado) com o objetivo de elaborarem um novo Código de Processo Civil e Comercial nacional. O § 2º daquele mesmo dispositivo transitório assegurava que, enquanto não elaborada a nova lei processual civil, os códigos estaduais permaneceriam com plena vigência.

A concretização legislativa do novo Código de Processo Civil nacional só foi possível sob a égide da Constituição de 1937, que, em seu art. 16, XVI, manteve a unidade processual nas mãos da União Federal. Seu texto teve origem em projeto apresentado por Pedro Batista Martins, revisado pessoalmente a partir de diversas emendas e sugestões enviadas pelo então

---

12. Rodrigo Reis Mazzei, em exemplar pesquisa histórica, sugere que, em verdade, o primeiro Código *estadual* foi o do Espírito Santo. A este respeito, ver seu *Código de Processo Civil do Espírito Santo: texto legal e breve notícia histórica*, que ganhou, do autor deste *Curso*, resenha publicada no volume 240 da *Revista de Processo*.

13. A propósito de tais Códigos, cabe o destaque da importante iniciativa capitaneada pelos Professores Antonio Pereira Gaio Júnior e Bruno Augusto Sampaio Fuga frente à editora Thoth de Londrina de republicá-los, com notas para o direito vigente.

Ministro da Justiça, Francisco Campos, com o auxílio de Guilherme Estellita. Foi, afinal, aprovado pelo Decreto-lei n. 1.608, de 18 de setembro de 1939, entrando em vigor a partir do dia 1º de fevereiro de 1940. É pertinente ressaltar que toda a legislação daquele período – conhecido como o "Estado Novo" de Getúlio Vargas – acabou se concentrando nas mãos do Presidente da República, o que justificou, de 1937 a 1945, o largo uso de um veículo normativo *sui generis*, o Decreto-lei que, de acordo com o art. 13 da Constituição de 1937, poderia ser usado pelo Presidente da República nos períodos de recesso do Parlamento ou de dissolução da Câmara dos Deputados, caso o exigissem as "necessidades do Estado". Trata-se, pois, de veículo normativo bem diferente do mecanismo homônimo da Constituição de 1967, com a redação da Emenda Constitucional n. 1/69 (art. 58) e, mais recentemente, das Medidas Provisórias editadas pelo Presidente da República de acordo com os pressupostos do art. 62 da Constituição Federal de 1988, na redação dada pela Emenda Constitucional n. 32/2001.

A grande crítica que, historicamente, foi feita ao Código de Processo Civil de 1939 é que ele não espelhou adequadamente o grau científico que o direito processual civil já havia alcançado na Europa e que ele, embora bem elaborado, era demasiadamente teórico, o que acarretava extrema complexidade na sua aplicação prática.

Em meados dos anos sessenta do século passado, teve início um movimento de reforma do Código de Processo Civil, o que acabou, nas mãos de Alfredo Buzaid, levando ao CPC de 1973 (Lei n. 5.869, de 11-1-1973), que, com profundas e incontáveis modificações, teve vigência até o advento do atual CPC (Lei n. 13.105, de 16-3-2015). Aquele Código, o CPC de 1973, tal qual concebido por seu idealizador, jamais foi convertido em lei, tanto em função dos debates políticos do Congresso de então, que modificaram sensíveis partes do Anteprojeto original, quanto pelas diversas leis que o alteraram inclusive durante a sua *vacatio legis*, isto é, durante o período em que o Código, posto estar publicado, ainda não tinha entrado em vigor. De qualquer sorte, nunca se colocou em dúvida que o grande mérito do CPC de 1973, mesmo na versão que entrou em vigor em 1º de janeiro de 1974, consoante seu art. 1.220, é ter alcançado um elevado grau de sistematização da matéria, com amplo domínio de toda a "ciência" do direito processual civil produzida até então.

Não obstante, o CPC de 1973 nunca deixou de passar por modificações ao longo dos seus quarenta e dois anos de vigência. Modificações que foram não só *quantitativamente* expressivas, mas também – e principalmente – *qualitativamente* relevantes. Não é exagero afirmar que as reformas pelas quais aquele Código passou, sobretudo a partir de 1994, acabaram por romper o seu senso de unidade e de ordenação, tornando-o praticamente irreconhecível no contraste entre seu texto final e aquele que, em 1974, havia entrado em vigor.

Com tão numerosas quanto profundas Reformas pelas quais o CPC de 1973 passou, na primeira década dos anos 2000 ganhou força no âmbito do Senado Federal a ideia de que era tempo para um novo Código de Processo Civil. Para tanto, o então Presidente daquela Casa Legislativa, Senador José Sarney, nomeou uma Comissão de Juristas, presidida pelo Ministro Luiz Fux, então no Superior Tribunal de Justiça e atualmente no Supremo Tribunal Federal, para a preparação de um Anteprojeto de novo Código de Processo Civil, do qual foi Relatora-Geral a Professora Teresa Arruda Alvim, da Faculdade de Direito da Pontifícia Universidade Católica de São Paulo. Os membros da Comissão foram os seguintes: Adroaldo Furtado Fabrício, Benedito Cerezzo Pereira Filho, Bruno Dantas, Elpídio Donizetti Nunes, Humberto Theodoro Júnior, Jansen Fialho de Almeida, José Miguel Garcia Medina, José Roberto dos Santos Bedaque, Marcus Vinicius Furtado Coelho e Paulo Cesar Pinheiro Carneiro.

O produto do trabalho daquela Comissão, em forma de Anteprojeto de lei, foi apresentado em junho de 2010 ao Senado Federal, convertendo-se no PLS n. 166/2010, cujo Relator-Geral foi o Senador Valter Pereira. Os trabalhos do Senado Federal tiveram apoio de uma Comissão de especialistas da qual participaram o saudoso Ministro Athos Gusmão Carneiro, Dorival Renato Pavan, Luiz Henrique Volpe Camargo e o autor deste *Curso*. O produto final, aprovado em dezembro de 2010, representa um adequado aperfeiçoamento do Anteprojeto à luz de todas as contribuições colhidas em inúmeras audiências públicas que foram realizadas pela própria Comissão de Juristas encarregada da elaboração do Anteprojeto e de outras tantas contribuições que chegaram ao Senado Federal por todos os possíveis meios de comunicação e que foram todas, sem exceção, levadas em consideração.

O Projeto foi enviado, em continuação, à Câmara dos Deputados, onde tramitou como PL n. 8.046/2010, primeiro sob a relatoria do Deputado Federal Sergio Barradas Carneiro e depois sob a do Deputado Federal Paulo Teixeira. O trabalho final aprovado pela Câmara dos Deputados em dezembro de 2013, com os destaques votados em março de 2014, é substancialmente diverso do Projeto do Senado. A apreciação, importa acentuar, é tão somente *objetiva*, sem nenhum juízo de valor sobre as modificações. Em função das alterações, foi necessário que o Projeto da Câmara fosse devolvido ao Senado Federal, iniciador do *processo* legislativo, para que analisasse as modificações introduzidas pela Câmara, decidindo mantê-las ou rejeitá-las. É o que decorre suficientemente do art. 65 da Constituição Federal.

Na volta ao Senado Federal, o Projeto da Câmara acabou sendo preservado em larga escala, tendo sido incorporadas, não obstante, diversas das modificações que já constavam do Projeto do próprio Senado aprovado em dezembro de 2010. É possível verificar também que o Senado Federal, em diversas oportunidades, exorbitou dos limites a ele impostos naquele momento do processo legislativo pelo precitado art. 65 da Constituição Federal. O texto final foi aprovado na sessão de 17 de dezembro de 2014, com a votação de diversos destaques feitos a ele. Seguiu-se um período de "revisão" – verdadeiro *limbo legislativo* – em que o texto foi alterado em inúmeros pontos, sendo perceptíveis *objetivamente* incontáveis mudanças de palavras, modificações de pontuação, desdobramentos de dispositivos e, até mesmo, introduções de novos dispositivos legais. Nada que se pudesse justificar no ambiente de um *processo* legislativo naquele que foi cantado em prosa e em verso como o mais republicano e democrático dos Códigos feitos no Brasil[14].

Foi com essas inúmeras modificações que o texto foi enviado à sanção presidencial e, com poucos vetos, promulgado em 16 de março de 2015, tendo sido publicado no *Diário Oficial* de 17 de março daquele ano, como Lei n. 13.105/2015[15].

Durante a *vacatio legis* do CPC, foi promulgada a Lei n. 13.256, de 4 de fevereiro de 2016, que modificou diversos de seus dispositivos, modificando profundamente não apenas, mas principalmente a sistemática dos recursos especiais e extraordinários repetitivos, inclusive naquilo que o CPC verdadeiramente inovava em relação à disciplina legislativa anterior. A notícia não deixa de trazer à mente a circunstância de o CPC de 1973 ter também sido alterado pela Lei n. 5.925/73 ainda antes de entrar em vigor. A importante diferença entre os dois episódios, não fosse bastante a época em que ocorreram, é que aquela Lei não modificou nenhuma estrutura do Código anterior, diferentemente do que se deu com a Lei de 2016.

5.1 Uma primeira aproximação do CPC

Após as considerações que ocupam o número anterior, é importante ter conhecimento, ainda que generalizado, do CPC. A proposta é a de expô-lo da maneira mais didática possível, com o intuito de facilitar a sua compreensão, fornecendo verdadeiro "guia", ainda que provisório, do Código, tomando como referência da exposição a sua própria divisão estrutural, muito mais bem acabada, não há por que negar, que a do seu antecessor, máxime diante das profundas modificações pelas quais passou nos últimos vinte anos de sua vigência.

Do ponto de vista estrutural, inovando em relação ao CPC de 1973 – e analogamente ao Código de Processo Civil de 1939 –, o CPC contém uma "Parte Geral", em contraposição a uma "Parte Especial". Ele traz também um "Livro Complementar".

A Parte Geral é dividida em seis livros, denominados, respectivamente, "Das normas processuais civis"; "Da função jurisdicional"; "Dos sujeitos do processo"; "Dos atos processuais"; "Da tutela provisória" e "Da formação, da suspensão e da extinção do processo".

---

14. Todas essas modificações, vírgula por vírgula, são identificadas no *Novo Código de Processo Civil anotado*, escrito também pelo autor deste *Curso*. A discussão do tema, de qualquer sorte, é recorrente ao longo do desenvolvimento deste trabalho.
15. Os vetos recaíram sobre os seguintes artigos: 35 (imposição da carta rogatória para a prática de atos de comunicação sempre que o ato estrangeiro fosse decisão a ser cumprida no Brasil), 333 (conversão da "ação individual" em "ação coletiva"), 515, X (decisões do Tribunal Marítimo como títulos executivos judiciais), 895, § 3º (atualização monetária incidente nas prestações devidas pela aquisição de bens leiloados), 937, VII (sustentação oral em todo agravo interno), 1.015, XII (cabimento do agravo de instrumento contra a conversão da "ação individual" em "ação coletiva") e 1.055 (responsabilidade do autor por pagamentos a despeito do início do processo, salvo concessão de tutela provisória em sentido contrário).

Nela são disciplinados, dentre outros, os princípios e as garantias fundamentais do processo civil (arts. 1º a 11); é estabelecida ordem cronológica de conclusão para proferir sentenças ou acórdãos (art. 12), regra que acabou sendo bastante flexibilizada pela Lei n. 13.256/2016, ainda durante a *vacatio legis* do CPC; a aplicação das normas processuais (arts. 13 a 15); os contornos da "jurisdição e da ação", cabendo destacar que a "impossibilidade jurídica do pedido" deixou de ser uma das condições da ação e que, embora interesse e legitimidade lá estejam, não figuram no CPC como *condições* (art. 17); os limites da jurisdição nacional e, inovando, uma interessante disciplina a respeito da cooperação internacional, inclusive por "auxílio direto" (arts. 21 a 41); a competência (arts. 42 a 66); a cooperação nacional (arts. 67 a 69); os sujeitos do processo, incluindo uma bem modificada e mais completa disciplina sobre os honorários advocatícios, cabíveis inclusive em grau recursal (arts. 70 a 97); gratuidade da justiça (arts. 98 a 102); as funções essenciais à administração da Justiça, distinguindo, com nitidez, o juiz (e seus auxiliares), do Ministério Público, da advocacia pública e da defensoria pública (arts. 139 a 187); atos processuais (arts. 188 a 293), com a importante novidade de que os prazos processuais só correrão em dias úteis (art. 219, *caput*); e as normas relativas à formação, à suspensão e à extinção do processo (arts. 312 a 317).

É na Parte Geral que se encontra também a disciplina do litisconsórcio e das modalidades de intervenção de terceiros, tanto quanto uma das principais modificações do CPC, que é a disciplina da "tutela *provisória*", que vem para substituir as regras relativas à "tutela antecipada" e ao "processo cautelar" do CPC de 1973.

Após a Parte Geral, vem a Parte Especial, que é dividida em três Livros, pela ordem: "Do processo de conhecimento e do cumprimento de sentença" (arts. 318 a 770), "Do processo de execução" (arts. 771 a 925) e "Dos processos nos Tribunais e dos meios de impugnação das decisões judiciais" (arts. 926 a 1.044).

O Livro I, por sua vez, é dividido em três Títulos: "Do procedimento comum" (arts. 318 a 512); "Do cumprimento de sentença" (arts. 513 a 538) e "Dos procedimentos especiais" (arts. 539 a 770).

No Título I do Livro I da Parte Especial é disciplinado o "processo de conhecimento e cumprimento de sentença", denominação que reflete adequadamente o que muitos setores da academia brasileira vinham (corretamente) chamando de "processo *sincrético*" ou "processo por *fases* ou *etapas*": uma fase (ou etapa) processual de *conhecimento*, predestinada ao *reconhecimento* do direito aplicável ao caso, isto é, a definir quem e em que medida faz jus à tutela jurisdicional, com a formação do título executivo *judicial*, e uma fase (ou etapa) processual de *execução* – *o CPC vale-se da palavra "cumprimento"* –, vocacionada à *satisfação* daquele mesmo direito.

A dualidade de procedimentos *comuns* (distinguindo, com nitidez, o *ordinário* do *sumário*), que era prevista no art. 272, *caput*, do CPC de 1973, foi extinta. No seu lugar há o procedimento denominado *comum*, sem variantes, em si mesmo considerado; nada, portanto, de um comum-ordinário, isto é, comum mais comum e um comum menos comum porque sumário.

A iniciativa acaba por fortalecer, por vias reflexas, os Juizados Especiais em suas diversas esferas de competência[16].

O Título II do Livro I da Parte Especial traz a disciplina do *cumprimento* de sentença. Trata-se, para os fins que por ora interessam, das mesmas regras que ocupavam os arts. 475-A a 475-R, 461 e 461-A do CPC de 1973, com as mesmas variantes das modalidades obrigacionais, isto é, regras próprias para as obrigações de pagar (arts. 523 a 527), fazer e não fazer (arts. 536 e 537) e entregar coisa (art. 538), respectivamente. Também há regras novas que disciplinam de maneira expressa o cumprimento de sentença para pagamento de dinheiro em se tratando de dívida alimentar (arts. 528 a 533) e quando a Fazenda Pública é devedora (arts. 534 e 535).

O Título III do Livro I disciplina os procedimentos especiais. Dentre eles estão disciplinados aqueles que podem ser chamados de "procedimentos especiais contenciosos", ao lado dos "procedimentos especiais de jurisdição voluntária", mantida, no particular, a nomenclatura tradicional e não a que propuseram o Projeto do Senado e o Anteprojeto, "procedimentos especiais de jurisdição *não contenciosa*". Trata-se, não obstante as alterações, supressões e inclusões propostas, fundamentalmente da disciplina que ocupava o Livro IV do CPC de 1973, colocada lado a lado com o que, no CPC, é chamado de "procedimento comum". A iniciativa parece ser mais pertinente do que a do CPC de 1973, que disciplinava os procedimentos especiais de forma apartada dos procedimentos comuns, em Livros diversos. Aqui, também, a escolha mais recente traz à memória o CPC de 1939[17] e tem a concordância e adesão deste *Curso* que, desde suas edições anteriores, ainda sob o manto do CPC de 1973, assumia o mesmo ponto de vista para apresentar a matéria, *sistematizando-a*.

O Livro II da Parte Especial do Código de Processo Civil trata do "processo de execução". Nele, estão disciplinadas as técnicas disponíveis para a concretização da "tutela jurisdicional *executiva*", isto é, aquela em que a *realização* do direito reconhecido no título executivo impõe a adoção de técnicas jurisdicionais de transformação da realidade, com vistas à satisfação do direito nele, no título, atestado. Assim como ocorria na vigência do CPC de 1973, a disciplina que reside nesta Parte toma como base a execução fundada em título executivo *extrajudicial*, isto é, formado fora do ambiente jurisdicional e independentemente da intervenção do Estado-juiz. Não obstante, suas normas *complementam* a disciplina sobre o "cumprimento de sentença", isto é, as técnicas a serem adotadas para a *realização* do direito reconhecido existente em títulos executivos *judiciais (porque surgidos no ambiente jurisdicional, ainda que não*

---

16. A observação é tanto mais verdadeira quando se constatam, no Livro Complementar do CPC, diversas modificações querendo harmonizar o sistema dos Juizados Especiais (Cíveis, Federais e da Fazenda Pública) com variadas novidades trazidas pelo CPC. Além disso, os arts. 1.046, § 1º, e 1.049, parágrafo único, veiculam indispensáveis regras de direito transitório diante da extinção do procedimento sumário.
17. Naquele Código, os "processos especiais" estavam distribuídos nos diversos Títulos de seu Livro IV, desde as "ações executivas" até a "dissolução e liquidação das sociedades". O Livro V, seguinte, tratava dos "processos acessórios", enquanto o anterior, Livro III, disciplinava o "processo ordinário".

mente científica, é, quando menos, *didática*. É nesse sentido e para essa finalidade que elas são indicadas e aqui ilustradas.

É interessante destacar, por fim, que essas "especializações" – verdadeiras "subdivisões" – do direito processual civil levam em conta, desde sua concepção, as características mais marcantes e, por isso mesmo, próprias, distintivas, do direito material. É como se a específica peculiaridade de determinados ramos do próprio direito material justificasse ou impusesse ao processualista civil a identificação das diferentes formas de tutela jurisdicional exigidas pela especialidade característica naquele outro plano. Trata-se, assim, de colocar à prova uma das premissas mais caras, porque mais importante, do estudo contemporâneo do direito processual civil, que é a da compreensão do direito processual civil como necessário instrumento do direito material. Instrumento no sentido de criar condições de concretizar – coercitivamente, se for o caso – as prescrições do direito material, tornando-as efetivas.

Assim, o destaque e a observação de que as regras processuais civis alteram-se ou tendem a se alterar ou, quando menos, podem vir a ser alteradas pelo *conteúdo* dos diferentes conflitos levados ao Judiciário para solução são pertinentes menos para demonstrar que o processo não se confunde com o direito material nele veiculado (que há um *continente* e um *conteúdo*, portanto) e mais para evidenciar que, contemporaneamente, o direito processual civil *deve ser* examinado, sistematizado e *revisitado* a partir de uma ótica diversa daquela que obteve, com sucesso, sua desvinculação do direito material. Hoje, o estudo do direito processual civil deve partir *também* de seu conteúdo (o direito material conflituoso) e a partir daí é que devem ser pensadas suas formas, seus mecanismos, seus institutos, seus limites e, diferentemente do que pareceu ao próprio CPC, seu necessário desenvolvimento e aperfeiçoamento.

Quando um direito *material* com características próprias é posto em juízo, portanto, fica evidenciado o acerto da premissa da *instrumentalidade do processo,* na medida em que estreita a separação entre o direito material e o processual, relativizando, assim, o binômio direito-processo, unindo-os para um fim comum, a concretização do próprio direito *pelo* processo. As relações entre *continente* (o direito *processual*) e *conteúdo* (o direito *material*), pois, representam campo de análise, de pesquisa e de reflexões bastante útil para contrastar a *utilidade* e o grau de *eficiência* do processo, sempre e invariavelmente voltado para a *concretização* do direito material.

6.1 Direito processual coletivo

O número anterior destaca que não cabe aqui problematizar sobre se o chamado "direito processual coletivo" é, ou não, uma "subdivisão" do direito processual civil. O que importa é chamar a atenção para a existência de normas de direito positivo que visam regular um "tipo" especial de conflito de interesses, não capturado adequada ou suficientemente pelo Código de Processo Civil.

A diferença reside em que as normas classificadas sob o manto do "direito processual coletivo" voltam-se à solução de conflitos diferenciados daqueles que, historicamente, geraram o desenvolvimento do direito processual civil, marcadamente "individualista", reflexo do modelo e padrão da sociedade e da economia de então. Aqui, não se trata de conflitos entre um indivíduo contra o outro ou, no máximo, de um pequeno grupo de indivíduos em face de outro pequeno grupo. Trata-se, bem diferentemente, de verificar em que medida o Estado-juiz tem condições de lidar com conflitos que envolvem grupos com diversas roupagens de organização e em que condições é viável imaginar o Estado-juiz solucionando conflitos a partir de interesses ou direitos que nem conseguem ser individualizados ou fruíveis individualmente, ou, ainda, que nem conseguem se organizar porque não têm nenhuma ligação em comum. Como lidar, em última análise, com direitos e interesses que não são sequer subjetiváveis, isto é, passíveis de apreensão por alguém e que, não obstante, existem e são dignos de tutela *jurídica*?

O que interessa no presente contexto é destacar que, em virtude de uma nova realidade do direito material – o reconhecimento de direitos e de interesses que transcendem a existência de um "sujeito" de direito, de um "indivíduo", de uma "pessoa" e que merecem, tanto como qualquer direito, adequada proteção do Estado-juiz (adequada tutela jurisdicional) –, o direito processual civil passou a se ocupar dos conflitos daí derivados, verificando em que medida as formas tradicionais de tutela *jurisdicional* tinham ou têm o condão de dar guarida adequada às prescrições de direito material. E mais: na medida em que se verifica a *insuficiência* daquelas formas de tutela jurisdicional, é possível cogitar *novas* modalidades de atuação jurisdicional voltadas àquela mesma finalidade: a de concretizar as prescrições de direito material de determinados direitos não individuais e, por isso mesmo, coletivos.

O "direito processual coletivo", dessa forma, é uma segura prova de que a doutrina do direito processual civil brasileiro soube apreender e desenvolver adequada e suficientemente as premissas propostas por Cappelletti quanto à "segunda onda de acesso à Justiça", cuja notícia é dada pelo n. 2.2 do Capítulo 2.

A disciplina do chamado "processo civil coletivo" entre nós nunca esteve no Código de Processo Civil. A afirmação que era mais que justificável para o CPC de 1973, considerando a época de sua promulgação e a visão de direito processual civil que então se tinha, soa, infelizmente, pertinentíssima para o atual CPC, que *não* se preocupou em sistematizar nem em aprimorar o sistema de direito processual coletivo que preexistia a ele. É correto afirmar que todas as tentativas para que a nova codificação passasse a tratar da matéria foram recusadas, sendo prova segura dessa afirmação o veto presidencial ao seu art. 333, que disciplinava a "conversão da ação individual em coletiva". O que faz o CPC sob a nomenclatura "julgamento de casos repetitivos" (art. 928) é tratar do assunto de perspectiva completamente diversa – de "processos *repetitivos*" –, que não se confunde com o que aqui é posto em relevo e que não guarda relação com o desenvolvimento que, até então, vinha se desenvolvendo no direito brasileiro. É tema ao qual se volta o volume 2 deste *Curso*.

Por isso é que o referencial normativo seguro do "direito processual coletivo" continua a ser o conjunto formado pela necessária interação da Lei n. 7.347/85, "lei da ação civil pública", e parcela da Lei n. 8.078/90, o "Código de Proteção e Defesa do Consumidor", criada pelos arts. 21 e 90 de cada um daqueles diplomas legislativos, respectivamente. O CPC é fonte supletiva e subsidiária para *aquele* sistema, não obstante o silêncio de seu art. 15 quanto ao ponto.

Há, contudo, diversos outros diplomas legislativos que não se voltam, precipuamente, a regular um "processo coletivo", mas que contêm normas destinadas a disciplinar situações coletivas, sempre entendidas como "não individuais" ou "metaindividuais" dos direitos materiais que regulam. É o que se dá, por exemplo, com a Lei n. 8.069/90, o "Estatuto da Criança e do Adolescente", com a Lei n. 10.741/2003, o "Estatuto do Idoso", com a Lei n. 12.016/2009, cujos arts. 21 e 22 disciplinam o "mandado de segurança *coletivo*", e com a Lei n. 13.300/16, cujos arts. 12 e 13 tratam do "mandado de injunção *coletivo*". Outros diplomas legislativos, como a Lei n. 10.671/2003, o "Estatuto do Torcedor", limitam-se a fazer expressa remissão à parte processual coletiva do "Código de Proteção e Defesa do Consumidor", o seu Livro III, para a defesa dos interesses e direitos por ela regulados (art. 40) com idênticos resultados.

Chegou a haver um "pré-Anteprojeto de lei", cuja coordenação dos trabalhos ficou a cargo da saudosa Professora Ada Pellegrini Grinover, que buscava instituir um "Código de Processo Civil Coletivo". A iniciativa é digna de destaque e, apesar de ter sido abandonada na sua tramitação legislativa, tendo sido substituída pelo Projeto de uma nova lei para a "ação civil pública", serviu para enriquecer muito o debate acerca desse "sub-ramo" do direito processual civil. Quiçá tenha sido decisivo para sua emancipação em face do direito processual civil, dada a gradativa especialização de suas normas jurídicas. A mesma Professora, em companhia do processualista argentino Roberto Berizonce e do processualista uruguaio Angel Landoni Sosa, também preparou um "Código-tipo", isto é, um Código para servir como "modelo" ou "referência" de estudo ou, até mesmo, de incorporação pelo direito positivo sobre os processos coletivos para a Ibero-América. Tais iniciativas demonstram, suficientemente, para os fins presentes da exposição, a importância do tema relativo ao "direito processual coletivo".

6.2 Direito processual público

É útil e desejável que o estudo mais aprofundado do direito processual civil leve em conta situações específicas de direito material – individuais ou coletivas, isso importa menos aqui – que digam respeito às relações jurídicas travadas entre os cidadãos e o Estado, assim entendida a Administração Pública nas suas variadas formas de apresentação e atuação.

A iniciativa, que para muitos pode parecer desnecessária, é relevante e inadiável porque, talvez em função de suas origens, o direito processual civil sempre foi pensado e tornado objeto da ciência processual, a partir da aplicação do direito civil ou privado como um todo. O que ocorre, contudo, é que, pelas características históricas e atuais do direito brasileiro, qualquer litígio que ocorra entre o cidadão e o Estado-administração deve ser levado a julgamento perante o Poder Judiciário, e as normas que regem a atuação do Estado-juiz em tais casos são basicamente as mesmas que regem as formas de resolução jurisdicional de controvérsias entre dois particulares. Assim, e por esse motivo, é importante estudar um direito processual civil voltado à solução e à aplicação de conflitos de interesses qualificados por pretensões originárias de situações regidas pelo direito público, pelo direito *material público*, aí compreendido o direito constitucional, o direito administrativo, o direito tributário, o direito previdenciário etc. Como *também* no campo dessas relações jurídicas é vedado fazer "justiça pelas próprias mãos", isto é, é vedada a autotutela, impõe-se que sua solução seja igualmente levada ao Poder Judiciário, ao Estado-juiz.

Para descrever essa iniciativa, propõe-se o emprego da expressão "direito processual *público*". O adjetivo "público" quer demonstrar que o corte metodológico repousa justamente nas formas de resolução de conflitos de interesses originários da aplicação do direito *material público* e não "civil" como sinônimo de "privado", como é da tradição do nosso direito e das nossas letras jurídicas.

Essa observação poderia parecer pouco útil na medida em que, nos dias atuais, já não há dúvidas de que o direito processual (inclusive o civil) é ramo do *direito público*. Trata-se, em última análise, da parcela do direito que se predispõe a examinar o *modo* de solução dos conflitos por uma das *funções* estatais, a Judiciária. E se assim é, se seu objeto é o *modo* de exercício de *função* desempenhada pelo *Estado-juiz*, está-se diante de uma disciplina *típica* de direito *público*.

Ocorre que, quando o direito *material público* dá ensejo ao conflito de interesses qualificado por uma pretensão resistida – para fazer uso, mais uma vez, da consagrada expressão proposta por Carnelutti –, impõe-se verificar em que medida a distinta *qualidade* do direito conflituoso – quando comparada com o direito privado – tem aptidão para *modificar, alterar* ou *influenciar* as soluções tradicionais do direito processual civil, nascido, desenvolvido e sistematizado a partir do direito *material privado*.

Ademais, como no Brasil a jurisdição é una, diferentemente do que se dá nos países europeus que tanto contribuíram para o estudo do direito processual civil e que tanto influenciaram o pensamento a seu respeito também entre nós, e os conflitos envolvendo a administração pública são necessariamente dirigidos para resolução definitiva perante um mesmo Judiciário, a partir de um mesmo corpo de normas processuais (civis), mister extrair dessas regras processuais o máximo em torno da concretização daqueles direitos, atendendo invariavelmente a suas peculiaridades, a seu modo de ser e a sua função no sistema jurídico.

Exemplo pertinente da importância dessa especialização reside na Súmula 434 do STJ, cujo enunciado é o seguinte: "O pagamento da multa por infração de trânsito não inibe a discussão judicial do débito" e encontra eco na Súmula 127 do TJSP, que tem o seguinte enunciado: "A propositura de ação acidentária independe do exaurimento da via administrativa, assim como de prévio requerimento do benefício perante o INSS".

de ser do trato diferenciado da atuação processual da Administração Pública: afinal são *prerrogativas* das pessoas de direito público ou *privilégios* que, como tais, devem (deveriam) ser banidos do ordenamento jurídico nacional?

Ademais, diversas leis extravagantes do direito processual civil ocupam-se de regrar específicas formas de tutela jurisdicional típicas do que este *Curso* propõe seja chamado de "direito processual público". É o que se dá, por exemplo, com o "mandado de segurança" (Lei n. 12.016/2009), com o "mandado de injunção" (Lei n. 13.300/2016), com algumas ressalvas, com o *habeas data* (Lei n. 9.507/97) e, para ficar com apenas mais um exemplo, com a chamada "ação de desapropriação" (Decreto-lei n. 3.365/41). Outras leis, como a que rege a "ação popular" (Lei n. 4.717/65) e a que rege a "ação de (im)probidade administrativa" (Lei n. 8.429/92, com as profundas modificações implementadas pela Lei n. 14.230/2021), dão contornos a institutos no campo do direito material (a juridicidade do ato administrativo e a atuação da Administração Pública como um todo) e criam, para garantir sua realização prática, específicas formas de obtenção de sua tutela jurisdicional[21].

6.2.1 Direito processual tributário

Ao lado do "direito processual público", parcela da doutrina sustenta a existência ou, quando menos, a conveniência de se referir a um "direito processual *tributário*". Essa subdivisão do direito processual civil ou, aceita a proposta feita pelo número anterior, do próprio "direito processual *público*", voltado a estudar as relações entre o direito processual civil e o direito tributário, justifica-se diante das peculiaridades do direito tributário, que o distinguem dos demais ramos do direito público. Seja pelo seu objeto, bem específico (voltado à análise dos limites que o Estado tem para recolher compulsoriamente, aos cofres públicos, dinheiro dos particulares), seja também (senão principalmente) pelo âmbito da atuação *vinculada* do Estado neste campo do direito (art. 142 do CTN) que bem o caracteriza como tal.

Não há espaço, aqui, para negar o acerto das duas considerações colocadas em destaque. Muito menos para negar a conveniência de distinguir com a maior nitidez possível, precisamente em função delas, o direito processual "tributário" do direito processual "público", o que se justifica, vale a ênfase, diante das peculiaridades desse ramo do direito público.

Há até aqueles que se propõem estudar o direito processual tributário em duas perspectivas diversas: um deles destinado ao exame das providências jurisdicionais que o Estado (o Fisco) pode (e deve) tomar para cobrar tributos não pagos pelos particulares (contribuintes). São as chamadas "ações exacionais". De outro, as providências jurisdicionais de que os particulares podem lançar mão para evitar ou afastar a cobrança total ou parcial do tributo pelo Estado, antes ou depois de ele, o tributo, estar devidamente *constituído*, isto é, ter existência e eficácia jurídicas. São as chamadas "ações antiexacionais"[22].

---

[21]. O autor deste *Curso* se voltou à análise de cada uma daquelas leis em seu *Poder Público em juízo*.
[22]. É a proposta feita por James Marins em seu *Direito processual tributário brasileiro*, p. 449.

6.2.2 Direito processual constitucional

Sem prejuízo da compreensão de que o estudo do direito processual civil deve ser feito a partir da Constituição Federal, extraindo dela o "modelo constitucional do direito processual civil brasileiro", tema ao qual se dedica todo o Capítulo 3, é importante destacar que alguns autores valem-se da expressão "direito processual constitucional" para descrever e estudar as normas que regulam a denominada "jurisdição constitucional". Assim, para ilustrar, quando o art. 5º, LXIX, da Constituição Federal, prevê o mandado de segurança para tutelar ilegalidades ameaçadas ou já praticadas por autoridades públicas; quando o art. 5º, LXXII, da Constituição Federal, trata do *habeas data* e quando o art. 103 da Constituição Federal disciplina os legitimados para as chamadas "ações diretas de inconstitucionalidade e declaratórias de constitucionalidade".

Ao lado desse "direito processual constitucional", é também comum encontrar na doutrina a menção a um "direito constitucional processual" ou "tutela constitucional do processo" para significar a subdivisão do direito processual civil voltado ao estudo do conjunto das normas de direito processual que se encontra na Constituição Federal. É o caso de normas como a do art. 5º, XXI, da Constituição Federal, segundo o qual as entidades de classe, quando devidamente representadas, podem atuar em juízo em prol dos interesses de seus associados, previsão que encontra norma similar no ambiente trabalhista (art. 8º, III, da CF) ou até mesmo com a do art. 5º, XXXV, que assegura o acesso à justiça para a tutela de lesões ou ameaças a direito.

Dadas as escolhas metodológicas que norteiam o desenvolvimento deste *Curso*, tratar de "direito processual constitucional" ou de "direito constitucional processual" como "subdivisão" do direito processual civil é medida insuficiente para descrever e aplicar a indispensabilidade e a importância da compreensão do fenômeno processual civil como um todo, que *deve ser* construído *dentro* e *a partir* da Constituição Federal.

Muito mais do que uma de duas "subdivisões" do direito processual civil, portanto, trata-se de um *método* de trabalho imposto pela própria Constituição Federal e que quer colocá-la como centro gravitacional indispensável para a compreensão do direito processual civil como um todo, do atual estágio científico de seus institutos mais caros e, como não poderia deixar de ser, do próprio Código de Processo Civil. É essa iniciativa que move a elaboração deste *Curso* e que encontra seu ponto culminante no já mencionado Capítulo 3 e, em seguida, no Capítulo 5.

6.3 Direito processual do consumidor

Também no campo do direito material privado há tendência, embora bem mais tímida do que no campo do direito material público, para determinadas "especializações" do estudo do direito processual civil, isso certamente como decorrência da evolução histórica do direito processual civil. A mais marcante delas diz respeito ao chamado "direito processual do consumidor".

Justifica-se, em especial, esse tratamento diferenciado. O Código de Proteção e Defesa do Consumidor, Lei n. 8.078/90, a par de estabelecer normas bem específicas para a tutela *coletiva*, isto é, não individual ou metaindividual do consumidor em juízo – o "direito processual coletivo" –, traz também uma série de normas próprias e diferenciadas para a tutela do consumidor individualmente considerado em juízo. As mais difundidas na doutrina e na jurisprudência são a regra de competência do domicílio do consumidor para os processos em que ele seja autor (art. 101 da Lei n. 8.078/90) e a relativa à possibilidade de inversão do ônus da prova em prol do consumidor diante da verossimilhança da alegação deste e de sua hipossuficiência (art. 6º, VIII, da Lei n. 8.078/90), norma verdadeiramente revolucionária a seu tempo e que encontra sua generalização no art. 139, VI, do CPC.

De resto, as características marcantes do direito *material* do consumidor, caracterizado por declaradas políticas públicas e viés nitidamente protecionista da parte mais fraca da relação jurídica (a exemplo do que caracteriza a tradição do direito do trabalho e diferentemente do que é da tradição do direito civil e do comercial), são dados mais que suficientes para justificar o destaque científico ou, quando menos, didático, do estudo apartado do "direito processual do consumidor". Justamente para que se tenha condições de verificar em que medida este ramo especial do direito privado afeta, ou não, as linhas mestras do direito processual civil voltadas à sua *concretização*.

6.4 Direito processual societário

A exemplo das demais "subdivisões" do direito processual civil, o que leva a doutrina a propor a existência de um "direito processual societário", pelo menos para fins didáticos, são as vicissitudes das normas jurídicas que regem o direito societário que, quando transpostas para o plano do processo civil, ensejam questões de difícil resolução, pondo à prova as premissas mais amplas do pensamento contemporâneo do estudo do direito processual civil, em especial as relativas à "instrumentalidade do processo".

Um exemplo terá o condão de ilustrar suficientemente o que foi escrito, até porque ela é uma das mais tormentosas questões que a doutrina do direito processual civil conhece no que diz respeito ao tema "partes e terceiros": se determinado acionista pretende invalidar a assembleia da sociedade anônima à qual pertence, quem deverá ser citado como réu? Basta a citação da sociedade? É necessária a citação daqueles que, na assembleia, tenham votado em sentido contrário ao voto do sócio que tomou a iniciativa de ingressar em juízo? E quem votou no mesmo sentido, pode participar do processo? Se positiva a resposta, a que título? Os sócios da sociedade *podem* ou *devem* participar do processo?

Estas e muitas outras questões, dadas as características do direito societário, não são de fácil resposta. Para colocá-las em contexto mais adequado de exame é que se refere, por vezes, ao "direito processual societário".

Ademais, a importância *social e econômica* das empresas e, mais amplamente, das pessoas jurídicas pode acabar por exigir formas diferenciadas de resolução de conflitos, mais aderentes às complexidades das normas materiais, que decorrem de suas leis, estatutos e contratos, para impedir, a todo custo, que um conflito *interno* seu possa acabar por comprometer o atingimento de sua própria finalidade e, consequentemente, da geração de empregos, receita tributada e fruições que ela, empresa, viabiliza. Pertinente exemplo da afirmação está na lembrança da Lei n. 11.101/2005, a lei de recuperação judicial e de falências, que contém uma série de dispositivos de conteúdo processual, sensivelmente ampliada com o advento da Lei n. 14.112/2020, além de diversos dispositivos que fazem remissão direta ao CPC (assim, v.g.: art. 6º, §§ 7º-A, 7º-B e 12; art. 20-B, § 1º; art. 22, I, "j"; art. 75, § 1º; art. 82-A, parágrafo único; art. 142, § 3º; art. 143, § 4º; art. 159-A e art. 189, § 2º), sem prejuízo da determinação genérica de aplicação subsidiária daquele Código expressamente feita pelo *caput* de seu art. 189.

O atual CPC, quando comparado com o CPC de 1973, traz arcabouço normativo mais vasto com relação ao tema, embora ainda muito tímido. Exemplo seguro é a "ação de dissolução *parcial* de sociedade" (arts. 599 a 609), que, até então, desconhecia disciplina normativa no direito brasileiro.

O Projeto de Código Comercial em trâmite no Congresso Nacional (PL n. 487/2013) contém um Livro próprio para tratar especificamente do assunto.

6.5 Direito processual transnacional

Outra subdivisão do direito processual civil que tem gradativamente ganhado destaque nas nossas letras jurídicas é a relativa ao direito processual transnacional.

Por "direito processual transnacional" deve ser entendido o conjunto de normas que regem o direito processual civil no âmbito internacional. Seja com relação a conflitos entre Estados diversos – conflitos do comércio internacional, por exemplo –, seja para tratar do conflito entre nacionais de um país e outro Estado ou, até mesmo, para regrar os conflitos entre particulares de diferentes nacionalidades, cada vez mais comum em uma sociedade que se vale de meios de comunicação inimagináveis em outros tempos.

A Constituição Federal e o Código de Processo Civil disciplinam determinados aspectos típicos dessa realidade supranacional. Assim, para ilustrar, é o Superior Tribunal de Justiça que tem competência para conceder *exequatur* para cartas rogatórias e para homologação de sentenças estrangeiras no território brasileiro. É aquela Corte, mercê da alínea i do inciso I do art. 105 da Constituição Federal (introduzida pela Emenda Constitucional n. 45/2004), que passou a ter competência para verificar em que condições os atos de órgãos jurisdicionais estrangeiros reúnem condições mínimas de serem eficazes, isto é, de

Capítulo 2

Bases para um pensamento contemporâneo do direito processual civil

1. NOTÍCIA HISTÓRICA DO ESTUDO CIENTÍFICO DO DIREITO PROCESSUAL CIVIL

Sem prejuízo das noções amplas que ocupam o n. 5 do Capítulo 1 a respeito da evolução do direito positivo brasileiro – e aquela exposição é *conscientemente* voltada a apresentar, de forma bem simplificada, a evolução das *leis* sobre o direito processual civil –, é mister evidenciar, ainda que em breves linhas, a evolução do *pensamento* do direito processual civil, isto é, de seu "estudo científico". Isso porque é a *transformação* desse pensamento ao longo do tempo que se apresenta como um dos fatores determinantes para compreender, na atualidade, as diretrizes mais amplas do direito processual civil como um todo, objeto de preocupação fundamental deste *Curso*, máxime na construção de uma teoria geral do direito processual civil. Elas refletem, de outra parte, a própria modificação do direito legislado, razão pela qual a apresentação de sua síntese é providência inafastável. Elas permitem, por fim, uma compreensão mais adequada para identificar as razões de uma *renovada* forma de pensar, estudar e, consequentemente, *sistematizar* o direito processual civil.

Ao longo dos séculos, o direito processual civil passou por diversas fases voltadas precipuamente para sua afirmação científica e para a fixação de seu objeto e de seu método.

Este *Curso*, fiel à sua proposta inicial, não se volta à exposição destas várias escolas[1]. É suficiente o destaque de que, nas suas origens, concebia-se o direito processual civil como um mero apêndice do próprio direito material (o direito substancial controvertido), assim, por exemplo, com as regras de direito civil que disciplinavam as atividades contratuais de

---

[1]. Farto material a esse respeito pode ser encontrado em Marco Félix Jobim, *Cultura, escolas e fases metodológicas do processo*, esp. p. 111-139. Para uma visão atualíssima da questão, consultar José Roberto dos Santos Bedaque, *Instrumentalismo e garantismo: visões opostas do fenômeno processual?*, esp. p. 19-39.

43

dois indivíduos. Os institutos do direito processual civil ainda não encontravam configuração própria, sendo tratados muito mais como reflexos ou desdobramentos necessários, usuais, das próprias regras de direito material. Essa primeira "fase", usualmente denominada "sincrética", ocupou a maior parte da história do direito processual civil.

Fase *sincrética* é um nome que bem descreve a postura do estudioso do processo civil de então. Faltavam-lhe elementos mínimos para *distinguir* as normas processuais civis de outras normas jurídicas e, consequentemente, o próprio direito processual civil das normas de outra categoria, as normas substanciais. Os planos do direito material e do direito processual, a que o n. 1 do Capítulo 1 faz menção, não conseguiam ou, mais do que isso, não conseguiram ser vistos e analisados separadamente ao longo desse largo espaço de tempo.

A doutrina reconhece sem maiores discussões ser a obra de Oskar von Bülow, *Teoria dos pressupostos processuais e das exceções dilatórias*, que veio a público em 1868, o marco histórico da emancipação do estudo científico do direito processual civil. Foi nela, com efeito, que o autor alemão identificou a natureza jurídica do processo como algo *distinto* da natureza jurídica daquilo que está contido nele ou que é veiculado por ele. Uma realidade jurídica é o processo; outra, bem diversa, é o direito material (controvertido) nele contido. A natureza jurídica do processo é de direito público; a relação jurídica de direito material nele inserida – e isso é especialmente verdadeiro para o direito brasileiro – não necessariamente.

O que passa a caracterizar o pensamento do processualista civil a partir daquele momento é o alto grau de *autonomia* (por isso, a referência comum a ser esta a "fase autonomista" do estudo científico do direito processual civil, às vezes chamada de "fase científica") entre o "direito processual civil" e as demais normas jurídicas. A separação entre os planos material e processual permitia que o estudioso do direito processual civil daquela fase conseguisse ver, com clareza, o que caracterizava e justificava, como tal, o direito processual civil, distinguindo-o com nitidez das normas de direito material que, controvertidas, impunham a atuação do Estado-juiz.

É ao longo dessa fase – que, para fins tão somente ilustrativos, ocupou o período que vai de 1868 (levando em conta a obra de Bülow) até meados da década de 1950 – que o estudo do direito processual civil se desenvolveu e que todos os seus institutos foram traçados com solidez. Conceitos como "ação", "processo", "relação jurídica processual" e "pressupostos processuais" – que até hoje são referenciais obrigatórios para se estudar o direito processual civil – foram todos traçados e desenvolvidos ao longo daqueles aproximadamente cem anos.

A premissa científica adotada pelas escolas "autonomistas", contudo, acabou por conduzir o estudo do processo civil para algo muito distante da realidade, muito distante do direito material controvertido, acabando por transformá-lo em uma ciência pouco prática ou, quando menos, extremamente difícil de ser colocada em prática.

Não há razão para criticar o que, analisado com os olhos de hoje, pode parecer errado ou exagerado. Todas as escolas que se voltaram a estudar "cientificamente" o direito processual civil, isolando-o dos demais ramos do direito e, de forma bem ampla, do direito material, negando qualquer grau de interferência entre um e outro plano, apenas aplicaram as premissas mais amplas do pensamento jurídico reinante em sua época. Limitaram-se a reagir a escolas passadas em busca de respostas e de soluções que então se impunham para melhor entender o ambiente do "direito processual civil" a partir de uma ótica de direito, de Estado e de pensamento jurídico então vigente. Não se pode desprezar que o isolacionismo entre os planos material e processual justificou-se até mesmo como forma de tornar *científico* o posto daquele que se voltava a analisar o "direito processual civil", deixando cair por terra, com essa iniciativa, a pecha de "praxistas", nome que ao longo da formação do que se convencionou chamar de "processo comum" (ou "processo romano-canônico"), na Idade Média, era reservado para descrever o comportamento dos que estudavam as fontes romanas (com as influências germânicas e bárbaras que a elas foram incorporadas), buscando não só entendê-las, mas, muito mais do que isso, justificar os usos e os costumes do processo de então para resolver problemas eminentemente *práticos*. Até hoje, vale a pena trazer à tona o comentário, chamar um "processualista" de "praxista" ou de "prático" pode ser entendido como ofensivo ou, quando menos, como uma forma de reduzir a importância de sua *ciência* e de seu *estudo*. A iniciativa, cabe assinalar desde logo, é plena e conscientemente repudiada por este *Curso*: o estudo do direito processual civil, na atualidade, deve servir à realidade e à concretização do direito, ofertando soluções práticas para problemas teóricos.

Tanto assim que várias escolas que se voltaram historicamente para o chamado "estudo científico" do direito processual civil nem sempre se ocuparam ou conseguiram fixar premissas sólidas o suficiente para explicar o "direito processual civil" como um todo, mas, quando muito, para explicar determinados *elementos* (partes, portanto) que o compõem. Assim, apenas para ilustrar, as variadas escolas voltadas ao estudo da "ação" não conseguiram e continuam a não conseguir explicar satisfatoriamente a natureza jurídica do "processo", embora, de uma forma ou de outra, não neguem que "ação" e "processo" guardem relação importante entre si.

As diversas escolas voltadas a explicar o fenômeno "processo", de sua parte, quiseram reduzir o "direito processual civil" a ele, como se "processo" fosse sinônimo de "direito processual civil". Que o "processo" é instituto *fundamental* do "direito processual civil" não há por que colocar em dúvida. Contudo, não se trata de instituto *nuclear que permita o estudo do direito processual civil como um todo*. Não, pelo menos na perspectiva do estudo do direito processual civil que a este *Curso* parece indispensável. O estudo do "direito processual civil" vai além do estudo do "processo". Não há, em suma, sinonímia entre aquela palavra e aquela expressão; o que há entre elas, bem diferentemente, é a mesma relação que existe entre o *conjunto* e uma de suas *partes* integrantes.

É incorreto, contudo, desprezar ou minimizar os avanços fundamentais que aqueles aproximadamente cem anos de evolução do pensamento do direito processual civil significaram para a compreensão do que, mais recentemente, vem prevalecendo em termos de postura metodológica inafastável diante do estudo do direito processual civil. Se, é certo, o alto grau de *tecnicismo* desenvolvido naquela fase significou certo distanciamento do direito processual civil (e, sem dúvida, do próprio processualista) da realidade externa ao "processo", o "plano material" compreendido de forma bastante ampla, foi naquele curto espaço de tempo que se viabilizou com toda a segurança necessária a distinção das normas *substanciais* e das normas *processuais*.

O pensamento contemporâneo do direito processual civil busca corrigir os *excessos* de suas fases anteriores. Se já não há dúvida da *autonomia* do direito processual civil em relação a quaisquer outros grupos de normas jurídicas, isso não pode querer significar que os estudos do direito processual civil possam desconsiderar a realidade que é externa ao próprio processo. Volta-se, nessa fase contemporânea, a fazer ver o processualista que o "direito processual civil" tem finalidades, exteriores a ele, que têm que ser alcançadas. Os elementos externos ao processo, direta ou indiretamente, relacionam-se intimamente com as suas finalidades, com a sua própria razão de ser e, por isso, não podem ser simplesmente deixados de lado. Eles passam, por isso mesmo, a integrar a pauta do processualista desde meados da década de 1950 e, de forma muito mais aguda, com os olhos voltados para a doutrina brasileira, de meados da década de 1980 para cá.

No pensamento contemporâneo do direito processual civil, tem prevalecido o entendimento de que o estudo científico do direito processual civil deve evitar os excessos ou os extremos das fases anteriores e que eles devem ser extirpados em nome de uma compreensão mais adequada do papel a ser desempenhado pelo direito processual civil. Assim, de uma concepção em que o processo se confunde com o direito material e, no polo oposto, de uma concepção de que o direito processual civil não guarda nenhuma relação com o direito material, passa-se a uma reflexão intermediária, verdadeiramente *conjunta,* desses dois planos do ordenamento jurídico, conjugando os acertos das fases e das escolas de pensamento anteriores. Ao entendimento de que o direito processual civil *não se confunde* com o direito material segue-se a concepção do necessário *entrosamento* entre o direito material controvertido, veiculado no processo, e sua própria estrutura, sua própria razão de ser. Entender o processo como método de atuação do Estado Constitucional – e, neste sentido, como algo completamente distinto do conflito que é levado ao Poder Judiciário para resolução – não significa dizer que os contornos desse conflito não possam, em alguma medida, ser indispensáveis para compreender as finalidades do direito processual civil e, vale a ênfase, da própria compreensão de vários de seus institutos, inclusive do próprio *processo*.

O próprio art. 493 do CPC, cabe a lembrança, ocupa-se da hipótese ao admitir expressamente que fato "novo", isto é, ocorrido depois da provocação inicial da jurisdição (ou, como se lê no dispositivo, da "propositura da ação"), deverá ser considerado pelo magistrado no momento de decidir ou, como também está escrito naquele artigo, "no momento de proferir a decisão". O dispositivo, destarte, preocupa-se com a necessária *comunicação* que deve existir entre os planos "material" e "processual" ao longo de toda a atuação do Estado-juiz, isto é, ao longo de todo o "processo".

Que direito material (substancial) não se confunde com o direito processual civil, já não há espaço para qualquer dúvida. Isso, contudo, não significa dizer que o direito processual civil não seja verdadeira e inevitavelmente *alimentado* pelo direito substancial para realizar adequadamente a sua finalidade, que é a de concretização (forçada, se for o caso) das regras residentes naquele outro plano. Não como uma concretização tecnicista, automática, despreocupada com os verdadeiros destinatários das normas jurídicas, as pessoas e o próprio Estado, mas, de qualquer sorte, e para os fins presentes da exposição, uma concretização *forçada* de normas jurídicas em substituição à atuação daqueles que, por qualquer razão, frustraram expectativas alheias. Não há exagero nenhum em afirmar, por isso mesmo, que a relação entre os planos material e processual é de verdadeiro *conteúdo* e *continente*: o direito material (substancial) é *veiculado* pelo direito processual civil para o Estado-juiz para que as relações por ele regidas sejam adequadamente compostas e concretizadas, surtindo seus efeitos no próprio plano material.

É o caso de investigar um pouco mais os elementos que compõem o que este *Curso*, por ora, está a chamar de "fase *contemporânea* do pensamento do direito processual civil" para, mais adiante, no Capítulo 5, apresentar o *neoconcretismo*.

2. ELEMENTOS PARA COMPREENSÃO DA FASE CONTEMPORÂNEA DO ESTUDO CIENTÍFICO DO DIREITO PROCESSUAL CIVIL

O número anterior tem como único objetivo – é pertinente frisar a iniciativa – contextualizar os largos quadros do pensamento do direito processual civil na atualidade. Ele não pretende, até porque não é esse o objetivo deste *Curso*, *descrever* as diversas etapas que se passaram, desde o direito romano, para o desenvolvimento do estudo contemporâneo do direito processual civil. Este *Curso* contenta-se com a *constatação* de que o ângulo de análise mais adequado para o estudo, a compreensão e, pois, a *sistematização* do direito processual civil deve partir da noção que distingue com nitidez os planos do direito material e do direito processual.

Noção que, é forçoso convir, não há mais como colocar em dúvida. Ninguém ousaria, nos dias de hoje, confundir um contrato celebrado entre credor e devedor com o *processo* destinado à cobrança da dívida ou um edital de licitação com o processo *jurisdicional* voltado à invalidação de alguma cláusula capaz de comprometer a competitividade entre os licitantes e, consequentemente, contaminar o contrato administrativo a ser celebrado a partir daquele processo *administrativo*.

Ocorre que a distinção entre aqueles dois planos não deve significar repúdio a inescondíveis, até porque *indispensáveis*, pontos de contato entre um e outro plano de normas jurídicas. A afirmação e a reafirmação da autonomia científica no estudo do direito processual civil não precisam negar que há *comunicação* entre aqueles diversos planos. Houve justificável razão histórica, política e até mesmo científica para tanto. Não mais, contudo. O que há, a bem da verdade, é um verdadeiro "sistema de vasos comunicantes" entre os planos do direito material e do direito processual civil que, se é certo, mantém a existência autônoma de cada um daqueles planos, convida a um pensar *conjunto* nas mais diversas perspectivas e possibilidades. O direito processual civil alimenta-se necessariamente das normas existentes no plano material e tem em mira, no seu próprio funcionamento, a devolução àquele plano das mesmas normas, devidamente filtradas, para a sua devida concretização pela atuação necessária e indispensável do Estado-juiz. A ênfase do estudo do direito processual civil na atualidade repousa em uma necessária e saudável *simbiose* entre a compreensão desses planos de normas jurídicas, portanto.

Há mais, contudo: o direito processual civil não pode ser compreendido como algo solto ou perdido, no tempo e no espaço, como se ele valesse por si só, como se ele fosse "só" uma "disciplina jurídica", "só" um "ramo do direito", como se ele tivesse existência própria, independentemente de quaisquer prescrições normativas, de quaisquer realidades políticas e jurídicas vigentes em determinados espaços de tempo em determinados lugares. A falta de percepção de que as "coisas" *do* direito só existem *no* direito e, com ele, variam ao sabor das ideologias e valores reinantes em cada ordenamento jurídico é responsável por desvios de toda a ordem. Não há "direito processual civil" na natureza. Ele existe apenas no plano jurídico, embora – e é disso que o pensamento contemporâneo do direito processual civil tem se ocupado – se volte para o mundo não jurídico, exterior, externo a ele próprio.

É por isso que convém evidenciar que os elementos do direito processual civil, cada um de seus diversos institutos, derivam, com inegável intensidade, em primeiro plano e diretamente do próprio modelo de Estado vigente em cada ordenamento jurídico. Como o modelo de Estado brasileiro é "Democrático e de Direito", como se trata, o Estado brasileiro, de um "Estado Constitucional", não há como olvidar que os *meios* pelos quais o Estado atua (e o Estado atua sempre e invariavelmente de maneira *processual*) também são regulados pela ordem jurídica e, dessa forma, esta regulação afeta toda a compreensão do que "é" – do que "deve-ser" – o próprio direito processual civil, passando por todos os seus elementos, por todos os seus institutos. As relações entre os planos material e processual, destarte, aparecem inegavelmente qualificados na perspectiva contemporânea e isso desde a formatação do modelo de Estado. No caso brasileiro, essa formatação deriva *diretamente* da Constituição Federal.

Não se trata, portanto, apenas de verificar em que condições o "direito material" será realizado concretamente *pelo* processo, mas, muito mais do que isso, de verificar em que condições o Estado-juiz pode impor com autoridade a solução para o reconhecimento do direito controvertido, tenha ele sido já lesionado ou ainda em situação de ameaça.

A parcela do ordenamento jurídico que soberanamente impõe as finalidades a serem atingidas pelo Estado brasileiro é a Constituição Federal. É por isso que tanto os seus *fins* como também os *meios* para atingi-los têm que ser extraídos, em primeiro plano, daquele corpo normativo.

Neste contexto, o *processo*, que é *método* de atuação do Estado, no sentido de *técnica* que deve ser utilizada pelo Estado-juiz para prática e exteriorização de sua "vontade" (uma vontade vinculada a determinados fins preestabelecidos, uma "vontade funcional", em sentido técnico, portanto), de seus atos em cada caso concreto, é forma de garantir que esse equilíbrio entre "meios" e "fins" seja adequadamente alcançado. Seja porque é *técnica* de colocar lado a lado a autoridade estatal (o magistrado) e os destinatários diretos e indiretos do ato a ser praticado, seja porque impõe à autoridade estatal (o magistrado) o dever de atuar pública e motivadamente. O processo, desse prisma de análise, garante o indispensável equilíbrio entre "autoridade" e "liberdade"; garante o equilíbrio entre os seus "resultados" e a "técnica" que o impõe e o que justifica em um modelo de Estado como o brasileiro.

O que se vem de afirmar é mais comum de ser lido em obras de direito administrativo[2]. Este *Curso* entende, contudo, que a *conformação* constitucional do Estado tão evidenciada naquele ramo do direito engloba qualquer *manifestação* que se faça acerca do direito público[3]. Não há como conceber o estudo da função jurisdicional, que é exercida pelo "Poder Judiciário", distante daquele mesmo contexto normativo.

Por outro lado, o pensamento jurídico considerado como um todo, e não apenas o do direito processual civil, atravessa uma sensível alteração de *polo metodológico* com a que vem sendo chamada de "abertura" da norma jurídica. De um ordenamento jurídico claramente "hermético", em que a "lei" deixava pouco ou nenhum espaço para ser preenchido pelo seu intérprete e aplicador, passou-se, gradativamente, a uma textura de ordenamento jurídico completamente diversa, em que o legislador, consciente de que não tem condições de prever com exatidão todas as situações das complexas relações sociais e estatais da atualidade, permite, expressamente, que o intérprete e o aplicador do direito *criem a melhor solução para cada caso concreto*.

Rápida análise que se faça do Código Civil (Lei n. 10.402/2002), em comparação com o Código Civil anterior, do longínquo ano de 1916, demonstra o acerto da afirmação. De

---

2. É a tônica, aliás, de obras consagradíssimas como a de Celso Antônio Bandeira de Mello, *Ato administrativo e direitos dos administrados*, que tanto influenciaram a compreensão do direito público do autor deste *Curso*.
3. Como propõe Carlos Ari Sundfeld, *Fundamentos de direito público*, p. 92: "Importante perceber a razão da exigência de que os atos estatais sejam fruto de processo. Os agentes públicos exercitam poderes em nome de finalidade que lhes é estranha; desempenham função. Função é o poder outorgado a alguém para o obrigatório atingimento de bem jurídico disposto na norma. A lei, a sentença e o ato administrativo são unilaterais, sua produção não estando condicionada à concordância dos particulares atingidos. Estas duas características das atividades públicas – constituírem função e gerarem atos unilaterais invasivos da esfera jurídica dos indivíduos – exigem a regulação do processo formativo da vontade que expressam.

 A atividade estatal é função, submetida a fins exteriores do agente. O legislador, o juiz, o administrador, não dispõem de poderes para realizar seus próprios interesses ou vontades. Seus atos valem na medida em que alcançam os fins que lhes correspondem. Daí dizer-se que a *vontade* do Estado é *funcional*. É nula a punição infligida ao servidor por cultivar ideologia desagradável ao chefe. Inadmissível que a sentença rejeite a ação porque o juiz se desentendeu com o autor. Os agentes públicos são meros canais de expressão da vontade do direito: o legislador, quando edita leis, exprime o querer da Constituição (e do povo); o juiz e o administrador, através de seus atos, realizam a vontade da lei."

Capítulo 2 – Bases para um pensamento contemporâneo do direito processual civil

uma lei que buscava, exaustivamente, descrever as hipóteses de incidência normativa e suas consequências, passou-se a um modelo normativo em que as hipóteses de incidência e as consequências jurídicas respectivas são menos claras, estão para "ser construídas" no dia a dia da aplicação do direito. Qual é a consequência jurídica de um contrato violar o chamado "princípio da probidade ou da boa-fé contratual" (art. 422 do CC)? O contrato é nulo como um todo? Algumas de suas cláusulas é que devem ser declaradas nulas? Se sim, quais cláusulas? O magistrado pode, sem pedido específico dos interessados, reconhecer essa nulidade?

No âmbito do direito público, as questões, a par de serem representativas do mesmo fenômeno, não são menos complexas. Pode o magistrado acolher pedido feito pelo Ministério Público para determinar a entrega de medicamentos a pessoas que sofram de determinada doença para fazer cumprir o art. 196 da Constituição Federal, segundo o qual "a saúde é direito de todos e dever do Estado"? Faz diferença que exista alguma lei específica que determine a aquisição, pelo Estado, daquele medicamento? E se o medicamento for daqueles que ainda não estão homologados ou autorizados pelas autoridades brasileiras competentes? Em suma: até que ponto o Estado-juiz pode contrastar, para declará-las erradas, corrigi-las ou implementá-las concretamente, as chamadas *políticas públicas*? No que pode consistir eventual responsabilização imposta pelo Judiciário dos entes administrativos pelo não cumprimento adequado daquelas políticas?[4]

Todas essas questões – e tantas outras poderiam ser cogitadas – são formuladas apenas com intuito ilustrativo, para demonstrar a riqueza do tema e a circunstância de elas não poderem ser desconsideradas pelo processualista civil no trato de sua própria matéria. Essa verdadeira "mutação de paradigma normativo" afeta também o "ser" ou, o que é mais correto, o "dever-ser" do processo em específico e do direito processual civil como um todo.

Não é mera coincidência a circunstância de o CPC ter substituído inúmeras menções à palavra *lei* que fazia o CPC de 1973 por *ordenamento jurídico* ou equivalente. É ver, dentre tantas passagens, seus arts. 8º, 18 e 140. Uma das funções tradicionalmente exercitadas, entre nós, pelo Ministério Público de "fiscal *da lei*" passou, pela mesma razão, a ser "fiscal da *ordem jurídica*". Embora, em rigor, tais alterações sejam despidas de qualquer significado jurídico mais relevante, elas não deixam de ter certo apelo didático que acaba por mostrar

---

4. Tão mais pertinentes as indagações lançadas quando a busca de suas respostas se depara com duas súmulas do TJSP. De acordo com a Súmula 37 daquele Tribunal: "A ação para o fornecimento de medicamento e afins pode ser proposta em face de qualquer pessoa jurídica de Direito Público Interno". Em consonância com a Súmula 65 da mesma Corte: "Não violam os Princípios Constitucionais da Separação e Independência dos Poderes, da Isonomia, da Discricionariedade Administrativa e da Anualidade Orçamentária as decisões judiciais que determinam às pessoas jurídicas da administração direta a disponibilização de vagas em unidades educacionais ou o fornecimento de medicamentos, insumos, suplementos e transporte a crianças ou adolescentes".

não só a correção do que se acabou de escrever, mas também a inegável consolidação dessa evolução do pensamento contemporâneo.

Tais considerações não dizem respeito apenas ao tema relativo à interpretação do direito como um todo. Até porque, fosse assim, seria desnecessária sua referência neste *Curso*. O que releva indicar é que o novo "padrão" da norma jurídica acaba por afetar a própria forma de compreender o direito processual civil e o papel que ele deve desempenhar no ordenamento jurídico da atualidade. Se, por força dos novos horizontes do direito, a compreensão do ordenamento jurídico está sensivelmente alterada, não há como negar que essa mesma renovada *compreensão* – com todos os seus avanços e com todas as suas incertezas – afeta o próprio modo de pensar o direito processual civil em todos os aspectos. A *comunicação* e a *simbiose* dos planos material e processual referidas pelos parágrafos anteriores conduzem necessariamente a essa conclusão.

É importante, até para fins de mais adequada aproximação da matéria, contudo, distinguir o que até agora foi exposto em três grandes grupos, voltados a construir, da forma mais didática possível, as "bases" para compreensão da fase contemporânea do estudo do direito processual civil.

O primeiro é o que até agora foi exposto e será ainda mais bem explicado no número seguinte: o direito processual civil relaciona-se com o direito material. Comunicam-se o plano material e o plano processual. A mais adequada compreensão do direito processual civil depende da perfeita compreensão desses dois "mundos" de normas.

O segundo, ao qual se voltam os n. 2.2 e 2.3, *infra*, relaciona-se mais intimamente com a compreensão de que o direito processual civil é disciplina voltada ao estudo do "direito público" ou, de modo mais preciso, ao estudo de uma das formas de atuação do próprio Estado.

O terceiro diz respeito mais proximamente à "matéria-prima jurídica", à própria compreensão que as normas jurídicas assumem na atualidade e em que medida elas afetam a compreensão do próprio direito processual civil, isto é, de que maneira elas acabam por impor uma necessária (re)construção de novos padrões de compreensão do direito processual civil como um todo e do papel do próprio Judiciário. É o tema ao qual se voltam os n. 2.4 a 2.6.6.

Assumindo essa proposta de divisão, os números seguintes dedicam-se a analisar um pouco mais de perto cada uma dessas *tendências* do estudo contemporâneo do direito processual civil que bem representam o método adotado para o desenvolvimento deste *Curso*.

É a partir dessas múltiplas formas de ver o objeto em estudo que será possível estabelecer, com o máximo de segurança, a base para a compreensão mais profunda de todo o direito processual civil e, como não poderia deixar de ser, de todas as suas partes integrantes, cada um de seus institutos e temas. A Parte II deste volume 1 e os demais volumes deste *Curso* vão, no tempo oportuno, demonstrar a aplicabilidade prática dessas premissas para (re)construir o pensamento contemporâneo do direito processual civil na perspectiva *neoconcretista* anunciada no n. 2.7, *infra*, e desenvolvida no Capítulo 5.

2.1 A necessária aproximação entre direito processual e direito material

De todas as considerações desenvolvidas até o momento, decorre uma constatação que, embora não seja "a" conclusão do quanto já exposto, pode (e deve) fazer as vezes de uma conclusão *parcial*. Uma "conclusão parcial" que dá sustento sólido às bases para construção de um pensamento contemporâneo do direito processual civil.

Diferentemente do que os "autonomistas" pregaram para justificar o caráter científico do estudo do direito processual civil, como "ramo do direito autônomo", não vinculado ou dependente de qualquer outro, o direito material – aquele cuja aplicação ou observância controvertida rende ensejo à atividade jurisdicional – influencia a olhos vistos a compreensão do direito processual civil como um todo. Não se trata de dar destaque ao fenômeno da interpretação do direito que o magistrado terá de realizar para decidir, objeto de questionamentos dos n. 2.6 a 2.6.6, mas, bem diferentemente, de compreender que todas as vicissitudes, dificuldades e valores que habitam o plano do direito material são transportados, de uma forma ou de outra, para o plano do processo, fazendo com que esses dois planos do ordenamento jurídico (o material e o processual) comuniquem-se e alimentem-se recíproca e necessariamente. Diversos institutos processuais civis só têm sentido quando analisados à luz do plano do direito material. É importantíssimo, destarte, que o estudo do direito processual civil tenha consciência de que o plano material lhe diz respeito e influencia, de forma mais ou menos tênue, consoante o caso, o próprio "ser" do direito processual civil.

O direito processual civil, não obstante tenha identidade, função, finalidade e natureza próprias, *serve*, *atende* e *volta-se* para a concretização do direito material. O direito processual civil *concretiza* o direito material e se deixa influenciar de forma mais ou menos intensa por ele. Nessa perspectiva, o direito processual civil desempenha a finalidade de *instrumento* do direito material.

Vários autores voltaram-se, especificamente, à demonstração da *necessidade* de o estudo do processo civil assumir esse ponto de partida. É imprescindível estreitar ao mínimo indispensável os campos do "direito material" e do "direito processual" ou, para empregar o nome que ganhou mais notoriedade na doutrina brasileira, reduzir ao mínimo essencial o binômio entre "direito" e "processo"[5].

Todas as categorias do direito processual civil, de forma mais ou menos intensa ou direta, são *informadas* pelo direito material. Há uma necessária *comunicação*, uma necessária *interpenetração* de um campo no outro, embora o direito material não se confunda com o direito processual nem vice-versa. Mesmo naqueles casos em que as categorias processuais

---

5. A referência é feita à insuperável obra de José Roberto dos Santos Bedaque, *Direito e processo: influência do direito material sobre o processo*.

parecem existir independentemente do direito material, não se pode perder de vista que o direito processual civil se volta à concretização do direito material. Mesmo que alguma categoria do direito processual civil, destarte, não receba influências diretas do que está *fora* dele, nem por isso a perspectiva de análise aqui acentuada pode ser perdida de vista. É naquele plano que o processo pretende fazer surtir seus efeitos.

É o que se dá, por exemplo, com o sistema recursal. É difícil justificar qualquer forma de contraste ou de controle de uma decisão judicial por órgão jurisdicional diverso analisando essas estruturas do ponto de vista externo ao processo. Mesmo que o recurso de apelação, para tomar um exemplo, não seja, ele próprio, informado por alguma realidade de direito material, sua finalidade última, a de controlar a correção da sentença proferida pelo órgão jurisdicional de primeira instância, volta-se ao aprimoramento do que foi decidido e, nessa condição, volta-se ao direito material veiculado (ou que deveria estar veiculado) nela. Também a atividade recursal tem em vista, portanto, a produção de efeitos concretos *externos* ao processo.

Mais importante do que *constatar* essa premissa, é fundamental criar condições para bem concretizá-la. Por ora, é suficiente que ela seja erigida como uma das bases da construção do pensamento contemporâneo do direito processual civil. Aceita a premissa, o desenvolvimento do *Curso* perseguirá aquele objetivo.

2.2 As ondas de acesso à justiça

O despertar para o que o n. 2 chama de "fase contemporânea" do pensamento do direito processual civil encontra em um autor italiano, Mauro Cappelletti, expoente fundamental para as letras jurídicas consideradas como um todo[6].

De acordo com Mauro Cappelletti, na exata medida em que o pensamento do direito processual civil passou a ser voltado para a realização de fins alheios ao processo, isto é, mais como "meio" (instrumento) do que como "fim", colocou-se, no plano social e político, a necessidade de verificar em que condições o direito processual civil tem aptidão concreta, real, de atingir aqueles seus objetivos. Destacou, por isso mesmo, como forma de *pensar* o direito processual civil, o que ele chamou de "três ondas de acesso à justiça", cada uma delas voltadas a verificar em que medida o direito processual civil e suas técnicas reúnem condições de realização de suas finalidades.

A primeira dessas "ondas de acesso à justiça" volta-se à criação de condições para propiciar o acesso à justiça aos hipossuficientes economicamente. A preocupação dessa primeira onda repousa fundamentalmente na criação de mecanismos para que todos os cidadãos, independentemente de suas condições econômicas ou financeiras, tenham acesso ao "servi-

---

6. A obra de referência para as considerações que seguem no texto, escrita em coautoria com Bryant Garth, é *Acesso à justiça*. A tradução para o português foi feita por Ellen Gracie Northfleet.

2.3 A instrumentalidade do processo

À medida que o direito considerado como um todo passou a ser estudado, analisado e sistematizado a partir da Constituição Federal – assunto do n. 2.6.4, *infra*, e, com mais vagar, do Capítulo 3 –, novas luzes, novos enfoques, novas preocupações são perceptíveis também para o direito processual civil e, consequentemente, para o plano do processo. Nessa perspectiva de análise, a tendência é a de um abandono necessário de uma visão única, predominante ou exclusivamente *técnica* do direito processual civil e a assunção de que ele busca necessariamente valores, fins, objetivos e escopos fora dele, estranhos a ele, que não se confundem com ele, mas que devem ser por ele alcançados e realizados.

Na literatura brasileira, Cândido Rangel Dinamarco, Professor Titular da Faculdade de Direito da Universidade de São Paulo, é o mentor daquilo que foi chamado (e com esse nome amplamente divulgado) de "instrumentalidade do processo", ou seja, a concepção de que o direito processual civil como um todo e o processo em particular só podem ser concebidos e entendidos como *instrumentos* do direito material, como instrumentos do exercício do poder pelo próprio Estado. Mas – e é aqui que reside o fundamental daquela genial construção –, como todo instrumento, sua perfeita compreensão repousa na identificação de quais são suas *finalidades* ou, como prefere Dinamarco, os seus *escopos*. A própria *utilidade* do processo só tem condições de ser medida e avaliada na proporção em que se saiba quais são os fins que ele deve atingir e em que grau esses fins são ou conseguem ser alcançados.

De acordo com a obra (-prima) de Dinamarco, são escopos do processo o "social", o "político" e o "jurídico".

Os escopos *sociais* relacionam-se intimamente com a ideia de justiça, de paz social, de apaziguação, de permitir aos cidadãos e à sociedade como um todo as fruições garantidas desde o plano do direito material. Na análise dos escopos sociais do processo, não há como perder de vista que o fundamento último do direito – e isso é expresso na Constituição brasileira, em seu art. 1º, III, e em seu art. 3º, I, III e IV – é a dignidade da pessoa humana. Ao processo, que, considerado em si mesmo, é método de atuação do Estado, não resta alternativa que não a de atingir aquelas mesmas finalidades, que caracterizam o modelo de Estado imposto pela Constituição Federal.

É como se fosse dito que o próprio Estado (aqui, a parcela jurisdicional dele, o Estado-juiz) precisa, ele próprio, do "processo" e, mais amplamente, das normas processuais civis, para realizar os seus próprios valores, os seus próprios objetivos, as suas próprias finalidades e necessidades. É no atingimento dessas finalidades – que justificam a própria razão de ser do Estado Democrático de Direito – que repousam, em última análise, os escopos sociais do "processo".

Os escopos *políticos*, de seu turno, trazem à tona a necessidade de o Estado-juiz, na sua atuação, ter condições de afirmar a sua *autoridade*, o seu *poder* perante a sociedade, poder este, contudo, que, no modelo de Estado adotado pela Constituição de 1988, não é ilimitado mas, muito pelo contrário, mitigado e vinculado ao atingimento de finalidades públicas, finalidades do próprio Estado e estranhas aos exercentes da autoridade, do poder, *em nome do Estado*. Um "dever-poder", portanto, como prefere este *Curso*, para homenagear sempre o grande Professor Celso Antônio Bandeira de Mello[7].

Por isso, na compreensão do "escopo político" do processo, não há como deixar de lado as preocupações tão clássicas quanto indispensáveis da "liberdade" dos indivíduos ("direitos subjetivos públicos", assim entendidos os direitos dos cidadãos exigíveis do próprio Estado) e, mais amplamente, a ampla possibilidade (e necessidade) de *participação* dos destinatários da atuação do Estado nessa própria atuação. Seja como forma de verificar em que medida os *limites* inerentes à atuação do próprio Estado estão sendo devidamente observados, mas, mais do que isso, como forma de viabilizar um maior *consenso* com a produção da decisão do Estado-juiz.

De forma bem direta, os escopos *políticos* do processo podem ser entendidos como a necessidade de o Estado-juiz afirmar-se como "autoridade pública" no devido contexto que essa locução deve assumir em um modelo de Estado Constitucional como o brasileiro.

Os escopos *jurídicos*, por fim, representam a compreensão dos institutos processuais e seu desenvolvimento com vistas à consecução dos objetivos mais amplos, porque exteriores ao processo, que são os escopos social e político. A perfeita compreensão do "escopo jurídico do processo" pressupõe, destarte, a necessária *releitura* dos institutos processuais com vistas à sua compreensão em seu adequado contexto e missão teleológica. De nada adianta fixar como *metas* a realização dos escopos social e político se os *meios* de atingimento daquelas finalidades ficam aquém das *possibilidades* e das *necessidades* concretas. O "escopo jurídico", destarte, rente às preocupações da "terceira onda de acesso à justiça" de Cappelletti, volta-se à revisitação dos tradicionais institutos do direito processual civil com vistas ao seu aperfeiçoamento para cumprirem seu papel mais adequadamente.

Dinamarco também acentua a necessidade de compreender, para afastá-la, a "instrumentalidade no seu aspecto (ou sentido) *negativo*". Pela expressão devem ser entendidas as deformações ou exageros derivados da identificação dos escopos da jurisdição. É tratar o processo fora de seu contexto, hipertrofiando quaisquer de seus escopos em detrimento dos outros ou, até mesmo, o que significaria retrocesso tão inescondível como indesejável, dando-se destaque mais às próprias estruturas do processo (escopo jurídico) do que àquilo que está fora dele e que por ele deve ser atingido (escopos social e político). O próprio Dinamarco chega, a propósito, a acentuar o risco que é transformar a "forma", inerente à prestação jurisdicional, para fins de *garantia* para os sujeitos do processo, em *formalidade* estéril, vazia de significado. A instrumentalidade no sentido negativo, destarte, prega a ausência de abusos ou de excessos na compreensão dos escopos do processo. É, em última análise, seu necessário ponto de equilíbrio.

---

7. *Curso de direito administrativo*, p. 27.

2.4 Os direitos fundamentais e o direito processual civil

Outro desdobramento que também diz respeito à assunção de o direito processual civil precisar ser estudado a partir da ótica constitucional relaciona-se com a temática dos direitos fundamentais. Se a ênfase do constitucionalismo atual é justamente o asseguramento dos direitos fundamentais (na Constituição brasileira, vale o destaque uma vez mais dos arts. 1º, III, e 3º), o direito processual civil como um todo e, em particular, o próprio processo, como mecanismo de atuação do próprio Estado, não podem ficar aquém daquele desiderato constitucional. É afirmar de forma bem direta: o direito processual civil e todos os seus institutos devem ser compreendidos de maneira a realizar os direitos fundamentais tais quais assegurados no plano constitucional.

A doutrina mais recente do direito constitucional tem destacado a importância da exata compreensão do que são e para que servem os chamados "direitos fundamentais". Para os fins deste *Curso,* cabe tão somente constatar essa realidade e indicar em que condições ela deve servir para a (re)construção da fase contemporânea do estudo do direito processual civil.

É bastante comum, a esse respeito, ler-se, na doutrina especializada, o entendimento de que é desejável distinguir quatro "gerações" ou "dimensões" dos direitos fundamentais. Essas "gerações" ou "dimensões" de direitos devem ser compreendidas no sentido de que, embora seja possível distinguir quatro grupos bem definidos de direitos fundamentais, desde sua primeira percepção nos primórdios do estudo do direito público até as mais recentes conquistas que o mundo globalizado da atualidade reserva, inclusive para o direito processual civil, elas convivem entre si e não foram suplantadas umas pelas outras. São, vale o destaque, apenas grupos classificatórios que acabaram por se justificar ao longo do tempo.

Sem pretender ir a fundo na matéria, é bem ilustrativa a seguinte indicação de cada uma dessas "gerações" ou "dimensões" dos direitos fundamentais, construídas a partir da obra de Paulo Bonavides[8].

Os "direitos fundamentais da primeira geração" são os clássicos direitos da liberdade em sentido amplo do indivíduo oponível em relação ao Estado. Eles significam, antes de mais nada, a imposição de *limites,* de *abstenções,* à atuação do Estado. Geram para o próprio Estado obrigações ou deveres de não fazer ou de não agir. São direitos que, desde sua compreensão e estudo, caracterizam o indivíduo como tal, alheio ao grupo social.

Os "direitos fundamentais da segunda geração" representam os direitos que começaram a ser estudados e compreendidos mais fortemente no século XX. São os chamados "direitos sociais" em sentido amplo, que passam a ser compreendidos a partir de uma visão da sociedade como um todo e não mais do indivíduo dela isolado. De um estado original de baixíssima eficácia – questionava-se até mesmo se se tratava, ou não, de normas jurídicas e, como

---

[8]. A referência é feita ao *Curso de direito constitucional,* p. 561-572.

tais, dignas de tutela material ou jurisdicional –, a Constituição brasileira de 1988 fez expressa opção em reconhecer-lhes *status* de norma jurídica e de aplicabilidade imediata. Isso, no campo do processo, quer significar que elas são dignas de tutela *jurisdicional*.

Os "direitos fundamentais da terceira geração" voltam-se, em um campo de atuação ainda mais amplo, a tutelar situações não de um indivíduo ou de uma coletividade específica em determinado Estado, mas do próprio ser humano enquanto tal, independentemente de sua nacionalidade. São direitos que dizem respeito às condições do meio ambiente, comunicação, patrimônio comum da humanidade, à paz, por exemplo.

Os "direitos fundamentais da quarta geração" surgem como uma consequência da globalização política na esfera da normatividade jurídica e são bem representados pelo direito à democracia, o direito à informação e o direito ao pluralismo.

Há até mesmo a identificação de "direitos fundamentais *institucionais*", querendo a expressão significar a necessária proteção despendida pela Constituição não aos indivíduos considerados isoladamente em face do Estado, mas, em uma perspectiva mais ampla, dos indivíduos reunidos em *instituições* voltadas a desempenhar determinados papéis na estrutura do Estado ou da sociedade.

Na perspectiva processual, essas dimensões dos direitos fundamentais rendem exemplos seguros da importância do estudo do "direito processual *coletivo*".

Mais importante do que aprofundar o estudo dessas *dimensões* dos direitos fundamentais, o que releva para este *Curso* é aspecto diverso da temática. O que deve ser posto em destaque é que se os constitucionalistas não hesitam em afirmar que todos esses "direitos", independentemente da "dimensão" ou "geração" a que pertençam, são, ao contrário do que à doutrina tradicional quis parecer, "justiciáveis" no sentido de que eles não podem e não devem ser entendidos como meras prescrições de direitos, é porque eles devem ser *concretizados* inclusive – e se necessário – pela atuação do Estado-juiz.

São direitos que, porque assegurados pela Constituição Federal, *devem-ser* concretizados pelo Estado como um todo e, até mesmo, pelos e entre os próprios particulares. Não são mais, como a doutrina tradicional chegou a entender em determinado momento evolutivo, meras *declarações* de direitos ou meras normas *programáticas*, sem eficácia direta e imediata que, no máximo, vinculariam o legislador. São, bem diferentemente, normas que impõem um comportamento ativo e decisivo de *todo o Estado*, que não só dispõem a respeito de objetivos a serem alcançados, mas, também, que impõem formas para seu atingimento, que têm efeitos diretos e imediatos, e é por isso que aqueles direitos, na concepção aqui analisada, devem ser realizados, sob pena de ruírem os próprios objetivos do Estado. Como a apresentação da matéria já terá dado a entender, esses "meios de realização concreta" residem, também, no direito processual civil e envolvem, também, a atuação do Estado-juiz.

Um exemplo tem o condão de expor com bastante fidelidade as preocupações que estão por trás dos parágrafos anteriores: a Constituição Federal brasileira assegura, em seu art.

196, que todos têm *direito* à saúde e que ela é *dever* do Estado. O que acontece, no entanto, se o cidadão se vê privado daquela garantia constitucional? Pode ele ir ao Estado-juiz para pleitear *tutela jurisdicional*, isto é, pedir para que o Estado-juiz o proteja contra aquela situação que, no plano material constitucional, é-lhe assegurada expressamente? Pode o magistrado conceder ao cidadão os remédios ou os tratamentos que, não obstante garantidos pela Constituição Federal, ele não consegue obter no "plano material", é dizer, de forma bem direta: no próprio posto de saúde ou no hospital público? Os nossos Tribunais, inclusive o Supremo Tribunal Federal e o Superior Tribunal de Justiça, vêm dando a essas questões respostas positivas[9].

O exemplo dado não quer problematizar a questão, tão interessante quanto complexa. O que ele quer destacar é a medida em que se faz necessária a revisão do pensamento do direito processual civil, forte na sua compreensão desde seu plano exterior, na própria configuração dos direitos, mesmo que de normatividade bastante difusa, mas, nem por isso, menos "justiciáveis". Trata-se, claramente, de entender a necessidade de a *função judiciária* não ser conivente com as omissões das demais *funções* do Estado. Como a função *judiciária*

---

9. Assim, apenas a título ilustrativo: "Agravo regimental em recurso extraordinário com agravo. 2. Direito Administrativo. 3. Fornecimento pelo SUS de medicamento específico. Razões médicas insuficientes para afastar o uso do medicamento de referência. 4. Necessidade do revolvimento do conjunto fático-probatório. Impossibilidade. Súmula 279. Precedentes. 5. Ausência de argumentos capazes de infirmar a decisão agravada. 6. Agravo regimental a que se nega provimento" (STF, 2ª Turma, ARE AgR 1.034.264/PE, rel. Min. Gilmar Mendes, j.un. 29-9-2017, *DJe* 10-10-2017); "SAÚDE – MEDICAMENTOS. O preceito do artigo 196 da Constituição Federal assegura aos menos afortunados o fornecimento, pelo Estado, dos medicamentos necessários ao restabelecimento da saúde. [...]" (STF, 1ª Turma, ARE AgR 1.021.259/PE, rel. Min. Marco Aurélio, j.un. 15-8-2017, *DJe* 19-10-2017), e "ADMINISTRATIVO. RECURSO ESPECIAL REPRESENTATIVO DE CONTROVÉRSIA. TEMA 106. JULGAMENTO SOB O RITO DO ART. 1.036 DO CPC/2015. FORNECIMENTO DE MEDICAMENTOS NÃO CONSTANTES DOS ATOS NORMATIVOS DO SUS. POSSIBILIDADE. CARÁTER EXCEPCIONAL. REQUISITOS CUMULATIVOS PARA O FORNECIMENTO. 1. Caso dos autos: A ora recorrida, conforme consta do receituário e do laudo médico (fls. 14-15, e-STJ), é portadora de glaucoma crônico bilateral (CID 440.1), necessitando fazer uso contínuo de medicamentos (colírios: azorga 5 ml, glaub 5 ml e optive 15 ml), na forma prescrita por médico em atendimento pelo Sistema Único de Saúde – SUS. A Corte de origem entendeu que foi devidamente demonstrada a necessidade da ora recorrida em receber a medicação pleiteada, bem como a ausência de condições financeiras para aquisição dos medicamentos. 2. Alegações da recorrente: Destacou-se que a assistência farmacêutica estatal apenas pode ser prestada por intermédio da entrega de medicamentos prescritos em conformidade com os Protocolos Clínicos incorporados ao SUS ou, na hipótese de inexistência de protocolo, com o fornecimento de medicamentos constantes em listas editadas pelos entes públicos. Subsidiariamente, pede que seja reconhecida a possibilidade de substituição do medicamento pleiteado por outros já padronizados e disponibilizados. 3. Tese afetada: Obrigatoriedade do poder público de fornecer medicamentos não incorporados em atos normativos do SUS (Tema 106). Trata-se, portanto, exclusivamente do fornecimento de medicamento, previsto no inciso I do art. 19-M da Lei n. 8.080/1990, não se analisando os casos de outras alternativas terapêuticas. 4. TESE PARA FINS DO ART. 1.036 DO CPC/2015: A concessão dos medi-ca-mentos não incorporados em atos normativos do SUS exige a presença cumulativa dos seguintes requisitos: (i) Comprovação, por meio de laudo médico fundamentado e circunstanciado expedido por médico que assiste o paciente, da imprescindibilidade ou necessidade do medi-camento, assim como da ineficácia, para o tratamento da moléstia, dos fármacos fornecidos pelo SUS; (ii) inca-pacidade financeira de arcar com o custo do medicamento prescrito; (iii) existência de registro na ANVISA do medicamento. 5. Recurso especial do Estado do Rio de Janeiro não provido. Acórdão submetido à sistemática do art. 1.036 do CPC/2015" (STJ, 1ª Seção, REsp repetitivo 1.657.156/RJ, rel. Min. Benedito Gonçalves, j.un. 25-4-2018, *DJe* 4-5-2018, Tema 106).

é, também, "Estado" para todos os fins, trata-se, isso não pode ser colocado em dúvida, também de *função estatal* e, como tal, ela deve perseguir o atingimento concreto das finalidades públicas impostas desde a Constituição Federal na perspectiva aqui analisada.

Ademais, não fosse suficiente o que dão conta os parágrafos anteriores, a temática dos "direitos fundamentais" não pode ser alheia à pauta de preocupações do pensamento *contemporâneo* do direito processual civil, na exata medida em que seus estudiosos não negam que eles, os direitos fundamentais, se integram ao ordenamento jurídico por intermédio de *princípios jurídicos* e, nessa medida, convida, não fosse por tudo quanto já escrito, a uma renovada reflexão do direito processual civil desde o plano constitucional. É por isso, aliás, que alguns autores vêm se referindo a um "direito fundamental à efetividade da jurisdição" e, mais amplamente, ao próprio "direito de ação" como um "direito *fundamental*". A questão, no que aqui interessa, é menos de nomenclatura e mais de conteúdo, com o intuito de reinterpretar e reequipar a compreensão do direito processual civil na atualidade.

Por essa razão é que se justifica o destaque da importância de se levar em conta a teoria dos direitos fundamentais para a adequada compreensão do estudo do direito processual civil. Não há como deixar de lado a noção de que a função jurisdicional é (também) mecanismo de concretização dos valores idealizados pela própria Constituição Federal para busca, em última análise, de melhor vida para todos. Com esse deslocamento metodológico, o estudo do direito processual civil passa a *servir*, em última análise, ao destinatário da norma jurídica, o próprio homem e a própria mulher, inserido(a) na sua vida social, no seu Estado, e não mais ao "direito em si mesmo considerado".

O direito, assim entendido, é uma das formas de regulação da vida em sociedade e, por isso mesmo, o seu objetivo final é a felicidade do próprio homem em sentido amplo e da própria sociedade, a realização de seus valores mais caros, no que são inequívocos, pertinente a ênfase, os arts. 1º e 3º da Constituição Federal. Na medida em que aqueles valores não são alcançáveis voluntária ou espontaneamente, a mesma concepção relativa à *necessidade* da intervenção judiciária que abriu este *Curso* apresenta-se para a redobrada reflexão do estudante e do estudioso do direito processual civil.

2.5 Síntese conclusiva parcial

À guisa de síntese conclusiva do que os n. 2.1 a 2.4 tratam, valem algumas considerações que querem fornecer uma visão de conjunto das considerações feitas até aqui.

Mesmo assumindo a distinção entre os dois "planos normativos" *material* e *processual*, importa ter presente que ambos se comunicam necessariamente. Essa *comunicação*, contudo, é qualificada porque o "plano processual", o "direito processual civil", volta-se a disciplinar a atuação do próprio Estado-juiz. E não se trata de um "Estado" qualquer, mas de um específico modelo de Estado, o "Estado Constitucional", que é – que *deve-ser* – assumido como aquele desejado (imposto) pela Constituição de 1988, não afetado, no particular, pelas inúmeras (e constantes) Emendas Constitucionais.

Assim, ao mesmo tempo que a dicotomia "tutela de direitos" e "tutela *jurisdicional* de direitos" justifica uma reflexão redobrada no estudo do "direito processual civil", para verificar em que medida as legítimas expectativas que nascem e se reproduzem no "plano material" serão adequadamente tuteladas (protegidas) naquele mesmo plano, o exercício da *função jurisdicional* não pode ser descomprometido com outros valores, que regem, que vinculam, que impõem o modo de atuação do próprio Estado. Os valores do direito material controvertido influenciam, de maneira mais ou menos sensível, a forma de sua tutela *jurisdicional*; mas os valores regentes da atuação e da personificação do próprio Estado atuam sobre o seu específico agir, qualificando-o. Por isso, a comunicação entre os planos exteriores ao processo e a ele inerentes, verdadeiramente *interiores*, é *qualificada*.

Não se trata, apenas, de estudar as formas de tutela jurisdicional *mecanicamente*, como se bastassem *quaisquer* formas, qualquer tutela, qualquer atuação do Estado. Em um modelo de Estado como o brasileiro, o desafio que se apresenta necessariamente é o de se pensar os limites e as melhores formas, as formas *ótimas* de atuação do próprio Estado, no exercício da *função jurisdicional*. É esse o desafio do estudo *contemporâneo* do direito processual civil. É esse o desafio assumido para o desenvolvimento deste *Curso*.

Diante das considerações até aqui expostas, o que importa colocar em relevo, portanto, é a circunstância de que o estudo contemporâneo do direito processual civil caracteriza-se pelo máximo equilíbrio entre os "resultados do processo" e a "técnica processual". Esse tema, que tem assento expresso na própria Constituição Federal, extrapola, por isso mesmo, sua concepção como mera "proposta *filosófica* de estudar o processo civil" ou, colocado de outra forma, como um modelo a ser ou não seguido de acordo com a vontade daquele que se propõe estudar o direito processual civil.

A bem da verdade, o estudo do direito processual civil é *necessariamente vinculado* à realização concreta de valores que estão dispersos no ordenamento jurídico, desde e a partir da Constituição Federal, e que justificam, em última análise, a própria razão de ser do Estado e, devidamente atualizada, a razão histórica pela qual ele, o Estado, "vedou" que seus particulares, a sociedade civil, e ele próprio fizessem "justiça com as próprias mãos". Na contraface da vedação generalizada da "autotutela" localiza-se o tema e todos os ricos desdobramentos da "tutela *jurisdicional*" nas mãos de um específico modelo de Estado, como é o brasileiro.

É como se sublinhasse que aquele que se predispõe a estudar o direito processual civil não tivesse escolha nenhuma sobre como iniciar a descoberta do objeto de sua análise. Ele tem que começar pela Constituição Federal e verificar em que medida o direito processual civil como um todo e cada um de seus institutos, a "jurisdição", a "ação", o "processo" e a "defesa", para mencionar os considerados institutos "fundamentais", mostram-se capazes de realizar adequadamente o equilíbrio entre aquelas duas vertentes: a obtenção dos *resultados* práticos e concretos do processo e a *técnica* que se desenvolveu enormemente desde os primeiros estudos "científicos" do direito processual civil, e que cria as condições mínimas (os *meios*) para atingimento daqueles fins. Como o direito processual civil assenta-se no estudo de uma atuação do Estado (do Estado-juiz), os meios *e* os fins são regulados pela ordem jurídica e, nesse sentido, a correção de um afeta a do outro e vice-versa.

É por essa razão que Cândido Rangel Dinamarco, ao tratar da sua visão "instrumentalista do processo", destaca ser o processo um verdadeiro "microcosmos" do Estado Democrático, Social de Direito[10]. Para este *Curso*, a expressão deve ser compreendida no sentido de as opções políticas feitas pela Constituição brasileira deverem estar espelhadas, verdadeiramente refletidas, no direito processual civil. Até porque o *processo*, em si mesmo considerado, é *método* indispensável de manifestação da vontade do Estado (de todo o Estado, sempre importa enfatizar, e não só do Estado-juiz), e é, por isso, justamente por isso, que todo o direito processual civil se ocupa, em última análise, do estudo dessa forma de *exteriorização* da vontade estatal, em estreita observância aos limites e aos objetivos impostos pelo ordenamento jurídico, a começar pela Constituição Federal.

Uma última consideração neste ponto da exposição se faz necessária.

Há quem diga que a evolução tecnológica em suas diferentes e gradativas manifestações mereceria ser tratada como uma "quarta onda de acesso à justiça" ou, ainda, como uma faceta (atual) da "instrumentalidade do processo"[11]. Embora não haja motivo para discordar da afirmação considerada em si mesma, a este Curso parece ainda plenamente possível (e atual) tratar do tema de como as novas tecnologias influenciam o direito processual civil, o próprio processo e a forma de decidir de perspectiva não como uma nova vertente metodológica, ao lado ou como superação das aqui expostas, e sim nas suas relações, descrições e interações com o desenvolvimento dos variados temas abordados ao longo do trabalho.

Isso porque, desde as percepções mais evidentes de tal fenômeno (assim, apenas para ilustrar, a substituição definitiva do papel por arquivos eletrônicos, transformando em realidade o modelo de "processo eletrônico" pretendido desde a Lei n. 11.419/2006) até as mais complexas (inteligência artificial e padrões decisórios, por exemplo)[12], nada disso pode ser pensando fora do contexto proposto por este Curso na perspectiva do que chama de neoconcretismo. É como

---

10. *Instituições de direito processual civil*, v. I, p. 89-90.
11. Entusiastas de tal proposta são Dierle Nunes, Flávio Quinaud Pedron e Alexandra Bahia em seu *Teoria geral do processo*: com comentários da virada tecnológica no direito processual. Dierle Nunes, ao lado de Paulo Henrique dos Santos Lucon e Erik Navarro Wolkart coordenaram importante obra coletiva sobre o assunto, intitulada: *Inteligência artificial e direito processual:* os impactos da virada tecnológica no direito processual. João Marcos de Almeida Senna, em sua importante dissertação de mestrado defendida na PUCSP, sob orientação do autor deste *Curso* voltou-se ao tema. Eloquente a respeito o título daquele trabalho: Diálogos entre processo civil e tecnologias emergentes: impactos metodológicos a partir de análises pragmáticas.
12. Tema de outro importante (e pioneiro) trabalho que o autor deste *Curso* teve o privilégio de orientar na Faculdade de Direito da PUCSP. A referência é feita à tese de doutorado de Fabio Marques Ferreira Santos, intitulada *O limite cognitivo do poder humano judicante a um passo de um novo paradigma cognitivo da justiça: poder cibernético judicante – O direito mediado por inteligência artificial,* defendida em 2016.

se dissesse: a tecnologia e o estudo de sua aplicação ao direito processual civil como um todo é inegável e se mostra capaz de resolver um sem-número de problemas e de entraves do manejo e do pensar do processo no formato "tradicional". Isso, contudo, nada diz sobre o que, para este Curso é – e ainda é – fundamental para a reconstrução de um repensar do direito processual civil levando em conta, inclusive, tais inovações.

2.6 A interpretação do direito e a atividade jurisdicional

É necessário ir além para a construção de uma base sólida relativa à (re)construção do pensamento contemporâneo do direito processual civil na atualidade.

Uma nova forma de se pensar o direito processual civil, forte na compreensão e aplicação dos valores da Constituição Federal e na teoria dos "direitos fundamentais", justifica-se também em função do "tipo" de norma jurídica que, cada vez mais, é a utilizada como padrão pelo legislador brasileiro.

Com efeito, o paradigma atual do direito legislado – não só do "direito constitucional", mas de todo o "direito", inclusive do próprio Código de Processo Civil – é, por si só, suficiente para que a "abertura" interpretativa propugnada com relação à teoria dos direitos fundamentais faça-se também presente em todas as demais situações de atuação do Poder Judiciário. Mais ainda quando há parcela que afirma que ao juiz não é dado *criar* direito algum, que a atribuição do Poder Judiciário ainda é a de julgar conforme e *sob* as condições da *lei* preexistente. Como se esta "lei" fosse suficiente, sempre e por definição, para cobrir todo e qualquer fato conflituoso que seja entregue ao juiz para julgamento. Como se a atividade do juiz fosse, apenas, a de *aplicar* uma lei sem qualquer margem subjetiva de apreciação do próprio fato e do direito.

Diante desse quadro, é importante traçar algumas considerações específicas para assentar suficientemente – sempre com ânimo de mera *constatação* e não de *demonstração*, sob pena de ir além dos limites deste *Curso* – as noções indicadas no parágrafo anterior.

2.6.1 A crise do legalismo

Na atualidade, não se pode colocar em dúvida que o estudo do direito, mesmo o estudo *científico* do direito, já não pode ser entendido como fenômeno de "neutralidade" ou de "pureza" no sentido de afastar por completo o que é jurídico propriamente dito daquilo que não o é. Quando menos, que o direito não corresponde à *letra* da lei e que todas as consequências jurídicas possíveis para quaisquer fatos não estão em estado de latência nos códigos e nos mais variados diplomas normativos na cômoda posição de aguardo de serem pinçados e aplicados pelo magistrado quando devidamente provocado para tanto.

Definitivamente, esse paradigma do que "é" o direito já não pode prevalecer. Não que, por vezes, aquela mesma e tradicional forma de se compreender e atuar diante do fenômeno jurídico não possa ocorrer hoje como ocorria há um ou dois séculos. No entanto, o paradigma do direito, a postura do intérprete e do aplicador diante do fenômeno jurídico, alterou-se por completo.

O fato é que hoje se pensa e se aplica direito de uma forma muito diferente do que se aplicava, por exemplo, no início da década de 1970 no Brasil, quando da promulgação do Código de Processo Civil de 1973. Mais ainda quando percebemos que esse novo (ou *atual*) paradigma do direito, essa postura diversa diante do fenômeno jurídico, generalizou-se por completo, inclusive *no* e *por causa do* atual Código de Processo Civil. Mesmo a "matéria-prima" do direito (a própria norma jurídica ou, mais precisamente, os *textos* jurídicos que, em verdade, são sua "matéria-prima") já não aparece, perante aquele que vê o fenômeno jurídico, da mesma forma que outrora. Desde o nascimento do "pensamento jurídico moderno", assim entendido o período que nasce com o Estado na concepção que hoje o conhecemos e o reconhecemos até os dias atuais, há uma longa escalada – em ritmo crescente – de alteração do padrão de análise, compreensão, manuseio e finalidades do próprio direito.

O que se constata é que, na atualidade, já não se pode afirmar que o direito pode ser estudado, analisado, sistematizado ou aplicado despido de quaisquer outros valores que não os "exclusivamente" jurídicos.

Até porque, mesmo nos primeiros questionamentos dos exegetas do século XIX, é muito difícil – se não absolutamente impossível – discernir o que é direito do que não é direito quando ele é analisado do ponto de vista do seu *conteúdo*. Qual a distinção entre uma norma jurídica ou de uma norma ética ou moral do ponto de vista de seu *conteúdo*? É jurídico o material empregado pelo aplicador do direito para resolver antinomias ou para preencher lacunas que se evidenciam nas soluções dos casos concretos?

A necessidade de enfrentamento dessas questões acabou por levar a outras formulações acerca do pensamento jurídico como um todo e do próprio "positivismo jurídico". Até porque – isso também já não pode ser posto de lado e desconsiderado – a "neutralidade" da ciência, de qualquer ciência, é, por si só, uma opção ideológica e que se justifica, de uma forma ou de outra, consoante sejam os valores políticos reinantes em dada sociedade em dado momento.

Essas muito breves considerações têm como objetivo, tão só, o de evidenciar que o atual estágio do pensamento jurídico é *conscientemente valorativo*; é, *conscientemente*, *aberto* à captação e à compreensão dos valores dispersos da sociedade; é, conscientemente, *problemático*. Independente de se querer constatar esse fenômeno anteriormente, é certo que, na atualidade, o elemento "não jurídico" *deve-ser* expressamente levado em conta pelo "cientista" e pelo "aplicador" do direito. Aquele elemento integra a própria "matéria-prima" que o aplicador do direito tem que manusear para resolver os problemas jurídicos que lhe são dados para resolução, contextualizando-os adequadamente quando soluciona cada caso concreto que lhe é apresentado.

A função do magistrado, não há como esconder essa *realidade*, é uma atividade *criativa*. Já não se espera do magistrado que realize uma reflexão quase-que-lógica ou quase-que-matemática sobre dadas premissas para concluir em um ou em outro sentido, mas, bem diferentemente, de aceitar, na formação das suas próprias premissas e na sua conclusão, elementos diferentes, diversos, não levados em conta na evolução e sistematização do pensamento do direito ao longo do século XIX, em especial na era das grandes codificações. Já não se pode falar, em todos e em quaisquer casos, que a atividade do intérprete e do aplicador do direito seja meramente *subsuntiva*, mas, bem diferentemente, sua função passa a ser *concretizadora*, no sentido de *criadora* do próprio direito a ser aplicado, justamente em função da *complexidade* do ordenamento jurídico atual. De uma atividade de mero *conhecimento-neutro* (um comportamento passivo) do fenômeno jurídico para sua aplicação, passa-se a uma atividade *criadora-valorativa* (um comportamento ativo), *conscientemente* criadora e valorativa do juiz[13].

A dificuldade, e também o desafio, que se põe para os modelos de compreensão do fenômeno jurídico da atualidade, destarte, é *como* compatibilizar a compreensão e a sistematização desses valores dispersos pela sociedade e pelo próprio Estado na aplicação do direito. É como, e em que condições, *capturar* os valores que estão inescondivelmente dispersos pela sociedade e pelo próprio Estado.

Como os n. 2.2 e 2.3, *supra*, evidenciam, essa mesma preocupação tem "migrado" também – e conscientemente – para o direito processual civil. Para o estudo do direito processual civil, a doutrina – assim como os Tribunais – tem destacado cada vez mais a necessidade de incorporar expressamente os *valores* derivados da Constituição Federal e, pois, de uma forma mais ampla, do próprio Estado brasileiro. O art. 1º do CPC, nesse particular, é felicíssimo, verdadeiramente didático, quando acentua a necessária *ordenação, disciplina* e *interpretação* do direito processual civil "conforme os *valores* e as *normas fundamentais* estabelecidos na Constituição da República Federativa do Brasil".

---

13. "A inafastável consequência da evolução do pensamento do direito e a concordância, entre filósofos e teóricos do direito, de que o fenômeno jurídico *não pode* ser pensado de forma 'pura' ou 'neutra', despido de outros elementos que não os exclusivamente jurídicos, é a percepção de que o juiz, ao *aplicar* o direito, é um *criador* de normas jurídicas. O caráter 'avalorativo', típico do positivismo jurídico, já não pode ser acatado (ver itens 1 e 3, *supra*). Trata-se, é certo, de uma modalidade de *criação* um tanto diferente daquela que está sob responsabilidade do legislador, mas a interpretação e a aplicação do direito, mesmo quando feitas pelo juiz, que tem o dever de julgar um caso concreto, são, necessariamente, *criativas*." [...] "O consequente incremento dos poderes do juiz a partir de um novo padrão de norma jurídica ou diante de uma nova forma de sua enunciação é inegável. Deixa-se de lado o mito da neutralidade do juiz, mero aplicador *automático* da lei, e se passa a lidar com o juiz que se sabe necessariamente influenciado pelos valores dispersos na sociedade civil e no próprio Estado. O juiz, antes mero *aplicador* da lei, dada pronta e acabada pelo legislador, passa a ser hoje compreendido como elo fundamental na cadeia de *produção* normativa. É ele, isso já não pode ser negado, evitado, escondido ou escamoteado, *criador* da norma jurídica" (Cassio Scarpinella Bueno, *Amicus curiae no processo civil brasileiro: um terceiro enigmático*, p. 64-66).

2.6.2 A indispensabilidade da interpretação do direito

As observações expostas no número anterior dão conta da profunda alteração que o "direito", e assim como ele seu estudioso, atravessou ao longo dos tempos e ainda atravessa nos dias atuais. Mais do que nunca, mesmo nos países de tradição românico-germânica, como é o caso brasileiro, prega-se a imprescindibilidade da *interpretação* do direito para seu conhecimento derradeiro. É afirmação que a cada dia ganha mais adeptos, a de que a norma jurídica é, em verdade, o *texto da lei interpretado e aplicado à luz dos fatos concretos*. Não há direito sem interpretação e sem aplicação concreta. Interpretação e aplicação são, na realidade, uma só operação, analisada em dois momentos diversos. Norma jurídica não se confunde com o *texto* normativo; norma jurídica é o necessário e inafastável *resultado* da *interpretação* do texto normativo[14].

O que se põe a olhos vistos, portanto, é a necessidade de compatibilizar essas amplas e abertas formas de interpretação do direito com o que se espera de uma decisão jurisdicional. Como a *qualidade* das normas jurídicas – a "matéria-prima" do direito (seus *textos*) – alterou-se bastante daquilo que tradicionalmente era reconhecido como objeto de norma jurídica ou, quando menos, passível de uma regulação jurídica, não há como evitar que se pergunte em que condições concretas a tradicional formação de um magistrado tem condições de lhe oferecer, com os resultados que se fazem necessários para o adequado desempenho de sua função jurisdicional, condições concretas e subjetivas de interpretar e, consequentemente, aplicar o direito levando em conta dados, elementos e dificuldades que com certeza não são de seu conhecimento técnico.

Uma coisa, vale a pena frisar esse ponto, é reconhecer que o magistrado julgue a mesma *qualidade de causas* que a magistratura sempre enfrentou, desde os tempos do direito romano. Para tanto, há séculos, verdadeiros milênios, de tradição. A outra é esperar do Judiciário que bem decida a respeito das condições específicas e concretas da implementação de uma política pública, de uma prática abusiva de mercado, sobre a constitucionalidade de um plano econômico que pretende pôr fim à instabilidade da economia de um país e assim por diante.

Por mais que se altere e que se queira alterar o próprio modelo de resolução de conflitos, inclusive com a sua "desestatização", isto é, com a retirada das mãos do Estado do *método* de resolução do conflito (como se dá, por exemplo, com a arbitragem), não há como deixar de verificar que a questão aqui discutida não surge no plano do próprio processo, mas, bem diferentemente, no plano do direito material. Quiçá, até em um plano ainda mais elevado, mas não

---

14. Há farto material de pesquisa para o assunto, cabendo dar destaque às reflexões feitas por jovem e talentosíssimo Professor de Direito Processual Civil da PUCSP, Georges Abboud, em seu *Processo constitucional brasileiro*, p. 65-350, em especial, p. 196-262. O autor deste *Curso*, por sua vez, teve oportunidade de se dedicar ao tema comparando a interpretação do direito à interpretação musical, destacando a importância de se conscientizar a distinção entre o *texto* e o resultado da interpretação, a *norma*. Para os amantes da música, a leitura é, quando menos, agradável: *Direito, interpretação e norma jurídica: uma aproximação musical do direito*.

menos indispensável, na própria filosofia ou teoria geral do direito. Ao processo, como *instrumento* que é, cabe apenas conformar-se, ajustando-se às radicais transformações do direito material e às diversas posturas que se colocam diante da sua própria compreensão, adaptando-se necessariamente a tais alterações, sob pena de se mostrar insatisfatório para a consecução de seus objetivos e, consequentemente, frustrando a própria concretização do direito.

2.6.3 A norma jurídica e sua concretização

O direito precisa ser interpretado para ser aplicado. É correto afirmar que não há direito sem sua interpretação e sem sua específica aplicação aos casos concretos. O que há são *textos* que não se confundem com as *normas jurídicas* propriamente ditas. As normas são decorrência da interpretação dos textos.

E os textos jurídicos, verdadeira "matéria-prima" sobre a qual recai o trabalho do intérprete e do aplicador do direito, alteraram-se profundamente nos últimos anos, mormente quando são analisados da perspectiva de sua forma de expressão e realização sensível.

É por isso que é cada vez mais frequente, porque indispensável, tratar de "princípios", de "cláusulas gerais", de "conceitos vagos e indeterminados", e assuntos tais que, a olhos vistos, correspondem hoje à maneira usual da produção normativa por meio dos textos. Rareiam as hipóteses em que o texto jurídico reúne, ele próprio, elementos objetivos o suficiente para afastar maiores dúvidas sobre seu sentido e, consequentemente, há incontáveis divergências naquela necessária busca.

Aquelas figuras representam uma "*técnica*" (consciente) de construir *textos* jurídicos que conduzem o magistrado a se debruçar sobre cada fato apresentado para julgamento para extrair dele o que lhe parece mais sensível, mais importante, mais marcante, mais característico, a fim de interpretá-lo e aplicá-lo adequadamente, concretizando a norma jurídica. Não se trata, pois, de uma aplicação no sentido "tradicional" do termo, que se refere, mesmo que *inconscientemente*, ao magistrado como um autômato do direito. A proposta é no sentido de que a aplicação pressupõe verdadeira *criação* do direito para o caso concreto, valorando pessoalmente aquilo que está em julgamento. Não apenas a recuperação de uma valoração que terá sido feita pelo próprio legislador ao editar a "lei", no momento em que constrói o texto jurídico, mas, bem diferentemente, de uma valoração *presente*, a ser feita pelo próprio magistrado, diante do caso concreto com todas as suas peculiaridades e que deve decidir mesmo quando a solução não esteja clara, expressa, pressuposta, "dada" na *letra* da lei, *reconstruindo*, pois, o texto para dar nascimento à norma jurídica aplicável.

O atual Código de Processo Civil é, ele mesmo, prova segura do acerto de todo esse desenvolvimento. Longe, bem longe, das grandes codificações do final do século XIX e do início do século XX e da própria concepção ideológica que, de alguma forma, prevaleceu sobre o CPC de 1973 nos seus primeiros quinze ou vinte anos de vigência a respeito da viabilidade de um código compreender "todo o" direito legislado, o CPC de 2015 é um código do século XXI, repleto de "princípios", de "cláusulas gerais", de "conceitos vagos" a serem considerados pelo magistrado (e, antes da sua decisão, também pelos demais sujeitos do processo que *cooperam* igualmente para aquele fim, como quer seu art. 6º) para decidir. É impossível querer constranger o direito processual civil aos seus artigos.

O que se veio de destacar é arredio ao que por muito tempo prevaleceu em termos de "técnica legislativa", no sentido de negar que o magistrado pudesse *valorar* a hipótese concreta do julgamento, a partir do texto jurídico. Os textos jurídicos construídos com cláusulas gerais, por exemplo, ao contrário de outros que adotam a técnica "casuística", pressupõem uma pesquisa mais livre do magistrado em busca dos fatos que reclamam a incidência desta ou daquela norma e, mais do que isso, permitem que o magistrado *crie* o direito a ser aplicado na exata proporção em que o texto a ser interpretado *não lhe fornece*, com objetividade suficiente e com a extensão usual da técnica casuística, quais são as hipóteses que reclamam a sua incidência, com exclusão de todas as outras. São formas, enfim, de autorizar que o magistrado *valore* expressa e conscientemente o caso concreto que se lhe apresenta para julgamento.

Vale a pena ilustrar o pensamento: uma coisa é estatuir que o magistrado fixará o prazo de quinze dias para o devedor pagar o valor devido, sob pena de multa de dez por cento sobre o débito (art. 523, *caput*, e § 1º do CPC). Outra, bem diferente, é a lei autorizar que o magistrado determine "[...] todas as medidas indutivas, coercitivas, mandamentais ou sub-rogatórias necessárias para assegurar o cumprimento de ordem judicial, inclusive nas ações que tenham por objeto prestação pecuniária" (art. 139, IV, do CPC). No primeiro caso, a técnica empregada pelo legislador é a casuística, que não permite ao magistrado nenhuma "liberdade" para se desviar daquilo que já foi valorado *previamente* pelo legislador. No segundo caso, em que a norma jurídica emprega cláusulas gerais, o magistrado tem, expressamente concedida pelo legislador, "liberdade" para encontrar os casos em que entende ser necessário atuar e mais do que isso: que atos praticar para garantir a salvaguarda de direitos que a lei lhe determina. No primeiro caso, está-se diante de uma técnica executiva *típica*; no segundo, *atípica*, que, por definição, exige a complementação do magistrado diante das peculiaridades de cada caso concreto.

Não faltam exemplos como esses ao longo do CPC, que, a seu tempo, serão enfrentados. Por ora, o que cabe destacar é que a "abertura" de um texto jurídico, sempre no sentido de possibilidades (e necessidades) interpretativas, formulado com "cláusulas gerais" ou com o emprego de "conceitos vagos e indeterminados" é indesmentível. As formas de *captura* do que é essencial a seu tipo – para sua aplicação (incidência) concreta, destarte – não podem pressupor a mesma e tradicional forma de pensar e aplicar o direito. Muito pelo contrário. Porque se trata de situações bem diferentes – e é fundamental que a doutrina indique essas distinções –, é mister que se busquem *outros* mecanismos para a sua interpretação.

Uma última ressalva é fundamental. O emprego da palavra "liberdade", no sentido de o texto jurídico, pela adoção de uma das técnicas referidas, ter outorgado expressamente *espaços de decisão valorativa* para o magistrado interpretá-lo deve ser invariavelmente acompanhado de aspas com o intuito, declarado, de destacar o termo. A iniciativa se justifica porque a "liberdade" reconhecida pelo magistrado em tais casos – como, de resto, para qualquer intérprete ou aplicador do direito que exerça *função pública* – é sempre mitigada. Não é uma liberdade totalmente "livre", sem possibilidade de controle, em que impera a vontade pessoal. Como o magistrado é agente do Estado, a sua vontade pessoal deve invariavelmente ceder espaço à vontade coletiva, à vontade que, de forma mais ou menos clara, pode ser extraída, senão como a melhor, pelo menos como a mais aceita pela comunidade jurídica como um todo. O direito – a afirmação é bem esclarecida na sua filosofia – não é uma ciência de verdades demonstráveis, mas é uma ciência de verdades consensuais, convencionadas e *justificáveis*. Verdades *compartilháveis*, portanto.

Por isso, a "liberdade" reconhecida ao magistrado pelos textos jurídicos, mesmo pelos mais "abertos" deles, é sempre uma "liberdade-*fim*", voltada invariavelmente à realização de uma finalidade estranha ao agente e consonante com os interesses de toda a sociedade e do Estado. Trata-se, portanto, menos de liberdade no sentido usual da palavra e muito mais de permissão para a captura dos valores dispersos pela sociedade e pelo Estado para interpretar adequadamente o texto jurídico com vistas à interpretação ótima da norma jurídica para ser aplicada em cada caso concreto. É a "vontade funcional" sobre a qual versa o n. 2, *supra*.

2.6.4 A chamada constitucionalização do direito

As considerações cuja *constatação* é feita pelos números anteriores têm ocupado, de forma gradativa, os estudos do direito em geral. Os próprios constitucionalistas têm destacado a importância de releitura, inegável *reconstrução*, dos métodos de entender e aplicar o próprio direito constitucional, quando analisado a partir dos *princípios constitucionais, compreendidos estes como normas jurídicas*. É o que muitos chamam de nova hermenêutica do direito ou de neoconstitucionalismo[15].

Mas não só. A partir das mesmas considerações tem-se pertinentemente destacado a inegável e a maior influência do direito constitucional nos demais ramos do direito. É o fenômeno que alguns chamam de "constitucionalização do direito". De uma perspectiva, sem qualquer exagero, *milenar* de análise, interpretação e aplicação do direito desde a *lei* – e os Códigos, nesse contexto, assumiam papel de relevo, de verdadeira completude de parcela do ordenamento jurídico –, assume-se conscientemente, em direção diametralmente oposta, a *necessidade* de o direito ser analisado, interpretado e aplicado desde a *Constituição*.

---

15. "Estamos num novo momento de viragem. Depois do Constitucionalismo tradicional e do moderno, na ordem do dia há um Constitucionalismo moderníssimo, ou contemporâneo (nosso contemporâneo), em que avultam fenômenos como os direitos humanos, o neocons-titucionalismo, o ativismo judicial do juiz constitucional e mesmo do juiz ordinário em matéria constitucional (ou aplicando princípios constitucionais a outras, todas as outras ma-térias... o que dá no mesmo), a globalização do direito constitucional, etc." (Paulo Ferreira da Cunha, *Constituição e constitucionalismos: síntese prospectiva*, p. 79).

O que cabe destacar a respeito é que, na exata medida em que se fala, no campo do direito constitucional, da necessidade da construção de uma "nova", ou, quando menos, "típica" hermenêutica, à altura dos novos *tipos normativos*, a *constitucionalização* referida acima convida à *mesma* reflexão no campo do direito processual civil. Mais ainda quando a Constituição Federal é eleita como elo metodológico fundamental de compreensão do próprio direito processual civil nos moldes propostos *e* aplicados ao longo de todo este *Curso*.

O que deve ser posto em relevo é a constatação de que, nos padrões atuais de interpretar e aplicar o direito como um todo – e o direito processual civil em específico –, os padrões da hermenêutica tradicional mostram-se insuficientes. Eles não conseguem comunicar às normas jurídicas o seu rico campo de abrangência e as variadas gamas de interpretação desejada (e verdadeiramente incentivada) de seus textos desde o plano constitucional. Já não há espaço para analisar o Código de Processo Civil como se ele fosse uma realidade normativa própria e que não precisasse comunicar-se com a Constituição Federal para os fins e pelos motivos até aqui expostos.

Não é por acaso, aliás, que o próprio art. 1º do CPC enaltece a *sistematização* do direito processual civil a partir da Constituição ou, como se lê do dispositivo, sua *ordenação, disciplina* e *interpretação* desde aquela perspectiva. Não que houvesse alternativa entre fazê-lo ou deixar de fazê-lo. Contudo, a assunção expressa do legislador dessa perspectiva ao abrir o próprio Código assume inegável caráter didático. Sua comparação com o art. 1º do CPC de 1973 é eloquente do acerto do que se está afirmando. De acordo com aquele dispositivo, "A jurisdição civil, contenciosa e voluntária, é exercida pelos juízes, em todo o território nacional, conforme as disposições que este Código estabelece". A inversão do ponto de partida interpretativo é notável, a dispensar quaisquer comentários[16].

A "constitucionalização" do direito processual civil, por si só, convida o estudioso do direito processual civil a lidar com métodos hermenêuticos diversos – a "filtragem *constitucional*" de que tanto falam alguns constitucionalistas –, tomando consciência de que a interpretação do direito é *valorativa* e que o "processo", como método de atuação do Estado, não tem como deixar de sê-lo em igual medida, até como forma de realizar adequadamente aqueles valores: *no* e *pelo* processo. A dificuldade reside em identificar adequadamente esses "valores" e estabelecer parâmetros o mais objetivos possível para que a interpretação e aplicação do direito não se tornem aleatórias, arbitrárias ou subjetivas. A "neutralidade" científica de outrora não pode, a qualquer título, ser aceita nos dias atuais; não desde a perspectiva de exame aqui proposta.

O comportamento intelectual, cognitivo e prático daquele que pretende estudar ou aplicar o Código de Processo Civil deve ser, portanto, completamente diverso daquele que o moveu

---

16. O art. 1º do Projeto de novo CPC da Câmara dos Deputados, por mais paradoxal que possa parecer, assemelha-se em tudo com o art. 1º do CPC de 1973, negando qualquer aplicabilidade à Constituição Federal.

em direção à sua formulação original. É indiferente que estejamos diante de um "novo" Código promulgado em pleno século XXI. Os *textos* que compõem o atual Código de Processo Civil enunciam princípios, repetindo, inclusive, muitos dos princípios constitucionais do direito processual civil; são *textos* construídos mediante a técnica do emprego de conceitos vagos e indeterminados ou que veiculam cláusulas gerais; são *textos*, em suma, que pressupõem um diferente e distinto método de interpretação e aplicação do direito, não só pelo magistrado, mas também por todos os demais sujeitos do processo. Um método que reconhece – e que até pressupõe – ser mito a *neutralidade* do magistrado. Um método que reconhece – e que até pressupõe – a *necessidade* de o magistrado se comunicar com os valores dispersos pela sociedade civil e pelo próprio Estado para *criar* a norma jurídica a ser aplicada, levando em conta não os *seus* valores pessoais, mas os valores *da sociedade e do Estado*, derivados, nem poderia ser diferente, da própria Constituição Federal, e, por isso mesmo, valores *jurídicos*.

Desdobramento importante do quanto consta do parágrafo anterior relaciona-se com a distinção entre "direito" e "fato". Certo que tal distinção é tarefa tortuosa, das mais árduas, e que ocupa séculos de reflexões dos juristas. Não obstante, e sem violar as finalidades a que se volta o presente *Curso*, é possível acentuar, com alguma tranquilidade, que o resultado dessa pesquisa para o que interessa no presente contexto é que os campos jurídico e fático completam-se e comunicam-se necessariamente. Isso fica ainda mais evidente na medida em que os textos jurídicos passam a se valer assumida e frequentemente das características apresentadas acima.

Disso decorre a necessidade de abandonar a figura de um magistrado que conhece e apreende os fatos quase que *intuitivamente*, no sentido de ser capaz de detectar sua existência, mas ter pouca ou nenhuma preocupação com suas reais consequências e efeitos no próprio mundo fático, e passar a conceber a figura de um magistrado que tem conhecimento *consciente* desses mesmos fatos *e* de suas consequências jurídicas. Tudo para que o magistrado esteja apto a produzir decisões racionalmente fundadas e socialmente aceitáveis. A expressa autorização do *caput* do art. 370 quanto ao magistrado determinar as provas necessárias ao julgamento do mérito, até mesmo de ofício, isto é, independentemente de pedido de uma das partes, merece ser compreendida nesse mesmo contexto.

Até porque não há como negar que a necessidade de captura do fato e do direito pelo magistrado pode envolver – e sempre envolveu e continua a envolver – um juízo de valor. Nesse sentido, não haverá como olvidar a assunção, generalizada, de que ideologia, interpretação e aplicação do direito não são coisas tão diversas como tradicionalmente foi pregado.

2.6.5 O papel do direito jurisprudencial

Outra vertente digna de nota para a caracterização, o mais completa possível – ainda que para fins de mera *constatação* –, do pensamento jurídico contemporâneo, que deve presidir as reflexões atuais do direito processual civil, diz respeito ao papel que as decisões jurisdicionais em geral acabaram assumindo do direito brasileiro, alcançando, com o atual CPC, inegável momento de ápice.

Desde o início da década de 1960, ocorreu uma lenta caminhada em direção a emprestar e a reconhecer a determinadas decisões dos Tribunais efeitos *paradigmáticos*. De certa forma é a concepção que Victor Nunes Leal tinha das "Súmulas" do Supremo Tribunal Federal – e, mais corretamente, na concepção de seu próprio idealizador, da *Súmula* (no singular), como sinônimo de *suma*, de *síntese* da jurisprudência daquela Corte[17] –, incorporadas no Regimento Interno daquele Tribunal, com as modificações introduzidas pela Emenda Regimental de 3 de agosto de 1963, passando pelo art. 63 da Lei n. 5.010/66 para o Tribunal Federal de Recursos, e chegando ao art. 38 da Lei n. 8.038/90, já depois da Constituição Federal de 1988, que acabou sendo incorporado e desenvolvido ao art. 557 do CPC de 1973 com sucessivas alterações experimentadas até a Lei n. 9.756/98.

Nesta evolução é fundamental o destaque às profundas modificações trazidas pela Emenda Constitucional n. 45/2004 ao "modelo constitucional" que autorizou ao Supremo Tribunal Federal editar súmulas *vinculantes* (art. 103-A da CF), além de reconhecer essa mesma qualidade às decisões proferidas na ação direta de inconstitucionalidade e nas ações declaratórias de constitucionalidade (art. 102, *a*, da CF).

Ainda na primeira década dos anos 2000, o CPC de 1973 se viu modificado profundamente para incorporar mecanismos editados para finalidade similar, de criação de decisões paradigmáticas pelo Supremo Tribunal Federal, inclusive na perspectiva da repercussão geral, que passou a ser exigência de admissibilidade do recurso extraordinário mercê da precitada EC n. 45/2004 (arts. 543-A e 543-B do CPC de 1973, introduzidos pela Lei n. 11.418/2006), e do Superior Tribunal de Justiça com os chamados recursos especiais *repetitivos* do art. 543-C do CPC de 1973, introduzido pela Lei n. 11.678/2008. O próprio art. 285-A do CPC de 1973, dispositivo tão interessante quanto polêmico, objeto, inclusive, da ADI 3.695/DF proposta pelo Conselho Federal da OAB perante o Supremo Tribunal Federal, parecia querer pressupor a viabilidade de o magistrado indeferir liminarmente petições iniciais com base em julgados anteriores, dando larga aplicação, destarte, às decisões "paradigmáticas" acima referidas, verdadeiros "indexadores jurisprudenciais"[18].

O atual Código de Processo Civil consolida e desenvolve sobremaneira essa forma de pensar. É ler os *capi* de seus arts. 926 e 927, segundo os quais, respectivamente: "Os tribunais devem uniformizar sua jurisprudência e mantê-la estável, íntegra e coerente" e "Os juízes e os tribunais observarão: I – as decisões do Supremo Tribunal Federal em controle concentrado de constitucionalidade; II – os enunciados de súmula vinculante; III – os acórdãos em

---

17. Para a concepção original, consultar com proveito, do próprio Victor Nunes Leal seu "Passado e futuro da Súmula do STF", esp. p. 1-6 e 13-15.
18. A referida ADI perdeu o objeto e foi declarada extinta com o advento do CPC de 2015 pelo Ministro Alexandre de Moraes em decisão datada de 12 de maio de 2017.

incidente de assunção de competência ou de resolução de demandas repetitivas e em julgamento de recursos extraordinário e especial repetitivos; IV – os enunciados das súmulas do Supremo Tribunal Federal em matéria constitucional e do Superior Tribunal de Justiça em matéria infraconstitucional; V – a orientação do plenário ou do órgão especial aos quais estiverem vinculados".

Não cabe, aqui e agora, criticar ou elogiar essas modificações legais e constitucionais[19]. Há momento próprio para tanto, especialmente no volume 2 deste *Curso*. Aqui é suficiente a mera *constatação* da generalização dessa tendência como parte integrante do pensamento contemporâneo do direito processual civil. Seja porque determinadas decisões têm, por força do "modelo constitucional", efeitos *vinculantes*, seja porque, menos que isso, elas ostentam efeitos "meramente *persuasivos*", mas que, não obstante, merecem ser levadas em conta na interpretação e na aplicação do direito pelos mais variados órgãos jurisdicionais.

Essa constatação não significa, convém advertir desde logo, que o direito brasileiro tenha abandonado suas origens da tradição do *civil law* ou querido se transformar em algo similar ao *common law*. Nada disso. O que ocorre é a mera valorização do papel que as decisões dos Tribunais podem (ou devem) ter na *interpretação* e na *aplicação* do direito (leia-se: do *texto* jurídico) com vistas a garantir maior *isonomia*, *segurança* e *previsibilidade* jurídicas.

O papel paradigmático da "jurisprudência", mesmo compreendida a palavra na sua acepção mais tradicional, é (e sempre foi) suficiente para essa finalidade, sem necessidade de importação de modelos e realidades de outros países para nós. E pior: importação de *determinadas partes de determinados modelos e de determinadas realidades* para o sistema brasileiro como se, pela mera circunstância de ser estrangeiro, o modelo fosse (ou parecesse) adequado para a resolução de problemas do ordenamento jurídico brasileiro e do acúmulo de trabalho nos nossos Tribunais. É o famoso "complexo de vira-lata do brasileiro", imortalizado nas crônicas esportivas de Nelson Rodrigues, aplicado à sedizente "nova doutrina" do direito processual civil.

Mais do que discutir a questão em tal perspectiva, é suficiente entender que, para a experiência jurídica nacional, nunca foi tão importante saber como os Tribunais decidem as mais variadas questões, porque há uma verdadeira *indexação* de resultados jurisprudenciais idealizada pelo CPC, a imperar desde o juízo de admissibilidade da petição inicial, instante em que o autor, exercendo seu direito de ação, rompe a inércia da jurisdição. O "direito jurisprudencial" – nomenclatura a ser empregada ao longo deste *Curso* para descrever essa realidade normativa – é, pois, uma das pedras de toque do CPC.

Diante dessa constatação, o que se põe para a construção de um pensamento contemporâneo do direito processual civil é levar em conta o papel que aqueles indexadores jurisprudenciais podem assumir no modelo constitucional do direito processual civil. Mas não apenas no sentido de seus resultados e de suas aplicações concretas. Importa também – e como decorrência do mesmo modelo – colocar em relevo o *modo* de sua produção, justamen-

---

[19]. A EC n. 125/2022, ao modificar o art. 105 da CF para "instituir no recurso especial o requisito da relevância das questões de direito federal infraconstitucional", só confirma o acerto do quanto desenvolvido é o texto.

te para que as preocupações dos números anteriores sejam concretizadas. Não é errado afirmar desde logo que, quanto maior a eficácia pretendida pelo Código de Processo Civil a determinadas decisões judiciais, maior *tem que ser* a preocupação sobre a *participação* de seus destinatários na sua produção.

Acerca da última afirmação importa sublinhar que não é bastante estudar o resultado final das decisões judiciais que querem ser "paradigmáticas" em relação às outras e todas as relações de seu papel como "indexadores jurisprudenciais", bem ao estilo do art. 927[20]. É indispensável que a preocupação do estudioso do direito processual civil se volte também (e, em rigor, até por precedência lógica, em primeiro lugar) à forma de produção daquelas decisões, isto é, a seu processo de formação.

2.6.6 O papel do magistrado na ordem jurídica atual

Quase que com ânimo de conclusão das considerações com as quais se ocupam os números anteriores, é importante destacar o papel que o magistrado assume no que este *Curso* propõe seja chamada de "fase contemporânea" do estudo do direito processual civil.

O que é necessário destacar é que o paradigma de produção do ordenamento jurídico na atualidade, desde sua gênese, é diverso daquele sob o qual todos os grandes temas do direito processual civil "científico" foram concebidos e se desenvolveram.

Assim, a necessidade de *abertura interpretativa* é uma *necessidade* para todo o sistema jurídico. Ela precisa ser "generalizada", não se limitando apenas à temática dos "direitos fundamentais" ou das questões que têm assento expresso na Constituição Federal. A necessidade de abertura não repousa somente na interpretação de um texto jurídico constante da Constituição. Também os textos jurídicos constantes das variadas normas infraconstitucionais caracterizam-se, cada vez mais, pela mesma abertura. É constatar o próprio CPC de 2015, com seus princípios, suas cláusulas gerais e seus conceitos vagos e indeterminados, permitindo que o magistrado, em cada caso concreto – e não mais o legislador abstrata e genericamente –, *crie* o direito a ser aplicado a partir da análise, em concreto, dos valores que devem, ou não, prevalecer.

Não se trata apenas da necessidade de acentuar a prática e o aprimoramento de uma democracia *substancial*, que substitui uma democracia meramente *formal*, também no ambiente do direito processual civil, tendo o exercício da função jurisdicional como pano de fundo, forte no que foi escrito até o momento. Trata-se de verdadeira questão de *legitimidade*

---

[20]. Razão suficiente, aliás, para reforçar o entendimento deste *Curso* quanto a não haver espaço para constituir toda a tecnologia já aplicada para o manejo das decisões expedidas para os fins do art. 927, inclusive a inteligência artificial, uma nova etapa (ou virada) metodológica do direito processual civil, a despeito do entusiasmo de pensadores do assunto. A preocupação deve ter como foco, justamente por força do contexto em que inserido o tema, os limites do emprego de tais técnicas, seja na perspectiva do papel que a tecnologia pode ter na sua aplicação, e também na da inafastável necessidade de *interpretação* dos textos jurídicos, inclusive aqueles produzidos na perspectiva de serem empregados como indexadores jurisprudenciais.

do sistema jurídico como um todo. Mais ainda, quando a *abertura* do sistema jurídico coloca na ordem do dia, mais e mais, a amplíssima discussão sobre a "judicialização da política" e da "politização do direito" ou da "justiça". E, se é verdade que essa discussão se apresenta muito mais intensamente no plano constitucional, não é exclusiva daquele plano, mormente em um sistema como o nosso, que admite generalizadamente o contraste, perante o Judiciário, dos "interesses e direitos" supraindividuais e, sem ressalvas, de um Judiciário que deve enfrentar diuturnamente – porque a jurisdição, no Brasil, é una – todas as questões que envolvem os conflitos entre particulares e Administração Pública.

Disso decorre a constatação de que o incremento da atividade do magistrado – a hipertrofia de seus *deveres-poderes* – por vezes deriva da modificação das próprias normas materiais e não necessária e invariavelmente das de direito processual. Deixa-se de lado, com isso, o mito da neutralidade do juiz, mero aplicador *automático* da norma jurídica – o "boca da lei" –, e passa-se a lidar com o magistrado que se sabe necessariamente influenciado pelos valores dispersos na sociedade civil e no próprio Estado. O magistrado, antes mero *aplicador* da norma jurídica, dada como pronta e acabada pelo legislador, hoje passa a ser compreendido como elo fundamental na cadeia de *produção* normativa. É ele *criador* da norma jurídica. E, além de *aplicar* o direito, o juiz detém *deveres-poderes* para *concretizar* a sua decisão, o que, de sua parte, convida a uma *reconstrução* de outros temas do direito processual civil, assunto que encontra no Capítulo 5 o ponto culminante dessa exposição.

A principal conclusão a que o assunto até aqui exposto deve conduzir é a de que o "novo padrão da norma jurídica" (sua consciente abertura e valoração) não pode ser realidade desconhecida ou menosprezada por quem se predispõe a estudar o direito processual civil. Ao contrário do que poderia dizer respeito e ter interesse apenas para o estudioso da filosofia do direito, a teoria geral do direito encontra o seu eco – não há como negar isso – na compreensão mais ampla de cada "ramo", de cada "área" do direito. Com o direito processual civil não é diverso. Ter *consciência* desse novo paradigma normativo, acolhido expressa e conscientemente pelo CPC, aliás, é ter consciência da necessidade de pautar a compreensão do direito processual civil no seu devido contexto, que é o de compreender, no seu sentido mais amplo, como o Estado-juiz resolve com ânimo de definitividade um conflito de interesses intersubjetivo e em que condições essa resolução – dizer qual é o direito aplicável *e* concretizá-lo – é tarefa que se justifica de acordo com as opções políticas de cada ordenamento jurídico (aqui, todo o pensamento é voltado ao brasileiro) e que, por isso mesmo, pode aceitar diversas variações.

A *consciência* destas considerações convida o estudioso do direito processual civil a compreender em que medida o resultado último do exercício da função jurisdicional – o reconhecimento do direito aplicável ao caso e a criação de condições efetivas de sua concretização – tem de ser aderente ao cada vez mais complexo e multifacetário ordenamento jurídico, voltado à regulação de uma sociedade e de um Estado que também são cada vez mais complexos e multifacetários. Não só o *fim* (a "justiça material", para empregar expressão usual), mas também o *meio* da atuação do Estado-juiz (o "devido processo *constitucional*") diz respeito intimamente ao estudo do direito processual civil.

2.7 O neoconcretismo: um primeiro aceno

Este *Curso* vem, desde suas edições anteriores ao CPC de 2015, adotando a palavra "*neoconcretismo*" para descrever, em sua plenitude, o resultado das considerações que ocupam os números anteriores, aliado ao alcance proposto para o "modelo constitucional do direito processual civil" e à revisitação dos "institutos fundamentais do direito processual civil". Em suma: uma nova forma de *pensar* e de *aplicar* o direito processual civil.

Seria prematuro, por isso mesmo, expor aqui e agora a proposta metodológica sugerida por este *Curso*, seu verdadeiro núcleo e o que ele elege – e o faz conscientemente – como eixo gravitacional de todas as considerações que sobre o direito processual civil – não apenas sobre o Código de Processo Civil – merecem ser elaboradas. Em suma: o centro da teoria geral do direito processual civil aqui exposta.

Por enquanto, basta a ressalva, verdadeiro alerta, de que ainda há o que ser exposto, construído e reconstruído, para alcançar aquele objetivo em sua plenitude no Capítulo 5.

Capítulo 3

O modelo constitucional do direito processual civil

1. CONSIDERAÇÕES INICIAIS

As considerações do Capítulo 2 quanto à necessidade de serem estabelecidas (novas) bases para a construção de um (novo) pensamento do direito processual civil, um pensamento *contemporâneo* do direito processual civil, querem evidenciar um aspecto, mencionado insistentemente: é a partir da Constituição Federal que se *deve* buscar compreender o que é, para que serve e como "funciona" o direito processual civil como um todo e cada uma de suas partes, a começar pelos seus consagradíssimos "institutos fundamentais".

O Capítulo que agora se inicia tem como objetivo a aplicação daquelas premissas metodológicas para ofertar uma visão ampla do direito processual civil no ordenamento jurídico brasileiro atual.

Para tratar de "direito processual civil" é insuficiente referir-se ao "Código de Processo Civil". Se é que isso já foi válido alguma vez em tempos idos, o que é certo, absolutamente certo, é que o "direito processual civil", como, de resto, todos os outros ramos e disciplinas jurídicas, está inserido em um *contexto* bem mais amplo, que é o da Constituição Federal. Não há como, para ir direto ao ponto, tratar de "direito", de "qualquer direito", sem que se volte os olhos em primeiro lugar para a Constituição. Até porque, e isso é uma especial verdade para o direito positivo brasileiro, uma mera leitura que se faça da Constituição Federal revelará que ela regula uma gama absolutamente fantástica de assuntos, quase tudo, a bem da verdade.

Evitando desvios de toda a ordem, o que releva afirmar e fixar como premissa metodológica fundamental para se tratar de qualquer assunto de direito processual civil é que os dispositivos do Código de Processo Civil (e isso é pertinente também para a legislação processual civil extravagante como um todo) não bastam por si sós. Não estão "soltos". Mais ainda: é insuficiente para a tão conhecida quanto festejada "interpretação sistemática do direito" serem comparados alguns poucos textos de lei com outros textos da mesma ou de outra lei para estabelecer entre eles uma aparente ordem de "regra geral" para "regra específica" ou de "regra mais nova" para "regra menos nova", por exemplo. Mais importante e que deve ser posto em primeiro lugar, inclusive em ordem de pensamento, é verificar em que medida a Constituição Federal *quer* que o direito processual civil seja.

É verificar, na Constituição Federal, qual *deve ser* o "modo de ser" do direito processual civil. É extrair da Constituição Federal o modelo constitucional do direito processual civil e, a partir dele, verificar em que medida as disposições legais constantes do CPC e da legislação processual civil extravagante, inclusive aquela editada *antes* da entrada em vigor da Constituição Federal, são harmônicas e compatíveis com ele, concretizando os desideratos da Constituição. É verificar, em suma, de que maneira o legislador e o magistrado – este sempre municiado por todos os sujeitos do processo, isto é, todos aqueles que de uma forma ou de outra atuam no processo –, cada um desempenhando seu próprio mister institucional, têm que conceber, interpretar e aplicar as leis para realizar adequadamente o modelo constitucional do direito processual civil.

Como bem escrevem Italo Andolina e Giuseppe Vignera, em tradução livre para o português: "Na nova perspectiva pós-constitucional, o problema do processo não se limita apenas ao seu 'ser', isto é, à sua concreta organização de acordo com as leis processuais vigentes, mas também ao seu 'dever-ser', ou seja, à conformidade de sua disciplina positiva com as previsões constitucionais relativas ao exercício da atividade jurisdicional"[1].

De forma bem simples e bem direta, é possível (e necessário, verdadeiramente indispensável) concluir no sentido de que é a Constituição Federal o ponto de partida de qualquer reflexão do direito processual civil (e penal e trabalhista também, mas eles não dizem respeito ao objeto deste *Curso*)[2].

O plano *constitucional* delimita e molda o *modo de ser* de todo o direito processual civil e de cada um de seus temas e institutos. É a Constituição que a um só tempo limita a criatividade do legislador e impõe a ele a implementação de determinadas estruturas para viabilizar o que o modelo constitucional estabelece.

O plano infraconstitucional do direito processual civil deve-ser conformado pelo que a Constituição *impõe* acerca da forma de exercício da função estatal. Tanto o plano *técnico* do processo (o "dever-ser" do próprio processo, isto é, do método de exercício do Estado-juiz) como seu plano *teleológico* (os fins a serem atingidos pela atuação jurisdicional do Estado) são necessariamente vinculados ao modelo que a Constituição reserva para ele e, mais amplamente, para todo o objeto do direito processual civil.

---

1. *Il modello costituzionale del processo civile italiano*, p. 11.
2. Bruno Sassani, após se referir à circunstância de que o direito processual civil tem um "riferimento privilegiato" no Código de Processo Civil, integrado pelo Código Civil e pelas normas de caráter processual distribuídas pelo ordenamento italiano e comunitário europeu, escreve: "Lo studio del codice di procedura deve però essere preceduto dal richiamo delle norme della costituzione italiana, che fissano le garanzie fondamentali della tutela giurisdizionale e dell'esercizio della giurisdizione" (*Lineamenti del processo civile italiano*, p. 2).

A consequência de a lei se afastar daquelas diretrizes é clara: a inconstitucionalidade ou, quando anterior à promulgação da Constituição, terá deixado de ter sido recepcionada pelo sistema constitucional vigente. De um ou de outro modo, a lei contrária às diretrizes constitucionais do direito processual civil deve ter sua aplicação concreta rejeitada e, graças às amplas possibilidades do exercício do controle da constitucionalidade das leis, típico do sistema brasileiro, que combina os controles "abstrato" e "concreto", pode sê-lo em cada caso concreto que se apresente para solução perante o Poder Judiciário.

O plano *técnico* do processo é, destarte, derivado da Constituição. É seu verdadeiro reflexo e a forma de *concretização daquele modelo*. É a forma pela qual o legislador busca cumprir as garantias colocadas na Constituição Federal. Pensar o direito processual civil a partir da Constituição Federal é uma necessidade – uma verdadeira *imposição,* bem compreendida a "força *normativa* da Constituição" – e, vale enfatizar uma vez mais, não se trata de uma particularidade desse ou daquele ramo do direito. Todo o direito só pode (e, em verdade, só *deve*) ser pensado, repensado, estudado, analisado e, consequentemente, sistematizado (sempre no sentido de "construído") a partir da Constituição Federal. Nada no direito pode querer estar em dissonância com a Constituição Federal. Ela é o diapasão pelo qual todas as outras normas jurídicas devem ser afinadas, medidas e ouvidas, é dizer: concretizadas por e para seus destinatários.

O processo tem como finalidade algo que lhe é exterior, não sendo suficiente que ele concretize o direito material de qualquer modo. Ele precisa se desenvolver de maneira devida para tanto. Não basta, desta forma, a obediência *intrínseca* das normas constitucionais; é mister também a sua observância *extrínseca*. Assim, além de o processo ter que "ser" conforme o modelo constitucional, ele deve ser interpretado e aplicado com os olhos voltados para a realização concreta de valores e situações jurídicas que são a ele exteriores, passando necessariamente pelos valores que a própria Constituição exige que sejam devidamente concretizados pelo direito processual civil. Por isso, é importante enfatizar que não só o plano *técnico*, mas também o *teleológico* (seus fins) interessam ao processo e, mais ampla e corretamente, ao direito processual civil como um todo. Ambos são *impostos* pela Constituição Federal.

Não há como olvidar que, invariavelmente, o processo é *método de manifestação do Estado Democrático de Direito* e que, por isso mesmo, ao solucionar os conflitos que são levados ao Estado-juiz, o "processo" viabiliza o atingimento de duas finalidades concomitantemente. A primeira: o reconhecimento e a concretização do direito controvertido. A segunda: o atingimento dos objetivos do Estado, com a realização dos valores e ideologias que caracterizam e justificam sua própria razão de ser. Quando se afirma que o processo é instrumento do direito material, essa colocação, absolutamente correta, deve ser compreendida nesse contexto *duplo*. Trata-se da realização do direito material controvertido levado para solução pelos litigantes (o pagamento da dívida inadimplida; a devolução do tributo pago indevidamente; o prosseguimento das atividades de estabelecimento comercial que se pretendia fechar, por exemplo) e do direito processual (de origem e de contorno constitucionais) que conforma e justifica a própria atuação e razão de ser do Estado Democrático de Direito, em todas as situações, a entrega da prestação jurisdicional adequada às necessidades do caso concreto.

O direito processual civil, portanto, deve ser lido e relido à luz da Constituição Federal. Há uma correlação necessária entre ambos e uma inegável dependência daquele nesta. Ler e interpretar as normas processuais civis desde a Constituição Federal, desta forma, deve ser entendido como *o* método a ser empregado; método que, bem compreendido, é decorrência natural da própria compreensão do papel desempenhado pela Constituição Federal no nosso modelo de Estado. É a já referida "força normativa da Constituição" *impondo* a todo o ordenamento e a todos os seus personagens o seu próprio conteúdo.

Idêntica ressalva tem que ser feita com relação aos institutos do direito processual civil em geral, todos eles. Tais institutos, mesmo quando cunhados pelos processualistas do passado, têm que passar necessariamente por uma etapa de *filtragem constitucional*, assim entendida a verificação de sua conformidade (e em que grau) com as diretrizes da Constituição Federal. Não só, é importante frisar, para verificar o que a Constituição Federal reserva para o direito processual civil como um todo, mas sobretudo para criar condições, pelo processo, pela atividade jurisdicional, de atingir os valores reservados pela Constituição Federal, quer pelo próprio método de exercício do poder (o "processo"), quer, muito além disso, para a tutela dos direitos materiais, individuais e coletivos, lesados ou ameaçados que são levados ao Estado-juiz para sua concretização.

Assim, a perspectiva metodológica que guia o desenvolvimento de todo este *Curso* é no sentido de que o direito processual civil e cada um de seus institutos devem ser pensados (e repensados) invariavelmente a partir da Constituição Federal, realizando os seus valores e, nessa medida, o que compete àquele que se predispõe a estudar as normas de direito processual civil é extrair delas – de todo o *sistema* – seu máximo aproveitamento em prol da realização dos próprios valores que a Constituição impõe para serem concretizados no ambiente do direito processual civil, *no* e *pelo* processo.

Estudar o direito processual civil dando destaque declarado ao modelo constitucional do direito processual civil tem a grande vantagem de viabilizar uma mais correta e completa compreensão de toda a matéria regulada pelo CPC e pela legislação processual civil extravagante. É o modelo constitucional que assegura os elementos para viabilizar a *unidade* e a *ordem* do sistema processual civil, seus elementos *unificadores*, *harmonizadores* e *racionalizadores*. É a necessária observância àquele modelo o critério de *sistematização* que, desde sua origem, justificou – e continua a justificar – a existência e o desenvolvimento deste *Curso*.

O próprio CPC acabou por absorver essa orientação desde seu art. 1º, segundo o qual: "O processo civil será ordenado, disciplinado e interpretado conforme os valores e as normas fundamentais estabelecidos na Constituição da República Federativa do Brasil, observando-se as disposições deste Código." Mais que Código, destarte, é correto (e necessário) fazer referência a um verdadeiro *sistema processual civil* a ser construído desde o modelo constitucional do direito processual civil.

Até porque, para além do CPC, há inúmeros diplomas legislativos processuais civis extravagantes, anteriores a ele e à própria Constituição Federal, tantos outros que foram editados durante a sua *vacatio legis*, inclusive, como se verifica da Lei n. 13.256/2016, alterando diversos de seus dispositivos durante aquele período e diversos promulgados após a sua entrada em vigor, o que ocorrerá normalmente. Não há como confundir, para limitar, o direito processual civil com o Código de Processo Civil. Menos ainda quando se extrai da Constituição, como *deve-ser*, tudo aquilo que ela reserva para a construção do que está sendo chamado aqui de *sistema processual civil*.

A Constituição, nesse sentido, apresenta-se como um critério apto a viabilizar a sistematização do direito processual civil, dando-lhe a necessária *unidade* e *ordem*[3]. Este *Curso* assume que esse grau de unidade e ordem só pode ser obtido na e pela Constituição Federal. É a partir da Constituição Federal e das suas opções políticas e jurídicas – o modelo constitucional do direito processual civil – que o direito processual civil como um todo deve ser estudado; é a partir dela que o direito processual civil pode ser compreendido como um todo *sistemático*.

Em virtude do elemento de ligação – de *unidade* – eleito, só cabe enaltecer a importância de o processualista identificar cada vez mais e saber trabalhar com a compreensão adequada das ricas tramas e recíprocas e inafastáveis interações entre o que está na Constituição Federal (não só relativamente ao "direito processual civil", aliás) e as normas que, à guisa de concretizar os valores e as opções feitas por ela, tornam menos abstratas suas disposições.

Até porque, para retomar o tom que abre este número e para frisar a mensagem dos parágrafos anteriores, tratar o CPC como se fosse ele o repertório bastante do direito processual civil é inconcebível. Ele pode até ser, do ponto de vista infraconstitucional, o diploma normativo mais relevante. Nem por isso, contudo, ele é ou pode ser tido como sinônimo do direito processual civil. Por isso, é o caso de insistir, é mais correta a referência a um "*sistema de direito processual civil*". Um *sistema* sempre a construir, é certo, mas um *sistema* que tem como linha ordenadora e unificadora o modelo constitucional do direito processual civil, e não o próprio Código.

Mas, e é esta a mola propulsora deste *Curso*, não há mais razão para se *conformar* com um método fadado ao fracasso. O direito dos "Códigos" – e o derivado do CPC, por mais avanços que pode querer ter, não é exceção – caracteriza-se por apresentar soluções preconcebidas, como se ele estivesse pronto para ser aplicado. O direito dos "princípios", mormente dos princípios extraíveis diretamente da Constituição, diferentemente, é realidade a ser construída. Um *sistema de direito processual civil* não é preconcebido, pronto ou acabado; ele é construído em busca da criação de um todo harmônico. Sua visão é *prospectiva*, não *retrospectiva*; ela é *criativa* e não meramente *descritiva*. Engana-se aquele que acha que o CPC, por ser "novo",

---

3. É o que, para Claus-Wilhelm Canaris, define, como tal, um sistema. A propósito, ver o seu *Pensamento sistemático e conceito de sistema na ciência do direito*, p. 9-13.

veio pronto para ser aplicado. Por mais paradoxal que possa parecer, é seu próprio art. 1º que, corretamente, acentua, para fortalecer, essa circunstância.

Reapresentadas, na forma dos parágrafos anteriores, as preocupações que ocupam mais intensamente o Capítulo 2, é chegado o momento de verificar no que consiste o modelo constitucional do direito processual civil.

Na Constituição, há uma série de normas que dizem respeito ao direito processual civil como um todo. Embora seja seu *conjunto* que corresponda ao modelo constitucional do direito processual civil, é cabível a identificação, para fins didáticos, de cinco grupos distintos, embora complementares, de normas jurídicas, cada um voltado a abranger uma parte de normas constitucionais do modo mais homogêneo possível.

O primeiro dos cinco grupos, comumente identificado por boa parte da doutrina como *tutela constitucional do processo*[4], corresponde aos princípios, às regras e às garantias que a Constituição consagra e impõe como modo de institucionalizar critérios e parâmetros democráticos, dos quais não se pode afastar a lei infraconstitucional e segundo os quais os magistrados pautarão o exercício da função jurisdicional, suas decisões e a própria interpretação do direito. É nesse conjunto de *normas* jurídicas que se encontram as características que impõem o específico "dever-ser" do "processo", como método de atuação do Estado-juiz, no direito processual civil brasileiro. Esse grupo caracteriza-se, por isso mesmo, por dar forma mínima (mas inafastável) ao *processo*, como ele *deve-ser*, quais são as características básicas que a atuação do Estado-juiz deve preencher para não destoar daquilo que a Constituição lhe impõe. É o grupo de normas constitucionais que *impõe* a construção do "devido processo *constitucional*".

O segundo grupo de normas constitucionais relevantes para a construção do modelo constitucional do direito processual civil diz respeito às disposições sobre a organização da Justiça, e que, na perspectiva dos Estados-membros, devem ser observadas também pelas suas respectivas Constituições. São normas relativas à organização do Poder Judiciário, que vão desde a criação e a instalação dos Tribunais no ordenamento jurídico brasileiro, passando pela sua competência, isto é, por quais matérias serão julgadas por cada um dos Tribunais e juízos de grau inferior, por sua composição e até mesmo por diretrizes de sua organização interna. Nesse grupo, as normas disciplinam quais são, o que fazem e como se organizam os diversos órgãos jurisdicionais, vale dizer, os órgãos que compõem o Poder Judiciário.

O terceiro grupo de normas constitucionais que compõem o modelo constitucional do direito processual civil ocupa-se das funções essenciais à Justiça, assim compreendidos a Magistratura, o Ministério Público, a Advocacia (privada e pública) e a Defensoria Pública. A característica marcante das normas constitucionais reunidas nesse grupo é que elas se voltam ao *dever-ser* das *instituições* destinadas, desde seu nascedouro e com assento expresso

---

4. Assim, por exemplo, Cândido Rangel Dinamarco, *Instituições de direito processual civil*, v. I, p. 120.

na Constituição Federal, a *cooperar* com o exercício da função jurisdicional e, muito mais do que isso, com a administração da Justiça, para o atingimento das finalidades mais fundamentais do próprio Estado brasileiro (art. 3º da CF).

A Constituição traz ainda uma série de normas voltadas a disciplinar específicos modos de exercício da função jurisdicional e da consequente prestação de tutela jurisdicional. É o quarto grupo componente do modelo constitucional do direito processual civil, que este *Curso* denomina de "procedimentos jurisdicionais constitucionalmente diferenciados". Assim, apenas para fins ilustrativos, quando a Constituição garante o mandado de segurança (art. 5º, LXIX, da CF), inclusive na sua forma coletiva (art. 5º, LXX, da CF), quando trata da ação direta de inconstitucionalidade (art. 102, I, *a*, da CF), quando autoriza que o Supremo Tribunal Federal edite súmulas com caráter vinculante (art. 103-A da CF) e, até mesmo, quando impõe determinado *procedimento* para requisitar ao Estado o pagamento de valores em dinheiro devidos por força de decisões jurisdicionais (art. 100 da CF).

O quinto e último grupo, que ganha destaque com as edições deste *Curso* posteriores ao CPC de 2015, é intitulado "normas de concretização do direito processual civil". Nele estão compreendidas as normas que moldam, desde a Constituição Federal, o modo de produção normativa relativa ao direito processual civil, compreendendo, em última análise, o que do *devido processo legislativo* diz respeito ao estudo do direito processual civil.

Os números seguintes voltam-se ao exame de cada um desses grupos de normas cujo conjunto corresponde ao modelo constitucional do direito processual civil brasileiro.

2. OS PRINCÍPIOS CONSTITUCIONAIS DO DIREITO PROCESSUAL CIVIL

A exposição dos cinco grandes blocos de normas jurídicas referidos pelo número anterior tem início pelos "princípios constitucionais do direito processual civil". Os "princípios constitucionais" ocupam-se especificamente com a conformação do próprio *processo*, assim entendido o método de atuação do Estado-juiz e, portanto, método de exercício da função jurisdicional. São eles que fornecem as diretrizes mínimas, embora fundamentais, do próprio comportamento do Estado-juiz ou, para empregar expressão que merece ser mais bem difundida e compreendida, que impõem a conformação do "devido processo *constitucional*".

Para ilustrar a importância e o alcance desse primeiro grupo de normas para as finalidades enunciadas no parágrafo anterior, basta supor que não existisse nenhuma *lei* sobre direito processual civil no Brasil, nem o CPC, nem a farta legislação processual civil extravagante, nem, tampouco, normas estaduais ou infralegais as mais variadas. O que haveria, nessa suposição, seria a Constituição Federal, tal qual vigente no Brasil de hoje. Pela ausência de quaisquer normas de direito processual civil em nível infraconstitucional, as autoridades competentes convocariam os especialistas para indicar como o Poder Judiciário atuaria para desempenhar a sua função. Nessa tarefa, os especialistas precisam levar em conta os princípios constitucionais do direito processual civil. A atuação jurisdicional, mesmo sem qualquer ato infraconstitucional, não poderia, por exemplo, desprezar o contraditório, a ampla defesa, a motivação das decisões judiciais, a publicidade, e assim por diante.

Evidentemente que as opções a serem feitas pelos "especialistas" para perseguir esses valores – as *técnicas processuais* – são extremamente variáveis, mas, não obstante, elas não podem infirmar, contrariar ou colocar-se contra os princípios constitucionais do direito processual civil. É correto, portanto, tratar os princípios constitucionais do direito processual civil como significativos de um modelo mínimo, mas indispensável, vinculante e impositivo para a atuação do Estado-juiz e para o próprio legislador.

As colocações até aqui desenvolvidas tornam-se ainda mais relevantes por uma característica do direito brasileiro.

Os princípios constitucionais do direito processual civil – que moldam o "modo de *dever--ser*" do processo –, explicitados fundamentalmente, mas não exclusivamente, no art. 5º da Constituição Federal, prescindem de lei para "existirem juridicamente". É que o referido dispositivo deve ser interpretado e aplicado rente ao que dispõem seus dois primeiros parágrafos. De acordo com eles, todos os direitos e garantias nele previstos não exigem nenhuma regra que os implemente concretamente. São, para empregar nomenclatura consagrada na doutrina tradicional, "normas de eficácia plena"[5]. São, para fazer uso das bases apresentadas no n. 2.4 do Capítulo 2, verdadeiros "direitos fundamentais" ou, quando menos, *normas veiculadoras de direitos fundamentais* e, por isso, todos os avanços que os teóricos dos direitos fundamentais alcançam em seus estudos *devem* ser utilizados pelo estudioso do direito processual civil[6].

Mas não só: o que o art. 5º expressamente prevê – e são setenta e oito incisos com amplíssimos desdobramentos – não exclui que também seja parte integrante do sistema constitucional brasileiro aquilo que deriva do regime e dos princípios adotados pela Constituição brasileira e pelos tratados internacionais que o Brasil seja signatário. O "direito processual *convencional*" deve ser considerado também parte integrante do modelo constitucional de direito processual civil brasileiro.

A afirmação do parágrafo anterior não pretende negar a importância da lei para regrar as situações sociais, as relativas à atuação do Estado e as inafastáveis inter-relações entre sociedade e Estado, inclusive aquelas que dizem respeito ao direito processual civil. Evidentemente que não. O que a justifica, bem diferentemente, é tão somente a compreensão de que não cabe àquele que se predispõe a estudar seriamente uma matéria sentar-se à espera de uma lei para dizer aquilo que, em rigor, já consta do *sistema*, inde-

---

5. Luís Roberto Barroso, *O direito constitucional e a efetividade de suas normas*, p. 91.
6. Estudo recente e importante sobre o tema é o de Vitor Moreira da Fonseca, *Processo civil e direitos humanos: o controle de convencionalidade no processo civil*, esp. p. 21-58.

pendentemente da atuação do "Estado-legislador". Se não houver lei que *concretize adequadamente* o "modo de dever-ser do processo", tal qual imposto pelos princípios constitucionais do direito processual civil, nem por isso o Estado-juiz não *deverá* concretizar aqueles mesmos valores.

O comando do art. 5º, § 1º, da Constituição Federal justifica-se, em última análise, como *diretriz* que deve necessariamente ser seguida no sentido de se ler, interpretar e aplicar o direito processual civil *pela* e, mais do que isso, a partir da Constituição Federal. Não se deve entender isso de forma limitada, como tradicionalmente se prega, como se a leitura do direito processual civil à luz da Constituição Federal fosse justificada apenas como uma tarefa de identificar qual a fonte normativa que tem maior nível hierárquico e qual, diante de um conflito de sentidos e significados, deve prevalecer por esse critério. Trata-se, bem diferentemente, de identificar em que medida se pode dar concreção às finalidades do próprio Estado *também* pelo e no processo. E isso, aqui reside o destaque que merece ser dado, independentemente de qualquer "lei" anterior ou posterior à Constituição de 1988. A concretização do modelo constitucional do direito processual civil, especificamente naquilo que diz respeito ao seu "modo de dever-ser", independe de lei. Depende, isto sim, de atos concretos que podem (que *devem*) ser tomados pelo próprio Estado-juiz e também pelas demais funções essenciais à Justiça.

Ainda que não tivesse sido promulgado o CPC, que, como já evidenciado, se ocupa, desde o seu art. 1º, da realização concreta do modelo constitucional, as observações até aqui feitas teriam idêntica valia. Ainda que não houvesse um *novo* Código, os princípios constitucionais teriam força normativa suficiente para implementar concretamente o *modelo* de direito processual civil imposto pela Constituição. É esse o alcance que deve ser dado ao § 1º do art. 5º da Constituição Federal. É esse o compromisso concreto de *sistematizar* o direito processual civil a partir do plano constitucional. É esse o resultado "prático" da aplicação da teoria dos "direitos fundamentais" ao plano do direito processual civil, compreendendo, em última análise, que os princípios constitucionais do direito processual civil, justamente porque são *normas jurídicas*, correspondem a direitos fundamentais que deverão ser realizados concretamente pelo Estado, por todo ele, por qualquer de suas funções, inclusive pelas que interessam mais de perto para o desenvolvimento deste *Curso*, as essenciais à Justiça.

2.1 Princípios jurídicos: breves ilações

Antes de estudar os princípios constitucionais do direito processual civil, importa fixar algumas diretrizes teóricas para melhor compreender o que são "princípios jurídicos", como interpretá-los e como aplicá-los. Urge esclarecer que aqui também, a exemplo de diversas outras passagens deste *Curso*, a iniciativa quer ter função meramente didática, sem pretender esgotar o assunto (como se isso fosse possível), no sentido de, constatando determinado estado da arte do pensamento jurídico, exteriorizar opções ideológicas e de compreensão do ordenamento jurídico e de seu funcionamento como um todo que estão por trás da construção do *Curso*. Nada além disso.

Por isso, importa deixar de lado o trato do tema relativo aos princípios do direito processual civil como se sua classificação ou sua adoção fosse mais o resultado de opções livres que de dados impositivos de cada ordenamento jurídico.

Ilustra bem essa afirmação a classificação ainda mencionada por processualistas renomados que distingue os "princípios *informativos*" dos "princípios *fundamentais*" do processo[7].

Os princípios *informativos* do processo, de acordo com esta proposta, "são regras de ordem predominantemente técnica e, pois, desligadas de mais intensa permeação ideológica, sendo, por essas razões, quase que universais"[8], e que, por isso mesmo, não dependem de demonstração. São, neste específico sentido, verdadeiros axiomas[9]. O que releva destacar é que, nesta concepção, os princípios informativos não contêm conteúdo ideológico, baseando-se em critérios estritamente técnicos e lógicos.

Sempre de acordo com a mesma proposta, os princípios *informativos* do processo são quatro, a serem entendidos da seguinte maneira: (i) "Princípio *lógico*", segundo o qual o processo tende a uma finalidade, qual seja, o proferimento de uma sentença revestida de coisa julgada e deve, para atingi-la, desenvolver-se por meios eficazes e rápidos para descobrir a verdade e evitar o erro; (ii) "Princípio *jurídico*", pelo qual o processo deve se submeter a um ordenamento jurídico preexistente, de forma a proporcionar aos litigantes igualdade ao longo do procedimento e justiça na decisão; (iii) "Princípio *político*", segundo o qual no processo é exercida a autoridade estatal, observando-se os cânones de dar ao processo a máxima garantia social com o mínimo de sacrifício individual da liberdade e (iv) "Princípio *econômico*", pelo qual o processo deve se desenvolver com o mínimo de atividade e com o máximo de rendimento. Importa para tanto, inclusive, que o processo não seja objeto de gravosas taxações e, em função das despesas e de sua duração, tornar-se utilizável somente pelos mais ricos[10].

---

7. Assim, por exemplo, Arruda Alvim, *Manual de direito processual civil*, p. 35-39 e 638-640; Nelson Nery Junior, *Princípios do processo na Constituição Federal*, p. 62-64, e Rui Portanova, *Princípios do processo civil*, p. 19-58. Todos os autores referem-se expressamente a Mancini, doutrinador italiano do século XIX, como o responsável por essa classificação.
8. Arruda Alvim, *Manual de direito processual civil*, p. 35.
9. Arruda Alvim, *Manual de direito processual civil*, p. 35, e Nelson Nery Junior, *Princípios do processo na Constituição Federal*, p. 63.
10. Rui Portanova propõe outros dois princípios informativos, que denomina "instrumental" e "efetivo", enunciados, respectivamente, da seguinte maneira: "O processo deve cumprir seus escopos jurídicos, sociais e políticos garantindo: pleno acesso ao Judiciário, utilidade dos procedimentos e efetiva busca da justiça no caso concreto" e "O processo civil deve ser impregnado de justiça social" (*Princípios do processo civil*, p. 48 e 54).

Este *Curso* opta por afastar o emprego daquela classificação. Os "axiomas" representados pelos princípios arrolados no parágrafo anterior pertencem, de acordo com as premissas aqui empregadas, aos cânones interpretativos do direito processual civil – a "fase contemporânea do estudo científico do direito processual civil" –, e, por isso mesmo, não há razão para insistir nela e na sua divulgação como "princípios *informativos*". Ademais, não há como negar que a compreensão dos fins a serem atingidos pelo direito processual civil é, mais do que uma construção dogmática, uma *imposição* da Constituição Federal. O processo é método de realização dos fins do próprio Estado Constitucional. Por isso, é irrecusável que o processo varie consoante variem os ordenamentos jurídicos, tanto quanto as finalidades a serem atingidas (e o modo de seu atingimento) pelos diversos modelos de Estado.

Por sua vez, os "princípios *fundamentais* do processo civil", de acordo com a proposta acima destacada, devem ser entendidos como "diretrizes nitidamente inspiradas por características políticas, trazendo em si carga ideológica significativa e, por isso, válidas para os sistemas ideologicamente afeiçoados aos princípios fundamentais que lhe correspondam"[11]. Nesse sentido, os princípios fundamentais do processo acabam por representar os próprios *valores* a serem alcançados pelo e no processo, isto é, pela atuação do Estado-juiz. São os cânones fundamentais do sistema processual. Dão forma e caracterizam os sistemas de processo, representando síntese crítica do processo. São verdadeiramente princípios *políticos* do processo, retratando uma opção *valorativa* com relação ao "ser" do processo. Variam, por isso mesmo, consoante as diversas opções ideológicas e políticas de cada Estado. Embora não haja consenso doutrinário a respeito, é bastante comum que, dentre os chamados "princípios *fundamentais* do processo civil", sejam indicados os seguintes: bilateralidade da audiência, dispositivo e oralidade[12].

Também com relação a essa classe, a opção deste *Curso* é a de não insistir no seu emprego e na sua divulgação. Isso porque boa parte dos chamados "princípios fundamentais do processo civil", justamente em função de seu caráter ideológico, tende a coincidir por tudo e em tudo com os princípios *constitucionais* do direito processual civil, que como tais, devem ser estudados como verdadeiras normas jurídicas, destacando, desde logo, seu caráter vinculante ao legislador e ao magistrado no exercício das suas funções legislativa e jurisdicional, respectivamente.

Já no que diz respeito aos demais princípios ditos "fundamentais" e que não pertencem ao modelo constitucional do direito processual civil, sua relevância depende de sua identificação no plano infraconstitucional, com inegável ênfase nas opções feitas pelo próprio Código de Processo Civil. E é nesse plano, o infraconstitucional, que eles são tratados ao

---

11. Arruda Alvim, *Manual de direito processual civil*, p. 35.
12. Assim, v.g., a proposta de Arruda Alvim em seu monumental *Tratado de direito processual civil*, v. I, p. 82-103.

longo do desenvolvimento deste *Curso*: sua fonte normativa *direta* são as leis infraconstitucionais e não o modelo constitucional, a ser estudado antes e em detrimento de todos os demais temas do direito processual civil[13].

Consequência imediata do quanto exposto nos parágrafos anteriores reside na compreensão necessária de que os princípios constitucionais do direito processual civil são elementos de direito positivo. São verdadeiras *normas* jurídicas, tanto quanto são as *regras*. O que distingue as duas *espécies* de normas jurídicas como gênero é, fundamentalmente, a densidade normativa de uma e de outra.

Embora existam múltiplas e importantíssimas formas de compreender e aplicar a distinção[14], para este *Curso* é suficiente a compreensão de que a funcionalidade dos *princípios jurídicos* difere bastante daquela que em geral é dada às regras. Eles são verdadeiros "mandados de otimização": os valores enunciados pelos princípios pressupõem que sejam criados os meios necessários para seu atingimento em cada caso concreto. Não há por que duvidar de que os princípios, embora sejam *valores*, são elementos constitutivos do direito positivo e nada têm de metajurídicos. Eles, como *normas jurídicas* que são, *vinculam* o intérprete e o aplicador do direito.

Interpretam-se e se aplicam "princípios jurídicos" de forma muito diferente do que as "regras jurídicas" são interpretadas e aplicadas. Porque as "regras", por definição, têm em mira uma limitação clara e inequívoca de casos que reclamam sua incidência, o que não ocorre com os princípios: as regras colidem umas com as outras e *revogam* umas às outras, enquanto os princípios *convivem* uns com os outros mesmo quando se encontram em estado de colidência. Eles não se revogam uns aos outros, mas, bem diferentemente, *preponderam*, ainda que momentaneamente, uns sobre os outros. Os princípios tendem a se *acomodar* em um mesmo caso concreto que reclama sua incidência, conforme sejam as necessidades presentes ou ausentes que justificam a sua incidência.

Os princípios ainda assumem papel primordial na própria interpretação e aplicação das próprias regras jurídicas. Isso se deve fundamentalmente à especial qualidade de densidade normativa e valorativa que caracteriza um princípio jurídico como tal, em contraposição às regras jurídicas. Assim, é incorreta a interpretação da regra quando ela entra em contradição,

---

13. Nas edições anteriores ao CPC de 2015, este *Curso* dedicava a Parte IV de seu volume 1 ao estudo do que chamava de "modelo *infraconstitucional* do direito processual civil", cujo conteúdo era basicamente o estudo dos princípios infraconstitucionais do direito processual civil. A opção metodológica, com o advento do CPC de 2015, é a de expor aqueles princípios na medida em que seus respectivos temas, tais quais disciplinados pelo Código de Processo Civil, sejam objeto da exposição, abrindo mão também – e por isso – dos agrupamentos que caracterizavam a apresentação daqueles princípios então feita, a saber: "princípios relativos à prestação jurisdicional", "princípios relativos à organização dos procedimentos", "princípios relativos à atuação dos sujeitos no processo", "princípios relativos à nulidade dos atos processuais", "princípios relativos à produção probatória", "princípios relativos à tutela jurisdicional executiva" e, por fim, "princípios relativos aos recursos".
14. Para a discussão do tema nesta perspectiva, ver Nelson Nery Junior, *Princípios do processo na Constituição Federal*, p. 37-47, alertando para o perigo de sincretismo metodológico.

explícita ou implícita, com os princípios; se a interpretação da regra resultar em duas ou mais alternativas, deve prevalecer a que mais se afinar com os princípios incidentes na espécie; a extensão ou a restrição da regra deve ser calibrada pela restrição ou extensão do próprio princípio incidente na espécie. Os princípios jurídicos são importantes ferramentas para colmatar as lacunas do ordenamento jurídico, isto é, para normatizar situações que não foram expressamente previstas pelo legislador.

Vale a pena ilustrar o que consta do parágrafo anterior. Se uma *regra* jurídica dispõe que o prazo para contestação é de quinze dias e a outra diz que o prazo, por se tratar de pessoa de direito público, é o dobro – é o que consta nos arts. 335 e 188, *caput*, do CPC, respectivamente –, uma das regras, diante do fato concreto, vai prevalecer sobre a outra, como se a outra simplesmente não existisse. Se se perguntar, por exemplo, a um advogado público qual é o prazo que ele tem para apresentar a contestação no procedimento comum, a resposta, absolutamente correta, é a de que o prazo é de trinta dias. Esse conflito entre duas regras – qual dos dois dispositivos do CPC aplica-se ao caso concreto? – é muito diferente de se saber, por exemplo, se, à luz do princípio do contraditório, deve prevalecer a aplicação de cada uma daquelas regras naqueles casos em que o prazo previsto em abstrato pela lei se mostrar absolutamente insuficiente para o amplo exercício da defesa do réu ou se é possível ao magistrado fixar um prazo diferente daquele previsto na lei. E mais: saber quais os critérios concretos que devem guiar o magistrado nos casos em que a lei dá a ele liberdade para fixar o prazo para apresentação da resposta ou para estendê-lo. É o que se dá, por exemplo, no caso da "ação rescisória" (art. 970) e na "ação popular" (art. 7º, IV, da Lei n. 4.717/65), respectivamente. Mesmo para guiar o magistrado na adequada aplicação da regra constante do inciso VI do art. 139 do CPC que lhe permite *ampliar* os prazos processuais em geral, desde que o faça antes do término do prazo.

Ademais, a dificuldade de qualquer resposta apriorística relativa à incidência de princípios jurídicos dá-se também nos casos em que há conflito entre princípios. Como eles representam, em geral, valores opostos, é necessário verificar qual deles, diante das peculiaridades de cada caso concreto, deve *preponderar* sobre o outro. É o tema do número seguinte.

2.1.1 O chamado princípio da proporcionalidade

O que caracteriza a interpretação e a aplicação dos princípios é o seu *conflito* e a necessidade de seus valores antagônicos *preponderarem*, mesmo que momentaneamente, uns sobre os outros, em cada caso concreto que reclame a sua incidência. Disso resulta uma questão, cuja resposta rende ensejo a intensa polêmica na doutrina especializada: como decidir o conflito entre princípios? Como saber qual princípio deve *preponderar*, no sentido de prevalecer momentaneamente, sobre o outro?

Fossem *regras* conflitantes, respostas mais seguras poderiam ser encontradas nos §§ 1º a 3º do art. 2º da Lei de Introdução às Normas do Direito Brasileiro (Decreto-lei n. 4.657/42 com a nomenclatura que lhe foi dada pela Lei n. 12.376/2010).

Os cultores do tema desenvolveram, a esse propósito, o que por vezes é chamado de "princípio da proporcionalidade", mas que, rigorosamente – e isso de acordo com os próprios teóricos do tema –, deve ser entendido como "*regra* da proporcionalidade". Regra e não princípio, justamente pelas suas características, em especial porque ela, regra da proporcionalidade, não admite qualquer hesitação quanto à sua aplicação, em termos de preponderância valorativa. O art. 8º do Código de Processo Civil refere-se expressamente à proporcionalidade e importa ter presente que a iniciativa se deve justamente ao contexto que ora interessa à exposição[15].

A "regra da proporcionalidade" fornece critérios que querem ser o mais objetivos possível para solucionar os impasses de *preponderância* na aplicação de princípios jurídicos conflitantes em cada caso concreto. É essa regra que deve ser utilizada em todos os casos em que o intérprete ou o aplicador do direito não conseguir compatibilizar os princípios conflitantes. Esses critérios são os seguintes: adequação, necessidade e proporcionalidade em sentido estrito.

De acordo com a *adequação*, o que se deve buscar é a exata correspondência entre meios e fins para que haja uma correlação lógica entre os fins e os meios utilizados ou utilizáveis para alcançá-los.

A *necessidade* impõe a avaliação dos próprios meios adotados para o atingimento das finalidades. Ela leva a uma consideração crítica sobre a existência de outros meios possíveis para se alcançar o mesmo fim. Na exata medida em que haja outros meios, deve-se dar preferência àquele que traga menores prejuízos e a menor restrição a quaisquer outros direitos.

A regra da *proporcionalidade em sentido estrito* faz as vezes de uma verdadeira conferência ou reexame dos critérios anteriores, viabilizando um exame da correspondência entre os meios e os fins, sopesando as vantagens e as desvantagens da solução dada ao caso concreto.

Em termos bem diretos, não é errado comparar a "regra da proporcionalidade" à balança que comumente é vista nas representações de Têmis, o símbolo da Justiça. Pela "regra da proporcionalidade", é dado ao magistrado *ponderar* as situações conflitantes do caso concreto para verificar qual, diante de determinados pressupostos, deve proteger concretamente, mesmo que isso signifique colocar em situação de *irreversibilidade* a outra. É por intermédio dessa regra que o magistrado consegue *medir* os valores dos bens jurídicos postos em conflito e decidir, concretamente, qual deve proteger e, pois, qual deve prevalecer, mesmo em detrimento do outro.

Assim, quando houver bens jurídicos de valores diversos em conflito, o magistrado está autorizado a aplicar o que, consoante as características de cada caso concreto, tem condições

---

15. Sobre essa compreensão, ver Georges Abboud, "Comentários ao art. 8º", p. 133-135.

de tutelar melhor e mais adequadamente o direito. Pela regra da proporcionalidade, criam-se, para o magistrado, condições *concretas e reais* de bem aquilatar as variadas situações que lhe são apresentadas no dia a dia forense e o que o mais criativo dos legisladores não teria condições de colocar, exaustivamente, numa lista a ser observada apriorística e generalizadamente pelo magistrado.

Como não é possível o estabelecimento *prévio* e *unívoco* de qualquer prevalência entre os diversos princípios jurídicos (inclusive os relativos ao direito processual civil), é que se faz mister que o magistrado, ao considerar sua aplicação em cada caso concreto, faça-o *motivadamente*, explicando as razões pelas quais entende que um deve prevalecer sobre o outro, dando especial destaque às considerações acima identificadas, vale dizer: justificando por que o princípio prevalecente é o mais *adequado*, por que é o mais *necessário*, dizendo, em última análise, por que a solução é mais correta para o caso concreto no lugar de outras (regra da proporcionalidade em sentido estrito). Fosse possível elaborar um catálogo que apresentasse as soluções para cada possível conflito entre princípios jurídicos e, certamente, a importância da *justificação* da *decisão* judicial não seria tão relevante quanto indispensável. Como, entretanto, tal catalogação não é viável, dadas as próprias características e configurações dos princípios e as variadas situações de vida que podem autorizar sua incidência, é que a atuação judicial cresce em importância. Também por esse fundamento, porque o juiz, conscientemente, *escolhe* qual o valor que prevalecerá em cada caso concreto, é que o tema da *motivação* das decisões judiciais é tão relevante para o direito processual civil da atualidade. Não é por outra razão, aliás, que o § 2º do art. 489 do CPC dispõe que "No caso de colisão entre normas, o juiz deve justificar o objeto e os critérios gerais da ponderação efetuada, enunciando as razões que autorizam a interferência na norma afastada e as premissas fáticas que fundamentam a conclusão".

Em suma, é correto o entendimento de que os princípios jurídicos têm de conviver entre si; não para se excluir reciprocamente. Sua aplicação em cada situação da vivência do direito dá-se pela mera *preponderância* (momentânea) de certos valores mais evidentes por eles representados. O método de constatação de qual princípio deve prevalecer em cada caso concreto repousa na "regra da proporcionalidade". Sua escorreita aplicação depende da qualidade da motivação das decisões jurisdicionais, para o que o precitado § 2º do art. 489, tanto quanto o art. 8º, ambos do Código de Processo Civil, têm muito a contribuir.

2.2 Acesso à justiça

O primeiro dos princípios constitucionais do direito processual civil a ser exposto é o usualmente chamado de "acesso à justiça" e que tem como sinônimos diversas outras expressões, tais como: "acesso à ordem jurídica justa", "inafastabilidade da jurisdição", "inafastabilidade do controle jurisdicional" ou "ubiquidade da jurisdição".

Ele quer significar o grau de *abertura* imposto pela Constituição Federal para a resolução de conflitos perante o Poder Judiciário. É o que se lê, com todas as letras, do art. 5º, XXXV, da Constituição Federal: "A lei não excluirá da apreciação do Poder Judiciário lesão ou ameaça a direito".

A compreensão de que nenhuma lei excluirá *ameaça* ou *lesão* a direito da apreciação do Poder Judiciário deve ser entendida no sentido de que qualquer forma de "pretensão", isto é, "*afirmação* de direito" pode ser levada ao Poder Judiciário para solução. Uma vez provocado, o Estado-juiz tem o *dever* de fornecer àquele que bateu às suas portas uma resposta, ainda que negativa, no sentido de que não há direito nenhum a ser tutelado ou, bem menos do que isso, que não há condições mínimas de saber se há, ou não, direito a ser tutelado, isto é, que não há condições mínimas de exercício da própria função jurisdicional ("devido processo *constitucional*").

O inciso XXXV do art. 5º da Constituição Federal é expresso quanto a qualquer *ameaça* ou *lesão* a direito não poder ser afastada do Poder Judiciário. Isso quer dizer que toda atuação jurisdicional – e, consequentemente, todas as técnicas já incorporadas e a serem incorporadas ao direito processual civil – não pode se limitar a lidar, como se verificou na evolução de seu estudo científico, com situações de lesão já consumadas, relegando a função jurisdicional a uma função de *reparar* tais lesões, dando, na medida do possível, condições de repor as coisas ao estado anterior.

Não que não haja espaço e, mais do que isso, *necessidade* de pensar em uma atuação jurisdicional também voltada a *reparar* ou a *sancionar* lesões ocorridas no passado. Mas, é aqui que repousa a grandeza do princípio constitucional em exame, novidade trazida para o ordenamento jurídico brasileiro com a Constituição de 1988, também a mera situação de *ameaça* a direito, isto é, um direito ainda não lesionado, ainda não danificado, uma situação que ainda não revela quaisquer prejuízos, deve receber adequada e eficaz tutela jurisdicional.

É como se se dissesse que o inciso XXXV do art. 5º da Constituição Federal impusesse um repensar do direito processual civil em duas grandes frentes. Uma delas voltada à reparação de lesões ocorridas no passado, uma proposta *retrospectiva* da função jurisdicional; outra, voltada para o futuro, uma visão *prospectiva da função jurisdicional*, destinada a evitar a consumação de quaisquer lesões a direito, viabilizando a emissão de uma forma de tutela jurisdicional que *imunize* situações de ameaça independentemente de elas se converterem em lesões. Independentemente, até mesmo, de elas gerarem quaisquer danos. Quando a ameaça é o foro das preocupações da atuação jurisdicional, basta que haja uma situação antijurídica[16].

---

16. Luiz Guilherme Marinoni sempre foi o grande defensor dessa compreensão ampla da tutela jurisdicional, desenvolvendo seu pensamento em torno do que propôs denominar "tutela inibitória". Para a discussão do assunto, ver seu *Curso de processo civil*, v. 1, p. 253-254. O art. 497 do CPC alberga expressamente essa compreensão, como se pode ler de seu parágrafo único: "Para a concessão da tutela específica destinada a inibir a prática, a reiteração ou a continuação de um ilícito, ou a sua remoção, é irrelevante a demonstração da ocorrência de dano ou da existência de culpa ou dolo".

A preocupação revelada pelos parágrafos anteriores e, mais do que por eles, pela própria Constituição Federal fica ainda mais evidente quando se trazem à tona as diversas situações de direito material que não se esgotam, pela sua própria natureza, em expressão econômica. É imaginar os direitos da personalidade constitucionalmente (art. 5º, X, da CF) e infraconstitucionalmente assegurados (art. 21 do CC) e o direito ao meio ambiente, nos termos do art. 225 da Constituição Federal. Nesses casos, para expor apenas dois exemplos bem significativos, ou se protege o direito ainda ameaçado, evitando que a ameaça se torne lesão, ou qualquer forma de tutela (de proteção) será não só tardia como inócua.

Por isso, o "acesso à justiça", garantido expressamente pelo art. 5º, XXXV, da Constituição Federal, convida a uma renovada reflexão – e correspondente sistematização – do direito processual civil como um todo, com vistas a que o exercício da função jurisdicional proteja indistintamente situações de *ameaça* a direito e situações de *lesão* a direito.

É importante destacar também que o acesso à justiça, tal qual delineado pela Constituição Federal, não se limita, como na tradição do direito brasileiro, a permitir que o próprio *indivíduo* vá ao Judiciário para pretender tutelar (proteger) direito seu. Também entidades associativas, representativas, institucionais, podem pleitear direitos de seus associados ou, de forma ainda mais ampla, direitos da coletividade em geral naquilo que, pelas razões do n. 6.1 do Capítulo 1, é chamado de "direito processual coletivo". A Constituição Federal, com efeito, é repleta de situações em que expressamente "abre" o direito processual civil – tradicionalmente individual e privatístico, vale a lembrança – para o coletivo e para o público. Assim, apenas para ilustrar a afirmação, o art. 5º, XXI, que autoriza as entidades associativas a representarem seus filiados judicial e extrajudicialmente; o art. 5º, LXX, que se refere à impetração do mandado de segurança *coletivo*; o art. 8º, III, que reconhece aos sindicatos a defesa dos direitos e interesses coletivos ou individuais da categoria, inclusive em questões judiciais ou administrativas, e o art. 129, III, que prevê a legitimidade do Ministério Público para ações civis públicas voltadas à tutela de interesses difusos e coletivos. É correto entender, destarte, que o art. 5º, XXXV, da Constituição Federal garante também, na mesma perspectiva aqui enaltecida, um verdadeiro acesso *coletivo* à justiça.

Há mais: se a Constituição impõe que a lei não retire do Poder Judiciário a apreciação de qualquer ameaça ou lesão a direito, não há como negar que qualquer lei – e, com maior vigor ainda, qualquer ato infralegal – que pretenda subtrair da apreciação do Poder Judiciário ameaça ou lesão a direito é irremediavelmente inconstitucional. Como a provocação do Estado-juiz impõe o dever de manifestação do Estado-juiz e como essa atuação deve ser adequada (devida) para outorgar a tutela jurisdicional tal qual requerida, não há como negar que nenhuma lei pode também pretender minimizar o *processo* e as técnicas processuais adotadas ou adotáveis por ele, para exercício escorreito da função jurisdicional, sob pena de, indiretamente, minimizar-se a amplitude do art. 5º, XXXV, da Constituição Federal e, por isso mesmo, ser irremediavelmente inconstitucional.

Por fim, importa ter presente que a compreensão de "acesso à Justiça" derivado do inciso XXXV do art. 5º da Constituição Federal não deve ser limitado ao acesso ao Estado-juiz, ao Poder Judiciário, à Justiça *estatal*. Também *outras* formas de solução de conflitos merecem idêntica salvaguarda. A circunstância de essas outras técnicas poderem até prescindir da atuação do Poder Judiciário não reduz a importância de serem incentivadas na mesma perspectiva constitucional. Extremamente feliz, no particular, o art. 3º do Código de Processo Civil que soube harmonizar ambos os mecanismos, o estatal-judiciário e os demais meios de solução de conflitos, conjugando tais diretrizes em seu *caput* e em seus três parágrafos. É lê-los: "Não se excluirá da apreciação jurisdicional ameaça ou lesão a direito. § 1º É permitida a arbitragem, na forma da lei. § 2º O Estado promoverá, sempre que possível, a solução consensual dos conflitos. § 3º A conciliação, a mediação e outros métodos de solução consensual de conflitos deverão ser estimulados por juízes, advogados, defensores públicos e membros do Ministério Público, inclusive no curso do processo judicial"[17].

2.3 Devido processo constitucional

Se o princípio do "acesso à justiça" representa, fundamentalmente, a noção de que o Judiciário está aberto, desde o plano constitucional, a quaisquer situações de "ameaças ou lesões a direito", o princípio do "devido processo *constitucional*" volta-se, basicamente, a indicar as condições mínimas em que o desenvolvimento do *processo*, isto é, o método de atuação do Estado-juiz para lidar com a afirmação de uma situação de ameaça ou lesão a direito, deve se dar.

Ele é expresso no inciso LIV do art. 5º da Constituição Federal, segundo o qual: "ninguém será privado da liberdade ou de seus bens sem o devido processo *legal*".

O termo "legal" constante do texto constitucional deve ceder espaço, por tudo o que este *Curso* vem destacando, ao termo *constitucional*. Em verdade, o ser devido na perspectiva *legal* não seria suficiente para atender ao modelo constitucional. É dela, da Constituição Federal, que parte o padrão a ser observado pelo legislador e, mais amplamente, pelo intérprete e pelo aplicador do direito processual civil na conformação do *processo*. Entender que bastaria um

---

[17]. Na busca desta necessária harmonização, é correto entender, junto com o que decidiu o STF nas ADI 2.139 e 2.160, rel. Min. Cármen Lúcia, j.un. 1-8-2018, *DJe* 19-2-2019, que não pode a lei generalizadamente condicionar o acesso à Justiça estatal ao prévio insucesso de tentativas de autocomposição. A 2ª Seção Cível do TJMG, no IRDR-Cv 1.0000.22.157099-7/002, rel. p/ acórdão Des. Lilian Maciel, entendeu pela possibilidade de condicionamento (embora com ressalvas e exceções) do acesso à justiça estatal de consumidores à demonstração de malogro de prévia tentativa de solução extrajudicial do conflito. De outra parte, no julgamento do Tema 982 da Repercussão Geral, o STF acabou por validar a chamada "execução extrajudicial" compatibilizando a expectativa do direito de propriedade inerente à alienação fiduciária em garantia com a possibilidade de retomada do bem pelo credor, ainda que independentemente da intervenção jurisdicional. Na oportunidade, foi fixada a seguinte tese: "É constitucional o procedimento da Lei n. 9.514/1997 para a execução extrajudicial da cláusula de alienação fiduciária em garantia, haja vista sua compatibilidade com as garantias processuais previstas na Constituição Federal".

processo devido na perspectiva *legal* autorizaria, em última análise, que o legislador pudesse amoldá-lo e reamoldá-lo consoante sua própria criatividade, seus próprios interesses, sua própria vontade, o que, cabe insistir, não é correto nem faz sentido à luz do modelo constitucional.

Trata-se, pois, de conformar o método de manifestação de atuação do Estado-juiz a um padrão de adequação aos valores que a própria Constituição Federal impõe à atuação do Estado e em conformidade com aquilo que, dadas as características do Estado brasileiro, esperam aqueles que se dirigem ao Poder Judiciário obter dele como resposta. É um princípio, destarte, de *conformação* da atuação do Estado a um especial (e preconcebido) modelo de agir. Um modelo de agir necessariamente *constitucional*.

O processo deve ser devido porque, em um Estado Constitucional, não basta que o Estado atue de qualquer forma, mas deve atuar de uma específica forma, de acordo com regras preestabelecidas e que assegurem, amplamente, que os interessados na solução da questão levada ao Judiciário exerçam todas as possibilidades de acusação e de defesa e, mais amplamente, de participação e de influência que lhe pareçam necessárias para o proferimento da decisão. O princípio do devido processo constitucional, nesse contexto, deve ser entendido como o princípio regente da atuação do Estado-juiz, desde o instante em que ele é provocado, rompendo com a inércia característica da jurisdição.

Pelas razões apresentadas no parágrafo anterior, o princípio do devido processo constitucional é considerado por boa parte da doutrina como "princípio de *encerramento*" de todos os valores ou concepções do que se entende como um processo justo e adequado, isto é, como representativo suficiente de todos os demais indicados pela própria Constituição Federal e, em geral, desenvolvidos pela doutrina e pela jurisprudência[18]. Optou a Constituição brasileira, no entanto, por indicar expressamente diversos componentes do devido processo constitucional, o que justifica o exame que ocupa os números seguintes. Trata-se de uma explícita opção *política* do direito brasileiro quanto à previsão *expressa* de uma série de princípios do direito processual civil, ainda que eles possam, em cada caso concreto, ter incidência conjunta.

A iniciativa deve ser louvada e bem compreendida. A Constituição Federal brasileira, ao indicar, *expressamente*, qual é o conteúdo *mínimo* do devido processo constitucional, não permite que qualquer intérprete ou aplicador do direito reduza o seu alcance e sua amplitude sem que isso incida em inconstitucionalidade. Com isso, há condições ainda mais propícias de realização concreta daquilo que o n. 2, *supra*, quer demonstrar. Os demais princípios constitucionais acabam, a bem da verdade, indicando quais os padrões mínimos que devem compor o "método de atuação do Estado" (o processo), criando condições efetivas de regular e legitimar a atuação do Estado-juiz em cada caso concreto.

---

[18] É a concepção, por todos, de Nelson Nery Junior, *Princípios do processo na Constituição Federal,* p. 105-108.

A injuridicidade de uma compreensão restritiva do devido processo constitucional e de seus componentes convida, inclusive, a viabilidade de serem atualizadas e ampliadas as garantias expressas na Constituição Federal sem necessidade de alteração de seu texto. É o que, mesmo antes da Emenda Constitucional n. 45/2004, já era correto entender com a "duração razoável do processo", que acabou sendo *explicitada* no inciso LXXVIII do art. 5º da Constituição Federal. É o que, com base na jurisprudência da Corte Interamericana de Direitos Humanos a respeito do art. 8º, n. 2, letra *a*, da Convenção Interamericana sobre Direitos Humanos de 1969[19], é correto entender sobre o direito ao *intérprete* e/ou *tradutor* quando a dificuldade da linguagem, verbal ou escrita, puder comprometer o princípio aqui evidenciado[20].

Fixadas tais premissas, importa sublinhar que o princípio do devido processo constitucional não pode e não deve ser entendido como mera forma de *procedimentalização* do processo, isto é, da atuação do Estado-juiz em determinados modelos avalorativos, neutros, vazios de qualquer sentido ou finalidade. Muito além disso, ele diz respeito à forma de atingimento dos fins do próprio Estado. É o que parcela da doutrina acaba por denominar "legitimação pelo procedimento"[21], no sentido de que é pelo processo devido (e, por isso, não é *qualquer* processo que se faz suficiente) que o Estado Constitucional terá condições de realizar amplamente as suas finalidades. É justamente o que já foi acentuado: o "processo" não é só forma de resolver conflitos, aplicando o direito material no caso concreto. O "processo" também deve viabilizar que, ao longo de todo o seu desenvolvimento, sua conformação política mostre toda sua plenitude, *qualificando* o atuar do Estado. Assim, todas as opções políticas, que influenciam o comportamento do próprio Estado, têm que estar presentes em toda atuação estatal e, por isso, têm que estar espelhadas no próprio *processo*. O aspecto político do processo é indicativo do grau de desenvolvimento ou aperfeiçoamento da democracia (ou da democratização) de um dado Estado de Direito.

Importa destacar, por fim, que a distinção entre as expressões "devido processo *formal*" e "devido processo *substancial*" não guarda maior relação com o tema aqui tratado. O devido processo constitucional com o qual se ocupou este número corresponde ao chamado devido processo em sentido *formal*. O "devido processo *substancial*" busca, bem diferentemente, outras realidades, relativas à interpretação do direito como um todo e à temática da melhor

---

19. A referida Convenção foi aprovada pelo Decreto Legislativo n. 27/92 e promulgada pelo Decreto n. 678/92, tendo o STF reconhecido a ela de norma *supralegal* no RE 466.343/SP, rel. Min. Cezar Peluso, j.un. 3-12-2008, DJe 5-6-2009. O tema então discutido (viabilidade de prisão civil do depositário infiel) acabou ensejando a edição da Súmula Vinculante 25 daquele Tribunal, assim enunciada: "É ilícita a prisão civil de depositário infiel, qualquer que seja a modalidade do depósito".
20. Assim, por exemplo, o entendimento de Vitor Moreira da Fonseca, *Processo civil e direitos humanos: o controle de convencionalidade no processo civil*, p. 53-55.
21. É o que Cândido Rangel Dinamarco, com base em Luhmann, escreve em seu *A instrumentalidade do processo*, p. 159.

interpretação possível no caso concreto. Ela, portanto, em si mesma considerada, não se relaciona ao modelo mais adequado de atuação do Estado-juiz, embora seja relevante no seu devido contexto, que é o da interpretação judicial do direito. Dele se ocupa este *Curso* toda vez que se refere àquele tema e a seus desdobramentos[22].

2.4 Contraditório (cooperação)

O princípio do contraditório vem expresso no inciso LV do art. 5º da Constituição Federal: "aos litigantes, em processo judicial ou administrativo, e aos acusados em geral são assegurados o contraditório e ampla defesa, com os meios e recursos a ela inerentes".

O núcleo essencial do princípio do contraditório compõe-se, de acordo com a doutrina tradicional, de um binômio: "ciência e resistência" ou "informação e reação"[23]. O primeiro desses elementos é sempre *indispensável*; o segundo, *eventual* ou *possível*.

A distinção, contudo, não pode levar a equívocos que esbarrariam no modelo constitucional do direito processual civil. Ela não pode querer significar um magistrado indiferente ao resultado útil da atuação jurisdicional. Até porque o magistrado, mesmo sem provocação das partes, é responsável por alimentar o contraditório no sentido de viabilizar a participação dos sujeitos processuais ao longo de todo o processo. É fundamental, destarte, que sejam criadas condições concretas do exercício do contraditório, não sendo suficiente a mera possibilidade ou a eventualidade de reação e, consequentemente, de participação. Ela tem de ser *real*. É assunto do qual se ocupa o CPC em seu art. 9º, que se volta a estabelecer oportunidade para que o réu se manifeste sobre as alegações do autor, vedando, como regra, que sejam proferidas decisões liminares – usualmente designadas pela expressão latina *inaudita altera pars* (sem a prévia oitiva da parte contrária) – em desfavor do réu.

Ademais, a depender da qualidade do conflito de direito material levado para solução perante o Estado-juiz e dos fatos processuais, o estabelecimento do contraditório é expressamente determinado pela lei processual civil. Assim, por exemplo, quando o art. 345, II, do CPC proíbe a possibilidade de julgamento sem a produção de outras provas, vedada a presunção que pode decorrer da inércia do réu, por se tratar de direitos indisponíveis, e quando o art. 72, II, do CPC impõe para o réu revel citado não pessoalmente a nomeação de um "curador especial". Em um e em outro caso, está-se a garantir, em plena harmonia com o princípio do contraditório, um *efetivo* contraditório, que não se contenta em ser meramente potencial ou, menos do que isso, presumido, ficto.

---

22. Sobre o assunto consultar com proveito a seguinte monografia: Eduardo Henrique de Oliveira Yoshikawa, *Origem e evolução do devido processo legal substantivo: o controle da razoabilidade das leis do século XVII ao XXI*.
23. Assim, por exemplo, Nelson Nery Junior, *Princípios do processo na Constituição Federal*, p. 245, apoiando-se expressamente na lição de Sergio La China.

Em função dessas preocupações é que aos poucos foi sendo agregado à compreensão do princípio do contraditório o entendimento de que ele deve ser significante da possibilidade de os sujeitos do processo *participarem* com condições plenas de *influenciar* na decisão jurisdicional a ser tomada.

A iniciativa merece ser aceita por duas razões: a primeira é pela aptidão de discernir com maior nitidez o papel a ser exercido pelo princípio do contraditório daquele reservado à "ampla defesa", a despeito de ambos estarem previstos no mesmo dispositivo constitucional. A segunda decorre da compreensão do contraditório no contexto dos "direitos fundamentais" destinado a quaisquer sujeitos processuais, não apenas às partes e, menos ainda, ao réu, viabilizando assim a realização *no processo* de valores caros ao Estado Constitucional: a *participação* e o direito de *influência*.

O princípio do contraditório merece ser entendido, portanto, como diálogo, como cooperação; é participação *também* no plano do processo. Contraditório é realização concreta, *também em juízo*, das opções políticas do legislador brasileiro sobre o modelo de Estado adotado pela Constituição brasileira. Contraditório é forma pela qual se efetivam os princípios democráticos da República brasileira, que viabiliza ampla participação no exercício das funções estatais. O contraditório, nesse sentido, é também fator de *legitimação* do processo.

O art. 6º do CPC merece ser compreendido nesse sentido – do contraditório como *cooperação* –, consoante as edições anteriores deste *Curso* já indicavam ser o mais adequado[24]. A cooperação, naquele contexto, é uma específica faceta – quiçá uma (necessária) "atualização" – do princípio do contraditório, entendendo tal princípio como um necessário e constante diálogo entre o juiz e os sujeitos do processo, preocupados, todos, com o proferimento de uma decisão mais adequada para a tutela de seu próprio direito.

Neste sentido, o princípio da "cooperação" pode ser entendido como o princípio do contraditório, inserido no ambiente dos direitos fundamentais, que hipertrofia a tradicional concepção dos princípios jurídicos como meras garantias dos particulares contra eventuais abusos do Estado na sua atuação concreta. E por isso mesmo é que ele convida a uma renovada reflexão do próprio princípio do contraditório. De uma visão que relacionava o princípio somente às partes, à possibilidade de atuação das partes, é correto o entendimento que o vincula também ao juiz. Assim, o princípio do contraditório tem abrangência dupla. A lei deve instituir meios para a participação dos litigantes no processo, e o juiz deve franquear-lhes esses meios. Mas significa também que o próprio juiz deve participar da preparação e do julgamento a ser feito, exercendo ele próprio o contraditório. A garantia resolve-se, portanto, em um direito das partes e em correlatos *deveres* do magistrado[25].

---

24. O autor deste *Curso* já externava essa preocupação em obra anterior, seu *Amicus curiae no processo civil brasileiro: um terceiro enigmático*, p. 86-90.
25. É lição que já era defendida na doutrina brasileira por Cândido Rangel Dinamarco em seu *A instrumentalidade do processo*, p. 156-160.

Certo que partes, como sujeitos *parciais* da relação processual, e o juiz, na qualidade de sujeito *imparcial*, não têm interesses iguais refletidos no contraditório. O magistrado não pode, por definição, ter interesse nenhum naquilo que julga, sob pena de ruptura de um dos sustentáculos da jurisdição, que é a *imparcialidade*; aquelas, as partes, têm interesse seu deduzido em juízo e que são, por definição também, colidentes. Isso, contudo, não significa que não exista um *outro* tipo de interesse, que é comum a todos esses sujeitos processuais, que é o de resolver a questão pendente de apreciação pelo Poder Judiciário da maneira mais adequada, mais devida, imunizando-a de ulteriores discussões.

É nesse contexto que o princípio da cooperação tem sua incidência.

Não se trata, pois, apenas de salientar a importância do contraditório, mormente a partir de sua visão mais tradicional, típica de uma concepção de Estado e de direito, mas, mais amplamente, viabilizar um constante diálogo, uma verdadeira *conversa* entre os sujeitos processuais para que cada qual se desincumba da forma mais escorreita possível de seus deveres, direitos, faculdades, ônus e obrigações ao longo de todo o processo.

O princípio da cooperação, assim, deve ser entendido como diálogo, no sentido de troca de informações, de municiar o magistrado com todas as informações possíveis e necessárias para *mais bem* decidir e concretizar a tutela jurisdicional.

É correto entender que o *princípio do contraditório* vede ao magistrado fundamentar sua decisão em ponto de vista estranho ao das partes, por elas considerado irrelevante ou por elas analisado diferentemente, sem que lhes dê, *antes*, possibilidade de se manifestar. É dizer de forma direta: se o magistrado entende dar ao caso uma solução que, até então, não tenha sido objeto de específica consideração, exame e reflexão pelas partes, estas têm o direito de sobre ela se manifestar *anteriormente*, de forma a que possam influenciar a convicção derradeira do magistrado. Importante destacar esta última observação. Esta faceta do princípio do contraditório é tão intensa que impõe a sua observância mesmo naqueles casos em que, usualmente, a prévia e efetiva manifestação das partes não seria sequer concebida, vale dizer, na prática dos atos de ofício pelo magistrado. É o que, no âmbito infraconstitucional, acabou consagrado pelo art. 10 do CPC, tornando expresso o que parcelas da doutrina já identificavam, com base no modelo constitucional, como "vedação da decisão surpresa"[26].

O que está escrito até aqui convida a uma reflexão adicional.

A busca de uma "verdade real", em regra, é atribuída ao direito processual penal. É naquele ramo do direito processual, lê-se com frequência, que o magistrado deve se preocupar com a busca da "verdade" que mais se pareça com aquilo que realmente ocorreu no mundo

---

[26]. Nelson Nery Junior, *Princípios do processo na Constituição Federal*, p. 260-269 e Welder Queiroz dos Santos, *Princípio do contraditório e vedação de decisão surpresa*, p. 89-120. Também era o entendimento defendido pelas edições anteriores deste *Curso*, como se pode constatar no n. 5 do Capítulo 1 da Parte II do volume 1.

dos fatos. É comum ler que ao direito processual civil é suficiente a busca da verdade "formal", assim compreendida a "verdade dos autos", aquilo que, em função da iniciativa das partes, é levada aos autos e, nessa exata proporção, é passível de apreciação pelo magistrado.

Partindo das premissas que este *Curso* adota, não há como acolher a distinção. No estágio atual da evolução do pensamento do direito processual civil não se justifica admitir deva ele se contentar com outra "verdade" que não aquela que corresponda, na medida do possível – e sempre dentro do modelo constitucional –, àquilo que realmente ocorreu ou está para ocorrer no mundo dos fatos e, por isso mesmo, dá ensejo à provocação da atuação jurisdicional.

O processo é *público* e os compromissos do magistrado com a sociedade também o são, trate-se de processo voltado à aplicação da lei penal ou da lei não penal. A distinção entre as "verdades" (se é que ela existe e como se toda a verdade não fosse, necessariamente, convencional e relativa) não justifica a distinção destes – e de outros – ramos do direito processual, o penal e o civil. Os valores constitucionais a serem realizados pelo processo, civil ou penal, são os mesmos. O "modo de ser" do processo (qualquer processo) é um só, totalmente vinculado à Constituição Federal.

De resto, mesmo para quem discordar que, no direito processual civil, deve o magistrado buscar a "verdade real", não há como negar ser voz corrente e amplamente majoritária a de que se faz mister reconhecer ao magistrado uma maior quantidade de deveres-poderes e atribuições, inclusive no que diz respeito à produção de provas ("deveres-poderes *instrutórios*") para formação de sua própria convicção a respeito do que realmente aconteceu para, a partir da fixação dessa premissa, aplicar as consequências previstas na lei[27]. É o art. 370 do CPC de 2015, seguindo os passos do art. 130 do CPC de 1973 e do mais antigo art. 117 do CPC de 1939, que expressamente autoriza a iniciativa. Essa pesquisa deve ser empreendida em plena cooperação com as partes, no contexto aqui examinado.

2.5 Ampla defesa

O mesmo inciso LV do art. 5º da Constituição Federal, que faz expressa referência ao "princípio do contraditório", indica também como princípio constitucional o da ampla defesa, com os recursos a ela inerentes.

Como escrito no número anterior, é correto discernir o princípio do contraditório do da ampla defesa, emprestando àquele a concepção de "participação", de "cooperação", de "cola-

---

27. É o pensamento também do STJ, como fazem prova os seguintes julgados: 4ª Turma, AgInt no AREsp 2.174.003/SP, rel. Min. Maria Isabel Gallotti, j.un. 25-9-2023, *DJe* 28-9-2023; 4ª Turma, AgInt nos EDcl no AREsp 2.078.460/SP, rel. Min. Maria Isabel Gallotti, j.un. 18-9-2023, *DJe* 22-9-2023; 4ª Turma, AgInt no AREsp 853.867/RJ, rel. Min. Maria Isabel Gallotti, j.un. 21-2-2017, *DJe* 10-3-2017; e 4ª Turma, REsp 714.467/PB, rel. Min. Luis Felipe Salomão, j.un. 2-9-2010, *DJe* 9-9-2010.

boração", reservando para a ampla defesa o conteúdo aqui discutido. A não se pensar dessa forma, a função dos princípios restaria apequenada, o que contrariaria a sua própria razão de ser e, superiormente, o art. 5º, § 1º, da Constituição Federal.

Assim, importa entender a ampla defesa como a garantia ampla de todo e qualquer acusado em sentido amplo (que é nomenclatura mais empregada para o direito processual penal) e qualquer *réu* (nomenclatura mais utilizada para o direito processual civil) ter condições *efetivas*, isto é, *concretas,* de responder às imputações que lhe são dirigidas antes que seus efeitos decorrentes possam ser sentidos. Alguém que seja acusado de violar ou, quando menos, de ameaçar violar normas jurídicas tem o direito de se defender amplamente.

A amplitude dos meios de defesa está sublinhada pelo próprio inciso LV do art. 5º da Constituição Federal, que se refere aos "recursos a ela inerentes".

A expressão deve ser compreendida como a criação de *técnicas processuais* para que a ampla defesa seja exercitada a contento. Diferentemente do que já pareceu a este *Curso*, não há razão para deixar de entender *também* que tais recursos sejam as formas de controle das decisões jurisdicionais perante um segundo grau de jurisdição, tema ao qual se volta o n. 2.8, *infra*[28].

Até por isso é correto compreender que tais "recursos" sejam o mais variados possível. A previsão do sistema de assistência *jurídica* integral e gratuita, como se lê do art. 5º, LXXIV, da Constituição Federal, e a existência de uma Defensoria Pública, nos moldes do art. 134 da Constituição Federal, são bons exemplos da criação, pela própria Constituição Federal, de meios *suficientes* para o exercício da ampla defesa em cada caso concreto[29]. Nada adiantaria a existência de instituições protecionistas como as colocadas em destaque, contudo, se o réu, hipossuficiente em qualquer sentido, sequer tenha condições de saber de sua existência. A própria concepção do "direito fundamental à prova" pode e deve ser entendida como uma forma de bem realizar o comando constitucional aqui destacado, isto é, como *meio* de se exercer amplamente a defesa.

É importante, por isso mesmo, não vincular a compreensão de "ampla defesa" ao plano do processo, *depois* que a atividade jurisdicional já tiver sido provocada. É fundamental para o cumprimento da expectativa constitucional do princípio que antes da provocação da atuação do Estado-juiz, antes e "fora" do plano do processo, portanto, o Estado crie condições mínimas de *conscientização* de direitos até como forma de garantir a própria tutela dos direitos no plano material, independentemente da atuação jurisdicional e, pois, da tutela *jurisdicional* de direitos.

---

[28]. Era o que o volume 1 das edições anteriores deste *Curso* sustentava em seu n. 6 do Capítulo 1 da Parte II do volume 1 até a 8ª edição, de 2014.
[29]. Corretíssimo, a propósito, o entendimento do STF sobre a viabilidade de leis municipais criarem serviços de assistência jurídica gratuita à população carente. A referência é feita à ADPF 279/SP, rel. Min. Cármen Lúcia, j.m.v. 3-11-2021, *DJe* 17-11-2021.

Uma aplicação que se mostra bastante eloquente do princípio da ampla defesa com os recursos a ela inerentes na linha do que deu notícia o parágrafo anterior reside no entendimento de que o "mandado de citação" (a comunicação judicial formal de que há pedido de tutela jurisdicional formulado em face do réu) deve fazer menção expressa à disponibilização, pela União Federal ou pelo Estado, consoante se trate de processo em curso perante a Justiça Federal ou perante a Justiça Estadual, respectivamente, do endereço das Defensorias Públicas, de sua função e, em se tratando de mandado de citação cumprido por oficial de justiça (que, em nome do juiz, cumpre suas ordens), não é nem um pouco despropositado que ele explique ao réu o significado *institucional* da criação daqueles mecanismos para exercício da sua ampla defesa.

Assim expostas tais ideias, o princípio constitucional do qual se ocupa o número presente tem aptidão de demonstrar, a olhos vistos, a patente *insuficiência* do art. 334 e do Código de Processo Civil. Também – e de forma mais ampla – de toda determinação do magistrado que deixe de indicar ao réu as consequências de sua não atuação no processo. Assim, por exemplo, o disposto nos art. 250, II, e § 3º do art. 455.

A iniciativa, a par de ilustrar de que maneira os princípios constitucionais do direito processual civil podem e devem incidir nos casos concretos, mostra uma proposta de leitura *constitucionalizada*, "leitura conforme à Constituição", como se costuma dizer, dos referidos dispositivos legais. Tudo, oportuno enfatizar, para tornar concreto o modelo constitucional do direito processual civil.

2.6 Juiz natural

O "princípio do juiz natural" – por vezes também chamado de "princípio da vedação de tribunais de exceção" – encontra fundamento expresso em dois dispositivos da Constituição Federal, nos incisos XXXVII e LIII, ambos do art. 5º: "XXXVII – não haverá juízo ou tribunal de exceção" e "LIII – ninguém será processado nem sentenciado senão pela autoridade competente".

O sentido tradicional do princípio, que ainda é aquele que a Constituição Federal quer revelar, significa que o órgão jurisdicional (e não o magistrado, pessoalmente considerado) que julgará determinado caso deverá preexistir ao fato a ser julgado. É vedada a criação *ad hoc* de tribunais. É vedado criar, a partir de um fato, um órgão jurisdicional que tenha competência para julgá-lo. A diretriz que se quer proteger com essa proibição é a de se garantir, da melhor forma possível, a *imparcialidade* do *órgão judiciário*.

Tão importante o princípio, mormente quando analisado no seu contexto histórico de perseguições pretensamente legitimadas pelas demais garantias do processo, que há parcelas da doutrina que identificam o princípio do juiz natural como o único "pressuposto processual de *existência* do processo", isto é, o único requisito que deve necessariamente encontrar-se presente para que se possa conceber, juridicamente, a atuação do Estado-juiz[30]. À discussão deste assunto nesta perspectiva volta-se o n. 4.3.1 do Capítulo 4.

Justamente como decorrência desse último entendimento é que o princípio aqui analisado diz respeito também à identificação do órgão jurisdicional *constitucionalmente* competente. É fundamental, destarte, compreender em que condições a Constituição Federal cria e aceita determinados órgãos jurisdicionais para julgar determinados assuntos, determinadas pessoas e assim por diante. Será "juiz natural" aquele que a Constituição indicar como competente ou, quando menos, quando ela, Constituição Federal, permitir que o seja.

Ilustra bem a afirmação do parágrafo anterior a pesquisa em torno do "juiz natural" para processar e julgar "mandado de segurança contra o Presidente da República". A resposta está no art. 102, I, *d*, da Constituição Federal: o Presidente da República tem o que usualmente é chamado "prerrogativa de foro" no Supremo Tribunal Federal. É essa a mesma resposta para a pesquisa sobre o "juiz natural" para julgar ações diretas de inconstitucionalidade ou as ações declaratórias de constitucionalidade, art. 102, I, *a*. Todas elas devem ser julgadas pelo Supremo Tribunal Federal.

E se se perguntar qual é o "juiz natural" para julgar mandado de segurança impetrado contra o prefeito de uma dada cidade, a resposta não se encontra clara na Constituição Federal. O que há é a previsão genérica do inciso X de seu art. 29 de que as leis orgânicas dos Municípios preverão o "julgamento do Prefeito perante o Tribunal de Justiça" e a imposição da Constituição Federal de que as justiças dos Estados (não existem justiças municipais na federação brasileira) devem ser organizadas de acordo com os seus próprios princípios e, nesse sentido, o juiz natural, a ser indicado pelas Constituições dos Estados-membros, se não é *previsto* pela Constituição Federal, é aquele *permitido* por ela. De qualquer sorte – e é isso que importa mais para a distinção –, o "juiz natural" dessa situação ainda é o indicado por uma Constituição, embora de um nível federal diverso. O mesmo pode ser dito, com os olhos voltados para o art. 125, § 2º, da Constituição Federal, com relação às ações diretas de inconstitucionalidade de leis estaduais ou municipais confrontadas com as próprias Constituições dos Estados.

O "princípio do juiz natural", em suma, depende, sempre e em qualquer caso, da identificação do órgão jurisdicional que, de acordo com o modelo constitucional do direito processual civil, detém ou não jurisdição e, mais especificamente, competência (fixada em abstrato, antes do fato conflituoso) para realizar o julgamento.

O que a lei processual civil, de seu turno, faz, concretizando o modelo constitucional do direito processual civil, é criar condições, em cada caso, de distribuir adequada e racionalmente a carga dos trabalhos judiciários entre os diversos órgãos que compõem a estrutura judiciária, regulando a *competência* de cada órgão jurisdicional, tema que é referido pelo n.

---

[30]. Assim, por exemplo, José Augusto Galdino da Costa, *Princípios gerais no processo civil: princípios fundamentais e princípios informativos*, p. 10-12.

6 do Capítulo 2 da Parte II. A existência de "varas especializadas" na primeira instância ou turmas ou câmaras especializadas no âmbito dos Tribunais não fere o princípio em questão[31].

É importante, em função das considerações que ocupam os n. 2.8 e 2.9, *infra*, acentuar a compreensão que deve assumir o "princípio do juiz natural" no plano dos Tribunais. Mesmo para aqueles que não compartilharem do entendimento de que há princípio do duplo grau de jurisdição garantido *implicitamente* na Constituição Federal (componente, portanto, do modelo constitucional do direito processual civil), não há como recusar que, à luz da *mesma* Constituição Federal, não há autorização para que, no âmbito dos Tribunais, haja decisão que não colegiada. O que se pode tolerar, como *técnica* concretizadora de outros princípios constitucionais, é que a lei estabeleça condições de *aceleração* de julgamento em determinadas circunstâncias. Nunca, entretanto, que ela negue ou que ela tire o que ela, lei, não pode tirar: a possibilidade de controle da decisão monocrática perante o colegiado, que é o órgão competente, o "juiz natural", para julgamento de todos e quaisquer recursos no âmbito dos Tribunais.

Nesse sentido, portanto, é correto dizer que, mesmo rejeitado o entendimento relativo ao "princípio do duplo grau de jurisdição", que consta do n. 2.8, *infra*, o "juiz natural" no âmbito dos Tribunãos só pode ser entendido como os órgãos *colegiados* a serem indicados por seus específicos Regimentos e, até mesmo, no caso do art. 97, o órgão colegiado cuja criação é permitida pela própria Constituição, o "órgão especial". Nunca, entretanto, os seus membros isoladamente considerados. A atuação dos Tribunais, de acordo com o modelo constitucional do direito processual civil, é, por imposição constitucional, *colegiada*. O "juiz natural" dos Tribunais é um órgão colegiado.

2.7 Imparcialidade

O "princípio da imparcialidade" não tem previsão expressa na Constituição Federal. A doutrina, contudo, não deixa de entendê-lo como decorrência do "princípio do juiz natural" ou, mais corretamente, como fator que o complementa, dando destaque ao magistrado que atuará em cada caso, considerando-o individualmente, como sujeito. O que há na Constituição Federal de mais próximo do "princípio da imparcialidade" são as prerrogativas que seu art. 95 reconhece ao magistrado, forma garantística de viabilizar a ele o exercício pleno de suas funções processuais, ao lado das vedações arroladas no parágrafo único do dispositivo. Ao tema volta-se o n. 2 do Capítulo 4.

Não basta, apenas, que o *órgão judiciário* preexista ao fato a ser julgado. Isso, por si só, pode não garantir a realização concreta de todos os valores idealizados por aquele princípio. Também a pessoa física que ocupa o cargo de magistrado no órgão competente para julga-

---

31. STF, Pleno, ADI 4.414/AL, rel. Min. Luiz Fux, j.un. 31-5-2012, *DJe* 17-6-2013; e STF, Pleno, HC 88.660/CE, rel. Min. Cármen Lúcia, j.m.v. 15-5-2008, *DJe* 30-5-2008.

mento deve ser imparcial. Imparcialidade, nesse contexto, significa acentuar que o magistrado (o *juiz*, propriamente dito, e não o *juízo*, que é indicativo do *órgão jurisdicional*) seja indiferente em relação ao litígio. Seja, no sentido comum da palavra, um *terceiro*, totalmente estranho e indiferente à sorte do julgamento e ao destino de todos aqueles que, direta ou indiretamente, estejam envolvidos nele.

O Código de Processo Civil ocupa-se de fornecer instrumental para garantir essa *imparcialidade* em seus arts. 144 e 145, diretrizes que se relacionam com as vedações constantes do parágrafo único do art. 95 da Constituição Federal. No art. 144 estão arrolados os casos de *impedimento*, isto é, as hipóteses em que o magistrado, diante de fatos objetivamente constatáveis, está proibido de julgar porque é mais que presumível ou provável seu interesse no litígio. No art. 145, o Código de Processo Civil trata dos casos de *suspeição*, em que o legislador autoriza que o próprio magistrado ou as partes o recusem em função de elementos *subjetivos*, de desconfianças ou suspeitas em relação à sua *imparcialidade*, sempre entendida, para os fins presentes, como desinteresse total no litígio a ser julgado.

A tendência quanto a ser a atuação do magistrado *criativa* e não meramente *declaratória* do direito – assunto que ocupa o n. 2.6.6 do Capítulo 2 – não deve levar ao entendimento de que as ideias lá expostas comprometem a imparcialidade aqui enaltecida. Não há nenhuma relação entre elas. A falta de "neutralidade" do magistrado diante dos fatos a serem considerados e do direito a ser aplicado – que é, vale repetir, uma imposição do próprio ordenamento jurídico brasileiro – não significa qualquer comprometimento com relação à sua imparcialidade. O magistrado é imparcial porque ele não tem (e não pode ter) nenhum interesse direto, pessoal, na demanda que julga. Não porque, ao levar em conta os fatos e o direito a ser aplicado sobre eles, interpreta-os levando em conta os valores difusos pela sociedade e pelo próprio Estado. A imparcialidade repousa na ideia de que o magistrado é "terceiro", um verdadeiro "estranho" com relação àquilo que julga, com relação às partes e aos sujeitos processuais envolvidos, com o objeto do litígio. Que ele nada ganha e nada perde com o julgamento. Esse elemento do modelo constitucional do direito processual civil, destarte, não pressupõe neutralidade no ato de interpretar e aplicar o direito.

A construção que é feita com relação ao "princípio do juiz natural" e a importância de seu exame, com vistas, sobretudo, à garantia da *imparcialidade* daquele que julga, são usualmente transportadas para os membros do Ministério Público. Fala-se, nesses casos, de um "princípio do promotor natural" com vistas a assegurar, também aos membros daquela Instituição, no exercício de suas *funções institucionais*, as mesmas características aqui discutidas. O tema é retomado no n. 6 do Capítulo 3 da Parte II.

2.8 Duplo grau de jurisdição

De todos os princípios constitucionais do direito processual civil, o mais difícil de ser identificado é o do "duplo grau de jurisdição". Isso basicamente porque não há consenso na doutrina sobre sua extensão e significado, o que é agravado porque a Constituição não se refere a ele expressamente. Realmente não há, em nenhum dispositivo da Constituição Federal, a menção a um "duplo grau de jurisdição".

A dificuldade, contudo, não tem razão de ser.

A uma, porque é possível (e desejável) extrair do inciso LV do art. 5º da Constituição Federal a garantia de "recursos" inerentes à ampla defesa.

A duas, porque há diversas referências feitas pela Constituição Federal ao papel dos Tribunais em geral como órgãos revisores de segunda instância. No âmbito do Supremo Tribunal Federal e do Superior Tribunal de Justiça, previsão expressa nesse sentido consta do inciso II do art. 102 e do inciso II do art. 105 da Constituição Federal, quando preveem a competência recursal *ordinária* daqueles Tribunais. Para os Tribunais Regionais Federais e para os Tribunais de Justiça, a previsão é tanto mais ampla porque, pela competência que lhes é reservada pela Constituição Federal, sua função revisora das decisões proferidas pelos juízos da primeira instância a eles vinculados é inequívoca (arts. 108, II, e 125, *caput*, da CF, respectivamente).

A três, porque importa extrair da garantia do duplo grau prevista para o direito processual penal no art. 8º, n. 2, letra *h*, da Convenção Interamericana dos Direitos Humanos, idêntica garantia para o direito processual civil[32].

Assim, forte nos componentes eleitos por este *Curso* como fundamentais para a (re)construção do pensamento contemporâneo do direito processual civil, é irrecusável a conclusão de que aquela orientação *deve-ser* observada pelo direito brasileiro, sendo imperiosa a compreensão de que *deve haver* um duplo grau no direito brasileiro.

Mesmo sem enunciação expressa, cabe compreender o "duplo grau de jurisdição" como o modelo que garante a revisibilidade ampla das decisões judiciais por magistrados preferencialmente diferentes e localizados em nível hierárquico diverso. Por "revisibilidade ampla" deve ser entendida a oportunidade de tudo aquilo que levou o órgão *a quo* a proferir uma decisão ser contrastado pelo magistrado *ad quem*, inclusive no que diz respeito ao aspecto probatório.

Nesse sentido, a previsão constitucional dos TRFs e dos TJs, estes também previstos e regulamentados pelas respectivas Constituições Estaduais, desempenham suficientemente aquele papel, quando julgam o recurso de apelação interponível das sentenças, que permite a ampla revisibilidade destacada.

Ainda que não haja, no âmbito do atual CPC, a viabilidade genérica de revisão imediata de *todas* as decisões proferidas ao longo do processo, papel que era desempenhado pelo recurso de agravo de instrumento, mormente antes das modificações feitas na disciplina da-

---

32. Embora aponte que a Corte Interamericana nunca se pronunciou sobre a extensão aqui proposta, Vitor Moreira da Fonseca sustenta esse posicionamento. A propósito, ver o seu *Processo civil e direitos humanos: o controle de convencionalidade no processo civil*, p. 55-58 e 161-164, tratando do tema na perspectiva do "direito de recorrer".

quele recurso pelas Leis n. 9.139/95 e 11.187/2005 no CPC de 1973, não há estreitamento indevido do duplo grau. Isso porque as decisões interlocutórias não agraváveis de instrumento, isto é, não passíveis de revisão imediata, podem ser revistas ao ensejo do julgamento de eventual apelação, nos moldes dos §§ 1º e 2º do art. 1.009.

A falta de previsão expressa, na própria Constituição Federal, desse princípio – diferentemente do que se dá com a maioria dos demais – não tem nenhuma relevância, considerando a compreensão largamente aceita pela doutrina especializada da viabilidade de princípios serem *implícitos* sem comprometimento de sua densidade normativa[33].

É certo que há, historicamente, ampla discussão sobre as vantagens e as desvantagens de um "duplo grau de jurisdição"[34].

Alguns autores reputam à ideia de reexame das decisões verdadeiro contrassenso à prestação jurisdicional porque reveladora da falibilidade dos julgadores – basta pensar na hipótese de um recurso ser provido, com reforma da decisão proferida anteriormente – ou, quando menos, pela total desnecessidade dos Tribunais nos casos de confirmação da decisão recorrida. Também porque o *tempo* que se faz necessário para o controle das mais variadas decisões judiciais por dois graus de jurisdição diferentes pode ser entendido como óbice. Ainda, de acordo com os opositores desse princípio, o duplo grau de jurisdição estaria a afastar a proximidade do julgador do fato e da prova, o que faria a ruína de outros princípios infraconstitucionais do direito processual civil inerentes à oralidade.

Para os defensores da corrente oposta, as vantagens do duplo grau residem, dentre outros fatores, na maior experiência do julgador do recurso, no controle psicológico exercido pelo órgão julgador do recurso sobre o órgão *a quo* e na fiscalização dos atos estatais em geral visando ao seu aprimoramento.

Tomar partido nessa discussão é questão de menor importância na medida em que este *Curso* identifica o duplo grau como componente do modelo constitucional do direito processual civil, ainda que de maneira implícita, pelas razões já expostas.

Da compreensão aqui sustentada de que o duplo grau de jurisdição é parte integrante do modelo constitucional do direito processual civil brasileiro derivam inúmeras considerações que serão tratadas, a seu tempo, ao longo do desenvolvimento deste *Curso*, sempre em respeito ao caráter didático do trabalho. Para a solução delas, sempre será necessário levar em consideração o *conflito* entre princípios de que dá notícia bastante o n. 2.1, *supra*.

---

33. Djanira Maria Radamés de Sá, *Duplo grau de jurisdição: conteúdo e alcance constitucional*, p. 104-109.
34. Para o assunto, consultar, com proveito, as seguintes monografias: Bento Herculano Duarte e Zulmar Duarte de Oliveira Junior, *Princípios do processo civil: noções fundamentais*, p. 75-77, e Marina França Santos, *A garantia do duplo grau de jurisdição*, p. 67-80.

2.9 Colegialidade nos Tribunais

Outro princípio não expresso e, por isso mesmo, *implícito*, mas que, de acordo com este *Curso*, é integrante do modelo constitucional do direito processual civil, é o da colegialidade.

Todas as referências que a Constituição Federal faz aos Tribunais brasileiros – mesmo para quem não quiser ver neles e na sua competência fonte (ainda que implícita) do duplo grau de jurisdição – são no sentido de que aqueles órgãos funcionam e decidem *colegiadamente*, é dizer, as decisões dos Tribunais devem ser tomadas de maneira plural e não por seus membros isoladamente ou, como é muito frequente se referir, *monocraticamente*.

É como se afirmasse que, no âmbito dos Tribunais, o "juiz natural" é um órgão *colegiado* e não seus membros considerados isoladamente.

Decisão colegiada não deve ser entendida como a decisão tomada pela totalidade dos integrantes do Tribunal ao mesmo tempo. É perfeitamente legítimo, e até mesmo desejável, que os Tribunais, sobretudo os que tenham vários integrantes, se organizem internamente, buscando maior racionalização de trabalhos. É por isso que todos os Tribunais brasileiros, nos termos dos seus respectivos Regimentos Internos, subdividem-se em diversos grupos menores, dentre eles as chamadas "Turmas" (nomenclatura mais comum nos Tribunais Superiores e nos Tribunais Regionais Federais) e as "Câmaras" (nomenclatura mais comum nos Tribunais de Justiça) para viabilizar maior eficiência no desempenho de sua atividade judicante.

A "colegialidade" retratada no princípio aqui examinado diz respeito à decisão tomada por esses órgãos, as "Turmas ou Câmaras". Isso não quer significar, contudo, que não haja determinados casos em que é obrigatória a manifestação de todos os integrantes do Tribunal e, nesse sentido, do Tribunal considerado como um todo. É, por exemplo, o que exige o art. 97 da Constituição Federal, objeto de exame no n. 2.10, *infra*.

O "princípio da colegialidade", como todo princípio, não pode ser compreendido como dogma. É correto o entendimento, amplamente vencedor na doutrina e na jurisprudência, de que não é agressivo a ele a circunstância de a lei, voltada à concretização de outros princípios constitucionais do direito processual civil, autorizar a atuação monocrática dos membros dos Tribunais em determinados casos ou sob determinadas circunstâncias, tal qual se verifica, por exemplo, no art. 932 do CPC. O que ocorre em tais casos, contudo, é que *deve haver* possibilidade de *colegiamento* daquela decisão, papel que é desempenhado pelo que o CPC acabou rotulando de "agravo *interno*", disciplinado por seu art. 1.021.

Por isso é que a decisão monocrática, nas hipóteses do referido art. 932 do CPC – e em outras similares e dispersas pelo próprio CPC ou por leis extravagantes de direito processual civil –, deve ser entendida como *técnica de antecipação* do julgamento colegiado por um de seus membros. Nunca, entretanto, como decisão incontrastável perante o colegiado. Antecipa-se, em determinadas circunstâncias, a decisão que o colegiado provavelmente proferiria, facultando-se, de qualquer sorte, que ele, o órgão colegiado, verifique a correção da decisão isolada de um de seus membros em todos os seus sentidos, inclusive no que diz respeito ao acerto da oportunidade de seu proferimento.

2.10 Reserva de plenário para declarar a inconstitucionalidade de lei ou ato normativo

Manifestação segura do princípio da colegialidade, mas que, para fins didáticos, merece exame apartado, é o da reserva de plenário para declarar a inconstitucionalidade de lei ou ato normativo.

O direito brasileiro aceita o chamado controle *abstrato* (ou *concentrado*), sem prejuízo do chamado controle *concreto* (ou *difuso*) da constitucionalidade das leis ou, em geral, dos atos normativos, o que significa que, no nosso direito, qualquer magistrado pode se recusar a aplicar lei ou ato normativo que repute contrário à Constituição Federal (controle *concreto* ou *difuso* da constitucionalidade), sem prejuízo de, perante o Supremo Tribunal Federal e perante os Tribunais de Justiça dos Estados, ser provocado, por *procedimentos diferenciados*, o controle *abstrato* (ou *concentrado*) da constitucionalidade. As específicas *formas* de provocação desse controle são objeto de consideração do n. 5.2, *infra*.

Por ora, o que importa destacar é que o exercício do controle *concreto* (ou *difuso*) da constitucionalidade depende da atuação de todos os membros do Tribunal Pleno ou, quando menos, de um "órgão especial". Trata-se da previsão do art. 97 da Constituição Federal, que prescreve o seguinte: "Somente pelo voto da maioria absoluta de seus membros ou dos membros do respectivo órgão especial poderão os tribunais declarar a inconstitucionalidade de lei ou ato normativo do Poder Público".

De acordo com o dispositivo, só o Tribunal Pleno ou, onde existir, o "órgão especial" é que tem competência para declarar a *inconstitucionalidade* de lei. Em tais casos, como adiantado no número anterior, a "colegialidade" é exigida expressamente pela Constituição Federal. É o que em geral é chamado de "princípio da reserva de plenário". Aqui, não há como duvidar de que é o Pleno ou o "órgão especial" do Tribunal o "juiz natural" para apreciação da inconstitucionalidade das normas jurídicas.

Por *Tribunal Pleno* deve ser entendida a totalidade dos integrantes do Tribunal como o órgão competente para apreciar e declarar, se for o caso, a inconstitucionalidade da lei ou do ato normativo do Poder Público. O "órgão especial" – é o art. 93, XI, da Constituição Federal que determina – pode ser criado nos Tribunais com número superior a vinte e cinco julgadores e exercerá as atribuições administrativas e jurisdicionais a ele delegadas da competência do Tribunal Pleno. O órgão especial deverá ser composto por, no mínimo, onze e, no máximo, vinte e cinco membros. É o órgão especial, desde que haja delegação do Pleno nesse sentido, que detém competência para a declaração da *inconstitucionalidade* da lei ou do ato normativo nos moldes do art. 97 da Constituição Federal. A "maioria absoluta" ou qualificada, exigida pelo dispositivo constitucional, deve ser entendida como a metade mais um dos julgadores que *compõem* o Tribunal Pleno ou o órgão especial. É indiferente, para o cálculo, o número dos presentes na sessão de julgamento.

De tão recorrente a *inobservância* do art. 97 da Constituição Federal no cotidiano forense, o Supremo Tribunal Federal editou súmula vinculante para disciplinar o assunto. A referência é feita à Súmula Vinculante 10, cujo enunciado é o seguinte: "Viola a cláusula de reserva de plenário (CF, art. 97) a decisão de órgão fracionário de tribunal que, embora não declare expressamente a inconstitucionalidade de lei ou ato normativo do poder público, afasta sua incidência, no todo ou em parte"[35].

2.11 Isonomia

O princípio da isonomia ou da igualdade é basilar na organização do Estado brasileiro. São expressos sobre ele o *caput* e o inciso I do art. 5º da Constituição Federal, assim como, tendo em conta o Estado-administração, o art. 37, *caput*, e, com os olhos voltados para a função tributária do Estado, o art. 150, II, da Constituição Federal. Mesmo o Código de Processo Civil é expresso sobre ele em diversas passagens, cabendo o destaque do inciso I do art. 139, dispositivo que trata dos *deveres-poderes* do magistrado.

A isonomia deve ser entendida no sentido de que o Estado-juiz deve tratar de forma igualitária os litigantes. Seja dando-lhes igualdade de condições de manifestação ao longo do processo, seja criando condições para que essa igualdade seja efetivamente exercitada.

É tradicional descrever o princípio da isonomia com a expressão "paridade ou igualdade de armas", eloquente de sua significação. Essa forma de tratar do princípio evidencia bastante bem a necessidade de oferecimento de iguais oportunidades aos litigantes ao longo do processo. Não há como conceber técnicas processuais não uniformes ou não equivalentes para as partes.

No entanto, não há como negar que a legislação processual civil, codificada e não codificada, é repleta de situações que criam condições *desiguais* de participação dos litigantes ao longo do contraditório. A questão que cabe formular é se tais previsões são, ou não, constitucionais, isto é, se atendem, ou não, ao princípio da isonomia.

Ensina a doutrina que o mero tratamento desigual, por si só, não agride necessariamente a isonomia constitucional. O que importa é que o tratamento desigual seja suficientemente justificável, isto é, que ele seja devido e adequado para *equilibrar*, perante o Estado – e, para os fins deste *Curso*, perante o Estado-juiz –, situação de desequilíbrio estranho ao processo

---

35. "O afastamento de norma legal por órgão fracionário, de modo a revelar o esvaziamento da eficácia do preceito, implica contrariedade à cláusula de reserva de plenário e ao verbete vinculante 10 da Súmula do Supremo". É o que entendeu a 2ª Turma do STF no julgamento do RE 635.088 AgR-segundo/DF, rel. Min. Marco Aurélio, j.un. 4-2-2020, *DJe* 9-3-2020. Mais recentemente, aplicando a mesma orientação no âmbito da 2ª Turma: Rcl 65.543 AgR/SP, rel. Min. Nunes Marques, j.un. 6-11-2024, *DJe* 14-11-2024; e Rcl 69.080 AgR, rel. Min. Edson Fachin, j.un. 14-10-2024, *DJe* 24-10-2024.

ou, quando menos, que surge no próprio plano do processo. É o que deriva da costumeira lição de que o tratamento desigual se justifica na medida exata da desigualdade combatida.

Assim, por exemplo, embora sejam significativas de tratamento desigual em juízo, não violam o princípio da isonomia as normas relativas à assistência judiciária gratuita para os hipossuficientes economicamente (arts. 98 a 102 do CPC). Não agride a isonomia a possibilidade de inversão do ônus da prova admitida pelo art. 6º, VIII, da Lei n. 8.078/90 (o chamado "Código do Consumidor"), porque ela visa, no plano do processo, colocar lado a lado as oportunidades de conhecimento técnico relativo a um produto ou um serviço que, de outro modo, poderiam resultar em prejuízo para quem não detém o mesmo conhecimento do produtor ou do prestador de serviços. A regra foi generalizada pelo art. 139, VI, do CPC, observando essa mesma diretriz, sem o que colocaria a isonomia em xeque.

Tais situações – aqui indicadas apenas para fins ilustrativos – bem *concretizam* o que os primeiros parágrafos deste número acentuaram: não basta, no modelo de Estado brasileiro, assegurar *formalmente* a isonomia. O Estado-legislador e, na ausência da lei, o próprio magistrado devem criar condições da efetiva fruição de cada um dos princípios constitucionais do direito processual civil. Com o princípio da isonomia, base do Estado Republicano, não poderia ser diverso.

Há outras hipóteses, contudo, que não despertam unanimidade na doutrina, embora sejam pouco comuns seus maiores questionamentos na prática forense.

Há diversas regras, no Código de Processo Civil e na legislação processual civil extravagante, que emprestam tratamento diferenciado ao Estado, quando está em juízo. São, por exemplo, prazos para a prática de atos diferenciados (art. 183 do CPC); sujeição de sentenças contrárias a seus interesses a reexame perante o Tribunal competente, independentemente da interposição de recurso (art. 496 do CPC); possibilidade de impedir o proferimento de decisões imediatamente desfavoráveis em seu desfavor (art. 1.059 do CPC). Seriam previsões como essas constitucionais?

A resposta à questão reside em saber se o tratamento diferenciado é ou não justificável. Este *Curso* nega qualquer justificativa em tal sentido, menos ainda em termos genéricos.

Nada justifica que, no plano do processo, o Estado tenha *prerrogativas* (*privilégios*) que as outras partes não têm. Mais ainda quando é a Constituição Federal, sempre a Constituição Federal, que determina a atuação *eficiente* da Administração Pública (art. 37, *caput*) e, mais ainda, quando é a mesma Constituição Federal que institucionaliza as advocacias públicas como órgãos institucionais para a tutela, em juízo e fora dele, dos interesses e direitos do Estado.

Não convence, outrossim, o entendimento de que o Estado representa interesses e direitos de uma coletividade e que, por isso, sua figura impõe tratamento diferenciado em juízo. É que, a se pensar desta forma, estar-se-ia criando uma imunidade à atuação do Estado, um protecionismo não autorizado pela Constituição.

O tema, contudo, é dos mais polêmicos, bastando, para os fins deste *Curso*, apresentá-lo no seu devido contexto. O que é inadmissível é não mencioná-lo mesmo em um trabalho que pretende ser só o início, não mais do que isso, dos estudos de direito processual civil. Teoria acrítica é contradição nos próprios termos.

2.12 Publicidade

O princípio da publicidade vem expresso no inciso LX do art. 5º da Constituição Federal: "a lei só poderá restringir a publicidade dos atos processuais quando a defesa da intimidade ou o interesse social o exigirem". Ele também consta dos incisos IX e X do art. 93 da Constituição Federal, ambos com a redação que lhes deu a Emenda Constitucional n. 45/2004: "IX – todos os julgamentos dos órgãos do Poder Judiciário serão públicos, e fundamentadas todas as decisões, sob pena de nulidade, podendo a lei limitar a presença, em determinados atos, às próprias partes e a seus advogados, ou somente a estes, em casos nos quais a preservação do direito à intimidade do interessado no sigilo não prejudique o interesse público à informação"; "X – as decisões administrativas dos tribunais serão motivadas e em sessão pública, sendo as disciplinares tomadas pelo voto da maioria absoluta de seus membros".

Trata-se, inequivocamente, de uma garantia política do exercício da função jurisdicional, forte na concepção de exercício de controle sobre ela, típica, portanto, dos "direitos de primeira geração". É clássica a expressão de célebre pensador da Revolução francesa, Mirabeau, segundo a qual "Deem-me o juiz que desejarem: parcial, corrupto, meu inimigo mesmo, se quiserem; pouco me importa, desde que ele nada possa fazer senão em público".

A publicidade, tal qual exigida constitucionalmente, tem sentido duplo. A primeira acepção é a de que o direito brasileiro não admite julgamentos "secretos". Nesse sentido, todo o atuar do Estado-juiz é público no sentido de ser possível o acesso imediato a ele. A segunda é no sentido de que todas as decisões, para serem entendidas como tais, devem ser publicadas, isto é, tornadas públicas, acessíveis ao público em geral. Tudo o que caracteriza o "processo" – e "processo", sempre é bom destacar, é método de manifestação do Estado – é público e, como tal, tem que estar disponível para quem quer que seja.

A publicidade do processo e dos atos processuais concretiza-se de variadas formas. Pelo acesso aos prédios em que atuam os magistrados de primeiro grau de jurisdição (fóruns) ou os de segundo grau ou dos graus de sobreposição (Tribunais); pela possibilidade de exame, nos fóruns ou nos Tribunais, dos autos do processo quando produzidos em papel ou, em se tratando de autos eletrônicos, pelo acesso pela rede mundial de computadores; pela publicação de decisões e de despachos na imprensa oficial, e assim por diante. O direito brasileiro tem a peculiaridade de ter uma "Rede Justiça", criada pela Lei n. 10.461, de 17 de maio de 2002, e que entrou no ar no dia 11 de agosto de 2002, para dar ampla publicidade aos julgamentos dos Tribunais, inclusive dos Superiores.

O inciso IX do art. 93, contudo, admite expressas restrições ao princípio da publicidade. Assim, nos casos de "preservação do direito à intimidade do interessado", desde que não haja prejuízo ao "interesse público à informação" – direito que decorre do modelo de Estado adotado pelo Brasil –, a prática do ato processual pode ser limitada às próprias partes e a seus advogados ou somente a estes. A superação de eventual conflito entre estes dois princípios reclama a incidência do chamado "princípio da proporcionalidade", de que dá notícia suficiente o n. 2.1.1, *supra*. Mais *aberta* do que a do inciso IX do art. 93 é a enunciação do inciso LX do art. 5º. De acordo com o dispositivo, a publicidade dos atos processuais pode ceder espaço à intimidade e ao interesse social.

Sobre o assunto, não há como deixar de mencionar o art. 11 do Código de Processo Civil, cujo parágrafo único, em total harmonia com as previsões constitucionais, dispõe que "Nos casos de segredo de justiça, pode ser autorizada a presença somente das partes, de seus advogados, de defensores públicos ou do Ministério Público". O assunto ocupa também o art. 189 do CPC, cujo exame é feito pelo n. 2.1 do Capítulo 4 da Parte II, e que permite, também em consonância com o modelo constitucional, que o magistrado determine "segredo de justiça", segundo as características de cada caso concreto, justificando o porquê de sua iniciativa, a despeito do "direito de informação", traço típico do regime republicano.

O art. 93, IX, da Constituição Federal enseja discussão interessante sobre a não observância do princípio da publicidade. É clara sua redação quanto a ser *nulo* o ato processual praticado em desrespeito ao princípio em exame. A "nulidade" referida no dispositivo quer significar que o ato processual não é válido e, por isso, não pode pretender produzir seus efeitos regulares. O tema da nulidade dos atos processuais em geral, contudo, aceita diversos temperamentos. É preciso verificar o caso concreto e constatar em que condições, a despeito da falta de publicidade, a finalidade do ato foi atingida. Na medida em que os interessados tomaram ciência do ato, isto é, que o ato tenha, de alguma forma, se tornado público, não há por que falar em nulidade. Este *Curso* trata do tema relativo às nulidades dos atos processuais no n. 8 do Capítulo 4 da Parte II.

2.13 Motivação

O princípio da motivação, também chamado de princípio da *fundamentação*, tem previsão expressa nos mesmos incisos IX e X do art. 93 da Constituição Federal, que expressam também o princípio da publicidade. Isso, contudo, não é o suficiente para tratar os dois princípios como se eles fossem uma coisa só, embora, é certo, haja inegável correção entre ambos. A previsão conjunta dos dois princípios é feita também, cabe a menção, pelo precitado art. 11 do Código de Processo Civil, embora sua disciplina codificada encontre maior rendimento em dispositivos diversos, o já referido art. 189 para a publicidade e o art. 489 para a motivação.

O princípio da motivação significa a *necessidade* de toda e qualquer decisão judicial ser explicada, fundamentada, justificada pelo magistrado que a prolatou. Com isso o princípio assegura não só a transparência da atividade judiciária, mas também viabiliza que se exercite o adequado controle de todas e quaisquer decisões jurisdicionais. Não é desproposistado, muito pelo contrário, fazer referência ao princípio da motivação como forma de o magistrado "prestar contas do exercício de sua função jurisdicional" ao jurisdicionado, aos demais magistrados, a todos os participantes do processo e, mais amplamente – e como consequência inafastável –, a toda a sociedade.

Sobre o assunto ventilado pelo parágrafo anterior, vale enfatizar a ideia de que, mercê do novo paradigma da norma jurídica, assunto ao qual se voltou especificamente o n. 2.6.4 do Capítulo 2, a motivação tem que ser entendida, cada vez mais, como algo conatural, verdadeiramente imanente, ao exercício da função jurisdicional, independentemente de o caso ser de menor ou maior complexidade e envolver, ou não, conflito entre princípios. O que ocorre é que, nos casos complexos e nos casos em que os textos jurídicos forem compostos de tessituras abertas, a motivação será elemento ainda mais importante para o controle das *escolhas* feitas pelo magistrado diante das peculiaridades de cada caso concreto. É por intermédio do exame da motivação das decisões, da sua correção, da sua suficiência, da sua completude e da sua adequação, que se viabilizará o efetivo controle da atividade jurisdicional.

Os próprios teóricos do direito que dedicaram seus estudos aos "princípios jurídicos" e aos "critérios de solução de conflitos entre eles", assunto ao qual se dedicou o n. 2.1, *supra*, não omitem a necessidade de as *escolhas* nas aplicações dos princípios conflitantes nos casos concretos serem sempre acompanhadas de *fundamentação*, de *motivação*, como forma segura de *justificar* o acerto da *norma jurídica* que regulará o caso concreto. Trata-se, assim, de haver condições, o mais objetivas possível, de contrastar o que levou o magistrado a decidir de uma ou de outra forma e se, portanto, a decisão tomada é a mais correta à luz das circunstâncias concretas. O princípio da motivação, à luz do novo paradigma da norma jurídica, assume inegáveis foros de mecanismos de *justificativa* e de *controle* do exercício da função jurisdicional. Sua importância para o estudo do direito processual civil como um todo é inegável.

A motivação é decorrência inafastável do modelo político do Estado Democrático e de Direito. Assim, mesmo que, em tese, não houvesse a previsão expressa da motivação de qualquer decisão jurisdicional no art. 93, IX e X, da Constituição Federal, não se poderiam admitir, entre nós, sem atrito ao modelo constitucional, decisões não fundamentadas. É dessa imposição constitucional, mais ainda quando enunciada à luz da *publicidade* da atuação do Estado-juiz, que deriva entendimento bastante assente na doutrina de que o direito processual civil brasileiro não admite decisões "implícitas", isto é, a resolução de questões que não sejam identificadas como tais porque expressamente enfrentadas e acolhidas ou rejeitadas à luz de fundamentação *suficiente*. É nesse sentido que o princípio da motivação relaciona-se intimamente com o da publicidade. A ideia de motivação, destarte, pressupõe que as decisões sejam públicas no sentido de serem elas tornadas públicas, acessíveis ao público em geral e, mais diretamente, às partes e a seus advogados.

O Código de Processo Civil está repleto de regras que impõem ao magistrado – forte nas considerações acima, todas elas derivadas do modelo constitucional, porque extraíveis do art. 93, IX, da Constituição Federal – formas específicas de motivação. O tema, nessa perspectiva, é desenvolvido ao longo deste *Curso*, em especial a propósito dos já mencionados arts. 11 e 489 do CPC e também do papel que, para o controle da completude da motivação de *qualquer* decisão, passou a ser desempenhado pelo recurso de embargos de declaração (art. 1.022, parágrafo único, II, do CPC)[36].

2.14 Vedação das provas ilícitas ou obtidas por meios ilícitos

O "princípio da vedação das provas ilícitas" é expresso no inciso LVI do art. 5º da Constituição Federal. De acordo com o dispositivo: "são inadmissíveis, no processo, as provas obtidas por meios ilícitos". O que o princípio quer proteger, acima de tudo, é a intimidade das pessoas, nos termos amplos do art. 5º, X, da Constituição Federal.

O art. 5º, LVI, da Constituição Federal permite a distinção entre provas *ilícitas* e entre provas *obtidas* por *meios ilícitos*. Prova *ilícita* é aquela que, em si mesma considerada, fere o ordenamento jurídico. Assim, por exemplo, a tortura, expressamente proibida pelo art. 5º, III, da Constituição Federal. Prova *obtida* por *meios ilícitos* é aquela que, em si mesma considerada, é admitida ou tolerada pelo sistema, mas cuja forma de obtenção fere o ordenamento jurídico. Bem ilustra a situação o desrespeito ao sigilo de correspondência, de dados ou a oitiva de conversas telefônicas não autorizada nos termos da lei, violando, destarte, o inciso XII do art. 5º da Constituição Federal[37].

A prova ilícita ou obtida de forma ilícita deve ser entendida como não produzida. Ela não pode ser levada em conta pelo magistrado na formação de sua convicção. Como a vedação decorre, contudo, de *princípio* constitucional, a aparente rigidez dessa vedação pode admitir exceções ou temperamentos, consoante as peculiaridades de cada caso concreto. Assim, por exemplo, não é equivocado o entendimento de que a prova lícita obtida de forma ilícita pode ser utilizada válida e eficazmente se ela for o único meio de provar o fato que diga respeito a interesses maiores, à segurança pública, por exemplo, ou se ela puder beneficiar o acusado. Trata-se da aplicação do "princípio da proporcionalidade", assunto ao qual se volta o n. 2.1.1, *supra*. A prova ilícita, contudo, não deve tolerar qualquer gradação ou qualquer temperamento. Ela, por violar o valor mais caro ao Estado brasileiro – a dignidade da pessoa humana –, deve ser sempre rejeitada, sem prejuízo, evidentemente, de os responsáveis pela sua obtenção serem responsabilizados por seus atos[38].

---

36. Entendimento que já era defendido pelas edições anteriores deste *Curso*, como se pode verificar do n. 12 do Capítulo 1 da Parte II do volume 1 da 8ª edição.
37. Também a revista pessoal feita por agentes de segurança privada. Assim: STJ, 5ª Turma, HC 470.937/SP, rel. Min. Joel Ilan Paciornik, j.un. 4-6-2019, *DJe* 17-6-2019; e STJ, 5ª Turma, AgRg no HC 855.672/SP, rel. Min. Daniela Teixeira, j.un. 23-10-2024, *DJe* 30-10-2024. De acordo com o Tema 1.041 da Repercussão Geral do STF, "Sem autorização judicial ou fora das hipóteses legais, é ilícita a prova obtida mediante abertura de carta, telegrama, pacote ou meio análogo".
38. O art. 25 da Lei n. 13.869/2019, a chamada "Lei do abuso de autoridade", tipifica como crime o seguinte comportamento: "Proceder à obtenção de prova, em procedimento de investigação ou fiscalização, por meio manifestamente ilícito". O art. 28 do mesmo diploma legislativo, por sua vez, repudia o seguinte: "Divulgar gravação ou trecho de gravação sem relação com a prova que se pretenda produzir, expondo a intimidade ou a vida privada ou ferindo a honra ou a imagem do investigado ou acusado". O art. 41 daquela Lei, por seu

Questão interessante já enfrentada pela doutrina e pela jurisprudência, inclusive do Supremo Tribunal Federal[39], diz respeito às provas ilícitas "por derivação", é dizer, em que medida uma prova ilícita ou obtida de forma ilícita pode tornar imprestável a utilização de outras provas, lícitas e obtidas regularmente, mas que derivaram, diretamente, das primeiras. A resposta mais correta é a que afasta a utilidade das provas, verdadeiramente contaminadas, a não ser que haja, no caso concreto, algum outro valor, maior, que deva preponderar, nos termos do que discutiu o último parágrafo. Nos casos, contudo, em que outras provas confirmarem aquilo que, de alguma forma, derive da prova ilícita ou obtida de forma ilícita, não há qualquer óbice na sua utilização. Até porque, nesse caso, a prova ilícita ou obtida ilicitamente acaba se mostrando indiferente para a formação da convicção do magistrado.

Embora seja *suficiente* a previsão do art. 5º, LVI, para vedar o uso da prova ilícita *e* da prova obtida de forma ilícita, vale destacar também o comando do inciso XII do mesmo dispositivo, segundo o qual: "é inviolável o sigilo da correspondência e das comunicações telegráficas, de dados e das comunicações telefônicas, salvo, no último caso, por ordem judicial, nas hipóteses e na forma que a lei estabelecer para fins de investigação criminal ou instrução processual penal".

O dispositivo traz uma especificidade para o direito processual *penal* digna de destaque. Segundo ele, correspondências e comunicações telegráficas, telefônicas e transmitidas por outras formas de transmissão de dados devem ser preservadas – forte no comando mais amplo de proteção à intimidade das pessoas (art. 5º, X, da CF) –, mas, excepcionalmente, podem ser rompidos aqueles sigilos para fins de persecução criminal nos termos da lei. A lei a que se refere o dispositivo constitucional é a Lei n. 9.296/96, que disciplina as condições em que o magistrado penal, para fins de instrução criminal, pode determinar a quebra dos sigilos telefônicos e de outras fontes do acusado. Não há autorização constitucional nem legal (nem poderia ser diferente, sob pena de inconstitucionalidade) para similar quebra de sigilo para fins processuais civis[40]. A doutrina, contudo, não nega a possibilidade de a prova *licitamente* obtida para fins processuais *penais* poder ser utilizada também no plano processual *civil* na qualidade de "prova emprestada", isto é, como uma forma *atípica,* porque não regulada expressamente pela lei processual civil, de produção de prova[41]. O magistrado, no

---

turno, dá a seguinte nova redação ao art. 10 da Lei n. 9.296/1996: "Constitui crime realizar interceptação de comunicações telefônicas, de informática ou telemática, promover escuta ambiental ou quebrar segredo da Justiça, sem autorização judicial ou com objetivos não autorizados em lei: (...)".

39. Assim, por exemplo: STF, 2ª Turma, HC 218.265/SP, rel. Min. André Mendonça, j.un. 21-2-2024, *DJe* 23-4-2024; STF, 1ª Turma, RMS AgR 31.767/DF, rel. Min. Dias Toffoli, j.un. 22-9-2015, *DJe* 21-10-2015; e STF, 2ª Turma, HC 93.050/RJ, rel. Min. Celso de Mello, j.un. 10-6-2008, *DJe* 1º-8-2008.

40. O mesmo entendimento vale para o âmbito trabalhista, como já definiu a 2ª Turma do TST no RR 44900-19.2012.5.17.0012, j.un. 14-8-2019, *DJe* 23-8-2019.

41. Assim, v.g., STJ, 4ª Turma, AREsp 2.382.044/SP, rel. Min. Ribeiro Dantas, j.un. 11-6-2024, *DJe* 26-6-2024; STJ, 1ª Seção, AgInt no MS 29.383/DF, rel. Min. Benedito Gonçalves, j.un. 19-12-2023, *DJe* 6-2-2024; e STJ, 4ª Turma, REsp 678.143/MG, rel. Min. Raul Araújo, j.un. 22-5-2012, *DJe* 30-4-2013.

âmbito civil, não fica sujeito ou vinculado ao entendimento a que chegou o magistrado no âmbito penal. O que não pode ser admitido, sob pena de violação do precitado dispositivo constitucional e agressão ampla ao princípio agasalhado no inciso LVI do art. 5º da Constituição Federal, é que o magistrado, no plano do direito processual civil, isto é, não penal, determine a quebra do sigilo telefônico, de dados ou de correspondência do réu.

No plano infraconstitucional, o art. 369 do Código de Processo Civil permite, no direito processual civil, o uso de "todos os meios legais, bem como os moralmente legítimos, ainda que não especificados neste Código, para provar a verdade dos fatos em que se funda o pedido ou a defesa e influir eficazmente na convicção do juiz" para fins probatórios. Trata-se do que a doutrina chama de "princípio da atipicidade da prova". O núcleo do dispositivo, no que ele deriva do modelo constitucional do direito processual civil, está em que qualquer método probatório é admitido no plano do direito processual civil, *desde que* não sejam agredidos os valores superiores do ordenamento, expressos ou não na Constituição Federal.

Tanto assim que é corrente em parcela da doutrina a identificação de um verdadeiro "direito fundamental à prova"[42]. Segundo tal direito – que (re)conduz o "princípio da atipicidade das provas" para o plano constitucional –, é vazio de significado viabilizar às partes ou a eventuais terceiros "acesso à justiça", "contraditório", "ampla defesa" e "devido processo legal" se as alegações transportadas para o plano processual não puderem ser acompanhadas de prova de sua veracidade, prova que seja capaz e suficiente de *influenciar* a formação da convicção do magistrado, o destinatário da prova. O direito a afirmar um direito em juízo deve, consequentemente, ser acompanhado do direito à sua prova, assunto ao qual se dedica, com maior profundidade, o volume 2 deste *Curso*.

2.15 Assistência jurídica integral e gratuita

A formulação tradicional do chamado "princípio da economia processual" – o princípio "econômico", um dos princípios informativos do direito processual civil – ocupava-se também da problemática dos custos envolvidos direta ou indiretamente na atuação judicial.

No âmbito da Constituição Federal, o tema ganha roupagem própria e expressa no inciso LXXIV de seu art. 5º, assim redigido: "O Estado prestará assistência jurídica integral e gratuita aos que comprovarem insuficiência de recursos".

Como o n. 2.2 do Capítulo 2 demonstra, uma das principais preocupações dos estudiosos do direito processual civil a partir da segunda metade do século XX foi de verificar em que condições era possível viabilizar o acesso à justiça àqueles que não tinham recursos suficientes para tanto. É o que Mauro Cappelletti denominou de "primeira onda de acesso à justiça".

---

[42]. É o que sustentam, por exemplo, Italo Andolina e Giuseppe Vignera, *Il modelo costituzionale del processo civile italiano*, p. 96-99.

Longe de considerar aqueles ideais e aquelas preocupações meramente teóricas, importa destacar que o precitado dispositivo constitucional as previu para contornar a situação do hipossuficiente economicamente, criando condições efetivas de seu acesso à justiça.

O precitado dispositivo constitucional vai além, não se limitando a garantir somente o acesso à justiça no sentido "jurisdicional" do termo. A previsão estabelece a obrigação do Estado para além da assistência *judiciária* integral e gratuita, abrangendo também a assistência *jurídica* integral e gratuita. Isso quer significar que, também "fora" do plano do processo, o Estado tem o dever de atuar em prol da conscientização jurídica dos hipossuficientes economicamente, orientando-os com relação aos seus direitos. Esse é, com efeito, um passo decisivo para desenvolvimento e fortalecimento do sentimento de cidadania de um povo. É fundamental que se saiba que se tem direitos até como pressuposto lógico e indispensável para pretender exercê-los, inclusive, se este for o caso, jurisdicionalmente.

Não obstante a largueza da previsão constitucional, relevantíssima, para este *Curso*, interessa mais de perto a feição *jurisdicional* do comando. O que se quer, de acordo com o art. 5º, LXXIV, da Constituição Federal, é evitar que o *custo* inerente à prestação da atividade jurisdicional seja óbice para aqueles que não tenham condições de suportá-lo. Não se trata simplesmente de tornar a prestação da atividade jurisdicional gratuita. Não é isso o que a Constituição Federal estabelece. Trata-se, bem diferentemente, de evitar que a responsabilidade por tais custos obstaculize o exercício *jurisdicional* de direitos. Trata-se de prever que o próprio Estado assuma os custos inerentes ao exercício da função jurisdicional, de modo a permitir àquele que não tem condições de suportá-los que atue processualmente. Nesse contexto, é irrecusável reconhecer que a temática se relaciona intimamente com o "princípio do acesso à justiça", assunto ao qual se volta o n. 2.2, *supra*.

A própria Constituição Federal estabelece diretrizes seguras para a implementação concreta da diretriz constante do dispositivo em exame. Assim, por exemplo, o inciso LXXVII do art. 5º determina que "são gratuitas as ações de *habeas corpus* e *habeas data*, e, na forma da lei, os atos necessários ao exercício da cidadania". Adotando as premissas que este *Curso* propõe para construir um *sistema* de direito processual civil, não há razão para não espraiar tal gratuidade também às chamadas "ações constitucionais", dentre elas o mandado de segurança, porque representativa, em última análise, do exercício, embora no plano jurisdicional, da cidadania.

Ainda no plano da Constituição Federal, importa destacar as "Defensorias Públicas" criadas pelo art. 134 como instituições especificamente voltadas à "orientação jurídica e à defesa, em todos os graus dos necessitados, na forma do art. 5º, LXXIV". As "Defensorias Públicas" são, destarte, órgãos estatais incumbidos de fornecer aos hipossuficientes mecanismos de realização daquela diretriz constitucional. A elas se dedica o n. 4.4, *infra*, no contexto das funções essenciais à Administração da Justiça.

No plano infraconstitucional, é relevante destacar os arts. 98 a 102 do Código de Processo Civil que, sobrepondo-se, em grande parte, à vetusta Lei n. 1.060/50, a chamada "lei da assistência judiciária", muito defasada pela passagem do tempo e pelas novas realidades sociais e econômicas surgidas inclusive após o advento da Constituição Federal de 1988, disciplinam a "gratuidade da justiça": a "[...] pessoa natural ou jurídica, brasileira ou estrangeira, com insuficiência de recursos para pagar as custas, as despesas processuais e os honorários advocatícios tem direito à gratuidade da justiça [...]". Este *Curso* volta ao tema no n. 2.11 do Capítulo 3 da Parte II.

É no contexto desse princípio que merece ser lida e aplicada a Súmula 667 do Supremo Tribunal Federal. De acordo com ela, são inconstitucionais as leis estaduais que, ao disciplinarem as despesas processuais, não limitarem os valores a serem recolhidos para a prática dos atos processuais: "viola a garantia constitucional de acesso à jurisdição a taxa judiciária calculada sem limite sobre o valor da causa". Tudo para evitar qualquer entrave de cunho econômico para a atuação processual de quem quer que seja.

2.16 Eficiência processual

O princípio da eficiência processual também é um princípio *constitucional* do direito processual civil e encontra respaldo expresso no inciso LXXVIII no seu art. 5º da Constituição Federal incluído pela Emenda Constitucional n. 45/2004, a chamada "Reforma do Judiciário": "a todos, no âmbito judicial e administrativo, são assegurados a razoável duração do processo e os meios que garantam a celeridade de sua tramitação".

A significação desse princípio é que a atividade jurisdicional deve ser prestada sempre com vistas a produzir o máximo de resultados com o mínimo de esforços e, por isso, a ênfase deve recair não na ideia de *economia* ou de *celeridade* processuais, diferentemente do que se constata em algumas formulações ou na própria textualidade de sua previsão constitucional.

Mesmo antes do advento da EC n. 45/2004 que explicitou o princípio em questão, era correto entendê-lo como parte integrante do modelo constitucional. Fosse como decorrência do genérico devido processo *constitucional* ou da efetividade do direito material pelo processo ou, ainda, em função de sua expressa garantia pelo art. 8º, n. 1, do Pacto de São José da Costa Rica, promulgado pelo Decreto n. 678/92 e, por isso, norma integrante do sistema processual civil. No âmbito infraconstitu8cional, a diretriz encontrava eco no inciso II do art. 125 do CPC de 1973 – que prescrevia competir ao magistrado "velar pela rápida solução do litígio" –, que encontra correspondência no inciso II do art. 139 do atual CPC, que se refere, mais apropriadamente, à duração razoável do processo, descartando a textualidade da *rapidez* como valor ínsito ao processo.

O inciso LXXVIII do art. 5º da Constituição Federal permite considerações de duas ordens, embora complementares. Uma é a relativa à "duração razoável do processo". Outra é a relativa aos meios que garantam a celeridade de sua tramitação.

A primeira parte do dispositivo deve ser entendida como a diretriz de que a "duração razoável do processo" – e, por vezes, é essa a forma pela qual se refere a esse princípio ou, para evitar a repetição do texto constitucional, "princípio da tempestividade da tutela jurisdicional" – depende, fundamentalmente, do exame de cada caso concreto, levando em conta as suas próprias especificidades, as suas próprias dificuldades, as suas próprias incertezas e, até mesmo, o comportamento dos próprios litigantes. O que é dado ao processualista idealizar, em abstrato, são as *técnicas*, as mais variadas, para buscar um julgamento mais célere possível dentro das possibilidades, assunto ao qual se volta a segunda parte do dispositivo constitucional.

A discussão relativa à possibilidade de indenização a ser paga pelo Estado pela não duração "razoável do processo", pela não observância, portanto, do princípio expresso no art. 5º, LXXVIII, da Constituição Federal, por isso mesmo, não parece ter, pelo menos à falta de lei expressa que regulamente os parâmetros concretos de tal indenização, maior expressividade para o direito brasileiro. Tal dever indenizatório não pode ser negado, até por causa do que dispõe o art. 37, § 6º, da Constituição Federal, mas o que o princípio aqui examinado quer é que se criem condições concretas de atingimento de uma dada finalidade. Tratá-lo como cláusula de indenização apequena a sua própria função no Estado brasileiro. Por isso, importa colocar em relevo o seu conteúdo prestacional.

À luz das considerações dos parágrafos anteriores, não há como negar que os contornos do princípio em análise concentram-se na sua segunda parte. Para tanto, cumpre verificar como "economizar" a atividade jurisdicional no sentido da *redução* da atividade, *redução* do número de atos processuais, quiçá, até, da propositura de outras demandas, resolvendo-se o maior número de conflitos de interesses de uma só vez.

O que o princípio previsto expressamente no inciso LXXVIII do art. 5º quer, destarte, é que a atividade jurisdicional e os métodos empregados por ela sejam *racionalizados*, *otimizados*, tornados mais *eficientes* (o que, aliás, vai ao encontro da organização de toda atividade estatal, consoante se vê do art. 37, *caput*, da Constituição Federal e do "princípio da eficiência" lá previsto expressamente), sem prejuízo, evidentemente, do atingimento de seus objetivos mais amplos. É essa a razão pela qual este *Curso*, desde sua primeira edição, sempre se referiu ao princípio em exame – e continua a fazê-lo – na perspectiva da *eficiência* e não da *economia* e, muito menos, da celeridade processuais.

Entre as várias possibilidades de aplicação do princípio está a de reconhecer a necessidade de o "processo" (sempre compreendido como método de atuação do Estado Constitucional) e o "direito processual civil" como um todo ser pensado do ponto de vista de sua *economicidade*, seja em termos de tempo ou em termos de recursos, de técnicas ou de meios a serem empregados para atingimento de suas finalidades, visando, com isso, uma melhor e mais *eficiente* prestação da tutela jurisdicional. O Código de Processo Civil traz uma série de previsões e institutos que dialogam com essa diretriz. A prioridade na tramitação de todos os atos e diligências dos "processos" em que figurem idosos, assim entendidas quaisquer pessoas com sessenta anos de idade ou mais, ou, ainda, pessoas portadoras de doença grave (diretriz estabelecida no inciso I do art. 1.048)[43]; dos "processos" regulados pela Lei n. 8.069/1990, mais conhecida como "Estatuto da Criança e do Adolescente" (art. 1.048, II); o "processo" em que figure como parte (autora ou ré) a vítima de violência doméstica e familiar, nos termos da Lei n. 11.340/2006, a "Lei Maria da Penha" (art. 1.048, III, introduzido pela Lei n. 13.894/2019); o processo "em que se discuta a aplicação do disposto nas normas gerais de licitação e contratação a que se refere o inciso XXVII do *caput* do art. 22 da Constituição Federal" (art. 1.048, IV, incluído pela Lei n. 14.133/2021); a tutela provisória dos arts. 294 a 311 (que permite, em última análise, que o magistrado empreste eficácia plena a decisões que, de outro modo, levariam mais tempo para surtir quaisquer efeitos); e a autorização para a prática de atos processuais por meios eletrônicos (arts. 193 a 199) são alguns poucos, mas importantes, exemplos do alcance do princípio.

A busca por maior eficiência imposta pelo princípio aqui examinado lança luzes à própria estrutura e organização judiciárias. Foi a própria EC n. 45/2004 que introduziu na Constituição Federal diversas novidades que se relacionam intimamente com essa diretriz. Apenas a título ilustrativo, cabe colacionar os seguintes dispositivos constitucionais: (*a*) a atividade jurisdicional deve ser ininterrupta, vedadas as férias coletivas nos juízos de 1º grau e nos Tribunais de 2º grau e instituído o "plantão judiciário", diretriz que já era chamada por alguns, com razão, de "princípio da continuidade da atividade jurisdicional" (art. 93, XII); (*b*) o número de juízes deve ser proporcional à demanda judicial e à respectiva população (art. 93, XIII); (*c*) a prática de atos meramente administrativos e sem conteúdo decisório pode ser delegada, pelo magistrado, a servidores (art. 93, XIV); (*d*) todos os processos em todos os graus de jurisdição devem ser distribuídos automaticamente (art. 93, XV); (*e*) as custas e os emolumentos judiciais – que têm natureza jurídica de taxa e, como tal, estão sujeitas ao regime jurídico tributário[44] – serão destinados ao custeio dos serviços afetos às atividades da própria Justiça (art. 98, § 2º)[45]; (*f*) possibilidade de descentralização dos Tribunais de Justiça dos Estados em "câmaras regionais", a exemplo do que já ocorre com os Tribunais Regionais do Trabalho (art. 125, § 6º); e (*g*) a possibilidade da criação da "justiça itinerante", observando-se os limites territoriais de cada juízo (art. 125, § 7º).

---

43. O pedido de prioridade em tais casos deve ser formulado pelo próprio beneficiário e não pela parte contrária. Assim: STJ, 3ª Turma, REsp 1.801.884/SP, rel. Min. Ricardo Villas Bôas Cueva, j.un. 21-5-2019, *DJe* 30-5-2019.
44. Como já teve oportunidade de decidir o STJ nos seguintes casos: 2ª Turma, RMS 36.445/PE, rel. Min. Humberto Martins, j.un. 4-10-2012, *DJe* 16-10-2012, e CE, AI no RMS 31.170/SP, rel. Min. Teori Albino Zavascki, j.un. 18-4-2012, *DJe* 23-5-2012, com remissão ao entendimento do STF firmado no RE 116.208/MG, rel. Min. Moreira Alves, j.un. 20-4-1990, *DJ* 8-6-1990, p. 5.242, e reiterado na ADI 1.444/PR, rel. Min. Sydney Sanches, j.un. 12-2-2003, *DJ* 11-4-2003, p. 25.
45. Há diversos julgados do STF no sentido de que a competência legislativa para tratar da destinação das custas e dos depósitos judiciais é da União Federal e não dos Estados, pela sua relação com o direito processual (art. 22, I, da CF) e com as normas gerais de direito financeiro (24, I, da CF, respectivamente). Assim, *v.g.*: ADI 5.455/AL, rel. Min. Luiz Fux, j. m.v. 20-11-2019, *DJe* 4-12-2019 e ADI 5.456/RS e ADI 5.747/SP, ambas relatadas pelo Min. Luiz Fux, j. m.v. 15-4-2020, *DJe* 12-5-2020.

A análise mais detalhada de tais dispositivos é ir além dos limites e dos propósitos da exposição presente e de uma teoria geral de direito processual civil. Fica indicado o tema, entretanto, para aqueles que, a partir dessas breves considerações, quiserem levá-lo em conta em seus estudos complementares de direito processual civil, em estreita consonância, destarte, com um dos objetivos declarados para o desenvolvimento deste *Curso*. Ademais, quando a atenção do processualista civil se volta mais para a estrutura humana, organizacional e burocrática do Poder Judiciário, não há como perder de vista que o inciso LXXVIII do art. 5º da Constituição Federal é eco seguro do que, no plano da Administração Pública, passou a ser explicitado no *caput* do art. 37 da Constituição Federal com a Emenda Constitucional n. 19/98. De acordo com aquela nova norma, a atuação administrativa deve ser *eficiente*. Eficiente, nesse contexto, quer significar os necessários esforços de *racionalização* da estrutura judiciária de forma a viabilizar que a sua atuação – e amplamente: o *método* de sua atuação – seja, a um só tempo, célere e seguro: que produza o máximo de resultados ótimos com o mínimo de esforço e de gastos.

É importante, por fim, destacar que o dispositivo em estudo não deve ser entendido como se a busca por um julgamento mais célere, mais ágil, reconhecendo-se os meios necessários para a obtenção dessa finalidade, pudesse, de forma generalizada, colocar em risco o ideal de *segurança jurídica* que o princípio do devido processo constitucional e o do contraditório impõem. Também aqui a ideia de necessária *preponderância* entre os diversos princípios constitucionais do direito processual civil deve ser levada em conta adequadamente em cada caso concreto, sempre impondo ao magistrado e, mais amplamente, ao intérprete e ao estudioso do direito processual civil, a necessária fundamentação (justificativa) das suas escolhas e das razões que conduziram a elas.

Em suma, a ênfase do princípio da eficiência, tal qual explicitado no inciso LXXVIII do art. 5º da Constituição Federal, não recai sobre o *tempo* necessário para o desenvolvimento do processo, mas principalmente na *otimização da prestação jurisdicional*, inclusive do ponto de vista *econômico*, *administrativo* e, até mesmo, *burocrático*. Trata-se de desenvolver o máximo da prestação jurisdicional no menor espaço de tempo com o menor esforço possível, obtendo o máximo de resultados coincidentes com os objetivos mais amplos de todo o sistema jurídico.

2.17 Efetividade do direito pelo e no processo

Geralmente referido como "princípio da efetividade do processo" (e, por vezes, da *jurisdição*), o princípio ora examinado também encontra seu fundamento na locução contida no art. 5º, XXXV, de que a lei não excluirá nenhuma *lesão* ou *ameaça* a direito da apreciação do Poder Judiciário, o mesmo que, no n. 2.2, *supra*, rendeu ensejo à apresentação do "princípio do acesso à justiça".

Sua noção nuclear, no contexto adotado para desenvolvimento deste *Curso*, repousa em verificar que, uma vez obtido o reconhecimento do direito indicado como ameaçado ou lesionado, seus resultados devem ser concretizados, no sentido de serem experimentados no plano *exterior* do processo.

Vale destacar, para bem compreender o significado do princípio da efetividade do processo, que enquanto o princípio do acesso à justiça e o do devido processo constitucional e os que dele derivam voltam-se, basicamente, à criação de condições efetivas de provocação do Poder Judiciário e de obtenção da tutela jurisdicional mediante uma *devida* participação ao longo do processo, com vistas ao reconhecimento do direito (ameaçado ou lesionado) de alguém pelo Estado-juiz, o princípio da efetividade do processo volta-se mais especificamente aos resultados práticos desse reconhecimento do direito. É inócuo falar em um "*processo justo*" ou em um "*processo devido*", dando-se a *falsa* impressão de que aqueles atributos tendem a se esgotar com a tão só observância da higidez do *meio* de produzir a decisão jurisdicional apta a veicular a tutela jurisdicional. O "justo" e o "devido", com efeito, vão além do *reconhecimento* jurisdicional do direito. A efetividade do processo, nesse sentido, deve ser compreendida como *efetividade* do direito pelo e no processo. Efetividade, vale a ênfase, no sentido de *concretização* prática do quanto decidido sobre a lesão ou a ameaça de direito no âmbito do processo. É essa a razão pela qual este *Curso* propõe que o princípio seja apreendido sob essa nova nomenclatura, deixando conscientemente de lado aquela que lhe é mais comum, para evitar o risco de se dar ênfase ao *processo* e não, como se deve, ao *direito* por ele concretizável[46].

O princípio em questão impõe verdadeiro *repensar* do direito processual civil de perspectiva que, se não é nova, é carente de uma mais detida reflexão. Para ir direto ao ponto saliente deste *princípio*, o direito processual civil deve gerar resultados práticos e concretos para aqueles que procuram o Estado-juiz para resolução de seus conflitos de interesses e tem reconhecido, em seu favor, o direito à prestação da tutela jurisdicional.

Um processo só pode ser efetivo desde que predisposto a externar suficiente e adequadamente seus resultados. Para que tais efeitos, obteníveis pelo processo, sejam sentidos no plano a ele exterior, pressupõe-se uma nova concepção de mecanismos de proferimento e de concretização das decisões jurisdicionais (de técnicas processuais, portanto), um dos temas mais caros aos processualistas e que rende ensejo, no contexto deste *Curso*, à apresentação e ao desenvolvimento do *neoconcretismo*.

O princípio aqui analisado, da efetividade do direito pelo e no processo, foi equacionado, com pena de gênio, pelo grande e saudoso Professor José Carlos Barbosa Moreira, um dos maiores processualistas brasileiros de todos os tempos. Para ele, as características de um "processo efetivo" são as seguintes: (*a*) deve dispor de instrumentos de tutela adequados na medida do possível, a todos os direitos (e outras posições jurídicas de vantagem) contemplados no ordenamento, quer resultem de expressa previsão normativa, quer se possam inferir do sistema; (*b*) esses instrumentos devem ser praticamente utilizáveis, ao menos em princípio, sejam quais forem os supostos titulares dos direitos (e das outras posições de vantagem) de cuja preservação ou reintegração se cogite, inclusive quando indeterminado ou indeterminável o círculo dos eventuais sujeitos; (*c*)

---

46. Embora a ideia estivesse presente nas edições anteriores deste *Curso*, a proposta da nova nomenclatura ocupou espaço destacado desde a 1ª edição do *Manual de direito processual civil* do autor, lançada em 2015.

impende assegurar condições propícias à exata e completa reconstituição dos fatos relevantes, a fim de que o convencimento do julgador corresponda, tanto quanto puder, à realidade; (d) em toda a extensão da possibilidade prática, o resultado do processo há de ser tal que assegure à parte vitoriosa o gozo pleno da específica utilidade a que faz jus segundo ordenamento; e (e) o atingimento de semelhantes resultados deve-se dar com o mínimo dispêndio de tempo e energias[47].

Por sua vez, Cândido Rangel Dinamarco, outro gigante genial do direito processual civil brasileiro, oferece a seguinte lição, que bem demonstra o alcance do princípio aqui analisado e convida a ulteriores reflexões cujo desenvolvimento extrapolaria os limites deste *Curso*: "A força das tendências metodológicas do direito processual civil na atualidade dirige-se com grande intensidade para a *efetividade do processo*, a qual constitui expressão resumida da ideia de que o processo deve ser apto a cumprir integralmente toda a sua função sócio-político--jurídica, atingindo em toda a plenitude todos os seus escopos institucionais"[48].

2.18 Princípios-síntese

No n. 2.3, *supra*, está escrito ser frequente a afirmação de que o princípio do devido processo constitucional quer sintetizar o modo de ser (sempre no sentido de "dever-ser") do processo. Não obstante, o constituinte de 1988 preferiu, conscientemente, indicar as diversas facetas daquele princípio para que não houvesse espaço para questionar sua ampla abrangência e seu amplo alcance.

Desde a 1ª edição de seu *Manual de direito processual civil*[49], o autor deste *Curso* vem propondo que, ao lado daquela concepção do devido processo constitucional como princípio síntese, outros dois sejam indicados para a mesma finalidade: o acesso à justiça e a efetividade do direito pelo e no processo.

Bem compreendidos, esses três princípios, por si sós, garantem, suficientemente, o *ingresso* no Poder Judiciário com a formulação de pedido de tutela jurisdicional apto a proteger lesões ou ameaças a direito, o *desenvolvimento do atuar* do Estado-juiz de maneira escorreita com a (indispensável) observância de todas as garantias constitucionais também por aquele em face de quem o pedido é formulado e, por fim, a *obtenção dos resultados* desejados, devidamente concretizados, no plano material.

A iniciativa mostra-se didática e, uma vez que o conteúdo básico do devido processo constitucional está enraizado na cultura do processualista, sua enunciação, ao lado dos outros dois princípios, mostra-se bastante para acentuar o quanto exposto no parágrafo anterior, sem risco de comprometer seu conteúdo e seu amplo significado.

---

47. José Carlos Barbosa Moreira, *Temas de direito processual*, sexta série, p. 17-29.
48. *Instrumentalidade do processo*, p. 330, com os itálicos.
49. *Manual de direito processual civil*, 1ª edição, p. 51; na 4ª edição, p. 61.

3. ORGANIZAÇÃO JUDICIÁRIA NA CONSTITUIÇÃO FEDERAL

Seguindo a metodologia proposta pelo n. 1, *supra*, cabe apresentar o segundo grupo componente do modelo constitucional do direito processual civil, correspondente à organização judiciária.

O art. 92 da Constituição Federal identifica quais são os órgãos componentes do Poder Judiciário: (*a*) o Supremo Tribunal Federal; (*b*) o Conselho Nacional de Justiça; (*c*) o Superior Tribunal de Justiça; (*d*) o Tribunal Superior do Trabalho; (*e*) os Tribunais Regionais Federais e os Juízes Federais; (*f*) os Tribunais e os Juízes do Trabalho; (*g*) os Tribunais e os Juízes Eleitorais; (*h*) os Tribunais e os Juízes Militares; e (*i*) os Tribunais e os Juízes dos Estados e do Distrito Federal e Territórios.

É possível, a partir daquele dispositivo, distinguir os Tribunais Superiores dos demais. Os Tribunais Superiores exercem, dentre outras, competência recursal diferenciada, que os caracteriza como órgãos de sobreposição na estrutura judiciária, é dizer, como órgãos que visam, no exercício daquela competência, uniformizar a interpretação e a aplicação do direito federal em todo o território nacional. É por isso mesmo que só eles, e não os demais, têm jurisdição em todo o território nacional, como expressamente reconhece o § 2º do art. 92 da Constituição Federal.

Tribunais Superiores na organização judiciária brasileira são o Supremo Tribunal Federal, o Superior Tribunal de Justiça, o Tribunal Superior do Trabalho e o Superior Tribunal Eleitoral. Não obstante o seu nome, o "Superior Tribunal Militar" não tem natureza jurídica de Tribunal Superior nos termos indicados no parágrafo precedente. Trata-se de órgão que, no âmbito dos recursos, exerce competência recursal *plena* e não de *sobreposição* das justiças militares dos Estados que não instituíram, nos termos do § 3º do art. 125 da Constituição Federal, tribunais de justiça militares.

Este *Curso*, de direito processual civil, não se volta à análise daquelas parcelas do poder jurisdicional do Estado dirigidas ao processo trabalhista (arts. 111 a 116), eleitoral (arts. 118 a 121) ou militar (arts. 122 a 124 e 125, §§ 3º a 5º), o que não significa dizer que o direito processual civil, e, mais especificamente, o Código de Processo Civil, não seja subsidiário e supletivo em maior ou em menor grau para elas. A "justiça desportiva", cuja existência é autorizada pelos §§ 1º e 2º do art. 217 da Constituição Federal, não tem caráter estatal nem jurisdicional, não sendo tratada, por isso, ao longo deste *Curso*.

Interessam, pois, à construção do modelo constitucional do direito processual civil, aqui pretendida, a análise do Supremo Tribunal Federal, do Superior Tribunal de Justiça, dos Tribunais Regionais Federais, dos Juízes Federais, dos Tribunais de Justiça e dos Juízes dos Estados, do Distrito Federal e Territórios. Mesmo com relação a eles, cabe destacar que, para o desenvolvimento deste *Curso*, importa o exame de sua *competência cível*, entendida a expressão no sentido que a ela dá o n. 2.3.2 do Capítulo 4, isto é, na contraposição entre a "jurisdição *comum*" e a "jurisdição *especial*".

3.1 Composição dos Tribunais

De acordo com o art. 94 da Constituição Federal, "um quinto dos lugares dos Tribunais Regionais Federais, dos Tribunais dos Estados, e do Distrito Federal e Territórios será composto de membros do Ministério Público, com mais de dez anos de carreira, e de advogados de notório saber jurídico e de reputação ilibada, com mais de dez anos de efetiva atividade profissional, indicados em lista sêxtupla pelos órgãos de representação das respectivas classes".

Trata-se do que os usos e costumes forenses acabaram reconhecendo como o "quinto constitucional", mecanismo que garante a composição plural daqueles Tribunais brasileiros, viabilizando, com isso, que pessoas alheias à carreira da magistratura, desde que egressas do Ministério Público e da advocacia, passem a integrar aquelas Cortes.

Como, de acordo com a própria Constituição Federal, a magistratura, o Ministério Público e a advocacia são funções essenciais ao exercício da justiça, estando no mesmo plano constitucional, a composição plural tradicionalmente assegurada pelas Constituições brasileiras é característica digna de destaque. Ela acaba por viabilizar maior legitimidade democrática na composição dos Tribunais por garantir que um quinto dos Tribunais seja formado por pessoas alheias ao quadro da magistratura.

A escolha dos integrantes do "quinto constitucional" é feita a partir de uma lista com três nomes (a chamada "lista tríplice") preparada pelo próprio Tribunal, a partir de uma lista maior, uma "lista sêxtupla", isto é, de seis nomes, apresentada ao Tribunal pelos órgãos de representação do Ministério Público e da advocacia[50]. Dos seis nomes indicados para compor cada "quinto", o Tribunal escolhe três e, entre estes três, o chefe do Poder Executivo da unidade federal a que pertence o Tribunal escolherá um. Assim, para a composição do "quinto constitucional" dos Tribunais *federais* – assim entendidos os Tribunais Regionais Federais e, pelas razões expostas no n. 3.8, *infra*, o Tribunal de Justiça do Distrito Federal e Territórios –, a escolha, entre os nomes que constam da "lista tríplice", é feita pelo Presidente da República. No caso do "quinto constitucional" dos Tribunais *estaduais* – assim entendidos os Tribunais de Justiça dos Estados –, a escolha é feita pelo Governador do Estado respectivo[51].

A composição do Supremo Tribunal Federal e do Superior Tribunal de Justiça possui características próprias, objeto de análise dos n. 3.4 e 3.5, *infra*.

---

50. Na ADI 6.810/DF, rel. Min. Dias Toffoli, o STF discute a constitucionalidade de regras fixadas pelo Conselho Federal da OAB que exigem que o advogado candidato tenha inscrição há pelo menos cinco anos no Tribunal a que pretende concorrer para o quinto constitucional.
51. O STF teve oportunidade de entender, ainda que em sede cautelar, inconstitucional o parágrafo único do art. 63 da Constituição do Estado de São Paulo, que impunha que o nome escolhido pelo Governador fosse aprovado pela maioria absoluta da Assembleia Legislativa como condição para a nomeação de Desembargador. Trata-se da ADI 4.150/SP, rel. Min. Marco Aurélio, j.un. 8-10-2008, *DJe* 20-10-2008.

3.2 Organização dos Tribunais

O art. 96 da Constituição Federal dispõe sobre as regras que devem ser observadas para a organização dos próprios Tribunais e a organização da justiça respectiva.

Assim, compete privativamente aos Tribunais: (a) eleger seus órgãos diretivos e elaborar seus regimentos internos, com observância das normas de processo e das garantias processuais das partes, dispondo sobre a competência e o funcionamento dos respectivos órgãos jurisdicionais e administrativos[52]; (b) organizar suas secretarias e serviços auxiliares e os dos juízos que lhes forem vinculados, velando pelo exercício da atividade correicional respectiva[53]; (c) prover, na forma prevista na própria Constituição, os cargos de juiz de carreira da respectiva jurisdição; (d) propor a criação de novas varas judiciárias[54]; (e) prover, por concurso público de provas, ou de provas e títulos, obedecido o disposto no art. 169, parágrafo único, da Constituição Federal, os cargos necessários à administração da Justiça, exceto os de confiança, assim definidos em lei; e (f) conceder licença, férias e outros afastamentos a seus membros e aos juízes e servidores que lhes forem imediatamente vinculados.

O mesmo art. 96, no seu inciso II, reserva ao Supremo Tribunal Federal, aos Tribunais Superiores e aos Tribunais de Justiça a iniciativa de propor ao Poder Legislativo respectivo, observado o disposto no art. 169: (a) a alteração do número de membros dos tribunais inferiores[55]; (b) a criação e a extinção de cargos e a remuneração dos seus serviços auxiliares e dos juízos que lhes forem vinculados, bem como a fixação do subsídio de seus membros e dos juízes, inclusive dos tribunais inferiores, onde houver[56]; (c) a criação ou extinção dos tribunais inferiores; e (d) a alteração da organização e da divisão judiciárias.

O art. 93 da Constituição Federal prevê a criação de um "Estatuto da Magistratura", uma lei complementar de iniciativa do Supremo Tribunal Federal, voltado precipuamente a dis-

---

52. A EC n. 134/2024 acrescentou um parágrafo único ao art. 96 da CF para regulamentar o disposto na alínea a do inciso I do dispositivo com o seguinte teor: "Nos Tribunais de Justiça compostos de mais de 170 (cento e setenta) desembargadores em efetivo exercício, a eleição para os cargos diretivos, de que trata a alínea 'a' do inciso I do *caput* deste artigo, será realizada entre os membros do tribunal pleno, por maioria absoluta e por voto direto e secreto, para um mandato de 2 (dois) anos, vedada mais de 1 (uma) recondução sucessiva".
53. Vedado, portanto, que ato administrativo do Presidente do Tribunal desempenhe a mesma função: STF, Pleno, ADI 2.907/AM, rel. Min. Ricardo Lewandowski, j.m.v. 4-6-2008, *DJe* 28-8-2008.
54. STF, Pleno, ADI 4.062/SC, rel. Min. Joaquim Barbosa, j.un. 4-6-2008, *DJe* 19-6-2008. Declarando a inconstitucionalidade de dispositivo regimental que criava critério de desempate na promoção da carreira de magistrados estranho à lei orgânica da magistratura é a ADI 6.766/RO, rel. Min. Alexandre de Moraes, j.un. 23-8-2021, *DJe* 30-8-2021.
55. A previsão levou o STF a declarar inconstitucional a limitação do número de Desembargadores prevista pelo art. 122 da Constituição da Bahia. Trata-se da ADI 3.362/BA, rel. p/ acórdão Marco Aurélio, j.m.v. 30-8-2007, *DJe* 28-3-2008.
56. O STF reconheceu a inconstitucionalidade de lei editada pelo estado do Rio de Janeiro que criava benefício de permanência em atividade para os magistrados sem previsão na LOMAN (Pleno, ADI 2.592/RJ, rel. Min. Gilmar Mendes, j.un. 3-4-2023, *DJe* 11-5-2023).

ciplinar diversos assuntos relativos indistintamente à organização dos órgãos jurisdicionais e aos magistrados, sua carreira e atividade. O dispositivo indica, na sua própria letra, *princípios* que deverão ser observados por esta futura lei em prol da preservação do "caráter nacional da magistratura"[57]. Os princípios pertinentes à estruturação do próprio processo referidos naquele dispositivo constitucional estão expostos no contexto dos princípios constitucionais do direito processual civil, como se pode constatar dos n. 2.12 e 2.13, que tratam dos princípios da publicidade e da motivação (art. 93, IX e X), do n. 2.10, que se ocupa do princípio da reserva de Plenário (art. 93, XI, e art. 97) e do n. 2.16, que se dedica ao princípio da eficiência processual (art. 93, XII a XV).

De acordo com o art. 98 da Constituição Federal, a União, no Distrito Federal e nos Territórios, e os Estados, nos seus respectivos territórios, criarão: (*a*) "juizados especiais", providos por juízes togados, ou togados e leigos, competentes para a conciliação, o julgamento e a execução de causas cíveis de menor complexidade e infrações penais de menor potencial ofensivo, mediante os procedimentos oral e sumaríssimo, permitidos, nas hipóteses previstas em lei, a transação e o julgamento de recursos por turmas de juízes de primeiro grau; e (*b*) a "justiça de paz", remunerada, composta de cidadãos eleitos pelo voto direto, universal e secreto, com mandato de quatro anos e competência para, na forma da lei, celebrar casamentos, verificar, de ofício ou em face de impugnação apresentada, o processo de habilitação e exercer atribuições conciliatórias, sem caráter jurisdicional, além de outras previstas na legislação[58]. A lei estadual pode prever para os juízes de paz outras funções, desde que não invadam a competência privativa da União Federal constante do art. 22 da Constituição Federal[59].

Os Juizados Especiais são órgãos jurisdicionais que adotam procedimento célere e diferenciado para julgamento de causas de menor complexidade e cujo segundo grau de jurisdição é exercido por colegiados formados por juízes de primeira instância. No âmbito federal, sua criação se deu com a Lei n. 10.259/2001, concretizando a previsão do § 1º do art. 98 da Constituição Federal. No âmbito dos Estados, é a Lei n. 9.099/95 que os disciplina, sendo certo que a Lei n. 12.153/2009 também passou a admitir a existência de Juizados Especiais da "Fazenda Pública" nos Estados e também no Distrito Federal.

Cabe destacar que os Juizados Especiais *federais* são assim chamados porque admitem os procedimentos mais céleres e simplificados pela Lei n. 10.259/2001 contra a União Federal e demais pessoas jurídicas federais. No âmbito da Justiça Estadual, os Juizados Especiais são vocacionados a resolver conflitos entre pessoas de direito privado (Lei n. 9.099/95) e entre pessoas privadas e pessoas de direito público, estaduais, municipais ou distritais (Lei n. 12.153/2009).

---

[57]. Entendendo não recepcionado o art. 102 da LOMAN em vigor, v.: STF, Pleno, ADI 3.976/SP, rel. p/ acórdão Min. Edson Fachin, j.un. 25-6-2020, *DJe* 21-9-2020.
[58]. O tema é tratado também pela Resolução n. 16/2006 com as alterações promovidas pela Resolução n. 326/2020, ambas do CNJ.
[59]. Sobre o tema, ver: STF, Pleno, ADI 2.938/MG, rel. Min. Eros Grau, j.m.v. 9-6-2005, *DJ* 9-12-2005, p. 199.

O art. 99 da Constituição Federal garante ao Poder Judiciário autonomia administrativa e financeira. A previsão é fundamental para que se concretize um dos postulados básicos do Estado Democrático de Direito, que é o da *independência* das três funções estatais (art. 2º da CF). Tanto assim que são os próprios tribunais que elaboram suas propostas orçamentárias dentro dos limites estipulados conjuntamente com os demais Poderes na lei de diretrizes orçamentárias (art. 99, § 1º). O encaminhamento de tais propostas orçamentárias, isto é, as perspectivas de custos, investimentos e recursos ao longo de um ano, compete, "no âmbito da União, aos Presidentes do Supremo Tribunal Federal e dos Tribunais Superiores, com a aprovação dos respectivos tribunais; no âmbito dos Estados e no do Distrito Federal e Territórios, aos Presidentes dos Tribunais de Justiça, com a aprovação dos respectivos tribunais" (art. 99, § 2º). Se "os órgãos referidos no § 2º não encaminharem as respectivas propostas orçamentárias dentro do prazo estabelecido na lei de diretrizes orçamentárias, o Poder Executivo considerará, para fins de consolidação da proposta orçamentária anual, os valores aprovados na lei orçamentária vigente, ajustados de acordo com os limites estipulados na forma do § 1º deste artigo" (art. 99, § 3º). Ademais, "se as propostas orçamentárias de que trata este artigo forem encaminhadas em desacordo com os limites estipulados na forma do § 1º, o Poder Executivo procederá aos ajustes necessários para fins de consolidação da proposta orçamentária anual" (art. 99, § 4º). Por fim, de acordo com o art. 99, § 5º, "durante a execução orçamentária do exercício, não poderá haver a realização de despesas ou a assunção de obrigações que extrapolem os limites estabelecidos na lei de diretrizes orçamentárias, exceto se previamente autorizadas, mediante a abertura de créditos suplementares ou especiais".

O orçamento e o financiamento das atividades judiciárias são também objeto do § 2º do art. 98. O dispositivo, incluído pela Emenda Constitucional n. 45/2004, dispõe que "as custas e emolumentos serão destinados exclusivamente ao custeio dos serviços afetos às atividades específicas da Justiça". O seu objetivo é o de evitar que a atividade jurisdicional subvencionasse, de forma direta ou indireta, outras parcelas da atividade estatal, permitindo, com isso, a maximização do emprego da arrecadação tributária gerada pela prestação das próprias atividades jurisdicionais no aprimoramento e desenvolvimento da própria atuação do Estado-juiz. Trata-se, na linha proposta pelo n. 2.16, *supra*, de forma de *racionalizar* a atuação do Judiciário nos amplos termos do art. 5º, LXXVIII, da Constituição Federal.

3.3 Regimentos internos dos Tribunais

Além da estruturação financeira desde o plano constitucional, importa colocar em destaque que também os Tribunais podem se organizar *administrativamente*, consoante expressa autorização constitucional constante do art. 96, I, *a*, e respectivo parágrafo único, da Constituição Federal. É para essa finalidade – e só para essa, vale o destaque – que os Tribunais editam seus "Regimentos Internos". São as normas regimentais, por exemplo, que disciplinam como o Tribunal é organizado internamente, isto é, quais órgãos ou comissões o compõem (órgão especial, Turmas ou Câmaras, por exemplo), distribuem o exercício das competências aos diversos órgãos internos dos Tribunais e estabelecem as diretrizes da composição de cada um desses órgãos. São regras infraconstitucionais e infralegais voltadas a disciplinar os mais variados assuntos relativos à sua própria organização interna, à sua atividade administrativa e, em sentido amplo, às questões burocráticas e que *não podem* tratar de normas de processo ou de procedimento, por ausência de autorização constitucional. No máximo, podem fazer menção a elas, de forma a deixar mais claras as tarefas administrativas e burocráticas sobre que disciplinam e que serão desempenhadas por seus magistrados e pelos seus serventuários em geral. Nunca, contudo, *criar* regras de processo ou de procedimento, o que atritaria com a reserva legal decorrente do art. 22, I, e do art. 24, XI, da Constituição Federal.

A própria redação da alínea *a* do art. 96, I, da Constituição Federal deixa essa limitação suficientemente clara ao dispor que compete aos Tribunais: "[...] elaborar seus regimentos internos, com observância das normas de processo e das garantias processuais das partes, dispondo sobre a *competência* e o *funcionamento* dos respectivos órgãos jurisdicionais e administrativos" (os itálicos são da transcrição)[60].

São agressivas ao modelo constitucional de direito processual civil, destarte, as frequentes hipóteses em que as leis processuais civis, inclusive o Código de Processo Civil, delegam competência para os regimentos internos disciplinarem ou complementarem questões relativas ao processo e/ou ao procedimento. É assunto retomado ao longo deste *Curso*.

Já houve no Brasil expressa autorização para que o Regimento Interno do Supremo Tribunal Federal pudesse estabelecer as regras para "o processo e o julgamento dos feitos de sua competência originária ou recursal e da arguição de relevância da questão federal". A referência é feita à alínea *c* do parágrafo único do art. 115 da Constituição Federal de 1967 e à alínea *c* do § 3º do art. 119 daquela Constituição, na redação da Emenda Constitucional n. 1/69, com as modificações introduzidas pela Emenda Constitucional n. 7/77. Aquela autorização, contudo, não prevaleceu com a promulgação da Constituição Federal de 1988 e, por essa razão, não merece abrigo o entendimento de que o Regimento Interno do Supremo Tribunal Federal teria sido recepcionado como lei pela nova ordem constitucional, ainda que para os processos de sua competência originária. Só *lei* pode criar normas de *processo* e de *procedimento* nos precisos termos dos já destacados arts. 22, I, e 24, XI, da Constituição Federal. Não atos que estão, por definição, abaixo dela e que só podem, por isso mesmo, pre-

---

60. A diretriz é aplicável a outros atos administrativos editados pelos Tribunais. Ilustra suficientemente o problema o quanto decidido na ADI 7.636/MG, ajuizada perante o STF pelo Conselho Federal da OAB, questionando a constitucionalidade de uma resolução do TJMG que cria a Central de Cumprimento de Sentença (Centrase) na comarca de Belo Horizonte/MG. Fosse regra de processo ou de procedimento, não há dúvida de que se estaria diante de claríssima violação ao art. 22, I, e/ou ao art. 24, XI, da CF. A hipótese, contudo, é de criação de um órgão com função *administrativa* com a expectativa de gerir de modo eficiente o fluxo do cumprimento de sentença na comarca da capital mineira, como foi bem enfatizado pela decisão do relator, Min. Alexandre de Moraes, que indeferiu o pedido de cautelar então formulado.

tender *regulamentá-la*, no sentido de criar condições para sua adequada aplicação, observando-se sempre o disposto no precitado art. 96, I, *a*, da mesma Carta.

É por tais razões que este *Curso* não pode concordar com o entendimento que acabou por prevalecer no Plenário do Supremo Tribunal Federal a propósito na AP 470/DF (o chamado caso do "mensalão"), sobre a subsistência do recurso de "embargos infringentes" no âmbito dos processos penais em que aquele Tribunal exerce competência *originária*. Não há como, com o devido respeito ao entendimento então vencedor, desconsiderar a circunstância de que a *legislação* específica extinguiu aquele recurso, não existindo, destarte, espaço normativo para o Regimento Interno dispor diversamente sob a égide da Constituição Federal de 1988.

3.4 Supremo Tribunal Federal

O Supremo Tribunal Federal é o órgão de cúpula do Poder Judiciário brasileiro. Essa afirmação deve ser entendida, como qualquer outra, no seu devido contexto. Ela não quer significar – e não significa – que haja qualquer subordinação administrativa entre o Supremo Tribunal Federal e os demais órgãos judiciários brasileiros. Bem diferentemente, o que há, de forma bem nítida desde o plano constitucional, é a distribuição de *competências* a diversos órgãos jurisdicionais que são responsáveis pelo exercício da função jurisdicional e, por razões de segurança jurídica (não de subordinação, coisa bem diversa), ser necessário que determinadas decisões prevaleçam sobre outras. É nesse sentido que o Supremo Tribunal Federal comparece como o ápice da estrutura judiciária brasileira em relação a *todos* os demais órgãos jurisdicionais referidos no art. 92 da Constituição Federal.

Justamente por essa sua posição sobranceira na estrutura judiciária é que o Supremo Tribunal Federal, nos termos do *caput* do art. 102 da Constituição Federal, é o "guardião" da Constituição Federal. A "última palavra" sobre a interpretação constitucional no direito brasileiro, cujo sistema de controle é *misto*, é a dada pelo Supremo Tribunal Federal. Seja no plano do controle *concentrado* de constitucionalidade (no julgamento de ações diretas de inconstitucionalidade, ações declaratórias de constitucionalidade e arguições de descumprimento de preceito fundamental), seja no plano do controle *difuso* (no julgamento de recursos extraordinários, principalmente).

Sua sede, diz o art. 92, § 1º, é na Capital Federal, Brasília, de acordo com o § 1º do art. 18 da Constituição Federal.

O Supremo Tribunal Federal, assim como os demais "Tribunais Superiores", tem jurisdição em todo o território nacional (art. 92, § 2º, da CF).

A *composição* do Supremo Tribunal Federal é determinada pelo art. 101 da Constituição Federal. De acordo com o dispositivo, ele é composto de onze Ministros, escolhidos dentre cidadãos com mais de trinta e cinco e menos de setenta anos de idade, de notável saber jurídico e reputação ilibada (art. 101, *caput*, da CF, na redação da EC n. 122/2022). O cargo é privativo de brasileiros natos (art. 12, § 3º, IV, da CF). Os Ministros do Supremo Tribunal Federal, prossegue o parágrafo único do art. 101, são nomeados pelo Presidente da República, depois de aprovada a escolha pela maioria absoluta do Senado Federal.

Internamente, o Supremo Tribunal Federal divide-se em Plenário e duas Turmas, além das funções exercidas pelo Presidente, como se pode verificar do art. 3º de seu Regimento Interno.

A *competência* do Supremo Tribunal Federal é objeto de disciplina pelo art. 102 da Constituição Federal. É assente o entendimento de que sua competência é *taxativamente* a indicada na Constituição Federal, o que significa que não pode a lei ampliá-la ou restringi-la[61]. Lei que pretenda tal intento é irreversivelmente inconstitucional. É situação bem diversa, portanto, do que se verifica para o Tribunal Superior do Trabalho. Para aquele Tribunal, de acordo com o que dispõe o § 1º do art. 111-A da Constituição Federal, é a *lei* que disporá sobre sua competência, com observância das matérias indicadas no art. 114 da Constituição Federal.

Para a mais adequada compreensão da competência a ser exercitada pelo Supremo Tribunal Federal, cabe, para fins didáticos, separá-la em três classes, rente ao que dispõe o precitado art. 102: competência *originária*, recursal *ordinária* e recursal *extraordinária*.

O Supremo Tribunal Federal pode exercer competência *originária*. Isso significa que ele será o primeiro (e, pela sistemática constitucional, o único) órgão jurisdicional a conhecer, processar e julgar determinadas causas. São os casos previstos no inciso I do art. 102 da Constituição Federal, dentre os quais os seguintes dizem respeito ao direito processual civil: (*a*) a ação direta de inconstitucionalidade de lei ou ato normativo federal ou estadual e a ação declaratória de constitucionalidade de lei ou ato normativo federal, cujos legitimados, isto é, os entes que podem provocar o exercício dessa competência originária do Supremo Tribunal Federal, são aqueles listados pelo art. 103 da Constituição Federal, incluindo o pedido de medida cautelar nelas formulados; (*b*) o mandado de segurança e o *habeas data* contra atos do Presidente da República, das Mesas da Câmara dos Deputados e do Senado Federal, do Tribunal de Contas da União, do Procurador-Geral da República e do próprio Supremo Tribunal Federal; (*c*) o litígio entre Estado estrangeiro ou organismo internacional e a União, o Estado, o Distrito Federal ou o Território; (*d*) as causas e os conflitos entre a União e os Estados, a União e o Distrito Federal, ou entre uns e outros, inclusive as respectivas entidades da administração indireta[62], mas não os conflitos de atribuição entre Ministérios Públicos

---

61. Assim, por exemplo, o quanto decidido sobre a Lei n. 10.628/2002, que pretendeu ampliar as hipóteses de competência originária do STF para julgamento de determinadas autoridades acusadas de praticar atos de improbidade administrativa nas ADI 2.797/DF e 2.860/DF, rel. Min. Sepúlveda Pertence, j.m.v. 15-9-2005, *DJ* 19-12-2006, p. 37.
62. STF, Pleno, ACO-QO 765/RJ, rel. p/ acórdão Min. Eros Grau, j.m.v. 1º-6-2005, *DJe* 7-11-2008. A orientação foi reiterada no RE AgR 690.202/MA, rel. Min. Ricardo Lewandowski, j.un. 9-9-2014, *DJe* 14-10-2014. O tema foi objeto de discussão também pelo Pleno no Segundo Agravo Regimental na ACO 1.579/SP, rel. Min. Edson Facchin, j.un. 6-11-2018, *DJe* 16-11-2018.

de dois Estados diversos[63]; (*e*) a ação rescisória de seus julgados; (*f*) a reclamação para a preservação de sua competência e garantia da autoridade de suas decisões; (*g*) a execução de sentença nas causas de sua competência originária, facultada a delegação de atribuições para a prática de atos processuais; (*h*) a ação em que todos os membros da magistratura sejam direta ou indiretamente interessados, e aquela em que mais da metade dos membros do tribunal de origem estejam impedidos ou sejam direta ou indiretamente interessados, observando-se, nesses casos, o que dispõem as Súmulas 623 e 731 do próprio STF[64]; (*i*) os conflitos de competência entre o Superior Tribunal de Justiça e quaisquer tribunais, entre Tribunais Superiores, ou entre estes e qualquer outro tribunal, compreendida também a hipótese de o conflito se verificar entre juízo de primeira instância e Tribunal[65]; (*j*) o mandado de injunção, quando a elaboração da norma regulamentadora for atribuição do Presidente da República, do Congresso Nacional, da Câmara dos Deputados, do Senado Federal, das Mesas de uma dessas Casas Legislativas, do Tribunal de Contas da União, de um dos Tribunais Superiores, ou do próprio Supremo Tribunal Federal; e (*k*) as ações contra o Conselho Nacional de Justiça e contra o Conselho Nacional do Ministério Público[66].

---

63. O STF alterou, no particular, seu entendimento pretérito que incluía no rol da alínea f do inciso I do art. 102 da CF competência para julgar os conflitos de atribuição entre Ministérios Públicos de dois Estados diversos, entendendo que a questão deve ser dirimida pelo Procurador-Geral da República. Assim, *v.g.*: ACO 3.068/MS, rel. p/ acórdão Min. Edson Fachin, j.m.v. 29-4-2020, *DJe* 9-6-2020.

64. É o seguinte o enunciado daquelas Súmulas: "Não gera por si só a competência originária do Supremo Tribunal Federal para conhecer do mandado de segurança com base no art. 102, I, *n*, da Constituição, dirigir-se o pedido contra deliberação administrativa do tribunal de origem, da qual haja participado a maioria ou a totalidade de seus membros" e "Para fim da competência originária do Supremo Tribunal Federal, é de interesse geral da magistratura a questão de saber se, em face da LOMAN, os juízes têm direito à licença-prêmio", respectivamente.

65. STF, Pleno, CComp 7.545/SC, rel. Min. Eros Grau, j.un. 3-6-2009, *DJe* 14-8-2009.

66. O STF vinha interpretando a alínea r do inciso I do art. 102 da CF no sentido de que somente as "ações mandamentais", isto é, mandados de segurança, *habeas data*, mandados de injunção e *habeas corpus*, contra atos do CNJ e do CNMP, seriam de sua competência originária. Assim, *v.g.*: Pleno, AgRg na ACO 1.680/AL, rel. Min. Teori Albino Zavascki, j.un. 24-9-2014, *DJe* 1-12-2014; Pleno, QO na AO 1.814/MG, rel. Min. Marco Aurélio, j.un. 24-9-2014, *DJe* 3-12-2014; 2ª Turma, MS AgR 24.669/DF, rel. Min. Celso de Mello, j.un. 23-3-2018, *DJe* 13-4-2018; 2ª Turma, MS AgR 34.685/RR, rel. Min. Dias Toffoli, j.un. 28-11-2017, *DJe* 23-3-2018, e STF, 1ª Turma, MS AgR 30.137/DF, rel. Min. Roberto Barroso, j.un. 21-8-2017, *DJe* 1º-9-2017. No julgamento da Rcl-AgR 15.564/PR, rel. p/ acórdão Min. Luiz Fux, j.m.v. 10.9.2019, *DJe* 6-11-2019, contudo, a 1ª Turma, entendeu que também as "ações ordinárias" em face do CNJ são de competência originária do STF, desde que o ato questionado possua "caráter normativo ou regulamentar; que desconstituam ato normativo de tribunal local e que envolvam interesse direto e exclusivo de todos os membros do Poder Judiciário. Entretanto, não são de competência do STF as demandas contra atos do CNJ que atinjam tão somente servidores dos órgãos fiscalizados ou mesmo as serventias extrajudiciais; que não digam respeito a interesse exclusivo de toda magistratura ou que revejam atos administrativos gerais dos tribunais, assim considerados os que não se sujeitam a regulamentação distinta do Poder Judiciário, de que seriam exemplo os relacionados a concursos públicos ou licitações dos tribunais locais". Idêntico entendimento prevaleceu no âmbito da 2ª Turma no julgamento no AgR na Rcl 15.551/GO, rel. Min. Carmen Lúcia, j. m.v. 26-11-2019, *DJe* 28-5-2020, destacando a competência do STF para "(...) processar e julgar, originariamente, as ações contra os atos proferidos pelo Conselho Nacional de Justiça – CNJ, no desempenho de sua atividade-fim". O entendimento acabou se tornando vencedor no âmbito da ADI 4.412/DF, rel. Min. Gilmar Mendes, j.m.v. 18-11-2020, *DJe* 10-3-2021, em que foi fixada a seguinte tese a respeito do tema: "Nos termos do artigo 102, inciso I, r, da Constituição Federal, é competência exclusiva do

Embora o inciso I do art. 102 da Constituição Federal não deixe claro, também compete ao Supremo Tribunal Federal processar e julgar originariamente as "arguições de descumprimento de preceito fundamental" previstas no art. 102, § 1º, disciplinadas pela Lei n. 9.882/99, e as "ações diretas de inconstitucionalidade por omissão" previstas no art. 103, § 2º, da Constituição Federal, e disciplinadas pelas alterações promovidas pela Lei n. 12.063/2009 na Lei n. 9.868/99. Também é da competência *originária* do Supremo Tribunal Federal o pedido de "intervenção federal", a "ação direta interventiva", nos termos do art. 36, III, da Constituição Federal.

O inciso II do art. 102 da Constituição Federal trata das hipóteses em que o Supremo Tribunal Federal exercita competência recursal *ordinária*, isto é, define em que casos a atuação do Supremo Tribunal Federal dá-se na condição de um Tribunal revisor comum de decisões proferidas por outros Tribunais. São casos em que o exercício da função jurisdicional pelo Supremo Tribunal Federal dá-se como autêntico órgão de *segundo* grau de jurisdição.

A hipótese pertinente ao direito processual civil é a prevista na alínea *a* do dispositivo: o mandado de segurança, o *habeas data* e o mandado de injunção decididos em única instância pelos Tribunais Superiores, se denegatória a decisão, isto é, se desfavorável àquele que provocou o exercício da função jurisdicional.

Por fim, o inciso III do art. 102 da Constituição Federal disciplina a competência recursal *extraordinária* do Supremo Tribunal Federal. São casos em que o Supremo Tribunal Federal atua mediante o exame de recursos e, portanto, como Tribunal revisor de decisões proferidas por outros órgãos jurisdicionais, mas que, pela natureza jurídica do recurso em questão – um "recurso de direito estrito", como a doutrina costuma acentuar –, o reexame a ser efetuado pelo Supremo Tribunal Federal é vinculado a pressupostos bastante específicos. Neles, o reexame das decisões a ser feito pelo Supremo Tribunal Federal tem como finalidade primeira a uniformização da interpretação e aplicação do direito *constitucional federal* em todo o território brasileiro e não como se dá quando o mesmo Tribunal atua no exercício de suas demais competências (incisos I e II do mesmo art. 102) como primeiro e segundo grau de jurisdição, respectivamente, sem tais restrições. O Supremo Tribunal Federal atua, nas hipóteses do inciso III do art. 102 da Constituição Federal, como verdadeiro órgão de *sobreposição* dos demais órgãos jurisdicionais no que diz respeito ao exame da Constituição Federal.

O exercício dessa específica competência do Supremo Tribunal Federal depende de que a decisão recorrida, proferida em única ou última instância, contrarie dispositivo da Constituição Federal, declare a inconstitucionalidade de tratado ou lei federal, julgue válida lei ou ato de governo local contestado em face desta Constituição ou, ainda, julgue válida lei local contestada em face da lei federal.

Supremo Tribunal Federal processar e julgar, originariamente, todas as ações ajuizadas contra decisões do Conselho Nacional de Justiça e do Conselho Nacional do Ministério Público proferidas no exercício de suas competências constitucionais, respectivamente, previstas nos artigos 103- B, § 4º, e 130-A, § 2º, da Constituição Federal".

O recurso extraordinário depende, importa destacar, da existência de uma *questão de direito constitucional federal* que mereça reexame perante o Supremo Tribunal Federal, ostentando "repercussão geral", exigência que passou a ser feita desde a Emenda Constitucional n. 45/2004 (art. 102, § 3º, da CF).

A repercussão geral deve ser entendida como a possibilidade de o Supremo Tribunal Federal, no exercício de sua competência recursal extraordinária, decidir, de acordo com determinados pressupostos fixados em lei, o que ele julgará ou deixará de julgar. O instituto desempenha o papel de verdadeiro *filtro* recursal, permitindo ao Supremo Tribunal Federal que distinga duas classes de questões de índole constitucional, só se dedicando ao julgamento de recursos extraordinários que apresentam a repercussão geral. O § 3º do art. 102 da Constituição Federal impõe o quórum de dois terços dos membros do Supremo Tribunal Federal (oito Ministros) para recusar a existência da repercussão geral. Na atualidade, o instituto é disciplinado pelo art. 1.035 do Código de Processo Civil.

O Procurador-Geral da República, chefe do Ministério Público da União, deverá ser ouvido em todos os casos julgados pelo Supremo Tribunal Federal, independentemente da competência concretamente exercitada, isto é, sendo indiferente que ela seja *originária*, recursal *ordinária* ou recursal *extraordinária*. É o que dispõe o art. 103, § 1º, da Constituição Federal, repetido, no âmbito infraconstitucional, pelo art. 46 da Lei Complementar n. 75/93. Há entendimento do Supremo Tribunal Federal no sentido de afastar a atuação de outros órgãos do Ministério Público perante aquele Tribunal[67], embora a 3ª Seção do Superior Tribunal de Justiça já tenha tido oportunidade de entender diferentemente, sustentando que também os componentes dos Ministérios Públicos estaduais podem atuar perante os Tribunais Superiores, ao menos no âmbito do direito processual penal[68].

3.5 Superior Tribunal de Justiça

O Superior Tribunal de Justiça, Tribunal Superior que é, tem jurisdição em todo o território nacional, de acordo com o art. 92, § 2º, da Constituição Federal. Sua sede é em Brasília, de acordo com o § 1º do mesmo dispositivo constitucional (art. 18, § 1º, da CF).

---

67. Assim, v.g.: STF, Rcl-AgRg 6.239/RO, rel. p/ acórdão Min. Rosa Weber, j.m.v. 23-5-2012, e Rcl-AgRg 7.318/PB, rel. Min. Dias Toffoli, j.m.v. 23-5-2012, *DJe* 26-10-2012.
68. EREsp 1.256.973/RS, rel. p/ acórdão Min. Rogério Schietti Cruz, j.m.v. 27-8-2014, *DJe* 6-11-2014, orientação que vem sendo observada desde então. Assim, por exemplo, na CE (AgRg nos EDcl no RE nos EDcl no AgRg no REsp 1.964.714/SC, rel. Min. Og Fernandes, j.un. 27-2-2024, *DJe* 29-2-2024); na 5ª Turma (EDcl no AgRg no REsp 1.444.886/DF, rel. Min. Joel Ilan Paciornik, j.un. 3-8-2017, *DJe* 16-8-2017); e na 6ª Turma (AgRg no AgRg no REsp 1.544.870/DF, rel. Min. Maria Thereza de Assis Moura, j.un. 14-6-2016, *DJe* 23-6-2016 e AgRg no HC 644.350/RS, rel. Min. Rogerio Schietti Cruz, j.un. 9-8-2022, *DJe* 18-8-2022).

A composição do Superior Tribunal de Justiça é objeto de regulação no art. 104 da Constituição Federal. O número de Ministros é de, no mínimo, trinta e três, composição atual daquela Corte desde sua instalação. Sua nomeação é feita pelo Presidente da República, dentre brasileiros com mais de trinta e cinco e menos de setenta anos de idade, de notável saber jurídico e reputação ilibada, depois de aprovada a escolha pela maioria absoluta do Senado Federal (art. 104, parágrafo único, na redação conferida pela EC n. 122/2022).

Sua composição é plural porque, de acordo com os incisos I e II do parágrafo único do art. 104 da Constituição Federal, um terço do Superior Tribunal de Justiça será formado por Desembargadores dos Tribunais Regionais Federais e um terço dentre desembargadores dos Tribunais de Justiça, indicados em lista tríplice elaborada pelo próprio Tribunal, e o terço restante em partes iguais, dentre advogados e membros do Ministério Público Federal, Estadual, do Distrito Federal e Territórios, alternadamente, indicados na forma do art. 94 da Constituição Federal. O art. 1º da Lei n. 7.746/89, que regulamenta esse dispositivo constitucional, teve sua constitucionalidade questionada perante o Supremo Tribunal Federal[69]. O pedido de inconstitucionalidade foi rejeitado, admitindo-se a possibilidade de os dois terços de magistrados indicados para o Superior Tribunal de Justiça, oriundos dos Tribunais de Justiça e dos Tribunais Regionais Federais, não serem magistrados de carreira, mas oriundos do chamado "quinto" da advocacia ou do Ministério Público.

O Superior Tribunal de Justiça é dividido internamente em três Seções, cada qual composta de duas Turmas. A 1ª e a 2ª Turmas, que compõem a 1ª Seção, têm especialização em questões de direito público em geral, incluindo as atinentes aos servidores públicos civis e direito previdenciário. A 3ª e a 4ª Turmas, componentes da 2ª Seção, são especializadas em direito privado, inclusive os conflitos sobre locação predial urbana. A 3ª Seção, que é composta pela 5ª e pela 6ª Turmas, tem especialização em direito penal. É o que dispõem o art. 2º, §§ 3º e 4º, e o art. 9º e respectivos parágrafos do Regimento Interno daquele Tribunal.

Há, ainda, no Superior Tribunal de Justiça, de acordo com a faculdade consagrada pelo art. 97 da Constituição Federal, um "órgão especial", chamado de "Corte Especial" (art. 2º, I, do Regimento Interno), composta pelos quinze Ministros mais antigos e presidida pelo Presidente do Tribunal, que exerce a competência a ela reconhecida pelo art. 11 de seu Regimento.

A competência do Superior Tribunal de Justiça é regulada pelo art. 105 da Constituição Federal. Também para ela prevalece o entendimento, correto, de que a lei não pode restringi-la ou ampliá-la, dada a taxatividade do rol, não permitindo sua modificação por ato infraconstitucional[70].

---

69. ADI 4.078/DF, rel. p/ acórdão Min. Cármen Lúcia, j.m.v. 10-11-2011, *DJe* 13-4-2012.
70. Fátima Nancy Andrighi, "Comentários ao art. 105", *Comentários à Constituição do Brasil*, p. 1.444.

O exame da competência do Superior Tribunal de Justiça, a exemplo da do Supremo Tribunal Federal, merece exame distinto consoante se trate de competência *originária*, recursal *ordinária* e recursal *especial*.

Os casos de atuação do Superior Tribunal de Justiça como "primeiro grau de jurisdição", isto é, os casos em que ele exerce competência *originária*, no que diz respeito ao direito processual civil, são, de acordo com o inciso I do art. 105, os seguintes: (*a*) os mandados de segurança e os *habeas data* contra ato de Ministro de Estado, dos Comandantes da Marinha, do Exército e da Aeronáutica ou do próprio Tribunal (aí incluídos os mandados de segurança contra atos administrativos praticados pelo Conselho da Justiça Federal, que atua junto ao STJ[71]); (*b*) os conflitos de competência entre quaisquer tribunais, ressalvado o disposto no art. 102, I, *o*, da Constituição Federal, bem como entre tribunal e juízes não vinculados ao Superior Tribunal de Justiça e entre juízes vinculados a tribunais diversos[72]; (*c*) as ações rescisórias de seus julgados; (*d*) a reclamação para a preservação de sua competência e garantia da autoridade de suas decisões; (*e*) os conflitos de atribuições entre autoridades administrativas e judiciárias da União, ou entre autoridades judiciárias de um Estado e administrativas de outro ou do Distrito Federal, ou entre as deste e da União; (*f*) o mandado de injunção, quando a elaboração da norma regulamentadora for atribuição de órgão, entidade ou autoridade federal, da administração direta ou indireta, excetuados os casos de competência do Supremo Tribunal Federal e dos órgãos da Justiça Militar, da Justiça Eleitoral, da Justiça do Trabalho e da Justiça Federal; (*g*) a homologação de sentenças estrangeiras e a concessão de *exequatur* às cartas rogatórias; e (*h*) os conflitos entre entes federativos, ou entre estes e o Comitê Gestor do Imposto sobre Bens e Serviços, relacionados aos tributos previstos nos arts. 156-A e 195, V, novidade decorrente da EC n. 132/2023, aprovada no contexto da chamada "Reforma Tributária".

A competência recursal *ordinária* é prevista pelo inciso II do art. 105 da Constituição Federal. As hipóteses que dizem respeito ao direito processual civil são as seguintes: (*a*) os mandados de segurança decididos em única instância pelos Tribunais Regionais Federais ou pelos Tribunais dos Estados, do Distrito Federal e Territórios, quando denegatória a decisão, isto é, quando a decisão for prejudicial ao impetrante; e (*b*) as causas em que forem partes Estado estrangeiro ou organismo internacional, de um lado, e, do outro, Município ou pessoa residente ou domiciliada no País.

Por fim, a competência recursal *especial* do Superior Tribunal de Justiça é prevista pelo art. 105, III, da Constituição Federal. A regra disciplina as hipóteses de cabimento do "re-

---

71. STJ, CE, Rcl 3.495/PE, rel. Min. Nancy Andrighi, j.m.v. 17-12-2012, *DJe* 28-2-2013.
72. STF, Pleno, ACO 1.179/PB, rel. Min. Ellen Gracie, j.un. 11-9-2008, *DJe* 30-10-2008. A 2ª Seção do Superior Tribunal de Justiça, de seu turno, já teve oportunidade de entender que não se subsume à previsão do art. 105, I, *d*, da Constituição Federal, conflito de competência entre diversas câmaras ou tribunais arbitrais (CC 113.260/SP, rel. p/ acórdão João Otávio de Noronha, j.m.v. 8-9-2010). Se o conflito, contudo, ocorrer, entre tribunal arbitral e juízo es-ta-tal, a hipótese é de atração daquele dispositivo. Neste sentido: STJ, 2ª Seção, CC 111.230/DF, rel. Min. Nancy Andrighi, j.un. 8-5-2013, *DJe* 3-4-2014.

curso especial" a ser interposto nas "causas decididas, em única ou última instância, pelos Tribunais Regionais Federais ou pelos tribunais dos Estados, do Distrito Federal e Territórios, quando a decisão recorrida: (*a*) contrariar tratado ou lei federal, ou negar-lhes vigência; (*b*) julgar válido ato de governo local contestado em face de lei federal; e (*c*) der a lei federal interpretação divergente da que lhe haja atribuído outro tribunal". A função exercida pelo Superior Tribunal de Justiça em tais casos, a exemplo daquela que exerce o Supremo Tribunal Federal para o "recurso extraordinário", é de órgão de *sobreposição*, voltada, precipuamente, à uniformização da interpretação e aplicação do direito infraconstitucional federal em todo o território nacional. Não se trata, por isso, de exercício de mera competência recursal "ordinária", "comum", como se, em tais casos, atuasse o Superior Tribunal de Justiça como órgão de segundo grau de jurisdição.

Sempre sustentei não haver espaço, no modelo constitucional do direito processual civil brasileiro, para que alguma lei estabeleça para o recurso especial "filtro" idêntico ou similar à "repercussão geral" nos termos do art. 102, § 3º, da Constituição Federal, já que tal iniciativa, dada a *taxatividade* da competência exercida, em todos os níveis, por aquele Tribunal dependeria de alteração constitucional.

A EC n. 125/2022, alterando o art. 105 da CF, passou a exigir que a questão de direito federal infraconstitucional que anima o recurso especial deva ser "relevante", criando, com isso, verdadeiro filtro de admissibilidade recursal similar ao que, desde a EC n. 45/2004, foi estabelecido para o recurso extraordinário com a repercussão geral.

De acordo com novo o § 2º do referido dispositivo constitucional, "No recurso especial, o recorrente deve demonstrar a relevância das questões de direito federal infraconstitucional discutidas no caso, nos termos da lei, a fim de que a admissão do recurso seja examinada pelo Tribunal, o qual somente pode dele não conhecer com base nesse motivo pela manifestação de 2/3 (dois terços) dos membros do órgão competente para o julgamento".

A despeito da entrada em vigor da referida Emenda Constitucional na data de sua publicação (art. 2º da EC n. 125/2022), a implementação da regra depende de regulamentação infraconstitucional, no que é claro o novo § 2º do art. 105 da CF[73], o que impede a exigência de que o recorrente demonstre a relevância antes da lei que venha a regulamentar a novel sistemática do recurso especial, conforme orientou a Corte Especial do STJ ao editar o Enunciado Administrativo n. 8/2022[74].

---

73. "§ 2º No recurso especial, o recorrente deve demonstrar a relevância das questões de direito federal infraconstitucional discutidas no caso, nos termos da lei, a fim de que a admissão do recurso seja examinada pelo Tribunal, o qual somente pode dele não conhecer com base nesse motivo pela manifestação de 2/3 (dois terços) dos membros do órgão competente para o julgamento".
74. "A indicação, no recurso especial, dos fundamentos de relevância da questão de direito federal infraconstitucional somente será exigida em recursos interpostos contra acórdãos publicados após a data de entrada em vigor da lei regulamentadora prevista no artigo 105, parágrafo 2º, da Constituição Federal".

3.5.1 Conselho da Justiça Federal e Escola Nacional de Formação e Aperfeiçoamento de Magistrados

De acordo com o parágrafo único do art. 105 da Constituição Federal, funcionam junto ao Superior Tribunal de Justiça dois outros órgãos que, embora não tenham função jurisdicional, desempenham atividades relevantíssimas e que, por isso, merecem destaque nesta sede, para a exposição completa do modelo constitucional do direito processual civil. São a Escola Nacional de Formação e Aperfeiçoamento de Magistrados e o Conselho da Justiça Federal.

A Escola Nacional de Formação e Aperfeiçoamento de Magistrados (ENFAM) é criação da Emenda Constitucional n. 45/2004. Ela exerce, dentre outras funções, a de regulamentar os cursos oficiais para o ingresso e a promoção na carreira e a formação e o aperfeiçoamento de magistrados, objeto da Resolução n. 1/2007 e da Resolução n. 2/2007. A ENFAM foi instituída pela Resolução n. 3/2006, alterada pela Resolução n. 5/2008, ambas do Presidente do STJ.

O Conselho da Justiça Federal foi previsto desde o texto original da Constituição Federal de 1988 e disciplinado originariamente pelos arts. 6º a 8º da Lei n. 7.746/89, revogados pela Lei n. 8.472/92. Sua finalidade precípua é exercer a supervisão administrativa e orçamentária da Justiça Federal de 1º e 2º graus, como órgão centralizador das informações estratégicas daquele sistema em todo o território brasileiro, além de deter poderes correicionais, cujas decisões têm caráter vinculante.

O Conselho da Justiça Federal é composto por dez membros: o Presidente, o Vice-Presidente e outros três Ministros a serem eleitos, todos do Superior Tribunal de Justiça, e pelos Presidentes dos Tribunais Regionais Federais. Sua presidência é exercida pelo Presidente do Superior Tribunal de Justiça e o Ministro mais antigo exercerá as funções de Corregedor-Geral da Justiça Federal. Têm assento no Conselho da Justiça Federal, sem direito a voto, os Presidentes do Conselho Federal da Ordem dos Advogados do Brasil e da Associação dos Juízes Federais do Brasil (AJUFE). É o que dispõe o art. 2º da Lei n. 11.798/2008, que disciplina a composição e a competência daquele Conselho, e cujo art. 11 expressamente revogou a Lei n. 8.472/92, que disciplinava, anteriormente, o assunto.

A competência do Conselho da Justiça Federal é prevista no art. 5º da Lei n. 11.798/2008. Dentre suas diversas funções, de cunho administrativo e orçamentário, cabe destacar que é esse órgão que deverá examinar e encaminhar ao Superior Tribunal de Justiça "proposta de criação ou extinção de cargos e fixação de vencimentos e vantagens dos juízes e servidores da Justiça Federal de primeiro e segundo graus" e "proposta de criação ou extinção de Tribunais Regionais Federais e de alteração do número de seus membros" (art. 5º, I, "a" e "b", da Lei n. 11.798/2008) e "aprovar sugestões de alteração da legislação relativa às matérias de competência da Justiça Federal" (art. 5º, II, da Lei n. 11.798/ 2008). O Conselho da Justiça Federal tem poder correicional e suas decisões (que, por definição, têm caráter administrativo) são vinculantes no âmbito da Justiça Federal de primeiro e segundo graus (art. 105, parágrafo único, II, da Constituição Federal, e art. 5º, parágrafo único, da Lei n. 11.798/2008).

A Turma Nacional de Uniformização de Jurisprudência dos Juizados Especiais Federais, prevista pelo art. 14, § 2º, da Lei n. 10.259/2001, a lei que disciplina os juizados especiais federais, é o órgão competente para uniformizar as decisões das Turmas Recursais vinculadas a Regiões diversas em âmbito nacional. Desde sua instalação, aquele órgão jurisdicional funciona junto ao Conselho da Justiça Federal (arts. 4º e 9º da Lei n. 11.798/2008).

De acordo com o mesmo dispositivo, também integram a estrutura institucional do Conselho da Justiça Federal a Corregedoria-Geral da Justiça Federal e o Centro de Estudos Judiciários, que tem competência para realizar e fomentar estudos, pesquisas, serviços editoriais e de informação, visando à modernização da Justiça Federal; planejar, coordenar e executar atividades de formação e aperfeiçoamento de magistrados e servidores, em articulação com as escolas de magistratura dos Tribunais Regionais Federais, segundo normas a serem editadas pela Escola Nacional de Formação e Aperfeiçoamento de Magistrados e também para elaborar e encaminhar à Escola Nacional de Formação e Aperfeiçoamento de Magistrados o Plano Nacional de Aperfeiçoamento e Pesquisa para os Juízes Federais (art. 8º, I a III, da Lei n. 11.798/2008).

3.6 Conselho Nacional de Justiça

O Conselho Nacional de Justiça foi criado pela Emenda Constitucional n. 45/2004, a chamada "Reforma do Judiciário". Sua sede é em Brasília (art. 18, § 1º, c/c art. 92, § 1º, da CF). Sua criação deu-se para o exercício de funções eminentemente de controle administrativo sobre todos os demais órgãos do Poder Judiciário brasileiro. Seu Regimento Interno foi aprovado por sua Resolução n. 67/2009, com sucessivas modificações.

De acordo com o art. 103-B, *caput*, da Constituição Federal, na redação da Emenda Constitucional n. 61/2009, o Conselho Nacional de Justiça é composto por quinze membros. Eles exercem mandato de dois anos, admitida uma recondução, isto é, a possibilidade de, por mais dois anos, exercerem a função.

Órgão plural, seus quinzes membros têm origem nos mais variados órgãos representativos da *Justiça* brasileira. Sua composição é a seguinte: o Presidente do Supremo Tribunal Federal, um Ministro do Superior Tribunal de Justiça, indicado pelo respectivo tribunal; um Ministro do Tribunal Superior do Trabalho, indicado pelo respectivo tribunal; um desembargador de Tribunal de Justiça, indicado pelo Supremo Tribunal Federal; um juiz estadual, indicado pelo Supremo Tribunal Federal; um desembargador de Tribunal Regional Federal, indicado pelo Superior Tribunal de Justiça; um juiz federal, indicado pelo Superior Tribunal de Justiça; um juiz de Tribunal Regional do Trabalho, indicado pelo Tribunal Superior do Trabalho; um juiz do trabalho, indicado pelo Tribunal Superior do Trabalho; um membro do Ministério Público da União, indicado pelo Procurador-Geral da República; um membro do Ministério Público estadual, escolhido pelo Procurador-Geral da República dentre os nomes indicados pelo órgão competente de cada instituição estadual; dois advogados, indicados pelo Conselho Federal da

Ordem dos Advogados do Brasil; dois cidadãos, de notável saber jurídico e reputação ilibada, indicados um pela Câmara dos Deputados e outro pelo Senado Federal.

A nomeação dos membros do Conselho, à exceção do Presidente do Supremo Tribunal Federal, é feita pelo Presidente da República, depois de aprovadas as indicações pela maioria absoluta do Senado Federal (art. 103-B, § 2º, da CF). Se não ocorrerem, no prazo legal, as indicações necessárias para sua composição, a escolha dos integrantes do Conselho deve ser feita pelo Supremo Tribunal Federal (art. 103-B, § 3º, da CF).

O Conselho Nacional de Justiça é presidido pelo Presidente do Supremo Tribunal Federal e, nas suas ausências e impedimentos, pelo Vice-Presidente daquele mesmo Tribunal (art. 103-B, § 1º, da CF). O Ministro do Superior Tribunal de Justiça exerce papel de destaque, cabendo-lhe, nos termos do § 5º do art. 103-B, da Constituição Federal, a função de Ministro-Corregedor, quando ficará excluído da distribuição de processos naquele Tribunal, competindo-lhe determinadas atribuições que podem ser ampliadas pelo Estatuto da Magistratura, a que se refere o *caput* do art. 93 da Constituição Federal. Essas atribuições são as seguintes: (*a*) receber as reclamações e denúncias, de qualquer interessado, relativas aos magistrados e aos serviços judiciários; (*b*) exercer funções executivas do Conselho, de inspeção e de correição geral; (*c*) requisitar e designar magistrados, delegando-lhes atribuições, e requisitar servidores de juízos ou tribunais, inclusive nos Estados, Distrito Federal e Territórios.

Junto ao Conselho atuam o Procurador-Geral da República e o Presidente do Conselho Federal da Ordem dos Advogados do Brasil, de acordo com o § 6º do mesmo dispositivo constitucional.

A competência do Conselho Nacional de Justiça é fixada pelo § 4º do art. 103-B da Constituição Federal, sem prejuízo de outras atribuições que venham a lhe ser conferidas pelo Estatuto da Magistratura, como as seguintes: (*a*) zelar pela autonomia do Poder Judiciário e pelo cumprimento do Estatuto da Magistratura, podendo expedir atos regulamentares, no âmbito de sua competência, ou recomendar providências; (*b*) zelar pela observância do art. 37 da Constituição Federal e apreciar, de ofício ou mediante provocação, a legalidade dos atos *administrativos* (não os *jurisdicionais*) praticados por membros ou órgãos do Poder Judiciário, podendo desconstituí-los, revê-los ou fixar prazo para que se adotem as providências necessárias ao exato cumprimento da lei, sem prejuízo da competência do Tribunal de Contas da União; (*c*) receber e conhecer das reclamações contra membros ou órgãos do Poder Judiciário, inclusive contra seus serviços auxiliares, serventias e órgãos prestadores de serviços notariais e de registro que atuem por delegação do poder público ou oficializados, sem prejuízo da competência disciplinar e correicional dos tribunais, podendo avocar processos disciplinares em curso e determinar a remoção, a disponibilidade ou a aposentadoria com subsídios ou proventos proporcionais ao tempo de serviço e aplicar outras sanções administrativas, assegurada ampla defesa[75]; (*d*) representar ao Ministério Público, no caso de crime

---

75. O tema é regulamentado pela Resolução n. 135/2011 do CNJ, que "dispõe sobre a uniformização de normas relativas ao procedimento administrativo disciplinar aplicável aos magistrados, acerca do rito e das penalidades,

contra a Administração Pública ou de abuso de autoridade; (*e*) rever, de ofício ou mediante provocação, os processos disciplinares de juízes e membros de tribunais julgados há menos de um ano; (*f*) elaborar semestralmente relatório estatístico sobre processos e sentenças prolatadas, por unidade da Federação, nos diferentes órgãos do Poder Judiciário; e (*g*) elaborar relatório anual, propondo as providências que julgar necessárias sobre a situação do Poder Judiciário no País e as atividades do Conselho, que deve integrar mensagem do Presidente do Supremo Tribunal Federal a ser remetida ao Congresso Nacional, por ocasião da abertura da sessão legislativa[76].

Para o atingimento perfeito de suas finalidades correicionais, o § 7º do art. 103-B da Constituição Federal determina que a União criará, em todo o território brasileiro, "ouvidorias de justiça", que são órgãos competentes para receber reclamações e denúncias de qualquer interessado contra membros ou órgãos do Poder Judiciário, ou contra seus serviços auxiliares, e que poderão apresentá-las diretamente ao Conselho Nacional de Justiça[77].

A competência que lhe é desenhada desde a Constituição Federal não pretende traçar o Conselho Nacional de Justiça como órgão meramente *corregedor*, entendida a palavra no sentido de manter a disciplina dos magistrados ou dos serventuários da justiça. Não se espera do órgão, de outro lado, que assuma feições *legislativas* ou *judicantes*. O órgão não tem competência para tanto e tal postura violaria o modelo constitucional do direito processual civil.

O que ele, o Conselho Nacional de Justiça, deve desenvolver, de forma rente ao modelo constitucional, é a implementação de suas funções administrativas e fiscalizatórias para criar condições efetivas de maior *integração* e de *articulação* dos diversos órgãos que compõem a estrutura judiciária brasileira em termos estratégicos e operacionais. Não é equivocado, à luz das competências que a Constituição lhe traça, esperar dele que atue como um verdadeiro órgão de *integração* e de *planejamento* do Poder Judiciário (Federal e Estadual), considerado como um todo, dando diretrizes seguras para a organização e coordenação daquele Poder, inclusive do ponto de vista da sua racionalização orçamentária. O Conselho Nacional de Justiça, nesse sentido, passa a ser um órgão voltado a debater soluções que tenham tido êxito quando aplicadas em parcelas do Judiciário brasileiro (numa comarca ou numa seção judiciária, por exemplo) com vistas a criar condições o mais objetivas possível para sua implementação em nível nacional ou, quando menos, regional.

É nesse sentido e para este fim, aliás, que boa parte da atuação do Conselho Nacional de Justiça se pauta. Ao desempenhar a competência que lhe reconheceu expressamente a Constituição Federal, ele tem buscado fixar parâmetros administrativos a serem observados por todos os Tribunais brasileiros.

---

e dá outras providências", que teve a constitucionalidade de alguns dispositivos questionada na ADI 4.638/DF, rel. Min. Marco Aurélio, que foi julgada improcedente, por maioria. A precitada Resolução foi alterada pelas Resoluções n. 323/2020 e 563/2024.

76. Para a temática, v. a Resolução n. 325/2020, que "dispõe sobre a Estratégia Nacional do Poder Judiciário 2021-2026 e dá outras providências", com as modificações da Resolução n. 463/2022.

77. A respeito, o CNJ expediu a Resolução n. 432/2021, que "Dispõe sobre as atribuições, a organização e o funcionamento das Ouvidorias dos tribunais, da Ouvidoria Nacional de Justiça e dá outras providências".

Assim, por exemplo, no que diz respeito à fixação de um teto salarial para a magistratura e para os servidores do Poder Judiciário[78]; à composição a ser observada nos órgãos especiais dos diversos Tribunais[79]; à vedação da contratação de parentes dos magistrados de todos os graus de jurisdição para ocupar cargos de confiança ou comissionados, o chamado "nepotismo do Judiciário"[80]; ao estabelecimento do Código de Ética da Magistratura Nacional[81]; à disciplina, no âmbito do Poder Judiciário, dos procedimentos relativos ao cadastramento e à estruturação de serviços de assistência jurídica voluntária[82]; à disciplina do Plantão Judiciário em primeira e segunda instâncias[83]; à disciplina da jornada de trabalho no âmbito do Poder Judiciário, ao preenchimento de cargos em comissão e ao limite de servidores requisitados[84]; à fixação de critérios objetivos para aferição do merecimento para promoção de magistrados e acesso aos Tribunais de segundo grau[85]; à gestão de precatórios no âmbito do Poder Judiciário[86]; à disciplina da participação de magistrados em congressos, seminários, simpósios, encontros jurídicos e culturais e eventos similares[87]; à política de atenção integral à saúde de magistrados e servidores do Poder Judiciário[88]; às férias da magistratura nacional[89]; sobre a política de governança nas contratações públicas efetuadas pelo Poder Judiciário[90]; à regulamentação do exercício de poder de polícia administrativa no âmbito dos Tribunais, dispondo sobre as atribuições funcionais dos agentes e inspetores da polícia judicial[91]; ao funcionamento e utilização do Sistema Nacional de Pareceres e Notas Técnicas (e-NatJus)[92];

---

78. Resolução n. 13/2006, alterada pelas Resoluções n. 27/2006, 42/2007, 326/2020, 505/2023 e 517/2023.
79. Resolução n. 16/2006, com as alterações da Resolução n. 326/2020.
80. Resolução n. 7/2005, com as modificações das Resoluções n. 9/2005, 21/2006, 181/2013 e 229/2016.
81. Resolução n. 60/2008, com as modificações da Resolução n. 538/2023.
82. Resolução n. 62/2009, com as modificações da Resolução n. 326/2020.
83. Resolução n. 71/2009, com as modificações das Resoluções n. 152/2012, 326/2020, 353/2020 e 403/2021.
84. Resolução n. 88/2009, com as modificações das Resoluções n. 130/2011, 326/2020, 340/2020 e 390/2021.
85. Resolução n. 106/2010, com as modificações da Resolução n. 426/2021, da Resolução n. 507/2023, da Resolução n. 525/2023 e da Resolução n. 561/2024. A ADI 4.510, promovida pela Associação Nacional dos Magistrados da Justiça do Trabalho – ANAMATRA, pela Associação dos Juízes Federais do Brasil – AJUFE e Associação dos Magistrados Brasileiros – AMB perante o STF, questiona a constitucionalidade de alguns dispositivos da versão original da precitada Resolução.
86. Resolução n. 303/2019, com as modificações das Resoluções n. 327/2020 (atualizada pela Resolução n. 514/2023), 365/2021, 390/2021 (atualizada pela Resolução n. 431/2021), 431/2021, 438/2021, 448/2022 e 482/2022. A Resolução n. 428/2021, por seu turno, "Dispõe sobre procedimentos e rotinas quanto ao uso do Cadastro de Entidades Devedoras Inadimplentes de Precatórios (CEDINPREC), sistema informatizado por meio do qual serão centralizadas as informações relativas à não liberação tempestiva de recursos para o pagamento de parcelas mensais indispensáveis ao cumprimento do regime especial de que tratam os artigos 101 a 105 do Ato das Disposições Constitucionais Transitórias (ADCT)".
87. Resolução n. 170/2013.
88. Resolução n. 207/2015, com as modificações das Resoluções n. 338/2020 e 403/2021.
89. Resolução n. 293/2019, com as modificações das Resoluções n. 502/2023 e 560/2024.
90. Resolução n. 347/2020.
91. Resolução n. 344/2020 com as modificações da Resolução n. 430/2021.
92. Resolução n. 479/2022, com as modificações da Resolução n. 589/2024.

à instalação de Pontos de Inclusão Digital (PID) pelo Poder Judiciário[93]; à instituição de Modelo de Requisitos para Sistemas Informatizados de Gestão de Processos e Documentos do Poder Judiciário (MoReq-Jus)[94]; ao estabelecimento de ações voltadas à aposentadoria de magistrados no âmbito da Política Nacional de Gestão de Pessoas do Poder Judiciário[95]; à equiparação constitucional entre direitos e deveres da Magistratura e do Ministério Público[96]; à instituição da Política Pública de Estímulo à lotação e à permanência de magistrados em comarcas definidas como de difícil provimento[97]; ao estabelecimento de diretrizes para a gestão e destinação de valores e bens oriundos de pena de multa e acordos no âmbito do Poder Judiciário[98]; ao acesso a dados judiciais públicos consolidados pelo Conselho Nacional de Justiça, bem como à possibilidade de depósito de serviços privados na PDPJ-Br, instituindo o portal unificado para usuários internos[99]; ao uso dos sistemas de pesquisa de dados e busca de bens para constrição patrimonial disponibilizados pelo Conselho Nacional de Justiça[100]; aos métodos consensuais de solução de disputas na Justiça do Trabalho[101]; ao Módulo de Pessoal e Estrutura Judiciária Mensal do Poder Judiciário[102]; e aos requisitos mínimos para o julgamento de processos em ambiente eletrônico no Poder Judiciário[103].

De outra parte, há também propostas de medidas administrativas que buscam dar maior racionalização à atividade jurisdicional e aos atos processuais e, consequentemente, imprimir maior celeridade na prestação jurisdicional, como se dá, por exemplo, com as "Tabelas Processuais Unificadas do Poder Judiciário", com o objetivo de "padronização e uniformização taxonômica e terminológica de classes, assuntos e movimentação processuais no âmbito da Justiça Estadual, Federal, do Trabalho e do Superior Tribunal de Justiça, a serem empregados em sistemas processuais"[104]; com a "uniformização do número dos processos nos órgãos do Poder Judiciário"[105]; com o Sistema de Estatística do Poder Judiciário[106] e com a institucionalização do "Fórum Nacional das Ações Coletivas"[107] e do "Fórum Nacional de Precatórios – FONAPREC",

---

[93]. Resolução n. 508/2023, com as modificações da Resolução n. 555/2024.
[94]. Resolução n. 522/2023.
[95]. Resolução n. 526/2023.
[96]. Resolução n. 528/2023.
[97]. Resolução n. 557/2024.
[98]. Resolução n. 558/2024, com as modificações da Resolução n. 559/2024.
[99]. Resolução n. 574/2024.
[100]. Resolução n. 584/2024.
[101]. Resolução n. 586/2024.
[102]. Resolução n. 587/2024.
[103]. Resolução n. 591/2024.
[104]. Resolução n. 46/2007, com as modificações da Resolução n. 326/2020.
[105]. Resolução n. 65/2008, com as modificações das Resoluções n. 223/2016 e 477/2022.
[106]. Resolução n. 76/2009, com as modificações das Resoluções n. 326/2020 e 331/2020.
[107]. Resolução n. 138/2011, com as modificações da Resolução n. 326/2020. A Resolução n. 339/2020, por seu turno, "dispõe sobre a criação e funcionamento do Comitê Executivo Nacional dos Núcleos de Ações Coletivas – NAC, dos Núcleos de Ações Coletivas – NACs e dos cadastros de ações coletivas do Superior Tribunal de

com o objetivo de elaborar estudos e propor medidas para o aperfeiçoamento da gestão de precatórios[108], e com o "Fórum Nacional da Infância e da Juventude – FONINJ", com o objetivo de "elaborar estudos e propor medidas para a coordenação, elaboração e execução de políticas públicas, no âmbito do Poder Judiciário, concentrando especialmente as iniciativas nacionais de aprimoramento da prestação jurisdicional na área da Infância e da Juventude"[109], com a instituição da "Política de Gestão da Inovação no âmbito do Poder Judiciário" cujo objetivo é o "... aprimoramento das atividades dos órgãos judiciários, por meio da difusão da cultura da inovação, com a modernização de métodos e técnicas de desenvolvimento do serviço judiciário, de forma coletiva e em parceria, com ênfase na proteção dos Direitos e Garantias Fundamentais previstos na Constituição Federal"[110], com o Fórum Nacional do Poder Judiciário para monitoramento e efetividade das demandas relacionadas aos Povos Indígenas (Fonepi), com o objetivo de elaborar estudos e propor medidas para o aperfeiçoamento do sistema judicial quanto ao tema[111], com o Fórum Nacional do Poder Judiciário para a Equidade Racial (Fonaer), com a finalidade de "elaborar estudos e propor medidas para o aperfeiçoamento do sistema judicial quanto ao tema"[112], com o Programa Nacional Permanente de apoio à desinstitucionalização de crianças e adolescentes acolhidos e egressos de unidades de acolhimento ("Programa Novos Caminhos")[113], com as medidas de tratamento racional e eficiente para a tramitação de execuções fiscais a partir do Tema 1.184 da Repercussão Geral[114], com o Fórum Nacional do Judiciário para a Assistência e a Previdência Pessoal, "com a atribuição de elaborar estudos e propor medidas concretas e normativas para o aperfeiçoamento de procedimentos, o reforço à efetividade dos processos judiciais e à prevenção de novos conflitos relacionados à previdência e à assistência social"[115], com o Fórum Nacional de Promoção dos Direitos das Pessoas LGBTQIA+, "com a atribuição de elaborar estudos e propor medidas para o aperfeiçoamento das diretrizes e ações de ampliação do acesso ao sistema de justiça por pessoas LGBTQIA+, bem como o efetivo combate a situações

---

Justiça, do Tribunal Superior do Trabalho, dos Tribunais Regionais Federais, dos Tribunais Regionais do Trabalho, dos Tribunais de Justiça estaduais e do Distrito Federal e dos Territórios". A Resolução n. 363/2023 (com as modificações das Portarias n. 175/2024 e 219/2024) designou os membros do Fórum Nacional das Ações Coletivas.

108. Resolução n. 158/2012, com as modificações da Resolução n. 205/2015. É nesse contexto que foram editadas as já mencionadas Resoluções n. 303/2019, que sofreu sucessivas alterações, sendo a mais recente a Resolução n. 482/2022, que trata da gestão dos precatórios e dos procedimentos operacionais no âmbito do Poder Judiciário, e n. 327/2020, que disciplina a requisição de precatórios junto à Fazenda Pública Federal pelos Tribunais de Justiça.
109. Art. 1º da Resolução n. 231/2016. A resolução foi alterada pelas Resoluções n. 266/2018, 326/2020, 355/2020 e 387/2021.
110. Resolução n. 395/2021, com as modificações das Resoluções n. 521/2023 e 580/2024.
111. Resolução n. 453/2022, com as modificações da Resolução n. 489/2023.
112. Resolução n. 490/2023, com as modificações da Resolução n. 504/2023.
113. Resolução n. 543/2024.
114. Resolução n. 547/2024.
115. Resolução n. 570/2024.

fundamento expresso na necessidade da retomada de atividade presencial pelos órgãos jurisdicionais, revogou as Resoluções n. 313, 314, 318, 322, 329, 330 e 357, todas de 2020, mas também porque o exame dos atos normativos subsistentes e de outros a eles correlatos é feito ao longo deste *Curso*.

No âmbito do Código de Processo Civil existem diversas previsões que capturam adequadamente a função institucional do Conselho Nacional da Justiça, colocando-o como órgão gestor e centralizador de informações e/ou práticas administrativas de todo o Poder Judiciário Nacional. Assim, por exemplo, ao reconhecer prioridade para o proferimento de decisões em processos constantes de metas por ele estabelecidas (art. 12, § 2º, VII); estabelecer política de remuneração de peritos (art. 95, § 3º, II), de conciliadores e de mediadores (art. 169, *caput*); estabelecer composição e organização dos centros de conciliação e de mediação a serem concretizadas pelos Tribunais (art. 165, § 1º); fixar conteúdo curricular mínimo para conciliadores e mediadores (art. 167, § 1º); regulamentar a prática eletrônica pelos Tribunais, velando pela compatibilidade de sistemas (art. 196)[121]; criar plataforma de editais (art. 257, II; 741, *caput*; art. 745, *caput*; art. 746, § 2º, e art. 755, § 3º); desenvolver programas de atualização financeira (art. 509, § 3º); instituir normas de segurança para a prática de atos constritivos por meios eletrônicos (art. 837, *caput*); estabelecer diretrizes para a alienação judicial por meio eletrônico (art. 882, § 1º); criar cadastro para divulgação e publicidade dos julgamentos de casos repetitivos (art. 979, *caput*) e promover pesquisas estatísticas para avaliação da "efetividade das normas previstas neste Código" (art. 1.069)[122].

A regulamentação de tais dispositivos a cargo do Conselho Nacional de Justiça, contudo, precisa se ater não só aos limites estabelecidos pelo próprio Código de Processo Civil, mas também – e superiormente – aos parâmetros derivados do modelo constitucional sobre o papel a ele reservado. Assim, nenhuma daquelas normas codificadas pode ser interpretada como se elas estivessem *delegando* funções legislativas àquele Conselho. Trata-se de alternativa que, por extrapolar do modelo constitucional, deve ser aprioristicamente afastada.

É correto concluir, portanto, que a competência derivada do § 4º do art. 103-B da Constituição Federal, na redação que lhe deu a EC n. 103/2019, não permite que quaisquer atos

---

121. É o que dá fundamento à Resolução n. 345/2020, que "dispõe sobre o 'Juízo 100% Digital' e dá outras providências" (alterada pela Resolução n. 378/2021 e pela Resolução n. 481/2022); e à Resolução n. 335/2020, que "institui política pública para a governança e a gestão de processo judicial eletrônico. Integra os tribunais do país com a criação da Plataforma Digital do Poder Judiciário Brasileiro – PDPJ-Br. Mantém o sistema PJe como sistema de Processo Eletrônico prioritário do Conselho Nacional de Justiça"; à Resolução n. 354/2020, que "dispõe sobre o cumprimento digital de ato processual e ordem judicial e dá outras providências"; e à Resolução n. 358/2020 do CNJ, que "regulamenta a criação de soluções tecnológicas para a resolução de conflitos pelo Poder Judiciário por meio da conciliação e mediação" (alterada pela Resolução n. 481/2022).

122. Correlata àquela diretriz é a Resolução n. 333/2020 do CNJ que "determina a inclusão de campo/espaço denominado Estatística na página principal dos sítios eletrônicos dos órgãos do Poder Judiciário indicados nos incisos I-A a IV, VI e VII do art. 92 da Constituição Federal e dá outras providências".

do Conselho Nacional da Justiça Federal possam, independentemente de qualquer previsão legislativa, fazer as vezes de leis processuais ou procedimentais[123].

Ao longo deste *Curso*, sem prejuízo de outras, será feita a devida análise das Resoluções do Conselho Nacional da Justiça que buscam disciplinar alguns dos referidos dispositivos do CPC, sendo suficiente, por ora, sua menção: Resolução n. 232/2016, que "fixa os valores dos honorários a serem pagos aos peritos, no âmbito da Justiça de primeiro e segundo graus, nos termos do disposto no art. 95, § 3º, II, do Código de Processo Civil – Lei n. 13.105/2015", alterada pela Resolução n. 326/2020; Resolução n. 233/2016, alterada pela Resolução n. 475/2022, que "dispõe sobre a criação de cadastro de profissionais e órgãos técnicos ou científicos no âmbito da Justiça de primeiro e segundo graus"; Resolução n. 234/2016, que "institui o Diário de Justiça Eletrônico Nacional (DJEN), a Plataforma de Comunicações Processuais (Domicílio Eletrônico) e a Plataforma de Editais do Poder Judiciário, para os efeitos da Lei 13.105, de 16 de março de 2015 e dá outras providências", com a alteração da Resolução n. 399/2021, posteriormente revogada (e substituída) pela Resolução n. 455/2022, que "Institui o Portal de Serviços do Poder Judiciário (PSPJ), na Plataforma Digital do Poder Judiciário (PDPJ-Br), para usuários externos", que, por sua vez, foi alterada pela Resolução n. 569/2024, que passou a disciplinar a utilização do Domicílio Judicial Eletrônico e do Diário de Justiça Eletrônico Nacional (DJEN); Resolução n. 235/2016, que "dispõe sobre a padronização de procedimentos administrativos decorrentes de julgamentos de repercussão geral, de casos repetitivos e de incidente de assunção de competência previstos na Lei 13.105, de 16 de março de 2015 (Código de Processo Civil), no Superior Tribunal de Justiça, no Tribunal Superior Eleitoral, no Tribunal Superior do Trabalho, no Superior Tribunal Militar, nos Tribunais Regionais Federais, nos Tribunais Regionais do Trabalho e nos Tribunais de Justiça dos Estados e do Distrito Federal, e dá outras providências", modificada pela Resolução n. 286/2019 e pela Resolução n. 444/2022[124]; Resolução n. 236/2016, que "regulamenta, no âmbito do Poder Judiciário, procedimentos relativos à alienação judicial por meio eletrônico, na forma preconizada pelo art. 882, § 1º, do novo Código de Processo Civil", e Resolução n. 244/2016, que "dispõe sobre a regulamentação do expediente forense no período natalino e da suspensão dos prazos processuais, e dá outras providências".

Independentemente de tais dispositivos do CPC e das iniciativas já indicadas, há uma série de outras Resoluções e de outros atos normativos do CNJ (inclusive "Recomendações") que merecem a atenção deste *Curso*. Para fins didáticos, tais atos são destacados e analisados

---

[123]. Há um tão importante quanto interessante texto escrito por Henrique Ávila e José Magalhães Neto sobre o assunto, intitulado: *Novo Código de Processo Civil e o papel regulamentador do Conselho Nacional de Justiça*, esp. p. 16-20. Também Fredie Didier Jr. e Leandro Fernandez se voltaram ao assunto em trabalho intitulado *O Conselho Nacional de Justiça e o direito processual: administração judiciária, boas práticas e competência normativa*.

[124]. Também se relaciona ao tema a Resolução n. 349/2020, modificada pelas Resoluções n. 374/2021 e 442/2021, que "dispõe sobre a criação do Centro de Inteligência do Poder Judiciário e dá outras providências".

ao longo da obra nos seus devidos contextos, buscando harmonizá-los – e nem poderia ser diferente – com os parâmetros constitucionais que delineiam a competência daquele órgão e fazendo o devido alerta quando isso não se mostrar viável.

3.7 Justiça Federal

A Justiça Federal, no Brasil, foi criada logo após a proclamação da República, por força do art. 1º do Decreto n. 848, de 11 de outubro de 1890. A iniciativa passou a ter sede constitucional no art. 55 da Constituição de 1891, a primeira Constituição republicana, que se referia ao "Poder Judiciário da União" composto por "um Supremo Tribunal Federal, com sede na Capital da República, e tantos Juízes e Tribunais Federais, distribuídos pelo país, quantos o Congresso criar".

Ela se volta, basicamente, a processar e julgar conflitos envolvendo pessoas jurídicas de direito público federal (critério *pessoal* da fixação da competência) e determinados assuntos que, por razões que se puseram e que se põem, ao longo do tempo, ao constituinte, originário ou reformador, pela sua importância ou magnitude, preferiu-se estarem afeitos à Justiça Federal. É o que a doutrina usualmente denomina critério *material* da fixação da competência.

A Justiça Federal deve ser entendida como organismo judiciário mantido pelos cofres da União Federal. Seus magistrados e servidores são todos, nessa perspectiva, funcionários públicos federais. Mas nem toda Justiça Federal entendida nesses termos diz respeito ao estudo do direito processual civil. Também a "Justiça do Trabalho" (arts. 111 a 116 da CF) é federal, assim como o são a Justiça Eleitoral e a Justiça Militar, previstas nos arts. 118 a 121 e 122 a 124 da Constituição Federal, respectivamente. Com relação à Justiça Militar, importante ressalvar que os Estados podem criá-la nos termos dos §§ 3º a 5º do art. 125 e, nesse caso, serão, pelo critério aqui exposto, "justiças *estaduais*".

A parcela da Justiça Federal que diz respeito a este *Curso* é aquela prevista nos arts. 106 a 109 da Constituição Federal, objeto de exame dos números seguintes.

3.7.1 Tribunais Regionais Federais

De acordo com o art. 106 da Constituição Federal, são órgãos da Justiça Federal os Tribunais Regionais Federais e os Juízes Federais.

A composição dos Tribunais Regionais Federais é definida de acordo com o art. 107 da Constituição Federal, na redação dada pela EC n. 122/2022. Eles "compõem se de, no mínimo, sete juízes, recrutados, quando possível, na respectiva região e nomeados pelo Presidente da República dentre brasileiros com mais de trinta e menos de setenta anos de idade, sendo: I – um quinto dentre advogados com mais de dez anos de efetiva atividade profissional e membros do Ministério Público Federal com mais de dez anos de carreira; II – os demais, mediante promoção de juízes federais com mais de cinco anos de exercício, por antiguidade e merecimento, alternadamente". A composição dos Tribunais Regionais Federais obedece ao disposto no art. 94 da Constituição Federal quanto ao "quinto constitucional".

São cinco os Tribunais Regionais Federais, criados pelo art. 92, III, e pelo § 6º do art. 27 do Ato das Disposições Constitucionais Transitórias da Constituição de 1988, cada um exercendo jurisdição em uma determinada *região*, nos termos do que foi estabelecido na Resolução n. 1, de 6 de outubro de 1988, do extinto Tribunal Federal de Recursos[125]. A Emenda Constitucional n. 73, de 6 de junho de 2013, chegou a ampliar o número de Tribunais Regionais Federais para *nove* ao acrescentar um novo § 11 do referido art. 27 do ADCT, redefinindo as regiões preexistentes[126]. A Lei n. 14.226/2021, de discutível constitucionalidade *formal*, já que a criação dos cinco Tribunais Regionais Federais originais se deu pelo art. 27, § 6º, do ADCT da CF de 1988, em consonância com a previsão do art. 92, III, da CF, criou um novo Tribunal Regional Federal, da 6ª Região, com sede em Belo Horizonte e jurisdição no Estado de Minas Gerais, instalado em 2022.

"Região", para os fins presentes, quer significar a área do território brasileiro onde o Tribunal exerce sua *jurisdição*. Enquanto os Tribunais Superiores a exercem em todo o território nacional (art. 92, § 2º, da CF), a Justiça Federal foi dividida em seis *regiões*, isto é, em seis porções do território brasileiro alcançadas pela atuação de cada um dos seis Tribunais Regionais Federais.

A 1ª Região compreende o Distrito Federal e os Estados do Acre, do Amazonas, de Rondônia, de Roraima, do Pará, de Mato Grosso, do Amapá, do Maranhão, do Piauí, de Tocantins e da Bahia. O Tribunal Regional Federal da 1ª Região tem sede em Brasília.

A 2ª Região compreende os Estados do Rio de Janeiro e do Espírito Santo. Sua sede localiza-se na cidade do Rio de Janeiro.

A 3ª Região compreende os Estados de São Paulo e de Mato Grosso do Sul. Sua sede encontra-se na cidade de São Paulo.

A 4ª Região compreende os Estados do Rio Grande do Sul, de Santa Catarina e do Paraná. Sua sede está em Porto Alegre.

A 5ª Região compreende os Estados de Pernambuco, do Ceará, do Rio Grande do Norte, da Paraíba, de Alagoas e de Sergipe. Sua sede está localizada em Recife.

A 6ª Região, por fim, compreende o Estado de Minas Gerais. Sua sede está localizada em Belo Horizonte.

---

[125]. A respeito, ver o art. 1º da Lei n. 7.727, de 9 de janeiro de 1989, que dispõe sobre a composição inicial dos Tribunais Regionais Federais e sua instalação e cria os respectivos quadros de pessoal, editada para concretizar o comando do § 1º do art. 107 da Constituição Federal. O número atual de desembargadores federais naqueles Tribunais é o estabelecido pela Lei n. 14.253/2021.

[126]. A referida EC foi objeto da ADI 5.017/DF, que teve cautelar deferida para sustar seus efeitos pelo então Min. Joaquim Barbosa. Sob a relatoria do Min. Luiz Fux, aguarda-se o julgamento de seu mérito.

O § 1º do art. 107 dispõe sobre a jurisdição e a sede dos cinco Tribunais Federais originais, bem assim sobre a permuta de juízes entre as diversas Regiões. Foi o art. 27, § 6º, do Ato das Disposições Constitucionais Transitórias que criou os primeiros cinco Tribunais Regionais Federais. Sua "jurisdição" foi outorgada, nos termos daquele dispositivo constitucional, por ato do extinto Tribunal Federal de Recursos. O 6º Tribunal Regional Federal só foi criado pela Lei n. 14.226/2021, mencionada anteriormente.

Os Tribunais Regionais Federais são inovação da Constituição de 1988. Antes dela, a segunda instância da Justiça Federal era exercida por um único Tribunal, o Tribunal Federal de Recursos, que tinha sede em Brasília, embora a Constituição Federal de 1967, na redação da Emenda Constitucional n. 1/69, em seu art. 121, § 1º, tenha chegado a prever a criação, por lei complementar, de outros dois Tribunais Federais de Recursos com sede em São Paulo e em Pernambuco, nunca instalados efetivamente, até porque aquele dispositivo acabou sendo revogado pela Emenda Constitucional n. 7/77. Não é equivocado o entendimento de que cada um dos atuais cinco Tribunais Regionais Federais, criados originariamente pela Constituição de 1988, deriva daquele antigo Tribunal e representa, a bem da verdade, a corporificação da repartição da competência exercida por aquele órgão nas atuais cinco regiões desde então criadas, a exemplo do que o Superior Tribunal de Justiça, se analisado dessa mesma perspectiva, surge como verdadeiro desdobramento de parcelas de competência anteriormente exercitadas pelo Supremo Tribunal Federal até o advento da nova ordem constitucional de 1988.

De acordo com o § 2º do art. 107 da Constituição Federal, "Os Tribunais Regionais Federais instalarão a justiça itinerante, com a realização de audiências e demais funções da atividade jurisdicional, nos limites territoriais da respectiva jurisdição, servindo-se de equipamentos públicos e comunitários". Da mesma forma, em busca de maior racionalização e eficiência na atuação jurisdicional – forte, portanto, na diretriz do inciso LXXVIII do art. 5º da Constituição Federal –, o § 3º do mesmo art. 107 dispõe que: "Os Tribunais Regionais Federais poderão funcionar descentralizadamente, constituindo Câmaras regionais, a fim de assegurar o pleno acesso do jurisdicionado à justiça em todas as fases do processo". Ambos os dispositivos foram introduzidos pela Emenda Constitucional n. 45/2004.

A competência dos Tribunais Regionais Federais é definida pelo art. 108 da Constituição Federal. Segundo o dispositivo, a competência *originária* daqueles Tribunais, que diz respeito ao direito processual civil, é a seguinte: (*a*) julgar as "ações rescisórias" de julgados seus ou dos juízes federais da respectiva Região[127]; (*b*) os mandados de segurança e os *habeas data* contra ato do próprio Tribunal ou de juiz federal da respectiva Região; e (*c*) os conflitos de competência entre juízes federais vinculados ao mesmo Tribunal Regional Federal, mesmo quando se

---

[127]. No Tema 775 da Repercussão Geral, o STF fixou a seguinte tese, levando em conta também o disposto no § 3º do art. 109 da CF: "Compete ao Tribunal Regional Federal processar ação rescisória proposta pela União com o objetivo de desconstituir sentença transitada em julgado proferida por juiz estadual, quando afeta interesses de órgão federal".

tratar de conflito entre o Juizado Especial Federal e a Justiça Federal de primeira instância[128]. Se a hipótese for de conflito de competência entre juízes vinculados a Tribunais Regionais Federais de diferentes Regiões, ou mesmo entre juízes estaduais e federais da primeira instância, seu julgamento compete ao Superior Tribunal de Justiça (art. 105, I, *d*, da CF).

A competência *recursal* dos Tribunais Regionais Federais é prevista amplamente no art. 108, II, da Constituição Federal. Cabe àqueles Tribunais revisar, em grau de recurso, "as causas decididas pelos juízes federais e pelos juízes estaduais no exercício da competência federal da área de sua jurisdição".

3.7.2 Juízes federais

A expressão "juízes federais", empregada pelo inciso II do art. 106 da Constituição Federal, quer significar a "Justiça Federal comum" de primeira instância, isto é, aqueles órgãos jurisdicionais que não têm competência para matéria trabalhista, eleitoral ou militar, mas, diferentemente, para apreciar e julgar causas que envolvam matéria cível e penal, a "jurisdição comum", para fazer uso da dicotomia proposta pelo n. 2.3.2 do Capítulo 4.

O art. 109 da Constituição Federal define a competência da Justiça Federal de primeira instância, isto é, indica as matérias que os juízes federais, os magistrados que formam a primeira instância da Justiça Federal, julgam.

Para o que importa ao desenvolvimento deste *Curso*, é suficiente a indicação das matérias que dizem respeito ao direito processual civil. Os casos são os seguintes: (*a*) as causas em que a União, entidade autárquica ou empresa pública federal forem interessadas na condição de autoras, rés, assistentes ou oponentes, exceto as de falência[129], as de acidentes de trabalho e as sujeitas à Justiça Eleitoral e à Justiça do Trabalho; (*b*) as causas entre Estado estrangeiro ou organismo internacional e município ou pessoa domiciliada ou residente no País; (*c*) as causas fundadas em tratado ou contrato da União com Estado estrangeiro ou organismo internacional; (*d*) as causas relativas a direitos humanos, observando-se, no caso, o "incidente de deslocamento de competência" a ser apreciado pelo Superior Tribunal de Justiça[130], a

---

128. Assim decidiu o Pleno do STF no RE 590.409/RJ, rel. Min. Ricardo Lewandowski, j.un. 26-8-2009, *DJe* 14-9-2009. Ver, também, a Súmula 428 do STJ, que substitui a de número 348 daquele mesmo Tribunal, em sentido contrário.
129. Na ADI 6.514/CE, rel. Min. Cármen Lúcia, e no Tema 859 da Repercussão Geral do STF prevaleceu o entendimento de que também os processos relacionados à insolvência civil estão compreendidos na exceção do art. 109, I, da CF. Eis a tese então fixada: "A insolvência civil está entre as exceções da parte final do art. 109, I, da Constituição da República, para fins de definição da competência da Justiça Federal". O STJ entende que também se amoldam àquela exceção constitucional os casos de superendividamento disciplinados pelos arts. 104-A a 104-C da Lei n. 8.078/1990 (Código do Consumidor), ainda que, do processo participe ente federal. É o que se decidiu, por exemplo, nos seguintes casos da 2ª Seção: CC 192.140/DF, rel. Min. João Otávio de Noronha, j.un. 10-5-2023, *DJe* 16-5-2023, e CC 193.066/DF, rel. Min. Marco Buzzi, j.un. 22-3-2023, *DJe* 31-3-2023.
130. O entendimento, no STJ, é de que as exigências feitas pelo § 5º do art. 109 da CF são cumulativas entre si. Assim, v.g.: 3ª Seção, IDC 32/AM, rel. Min. Reynaldo Soares da Fonseca, j.un. 28-8-2024, *DJe* 3-9-2024; e 3ª Seção, IDC 22/RO, rel. Min. Messod Azulay Neto, j.un. 23-8-2023, *DJe* 25-8-2023.

que faz referência o § 5º do art. 109 da Constituição Federal[131]; (*e*) os mandados de segurança e os *habeas data* contra ato de autoridade federal, excetuados os casos de competência dos tribunais federais; (*f*) a execução de carta rogatória, após o *exequatur*, e de sentença estrangeira após a homologação, as causas referentes à nacionalidade, inclusive a respectiva opção, e à naturalização, e (*g*) a disputa sobre direitos indígenas.

O § 1º do art. 109 da Constituição Federal, voltado, mais especificamente, à *competência* da justiça federal, autoriza que "as causas em que a União for autora serão aforadas na seção judiciária onde tiver domicílio a outra parte". O § 2º daquele artigo, por sua vez, autoriza que "as causas intentadas contra a União poderão ser aforadas na seção judiciária em que for domiciliado o autor, naquela onde houver ocorrido o ato ou fato que deu origem à demanda ou onde esteja situada a coisa, ou ainda, no Distrito Federal". Ambos os dispositivos bem realizam o princípio do acesso à Justiça, na medida em que criam condições mais adequadas de se litigar contra a União Federal, dando-se preferência à sede da Justiça Federal mais próxima ao domicílio do particular[132].

De acordo com o § 3º do art. 109 da Constituição Federal, na redação que lhe deu a EC n. 103/2019, "Lei poderá autorizar que as causas de competência da Justiça Federal em que forem parte instituição de previdência social e segurado possam ser processadas e julgadas na justiça estadual quando a comarca do domicílio do segurado não for sede de vara federal"[133]. A disposição é muito mais restritiva que a anterior, que permitia que a lei estabelecesse *outras hipóteses*, para além dos conflitos envolvendo segurados e INSS, para que a Justiça Estadual processasse, julgasse e cumprisse causas que eram, originalmente, de competência da Justiça Federal. Quando a lei estabelecer tal autorização – e o único caso que sobrevive no ordenamento nacional é o regulamentado pelo art. 15, III, da Lei n. 5.010/1966, na redação que lhe deu a Lei n. 13.876/2019 – os recursos serão sempre dirigidos ao Tribunal Regional Federal que compreender a comarca da Justiça Estadual competente e não ao Tribunal de Justiça dos Estados (art. 109, § 4º, da CF)[134].

---

[131]. O dispositivo teve sua constitucionalidade reconhecida pelo STF no julgamento das ADI 3.468 e 3.493, rel. Min. Dias Toffoli, ajuizadas, respectivamente pela Associação dos Magistrados Brasileiros (AMB) e pela Associação Nacional dos Magistrados Estaduais (Anamages).

[132]. Máxime diante do correto entendimento do STF acerca da aplicação da regra do § 2º do art. 109 da CF às autarquias federais. É o que decidiu o Pleno daquele Tribunal no RE 627.709/DF, rel. Min. Ricardo Lewandowski, j.m.v. 20-8-2014, *DJe* 30-10-2014.

[133]. A observância daquela condição foi enfatizada pelo STF em sede de Repercussão Geral (Tema 820), distinguindo a noção de *comarca* da de *município*, onde foi fixada a seguinte tese: "A competência prevista no § 3º do artigo 109 da Constituição Federal, da Justiça comum, pressupõe inexistência de Vara Federal na Comarca do domicílio do segurado".

[134]. No julgamento do IAC no CC 170.051/RS (Tema IAC 6), a 1ª Seção do STJ, rel. Min. Mauro Campbell Marques, j.un. 21-10-2021, *DJe* 4-11-2021, entendeu que as alterações promovidas pela referida lei devem ser aplicadas apenas aos processos ajuizados a partir de 1º de janeiro de 2020. Para os processos anteriores, ainda que em cumprimento de sentença, devem ser observadas as regras (constitucional e legal) anteriores. Foi fixada, a propósito, a seguinte tese: "Os efeitos da Lei n. 13.876/2019 na modificação de competência para o processamento e julgamento dos processos que tramitam na Justiça Estadual no exercício da competência federal delegada

De acordo com o art. 110 da Constituição Federal, cada um dos Estados-membros, assim como o Distrito Federal, corresponde a uma seção judiciária, que tem como sede a respectiva Capital. Seção judiciária é o território no qual os juízes federais exercem a sua jurisdição, noção que vem acolhida expressamente no art. 11, *caput*, da Lei n. 5.010/66, que ainda hoje organiza a Justiça Federal de primeira instância. De acordo com leis específicas, podem ser instaladas varas federais em outras localidades, isto é, ser criadas "subseções judiciárias". É o que vem ocorrendo em larga escala, em um movimento que, por vezes, é chamado de "interiorização da Justiça Federal". A iniciativa está amplamente afinada com os princípios constitucionais de direito processual civil, em especial os incisos XXXV e LXXVIII do art. 5º da Constituição Federal e é justificativa bastante para a redação dada ao § 3º do art. 109 pela EC n. 103/2019, que limita a viabilidade de delegação *legal* da competência da Justiça Federal à Justiça Estadual para os processos envolvendo segurados e instituição de previdência social, máxime quando compreendida levando em consideração a irreversível tendência de informatização do processo. A competência para tanto é do Conselho da Justiça Federal (art. 5º, I, *a*, da Lei n. 11.798/2008). No plano das justiças dos Estados, "subseção judiciária" equivale a "comarca".

Embora não haja, no Brasil atual, territórios, o parágrafo único do art. 110 dispõe que: "Nos Territórios Federais, a jurisdição e as atribuições cometidas aos juízes federais caberão aos juízes da justiça local, na forma da lei".

3.8 Tribunais de Justiça e juízes dos Estados e do Distrito Federal

A Constituição Federal também traça o modelo básico a ser observado pelas justiças dos Estados e do Distrito Federal. De acordo com o art. 125, *caput*, a organização das justiças estaduais e do Distrito Federal observará os "princípios estabelecidos nesta Constituição", levando em conta também as expressas diretrizes constantes dos seus parágrafos.

Com relação ao Poder Judiciário do Distrito Federal (e dos Territórios), é importante destacar que ele é organizado e mantido pela União Federal (art. 21, XIII, da CF) e, nesse sentido, trata-se de uma justiça *organicamente federal*, embora *materialmente estadual*. Também é a União Federal que legisla privativamente sobre a organização judiciária do Distrito Federal (e dos Territórios), nos termos do art. 22, XVII, da Constituição Federal. É a Lei n. 11.697, de 13 de junho de 2008, que "dispõe sobre a organização judiciária do Distrito Federal e dos Territórios".

---

insculpido no art. 109, § 3º, da Constituição Federal, após as alterações promovidas pela Emenda Constitucional 103, de 12 de novembro de 2019, aplicar-se-ão aos feitos ajuizados após 1º de janeiro de 2020. As ações, em fase de conhecimento ou de execução, ajuizadas anteriormente a essa data, continuarão a ser processadas e julgadas no juízo estadual, nos termos em que previsto pelo § 3º do art. 109 da Constituição Federal, pelo inciso III do art. 15 da Lei n. 5.010, de 30 de maio de 1965, em sua redação original". O STJ voltou ao assunto no Tema IAC 15, quando fixou a seguinte tese: "O art. 109, § 3º, da CF/88, com redação dada pela EC n. 103/2019, não promoveu a revogação (não recepção) da regra transitória prevista no art. 75 da Lei n. 13.043/2014, razão pela qual devem permanecer na Justiça Estadual as execuções fiscais ajuizadas antes da vigência da lei referida".

A competência dos Tribunais de Justiça dos Estados é definida nas respectivas Constituições e, no caso específico do Distrito Federal, na Lei n. 11.697/2008, editada com fundamento de validade no art. 22, XVII, da CF, vedada a delegação para sua fixação por lei[135], sempre observando os princípios, inclusive o da simetria, decorrentes da Constituição Federal[136]. A lei de organização judiciária é de iniciativa do Tribunal de Justiça (art. 125, § 1º, da CF). Cabe aos Estados a instituição de representação de inconstitucionalidade de leis ou atos normativos estaduais ou municipais em face da Constituição Estadual, vedada a atribuição da legitimação para agir a um único órgão (art. 125, § 2º, da CF). Também a organização dos Tribunais de Justiça é dada pelas respectivas Constituições estaduais.

Os Tribunais de Justiça poderão funcionar descentralizadamente, constituindo Câmaras regionais, a fim de assegurar o pleno acesso do jurisdicionado à justiça em todas as fases do processo (art. 125, § 6º, da CF). A possibilidade encontra um exemplo *similar* no âmbito da Justiça do Trabalho, considerando que o Tribunal Regional Federal da 15ª Região – os Tribunais Regionais do Trabalho são os órgãos que desempenham as funções da segunda instância em matéria trabalhista, a exemplo do que se dá no âmbito da Justiça Federal com os Tribunais Regionais Federais – localiza-se em Campinas, cidade do interior do Estado de São Paulo, o único entre os todos os demais Tribunais Regionais do Trabalho existentes no Brasil não localizado em uma capital. A justificativa que levou, no ano de 1986, à instalação do TRT em Campinas representa suficientemente bem o intuito do dispositivo em comento. Tanto assim que o § 2º ao art. 115 da Constituição Federal, também incluído pela Emenda Constitucional n. 45/2004, repete, para a Justiça do Trabalho, a diretriz do precitado art. 125, § 6º.

O art. 4º da EC n. 45/2004, contudo, vedou que os Estados mantivessem os seus Tribunais de Alçada, cuja criação havia sido autorizada pelo art. 124, II, da Constituição Federal de 1946. Os Tribunais de Alçada eram órgãos jurisdicionais que, ao lado dos Tribunais de Justiça, desempenhavam a função jurisdicional de "segunda instância". Não havia hierarquia *jurisdicional* entre aqueles Tribunais, apenas hierarquia *administrativa*, de carreira dos magistrados. O que os distinguia era a *matéria* julgada por um e por outro. Mercê do advento da Emenda Constitucional n. 45/2004, os Tribunais de Alçada, que ainda existiam nos Estados de São Paulo, do Paraná e de Minas Gerais, foram incorporados pelos respectivos Tribunais de Justiça.

Os Tribunais de Justiça também poderão instalar "justiça itinerante", com a realização de audiências e demais funções da atividade jurisdicional, nos limites territoriais da respectiva jurisdição, servindo-se de equipamentos públicos e comunitários (art. 125, § 7º, da CF).

---

135. Nesse sentido: STF, Pleno, HC 103.803/RO, rel. Min. Teori Zavascki, j.un. 1º-7-2014, *DJe* 6-10-2014; e STF, Pleno, ADI 3.140/CE, rel. Min. Cármen Lúcia, j.un. 10-5-2007, *DJ* 29-6-2007, p. 21.
136. Assim: STF, Pleno, ADI 541/PB, rel. p/ acórdão Min. Gilmar Mendes, j.m.v. 10-5-2007, *DJ* 6-9-2007, p. 35, e STF, Pleno, ADI 2.553/MA, rel. p/ acórdão Min. Alexandre de Moraes, j.m.v. 15-5-2019. Mais recentemente, nesse sentido, também a medida cautelar concedida na ADI 7.496, rel. Min. Dias Toffoli, j.un. 24-6-2024, *DJe* 4-7-2024.

Os dois dispositivos destacados nos parágrafos anteriores, incluídos pela Emenda Constitucional n. 45/2004, estão intimamente relacionados à criação de condições de maior acesso à justiça e maior eficiência da atuação jurisdicional, nos termos do art. 5º, XXXV e LXXVIII, da Constituição Federal.

O art. 126 da Constituição Federal, em complementação, e preocupado com uma das mais tormentosas questões brasileiras, permite que os Tribunais de Justiça dos Estados proponham a criação de varas especializadas com competência exclusiva para questões agrárias, processando e julgando conflitos fundiários[137]. O parágrafo único do dispositivo, visando a uma maior eficiência na prestação jurisdicional e a uma maior proximidade do juiz aos *fatos*, dispõe que "Sempre que necessário à eficiente prestação jurisdicional, o juiz far-se-á presente no local do litígio". É regra específica em relação à genérica contida no art. 93, VII, da Constituição Federal, dirigida aos juízes titulares.

A justiça estadual e distrital de primeira instância é estruturada de acordo com os princípios da Constituição Federal (art. 125, *caput*). O enfrentamento dessa estrutura, contudo, dá ensejo a questões relacionadas ao tema da *competência*, razão pela qual, para o momento presente, sua exposição é desnecessária. Este *Curso* volta-se ao tema no n. 6 do Capítulo 2 da Parte II.

4. FUNÇÕES ESSENCIAIS À JUSTIÇA

O terceiro grupo do modelo constitucional do direito processual civil indicado no n. 1, *supra*, corresponde ao que a Constituição Federal denominou, de modo tímido, de "funções essenciais à Justiça".

De modo tímido porque a Constituição Federal, no Capítulo IV do Título IV ("Da organização dos Poderes"), ao tratar das "funções essenciais à Justiça", faz referência ao Ministério Público, à Advocacia Pública e Privada e à Defensoria Pública, deixando de lado a Magistratura. Certo que o Capítulo III do mesmo Título (arts. 92 a 126), ao tratar do Poder Judiciário, já havia se ocupado suficientemente da Magistratura e do magistrado, seu exercente. Parece ser mais correto, contudo, que aquela temática seja tratada fora da organização judiciária, para dar o devido destaque à Magistratura e aos magistrados, que são seus integrantes, como funções essenciais à administração da justiça ao lado das demais.

Entender a Magistratura fora desse mesmo contexto normativo, não obstante a *numeração* dos dispositivos constitucionais referidos, é apequená-la, é tratá-la como se ela fosse apenas e tão somente a composição humana do todo orgânico, que é o Poder Judiciário. Ela, a exemplo das demais funções essenciais à Justiça, é bem mais do que isso.

---

[137] Para o assunto, v. o quanto decidido pelo Pleno do STF no MS 30.547/DF, j.un. 18-10-2019, *DJe* 7-2-2020, rel. Min. Cármen Lúcia, em que prevaleceu o entendimento de que as referidas varas especializadas não precisam ser criadas no foro da situação do imóvel. Também versando sobre o assunto é a ADI 3.433/PA, rel. Min. Dias Toffoli.

É interessante destacar, ainda em caráter introdutório, que as funções essenciais à Justiça (Magistratura, Ministério Público, Advocacia e Defensoria Pública) devem ser entendidas como formas de exercício do próprio poder político, ao lado dos "três Poderes" (Executivo, Legislativo e Judiciário) em corajosa iniciativa da Constituição Federal de 1988, em rica harmonia com o modelo de Estado que ela reconheceu ao Estado brasileiro.

A criação dessas *instituições*, o estabelecimento de garantias para elas e para seus membros e a definição de conteúdos programáticos mínimos desde a Constituição Federal são iniciativas que devem ser compreendidas no sentido de que a proposta da Constituição Federal foi a de conscientemente *abrir* para outros organismos do Estado e de fora dele a ampla *participação* na busca dos desígnios do próprio Estado brasileiro (art. 1º da CF). Trata-se de forma expressa de *legitimação* das formas de atuação do próprio Estado e da sociedade civil e por isso mesmo da busca de "Justiça" em sentido amplo.

Bem significativo, portanto, referir-se, a Constituição Federal, no Capítulo IV do Título IV – justamente após os três Capítulos destinados a disciplinar cada um dos "Poderes" –, à "*Justiça*" e não à "Jurisdição". É que, para todos os fins, embora eles sejam estranhos ao desenvolvimento deste *Curso*, a atuação das funções essenciais à Justiça – aí compreendida a Magistratura, vale repetir – não se esgota na atuação *jurisdicional* do Estado, indo, muito além disso, em direção à atuação do próprio Estado.

Outra consideração que deve ser feita à guisa de introdução é a de que não constituem segredo as críticas que, de norte a sul, leste a oeste do Brasil, vêm sendo feitas, pelos mais variados segmentos da sociedade civil e pelo próprio Estado, acerca da formação do bacharel em Direito. São esses bacharéis que exercerão, a tempo e modo oportunos, as "funções essenciais à Justiça". Pela relevância que tais funções ocupam no contexto aqui enunciado é que se deve colocar em destaque, mais ainda a partir de uma visão *institucional* da questão, o fundamental papel a ser desempenhado pelas Escolas Superiores das Magistraturas, dos Ministérios Públicos, das Advocacias (Públicas e Privadas) e das Defensorias Públicas em prol de melhor qualificação e atualização, isto é, dos componentes de cada uma daquelas instituições.

Tal postura, de resto, veio a se institucionalizar desde a Constituição Federal, como evidencia o inciso I ao parágrafo único do art. 105, incluído pela Emenda Constitucional n. 45/2004, que cria a "Escola Nacional de Formação e Aperfeiçoamento de Magistrados", cabendo-lhe, dentre outras funções, regulamentar os cursos oficiais não só para o *ingresso*, mas também para a *promoção* na carreira (ver, em especial, o art. 93, II, *c*, e IV da CF). Tal iniciativa, posto não ser novidade no direito brasileiro, porque eram diversos os Estados onde já existiam as "Escolas da Magistratura", ativíssimas, como também as "Escolas do Ministério Público", as "Escolas da Advocacia" e das "Defensorias Públicas", deve ser aplaudida e incentivada para tornar-se real e ser aprimorada, em todos os níveis federados e em relação a todas as atividades aqui examinadas.

É importante que se tenha consciência de que, quando o assunto diz respeito às funções essenciais à Justiça, o resultado palpável de seu fortalecimento não reside nelas próprias. Estas, as "funções essenciais à Justiça", são instrumentais com relação aos desígnios do próprio Estado Constitucional. É este, não aquele, o fortalecimento das instituições por si e em si próprias, o desafio que se põe para a questão, quando analisada, como aqui se propõe, desde o plano constitucional.

4.1 Magistratura

A Magistratura deve ser entendida no contexto prenunciado pelo número anterior como a *instituição* formada pelos magistrados e que, como toda instituição, não se confunde com os próprios membros.

Por tal razão é que se faz tão relevante o estudo dos diversos órgãos de caráter não jurisdicional que se relacionam intimamente à Magistratura e que criam condições de seu melhor aperfeiçoamento e de seus membros individualmente considerados.

É nesse contexto amplo, por exemplo, que devem ser recebidos com bons olhos o Conselho Nacional de Justiça e a Escola Nacional de Formação e Aperfeiçoamento de Magistrados, ambos criados pela Emenda Constitucional n. 45/2004.

A Escola Nacional de Formação e Aperfeiçoamento de Magistrados destina-se a implementar condições ótimas de manter atualizados os magistrados para desempenho de suas funções jurisdicionais e, até mesmo, suas funções não jurisdicionais e tipicamente administrativas junto aos locais em que exercem sua atividade. É providência salutar, de resto, que incentiva o melhor aparelhamento das Escolas de Magistratura já existentes e, com isso, o melhor preparo dos próprios magistrados.

Compreender a Magistratura nesse contexto mais amplo não é reduzi-la a uma "categoria profissional" ou a um "órgão de classe". A uma, porque tal compreensão não é desarrazoada nem supérflua, muito pelo contrário. Não é de hoje que as funções exercidas pelas Associações de Magistrados em todo o território brasileiro vêm recebendo amplo destaque e aplausos da sociedade civil. A duas, e justamente pelo que acabou de ser colocado em destaque, a compreensão da Magistratura como instituição é ir além do que já existe, criando condições para que os magistrados, como um todo, ganhem voz como *instituição*, ao lado das demais funções essenciais à administração da Justiça. Trata-se, em última análise, de ressaltar o que o n. 2.4 do Capítulo 2 trata como direitos fundamentais *institucionais*.

4.1.1 O magistrado

O magistrado é a pessoa física que compõe a Magistratura, entendida a instituição nos termos propostos pelo número anterior. Em termos mais coloquiais, é o juiz que recebe, pela própria Constituição Federal, nomes diversos, a depender do Tribunal onde exerce a sua função. De acordo com a Constituição, são *juízes*, no sentido técnico da palavra, os magistrados da primeira instância: os "juízes de direito" na "Justiça Estadual" e os "juízes federais" na "Justiça Federal". Na segunda instância, isto é, no âmbito dos Tribunais de Justiça e dos

Tribunais Regionais Federais, os magistrados recebem os nomes de "Desembargadores". No Supremo Tribunal Federal e no Superior Tribunal de Justiça, os magistrados que os compõem recebem o nome de "Ministros".

Para escorreito desempenho da Magistratura, em toda sua plenitude, a Constituição Federal, consagrando conquistas históricas do Estado Constitucional, reconhece, nos três incisos do art. 95 da Constituição Federal, as seguintes *prerrogativas* aos magistrados: a "vitaliciedade", a "inamovibilidade" e a "irredutibilidade de subsídio".

A "vitaliciedade" deve ser entendida como a impossibilidade de o cargo de magistrado ser perdido, a não ser nos casos expressamente admitidos pela Constituição Federal e, mesmo assim, depois da falta cometida pelo magistrado ser apurada em *processo* administrativo ou, se for o caso, jurisdicional, garantida, sempre, a ampla defesa. É por isso que o inciso I do art. 95 refere-se a que a perda da vitaliciedade depende, "nos demais casos, de sentença judicial transitada em julgado". Nos casos dos magistrados recém-ingressos na carreira, que se dá pela "primeira instância", a "vitaliciedade" depende, para ser adquirida, de dois anos de exercício, dependendo a perda do cargo, nesse período, de deliberação do tribunal a que o juiz estiver vinculado.

A "inamovibilidade" é significativa da impossibilidade de o magistrado ser retirado do local onde exerce sua jurisdição, salvo se ele requerer ou concordar, ressalvados os casos de interesse público, na forma do art. 93, VIII, da Constituição Federal, na redação que lhe deu a EC n. 103/2019 ou também nos casos de permuta nos termos dos incisos VIII-A e VIII-B do art. 93 da CF, ambos incluídos pela EC n. 130/2023.

A "irredutibilidade de subsídio", por sua vez, deve ser entendida como a inviabilidade de os valores recebidos pelos magistrados a título de contraprestação por seus serviços (o equivalente a "salário" nas relações de emprego regidas pela Consolidação das Leis do Trabalho) serem reduzidos fora dos casos estabelecidos pela própria Constituição Federal, com a ressalva do disposto nos arts. 37, X e XI; 39, § 4º; 150, II; 153, III, e § 2º, I, todos da Constituição Federal.

As *prerrogativas* reservadas para os magistrados desde o plano constitucional são conquistas históricas da formação do Estado Constitucional e constituem marcos fundamentais para o seu desenvolvimento na atualidade. É indispensável que o exercente de um poder político da qualidade daquele que exerce um magistrado tenha o mínimo de garantias, de *segurança* em sentido amplo, para decidir, para atuar, consoante sua própria consciência, sem qualquer receio, dúvida, temor de quem ou do que quer que seja. Por isso é correto o entendimento de que tais prerrogativas são *instrumentais*, são *meios* que garantem o atingimento de determinadas finalidades, aqui, a de assegurar aos magistrados a necessária e inafastável *imparcialidade*.

Mas não é o suficiente, desde o plano constitucional, para assegurar a *imparcialidade*. O parágrafo único do art. 95 da Constituição Federal estabelece algumas restrições ao exercício de outras funções pelos magistrados com o mesmo propósito. Até como forma de evitar, ao máximo, distrações de todo o tipo aos magistrados, viabilizando com a iniciativa que a maior parte de seu tempo e da atividade profissional por eles exercida seja voltada à função jurisdicional. As vedações impostas por aquele dispositivo constitucional são as seguintes: (*a*) exercer, ainda que em disponibilidade, outro cargo ou função, salvo uma de magistério[138]; (*b*) receber, a qualquer título ou pretexto, custas ou participação em processo; (*c*) dedicar-se à atividade político-partidária; (*d*) receber, a qualquer título ou pretexto, auxílios ou contribuições de pessoas físicas, entidades públicas ou privadas, ressalvadas as exceções previstas em lei; (*e*) exercer a advocacia no juízo ou tribunal do qual se afastou, antes de decorridos três anos do afastamento do cargo por aposentadoria ou exoneração. Esta última vedação corresponde a um dos mais polêmicos pontos da Emenda Constitucional n. 45/2004 e acabou sendo conhecida como "quarentena".

De acordo com o art. 93 da Constituição Federal, será expedida lei complementar, de iniciativa do Supremo Tribunal Federal, que disporá sobre o Estatuto da Magistratura. Naquilo que diz respeito ao magistrado (o membro da Magistratura), são dignos de destaque os seguintes princípios que, independentemente da edição daquele diploma legislativo, já devem ser observados porque são normas jurídicas dotadas de eficácia imediata e plena: (*a*) o ingresso na carreira, cujo cargo inicial será o de juiz substituto, se dará mediante concurso público de provas e títulos, com a participação da Ordem dos Advogados do Brasil em todas as fases, exigindo-se do bacharel em Direito, no mínimo, três anos de atividade jurídica e obedecendo-se, nas nomeações, à ordem de classificação[139]; (*b*) a promoção de entrância para entrância, isto é, nos vários níveis da carreira da Magistratura, na primeira instância, dar-se-á, alternadamente, por antiguidade e merecimento, atendidas as seguintes diretrizes: é obrigatória a promoção do juiz que figure por três vezes consecutivas ou cinco alternadas em lista de merecimento; a promoção por merecimento pressupõe dois anos de exercício na respectiva entrância, e integrar o juiz a primeira quinta parte da lista de antiguidade desta, salvo se não houver com tais requisitos quem aceite o lugar vago; a aferição do merecimento conforme o desempenho e pelos critérios objetivos de produtividade e presteza no exercício da jurisdição e pela frequência e aproveitamento em cursos oficiais ou reconhecidos de aperfeiçoamento; na apuração de antiguidade, o Tribunal somente poderá recusar o juiz mais antigo pelo voto fundamentado de dois terços de seus membros, conforme procedimento próprio, e assegurada ampla defesa, repetindo-se a votação até fixar-se a indicação; não será promovido o juiz que, injustificadamente, retiver autos em seu poder além do prazo legal, não podendo devolvê-los ao cartório sem o devido despacho ou decisão; (*c*) o acesso aos tribunais de segundo grau far-se-á por antiguidade e merecimento, alternadamente, apurados

---

138. A questão é objeto da Resolução n. 34/2007 do CNJ, com as alterações das Resoluções n. 226/2016 e 373/2021.
139. O tema é objeto da Resolução n. 75/2009 do CNJ, alterada pelas Resoluções n. 118/2010, 208/2015, 381/2021, 423/2021, 439/2022, 457/2022, 476/2022, 496/2023, 531/2023, 539/2023, 546/2024 e 568/2024.

na última ou única entrância[140]; (*d*) a previsão de cursos oficiais de preparação, aperfeiçoamento e promoção de magistrados, constituindo etapa obrigatória do processo de vitaliciamento a participação em curso oficial ou reconhecido por escola nacional de formação e aperfeiçoamento de magistrados; (*e*) o subsídio dos Ministros dos Tribunais Superiores corresponderá a noventa e cinco por cento do subsídio mensal fixado para os Ministros do Supremo Tribunal Federal e os subsídios dos demais magistrados serão fixados em lei e escalonados, em nível federal e estadual, conforme as respectivas categorias da estrutura judiciária nacional, não podendo a diferença entre uma e outra ser superior a dez por cento ou inferior a cinco por cento, nem exceder a noventa e cinco por cento do subsídio mensal dos Ministros dos Tribunais Superiores, obedecido, em qualquer caso, o disposto nos arts. 37, XI, e 39, § 4º, da Constituição Federal; (*f*) a aposentadoria dos magistrados e a pensão de seus dependentes observarão o disposto no art. 40 da Constituição Federal; (*g*) o juiz titular residirá na respectiva comarca, salvo autorização do tribunal[141]; (*h*) o ato de remoção ou de disponibilidade do magistrado, por interesse público, fundar-se-á em decisão por voto da maioria absoluta do respectivo tribunal ou do Conselho Nacional de Justiça, assegurada ampla defesa (redação da EC n. 103/2019); e (*i*) a remoção a pedido ou a permuta de magistrados de comarca de igual entrância atenderá, no que couber, ao disposto na letra *b*, *supra*[142].

Enquanto não editada a Lei Complementar a que faz referência o precitado art. 93, o Estatuto da Magistratura, continua em vigor a Lei Complementar n. 35, de 14 de março de 1979, que dispõe sobre a "Lei Orgânica da Magistratura Nacional". Embora bastante defasada, mormente depois do advento da Constituição Federal de 1988 e da Emenda Constitucional n. 45/2004, que absorveu, em grande parte, inúmeras de suas regras, é ela, ainda, a lei que regulamenta, no plano infraconstitucional, as *garantias* inerentes à Magistratura, as *prerrogativas* e os *deveres* do magistrado. Por isso, cabe um breve exame destes pontos fazendo eco à metodologia adotada pelos números seguintes com relação às demais "funções essenciais à Justiça", levando em conta, evidentemente, as não poucas modificações que, sobre o tema, decorrem diretamente do próprio art. 93 da CF.

Com relação às garantias, os arts. 25 a 29 daquela Lei Complementar tratam da "vitaliciedade" e das hipóteses em que o magistrado perderá o cargo. Os arts. 30 e 31, por sua vez, referem-se às hipóteses de "inamovibilidade". Por fim, a "irredutibilidade de vencimentos" ocupa o art. 32.

O art. 33 apresenta o rol das *prerrogativas* do magistrado. São elas: (*a*) ser ouvido como testemunha em dia, hora e local previamente ajustados com a autoridade ou Juiz de instância igual ou inferior; (*b*) não ser preso senão por ordem escrita do Tribunal ou do órgão especial competente para o julgamento, salvo em flagrante de crime inafiançável, caso em que a autoridade fará imediata comunicação e apresentação do magistrado ao Presidente do Tribunal a

---

[140]. A respeito, ver: STF, Pleno, MS 3.585/DF, rel. Min. Ricardo Lewandowski, j.un. 19-9-2012, *DJe* 28-11-2012.
[141]. Objeto da Resolução n. 37/2007 do CNJ.
[142]. O assunto foi disciplinado pela Resolução n. 32/2007 do CNJ, alterada pela Resolução n. 97/2009.

que esteja vinculado; (*c*) ser recolhido a prisão especial, ou a sala especial de Estado-Maior, por ordem e à disposição do Tribunal ou do órgão especial competente, quando sujeito a prisão antes do julgamento final; (*d*) não estar sujeito a notificação ou a intimação para comparecimento, salvo se expedida por autoridade judicial; e (*e*) portar arma de defesa pessoal.

O art. 35 ocupa-se com os *deveres* do magistrado. A eles cabe: (*a*) cumprir e fazer cumprir, com independência, serenidade e exatidão, as disposições legais e os atos de ofício; (*b*) não exceder injustificadamente os prazos para sentenciar ou despachar; (*c*) determinar as providências necessárias para que os atos processuais se realizem nos prazos legais; (*d*) tratar com urbanidade as partes, os membros do Ministério Público, os advogados, as testemunhas, os funcionários e auxiliares da Justiça e atender aos que o procurarem, a qualquer momento, quando se trate de providência que reclame e possibilite solução de urgência; (*e*) residir na sede da comarca, salvo autorização do órgão disciplinar a que estiver subordinado; (*f*) comparecer pontualmente à hora de se iniciar o expediente ou a sessão e não se ausentar injustificadamente antes de seu término; (*g*) exercer assídua fiscalização sobre os subordinados, especialmente no que se refere à cobrança de custas e emolumentos, embora não haja reclamação das partes; e (*h*) manter conduta irrepreensível na vida pública e particular.

O art. 36, de seu turno, volta-se às *vedações* impostas ao magistrado. O dispositivo deve ser lido em conjunto com o parágrafo único do art. 95 da Constituição Federal. Ao rol lá constante é pertinente acrescentar a proibição ao magistrado de "manifestar, por qualquer meio de comunicação, opinião sobre processo pendente de julgamento, seu ou de outrem, ou juízo depreciativo sobre despachos, votos ou sentenças, de órgãos judiciais, ressalvada a crítica nos autos e em obras técnicas ou no exercício do magistério" (art. 36, III).

As penas disciplinares aplicáveis aos magistrados são previstas no art. 42 da Lei Complementar n. 35/79. Elas variam da "advertência" à "demissão", consoante a gravidade do fato. Para serem aplicadas, há necessidade de *processo* administrativo a ser disciplinado nos termos dos Regimentos Internos dos Tribunais aos quais o magistrado é vinculado e que, de qualquer sorte, não pode destoar dos princípios constitucionais relativos ao *processo*, assim entendida qualquer *manifestação* do Estado.

O art. 49 da Lei Complementar n. 35/79, por fim, disciplina o tema relativo à responsabilidade civil do magistrado. De acordo com o dispositivo, o magistrado responderá por perdas e danos quando atuar com dolo ou fraude no exercício de suas funções ou quando recusar, omitir, retardar, sem justo motivo, providência que deva ordenar o ofício, ou a requerimento das partes. A regra deve ser lida em conjunto com o disposto no art. 143 do Código de Processo Civil e, no que diz respeito a seus reflexos criminais, com as disposições da Lei n. 13.869/2019, a chamada "Lei do abuso de autoridade", para a qual se volta o n. 5.3 do Capítulo 3 da Parte II.

Para construção do "modelo constitucional do direito processual civil" importa destacar, a propósito da informação do parágrafo anterior, que o inciso LXXV do art. 5º garante que "o *Estado* indenizará o condenado por erro judiciário, assim como o que ficar preso além do tempo fixado na sentença". Se, é certo, a segunda figura referida pelo dispositivo diz respeito ao direito processual penal, a primeira, o "erro judiciário", é ampla o suficiente para albergar também hipóteses que dizem respeito ao direito processual civil.

As doutrinas do direito constitucional e administrativo são uníssonas no reconhecimento de que a responsabilidade de um Estado como o Brasileiro, um Estado Constitucional, deriva do princípio maior de sua necessária submissão à ordem jurídica. Mesmo assim, contudo, e para ser enfático, o art. 37, § 6º, da Constituição Federal reconhece o *dever* de o Estado reparar os danos causados por seus agentes mesmo naqueles casos em que não haja dolo ou culpa. A responsabilidade do Estado, isto é absolutamente assente entre nós, é "objetiva". Basta que haja dano e nexo causal entre uma ação ou *omissão* de um agente do Estado para que o dever de indenizar seja exigido, indiferente a ocorrência de qualquer intenção ou ânimo de causar o dano por parte do agente. Nos casos em que o agente agir (ou omitir-se) com base em tais elementos, é o mesmo art. 37, § 6º, que prevê, haverá possibilidade de o próprio Estado reaver o que pagou ao particular do causador do dano. No plano infraconstitucional, a mesma diretriz é agasalhada expressamente – e não poderia ser diferente – no art. 43 do Código Civil.

É como decorrência da responsabilidade do Estado também nos casos de *omissão* que, na linha do que o n. 2.16, *supra* refere ao tratar do art. 5º, LXXVIII, da Constituição Federal, não há espaço para negar que da morosidade da Justiça, do deficiente, tardio ou *ineficiente* funcionamento da máquina judiciária possa decorrer, consoante o caso, o *dever* de o Estado (e, se for o caso, o próprio magistrado e seus auxiliares) ser responsabilizado por danos daí derivados.

Unindo-se as duas previsões constitucionais, forte na percepção de que a indenização pelo "erro judiciário" é novidade trazida ao ordenamento jurídico nacional pela Constituição Federal de 1988, a melhor interpretação é aquela que admite a responsabilização do Estado, mesmo nos casos em que não haja responsabilidade *subjetiva* do magistrado, isto é, nas hipóteses em que o dano não deriva de um comportamento doloso ou culposo dele (ou de uma omissão sua com as mesmas características). O "erro judiciário" deve ser entendido amplamente, como qualquer ato do magistrado que, reconhecido como *objetivamente* contrário ao que decorre dos autos e do direito aplicável à espécie concreta, no próprio ambiente judiciário – ou até mesmo em ambiente diverso, como aquele criado pela Emenda Constitucional n. 45/2004, perante o Conselho Nacional de Justiça –, tenha efetivamente causado dano a alguém. Havendo comprovação do "nexo causal", isto é, que o dano adveio do ato do magistrado, o dever de indenizar, pelo Estado, é constitucionalmente imposto.

O entendimento jurisprudencial é em sentido contrário, alegando ser regra geral a da "[...] irresponsabilidade civil do Estado por atos de jurisdição"[143]. Não há, contudo, como concordar

---

[143]. Trata-se do entendimento amplamente vencedor no âmbito do STF. Assim, v.g.: 2ª Turma, RE 831.186 AgR/SC, rel. Min. Gilmar Mendes, j.un. 23-8-2019, *DJe* 3-9-2019; 1ª Turma, ARE 828.027/PI, rel. Min. Roberto Barroso, j.un. 27-10-2017, *DJe* 23-11-2017; e 2ª Turma, ARE 662.105/PE, rel. Min. Gilmar Mendes, j.un. 27-10-2015, *DJe* 17-11-2015.

com tal solução. Não só porque a responsabilização acentuada acima deriva do modelo de Estado constitucional brasileiro, mas também porque o art. 5º, LXXV, é inequívoco quanto aos casos em que o *Estado* responde pelo ato de um de seus agentes, independentemente de sua atuação dolosa ou culposa. Nos casos em que se fizerem presentes estes elementos subjetivos, à luz das normas infraconstitucionais precitadas, em especial a do precitado art. 143 do Código de Processo Civil e, se for o caso, no âmbito criminal, também alguma situação prescrita pela Lei n. 13.869/2019, a Lei do abuso de autoridade, não há como recusar não só a responsabilização do próprio Estado, mas também a responsabilidade *pessoal* do magistrado.

4.2 Ministério Público

O Ministério Público, de acordo com o art. 127, *caput*, da Constituição Federal, "é instituição permanente, essencial à função jurisdicional do Estado, incumbindo-lhe a defesa da ordem jurídica, do regime democrático e dos interesses sociais e individuais indisponíveis".

Para atingimento de seus objetivos funcionais, o § 1º daquele dispositivo prescreve como princípios institucionais do Ministério Público "a *unidade*, a *indivisibilidade* e a *independência funcional*". Os dois primeiros princípios devem ser entendidos no sentido de que o Ministério Público é considerado uma só instituição, embora aceite, até como forma de racionalizar suas tarefas e atingir de forma mais eficiente suas finalidades institucionais, divisões internas, verdadeiras partições de competência. A "independência funcional", de seu turno, quer significar que a atuação do Ministério Público e de cada um de seus membros não se vincula a qualquer outro órgão ou a políticas da União, dos Estados ou do Distrito Federal.

O § 2º do art. 127 da Constituição Federal, referindo-se mais propriamente à organização burocrática e administrativa do Ministério Público, assegura-lhe "autonomia funcional e administrativa, podendo, observado o disposto no art. 169, propor ao Poder Legislativo a criação e extinção de seus cargos e serviços auxiliares, provendo-os por concurso público de provas ou de provas e títulos, a política remuneratória e os planos de carreira; a lei disporá sobre sua organização e funcionamento". Em prosseguimento, o § 3º do mesmo artigo constitucional assegura ao Ministério Público o poder de iniciativa para elaborar sua proposta orçamentária dentro dos limites estabelecidos na lei de diretrizes orçamentárias. Os §§ 4º a 6º do dispositivo tratam das regras inerentes à votação do orçamento destinado ao funcionamento do Ministério Público. É lê-los: "§ 4º Se o Ministério Público não encaminhar a respectiva proposta orçamentária dentro do prazo estabelecido na lei de diretrizes orçamentárias, o Poder Executivo considerará, para fins de consolidação da proposta orçamentária anual, os valores aprovados na lei orçamentária vigente, ajustados de acordo com os limites estipulados na forma do § 3º"; "§ 5º Se a proposta orçamentária de que trata este artigo for encaminhada em desacordo com os limites estipulados na forma do § 3º, o Poder Executivo procederá aos ajustes necessários para fins de consolidação da proposta orçamentária anual"; e "§ 6º Durante a execução orçamentária do exercício, não poderá haver a realização de despesas ou a assunção de obrigações que extrapolem os limites estabelecidos na lei de diretrizes orçamentárias, exceto se previamente autorizadas, mediante a abertura de créditos suplementares ou especiais".

O art. 128 da Constituição Federal, fazendo alusão à "unidade" e à "indivisibilidade" do *caput* do art. 127, distingue, para fins de atribuição de competência, diferentes órgãos do Ministério Público. Trata-se de fenômeno próximo ao que se dá no plano do exercício jurisdicional. A jurisdição também é una no sentido de ela ser uma só e não aceitar divisões por sua própria definição. Mas a *especialização* da jurisdição (competência) busca criar condições de racionalização de sua atividade e, consequentemente, viabilizar uma prestação jurisdicional mais eficiente.

É disso que se ocupa o art. 128, ao criar, em seu inciso I, o Ministério Público da União, que compreende: (*a*) o Ministério Público Federal; (*b*) o Ministério Público do Trabalho[144]; (*c*) o Ministério Público Militar; e (*d*) o Ministério Público do Distrito Federal e Territórios. Para o estudo do direito processual civil importam o "Ministério Público Federal" e o "Ministério Público do Distrito Federal e Territórios".

O Ministério Público Federal exerce sua competência junto ao Supremo Tribunal Federal, ao Superior Tribunal de Justiça, aos Tribunais Regionais Federais e aos Juízes Federais (art. 37, I, da Lei Complementar n. 75/93).

Sobre o Ministério Público do Distrito Federal e Territórios, faz-se pertinente a mesma ressalva feita no n. 3.8, *supra*, sobre seu Poder Judiciário. É ele organizado e mantido pela União Federal (art. 21, XIII, da CF), e é lei *federal* que disciplina a sua organização (art. 22, XVII, da CF). É órgão de atuação, contudo, a exemplo do que se dá para os Ministérios Públicos dos Estados, junto ao Tribunal de Justiça e aos Juízes do Distrito Federal e Territórios (art. 149 da Lei Complementar n. 75/93).

Também cada um dos Estados-membros tem o seu Ministério Público, o "Ministério Público dos Estados", de acordo com a nomenclatura empregada pelo art. 128, II, da Constituição Federal.

Os §§ 1º e 2º do art. 128 da Constituição Federal traçam os princípios reitores do Ministério Público da União. Seu chefe é o Procurador-Geral da República, nomeado pelo Presidente da República dentre integrantes da carreira, maiores de trinta e cinco anos, após a aprovação de seu nome pela maioria absoluta dos membros do Senado Federal, para mandato de dois anos, permitida a recondução. Sua destituição, por iniciativa do Presidente da República, deverá ser precedida de autorização da maioria absoluta do Senado Federal. No plano infraconstitucional, as atribuições do Procurador-Geral da República vêm dispostas nos arts. 26 e 27 da Lei Complementar n. 75/93.

---

144. Considerando as diferentes atribuições entre os órgãos do Ministério Público da União é correta a decisão da 1ª Seção do STJ (AgRg no CC 122.940/MS, rel. Min. Regina Helena Costa, j.un. 7-4-2020, *DJe* 16-4-2020) que negou legitimidade ao Ministério Público do Trabalho para atuar no âmbito daquele Tribunal na qualidade de parte.

Os §§ 3º e 4º do art. 128 da Constituição Federal dirigem-se aos Ministérios Públicos dos Estados e do Distrito Federal e Territórios para estabelecer regra similar. De acordo com o § 3º, os Ministérios Públicos dos Estados e do Distrito Federal e Territórios formarão lista tríplice dentre integrantes da carreira, na forma da lei respectiva – para o do Distrito Federal e Territórios, esta lei é federal (art. 22, XVII, da CF) –, para escolha de seu Procurador-Geral, que será nomeado pelo Chefe do Poder Executivo, para mandato de dois anos, permitida uma recondução. O § 4º, de seu turno, permite a destituição dos chefes dos Ministérios Públicos dos Estados e do Distrito Federal e Territórios por deliberação da maioria absoluta do Poder Legislativo, na forma da lei complementar respectiva.

O § 5º do art. 128 da Constituição Federal dá as diretrizes básicas de leis complementares para regular a organização, as atribuições e o estatuto de "cada" Ministério Público, isto é, do Ministério Público da União (art. 128, I) e dos Estados (art. 128, II). A iniciativa daquelas Leis é facultada aos respectivos Procuradores-gerais, previsão que dialoga, pois, com a iniciativa privativa legislativa do Chefe do Executivo nos termos do art. 61, § 1º, b, da CF[145]. No plano federal, é a Lei Complementar n. 75, de 20 de maio de 1993, que dispõe sobre a organização, as atribuições e o estatuto do Ministério Público da União, incluindo, importante o destaque, o Ministério Público do Distrito Federal e dos Territórios (arts. 149 a 181). A Lei n. 8.625, de 12 de fevereiro de 1993, por sua vez, institui a Lei Orgânica Nacional do Ministério Público e dispõe sobre normas gerais para a organização do Ministério Público dos Estados. Este diploma legislativo deve ser entendido, portanto, como verdadeira "norma geral" de observância compulsória para os Estados-membros regular o seu próprio Ministério Público sem prejuízo das prescrições impostas diretamente pela própria Constituição Federal.

As funções *institucionais* do Ministério Público estão previstas no art. 129 da Constituição Federal. As que dizem respeito ao direito processual civil são as seguintes: (*a*) zelar pelo efetivo respeito dos Poderes Públicos e dos serviços de relevância pública aos direitos assegurados nesta Constituição, promovendo as medidas necessárias a sua garantia; (*b*) promover o inquérito civil e a ação civil pública, para a proteção do patrimônio público e social, do meio ambiente e de outros interesses difusos e coletivos; (*c*) promover a ação de inconstitucionalidade ou representação para fins de intervenção da União e dos Estados, nos casos previstos na Constituição Federal; (*d*) defender judicialmente os direitos e interesses das populações indígenas; e (*e*) exercer outras funções que lhe forem conferidas, desde que compatíveis com sua finalidade, sendo-lhe vedada a representação judicial e a consultoria jurídica de entidades públicas.

A legitimação, prevista no art. 129, III (letra *b* do parágrafo anterior), deixa expresso o § 1º do dispositivo, não exclui a de terceiros nas mesmas hipóteses e para os mesmos fins, observando-se, como não poderia deixar de ser, o modelo constitucional do direito proces-

---

[145]. Na ADI 5.351/DF, rel. Min. Cármen Lúcia, j.m.v. 21-6-2021, *DJe* 20-8-2021, o STF entendeu que não compete ao Poder Legislativo a iniciativa para aquele fim. A orientação foi reiterada na ADI 3.238/PE, rel. Min. Nunes Marques, j.m.v. 18-8-2023-25-8-2023, *DJe* 20-9-2023.

sual civil. É o que a doutrina especializada do "direito processual coletivo" chama de "legitimação concorrente e disjuntiva"[146].

Nesse contexto, cabe destacar a correta orientação enunciada pela Súmula 329 do Superior Tribunal de Justiça, segundo a qual "O Ministério Público tem legitimidade para propor ação civil pública em defesa do patrimônio público". Não há atrito com a vedação imposta pelo inciso IX do art. 129 da Constituição Federal (letra *e* do penúltimo parágrafo) porque, em tais casos, o Ministério Público não está fazendo as vezes de órgão de consultoria ou de atuação jurisdicional das pessoas de direito público (função para a qual se dedicam as advocacias públicas nos moldes dos arts. 131 e 132 da Constituição Federal), mas, bem diferentemente, atuando em prol de direitos e interesses verdadeiramente difusos, pertencentes a toda a sociedade.

A propósito das outras funções a serem exercidas pelo Ministério Público, expressamente autorizadas pelo mesmo inciso IX do art. 129, é pertinente o destaque das funções institucionais estabelecidas pelo art. 5º da Lei Complementar n. 75/93. Elas são aplicáveis ao Ministério Público Federal por expressa remissão do art. 38 do mesmo diploma legislativo e também ao Ministério Público do Distrito Federal e dos Territórios. São elas:

(*a*) a defesa da ordem jurídica, do regime democrático, dos interesses sociais e dos interesses individuais indisponíveis, considerados, dentre outros, os seguintes fundamentos e princípios: a soberania e a representatividade popular; os direitos políticos; os objetivos fundamentais da República Federativa do Brasil; a indissolubilidade da União; a independência e a harmonia dos Poderes da União; a autonomia dos Estados, do Distrito Federal e dos Municípios; as vedações impostas à União, aos Estados, ao Distrito Federal e aos Municípios; a legalidade, a impessoalidade, a moralidade e a publicidade, relativas à Administração Pública direta, indireta ou fundacional, de qualquer dos Poderes da União;

(*b*) o zelo pela observância dos princípios constitucionais relativos: ao sistema tributário, às limitações do poder de tributar, à repartição do poder impositivo e das receitas tributárias e aos direitos do contribuinte; às finanças públicas; à atividade econômica, à política urbana, agrícola, fundiária e de reforma agrária e ao sistema financeiro nacional[147]; à seguridade social, à educação, à cultura e ao desporto, à ciência e à tecnologia, à comunicação social e ao meio ambiente; à segurança pública;

---

146. Para esta discussão, com ampla pesquisa bibliográfica, consultar: Rodolfo de Camargo Mancuso, *Interesses difusos*, esp. p. 184-196 e 261-266.
147. Reconhecendo a legitimidade ativa do Ministério Público para ações civis públicas para a defesa dos interesses coletivos e individuais homogêneos dos mutuários do Sistema Financeiro da Habitação, v.: STJ, 1ª Turma, AgInt no REsp 1.684.358/SP, rel. Min. Gurgel da Faria, j.un. 2-4-2019, *DJe* 16-4-2019. Admitindo legitimidade para o Ministério Público Federal ajuizar ação civil pública para questionar a cobrança de encargos bancários supostamente abusivos praticados por instituições financeiras privadas, v.: STJ, 3ª Turma, REsp 1.573.723/RS, rel. Min. Ricardo Villas Bôas Cueva, j.m.v. 10-12-2019, *DJe* 13-12-2019.

(c) a defesa dos seguintes bens e interesses: o patrimônio nacional; o patrimônio público e social; o patrimônio cultural brasileiro; o meio ambiente[148]; os direitos e interesses coletivos, especialmente das comunidades indígenas[149], da família[150], da criança, do adolescente e do idoso[151];

(d) o zelo pelo efetivo respeito dos Poderes Públicos da União, dos serviços de relevância pública e dos meios de comunicação social aos princípios, às garantias, às condições, aos direitos, aos deveres e às vedações previstos na Constituição Federal e na lei, relativos à comunicação social;

(e) o zelo pelo efetivo respeito dos Poderes Públicos da União e dos serviços de relevância pública quanto: aos direitos assegurados na Constituição Federal relativos às ações e aos serviços de saúde[152] e à educação; aos princípios da legalidade, da impessoalidade, da moralidade e da publicidade; exercer outras funções previstas na Constituição Federal e na lei.

Para cumprir essas funções, o art. 6º da Lei Complementar n. 75/93 indica os "instrumentos de atuação" do Ministério Público. Trata-se das diversas formas pelas quais o Ministério Público pode provocar o Estado-juiz para requerer a prestação de tutela jurisdicional em prol da realização de seus misteres institucionais. A mais comum delas é a ação civil pública, referida no inciso VII daquele dispositivo, que tem *status* constitucional, mercê do inciso III do art. 129 da Constituição Federal.

A Lei n. 8.625/93, de seu turno, disciplina o mesmo inciso IX do art. 129 da Constituição Federal, em seu art. 25. Pertinente o destaque das seguintes atribuições que o dispositivo reconhece expressamente aos Ministérios Públicos estaduais: (a) propor ação de inconstitucionalidade de leis ou atos normativos estaduais ou municipais, em face da Constituição Estadual; (b) promover a representação de inconstitucionalidade para efeito de intervenção dos Estados nos Municípios; (c) promover o inquérito civil e a ação civil

---

148. STJ, 2ª Turma, AgInt no REsp 1.867.401/SE, rel. Min. Francisco Falcão, j.un. 27-11-2023, *DJe* 29-11-2023; e STJ, 2ª Turma, REsp 1.264.302/SC, rel. Min. Mauro Campbell Marques, j.un. 8-11-2011, *DJe* 17-11-2011.
149. STJ, 3ª Turma, REsp 1.835.867/AM, rel. Min. Marco Aurélio Bellizze, j.un. 10-12-2019, *DJe* 17-12-2019; e STJ, 2ª Turma, REsp 961.264/SC, rel. Min. Castro Meira, j.un. 28-10-2008, *DJe* 25-11-2008.
150. Razão de ser do parágrafo único do art. 698 do CPC, introduzido pela Lei n. 13.894/2019, segundo o qual: "O Ministério Público intervirá, quando não for parte, nas ações de família em que figure como parte vítima de violência doméstica e familiar, nos termos da Lei n. 11.340, de 7 de agosto de 2006 (Lei Maria da Penha)".
151. STJ, 1ª Seção, REsp repetitivo 1.682.836/SP (Tema 766), rel. Min. Og Fernandes, j.un. 25-4-2018, *DJe* 30-4-2018, destacando a indisponibilidade do direito à saúde. A tese então firmada foi a seguinte: "O Ministério Público é parte legítima para pleitear tratamento médico ou entrega de medicamentos nas demandas de saúde propostas contra os entes federativos, mesmo quando se tratar de feitos contendo beneficiários individualizados, porque se refere a direitos individuais indisponíveis, na forma do art. 1º da Lei n. 8.625/93 (Lei Orgânica Nacional do Ministério Público)".
152. "O Ministério Público é parte legítima para ajuizamento de ação civil pública que vise o fornecimento de remédios a portadores de certa doença". Trata-se de tese fixada pelo STF no julgamento do RE 605.533/MG, rel. Min. Marco Aurélio, j.un. 15-8-2018, *DJe* 20-8-2018 (Tema 262 da Repercussão Geral).

pública, na forma da lei, para a proteção, prevenção e reparação dos danos causados ao meio ambiente, ao consumidor[153], aos bens e direitos de valor artístico, estético, histórico, turístico e paisagístico, e a outros interesses difusos, coletivos e individuais, indisponíveis e homogêneos, ou para a anulação ou declaração de nulidade de atos lesivos ao patrimônio público ou à moralidade administrativa do Estado ou de Município, de suas administrações indiretas ou fundacionais ou de entidades privadas de que participem; (d) manifestar-se nos processos em que sua presença seja obrigatória por lei e, ainda, sempre que cabível a intervenção, para assegurar o exercício de suas funções institucionais, não importando a fase ou o grau de jurisdição em que se encontrem os processos; (e) ingressar em juízo, de ofício, para responsabilizar os gestores do dinheiro público condenados por tribunais e conselhos de contas; e (f) interpor recursos ao Supremo Tribunal Federal e ao Superior Tribunal de Justiça.

De acordo com o § 4º do art. 129 da Constituição Federal, o disposto no art. 93 aplica-se também e no que couber ao Ministério Público.

Uma questão palpitante a respeito da regra diz respeito a saber se, no âmbito dos inquéritos civis públicos (art. 129, III), o Ministério Público deve observar os princípios constitucionais do direito processual civil, forte no entendimento de que *processo* é o método de atuação do Estado Constitucional, ainda que fora do âmbito jurisdicional. A resposta é positiva, inclusive no que diz respeito ao *dever* de *todas* as decisões proferidas pelo Ministério Público, ainda que em âmbito não jurisdicional, serem públicas e motivadas. As exceções, vale a ênfase, são as expressamente previstas pela Constituição Federal, nenhuma outra: privacidade dos envolvidos ou segurança nacional. Justamente por tal razão, não há como recusar a contrastabilidade do exercício da atividade do membro do Ministério Público pelo uso do mandado de segurança, na sua forma individual e coletiva[154]. O atuar do Ministério Público, órgão estatal, também é *processual* e vinculado ao atingimento de finalidades estranhas ao agente, voltadas a perseguir a chamada "vontade funcional".

Fazendo eco específico à regra do art. 93, XV, da Constituição Federal, o § 5º do art. 129 dispõe que "a distribuição de processos no Ministério Público será imediata". Introduzida pela mesma Emenda Constitucional n. 45/2004, seu desiderato é o de impor uma mais eficiente atuação no âmbito da organização administrativa do Ministério Público.

---

153. O Ministério Público possui legitimidade ativa para postular em juízo a defesa de direitos transindividuais de consumidores que celebram contratos de compra e venda de imóveis com cláusulas pretensamente abusivas. É o que decidiu a Corte Especial do STJ nos EREsp 1.378.938/SP, rel. Min. Benedito Gonçalves, j.un. 20-6-2018, DJe 27-6-2018 e, posteriormente: 2ª Turma, AgInt no AgInt no AREsp 2.322.703/RN, rel. Min. Herman Benjamin, j.un. 20-5-2024, DJe 4-6-2024; e 4ª Turma, AgInt no AREsp 1.284.667/DF, rel. Min. Luis Felipe Salomão, j.un. 24-5-2021, DJe 27-5-2021.

154. Tratou amplamente do tema José Carlos Puoli em seu *Responsabilidade civil do promotor de justiça na tutela aos interesses coletivos*.

4.2.1 Ministério Público como parte

O Ministério Público pode atuar no direito processual civil como *parte* ou como fiscal da ordem jurídica.

A atuação do Ministério Público como parte, isto é, como aquele que atua ao longo do processo com vistas à obtenção da tutela jurisdicional, não suscita maiores discussões no plano infraconstitucional. O que há, no Código de Processo Civil, são algumas regras excepcionais para a instituição e que são enfrentadas ao longo deste *Curso*. Assim, apenas para exemplificar, a concessão de prazos diferenciados para a prática de atos processuais (art. 180); a desnecessidade de *adiantar* o pagamento das despesas dos atos processuais (art. 91) e a dispensa do recolhimento de valores pela prática de certos atos processuais (arts. 968, § 1º, e 1.007, § 1º).

Na perspectiva que mais interessa ao momento presente, contudo, a questão ganha maior interesse na identificação dos casos em que o Ministério Público pode, ou não, atuar, isto é, em que casos ele pode pedir a tutela jurisdicional como *autor*. Isso porque, colocado em destaque no n. 4.2, *supra*, é vedada a atuação do Ministério Público em prol de interesses *individuais e disponíveis* (arts. 127, *caput*, e 129, III). São harmônicas com o modelo constitucional previsões legais que permitem a atuação do Ministério Público naqueles casos? É o caso, por exemplo, do art. 68 do Código de Processo Penal, que autoriza a promoção, por aquele órgão, da chamada "ação civil *ex delicto*", isto é, a ação civil reparatória dos danos derivados do fato reconhecido como crime em prol dos necessitados.

A melhor resposta é a negativa, observada a importante ressalva feita pelo Plenário do Supremo Tribunal Federal quanto à necessária aplicação da tese da "inconstitucionalidade *progressiva*", isto é, o precitado dispositivo de lei só perderia sua eficácia, à luz do ordenamento constitucional de 1988, quando implementadas concretamente as condições desejadas pela nova Carta, assim, a criação da Defensoria Pública, nos termos do art. 134 da Constituição Federal para o exercício da precitada competência[155]. Até lá, sob pena de comprometer como um todo o modelo constitucional, em especial a concepção mais ampla de "acesso à justiça", do art. 5º, XXXV e LXXIV, da Constituição Federal, impõe-se a subsistência daquelas funções do Ministério Público.

Forte na *indisponibilidade* do direito envolvido e tendo presente o direito assegurado desde os arts. 6º e 227, *caput*, da Constituição Federal e disciplinado infraconstitucionalmente pelo Estatuto da Criança e do Adolescente, decidiu a 2ª Seção do Superior Tribunal de Justiça que o Ministério Público tem legitimidade para pedir tutela jurisdicional sobre alimentos em nome de crianças e/ou adolescentes, fazendo-o em sede de Recurso Especial Repetitivo[156].

---

[155]. A referência é feita ao RE 135.328/SP, rel. Min. Marco Aurélio, j.un. 29-6-1994, *DJ* 20-4-2001, p. 137, que ainda encontra aplicação na jurisprudência do STF. Assim, v.g.: 2ª Turma, HC 123.494/ES, rel. Min. Teori Albino Zavascki, j.un. 16-2-2016, *DJe* 2-3-2016.

[156]. A referência é feita ao REsp 1.265.821/BA e ao REsp 1.327.471/MT, rel. Min. Luis Felipe Salomão, j.un. 14-5-2014, *DJe* 4-9-2014 (Tema 717).

Há diversas manifestações dos Tribunais no sentido de que a atuação do Ministério Público como *parte* afasta a sua atuação na qualidade de fiscal da ordem jurídica no mesmo processo, acentuando o princípio da unidade a que se refere o n. 4.2, *supra*[157].

O grande campo de atuação do Ministério Público como *autor* no direito processual civil reside no que o n. 6.1 do Capítulo 1 rotula de "direito processual coletivo".

4.2.2 Ministério Público como fiscal da ordem jurídica

Tradicionalmente, o Ministério Público exerce – e continua a exercer – outra função relevantíssima no plano do direito processual civil mormente quando analisada da perspectiva presente, isto é, no contexto da construção do modelo constitucional do direito processual civil. Trata-se do exercício, pelo Ministério Público, da função usualmente designada pela expressão latina *custos legis* e que foi traduzida, no atual Código de Processo Civil, como fiscal da ordem jurídica, abandonando, com a iniciativa, a mais tradicional: fiscal *da lei*. A alteração *textual* é relevante e merece ser destacada porque, apesar de a expressão anterior ser consagrada pelos usos e costumes, evidencia que o compromisso do cultor do direito e, no que aqui interessa, a função do Ministério Público, relaciona-se com todo o ordenamento jurídico, não apenas com uma de suas manifestações, a *lei*. Tem-se mostrado mais comum, por isso mesmo, a referência a *custos iuris*.

A intervenção destacada relaciona-se com os casos em que a lei prevê a atuação do Ministério Público não em favor de um dos litigantes, autor ou réu, mas de forma desvinculada do interesse individual e subjetivado trazido ao processo. De uma forma *imparcial* ou, para ser mais preciso, para exercer uma atuação processual que *transcende* o interesse subjetivado, próprio, de cada uma das partes que estão no processo, cada qual representada por seus procuradores.

No Código de Processo Civil, a atuação do Ministério Público como fiscal da ordem jurídica – expressão empregada pela CPC de 2015 para substituir a de "fiscal *da lei*" até então empregada pelo CPC de 1973 – está expressamente prevista nos arts. 178 e 179, objeto das considerações do n. 6 do Capítulo 3 da Parte II, consoante a metodologia adotada por este *Curso*.

Cabe destacar, de qualquer sorte, que a necessária e desejável participação do Ministério Público no processo na qualidade de fiscal da ordem jurídica não afasta que outras entidades ou outras instituições, também voltadas à tutela de direitos e de interesses não subjetivados

---

[157]. Assim, v.g.: STJ, 1ª Seção, MS 14.041/DF, rel. Min. Teori Albino Zavascki, j.m.v. 9-9-2009, *DJe* 27-10-2009; STJ, 1ª Turma, REsp 1.115.370/SP, rel. Min. Benedito Gonçalves, j.un. 16-3-2010, *DJe* 30-3-2010; STJ, 2ª Turma, AgInt no AREsp 1.649.898/DF, rel. Min. Assusete Magalhães, j.un. 12-12-2023, *DJe* 19-12-2023; e STJ, 1ª Turma, AgInt no REsp 1.924.548/PR, rel. Min. Regina Helena Costa, j.un. 2-5-2023, *DJe* 4-5-2023. No âmbito do Ministério Público, o tema é objeto da Recomendação n. 57/2017 do CNMP, que "dispõe sobre a atuação dos membros do Ministério Público nos Tribunais" e que resguarda, pertinentemente, a possibilidade de manifestação em sentido contrário ao já exarado por força do princípio da independência funcional.

ou subjetiváveis, participem do processo, se não para desempenhar o *mesmo* papel, pelo menos para desempenhar papel próximo.

É a própria Constituição Federal que não exclui de outros entes a legitimidade ativa para se pleitear tutela jurisdicional em prol de interesses e direitos não individuais. O mesmo pluralismo que marca e que justifica o § 1º do art. 129 da Constituição Federal deve justificar a viabilidade de atuação plural também para os fins presentes. Esse papel é desempenhado a contento pelo *amicus curiae*, assunto ao qual, a propósito do art. 138 do Código de Processo Civil, dedica-se o n. 4.7 do Capítulo 3 da Parte II. São entidades vocacionadas a desempenhar aquele papel, no contexto que aqui interessa, as associativas de magistrados, da advocacia (pública e privada), merecendo especial destaque a Ordem dos Advogados do Brasil, além da própria Defensoria Pública, na qualidade de *custos vulnerabilis*. Não há como pretender que, em um Estado Constitucional como o brasileiro, só se possa apresentar como fiscal da ordem jurídica uma única entidade, não obstante a importância de seu papel no modelo constitucional.

4.2.3 Integrantes do Ministério Público

Todas as funções institucionais do Ministério Público só "podem ser exercidas por integrantes da carreira, que deverão residir na comarca da respectiva lotação, salvo autorização do chefe da instituição". É a regra constante do § 2º do art. 129 da Constituição Federal.

De acordo com o § 3º do art. 129: "O ingresso na carreira do Ministério Público far-se-á mediante concurso público de provas e títulos, assegurada a participação da Ordem dos Advogados do Brasil em sua realização, exigindo-se do bacharel em direito, no mínimo, três anos de atividade jurídica e observando-se, nas nomeações, a ordem de classificação"[158].

O inciso I do § 5º do art. 128 da Constituição Federal reserva aos membros do Ministério Público as seguintes *garantias*: (*a*) vitaliciedade, após dois anos de exercício, não podendo perder o cargo senão por sentença judicial transitada em julgado; (*b*) inamovibilidade, salvo por motivo de interesse público, mediante decisão do órgão colegiado competente do Ministério Público, pelo voto da maioria absoluta de seus membros, assegurada a ampla defesa; (*c*) irredutibilidade de subsídio, fixado na forma do art. 39, § 4º, e ressalvado o disposto no art. 37, X e XI; 150, II; 153, III, e 153, § 2º, I, todos da Constituição Federal.

Na Lei Complementar n. 75/93, que disciplina, no que diz respeito ao direito processual civil, o Ministério Público Federal e o Ministério Público do Distrito Federal e Territórios, essas *garantias* vêm expressas no art. 17 e, no art. 18, vêm arroladas as *prerrogativas* conce-

---

[158]. O Pleno do STF, ao julgar a ADI 4.219/DF, rel. p/ acórdão Min. Edson Fachin, j.m.v. 5-8-2020, *DJe* 29-9-2020, entendeu acerca daquele dispositivo que "1. O sintagma 'atividade jurídica', constante do art. 129, § 3º, da Constituição da República, não estabelece hierarquia entre as formas prática e teórica de aquisição de conhecimento, exigindo apenas atividade que suceda o curso de direito e o pressuponha como condição de possibilidade. 2. Em sua função regulamentadora, o Conselho Nacional do Ministério Público está autorizado a densificar o comando constitucional de exigência de atividade jurídica com cursos de pós-graduação".

didas a seus membros. Na Lei n. 8.625/93, para os Ministérios Públicos dos Estados, o tema ocupa os arts. 38, 40 e 41[159].

Tanto as *garantias* como as *prerrogativas* reconhecidas, desde o modelo constitucional, aos membros do Ministério Público correspondem, em linhas gerais, àquelas reconhecidas expressamente desde o plano constitucional para os magistrados e, como elas, têm o mesmo caráter *instrumental*, justificando-se, destarte, por idênticas razões àquelas expostas no n. 4.1, *supra*. É nesse contexto que deve ser interpretado o art. 21, *caput*, da Lei Complementar n. 75/93: "as garantias e prerrogativas dos membros do Ministério Público da União são inerentes ao exercício de suas funções e irrenunciáveis".

A exemplo do que o art. 95, parágrafo único, da Constituição Federal reserva para os membros da Magistratura, o inciso II do § 5º de seu art. 128 também estabelece, aos membros do Ministério Público, as seguintes *vedações*: (a) receber, a qualquer título e sob qualquer pretexto, honorários, percentagens ou custas processuais; (b) exercer a advocacia pública ou privada, vedação que fica ainda mais evidente quando interpretada em conjunto com as funções *institucionais* do Ministério Público, em especial, o art. 129, IX, mas que não significa que o integrante do Ministério Público não tenha a chamada "capacidade postulatória", para atuar institucionalmente em juízo, independentemente da contratação de um advogado[160]; (c) participar de sociedade comercial, na forma da lei; (d) exercer, ainda que em disponibilidade, qualquer outra função pública, salvo uma de magistério, isto é, de professor; (e) receber, a qualquer título ou pretexto, auxílios ou contribuições de pessoas físicas, entidades públicas ou privadas, ressalvadas as exceções previstas em lei; e (f) exercer atividade político-partidária. Na Lei Complementar n. 75/93, as *vedações* constam do art. 237; na Lei n. 8.625/93, do art. 44.

Também se aplica aos membros do Ministério Público a "quarentena" para os magistrados instituída pela Emenda Constitucional n. 45/2004 no inciso V do parágrafo único do art. 95. É o que dispõe o art. 128, § 6º.

No plano infraconstitucional, o art. 236 da Lei Complementar n. 75/93 prescreve os seguintes *deveres* para os membros do Ministério Público da União, sempre compreendidos, para os fins de um *Curso* de direito processual civil, o Ministério Público Federal e o Ministério Público do Distrito Federal e Territórios: (a) cumprir os prazos processuais; (b) guardar

---

[159]. Dentre tais prerrogativas está assegurada a de o membro do Ministério Público "sentar-se no mesmo plano e imediatamente à direita dos juízes singulares ou presidentes dos órgãos judiciários perante os quais oficiem;" (art. 18, I, *a*, da LC n. 75/1993) e "tomar assento à direita dos Juízes de primeira instância ou do Presidente do Tribunal, Câmara ou Turma" (art. 41, I, da Lei n. 8.625/1993). O Conselho Federal da OAB questionou a constitucionalidade de tais regras à luz da isonomia o que foi rejeitado pelo STF na ADI 4.768/DF, rel. Min. Cármen Lúcia, j.m.v. 24-11-2022, *DJe* 28-4-2023. Cabe notar, a propósito, que o § 2º do art. 6º da Lei n. 8.906/1994 (Estatuto da Advocacia), incluído pela Lei n. 14.508/2022 prescreve que "Durante as audiências de instrução e julgamento realizadas no Poder Judiciário, nos procedimentos de jurisdição contenciosa ou voluntária, os advogados do autor e do requerido devem permanecer no mesmo plano topográfico e em posição equidistante em relação ao magistrado que as presidir".

[160]. Cabe o esclarecimento de que, na hipótese de o integrante do Ministério Público individualmente considerado precisar atuar perante o Estado-juiz, em um conflito, por exemplo, envolvendo questões suas como consumidor, a sua representação por profissional da advocacia é indispensável.

segredo sobre assunto de caráter sigiloso que conheça em razão do cargo ou função[161]; (c) velar por suas prerrogativas institucionais e processuais; (d) prestar informações aos órgãos da Administração Superior do Ministério Público, quando requisitadas; (e) atender ao expediente forense e participar dos atos judiciais, quando for obrigatória a sua presença, ou assistir a outros, quando conveniente ao interesse do serviço; (f) declarar-se suspeito ou impedido, nos termos da lei; (g) adotar as providências cabíveis em face das irregularidades de que tiver conhecimento ou que ocorrerem nos serviços a seu cargo; (h) tratar com urbanidade as pessoas com as quais se relacione em razão do serviço; (i) desempenhar com zelo e probidade as suas funções; e (j) guardar decoro pessoal.

O rol apresentado no art. 43 da Lei n. 8.625/93 para os membros do Ministério Público dos Estados faz menção, em complementação, aos seguintes *deveres*: (a) indicar os fundamentos jurídicos de seus pronunciamentos processuais, elaborando relatório em sua manifestação final ou recursal; (b) residir, se titular, na respectiva Comarca; (c) atender aos interessados, a qualquer momento, nos casos urgentes; (d) acatar, no plano administrativo, as decisões dos órgãos da Administração Superior do Ministério Público.

O descumprimento dos *deveres* e das *vedações* impostas aos membros do Ministério Público rende ensejo à aplicação de sanções que variam desde a advertência até a demissão ou, se for o caso, a cassação da aposentadoria ou de disponibilidade (art. 239 da Lei Complementar n. 75/93), a ser apurado em processo administrativo (arts. 242 e 252 a 265 da Lei Complementar n. 75/93). No plano dos Estados, o art. 17, V, da Lei n. 8.625/93 assegura a competência da Corregedoria-Geral do Ministério Público respectivo para a aplicação das sanções disciplinares, mas não regula as sanções cabíveis, matéria deixada para cada Lei estadual que vier a organizar o seu respectivo Ministério Público[162].

É do conjunto dessas prerrogativas, deveres e vedações que parcela da doutrina constrói o "princípio do *promotor* natural". Esse princípio é a expressão tão sintética quanto precisa da *imparcialidade* que deve acompanhar toda atuação do órgão ou do membro do Ministério Público no atingimento de suas funções e finalidades institucionais.

Os integrantes do Ministério Público recebem nomes diferenciados consoante o cargo e a função que ocupam. Não há identidade rígida entre os nomes que descrevem as mesmas *funções* exercidas no âmbito do Ministério Público dos Estados (e do Distrito Federal) e no âmbito do Ministério Público Federal.

No Ministério Público estadual, os membros que atuam perante a primeira instância são chamados de "promotores de justiça" (art. 32 da Lei n. 8.625/93). É muito comum verificar que, consoante a especialização, a designação acaba sendo complementada pela função exercida. Assim, por exemplo, "promotor de justiça de mandado de segurança", "promotor

---

[161] STJ, 4ª Turma, REsp 1.162.598/SP, rel. Min. João Otávio de Noronha, j.un. 2-8-2011, *DJe* 8-8-2011.
[162] No âmbito criminal, cabe destacar que os membros do Ministério Público estão sujeitos às prescrições da Lei n. 13.869/2019, a chamada "Lei do abuso de autoridade", como dispõe expressamente o inciso V de seu art. 2º.

de justiça de família e sucessões", "promotor de justiça de falências". Na segunda instância, isto é, perante os Tribunais de Justiça dos Estados, os integrantes do Ministério Público são os "Procuradores de Justiça" (art. 31 da Lei n. 8.625/93).

Embora seja integrante do Ministério Público da União (art. 128, IV, da Constituição Federal e art. 24, IV, da Lei Complementar n. 75/93), os membros do Ministério Público do Distrito Federal e Territórios também são denominados "promotores e procuradores de justiça", consoante atuem em primeira ou segunda instâncias (arts. 153, VI e VII, 175 a 177 e 178 da Lei Complementar n. 75/93).

No âmbito do Ministério Público Federal, seus integrantes também recebem denominação diversa, consoante o grau de jurisdição em que atuem. Os que oficiam junto aos Tribunais Superiores são os "Subprocuradores-Gerais da República" (arts. 43, VI, 44, 66 e 67 da Lei Complementar n. 75/93); os que atuam no âmbito dos Tribunais Regionais Federais são os "Procuradores Regionais da República" (arts. 43, VII, 44, 68 e 69 da Lei Complementar n. 75/93) e os que oficiam perante a primeira instância, isto é, perante a Justiça Federal, são os "Procuradores da República" (arts. 43, VIII, 44, 70 e 71 da Lei Complementar n. 75/93).

4.2.4 Conselho Nacional do Ministério Público

O art. 130-A da Constituição Federal, incluído pela Emenda Constitucional n. 45/2004, criou o Conselho Nacional do Ministério Público.

A exemplo do Conselho Nacional de Justiça, trata-se de órgão vocacionado a exercer o controle da atuação administrativa e financeira do Ministério Público e do cumprimento dos deveres funcionais de seus membros, cabendo-lhe, de acordo com o § 2º daquele dispositivo constitucional: "I – zelar pela autonomia funcional e administrativa do Ministério Público, podendo expedir atos regulamentares, no âmbito de sua competência, ou recomendar providências; II – zelar pela observância do art. 37 e apreciar, de ofício ou mediante provocação, a legalidade dos atos administrativos praticados por membros ou órgãos do Ministério Público da União e dos Estados, podendo desconstituí-los, revê-los ou fixar prazo para que se adotem as providências necessárias ao exato cumprimento da lei, sem prejuízo da competência dos Tribunais de Contas[163]; III – receber e conhecer das reclamações contra membros ou órgãos do Ministério Público da União ou dos Estados, inclusive contra seus serviços auxiliares, sem prejuízo da competência disciplinar e correicional da instituição, podendo avocar processos disciplinares em curso, determinar a remoção ou a disponibilidade e aplicar outras sanções administrativas, assegurada ampla defesa (redação dada pela EC n.

---

163. Reconhecendo a observância aos incisos I e II do § 2º do art. 130-A da Constituição Federal, o Plenário do STF considerou válida a Resolução n. 36/2009 do CNMP, "que dispõe sobre o pedido e a utilização de interceptações telefônicas, no âmbito do Ministério Público (MP), nos termos da Lei 9.296/1996". O entendimento majoritário então vencedor foi no sentido de que aquela norma se limitou a regular questões administrativas e disciplinares relacionadas ao procedimento de interceptação telefônica, sem se imiscuir em matéria de direito penal ou processual. Trata-se da ADI 4.263/DF, rel. Min. Roberto Barroso, j.un. 25-4-2018, *DJe* 30-4-2018.

103/2019); IV – rever, de ofício ou mediante provocação, os processos disciplinares de membros do Ministério Público da União ou dos Estados julgados há menos de um ano; V – elaborar relatório anual, propondo as providências que julgar necessárias sobre a situação do Ministério Público no País e as atividades do Conselho, o qual deve integrar a mensagem prevista no art. 84, XI".

O Conselho Nacional do Ministério Público é composto por catorze membros nomeados pelo Presidente da República, depois de aprovada a escolha pela maioria absoluta do Senado Federal, para um mandato de dois anos, admitida uma recondução.

São os seguintes os catorze membros do Conselho: (*a*) o Procurador-Geral da República, que o preside; (*b*) quatro membros do Ministério Público da União, assegurada a representação de cada uma de suas carreiras, isto é, do Ministério Público Federal, do Trabalho, Militar e do Distrito Federal e Territórios; (*c*) três membros do Ministério Público dos Estados; (*d*) dois juízes, indicados um pelo Supremo Tribunal Federal e outro pelo Superior Tribunal de Justiça; (*e*) dois advogados, indicados pelo Conselho Federal da Ordem dos Advogados do Brasil; (*f*) dois cidadãos de notável saber jurídico e reputação ilibada, indicados um pela Câmara dos Deputados e outro pelo Senado Federal. "Os membros do Conselho oriundos do Ministério Público serão indicados pelos respectivos Ministérios Públicos, na forma da lei", é o que dispõe o § 1º do art. 130-A, da Constituição Federal.

Haverá, ainda, um Corregedor Nacional, escolhido em votação secreta, dentre os membros do Ministério Público que integram o Conselho. É a lei que fixará suas atribuições, sem prejuízo do que é imposto pelo § 3º do art. 130-A: (*a*) sua recondução é vedada; (*b*) recebimento de reclamações e denúncias, de qualquer interessado, relativas aos membros do Ministério Público e dos seus serviços auxiliares; (*c*) exercício de funções executivas do Conselho, de inspeção e correição geral; (*d*) requisição e designação de membros do Ministério Público, delegando--lhes atribuições, e requisição de servidores de órgãos do Ministério Público.

Junto ao Conselho Nacional do Ministério Público oficiará o Presidente do Conselho Federal da Ordem dos Advogados do Brasil (art. 130-A, § 4º, da CF).

De acordo com o § 5º do art. 130-A, da Constituição Federal, "Leis da União e dos Estados criarão ouvidorias do Ministério Público, competentes para receber reclamações e denúncias de qualquer interessado contra membros ou órgãos do Ministério Público, inclusive contra seus serviços auxiliares, representando diretamente ao Conselho Nacional do Ministério Público".

4.3 Advocacia e advogado

O advogado é função essencial à Justiça, nos termos do art. 133 da Constituição Federal: "O advogado é indispensável à administração da justiça, sendo inviolável por seus atos e manifestações no exercício da profissão, nos limites da lei".

A diretriz vem repetida no plano infraconstitucional, no art. 2º da Lei n. 8.906/94, que dispõe sobre o Estatuto da Advocacia e da Ordem dos Advogados do Brasil: "O advogado é indispensável à administração da justiça", e esclarecida nos seus dois primeiros parágrafos: "No seu ministério privado, o advogado presta serviço público e exerce função social" e "No processo *judicial*, o advogado contribui, na postulação de decisão favorável ao seu constituinte ao convencimento do julgador, e seus atos constituem múnus público".

A Lei n. 14.365/2022 trouxe alterações importantes para o Estatuto da Advocacia e da Ordem dos Advogados do Brasil, inclusive para evidenciar o papel do advogado no âmbito do processo *administrativo e legislativo*, o que vai ao encontro do que este *Curso* sempre sustentou sobre o papel ser desempenhado por uma teoria geral do *processo estatal*. A referência é feita ao § 2º-A do art. 2º e ao art. 2º-A, que têm, respectivamente, as seguintes redações: "No processo administrativo, o advogado contribui com a postulação de decisão favorável ao seu constituinte, e os seus atos constituem múnus público" e "O advogado pode contribuir com o processo legislativo e com a elaboração de normas jurídicas, no âmbito dos Poderes da República".

Os próprios deveres éticos impostos ao advogado são vinculados ao atingimento daquele mister mais amplo, como se lê do art. 31 da Lei n. 8.906/94: "O advogado deve proceder de forma que o torne merecedor de respeito e que contribua para o prestígio da classe e da advocacia. § 1º O advogado, no exercício da profissão, deve manter independência em qualquer circunstância. § 2º Nenhum receio de desagradar a magistrado ou a qualquer autoridade, nem de incorrer em impopularidade, deve deter o advogado no exercício da profissão".

Advogado é o profissional que exerce a advocacia, atividade privativa daquelas pessoas regularmente inscritas na Ordem dos Advogados do Brasil. É o que dispõe o *caput* do art. 3º da Lei n. 8.906/94. O exame para ingresso nos quadros da OAB ("exame de ordem") teve sua constitucionalidade reconhecida pelo Pleno do Supremo Tribunal Federal[164].

De acordo com o art. 1º do mesmo diploma legislativo, são consideradas atividades privativas da advocacia "a postulação a qualquer órgão do Poder Judiciário e aos juizados especiais", embora o STF tenha entendido legítima a dispensa do advogado no âmbito dos Juizados Especiais nos termos do art. 9º, § 1º, da Lei n. 9.099/95[165] e do art. 10 da Lei n. 10.259/2001[166] – diretriz aplicável, por identidade de motivos, aos Juizados Especiais da Fazenda Pública, criados pela Lei n. 12.153/2009 –, perante a Justiça do Trabalho e a Justiça de Paz[167], e também para a audiência inicial da chamada "ação de alimentos" (Lei n. 5.478/68)[168], além das "atividades de consultoria, assessoria e direção jurídicas". O estagiário de advocacia, quando regularmente inscrito nos quadros da OAB, pode praticar os atos

---

[164]. RE 603.583/RS, rel. Min. Marco Aurélio, j.un. 26-10-2011, *DJe* 25-5-2012.
[165]. ADI 1.539/DF, rel. Min. Maurício Corrêa, j.un. 24-4-2003, *DJ* 5-12-2003, p. 17.
[166]. ADI 3.168/DF, rel. Min. Joaquim Barbosa, j.m.v. 8-6-2006, *DJ* 3-8-2007, p. 29.
[167]. ADI 1.127/DF, rel. p/ acórdão Min. Ricardo Lewandowski, j.m.v. 17-5-2006, *DJ* 26-5-2006.
[168]. ADPF 591/DF, rel. Min. Cristiano Zanin, j.m.v. 9-8-2024 a 16-8-2024, *DJe* 28-8-2024.

privativos da advocacia desde que os pratique em conjunto com o advogado e sob sua responsabilidade (art. 3º, § 2º, da Lei n. 8.906/94).

A Lei n. 8.906/94, com vistas a criar condições mínimas de assegurar ao advogado o exercício de sua atividade para os misteres constitucionais, que, importante frisar, é considerada "pública", "essencial à administração da justiça", estabeleceu uma série de *prerrogativas* em seu art. 7º. Essas prerrogativas têm que ser entendidas a partir da prescrição ampla do § 3º do art. 2º da mesma lei: "No exercício da profissão, o advogado é inviolável por seus atos e manifestações, nos limites desta lei".

Tais prerrogativas, a exemplo daquelas reconhecidas desde a Constituição para magistrados e membros do Ministério Público e, no plano infraconstitucional, também aos defensores públicos, são *instrumentais*, são vinculadas, finalisticamente, ao exercício da profissão. Não são, por isso mesmo, *privilégios* para um tipo de profissional, em detrimento de outros. Elas se justificam quando o "ser" advogado é analisado no seu devido contexto, que é o irradiado pelo art. 133 da Constituição Federal. As *prerrogativas* servem para viabilizar que o advogado (público ou privado, não há diferença entre ambos neste particular) possa exercer seu múnus público sem receio de violações ou ameaças à sua incolumidade pessoal e profissional, de seu domicílio, ou do local e dos instrumentos necessários para desenvolvimento de sua própria profissão. As prerrogativas, destarte, são garantias estabelecidas, em lei, em plena consonância com o modelo constitucional do direito processual civil para que o advogado tenha condições *objetivas* de cumprir a sua função em um modelo de Estado como o brasileiro. E, assim sendo, criam-se condições para que se defendam também as próprias bases de sustentação daquele modelo político do Estado.

Não se trata, portanto, de querer emprestar qualquer espécie de *privilégio* a um profissional especialmente considerado. Trata-se, muito diferentemente, de assegurar os *direitos*, destacar as necessárias *prerrogativas* de toda uma classe, alçada a função essencial à justiça pela própria Constituição Federal, e de criar condições mínimas de garantir a *independência profissional*, a *isenção técnica* e a *liberdade de opinião* que justificam o exercício da atividade de advocacia e que a tornam, desde o art. 133 da Constituição Federal, função *essencial e indispensável* à Justiça[169]. Nem mesmo o grau de subordinação hierárquica que caracteriza o empregado pode subtrair do advogado suas prerrogativas. É o que expressamente dispõe o art. 18, *caput*, da Lei n. 8.906/94 sobre os "advogados empregados".

Os direitos do advogado constam no art. 7º da Lei n. 8.906/94, muito mais amplo que o rol do art. 107 do Código de Processo Civil.

Para a exposição presente, importa dar destaque às seguintes *prerrogativas* do advogado: (*a*) exercer, com liberdade, a profissão em todo o território nacional; (*b*) a inviolabilidade de seu es-

---

[169]. É nesse contexto que merece ser lido e interpretado o art. 43 da Lei n. 13.869/2019, a Lei do abuso de autoridade, que introduz o art. 7º-B na Lei n. 8.906/1994 para criminalizar a violação aos direitos e prerrogativas do advogado assegurados pelos incisos II, III, IV e V do art. 7º daquele mesmo diploma legislativo.

critório ou local de trabalho, bem como de seus instrumentos de trabalho, de sua correspondência escrita, eletrônica, telefônica e telemática, desde que relativas ao exercício da advocacia; (*c*) ingressar livremente nas salas de sessões dos tribunais, mesmo além dos cancelos que separam a parte reservada aos magistrados, nas salas e dependências de audiências, secretarias, cartórios, ofícios de justiça, serviços notariais e de registro, em qualquer edifício ou recinto em que funcione repartição judicial ou outro serviço público onde o advogado deva praticar ato ou colher prova ou informação útil ao exercício da atividade profissional, dentro do expediente ou fora dele, e ser atendido, desde que se ache presente qualquer servidor ou empregado, em qualquer assembleia ou reunião de que participe ou possa participar o seu cliente, ou perante a qual este deva comparecer, desde que munido de poderes especiais, locais onde o advogado poderá permanecer sentado ou em pé e retirar-se independentemente de licença[170]; (*d*) dirigir-se diretamente aos magistrados nas salas e gabinetes de trabalho, independentemente de horário previamente marcado ou outra condição, observando-se a ordem de chegada[171]; (*e*) usar da palavra, pela ordem, em qualquer tribunal judicial ou administrativo, órgão de deliberação coletiva da administração pública ou comissão parlamentar de inquérito, mediante intervenção pontual e sumária, para esclarecer equívoco ou dúvida surgida em relação a fatos, a documentos ou a afirmações que influam na decisão[172]; (*f*) reclamar, verbalmente ou por escrito, perante qualquer juízo, tribunal ou autoridade, contra a inobservância de preceito de lei, regulamento ou regimento; (*g*) falar, sentado ou em pé, em juízo, tribunal ou órgão de deliberação coletiva da Administração Pública ou do Poder Legislativo; (*h*) examinar, em qualquer órgão dos Poderes Judiciário e Legislativo, ou da Administração Pública em geral, autos de processos findos ou em andamento (eletrônicos ou não), mesmo sem procuração, quando não estiverem sujeitos a sigilo ou segredo de justiça, assegurada a obtenção de cópias, com possibilidade de tomar apontamentos[173]; (*i*) ter vista dos processos judiciais ou administrativos de qualquer natureza, em cartório ou na repartição competente, ou retirá-los pelos prazos legais e retirar autos de processos findos, mesmo sem procuração, pelo prazo de dez dias[174]; (*j*) ser publicamente desagravado, quando ofendido no exercício da

---

[170] Assim: STJ, 2ª Turma, RMS 31.969/MG, rel. Min. Mauro Campbell Marques, j.un. 23-8-2011, *DJe* 30-8-2011, e STJ, 1ª Turma, RMS 28.091/PR, rel. Min. Denise Arruda, j.un. 18-6-2009, *DJe* 5-8-2009.

[171] A regra, constante do art. 7º, VIII, da Lei n. 8.906/1994, foi objeto da ADI 4.330/DF perante o STF, ajuizada pela Associação dos Magistrados Estaduais – ANAMAGES, indeferida pelo relator, Min. Gilmar Mendes, que reconheceu a ilegitimidade da autora para aquela iniciativa.

[172] A previsão foi alterada pela Lei n. 14.365/2022.

[173] A regra, que tem redação dada pela Lei n. 13.793/2019, está também prevista no inciso I do art. 107 do Código de Processo Civil, que ganhou com aquela Lei um § 5º, assim redigido: "O disposto no inciso I do *caput* deste artigo aplica-se integralmente a processos eletrônicos". Similarmente, o art. 11 da Lei n. 11.419/2006, que trata especificamente da informatização do processo, recebeu dois novos parágrafos para viabilizar o exame a obtenção de cópias de atos e de documentos dos processos eletrônicos.

[174] Hipótese em que devem ser observadas as prescrições dos §§ 1º a 4º do art. 107 do Código de Processo Civil. Os §§ 1º e 2º do art. 7º da Lei n. 8.906/94 também se voltavam ao tema, mas foram revogados expressamente pela Lei n. 14.365/2022. Há ADI promovida pelo Conselho Federal da OAB que questiona a inconstitucionalidade *formal* do dispositivo revogador, eis que não submetido à bicameralidade exigida pelo art. 65 da CF. Trata-se da ADI 7.231/DF.

profissão ou em razão dela; (*k*) usar os símbolos privativos da profissão de advogado; (*l*) recusar-se a depor como testemunha em processo no qual funcionou ou deva funcionar, ou sobre fato relacionado com pessoa de quem seja ou foi advogado, mesmo quando autorizado ou solicitado pelo constituinte, bem como sobre fato que constitua sigilo profissional; e (*m*) retirar-se do recinto onde se encontre aguardando pregão para ato judicial, após trinta minutos do horário designado e ao qual ainda não tenha comparecido a autoridade que deva presidir a ele, mediante comunicação protocolizada em juízo.

Vale destacar que o inciso IX do art. 7º da lei ("sustentar oralmente as razões de qualquer recurso ou processo, nas sessões de julgamento, *após* o voto do relator, em instância judicial ou administrativa, pelo prazo de quinze minutos, salvo se prazo maior for concedido") foi considerado inconstitucional pelo Supremo Tribunal Federal[175]. Entendeu-se que o dispositivo afrontaria o princípio do contraditório e o devido processo legal, entendimento com o qual, diante do quanto exposto a respeito desses princípios nos n. 2.3 e 2.4, não pode concordar este *Curso*.

A Lei n. 13.363/2016 incluiu um art. 7º-A na Lei n. 8.906/94, estabelecendo direitos especificamente à advogada gestante, lactante ou adotante[176]. É imperioso entender que os direitos lá reconhecidos à advogada adotante sejam estendidos, por isonomia, ao advogado que esteja nessa específica situação. O tema é retomado no n. 3.9 do Capítulo 6 da Parte II a propósito das hipóteses de *suspensão* do processo.

Como advogados não são, como tais, *subordinados* ou *sujeitos* a quaisquer determinações judiciais – advogados, magistrados, membros do Ministério Público e membros da Defensoria Pública estão todos em pé de igualdade perante o modelo constitucional do direito processual civil, porque são todos, cada um no exercício de seus respectivos misteres, "funções essenciais à Justiça" –, merece aplauso o entendimento de que é *ilegal* a exigência não infrequentemente feita de que os advogados, para terem acesso aos autos de algum processo, precisam "preencher fichas de controle" ou similares. Trata-se de medida que deve ser repudiada porque cerceadora do livre exercício da atividade advocatícia e viola-

---

[175]. A referência é feita à ADI 1.105/DF e à ADI 1.127/DF, que se voltaram a diversos dispositivos da Lei n. 8.906/94, j.m.v. 17-5-2006, *DJ* 26-5-2006, rel. p/ acórdão Min. Ricardo Lewandowski.

[176]. É a seguinte a redação do dispositivo: "Art. 7º-A. São direitos da advogada: I – gestante: a) entrada em tribunais sem ser submetida a detectores de metais e aparelhos de raios X; b) reserva de vaga em garagens dos fóruns dos tribunais; II – lactante, adotante ou que der à luz, acesso a creche, onde houver, ou a local adequado ao atendimento das necessidades do bebê; III – gestante, lactante, adotante ou que der à luz, preferência na ordem das sustentações orais e das audiências a serem realizadas a cada dia, mediante comprovação de sua condição; IV – adotante ou que der à luz, suspensão de prazos processuais quando for a única patrona da causa, desde que haja notificação por escrito ao cliente. § 1º Os direitos previstos à advogada gestante ou lactante aplicam-se enquanto perdurar, respectivamente, o estado gravídico ou o período de amamentação. § 2º Os direitos assegurados nos incisos II e III deste artigo à advogada adotante ou que der à luz serão concedidos pelo prazo previsto no art. 392 do Decreto-Lei n. 5.452, de 1º de maio de 1943 (Consolidação das Leis do Trabalho). § 3º O direito assegurado no inciso IV deste artigo à advogada adotante ou que der à luz será concedido pelo prazo previsto no § 6º do art. 313 da Lei n. 13.105, de 16 de março de 2015 (Código de Processo Civil)".

dora não só do *caput* e do § 1º do art. 6º, mas também do art. 7º, XIII, XIV, XV e XVI, da Lei n. 8.906/94[177].

Em determinadas situações, o advogado passa a exercer atividade incompatível com o exercício da advocacia, quando se torna vedada integralmente a atuação como advogado. Em outros casos, a vedação é parcial, dando ensejo ao impedimento do exercício da advocacia. As hipóteses de *incompatibilidade* são as descritas no art. 28 da Lei n. 8.906/94; as de *impedimento*, no art. 30 do mesmo Estatuto. Em quaisquer dessas hipóteses, a "capacidade postulatória" do advogado deixa de existir e, por isso, na exata medida em que a prática de qualquer ato, judicial ou extrajudicial, a reclame, a pessoa precisará ser intermediada por advogado. Os eventuais atos praticados por advogado impedido (nos limites do impedimento), suspenso, licenciado ou que passar a exercer atividade incompatível com a advocacia são nulos, de acordo com o parágrafo único do art. 4º da Lei n. 8.906/94.

Como decorrência das prerrogativas reconhecidas expressamente pela lei ao advogado, somando-as às diversas hipóteses em que o profissional não pode exercer seu múnus e ao rígido padrão ético que o advogado deve necessariamente observar em toda sua conduta (arts. 31 e 33 da Lei n. 8.906/94), o art. 34 arrola uma série de infrações disciplinares que, consoante o caso, podem levar à aplicação das sanções descritas no art. 35, quais sejam: censura, suspensão, exclusão e multa[178]. A apuração da responsabilidade disciplinar do advogado – e a responsabilidade do advogado é sempre *subjetiva*, isto é, vinculada à ocorrência de culpa ou dolo nos termos do art. 32 da Lei n. 8.906/94 – depende, de acordo com os arts. 70 a 77 da Lei n. 8.906/94, da prévia instalação de *processo* administrativo, em que se garanta (e não poderia ser diferente à luz do modelo constitucional) a ampla defesa (art. 73, § 1º, da Lei n. 8.906/94). O processo deve também observar as regras dos arts. 36 a 43 da Lei n. 8.906/94.

4.3.1 Advocacia pública

É pertinente abrir um número próprio para tratar do advogado público e da chamada advocacia pública. Não que haja diferença ontológica entre a advocacia *pública* e *privada*. Ela

---

[177]. O art. 32 da Lei n. 13.869/2019, a "Lei do abuso de autoridade", crimininaliza, a propósito, o seguinte comportamento, quando praticado pelas pessoas indicadas em seu art. 2º: "Negar ao interessado, seu defensor ou advogado acesso aos autos de investigação preliminar, ao termo circunstanciado, ao inquérito ou a qualquer outro procedimento investigatório de infração penal, civil ou administrativa, assim como impedir a obtenção de cópias, ressalvado o acesso a peças relativas a diligências em curso, ou que indiquem a realização de diligências futuras, cujo sigilo seja imprescindível".

[178]. Na ADI 7.020/DF, rel. Min. Edson Fachin, j.un. 9-12-2022-16-12-2022, *DJe* 6-2-2023, o STF declarou a inconstitucionalidade do inciso XXIII do art. 34 da Lei n. 8.906/1994, que prevê, como infração disciplinar, o não pagamento de contribuições, multas e preços de serviços devidos à OAB e deu interpretação conforme à Constituição ao art. 37 daquela Lei, para que a sanção de interdição de exercício profissional não seja aplicável àquela mesma hipótese.

não existe, como reconhece de maneira expressa o § 1º do art. 3º da Lei n. 8.906/94: "Exercem atividade de advocacia, sujeitando-se ao regime desta lei, além do regime próprio a que se subordinem, os integrantes da Advocacia-Geral da União, da Procuradoria da Fazenda Nacional, da Defensoria Pública e das Procuradorias e Consultorias Jurídicas dos Estados, do Distrito Federal, dos Municípios e das respectivas entidades de administração indireta e fundacional"[179].

No entanto, para a adequada construção do modelo constitucional, importa distinguir o papel institucional da advocacia pública, levando em conta as inovações que, quanto ao ponto, foram incorporadas pela Constituição de 1988.

Deixou-se de lado o que, no plano federal, verificou-se até o advento da Carta de 1988, ou seja, a possibilidade de o Ministério Público Federal atuar, no direito processual civil, na qualidade de *advogado* da União Federal ou de eventuais entidades pertencentes aos quadros da Administração Pública Federal, representando os interesses daquelas pessoas jurídicas de direito público ou de seus próprios órgãos. A Constituição de 1988 criou, para a União Federal, uma entidade própria, voltada especificamente para o desempenho dessa tarefa e para outras que lhe são correlatas, a Advocacia-Geral da União (art. 131). De acordo com aquele dispositivo constitucional, a Advocacia-Geral da União é a instituição que representa a União, judicial e extrajudicialmente, cabendo-lhe, ainda, as atividades de consultoria e assessoramento jurídico do Poder Executivo Federal.

De acordo com o art. 131, § 3º, da Constituição Federal, a representação da União nos casos de execução da dívida ativa de natureza tributária caberá à "Procuradoria-Geral da Fazenda Nacional", a quem compete, além de inscrevê-la, representar privativamente a União na execução de sua dívida ativa de caráter tributário (art. 12 da Lei Complementar n. 73/93). Esse órgão subordina-se diretamente ao Advogado-Geral da União, sendo todos os seus membros integrantes da Advocacia-Geral da União (art. 2º, §§ 1º e 5º, da Lei Complementar n. 75/93).

A Advocacia-Geral da União compreende também, como órgão de direção superior, a Procuradoria-Geral da União, a Consultoria-Geral da União, o Conselho Superior da Advocacia-Geral da União e a Corregedoria-Geral da União (art. 2º, I, "b" a "e", da Lei Complementar n. 73/93) e, como órgãos de execução, as Procuradorias Regionais da União e as Procuradorias da União nos Estados, no Distrito Federal e nas respectivas Seccionais, além da Consultoria da União e das Consultorias Jurídicas dos Ministérios, da Secretaria-Geral e

---

[179]. Não obstante a afirmação do texto, há controvérsia sobre o assunto, estampada no Tema 936 da Repercussão Geral do STF, rel. Min. Cristiano Zanin, assim descrita: "Recurso extraordinário em que se discute, com base nos arts. 131 a 133 da Constituição da República, a constitucionalidade da exigência de inscrição de advogado público nos quadros da Ordem dos Advogados do Brasil para o exercício de suas funções". A este *Curso* não se mostra correto argumentar que o advogado público não precisa estar inscrito regularmente na OAB, diferentemente do que o STF decidiu para os defensores públicos (Tema 1.074 da Repercussão Geral, v. 4.4.2, *infra*) justamente pela enorme distinção entre os misteres institucionais dessas duas funções essenciais à administração da Justiça.

das demais Secretarias da Presidência da República e do Estado-Maior e das Forças Armadas (art. 2º, II, "a" e "b", da Lei Complementar n. 73/93). Vinculam-se, ainda, à Advocacia-Geral da União as Procuradorias e os Departamentos Jurídicos das autarquias e fundações públicas federais (art. 2º, § 3º, da Lei Complementar n. 73/93)[180].

A Advocacia-Geral da União tem como chefe o Advogado-Geral da União, de livre nomeação pelo Presidente da República, dentre cidadãos maiores de trinta e cinco anos, de notável saber jurídico e reputação ilibada (art. 131, § 1º, da CF). O ingresso na carreira dá-se por concurso público de provas e títulos (art. 131, § 2º, da CF). Sua regulamentação infraconstitucional está na Lei Complementar n. 73, de 10 de fevereiro de 1993, que institui a lei orgânica da Advocacia-Geral da União, e na Lei n. 9.028, de 12 de abril de 1995, que dispõe sobre as atribuições institucionais da Advocacia-Geral da União.

Dentre as diversas atribuições do Advogado-Geral da União (art. 4º da Lei Complementar n. 73/93), uma merece destaque: é possível ao Advogado-Geral da União dispensar os demais advogados da União da interposição de recursos, do ajuizamento de novas ações e autorizar a prática de acordos judiciais ou extrajudiciais, inclusive termos e ajustamento de conduta (art. 4º, VI, da Lei Complementar n. 73/93 e arts. 1º a 4º-A da Lei n. 9.469/97, com as modificações sucessivas). Com a iniciativa – que vem sendo implementada pela edição de diversos atos infralegais – busca-se maior eficiência na atuação da advocacia pública e do próprio Poder Judiciário, além de permitir atingimento adequado do princípio da isonomia com a valorização da aplicação de entendimentos consolidados no âmbito do Estado-juiz, em total harmonia com a vertente administrativa daquele princípio, constante do *caput* do art. 37 da Constituição Federal.

No plano dos Estados e do Distrito Federal, o art. 132 da Constituição Federal refere-se também à existência de "Procuradores dos Estados e do Distrito Federal" e à sua organização em carreira pública na qual o ingresso dependerá de concurso público de provas e títulos com a participação da Ordem dos Advogados do Brasil em todas as suas fases e que terá estabilidade após três anos de efetivo exercício, mediante avaliação de desempenho perante os órgãos próprios, após relatório circunstanciado das corregedorias (art. 132, parágrafo único). As "Procuradorias dos Estados e do Distrito Federal", prossegue o *caput* do art. 132, exercem "a representação judicial e a consultoria jurídica das respectivas unidades federadas"[181].

---

[180]. Dentre as autarquias federais, merece destaque o Banco Central do Brasil, cujos procuradores, estruturados em carreira (Procuradoria-Geral do Banco Central), são tecnicamente vinculados à Advocacia-Geral da União, como se extrai do art. 6º, § 1º, III, da Lei n. 9.650/98.

[181]. Fazendo referência ao "princípio da unicidade" extraível do art. 132 da CF, o STF julgou inconstitucionais normas do Estado do Rio Grande do Norte que criavam órgão de assessoria jurídica na Administração Direta e Indireta diverso da Procuradoria do Estado para exercer parte das atividades que são privativas dos procuradores, ainda que houvesse previsão de vinculação à Procuradoria-Geral do Estado. Trata-se da ADI 6.500/RN, rel. Min. Edson Fachin, j.un. 3.3.2023-10.3.2023, *DJe* 8-5-2023. Também com fundamento no mesmo art. 132 da CF, o STF, na ADI 7.380/AM, rel. Min. Roberto Barroso, j.un. 11-8-2023-21-8-2023, *DJe* 4-9-2023, fixou a seguinte tese: "É inconstitucional, por violação do art. 132 da CF, a criação de órgão ou de cargos jurídicos fora da estrutura da

Apesar do nome, devem-se entender como "procuradorias dos Estados" as *advocacias dos Estados* e não os órgãos componentes do Ministério Público. Os "procuradores dos Estados" são, na verdade, advogados dos Estados, isto é, advogados públicos que representam, em juízo e fora dele, os Estados e eventuais entidades componentes da Administração Pública estadual.

A Constituição Federal silenciou a respeito da organização da advocacia pública municipal. Prevalece, neste caso, o que cada Município, de acordo com suas próprias leis orgânicas ou leis locais (art. 30, I, da CF), entender ser mais conveniente e oportuno para a sua própria realidade. Há Municípios que têm suas próprias procuradorias (é o que ocorre com as capitais dos Estados e municípios maiores), e, nesse caso, o ingresso na carreira pública pressupõe a aprovação em concurso público, e outros (a grande maioria) que, por não terem advogados próprios, contratam os profissionais para desempenharem essa função. Tal contratação deve observar os ditames constitucionais, em especial o disposto no art. 37, II e XXI, da Constituição Federal[182], bem como eventuais regras estaduais e/ou municipais aplicáveis[183]. No plano infraconstitucional, merece destaque a esse propósito a previsão do art. 3º-A da Lei n. 8.906/1994, incluído pela Lei n. 14.039/2020, que define os serviços profissionais de advogado como técnicos e singulares "por sua natureza".

Procuradoria do Estado, com funções de representação judicial, consultoria ou assessoramento jurídico de autarquias e fundações públicas estaduais". Quanto ao cargo de chefia da Procuradoria (ou Advocacia) do Estado, o STF já teve oportunidade de entender que sua nomeação deve observar o disposto nas Constituições Estaduais que, não necessariamente, precisam observar o que o § 1º do art. 131 da CF reservou para a nomeação do Advogado-Geral da União. Nesse sentido, reconhecendo a constitucionalidade do art. 128, § 1º, da Constituição de Minas Gerais, na redação dada pela EC n. 93/2014 (que impõe que a escolha do Advogado-Geral se dê entre os integrantes da carreira), é a ADI 5.342/MG, rel. Min. Nunes Marques, j.un. 13-9-2024 a 20-9-2024, *DJe* 7-10-2024.

182. O Tema 309 da Repercussão Geral do STF, rel. Min. Dias Toffoli, voltou-se ao assunto na perspectiva da possibilidade de configuração de ato de improbidade administrativa, quando foram fixadas as seguintes teses: "a) O dolo é necessário para a configuração de qualquer ato de improbidade administrativa (art. 37, § 4º, da Constituição Federal), de modo que é inconstitucional a modalidade culposa de ato de improbidade administrativa prevista nos arts. 5º e 10 da Lei n. 8.429/92, em sua redação originária. b) São constitucionais os arts. 13, V, e 25, II, da Lei n. 8.666/1993, desde que interpretados no sentido de que a contratação direta de serviços advocatícios pela Administração Pública, por inexigibilidade de licitação, além dos critérios já previstos expressamente (necessidade de procedimento administrativo formal; notória especialização profissional; natureza singular do serviço), deve observar: (i) inadequação da prestação do serviço pelos integrantes do Poder Público; e (ii) cobrança de preço compatível com a responsabilidade profissional exigida pelo caso, observado, também, o valor médio cobrado pelo escritório de advocacia contratado em situações similares anteriores".

183. A distinção de hipóteses na perspectiva da Constituição do Estado de Pernambuco foi bem realizada pelo Pleno do STF na ADI 6.331/PE, rel. Min. Luiz Fux, j.un. 29-3-2024 a 8-4-2024, *DJe* 25-4-2024, cuja conclusão foi a de: "(i) conferir interpretação conforme à Constituição ao art. 81-A, *caput*, da Constituição do Estado de Pernambuco, no sentido de que a instituição de Procuradorias municipais depende de escolha política autônoma de cada município, no exercício da prerrogativa de sua autoorganização, sem que essa obrigatoriedade derive automaticamente da previsão de normas estaduais; (ii) declarar a inconstitucionalidade do § 1º e do § 3º do art. 81-A da Constituição do Estado de Pernambuco, tendo em vista que, feita a opção municipal pela criação de um corpo próprio de procuradores, a realização de concurso público é a única forma constitucionalmente possível de provimento desses cargos (art. 37, II, da CRFB/88), ressalvadas as situações excepcionais em que também à União, aos Estados e ao Distrito Federal pode ser possível a contratação de advogados externos, conforme os parâmetros reconhecidos pela jurisprudência desta Corte, tudo nos termos do voto do Relator".

4.3.2 Ordem dos Advogados do Brasil

De acordo com o art. 44, *caput*, da Lei n. 8.906/94, a Ordem dos Advogados do Brasil é "serviço público, dotada de personalidade jurídica e forma federativa". A previsão legislativa sempre despertou interessante debate sobre a natureza jurídica da OAB: autarquia, órgão vinculado ao Estado ou entidade privada?

O Supremo Tribunal Federal definiu, a respeito da natureza jurídica da OAB, que ela não é uma autarquia, sequer *sui generis*, porque ela não integra os quadros da Administração Pública, entendendo que ela não precisa realizar concursos públicos para preenchimento de seus cargos. Na oportunidade, o Ministro Eros Grau acentuou que determinadas instituições, como a OAB, para servirem a seus propósitos e, pois, para alcançarem a contento as suas finalidades e misteres, precisam necessariamente ser independentes e autônomas, impensável, por isso, que ela pudesse, de alguma forma, estar submetida ao controle dos poderes públicos[184]. Nesse sentido, aliás, é claro o § 1º do art. 44 da Lei n. 8.906/94: a OAB não mantém, com os Poderes Públicos, nenhum vínculo funcional ou hierárquico.

A forma federativa da OAB deve ser entendida em estreita consonância com o que dispõe o art. 45 da Lei n. 8.906/94. O Conselho Federal da OAB (arts. 45, I, e 51 a 55 da Lei n. 8.906/94) é o órgão máximo da instituição e, como tal, tem sede na capital federal. Os Conselhos Seccionais (arts. 45, II, e 56 a 59 da Lei n. 8.906/94), que têm personalidade jurídica própria e independente da do Conselho Federal, exercem suas atribuições nos territórios de cada um dos Estados-membros e do Distrito Federal. Consoante deliberação de cada Conselho Seccional, podem ser criadas, de acordo com o art. 45, III, e regidas, de acordo com os arts. 60 e 61, todos da Lei n. 8.906/94, Subseções que, como partes autônomas dos Conselhos Estaduais, exercerão suas atribuições nos territórios indicados nos seus respectivos atos constitutivos. Todos os membros da OAB são eleitos de acordo com as regras dos arts. 63 a 67 da Lei n. 8.906/94[185].

É insuficiente pensar que a Ordem dos Advogados do Brasil limita-se a ser um órgão de classe no sentido de atuar como órgão de representação e disciplina da profissão de advogado no território brasileiro. A Ordem dos Advogados do Brasil também desempenha tal função, como se pode constatar do inciso II do art. 44 da Lei n. 8.906/94: "promover, com exclusividade, a representação, a defesa, a seleção e a disciplina dos advogados em toda a República Federativa do Brasil".

No entanto, sua atuação *institucional*, sua própria razão de ser, vai muito além, em total harmonia com o art. 133 da Constituição Federal e de sua lei de regência expedida em ampla consonância com aquele dispositivo constitucional. É ler o inciso I do precitado art. 44 da Lei n. 8.906/94, segundo o qual compete à OAB: "I – defender a Constituição, a ordem jurídica do Estado democrático de direito, os direitos humanos, a justiça social, e pugnar

---

[184]. A referência é feita à ADI 3.026/DF, j.m.v. 8-6-2006, *DJ* 29-9-2006, p. 31.
[185]. A Lei n. 13.875/2019 deu nova redação ao § 2º do art. 63 da Lei n. 8.906/1994 para reduzir, de cinco para três anos, o tempo de exercício profissional necessário para advogados se candidatarem aos cargos de conselheiro seccional e de subseções da OAB.

pela boa aplicação das leis, pela rápida administração da justiça e pelo aperfeiçoamento da cultura e das instituições jurídicas".

A compreensão mais ampla, desde o prisma constitucional, da função a ser desempenhada pela Ordem dos Advogados do Brasil tem significados muito importantes para o direito processual civil. Alguns são bem visíveis no ordenamento jurídico. Assim, por exemplo, a legitimidade ativa, expressamente reconhecida pelo art. 103, VII, da Constituição Federal ao Conselho Federal da Ordem dos Advogados do Brasil para as ações diretas de inconstitucionalidade, ações declaratórias de constitucionalidade e arguições de descumprimento de preceito fundamental. No plano infraconstitucional, de sua parte, não há como recusar à Ordem dos Advogados do Brasil legitimidade ativa para ações civis públicas, a despeito da ausência de previsão no *caput* do art. 5º da Lei n. 7.347/85 (lei da ação civil pública), ou, mais amplamente, para agir, como autor, em qualquer ação coletiva, nos termos do art. 82 da Lei n. 8.078/90 (Código do Consumidor), diante do que dispõe o art. 21 da precitada Lei n. 7.347/85.

Tais relevantes funções não excluem que a Ordem dos Advogados do Brasil possa intervir em qualquer processo quando verificar a ocorrência de "interesse *institucional*", assim entendidos os reflexos que a tomada de eventuais decisões jurisdicionais possa acarretar para o Estado Democrático de Direito, isto é, o Estado Constitucional, em total sintonia com a previsão do inciso I do art. 44 da Lei n. 8.906/94.

A Ordem dos Advogados do Brasil tem espaço para atuar, no que diz respeito ao direito processual civil, semelhantemente ao que a legislação processual civil reserva para o Ministério Público quando disciplina sua atuação na qualidade de fiscal da ordem jurídica. Não se pode entender, em uma sociedade plural como a brasileira, e à luz de uma Constituição como a de 1988, que possa uma só instituição pretender reservar, para si, o grau máximo (e único) de representatividade dos "interesses públicos". A Ordem dos Advogados do Brasil também é um adequado representante, um adequado portador e defensor de tais interesses em juízo. Também ela é um ente *colaborador* do Judiciário para que as normas jurídicas sejam devida e escorreitamente bem aplicadas. É nesse sentido amplo que deve ser interpretado o art. 49 da Lei n. 8.906/94.

Para não emprestar à Ordem dos Advogados do Brasil o mesmo regime jurídico que a lei processual civil e a tradição reservam para o Ministério Público quando atua na qualidade de fiscal da ordem jurídica – o que poderia levar a discussões desnecessárias –, a função exercida pela Ordem dos Advogados do Brasil para o atingimento das funções institucionais a que fez referência o parágrafo anterior merece ser examinada no contexto da intervenção do *amicus curiae* que, não sem hora, foi disciplinada de maneira genérica, embora suficiente, pelo art. 138 do Código de Processo Civil.

Aceita a premissa, a Ordem dos Advogados do Brasil pode, na qualidade de *amicus curiae*, intervir em quaisquer processos em que haja, pela relevância da matéria, interesse público relevante às suas funções institucionais e, nos termos do art. 44, I, da Lei n. 8.906/94, postular pela defesa da ordem constitucional, dos valores tutelados pelo Estado Constitucional, além dos direitos humanos, da justiça social, e pugnar pela boa aplicação das leis ou, de modo mais correto e sistemático, do ordenamento jurídico como um todo. Isso com vistas a uma mais eficiente administração da justiça e consequente aperfeiçoamento da cultura e das instituições jurídicas nacionais. Trata-se, pois, de um ente institucional voltado, desde o plano da Constituição Federal, a realizar adequadamente, em toda sua plenitude, o modelo de Estado brasileiro, inclusive por intermédio do processo jurisdicional.

4.3.3 Honorários de advogado

De acordo com o art. 22 da Lei n. 8.906/94, a prestação de serviço profissional assegura aos advogados direito aos honorários convencionados, isto é, aqueles ajustados contratualmente entre a parte e o advogado, aos honorários fixados por arbitramento judicial, quando não há consenso com relação àquela fixação, e aos de sucumbência, que são aqueles que derivam do resultado da atuação processual[186]. O direito aos honorários é reconhecido inclusive ao advogado que faz as vezes da Defensoria Pública (art. 22, § 1º, da Lei n. 8.906/94)[187], sendo certo, todavia, que os defensores públicos não podem receber honorários de advogado das pessoas cujos interesses representam em juízo ou fora dele.

O art. 23 da mesma Lei n. 8.906/94 reconhece ao advogado direito próprio e, nesse sentido, distinto do da parte que representa processualmente, de receber os honorários arbitrados judicialmente ou de sucumbência e, nessa qualidade, e até mesmo, se for o caso, cobrá-los em juízo, sendo possível, ainda, a compensação dos honorários convencionais com os valores a serem recebidos por quem é representado pelo advogado (art. 22, § 4º, da Lei n. 8.906/94)[188]. O que é vedado – e acabou sendo expressamente previsto pelo art. 85, § 14, do Código de Processo Civil – é a compensação dos honorários advocatícios com eventuais

---

[186]. A Lei n. 13.725/2018 incluiu os §§ 6º e 7º ao art. 22 da Lei n. 8.906/1994 para disciplinar o que chamou de "honorários assistenciais", assim entendidos "os fixados em ações coletivas propostas por entidades de classe em substituição processual, sem prejuízo aos honorários convencionais". A respeito do assunto e tendo presente o impacto da nova legislação aos contratos e processos em curso, o STJ fixou as seguintes tese no Tema 1.175 dos recursos especiais repetitivos: "a) antes da vigência do § 7º do art. 22 do Estatuto da OAB (5 de outubro de 2018), é necessária a apresentação dos contratos celebrados com cada um dos filiados ou beneficiários para que o sindicato possa reter os honorários contratuais sobre o montante da condenação; b) após a vigência do supracitado dispositivo, para que o sindicato possa reter os honorários contratuais sobre o montante da condenação, embora seja dispensada a formalidade de apresentação dos contratos individuais e específicos para cada substituído, mantém-se necessária a autorização expressa dos filiados ou beneficiários que optarem por aderir às obrigações do contrato originário".

[187]. Como, corretamente, reconhece o STJ (assim, v.g.: 4ª Turma, AgInt no REsp 2.096.760/PR, rel. Min. Maria Isabel Gallotti, j.un. 1º-7-2024, DJe 3-7-2024; 6ª Turma, EDcl no AgRg no AREsp 2.359.577/SC, rel. Min. Jesuíno Rissato (Desembargador convocado do TJDFT), j.un. 14-5-2024, DJe 17-5-2024; 1ª Turma, AgRg no AREsp 596.849/PE, rel. Min. Sérgio Kukina, j.un. 18-11-2014, DJe 21-11-2014; e 2ª Turma, AgRg no AREsp 173.920/PE, rel. Min. Cesar Asfor Rocha, j.un. 26-6-2012, DJe 7-8-2012).

[188]. A 1ª Turma do STJ corretamente admitiu que o próprio instrumento de mandato é apto para demonstrar a pactuação do advogado e de seu cliente para os fins do art. 22, § 4º, da Lei n. 8.906/1994. Trata-se do REsp 1.818.107/RJ, rel. Min. Sérgio Kukina, j.un. 7.12.2021, DJe 9-2-2022 a prova de que os honorários contratuais são do próprio advogado pode ser feita mediante a demonstração da procuração.

valores devidos às partes, considerando a diferença de titularidade das verbas[189]. Ao tema se volta, no contexto das múltiplas questões postas pelo art. 85 do Código de Processo Civil, o n. 2.9 do Capítulo 3 da Parte II.

Havendo pedido da parte, cabe ao magistrado impor ao sucumbente o pagamento dos honorários *contratuais* que, como destacado, não podem ser confundidos com os honorários *sucumbenciais*, que têm origem e justificativa no e pelo próprio processo. Assim, é correto o entendimento segundo o qual os honorários *contratuais* integram as perdas e danos nos termos e para os fins dos arts. 389, 395 e 404 do Código Civil[190].

4.4 Defensoria Pública

Rente ao que apresenta o n. 2.15, *supra*, a respeito do incentivo que a Constituição Federal empresta ao hipossuficiente para tutelar-se *juridicamente* – noção mais ampla, como lá destacado, que *jurisdicionalmente* –, o art. 134 daquela Carta criou, inovando no particular com relação às Constituições anteriores, as Defensorias Públicas.

A Defensoria Pública deve ser entendida como "instituição essencial à função jurisdicional do Estado, incumbindo-lhe a orientação jurídica e a defesa, em todos os graus, dos necessitados, na forma do art. 5º, LXXIV". A redação que a EC n. 80/2014 deu ao precitado dispositivo constitucional evidencia ainda mais a finalidade institucional da Defensoria Pública nos seguintes termos: "A Defensoria Pública é instituição permanente, essencial à função jurisdicional do Estado, incumbindo-lhe, como expressão e instrumento do regime democrático, fundamentalmente, a orientação jurídica, a promoção dos direitos humanos e a defesa, em todos os graus, judicial e extrajudicial, dos direitos individuais e coletivos, de forma integral e gratuita, aos necessitados, na forma do inciso LXXIV do art. 5º desta Constituição Federal"[191].

---

[189] Por essa razão é que já merecia crítica, à luz da Lei n. 8.906/94 e independentemente do advento do CPC de 2015, a Súmula 306 do STJ, cujo enunciado é o seguinte: "Os honorários advocatícios devem ser compensados quando houver sucumbência recíproca, assegurado o direito autônomo do advogado à execução do saldo sem excluir a legitimidade da própria parte". Não obstante, em sede de Recurso Especial Repetitivo, a Corte Especial do STJ teve a oportunidade de entender que aquela disciplina, derivada do Estatuto da Advocacia, não atritava com a constante do CPC de 1973, em especial de seu art. 21 (REsp 963.528/PR, rel. Min. Luiz Fux, j.un. 2-12-2009, DJe 4-2-2010). A orientação ainda é aplicada para os casos alcançados pela disciplina daquele Código. Assim, v.g.: 2ª Turma, REsp 1.672.406/RS, rel. Min. Herman Benjamin, j.un. 22-8-2017, DJe 13-9-2017.

[190] Assim, v.g., os seguintes julgados do STJ: 4ª Turma, AgInt no AREsp 2.235.833/PR, rel. Min. Maria Isabel Gallotti, j.un. 9-10-2023, DJe 16-10-2023; 3ª Turma, REsp 1.644.890/PR, rel. Min. Ricardo Villas Bôas Cueva, j.un. 18-8-2020, DJe 26-8-2020; 2ª Turma, AgInt no AREsp 809.029/SC, rel. Min. Herman Benjamin, j.un. 9-8-2016, DJe 8-9-2016; 2ª Turma, AgRg no AREsp 606.676/RS, rel. Min. Humberto Martins, j.un. 10-2-2015, DJe 19-2-2015; 3ª Turma, REsp 1.134.725/MG, rel. Min. Nancy Andrighi, j. un. 14-6-2011, DJe 24-6-2011; e 3ª Turma, REsp 1.027.797/MG, rel. Min. Nancy Andrighi, j.un. 17-2-2011, DJe 23-2-2011. Em sentido contrário: 3ª Turma, REsp 2.060.972/SP, rel. Min. Nancy Andrighi, j.un. 13-6-2023, DJe 22-6-2023.

[191] O Pleno do STF teve oportunidade de entender que a locução constitucional abrange indistintamente pessoas naturais e jurídicas. Trata-se da ADI 4.636/DF, rel. Min. Gilmar Mendes.

Trata-se de passo fundamental que foi dado pela Constituição Federal em prol da construção e aperfeiçoamento de um novo modelo de Estado Constitucional para o Brasil. Antes do advento da Constituição Federal de 1988, a tutela jurídica do hipossuficiente era não só incipiente, mas também feita quase que casuisticamente pelos diversos membros da Federação. Ainda que se possa reconhecer iniciativas muito bem-sucedidas e dignas de aplausos, não havia, contudo, a sistematização e a normatização que, com a Constituição de 1988, passou a existir.

O art. 134, mesmo na sua redação primitiva[192], teve o grande mérito de *impor* a necessária *institucionalização* daquela função, permitindo maior racionalização na atividade de *conscientização* e de *tutela jurídica* da população carente, providência inafastável para o engrandecimento de um verdadeiro Estado e do fortalecimento de suas próprias instituições, inclusive as que mais importam para o desenvolvimento deste *Curso*, as relativas à "Justiça"[193]. É nesse contexto que o tema respeitante aos "direitos fundamentais *institucionais*", tratado pelo n. 2.4 do Capítulo 2, deve ser relembrado. Os arts. 3º-A e 4º-A da Lei Complementar n. 80/94, introduzidos pela Lei Complementar n. 132/2009, são bastante claros quanto à diretriz aqui evidenciada. O primeiro, indicando os "objetivos da Defensoria Pública"; o segundo, "os direitos dos assistidos da Defensoria Pública".

Dois exemplos se mostram suficientemente ilustrativos a esse respeito.

Não obstante a inequívoca determinação constante do art. 134 da Constituição Federal, em sua redação original, alguns Estados-membros demoraram mais de uma década e meia para a criação e a instalação de suas Defensorias Públicas. É o caso de São Paulo, em que a Defensoria Pública só foi criada pela Lei Complementar n. 988, de 9 de janeiro de 2006, daquele Estado. Não que antes disso as "funções institucionais" reservadas, desde o plano constitucional, não fossem desempenhadas de alguma forma e a população hipossuficiente economicamente do Estado ficasse no completo desamparo. O ideal, em termos de realização dos valores constitucionalmente assegurados, seria a Defensoria Pública poder se estruturar e se organizar com total independência dos demais Poderes e funções públicas como meio de bem alcançar seus objetivos.

Com relação ao Estado de Santa Catarina, ação direta de inconstitucionalidade perante o Supremo Tribunal Federal questionou a viabilidade de as funções institucionais da Defensoria Pública serem exercidas pelo que o art. 104 da Constituição daquele Estado e a Lei Complementar que o disciplinava chamavam de "advocacia dativa", organizada pela Ordem dos Advogados do Brasil local[194]. O entendimento que prevaleceu foi o da inconstitucionalidade da regra, determinando-se que aquele Estado instalasse no prazo máximo de um ano a Defensoria Pública, o que se concretizou com a Lei Complementar n. 575/2012 daquele Estado.

---

[192]. "A Defensoria Pública é instituição essencial à função jurisdicional do Estado, incumbindo-lhe a orientação jurídica e a defesa, em todos os graus, dos necessitados, na forma do art. 5º, LXXIV."

[193]. Defesa fundamental deste entendimento com vistas ao fortalecimento institucional da própria Defensoria, que merece ser lida, é a de Patrícia Elias Cozzolino de Oliveira em seu *A legitimidade exclusiva da Defensoria Pública na prestação da assistência jurídica gratuita*, esp. p. 55-78 e 127-152.

[194]. Trata-se da ADI 3.892/SC, rel. Min. Joaquim Barbosa, j.m.v. 14-3-2012, *DJe* 25-9-2012.

O Supremo Tribunal Federal, coerentemente, nega que eventuais convênios firmados pela Defensoria Pública para auxiliá-la a atingir seus misteres institucionais sejam exclusivos ou monopolísticos. Foi o que motivou o Pleno daquele Tribunal a julgar inconstitucional Lei do Estado de São Paulo que obrigava a Defensoria Pública daquele Estado a firmar convênios com a Ordem dos Advogados do Brasil local em caráter de exclusividade[195].

A Emenda Constitucional n. 80/2014, ao introduzir o art. 98 no Ato das Disposições Constitucionais Transitórias, fortalece aquele entendimento ao *impor* que o número de defensores públicos na unidade jurisdicional seja proporcional à efetiva demanda pelo serviço da Defensoria Pública e à respectiva população. Mas não só: o § 1º daquele dispositivo estabelece o prazo de oito anos – contados da entrada em vigor da EC n. 80/2014, 5 de junho de 2014 – para que a União, os Estados e o Distrito Federal tenham defensores públicos em todas as unidades jurisdicionais, observado o disposto na regra do *caput* do artigo. O § 2º do art. 98 do ADCT, por sua vez, dispõe que, durante o decurso do prazo previsto no § 1º do artigo, a lotação dos defensores públicos ocorrerá, prioritariamente, atendendo as regiões com maiores índices de exclusão social e adensamento populacional[196].

A Lei Complementar n. 80, de 12 de janeiro de 1994, editada por força do § 1º do art. 134 da Constituição Federal, trata da organização da Defensoria Pública da União, do Distrito Federal e Territórios (art. 2º), além de prescrever as normas gerais para sua organização nos Estados.

De acordo com o art. 1º daquele diploma legal, com a redação dada pela Lei Complementar n. 132/2009, "A Defensoria Pública é instituição permanente, essencial à função jurisdicional do Estado, incumbindo-lhe, como expressão e instrumento do regime democrático, fundamentalmente, a orientação jurídica, a promoção dos direitos humanos e a defesa, em todos os graus, judicial e extrajudicial, dos direitos individuais e coletivos, de forma integral e gratuita, aos necessitados, assim considerados na forma do inciso LXXIV do art. 5º da Constituição Federal".

A autonomia funcional, administrativa e orçamentária da Defensoria Pública de todos os níveis federados é plena[197]. Ela é assegurada desde os §§ 2º e 3º do art. 134 da Constituição

---

[195]. Trata-se da ADI 4.163/SP, rel. Min. Cezar Peluso, j.m.v. 29-2-2012.

[196]. É nesse contexto que merece destaque decisão proferida pela Min. Laurita Vaz no HC 457.443/GO, j. 11-7-2018, *DJe* 2-8-2018, no sentido de que, "... existindo Defensoria Pública estruturada na comarca, não se legitima a nomeação de Defensor Dativo, notadamente quando não destacada qualquer circunstância que impossibilite a atuação da Defensoria no caso concreto.", entendimento que encontra apoio em diversas decisões do STF e do próprio STJ. O STF teve oportunidade de fixar a seguinte tese sobre o assunto (Tema 847 da Repercussão Geral): "Ofende a autonomia administrativa das Defensorias Públicas decisão judicial que determine a lotação de defensor público em localidade desamparada, em desacordo com os critérios previamente definidos pela própria instituição, desde que observados os critérios do art. 98, *caput* e § 2º, do Ato das Disposições Constitucionais Transitórias – ADCT".

[197]. É a razão pela qual o STF formou maioria para declarar inconstitucional lei paulista que vinculava parte do orçamento da Defensoria Pública daquele Estado à prestação de assistência jurídica suplementar por advogados privados. Trata-se da ADI 5.644/SP, rel. Min. Edson Fachin, j.m.v. 24-11-2021, *DJe* 1-12-2021, que ainda aguarda a conclusão do julgamento, após pedido de vista do Min. Gilmar Mendes.

Federal, cabendo o destaque à importante previsão do § 2º do art. 4º da Lei Complementar n. 80/94, que assegura o *dever* de exercício das funções institucionais da Defensoria Pública "inclusive contra as Pessoas Jurídicas de Direito Público". O § 4º do mesmo dispositivo constitucional estabelece como princípios institucionais da Defensoria Pública "a unidade, a indivisibilidade e a independência funcional", que merecem ser compreendidas similarmente ao que o n. 4.2, *supra*, propõe para o Ministério Público.

O mesmo § 4º do art. 134 da Constituição Federal, incluído pela EC n. 80/2014, determina que se aplique à Defensoria Pública, "[...] no que couber, o disposto no art. 93 e no inciso II do art. 96 desta Constituição Federal". A primeira remissão fortalece a importância de a Lei Complementar n. 80/94 e a reforma nela empreendida pela Lei Complementar n. 132/2009 serem compreendidas como verdadeiro "Estatuto da Defensoria Pública". A segunda, relativa ao art. 96, II, da Constituição Federal, fortalece a *independência funcional* da Defensoria Pública, devendo ser interpretada no sentido de caber à própria Defensoria Pública propor aos órgãos legislativos a iniciativa legislativa relativa à sua própria organização.

É em função do reconhecimento *constitucional* dessa autonomia e de sua importância para o desempenho escorreito de suas funções institucionais que o Supremo Tribunal Federal declarou inconstitucional dispositivo de lei estadual que vinculava a Defensoria Pública à Secretaria de Justiça e Direitos Humanos, órgão componente do Executivo estadual[198]. A 5ª Turma do STJ, por sua vez, teve oportunidade de entender ilegal determinação judicial de designação de defensor para atuar em processos em trâmite na Vara da Auditoria Militar do Distrito Federal por significar indevida interferência na autonomia funcional e administrativa da Defensoria Pública[199].

As funções institucionais da Defensoria Pública, voltadas sempre aos "necessitados, assim considerados na forma do inciso LXXIV do art. 5º da Constituição Federal", são indicadas nos incisos do art. 4º da Lei Complementar n. 80/94, com as diversas modificações incorporadas pela Lei Complementar n. 132/2009. Pertinente destacar as seguintes: (*a*) prestar orientação jurídica e exercer a defesa dos necessitados, em todos os graus; (*b*) promover, prioritariamente, a solução extrajudicial dos litígios, visando à composição entre as pessoas em conflito de interesses, por meio de mediação, conciliação, arbitragem e demais técnicas de composição e administração de conflitos; (*c*) exercer, mediante o recebimento dos autos com vista, a ampla defesa e o contraditório em favor de pessoas naturais e jurídicas, em processos administrativos e judiciais, perante todos os órgãos e em todas as instâncias, ordinárias ou extraordinárias, utilizando todas as medidas capazes de propiciar a adequada e efetiva defesa de seus interesses; (*d*) atuar nos Juizados Especiais; e (*e*) exercer a função de "curador especial" nos casos previstos na lei.

---

[198]. A referência é feita à ADI 3.569/PE, rel. Min. Sepúlveda Pertence, j.un. 2-4-2007, *DJ* 11-5-2007, p. 47.
[199]. Trata-se do RMS 59.413/DF, rel. Min. Reynaldo Soares da Fonseca, j.un. 7-5-2019, *DJe* 20-5-2019.

Considerando determinadas finalidades institucionais, a instalação e o funcionamento da Defensoria Pública no âmbito da União, dos Estados e do Distrito Federal têm condições de *retirar* do Ministério Público funções reconhecidas pela ordem constitucional pretérita, mas que se faziam ainda *necessárias* de serem a ele atribuídas, como evidencia o n. 4.2.1, *supra*.

A recíproca, sempre observadas as vocações institucionais de cada um dos entes, é verdadeira: se o Ministério Público atua em prol de menor, nos termos do que lhe reconhece o Estatuto da Criança e do Adolescente para a destituição do poder familiar, por exemplo, não há, *só por isso*, razão para intervenção da Defensoria Pública para atuar na qualidade de curador especial[200]. Havendo conflito entre a criança e sua mãe, contudo, a atuação da Defensoria como curador especial justifica-se[201].

Ao contrário do que poderia parecer da leitura da Lei Complementar n. 80/94, fora do modelo constitucional do direito processual civil já não havia como recusar a atuação da Defensoria Pública *também* no plano do chamado "direito processual *coletivo*", isto é, para a atuação de certos direitos e interesses considerados não apenas enquanto titularizados por determinados sujeitos, os "necessitados", mas também por "grupos" ou "classes" desses mesmos sujeitos[202], solução que veio a ser expressa no inciso II do art. 5º da Lei n. 7.347/85, com a redação que lhe deu a Lei n. 11.448/2007[203]. A Lei Complementar n. 132/2009, consolidando e

---

[200]. É o que vem decidindo o STJ nos seguintes casos: 3ª Turma, AgInt no REsp 2.051.144/RJ, rel. Min. Ricardo Villas Bôas Cueva, j.un. 8-4-2024, *DJe* 11-4-2024; 3ª Turma, AgInt no AgInt no AREsp 1.820.341/MS, rel. Min. Moura Ribeiro, j.un. 21-3-2022, *DJe* 23-3-2022; 4ª Turma, AgRg no REsp 1.453.686/RJ, rel. Min. Antonio Carlos Ferreira, j.un. 27-2-2018, *DJe* 13-3-2018; 2ª Seção, EAREsp 298.526/RJ, rel. Min. Raul Araújo, j.un. 24-5-2017, *DJe* 23-6-2017; 2ª Seção, REsp 1.296.155/RJ, rel. Min. Luiz Felipe Salomão, j.m.v. 26-6-2013, *DJe* 20-3-2014; 3ª Turma, AgRg no REsp 1.358.226/MG, rel. Min. Sidnei Beneti, j.un. 28-5-2013, *DJe* 18-6-2013; 4ª Turma, REsp 1.176.512/RJ, rel. Min. Maria Isabel Gallotti, j.un. 28-8-2012, *DJe* 5-9-2012; e 3ª Turma, AgRg no Ag 1.404.261/RJ, rel. Min. Massami Uyeda, j.un. 18-9-2012, *DJe* 3-10-2012.

[201]. Neste sentido: STJ, 3ª Turma, REsp 1.357.364/MG, rel. Min. Ricardo Villas Bôas Cueva, j.un. 17-11-2015, *DJe* 23-11-2015; STJ, 3ª Turma, AgRg no AgRg no AREsp 298.526/RJ, rel. Min. Nancy Andrighi, j.un. 10-6-2014, *DJe* 18-6-2014; e 3ª Turma, RERsp 1.378.080/RJ, rel. Min. Nancy Andrighi, j.un. 22-10-2013, *DJe* 28-10-2013.

[202]. Que já era o entendimento do STJ, como se vê, por exemplo, dos seguintes julgados: 2ª Turma, AgInt no REsp 1.573.481/PE, rel. Min. Herman Benjamin, j.un. 26-4-2016, *DJe* 27-5-2016; e 3ª Turma, REsp 555.111/RJ, rel. Min. Castro Filho, j.un. 5-9-2006, *DJ* 18-12-2006, p. 363.

[203]. A ADI 3.943/DF, que questionava a constitucionalidade daquela regra, foi julgada *improcedente* pelo STF, em acórdão assim ementado: "Ação Direta de Inconstitucionalidade. Legitimidade ativa da Defensoria Pública para ajuizar ação civil pública (art. 5º, inc. II, da Lei n. 7.347/85, alterado pelo art. 2º da Lei n. 11.448/2007). Tutela de interesses transindividuais (coletivos *stricto sensu* e difusos) e individuais homogêneos. Defensoria Pública: Instituição essencial à função jurisdicional. Acesso à justiça. Necessitado: Definição segundo princípios hermenêuticos garantidores da força normativa da constituição e da máxima efetividade das normas constitucionais: art. 5º, incs. XXXV, LXXIV, LXXVIII, da Constituição da República. Inexistência de norma de exclusividade do Ministério Público para ajuizamento de ação civil pública. Ausência de prejuízo institucional do Ministério Público pelo reconhecimento da legitimidade da Defensoria Pública. Ação julgada improcedente" (STF, Pleno, ADI 3.943/DF, rel. Min. Cármen Lúcia, j.un. 7-5-2015, *DJe* 6-8-2015). O Pleno do STF teve oportunidade de fixar, em sede de recurso extraordinário repetitivo, a seguinte tese a respeito do tema: "A Defensoria Pública tem legitimidade para a propositura da ação civil pública em ordem a promover a tutela judicial de direitos difusos e coletivos de que sejam titulares, em tese, pessoas necessitadas" (RE 733.433/MG, Tema 607 da Repercussão Geral, rel. Min. Marco Aurélio, j.m.v. 4-11-2015, *DJe* 7-4-2016).

generalizando a tímida (mas importante) iniciativa da Lei n. 11.448/2007, introduziu uma série de dispositivos na Lei Complementar n. 80/94, para suprir eventual deficiência de regulamentação anterior, dentre os quais podem ser destacados o art. 1º, os incisos VII, VIII e X de seu art. 4º, o art. 15-A e o art. 106-A. A 2ª Turma do STJ voltou ao assunto, *reafirmando* a sua jurisprudência no sentido destacado – inclusive o fato de ela ser anterior às referidas alterações legislativas – e sublinhando que, "para a atuação da Defensoria Pública na Ação Civil Pública, basta que apenas parte dos beneficiários se enquadre na classe dos necessitados, porque, a se entender diversamente, vale dizer, a exigir-se *exclusividade* da titularidade destes em relação aos interesses e direitos objeto da demanda coletiva, o resultado seria, de direito e de fato, negar a ampla, imprescindível e efetiva tutela judicial a pretensões legítimas do infelizmente vasto universo de 'carentes de justiça' do País. Algo incompatível com a marca da 'eficiência' e da 'instrumentalidade', que, segundo a lição abalizada de Ada Pellegrini Grinover, norteia nossa processualística civil atual, recheada que está de 'esquemas e modelos processuais capazes de reconduzir o processo à necessária aderência à realidade e de resgatar seus princípios e suas finalidades primordiais, em face das novas exigências'"[204].

De outro lado, a Corte Especial daquele mesmo Tribunal reconheceu expressamente legitimidade da Defensoria Pública para a tutela jurisdicional de direitos ou interesses *difusos*, ao mesmo tempo que entendeu que, quando se tratar da tutela de direitos coletivos e individuais homogêneos, a legitimidade da Defensoria pode abranger grupos de necessitados, ainda que não necessariamente do ponto de vista econômico. Acabou reconhecendo, por isso, legitimidade para a Defensoria Pública tutelar coletivamente idosos que tiveram seu plano de saúde reajustado em razão da idade[205].

Além disso, o Superior Tribunal de Justiça já teve oportunidade de decidir que os recursos interpostos àquela Corte pelas Defensorias Públicas Estaduais devem ser acompanhados pela Defensoria Pública da União, cabendo a ela as intimações respectivas, a não ser que haja representação da Defensoria Pública estadual em Brasília, que, neste caso, detém capacidade postulatória para agir também perante aquele Tribunal[206]. A orientação tem fundamento no art. 14, § 3º, da Lei Complementar n. 80/94, introduzido pela Lei Complementar n. 98/99,

---

204. É o que se lê no voto do Ministro Herman Benjamin, da 2ª Turma do STJ, no REsp 1.264.116/RS, rel. Min. Herman Benjamin, j.un. 18-10-2011, *DJe* 13-4-2012.
205. EREsp 1.192.577/RS, rel. Min. Laurita Vaz, j.un. 21-10-2015, *DJe* 13-11-2015. Em sede de doutrina, v. a defesa que a esse posicionamento faz Jorge Bheron Rocha, Entre reafirmações e inovações: o título reservado à Defensoria Pública no novo CPC, esp. p. 484/491.
206. CE, QO no Ag 378.377/RJ, rel. Min. Nancy Andrighi, j.un. 1º-7-2002, *DJ* 11-11-2002, p. 137; 3ª Turma, AgRg no REsp 802.745/RJ, rel. Min. Humberto Gomes de Barros, j.un. 3-12-2007, *DJ* 12-12-2007, p. 416; 3ª Turma, EDcl no AgRg no REsp 453.718/MS, rel. Min. Paulo de Tarso Sanseverino, j.un. 5-10-2010, *DJe* 15-10-2010, e 6ª Turma, AgRg no AREsp 230.296/AL, rel. Min. Og Fernandes, j.un. 28-5-2013, *DJe* 4-6-2013. Idêntica orientação deve ser observada quando o membro da Defensoria Pública estadual aderiu ao Portal de Intimações Eletrônicas do STJ, na linha do que decidiu a 5ª Turma daquele Tribunal na PET no AREsp 1.513.956/AL, rel. Min. Reynaldo Soares da Fonseca, j.un. 17-12-2019, *DJe* 4-2-2020.

merecendo ser interpretada levando em conta também o disposto no art. 22, na redação que lhe deu a Lei Complementar n. 132/2009, e no art. 23, ambos da Lei Complementar n. 80/94.

4.4.1 Defensoria Pública como *custos vulnerabilis*

Com base na missão institucional que lhe é reservada desde o modelo constitucional, é irrecusável a compreensão de que a Defensoria Pública deve atuar, em processos jurisdicionais individuais e coletivos, *também* na qualidade de *custos vulnerabilis*, promovendo a tutela jurisdicional adequada dos interesses que lhe são confiados, desde o modelo constitucional, similarmente ao que se dá com o Ministério Público quanto ao exercício de sua função de *custos legis*, ou, como pertinentemente prefere o Código de Processo Civil, fiscal da ordem jurídica (*custos iuris*).

Impensável, em uma República, construída sob as luzes de um Estado Constitucional, que exalta a democracia, a cidadania, a dignidade da pessoa humana e o pluralismo (art. 1º da CF), sustentar que somente há (ou possa haver) um *único* fiscal da ordem jurídica. Não há espaço para esse entendimento, tanto que o n. 4.3.2, *supra*, propõe idêntico raciocínio para justificar a intervenção da Ordem dos Advogados do Brasil para o desempenho da mesma função, considerando, em especial, a finalidade institucional prevista no inciso I do art. 44 da Lei n. 8.906/94, máxime quando interpretada, como deve ser, a partir da grandeza do art. 133 da Constituição Federal.

Importa, por isso, dar destaque ao papel que, desde o art. 134 da Constituição Federal, é atribuído à Defensoria Pública e que *não se esgota* na sua atuação individualizada em prol dos necessitados, nem tampouco como *autora*, o que se dá, no contexto que aqui importa destacar, no âmbito do chamado "processo coletivo". É fundamental entender que ela também pode desempenhar outro papel em prol de suas finalidades institucionais, até como forma de perseguir, inclusive perante o Estado-juiz, a "promoção dos direitos humanos e a defesa [...] de forma integral".

Sua atuação como interveniente para que, nesta qualidade, sua opinião institucional possa ser levada em conta na construção de uma decisão mais democrática, é irrecusável. Diferentemente do que este *Curso* chegou a sustentar em suas edições anteriores, é importante entender que a atuação da Defensoria Pública na qualidade de *custos vulnerabilis* deve ser, em tudo, assimilável ao regime que o CPC dá ao atuar do Ministério Público como *custos iuris*, rompendo, assim, com as restrições que, embora superáveis, o CPC empresta ao *amicus curiae*. Por isso, sem as ressalvas anteriores, é correto entender aplicável à hipótese, na falta de regras próprias, o quanto estabelecido para o Ministério Público nos arts. 178 e 179 do CPC, que disciplinam a atuação daquela instituição na qualidade de fiscal da ordem jurídica[207].

---

[207]. Para a compreensão e o alcance da figura do *amicus curiae*, ao lado da intervenção reservada tradicionalmente ao Ministério Público no direito brasileiro na qualidade de *custos legis*, são analisados pelo autor deste *Curso* em seu *Amicus curiae no processo civil brasileiro: um terceiro enigmático*, p. 354-366, 399-403 e 526, destacando, nesta última página, a importância da atuação do *amicus curiae* mesmo nos casos de intervenção do Ministério Público naquela qualidade.

A expressão "*custos vulnerabilis*", cujo emprego vem sendo defendido pela própria Defensoria Pública[208], é pertinente para descrever o entendimento aqui robustecido. Seu emprego e difusão têm a especial vantagem de colocar lado a lado – como deve ser em se tratando de funções essenciais à administração da justiça em um ambiente verdadeiramente democrático – esta modalidade interventiva a cargo da Defensoria Pública e a tradicional do Ministério Público.

O "fiscal dos vulneráveis", para empregar a locução no vernáculo, ou, o que parece ser mais correto diante do que pertinentemente vem sendo compreendido sobre a legitimidade ativa da Defensoria Pública no âmbito do "direito processual coletivo", o "fiscal dos *direitos* vulneráveis", deve atuar, destarte, sempre que os direitos e/ou interesses dos processos (ainda que individuais) justifiquem a oitiva (e a correlata consideração) do posicionamento institucional da Defensoria Pública, inclusive, mas não apenas, nos *processos* formadores ou modificadores dos indexadores jurisprudenciais, tão enaltecidos pelo Código de Processo Civil. Trata-se de fator de legitimação decisória indispensável e que não pode ser negada a qualquer título[209].

---

208. Assim, por exemplo, as importantes contribuições de Maurilio Casas Maia a respeito do assunto, dentre elas "Defensoria pública no novo Código de Processo Civil (NCPC): primeira análise", esp. p. 329-330, fazendo referência à intervenção da Defensoria nas "ações possessórias" multitudinárias (art. 554, § 1º, do CPC) e, como organizador, a obra coletiva *Defensoria Pública, democracia e processo*, com importantes aportes doutrinários acerca do tema. Monograficamente, cabe destacar o livro *Custos vulnerabilis: a defensoria pública e o equilíbrio nas relações jurídicas dos vulneráveis*, escrito em coautoria por Edilson Santana Gonçalves Filho, Jorge Bheron Rocha e Maurílio Casas Maia. Sobre o assunto, cabe destacar também o quanto decidido pela 2ª Turma do STJ no AgInt no REsp 1.729.246/AM, rel. Min. Herman Benjamin, j.un. 4-9-2018, *DJe* 20-11-2018, de cuja ementa se lê, de pertinente: "3. Em que pese a inaplicabilidade do dispositivo ao feito, trazemos à reflexão importante questão envolvendo a normativa prevista no artigo 554, § 1º, CPC/2015, em que se exige a atuação da Defensoria Pública em casos como o presente: '§ 1º: No caso de ação possessória em que figure no polo passivo grande número de pessoas, serão feitas a citação pessoal dos ocupantes que forem encontrados no local e a citação por edital dos demais, determinando-se, ainda, a intimação do Ministério Público e, se envolver pessoas em situação de hipossuficiência econômica, da Defensoria Pública'. Conclusão inafastável é que esse dispositivo busca concretizar a dignidade da pessoa humana, democratizando o processo, ao permitir a intervenção defensorial. O artigo almeja garantir e efetivar os princípios do contraditório e da ampla defesa de forma efetiva".

209. Alvissareiras, por isso mesmo, as decisões que vêm reconhecendo à Defensoria Pública a possibilidade de atuação naquela qualidade (e sem prejuízo da atuação do MP) como fazem prova suficiente as seguintes: STJ, 2ª Seção, EDcl no REsp 1.712.163/SP, rel. Min. Moura Ribeiro, j.un. 25-9-2019, *DJe* 27-9-2019; TJSP, 11ª Câmara de Direito Público, rel. Des. Aroldo Viotti, Agravo de Instrumento 2007125-58.2018.8.26.0000, j. 10-7-2018, registro 10-7-2018; TJSP, 1ª Câmara de Direito Público, rel. Des. Rubens Rihl, Agravo de Instrumento 2086146-83.2018.8.26.0000, j. 21-6-2018, registro 21.6.2018; TJSP, 4ª Câmara de Direito Público, rel. Des. Ricardo Feitosa, Agravo de Instrumento 2086149-38.2018.8.26.0000, j. 30-7-2018, registro 3-8-2018; TJAM, 1ª Câmara Cível, rel. Des. Anselmo Chíxaro, Agravo de Instrumento n. 4004330-57.2018.8.04.0000, j. 19-8-2019, registro 20-8-2019; TJAM, AgReg em Rev Crim 0003697-80.2019.8.04.0000, rel. Des. Anselmo Chíxaro, Câmaras Reunidas, j.un. 25-9-2019, registro 25-9-2019; TJRO, 1ª Câmara Cível, rel. Des. Sansão Saldanha, Agravo de Instrumento 0802684-46.2018.822.0000, j. 11-9-2019, *DJRO* 13-9-2019); TJMT, 1ª Câmara Cível, rel. Des. Nilza Maria Possas de Carvalho, Agravo de Instrumento 1012948-47.2018.8.11.0000, j. 10-9-2019; TJSC, 5ª Câmara de Direito Civil, rel. Des. Ricardo Fontes, Agravo de Instrumento 4006990-32.2019.8.24.0000, j. 3-9-2019. Na ADPF 709/DF, o Min. Roberto Barroso, do STF, em decisão de 16.10.2023, reconheceu, em sede de embargos de declaração, a pertinência da intervenção da Defensoria Pública para atuar naquele caso na qualidade de *custos vulnerabilis* "tendo em vista a condição de extrema vulnerabilidade das comunidades indígenas, os diversos direitos fundamentais que se busca

4.4.2 Defensor público

O defensor público é o integrante da Defensoria Pública que atua como "órgão de execução", isto é, de realização concreta, das funções institucionais da Defensoria Pública. É quem exerce a capacidade postulatória daquele que não tem condições econômicas de pagar um advogado ou, nos termos empregados pelo art. 1º da Lei Complementar n. 80/94, na redação da Lei Complementar n. 132/2009, os "necessitados, assim considerados na forma do inciso LXXIV do art. 5º da Constituição Federal".

É importante, contudo, esclarecer que o defensor público, embora tenha que ser advogado para os fins dos arts. 26 e 71 da Lei Complementar n. 80/94, não pode exercer a advocacia, nem a pública nem a privada, nos termos que expõem os n. 4.3 e 4.3.1, *supra*. Seu múnus de defensor público absorve integralmente sua capacidade postulatória. A advocacia, no caso do defensor público, é voltada única e exclusivamente para a realização das funções institucionais às quais pertence (art. 29 da Lei n. 8.906/94). O exercício da advocacia, pública ou privada, é-lhe vedado desde o art. 134, § 1º, da Constituição Federal e reiterado pela Lei Complementar n. 80/94, no âmbito da Defensoria Pública da União, do Distrito Federal e Territórios e dos Estados, em seus arts. 46, I; 91, I; 130, I, e 137. A vedação, oportuno enfatizar, justifica-se para garantir o máximo de *imparcialidade* no sentido de *independência funcional*.

Tanto assim que o Supremo Tribunal Federal já teve oportunidade de entender que o defensor público não pode exercer, concomitantemente, o múnus da advocacia privada[210]. Embora o defensor público seja "ontologicamente" um advogado, seus misteres públicos, impostos desde o plano constitucional – daí a indispensabilidade da construção e da aplicação do modelo constitucional do direito processual civil –, acabam por afastá-lo do exercício de qualquer outra atividade que, verdadeiramente, *distraia* sua função pública, inclusive o exercício da advocacia privada.

A questão que ocupa os parágrafos anteriores, que poderia parecer meramente teórica, rende ensejo a interessantes desdobramentos práticos. Assim, por exemplo, a tese de que os Defensores Públicos não precisariam estar, durante o exercício de seu múnus, vinculados à Ordem dos Advogados do Brasil porque sua capacidade postulatória decorreria, única e exclusivamente, de sua nomeação e posse no cargo (art. 4º, § 6º, da Lei Complementar n. 80/94 na redação da Lei Complementar n. 132/2009). Sobre ela, há quem entenda que o Defensor Público que não esteja em dia com suas obrigações como advogado perante a Ordem

---

concretizar na ação e a pertinência da questão com as atribuições da DPU". Na III Jornada de Direito Processual Civil do CJF foi aprovado o Enunciado n. 169 que, pertinentemente, também ilustra as múltiplas possibilidades de atuação da Defensoria Pública naquela qualidade: "A Defensoria Pública pode ser admitida como *custos vulnerabilis* sempre que do julgamento puder resultar formação de precedente com impacto potencial no direito de pessoas necessitadas".

210. ADI 3.043/MG, Pleno, rel. Min. Eros Grau, j. un. 26-4-2006, *DJ* 27-10-2006, p. 30.

dos Advogados do Brasil não pode praticar atos postulatórios válidos, devendo ser nomeado outro Defensor para atuar em seu lugar. De outra parte, há o entendimento de que importa distinguir com nitidez o múnus do advogado daquele do Defensor Público, orientação que se mostra mais correta na perspectiva do "modelo constitucional do direito processual civil" e que tem o apoio deste *Curso*[211]. Eventuais impasses administrativos que existam entre o membro da Defensoria Pública e a Ordem dos Advogados do Brasil não podem interferir na validade de sua atuação como Defensor Público.

Outra questão importante que deriva das considerações anteriores está na viabilidade de defensores públicos integrarem os tribunais pelo chamado "quinto constitucional", considerando que a Constituição Federal não faz referência expressa a eles, apenas a advogados e membros do Ministério Público. Nesta perspectiva, não há como entender que os defensores públicos têm legitimidade para concorrer ao Tribunal na classe dos advogados, tanto quanto os advogados públicos. A vinculação institucional de sua capacidade postulatória não pode ser óbice para tanto, sob pena de alijar uma das funções essenciais da administração da Justiça de uma das mais fundamentais formas de participação na organização judiciária.

A Defensoria Pública é organizada em cargos de carreira, e o acesso a eles depende de realização de concurso público de provas e títulos. Sua remuneração observará o que dispõe o art. 39, § 4º, da Constituição Federal, de acordo com o art. 135 da mesma Carta. Isso não quer dizer, contudo, que a Defensoria Pública, como órgão institucional, e não o defensor público, como *agente* executor desse órgão (arts. 46, III; 91, III, e 130, III), não possa receber honorários de advogado derivados de sua atuação judicial quando presentes os pressupostos da lei processual civil.

A exceção, como teve oportunidade de entender a 1ª Seção do Superior Tribunal de Justiça, dar-se-ia naqueles casos em que a Defensoria Pública tivesse agido contra a própria entidade federada que a criou, porque a condenação em honorários, em tais casos, significaria, em última análise, a condenação do Estado ou da União a pagar a si próprio aquela verba, caracterizando-se "confusão" nos termos do direito civil[212]. O entendimento, com o devido respeito, já estava a merecer reexame por força das inovações trazidas pela Emenda Constitucional n.

---

211. É nesse sentido que vem se manifestando o STJ, como fazem prova os seguintes julgados: 1ª Turma, AgInt no REsp 1.654.495/ES, rel. Min. Napoleão Nunes Maia Filho, j.un. 26-8-2019, *DJe* 28-8-2019; 2ª Turma, AgInt no REsp 1.670.310/SP, rel. Min. Og Fernandes, j.un. 26-2-2019, *DJe* 11-3-2019, e 2ª Turma, REsp 1.710.155/CE, rel. Min. Herman Benjamin, j.un. 1-3-2018, *DJe* 2-8-2018. A discussão rendeu ensejo ao Tema 1.074 da Repercussão Geral do STF que gerou a seguinte tese: "É inconstitucional a exigência de inscrição do Defensor Público nos quadros da Ordem dos Advogados do Brasil". No bojo da ADI 4.636/DF, rel. Min. Gilmar Mendes, o Pleno do STF conferiu "(...) interpretação conforme à Constituição ao art. 3º, § 1º, da Lei n. 8.906/94, declarando-se inconstitucional qualquer interpretação que resulte no condicionamento da capacidade postulatória dos membros da Defensoria Pública à inscrição dos Defensores Públicos na Ordem dos Advogados do Brasil".

212. STJ, 1ª Seção, REsp repetitivo 1.108.013/RJ, rel. Min. Eliana Calmon, j.un. 3-6-2009, *DJe* 22-6-2009 (Temas 128 e 129).

A primeira das classes a ser destacada é voltada ao que usualmente a doutrina chama de "tutela jurisdicional das liberdades públicas"[221] ou "ações constitucionais"[222] e sua evolução conatural com o modelo político de Estado traçado pela Constituição de 1988.

A segunda classe destina-se a indicar as formas de controle da constitucionalidade no direito brasileiro, com especial destaque ao controle *concentrado* exercitado perante o Supremo Tribunal Federal.

A terceira classe ocupa-se com a produção de súmulas vinculantes pelo Supremo Tribunal Federal, uma das novidades introduzidas no modelo constitucional do direito processual civil pela Emenda Constitucional n. 45/2004.

A quarta classe trata especificamente da imposição constitucional do *modo* de cumprimento de sentenças que imponham às Fazendas Públicas o pagamento de dinheiro, a chamada "execução contra a Fazenda Pública", nos termos do art. 100 da Constituição Federal.

A quinta classe, por fim, refere-se a dois procedimentos jurisdicionais constitucionalmente diferenciados que, em última análise, buscam a garantia, pela atuação jurisdicional, de objetivos e competências assegurados pela própria Constituição Federal.

O exame de cada uma dessas classes é o objetivo dos números seguintes.

5.1 Tutela jurisdicional das liberdades públicas das diversas gerações

Historicamente falando, as chamadas "ações constitucionais" representam as primeiras formas de manifestação dos jurisdicionados contra os desmandos do Estado e das autoridades públicas constituídas. Por isso é bastante frequente o emprego da expressão "tutela jurisdicional das liberdades públicas" para se referir a elas, forte na sua gênese histórica de garantir, em juízo, os então recém-concebidos "direitos subjetivos públicos", isto é, os direitos dos particulares exercitáveis contra o próprio Estado, passo decisivo para a formação (e desenvolvimento) do Estado Democrático de Direito. São, nesse sentido, formas *diferenciadas* de pedido e de prestação da tutela jurisdicional concebidas para a adequada tutela dos "direitos de primeira geração".

Este *Curso*, pelas razões expostas no n. 3.1 do Capítulo 4, recusa correção no emprego da palavra "ação" ou, no plural, "ações" para descrever o repertório sobre o qual versa o número presente. O ponto marcante de todas essas formas de atuação jurisdicional reside em seu *procedimento* e não no exercício da ação propriamente dita, até porque ela, a ação, é um direito (fundamental) a ser exercido e exercitado ao longo do processo, incapaz de se modificar

---

[221] Assim, por exemplo, o entendimento de Cândido Rangel Dinamarco, *Instituições de direito processual civil*, v. I, p. 383-385, e Luiz Rodrigues Wambier, *Tutela jurisdicional das liberdades públicas*.
[222] Expressão cunhada por diversos constitucionalistas e administrativistas, tais como José Afonso da Silva, *Curso de direito constitucional positivo*, p. 420-421, e Hely Lopes Meirelles, no seu clássico *Direito administrativo brasileiro*, p. 672.

ou transformar, pelas variações do direito material transportado para exame perante o Estado-juiz. O que se tem aqui, importa que isso fique bem claro, são variadas técnicas de dar mais adequada tutela jurisdicional a determinados direitos materiais em virtude de suas específicas características e vicissitudes.

A Constituição Federal de 1988 consagrou e desenvolveu, sobremaneira, o rol de tais iniciativas. Ao lado do *habeas corpus*, a mais tradicional delas, atualmente prevista no inciso LXVIII do art. 5º, da Constituição Federal, cabe o destaque do mandado de segurança disciplinado pelo inciso seguinte e que, do ponto de vista histórico do direito brasileiro, pode ser considerado verdadeiro desdobramento do *habeas corpus*[223]. De forma até então inédita, o inciso LXX do art. 5º da Constituição Federal também autoriza expressamente o mandado de segurança *coletivo*, ambos com finalidade ampla para coibir ou reprimir qualquer ato ilegal ou abusivo de direito praticado por autoridade pública.

A Constituição de 1988 também inova, como inegável desdobramento do mandado de segurança, um novo procedimento jurisdicional constitucionalmente diferenciado, o *habeas data*, como técnica específica para obtenção de informações ou sua retificação constantes de registros ou bancos de entidades governamentais ou de caráter público (art. 5º, LXXII, da CF).

O inciso LXXIII do art. 5º da Constituição Federal, por sua vez, continua a consagrar a ação popular[224], como forma de qualquer cidadão pretender declarar nulos ou invalidar atos administrativos lesivos ao patrimônio público de entidade de que o Estado participe e, em importante inovação em relação às previsões constitucionais anteriores, ao meio ambiente e ao patrimônio histórico e cultural.

A Constituição Federal de 1988, contudo, não se limita a tratar das clássicas e renovadas formas de "tutela jurisdicional das liberdades públicas" no sentido mais tradicional do termo, de garantias jurisdicionais dos "direitos de *primeira* geração", de direitos titularizados pelos *indivíduos* contra o Estado. Ela vai muito além, estabelecendo ao lado daquelas figuras, e atenta à evolução dos próprios direitos subjetivos públicos – evolução que acompanha *pari passu* a do próprio Estado Democrático de Direito –, novas formas de "tutela jurisdicional" com vistas a permitir o controle, o mais amplo possível, pelo Estado-juiz, dos demais espaços que o Estado como um todo passa a ocupar e, por isso mesmo, precisam ser expostos ao correlato controle, no mais amplo sentido da palavra, pelos cidadãos.

Não se trata mais ou, pelo menos, não se trata necessariamente de técnicas voltadas contra o Estado para controlar o exercício do poder político em face dos indivíduos ou da sociedade, no sentido de obter, do Estado-juiz, proteção consistente em uma *abstenção* estatal, consistente em um "não fazer" ou um "não violar" um direito reconhecido existente, mas,

---

[223]. Para essa discussão, ver, do autor deste *Curso*, seu *Mandado de segurança: comentários às Leis n. 1.533/51, 4.348/64 e 5.021/66*, esp. p. 4-7.
[224]. A primeira previsão constitucional da ação popular se deu no § 38 do art. 141 da Constituição Federal de 1946.

bem diferentemente, de formas de tutela jurisdicional que buscam, do Estado, específicos comportamentos e específicas *prestações* – atuações *positivas*, portanto, não meramente abstenções –, típicas e características de um Estado Democrático de Direito nos moldes atuais.

Assim é que a Constituição Federal de 1988, inovando substancialmente em relação a todas as demais, traz, ao lado das "clássicas" formas de tutela jurisdicional das liberdades públicas – clássicas porque *individuais* e voltadas, precipuamente, à obtenção de uma ordem de *abstenção* do Estado-administração –, outras tantas. Assim, por exemplo, a ação civil pública voltada à "proteção do patrimônio público e social, do meio ambiente e de outros interesses difusos ou coletivos" (art. 129, III, da CF) e o mandado de injunção (art. 5º, LXXI, da CF), como forma de viabilizar, mediante a atuação do Estado-juiz, o exercício pleno dos direitos e liberdades constitucionais e das prerrogativas inerentes à nacionalidade, à soberania e à cidadania. É irrecusável, diante da compreensão *coletiva* do princípio do acesso à justiça, que o mandado de injunção também pode ser impetrado *coletivamente*, como defendiam a doutrina e a jurisprudência antes mesmo da expressa previsão que acabou sendo feita pelo art. 12 da Lei n. 13.300/2016[225].

O que se verifica com relação a tais formas de atuação do Estado-juiz é que, com o surgimento de "novos direitos" – direitos de *segunda* e *terceira* gerações –, a finalidade da tutela jurisdicional acabou por se transformar em igual medida. Os procedimentos jurisdicionais constitucionalmente diferenciados mencionados no parágrafo anterior não desnaturam o ponto mais característico da atuação jurisdicional em tempos de *neoconcretismo*, o de viabilizar a mais adequada prestação jurisdicional aderente às vicissitudes do próprio direito material conflituoso.

Para a distinção de tais iniciativas daquelas referidas de início – as relativas à "tutela jurisdicional das liberdades públicas" –, não é errado, muito pelo contrário, entender essas formas de acesso à justiça, *diferenciadas* desde o plano constitucional, como uma *consciente* normatização do que a doutrina acentuou dever ser tratado como uma das ondas renovatórias de acesso à justiça.

As normas componentes dessa classe são, portanto, formas de provocação do exercício de tutela jurisdicional pelas quais os particulares, individual ou coletivamente, e o próprio Estado podem pretender, em *complementação* à genérica garantia constitucional do acesso à justiça constante do art. 5º, XXXV, da Constituição Federal, fazer valer os valores mais amplos e mais caros da cidadania em face do próprio Estado. Por isso, por irem além do *comum*, do que a própria Constituição Federal assegura genericamente, são formas de tutela jurisdicional *diferenciada*.

Cada um dos institutos aqui mencionados é regulamentado infraconstitucionalmente por leis próprias. A disciplina do *habeas corpus* está nos arts. 647 ao 667 do Código de Processo Penal; a do mandado de segurança, na Lei n. 12.016/2009; a do *habeas data*, na Lei n. 9.507/97;

---

225. Para essa discussão, ver: Paulo Lúcio Nogueira, *Instrumentos de tutela e direitos constitucionais*, p. 83-85.

a da ação popular, na Lei n. 4.717/65; a do mandado de injunção, na Lei n. 13.300/2016; e a da ação civil pública, na Lei n. 7.347/85.

A apresentação desses diplomas legislativos extrapola os limites deste *Curso* e a apresentação do modelo constitucional do direito processual civil. O que cabe frisar, sublinhando o quanto escrito no número anterior, é que a análise de cada uma daquelas leis regulamentadoras não pode ser – como nenhum outro tema no direito processual civil – divorciada de seu confronto e de efetivo contraste com as escolhas feitas, para cada um desses procedimentos jurisdicionais constitucionalmente diferenciados, pelo modelo constitucional.

5.2 Controle de constitucionalidade

O sistema brasileiro de controle da constitucionalidade caracteriza-se pela admissão do exercício concomitante do controle *difuso* (concreto) *e* do controle *concentrado* (abstrato). É o que decorre da leitura adequada dos arts. 5º, XXXV, 97, 102, I, *a*, e III, e 125, § 2º, todos da Constituição Federal.

O controle concentrado (abstrato) da constitucionalidade de leis ou atos normativos *federais* é feito exclusivamente pelo Supremo Tribunal Federal, guardião máximo da Constituição Federal (art. 102, *caput*, da CF), por intermédio de três técnicas diferentes, embora complementares: a ação direta de inconstitucionalidade, a ação declaratória de constitucionalidade e a arguição de descumprimento de preceito fundamental.

Seu trato conjunto justifica-se precisamente em função desse seu traço característico: está-se aqui diante de *procedimentos diferenciados* para controle específico da constitucionalidade das leis no ordenamento jurídico brasileiro, representando o que a doutrina e a própria jurisprudência do Supremo Tribunal Federal chamam de controle *objetivo* da constitucionalidade e, por vezes, de "processo *objetivo*"[226], nomenclatura que, todavia, não tem a menor simpatia deste *Curso*.

No plano dos Estados, a Constituição Federal permite, em seu art. 125, § 2º, que sejam criadas formas de controle concentrado (abstrato) da constitucionalidade de leis ou atos normativos *estaduais* e *municipais* quando contrastados em face das respectivas Constituições *Estaduais*[227]. No caso do Tribunal de Justiça do Distrito Federal e dos Territórios, competência similar é reconhecida pelas alíneas *n* e *o* do inciso I do art. 8º da Lei n. 11.697/2008 (que regula a organização judiciária do Distrito Federal e dos Territórios), cabendo-lhe o julgamento da "ação direta de inconstitucionalidade" e da "ação declaratória de constitucionalidade" de lei ou ato normativo do Distrito Federal em face da sua Lei Orgânica. Em todos

---

226. Nelson Nery Junior e Georges Abboud, *Direito constitucional brasileiro*, p. 651.
227. Na ADI 5.548/PE, rel. Min. Ricardo Lewandowski, j.un. 17-8-2021, *DJe* 24-8-2021, o Pleno do STF declarou inconstitucional dispositivo da Constituição do Estado de Pernambuco que conferia ao Tribunal de Justiça daquele Estado competência para julgar ação direta de inconstitucionalidade de lei municipal contrastada em face da respectiva lei orgânica.

esses casos, todavia, é possível, por intermédio do recurso extraordinário, contrastar a decisão dos Tribunais de Justiça perante o Supremo Tribunal Federal, desde que presentes os seus respectivos pressupostos (art. 102, III, da CF).

Embora a possibilidade do controle concentrado e abstrato da constitucionalidade junto ao Supremo Tribunal Federal exista, no direito brasileiro, desde o advento da Emenda Constitucional n. 16, de 26 de novembro de 1965, a Constituição Federal de 1988 trouxe sensíveis e profundas alterações em seus contornos jurídicos, dentre elas a ampliação dos entes legitimados à sua provocação, até então restrita ao Procurador-Geral da República. Coerentemente, o art. 125, § 2º, da Constituição Federal impõe às Constituições Estaduais que não restrinjam os "legitimados" para o controle *concentrado* da constitucionalidade.

O rol de legitimados para provocar o Supremo Tribunal Federal a exercer a competência aqui analisada é, de acordo com o art. 103 da Constituição Federal, o seguinte: (*a*) o Presidente da República; (*b*) a Mesa do Senado Federal; (*c*) a Mesa da Câmara dos Deputados; (*d*) a Mesa de Assembleia Legislativa ou da Câmara Legislativa do Distrito Federal; (*e*) o Governador de Estado ou do Distrito Federal; (*f*) o Procurador-Geral da República; (*g*) o Conselho Federal da Ordem dos Advogados do Brasil; (*h*) partido político com representação no Congresso Nacional; e (*i*) confederação sindical ou entidade de classe de âmbito nacional.

A Constituição de 1988 também inovou quando criou, no § 1º de seu art. 102, a "arguição de descumprimento de preceito fundamental", e a Emenda Constitucional n. 3/93 inovou, uma vez mais, no controle concentrado (abstrato) de constitucionalidade, quando criou a "ação declaratória de constitucionalidade" (art. 102, I, *a*, da CF). A Emenda Constitucional n. 45/2004 unificou, de vez, os legitimados ativos para aqueles fins (art. 103) e o caráter geral e *vinculante* das decisões finais nelas proferidas (art. 102, § 2º), nos seguintes termos: "As decisões definitivas de mérito, proferidas pelo Supremo Tribunal Federal, nas ações diretas de inconstitucionalidade e nas ações declaratórias de constitucionalidade produzirão eficácia contra todos e efeito vinculante, relativamente aos demais órgãos do Poder Judiciário e à administração pública direta e indireta, nas esferas federal, estadual e municipal". No exercício do controle *concentrado* de constitucionalidade, o Advogado-Geral da União defenderá o ato ou texto impugnado como lhe impõe o § 3º do art. 103 da Constituição Federal.

Somente depois de uma sólida e madura jurisprudência do Supremo Tribunal Federal é que as técnicas referidas foram regulamentadas. Em 10 de novembro de 1999, foi promulgada a Lei n. 9.868, que dispõe sobre o processo e julgamento da ação direta de inconstitucionalidade e da ação declaratória de constitucionalidade, e, em 3 de dezembro de 1999, foi promulgada a Lei n. 9.882, que regulamenta o processo e julgamento da arguição de descumprimento de preceito fundamental[228].

---

228. Na ADI 2.231/DF, rel. Min. Roberto Barroso, o STF afastou as críticas sobre a constitucionalidade daquele diploma legal que haviam sido levantadas pelo Conselho Federal da OAB, fixando a seguinte tese: "É constitucional a Lei n. 9.882/1999, que dispõe sobre o processo e julgamento da arguição de descumprimento de preceito fundamental".

A decisão proferida pelo Supremo Tribunal Federal, que entende pela *inconstitucionalidade* da norma jurídica no âmbito do controle *concentrado* ou *abstrato*, retira-a, ela própria, do ordenamento jurídico, como se ela nunca tivesse existido. Ela vale contra todos (*erga omnes*) e tem efeito vinculante em relação aos demais órgãos do Poder Judiciário e da Administração Pública de todos os níveis federados (art. 102, § 2º, da Constituição Federal; art. 28 da Lei n. 9.868/99). É por isso que os efeitos de tal decisão são *retroativos* ou, como é comum referir, *ex tunc*. O que pode ocorrer, por força do art. 27 da Lei n. 9.868/99, é que o Tribunal decida pela *atenuação* dos rigores da consequência da retroatividade decorrente da *declaração* de constitucionalidade, movido por "razões de segurança jurídica" ou de "excepcional interesse social". É o que usualmente é designado por "modulação" dos efeitos da declaração de inconstitucionalidade.

Indo além, importa dar destaque também à diferenciação que a Constituição Federal traz para o exercício do controle difuso ou concreto da constitucionalidade.

O controle *difuso* da constitucionalidade caracteriza-se pela viabilidade de qualquer magistrado de qualquer grau de jurisdição declarar *incidentalmente* a constitucionalidade de lei ou de ato normativo no exercício da função jurisdicional, afastando sua aplicação do caso concreto sob julgamento.

Não há nenhuma exigência ou *procedimento* que regule tal declaração perante a primeira instância, sendo suficiente, para atender ao modelo constitucional, que o magistrado indique na sua decisão a razão pela qual deixou de aplicar determinada norma jurídica por entendê-la inconstitucional.

No plano dos Tribunais, no entanto, em função do que dispõe o art. 97 da Constituição Federal (o "princípio da reserva do Plenário"), consta dos arts. 948 a 950 do Código de Processo Civil um *procedimento específico* para aquele mesmo fim, rotulado de "incidente de arguição de inconstitucionalidade".

A declaração de inconstitucionalidade de lei ou de ato normativo no chamado "controle difuso ou concreto" da constitucionalidade, no âmbito dos Tribunais, portanto, depende da instauração de um específico *procedimento* que permita, por força do art. 97 da Constituição Federal, que o Plenário ou o órgão especial do Tribunal se manifeste a respeito da constitucionalidade ou da inconstitucionalidade da norma jurídica. O incidente pode ser provocado pelos próprios julgadores, de ofício, isto é, sem qualquer pedido para tanto, por qualquer uma das partes ou, até mesmo, pelo Ministério Público, quando atuar no caso, como parte ou como fiscal da ordem jurídica.

O *procedimento* regulado pelos arts. 948 a 950 do Código de Processo Civil cria verdadeiro *incidente* processual que impõe o *sobrestamento* do julgamento do caso concreto e o envio da questão sobre se determinada lei ou ato normativo é, ou não, constitucional, para o órgão competente, o Plenário ou o Órgão Especial, que tem competência para decidir sobre ela, *independentemente do julgamento do caso*. Importante destacar a esse respeito que a competência do Plenário ou órgão especial nos termos do art. 97 da Constituição Federal limita-se à apreciação da *inconstitucionalidade* da lei ou ato normativo. Se o órgão fracionário entender que a norma é *constitucional*, não há motivo para instauração do incidente.

Uma vez julgada a *questão*, declarando, ou não, a inconstitucionalidade da norma, o julgamento anteriormente sobrestado será *retomado* pelo órgão fracionário competente (Câmara ou Turma, por exemplo) e *aplicado* o resultado do julgamento do incidente na causa concreta.

Um exemplo pode esclarecer o que é tratado pelo dispositivo. Impetra-se mandado de segurança alegando-se a inconstitucionalidade de determinada exação tributária. Denegada a segurança em primeira instância, isto é, não reconhecido o direito do contribuinte de deixar de recolher o tributo, a apelação robustece a argumentação da inconstitucionalidade e, consequentemente, a de concessão da ordem. O relator do recurso, verificando o teor da postulação e convencendo-se de que a norma jurídica que dá fundamento à atuação do Estado é inconstitucional, deverá instaurar o *incidente* de inconstitucionalidade, colhendo a oitiva do Ministério Público e submetendo a questão relativa à inconstitucionalidade da lei ou do ato normativo impugnado perante o órgão colegiado respectivo. Uma vez decidida esta questão, a *tese jurídica* relativa à constitucionalidade ou não da norma deverá ser aplicada ao caso concreto pelo órgão competente para apreciação da apelação (art. 927, V, do CPC).

Há, no parágrafo único do art. 949 do Código de Processo Civil, duas exceções à necessidade de instauração do incidente de arguição de inconstitucionalidade: quando já houver pronunciamento anterior do Plenário ou do órgão especial ou do plenário do Supremo Tribunal Federal sobre a questão. Seu exame, inclusive (e não poderia ser diverso) na perspectiva do art. 97 da Constituição Federal, é feito quando do exame daquele dispositivo no volume 2 deste *Curso*.

Diferentemente do que se dá no controle *concentrado*, a declaração *incidental* da inconstitucionalidade (mesmo que no âmbito dos Tribunais) não tem eficácia contra todos e efeito vinculante em relação aos órgãos do Poder Judiciário e da Administração Pública em geral. Ela, a decisão, vale somente para o caso concreto julgado. O que pode ocorrer é que o Supremo Tribunal Federal – e só ele –, ao declarar *incidentalmente* a inconstitucionalidade de alguma lei, requeira ao Senado Federal que suspenda a eficácia daquela norma (art. 52, X, da CF).

Não é incorreto entender, todavia, que enquanto o Senado Federal não suspender a execução da norma nos moldes de que trata o precitado dispositivo constitucional, a decisão do Supremo Tribunal Federal deverá ser considerada como verdadeiro indexador jurisprudencial, atraindo para cá o que o n. 2.6.5 do Capítulo 2 expõe sobre o art. 927 do Código de Processo Civil, em especial seu inciso III, pressupondo que a manifestação daquele Tribunal se dê, em tais casos, no âmbito de recurso extraordinário repetitivo.

Por fim, mas não menos importante, é assente o entendimento de que o controle *difuso* da constitucionalidade pode ser exercitado no âmbito dos processos coletivos, como, aliás, é comuníssimo de ocorrer no âmbito da ação civil pública, sem que a iniciativa signifique qualquer intromissão indevida no controle *concentrado de constitucionalidade* e, pois, na competência privativa do Supremo Tribunal Federal em julgar ações diretas de inconstitucionalidade e ações declaratórias de constitucionalidade de atos federais quando contrastadas com a Constituição Federal[229].

A circunstância de os efeitos práticos de uma e de outra decisão poderem, em alguma medida, coincidir não é óbice para a aplicação, também no âmbito do "direito processual coletivo", do sistema de controle de constitucionalidade que caracteriza o direito processual civil brasileiro desde seu modelo constitucional.

5.3 Súmulas vinculantes do STF

O art. 103-A da Constituição Federal, incluído pela Emenda Constitucional n. 45/2004, trouxe substancial novidade para o ordenamento jurídico brasileiro. Admitiu que o Supremo Tribunal Federal expeça, diante de determinadas circunstâncias, súmulas com caráter vinculante.

De acordo com o dispositivo, "O Supremo Tribunal Federal poderá, de ofício ou por provocação, mediante decisão de dois terços dos seus membros, após reiteradas decisões sobre matéria constitucional, aprovar súmula que, a partir de sua publicação na imprensa oficial, terá efeito vinculante em relação aos demais órgãos do Poder Judiciário e à administração pública direta e indireta, nas esferas federal, estadual e municipal, bem como proceder à sua revisão ou cancelamento, na forma estabelecida em lei".

Tais súmulas terão "como objetivo a validade, a interpretação e a eficácia de normas determinadas, acerca das quais haja controvérsia atual entre órgãos judiciários ou entre esses e a administração pública que acarrete grave insegurança jurídica e relevante multiplicação de processos sobre questão idêntica" (art. 103-A, § 1º, da CF). Não há como negar, destarte, ser pressuposto da edição de súmulas vinculantes a existência *concreta* de "controvérsia atual entre órgãos judiciários ou entre esses e a administração pública" e que "acarrete grave insegurança jurídica e relevante multiplicação de processos sobre questão idêntica". É correto entender, nesse contexto, que a técnica é mais uma providência voltada a implementar o art. 5º, LXXVIII, da Constituição Federal.

A Lei n. 11.417, de 19 de dezembro de 2006, foi promulgada para regulamentar o art. 103-A da Constituição Federal, confessadamente norma de eficácia contida, dependente, pois, de implementação legislativa.

---

[229]. O tema é bem conhecido pelos Tribunais Superiores, como fazem prova os seguintes julgados: STF, 1ª Turma, RE AgR 595.213/PR, rel. Min. Roberto Barroso, j.un. 1º-12-2017, *DJe* 18-12-2017; STF, 2ª Turma, Rcl ED 1.898/DF, rel. Min. Celso de Mello, j.un. 10-6-2014, *DJe* 6-8-2014; STF, 2ª Turma, RE AgR 608.249/SC, rel. Min. Cármen Lúcia, j.un. 16-10-2012, *DJe* 9-11-2012; STJ, 1ª Turma, AgInt no REsp 2.003.182/RJ, rel. Min. Regina Helena Costa, j.un. 29-5-2023, *DJe* 31-5-2023; STJ, 2ª Turma, AgInt no REsp 1.665.331/MG, rel. Min. Francisco Falcão, j.un. 6-9-2018, *DJe* 12-9-2018; STJ, 2ª Turma, REsp 1.696.938/SP, rel. Min. Herman Benjamin, j.un. 17-10-2017, *DJe* 23-10-2017; STJ, 2ª Turma, Resp 1.664.295/SC, rel. Min. Herman Benjamin, j.un. 17-8-2017, *DJe* 13-9-2017; e STJ, 2ª Turma, REsp 1.659.824/SP, rel. Min. Herman Benjamin, j.un. 27-6-2017, *DJe* 30-6-2017.

Em estreita consonância com o disposto no § 2º do art. 103-A da Constituição Federal, a precitada Lei admite que o *processo* voltado à edição, à revisão e ao cancelamento de enunciado de súmula vinculante pelo Supremo Tribunal Federal – a palavra "processo" deve ser compreendida no seu contexto adequado, de método de manifestação do Estado-juiz – possa ser iniciado por todos aqueles que detêm legitimidade ativa para as ações diretas de inconstitucionalidade (art. 103 da CF) e por outras entidades, nos termos dos incisos VI, XI e do § 1º do art. 3º da Lei n. 11.417/2006, sem prejuízo da possibilidade de convocação ou de intervenção de terceiros (*amici curiae*) para pluralizar o debate acerca da manifestação do Supremo Tribunal Federal.

A iniciativa deve ser aplaudida porque o *procedimento* criado pela Lei n. 11.417/2006 afina-se bastante bem com o modelo constitucional do direito processual civil, notadamente com os princípios constitucionais do direito processual civil. Nem poderia ser diferente porque os efeitos das súmulas a serem editadas, revisadas ou canceladas são decisivos para reger comportamentos substancialmente idênticos futuros da Administração Pública em todos os níveis federais e de todos os demais órgãos do Poder Judiciário. Não havia como deixar de criar amplas oportunidades de *participação* dos demais órgãos do Estado e da sociedade civil organizada para o escorreito exercício daquele mister. Caso contrário, haveria inegável "déficit democrático" nas decisões proferidas pelo Supremo Tribunal Federal, considerando sobretudo, mas não só, a forma de escolha e de indicação de seus membros.

É correto entender, mercê dos princípios constitucionais do devido processo constitucional e do contraditório, que, sem aquela participação, fica maculada a eficácia vinculante das súmulas, a despeito da observância *formal* das demais exigências constitucionais[230].

O § 3º do art. 103-A da Constituição Federal prevê o cabimento da *reclamação* como mecanismo adequado para contratar ato administrativo ou decisão judicial que contrarie a súmula aplicável no caso concreto ou que a aplique indevidamente. O acolhimento da reclamação significa a anulação do ato administrativo ou a cassação da decisão judicial proferida em desacordo com a súmula e a determinação de que outra seja proferida sem a mácula anterior. O tema também foi regulamentado pelo art. 7º da Lei n. 11.417/2006 e encontra eco expresso no inciso III do art. 988 do Código de Processo Civil. Trata-se de instrumento inerente a impor o caráter *vinculante* das súmulas expedidas de acordo com o disposto no art. 103-A da Constituição Federal.

As súmulas do Supremo Tribunal Federal preexistentes à inclusão do art. 103-A na Constituição Federal, isto é, expedidas anteriormente à Emenda Constitucional n. 45/2004 – num total de 736 enunciados – não passaram despercebidas por ela. De acordo com o art. 8º daquela Emenda, é possível que também seja reconhecida eficácia *vinculante* àquelas súmu-

---

[230]. É tema que o autor deste *Curso* vem sustentando em outros trabalhos seus, dentre os quais pode ser citado o seguinte: "*Amicus curiae* no IRDR, no RE e REsp repetitivos: suíte em homenagem à Professora Teresa Arruda Alvim", p. 435-458.

las. Importa, contudo, que elas sejam confirmadas por dois terços dos membros do Supremo Tribunal Federal, com sua publicação na imprensa oficial. Assim, desde que dois terços daquele Tribunal assim decidam, qualquer uma das súmulas preexistentes à Emenda Constitucional n. 45/2004 pode vir a ter eficácia vinculante, nos termos do art. 103-A da Constituição Federal. A previsão normativa, vale o destaque, é de suma importância para a devida e sistematizada compreensão do "direito jurisprudencial" do Código de Processo Civil, nos moldes de que trata o n. 2.6.5 do Capítulo 2 e que é objeto de maiores considerações no volume 2 deste *Curso*.

Embora não haja nada de expresso nesse sentido, também é correto que a atribuição de eficácia vinculante àquelas súmulas anteriores vai além da eventual observância do quórum exigido pelo precitado art. 8º da Emenda Constitucional n. 45/2004. Aquela eficácia também depende, como destacado, da observância de um *devido* processo que viabilize o efetivo *contraditório*, no sentido de *cooperação*, dos demais órgãos estatais e interessados em geral da sociedade civil.

Uma última palavra sobre o tema é necessária. As súmulas de que trata o art. 103-A da Constituição Federal são exclusivas do Supremo Tribunal Federal. Só aquele Tribunal pode emprestar efeito *vinculante* à sua jurisprudência sumulada e é por essa razão que a própria Constituição impõe um "procedimento diferenciado", regulamentado pela Lei n. 11.417/2006, para legitimar a sua edição, revisão e cancelamento. Os demais Tribunais, todos eles, podem, contudo, consolidar sua jurisprudência em súmula ou, como é mais correto, em enunciados de súmula, mas que *não têm*, sob pena de ofensa ao modelo constitucional, efeito *vinculante*.

A edição de súmulas é bastante frequente pelos Tribunais brasileiros. Elas, contudo, não *vinculam* – e não podem vincular – no mesmo sentido exposto ao longo deste número. Elas possuem mero efeito *persuasivo*, isto é, representam elemento de convicção forte, quiçá determinante, quanto à sua aplicação pela Administração Pública ou pelos demais órgãos do Judiciário. O tema é recorrente ao longo deste *Curso*, diante das escolhas feitas pelo Código de Processo Civil a seu respeito por diversos de seus dispositivos, em especial os arts. 926 e 927.

5.4 Cumprimento de sentença e execução contra a Fazenda Pública

O quarto componente do grupo dos procedimentos jurisdicionais constitucionalmente diferenciados diz respeito a um específico dispositivo da Constituição Federal. Trata-se do art. 100, que impõe um específico e bastante diferenciado modelo para concretizar decisões jurisdicionais que imponham ao Estado, nos seus variados planos federais, o pagamento de quantia em dinheiro.

O que o art. 100 da Constituição Federal reserva como regra, para esses casos, é que os valores devidos pelas Fazendas Públicas, tenham, ou não, natureza alimentar (art. 100, §§ 1º e 2º, da CF), deverão ser requisitados pelo Presidente do Tribunal competente para que sejam pagos em exercícios financeiros seguintes. É o que a própria Constituição chama, em prática largamente confirmada pelos usos e costumes forenses, de "precatórios". Se o precatório for apresentado até o dia 2 de abril de cada ano, o pagamento *deverá dar-se* no exercício seguinte, isto é, no ano seguinte, entre 1º de janeiro e 31 de dezembro. Caso o precatório seja apresentado após o dia 2 de abril, a programação de pagamento se dará para o exercício do outro ano, também entre 1º de janeiro e 31 de dezembro (art. 100, § 5º, da CF, na redação da EC n. 114/2021)[231].

Assim, por exemplo, na requisição para que o Estado de São Paulo pague a diferença de vencimentos apurada a um servidor público em processo em que aquela questão foi discutida, cujo precatório foi apresentado até o dia 2 de abril de 2024, deverá este ser quitado entre os dias 1º de janeiro e 31 de dezembro de 2025; na requisição para que a União Federal devolva os valores relativos a um tributo pago a maior por um contribuinte, quiçá porque o tributo foi declarado inconstitucional, apresentado a partir do dia 2 de abril de 2022 até o dia 31 de dezembro de 2024, deverão os valores ser pagos entre os dias 1º de janeiro e 31 de dezembro de 2026.

Desde as alterações acrescentadas ao art. 100 pela EC n. 30/2000, passou-se a admitir que "pagamentos de obrigações definidas em lei como de pequeno valor" sejam feitos independentemente da expedição de precatórios (requisição para pagamento nos exercícios seguintes por intermédio dos Presidentes dos Tribunais de Justiça ou Regionais Federais). É o que dispõe o § 3º do art. 100 da Constituição Federal. As obrigações de "pequeno valor", vale o destaque, são definidas em lei federal, estadual ou municipal, consoante o caso, observando-se o § 4º do art. 100 da Constituição Federal. No plano federal, o valor genérico é o de 60 salários mínimos (art. 3º, *caput*, da Lei n. 10.259/2001). Nos planos estaduais, distrital e municipais, enquanto não houver leis próprias, devem prevalecer os limites impostos pelo art. 87 do Ato das Disposições Constitucionais Transitórias incluído pela EC n. 37/2002, reiterado pelo § 12 do art. 97 do mesmo Ato, incluído pela EC n. 62/2009, quais sejam, 40 salários mínimos para os Estados e o Distrito Federal e 30 salários mínimos para os municípios. No âmbito dos Juizados Especiais da Fazenda Pública, aqueles mesmos valores são mantidos enquanto não houver a fixação de outros valores por lei do próprio ente federado (art. 13, § 3º, da Lei n. 12.153/2009).

A justificativa do sistema de precatórios e da requisição de pequenos valores reside na necessária observância do princípio da isonomia pela Administração Pública (art. 37, *caput, da CF*) e também na realidade orçamentária das Administrações Públicas, dependentes, desde a Constituição Federal, de diversos princípios e regras (arts. 165 a 169 da CF).

Assim é que os pagamentos devidos pelo Poder Público em função de decisões judiciais devem ser feitos observando-se uma determinada ordem que, com a EC n. 114/2021, acabou sendo a do § 8º do art. 107-A do ADCT.

---

[231]. Até o advento da EC n. 114/2021, a data da apresentação do precatório era 1º de julho. A modificação acabou por impactar o pagamento dos precatórios que deveriam ser quitados em 2021, razão de ser do art. 107-A do ADCT, também fruto daquela mesma Emenda Constitucional, de discutível constitucionalidade diante do art. 5º, XXXVI, da CF.

Os credores dos RPVs devem ser pagos independentemente da sistemática dos precatórios.

Dos credores sujeitos ao precatório, primeiro, devem ser pagos os credores "alimentares". Créditos alimentares para os fins aqui discutidos devem ser entendidos como aqueles essenciais à subsistência do credor, como os "decorrentes de salários, vencimentos, proventos, pensões e suas complementações, benefícios previdenciários e indenizações por morte ou invalidez, fundadas na responsabilidade civil" do Estado (art. 100, § 1º, da CF). O § 2º do art. 100 da Constituição Federal, na redação que lhe deu a Emenda Constitucional n. 94/2016, dispõe que "Os débitos de natureza alimentícia cujos titulares, originários ou por sucessão hereditária, tenham 60 (sessenta) anos de idade, ou sejam portadores de doença grave, ou pessoas com deficiência, assim definidos na forma da lei, serão pagos com preferência sobre todos os demais débitos, até o valor equivalente ao triplo fixado em lei para os fins do disposto no § 3º deste artigo, admitido o fracionamento para essa finalidade, sendo que o restante será pago na ordem cronológica de apresentação do precatório".

Após, devem ser pagos os credores "não alimentares", isto é, os titulares dos créditos não compreendidos na dicção do precitado § 1º do art. 100 da Constituição Federal. O critério de organização da "fila de pagamentos" é *objetivo*: ordem cronológica de apresentação dos precatórios, dividindo-os nas duas classes referidas e dando-se preferência, dentre os alimentares, que deverão ser pagos antes dos não alimentares, aos compreendidos no § 2º do art. 100 da Constituição Federal. Não há como, deste ponto de vista, duvidar do acerto do critério empregado, que vai ao encontro da *isonomia* constitucionalmente assegurada.

Não é aqui a sede adequada para avaliar criticamente essas "justificativas", as incontáveis emendas constitucionais que modificaram a sistemática do art. 100 da CF e o regime financeiro a ele atrelado, nem, tampouco, para aprofundar o exame desse procedimento jurisdicional constitucionalmente diferenciado e de seu diálogo com os arts. 534 e 535 e 910 do Código de Processo Civil. Para tanto, este *Curso* volta ao assunto em seu volume 3[232].

Para o momento presente, de expor, da forma mais abrangente possível, o modelo constitucional do direito processual civil, importa destacar que não há como o legislador processual civil se desviar do art. 100 da Constituição Federal para disciplinar a concretização dos pagamentos devidos por determinação judicial. Isso, contudo, não quer significar que não há – e, do ponto de vista histórico, que não havia, desde a promulgação da Constituição em 1988 – *limites* derivados dos outros grupos de normas componentes do modelo constitucional do direito processual civil, que afastam determinadas *restrições* que as sucessivas Emendas Constitucionais que se ocuparam com o tema trouxeram. Não há como olvidar, a esse respeito, que é a própria Constituição Federal que protege, de quaisquer alterações – inclusive do "constituinte derivado" ou, o que parece mais rente à realidade brasileira, do "*legislador-constituinte*" –, determinados grupos de normas, dentre eles "os direitos e garantias individuais" (art. 60, § 4º, IV, da CF). Como o n.

---

[232]. O autor deste *Curso* dedicou-se exaustivamente à análise dos arts. 534 e 535 do CPC em seus *Comentários ao Código de Processo Civil*, v. X, p. 314-347. Nos ns. 2.4 a 2.6 e 3 do Capítulo 4 da Parte I de seu Poder Público em juízo, dedica-se detidamente ao exame daqueles dispositivos e também ao art. 910.

2, *supra*, demonstra suficientemente, os princípios constitucionais do direito processual civil são "direitos e garantias individuais" e, por isso, por *imposição constitucional*, são também, para usar o nome comumente empregado pelos constitucionalistas, "cláusulas pétreas".

Em termos bem diretos, deixando o estudo do assunto para os momentos apropriados deste *Curso,* em especial o Capítulo 8 da Parte III de seu vol. 3[233], as formas de *concretização* das decisões jurisdicionais que imponham ao Estado o dever de *pagamento de quantia em dinheiro* devem observar a disciplina do art. 100 da Constituição Federal. Uma decisão jurisdicional, contudo, que não determine que o Estado pague, mas, diferentemente, que imponha ao Estado outra modalidade de obrigação ou de dever (redutíveis, no plano de direito material, a um "fazer", a um "não fazer" ou a uma "entrega de coisa" diferente de dinheiro), não está vinculada ao art. 100 da Constituição Federal. As técnicas processuais voltadas para a concretização daquelas determinações não se relacionam, *mesmo no plano constitucional*, ao modelo decorrente do art. 100 da Constituição Federal.

Também os casos em que há *urgência* merecem especial atenção do intérprete do direito processual civil. É que as restrições constantes do art. 100 da Constituição Federal quanto ao pagamento depois do "*trânsito em julgado* da decisão" são obra de Emendas Constitucionais que se sucederam ao longo do tempo e que têm tudo para conflitar com a garantia ampla do art. 5º, XXXV, da mesma Carta.

5.5 Controle de específicas competências reconhecidas pela Constituição Federal

O último grupo de normas relativas aos "procedimentos jurisdicionais constitucionalmente diferenciados" poderia passar despercebido porque, analisado do prisma constitucional, ele é limitado à constatação de que determinados Tribunais têm *competência* para processamento e julgamento de determinadas situações. Faz-se pertinente, contudo, o seu destaque pela gravidade das situações aqui retratadas, diferentemente dos demais casos em que outras diversas e não poucas competências são, desde a Constituição Federal, reservadas aos órgãos judiciários que compõem a organização judiciária brasileira, assunto ao qual se volta o n. 3, *supra*.

O que ambos os procedimentos têm em comum a justificar seu trato conjunto é a circunstância de se voltarem precipuamente à escorreita garantia das competências reconhecidas pela própria Constituição às entidades federadas e ao próprio Judiciário.

A intervenção da União Federal nos Estados-membros ou no Distrito Federal ou, ainda, dos Estados-membros nos Municípios, de que tratam os arts. 34 e 35 da Constituição Fede-

---

233. Também no Capítulo 4 da Parte I de seu *Poder Público em juízo*, o autor deste *Curso* dedica-se, em profundidade, ao tema.

ral, respectivamente, depende, em algumas hipóteses, que são todas absolutamente excepcionais, do deferimento da medida pelo Supremo Tribunal Federal, pelo Superior Tribunal de Justiça ou pelo Tribunal de Justiça do respectivo Estado.

A intervenção federal será justificada se o Supremo Tribunal Federal acolher representação formulada pelo Procurador-Geral da República nos casos do art. 34, VII, da Constituição Federal – a chamada "ação direta de inconstitucionalidade *interventiva*" –, que descreve situações de não observância dos princípios constitucionais relativos à forma republicana, ao sistema representativo e ao regime democrático; aos direitos da pessoa humana; à autonomia municipal; à prestação de contas da Administração Pública, direta e indireta; e à aplicação de receitas públicas na manutenção e no desenvolvimento de ensino e serviços públicos de saúde – ou, ainda, no caso de recusa à execução de lei federal, ordem ou decisão judicial (art. 34, VI, e art. 36, III, ambos da Constituição Federal).

Não obstante a revogação, pela Emenda Constitucional n. 45/2004, do inciso IV do art. 36 da Constituição Federal, o Superior Tribunal de Justiça tem competência para determinar a intervenção quando houver desobediência à ordem ou decisão judiciária sua (arts. 34, VI, e 36, II, da CF), assim entendidos aqueles casos em que o cabível recurso seria o recurso *especial*, por versar sobre questões de índole *infraconstitucional*[234].

A intervenção estadual nos Municípios, por sua vez, depende de acolhimento de representação formulada pelo Ministério Público do respectivo Estado ou qualquer outro legitimado (art. 129, IV, da Constituição Federal e art. 25, II, da Lei n. 8.625/93), nos casos do art. 35, IV, da Constituição Federal, isto é, quando for o caso de assegurar a observância de princípios constantes da Constituição dos próprios Estados ("ação direta de inconstitucionalidade *interventiva*") ou para assegurar a execução de lei, ordem ou decisão judicial[235].

O estudo detalhado do *procedimento* dessas intervenções passa pelo exame das normas infraconstitucionais que o regem, em especial a Lei n. 4.337/64 (com a modificação nela introduzida pela Lei n. 5.778/72), os arts. 19 a 22 da Lei n. 8.038/90, além das Constituições dos Estados. O que importa destacar é que o provimento da representação destacada acima pode limitar-se à *suspensão* do ato impugnado, inclusive *provisoriamente*, nos casos em que tal determinação bastar para o restabelecimento da normalidade institucional.

O segundo procedimento cuja notícia se justifica no contexto deste número, para a mais completa composição do quadro do modelo constitucional do direito processual civil, é a chamada *reclamação*. Os arts. 102, I, *l*, e 105, I, *f*, da Constituição Federal, respectivamente, limitam-se a

---

234. Foi o que decidiu a CE do STJ na IF 111/PR, rel. Min. Gilson Dipp, j.un. 1º-7-2014, *DJe* 5-8-2014, e, tendo presente hipótese de o Executivo estadual não ter fornecido força policial para o cumprimento de reintegração de posse, o mesmo órgão na IF 106/PR, rel. Min. João Otávio de Noronha, j.un. 12-4-2010, *DJe* 21-5-2010.
235. Na ADI 6.616/AC, rel. Min. Cármen Lúcia, j.un. 26-4-2021, *DJe* 5-5-2021, o STF entendeu que as Constituições estaduais não podem ampliar ou reduzir o rol do art. 35 da CF.

prever a competência do Supremo Tribunal Federal e do Superior Tribunal de Justiça para delas conhecer e julgá-las. O § 3º do art. 102 da mesma Carta, por sua vez, trata da competência do Supremo Tribunal Federal para julgar a reclamação para contrastar ato administrativo ou decisão jurisdicional contrária a súmula vinculante expedida por aquele Tribunal.

A referência à reclamação nessa sede justifica-se para evidenciar que a própria Constituição Federal se preocupa com o estabelecimento de técnica própria para garantir a preservação do exercício de sua competência e que a autoridade das decisões proferidas pelos mais altos órgãos jurisdicionais seja devidamente observada pelos seus respectivos destinatários, sejam eles componentes da Administração Pública ou do próprio Estado-juiz.

O Código de Processo Civil, indo muito além, generalizou o emprego da reclamação para todos os Tribunais (art. 988), estabelecendo, ainda, o *procedimento* a ser observado e revogando expressamente a disciplina anterior que, para o Supremo Tribunal Federal e para o Superior Tribunal de Justiça, decorriam dos arts. 13 a 18 da Lei n. 8.038/90[236], embora não tenha sido revogado o art. 7º da Lei n. 11.417/2006. Essa discussão ocupa o volume 2 deste *Curso*, bastando sua notícia, por ora, para fornecer as informações essenciais à construção de uma teoria geral do direito processual civil.

6. NORMAS DE CONCRETIZAÇÃO DO DIREITO PROCESSUAL CIVIL

O quinto e último grupo componente do modelo constitucional do direito processual civil diz respeito às normas de *concretização* do direito processual civil. É um grupo cujo elo agregador é a identificação (e o devido exame) das normas que, na perspectiva da Constituição Federal, têm como objetivo regulamentar o próprio direito processual civil.

O que distingue este grupo dos demais é a *qualidade* de suas normas. Aqui, elas se voltam *indiretamente* ao plano do próprio processo e ao seu modo de -*dever-ser*. Sua ocupação dá-se com as normas jurídicas que, na perspectiva constitucional, são as esperadas para tratar do direito processual civil como um todo, inclusive do próprio processo. Este quinto grupo tem como vocação estudar os *meios* de atingir o que os demais impõem para o *modo de ser* (de *dever-ser*) do processo. São normas que, nessa perspectiva, têm como objetivo disciplinar a produção de outras normas.

Os demais grupos voltam-se diretamente ao modo de *dever-ser* do plano processual e de cada um de seus institutos, impondo os limites e as características que eles devem ostentar, sob pena de atritar com o modelo constitucional, ocupando-se *diretamente* com o plano do próprio processo. Os componentes dos quatro primeiros grupos têm como objetivo regular o *conteúdo* das normas processuais civis; os do quinto grupo, que ocupa este número, têm como finalidade disciplinar os meios de produção daquelas normas.

---

236. A referência é feita ao inciso IV do art. 1.072 do CPC.

A descrição do 5º grupo componente do modelo constitucional do direito processual civil é novidade das edições posteriores ao CPC de 2015 deste *Curso*. O assunto, indispensável o reconhecimento, já era tratado pelas edições anteriores e, como não há como fazê-lo de outra forma, também a partir da Constituição Federal. Ele só não aparecia de modo expresso, destacado dos demais grupos, como doravante passa a ser feito, na qualidade de componente diferenciado do modelo constitucional.

Assim é que, nas edições anteriores, este *Curso* dedicava-se, como ora se dedica, ao exame da distinção legislativa que *deve* ser observada entre as normas de *processo* e de *procedimento*[237]. Também se voltava à análise do papel dos regimentos internos dos Tribunais no modelo constitucional do direito processual civil[238].

O que este *Curso* não tratava de forma generalizada – e passa a fazê-lo de maneira explícita e generalizada – era o *devido* processo legislativo, embora algumas passagens se dedicassem ao tema, com expressa referência à necessidade de adoção daquela nomenclatura[239]. No exame do inciso I do art. 475-N do CPC de 1973, fruto da Lei n. 11.232/2005, as edições anteriores deste *Curso* apontavam a flagrante inconstitucionalidade constante no dispositivo que, fruto de alteração *substancial* na reta final do processo legislativo, não voltou à Casa iniciadora, seguindo diretamente para sanção presidencial, o que agredia frontalmente a diretriz do art. 65 da Constituição Federal. Foi o pioneiro a fazê-lo[240].

O que motiva o exame mais detido e amplo do tema é não só o amadurecimento de uma série de ideias e conceitos, mas também – e infelizmente – o próprio Código de Processo Civil, que fornece elementos seguros (e objetivamente constatáveis) de falhas gravíssimas de processo legislativo. Um verdadeiro exemplo de *indevido* processo legislativo.

6.1 Notas de (devido) processo legislativo

O Estado constitucional atua, só pode, só deve atuar *processualmente*. É construção segura no campo do direito processual civil, que deve ser espraiada para o exercício, o devido exercício, das demais funções estatais, a administrativa e a legislativa.

---

237. É o conteúdo do n. 6.2 do Capítulo 3 da Parte III do volume 1 deste *Curso* em suas edições anteriores ao CPC de 2015.
238. É o conteúdo do n. 1.2 do Capítulo 3 da Parte II do volume 1 deste *Curso* em suas edições anteriores ao CPC de 2015.
239. Como se pode constatar do n. 1 do Capítulo 3 da Parte III do volume 1 deste *Curso* em suas edições anteriores ao CPC de 2015.
240. A referência é feita ao n. 4.1 do Capítulo 4 da Parte I do volume 3 deste *Curso* em suas edições anteriores ao CPC de 2015. Em diversas outras passagens, o tema era tratado para demonstrar que, na perspectiva da *devida* evolução do direito positivo, não podia ser considerada a *textualidade* daquele dispositivo – não fosse o equívoco sistemático daquela esdrúxula construção – para tratar decisões meramente *declaratórias* como *condenatórias*. Assim, por exemplo, os n. 8.5.1 e 8.5.3 do Capítulo 1 da Parte III do volume 1.

Toda a preocupação sobre o *devido* processo *constitucional* que ocupa o n. 2.3, *supra*, e que é retomada em inúmeras passagens deste *Curso*, deve ser voltada *também* para o exame da produção de todo e qualquer ato administrativo e para a produção de todo e qualquer ato legislativo. É o que este *Curso* sempre propugnou[241] e continua a fazê-lo – e não haveria espaço constitucional para fazê-lo de outro modo – no n. 4 do Capítulo 4.

Não é papel deste *Curso* analisar o "devido processo legislativo" com a mesma profundidade que se espera dos trabalhos dedicados monograficamente ao tema e das obras didáticas dedicadas ao direito constitucional[242].

É na Constituição Federal que repousa o respectivo *modelo* de produção de atos normativos pelo legislativo, como se pode verificar de seus arts. 59 a 69, inseridos na Seção VIII do Capítulo I ("Do poder legislativo") do Título IV ("Da organização dos poderes") da Constituição Federal, chamada eloquentemente de "Do processo legislativo".

Além daqueles dispositivos, que se ocupam, propriamente, com o processo legislativo, diversos outros artigos constitucionais também tratam do tema. É o que ocorre com a iniciativa dos entes políticos para legislarem sobre determinadas matérias (assim, *v.g.*, arts. 22, 24 e 30 da CF), de o processo legislativo depender da iniciativa de ocupantes de outros Poderes (art. 61, § 1º,[243] e art. 93, *caput*, da CF), e poderem, até mesmo, ter iniciativa na população (art. 61, § 2º, da CF)[244]. A alínea *b* do § 1º do art. 62 da Constituição Federal, incluído pela Emenda Constitucional n. 32/2001, por sua vez, veda – e o faz expressamente – a edição de medida provisória sobre "matéria relativa a direito processual civil", vedação que merece ser compreendida de modo amplo para albergar também a interdição de que projetos de conversão de medidas provisórias em lei veiculem regras de natureza processual como, por exemplo, se deu com a Lei n. 14.195/2021.

É certo que há diploma infraconstitucional, a Lei Complementar n. 95/98, que se volta ao assunto e que foi modificada pela Lei Complementar n. 107/2001, ambas editadas para concretizar o parágrafo único do art. 59 da Constituição Federal[245]. Ela e quaisquer de suas

---

241. Para as edições anteriores ao CPC de 2015, ver, uma vez mais, o n. 1 do Capítulo 3 da Parte III do volume 1.
242. Sobre as monografias, cabe dar destaque às clássicas de José Afonso da Silva, *Processo constitucional de formação das leis*, e de Manoel Gonçalves Ferreira Filho, *Do processo legislativo*, e às mais recentes e não menos importantes de João Jampaulo Júnior, *O processo legislativo: sanção e vício de iniciativa*, e André Del Negri, *Controle de constitucionalidade no processo legislativo*.
243. Na ADI 5.211/PB, o Pleno do STF, rel. Min. Alexandre de Moraes, j.m.v. 18-12-2019, DJe 2-12-2019, declarou a inconstitucionalidade *formal* de emenda à Constituição do Estado da Paraíba de iniciativa *parlamentar* (e não do chefe do Executivo) que alterava os critérios para a escolha do Procurador-Geral daquele Estado por violação ao disposto no art. 61, § 1º, II, *c*, da CF.
244. A mais famosa de tais iniciativas é a chamada "lei da ficha limpa", Lei Complementar n. 135/2010, que "altera a Lei Complementar n. 64, de 18 de maio de 1990, que estabelece, de acordo com o § 9º do art. 14 da Constituição Federal, casos de inelegibilidade, prazos de cessação e determina outras providências, para incluir hipóteses de inelegibilidade que visam a proteger a probidade administrativa e a moralidade no exercício do mandato".
245. Que tem a seguinte redação: "Lei complementar disporá sobre a elaboração, redação, alteração e consolidação das leis".

modificações, contudo, como qualquer outro ato infraconstitucional, devem irrestrita observância ao seu específico modelo constitucional. O ponto de partida de análise, destarte, é e só pode ser a própria Constituição Federal.

Para além da noção de *processo* legislativo, cabe evidenciar que cada subespécie legislativa tem o seu próprio *procedimento*, a ser observado. Uma lei ordinária que tem iniciativa no Senado Federal, por exemplo, deve passar pelo crivo da Câmara dos Deputados, que atuará como verdadeiro revisor do Projeto aprovado na casa iniciadora. Se não houver discordância, o projeto aprovado segue para sanção presidencial (art. 65, *caput*, da CF). Havendo, o projeto deve retornar à casa iniciadora para renovada discussão (art. 65, parágrafo único, da CF). Neste momento, o que compete à casa iniciadora é a confirmação de seu próprio projeto ou a adoção das modificações propostas pela casa revisora. Eventual alteração discrepante das duas aprovações anteriores deve resultar em nova remessa da novidade para a casa revisora, sem o que a indispensável *dupla concordância* entre as casas legislativas não se aperfeiçoa. É o que a doutrina especializada chama de "princípio da bicameralidade"[246]. Superadas eventuais divergências entre as duas casas, o projeto é enviado para sanção e promulgação presidencial (art. 65, parágrafo único, e art. 84, IV, da CF)[247].

A descrição deste *procedimento* – a referência a uma lei ordinária de iniciativa do Senado Federal é proposital – é indispensável para compreender diversas falhas que o Código de Processo Civil ostenta nesta peculiaridade. Há, com efeito, um sem-número de inconstitucionalidades de ordem *formal*, por inobservância do *devido processo legislativo*, que o Código carrega.

Algumas repousam no descumprimento puro e simples do art. 65, parágrafo único, da Constituição Federal: o confronto do Projeto da Câmara (casa revisora) e do Senado Federal (casa iniciadora) até poderia resultar, como por vezes ocorreu, uma verdadeira *terceira* versão, dadas as profundas discrepâncias, inclusive ideológicas, entre as duas iniciativas, muitas vezes inconciliáveis entre si. Diante dela, contudo, era indispensável que o texto respectivo

---

[246]. É a lição segura de José Afonso da Silva: "Se, porém, na fase de revisão, o projeto sofrer alteração, volverá à Câmara iniciadora para apreciação das alterações, que consistirá exclusivamente na aprovação ou rejeição do que foi alterado. Vale dizer: se não se proceder desse modo, comete-se inconstitucionalidade em face do disposto nos arts. 65 e 66 da CF, que estatuem: [...]. [...] O projeto só será devolvido à Casa iniciadora se for emendado na Casa Revisora, para que aquela se pronuncie sobre as emendas, e só sobre estas, porque o resto do projeto já está aprovado e não comporta mais apreciação. Se a Casa iniciadora aprovar as emendas, estas serão incorporadas ao projeto; se rejeitá-las, o projeto considera-se aprovado sem as modificações sugeridas pela Casa revisora" (*Processo constitucional de formação das leis*, p. 353-354).

[247]. Eventuais alterações do *texto* já aprovado por uma Casa Legislativa comprometem a redação final, a despeito da sanção presidencial. É, a título ilustrativo, o que vem justificando o pertinente questionamento, por inconstitucionalidade formal, da supressão do inciso I do § 2º do art. 157 do Código Penal, decorrente das modificações promovidas pelo art. 4º da Lei n. 13.654/2018. Neste sentido, o quanto decidido pela 4ª Câmara Criminal do TJSP na Apelação n. 0022570-34.2017.8.26.0050, rel. Des. Edison Aparecido Brandão, que suscitou, perante o órgão especial daquele Tribunal, o incidente de arguição de inconstitucionalidade dos arts. 948 a 950 do CPC.

fosse enviado para revisão pela Câmara dos Deputados e não diretamente à sanção presidencial, como se deu.

Outras tantas inconstitucionalidades formais dizem respeito a uma peculiaridade que ocorreu com o texto que teria sido aprovado, no fecho do processo legislativo, pelo Senado Federal em 17 de dezembro de 2014, que sofreu diversas alterações até seu envio à Presidência da República, o que se deu por intermédio do Ofício SF n. 85, de 24 de fevereiro de 2015. A análise deve partir da indispensável comparação, artigo por artigo, inciso por inciso, alínea por alínea, parágrafo por parágrafo, do texto do Anexo ao Parecer n. 1.111/2014 (que corresponde ao "autógrafo enviado à sanção")[248] com o texto do Anexo ao Parecer n. 956/2014 (Parecer do Relator do Projeto no Senado, Senador Vital do Rêgo, favorável à aprovação do Substitutivo da Câmara ao PLS n. 166/2010)[249], levando em consideração o Parecer n. 1.099/2014[250], identificado como Adendo ao Parecer n. 956/2014, no qual são indicadas algumas correções redacionais e "erros materiais", além da aprovação e rejeição dos "destaques" feitos quando da votação do texto final[251].

O resultado dessa tarefa é a constatação *ictu oculi* de numerosíssimas alterações de texto, que vão muito além de meras adequações formais ou redacionais[252]. Elas correspondem, basta lê-las, a novos *textos* jurídicos, rendendo ensejo, consequentemente, à construção de novas *normas* jurídicas[253].

Dessa constatação decorre a compreensão de que o texto enviado à sanção presencial contém uma série de dispositivos que, em rigor, sequer passaram pelo anterior (e indispen-

---

248. Disponível em: <http://legis.senado.leg.br/mateweb/arquivos/mate-pdf/160741.pdf>. Em outro endereço eletrônico (<http://www.senado.gov.br/atividade/materia/getPDF.asp?t=160811 &tp=1>), a data deste Parecer (acrescentada a mão) é 24 de fevereiro de 2015, data compatível com as informações de tramitação do Projeto disponibilizadas pelo Senado Federal em: <http://www25.senado.leg.br/web/atividade/materias/-/materia/116731>.
249. Disponível em: <http://www.senado.leg.br/atividade/rotinas/materia/getPDF.asp?t=159354 &tp=1>. Também é bastante importante o acesso a <http://www.senado.gov.br/atividade/ma-teria/getDocumento.asp?t=158926>, onde se pode analisar quadro comparativo entre o CPC de 1973, o PLS n. 166/2010, o PL n. 8.046/2010 e o que, à época, foi chamado de "Texto Consolidado com os ajustes promovidos pela Comissão Temporária do Código de Processo Civil", então com 1.068 artigos.
250. Disponível em: <http://www.senado.leg.br/atividade/rotinas/materia/getPDF.asp?t=158933&tp=1>.
251. A discussão sobre tais destaques pode ser encontrada no *Diário do Senado Federal*, 18 dez. 2014, p. 503-528, disponível em: <http://legis.senado.leg.br/diarios/BuscaDiario?tipDiario=1&datDiario=18/12/2014 &paginaDireta=00503>.
252. As chamadas emendas meramente *redacionais* ou *explicativas* são aceitas, independentemente do retorno à Casa anterior. Não, contudo, alterações que efetivamente tenham o condão de criar novas normas jurídicas, as chamadas "emendas *aditivas*". Para essa dicotomia e o seu consequente regime jurídico, v. a ADI 7.442/DF do STF, rel. Min. Alexandre de Moraes, que se voltou à análise de inovações introduzidas pela Lei n. 14.112/2020 na Lei n. 11.101/2005, que disciplina a falência e a recuperação judicial, daquela perspectiva, para, naquele caso, afastar a sua inconstitucionalidade formal.
253. Ninguém poderá colocar seriamente em dúvida, na atualidade da dogmática jurídica, a distinção entre *texto* e *norma* jurídica. Tendo como pano de fundo as alterações noticiadas acima na fase final do processo legislativo, são pertinentíssimas, a esse respeito, as observações de Ricardo Collucci em seu instigante "Interpretação normativa: o caso da 'revisão' final do texto do novo Código de Processo Civil", esp. p. 478-484.

sável) crivo do Poder Legislativo. Uma hipótese de lei *sem* prévio *processo legislativo* que pudesse lhe dar legitimidade. Algo que definitivamente não encontra espaço no modelo constitucional brasileiro e que merece ser duramente criticado.

No quesito da iniciativa legislativa, cuja desobediência tem o condão de macular todo o processo legislativo também quanto ao seu *modo* de produção (mais inconstitucionalidades *formais*, portanto), há diversos artigos do Código de Processo Civil que merecem ser destacados. Sua inobservância é uma constante, como se tudo o que está veiculado naquela codificação fosse passível de ser regulado por lei ordinária de iniciativa do Senado Federal com preocupante desprezo pela forma *federada* de organização política do Estado brasileiro. A maior abrangência dessas violações justifica tratamento autônomo porque envolve a distinção entre processo e procedimento, objeto do número seguinte.

6.2 Processo e procedimento

O n. 4.2 do Capítulo 4 trata da distinção entre *processo* e *procedimento* no contexto dos institutos fundamentais do direito processual civil. Aqui, importa ressaltar que aquela diferença assume, para o modelo constitucional do direito processual civil, importante consequência no que diz respeito à análise das normas de concretização do direito processual civil.

Como consta do número anterior, para a Constituição Federal brasileira, há nítida divisão de competência legislativa entre os diversos entes federados. Para o que interessa a este *Curso*, importa destacar que é da União Federal a competência *privativa* para legislar sobre *processo* (art. 22, I, da CF). À União, aos Estados e ao Distrito Federal é reservada competência *concorrente* para legislar sobre *procedimentos* em matéria processual (art. 24, XI, da CF).

Sem prejuízo do que ocupa outros espaços deste *Curso, processo* é método de atuação do Estado Constitucional. Trata-se de unidade conceitual que trespassa o exercício das funções estatais, inclusive a Judiciária. É inconcebível, ao menos na ordem jurídica constitucional brasileira, que o Estado-juiz pratique atos contra quem quer que seja, sem lhe permitir sua prévia participação. *Procedimento* são as múltiplas formas de organização do processo, por intermédio dos atos e dos fatos que lhe dizem respeito. O próprio Código de Processo Civil está repleto de *procedimentos especiais*, que se contrapõem ao padrão de *procedimento*, que ele rotula de *comum*. Se a referência for feita à legislação processual civil extravagante, a quantidade de *procedimentos especiais* é ainda maior[254]. Não há como fugir dessa realidade normativa, dada pelo próprio direito brasileiro, e que permite a visualização razoavelmente clara e objetiva do que é *processo* (um todo unitário) em contraposição ao *procedimento* (as diferentes formas de exteriorização do processo).

---

254. Alguns procedimentos, aliás, para serem construídos pelo legislador devem observar o que, para eles, é imposto desde o modelo constitucional. É o que caracteriza o grupo dos "procedimentos jurisdicionais constitucionalmente diferenciados", estudados no n. 5, *supra*.

Dentre as variadas críticas que se fazem à conclusão do parágrafo anterior está a de que, uma vez aceita, estaria se reconhecendo autorização, proveniente da Constituição, para que, no Brasil, convivessem com o Código de *Processo* Civil vinte e sete Códigos de *Procedimento* em matéria civil, um para cada Estado-membro e ainda um vigésimo-oitavo para o Distrito Federal. A constatação é irrespondível porque ela está certa. Só não há como entendê-la como crítica negativa, como se a possível coexistência de quase três dezenas de Código de *procedimento* em matéria civil, que precisa(ria)m *dialogar* com um Código de *Processo* em matéria civil, fosse um mal. Trata-se de decorrência necessária da forma *federativa* em que se organiza o Estado brasileiro e ocorre, com frequência, para quem milita nas áreas tributárias e administrativas com todos os desafios que o conflito de competências legislativas coloca em uma *Federação*. Algo que em outros Estados estrangeiros federados, como o Brasil, é praticado sem maiores questionamentos até porque para eles não é relevante, para os fins aqui discutidos, a distinção feita pela Constituição brasileira entre regras de *processo* e de *procedimento*[255].

Discordar desse entendimento equivale a recusar aprioristicamente que exista qualquer diferença relevante entre *processo* e *procedimento*, entendimento que vai de encontro a tudo o que a doutrina de direito processual civil, brasileira e estrangeira, já produziu a respeito. Ademais, a relevância do tema para este *Curso* é tanto maior diante de sua formulação para os conceitos de ação e de processo, enaltecendo que muito do que tradicionalmente é identificado com aqueles dois institutos localiza-se mais propriamente no âmbito dos procedimentos que podem variar (e realmente variam) para ajustar determinados conflitos de direito material a um mais adequado e tempestivo enfrentamento jurisdicional. Seja do ponto de vista da *cognição* e/ou do ponto de vista da *arrumação* dos atos que se praticarão desde a ruptura inicial da inércia da jurisdição (petição inicial) até o proferimento da sentença *reconhecendo* quem faz jus à tutela jurisdicional ou, mais ampla e corretamente, até a *concretização* do direito tal qual reconhecido a uma das partes.

Aceitando essas premissas, é correto concluir que o Código de Processo Civil deveria, desde sua primeira concepção ainda quando Anteprojeto, ter buscado discernir até onde poderia ter concebido o *processo* do direito brasileiro após a Constituição Federal de 1988, que tanto inovou com os precitados dispositivos constitucionais em relação a todas as Constituições brasileiras que a antecederam[256]. Em rigor, aquela dupla de dispositivos constitucionais veio para revolucionar o direito processual brasileiro, chamando a atenção para a necessidade de o procedimento ser concebido de forma voltada às peculiaridades dos Estados e do próprio Distrito Federal a partir de um modelo preconcebido por lei da União Federal, de "normas *gerais*", que, por sua vez, só pode(ria)m ser

---

255. Três exemplos seguros desta peculiaridade são os Estados Unidos da América, o México e a Argentina.
256. Se, à época em que Alfredo Buzaid elaborou o Anteprojeto do que se tornou o CPC de 1973, a questão poderia ser negligenciada diante da realidade constitucional de então (a Constituição de 1946 e, durante a tramitação legislativa daquele Código, a Constituição de 1967 e a Emenda Constitucional n. 1/69), a mesma observação é absolutamente incorreta para tudo o que aconteceu em termos de direito processual após 5 de outubro de 1988.

concebidas a partir do modelo constitucional do direito processual civil aqui descrito em suas diversas facetas[257].

É esta, com efeito, a melhor interpretação a ser dada aos parágrafos do art. 24 da Constituição Federal que dispõem sobre o exercício concorrente da competência legislativa pela União, Estados e Distrito Federal. De acordo com o § 1º do art. 24 da Constituição Federal, nos casos de competência *concorrente*, a União Federal tem competência limitada à criação das já referidas "normas gerais", iniciativa, de qualquer sorte, que não elimina a competência de os Estados e o Distrito Federal as suplementarem (art. 24, § 2º, da CF). Enquanto não houver as "normas gerais" federais, a competência legislativa estadual e distrital é plena (art. 24, § 3º, da CF), sendo certo que a superveniência da legislação federal (sobre normas gerais) se imponha como obrigatória naquilo que for incompatível com a disciplina estadual e distrital, que perde sua eficácia (art. 24, § 4º, da CF).

Na Constituição Federal, contudo, não está claro se leis estaduais e do Distrito Federal dizem respeito apenas às suas respectivas "justiças" ou se elas alcançam também a justiça federal localizada em seus territórios. A este *Curso* sempre pareceu o melhor entendimento o de que as leis editadas pelos Estados e pelo Distrito Federal com fundamento no art. 24, XI, da Constituição Federal só podem disciplinar os procedimentos dos processos que tramitam em suas próprias e respectivas organizações judiciárias, não obstante não haver, na Constituição de 1988, dispositivo como o art. 34, n. 22, da Constituição de 1891, a primeira republicana[258]. Os procedimentos dos processos que tramitam perante a Justiça Federal, aí incluída a Justiça do Trabalho, só podem ser matéria de lei federal porque a questão não diz respeito a espaços territoriais, mas, diferentemente, a exercício de competências federadas de acordo com suas próprias peculiaridades[259].

Não obstante tais considerações, fato é que o Código de Processo Civil não se preocupou, desde sua gênese, com a existência daqueles limites *legislativos* que decorrem suficientemente da Constituição Federal, nada havendo nele que se proponha a discipliná-los, viabilizando a identificação de "normas gerais" que poderiam ser concretizadas e suplementadas pelos variados Estados e pelo Distrito Federal por leis próprias.

---

257. Quatro obras fundamentais para a discussão do tema são a seguintes: Fernando da Fonseca Gajardoni, *Flexibilidade procedimental (um novo enfoque para o estudo do procedimento em matéria processual)*; Gustavo Dall'Olio, *Competência legislativa em matéria de processo e procedimento*; Maria Carolina Silveira Beraldo, *Processo e procedimento à luz da Constituição Federal de 1988: normas processuais e procedimentais civis*, e Paula Sarno Braga, *Norma de processo e norma de procedimento*.

258. Que tinha a seguinte redação após as modificações implementadas pela Emenda Constitucional de 3 de setembro de 1926: "Art. 34 – Compete privativamente ao Congresso Nacional: [...] 22. legislar sobre o direito civil, comercial e criminal da República e o processual da justiça federal [...]".

259. Entendimento contrário é sustentado por Fernando da Fonseca Gajardoni em seu *Flexibilização procedimental*, p. 22-29.

E o Código de Processo Civil vai além, muito além, no que diz respeito aos limites constitucionais impostos à União Federal para legislar sobre processo e sobre as tais "normas gerais". Basta para constar o acerto desse entendimento analisar a completude que aquele Código dedica ao "procedimento comum", tanto quanto nas dezenas de procedimentos especiais por ele regulados, alguns, aliás, que haviam sido esquecidos desde o CPC de 1939[260]. Se são *procedimentos*, o que faz a lei federal ao regulá-los *exaustivamente*, como se não houvesse a insuperável distinção decorrente dos dispositivos constitucionais já destacados? Há mais, contudo: o Código de Processo Civil também pecou pelo excesso quando quis inovar e preferiu reconhecer, como se pode extrair de seu art. 190, que os particulares rearranjem o *procedimento*, sem se preocupar previamente com a viabilidade de uma lei federal chegar a tanto, como se não houvesse, também aqui, o inciso XI do art. 24 da Constituição Federal e nem sequer seus parágrafos a sugerir justamente o contrário.

No extremo oposto, não há como fugir da realidade de que Estados e Distrito Federal parecem ter se interessado muito pouco ou quase nada pelo exercício dessa competência, ainda que concorrente, desde o advento da Constituição de 1988. O que há são muito poucas leis esparsas de determinados Estados disciplinando aspectos de determinados *procedimentos*[261] e alguns poucos anteprojetos de Códigos de Procedimentos, não convertidos em lei[262].

---

[260]. Sobre os "*processos* especiais" disciplinados por aquele Código, cabe trazer à tona a escorreita observação de Luiz Machado Guimarães, para quem "A diversidade do processo em *ordinário* e *especial* assenta na diversidade da forma de procedimentos. Não há, em rigor, processo ordinário e processos especiais, mas sim procedimento ordinário e procedimentos especiais" (*Comentários ao Código de Processo Civil*, v. IV, p. 8).

[261]. Assim, por exemplo, a Lei n. 1.504/89, do Estado do Rio de Janeiro, que disciplina a homologação judicial de acordo alimentar firmado com a intervenção da Defensoria Pública. Ela foi objeto da ADI 2.922/RJ proposta pelo Procurador-Geral da República perante o STF. O relator, Ministro Gilmar Mendes, reconheceu a *constitucionalidade* da regra, destacando a importância do novo conteúdo trazido a respeito do tema pela Constituição de 1988 e a neces-sidade de discernir regras *processuais* de regras *procedimentais* como forma de "[...] conceder aos seus entes federados o poder de regular o procedimento de uma matéria, baseando-se em peculiaridades próprias, está a possibilitar-se que novas e exitosas experiências sejam formuladas". O Ministro Gilmar Mendes destacou pertinentemente em seu voto que os Estados "passariam a ser partícipes importantes no desenvolvimento do direito nacional e a atuar ativamente na construção de possíveis experiências que poderão ser adotadas por outros estados", orientação que foi acompanhada por unanimidade pelo Plenário do STF (*DJe* 30-10-2014). Para a discussão de outras iniciativas *procedimentais* dos Estados e sua análise pelo STF, ver Maria Carolina Silveira Beraldo, *Processo e procedimento à luz da Constituição Federal e 1988: normas processuais e procedimentais civis*, esp. p. 68-106, e Paula Sarno Braga, *Norma de processo e norma de procedimento*, esp. p. 397-453. Na ADI 4.337/SP, o Pleno do STF, sob relatoria da Min. Cármen Lúcia, j.un. 13-9-2019, considerou *constitucional* a Lei n. 13.558/2009 do Estado de São Paulo, que, dentre outros temas, disciplina a adoção de medidas de proteção a vítimas e testemunhas nos procedimentos de inquéritos policiais e nos boletins de ocorrência, forte no entendimento de que aquele diploma legislativo versa matéria *procedimental*, o que encontra fundamento no art. 24, XI, da CF.

[262]. O pioneiro é o Anteprojeto de Código de Procedimentos em matéria processual civil do Estado de São Paulo, cujo texto está veiculado no Apêndice 2 do volume 2, tomo II, das edições anteriores ao CPC de 2015 deste *Curso*, tímido, forçoso reconhecer, máxime quando contrastado com o art. 2º da Constituição daquele Estado, segundo o qual: "A lei estabelecerá procedimentos judiciários abreviados e de custos reduzidos para as ações cujo objeto principal seja a salvaguarda dos direitos e liberdades fundamentais". Não obstante o pioneirismo do Anteprojeto Paulista, o primeiro Código de Procedimentos editado com base no art. 24, XI, da CF foi o de Pernambuco, com a Lei estadual n. 16.397, de 4 de julho de 2018.

Neste quadro legislativo, com raríssimas pinceladas, ainda a ser pintado, é pouco crível que se recuse, de maneira genérica e totalizante, validade e vigência ao Código de Processo Civil por invasão de competência alheia, máxime porque não existem outras leis que queiram ocupar o espaço por ele ocupado, ainda que seja irrecusável a ultrapassagem de determinados lindes constitucionais. O interesse maior da questão depende da superveniência de leis estaduais e distritais que disponham sobre o tema para ir além do que foi o Código de Processo Civil ou para estabelecer regras diferentes de procedimento sobre o que foi por ele regulado, ainda que de maneira minudente.

Um exemplo a esta altura da exposição mostra-se oportuno. A regra estabelecida pelo Código de Processo Civil é que o réu, no procedimento comum, será citado para comparecimento a audiência de mediação e de conciliação (art. 334, *caput*). Somente se a audiência não for designada ou cancelada, ou após sua realização e se frustrada a autocomposição entre as partes, é que terá início para ser apresentada a contestação (art. 335). Que a regra quer implementar o princípio decorrente dos parágrafos do art. 3º e do próprio inciso V do art. 139 do Código de Processo Civil não se pode duvidar. Mas, e aqui reside o ponto saliente, poderia um Estado ou o Distrito Federal, por lei própria, editada para os fins do art. 24, XI, da Constituição Federal, extinguir a realização daquela audiência como regra no limiar do procedimento, reservando sua realização para outro instante *procedimental*? Esta lei poderia permitir que o magistrado, consoante a análise de cada caso concreto, decidisse pela designação ou não de audiência para aquele fim, negando predefinição fixada por lei?

As respostas que a este *Curso* parecem ser as mais corretas são as *positivas*.

Embora inspirada claramente por norma que pode muito bem desempenhar o papel das "normas-gerais" de *procedimento* a serem fixadas pela União Federal com fundamento no § 1º do art. 24 da Constituição Federal, o instante *procedimental* em que a audiência se realiza ou a definição de sua utilidade concreta por ato do magistrado é questão que diz respeito ao *procedimento*. Cada Estado e o Distrito Federal podem ter – é o modelo constitucional que lhes garante – compreensões diversas sobre a questão, levando em conta, inclusive, as peculiaridades de sua organização judiciária e sua maior ou menor aptidão de realizar tais audiências.

Não obstante, não há como recusar, dada a amplitude do controle *incidental* de constitucionalidade no direito brasileiro, que, independentemente da existência de lei própria dos Estados e do Distrito Federal, um magistrado afaste aplicação de lei federal que entender invasiva de competência estadual ou distrital ou, o que é o mesmo, lei editada pela União Federal sem competência para tanto. Basta, na primeira instância, que o magistrado apresente as razões de seu convencimento. No âmbito dos Tribunais, a iniciativa depende da observância do art. 97 da Constituição Federal e de sua disciplina (procedimental) estabelecida pelos arts. 948 a 950 do Código de Processo Civil, que rotulou aquele deslocamento de "incidente de arguição de inconstitucionalidade".

As questões, os exemplos e as dúvidas a respeito destes e daquelas poderiam se multiplicar e ir, até mesmo, em direção ao que o inciso X do art. 24 da Constituição Federal chama de "juizado de pequenas causas", no mesmo contexto da competência legislativa *concorrente* entre União, Estados e Distrito Federal[263]. Para os fins da exposição, contudo, as informações até aqui apresentadas são suficientes. O tema é recorrente ao longo deste *Curso* e será colocado em relevo na medida em que seu enfrentamento, tão tortuoso quanto esquecido, se mostre pertinente.

6.3 Regimentos internos dos Tribunais

O n. 3.3, *supra*, dedicando-se ao exame do papel que o modelo constitucional do direito processual civil reserva aos regimentos internos dos Tribunais, conclui pela inviabilidade de os Tribunais criarem normas de processo ou de procedimento. Falta-lhes competência para tanto. O que se espera daqueles atos *infralegais* é que disciplinem a atividade administrativa dos Tribunais, sendo carentes de fundamento constitucional os dispositivos do Código de Processo Civil que delegam aos regimentos função legislativa.

A iniciativa, para os processos de competência originária do Supremo Tribunal Federal, era encontrada no art. 115, parágrafo único, da Constituição Federal de 1967 e conservada no art. 119, § 3º, *c*, que lhe deu a Emenda Constitucional n. 1/69, restrita, contudo, àquele Tribunal. Até hoje há decisões daquele Tribunal entendendo que parcelas de seu regimento interno foram recebidas com força de lei pela nova ordem constitucional de 1988 e que, portanto, devem prevalecer para regrar determinadas situações ainda não previstas pelo Código de Processo Penal e, mais amplamente, pela legislação processual penal extravagante em vigor[264].

Não cabe a este *Curso* pronunciar-se sobre aquele entendimento, vez que há peculiaridades no âmbito da legislação infraconstitucional a serem devidamente sopesadas para autorizar, ainda que excepcionalmente, a recepção do regimento interno daquele Tribunal como lei naquilo que não contrariar a ordem infraconstitucional em vigor. O ideal talvez fosse enfrentar a questão na perspectiva do devido processo *convencional* e, diante da vastíssima competência originária do Supremo Tribunal Federal, entender que é *dever* do Estado, signatário da Convenção Interamericana de Direitos Humanos, criar condições efetivas do exercício de um duplo grau de jurisdição. Isso, contudo, não é tarefa para cá.

---

263. Sobre o tema é corretíssimo lembrar que a Lei n. 9.099/95 (que dispõe sobre os Juizados Especiais Cíveis e Criminais), a Lei n. 10.259/2001 (que disciplina os Juizados Especiais Cíveis e Criminais no âmbito da Justiça Federal) e a Lei n. 12.153/2009 (que cria os chamados Juizados especiais da Fazenda Pública no âmbito da Justiça Estadual) são todas leis *federais*, tão monolíticas quanto o Código de Processo Civil. E a investigação sobre eventual transbordamento da competência da União para tratar da primeira e da terceira daquelas leis é tão mais interessante quando se recorda do art. 98, I, e respectivo § 1º, da Constituição Federal.

264. Decisão interessantíssima a esse respeito envolveu o chamado "mensalão", a AP 470, em que, por apenas um voto de diferença, do Ministro Celso de Mello, o Plenário do STF entendeu que a previsão dos embargos infringentes em seu regimento interno era bastante para viabilizar seu manejo no caso concreto, independentemente de previsão no CPP e na Lei n. 8.038/90.

No que diz respeito ao direito processual civil, a menção aos regimentos internos dos Tribunais no presente contexto (incluindo o do Supremo Tribunal Federal) justifica-se para dizer que eles não pertencem ao quinto grupo do modelo constitucional do direito processual civil. Não pertencem, em função das razões aqui lembradas e expostas pelo n. 3.3, *supra*, com o vagar necessário: os regimentos dos tribunais, de nenhum deles, mesmo o do Supremo Tribunal Federal, não têm autorização constitucional para veicular normas de *concretização* do direito processual civil nos moldes aqui discutidos. Por isso é correta a iniciativa deste *Curso* ao preservar a identificação e análise do papel dos regimentos internos no modelo constitucional do direito processual civil ao grupo dedicado à organização judiciária.

Embora não se confundindo com seus regimentos internos, é correto concluir também que outros atos normativos dos Tribunais não podem, sob qualquer pretexto, inovar originariamente na ordem jurídica, justamente por não existir previsão constitucional para tanto[265].

6.4 Proposta

O exame das diversas facetas das inconstitucionalidades *formais* aqui indicadas é feito ao longo de todo este *Curso*. Trata-se de opção metodológica que quer tornar a exposição presente menos árida e, ao mesmo tempo, mais didática e mais bem dividida para chamar a atenção, a cada ponto em que o tema se faça necessário, também para a discussão nesta perspectiva de análise, muito pouco comum na doutrina do direito processual civil[266].

Uma explicação para esse descaso com o tema talvez seja a falta de consciência e de compreensão de que *processo* é, não uma construção dogmática sofisticada e exclusiva do direito processual civil com vistas a distingui-lo do direito privado, uma "relação jurídica trilateral", mas, sim, modelo de atuação imposto ao Estado Constitucional e, no caso brasileiro, minudentemente disciplinado desde a Constituição Federal. Sua necessária e indispensável observância é condicionante da produção do ato de vontade do Estado, no que interessa ao momento da exposição, a lei, mesmo quando concebida em forma de Código.

---

[265]. É o que corretamente decidiu o Corregedor-Geral de Justiça ao expedir a Recomendação n. 36/2019, que "Dispõe sobre a vedação aos Tribunais de Justiça dos estados e do Distrito Federal de regulamentarem a averbação de divórcio por declaração unilateral emanada de um dos cônjuges". A iniciativa se deveu em função de provimento editado pelo TJPE naquele sentido.

[266]. Para uma discussão mais ampla de tais questões, é pertinente a indicação do *Novo Código de Processo Civil anotado*, no qual o tema é enfrentado artigo por artigo; em tom mais crítico, "(In)devido processo legislativo e o Novo Código de Processo Civil", p. 39-46 e "A 'revisão' do texto do novo CPC" e "Ainda a revisão do texto do novo CPC" e, mais recentemente, "Comentários ao art. 1º", p. 24-25 e 53-58, todos do autor deste *Curso*. André Vasconcelos Roque, Fernando da Fonseca Gajardoni, Luiz Dellore e Zulmar Duarte de Oliveira Junior também se valeram do mote e escreveram artigo intitulado "Novo CPC: a 'revisão' final", sem prejuízo do importante trabalho de Ricardo Collucci, já mencionado, "Interpretação normativa: o caso da 'revisão' final do texto do novo Código de Processo Civil".

Outra causa possível é o generalizado contentamento com o *resultado* da produção legislativa: a lei ou, para cá, o Código devidamente publicado no *Diário Oficial da União* e o interesse em estudá-lo como *ato* pronto, independentemente de que tudo o que *deve* ocorrer *previamente* para garantir sua higidez na perspectiva constitucional (o devido processo legislativo). Para fazer uma comparação simples para quem se predispõe a estudar direito processual civil, seria o mesmo que não dar importância ao processo que conduz ao proferimento de uma decisão que reconhece o direito do autor em detrimento do réu ou, tampouco, deixar de levar em conta o processo que deve conduzir à concretização da tutela jurisdicional.

A observação do parágrafo anterior conduz a um paradoxo: a produção do Código de Processo Civil parece não ter se importado, como caberia, à forma de sua própria produção, isto é, ao seu *processo*. Não há, contudo, necessidade de insistir ou de buscar respostas a tais indagações. O que importa acentuar é que este *Curso* entende indispensável o exame dessas questões e a elas voltará ao longo de todo o seu desenvolvimento.

Capítulo 4

Institutos fundamentais do direito processual civil

1. CONSIDERAÇÕES INICIAIS

Expostos os elementos constitutivos do modelo constitucional do direito processual civil, cabe, com base neles, tratar dos institutos fundamentais do direito processual civil.

A opção deste *Curso* de expor os institutos fundamentais após o modelo constitucional repousa fundamentalmente na circunstância de que todos os institutos apresentados ao longo deste Capítulo merecem ser vistos e *revistos* a partir das considerações que ocupam os anteriores, notadamente o modelo constitucional.

É certo que cada um desses institutos porta carga conceitual bastante sólida e tradicional e que, a bem da verdade, prescinde de um específico modelo normativo (assim entendido o direito brasileiro, o italiano ou o português, por exemplo) para ser exposto e compreendido. Ocorre que a enunciação dos conceitos e de seu desenvolvimento histórico conduziria este *Curso* a uma direção que ele, desde seu nascimento, nunca quis percorrer. O que importa – e é esta a proposta deste *Curso* – é revisitar aqueles institutos a partir do que se acabou de colocar em destaque, estabelecendo um verdadeiro diálogo com as peculiaridades do modelo brasileiro para ofertar ao leitor, estudante ou estudioso do direito processual civil, não só uma visão mais contemporânea de cada um daqueles institutos, mas também, se não principalmente, a viabilidade de apreendê-los menos na sua acepção *estática* e mais na sua *dinâmica*. Esta alteração de perspectiva é especialmente relevante no que diz respeito ao estudo da *tutela jurisdicional*, assunto ao qual se volta o Capítulo 5.

Este *Curso* quer construir um *sistema de direito processual civil*, um todo coerente, a partir do modelo constitucional do direito processual civil. Neste sentido, nada mais natural e necessário que confrontar os institutos fundamentais do direito processual civil com seu modelo constitucional, atualizando-os e mostrando em que medida sua concepção "constitucionalizada" e o modo de *dever-ser* do direito processual civil que ela impõe têm aptidão para servir mais adequadamente aos propósitos deste trabalho e estimular, com a iniciativa, a melhor compreensão de todo o direito processual civil, mais aderente à *realidade normativa* e aos *valores* vigentes no ordenamento jurídico brasileiro de hoje.

2. JURISDIÇÃO

O primeiro instituto do direito processual civil a ser versado é a jurisdição. Ela pode ser entendida como a função do Estado destinada à solução imperativa, substitutiva e com vocação de definitividade de conflitos intersubjetivos. O exercício dessa atuação do Estado, contudo, não se limita à *declaração* de direitos, mas também à sua *realização* prática, isto é, à sua *concretização*.

A finalidade da função jurisdicional é dupla: é ela que *atua* nos direitos controvertidos (independentemente de quem seja seu titular ou, até mesmo, de tais direitos poderem ser titularizados por alguém, como ocorre com os chamados "direitos metaindividuais") e é ela que realiza os fins sociais, políticos e jurídicos do próprio Estado (art. 3º da CF). É por isso que definir o *processo* como método de exercício da função jurisdicional tem o grande mérito de evidenciar a relação que esses dois institutos, ambos "fundamentais" para o direito processual civil, têm entre si. É para exercer adequadamente a "função jurisdicional" (a jurisdição) que o Estado Democrático de Direito se vale de um método específico que garanta o atingimento de seus devidos fins pelos devidos meios. Esse método é o *processo*. E também é decorrência desse entendimento mais amplo – fundante de todo o desenvolvimento deste *Curso* – a compreensão de que a jurisdição deve ser *adequada* para os fins mais amplos do Estado Democrático de Direito, assim como para a concretização dos direitos dos cidadãos e do próprio Estado.

Jurisdição, assim entendida a função desempenhada pelo Estado-juiz na resolução dos variados conflitos de interesses intersubjetivos, só pode ser compreendida a partir do *instrumento* de sua manifestação, que é o processo. O processo deve espelhar e adequadamente realizar as opções políticas, os valores espraiados na própria Constituição Federal. Não só o que é decidido no processo, mas também a *forma* pela qual se decide *no* e *pelo* processo. Fim e meio da tutela jurisdicional mostram-se, assim, umbilicalmente relacionados.

Importa destacar que a jurisdição, diferentemente da compreensão que lhe emprestou a doutrina tradicional do direito processual civil, não se restringe apenas à *declaração* judicial do direito. Jurisdição não é só *reconhecer*, no sentido de *declarar* quem tem e quem não tem um direito digno de tutela (de *proteção*) perante o Estado, ao contrário do que a etimologia da palavra poderia dar a entender (*juris + dictionis*, "dizer o direito"). A jurisdição envolve também, ao menos à luz do modelo constitucional de direito processual civil brasileiro, as medidas voltadas à *concretização* daquela *tutela* (da *proteção*) do direito tal qual reconhecido pelo Estado-juiz.

Assim, além de a tutela jurisdicional envolver o momento "declaração", no sentido de afirmar, perante o Estado-juiz, se *existe*, ou não, o direito que se afirma *lesionado* ou, quando menos, *ameaçado*, ela envolve também as técnicas que o mesmo Estado-juiz praticará com vistas a transformar em realidade aquilo que reconheceu (declarou). Quaisquer medidas de cunho "executivo", assim entendidas quaisquer técnicas que serão empregadas para a modificação do plano *exterior* ao processo para que o direito, tal qual reconhecido, venha a ser na exata medida em que foi atestado existente, são, também, jurisdição, são, também, exercício da função jurisdicional. Dignas de lembrança, por isso mesmo, considerações do saudoso professor de Direito Processual Civil da Universidade de São Paulo, Celso Neves, que, já na década de 1970, acentuava ser importante compreender e desenvolver, ao lado da função de "dizer o direito" ("juris-*dição*"), uma doutrina voltada aos meios de "satisfação do direito" ("juris-*satisfação*")[1]. A proposta deste *Curso*, embora partindo de premissas diferentes das empregadas por aquele jurista, não é diversa. Jurisdição, portanto, não se resume a *dizer* (*declarar* ou *reconhecer*) o direito. Jurisdição é *também realizar, cumprir, executar, satisfazer, concretizar*, enfim, o direito tal qual reconhecido lesionado ou ameaçado.

Destarte, integram a atividade *jurisdicional* – e, neste sentido, o estudo da *jurisdição* – não só atividades "ideais", "intelectuais" ou "cognitivas" (o magistrado verifica quem é o merecedor da *tutela* jurisdicional), mas também a prática de atividades "concretas", "materiais" ou "satisfativas" (o magistrado, valendo-se do monopólio da força física do Estado, cria condições de satisfação plena daquele que é merecedor da tutela jurisdicional).

Jurisdição, assim, é a função exercida pelo Estado-juiz para declarar *e* concretizar o direito, mesmo que de maneira *forçada*, isto é, independentemente da colaboração, compreendida a palavra em seu sentido mais amplo, daquele em face de quem a função jurisdicional será prestada. Nesse contexto – e para os fins deste *Curso* –, a palavra "jurisdição" e a locução "função jurisdicional" são equivalentes.

E é justamente por isso, dentre outros fatores, que a doutrina mais recente do direito processual civil tem afirmado cada vez mais a *necessidade* de reconhecimento de maiores "poderes" para os magistrados, dos diversos níveis jurisdicionais, de forma a ser possível a concretização dos direitos reconhecidos violados ou ameaçados pelo Estado-juiz. Esses "poderes" dos magistrados merecem ser compreendidos como *instrumentais* porque voltados a uma finalidade pública, ao cumprimento de uma função, voltados ao atingimento de *deveres*, extraíveis todos, sem exceção, do ordenamento jurídico nacional. São, por isso, verdadeiros e, mais corretamente, identificáveis como "*deveres*-poderes", locução mais comum na doutrina do direito constitucional e do direito administrativo[2], que enfatiza, corretamente, a finalidade da atuação estatal/jurisdicional (o dever) com os meios correlatos (e na exata medida de sua necessidade) para atingi-los (o poder). Não há por que ser diverso em se tratando do Estado-juiz.

---

1. *Comentários ao Código de Processo Civil*, v. VII, p. XIX e 10-12.
2. Para essa questão, ver o n. 5.1 do Capítulo 3 da Parte II.

2.1 Funções típicas e atípicas da atuação do Estado

Embora este *Curso* se volte ao estudo da *função jurisdicional* desempenhada pelo Poder Judiciário, não há como perder de vista que, mesmo no Estado brasileiro, a atividade jurisdicional não é *exclusiva* do Estado-juiz. Também os Poderes Executivo e Legislativo desempenham atividades tipicamente jurisdicionais em determinados casos, devidamente autorizados desde a Constituição Federal. É o que a doutrina do direito público costuma chamar de funções *típicas* e *atípicas* do Estado[3].

A atividade desempenhada pela Administração Pública em uma "sindicância" ou em um "processo administrativo" (art. 41, § 1º, II, da CF), por exemplo, é, substancialmente, jurisdicional. Da mesma forma, e a título meramente exemplificativo, a atuação do Legislativo ao julgar anualmente as contas prestadas pelo Presidente da República e no processo de *impeachment* de determinadas autoridades públicas (arts. 49, IX, e 52, I, da CF, respectivamente). São funções *tipicamente* jurisdicionais (no sentido substancial da atividade desempenhada, portanto), mas *atípicas* porque, pela análise das funções tradicionais desempenhadas por cada órgão do Estado, elas não são prestadas pelo Poder Judiciário.

O próprio Poder Judiciário também desempenha funções *atípicas*, isto é, ele também atua fora dos quadrantes da "função jurisdicional típica" que o caracteriza como tal, distinguindo-o dos demais "poderes" (funções) do Estado. Assim, por exemplo, quando o Poder Judiciário promove concurso público para a seleção de magistrados ou de servidores (atividade *substancialmente* administrativa), ou quando estabelece regras de organização em seus regimentos internos (atividade *substancialmente* legislativa).

Justamente por isso é que aplicar o direito a casos controvertidos – mesmo criando condições efetivas para sua realização concreta – não é característica *suficiente* da atividade jurisdicional. O que a caracteriza como tal, nessa perspectiva, é a vocação de sua *definitividade*. É sobre a atividade jurisdicional desenvolvida pelo Poder Judiciário, pelo Estado-juiz, que tende a recair o selo de *imutabilidade* da coisa julgada (art. 5º, XXXVI, da CF). Isso quer dizer que as soluções apresentadas pelo Estado-juiz, em determinadas circunstâncias que são estudadas com a profundidade necessária pelo volume 2 deste *Curso*, adquirem uma situação de *estabilidade* no sentido de que ninguém mais (os próprios envolvidos, eventuais interessados indiretamente envolvidos e o próprio Estado no exercício de suas diversas funções, inclusive a jurisdicional) possa desconsiderar aquele *resultado*: o direito material reconhecido como tal na decisão está imunizado de nova discussão, observadas determinadas circunstâncias que, a seu tempo, serão examinadas. É como se determinadas decisões judiciais assumissem "força de lei" entre as partes, para fazer uso de expressão do *caput* do art. 503 do Código de Processo Civil.

---

[3]. A propósito, consultar as considerações de Augustín Gordillo em seu *Princípios gerais de direito público*, p. 109-125.

A distinção dos parágrafos anteriores não pode ser confundida com uma outra, que caracteriza o ordenamento jurídico de diversos outros países como, por exemplo, Itália, Portugal, Espanha, França e Argentina.

A "jurisdição", entendida a palavra com a abrangência apresentada pelo n. 2, *supra*, e com a marca de *definitividade*, colocada em relevo acima, desempenhada pelo Estado-juiz brasileiro, é *una*, no sentido de que, à luz do inciso XXXV do art. 5º da Constituição Federal, é só o Estado-juiz que impõe soluções de litígios interindividuais com propensão de definitividade – com o selo da "coisa julgada". O exercício da função legislativa e da função administrativa – mesmo que função *atípica* – não ostenta aquela característica.

É que no direito brasileiro não existe a chamada "jurisdição administrativa" ou o "contencioso administrativo" dos países mencionados. Os litígios existentes entre a Administração Pública e os cidadãos brasileiros, diferentemente do que se dá naqueles países lembrados (e em vários outros), são resolvidos com ânimo de definitividade perante o Estado-juiz, isto é, mediante o exercício da função jurisdicional típica.

Mesmo que a Administração Pública atue *processualmente*, ainda que possa, exemplificando, sancionar um funcionário faltoso seu e confirmar a punição em grau recursal perante a estrutura e os Tribunais administrativos, o resultado dessa sua função não se torna *definitivo*. Sempre haverá a possibilidade de, perante o Estado-juiz, o funcionário faltoso (para fazer uso do exemplo dado) questionar o desacerto formal ou substancial da decisão proferida pela Administração Pública. Não é por outra razão que, para este *Curso*, é relevantíssimo destacar, nem que seja para melhor compreendê-las, as vicissitudes da atuação do Estado (da Administração Pública) quando litiga em juízo ao lado de um particular ou um grupo deles.

Em função da amplitude do art. 5º, XXXV, da Constituição Federal, todo ato que violar ou ameaçar direito, mesmo que proveniente do próprio Estado (funções executivas, legislativas ou, até mesmo, jurisdicionais), deve ser entendido como *justiciável*. O neologismo merece ser compreendido como a possibilidade de aquele ato (praticado ou meramente ameaçado) ser *contrastado* e *controlado* plenamente perante o Poder Judiciário.

2.2 Características

Para tornar mais fácil a compreensão do conceito de jurisdição é importante colocar em destaque as suas *características*, isto é, aqueles elementos que permitem distinguir a "jurisdição" de outras funções exercidas pelo Estado e, de maneira ampla, de quaisquer outras atividades relevantes para o direito.

A doutrina costuma apontar algumas características da jurisdição – para este *Curso* elas são em número de seis – que, reunidas, se não em sua inteireza, em sua maioria e com maior ou menor ênfase, caracterizam, como tal, o ato jurisdicional típico exercido pelo Estado-juiz. Assim, essas características, somadas e combinadas entre si, distinguem o ato jurisdicional dos demais atos estatais e, nem poderia ser diferente, também dos atos praticados pelos particulares.

2.2.1 Substitutividade

A jurisdição é *substitutiva* da vontade dos litigantes (independentemente de quem sejam eles), porque a decisão a ser proferida pelo Estado-juiz prevalece sobre a sua vontade individual ou pessoalmente considerada.

Esta característica justifica-se até mesmo pela razão de ser da função jurisdicional. Vedada que é a "autotutela", necessária que seja a intervenção do Estado-juiz para dirimir conflitos de interesses que surgem ou, quando menos, que estão na iminência de surgir diante da multiplicidade de interesses sobre um mesmo bem, não haveria razão nenhuma para compreender a atividade jurisdicional senão na medida em que ela pudesse se *impor* à vontade dos litigantes (particulares ou privados, vale a ênfase), substituindo sua vontade pela "vontade *funcional*" do Estado-juiz, que representará, após o devido *processo*, a vontade do próprio ordenamento jurídico para o caso.

É justamente desta característica, a *substitutividade*, que decorre a noção, correta, de que a compreensão de toda a atividade jurisdicional só pode ser devidamente compreendida no ambiente do direito *público* e não do direito privado.

2.2.2 Imperatividade

Como a jurisdição é manifestação do poder do *dever-poder* do Estado Democrático de Direito, é irrecusável ver nela *também* a característica da *imperatividade*.

O Estado-juiz, para realizar suficiente e adequadamente o seu objetivo, *imporá* o resultado que, mediante o devido processo, entender aplicável ao caso, independentemente da concordância dos litigantes. Houvesse qualquer ânimo de espontaneidade à submissão da atividade jurisdicional, a seus resultados e a seus efeitos, certamente não haveria razão para tratar do direito processual civil como ramo do direito público, como uma das *funções* do Estado. A atuação jurisdicional, toda ela, é ato de autoridade, de autoridade devidamente constituída e, como tal, deve ser acatada, deve ser observada na exata medida em que ela tenha aptidão de surtir seus regulares efeitos. Os litigantes, dessa forma, devem se *sujeitar* ao que for decidido. Caso não o façam, o próprio Estado-juiz lançará mão de determinados atos voltados precipuamente para tanto. Essa característica da jurisdição é consequência necessária do monopólio da força física, sempre em sentido figurado, evidentemente, nas mãos do Estado.

Não é errado compreender a *imperatividade* como um complemento natural, verdadeiramente consequente, da *substitutividade*. Esta, a *substitutividade*, operando em plano ideal e, aquela, a *imperatividade*, no plano concreto.

2.2.3 Imutabilidade

Uma vez prestada a atividade jurisdicional, substituída a vontade e os interesses dos litigantes pela "vontade funcional" do Estado-juiz e *imposta*, se for o caso, a solução no caso concreto, a atividade jurisdicional tende a se tornar imutável no sentido de impedir que ela seja rediscutida por quem quer que seja, inclusive pelo próprio Estado-juiz. É este o "selo" de imutabilidade de determinadas decisões proferidas pelo Estado-juiz no âmbito da função jurisdicional – e só por ele no desempenho desta função –, que é chamado comumente de "coisa julgada *material*" ou somente de "coisa julgada", que tem previsão expressa no art. 5º, XXXVI, da Constituição Federal[4].

É certo que há temperamentos na afirmação do parágrafo anterior porque, para o direito brasileiro, apenas algumas decisões jurisdicionais adquirem esse *status* de imutabilidade. São as decisões de mérito, bastando, para os fins presentes, usar como referencial o rol do art. 487 do Código de Processo Civil.

Contudo, como já afirmado, essa característica satisfaz-se com a propensão de se tornar imutável pela formação da coisa julgada. Haverá, não há como negar, exercício da função jurisdicional independentemente dessa característica. Mas – é aqui que reside o ponto relevante da exposição – na perspectiva daquele que rompe a inércia jurisdicional o intuito é que a decisão reconhecedora do merecedor da tutela jurisdicional se revista daquele selo de imutabilidade, a coisa julgada.

A imutabilidade das decisões justifica-se para evitar a eternização dos litígios, para evitar a possibilidade de serem reapresentados para solução os mesmos litígios e as mesmas situações que já tenham sido antes suficientemente apreciadas pelo Estado-juiz. Trata-se, em última análise, de uma inarredável consequência de um princípio maior de todo o ordenamento jurídico – há quem o chame de sobreprincípio, dada a sua magnitude[5] –, que é o da *segurança jurídica*.

2.2.4 Inafastabilidade

Outra característica da jurisdição é a sua *inafastabilidade*. A palavra deve ser compreendida no sentido de não ser legítimo recusar-se a atividade jurisdicional a nenhum título, suficiente, para essa afirmação, a compreensão da amplitude do inciso XXXV do art. 5º da Constituição Federal na qualidade de princípio constitucional de acesso à justiça, tal qual expõe o n. 2.2 do Capítulo 3.

---

4. Pelos fundamentos expostos no n. 3.3 do Capítulo 5 da Parte I do vol. 2, e com apoio na lição de Marcos de Araújo Cavalcanti, este *Curso* propõe que a tradicionalíssima nomenclatura seja substituída por outra, que acaba por descrever melhor o fenômeno, "coisa julgada com eficácia externa". Ao longo deste volume, por razões didáticas, a opção é a de emprego da consagrada expressão com a indicação entre parênteses da que é sugerida.
5. Assim, por exemplo, Humberto Ávila em seu monumental *Teoria da segurança jurídica*.

Também é correto entender compreendida nessa característica a "vedação do *non liquet*". É dizer, rompida a inércia da jurisdição, o Estado-juiz tem que dar alguma resposta ao jurisdicionado, mesmo que seja contrária a seus interesses. Não pode, contudo, se esquivar e deixar de exercer a função jurisdicional. Nem que haja lacunas ou obscuridades na lei, como refere o art. 140 do Código de Processo Civil, repetindo fórmula mais antiga, mas não menos exata do art. 4º da Lei de Introdução às Normas do Direito Brasileiro (Decreto-lei n. 4.657/42)[6].

Pode até mesmo ocorrer que o Estado-juiz se manifeste no sentido de que o processo não possui condições mínimas de procedibilidade – que não é devido na perspectiva constitucional – e que, por isso, ele deve ser rechaçado, inviabilizando a prestação da tutela jurisdicional. Mesmo quando isso ocorrer, contudo, há resposta *adequada* do Estado-juiz, em total harmonia com o precitado art. 5º, XXXV, da Constituição Federal. É tema que ocupa o n. 4.6, *infra*.

2.2.5 Indelegabilidade

A função jurisdicional não pode ser exercida por outro órgão que não o próprio Poder Judiciário, não, pelo menos, com todas as características aqui apresentadas. É essa razão, aliás, pela qual este *Curso* não empresta à arbitragem caráter *jurisdicional*, o que, cabe repetir, não diminui em nada a sua importância e a sua ênfase, inclusive em diálogo com o direito processual civil, como meio (ainda que não jurisdicional) para solucionar conflitos.

É correto acentuar, portanto, que a *indelegabilidade* deve ser compreendida no sentido de que os órgãos que podem exercer a função jurisdicional são única e exclusivamente aqueles que a Constituição Federal cria e autoriza como tais. É vedado que haja alguma forma de "delegação" da função jurisdicional a outros órgãos ou pessoas não autorizados pela Constituição Federal. O reconhecimento de quem é e de quem não é autoridade jurisdicional para fins de desenvolvimento da função jurisdicional é feito exaustivamente por aquele diploma normativo, tendo como ponto de referência seu art. 92.

A "indelegabilidade" também quer significar que a jurisdição será exercitada por aqueles órgãos nos limites e de acordo com o que a própria Constituição Federal dispõe, em ampla consonância, portanto, com o "modelo constitucional do direito processual civil".

Esses limites para o exercício da jurisdição, em termos gerais, são os seguintes:

A jurisdição será exercitada em determinados territórios previamente marcados pela Constituição Federal, pelas Constituições dos Estados e pelas leis infraconstitucionais. É o que alguns autores destacam como *territorialidade* da jurisdição. Os Tribunais Superiores, por exemplo, exercem jurisdição em todo o território nacional (art. 92, § 2º, da CF). Os

---

6. Que tem a seguinte redação: "Quando a lei for omissa, o juiz decidirá o caso de acordo com a analogia, os costumes e os princípios gerais de direito".

Tribunais Regionais Federais exercem jurisdição nas suas respectivas regiões. Cada Tribunal de Justiça exerce jurisdição em seu respectivo Estado ou no Distrito Federal. Os juízes federais exercem jurisdição nas suas seções judiciárias, e os juízes estaduais exercem jurisdição em suas respectivas comarcas.

O próprio "princípio do juiz natural", expressamente previsto no art. 5º, LIII, da Constituição Federal, é, nesse sentido, um "limite" da jurisdição. Os órgãos jurisdicionais, para poderem exercer sua jurisdição, em consonância com o modelo constitucional de direito processual civil, devem ter sido criados *antes* dos fatos a serem julgados. É vedada a criação de *novos* órgãos jurisdicionais para processar e julgar fatos *anteriores* à sua existência.

A indelegabilidade da jurisdição pressupõe, outrossim, determinados atributos às pessoas naturais que agem em nome do Poder Judiciário, como seus verdadeiros "representantes", que exercem, em nome dele, a função jurisdicional: os magistrados dos diversos níveis jurisdicionais. Os magistrados o são porque são *investidos* na função jurisdicional (art. 93, I, da CF) e, como tais, desfrutam de certas *prerrogativas*, todas examinadas no n. 4.1.1 do Capítulo 3. Tais prerrogativas, aqui vale a ênfase do que lá está exposto, têm função nitidamente *instrumental*. Elas servem para garantir a imparcialidade do magistrado, fortalecendo-o como *agente* do Estado e, consequentemente, a instituição a que ele pertence, a Magistratura, função essencial à Justiça.

Como a *indelegabilidade* da jurisdição e seus desdobramentos apresentados no parágrafo anterior convidam, necessariamente, a um estudo dos órgãos jurisdicionais e de sua *competência*, é bastante frequente a doutrina tradicional do direito processual civil passar a expor a partir dessa característica o tema da "organização judiciária". Em função da metodologia empregada por este *Curso*, a organização judiciária na perspectiva constitucional é objeto do n. 3 do Capítulo 3, ao ensejo da construção do modelo constitucional de direito processual civil. A competência, por sua vez, é exposta no n. 6 do Capítulo 2 da Parte II, ao ensejo do exame de sua disciplina codificada.

2.2.6 Inércia

A última característica da jurisdição é sua *inércia*, no sentido de que ela não é (nem pode ser) prestada de ofício. Os interessados no exercício da função jurisdicional devem requerê-la, provocando seu exercício perante o Estado-juiz.

Nessa característica, dizem alguns autores com acerto, reside mais uma diferença fundamental entre a atividade jurisdicional do Estado e a atividade legislativa e a administrativa. O exercício dessas *funções* estatais dá-se "de ofício", isto é, por impulso próprio do Estado, é dizer, dos seus agentes, independentemente da eventual provocação de quaisquer interessados.

Longe de trazer à tona algum viés privatista da atividade jurisdicional, que, em si mesma considerada, não tem como possuir, a inércia da jurisdição é garantia da necessidade de *imparcialidade* que deve presidir o exercício da função jurisdicional, o que remonta ao modelo constitucional de direito processual civil a partir da concepção do princípio do juiz natural. Pudessem os próprios magistrados dos diversos níveis da organização judiciária atuar por sua própria vontade e aquele valor essencial ao Estado Democrático de Direito estaria irremediavelmente rompido. Até porque, no contexto desse modelo de Estado, não há espaço para vontade própria de seus agentes; apenas de vontade *funcional*.

Neste sentido amplo, a inércia da jurisdição quer significar que a atuação do Estado-juiz depende de provocação que a rompa (art. 2º do CPC). Desde que provocado, no entanto, o Estado-juiz atuará, e o fará "por impulso oficial", para fazer uso da expressão adotada pelo próprio art. 2º do Código de Processo Civil.

A inércia da jurisdição, contudo, ainda é valor fundamental nas e para as normas de direito processual civil. A lei processual civil em geral e o Código de Processo Civil em particular ainda exigem, para a prática de determinados atos, a iniciativa do interessado. Salvo cada vez mais raras (e polêmicas) hipóteses (art. 496 do CPC), por exemplo, não há reexame de quaisquer decisões jurisdicionais, salvo se o interessado, a tempo e modo oportunos, interpuser o *recurso* cabível. Se o processo ficar paralisado sem provocação durante mais de um ano por negligência das partes, o caso é de sua extinção (art. 485, II, do CPC), assim como é a hipótese de o autor deixar de promover, por mais de trinta dias, os atos que lhe cabem (art. 485, III, do CPC). Do mesmo modo, embora o Estado-juiz imponha ao devedor o pagamento de determinada soma de dinheiro ao credor, o credor precisará requerer ao Estado-juiz a prática de atos destinados à satisfação daquele direito (art. 513, § 1º, do CPC). Caso contrário, a tutela jurisdicional ficará totalmente esvaziada. Tais questões, cada uma a seu tempo, serão discutidas neste *Curso*. Importa evidenciar, de qualquer sorte, que elas são nucleares para a devida compreensão de outro instituto fundamental do direito processual civil, a *ação*, assunto tratado pelo n. 3, *infra*.

A inércia da jurisdição, destarte, impõe que o autor e, mais amplamente, também o réu e eventuais terceiros intervenientes provoquem o exercício da atuação jurisdicional ao longo de todo o processo, sem prejuízo de, em diversos instantes do processo, o Estado-juiz atuar oficiosamente, isto é, "por impulso oficial". Caso não o façam, como lhes cabe, a tendência é a de que prevaleça o estado inicial de inércia, justificando até mesmo a inviabilidade da atuação jurisdicional.

2.3 Espécies

A doutrina costuma distinguir algumas "espécies" de jurisdição por razões didáticas, com o fito de melhor delimitá-la e estudá-la. A iniciativa encontra justificativa até como forma de distinguir o que é e o que não é objeto de estudo do direito processual civil, nos moldes do que já foi anunciado no n. 2 do Capítulo 1.

2.3.1 Jurisdição contenciosa e jurisdição voluntária

A classificação que distingue a "jurisdição *contenciosa*" ou "litigiosa" da "jurisdição *voluntária*" elege como critério de distinção o modo pelo qual o juiz se comporta diante do conflito. É o momento de desenvolver as considerações que, mais brevemente, ocupam o n. 4 do Capítulo 1.

O que, segundo a doutrina tradicional, caracteriza a jurisdição *voluntária* é a circunstância de ela dar tutela jurisdicional aos sujeitos do processo, sabendo-se desde o início a qual deles ela será dada. No âmbito da "jurisdição voluntária" (arts. 719 a 770 do CPC), o magistrado não aplica(ria) o direito *controvertido* no caso concreto, *substituindo* a vontade das partes. Pratica(ria), bem diferentemente, atos integrativos da vontade dos interessados, de negócios jurídicos privados, que, nessas condições, passa(ria)m a ser administrados (e, nesse sentido amplo, *tutelados*) pelo Poder Judiciário. Por isso mesmo é que os autores negam à "jurisdição voluntária" que as decisões proferidas pelo Estado-juiz se tornem imutáveis, isto é, se revistam de coisa julgada.

Como sem a intervenção do Estado-juiz, nesses casos, o negócio jurídico não pode ter validade ou eficácia, a jurisdição propriamente dita não é "voluntária". Ela é *obrigatória, necessária, inafastável, imprescindível*. Assim sendo, o que distingue a jurisdição "contenciosa" da "voluntária" é a circunstância de nesta, não naquela, inexistir litígio entre partes (interessados). Alguns autores negam até mesmo que na chamada "jurisdição voluntária" haja lide (mas sim controvérsia), partes (mas sim interessados), cedendo espaço o princípio dispositivo ao princípio inquisitório, e o âmbito decisório do magistrado poderia extrapolar a "legalidade estrita", sendo lícito o uso da equidade por expressa disposição de lei (art. 723, parágrafo único), assunto que vem tratado em separado no n. 2.3.6, *infra*[7].

Não basta, contudo, identificar a jurisdição voluntária com o critério subjetivo (porque é prestada pelo Estado-juiz). Trata-se, muito mais, de administração pública de interesses privados[8]. Até porque a jurisdição voluntária também é prestada pelo tabelião, pelo juiz de paz, pelos cartórios de protesto, pelos cartórios de registro em geral e não é por razão diversa que o n. 4 do Capítulo 1 deu notícia suficiente das diversas situações em que as leis de reforma do CPC de 1973 e o próprio CPC de 2015 *desjudicializaram* determinadas atividades que tradicionalmente eram monopolizadas pelo Estado-juiz, ainda que em sede de jurisdição voluntária.

Diante das incertezas da doutrina sobre qual é a melhor fórmula para caracterizar a jurisdição voluntária, parece que seu contorno suficiente reside na circunstância de não haver conflito a ser resolvido pelo Estado-juiz. Há, nesse sentido, muito mais *consonância* de interesses na consecução de dado negócio jurídico do que, propriamente, resolução de conflito, a justificar a incidência das características da jurisdição evidenciadas no n. 2.2, *supra*.

---

7. Para uma análise crítica dessa visão, consultar, com proveito, Leonardo Greco, *Jurisdição voluntária moderna*, p. 11-41.
8. Como expõe José Frederico Marques em sua célebre monografia sobre o assunto, *Ensaio sobre a jurisdição voluntária*, esp. p. 63-72 e 93-101.

Não obstante estas considerações que, em última análise, poderiam levar o estudioso do direito processual civil a descartar a pertinência de qualquer reflexão sobre a "jurisdição voluntária" em um Curso de direito processual civil, não há como negar a orientação do direito positivo brasileiro vigente que a coloca lado a lado com a jurisdição *não* voluntária e por isso, nesse sentido, *contenciosa.* Assim, acrescentando estas razões ao que o n. 4 do Capítulo 1 dedica ao tema, ela, a jurisdição voluntária, deve ser estudada no âmbito do direito processual civil. Até porque, vale a ênfase, nos casos em que a lei cogita dela, seu exercício é *necessário* e não "voluntário", no sentido de dispensável, como deixa bem claro o art. 720 do Código de Processo Civil ao tratar dos legitimados para *romper* a inércia da jurisdição para aquela finalidade.

2.3.2 Jurisdição comum e jurisdição especial

Outro critério classificatório da "jurisdição" bastante frequente é o que distingue o exercício da função jurisdicional de acordo com a "justiça competente". Como o art. 92 da Constituição Federal cria órgãos jurisdicionais próprios para o processamento e o julgamento de determinadas questões regidas por normas (materiais) específicas, é comum distinguir-se, adotando-se esse ponto de vista, a jurisdição.

Nesse contexto, compõem a jurisdição *especial* a jurisdição trabalhista, eleitoral e militar. A Constituição Federal, com efeito, cria uma "justiça" trabalhista (arts. 111 a 116), uma "justiça" eleitoral (arts. 118 a 121) e uma "justiça" militar (arts. 122 a 124 e art. 125, §§ 3º a 5º) ao lado da jurisdição *comum*, que é aquela composta pelos demais órgãos jurisdicionais que julgarão os litígios regidos pelos demais ramos do direito (não trabalhista, não eleitoral e não militar), que, nesse sentido, se mostra residual.

É certo que a Emenda Constitucional n. 45/2004 reservou aos juízes de direito da justiça militar estadual *matérias* antes reservadas à jurisdição comum[9], o mesmo ocorrendo para a justiça trabalhista[10]. Esta peculiaridade do direito brasileiro, todavia, não afeta o sabor

---

9. A referência é feita ao § 5º do art. 125 da Constituição Federal, incluído pela EC n. 45/2004, que tem a seguinte redação: "§ 5º Compete aos juízes de direito do juízo militar processar e julgar, singularmente, os crimes militares cometidos contra civis e as ações judiciais contra atos disciplinares militares, cabendo ao Conselho de Justiça, sob a presidência de juiz de direito, processar e julgar os demais crimes militares".
10. A afirmação decorre da ampliação derivada da nova redação que a EC n. 45/2004 deu ao art. 114 da Constituição Federal, o que rendeu ensejo a diversos questionamentos sobre a competência acerca do julgamento de uma infinidade de questões, antes inexistentes. Bem ilustram o acerto deste ponto de vista as seguintes Súmulas vinculantes do STF: 22 ("A Justiça do Trabalho é competente para processar e julgar as ações de indenização por danos morais e patrimoniais decorrentes de acidente de trabalho propostas por empregado contra empregador, inclusive aquelas que ainda não possuíam sentença de mérito em primeiro grau quando da promulgação da Emenda Constitucional n. 45/04"), 23 ("A Justiça do Trabalho é competente para processar e julgar ação possessória ajuizada em decorrência do exercício do direito de greve pelos trabalhadores da iniciativa privada") e 53 ("A competência da Justiça do Trabalho prevista no art. 114, VIII, da Constituição Federal alcança a execução de ofício das contribuições previdenciárias relativas ao objeto da condenação constante das sentenças que proferir e acordos por ela homologados").

didático da distinção aqui feita, que repousa na ênfase do julgamento de determinadas matérias por determinados órgãos jurisdicionais.

A jurisdição *comum* aceita, por sua vez, divisão baseada na *competência* dos diversos órgãos jurisdicionais para julgar determinadas pessoas ou matérias. É a distinção entre "justiça federal" e "justiça estadual", assunto que ocupa o n. 6.2.4 do Capítulo 2 da Parte II, e que deve levar em conta, inclusive, a existência de juizados especiais, federais ou estaduais, em cada situação.

2.3.3 Jurisdição civil e jurisdição penal

De acordo com este critério de classificação, em que a *matéria* a ser apreciada é utilizada como elemento de distinção, jurisdição civil é toda aquela que se volta a não apreciar questões de cunho penal, isto é, regidas pelo direito penal. A jurisdição civil, nessas condições, aparece de forma residual. Toda a atividade jurisdicional não voltada a resolver conflitos regidos pelo direito (material) penal é civil. Jurisdição civil é a não penal.

A insuficiência do critério de classificação, contudo, é manifesta. Isso porque também há normas próprias para a atuação do Estado-juiz quando voltado a resolver conflitos regidos pelo direito (material) do trabalho. Essas normas, que são as constantes principalmente da Consolidação das Leis do Trabalho (Decreto-lei n. 5.452/43), embora evoquem a aplicação subsidiária e supletiva do Código de Processo Civil (art. 769 da CLT e art. 15 do CPC), são suficientes, *pelo emprego do mesmo critério de classificação*, para designar uma "jurisdição *trabalhista*", ao lado de uma "jurisdição *penal*" e, residualmente, uma "jurisdição *civil*", assim entendida a função jurisdicional que não for destinada a atuar o direito (material) *penal* e o direito (material) *trabalhista*.

O mesmo pode ser dito, como adiantado no número anterior, com relação ao direito militar e também ao direito eleitoral. Como há parcelas do Poder Judiciário voltadas especificamente para atuação daquelas regras específicas, como há normas materiais *e* processuais próprias para embasar o desempenho daquelas funções jurisdicionais, nada mais coerente que, pela aplicação do mesmo critério classificatório, referir-se a uma jurisdição militar e eleitoral.

Ainda que se pensasse que o critério classificatório seria justificável porque a distinção entre "jurisdição civil" e "jurisdição penal" acaba por recair, em última análise, na "jurisdição comum", em contraposição à "jurisdição especial", em que estão classificados os órgãos jurisdicionais trabalhistas, eleitorais e militares (ver número anterior), o que se verifica é que, na jurisdição *comum*, há diversos outros critérios que poderiam ser levados em conta para distinguir o que cada órgão jurisdicional julgará. Não só no que diz respeito à matéria, mas também no que diz respeito às pessoas e, até mesmo, à circunstância de os órgãos jurisdicionais serem organizados e mantidos pela União Federal ou pelos Estados-membros. Por tais razões é que a melhor forma de abordagem deste tema não se encontra na *jurisdição*, mas, mais especificamente, e a exemplo do que já referido anteriormente, no exame da *competência*.

Tanto assim, que é bastante usual não haver distinção entre a *competência* cível e criminal de determinados órgãos jurisdicionais, as chamadas "varas únicas" ou "cumulativas". Bem ilustra este entendimento o art. 33 da Lei n. 11.340/2006, conhecida como "Lei Maria da Penha", segundo o qual, sem os itálicos: "enquanto não estruturados os Juizados de Violência Doméstica e Familiar contra a Mulher, *as varas criminais acumularão as competências cível e criminal para conhecer e julgar as causas decorrentes da prática de violência doméstica e familiar contra a mulher*, observadas as previsões do Título IV desta Lei, subsidiada pela legislação processual pertinente". Vale destacar que os Juizados de Violência Doméstica e Familiar contra a Mulher são competentes também para o divórcio ou dissolução de união estável por opção da mulher, consoante autorização prevista no art. 14-A da Lei n. 11.340/2006, introduzido pela Lei n. 13.894/2019, excluída, de qualquer sorte, a pretensão relacionada à partilha de bens (art. 14-A, § 1º).

2.3.4 Jurisdição contenciosa e jurisdição contenciosa-administrativa

O direito brasileiro desconhece uma verdadeira jurisdição administrativa, no mesmo sentido que outros países da América do Sul e da Europa conhecem: uma jurisdição que pode ser chamada de "contenciosa-administrativa". Dada a abrangência do princípio consagrado no art. 5º, XXXV, da Constituição Federal, qualquer lesão ou ameaça a direito poderá ser levada ao Estado-juiz (ao Poder Judiciário) mesmo quando o conflito envolva pessoas de direito público (pessoas administrativas). A afirmação, cabe a ênfase, é correta mesmo quando há viabilidade de atuação administrativa com vistas à modificação do quanto decidido pela Administração Pública perante os chamados tribunais administrativos.

Neste sentido, como a dicotomia aqui evidenciada não tem maior relevância para o direito brasileiro, o objeto de estudo do direito processual civil abrange tanto a chamada "jurisdição *contenciosa*" como a chamada "jurisdição *administrativa*". Por isso é tão importante no direito brasileiro o estudo do que o n. 6.2 do Capítulo 1 denomina "direito processual público".

Essa característica do ordenamento jurídico nacional, contudo, não significa que não haja *processo* no âmbito do direito administrativo, que o Executivo não deva atuar *processualmente*. Lá, como no campo do "direito processual civil", toda a atuação do Estado – afinal, trata-se do *mesmo* Estado Democrático e de Direito moldado pela Constituição Federal de 1988 – é regrada e vinculada ao atingimento de finalidades estranhas a seus agentes, e, por isso mesmo, a produção de sua vontade (a "vontade *funcional*") pressupõe a manifestação estatal mediante prévio e *devido* processo.

2.3.5 Jurisdição inferior e jurisdição superior

De acordo com este critério de classificação, que leva em conta a posição hierárquica de quem presta a jurisdição, esta pode ser *inferior* ou *superior*.

É nesse contexto que devem ser apresentados os conceitos bastante úteis de "primeiro e segundo graus de jurisdição" e a referência a "primeira e segunda instâncias".

Primeiro grau de jurisdição é locução que deve ser entendida como sinônima de "jurisdição inferior". É a identificação do órgão jurisdicional que deverá ser provocado para *dar início* à prestação da função jurisdicional, propondo uma solução para o caso que lhe é apresentado. O segundo grau de jurisdição ou jurisdição superior, nesse sentido, é o órgão jurisdicional que desenvolverá função jurisdicional a partir do que se verificou nos órgãos inferiores. Em geral, a função jurisdicional desenvolvida pela "jurisdição superior" é de controle e de revisão dos atos praticados pela "jurisdição inferior".

Um exemplo ilustrará melhor a distinção. EAC envolve-se em acidente de carro com AEM. Frustradas tentativas de pagamento espontâneas do valor do conserto do veículo, EAC pretende obter tutela jurisdicional em face de AEM, correspondente à indenização pelos danos sofridos. Seu pedido deverá ser apresentado perante um dos órgãos jurisdicionais que, desde o modelo constitucional do direito processual civil, é *competente* para processar e julgar aquela causa. Assim, o órgão que desenvolverá a "jurisdição inferior" ("primeiro grau de jurisdição") é o juízo de direito porventura existente no local do acidente (art. 53, V, do CPC). Determinadas decisões proferidas pelo magistrado ao longo do processo podem ser controladas perante o Tribunal competente (o Tribunal de Justiça do respectivo Estado), que, por isso, desempenhará a "jurisdição superior" ou atuará como órgão de "segundo grau de jurisdição".

Embora existam, de acordo com o modelo constitucional do direito processual civil, Tribunais que possam vir a apreciar eventuais recursos desta mesma causa depois da atuação do Tribunal de Justiça, deve ser evitada a referência a um "terceiro" ou a um "quarto" graus de jurisdição. Isso porque a função jurisdicional a ser desempenhada, em casos como o figurado no exemplo, por aqueles Tribunais (o Superior Tribunal de Justiça e o Supremo Tribunal Federal) é *qualitativamente* diversa da função desenvolvida pelos Tribunais de Justiça. São órgãos que têm como função precípua a uniformização do direito federal (infraconstitucional ou constitucional, respectivamente) em todo o território nacional e, por isso, devem ser tratados, assim como algumas das formas de acesso a eles, como as do exemplo (recurso especial e recurso extraordinário, respectivamente) distintamente. São Tribunais que desempenharão, isto não pode ser posto em dúvida, atividade jurisdicional "superior". Esta atividade, contudo, não equivale a um "terceiro" nem a um "quarto" graus de jurisdição.

Com relação às expressões "primeira instância" e "segunda instância", vale o destaque de que elas não se confundem, necessariamente, com as até aqui apresentadas. Pode haver – como, em geral, há – *coincidência* entre o órgão que exerce a "jurisdição inferior", que atua como "primeiro grau de jurisdição", e a "primeira instância" e entre o órgão que exerce a "jurisdição superior", que atua como "segundo grau de jurisdição", e a "segunda instância". O exemplo dado no parágrafo anterior representa suficientemente bem esta circunstância, que é a regra.

O próprio modelo constitucional do direito processual civil, contudo, impõe situações em que não há tal coincidência. Assim, por exemplo, os Tribunais Regionais Federais e o Superior Tribunal de Justiça podem fazer as vezes de "jurisdição inferior" ou "primeiro grau de jurisdição" naqueles casos em que os arts. 108, I, *c*, e 105, I, *b*, da Constituição Federal, respectivamente, outorgam-lhes competência para processar e julgar *originariamente* determinadas causas. Nesses casos, justamente como decorrência da identificação do órgão que conhecerá, pela "primeira vez", da causa, não há órgãos de "primeira instância" atuando. E o órgão que exercerá a "jurisdição superior" ou o "segundo grau de jurisdição", em casos como esses, não é o órgão de "segunda *instância*", mas, respectivamente, o Superior Tribunal de Justiça, no primeiro caso (art. 105, II, *b*), e o Supremo Tribunal Federal (art. 102, II, *a*), no segundo. O Supremo Tribunal Federal pode também agir como órgão de "primeiro grau de jurisdição" no sentido ressaltado acima. São as hipóteses do inciso I do art. 102 da Constituição Federal, que o n. 3.4 do Capítulo 3 chama de "competência *originária*". Nestes casos, deve ser evitado falar em "jurisdição *inferior*" porque não há órgão superior para reexaminar as decisões daquele Tribunal. Pelas mesmas razões, não há "segundo grau de jurisdição". É o próprio Supremo Tribunal Federal, por intermédio de recursos para ele mesmo dirigidos, que controlará o desempenho de sua própria atividade.

Os órgãos de "primeira instância" são sempre os juízos que se localizam, na estrutura judiciária, abaixo dos Tribunais Regionais Federais ("juízes federais", de acordo com os arts. 92, III, e 106, II, da CF) e dos Tribunais de Justiça ("juízes dos Estados e do Distrito Federal e Territórios", de acordo com os arts. 92, VII, e 125, *caput*, da CF). Os órgãos de "segunda instância", nesta perspectiva, são os próprios Tribunais Regionais Federais e os Tribunais de Justiça dos Estados e do Distrito Federal.

Pelas mesmas razões já apresentadas sobre a não utilização das expressões "terceiro grau de jurisdição" e "quarto grau de jurisdição", devem ser evitadas as expressões "terceira instância" e "quarta instância". Quando um terceiro ou quarto órgão jurisdicional se manifesta em um caso concreto – e isso é possível, mercê da sistemática dos recursos especiais e extraordinários (arts. 105, III, e 102, III, respectivamente, da CF, e arts. 1.029 a 1.041 do CPC) –, o Superior Tribunal de Justiça e o Supremo Tribunal Federal atuam como órgãos de *sobreposição*. Exercem, é certo, "jurisdição *superior*" nos termos aqui discutidos, mas isso não significa entendê-los como meros órgãos *revisores*, de "segunda instância" ou de um novo "segundo grau de jurisdição", do quanto decidido pelos demais órgãos jurisdicionais.

2.3.6 Jurisdição de direito e jurisdição de equidade

A doutrina tradicional distingue a "jurisdição de *direito*" da "jurisdição de *equidade*".

A razão repousa fundamentalmente no disposto no parágrafo único do art. 723 do Código de Processo Civil, que expressamente autoriza o magistrado, nos casos de "jurisdição voluntária", a não observar o "critério de legalidade estrita, podendo adotar em cada caso a solução que considerar mais conveniente ou oportuna".

A distinção, contudo, não merece ser prestigiada. Não obstante a dicção do precitado dispositivo legal, não há como olvidar que a tendência do direito como um todo é a de ser veiculado por normas de textura mais aberta, de densidade normativa mais aberta, viabilizando, com isso, que o magistrado, em qualquer caso, seja chamado a decidir com base em parâmetros mais valorativos e, por isso mesmo, menos presos à "letra da lei" e, consequentemente, equitativos. Eloquente, a este propósito, o parágrafo único do art. 953 do Código Civil, segundo o qual "se o ofendido não puder provar prejuízo material, caberá ao juiz fixar *equitativamente* o valor da indenização, na conformidade das circunstâncias do caso". É, de resto, o parágrafo único do art. 140 do Código de Processo Civil que expressamente autoriza ao juiz decidir "por equidade nos casos previstos em lei".

A adequada e racional interpretação desses conceitos vagos, indeterminados e valorativos, aliás, é um dos desafios que se põem ao estudioso do direito processual civil na atualidade, consoante demonstra o n. 2.6.2 do Capítulo 2.

2.3.7 Jurisdição interna e jurisdição externa

A jurisdição ainda pode ser compreendida no âmbito interno (nacional) e no âmbito externo (internacional). Trata-se, aqui, de classificação que traz à tona as questões relativas à soberania de cada país. O ordenamento jurídico brasileiro refere-se expressamente à figura desde a Constituição Federal, ao submeter o Brasil, por exemplo, à jurisdição de Tribunal Penal Internacional, a cuja criação tenha manifestado adesão (art. 5º, § 4º, da CF), e ao reservar para o Superior Tribunal de Justiça a competência originária para a homologação de sentenças estrangeiras e a concessão de *exequatur* às cartas rogatórias (art. 105, I, i, da CF) e, no plano infraconstitucional, arts. 960 a 965 do Código de Processo Civil.

Como reflexo inerente à chamada "globalização", há espaço até mesmo para tratar de um "direito processual civil *transnacional*", voltado também ao exame da "jurisdição externa", assim como suas relações com a "jurisdição interna". O que diz respeito ao desenvolvimento deste *Curso*, contudo, é o exame da "jurisdição interna", cabendo destacar, contudo, as importantes novidades trazidas pelo CPC de 2015 quanto à *cooperação internacional* em seus arts. 26 a 41, examinados no n. 5 do Capítulo 2 da Parte II.

Neste âmbito, isto é, no que diz respeito à "jurisdição interna", o que releva é verificar, diante da *unidade* da jurisdição e da *pluralidade* de órgãos que exercem, desde a Constituição Federal, qual órgão Judiciário atuará em cada caso concreto e a que título. É por essa razão que se faz necessário distribuir o exercício da jurisdição entre os diversos órgãos que, desde a Constituição Federal, podem exercê-la.

2.4 Competência: primeiras considerações

É clássica a lição de que a competência é a "quantidade" ou a "medida" da jurisdição[11]. Embora a jurisdição seja "una" e "indivisível", isso não quer significar que ela não seja passível de divisão entre os vários órgãos jurisdicionais para ser exercida de maneira mais eficiente. Admitem-se especializações do exercício da função jurisdicional com vistas a seu desempenho ótimo.

A competência é a quantidade de jurisdição cujo exercício é atribuído a cada órgão jurisdicional. É, nesse sentido, a *concretização* da jurisdição, como verdadeira repartição dela, identificando qual órgão jurisdicional deve atuar perante qual situação e em qual território.

O estudo da competência deve partir da Constituição Federal porque é ela que cria os órgãos jurisdicionais (art. 92) ou, quando menos, prevê a possibilidade e os princípios determinantes de sua criação (art. 125). Também é a Constituição Federal que distingue matérias e pessoas a serem julgadas pelos diversos órgãos jurisdicionais por ela criados e de que maneira a lei poderá interferir no tema. É por essa razão que, na apresentação do modelo constitucional do direito processual civil, foi indicada a *competência* dos Tribunais Superiores (Supremo Tribunal Federal e Superior Tribunal de Justiça), dos Tribunais Regionais Federais e da Justiça Federal. Aquelas prescrições, no que importa destacar por ora, merecem ser compreendidas como verdadeiras *garantias* aos jurisdicionados. Qualquer lei (ou, mais genericamente, qualquer ato infraconstitucional) que viole aquele modelo deverá ser considerada inconstitucional.

Quase como guia prático, a busca do "juízo competente" deve seguir os seguintes passos, na perspectiva constitucional: (*a*) trata-se de caso a ser julgado pela justiça brasileira?; (*b*) se positiva a resposta, aquele caso é reservado originariamente para algum Tribunal Superior?; (*c*) trata-se de caso afeto a um órgão jurisdicional "especial"?; (*d*) a competência é de Tribunal Regional Federal?; (*e*) a competência é da justiça federal?; (*f*) com a resposta negativa à última questão, ainda é o caso de verificar se a Constituição do Estado prevê alguma regra de competência diferenciada para seu Tribunal de Justiça ou, em se tratando de caso relacionado à justiça do Distrito Federal e Territórios, se a competência é originária do respectivo Tribunal de Justiça; e (*g*) não havendo nenhuma regra constitucional, a competência é da justiça estadual de primeira instância.

As letras *e* e *g* impõem uma complementação estranha às demais. Não é suficiente verificar que os juízes federais ou os juízes dos Estados deverão atuar no caso como órgãos de primeiro grau de jurisdição. Ainda se impõe, nesses casos, a localização do *foro*, isto é, do território (subseção judiciária ou comarca) e do *juízo*, isto é, qual dos diversos juízos que ocupam o mesmo foro ("vara") competente.

---

[11]. Assim, por exemplo, Enrico Tullio Liebman, *Manuale di diritto processuale civile*, n. 24, p. 51, e José Frederico Marques, *Instituições de direito processual civil*, v. I, p. 320.

Para tanto, é mister o exame das regras relativas à competência dos §§ 1º a 4º do art. 109 da Constituição Federal, sublinhando a nova redação dada ao § 3º do art. 109 pela EC n. 103/2019, para os casos dos juízes federais, das regras pertinentes do Código de Processo Civil (arts. 42 a 66, 299, 516 e 781), dos diplomas legislativos que disciplinam os chamados "Juizados Especiais" federal (Lei n. 10.259/2001) e estaduais (Lei n. 9.099/95 e Lei n. 12.153/2009), das normas que dizem respeito à organização judiciária da Justiça Federal e das normas que dizem respeito à organização judiciária de cada Estado-membro.

Para fins da construção de uma teoria geral do direito processual civil e da temática dos institutos fundamentais do direito processual civil à luz do modelo constitucional, as informações até aqui apresentadas com relação à *jurisdição* e à *competência* são suficientes. Ir além e estudar o tema para além dessas duas frentes de reflexão, levando em conta, inclusive, a disciplina a ele reservada pelo Código de Processo Civil (sempre e invariavelmente contrastado e confrontado com o modelo constitucional), é iniciativa que ocupa este *Curso* em diversos outros momentos. O principal deles é o n. 6 do Capítulo 2 da Parte II.

3. AÇÃO

A ação é garantida pela Constituição Federal no inciso XXXV de seu art. 5º. Embora o dispositivo não o revele expressamente, é esta a melhor interpretação a ser dada àquele dispositivo no contexto que aqui importa. Qualquer lei que iniba a provocação do Estado-juiz para prestar tutela jurisdicional é, por isso mesmo, irremediavelmente inconstitucional, agressora ao modelo constitucional do direito processual civil.

Isso, contudo, não quer significar que não possa haver temperamentos legítimos adotados no plano infraconstitucional para criar condições de uma mais adequada atuação do Estado-juiz. Justifica-se o entendimento porque se a ação tem assento em *princípio* constitucional. Uma coisa é a lei reduzir a amplitude da ação, dificultando, embaraçando ou impedindo o seu exercício, outra, bem diferente, é tornar a atuação jurisdicional do Estado o mais *eficiente* possível inclusive com vistas à prestação da tutela jurisdicional, *temperando* adequadamente a incidência de outros princípios constitucionais do direito processual civil[12]. Nada de novo, portanto, no que diz respeito ao adequado trato do tema.

O que releva para o momento presente da exposição é evidenciar que o "princípio do acesso à justiça" (com todos os sinônimos mencionados a propósito de seu exame no n. 2.2 do Capítulo 3) é conceito que se identifica, que verdadeiramente se mescla, com o da ação. É nessa perspectiva ampla que o tema será enfrentado por este *Curso*.

---

12. Discussão importante a respeito dos possíveis limites decorrentes do art. 5º, XXXV, da Constituição Federal é feito por Rodolfo de Camargo Mancuso em seu *Acesso à justiça: condicionantes legítimas e ilegítimas*, esp. p. 333-450.

Aceitas estas premissas, importa evidenciar que a ação não é um conceito "puro", que possa ser traçado sem levar em conta as *opções* políticas feitas pelos diversos ordenamentos jurídicos. Faz toda a diferença, portanto, verificar de que maneira o modelo constitucional de direito processual civil fornece os elementos mínimos e indispensáveis para sua (re)construção dogmática.

Por isso, apenas por isso, este *Curso* opta por não recuperar as tão amplas como interessantíssimas discussões que ocuparam e que ainda ocupam as letras da doutrina do direito processual civil sobre a natureza jurídica da ação e as diversas teorias que buscam explicá-la partindo de suas raízes romanas, passando pela tão divulgada polêmica entre Windscheid e Muther[13], desvinculando sua concepção do plano do direito material e levando-a para o plano processual[14], para alcançar, mais recentemente, o plano do direito constitucional[15].

Os temas são, este *Curso* não nega, relevantíssimos. Rente às premissas escolhidas para seu desenvolvimento, contudo, o que se mostra mais relevante é destacar a importância de a "ação" ser entendida como um dos componentes do modelo constitucional do direito processual civil, extraindo daí, em especial dos princípios *constitucionais* do processo civil, seus caracteres jurídicos. A riquíssima construção dogmática pretérita acerca do tema é ferramenta útil para a realização dessa tarefa. No entanto, essas construções não são "fim" em si mesmas consideradas, elas não são a *conclusão* sobre o que é e sobre o que não é a ação. Simplesmente porque elas não podem revelar o que é a ação, como se ela, a ação, pudesse existir fora do tempo e do espaço jurídicos e independentemente das opções de cada ordenamento jurídico feitas pelas mais variadas razões políticas, históricas, culturais e até mesmo sociais[16].

Que a ação não se identifica com o direito material, que ela é categoria autônoma, própria do direito processual civil, não há mais espaço para duvidar, suficientes os amplos trabalhos desenvolvidos pelos processualistas civis desde a escola científica de que deu notícia o n. 1 do Capítulo 2 e retratados suficientemente nas notas de rodapé anteriores. Isso, contudo, não revela exaustivamente o que ela, a ação, é, ou o que é mais correto em se tratando de um

---

13. Há tradução para o espanhol dos textos basilares dos dois juristas alemães realizada por Tomás A. Banzhaf e publicadas sob o título de *Polemica sobre la 'actio'*. Cabe lembrar, com Renato Beneduzi, que os alemães não dão tanta importância àquela discussão, diferentemente dos brasileiros, quiçá impressionados pelos italianos. Para esta discussão, ver do talentosíssimo Professor da PUC Rio, seu *Actio und Klagrecht bei Theodor Muther*.
14. A obra de referência a esse propósito é a de Adolf Wach, cuja tradução para o espanhol é *La pretensión de declaración*.
15. Para esta discussão, dentre tantos, importa dar destaque à contribuição de Enrico Tullio Liebman em seu *Manuale di diritto processuale civile*, p. 139-142, e a de Eduardo Couture, *Fundamentos del derecho procesal civil*, p. 22-26.
16. Há dois célebres estudos sobre a relatividade do conceito de ação, destacando a relevância dos elementos ressaltados no texto para a sua compreensão. A referência é feita a Riccardo Orestano, que escreveu o verbete "Azione" para a *Enciclopedia del diritto*, v. IV, esp. p. 786-788, e a Piero Calamandrei, *Instituciones de derecho procesal civil*, v. I, esp. p. 252-256. Embora em contexto diverso, as considerações de Alessandro Pekelis, no verbete "Azione (teoria moderna)", do *Novissimo digesto italiano*, v. II, p. 45-46, não é menos relevante.

discurso jurídico, o que ela *deve ser*. Apenas atesta o que não é mais necessário questionar: a ação é instituto de direito *processual*, não de direito material, com ele não se confundindo[17].

A jurisdição é *inerte*, demonstração que ocupa o n. 2.2.6, *supra*. A perspectiva de quem provoca a atuação do Estado-juiz é a de que seja prestada em seu favor tutela jurisdicional. *Tutela jurisdicional*, já foi exposto – e sem prejuízo do que ocupa o n. 3 do Capítulo 5 –, é a contrapartida dada historicamente pelo Estado à vedação generalizada da *autotutela*. Toda vez que houver lesão ou ameaça a direito no plano do direito material, há causa para a atuação do Estado-juiz para que ele preste tutela jurisdicional, isto é, proteja suficientemente a lesão ou ameaça a direito na exata medida em que ela seja reconhecida existente. A atuação do Estado-juiz, por força do modelo político de organização do Estado brasileiro, é toda vinculada ao atingimento de determinados fins. A tutela jurisdicional, nessa perspectiva, é um dos *fins* a serem atingidos pelo agir estatal. É ela *resultado* desejado da provocação da atuação jurisdicional.

Analisadas as afirmações do parágrafo anterior, é difícil negar que, dentre elas, falta uma informação essencial: se a jurisdição é inerte e se o exercício da função jurisdicional com vistas à prestação da *tutela* jurisdicional depende do rompimento dessa inércia, importa descobrir o que dá início à atuação do Estado-juiz para aqueles fins. Afirma-se corretamente que a jurisdição é inerte e que ela deve ser provocada para atuar; que, sem provocação, o Estado-juiz não pode atuar e, por isso, não há espaço para se conceber *processo*. Mas, para o que mais importa por ora, que, sem provocação (estado *inicial* de inércia da atividade jurisdicional), o Estado-juiz não pode prestar tutela jurisdicional (estado *final* da atividade jurisdicional) e se ele, o Estado-juiz, não pode prestar tutela jurisdicional, as lesões e ameaças a direito se multiplicariam a cada dia nos mais variados campos. Sem que lesões e ameaças a direito sejam suficiente e adequadamente *tuteladas* (protegidas), o caos social tenderia a prevalecer. O próprio direito e o ordenamento jurídico perderiam sua razão de ser em tal hipótese.

O que *preenche* esse quadro da atuação jurisdicional, mobilizando o exercício da função jurisdicional, rompendo com a inércia da jurisdição com vistas à prestação da *tutela* jurisdicional, é a *ação*.

Nesse contexto, que deriva do art. 5º, XXXV, da Constituição Federal, só faz sentido compreender a ação como *direito subjetivo público*, isto é, exercitável contra o próprio Estado ou, mais corretamente para a dogmática constitucional de hoje, como *direito fundamental*. Direito, é o que basta evidenciar por ora, de romper a inércia do Poder Judiciário para pedir tutela jurisdicional com vistas a reparar lesão ou imunizar ameaça a direito afirmado seu.

Importa, portanto, verificar que a ação nada mais é do que um direito, dentre outros tantos, típicos de um Estado Constitucional, exercitado *contra* o Estado, aqui *contra* o Estado-juiz: um

---

17. O que não significa que não se possa, como pareceu importante, por exemplo, a Pontes de Miranda (*Tratado das ações*, t. I, p. 110-112), distinguir uma "ação de direito material" de uma "ação de direito processual".

direito de alguém dirigir-se à parcela judiciária do Estado para pedir tutela jurisdicional de um direito seu, que, na perspectiva de quem pede ao Estado-juiz a tutela jurisdicional, já se apresenta lesionado (a dívida venceu e não foi paga pelo devedor) ou na iminência de o ser (o fornecedor evidencia a sua não disposição de entregar equipamentos adquiridos pelo consumidor no prazo ajustado). É direito exercitável contra o mesmo Estado que, historicamente, vedou que as pessoas fizessem "justiça" pelas próprias mãos, que vedou a "autotutela" e que, por isso mesmo, tem o *dever* de *tutelar*, de *proteger*, os direitos lesionados ou ameaçados, prestar, portanto, tutela jurisdicional a quem a merecer.

O direito de ação é exercitável *contra* o Estado-juiz e não contra quem, na perspectiva de quem o exercita (o "autor", em linguagem processual civil), lesiona ou ameaça direito seu. É por isso, vale o destaque, que na praxe forense é comum falar que o direito de ação se exercita *em face* do réu e não *contra* ele[18]. O direito de ação é dirigido *contra* o Estado que, reconhecendo a *existência* do direito afirmado – e basta a *afirmação* do direito para o rompimento da inércia da jurisdição –, imporá o resultado de sua atuação, prestando tutela jurisdicional *em face* do réu.

Não há nisso, ao contrário do que se sustentou e ainda se sustenta, nenhum "poder" do autor em relação ao réu ou "sujeição" do réu em relação ao autor[19]. Nem menos um "direito potestativo" do autor em face do réu, como sustentava Chiovenda[20]. Tal "poder", "sujeição" ou "direito potestativo" não estão no plano da *ação*. Bem diferentemente, são atributos da *atuação* do Estado-juiz, ao prestar a *tutela* jurisdicional. É a jurisdição *imperativa*, que representa o exercício de ato de *autoridade* e que, por isso, obriga seus destinatários, quaisquer que sejam, independentemente de qualquer manifestação de vontade ou concordância sua.

O direito de ação não se confunde com o direito material controvertido, isto é, com a lesão ou com a ameaça a direito, cuja *afirmação* justifica o rompimento da inércia da jurisdição. Ele não se confunde com os atributos ou com as características da jurisdição. Ele não corresponde, por isso mesmo, à *tutela jurisdicional*, categoria que merece a devida atenção deste *Curso* no Capítulo 5, cuja prestação a quem merecê-la é a finalidade típica e primeira do Estado-juiz.

É justamente pela identificação daquela categoria, a da tutela jurisdicional, que as clássicas discussões relativas ao que é e o que não é ação, se ela se justifica ou não à luz do direito material controvertido e quais são as suas relações mais ou menos evidentes

---

18. A propósito do tema, Sérgio Bermudes escreveu delicioso artigo "A favor do 'contra'", publicado no volume 65 da *Revista de Processo*, p. 219-223. Cândido Rangel Dinamarco, no *Vocabulário de direito processual civil*, inserto em seu *Fundamentos do processo civil moderno*, v. I, p. 154-155, traz o verbete "Ação contra o réu", acentuando, com base em Chiovenda, que "[...] é evidente que ao demandar (demandar = pedir, solicitar postular) nada pede o autor ao réu; pede ao Estado, sim, um provimento jurisdicional que há de recair sobre a situação jurídica de ambos". A iniciativa foi ampliada posteriormente e tomou corpo próprio, *Vocabulário do processo civil*, p. 51-52.
19. Assim, por exemplo, Antonio Carlos de Araújo Cintra, Ada Pellegrini Grinover e Cândido Rangel Dinamarco, *Teoria geral do processo*, p. 271-272, e Cândido Rangel Dinamarco, *Instituições de direito processual civil*, v. I, p. 443. Em ambas as obras, as palavras *direito* e *poder* são empregadas como sinônimas.
20. *Instituições de direito processual civil*, v. I, p. 20-24.

entre os planos material e processual, quiçá, até mesmo, de *confusão* entre ambos, devem ser, quando menos, relativizadas.

O direito de ação não se identifica e não se confunde com o direito material que se *afirma* existente e, neste sentido, é *suficiente* para o início da atuação jurisdicional. A provocação do Estado-juiz, que se dá pela exteriorização do direito de ação, toma como verdadeira "hipótese de trabalho" a ocorrência de lesão ou ameaça a direito. O reconhecimento efetivo dessa lesão ou dessa ameaça já não diz respeito à *ação*, mas ao que é o *resultado* efetivamente desejado da provocação e do exercício da função jurisdicional, a prestação da *tutela jurisdicional*.

É importante o destaque do último parágrafo: a prestação da tutela jurisdicional representa o "resultado efetivamente *desejado*" pelo autor quando provoca o exercício da função jurisdicional, rompendo com sua inércia. Pode ocorrer – e ocorre, com grande frequência –, que a atuação do Estado-juiz não outorgue ao autor *tutela jurisdicional*. Pode se dar de a provocação do autor resultar em tutela jurisdicional prestada em favor do réu porque o Estado-juiz reconhece que ele, réu, não o autor, é que faz jus à proteção decorrente do plano material. Também pode se verificar de o resultado da atuação do Estado-juiz, a partir do rompimento da inércia pelo autor, ser no sentido de recusar a prestação da *tutela* jurisdicional, a ele e para o réu, por diversas razões que, por ora, bastam ser inseridas no amplo contexto de o processo não ser *devido* o suficiente para tanto. O exercício da ação, contudo, não se confunde com esses resultados possíveis, ainda que o autor não possa querer nem se satisfazer com dois dos três cenários apresentados.

É indispensável ir além.

A ação não pode ser entendida apenas e tão somente como o rompimento da inércia da jurisdição no sentido de ela representar o ato bem localizado no tempo e no espaço de dar início à atuação jurisdicional com a apresentação de uma "petição inicial", para empregar a palavra técnica que descreve aquele ato (art. 319). Ela, a ação, não se *consuma* e não se esgota com a apresentação de uma petição inicial ao Estado-juiz (arts. 2º e 312). Ela, diferentemente – por imposição do modelo constitucional do direito processual civil, bem capturado, no particular, pela legislação infraconstitucional –, é *exercitável* e é *exigível*, ao longo de todo o processo, isto é, ao longo de toda atuação do Estado-juiz durante o exercício da função jurisdicional até que a tutela jurisdicional esteja concretizada.

O direito de ação, por isso mesmo, não se esgota com o *provocar* o exercício da função jurisdicional, relacionando-se também o *agir* que começa com aquele ato (a petição inicial), e se estende até a prestação da tutela jurisdicional (sempre na expectativa evidenciada acima). O direito de ação é *exercido* ao longo do exercício da atuação jurisdicional; ele não se contenta com o rompimento da inércia da jurisdição para que o Estado-juiz exerça função jurisdicional. Não faz mais sentido – e se isso já fez sentido em algum momento do desenvolvimento científico do direito processual civil é questão da qual não se ocupa este *Curso* – que não se verifique que a ação acompanha o atuar daquele que rompeu a inércia da jurisdição até que a tutela jurisdicional, que motivou a fazê-lo, seja concretizada. Como o "reparar lesão" e/ou o "imunizar ameaça" noticiados anteriormente corresponde(m) à prestação da tutela jurisdicional, é correto entender que a ação também se refere ao atuar ao longo do processo para aquela finalidade. O autor *postula*, ao longo de todo o processo, para aquele fim[21].

Cabe explicar mais detidamente a construção do parágrafo anterior.

Já não há espaço para entender o direito de ação ou, simplesmente, a ação como o mero rompimento da inércia da jurisdição, quando o tema é inserido no seu devido contexto, do modelo constitucional do direito processual civil. Muito mais do que isso, é importante entender aquele direito e associá-lo com o próprio *agir* ao longo de todo o processo com vistas à obtenção da tutela jurisdicional e de sua concretização.

A ação, destarte, deixa de ser um direito *estático* e passa a ser compreendida como um direito eminentemente *dinâmico*. É ela um direito exercitado e exercitável contra o Estado desde a quebra da inércia jurisdicional até a efetiva concretização da tutela jurisdicional, é dizer, com palavras bem diretas, até a satisfação integral daquele que provocou a atuação do Estado-juiz. A ação, analisada nesta perspectiva, é a forma pela qual os diversos "direitos" extraídos do modelo constitucional do direito processual civil – direitos fundamentais, nos termos propostos pelo n. 2.4 do Capítulo 2 – são *transportados* para o plano do processo, tornando-se exigíveis *concretamente* no plano do processo.

É esta a razão pela qual se faz tão importante entender que aqueles direitos a serem exercitados ao longo de todo o processo sejam compreendidos, diferentemente do que propõe a doutrina tradicional, não apenas como característicos do *processo* e do *procedimento*, mas também da *ação*, que se realiza no e pelo processo, consoante os diversos tipos de procedimento. A ação é o direito pelo qual se pode exigir do próprio Estado-juiz a observância daqueles *princípios* (que são normas jurídicas, que dão origem a direitos a seus destinatários) ao longo de todo o processo.

Em suma: a ação é o direito de o jurisdicionado *exigir* do Estado não só a prestação da tutela jurisdicional, mas também a regularidade de toda a atividade jurisdicional, isto é, a tutela jurisdicional prestada em "processo *devido*", *participando* da sua formação e seu desenvolvimento, do início ao fim. É ela, a "ação", que alimenta, desde o rompimento da inércia da jurisdição, o atuar do Estado-juiz e, nesta perspectiva, o "processo" e também o "procedimento". A ação deve ser entendida, destarte, não só como o *direito* de provocar a atuação do Estado-juiz, rompendo com a inércia da jurisdição, exigindo a atuação do Estado-juiz naquele sentido e para aquela finalidade, mas também como o direito de *atuar* ao longo de todo o processo na perspectiva da obtenção da tutela jurisdicional tal qual requerida, exigindo, do Estado-juiz, as efetivas e concretas possibilidades dessa atuação, isto é, a realização do modelo constitucional do direito processual civil. Por isso é que se trata não de um direito

---

21. O réu também postula para obter, quando menos, o reconhecimento de que o autor não faz jus à tutela jurisdicional por ele pedida. É assunto ao qual se dedica o n. 5, *infra*.

estático e sim de um direito *dinâmico*, que não se resume a um ato (o provocar inicial da jurisdição), mas que dá sustento e justificativa a uma série de atos, desde o *provocar* até o *obter* a tutela jurisdicional.

As aplicações práticas destas considerações são inúmeras e ocupam, a seu tempo oportuno, diversos momentos deste *Curso*. Aqui, contudo, até como forma de demonstrar a pertinência desta visão revisitada da ação e sua concepção como direito tipicamente exercitável contra um modelo de Estado Constitucional, vale trazer à tona algumas aplicações concretas, até como forma de robustecer o estudo do tema na perspectiva de uma teoria geral do direito processual civil tal como a aqui proposta.

A primeira delas diz respeito à compreensão de que o direito de ação, entendido da forma como aqui se propõe que o seja, não é exercitável somente pelo autor. Também o *réu* pode exercê-lo. E isso se dá não só de acordo com as formulações tradicionais, como ocorre com a *reconvenção*, preservada pelo Código de Processo Civil em seu art. 343, mas, mais amplamente, sempre que o réu *atuar* ao longo do processo em busca de tutela jurisdicional em seu favor. Assim, desde o instante em que o réu apresenta sua *contestação*, ele passa a *agir* no processo, quando menos para negar que o autor seja merecedor de tutela jurisdicional e, nesse sentido, quer ver reconhecido a ele, réu, quando menos a tutela jurisdicional correspondente à declaração de que o autor não tem o direito que afirma ter.

Mesmo os "terceiros", assim entendidos todos os que não são o autor e o réu, podem exercer "direito de ação" *incidentalmente* ao processo existente entre as partes. Não só em casos bem aceitos, como ocorre na *denunciação da lide* (arts. 125 ao 129), mas, e aqui reside a polêmica que, a seu tempo, é analisada, também quando eles, terceiros, necessitam ocupar posições de vantagem processual inerentes ao seu *agir* e a seu *atuar* processual.

A segunda das aplicações práticas enunciadas diz respeito à compreensão sobre existirem duas ações diversas para as etapas de conhecimento e de cumprimento do processo. Aquilo que a doutrina clássica e tradicional identificava como a ação de conhecimento e a ação de execução, inconfundíveis e inconciliáveis em todos os seus aspectos.

Que o início da etapa de cumprimento de sentença depende de requerimento do credor, não há por que duvidar. Menos pela textualidade insuficiente do art. 513, § 1º, do Código de Processo Civil, que só o exige quando a ordem judicial consistir em pagamento de dinheiro, e mais pela inércia jurisdicional que, como expõe o n. 2.7 do Capítulo 3, decorre do modelo constitucional de direito processual civil e reside, no plano infraconstitucional, suficientemente no art. 2º do Código[22].

Contudo, já não há espaço para confundir *tutela jurisdicional* com *sentença*, mesmo que *sentença de mérito*, isto é, sentença que reconheça ao autor o direito que ele reclama perante

---

22. Para uma exposição mais detalhada daquele dispositivo, ver, do autor deste *Curso*, seus *Comentário ao Código de Processo Civil*, v. X, p. 84-95.

o Estado-juiz ou que o negue, tendo como referência o art. 487 do Código de Processo Civil. É certo que a sentença pode até corresponder à tutela do direito no plano material – são os casos de "tutelas jurisdicionais *não executivas*" –, mas não há, necessariamente, essa correspondência. Nos casos das "tutelas jurisdicionais *executivas*", nos termos propostos por este *Curso*, o proferimento de uma sentença (e isto vale para qualquer outra decisão, ainda que *interlocutória*, desde que *veicule* tutela jurisdicional daquela espécie) não é significativo de tutela do direito no plano material, mas apenas do reconhecimento da *existência* de um direito a ser tutelado e a autorização para emprego das técnicas processuais para sua *concretização*. A concepção sobre a *ação* deve, ao menos na perspectiva assumida por este *Curso*, fazer essa mesma distinção.

Assim sendo, o que deve ser colocado em destaque é que, enquanto não prestada a tutela jurisdicional, as partes – e, mais amplamente, os sujeitos do processo – poderão e deverão praticar, ao longo do *processo* e consoante cada tipo de *procedimento*, uma série de atos destinados àquele objetivo. Todos esses atos que, analisados nesta perspectiva, apresentam-se como *meios* do verdadeiro objetivo da função jurisdicional (a concretização da tutela jurisdicional). Todavia, não podem e não devem ser entendidos como novas ações. A ação foi e está sendo exercitada em busca da concretização da tutela jurisdicional. O que há, portanto, é a necessidade de os sujeitos do processo ocuparem determinadas posições de vantagem ou de defesa ao longo de todo o processo, com vistas à concretização da tutela jurisdicional. Essas posições de vantagem e de defesa não são *novas ações*, mas derivadas da *ação* já exercida e que tem que ser exercitada para aquele fim.

Fosse para entender cada posição de vantagem a ser ocupada pelo autor e mesmo pelo réu como uma *nova ação*, e, por coerência, a doutrina tradicional precisaria rever seu posicionamento, absolutamente pacificado nas doutrinas brasileira e estrangeira atuais, de que o segmento recursal não é representativo de uma *nova* ação. Ele é, a bem da verdade, *prolongamento*, *projeção*, *desdobramento* do direito de ação já exercitado e que é exercitável, sempre no sentido de ser exigível ao longo do processo. Justifica-se este *exercício* constante do direito de ação, sendo legítimo que o Estado-juiz exija o mínimo indispensável para o exercício da ação ao longo de todo o processo, desde sua provocação inicial, até a concretização da tutela jurisdicional. E isso porque não há razão para o Judiciário atuar e continuar atuando para prestar tutela jurisdicional senão diante de quem reúna o mínimo para tanto. Tal concepção seria agressiva ao princípio da eficiência processual.

O que se tem ao longo do processo, passando de uma "etapa" à outra (assim, por exemplo, a "etapa de cognição", a "etapa recursal" e a "etapa de cumprimento"), e que variará consoante as regras de cada *procedimento*, são posições de vantagem que devem ser *ocupadas* e devidamente *exercitadas* pelas partes e até mesmo por terceiros. A inércia da jurisdição reclama constante provocação, no sentido de que algumas daquelas "posições de vantagem" sejam expressa e declaradamente exercitadas e ocupadas pelo autor, pelo réu e por terceiros. Isso, contudo, não é nova *ação*. O que há, nesses casos, é *renovação* da ação, um *desdobramento* do seu exercício, e aqui reside o ponto de toque da questão, da *mesma ação* já exercida que, vale repetir, tem de estar presente na regularidade de qualquer ato processual ao longo de todo o processo. A ação, destarte – e para voltar ao ponto de partida –, não se consuma e não se esgota com a provocação inicial do Estado-juiz; ela é *exercitável* e *exigível* ao longo de todo o processo. Tanto que, se faltar o mínimo para esse atuar devido, o Estado-juiz terá que, reconhecendo essa circunstância, estancar o desenvolvimento de sua atividade, proferindo sentença nesse sentido, usualmente denominada de *terminativa*[23], que encontra fundamento no inciso VI do art. 485[24].

Quando, por exemplo, OAMS requer ao Estado-juiz a tutela do seu (afirmado) direito crédito lesionado por SCATC e formula, para tanto, pedido de "tutela jurisdicional executiva", sua *ação*, isto é, a provocação do Estado-juiz, não se justifica apenas para o *reconhecimento* de que SCATC não pagou a dívida na data aprazada. A tutela pedida vai além desse *reconhecimento*. O que OAMS pretende é que o Estado-juiz agrida o patrimônio de SCATC, se este for o caso, para retirar daquele patrimônio o suficiente para pagamento da dívida. É por isso que o "requerimento do credor" a que se refere o *caput* do art. 523 não pode ser entendido como nova *ação*, mas, apenas, como desdobramento da ação já exercida e que, neste instante procedimental, no limiar da etapa de cumprimento, ainda está sendo *exercitada* porque a tutela jurisdicional não foi, ainda, *concretizada*. Caso não haja requerimento, isto é, caso OAMS não ocupe a posição de vantagem que a lei processual civil lhe exige, prevalece a inércia da jurisdição, dando ensejo a diversas consequências em seu desfavor, que, a seu tempo, são estudadas por este *Curso*.

Em suma: a ação é direito *exercitado* contra o Estado para romper a inércia que caracteriza a jurisdição e é também *exercitável* e *exigível* ao longo do processo até a concretização da tutela jurisdicional. Prestar tutela jurisdicional não significa *declarar* que ela deve ser prestada ao autor ou ao réu, mas *concretizá-la*, no plano exterior ao processo, no plano *material*, portanto. Da mesma forma que a ação é um direito que, se não exercitado, pode vir a causar algum tipo de prejuízo para o seu titular – e, neste sentido, a tônica do *ônus* de seu exercício é inescondível –, sua *reiteração* ao longo do processo também o é.

3.1 As chamadas ações de conhecimento e de execução: apreciação crítica

A doutrina tradicional costuma se referir a "ações de conhecimento" e "ações de execução". Na classe "ações de conhecimento", prossegue esta mesma corrente, é possível discernir as

---

23. Que se contrapõe à sentença *definitiva*, que tem como ponto de referência o art. 487. É a sentença que, em processo hígido e com o mínimo indispensável ao exercício do direito de ação, reconhece a tutela jurisdicional a ser concretizada em prol de um dos litigantes.
24. O assunto é tratado, na perspectiva dos pressupostos processuais, no n. 4.6, *infra*, e também no n. 4 do Capítulo 6 da Parte II.

ações "declaratórias", das "constitutivas" e das "condenatórias". Há, ainda, quem vá além, para apresentar duas outras classes de "ações de conhecimento": as "ações executivas *lato sensu*" e as "ações mandamentais"[25]. No CPC de 1973, era corrente também a noção de que haveria um terceiro tipo de ação, a "ação cautelar", que era a ação típica do "processo cautelar"[26].

Pelas razões expostas no n. 4 do Capítulo 5, este *Curso* não pode aceitar tal classificação. Não, que isto fique bem claro, como mero exercício retórico ou pelo capricho de apresentar diferentes *classificações* para um *mesmo* objeto estudado. Mas, bem diferentemente, como consequência inarredável a que se pode chegar quando adotadas as premissas das quais se parte. O modelo constitucional do direito processual civil e sua concretização pelo Código de Processo Civil convida – *impõe*, verdadeiramente – a uma renovada reflexão sobre o tema. Em rigor, aliás, essa renovada reflexão já se fazia *indispensável* desde as profundas reformas pelas quais o CPC de 1973 passou pelas Leis n. 8.952/94, 10.444/2002 e 11.232/2005[27].

É por causa do estudo apartado da *tutela jurisdicional* – erigida por este *Curso* a instituto fundamental do direito processual civil – que as tradicionais discussões relativas ao que é e o que não é *ação* deixam de ser tão importantes. A *ação*, o número anterior ocupa-se dessa demonstração, é o que, como contrapartida da vedação da autotutela, garante que se rompa a inércia da jurisdição e, para tanto, toma como "hipótese de trabalho" a ocorrência de alguma lesão ou ameaça a direito que ocorre no plano material com vistas à satisfação daquele direito, seja reparando a lesão ou imunizando a ameaça. O efetivo reconhecimento e/ou concretização da lesão ou da ameaça, contudo, já não é *ação*. Diferentemente, já é *resultado* da provocação do exercício da função jurisdicional, ou seja, é *tutela jurisdicional*.

Haverá quem, ao ler as considerações que abrem este número, as repute desnecessárias porque óbvias e evidentes. O comentário é recebido por este *Curso* como elogio porque a distinção feita até aqui terá atingido o seu objetivo maior. Caso contrário, e até mesmo para tornar toda a exposição até aqui feita mais clara, faz-se necessário, da perspectiva da *ação*, repisar algumas conclusões já lançadas anteriormente.

Recuperando a distinção da doutrina tradicional, nas "ações de conhecimento", a atividade judicial volta-se a apreciar a existência, ou não, de um direito das partes ameaçado ou violado e, consoante o caso, admitir a aplicação da sanção concreta no caso de reconhecimento

---

25. Para esta discussão, ver *Teoria quinária da ação: estudos em homenagem a Pontes de Miranda nos 30 anos do seu falecimento*, obra coletiva coordenada por Eduardo José da Fonseca Costa, Luiz Eduardo Ribeiro Mourão e Pedro Henrique Pedrosa Nogueira, e *Polêmica sobre a ação: a tutela jurisdicional na perspectiva das relações entre direito e processo*, obra coletiva organizada por Fábio Cardoso Machado e Guilherme Rizzo Amaral.
26. Dentre vários, cabe o destaque ao entendimento de Humberto Theodoro Júnior, *Processo cautelar*, p. 26, para quem: "Se existe um processo cautelar como forma de exercício da jurisdição, existe, também, uma ação cautelar, no sentido processual da expressão, ou seja, no sentido de direito subjetivo à tutela jurisdicional; [...] a ação cautelar consiste no direito de assegurar que o processo possa conseguir um resultado útil".
27. Que era um dos motes propulsores das edições deste *Curso* anteriores ao CPC de 2015. Para a específica temática aqui tratada, ver o n. 8 do Capítulo 1 da Parte III de seu volume 1.

da ameaça ou da lesão. A "ação *declaratória*" é, nesse sentido, voltada a declarar (no sentido de meramente reconhecer), a existência ou a inexistência de um direito de alguém em face de outrem, consubstanciada, inclusive no modo de ser de uma relação jurídica, ou a autenticidade ou falsidade de um documento (art. 19, I e II); a "ação *constitutiva*" é dirigida à modificação, à alteração ou à extinção de um direito preexistente, e a "ação *condenatória*" é a ação que visa à criação de condições concretas para aplicação da sanção prevista para inadimplemento já consumado ou, quando menos, em vias de consumar. Em tais casos, ainda de acordo com a doutrina tradicional, essas *ações* correspondem ao "pedido *imediato*" dirigido ao Estado-juiz pelo autor que, como tal, vincula o tipo de atividade a ser desempenhada no ambiente judiciário e o "tipo" de sentença a ser concedida, também ela, *declaratória*, *constitutiva* ou *condenatória*, conforme o caso.

A "ação de execução", por seu turno, tem em mira a realização de atos materiais de satisfação do exequente. A "ação cautelar", tão festejada no CPC de 1973, e aqui mencionada porque sua notícia é indispensável para afastar seu fantasma do CPC de 2015[28], tinha como objetivo – sempre na concepção do que este *Curso* chama de doutrina tradicional – a prática de atos de proteção, de asseguramento, dos direitos das partes a serem definidos ou concretizados por intermédio das "ações de conhecimento" e "de execução".

Não obstante o didatismo da apresentação, não há como conceber *ações* distintas para cada uma das classes nominadas. O que há é coisa diversa, é *tutela jurisdicional*, que faz as vezes do que tradicionalmente foi designado por "conhecimento" (e suas variantes: *declaração*, *constituição* e *condenação*), "execução" e, até mesmo, "cautelar". É discussão que, neste *Curso*, ocupa o n. 4 do Capítulo 5. Ação, não custa repetir, é algo diverso, merecendo ser compreendida desde o modelo constitucional do direito processual civil, como direito de romper a inércia da jurisdição e de atuar ao longo do processo com vistas à concretização da tutela jurisdicional. É a tutela jurisdicional – se concedida – que desempenhará o papel que as diversas ações, seus respectivos pedidos e correlatas sentenças desempenhavam.

Se o Estado-juiz reconhecer *existente* o direito cuja afirmação é suficiente para justificar o rompimento de sua inércia e, nesta condição, dar início ao *processo*, a tutela jurisdicional será concedida. A concessão da tutela jurisdicional em favor do autor é sempre dependente de o Estado-juiz se convencer suficientemente de que a situação lesiva ou ameaçada de direito por ele narrada efetivamente existe. Que tipo de *tutela jurisdicional* será prestada – se *preventiva* ou *repressiva*; se *provisória* ou *definitiva* ou se *executiva* ou *não executiva*, por exemplo – é questão diversa, mas que não se relaciona com a *ação* ou com o *processo*.

Se se tratar da chamada "ação de execução", o rompimento da inércia da jurisdição dá-se, de acordo com o critério classificatório proposto por este *Curso*, para que seja prestada tutela

---

[28]. A evolução científica em qualquer campo do saber, correto reconhecer, depende de conhecimento, não de esquecimento.

jurisdicional *executiva*. Mesmo a "ação cautelar", para quem acreditava nela aos tempos do CPC de 1973, era adequada expressão de pedido de tutela jurisdicional *executiva*, porque, também naqueles casos, o reconhecimento de ameaça a direito exigia do Estado-juiz a prática de atos materiais, não apenas cognitivos, que a concretizassem.

Nesse mesmo contexto, cabe lembrar da nomenclatura adotada pelo próprio Código de Processo Civil ao longo do Título III do Livro I de sua Parte Especial, onde está a disciplina dos "procedimentos especiais", dentre eles a "ação de consignação em pagamento" (arts. 539 a 549), a "ação de exigir contas" (arts. 550 a 553), as "ações possessórias" (arts. 554 a 568), apenas para destacar os três primeiros. Aqui também, os nomes entre aspas devem ser compreendidos muito mais linguística do que tecnicamente porque, *nominalmente*, são expressões atécnicas e acientíficas. Rigorosamente, elas não podem pretender que uma "ação" seja de "consignação em pagamento", de "exigir contas" ou "possessória". Cada uma daquelas situações diz respeito a situações tuteladas desde o direito material e cuja tutela *jurisdicional* é pedida pelo autor ao Estado-juiz mediante procedimento especial, isto é, variante do procedimento comum.

Mesmo na "ação *monitória*" (arts. 700 a 702), cuja nomenclatura não encontra nenhuma referência no plano material (não há nenhum direito "monitório" carente de tutela jurisdicional), a expressão deve ser compreendida no contexto aqui evidenciado. Também lá, determinado pedido de tutela jurisdicional (*executivo*) recai sobre lesão a determinadas situações de direito material previstas pelos incisos do art. 700, dando ensejo a um *processo* cujo *procedimento* apresenta regras e técnicas diferenciadas. Nada que se passe no plano da *ação*.

Os exemplos poderiam se multiplicar às centenas. Escreve-se, doutrina-se, discute-se, polemiza-se e se decide sobre "ações de *indenização*", "ações de *cobrança*", "ações de *despejo*", "ações *revisionais de aluguel*"; distinguem-se as "ações pessoais" das "ações reais"; as "ações individuais" das "ações coletivas"; as "ações *constitucionais*" das previstas no Código de Processo Civil ou na legislação processual civil, e assim por diante. No CPC de 1973 era comum a referência a "ações *ordinárias*" em contraposição às "ações *sumárias*" e, antes da Lei n. 9.245/95, às "ações *sumaríssimas*".

Todas essas expressões e tantas outras que lhes são correlatas representam suficientemente realidades jurídicas consagradíssimas pelos usos e costumes. Não há por isso problema em empregá-las, mais ainda no dia a dia do foro. O que importa destacar, contudo, para a construção de uma teoria geral do direito processual civil, é entender o que está por trás de cada uma daquelas nomenclaturas, forjadas em tempos outros, até em épocas em que a separação entre o "direito material" e a "ação" não era tão evidente como hoje é. É essa a razão pela qual quando aquelas expressões são empregadas ao longo deste *Curso* o são no contexto acima destacado, de expressões idiomáticas, de locuções que devem ser compreendidas por fatores diversos que a interpretação de cada um de seus termos isoladamente considerados.

Fosse para ser tão rigoroso no uso da linguagem a ponto de censurar os usos e costumes forenses – e definitivamente não é este o ânimo deste *Curso* –, o correto seria substituir cada uma daquelas expressões pela descrição correta do que se pretende. Assim, apenas para ilustrar a pertinência da afirmação, a "ação de consignação" deve ser compreendida como o pedido de tutela jurisdicional formulado pelo devedor que pretende ver reconhecida a extinção da obrigação em função do pagamento por consignação; a "ação real", como pedido de tutela jurisdicional que diga respeito a direitos reais; a "ação de cobrança", como o pedido de tutela jurisdicional formulado por quem se afirma credor em face de quem é afirmado devedor para o pagamento de alguma dívida, e a antiga "ação *ordinária*", como pedido de tutela jurisdicional que, à falta de procedimento especial, deveria observar o procedimento ordinário (hoje o *comum*) para conduzir o Estado-juiz ao reconhecimento e à concretização da tutela jurisdicional[29].

Não é diversa a preocupação que gira em torno do emprego comuníssimo de outras expressões, tais como "julgar a ação procedente" ou "julgar a ação improcedente". Nenhuma delas é correta, ao menos na perspectiva de exame proposta por este *Curso*. O que é *procedente* ou *improcedente* é o pedido de tutela jurisdicional dirigido ao Estado-juiz: o reconhecimento de que, na perspectiva do direito material invocado, o autor tinha direito à proteção (tutela) do Estado-juiz e em outros casos, não. Neste caso, nega-se a tutela jurisdicional pedida; naquele, concede-se. A *ação* não é nem pode ser *procedente* nem *improcedente*. Ela é um direito a ser devidamente exercido ao longo do processo. Uma vez mais, pois, o fenômeno destacado pelas expressões, não obstante consagradíssimas, não reside no plano da *ação*.

A circunstância, já destacada, de que nos casos em que, para empregar a expressão tradicional, a "ação" é julgada improcedente é o réu o beneficiado pela tutela jurisdicional só confirma ao certo do quanto exposto. O que ocorre em tais casos é que o Estado-juiz, devidamente provocado, presta tutela jurisdicional não para quem rompeu a inércia da jurisdição, mas para a parte oposta. É conclusão que, bem entendida a exposição, decorre do próprio modelo constitucional do direito processual civil, mais especificamente do princípio da eficiência: não há sentido que o réu, neste caso, provoque novamente o Estado-juiz para que seu direito seja *novamente* reconhecido, prestando a ele tutela jurisdicional já prestada suficientemente no processo anterior justamente pelo reconhecimento de que o autor não era titular do direito que afirma ostentar em face do réu.

Tampouco os litigantes "entram" com ações ou as "ajuízam". Isso ocorre também no mundo da prática forense, dos usos e costumes. Ação é direito e, como tal, é algo a ser exercitado ou exercido. Quando o autor se refere ao *ajuizamento* de alguma ação, sua iniciativa deve ser compreendida no sentido de que decidiu romper a inércia da jurisdição para pedir

---

29. Nos tomos II e III do volume 2 das edições deste *Curso* anteriores ao CPC de 2015, as expressões idiomáticas de cada um dos procedimentos especiais do CPC de 1973 e dos procedimentos do "direito processual público" e do "direito processual coletivo" são *corrigidas* nos moldes sugeridos no texto, como se pode ler dos vocabulários que encerram cada um daqueles volumes. Sob a égide do CPC de 2015, a mesma iniciativa ocupa o vocabulário que fecha o irmão menor deste *Curso*, o *Manual*.

ao Estado-juiz a tutela jurisdicional de algum direito que afirma ser seu. Para saber de que tipo de tutela jurisdicional se trata, deve-se examinar o contexto do pedido de tutela jurisdicional constante da petição inicial: quem pede o que, em face de quem e por quais motivos. Também aqui, as coisas não se passam – e não têm como se passar – no contexto da ação.

A hipótese do inciso VI do art. 485 do Código de Processo Civil merece destaque no contexto deste número. De acordo com aquele dispositivo, "o juiz não resolverá o mérito quando: [...] verificar ausência de legitimidade ou de interesse processual". A consequência, embora não expressa no art. 485, é a de encerramento do processo, embora, nos moldes do art. 486, "O pronunciamento judicial que não resolve o mérito não obsta a que a parte proponha de novo a ação". É o que, nos idos do CPC de 1973, era descrito pela consagrada expressão "carência da ação", adotada expressamente pelo dispositivo correspondente, o art. 267, VI, daquele Código, e não repetida pelo CPC de 2015.

Em tais casos, o que ocorre é que o exercício da ação não reuniu ou não conservou o mínimo indispensável que, pertinentemente, é exigido pelo art. 17 do Código de Processo Civil. Como não há o mínimo que justifique a atuação daquele que pediu a tutela jurisdicional, não há razão para a atuação do Estado-juiz e, por isso, o processo (que é o meio pelo qual o Estado Constitucional atua) deve ser encerrado, extinto como usualmente se diz, com tal reconhecimento. O tema é sofisticado e interessantíssimo e justifica a abertura de novo número para tratar dele.

3.2 O mínimo indispensável para o exercício do direito de ação

No sistema processual civil brasileiro, há três grandes categorias de sistematização que, embora interrelacionadas, não se confundem. A primeira delas diz respeito à existência da *ação*; a segunda, à existência e à validade do *processo*; e terceira, a saber quem tem e quem não tem razão sobre o conflito de interesses levado ao Judiciário para resolução, isto é, sobre se existe, ou não, o direito que se afirma lesionado ou ameaçado e que é, por isso mesmo, merecedor de tutela jurisdicional. Essas três categorias correspondem, respectivamente, ao que a doutrina brasileira sempre chamou de *condições da ação* – nomenclatura que, posto ser consagradíssima na doutrina brasileira em função do CPC de 1973 e de toda a sua influência, acabou sendo abolida pelo Código de Processo Civil –, aos *pressupostos processuais* e ao *mérito*. Deixando as discussões relativas à nomenclatura para ser tratada em seguida, não há dúvida – e continua a não haver, mesmo em tempos do CPC de 2015 – que aquelas duas primeiras categorias sempre mereceram e ainda merecem ser identificadas como os "pressupostos de julgamento de mérito". O Estado-juiz, antes de definir qual é o "direito aplicável à espécie", isto é, antes de se manifestar sobre a existência da "ameaça" ou da "lesão" cuja *afirmação* justifica sua provocação para que a função jurisdicional seja exercitada – concedendo, consequentemente, *tutela jurisdicional* a quem tem razão –, precisará verificar a concorrência de duas ordens de fatores. A primeira repousa no plano da *ação*: aquele que rompe a inércia da jurisdição preenche o mínimo indispensável para provocar a atuação do Estado? A segunda relaciona-se com o plano do próprio *processo*: estão presentes os requisitos mínimos para que o Estado-juiz atue no caso concreto? Somente se as respostas a ambas as questões forem positivas é que o Estado-juiz está autorizado a prestar a tutela jurisdicional em favor de quem a merecer.

É vazia de maior utilidade discussão a respeito de qual daquelas duas categorias – a relativa ao adequado exercício da *ação* ou do *processo* – merece exame prioritário pelo Estado-juiz. É certo, todavia, que, compreendendo a *ação* como direito de romper a inércia da jurisdição, o mínimo indispensável para o exercício deverá, de alguma maneira, "preexistir" ao preenchimento dos pressupostos processuais. Nesse sentido, é correto entender que o exercício do direito de ação enseja a formação do processo. Até porque, para que o processo se justifique como tal, é importante, antes mesmo de verificar a sua própria regularidade, verificar as condições *mínimas* que autorizam a ruptura da inércia da jurisdição.

A despeito destas afirmações, não existe uma ordem rígida que biparta o exame de uma categoria em detrimento da outra. O exame da petição inicial – que representa, por definição, a exteriorização do direito de ação no sentido destacado por este *Curso*, dando nascimento ao processo – permite o exame *conjunto* daquelas duas categorias. Na exata medida em que a cognição desenvolvida pelo juiz naquele momento ateste a presença de uma e de outra categoria, a atuação jurisdicional prosseguirá com a prática do ato processual seguinte e assim sucessivamente até o instante em que se perceba faltar o mínimo indispensável para o exercício da ação (exercitada ao longo do processo) ou que venha a dar falta de algum defeito em relação ao próprio processo. À medida que a ausência não seja suprida ou, por sua característica, não possa sê-lo, o caso é de proferimento de sentença "sem resolução de mérito", nos moldes dos incisos IV, V e VI do art. 485.

É, portanto, o próprio Código de Processo Civil – e nisso nada há de novo com a atual codificação quando comparada com o CPC de 1973 – que conduz à compreensão de que tanto uma como outra categoria têm de se mostrar em conformidade com as prescrições normativas desde o primeiro momento em que o Estado-juiz é provocado para atuar até a concretização da tutela jurisdicional. A cada novo ato processual a ser praticado pelas partes – assim como nos atos de eventuais intervenientes –, a cada novo "direito", "dever", "obrigação" e demais posições de vantagem a serem assumidas ao longo do processo, a regularidade do exercício da *ação* e a higidez do próprio *processo* devem ser aferidas.

Feitas as considerações dos parágrafos anteriores, é chegado o momento do estudo relativo ao mínimo indispensável para o exercício da ação. A outra categoria aqui mencionada, os "pressupostos processuais", é estudada no âmbito do *processo*.

São clássicas na doutrina processual civil brasileira as discussões sobre a natureza do que o CPC de 1973 chamava de "condições da ação", sua existência e sua utilidade. As edições deste *Curso* anteriores ao CPC de 2015 defendiam não só sua existência, mas também sua utilidade. Sustentavam, ademais, sua plena harmonia com o modelo constitucional do direito processual civil[30].

O Código de Processo Civil traz quase nada de novidade a respeito do assunto. O que muda nele é a *ausência* da expressão "condições da ação" e da correlata "carência da ação", que eram adotadas expressamente pelo CPC de 1973 no inciso VI do art. 267 e no inciso X do art. 301, respectivamente. Também não há no CPC de 2015 referência a uma das três condições da ação então identificadas pelo próprio Código, a *possibilidade jurídica do pedido* (art. 267, VI, do CPC de 1973). Exceto isso, contudo, não há nenhuma modificação. A *dinâmica* das antigas condições da ação é rigorosamente a mesma. Prova segura e bastante do acerto desta afirmação está no inciso VI do art. 485 do CPC de 2015, que corresponde em tudo e por tudo, inclusive na sua *textualidade*, ao inciso VI do art. 267 do CPC de 1973.

Não é porque o CPC de 2015 deixou de se referir às expressões destacadas que a doutrina não pode fazê-lo[31], ainda que das três condições do direito anterior só sobrevivam duas. De qualquer sorte, para que este *Curso* não perca tempo com discussões que nada acrescentam à construção de uma teoria geral do direito processual civil – porque formais e não substanciais –, passa a se referir àquela temática como *mínimo indispensável ao exercício do direito de ação*. É expressão eloquente o suficiente para descrever o que a anterior, *condições da ação*, significava[32].

De outra parte, este *Curso* lamenta profundamente a opção do CPC de 2015 de deixar de fora de sua disciplina a possibilidade jurídica do pedido. Foram descartados, à época da promulgação daquele Código, quarenta anos de evolução da doutrina e da jurisprudência brasileira por causa de uma visão do instituto aqui discutido que, com o devido respeito, sempre se mostrou equivocada, deixando de acentuar que a ação (mesmo na concepção adotada por este *Curso*) é um elo de diálogo necessário entre os planos do direito material e do direito processual. Uma pena porque, como os n. 3.2.1 e 3.2.2, *infra*, demonstram, o *interesse* e a *legitimidade* sempre o foram. E *continuam a ser...*

Lamentar, contudo, não significa ser saudosista e tentar ver, no CPC de 2015, o que não está nele. Coerentemente ao que afirmavam as edições anteriores deste *Curso*, as "condições da ação", hoje o "mínimo indispensável ao exercício do direito de ação", são opções legítimas do legislador, não agressivas do modelo constitucional. Elas eram três, poderiam ser quatro ou, como são agora, apenas duas.

O que se dá com relação à extinta "possibilidade jurídica do pedido" é que toda a dogmática que se desenvolveu a seu respeito tende a ser descartada ou, pelo menos, ser

---

30. Para esta demonstração, ver o n. 3 do Capítulo 2 da Parte III do volume 1.
31. Mesmo para quem entender que o uso do vernáculo depende de prévia previsão legislativa, cabe dar largo desenvolvimento à circunstância de o inciso III do art. 330 ainda se valer do verbo *carecer* para descrever a ausência de interesse processual.
32. E que já constava, para fins didáticos, nas edições deste *Curso* anteriores ao CPC de 2015, em especial no n. 3 do Capítulo 2 da Parte III de seu volume 1.

reaproveitada sob o rótulo do "interesse". Essa opção é muito frustrante para o direito processual civil brasileiro, justamente porque nossa doutrina e nossa jurisprudência[33] conseguiram enxergar situações variadas de *impossibilidade jurídica do pedido* para autorizar o descarte imediato do pedido de tutela jurisdicional formulado pelo autor, independentemente das situações de interesse e sem que houvesse exame de mérito.

A concordância com o acerto dessa afirmação pressupõe conhecimento mais profundo sobre a identificação e o desenvolvimento da possibilidade jurídica do pedido a partir da obra de Enrico Tullio Liebman no direito processual civil brasileiro do CPC de 1973. É tão clássica como correta a afirmação de que Liebman mudou de entendimento quando o direito italiano passou a prever o divórcio, que era o único exemplo que o grande processualista italiano concebia para aquela categoria. Ocorre que, na doutrina brasileira, a compreensão daquela categoria acabou indo muito além do divórcio, também admitido entre nós desde 1977, passando a envolver também a prévia análise da causa de pedir como forma de *contaminação* do pedido[34].

De outra parte, quiçá tenha faltado aos críticos da doutrina original de Liebman sobre a possibilidade jurídica de pedido perceber a forma pela qual ela era decalcada da construção de Chiovenda a respeito das "condições gerais da sentença positiva de recebimento", que ensinava que "a primeira condição para afirmar o juiz a existência de uma vontade concreta da lei, que garante um bem ao autor, é naturalmente esta: que ele, sobre a base da cognição realizada, considere existente tal vontade"[35]. Também não consta que tenha havido alguma preocupação em estudar mais a fundo o que os atualizadores das edições mais recentes do *Manuale* de Liebman passaram a tratar a título de *possibile oggetto dell'azione*[36]. Não que aquela discussão, sobre os possíveis objetos da ação declaratória, pudesse revigorar o pensamento original de Liebman, até porque a exposição de apenas duas condições da ação (interesse e legitimidade) foi preservada[37], mas apenas para constatar as possibilidades e o alcance do tema.

Diante da opção manifestada pelo CPC de 2015, contudo, o tema, ao menos aqui e agora, parece ser desinteressante para compreender a sistemática processual civil brasileira. Para o

---

33. Assim, *v.g.*, o quanto decidido pela 3ª Turma do STJ no REsp 1.501.549/RS, rel. Min. Nancy Andrighi, j.un. 8-5-2018, *DJe* 11-5-2018, entendendo que "É juridicamente possível o pedido de alienação judicial de bem imóvel objeto de compromisso de compra e venda". Em idêntico sentido: "É juridicamente possível obrigar os provedores de aplicação ao fornecimento de IPs e de dados cadastrais de usuários que acessaram perfil de rede social em um determinado período de tempo" (STJ, 3ª Turma, REsp 1.738.651/MS, rel. Min. Nancy Andrighi, j.un. 25-8-2020, *DJe* 28-8-2020).
34. Para toda esta discussão, é suficiente o quanto escrito nas edições deste *Curso* anteriores ao CPC de 2015 no n. 3.3 do Capítulo 2 da Parte III do volume 1.
35. *Instituições de direito processual civil*, v. I, p. 175. As outras duas condições para aquele fim, não por acaso, são a "qualidade ou legitimação de agir" e o "interesse de agir", como se lê das p. 178-182 da mesma obra.
36. A referência é feita à 7ª edição do *Manuale*, p. 142-144, atualizada por Vittorio Colesanti, Elena Merlin e Edoardo F. Ricci.
37. *Manuale di diritto processual civile*, p. 144-150.

direito processual civil brasileiro da atualidade nada daquilo subsiste, como se constata do rol do art. 330, que disciplina as hipóteses de "indeferimento da petição inicial", o que fica muito claro ao contrastar aquele artigo com o seu par no CPC de 1973, o art. 295[38]. É essa a razão pela qual este *Curso*, para não ser saudosista, mas também porque não quer ser rancoroso com as opções feitas pelo legislador (porque, no particular, não se mostram agressivas ao modelo constitucional do direito processual civil), entende que aqueles casos, se não analisados na perspectiva da falta de interesse, deverão ser submetidos ao prévio contraditório, ainda que para, em seguida, serem descartados por decisão de mérito, desfavorável ao autor[39].

Quanto à *legitimidade* e ao *interesse*, como mínimo indispensável ao exercício do direito de ação, não há como negar sua subsistência no sistema processual civil, em função de sua expressa previsão no já referido art. 17, passando pelos incisos II e III do art. 330, e culminando no também indicado inciso VI do art. 485, todos do Código de Processo Civil.

É certo que aquelas duas categorias (e isso era também verdade, na mesma proporção, para a insubsistente possibilidade jurídica do pedido) apresentam traços do direito material lesionado ou ameaçado levado ao Estado-juiz, conquanto sua função seja exclusivamente de direito processual. Esta necessária e saudável relação entre os planos material e processual não é característica do assunto aqui versado. A circunstância de os pontos de contato entre aqueles dois planos se revelarem mais salientes é indiferente.

Isso porque não há espaço, contudo, para confundir ou tratar indistintamente os dois planos, o material e o processual. O objetivo daqueles mínimos indispensáveis para o exercício do direito de ação é operar como verdadeiro filtro relativo ao direito material controvertido, para permitir separar desde logo o que, ainda que remotamente, pode ser merecedor

---

38. No que importa à discussão presente, basta trazer à tona o inciso III do parágrafo único do art. 295 do CPC de 1973, que considerava inepta a petição inicial quando "o pedido for juridicamente impossível", o que não se repete no § 1º do art. 300 do CPC de 2015, nem textual nem substancialmente.

39. Em interessante acórdão sobre o tema, a 3ª Turma do STJ entendeu juridicamente possível que o filho menor questionasse em juízo a administração de seu patrimônio pela mãe com fundamento no abuso do direito. Trata-se do REsp 1.623.098/MG, rel. Min. Marco Aurélio Bellizze, j.un. 13-3-2018, *DJe* 23-3-2018. Em outra oportunidade, a 3ª Turma entendeu, com fundamento no art. 1.015, II, caber agravo de instrumento contra a decisão interlocutória que acolhe ou afasta a arguição de impossibilidade jurídica do pedido, por se tratar, na nova sistemática codificada, "aspecto do mérito". Trata-se do REsp 1.757.123/SP, rel. Min. Nancy Andrighi, j.un. 13-8-2019, *DJe* 15-8-2019. No REsp 1.892.941/SP, a mesma 3ª Turma, rel. Min. Nancy Andrighi, j.un. 1º-6-2021, *DJe* 8-6-2021, voltou ao tema para, destacando que, no âmbito do CPC de 2015, a temática envolvendo a possibilidade jurídica do pedido deve ser tratada como questão de mérito, ao entender que "Não há, no ordenamento jurídico brasileiro, vedação expressa ou implícita à pretensão de direito autônomo à declaração de existência de relação de parentesco natural entre pessoas supostamente pertencentes à mesma família, calcada nos direitos personalíssimos de investigar a origem genética e biológica e a ancestralidade (corolários da dignidade da pessoa humana) e do qual pode eventualmente decorrer direito de natureza sucessória, não se aplicando à hipótese a regra do art. 1.614 do CC/2002". A 4ª Turma do STJ reconheceu a possibilidade jurídica do pedido de reconhecimento de fraternidade socioafetiva, ainda que *post mortem*, no julgamento do REsp 1.674.372/SP, rel. Min. Marco Buzzi, j.un. 4-10-2022, *DJe* 24-11-2022.

de tutela jurisdicional do que consequentemente justifica, dessa perspectiva, a atuação do Estado-juiz, o que não apresenta nenhuma chance para tanto.

Tanto assim que, mesmo diante de uma ação devidamente exercitada (isto é: o autor tem direito a um "julgamento de mérito", fazendo uso de expressão da doutrina tradicional, porque mostra seu interesse e é legítimo para tanto), isso não significa que o autor tenha "o direito" que afirma ter. Ação legitimamente exercida e exercitada não significa dizer que aquele que provocou o Estado-juiz tem direito à tutela jurisdicional. A falta de uma daquelas categorias opera efeitos no plano do *processo*, embora recolha seus elementos informadores do plano material. Isso, contudo, não permite, máxime à luz do direito positivo brasileiro, tratar estes dois planos (o processual e o material) como se fossem um só a infirmar a utilidade da categoria em exame.

Seria possível recusar a aplicação da *lei processual civil* e sua expressa opção em adotar aqueles mínimos indispensáveis para o exercício do direito de ação – não há por que descartar a hipótese – se ela agredisse, de alguma forma, o modelo constitucional do direito processual civil. A circunstância de o art. 5º, XXXV, da Constituição Federal garantir que a lei não excluirá do Poder Judiciário lesão ou ameaça a direito tem de ser entendida, como qualquer outro princípio constitucional, aliás, em seu devido contexto jurídico, já que de *princípio constitucional* se trata.

Ora, o "devido contexto jurídico" de interpretação e aplicação de um princípio jurídico é aquele que admite a sua ponderação diante de outros princípios. Nenhum princípio vale aprioristicamente mais ou menos que os outros; nenhum princípio deve, por si só, predominar sobre os outros em abstrato, sem levar em consideração as necessidades de cada caso concreto.

O que releva para cá é constatar (e aplicar) a noção de que o art. 5º, XXXV, da Constituição Federal não é *absoluto* e, como tal, ele aceita, à luz de outros princípios, alguma atenuação para que o Estado atinja suas finalidades precípuas.

O mínimo indispensável para o exercício do direito de ação, entendido nesse contexto, tem como finalidade precípua a de evitar desperdício de tempo e de atividade jurisdicional, *racionalizando* sua prestação com vistas à concessão da tutela jurisdicional que se mostra minimamente aceitável. A opção política feita pelo Código de Processo Civil brasileiro ao continuar a disciplinar o tema encontra fundamento suficiente no art. 5º, LXXVIII, da Constituição Federal: são técnicas para implementar maior eficiência ao processo e, destarte, maior *racionalização* no exercício da própria atividade jurisdicional. O exercício da função jurisdicional não deve se dar desnecessariamente, em vão. É inconcebível, à luz do modelo constitucional do direito processual civil, que o Estado-juiz atue de modo não eficiente, não racionalizado, não otimizado.

Tais colocações permitem até mesmo distinguir o "direito de *ação*", que está sendo aqui tratado, com o chamado "direito de *petição*". Este, previsto na alínea *a* do inciso XXXIV do art. 5º da Constituição Federal, e não aquele, é *incondicionado*, no sentido de estar garantido que qualquer um se dirija "aos Poderes Públicos em defesa de direitos ou contra ilegalidades ou abuso de poder". Não há razão nenhuma para excluir o Estado-juiz dessa perspectiva para a apresentação de qualquer petição, qualquer reclamo, qualquer indignação sem o mínimo indispensável que, ao menos em tese, pudesse lhe garantir a prestação e tutela jurisdicional. As situações, contudo, são diversas. Aqui, o que releva é verificar em que situações o Estado-juiz prestará *tutela jurisdicional*. Para isso, dentre outras exigências, o mínimo indispensável aqui analisado deve estar presente para bem realizar o modelo constitucional do direito processual civil.

Nesse sentido, este *Curso* não deixa de dar razão aos cultores da chamada "teoria da asserção", que acabam revelando pertinentemente a função do mínimo indispensável ao exercício do direito de ação[40]. A perspectiva é a de que o Estado-juiz rejeite de imediato qualquer pedido de tutela jurisdicional formulado por parte "manifestamente ilegítima" ou quando o autor "carecer de interesse processual" (art. 330, II e III). Superado o juízo de admissibilidade da petição inicial e na medida em que, ao longo do processo, não haja nenhum elemento que infirme aquela conclusão preliminar do magistrado, isto é, de que há legitimidade e interesse, o processo deve seguir em direção à concessão da tutela jurisdicional para quem tem direito[41].

Em tal contexto, o mínimo indispensável tem como objetivo evitar o início de processos fadados ao insucesso, aproveitando-se do elo de contato que a categoria em comento permite que se faça entre os planos material e processual. O que se quer é assegurar o mínimo de seriedade na provocação inicial do Estado-juiz.

Este *Curso*, contudo, não pode concordar com os defensores daquela teoria quando sustentam que qualquer reflexão do magistrado após aquele momento inicial – ou, no mais tardar, após a contestação do réu – já seria exame de mérito propriamente dito e não mais a aferição do mínimo indispensável para o exercício do direito de ação. É que a eficiência processual, que justifica a categoria aqui examinada, impõe o descarte da atividade jurisdicional sempre que se mostrar que não há condições mínimas para seu prosseguimento. E isso pode não se dar, necessária e obrigatoriamente, pelo reconhecimento do direito em prol de uma ou de outra parte com a prestação da tutela jurisdicional respectiva.

Importa destacar, por isso, que, tanto quanto o exercício do direito de ação se dá (e se justifica) ao longo de todo o processo, o necessário controle de seu mínimo indispensável também. E, se for o caso, a solução a ser dada ao magistrado, ainda que após a contestação do réu, será de proferir sentença sem resolução de mérito, isto é, sem prestar tutela jurisdicional a ninguém, com fundamento no art. 485, VI. Não há como fugir dessa realidade sem violar o modelo constitucional do direito processual civil, por mais frustrante que ela possa parecer – e é – para todos os envolvidos com o processo.

---

40. Para a exposição dessa teoria, ver, por todos, Susana Henriques da Costa, "Comentários ao art. 17", esp. p. 284-288.
41. Assim, v.g.: STJ, 3ª Turma, REsp 2.077.543/SP, rel. Min. Nancy Andrighi, j.m.v. 14-5-2024, *DJe* 24-5-2024; STJ, 3ª Turma, REsp 1.749.223/CE, rel. Min. Marco Aurélio Bellizze, j.un. 7-2-2023, *DJe* 10-2-2023; STJ, 4ª Turma, REsp 1.314.946/SP, rel. Min. Antonio Carlos Ferreira, j.un. 9-8-2016, *DJe* 9-9-2016; e STJ, 4ª Turma, AgRg no REsp 1.417.395/CE, rel. Min. Luis Felipe Salomão, j.un. 3-5-2016, *DJe* 9-5-2016.

Tanto assim que este *Curso* reconhece que, em tais casos, até o instante em que o magistrado profere a referida decisão, houve exercício do direito de ação. Ação, no sentido de provocação do Estado-juiz, existiu. O que faltou ou deixou de existir – e que seria indispensável na perspectiva da exposição à prestação da tutela jurisdicional –, no entanto, foi o mínimo indispensável com relação ao exercício daquele mesmo direito. O "direito de ação", vale repetir as considerações do número anterior, não é *exercitado* apenas no instante em que se rompe a inércia da jurisdição. Mais do que isso, ele é *exercitável* e *exigível* ao longo de todo o processo. Quando o magistrado constata que já não há a legitimidade ou o interesse que parecia haver ou que havia – e essa constatação só faz sentido a partir do plano material –, a tutela jurisdicional mostra-se inútil. Ação houve, quando menos parecerá ter havido, mas não há mais. É esta a especial circunstância que conduz ao proferimento da decisão nos moldes do inciso VI do art. 485.

Assentadas, à luz das considerações aqui expostas, a pertinência e a importância do tema, cabe analisar mais detidamente cada um dos mínimos indispensáveis ao exercício do direito de ação. É o objetivo dos números seguintes.

3.2.1 Legitimidade

A legitimidade – também chamada de legitimidade para a causa, *legitimatio ad causam* ou legitimidade para agir – relaciona-se à identificação daquele que pode pretender ser o titular do bem da vida deduzido em juízo, seja como autor (legitimidade *ativa*), seja como réu (legitimidade *passiva*).

Não que aquele que provoque a jurisdição, exercitando o direito de ação, seja o sujeito que, no plano material, sofreu ou está na iminência de sofrer a lesão ao direito descrito na petição inicial e que o réu seja mesmo o causador da lesão ou ameaça nela descrito. O que ocorre, pelas razões que ocupam o número anterior, é que o Estado-juiz, tão logo receba a petição inicial, deve verificar se, pela narração dos fatos com os meios de prova eventualmente já produzida, tudo indica que, no plano material, aqueles sujeitos estão mesmo relacionados na perspectiva indicada na petição inicial, com a indicação suficiente de o direto reclamado pelo autor parecer pertencer mesmo a ele, tanto quanto parecer ser o réu o causador da lesão da ameaça indicada. Se a verificação for coincidente com a descrição feita pelo autor – à luz dos eventuais elementos de prova que já acompanhem a petição inicial –, será, na perspectiva de análise que aqui interessa, proferido juízo de admissibilidade positivo da petição inicial e determinada a citação do réu.

Para o preenchimento da condição da ação "legitimidade" é o que basta. Faz-se suficiente que, em tese, a situação conflituosa pareça pertencer a quem se afirma pertencer. Se MSSS é mesmo credor de SNS, isso já não é questão relativa à legitimidade, mas, bem diferentemente, ao *mérito* no sentido de se reconhecer, ou não, se existe o direito de crédito alegado e, consequentemente, conceder, ou não, a MSSS a tutela jurisdicional que ele requereu lhe fosse prestada em face de SNS.

A legitimidade aqui discutida, como mínimo indispensável para o exercício da ação, corresponde, em regra, à "capacidade de ser parte", tratada pelo n. 4.3.2.4, *infra*, que, por seu turno, é a projeção, para o plano do processo, da capacidade jurídica do direito material. A *regra*, para o sistema processual civil brasileiro, é que somente aquele que tem condições de se afirmar titular do direito material deduzido em juízo pode ser parte ativa ou passiva. A capacidade jurídica, é dizer, a capacidade de alguém de assumir direitos e deveres no plano material, é que dá nascimento *também* à legitimidade para a causa.

Neste sentido, a legitimidade para a causa nada mais é do que a capacidade jurídica transportada do plano material para o plano do processo. A regra é que somente aquele que pode ser titular de direitos e deveres no âmbito do plano material tem legitimidade para ser *parte*, é dizer, para tutelar, em juízo, ativa ou passivamente, aqueles mesmos direitos e deveres.

Algumas situações colhidas do vasto repertório de julgamentos do Superior Tribunal de Justiça ilustram suficientemente o necessário diálogo entre os planos material e processual que ocorre para a identificação de quem é parte legítima para os fins presentes.

No primeiro caso a ser mencionado, decidiu-se que: "O cessionário de contrato de participação financeira tem legitimidade para ajuizar ação de complementação de ações somente na hipótese em que o instrumento de cessão lhe conferir, expressa ou tacitamente, o direito à subscrição de ações, conforme apurado nas instâncias ordinárias"[42].

Raciocínio similar está na base da Súmula 506 daquele Tribunal, cujo enunciado[43] deve ser compreendido no sentido de que, se no plano material o conflito entre o usuário e a concessionária de serviço público não se refere à atuação daquela agência reguladora, a Anatel, limitando-se à questão do ponto de vista do direito do consumidor, está afastada corretamente sua legitimidade para a causa.

Da mesma forma, decidiu-se que "é parte legítima para ação de indenização em face da Petrobrás, decorrente de impossibilidade de exercício da profissão, em virtude de poluição ambiental causada por derramamento de nafta devido a avaria do Navio 'N-T Norma' no Porto de Paranaguá, pelo período em que suspensa a pesca pelo Ibama, o pescador profissional artesanal, com início de atividade profissional registrada no Departamento de Pesca e Aquicultura do Ministério da Agricultura, e do Abastecimento anteriormente ao fato, ainda que a emissão da carteira de pescador profissional tenha ocorrido posteriormente, não havendo a ré alegado e provado falsidade dos dados constantes do registro e provado haver recebido atenção do poder público devido a consequências profissionais do acidente"[44].

---

42. STJ, 2ª Seção, REsp repetitivo 1.301.989/RS, rel. Min. Paulo de Tarso Sanseverino, j.un. 12-3-2014, *DJe* 19-3-2014 (Temas 657, 658, 659 e 741).
43. Que é o seguinte: "A Anatel não é parte legítima nas demandas entre a concessionária e o usuário de telefonia decorrentes de relação contratual".
44. STJ, 2ª Seção, REsp repetitivo 1.114.398/PR, rel. Min. Sidnei Beneti, j.un. 8-2-2012, *DJe* 16-2-2012 (Temas 436, 437, 438, 439, 440 e 441).

Também é acertado o entendimento de que não há como reconhecer legitimidade processual à empresa sucessora se no plano material não há sucessão empresarial entre as empresas[45]. Inversamente, quando há sucessão, é irrecusável reconhecer a legitimidade ativa no plano do processo[46].

Outro exemplo a ser dado a respeito é para concordar com o entendimento a que chegou a 3ª Turma do STJ que não reconheceu legitimidade a Cartório para responder por pedido de danos morais. É que a legitimidade em tais casos – é o direito *material* que a estabelece (Lei n. 8.935/94 e Lei n. 9.492/97) – é do titular do Cartório à época em que o ato ensejador do dano foi praticado[47]. De outra parte, o Diretório Nacional de Partido Político tem legitimidade ativa para pleitear indenização por alegada ofensa lançada contra candidato a cargo político[48].

Também cabe evidenciar a orientação da Súmula 614 do STJ, cujo enunciado é o seguinte: "O locatário não possui legitimidade ativa para discutir a relação jurídico-tributária de IPTU e de taxas referentes ao imóvel alugado nem para repetir indébito desses tributos". Correta a orientação porque, na perspectiva do Código Tributário Nacional, eventual relação *obrigacional* existente entre as partes sobre a responsabilidade do tributo é inoponível ao Fisco[49].

Deve ser reconhecida a legitimidade passiva do administrador do fundo de investimentos para figurar em processo em que se pretende a reparação de danos decorrentes da sua inadequada liquidação[50].

Cabe dar destaque, ainda, à Súmula 623 daquele Tribunal, que, ao fixar, na perspectiva do direito material, que as obrigações ambientais possuem natureza *propter rem*, admite sua cobrança do proprietário ou possuidor atual e/ou dos anteriores, à escolha do credor.

Assim, a noção de legitimidade para a causa deve ser extraída do plano material, transformando a titularidade da relação de direito material em realidade processual e os envolvidos em uma dada relação jurídica material em *parte*, sempre entendida como aquela que *pede* e em face de quem se *pede* algo em juízo. É por essa razão e, sobretudo, pela necessária re-

---

45. STJ, 2ª Seção, REsp repetitivo 1.120.620/RJ, rel. Min. Raul Araújo, j.un. 24-10-2012, *DJe* 29-10-2012 (Temas 467 e 468).
46. É o que, em sede de Recurso Especial Repetitivo, decidiu a 1ª Seção do STJ (REsp 1.133.769/RN, rel. Min. Luiz Fux, j.un. 25-11-2009, *DJe* 18-12-2009; Tema 323) com relação à Caixa Econômica Federal como sucessora do extinto BNH nas demandas referentes aos contratos de financiamento pelo Sistema Financeiro da Habitação, orientação que consta da Súmula 327 daquele Tribunal.
47. A referência é feita aos seguintes julgados: STJ, 4ª Turma, AgInt no REsp 1.675.124/MG, rel. Min. Antonio Carlos Ferreira, j.un. 29-10-2019, *DJe* 7-11-2019; STJ, 4ª Turma, AgInt no AREsp 1.226.681/SP, rel. Min. Antonio Carlos Ferreira, j.un. 12-6-2018, *DJe* 19-6-2018; e STJ, 3ª Turma, REsp 1.177.372/RJ, rel. p/ acórdão Min. Paulo de Tarso Sanseverino, j.m.v. 28-6-2011, *DJe* 1º-2-2012.
48. Trata-se do REsp 1.484.422/DF, 4ª Turma, rel. Min. Luis Felipe Salomão, j.un. 28-5-2019, *DJe* 5-8-2019.
49. Os julgados indicados como precedentes daquela Súmula chegam àquela conclusão a partir da conjugação dos arts. 34 e 123 do CTN.
50. STJ, 3ª Turma, REsp 1.834.003/SP, rel. Min. Ricardo Villas Bôas Cueva, j.un. 17-9-2019, *DJe* 20-9-2019.

ferência dos planos material e processual, que Enrico Tullio Liebman se referia à legitimidade como "pertinência subjetiva da ação"[51].

É certo que o transporte da titularidade do plano material para o processual significará *também* pesquisa quanto a saber quem e em que condições pode se apresentar em juízo em função daquela relação de direito material de que se afirma titular, assunto que reporta ao quanto desenvolvido no n. 2.1 do Capítulo 2. Trata-se – indo ao ponto nevrálgico – de responder às seguintes questões: dado o bem da vida pertencente a TTETN, que tem "capacidade jurídica" no plano do direito *material*, quem, no plano do *processo*, pode atuar em prol daquele mesmo bem e em que condições? Quem pode *conduzir* o processo que diz respeito ao bem da vida de determinada pessoa ou ente?

O entendimento correto é o de que na medida em que TTETN afirme ser titular de um dado bem da vida, é ele *legitimado para a causa*, sempre entendida a categoria no contexto do mínimo indispensável para o exercício do direito de ação. Coisa diversa, no entanto, diz respeito a saber quem pode estar em juízo para tutelar aquele mesmo bem. É mister descobrir quem, por força das leis materiais e/ou de processo, tem "capacidade de estar em juízo" ou, mais *concretamente*, "legitimidade processual" para atuar, para si ou para outrem, em juízo (pressuposto processual).

Na exata medida em que, como regra, aquele que pode ser titular de direitos e deveres na órbita civil e que pode exercê-los é quem deve se apresentar, em juízo, para buscar sua correlata tutela jurisdicional sobre um determinado e específico bem da vida, "capacidade de ser parte", "capacidade de estar em juízo" e "legitimidade para a causa" tendem a coincidir. Nos casos em que não houver tal coincidência, haverá necessidade de alguém diverso para *exercício* de direitos exclusivamente no plano do processo. Nesses casos, é importante saber quem e em que condições *legitima-se* para aquela específica tutela jurisdicional, praticando os atos processuais, tornando concreta, pois, a "capacidade de estar em juízo". Pode ocorrer, portanto, que TTETN, por ser menor de idade, precise, *também no plano do processo*, ter sua capacidade integrada pela participação de quem exerce seu poder familiar, justificando, para este fim, a atuação de CSEAM.

São três realidades distintas que devem ser observadas pelo processualista civil antes de reconhecer que uma dada afirmação de direito efetivamente pertence ao autor ou ao réu, concedendo ou negando o pedido de tutela jurisdicional. A primeira delas é poder ser titular de direitos e deveres (capacidade jurídica, no plano material, e capacidade de ser parte, no plano processual). Outra, diferente, que pressupõe essa realidade, é poder exercer concretamente esses direitos em juízo (capacidade de estar em juízo, a chamada *legitimidade processual*). A terceira e diversa realidade também pressupõe a "capacidade de ser parte", mas com ela não se confunde, embora com ela possa coincidir. E mais: pode ou não coincidir com a "capacidade de estar em juízo". Neste terceiro plano, da legitimidade para a causa, afirma-se

---

51. *Manuale di diritto processuale civile*, p. 149.

titular de um *específico* direito ou dever diante de uma *determinada* situação concreta, diante de um sujeito *concreto*.

Excepcionalmente, o sistema processual admite uma *ruptura* entre os planos do direito material (provável titular do bem da vida) e do direito processual (quem se apresenta em juízo para tutelar aquele bem da vida). São os casos de *legitimidade extraordinária*, que merece ser compreendida como a hipótese de alguém, em nome próprio, postular em juízo direito alheio e que é expressamente autorizada pelo art. 18, objeto de maiores considerações no n. 3.2 do Capítulo 2 da Parte II.

A hipótese, no entanto, não infirma o paralelo que pode ser traçado entre a "capacidade jurídica" (no plano do processo, "capacidade de ser parte") e a "legitimidade para a causa" naqueles casos em que quem aparece em juízo é quem se afirma titular da relação jurídica deduzida em juízo, fazendo com que as duas realidades *coincidam*. Não será por outra razão, aliás, que parcela da doutrina não deixa de querer ver a *legitimidade extraordinária* como fenômeno que se dá no âmbito dos pressupostos processuais (legitimidade para o *processo*: quem pode, em nome alheio, ser *condutor do processo*?) e não no do mínimo indispensável para exercício do direito de ação (legitimidade para a *causa*: a quem pertence o bem da vida deduzido em juízo?)[52]. É dizer: para esta corrente, a "legitimidade extraordinária" só tem relevância para o processo, só diz respeito a saber quem pode *conduzir validamente* o processo, sendo menos importante, *para este fim*, saber de quem é o bem da vida nele deduzido. A categoria, nesse contexto, sequer diria respeito à *ação* e às exigências mínimas de seu exercício, mas tão somente ao *processo* e aos seus pressupostos de validade.

O que é relevante para a conclusão deste número é que os pressupostos processuais (legitimidade processual) e o mínimo indispensável para o exercício da ação (legitimidade das partes) podem, consoante a hipótese, coincidir. Ambas as figuras são "alimentadas" pela mesma regra de direito material, a "capacidade jurídica", isto é, a regra que outorga a alguém "direitos e deveres" no plano material. Não obstante, *no plano do processo*, são fenômenos distintos: enquanto a "legitimidade das partes" tem, como reflexo exterior ao plano do processo, de saber a quem pertence o bem da vida deduzido em juízo, a "legitimidade para o processo" volta-se, precipuamente, a saber quem pode *exercer* os atos processuais no plano do processo, "dentro" do processo, observando, de resto, o que o próprio direito material tem a dizer a esse respeito (arts. 70 e 71).

3.2.2 Interesse

O interesse ou, como é geralmente chamado, "interesse de agir" ou, ainda, "interesse processual" merece ser entendido a partir da compreensão de que uma das características da jurisdição é a *substitutividade*, sendo vedada a "tutela de mão própria", o "direito pelas próprias mãos", a "autotutela".

---

52. A respeito, consultar: Donaldo Armelin, *Legitimidade para agir no direito processual civil brasileiro*, esp. p. 115-116, e Thereza Alvim, *O direito processual de estar em juízo*, p. 79-92.

Nesse contexto, o interesse representa a *necessidade* de requerer ao Estado-juiz a prestação da tutela jurisdicional com vistas à obtenção de uma posição de *vantagem* (é comum a referência a ela como *utilidade*) que, de outro modo, não seria possível alcançar. O interesse de agir, portanto, toma como base o binômio "necessidade" e "utilidade". *Necessidade* da atuação jurisdicional em prol da obtenção de uma dada *utilidade*.

Aqui também não há razão para negar a relação existente entre os planos material e processual. É a perspectiva de alguém, no plano material, que se sente lesionado ou ameaçado em direito seu que justifica o rompimento da inércia jurisdicional para obter determinada utilidade. É entender *necessária* a prestação jurisdicional para a proteção de dado bem da vida (*utilidade*) que alimenta a *ação*, cujo exercício dará início ao processo.

Há autores que acrescentam ao referido binômio um terceiro elemento, a *adequação*[53]. No contexto em exame, para que o autor ostente interesse de agir, o pedido de atuação jurisdicional teria de ser *adequado* para atingimento da *utilidade* que pretende perseguir. Assim, para exemplificar, se o autor dispõe de título executivo *extrajudicial* (art. 784), ele não tem *necessidade*, para alcançar uma determinada utilidade (o reconhecimento da violação de um direito seu), de pedir ao Estado-juiz que atue em prol do reconhecimento de seu direito de crédito. O que é *adequado* à espécie é a formulação, desde logo, de um pedido de tutela jurisdicional *executiva* com vistas à satisfação material de seu direito já suficientemente *reconhecido* no título executivo extrajudicial e despicienda, por isso mesmo, qualquer *prévia* atividade jurisdicional *cognitiva*. Faz-se suficiente e, por isso mesmo, *adequado*, no mesmo exemplo, pedido de tutela jurisdicional *executiva* que se iniciará de acordo com o disposto no art. 824 e seguintes do Código de Processo Civil.

Aceitando como uma das premissas fundantes do pensamento contemporâneo do direito processual civil a noção de que todos e quaisquer aspectos relativos à *forma* devem ceder espaço aos resultados úteis da função jurisdicional (sempre, vale a ênfase, exercitada mediante um *devido processo*), não há razão para elevar a *adequação* à categoria de componente do interesse, como mínimo indispensável ao exercício do direito de ação. A adequação, no sentido de "modo específico ou próprio de apresentação do pedido de tutela jurisdicional ao Estado-juiz, tal qual concebido previamente pelo legislador", deve ser entendida muito mais como um *indicativo* do que, propriamente, como uma *imposição*. As vicissitudes do caso concreto sempre poderão flexibilizar as escolhas feitas em abstrato pelo legislador. Embora necessitando de devida interpretação, a ser feita no seu devido tempo, o art. 785 corrobora este entendimento[54].

As considerações dos parágrafos anteriores não podem ser confundidas com realidade bem diversa que, antes de dizer respeito ao plano processual, peculiariza determinadas si-

---

53. Assim, por exemplo, são as lições dos seguintes autores: José Roberto dos Santos Bedaque, *Efetividade do processo e técnica processual*, p. 303; Cândido Rangel Dinamarco e Bruno Vasconcelos Lopes, *Teoria geral do novo processo civil*, p. 117, e Susana Henriques da Costa, "Comentários ao art. 17", p. 275.
54. De acordo com o dispositivo, "A existência de título executivo extrajudicial não impede a parte de optar pelo processo de conhecimento, a fim de obter título executivo judicial".

tuações de direito *material*. Assim, por exemplo, não pode o credor quirografário pretender cobrar a dívida de seu devedor que se encontra em recuperação judicial, sem se submeter àquele regime, disciplinado pela Lei n. 11.101/2005 e preservado, no que importa destacar, pela Lei n. 14.112/2020. Não há dúvida de que ele não tem interesse de agir no sentido aqui propugnado em função da peculiaridade do estado de fato de seu devedor e do consequente regime jurídico que, desde o plano material, decorre, inclusive sobre seu crédito e sua sujeição àquele processo. Não é diverso o que se dá com credores munidos de específicas garantias, por exemplo, as reais. A forma de cobrança de valores depende fundamentalmente da devida análise das peculiaridades do direto material, para se saber, do ponto de vista processual, qual pedido de tutela jurisdicional pode ser formulado e por que razões. Nestas duas situações, o que ocorre não é eventual inadequação *formal* que, pela sistemática do direito processual civil, até poderia ser desconsiderada. O que merece ser colocado em relevo é a realidade do plano material e seu adequado transporte para o plano processual.

O Plenário do Supremo Tribunal Federal teve oportunidade de entender imprescindível o indeferimento de prévio requerimento administrativo de concessão de benefício previdenciário junto ao INSS para que reste demonstrada a ocorrência de *interesse de agir*[55]. Não obstante a importância do tema sobre a necessidade ou não do prévio esgotamento da via administrativa para o acesso ao Estado-juiz, mormente diante da grandeza do art. 5º, XXXV, da Constituição Federal[56], não há como admitir que o acesso ao Judiciário possa simplesmente querer se sobrepor à atuação administrativa, como se a desconsiderando de maneira generalizada. Assim, a presença do interesse de agir pode, sempre de acordo com as vicissitudes de cada caso concreto, depender da demonstração de eventuais dificuldades quanto ao deferimento do pedido em sede administrativa ou, até mesmo, da inocuidade de se aguardar solução naquele campo para se dirigir ao Estado-juiz[57].

---

[55]. STF, Pleno, RE 631.240/MG, rel. Min. Roberto Barroso, j.m.v. 3-9-2014, *DJe* 10-9-2014 (Tema 350 da Repercussão Geral). Para a aplicação posterior daquele entendimento, v.: STF, 1ª Turma, AgR no RE 1.410.947/SP, rel. Min. Luiz Fux, j.un. 28-8-2023, *DJe* 28-9-2023.

[56]. Prova segura desta afirmação está na Súmula 127 do TJSP, que expressamente a dispensa, consoante o seguinte enunciado: "A propositura de ação acidentária independe do exaurimento da via administrativa, assim como de prévio requerimento do benefício perante o INSS".

[57]. É o que se lê do seguinte trecho da ementa do referido RE 631.240/MG: "RECURSO EXTRAORDINÁRIO. REPERCUSSÃO GERAL. PRÉVIO REQUERIMENTO ADMINISTRATIVO E INTERESSE EM AGIR. 1. A instituição de condições para o regular exercício do direito de ação é compatível com o art. 5º, XXXV, da Constituição. Para se caracterizar a presença de interesse em agir, é preciso haver necessidade de ir a juízo. 2. A concessão de benefícios previdenciários depende de requerimento do interessado, não se caracterizando ameaça ou lesão a direito antes de sua apreciação e indeferimento pelo INSS, ou se excedido o prazo legal para sua análise. É bem de ver, no entanto, que a exigência de prévio requerimento não se confunde com o exaurimento das vias administrativas. 3. A exigência de prévio requerimento administrativo não deve prevalecer quando o entendimento da Administração for notória e reiteradamente contrário à postulação do segurado. 4. Na hipótese de pretensão de revisão, restabelecimento ou manutenção de benefício anteriormente concedido, considerando que o INSS tem o dever legal de conceder a prestação mais vantajosa possível, o pedido poderá ser formulado diretamente em juízo – salvo se depender da análise de matéria de fato ainda não levada ao conhecimento da Administração –, uma vez que, nesses casos, a conduta do INSS já configura o não acolhimento ao menos tácito da pretensão. [...]". O STJ vem

A *modulação* que o Plenário do STF deu ao entendimento a que chegou no precitado Recurso Extraordinário (dispensando o prévio requerimento administrativo quando se tratar de Juizados Especiais itinerantes ou quando o INSS já tiver contestado judicialmente o pedido do particular e sobrestando os demais casos para que o particular formule o pedido administrativamente) bem demonstra a necessidade de ser *otimizada* a atuação administrativa, iniciativa que, a um só tempo, vai ao encontro do princípio da *eficiência* administrativa constante expressamente do *caput* do art. 37 da Constituição Federal, não criando, por si só, nenhum obstáculo ao princípio do acesso à Justiça.

Similarmente, nos casos (e não são poucos) em que se incentiva a busca de soluções extrajudiciais, pode ocorrer de a necessidade da intervenção jurisdicional só surgir quando frustrado aquele intento anterior. Tal entendimento, contudo, não pode ser generalizado como se a prévia frustração de soluções extrajudiciais pudesse condicionar invariavelmente o ingresso em juízo[58].

3.2.3 Dinâmica

É pertinente oferecer algumas observações sobre a "dinâmica" do mínimo indispensável ao exercício do direito de ação, isto é, sobre como legitimidade e interesse devem ser aferidos ao longo do processo.

Desde a primeira comunicação entre os planos de direito material e o direito processual com vistas à prestação da tutela jurisdicional, aquelas duas categorias devem se fazer presentes. É o que deflui claramente dos incisos II e III do art. 330. De acordo com essas regras, a petição inicial, que representa a exteriorização do exercício do direito da ação pelo autor em busca da tutela jurisdicional a ser prestada pelo Estado-juiz, sendo o suficiente para subtrair a inércia da jurisdição, pode ser *liminarmente* indeferida (rejeitada) quando "a parte for manifestamente *ilegítima*" ou quando "o autor carecer de interesse processual", respectivamente. O indeferimento da petição inicial nesses casos é declarado por *sentença*, que terá como fundamento os incisos I e VI do art. 485.

Mesmo que a petição inicial seja recebida, isto é, tenha superado o juízo de admissibilidade, isso não significa que a regularidade do exercício do direito de ação não precise se

---

aplicando aquele entendimento, a partir do quanto decidido em sede de repetitivo pela sua 1ª Seção (REsp repetitivo 1.369.834/SP, rel. Min. Benedito Gonçalves, j.un. 24-9-2014, DJe 2-12-2014; Tema 660). Assim, v.g.: 2ª Turma, AgRg no REsp 1.311.493/PE, rel. Min. Assusete Magalhães, j.un. 10-10-2022, DJe 13-10-2022; 2ª Turma, REsp 1.797.538/MG, rel. Min. Herman Benjamin, j.un. 28-3-2019, DJe 5-11-2019; 2ª Turma, REsp 1.768.514/MT, rel. Min. Herman Benjamin, j.un. 17-10-2018, DJe 16-11-2018; e 5ª Turma, REsp 1.212.665/PR, rel. Min. Felix Fischer, j.un. 23-11-2017, DJe 29-11-2017. No âmbito doutrinário, Susana Henriques da Costa traça interessantes considerações acerca daquele julgamento nos seus "Comentários ao art. 17", p. 289-292.

58. Correto, nesse sentido, o entendimento da 3ª Turma do STJ no REsp 1.824.133/RJ, rel. Min. Paulo de Tarso Sanseverino, j.un. 11-2-2020, DJe 14-2-2020 segundo o qual "o interesse jurídico no ajuizamento direto de ação de usucapião independe de prévio pedido na via extrajudicial". O entendimento foi adotado também no julgamento do REsp 1.796.394/RJ, rel. Min. Ricardo Villas Bôas Cueva, j.un. 24-5-2022, DJe 30-5-2022.

manifestar ao longo de todo o processo. Por força do art. 493, qualquer alteração relevante no plano do direito material influencia a apreciação a ser feita pelo Estado-juiz. Assim, se, por qualquer razão, legitimidade ou interesse deixar de estar presente, o caso é de proferimento de sentença com vistas ao reconhecimento de que o Estado-juiz não pode continuar a atuar com vistas à prestação da tutela jurisdicional (art. 485, VI). A recíproca é verdadeira: se, por qualquer razão, o exame da petição inicial não foi, como deveria ter sido, bem realizado e, por isso, proferido o juízo de admissibilidade positivo com a determinação da citação do réu, não obstante o autor não ter interesse (porque, por exemplo, a dívida reclamada em juízo ainda não havia vencido), o novo fato consistente no vencimento da dívida ao longo do processo faz com que o óbice anterior acabe sendo sistematicamente afastado. A ausência de interesse fica, por assim dizer, *convalidada* pela sucessão dos eventos ocorridos no plano do direito material, que interferem no plano do processo.

A propósito dessa afirmação, cabe evidenciar desde logo o seguinte: qualquer defeito nos atos processuais – e não há razão para tratar diferentemente o mínimo indispensável para o exercício do direito de ação – pode e deve, consoante o caso, ser *corrigido*. Mas não só: na medida em que sua falta não acarrete quaisquer prejuízos para quem quer que seja, eles, eventuais defeitos processuais, podem ser *desconsiderados*. Desde que, não obstante o defeito, a provocação do Estado-juiz gere um processo em que se deem as garantias mínimas às partes e a eventuais intervenientes, não há lugar para obstaculizar a prestação da tutela jurisdicional. Não há espaço para rigores formais com técnicas processuais civis quando não há prejuízo para o devido processo constitucional e para as partes.

Um exemplo tem o condão de aclarar o quanto escrito. É supor a hipótese de indeferimento de uma petição inicial apresentada por uma mulher ao pedir, em nome próprio, tutela jurisdicional consistente no pagamento de alimentos para seu filho em face do pai dele. Rigorosamente, não há como negar, parte legítima para formular pedido de tutela jurisdicional em casos como estes é o filho e não a mãe. É ele, o filho, mesmo que menor de idade, que preenche a *legitimidade para a causa* como mínimo indispensável ao exercício do direito de ação (porque em tese, é do filho e não da mãe, o direito aos alimentos desde o plano material). A mãe, na hipótese do exemplo, preenche outra categoria processual, um pressuposto processual de validade, a "legitimidade *processual*". A não observância das categorias processuais, contudo, mesmo que não sanada nos termos do art. 321 c/c art. 76 do Código de Processo Civil, não pode ensejar a aplicação de consequência tão radical e tão indesejada como o indeferimento da petição inicial. Não que a *letra* da lei não reserve à hipótese aquela solução. É que o pensamento contemporâneo do direito processual civil não pode compactuar com tal solução quando enfrentada a questão desde o "modelo constitucional do direito processual civil". Não há, em situação como a descrita, nenhum prejuízo, muito pelo contrário, em entender o que pode ser compreendido com facilidade. Até porque, no exemplo, a mãe, ao formular o pedido de "alimentos" em face do pai da criança, não quis pedir para si a pensão, mas para seu filho. Ela poderia, contudo, ter formulado pedido também para si, justificando a razão para tanto. E mais: o próprio sistema processual civil garantiria, nesta hipótese, que o *mesmo* processo poderia ser empregado para veicular *dois* pedidos de tutela jurisdicional[59].

Questão interessante e que diz respeito ao tema discutido neste número é o de se saber se a decisão que reconhece não haver legitimidade e/ou interesse (art. 485, VI) obsta que haja novo processo para perseguir o mesmo pedido de tutela jurisdicional entre as mesmas partes e pelos mesmos fatos.

O § 1º do art. 486, excepcionando a (correta e sistemática) regra do *caput*[60], permite o novo processo desde que se dê a "[...] correção do vício que levou à sentença sem resolução de mérito".

O exame do dispositivo merece ser bifurcado, levando em conta o que o n. 3.3, *infra*, examina na perspectiva dos chamados "elementos da ação": partes, causa de pedir e pedido.

É que a substituição de uma parte (autor e/ou réu) por outra tem o condão de afetar a identidade do que estava em discussão no primeiro processo, sentenciado com fundamento no inciso VI do art. 485 pelo reconhecimento da *ilegitimidade*. Também com relação ao *interesse*, a depender do que vir a ser descrito de diferente para qualificá-lo no afã de dar início a um novo processo, pode haver alteração da *causa de pedir* que caracterizava o pedido de tutela jurisdicional formulado no primeiro processo. Em nenhuma dessas hipóteses, tratar-se-á, portanto, da *mesma ação*, razão bastante para afastar qualquer sentido na admissão constante do precitado § 1º[61].

Pode ocorrer, no entanto, que fatos novos ocorram mesmo após o proferimento da sentença com fundamento no art. 485, VI, e, como no exemplo dado acima do vencimento da dívida, estes novos fatos, sem alterar nenhum dos três "elementos da ação", podem legitimar que o mesmo pedido, fundamentado na mesma causa de pedir, seja formulado entre as mesmas partes, a autorizar *novo* processo nos moldes do § 1º do art. 486.

Assim, para a aplicação do art. 486, § 1º, no que diz respeito ao mínimo indispensável para o exercício do direito de ação, é mister que haja alguma alteração *externa* aos "elementos da ação" do processo sentenciado nos moldes do art. 485, VI, autorizando a eliminação do problema anteriormente detectado. A suposição para tanto, contudo, é que as partes, o pedido e a causa de pedir sejam conservados. Qualquer alteração que ocorra no âmbito dos "elementos da ação" não é alcançada por aquele dispositivo.

---

59. A 3ª Turma do STJ teve oportunidade de entender que a autorização para a sociedade demandar ex-administradores exigida pelo art. 159 da Lei n. 6.404/1976 (a lei das sociedades anônimas) pode ser comprovada durante o processo em curso. Trata-se do REsp 1.778.629/RS, rel. Min. Paulo de Tarso Sanseverino, j.m.v, 6-8-2019, *DJe* 14-8-2019.
60. Correta e sistemática porque se a decisão não é de mérito não há qualquer óbice para que a parte "proponha de novo a (mesma) ação".
61. Bem ilustra esse entendimento o quanto decidido pela 3ª Turma do STJ no REsp 1.878.043/SP, rel. Min. Nancy Andrighi, j.un. 8-9-2020, *DJe* 16-9-2020.

Nem faria sentido que a parte considerada ilegítima pudesse renovar seu pedido de tutela jurisdicional indefinidamente. A iniciativa seria agressiva ao modelo constitucional do direito processual civil, em especial ao princípio da eficiência que dá suporte suficiente para a aferição da legitimidade e do interesse como mínimo indispensável para o exercício do direito de ação. O que a parte pode fazer diante de uma sentença que a reconhece como ilegítima com base no art. 485, VI, é recorrer para buscar a sua reforma. A parte é *legítima* para tanto enquanto perdurar o processo no qual proferida a sentença. Não, contudo, quando os recursos se esgotarem porque interpostos e julgados todos ou porque não apresentados. Nesta hipótese, inova o Código de Processo Civil ao admitir *ação rescisória* para questionar o acerto da decisão que reconheceu a ilegitimidade ou a falta de interesse. É a previsão do inciso I do § 2º do art. 966 que, a seu tempo, é estudada por este *Curso*.

Eventual substituição da parte dará ensejo a nova *ação*, não havendo qualquer óbice para o exercício de *outro* direito titularizado por pessoa diversa.

3.3 Os chamados "elementos da ação"

Outro tema que merece ser analisado na perspectiva da ação como instituto fundamental do direito processual civil é o relativo aos chamados "elementos da ação".

Trata-se de identificar os elementos mínimos e suficientes de uma dada "ação" que a identificam como tal e, consequentemente, a distinguem de outras "ações". É o que deve ser extraído do § 2º do art. 337: "Uma ação é idêntica a outra quando possui as mesmas partes, a mesma causa de pedir e o mesmo pedido".

A importância do tema é inegável, relacionando-se com diversos outros que são discutidos ao longo deste *Curso*. Assim, apenas para exemplificar, é o que se dá com a litispendência, a coisa julgada, a conexão, a continência, a "cumulação de ações", o litisconsórcio etc. A própria dinâmica do mínimo indispensável para o exercício do direito de ação toca o ponto, como o final do número anterior quis evidenciar, ao tratar do § 1º do art. 486.

Este *Curso* entende oportuno trazer à tona o entendimento externado por vários autores do nosso direito processual civil, influenciados pela doutrina italiana e pelo grande Cândido Rangel Dinamarco, que preferem se referir ao tema aqui estudado como "elementos da *demanda*"[62], considerando a necessidade de ser analisado, na postulação inicial, a petição inicial, quem pediu o que em face de quem e por quê.

A adesão àquele entendimento, contudo, é relativa. Como para este *Curso* a ação não se limita àquele ato inicial (à *demanda*), mas, bem diferentemente, ela deve ser exercitada ao longo de todo o processo, desde o início do processo até (esta, pelo menos, é a perspectiva

---

62. *Instituições de direito processual civil*, v. I, p. 445, e *Instituições de direito processual civil*, v. II, p. 136-137.

ideal) a concretização da tutela jurisdicional, é correto entender que os tais elementos (partes, causa de pedir e pedido) podem sofrer alterações durante aquele espaço de tempo. É supor, por exemplo, que a coisa litigiosa seja alienada, havendo sucessão de partes (art. 109, § 1º), ou que, antes da citação do réu, o autor altere o pedido e/ou a causa de pedir (art. 329, I), que após a citação ocorra alguma alteração objetiva ou subjetiva com a concordância do réu, observando-se o limite do inciso II do art. 329, que o magistrado determine o ingresso de algum litisconsorte necessário faltante quando do saneamento e organização do processo (art. 115, parágrafo único), apenas para mencionar algumas hipóteses. Em todos esses casos, os "elementos da ação", ora os *objetivos*, ora os *subjetivos*, variarão, sendo insuficiente, destarte, referir-se ao que, ao ensejo da petição inicial, pode ser extraído a esse respeito.

Também pode ocorrer que o réu denuncie a lide (art. 126) ou que reconvenha (art. 343), quiçá em litisconsórcio com terceiro (art. 343, § 4º) ou em face do autor e de terceiro (art. 343, § 3º), ou que ele ou o autor requeiram que documento juntado com a petição inicial ou com a contestação sejam declarados falsos (arts. 430 e 436, III). Tais acontecimentos processuais afetam diretamente o tema ora estudado porque são significativos de alterações (legítimas) nos chamados "elementos da ação".

Destarte, importa colocar em evidência que a identificação das "ações" deve guiar o magistrado, bem assim as partes e eventuais terceiros, ao longo de todo o processo, para que cumpra o seu devido papel, já evidenciado de início: identificar as postulações feitas ao longo do processo, não só a que decorre da petição inicial, como ato estático, para obviar a indevida repetição, impactar na definição ou alteração de competência, proceder às devidas anotações no distribuidor judicial (art. 286, parágrafo único), e assim por diante.

A despeito destas considerações, os elementos que se fazem importantes para a análise relativa ao tema – e, no particular, a nomenclatura a ser dada a ele é de menor importância – são invariavelmente os mesmos.

O primeiro deles é a *parte*. Parte, para o que basta para cá, é tanto aquele que formula o pedido de tutela jurisdicional como aquele em face de quem o pedido é formulado. É, respectivamente, o autor e o réu.

O segundo elemento é o *pedido*. O pedido, de acordo com a doutrina tradicional, aceita um desdobramento: pedido *mediato* e pedido *imediato*. Pedido *mediato* é o bem da vida cuja tutela jurisdicional é desejada pelo autor. Pedido *imediato* é a providência jurisdicional solicitada ao Estado-juiz, no sentido de dever ser especificada a espécie de tutela jurisdicional, que deve incidir e agir sobre o bem da vida a ser individuado (arts. 322 a 327) na petição inicial pelo autor.

Não há dificuldade maior de relacionar o "bem da vida" à utilidade pretendida pelo autor no plano do direito material e que depende, para ser alcançada, do exercício da jurisdição. O cumprimento de um contrato de mútuo ou de aluguel, a obtenção de documentos não fornecidos pela Administração Pública ou por entidade de crédito, o pagamento de prestação alimentícia, a declaração de que um tributo é compensável com outro e assim por diante.

A doutrina divide-se, contudo, quanto à classificação ou identificação dos "tipos" de tutela jurisdicional, que correspondem ao pedido *imediato*. A proposta deste *Curso* é a de que esses "pedidos imediatos" sejam relacionados às "tutelas jurisdicionais *não executivas*" ou "tutelas jurisdicionais *executivas*", nos moldes propostos pelo n. 4.5 do Capítulo 5, em substituição à classificação mais comum de pedidos *declaratórios*, *constitutivos*, *condenatórios*, *executivos* lato sensu e *mandamentais*. A iniciativa deste *Curso* pretende, entre ouros fatores, reduzir a complexidade que a temática gera na sua acepção e enfrentamento tradicionais.

O terceiro e último elemento é a *causa de pedir*. Ela deve ser entendida como as razões pelas quais se formula o pedido, como os "fatos e fundamentos jurídicos do pedido", tendo o inciso III do art. 319 como referencial. A doutrina costuma distinguir a causa de pedir em *próxima* e em *remota*.

Os "fundamentos de *fato*" devem ser entendidos como a causa *remota*; os "fundamentos de *direito*", como a causa *próxima*. Neste sentido, para o pedido de tutela jurisdicional consistente no despejo, a existência do contrato de aluguel corresponde à causa de pedir *remota*, e o não pagamento do aluguel na forma ajustada entre as partes corresponde à causa de pedir *próxima*. O que é relevante, de qualquer sorte, é que o autor, em sua petição inicial, descreva, com a precisão possível, quais são os fatos que, segundo seu entendimento, dão suporte jurídico a seu pedido, vale dizer, às consequências jurídicas que pretende ver aplicadas ao réu.

Em função disso é que não há maiores dúvidas de que o art. 319, III, é prova segura de que o direito processual civil brasileiro filiou-se à "teoria da substanciação", vale dizer, que é fundamental, para o autor, descrever, na petição inicial, os *fatos constitutivos* de seu direito, fazendo referência não só à lesão ou à ameaça ao direito que afirma sofrer (ou, se for o caso, às lesões e/ou ameaças), mas também à origem desse seu direito.

Não é necessário, contudo, que o autor *qualifique juridicamente* seu pedido, bastando fornecer, com a maior exatidão possível, a origem dos fatos que dão fundamento a seu pedido. É dizer: basta ao autor afirmar que há um vício que anula contrato que firmou com o réu, sendo indiferente que indique qual é, concretamente, esse vício (erro, dolo ou coação, por exemplo). Eventuais qualificações jurídicas constantes da petição inicial devem ser, para o nosso sistema, entendidas como meras *propostas de qualificação*. Não são essenciais e, de resto, não são vinculantes para o magistrado. O réu deve se defender dos *fatos constitutivos* do direito do autor e não propriamente da qualificação jurídica que ele lhes dá em sua petição inicial.

Cabe ressalvar da afirmação anterior, contudo, as situações em que fatos diversos dão ensejo a qualificações jurídicas diversas. Em tais situações, o mais correto é exigir do autor que identifique, cumulando, as diversas causas de pedir, que podem dar ensejo a um só ou a mais de um pedido.

Prevalecem, para o sistema brasileiro, os aforismos *da mihi factum, dabo tibi jus* e *jura novit curia*, segundo os quais a *qualificação jurídica* do fato é dever do magistrado e não das partes. O que releva, vale insistir, é que os fatos a partir dos quais se pretende incidir determinada consequência jurídica estejam suficientemente narrados e individualizados na petição inicial. O magistrado não fica vinculado às consequências jurídicas indicadas na petição inicial, mas aos fatos relevantes para configuração de uma dada consequência jurídica[63].

É absolutamente indispensável que o fato que *justifica* ou que *imponha* o ingresso em juízo, pelo autor, seja descrito minudentemente e de forma inequívoca, clara e precisa, na inicial. Até porque é esse fato ou conjunto de fatos que revela o *interesse* e a *legitimidade* cuja falta pode levar o magistrado ao indeferimento liminar da petição inicial (art. 330, II e III).

3.4 Nota sobre a chamada "cumulação de ações"

Tema que é comumente apresentado quando se trata da "ação" é o relativo à "cumulação de ações".

A expressão, compreendida no seu contexto tradicional, merece ser entendida como o estudo daqueles casos em que o sistema processual civil admite que um mesmo processo comporte ou possa comportar mais de uma "ação", como forma de realizar o princípio da eficiência processual.

Dada a compreensão sustentada por este *Curso* para a ação, é mais correto entender que um mesmo processo pode comportar mais de um *pedido* de tutela jurisdicional, ainda que fundado em mais de uma *causa de pedir* em relação, até mesmo em face de *sujeitos* diversos, como forma de bem realizar o referido princípio constitucional.

Por força da metodologia aqui empregada, tais temas são enfrentados mais detalhadamente alhures. Ao ensejo da cumulação de pedidos (art. 327) e do litisconsórcio (arts. 113 a 118).

4. PROCESSO

Um dos temas mais polêmicos e mais interessantes da doutrina do direito processual civil diz respeito à compreensão do processo. O próprio desenvolvimento do "estudo científico" do direito processual civil confunde-se, em alguma medida, com as discussões relativas à natureza do processo.

---

[63]. Para essa discussão crítica na doutrina brasileira mais recente, ver: Otávio Augusto Dal Molin Domit, "Comentários ao art. 2º", esp. p. 69-76.

De pronto, cabe reiterar que o direito processual civil não se confunde com o processo, ainda que com o chamado "processo *civil*", para dar destaque meramente didático ao que diz respeito ao objeto estudado por este *Curso* em contraposição ao processo *penal* ou *trabalhista*.

O *processo* é um dos *temas* (o uso desta palavra, quase que despretensiosa e, certamente atécnica, é proposital, para evitar, a todo custo, qualquer juízo de valor sobre o que é processo, razão de ser do Capítulo) que compõem o estudo do direito processual civil. Não há, todavia, identidade entre um e outro designativo e é importante todo esforço para distinguir um do outro; para se ter consciência de quando se está tratando de *direito processual civil* e quando está a se tratar de *processo*. Os temas relativos ao direito processual civil não se esgotam no nem se confundem com o estudo do *processo*. Não obstante, este *Curso* não nega que o *processo* é um dos institutos *fundamentais* – no sentido de nucleares – do direito processual civil. Aliás, é nesse contexto que o tema é aqui tratado.

Seguindo a proposta assumida no n. 1 do Capítulo 2 e no n. 3, *supra*, não há razão para desenvolver maiores considerações sobre as diversas escolas e as diversas teses que buscaram explicar o que é ou o que deixa de ser o processo, qual é a sua finalidade e qual é a sua composição ou, em uma expressão bastante significativa para as letras jurídicas, qual é a sua *natureza jurídica*.

O que se mostra suficiente é destacar que de uma concepção em que o processo seria equiparável a um contrato, que teria natureza quase contratual, que seria situação jurídica, entidade jurídica complexa ou instituição, módulo em contraditório, prevalece o entendimento, largamente aceito entre nós, de que a natureza jurídica do processo é a de *relação processual*[64]. Relação processual no sentido da existência de posições jurídicas ao longo do processo, entre autor, réu e Estado-juiz, dos quais decorrem deveres, direitos, poderes, faculdades, obrigações, sujeições e ônus recíprocos. Relação processual também no sentido de que esses liames jurídicos têm em vista o atingimento de uma dada finalidade[65].

O entendimento, posto ser amplamente majoritário, não pode ser aceito, adotando como ponto de partida, como este *Curso* adota, o modelo constitucional do direito processual civil. Entender o processo como relação jurídica ecoa linguagem de direito privado e figuras de direito privado, razão suficiente para ser recebido, quando menos, com inúmeras ressalvas. Ademais, não faz sentido justificar a natureza jurídica dos institutos jurídicos sem levar em conta a evolução do fenômeno jurídico como um todo, a começar pelo respectivo modelo constitucional.

---

[64]. Para ilustrar a afirmação do texto, consultar Eduardo J. Couture, *Fundamentos del derecho procesal civil*, p. 59-77. Para o direito brasileiro, ver Antonio Carlos de Araújo Cintra, Ada Pellegrini Grinover e Cândido Rangel Dinamarco, *Teoria geral do processo*, p. 296-304.

[65]. Cuja concepção original é usualmente tributada a Oskar von Bülow em seu *Die Lehre von den Processeinreden und die Processvoraussetzungen*, publicado em 1868. Há tradução para o espanhol de Miguel Angel Rosas Lichtschein incluída na coleção *Clasicos del derecho procesal* dirigida por Santiago Sentis Melendo, publicada em 1964, com o título: *La teoría de las excepciones procesales y los presupuestos procesales*.

Não há por que tratar o processo como se se tratasse de figura que existe independentemente das opções políticas de cada Estado e de cada ordenamento jurídico. Falar em processo em um Estado Constitucional, nos moldes do brasileiro, é, sem dúvida alguma, bem diverso do que falar em processo em um Estado que não o seja. Neste, talvez seja suficiente identificá-lo como relação jurídica trilateral entre partes e magistrado, como se ainda hoje houvesse necessidade de demonstrar e insistir na distinção entre o plano processual e o plano material.

Nessas condições, a natureza jurídica do processo – o que ele é ou deixa de ser juridicamente – depende, sempre e em qualquer caso, das opções políticas feitas em determinado momento da história por dado ordenamento jurídico. É da Constituição Federal que, em primeiro lugar, deve ser extraído o modelo de Estado e verificar em que medida esse *modelo* de Estado influencia a *forma* de exercício de seu poder.

Relevante a afirmação do parágrafo anterior: o direito processual civil volta-se ao estudo de uma das funções do Estado, o exercício da função jurisdicional. É inimaginável que as opções políticas regentes de um dado modelo de Estado não influenciem tudo o que diz respeito à sua atuação.

É por essa razão, apenas por ela, com os olhos voltados à Constituição Federal de 1988, que se mostra absolutamente indispensável compreender que, para o ordenamento jurídico vigente no Brasil de hoje, processo é método de atuação do Estado. Atuação no sentido de prestar tutela jurisdicional, externando, perante seus destinatários imediatos (as partes e eventuais intervenientes) e mediatos (toda a sociedade), a *vontade* do Estado, vontade que, de modo diverso do que se dá no campo do direito privado, tem seus *meios e seus fins* totalmente regulados e vinculados ao atingimento de finalidades estranhas a seu agente. Diferentemente da vontade regida pelo direito privado, a vontade no campo do direito público – a vontade do Estado – é toda ela vinculada ao atingimento de finalidades públicas. É essa a razão pela qual os publicistas referem-se a tal peculiaridade como vontade *funcional*, uma vontade vinculada, desde seu nascimento, a finalidades públicas[66].

Em um Estado Constitucional, contudo, não basta que a vontade seja *funcional*, dando destaque à necessidade de atingimento de finalidades públicas. Também os *meios* de atingimento dessas mesmas finalidades públicas, os meios de manifestação dessa vontade, portanto, são igualmente regrados. Em um modelo de Estado como o brasileiro, não só os *fins*, mas também os *meios* de atingi-los devem ser guiados de acordo com o ordenamento jurídico, compreendido invariavelmente a partir do modelo constitucional.

A noção suficiente de *processo* decorre, por isso mesmo, da opção política feita pela Constituição brasileira de criar um específico modelo de Estado, um Estado Constitucional e, portanto, na exata medida em que tal realidade jurídica vigorar, o Estado só pode

---

66. Neste sentido é a lição de Carlos Ari Sundfeld, *Fundamentos de direito público*, p. 92.

agir, só pode desempenhar as suas funções, cumprir e buscar atingir as suas finalidades se atuar processualmente, isto é, se agir em consonância e de acordo com um modelo prefixado que permita o escorreito exercício de suas funções, que só se legitimam na exata medida em que se busque o atingimento de determinados *deveres*, isto é, determinadas finalidades, sempre *públicas*.

É este o núcleo da noção, bastante difundida entre os autores de direito administrativo, de *dever-poder*, que caracteriza o ato regido pelo direito público como um todo[67]. O que se dá com a função jurisdicional, com o Estado-juiz, portanto, não pode (e não deve) ser diverso. Até porque, em um Estado Constitucional, só se pode cogitar da licitude de um ato praticado pelo Estado na medida em que tudo aquilo que levou à sua prática também observar as normas jurídicas, desde, evidentemente, as prescrições constitucionais. Este *prius* ao ato, tudo aquilo que antecede a prática do ato estatal, que, em última análise, é a manifestação exterior da vontade do Estado – sua vontade funcional –, é o *processo*. Por isso, não custa repetir, processo é método de atuação do Estado. Mas não de qualquer Estado. Apenas dos Estados Constitucionais. Como é este o caso do Estado brasileiro, é esta a concepção de processo que interessa àquele que se propõe estudar o processo como instituto fundamental do direito processual civil, assumindo as premissas adotadas por este *Curso*.

Na esfera privada, em regra que admite poucas exceções, a manifestação da vontade é livre e são também livres os *meios* de prática deste ou daquele ato. Talvez não tão livre como a conceberam historicamente o direito privado e o sistema vigente no Código Civil brasileiro de 1916, mas livre, muito mais livre, indubitavelmente, do que no âmbito do direito público, onde está localizada a função jurisdicional e o direito processual civil. Na esfera estatal (do direito público, portanto), não só o ato é regrado por princípios e regras impositivos, estranhos ao agente, mas, também – e aqui reside a ênfase –, os *meios* de produção desses atos são regrados porque também são predestinados ao cumprimento de finalidades próprias.

Cada ato do processo, e eles variam enormemente de acordo com os inúmeros *procedimentos* que podem ser construídos – e o são – desde o modelo constitucional, tem finalidade própria que, compreendido no todo, é apenas meio para algo maior. No caso do processo que interessa ao presente *Curso* (o "processo *jurisdicional*"), esse "ato final" é o ato que *concretiza* a *tutela jurisdicional*, reconhecendo que já não há necessidade de atuação do Estado-juiz. Que já não há necessidade porque o que justificava sua atuação foi alcançado. Que declara, pois, extinto o processo.

Engana-se aquele que, ao ler o último parágrafo, afirma que aquele ato, o "ato final", é a sentença que julga procedente o pedido de tutela jurisdicional formulado pelo autor, acolhendo-o (art. 487, I). O "ato final" que se deve ter em mente – e que redunda no *neoconcre-*

---

[67]. Por todos, consultar com enorme proveito Celso Antonio Bandeira de Mello em seu *Curso de direito administrativo*, esp. p. 54-56.

tismo defendido por este *Curso* – é a decisão (uma sentença[68]) proferida com fundamento no art. 924, II a V, que declara extinto o processo porque o Estado-juiz admite que o direito daquele que se mostrou merecedor da tutela jurisdicional foi satisfeito. Se não por ato do próprio devedor (inciso II do art. 924), quando menos porque o credor manifesta sua satisfação ou se conformou de outro modo (incisos III, IV e V do art. 924). Até aquele momento, todos os atos do processo são atos-*meio*, tendentes àquela finalidade. Inclusive aquele que, ao encerrar a etapa de conhecimento do processo, reconhece que o autor é merecedor da tutela jurisdicional, autorizando a sua concretização, para lembrar do precitado inciso I do art. 487. Até porque, pode ser que o pedido de tutela jurisdicional perseguido pelo autor dispense a etapa de conhecimento do processo porque seu direito está suficientemente documentado em título executivo *extrajudicial*.

Pode ocorrer de o processo não ser apto para reconhecer e concretizar a tutela jurisdicional. É o próprio inciso I do art. 924 que o reconhece, tanto quanto as diversas situações arroladas nos incisos do art. 485. Mesmo em tais hipóteses, contudo, é irrecusável a compreensão de que o processo se desenvolveu para permitir que o Estado-juiz reconhecesse, diante daquelas circunstâncias, a inviabilidade de continuar atuando.

Ao tratar da *produção* da vontade do Estado em geral e do Estado-juiz em específico – exercício da função jurisdicional, portanto –, é imperiosa a concepção de que o agir do Estado não pode desconsiderar a necessária proteção dos direitos dos jurisdicionados e o atingimento das finalidades do próprio Estado.

O que se pretende com esse modelo *processual* do comportamento estatal como um todo é que o ato do Estado, independentemente da função por ele exercida – o resultado e o fim último do processo realizado naquela esfera do Poder –, seja ditado ou expedido de acordo com a totalidade do ordenamento jurídico, em atenção aos princípios regentes da própria atuação estatal. Aqui, meio e fim estão vinculados e entrelaçados de tal maneira que não se viabiliza a compreensão de um sem o outro.

Até porque, aplicando ao *processo* aquilo que o n. 1 do Capítulo 3 trata acerca de seu modelo constitucional, não há como negar que a *atuação processual* do Estado Constitucional tem o condão correlato de afastar da nossa cultura jurídica quaisquer situações que prestigiem o arbítrio, os caprichos pessoais, os desvios de toda ordem pelos *agentes* do Estado, pelos *exercentes* de suas funções, quaisquer que sejam eles. Isso pela razão de que a atuação do Estado tem de garantir a *participação* dos interessados diretos e indiretos nos efeitos do ato estatal a ser produzido e que, neste sentido, acaba se tornando *síntese* das

---

68. É comum e ainda pertinente a distinção entre sentenças *terminativas* e as *definitivas*. Estas são as indicadas no art. 487, que se relacionam à resolução de mérito, no sentido de reconhecer a tutela jurisdicional a ser concretizada. Aquelas, as *terminativas*, são as indicadas no art. 485 que, pelas variadas situações de seus incisos, encontram algum óbice para o reconhecimento de quem faz jus à tutela jurisdicional e, consequentemente, afirmam a inviabilidade de atuação do Estado-juiz e, pois, do prosseguimento do processo.

vontades contrapostas, devidamente apreendida pelo próprio Estado. Por isso é que é absolutamente correta a ênfase de que a noção do processo é eminentemente *teleológica*. Ela é preordenada ao atingimento de uma dada finalidade, pública, estranha aos seus participantes. Por isso é que a *participação* de todos os sujeitos processuais – que é assegurada desde o modelo constitucional no princípio do contraditório – é tão importante na compreensão do próprio processo[69].

Esta *participação*, vale o destaque, não se justifica porque o processo é uma (mera) relação jurídica. O processo é método de atuação de um específico modelo de Estado (o Estado Constitucional) e, por isso – só por isso – é que não há como desprezar a ampla participação dos destinatários do ato estatal (em "igualdade plena", em "paridade de armas") enquanto durar a *necessidade* de atuação do Estado[70].

Este *Curso* não nega, a este propósito, que há deveres, direitos, poderes, faculdades, obrigações, sujeições e ônus dos sujeitos do processo ao longo de toda a produção da vontade do Estado-juiz, que são exercitáveis e exigíveis durante todo o processo.

Isso, contudo, não se justifica por ser o processo uma relação jurídica e sim em função das diretrizes constitucionais que impõem um determinado modo de comportamento estatal. É o modelo constitucional do direito processual civil que *impõe* aqueles deveres, direitos, poderes, faculdades, obrigações, sujeições e ônus; é ele que estabelece como os sujeitos do processo *colaboram* entre si com vistas ao exercício da função jurisdicional e à sua razão última de ser, a *concretização* da tutela jurisdicional. É o modelo constitucional do direito processual civil, em suma, que reconhece qual é a possibilidade e a intensidade da *atuação* dos sujeitos processuais e em que medida ela pode ser *exigida* e *exercitada* em cada caso.

O processo como método inerente à atuação do Estado deve ser entendido, amplamente, como forma de proteção dos direitos dos destinatários do ato, ao mesmo tempo que se garante o cumprimento das finalidades a serem perseguidas pelo próprio Estado.

Nesse contexto, o *processo* deve ser entendido como *técnica* que busca garantir que o equilíbrio entre "fins" (os "escopos do processo") e "meios" (o modelo constitucional do direito processual civil) seja adequadamente alcançado. É ele, como método, como técnica, de manifestação do Estado, que garante o indispensável equilíbrio entre "autoridade" e "liber-

---

69. A compreensão do processo como verdadeira *comunidade cooperativa de trabalho*, que muitos processualistas vêm sustentando com fundamento no art. 6º do CPC, deriva, em verdade, do próprio modelo constitucional e independe, no que importa destacar aqui, daquele precitado dispositivo legal.
70. A construção tem, inegavelmente, forte influência da concepção de Elio Fazzalari sobre *processo*. Assim, por exemplo, quando se lê em suas *Instituições de direito processual*, p. 118-120) que: "[...] o 'processo' é um procedimento do qual participam (são habilitados a participar) aqueles em cuja esfera jurídica o ato final é destinado a desenvolver efeitos: em contraditório, e de modo que o autor do ato não possa obliterar as suas atividades. [...] Existe, em resumo, o 'processo', quando em uma ou mais fases do *iter* de formação de um ato é contemplada a participação não só – e obviamente – do seu autor, mas também dos destinatários dos seus efeitos, em contraditório, de modo que eles possam desenvolver atividades que o autor do ato deve determinar, e cujos resultados ele pode desatender, mas não ignorar".

dade" e bem realiza[71], por isso mesmo, o modelo de Estado Constitucional que, para voltar ao ponto de partida, o justifica, ao mesmo tempo que o vincula.

O que consta dos parágrafos anteriores conduz a discussão mais ampla, interessantíssima. Como ela foge da proposta deste *Curso*, é bastante indicá-la, abrindo um parêntese na exposição.

Ao contrário do que muitas vezes se sustenta, o *processo* não é exclusivo do direito processual civil (ou, no máximo, do processo penal ou do processo trabalhista). O *processo* não é fenômeno exclusivo do exercício da jurisdição, assim compreendida a atuação do Poder Judiciário, a atuação do Estado-juiz. Aceitando as considerações anteriores, o *processo* é característico da atuação do Estado como um todo no sentido de que todas as suas funções devem ser exercidas e só se legitimam se exercidas *processualmente*. Também o "Estado-*legislador*" (Poder Legislativo) e o "Estado-*administração*" (Poder Executivo) atuam *processualmente*.

Assim, tanto o Poder Judiciário emite seus atos (sentenças) mediante *processo*, como o Poder Legislativo emite seus atos (as leis) mediante *processo*. A Administração Pública não é alheia ou arredia a este *atuar regrado*, este atuar *processualizado*. Ela também deve expedir seus atos, os atos administrativos, mediante *processo*[72].

Tanto assim que a Constituição Federal, no âmbito do Poder Legislativo, expressamente regula o *processo legislativo* (arts. 59 a 69)[73], e, ao disciplinar o "Poder Executivo", isto é, a Administração Pública, cria condições mais que suficientes para a construção de uma teoria sobre o processo administrativo, a partir dos princípios regentes da atuação administrativa (art. 37, *caput*) que deve considerar determinados processos referidos pela própria Constituição Federal, como, para exemplificar, o *concurso público* para contratação dos servidores públicos (art. 37, II), a *licitação*, processo destinado à elaboração de contratos administrativos (art. 37, XXI), e o "processo *sancionatório*" a que faz expressa menção o art. 41, § 1º, II. Até mesmo as regras diferenciadas para contratação e licitação das empresas estatais exploradoras de atividade econômica têm fundamento constitucional expresso, como se pode ver do art. 173, § 1º, II.

Pertinente, a este propósito, fazer expressa referência à Lei n. 9.784, de 29 de janeiro de 1999, que regula o *processo* administrativo no âmbito da Administração Pública Federal, à Lei n. 10.177, de 30 de dezembro de 1998, do Estado de São Paulo, e à Lei n. 14.141, de 27 de

---

71. Que é, pertinentemente, o mote que anima grandes discussões no âmbito do direito administrativo. Por todos, ver Celso Antônio Bandeira de Mello, *Curso de direito administrativo*, p. 44-51.
72. Para essa discussão, ver Sergio Ferraz e Adilson de Abreu Dallari, *Processo administrativo*, p. 22-38, e Egon Bockmann Moreira, *Processo administrativo*, p. 25-68. Antes deles – e das leis mencionadas no parágrafo seguinte, é fundamental a contribuição de Odete Medauar, *A processualidade no direito administrativo*, p. 11-42. A última obra da saudosa Professora Ada Pellegrini Grinover, intitulada eloquentemente *Ensaio sobre a processualidade*, volta-se ao tema na p. 13-30. Também estabelecendo importante diálogo entre o processo administrativo e o jurisdicional é o trabalho de Fernão Borba Franco, *Processo administrativo*, esp. p. 11-76.
73. A importância do *processo legislativo* como parte integrante do modelo constitucional do direito processual civil é objeto do n. 6 do Capítulo 3.

março de 2006, do Município de São Paulo, que regulam o *processo* administrativo no âmbito daqueles entes políticos e administrativos respectivamente. Essas leis, ao contrário do que poderia parecer, não se ocupam de estabelecer regras para "processos *sancionatórios*", únicos que, por muito tempo, foram reconhecidos como tais pelos administrativistas, fortes no que dispõe, com amplitude, o art. 5º, LV, da Constituição Federal. Aqueles diplomas legislativos disciplinam, de forma muito mais ampla, o método (*processo*) de produção de quaisquer atos (atos administrativos) pela Administração Pública, mesmo que não restritivos de direito. São leis voltadas, portanto, a criar condições adequadas (em harmonia com o modelo constitucional) da *produção* do ato administrativo, independentemente de seu conteúdo.

É ler o comando do art. 1º, *caput*, da Lei n. 9.784/99: "Esta lei estabelece normas básicas sobre o processo administrativo no âmbito da Administração Federal direta e indireta, visando, em especial, à proteção dos direitos dos administrados e ao melhor cumprimento dos fins da Administração". Idêntica noção vem estampada também no art. 21 da Lei paulista de *processo* administrativo, embora com o emprego (errado) da palavra *procedimento*: "Os atos da Administração serão precedidos do procedimento adequado à sua validade e à proteção dos direitos e interesses dos particulares". Não é diverso o conteúdo dos arts. 2º e 3º da Lei n. 14.141/2006, do Município de São Paulo, que prescrevem os princípios regentes da Administração Pública e que a norma administrativa "[...] deve ser interpretada e aplicada da forma que melhor garanta a realização do fim público a que se dirige".

A propósito da nomenclatura empregada pela lei paulista, importa uma ressalva: se *processo* é fenômeno correlato à atuação do Estado, independentemente da função concreta por ele exercida (se jurisdicional, se legislativa ou se administrativa), é todo o atuar do Estado *método* de atingir adequada e equilibradamente os fins impostos pelo sistema jurídico ao Estado, é equivocado referir-se a "procedimento administrativo" ou até mesmo a "procedimento legislativo" para descrever o *mesmo fenômeno* quando ocorrente no exercício daquelas outras funções do Estado. *Procedimento* é realidade jurídica diversa, é a forma específica de organização e de estruturação dos diversos atos e fatos relevantes para o processo ao longo de seu desenvolvimento. Não tem sentido, consequentemente, referir-se ao *mesmo fenômeno* (que é o processo), ínsito ao modelo de Estado Democrático de Direito, com nomes diversos, quando ele se dá no âmbito da Administração Pública ou no do Poder Legislativo como se mero "procedimento" ele fosse. No âmbito administrativo e no âmbito legislativo há processo *e* procedimento, da mesma forma como se dá, mais conhecidamente, no plano do direito processual civil (e penal e trabalhista). Assim, é correto evitar usar nomes diferentes para descrever os mesmos fenômenos jurídicos. A medida, a par de não ter nada de didática, é acientífica.

O *caput* do art. 29 da Lei de Introdução às Normas do Direito Brasileiro, introduzido pela Lei n. 13.655/2018, merece ser lembrado neste contexto. De acordo com aquele dispositivo, "Em qualquer órgão ou Poder, a edição de atos normativos por autoridade administrativa, salvo os de mera organização interna, poderá ser precedida de consulta pública para manifestação de interessados, preferencialmente por meio eletrônico, a qual será considerada na decisão"[74].

---

74. A regra foi regulamentada pelo art. 18 do Decreto n. 9.830/2019.

A diretriz é clara e plenamente harmônica com o que este *Curso* sustenta: o processo decisório estatal pressupõe a possibilidade de *participação* de seus interessados. A previsão de que tal participação possa se dar por "consulta pública preferencialmente por meio eletrônico, a qual será considerada na decisão" otimiza e amplia aquela participação. A iniciativa deve, por isso mesmo, ser aplaudida e devidamente aplicada. A única ressalva que merece ser feita é com relação ao texto empregado pelo dispositivo: o *poderá* tem que ser interpretado como *dever* e não como mera faculdade, justamente para viabilizar a *participação* em sentido amplo, aqui evidenciado.

Aceitas estas novas considerações, está aberta a possibilidade (e, mais do que isso, a *necessidade*) da construção de uma verdadeira "teoria geral do *processo*". "Teoria geral do *processo*", sem qualquer adjetivação para *processo*, deve ser compreendida no contexto deste *Curso* como uma teoria geral do processo *estatal*, voltada a analisar o método de atuação do Estado como um todo, precisando os princípios e o regime jurídico que vinculam o exercício de qualquer função estatal, jurisdicional, legislativa ou administrativa. Não é este, contudo, o desiderato deste *Curso*.

Fechando o parêntese, cabe retomar a compreensão de *processo* oferecida até aqui para apartá-la, de vez, da noção de *relação jurídica*. É que as "relações jurídicas" existentes entre aquele que provoca a atuação do Estado-juiz (autor), aquele contra quem se provoca a atuação do Estado-juiz (réu) e o próprio Estado-juiz não caracterizam o processo como tal. Sejam quais forem estas múltiplas relações jurídicas, elas, em si mesmas, não explicam o fenômeno processual. O fenômeno processual não se explica pelo que, eventualmente, nele se contém ou pelo que nele se faz, mas pelo que ele, processo, "é" (sempre no sentido de *deve-ser*) e a razão pela qual o processo "é" (*deve-ser*). O processo é, só pode ser, aquilo que deriva do modelo político de cada Estado. O Estado age mediante processo porque tem de fazê-lo, não há outro modo de agir, quando concebido deste o modelo constitucional. O processo é método de atuação do Estado Constitucional.

Fixada a premissa de que o processo é método de atuação do Estado, não há como recusar a sua natureza *pública* e, por isso, a inviabilidade de ele ser confundido com aquilo que ele *contém* ou o que parece mais correto de ser destacado com aquilo que ele veicula perante o Estado-juiz para fins de concretização da tutela jurisdicional.

O processo, destarte, é regido, só pode sê-lo, pelo direito público. É de todo irrelevante, portanto, o tipo de normas jurídicas (se de direito privado ou público) que pelo processo serão consideradas para fins de concretização da tutela jurisdicional. Não que o plano material não influencie o direito processual civil como um todo, muito pelo contrário, como coloca em relevo o n. 2.1 do Capítulo 2. O que importa destacar aqui é que para a compreensão do que é o "processo" aquela constatação não tem nenhuma utilidade.

Da natureza pública, exclusivamente de direito público, do processo decorre, outrossim, a noção de que ele, o *processo*, não se confunde com a relação jurídica conflituosa que justifica a atuação do Estado-juiz, quaisquer que sejam as normas que a regem (um contrato regido pelo direito civil e não adimplido em tempo e modo oportunos ou um ato administrativo que se reputa ilegal e abusivo, por exemplo). A relação jurídica veiculada para solução pelo Estado-juiz não se confunde com o "processo" porque eles existem em planos diversos: a situação de lesão ou ameaça a direito se verifica no plano do direito material. O atuar do Estado-juiz, o processo, portanto, está no plano processual.

É essa a razão pela qual o processo tem *pressupostos próprios* (informadores de sua *existência* e de sua *validade*), *sujeitos próprios* (o autor, o réu, o magistrado e eventuais intervenientes) e *objeto próprio* (prestação de tutela jurisdicional apta a substituir a vontade dos litigantes com ânimo de definitividade a eles oponível, se o caso, imperativamente), que não se confundem com os pressupostos, com os sujeitos e com o objeto daquilo que justifica a atuação do Estado-juiz, a situação de lesão e ameaça que, quando apresentadas ao Poder Judiciário, rompem com seu estado inercial[75].

Uma última consideração é necessária: *processo* não se confunde com *autos*, que nada mais são do que a usual forma de documentação, em papel ou eletronicamente, dos atos processuais. Não há como confundir o método de atuação do Estado com sua respectiva documentação, independentemente do meio pela qual ela se dê.

4.1 Os chamados "processos de conhecimento" e "de execução": análise crítica

É comuníssima a referência a "processos de conhecimento" e a "processos de execução". Quanto a estes, é expresso o Código de Processo Civil, como se pode constatar do nome empregado no Livro II de sua Parte Especial. No CPC de 1973 havia um Livro inteiro dedicado ao "processo cautelar". Há aqueles, por sua vez, que chegam a cogitar, com base naquilo que ocupa os arts. 700 a 702 do CPC de 2015, de *processo* monitório[76].

Não obstante o tão comum como consagradíssimo uso de tais expressões, inclusive na doutrina e no direito estrangeiros, e sem prejuízo de sua (ainda) expressa adoção pelo Código de Processo Civil[77] e por diversas leis processuais civis extravagantes, não subsiste, ao menos para o direito processual civil brasileiro, razão para elas serem empregadas.

Este *Curso* não nega – e não há necessidade nem vontade de fazê-lo – que boa parte da sistematização histórica do direito processual civil levou em conta a distinção entre o "processo de *conhecimento*" e o "processo de *execução*". No direito brasileiro, a existência codifi-

---

75. Cabe reiterar a ressalva de que, embora a distinção entre os planos material e processual seja verdadeira e útil para a compreensão adequada do "processo" considerado em si mesmo, ela não pode nem deve levar a rigores exacerbados de desconsiderar a nítida comunicação e, até mesmo, *influência* (correta, saudável e *necessária*) que existe entre esses dois planos.
76. Assim, por exemplo a monografia de Antonio Carlos Marcato, *O processo monitório brasileiro*.
77. É o que (ainda) se lê do art. 134, *caput*; art. 248, § 3º; art. 675, *caput*; art. 785; art. 910, § 2º, e 917, VI.

cada de um "processo *cautelar*" no tempo do CPC de 1973 fazia do mais comum e tradicional duo um trio[78]. Não é diverso o que se deu para o estudo da *ação*, como noticia suficientemente o n. 3.1, *supra*.

Cada uma daquelas *atividades* (reconhecer o direito *e* satisfazer o direito) acabou sendo tratada de forma estanque porque tendente a perseguir *finalidades* diferentes. Concebeu-se um "processo", chamado de "conhecimento" para englobar toda a atuação do Estado-juiz voltada ao *reconhecimento* de ter havido, ou não, lesão ou ameaça a direito. Outro "processo", o "de execução", foi concebido para tratar toda a atuação do Estado-juiz voltada à *concretização*, sempre entendida no sentido de realização prática e sensível do que foi reconhecido, verdadeiramente satisfativa do direito[79]. O direito brasileiro do CPC de 1973 concebeu, ainda, uma terceira classe, o "processo cautelar", para desenvolvimento da atividade judicial voltada à criação de proteção ao resultado útil do que seria reconhecido no âmbito do "processo de conhecimento" ou concretizado no "processo de execução".

Cada um daqueles "processos" ostentava *atividade* judicial preponderante que os caracterizava. No "processo de conhecimento", a atividade era *cognitiva*, meramente intelectual, justamente porque sua finalidade era de reconhecer o direito aplicável à espécie. No "processo de execução", a atividade era *material*, voltada à concretização do direito reconhecido alhures. No "processo cautelar", a adoção daquele mesmo critério dava ensejo a acesa discussão. Afinal, a atividade era *mista*: havia elementos *cognitivos* (*reconhecer* que alguém fazia jus à proteção pedida) *e* elementos *materiais* (*concretizar* aquela mesma proteção). Infelizmente, contudo, a observação nunca foi levada às suas devidas consequências, sendo prova mais que bastante todo o desenvolvimento que o "processo cautelar" tomou ao longo da vigência do CPC de 1973.

O que ocorreu, particularizando a evolução do direito processual civil brasileiro, é que as profundas reformas pelas quais passou o CPC de 1973 alteraram aquela tripartição. As Leis n. 8.952/94, 10.444/2002 e 11.232/2005, com suas progressivas modificações nas técnicas para a concretização da tutela jurisdicional relativa às obrigações de fazer e não fazer, de entrega de coisa e de pagar, respectivamente, convidavam, desde então, à reflexão crítica sobre a distinção entre processos de conhecimento e de execução. A tutela antecipada intro-

---

78. A distinção tripartite entre "processo de conhecimento", "processo de execução" e "processo cautelar" marcava a própria estruturação do CPC de 1973. Todo o seu Livro I (arts. 1º a 565) era voltado à disciplina do "processo de conhecimento"; o Livro II (arts. 566 a 795) era todo dedicado ao "processo de execução" e o Livro III (arts. 796 a 889) integralmente dedicado ao "processo cautelar". É certo que as profundas reformas legislativas ocorridas ao longo da vigência daquele Código alteraram muito – e substancialmente – aquela divisão rígida. O que importa colocar em destaque nesta sede, contudo, são as marcas ideológicas que ela deixou na nossa doutrina e, de certa forma, ainda no atual Código de Processo Civil.
79. Nas edições anteriores ao CPC de 2015, este *Curso* chegou a analisar aquelas atividades, *cognitiva* e *executiva*, ao lado das classes de tutelas jurisdicionais então apresentadas (ver n. 8.4 do Capítulo 1 da Parte III do volume 1), concluindo pela sua necessária e sistemática absorção pela distinção proposta entre "tutela jurisdicional *não executiva*" e "tutela jurisdicional *executiva*".

duzida pela Lei n. 8.952/94 também foi responsável por questionamentos pertinentíssimos acerca da subsistência de um processo cautelar apartado (e incomunicável) com os processos de conhecimento e de execução.

De outro lado, também a doutrina e a jurisprudência, quiçá cedendo às exigências do dia a dia do foro, acabaram admitindo ou, quando menos, tolerando a presença de elementos de um "um processo" e outro. As "exceções" ou "objeções de pré-executividade", que passaram a frequentar os "processos de execução" e, com o tempo, também a etapa de cumprimento de sentença, são provas seguras deste fenômeno: atividades *cognitivas* dentro de um processo cuja atividade característica era material, porque voltada à *concretização*.

Não há razão, contudo, para insistir nesta discussão. O que é certo, e o que basta para os fins presentes, é que a evolução do direito processual civil brasileiro, partindo de modelos *puros* de processo, cada qual só reconhecia direitos, só os concretizava *ou* só os acautelava (processos de conhecimento, execução e cautelar, respectivamente), levou a uma nova compreensão de processo, um processo *sincrético*. *Sincrético* no sentido de junção, de fusão, de reunião, em um *mesmo processo*, de diversas atividades jurisdicionais que tradicionalmente eram praticadas em separado, isto é, cada qual em "um" processo diferente. Processo sincrético é aquele em que as finalidades ressaltadas anteriormente – *reconhecimento* (do direito) e *concretização* (desse mesmo direito) – e suas correlatas atividades – *cognitiva* e *material* – se desenvolvem indistintamente, todas em um mesmo processo, inclusive com a *concomitância*, ou a *mescla*, e até mesmo a *inversão* da ordem em que eram desenvolvidas na perspectiva tradicional, inclusive do CPC de 1973, antes das reformas pelas quais passou a partir de 1994.

É correto entender, destarte, que aquela discussão está superada com o advento do Código de Processo Civil, que acolheu, em larga escala, as críticas e os apontamentos que, a esse respeito, vinham sendo feitos pela doutrina. De certa forma, as edições anteriores ao CPC de 2015 deste *Curso* contribuíram muito para a forma pela qual o Código de Processo Civil passou a tratar o tema, ainda que – e quanto a isto a crítica merece subsistir – o Livro II da Parte Especial ainda seja rotulado de "processo de execução".

À luz de todas estas ponderações, a conclusão a ser alcançada é no sentido de que não faz mais sentido – e já não fazia, ao menos a partir de meados dos anos 1990, no direito processual civil brasileiro – a referência a tipos e classes de processo: conhecimento, execução e cautelar. Também não há, contudo, razão para empregar a expressão "processo *sincrético*". É suficiente *processo*, sem nenhuma adjetivação.

Sequer há espaço para o uso da expressão "processo de conhecimento e de cumprimento de sentença", como quer o Livro I da Parte Especial do Código de Processo Civil. Só *processo*. O que é de conhecimento e de cumprimento de sentença são etapas do processo em que a finalidade é reconhecer quem é o merecedor da tutela jurisdicional mediante o exercício de atividades cognitivas e concretizá-la com o emprego de atividades materiais. Sequer é correto, no sistema processual civil em vigor, acentuar que *primeiro* se deve reconhecer o direito para depois concretizá-lo, porque pode ocorrer de o autor pedir e lhe ser deferida tutela provisória para concretizar o direito tal qual suficientemente reconhecido de pronto.

Nada de "processo de execução" também, diferentemente do que (ainda) intitula o Livro II da mesma Parte Especial. Só *processo*. O que é de *execução* no sentido de *concretização* é a finalidade de um processo que toma como fundamento o reconhecimento *extrajudicial* do direito no sentido de ser assumido de antemão quem é merecedor da tutela jurisdicional. Não há nenhuma razão, na perspectiva constitucional, de insistir em que naquele "tipo" de processo não há espaço para atividade cognitiva, muito menos as de aspecto defensivo daquele que é indicado como executado pelo título executivo extrajudicial. A uma, porque sempre houve (e continua a haver) atividade cognitiva do magistrado desde o início do processo, quando examina a regularidade da petição inicial e, no que mais interessa destacar para o momento presente da exposição, se se está, ou não, diante de título executivo extrajudicial. A duas, porque não há espaço para, sem atritar com o modelo constitucional, sustentar (e continuar sustentando) que os embargos à execução (arts. 914 a 920) são *ação* e não *defesa*. Não há como concretizar a tutela jurisdicional sem *ampla defesa*. É este o comando do art. 5º, LV, da Constituição Federal. O que é possível é a *inversão* de etapas, primeiro de concretização, depois – e ainda que em caráter eventual – a de reconhecimento do direito que, no contexto da execução fundada em título executivo extrajudicial, tem como finalidade confirmar a juridicidade do que consta do próprio título executivo. Nunca, contudo, a supressão da ampla defesa ou, o que é o mesmo, sua realocação em *outro* processo.

Aceitas estas considerações, não há como admitir que o que o Código de Processo Civil rotula de "processo de conhecimento e de cumprimento de sentença" e "processo de execução" encontra alguma distinção no *processo*. Há uma série de diferenças entre um e outro instituto, mas não no que diz respeito ao *processo*.

O que há no primeiro é a necessidade de se reconhecer o merecedor da tutela jurisdicional, já conhecido, ainda que presumivelmente, no segundo. Para tanto, o Código de Processo Civil descreve um *procedimento* padrão (chamado de "procedimento *comum*"), em contraposição a mais de uma dezena de procedimentos *especiais*. Todos eles, contudo, voltados ao reconhecimento de quem merece tutela jurisdicional. Há enorme diferença entre *procedimentos* e até de pedidos de tutela jurisdicional. Não, contudo, de *processo*. Em todos aqueles casos, o Estado-juiz precisa agir e o faz, porque só pode fazê-lo processualmente.

Mesmo dando ênfase à atividade material, há diferenças grandes entre os atos a serem praticados no cumprimento de sentença e na execução fundada em título executivo extrajudicial. Aqui também as distinções residem no plano do *procedimento*, até em função da variedade de técnicas a serem adotadas para a concretização da tutela jurisdicional, não do *processo*.

Em suma, como, para este *Curso*, *processo* é o método necessário (impositivo) de manifestação do Estado em suas variadas funções – é *método* de que o Estado tem de se valer para externar a sua vontade funcional –, não importa a específica finalidade da atuação jurisdicional, se voltada ao reconhecimento de um direito afirmado lesionado ou ameaçado ou se voltada a concretizar um direito tal qual reconhecido em título executivo. O que precisa haver em um e em outro caso – e enquanto houver necessidade de atuação do Estado-juiz – é *processo*, sem nenhuma adjetivação. O *processo* é um só: o devido desde o modelo constitucional, o *devido processo constitucional*.

De resto, não há razão para se deixar impressionar pelos nomes e pelas expressões consagradíssimas que ainda querem descrever o que aqui está sendo tratado como "processo de conhecimento", como "processo de execução" ou quaisquer outros tipos de "processo". Tais nomes e tais expressões – expressões idiomáticas, no mesmo sentido que destaca o n. 3.1, *supra*, para a *ação* – podem até ser empregados e repetidos, como, não há para razão para afirmar diferentemente, o são. O que não podem é querer se sobrepor às inegáveis mudanças substanciais experimentadas pelo direito processual civil brasileiro e que estão espelhadas em larga escala pelo próprio Código de Processo Civil. Não podem querer obnubilar a verdadeira concepção jurídica, rente às escolhas feitas pelo direito brasileiro, do que eles, os nomes, e do que elas, as expressões, representam.

4.2 Procedimento

Não há como confundir *processo* com *procedimento*.

Procedimento é o lado extrínseco, palpável, sensível e constatável objetivamente, pelo qual se desenvolve o processo ao longo do tempo. É a forma específica de manifestação, de organização, de estruturação do próprio processo, dos diversos atos e fatos relevantes para o processo (e, por isso, atos e fatos processuais) ao longo do tempo, desde seu início (que se dá com a petição inicial), até o seu término, quando reconhecidamente prestada a tutela jurisdicional (a sentença a que se refere o art. 925) ou, anormalmente, nos casos do art. 485.

Não se trata da *documentação* do processo ou dos atos processuais, que são os *autos*, sendo indiferente que eles sejam físicos (em papel) ou eletrônicos, mas, da específica maneira pela qual os atos e fatos processuais se relacionam entre si para que a tutela jurisdicional seja concretizada desde quando provocada.

Neste contexto, é a noção de *procedimento*, e não a de processo, que assegura a correção do usualíssimo entendimento de que os atos processuais são concatenados entre si para a prática de outros atos deles dependentes para a correção do ato subsequente, o que assume importantes consequências no plano das nulidades processuais.

É importante ter consciência de que os sujeitos do processo, assim entendidos o juiz, as partes e eventuais intervenientes que atuam, pelas mais variadas razões, ao longo do processo, ocupam, sucessivamente, diferentes posições jurídicas: eles têm diferentes *deveres*, *poderes* e *obrigações*. Eles podem exercer diferentes *direitos* e *faculdades*. Da adequada ou inadequada postura que assumam, decorrem, para eles próprios, certos *ônus* ou *sujeições*. Tal constatação é irrecusável à luz da compreensão do próprio exercício do direito de ação, nos termos propostos pelo n. 3, *supra*.

Ocorre, contudo, que cada uma dessas posições jurídicas varia consoante os diversos procedimentos, observação que convida ao entendimento de que elas ocorrem no plano do *procedimento*, e não, como faz a doutrina tradicional, no plano do próprio *processo*. É o exame de cada uma daquelas posições jurídicas e de toda sua complexidade e progressividade, desde o instante em que se rompe a inércia da jurisdição, com a apresentação da petição inicial, até quando a tutela jurisdicional é concretizada (durante todo o espaço de tempo em que a *ação* é exercitada, portanto), que ocupa fundamentalmente o estudo dos diversos *procedimentos*.

Desnecessária a elaboração de um rol de tais situações *procedimentais* nesta sede: um pretenso rol teria de se debruçar sobre os diversos *procedimentos*, indo além do que é necessário para a construção de uma teoria geral do direito processual civil.

4.2.1 Procedimento comum e procedimentos especiais

A definição de *procedimento* apresentada pelo número anterior é bastante aderente à realidade do direito positivo. É o próprio Código de Processo Civil que destaca a existência de diversos *procedimentos* (assim entendidas as variadas formas de organização dos atos e fatos processuais ao longo do tempo) para tratar de determinadas situações diferentemente de outras, levando em conta a diversidade das situações conflituosas de direito material, as pessoas e a expressão econômica do conflito, por exemplo.

O Código de Processo Civil, inovando em relação ao CPC de 1973, prevê um (apenas um) procedimento *comum* em contraposição a dezenas de procedimentos especiais. Estes são disciplinados pelo Título III do Livro I da Parte Especial do Código de Processo Civil em dois grandes grupos, que podem ser rotulados de "procedimentos especiais de natureza *contenciosa*" (arts. 539 a 718) e de "procedimentos especiais de natureza *voluntária*" (arts. 719 a 770). Para além disso, há diversos outros procedimentos *especiais* fora do Código de Processo Civil, objeto de regulação da chamada "legislação processual civil extravagante". Assim, por exemplo, os *procedimentos* relativos às locações de imóveis urbanos (Lei n. 8.245/91); os *procedimentos* relativos à fixação e alteração de prestações alimentícias (Lei n. 5.478/68); os *procedimentos* destinados à desapropriação de bens imóveis por interesse social (Decreto-lei n. 3.365/41); o *procedimento* relativo ao mandado de segurança (Lei n. 12.016/2009); o *procedimento* relativo ao apenamento dos atos de improbidade administrativa (Lei n. 8.429/92, com as profundas modificações da Lei n. 14.230/2021) e o procedimento relativo à chamada "ação popular" (Lei n. 4.717/65)[80].

---

80. O autor deste *Curso* dedicou trabalho específico para o exame dos últimos diplomas legislativos mencionados. A referência é feita ao seu *Poder Público em juízo*.

É correto o entendimento de que o Código de Processo Civil contrapõe o "procedimento *comum*" aos "procedimentos *especiais*", e o ponto de toque a respeito dessa diferença reside nas regras diferenciadas destes em relação àquele na organização de seus atos processuais ao longo do processo, a começar pela citação do réu para comparecimento à audiência de conciliação e mediação como *regra* no procedimento comum, exigência que não encontra correspondência na disciplina dos procedimentos especiais, salvo no que os arts. 693 a 699 chamam de "ações de família".

Distinção entre o procedimento comum e os procedimentos especiais também reside na diversidade de soluções para determinados atos e fatos processuais. Assim, por exemplo, as regras diferenciadas para a petição inicial[81], os prazos diferenciados para apresentação da defesa[82], a inadmissão do exercício de determinadas pretensões ou defesas[83] e a prática de determinados atos processuais com finalidades bem marcadas e diferenciadas[84].

A importância do "procedimento *comum*" em contraposição aos especiais, sejam eles disciplinados pelo Código de Processo Civil ou pela legislação processual civil extravagante, é inquestionável. Expresso neste sentido é o art. 318, segundo o qual: "Aplica-se a todas as causas o procedimento comum, salvo disposição em contrário deste Código ou de lei", orientação que vem reforçada pelo disposto no parágrafo único, assim redigido: "O procedimento comum aplica-se subsidiariamente aos demais procedimentos especiais e ao processo de execução". Tanto que este *Curso* elege a estrutura do procedimento comum como paradigma de exposição das atividades desenvolvidas à guisa de conhecimento ("etapa *cognitiva*") do processo. É este o objeto da Parte I de seu volume 2.

Não tem maior relevância questionar a razão de haver procedimentos *especiais* para a solução de determinados litígios e para outros não. Trata-se de indagação que se apresenta ao próprio legislador que, atendendo a razões de conveniência política, de tradição do próprio direito, questões sociais, econômicas ou financeiras e – sobretudo – as peculiaridades dos direitos materiais envolvidos, estabelecerá "procedimentos *diferenciados*" visando imprimir maior ou menor celeridade à atuação do Estado-juiz em determinados casos. Desde que esses procedimentos observem o modelo constitucional do direito processual civil, a começar pelos traços característicos e inafastáveis de qualquer *processo*, não há maiores considerações a serem feitas a respeito das escolhas feitas pelo legislador. A liberdade de escolha e

---

81. Como se dá com o art. 542 para a "ação de consignação em pagamento" e com o art. 555 para as "ações possessórias".
82. Os arts. 690 e 714, *caput*, reservam o prazo de *cinco* dias para a manifestação do réu na habilitação e na restauração de autos.
83. É o que se dá com o art. 544 no âmbito da "ação de consignação em pagamento", com o art. 557 para as "ações possessórias" e com os arts. 612, 627, § 3º, 628, § 2º, 641, § 2º, e 643, *caput*, para o inventário.
84. A complementação do depósito tido como insuficiente no âmbito da "ação de consignação em pagamento" (art. 545), a possibilidade de supressão consensual da etapa de conhecimento na "ação de dissolução parcial de sociedades" (art. 603) e a não entrega da petição inicial para o réu nas "ações de família" (art. 695, § 1º) são bem significativas do que está afirmado no texto.

a criatividade do legislador na formatação dos procedimentos, de qualquer sorte, é bastante reduzida quando a própria Constituição Federal impõe elementos a serem observados em determinados procedimentos. É o que n. 5 do Capítulo 3 cataloga como procedimentos jurisdicionais *constitucionalmente* diferenciados.

O parágrafo anterior, ressalvados os casos em que o próprio modelo constitucional dispõe acerca de procedimentos especiais, poderia render ensejo a discussões mais sofisticadas, como, por exemplo, e também quando são as próprias peculiaridades do direito material que acabam impondo a diferenciação procedimental[85], a razão de o Código de Processo Civil ter preservado uma boa dezena de procedimentos especiais que, em rigor, portam muita pouca diferença quando confrontados com o procedimento comum. Não na perspectiva da coordenação dos atos e dos fatos processuais em si mesmos considerados, mas, diferentemente, no que diz respeito às *técnicas* empregáveis indistintamente neste e naqueles.

Ilustra bem a preocupação a "ação monitória", que foi introduzida no CPC de 1973 pela Lei n. 9.079/95. O Anteprojeto da Comissão de Juristas, no que foi seguido pelo Projeto do Senado Federal, bania a "ação monitória" do direito processual civil brasileiro. A razão residia na percepção de sua desnecessidade porque a tutela jurisdicional dos direitos materiais nela veiculáveis seria tempestiva e adequadamente *concretizada* com a proposta então feita pela tutela da *evidência*[86]. De outro lado, sempre pareceu importante refletir criticamente acerca do número considerável, quiçá exagerado, de títulos executivos *extrajudiciais* do direito brasileiro, a tornar menos relevante o papel que, em outros ordenamentos jurídicos, ostenta a monitória. Prevaleceu, contudo, a opção do Projeto da Câmara dos Deputados não só de preservar a ação monitória, mas, também, de generalizá-la ao extremo para quaisquer modalidades obrigacionais[87]. Talvez para "compensar", aquele Projeto apequenou o alcance da tutela provisória fundamentada na evidência[88].

Que o trato da matéria poderia ter sido diverso durante a tramitação do processo legislativo que resultou no Código de Processo Civil, otimizando e aperfeiçoando as escolhas do direito processual civil brasileiro, muitas delas repetidas acriticamente, não há a menor

---

85. A afirmação é tanto mais pertinente porque o art. 968 do Anteprojeto do novo Código de Processo Civil transformava em procedimento *comum* todos os procedimentos do CPC de 1939 que ainda não tinham sido disciplinados diferentemente, mercê da regra de transição do art. 1.218 do CPC de 1973, sem atentar para as múltiplas e variadas situações de direito material envolvidas naquele rol. Nele, chamavam a atenção, sobretudo, os procedimentos especiais relacionados ao "direito marítimo", cujas prescrições materiais estavam (e ainda estão) no Código Comercial de 1850, e sua total incompatibilidade com o "procedimento comum". O PLS n. 166/2010 mantinha em vigor aquelas prescrições (art. 1.000, § 2º). No âmbito da Câmara dos Deputados, o PL n. 8.046/2010 acabou por disciplinar como procedimentos especiais a "regulação de avaria grossa" e a "ratificação dos protestos marítimos e dos processos testemunháveis formados a bordo", o que, com o aval do Senado Federal, foi preservado nos arts. 707 a 711 e 766 a 770 do CPC de 2015.
86. A respeito, ver o art. 285 do Anteprojeto e o art. 278 do PLS n. 166/2010 que continham a previsão da tutela provisória fundamentada na evidência quando a petição inicial fosse "instruída com prova documental irrefutável do direito alegado pelo autor a que o réu não oponha prova inequívoca" (que corresponde, em largas linhas ao inciso IV do art. 311 do CPC de 2015), inexistente no art. 306 do PL n. 8.046/2010.
87. É ler o art. 715 do PL n. 8.046/2010, que se converteu no art. 700 do CPC de 2015.
88. O destaque é ao art. 306 do PL n. 8.046/2010, que encontra correspondência no art. 311 do CPC de 2015.

dúvida. Não há, contudo, como desconhecer o conteúdo do Título III do Livro I de sua Parte Especial, lamentando, a esta altura, a "perda da chance" de ter elaborado algo mais sofisticado a respeito dos procedimentos especiais, permitindo que eles se embebessem explicitamente das inúmeras e estruturais novidades que passaram a integrar o CPC de 1973 desde meados dos anos de 1990 e, sempre, de sua indispensável confrontação com o modelo constitucional do direito processual civil. O que importa, isto sim, é tratar do tema em perspectiva renovada – buscando, com a iniciativa, extrair seu máximo potencial em busca da eficiência processual –, mesmo quando as opções feitas pelo legislador, quiçá arrependido, não tenham sido. É o que sempre defendeu, desde sua primeira edição, e continua a defender este *Curso*.

Diferentemente do que parece sugerir a divisão feita pelos Títulos I e III do Livro I da Parte Especial do Código de Processo Civil, a distinção entre "procedimento comum" e "procedimentos especiais" não se resume à *etapa de conhecimento* do processo. Também a *etapa de cumprimento* apresenta especialidades variadas, levando em conta múltiplos fatores, tais como a modalidade obrigacional cuja tutela jurisdicional se pretende concretizar e as pessoas envolvidas.

No que diz respeito ao cumprimento das obrigações de pagar quantia certa, é correto reconhecer, nos arts. 523 a 527, o procedimento *comum* a ser observado para os demais casos em que aquela mesma finalidade, pagamento, é perseguida. O cumprimento de sentença que reconhece a exigibilidade de obrigação de pagar quantia certa pela Fazenda Pública (arts. 534 e 535), por sua vez, é inequivocamente procedimento especial e o é desde o modelo constitucional, como propõe o n. 5.4 do Capítulo 3, tanto quanto o é o cumprimento de sentença que reconheça a exigibilidade de obrigação de prestar alimentos (arts. 528 a 533).

Embora não seja possível fazer esta mesma distinção com relação ao cumprimento de sentença das obrigações de fazer e de não fazer (arts. 536 e 537) e de entrega de coisa (art. 538), não há como deixar de reconhecer que o procedimento do cumprimento de sentença das obrigações de pagar quantia deve ser aplicado subsidiária e supletivamente, inclusive quando ocorrer a conversão daquelas obrigações em perdas e danos.

Uma última ordem de considerações justifica-se para o fechamento deste número.

O Título III do Livro I da Parte Especial do Código de Processo Civil, a despeito de ser intitulado "procedimentos especiais", refere-se, em boa parte de seus Capítulos e Seções, a "ações". Assim, por exemplo, os arts. 539 a 549, voltados a disciplinar a "ação de consignação em pagamento", os arts. 554 a 568, que disciplinam as "ações possessórias", e os arts. 700 a 702, que disciplinam a "ação monitória".

O uso das aspas para denominar os procedimentos especiais referidos como exemplos de "ações" é proposital. Rigorosamente, o nome "ação" está empregado atecnicamente. Não há, propriamente, uma "ação de consignação em pagamento", uma "ação possessória" ou uma "ação monitória". O que diferencia tais "ações" entre si não é a *ação* em si mesma considerada: ela não aceita variações consoante sejam os variados tipos de direito material que justifiquem o pedido de tutela jurisdicional. O que difere de um caso para o outro, naquilo que aqui interessa, é o *procedimento*, isto é, a específica forma de organização dos atos e fatos processuais ao longo do *processo*. Por isso que, fazendo eco ao que consta do n. 3.1, *supra*, mais correto do que "ação de consignação em pagamento" é fazer referência a "pedido de tutela jurisdicional relativa ao direito (material) de consignar em pagamento" (que é uma forma de extinção das obrigações em geral consoante o art. 334 do Código Civil) e que rende ensejo à atuação do Estado (que é sempre processual), mediante o emprego de um *procedimento* especial, expressamente indicado pelo legislador para aquela finalidade.

Importa destacar, a este propósito, que sequer a *tutela jurisdicional* requerida em uma "ação de consignação em pagamento" é distinta da que é pleiteada em um sem-número de outras situações em que se pretende que o Estado-juiz reconheça a extinção de uma dada obrigação por uma infinidade de razões a serem extraídas do plano do direito material. O que é diverso, para além do procedimento, é o próprio direito material, a *tutela de direito material*, que não se confunde – e não há como duvidar do acerto desta afirmação na quadra metodológica do direito processual civil – com a *tutela jurisdicional*, tal qual expõe o n. 3.1 do Capítulo 5.

É o que basta para este *Curso* não empregar nomenclatura frequente na doutrina processual civil, *tutela jurisdicional diferenciada* para designar com maior ou com menor consenso a necessidade de especialização dos procedimentos levando em conta influências do direito material sobre o processo ou fatores de ordem diversa que motivam o legislador (e, no caso brasileiro, também o constituinte) a conceber procedimentos especiais[89]. Nada há, importa destacar, de *especial* na *tutela jurisdicional* em todos aqueles casos.

A *especialidade* reside alhures e, com certeza, no *procedimento* a ser empregado para permitir ao Estado-juiz *reconhecer* a quem deve ser prestada a tutela jurisdicional e, se for o caso, também para sua respectiva *concretização*. A *tutela jurisdicional* a ser prestada nos procedimentos especiais, em si mesma considerada, nada tem de diferenciada, não, ao menos, na perspectiva deste *Curso*. Ela é a mesma tutela jurisdicional que admite a análise classificatória que propõe o n. 4 do Capítulo 5. Ela não se modifica porque o "tipo" de direito material levou o legislador a conceber procedimentos diferenciados, máxime diante da crítica aqui feita. Ela continua a ser, por hipótese, *preventiva* ou *repressiva*, *antecipada* ou *ulterior*, *provisória* ou *definitiva*, *satisfativa* ou *conservativa*, ou, ainda, *não executiva* ou *executiva*. O que se altera, em casos que tais, é a organização interna dos atos do processo, na sua etapa de conhecimento ou de cumprimento, o *procedimento*. É ele, e só ele, o procedimento, que merece, por isso mesmo, a alcunha "diferenciado" ou, para empregar o nome do legislador brasileiro, "especial", em contraposição ao "comum".

Para além da devida compreensão dos institutos fundamentais do direito processual civil na forma proposta por este *Curso*, a devida compreensão da distinção entre *processo* e *proce-*

---

[89]. Assim, por exemplo, Ricardo de Barros Leonel em seu *Tutela jurisdicional diferenciada*.

dimento apresenta peculiaridade constitucional no direito brasileiro, que é objeto de investigação no n. 6.2 do Capítulo 3.

4.3 Pressupostos processuais

Os n. 1 e 3 do Capítulo anterior referem-se à existência de duas categorias logicamente anteriores ao "julgamento de mérito". Uma relativa ao devido exercício do direito de ação, seu mínimo indispensável, e outra relativa à higidez do processo, os pressupostos processuais. É este o momento dedicado ao seu estudo.

Há acesa polêmica na doutrina quanto aos melhores *critérios* para estudo dos pressupostos processuais e, até mesmo, sobre a utilidade na sua distinção do mínimo indispensável ao exercício de ação e do próprio mérito. Como aponta o n. 3.2, *supra*, a questão é menos de gostos e preferências doutrinárias e mais de descrever devidamente as opções de cada ordenamento jurídico revelando as suas opções. No caso do direito processual civil brasileiro, aquelas três categorias são elementos de direito positivo que não podem ser recusados pelo intérprete e pelo aplicador, à falta de qualquer parâmetro constitucional que consiga justificar seu descarte.

Destarte, se aquelas categorias são mais certas ou mais erradas que outras, se elas se deixam influenciar em excesso pelo direito material a ponto de se confundirem com ele, é questão que não desperta nenhum interesse para este *Curso*. Basta a notícia de que a polêmica existe, mas que, rigorosamente – e isto merece ser destacado –, muito dela não deixa de ser uma discussão vã, sobre a identificação de um *melhor* – quiçá *único*, *universal* e *imutável* – critério de estudo e sistematização do processo civil.

Com relação aos pressupostos processuais, a polêmica reside inclusive na mais adequada forma de sua apresentação e agrupamento. Cabe ilustrar o acerto da afirmação.

Moacyr Amaral Santos, por exemplo, distinguia os pressupostos processuais em *subjetivos* (com relação ao juiz e às partes) e em *objetivos*, estes relacionados aos demais elementos do processo. Esta classe comportava, de acordo com o grande processualista paulista e Ministro do Supremo Tribunal Federal, duas subclasses: a dos pressupostos processuais *objetivos intrínsecos* (regularidade da petição inicial, da citação e de todo procedimento até proferimento da decisão de mérito, em uma expressão: a observância do procedimento legalmente previsto) e dos pressupostos processuais *objetivos extrínsecos* (que dizem respeito à inexistência de fatos impeditivos)[90].

Ada Pellegrini Grinover, Antônio Carlos de Araújo Cintra e Cândido Rangel Dinamarco chegaram a se pronunciar sobre o tema com a seguinte fórmula: "uma correta propositura da ação, feita perante uma autoridade jurisdicional, por entidade capaz de ser parte em juízo"[91].

---

90. Para a exposição original, ver suas *Primeiras linhas de direito processual civil*, v. 1, p. 337-344 e 351-355.
91. *Teoria geral do processo*, p. 307.

Há, de outra parte, aqueles que criticam não só a nomenclatura tradicional do instituto, mas também tendem ao tratamento conjunto dos pressupostos processuais e das condições da ação. Daí vêm construções que tratam do assunto na perspectiva de "requisitos indispensáveis para o julgamento da pretensão"[92], "requisitos de admissibilidade do processo"[93] e "juízo de admissibilidade do processo"[94].

Não obstante as divergências noticiadas, importa indicar que não há espaço para sistematizar o tema sem levar em conta as expressas opções do direito brasileiro, todas elas harmônicas com o modelo constitucional. A categoria rotulada de pressuposto processual é disciplinada pelo Código de Processo Civil e ela não se confunde com o mínimo indispensável para o exercício do direito de ação e tampouco com a concessão ou não da tutela jurisdicional.

O inciso IV do art. 485 distingue expressamente os *pressupostos processuais* (valendo-se desta nomenclatura), diferenciando os pressupostos de "constituição" dos de "desenvolvimento válido e regular" do processo. É o que basta para que a doutrina não deixe de distinguir estas duas classes, sendo a sua tarefa, à falta de previsão na lei processual civil, encontrar os pressupostos pertencentes a um e a outro grupo. Qualquer consideração que se faça para *negar* a existência da categoria "pressuposto processual" deve ser descartada ou, quando menos, recebida como consideração *de lege ferenda*, isto é, como proposta para alterar o direito processual civil brasileiro atual. Até porque não há espaço para afirmar sua incompatibilidade com o "modelo constitucional do direito processual civil" e esta categoria processual, único critério apto e legítimo para tanto.

Os pressupostos processuais devem ser entendidos como os eventos que devem estar presentes ou ausentes, consoante o caso, para que o "processo" tenha início e regular desenvolvimento. Daí a doutrina tratar usualmente de três classes de pressupostos processuais: os de *existência*, os de *validade* e os *negativos*[95]. É esta a classificação adotada por este *Curso*.

Antes da apresentação de cada uma dessas classes, contudo, é importante fazer uma ressalva.

---

92. É a lição de José Frederico Marques em suas *Instituições de direito processual civil*, v. II, p. 22, afirmando em seu *Manual de direito processual civil*, v. 1, p. 143, que "Alguns distinguem os pressupostos de existência do processo dos pressupostos de validade do processo, distinção essa de pouca relevância prática. É que todos eles, em última análise, não passam de pressupostos de admissibilidade da tutela jurisdicional para composição da lide".
93. Assim, por exemplo, José Orlando Rocha de Carvalho em seu *Teoria dos pressupostos e dos requisitos processuais*.
94. É o caso de Fredie Didier Junior, em seu *Pressupostos processuais e condições da ação: o juízo de admissibilidade do processo*.
95. O maior sistematizador da matéria nessa perspectiva é Arruda Alvim, Professor Titular de Direito Processual Civil da Faculdade de Direito da PUC-SP, desde seu *Curso de direito processual civil*, v. I, p. 465-485, ainda escrito sob a égide do CPC de 1939, passando pelo CPC de 1973 e chegando ao CPC de 2015 com as edições mais recentes de seu *Manual de direito processual civil*. Na 17ª edição, de 2017, o tema é exposto nas p. 189-201. Outra autora que se dedicou profundamente ao tema é Teresa Arruda Alvim, também Professora da Faculdade de Direito da PUC-SP. Sua obra de referência a respeito é seu *Nulidades do processo e da sentença*, esp. p. 45-53.

Este *Curso* rejeita a natureza de "relação jurídica" ao processo, pelas razões apresentadas no n. 1, *supra*. Nem por isso, contudo, o estudo dos pressupostos processuais fica prejudicado. Como lá foi proposto, o "processo" é uma imposição do próprio modelo de Estado Constitucional brasileiro e os chamados "pressupostos processuais" são um dado de direito positivo. A circunstância de recusar ao "processo" natureza de relação jurídica não significa dizer que ele, processo, para *existir* e desenvolver-se *validamente*, não dependa da ocorrência ou da ausência de determinados fatores. São esses fatores que correspondem aos "pressupostos processuais".

Embora a primeira concepção do instituto tenha sido feita justamente por quem sustentou a natureza do processo como relação jurídica, Bülow, em 1868, isso não significa que uma constatação esteja irremediavelmente relacionada à outra. Mesmo atribuindo ao processo natureza jurídica diversa, derivada diretamente do direito constitucional, de método de atuação do Estado, isso não quer negar, nem pode negar, os planos da *existência*, da *validade* e da *eficácia*, que dizem respeito aos fatos e atos jurídicos em geral[96]. Não há, destarte, nenhuma incompatibilidade entre as duas concepções.

4.3.1 Pressupostos de existência do processo

Como o número anterior acabou de acentuar, há três categorias de pressupostos processuais. A primeira corresponde aos "pressupostos processuais de *existência*", que são assim identificados porque dizem respeito à *constituição* do próprio processo, para empregar a letra do inciso IV do art. 485. São os pressupostos que, uma vez presentes, asseguram existência *jurídica* do processo, não sua mera existência no plano dos fatos.

É importante desde logo acentuar que a existência (*jurídica*) do processo não se confunde com sua *validade*. Validade, nesse contexto, relaciona-se com a aptidão de produzir efeitos típicos, isto é, os efeitos pretendidos e desejados pelo ordenamento jurídico. É importante discernir essas duas categorias porque uma e outra dão ensejo a consequências jurídicas diversas. O "existir" juridicamente nada diz necessariamente sobre sua validade.

Há ampla discussão na doutrina e na própria jurisprudência sobre quais são os pressupostos processuais de *existência*. Cada um dos números seguintes apresentará aqueles que, na perspectiva deste *Curso*, merecem ser tratados como tais e as razões que o justificam.

4.3.1.1 Provocação inicial

A jurisdição é inerte pelas razões expostas no n. 2.2.6, *supra*. Para que o Estado-juiz atue, até como forma de assegurar sua *necessária* imparcialidade e realizar, assim, o "modelo constitucional do processo civil", forte na noção de um *devido processo constitucional*, mister que a

---

[96]. A referência à trilogia de Marcos Bernardes Mello (*Teoria do fato jurídico: plano da existência*, *Teoria do fato jurídico: plano da validade* e *Teoria do fato jurídico: plano de eficácia*) é obrigatória.

função jurisdicional não atue senão quando provocada. O direito de provocar a atuação do Judiciário, rompendo com a inércia que caracteriza a jurisdição, é exercício do direito de ação.

O exercício do direito de ação, entendido no contexto proposto por este *Curso*, deve ser exteriorizado de alguma forma, sem o que não pode ser exercido. É nesta exteriorização perante um órgão jurisdicional que reside o primeiro dos pressupostos processuais, que assegura *existência* ao processo.

Assim sendo, a existência do processo depende da provocação inicial do Estado-juiz. Sem que haja o rompimento da inércia da jurisdição, sem que haja, portanto, exercício do direito de ação, não há processo. Sem provocação, o Estado-juiz não atua e, como não atua, não há espaço para se falar em processo.

Fosse admissível que o Estado-juiz atuasse de ofício, assim como atuam o Estado-administração e o Estado-legislativo, não haveria espaço para tratar do pressuposto processual de que se ocupa o número presente. Como, contudo, não é assim que o direito brasileiro, desde o "modelo constitucional do direito processual civil", disciplina a questão, não há como recusar o rompimento da inércia da jurisdição como pressuposto processual de *existência* ou, o que quer significar o mesmo, um pressuposto de existência do próprio *processo*. Sem que, de alguma forma, seja *exteriorizado* o direito de ação, não há como conceber atuação do Estado e, nestas condições, o processo não pode existir.

4.3.1.2 *Jurisdição*

Outro pressuposto processual de existência é o relativo à "jurisdição". O processo para *existir* juridicamente deverá se desenvolver perante um órgão *jurisdicional*, assim entendidos os órgãos criados e admitidos como *jurisdicionais* pela própria Constituição Federal (art. 92). Não há processo jurisdicional – e é este que diz respeito ao desenvolvimento deste *Curso* – que seja alheio à função jurisdicional a ser desempenhada por um daqueles órgãos, desde o modelo constitucional do direito processual civil. Trata-se, neste sentido, de aplicação do que o n. 2.2.5, *supra*, trata como *indelegabilidade* da jurisdição.

Para fins de *existência* do processo, não é relevante analisar se o órgão jurisdicional tem ou não *competência* para processar e julgar o que lhe foi apresentado. A competência diz respeito à *validade* do processo e é examinada no n. 4.3.2.2, *infra*. Aqui, importa ressaltar que, para o processo (jurisdicional) existir, a provocação inicial a que faz alusão o número anterior tem de ser formulada para um dos órgãos jurisdicionais constantes do art. 92 da Constituição Federal. Mesmo que incompetente, irremediavelmente incompetente, processo jurisdicional haverá, desde que um daqueles órgãos seja provocado para agir.

4.3.1.3 *Citação*

O mais polêmico dos pressupostos processuais de *existência* é o relativo à citação. É ele que tem despertado maior interesse na doutrina e na jurisprudência.

Devidamente entendidos os princípios do contraditório e da ampla defesa desde o modelo constitucional do direito processual civil, é difícil recusar à citação a categoria de pressuposto processual de *existência*. É que citação, define-a suficientemente o *caput* do art. 238, "[...] é o ato pelo qual são convocados o réu, o executado ou o interessado para integrar a relação processual".

Não por outra razão é inarredável a compreensão da defesa como instituto fundamental do direito processual civil. Tanto quanto não há processo sem a provocação inicial, não pode haver processo – sempre na perspectiva de sua existência jurídica – sem citação no sentido de permitir ao réu sua "integração" ao processo no sentido de ter ciência de que há pedido de tutela jurisdicional em seu desfavor para tomar as providências que entender cabíveis, observando as diversas alternativas existentes no ordenamento jurídico.

A controvérsia sobre a mais correta catalogação deste pressuposto processual, como de existência e de validade, deve ser compreendida no contexto do modelo constitucional. Como o fundamento da citação deriva de dois princípios constitucionais, é incorreto conceber soluções aprioristicas e rígidas, de "tudo ou nada", que afastem seus necessários *temperamentos* conforme sua incidência em cada caso concreto. Assim, é importante verificar que, mesmo sem citação, não há por que recusar a existência jurídica de um processo jurisdicional *desde que* outros valores, tão relevantes como os princípios destacados, sejam alcançados e *desde que*, ainda que *a posteriori*, haja ciência suficiente do processo para o réu, que faça as vezes da citação.

É essa a razão pela qual não infirma essa compreensão a viabilidade de o magistrado proferir juízo *negativo* de admissibilidade à petição inicial nas hipóteses dos arts. 330 (indeferimento da petição inicial) e 332 (improcedência liminar do pedido).

Nas duas hipóteses, é o próprio Código de Processo Civil que determina que o réu tenha ciência da sentença proferida para exercer, a seu tempo e modo devidos, contraditório e ampla defesa (arts. 331, § 3º, e 332, § 2º). E, mesmo que assim não fosse, não haveria como a doutrina, diante das razões aqui apresentadas, concluir de forma diversa. Não seria a ausência de previsão legal, ainda que codificada, que poderia frustrar o núcleo de dois princípios constitucionais, ainda no afã de otimizar a incidência de outros[97].

É imperativo, destarte, que se busque compatibilizar princípios – no caso dos precitados artigos, o da *eficiência* e o da *efetividade no e pelo processo* com o do *contraditório* e o da *ampla defesa* – para viabilizar a *existência* jurídica do processo. No fundo, e isto é mais claro no CPC

---

97. Tanto assim que o STF teve oportunidade de enfrentar a questão relativa à constitucionalidade do diferimento da citação nos casos do art. 296 do CPC de 1973 (equivalente ao art. 330 do CPC de 2015), entendendo-a constitucional no sentido de permitir ao réu, quando citado (o que pressupunha naquele Código a modificação da sentença), alegar toda a matéria de seu interesse, inclusive aquelas que eventualmente já tivessem sido objeto de deliberação judicial (STF, Pleno, AIAgR 427.533/RS, rel. p/ acórdão Min. Cezar Peluso, j.m.v. 2-8-2004, *DJ* 17-2-2006, p. 55).

de 2015 do que no CPC de 1973, a citação nos casos de rejeição da petição inicial é *sempre* exigida, ainda que *diferida* no tempo e ainda que feita, pela peculiaridade do desfecho prematuro do processo, sem maiores rigores formais, bastando, para empregar o texto dos referidos dispositivos, da *intimação* do réu.

Não interfere nesta construção e nas conclusões aqui apresentadas a circunstância de o *caput* do art. 239 do Código de Processo Civil dar a entender que a citação é pressuposto de *validade* do processo, ressalvando, mesmo assim, as hipóteses dos arts. 330 e 332[98].

A uma, porque a discordância apresentada por este *Curso* tem natureza constitucional: não pode o legislador infirmar o modelo constitucional do direito processual civil. Para evitar o confronto, deve o intérprete buscar solução que se harmonize com aquele modelo: não atrita com o modelo constitucional diferir a citação do réu em prol da concretização de outros princípios constitucionais.

A duas, porque o rigor da interpretação textual daquele dispositivo deve ceder espaço também ao sistema processual civil, que exige, no art. 241 do Código de Processo Civil, que, "Transitada em julgado a sentença de mérito proferida em favor do réu antes da citação, incumbe ao escrivão ou ao chefe de secretaria comunicar-lhe o resultado do julgamento", diretriz que afasta qualquer "ressalva" com relação aos casos de improcedência liminar do art. 332, sem prejuízo da exigência que o § 3º do próprio art. 332 já faz no sentido de que, "não interposta a apelação, o réu será intimado do trânsito em julgado da sentença, nos termos do art. 241". Para os casos de indeferimento da petição inicial, idêntica diretriz reside no § 3º do art. 331, segundo o qual, "Não interposta a apelação, o réu será intimado do trânsito em julgado da sentença"[99].

Como destacado, o intérprete não deve se deixar influenciar pela textualidade da palavra *intimação* usada nos dois últimos dispositivos mencionados. O correto é interpretá-la, justamente em função do modelo constitucional como *citação*, no sentido evidenciado pelo próprio Código de *integrar* o réu ao processo e não, simplesmente, de dar a ele *ciência*, nos moldes do *caput* do art. 269.

Ademais, não há como descartar que a citação, nesses dois casos, não interfere na compreensão de que, antes dela, o processo já *existe* entre o autor e o Estado-juiz. Para o réu, a existência do processo fica na dependência da sua ulterior comunicação, *diferida*, apenas isto e não mais que isto, em prol da incidência de outros princípios constitucionais. Até porque, tratando do tema na perspectiva do contraditório, é irrecusável a compreensão de que o réu, independentemente de ser citado, pode intervir no processo voluntariamente para nele atuar. Nesta hipótese, fica suprida, para todos os fins, a ausência de citação (art. 239, § 1º).

---

98. É a seguinte a redação do artigo: "Art. 239. Para a validade do processo é indispensável a citação do réu ou do executado, ressalvadas as hipóteses de indeferimento da petição inicial ou de improcedência liminar do pedido".
99. Embora sem previsão expressa para os casos de indeferimento da inicial sem resolução de mérito, a *necessidade* de citação do réu naqueles casos era a solução preconizada pelo n. 3.1.3 do Capítulo 3 da Parte III do volume 1 deste *Curso* em suas edições anteriores ao CPC de 2015 diante do modelo constitucional do direito processual civil.

4.3.2 Pressupostos processuais de validade do processo

A segunda categoria de pressupostos processuais é a relativa à sua validade. É o que o inciso IV do art. 485 chama de "desenvolvimento válido e regular do processo".

Essa categoria de pressupostos reúne aqueles dados que dão viabilidade ao processo no sentido de o processo ter aptidão de concretizar a tutela jurisdicional postulada. Validade, nesse contexto, relaciona-se com a aptidão de o processo surtir validamente seus efeitos, tanto no plano processual como no plano material.

4.3.2.1 Aptidão da provocação inicial

O primeiro pressuposto processual de validade deve ser entendido como verdadeiro desdobramento do que apresenta o n. 4.3.1.1, *supra*. Se, para a *existência* jurídica do processo, é essencial, mas suficiente, a "provocação inicial" da jurisdição, para a sua *validade*, isto é, para que se deem os efeitos desejados decorrentes da atuação jurisdicional, faz-se mister que essa provocação observe um mínimo de regularidade. A "provocação inicial" da jurisdição deve ser *apta* para que o processo se desenvolva regular e validamente.

Em direito processual civil, o ato que provoca a jurisdição no sentido de romper com sua inércia recebe o nome de *petição inicial*. O pressuposto processual de validade aqui estudado diz respeito à regularidade da petição inicial, ou, para fazer uso da nomenclatura do próprio Código de Processo Civil, a verificar em que condições a petição inicial é *apta*, isto é, consonante com as exigências legais e em que medida eventuais possibilidades de emenda (de sua correção) não foram suficientemente observadas pelo autor (arts. 319 a 321 e 330). Também no plano do que o Código de Processo Civil chama de processo de execução, a regra é a mesma, como se pode verificar dos arts. 798 a 801.

As informações dos parágrafos anteriores são suficientes para a constatação da "petição inicial apta" como pressuposto processual de validade. O exame do tema com o vagar necessário será feito a seu tempo.

4.3.2.2 Competência absoluta do juízo

No n. 4.3.1.2, *supra*, está acentuado que, para a *existência* do processo, basta que seja provocado (mesmo que de forma irregular) um órgão *jurisdicional*. Lá também está escrito que pertence à ordem dos pressupostos de *validade* de processo a questão relativa a saber qual órgão jurisdicional poderia ou não atuar em cada caso concreto. É este o local apropriado para enfrentamento da matéria.

Não basta, para fins de *validade* do processo, que um órgão jurisdicional seja provocado, retirando-o de seu estado de inércia. Faz-se mister ir além e verificar quais dos órgãos jurisdicionais podem, ou não, atuar no caso concreto, isto é, quais têm *competência* para tanto.

Para o direito processual civil, são relevantes, fazendo uso da classificação apresentada nos n. 2.3.2 e 2.3.3, *supra*, os órgãos componentes da "jurisdição *civil*". Porém, mais do que isso, mesmo dentre os órgãos que compõem a "jurisdição civil", é imprescindível verificar em que condições cada um deles pode atuar, ou não, em cada caso concreto. Esta é, para repetir o que está exposto no n. 2.4, *supra*, uma questão relativa à *competência jurisdicional*: quem, dentre os órgãos jurisdicionais, pode exercer *concretamente* a jurisdição reconhecida "em estado bruto, latente", pela Constituição Federal e pelas leis de organização judiciária.

O que interessa aqui é constatar que somente a chamada competência *absoluta* pode ser entendida como pressuposto de *validade* do processo.

Competência *absoluta* deve ser entendida como as situações em que a Constituição ou as leis de organização judiciária não deixam margem de *escolha* aos litigantes, não havendo como optar entre pedir tutela jurisdicional a um ou a outro indistintamente.

Embora as decisões proferidas pelo juízo absolutamente incompetente não sejam necessária e aprioristicamente *inválidas*, diferentemente do que se dava no CPC de 1973[100], não é menos certo que a incompetência absoluta ainda é causa de rescisão da decisão transitada em julgado, como prevê o inciso II do art. 966. É o que basta para preservar a distinção aqui feita no que diz respeito aos pressupostos processuais. Antes do trânsito em julgado da decisão pelo juízo incompetente absolutamente, que passa a ser rescindível, é certo evidenciar que o reconhecimento da incompetência deve justificar o envio do processo para o juízo competente (art. 64, § 3º) – com a conservação, ou não, de eventuais decisões, e não o reconhecimento de que o processo não pode prosseguir.

O oposto de competência absoluta é a competência *relativa*. Ela se relaciona a hipóteses em que o ordenamento jurídico permite que os litigantes façam escolhas entre determinados órgãos jurisdicionais, pressupondo, nesse sentido, a existência de mais de um órgão jurisdicional igualmente competente. Se a incompetência relativa não for arguida a tempo – o réu deve questioná-la quando da apresentação de sua contestação (art. 337, II) –, ela fica prorrogada, como expressamente dispõe o *caput* do art. 65. Sem que o ordenamento jurídico reserve à hipótese qualquer pecha de invalidade, de defeito ou de rescindibilidade, não há como conceber tal categoria de competência como pressuposto processual de validade.

4.3.2.3 Imparcialidade do magistrado

A *competência* diz respeito à identificação do *órgão jurisdicional* perante o qual o processo se desenvolverá. Para além do *juízo*, no sentido de órgão jurisdicional, a *validade* do processo também

---

[100]. A justificativa está no § 4º do art. 64 e na adoção da *traslatio iudicii* pelo CPC de 2015, objeto de exame mais detalhado no n. 6.1.1 do Capítulo 2 da Parte II.

depende da observância de determinados pressupostos relativos ao *juiz*, ao magistrado, ou seja, à pessoa natural que, devidamente investida, exerce a jurisdição em nome do Estado.

No que diz respeito ao tema presente, a *imparcialidade* do magistrado afere-se à luz de duas grandes categorias: o magistrado não pode ser *impedido* e não pode ser *suspeito*. O tema, que tem raízes inegáveis no plano constitucional, encontra, no Código de Processo Civil, disciplina bem detalhada no art. 144 (casos de impedimento) e no art. 145 (casos de suspeição).

Assim, desde que o magistrado, independentemente do grau de jurisdição ou instância em que venha a atuar, seja *impedido* ou *suspeito*, isto é, não seja *imparcial*, como deve ser, o caso é de falta de um pressuposto processual de *validade*. Os atos decisórios praticados pelo magistrado *parcial* são *nulos*, cabendo ao órgão jurisdicional que reconhecer aquela circunstância reconhecê-los como tais (art. 146, § 7º) durante a pendência do processo.

Não obstante, eventual decisão proferida por magistrado *impedido* que venha a transitar em julgado desafia sua desconstituição pela "ação rescisória", autorizada pelo inciso II do art. 966.

4.3.2.4 Legitimidade processual: capacidade de ser parte e capacidade de estar em juízo

Não só o magistrado, o sujeito *imparcial* do processo, deve atentar a pressuposto processual de *validade*. Também as partes (autor e réu), bem como quaisquer intervenientes no processo (os terceiros que, por afirmarem alguma espécie de interesse jurídico, podem pretender intervir em processo em que contendem outras pessoas), os sujeitos *parciais*, precisam reunir condições mínimas para atuar validamente ao longo do processo.

As *partes*, isto é, o autor e o réu e também os *terceiros*, para estarem em juízo e, ao final, receberem tutela jurisdicional, precisam estar legitimados em dois planos distintos. No plano do próprio processo e no plano da ação. Quanto a ela, precisam preencher o mínimo indispensável ao seu exercício, tema abordado no n. 3.2, *supra*, a "legitimidade para *agir*" ou "legitimidade para a *causa*". Quanto ao processo, partes e terceiros devem observar *pressupostos processuais* específicos, comumente amalgamados sob a denominação "legitimidade *processual*".

O art. 76 disciplina as consequências da ausência da legitimidade processual das *partes* e dos *terceiros* consoante o processo esteja na instância original ou na recursal, caso não seja sanado, no prazo a ser assinado pelo juiz, o vício respectivo. Se o processo estiver na instância originária e o vício for relativo ao autor, o processo será extinto; se relativo ao réu, será considerado revel; e se dizente a um terceiro, será considerado revel ou excluído do processo, consoante o caso (art. 76, § 1º). Se o processo estiver em fase recursal e o vício disser respeito ao recorrente, o recurso não será conhecido ou desentranhadas as contrarrazões se se tratar de vício relativo ao recorrido.

Os pressupostos processuais relativos às partes referem-se a três categorias distintas e *complementares*: a capacidade de ser parte, a capacidade de estar em juízo e a capacidade postulatória. Destas, apenas as duas primeiras é que dizem respeito especificamente à parte em si mesma considerada. A *capacidade postulatória* relaciona-se a outro fenômeno, qual seja, à regra de, para o sistema processual civil, os atos processuais deverem ser praticados por técnicos, como os advogados públicos e privados, defensores públicos e membros do Ministério Público.

Capacidade de ser parte corresponde à capacidade de ter direitos e deveres na ordem civil, como dispõe o art. 1º do Código Civil. Só aquele que, por força da lei civil, pode contrair obrigações (assumir direitos e ter deveres), isto é, ser sujeito de direitos, pode ser considerado titular de relação jurídica passível de ser levada ao Estado-juiz por meio de processo. Trata-se da possibilidade de alguém poder ser titular de direitos e deveres na ordem jurídica.

A *capacidade de estar em juízo*, por seu turno, corresponde à capacidade de exercício daqueles mesmos direitos no plano material, como eles podem ser *validamente* exercidos. Se é verdade que todo aquele que tem capacidade jurídica ou de gozo, vale dizer, capacidade de ser titular de direitos e obrigações, na esfera civil, tem também *capacidade de ser parte*, isso não significa dizer, no entanto, que o *exercício* desses direitos, no plano processual, não precise, por vezes, ser *integrado* ou *complementado* por outro agente, do mesmo modo que ocorre também no plano do direito material.

A *capacidade de ser parte*, portanto, diz respeito à *aquisição* de direitos e obrigações na ordem civil, correspondendo à capacidade jurídica ou de gozo. De que não haja nenhuma limitação, desde o plano material, para o seu exercício, há também, no plano do processo, plena *capacidade de estar em juízo*.

Há casos, contudo, em que não há aquela simetria, isto é, em que a capacidade jurídica ou de gozo não conduz necessariamente à capacidade de *exercício* ou de *fato*. O menor de dezesseis anos, por exemplo, tem a primeira, mas não tem a segunda. Ele não pode exercer por si os atos da vida civil, mas deverá exercê-los por seu representante legal (art. 1.634, VII, do CC). Do ponto de vista processual, conquanto o menor de idade tenha *capacidade de ser parte*, não tem *capacidade de estar em juízo*. Por essa razão é necessária a integração da capacidade *também* no plano processual, que dialoga, para tanto, com as prescrições existentes no plano material. É o que decorre do art. 71 do Código de Processo Civil.

O regime da *capacidade de ser parte* e o da *capacidade para estar em juízo* correspondem em larga escala ao regime da capacidade de direito (ou de gozo) e ao da capacidade de exercício (ou de fato) do direito civil, respectivamente. Em outros termos, aquele que pode, por força da lei civil, ser sujeito de direitos (centro de direitos e deveres) tem capacidade de ser parte. Aquele que tem capacidade de *exercício* desses mesmos direitos no plano material tem capacidade de estar em juízo. Nessas condições, a capacidade para estar em juízo pressupõe a capacidade de exercício do direito civil, que, por seu turno, pressupõe a capacidade de direito.

A lei processual adotou expressamente os mesmos meios de *integração* de capacidade que a lei civil regula. No processo, assim como no plano material, não existe correspondência necessária entre capacidade de direito e capacidade de exercício, vale dizer, entre capacidade de ser parte e capacidade de estar em juízo. A mesma diferença entre *ter* direitos e poder *exercê-los* validamente no plano material existe para o processo.

Há situações em que a pessoa é titular de direitos e deveres (e terá, por conseguinte, capacidade de ser parte), mas não poderá exercê-los validamente na vida civil e no âmbito do processo. Para os fins do processo, essa falta de capacidade corresponde à ausência de capacidade para estar em juízo. Do mesmo modo que se dá pelo regime do Código Civil, o Código de Processo Civil contém dispositivos acerca da *integração* dessa capacidade para o exercício desses direitos. Seu art. 71 é expresso quanto ao tema, ao dispor que "o incapaz será representado ou assistido por seus pais, por tutor ou por curador, na forma da lei".

O Código Civil indica, em seus arts. 3º e 4º, respectivamente, quem são os absolutamente incapazes e quem são os relativamente incapazes. Nos arts. 116, 1.634, VII, e 1.747 daquele Código, verifica-se o que é necessário para o *exercício* da capacidade jurídica. Mas a fonte dessa integração, complementação ou, menos que isso, forma de exercício de direitos no plano material encontra fundamento em outros diplomas legislativos. Dentre eles, cabe destacar a Lei n. 13.146/2015, conhecida como Estatuto da Pessoa com Deficiência, que altera substancialmente o tema, inclusive na perspectiva do Código Civil. Os próprios arts. 759 a 763 do Código de Processo Civil merecem ser considerados para os fins do art. 71, tendo presentes suas prescrições sobre tutela e curatela.

A regra do art. 71 do Código de Processo Civil completa a regra do seu art. 70, pelo que aqueles que não tiverem a capacidade de exercício, segundo as regras de direito material, terão, para estar em juízo, de integrar essa sua capacidade em conformidade com as regras estabelecidas por aquele Código. É inegável, destarte, a projeção das regras de direito material sobre o plano do direito processual civil, rente à premissa exposta com o vagar necessário desde o início deste *Curso*.

Em suma, toda vez que, no âmbito do plano material, houver limite ou restrição para o exercício da capacidade jurídica de alguém, o plano do processo deve encampá-lo, observando em que medida as próprias leis materiais legitimam, *também no plano do processo*, o *exercício* daqueles direitos.

Há exceções ao que os parágrafos anteriores vieram de expor.

O próprio Código de Processo Civil indica, a respeito, que determinadas figuras de direito têm *capacidade para ser parte*, independentemente de, na perspectiva do plano material, possuírem sequer capacidade jurídica (capacidade de ser sujeito de direitos). É o disposto no art. 75, que autoriza a atuação processual da massa falida (inciso V), da herança jacente ou vacante (inciso VI), do espólio (inciso VII), das sociedades ou associações irregulares (inciso IX) e dos condomínios imobiliários (inciso X). É o que se chama de "personalidade *processual*" ou "personalidade *judiciária*"[101]. E os mesmos incisos daquele dispositivo são claros na indi-

---

[101]. Em sede de Recurso Especial Repetitivo, a 1ª Seção do STJ decidiu a respeito que "1. A Câmara de Vereadores não possui personalidade jurídica, mas apenas personalidade judiciária, de modo que somente pode demandar em juízo para defender os seus direitos institucionais, entendidos esses como sendo os relacionados ao funcionamento, autonomia e independência do órgão. 2. Para se aferir a legitimação ativa dos órgãos legislativos, é necessário qualificar a pretensão em análise para se concluir se está, ou não, relacionada a interesses e prerrogativas institucionais", por isso, sua ilegitimidade ativa para pleitear em juízo questões patrimoniais relativas ao recolhimento de contribuição previdenciária (REsp 1.164.017/PI, rel. Min. Castro Meira, j.un. 24-3-2010, *DJe* 6-4-2010; Tema 348).

cação de quem pode atuar processualmente em nome dos indicados, evidenciando, quanto ao ponto, o detentor da *capacidade de estar em juízo*.

Similarmente, pode ocorrer também de a lei determinar que determinado ente ou pessoa jurídica atue processualmente em nome de algo que não tenha, para o direito, personalidade jurídica. É o que se dá, por exemplo, com o *caput* do art. 1º-A da Lei n. 12.409/2011, incluído pela Lei n. 13.000/2014, que estatui competir à Caixa Econômica Federal (uma empresa pública federal) representar judicial (e também extrajudicialmente) os interesses do Fundo de Compensação de Variações Salariais – FCVS. Os parágrafos daquele dispositivo disciplinam as condições em que a Caixa Econômica Federal intervirá nos processos pendentes, deslocando-os, inclusive, para a Justiça Federal[102]. O art. 5º da Lei n. 13.000/2014 complementa a previsão ao estabelecer que "Em relação aos feitos em andamento, a Caixa Econômica Federal – CEF providenciará o seu ingresso imediato como representante do FCVS".

Indo além no tema, cabe a seguinte consideração: em última análise, os pressupostos processuais relativos às partes buscam identificar quem tem *legitimidade processual*, isto é, quem pode *conduzir validamente* o processo. Não há necessidade de haver *coincidência* entre o legitimado no plano material (aquele que afirma ser titular do direito lesionado ou ameaçado) e aquele que comparece como autor, réu ou, até mesmo, terceiro perante o Estado-juiz no plano processual. Isso porque os planos do processo e do direito material não se confundem, embora interajam entre si.

Assim, embora na maioria dos casos, por razões mais históricas do que atuais, seja comum haver coincidência entre os dois planos, o que vale para o preenchimento dessa categoria de pressuposto processual é que a lei autorize quem pode *atuar validamente* no processo, mesmo

---

[102] No Tribunal Regional Federal da 5ª Região houve instauração de IRDR para definição da seguinte tese: "Tema 06 – natureza jurídica da intervenção da Caixa Econômica Federal e o que se exige para caracterizar seu interesse jurídico para as ações do SFH em contratos vinculados ao FCVS". Trata-se do Processo n. 0804575-80.2.016.4.05.0000, cujo relator é o Desembargador Federal Roberto Machado, que foi julgado prejudicado diante do Tema 1.011 da Repercussão Geral do recurso extraordinário no STF, em que foram fixadas as seguintes teses: "1) Considerando que, a partir da MP 513/2010 (que originou a Lei 12.409/2011 e suas alterações posteriores, MP 633/2013 e Lei 13.000/2014), a CEF passou a ser administradora do FCVS, é aplicável o art. 1º da MP 513/2010 aos processos em trâmite na data de sua entrada em vigor (26.11.2010): 1.1.) sem sentença de mérito (na fase de conhecimento), devendo os autos ser remetidos à Justiça Federal para análise do preenchimento dos requisitos legais acerca do interesse da CEF ou da União, caso haja provocação nesse sentido de quaisquer das partes ou intervenientes e respeitado o § 4º do art. 1º-A da Lei 12.409/2011; e 1.2) com sentença de mérito (na fase de conhecimento), podendo a União e/ou a CEF intervir na causa na defesa do FCVS, de forma espontânea ou provocada, no estágio em que se encontre, em qualquer tempo e grau de jurisdição, nos termos do parágrafo único do art. 5º da Lei 9.469/1997, devendo o feito continuar tramitando na Justiça Comum Estadual até o exaurimento do cumprimento de sentença; e 2) Após 26.11.2010, é da Justiça Federal a competência para o processamento e julgamento das causas em que se discute contrato de seguro vinculado à apólice pública, na qual a CEF atue em defesa do FCVS, devendo haver o deslocamento do feito para aquele ramo judiciário a partir do momento em que a referida empresa pública federal ou a União, de forma espontânea ou provocada, indique o interesse em intervir na causa, observado o § 4º do art. 64 do CPC e/ou o § 4º do art. 1º-A da Lei 12.409/2011".

que aquele que se apresente perante o Estado-juiz não seja aquele que, no plano material, figura na situação descrita como lesiva ou ameaçada.

Justamente por essa razão é que se mostra tão convidativo o entendimento de que o tema relativo à *substituição processual*, a que se refere o *caput* do art. 18, pelo qual o ordenamento jurídico pode autorizar alguém a atuar em juízo em *nome próprio* para a tutela de *direito alheio*, opera no plano dos pressupostos processuais, e não, como parece à grande maioria da doutrina nacional, no plano do mínimo indispensável ao exercício do direito de ação[103].

4.3.2.5 Capacidade postulatória

Ainda tratando das exigências decorrentes do Código de Processo Civil para a validade do processo, cabe analisar a *capacidade postulatória*. Ela deve ser entendida como a autorização legal para atuar em juízo em nome de alguém. Detêm capacidade postulatória os advogados (públicos ou privados), os defensores públicos e os membros do Ministério Público.

A capacidade postulatória não deve, contudo, ser confundida com o "mandato" outorgado aos advogados quando a lei o exige. O mandato é o contrato pelo qual alguém autoriza que um advogado possa atuar profissionalmente em seu nome, em um específico caso, outorgando-lhe poderes mais ou menos amplos, consoante a diretriz ampla do art. 105, *caput*. É pelo mandato que o advogado privado pode exercer a *sua* capacidade postulatória em cada caso concreto. É por essa razão que a *regra* é que o advogado só seja admitido a postular em juízo fazendo *prova* do mandato, isto é, exibindo a "procuração" (arts. 103, *caput*, e 104 do CPC, e 5º da Lei n. 8.906/94). As exceções são as previstas pela lei, analisadas no n. 7 do Capítulo 3 da Parte II.

Para os demais exercentes das funções essenciais à administração da justiça, inclusive os advogados *públicos*, a capacidade postulatória é imanente à sua investidura no cargo, sendo desnecessária a apresentação do mandato. O que ocorre com eles, contudo – e, no particular, seu regime jurídico aproxima-se dos magistrados –, é que sua capacidade postulatória é vinculada ao mister da sua função essencial à administração da justiça, vedada a advocacia para quaisquer outros fins[104]. Assim, por exemplo, um promotor de justiça e um defensor público não podem "advogar em causa própria", precisando da intermediação de um advogado quando, como partes ou intervenientes, individualmente considerados, precisarem atuar em algum processo. Mesmo um advogado público que tenha restrições à advocacia privada por força de seu respectivo regime jurídico precisará fazer o mesmo, por lhe faltar, fora da sua função, capacidade postulatória.

A ausência de capacidade postulatória gera consequências diversas consoante ela seja constatada com relação ao autor, ao réu ou a eventuais terceiros intervenientes, e também consoante

---

103. Para a ampliação dessa discussão, ver Thereza Alvim, *O direito processual de estar em juízo*, p. 88-102.
104. Exceções a este respeito são encontradas no campo da advocacia pública, consoante autorizações expressas das suas respectivas normas reguladoras.

o processo esteja na instância originária ou na recursal, aplicando-se o regime do já mencionado art. 76, tal qual expõe o n. 4.3.2.4, *supra*, e, mais detidamente, o n. 2.5 do Capítulo 3 da Parte II.

4.3.2.6 Citação válida

O n. 4.3.1.3, *supra*, traz à tona a discussão sobre a citação ser pressuposto processual de *existência* ou de *validade* do processo. Diante das razões lá expostas, para este *Curso*, a citação deve ser considerada pressuposto de *existência* do processo. Isso, contudo, não exaure o tema. Na perspectiva dos pressupostos processuais de *validade*, agora discutidos, é indispensável que a citação seja realizada de acordo com as prescrições legais, sob pena de comprometer a *validade* do processo, ainda que *existente* juridicamente.

O Código de Processo Civil disciplina os requisitos mínimos que a realização da citação deve observar. É o conteúdo dos arts. 238 a 259, objeto do n. 7.1 do Capítulo 4 da Parte II. Se a citação ocorrer independentemente daquelas exigências – é supor o exemplo de uma citação feita por mensagem eletrônica de texto enviada pelo autor ao réu –, ela deve ser considerada inválida, tanto quanto o processo que porventura se desenvolver a partir de então.

O que cabe destacar nesta sede é que, mesmo que não seja realizada citação ou se ela for realizada fora dos ditames legais, o comparecimento espontâneo do réu supre-a para todos e quaisquer fins. Trata-se de previsão expressa no § 1º do art. 239, que se harmoniza plenamente com a sistemática das *nulidades* processuais, tema ao qual se dedica o n. 8 do Capítulo 4 da Parte II.

4.3.3 Pressupostos negativos

Ao lado dos pressupostos processuais de *existência* e de *validade* do processo que, de acordo com o inciso IV do art. 485, devem fazer-se presentes para que o processo "constitua--se e se *desenvolva* válida e regularmente", respectivamente, há uma terceira categoria de pressupostos processuais a ser analisada. São os pressupostos processuais *negativos*, que dizem respeito a determinados acontecimentos que *não devem* fazer-se presentes sob pena de comprometimento da *validade* do processo.

Neste sentido, para fins didáticos, é correto agrupar os pressupostos de *existência* e de *validade* do processo como pressupostos *positivos*. *Positivos*, no sentido de que devem estar presentes, para o atingimento de suas finalidades respectivas, a *existência* e a *validade* do processo, respectivamente. Os pressupostos *negativos*, de seu turno, não devem estar presentes, sob pena de comprometer a *validade* do processo.

Os pressupostos *negativos*, diferentemente do que se dá com os *positivos* (existência e validade), não são referidos expressamente pelo Código de Processo Civil como categoria, a exemplo do que faz o art. 485, IV. Sua construção doutrinária, contudo, é bastante sólida, a partir de determinadas figuras processuais, referidas no próprio art. 485.

Justamente por decorrerem de situações disciplinadas naquele dispositivo de lei, aliás, é que seu regime jurídico genérico não diverge do que se dá com a *falta* dos pressupostos processuais de existência e validade. Desde que haja pelo menos um dos pressupostos negativos e frustradas eventuais possibilidades e tentativas de saneamento ou, quando menos, de esclarecimento, o processo deve receber sentença reconhecendo o óbice para o exercício da função jurisdicional.

4.3.3.1 *Litispendência*

O primeiro dos pressupostos processuais *negativos* a ser indicado é a *litispendência*.

A definição de litispendência é dada suficientemente pelo próprio Código de Processo Civil nos §§ 1º a 3º do art. 337. Litispendência é a repetição de uma *mesma* "ação" ainda em curso. A identidade de "ações" depende da identidade das partes, da causa de pedir e do pedido.

Se alguém já provocou a jurisdição com o objetivo de tutelar determinado direito por um ou mais motivos em face de outrem, não há razão nenhuma para que a jurisdição seja novamente provocada para a mesma finalidade. Trata-se de duplicação de atividade jurisdicional que não se justifica a nenhum título, mais ainda quando analisada a situação à luz do art. 5º, LXXVIII, da Constituição Federal e do princípio da eficiência lá agasalhado[105].

A consequência processual é a da rejeição do processo duplicado, que não tem como se constituir validamente, no que é claro o inciso V do art. 485.

O art. 486, ao sugerir que possa haver reproposição da demanda "no caso de extinção em razão de litispendência", desde que haja "correção do vício que levou à sentença sem resolução de mérito", pressupõe que a litispendência deixe de existir.

4.3.3.2 *Coisa julgada*

A coisa julgada, como pressuposto processual *negativo*, não apresenta regime jurídico diverso do da litispendência. Ela também encontra definição, no que aqui interessa, nos §§ 1º a 3º do art. 337. Também ela se relaciona com a repetição de "ação" idêntica (mesmas partes, mesma causa de pedir e mesmo pedido, portanto).

O que distingue a coisa julgada da litispendência é que a coisa julgada é repetição de uma "ação" idêntica já julgada e já "transitada em julgado", isto é, de uma nova iniciativa de alguém pedir tutela jurisdicional em face de outrem por determinados motivos, que já recebeu de-

---

105. Thereza Alvim em seu *Direito processual de estar em juízo*, p. 56-57, chega a propor que mais adequado seria compreender a litispendência como significativa de carência de interesse processual, justamente pela indevida duplicação de acessos ao Judiciário.

cisão tornada imutável pelo Estado-juiz. É o que, ao ensejo da apresentação das características da jurisdição, é tratado pelo n. 2.2.3, *supra*, como "imutabilidade".

É correto, nessa perspectiva, acentuar que a distinção da coisa julgada com a litispendência é meramente *temporal*: enquanto a litispendência pressupõe processo *em curso*, a coisa julgada pressupõe processo *findo*.

Também com relação à coisa julgada têm cabimento as considerações relativas à litispendência quanto a ser ela, em última análise, prova segura da ausência de interesse de agir. Já que uma "ação" já foi julgada e sua decisão foi transitada em julgado, qual a razão *jurídica* de provocar novamente a função jurisdicional para apreciar o *mesmo* litígio perante as mesmas partes?[106]

Constatada a coisa julgada, a sorte do "novo" processo (desde que efetivamente idêntico ao anterior, nos termos dos §§ 1º a 3º do art. 337) é de ser reconhecido o óbice à prestação da tutela jurisdicional, sendo proferida sentença nesse sentido. O fundamento para tanto é o mesmo inciso V do art. 485.

Nada há no art. 486, por sua vez, que permita nova investida jurisdicional em tais casos, o que é correto: aqui, diferentemente do que *pode* ocorrer em se tratando da litispendência, não há como se desfazer da coisa julgada anterior que motivou o descarte do processo posterior. O meio para tanto, a ação rescisória, nos casos em que ela própria não é capaz de propiciar novo julgamento, manteria o óbice para o processo posterior diante da litispendência com o processo anterior, então reaberto. Ademais, as características da jurisdição, com especial destaque à já lembrada imutabilidade, têm como objetivo impedir a rediscussão eterna das decisões jurisdicionais.

4.3.3.3 Perempção

A *perempção*, outro pressuposto processual negativo, é figura de discutível constitucionalidade quando confrontada, como não pode deixar de ser, com o modelo constitucional do direito processual civil.

Seu fundamento repousa no § 3º do art. 486. Segundo o dispositivo, é vedada a quarta reapresentação da *mesma demanda* quando três investidas jurisdicionais anteriores tiverem sido extintas diante do abandono da causa, a despeito de a *parte* ter sido intimada pessoalmente para suprir a omissão (art. 485, III, e § 1º).

A crítica quanto à constitucionalidade do dispositivo reside em não parecer legítimo, à luz do art. 5º, XXXV, da Constituição Federal, o princípio da inafastabilidade da jurisdição, permitir que o legislador impeça que se dê início a processo mesmo naqueles casos, com volta à obtenção da tutela jurisdicional ainda não reconhecida nem concretizada.

---

106. Também aqui cabe mencionar a lição de Thereza Alvim, *O direito processual de estar em juízo*, p. 56-57.

Importa distinguir, para este fim, eventual atuação despida de qualquer elemento de boa-fé (art. 5º) – que rende ensejo a variadas consequências processuais, inclusive de índole sancionatória –, da iniciativa proscrita apriorística e generalizadamente pelo § 3º do art. 486.

Não atenua a conclusão anterior a ressalva da parte final do dispositivo, de que o "direito" pode ser alegado em defesa. O que a Constituição Federal assegura no dispositivo colocado em destaque não é a defesa, também parte integrante do modelo constitucional do direito processual civil, mas o direito de *ação*, isto é, o direito de tomar a iniciativa de provocar o Estado-juiz, rompendo com sua inércia característica para que seja prestada a tutela jurisdicional requerida.

Superada a questão relativa à inconstitucionalidade ou para aqueles que não concordem com ela, contudo, o regime da perempção não se distingue em nada do da litispendência e da coisa julgada. Verificando o magistrado que se trata da quarta investida jurisdicional depois de três anteriores, deve proferir sentença reconhecendo o óbice para o prosseguimento do processo e da própria prestação da tutela jurisdicional com fundamento no inciso V do art. 485.

A sentença pode até ser objeto de reexame em sede recursal, mas o art. 486, coerentemente com o que ele próprio anuncia sobre a perempção, não autoriza a viabilidade de uma quinta ou outras sucessivas investidas jurisdicionais.

4.3.3.4 *Convenção de arbitragem e reconhecimento da competência do tribunal arbitral*

A convenção de arbitragem e o reconhecimento pelo Tribunal arbitral de sua competência encontram previsão no mesmo inciso VII do art. 485.

Por "convenção de arbitragem" deve ser entendido um gênero que reúne duas diferentes espécies, ambas relacionadas ao chamado "processo arbitral". A primeira delas é a chamada "cláusula compromissória", que, de acordo com o art. 4º da Lei n. 9.307/96, é a cláusula inserida em contratos que a admitem, a qual prevê entre os contratantes a submissão de qualquer ou de um específico litígio a um "juízo *arbitral*" em detrimento do "juízo *estatal*". A segunda espécie é o chamado "compromisso arbitral". De acordo com o art. 9º da Lei n. 9.307/96, o compromisso é a convenção firmada entre as partes pela qual submetem um específico litígio concreto a um "juízo *arbitral*" e não ao Estado-juiz.

Ambas as espécies são, indistintamente, pressupostos processuais negativos, isto é, desde que determinado contrato contenha a "cláusula compromissória" ou que as partes, diante de uma controvérsia concreta, tenham firmado "compromisso arbitral", a "jurisdição *estatal*" não pode ser prestada.

Não há nada de inconstitucional na previsão legislativa e, mais do que isso, na escolha das partes sobre *como* entendem mais adequado que o conflito entre elas seja resolvido. Muito pelo contrário, é concreta e adequada aplicação do tema relativo aos "meios alternativos de solução de conflitos"[107]. Robustece esse entendimento no sentido de que tanto a

---

107. Cabe assinalar, a propósito, que o Pleno do STF teve oportunidade de reconhecer a *constitucionalidade* da cláusula compromissória. Trata-se da SE-AgR 5.206, rel. Min. Sepúlveda Pertence, j.m.v. 12-12-2001, *DJ* 30-4-2004, p. 29.

cláusula como o compromisso são significativos de vontade legitimamente exteriorizada pelos interessados a circunstância evidenciada no § 5º do art. 337 de que seu conhecimento depende de iniciativa do interessado, vedada a atuação oficiosa para tanto[108].

O inciso VII do art. 485, inovando textualmente em relação ao seu par do CPC de 1973, o art. 267, VII, refere-se também ao reconhecimento, pelo próprio Tribunal arbitral, da sua competência em detrimento da competência de algum órgão jurisdicional. A hipótese pressupõe que haja concomitância de iniciativas perante aquelas duas esferas, a arbitral e a judiciária, seguindo-se a necessária ênfase à manifestação das partes sobre ser a arbitragem o meio por elas escolhido, em algum momento, para a solução de seus conflitos[109].

Em qualquer uma dessas situações, o que ocorre – e que caracteriza as duas hipóteses tratadas em conjunto com o inciso VII do art. 485 concomitantemente como pressupostos processuais negativos – é que aquele óbice *deve* ser reconhecido pelo Estado-juiz, pondo fim, destarte, à sua atuação e, consequentemente, à viabilidade de reconhecer quem, entre os contratantes, é merecedor de tutela jurisdicional.

4.3.3.5 *Falta de caução ou outra prestação exigida pela lei*

O último pressuposto processual *negativo* a ser mencionado está no inciso XII do art. 337: "falta de caução ou de outra prestação que a lei exige como preliminar".

Os casos são os mais variados – assim, por exemplo, o disposto nos arts. 83 (autor que residir ou passar a residir fora do Brasil e que aqui não tiver bens imóveis), 559 (ações possessórias) e art. 641, § 2º (nos casos de colação de bens) –, mas a noção suficiente de cada um deles para os fins que aqui interessam é que, chegado ao conhecimento do magistrado (de ofício ou por provocação da parte, isso é indiferente) que caução ou outra prestação exigida pela lei não foi apresentada pelo autor, o processo não pode prosseguir.

---

108. O dispositivo, ao se referir ao *gênero* "convenção de arbitragem", encerra polêmica existente no CPC de 1973, cujo art. 301, § 4º, tratava textualmente apenas do compromisso arbitral. As edições anteriores ao CPC de 2015 deste *Curso* sustentavam o entendimento que, agora, é expresso. Para essa discussão, ver o n. 3.3.4 do Capítulo 3 da Parte III do volume 1.
109. Assim, v.g.: STJ, 3ª Turma, REsp 1.550.260/RS, rel. p/ acórdão Min. Ricardo Villas Bôas Cueva, j.m.v. 12-12-2017, *DJe* 20-3-2018, de cuja ementa se lê: "[...] 2. A previsão contratual de convenção de arbitragem enseja o reconhecimento da competência do Juízo arbitral para decidir com primazia sobre o Poder Judiciário as questões acerca da existência, validade e eficácia da convenção de arbitragem e do contrato que contenha a cláusula compromissória. 3. A consequência da existência do compromisso arbitral é a extinção do processo sem resolução de mérito, com base no artigo 267, inciso VII, do Código de Processo Civil de 1973". O dispositivo mencionado corresponde ao art. 485, VII, do CPC de 2015. Aplicando aquele dispositivo para adotar igual entendimento, v.: STJ, 3ª Turma, AgInt no AREsp 2.332.620/PR, rel. Min. Nancy Andrighi, j.un. 23-10-2023, *DJe* 25-10-2023; STJ, 3ª Turma, AgInt no AREsp 2.386.209/MG, rel. Min. Marco Aurélio Bellizze, j.un. 9-10-2023, *DJe* 16-10-2023; STJ, 4ª Turma, AgInt no AREsp 2.273.814/RJ, rel. Min. Antonio Carlos Ferreira, j.un. 14-8-2023, *DJe* 18-8-2023; e STJ, 3ª Turma, REsp 1.959.435/RJ, rel. Min. Nancy Andrighi, j.un. 30-8-2022, *DJe* 1º-9-2022.

Questão interessante que cabe a respeito de tais exigências é se elas, justamente porque inviabilizam o desenvolvimento válido do processo, atritam ou não com o modelo constitucional do direito processual civil. A resposta mais adequada é que exigências como aquelas mencionadas ilustrativamente são agressivas ao art. 5º, XXXV, da Constituição Federal e como tais merecem ser consideradas[110].

Afastada a pecha de inconstitucionalidade, contudo, o reconhecimento do óbice também dá margem ao proferimento de sentença com fundamento no inciso X do art. 485.

4.4 Dinâmica dos pressupostos processuais

Expostas as três classes de pressupostos processuais (existência, validade e negativos) nos números anteriores, cabe analisar, para além das considerações já feitas, como o magistrado deve se comportar diante da falta de algum pressuposto processual de *existência* ou de *validade* ou quando detecta a presença de algum pressuposto processual *negativo*.

4.4.1 Análise dos pressupostos processuais pelo juízo de primeiro grau de jurisdição

Os arts. 485, § 3º, e 337, § 5º, garantem a possibilidade de exame dos pressupostos de existência e de validade do processo perante o juízo de primeiro grau de jurisdição, tanto quanto a verificação sobre a presença de algum pressuposto processual negativo.

Não há, no que diz respeito aos pressupostos cognoscíveis de ofício, isto é, sem provocação das partes ou de eventuais outros sujeitos do processo[111], a chamada "preclusão *pro iudicato*", vale dizer, não há prazo preclusivo para que o magistrado examine a presença de tais pressupostos. Em qualquer momento, até o proferimento da sentença ou do acórdão (porque o conceito de primeiro grau de jurisdição não se confunde com o de primeira instância), *deve* realizar esse exame.

Quando constatar a falta de algum pressuposto positivo ou a presença de algum negativo, o magistrado verificará em que medida ele poderá ser sanado. É tarefa impositiva ao magistrado e que encontra eco em diversos dispositivos do Código de Processo Civil, bastando citar o art. 76, *caput*, e o art. 139, IX. Se isso não for possível ou se as diligências que deveriam ser tomadas pelas partes ou por eventuais interessados não o forem, a hipótese é de proferi-

---

[110]. A resposta encontra eco seguro na Súmula Vinculante 28 do STF, cujo enunciado é o seguinte: "É inconstitucional a exigência de depósito prévio como requisito de admissibilidade de ação judicial na qual se pretenda discutir a exigibilidade de crédito tributário".

[111]. E, como já destacado, é o próprio § 3º do art. 337 que autoriza a atividade oficiosa do magistrado para todos os pressupostos, positivos e negativos, com duas únicas exceções: a convenção de arbitragem (tanto na modalidade compromisso arbitral como na convenção de arbitragem) e a incompetência relativa.

mento de sentença com fundamento no art. 485 ou, conforme o caso, de considerar o réu revel ou, ainda, excluir o terceiro do processo ou considerá-lo revel, a depender do polo processual em que se justificou sua intervenção, hipóteses alcançadas pelo § 1º do art. 76, como exposto pelo n. 4.3.2.4, *supra*.

Há momentos mais oportunos para que a análise dos pressupostos processuais seja realizada. Assim, por exemplo, de forma bem acentuada na "*fase* ordinatória", intitulada pelo Código de Processo Civil eloquentemente de "providências preliminares e saneamento" (arts. 347 a 357).

A observação, contudo, não quer dizer que o magistrado não *deva*, desde o primeiro momento em que é convocado para exercer a função jurisdicional, verificar em que medida os pressupostos de existência e de validade do processo estão adequadamente preenchidos e, pelas mesmas razões, checar a *ausência* de eventuais pressupostos processuais negativos. É matéria típica do juízo de admissibilidade da petição inicial a que se referem os arts. 321 e 801 que pode autorizar o magistrado a proferir juízo *neutro* de admissibilidade para que haja esclarecimentos ou emendas a serem devidamente apontados para viabilizar a higidez do processo.

Mesmo depois de o magistrado proferir a sentença ou o acórdão, em se tratando de casos de competência originária, não é errado entender que ele supra eventual vício relativo aos pressupostos processuais, desde que provocado para tanto por intermédio do recurso de embargos de declaração. Como há um inegável *dever* de gerenciamento do processo e de sua regularidade a cargo do magistrado, não há como recusar que a hipótese mereça ser tratada como *omissão*, viabilizando sua correção pelo uso daquele recurso, com fundamento no art. 1.022, II. Mais ainda quando o § 3º do art. 485 autoriza essa interpretação.

4.4.2 Análise dos pressupostos processuais em sede recursal

Os mesmos arts. 485, § 3º, e 337, § 5º, autorizam o emprego das considerações apresentadas no número anterior no plano dos recursos interpostos para exame do "segundo grau de jurisdição".

Mesmo em sede de recursos dirigidos às decisões interlocutórias, não há como recusar que o Tribunal de segundo grau de jurisdição examine a falta de algum pressuposto processual positivo ou a presença de algum pressuposto negativo. A iniciativa justifica-se como decorrência do *dever* de gerenciamento destacado no número anterior. É o que, na teoria geral dos recursos, é estudado sob a rubrica dos chamados "efeito translativo" e "efeito expansivo" dos recursos.

Detectado o vício, contudo, o que se espera do magistrado é que seja concedido prazo para o interessado saná-lo ou, quando menos, esclarecê-lo. Só depois é que consequências processuais em seu desfavor devem ser experimentadas. É o que deriva da interpretação do *caput* e do § 2º do art. 76, já tratado, no contexto que aqui interessa, no n. 4.3.2.4, *supra*.

Sem prejuízo, vale destacar, a propósito, o parágrafo único do art. 932, que reconhece aos magistrados, no âmbito recursal, *competência* para conceder prazo para que os recorrentes sanem vícios ou complementem a documentação exigível. Naquela classe, dos vícios, não há como recusar também a ausência de algum pressuposto processual de existência ou validade ou, inversamente, a presença de algum pressuposto processual negativo. Máxime quando aquele dispositivo é lido – como deve ser – em coerência com o sistema processual civil, no qual merece destaque o já mencionado e generoso inciso IX do art. 139: "determinar o suprimento de pressupostos processuais e o saneamento de outros vícios processuais".

As afirmações dos parágrafos anteriores, contudo, não podem ser aplicadas aos casos de recursos *extraordinário* e *especial* e dos recursos dele derivados. Para tais recursos, deve ser excepcionada a incidência das regras dos arts. 485, § 3º, e 337, § 5º. Não se trata, aqui, de recusar generalizadamente a aplicação do Código de Processo Civil àqueles recursos, mas de, a partir de uma necessária interpretação sistemática do direito processual civil, acentuar que, pela própria razão de ser daqueles recursos e da competência exercitada pelos Tribunais Superiores quando o julgam, eles não podem e não devem agir da mesma forma quando verificam a ocorrência de algum defeito processual ou, o que interessa mais de perto, a ausência de algum pressuposto processual de existência ou validade ou a presença de algum pressuposto processual de existência.

Como aqueles recursos pressupõem – a exigência é feita expressamente pela Constituição Federal em seu art. 102, III, e em seu art. 105, III – "causas *decididas*", não há como olvidar que a manifestação daqueles Tribunais, no particular, sempre é revisora no sentido de exigir *prévia* manifestação das instâncias inferiores sobre o que justifica a interposição do recurso. Assim, a falta de algum pressuposto processual de existência ou de validade ou a presença de algum pressuposto processual negativo não pode ser ventilada pela primeira vez no âmbito de recursos extraordinário e especial, recusando-se sistematicamente a aplicação dos precitados § 3º do art. 485 e § 5º do art. 337 àqueles recursos.

Não se deve impressionar, a esse respeito, pela parte final do § 3º do art. 485, segundo o qual o conhecimento oficioso lá autorizado se justifica "enquanto não ocorrer o trânsito em julgado", que é, do ponto de vista *textual* – não há como recusar o acerto dessa observação –, mais amplo que o dispositivo correspondente no CPC de 1973, o § 3º do art. 267, que autorizava o magistrado a conhecer de ofício das matérias nele indicadas "enquanto não proferida a sentença de mérito".

A questão é típica de aplicação do modelo constitucional do direito processual civil: a lei não pode exigir do Supremo Tribunal Federal e do Superior Tribunal de Justiça em sede de recurso extraordinário e recurso especial, respectivamente, mais do que lhes reserva o modelo de atuação daqueles Tribunais, tal qual definido pela Constituição Federal. Não acode ao entendimento contrário, e pelas mesmíssimas razões de índole constitucional, o disposto no *caput* do art. 1.034, pelo qual, "admitido o recurso extraordinário ou o recurso especial, o Supremo Tribunal Federal ou o Superior Tribunal de Justiça julgará o processo, aplicando o direito". Até porque esse artigo ostenta inegável inconstitucionalidade *formal* – a substituição da palavra *causa* por *processo*, ao arrepio do devido processo legislativo –, que, a seu tempo, é estudada por este *Curso*.

Uma última consideração é necessária: qualquer pronunciamento judicial com base no § 3º do art. 485 pressupõe o estabelecimento de contraditório prévio a seu respeito. É o que o modelo constitucional e, no plano codificado, os arts. 9º e 10 do Código de Processo Civil impõem.

4.5 Proferimento de decisão de mérito e pressupostos processuais

Não obstante a ênfase do pensamento *instrumentalista* do processo na busca de eliminar quaisquer irregularidades do processo para viabilizar o julgamento de mérito, isto é, que reconheça a prestação da tutela jurisdicional, criando condições de sua concretização – o "dever-poder geral de saneamento –, pode ocorrer que decisão de mérito seja proferida a despeito da ausência de algum pressuposto processual de *existência* ou de validade ou que ela seja proferida com a *presença* de algum pressuposto processual *negativo*. A dificuldade que se põe para exame, em casos como esses, é a de verificar se a decisão pode ser mantida ou, quando menos, os seus efeitos.

Se ainda houver possibilidade de saneamento do vício no processo em curso, a hipótese é de verificar em que medida os Tribunais podem e devem sanar o vício. Tem ampla incidência, aqui, o uso do recurso de embargos de declaração (art. 1.022, II), mormente quando verificada a viabilidade de aplicação, na espécie, do *caput* do art. 76 e do parágrafo único do art. 932, em função das justificativas apresentadas nos números anteriores.

Se o caso, entretanto, for de encerramento do processo, ele reclamará o ajuizamento de *outra e diversa* "ação", isto é, uma renovada provocação do Estado-juiz para atuar em prol da eliminação de uma situação de ameaça ou lesão, ou, quando menos, alguma medida processual, que terá como objetivo fundamental reconhecer a ocorrência do vício no processo anterior ou na decisão final, que veio a ser proferida nele sem observância das regras relativas aos pressupostos processuais, e eliminar as consequências sentidas no plano material dali advindas.

Tais iniciativas variam conforme o caso e o tipo de vício e são estudadas nos momentos oportunos deste *Curso*. Por ora, é suficiente apenas indicá-las, fazendo a remissão suficiente de seu dispositivo de regência do Código de Processo Civil para um primeiro contato com cada uma delas: (*a*) "ação rescisória" (art. 966); (*b*) "ação anulatória" (art. 966, § 4º); (*c*) "impugnação ao cumprimento de sentença" (art. 525); (*d*) "embargos à execução" (arts. 914 e 920); e (*e*) "ação de inexistência de relação jurídica processual" (art. 19, I).

O que é importante destacar, contudo, é que os "pressupostos processuais", sejam eles de "existência", de "validade" ou "negativos", nada mais são do que "atos" e "fatos" processuais", isto é, são atos que, praticados por qualquer um dos sujeitos do processo, ou fatos que, ocorridos fora do processo, influenciam a atuação do Estado-juiz. Todos os "atos jurídicos", bem como os "fatos jurídicos", têm caráter eminentemente *instrumental* e *finalístico*. O emprego dessas duas palavras quer significar que a não observância dos pressupostos processuais, por si só, não quer dizer, pura e simplesmente, que o "processo" em questão passará a ostentar a "inexistência" ou a "invalidade" que os pressupostos processuais pretendiam evitar.

Assim, é correto entender que, também no que diz respeito aos pressupostos processuais, é mister se verificar, antes do reconhecimento de qualquer invalidade ou defeito, se a *finalidade* por eles protegida foi ou não suficientemente atingida. Se positiva a resposta, a ausência de um pressuposto processual "positivo" ou a presença de um "negativo" não deve ser entendida, por si só, como óbice à atuação do Estado-juiz e, mais amplamente, aos efeitos da tutela jurisdicional eventualmente concedida no caso concreto.

4.6 "Extinção" do processo e pressupostos processuais

Situação que merece destaque nesta sede, quase como contraponto ao que ocupou o número anterior, diz respeito àquelas hipóteses em que é proferida sentença *terminativa* com fundamento nos incisos IV e V do art. 485.

O Código de Processo Civil teve o cuidado de evitar o emprego da palavra "extinção" ou da expressão "extinção do processo" que ainda constava do *caput* do art. 267, o par do art. 485 no âmbito do CPC de 1973, não obstante todas as modificações pelas quais, a esse respeito, passou aquele Código, especialmente com a Lei n. 11.232/2005.

Nada há de errado, contudo, em empregar uma e outra. É o próprio Código de Processo Civil que o faz inúmeras vezes, como se verifica, para o que aqui interessa mais de perto, no § 6º do art. 485, no § 1º do art. 486, na nomenclatura dada ao Livro VI da sua Parte Geral, com reflexo no respectivo Título III e no art. 316, e na Seção I do Capítulo X do Título I do Livro I da Parte Especial do Código de Processo Civil, também intitulada "Da *extinção* do processo".

Mais importante que os nomes é a sua compreensão. Ela repousa suficientemente no entendimento de que a sentença que reconhece a ausência de algum pressuposto processual *positivo* ou a presença de algum pressuposto processual *negativo* é significativa da inviabilidade de o Estado-juiz atuar. Como o atuar do Estado-juiz é necessariamente *processual*, a inviabilidade da atuação pode pertinentemente ser entendida como *extinção* do processo.

A supressão da palavra *extinção* e da expressão *extinção do processo* em dispositivos como o *caput* do art. 485 e no *caput* do art. 354, não obstante ser o *único* artigo que compõe a referida Seção I do Capítulo X do Título I do Livro I da Parte Especial do Código de Processo Civil, quer passar a mensagem de que o processo não é extinto, porque ele prossegue em função do recurso interposto da sentença proferida com base no art. 485 ou, ainda, que ele prossegue em direção à etapa de cumprimento de sentença na qual o interessado buscará, quando menos, o pagamento das verbas de sucumbência fixadas em seu favor.

Para dar razão ao quanto escrito, contudo, seria fundamental que o Código de Processo Civil fosse mais coerente ao longo de seu *texto*, eliminando aquelas (e outras tantas) menções a *extinção* e a *extinção do processo*, ou, quando menos, fazer as mesmas ressalvas do parágrafo anterior, inclusive quando se estiver diante da sentença mais importante do processo, que é a referida pelo art. 925. É que mesmo aquela sentença pode dar ensejo à interposição de recurso de apelação e, por isso, prolongar o processo, que, neste caso, ainda se fará necessário, para e em virtude do segmento recursal.

Melhor do que insistir na crítica ou nas ressalvas, contudo, é compreender sistematicamente o tema: a sentença que interessa à exposição presente põe fim à etapa de conhecimento do processo, independentemente do grau de jurisdição em que se encontra, nada dizendo sobre a necessidade de o processo ainda prosseguir para a etapa recursal ou de cumprimento de sentença. Pode até ocorrer que óbices derivados dos pressupostos processuais conduzam ao proferimento de sentença similar no chamado "processo de execução". O raciocínio é o mesmo, bastando compreender, neste caso, que a extinção do processo que dá fundamento à sentença não inibe que o processo ainda prossiga na hipótese de haver recurso e/ou o perseguimento de eventuais verbas de sucumbência.

Destarte, com ou sem emprego da palavra "extinção", a compreensão a ser observada é a de que a sentença proferida com fundamento nos incisos IV e V do art. 485, que é a que interessa a este número, reconhece óbice ao prosseguimento de atuação do Estado-juiz para o fim de reconhecer e concretizar a tutela jurisdicional. E justamente por isso é decisão que "não resolverá o mérito", como se lê no *caput* daquele artigo: a ausência ou a presença do pressuposto processual, consoante o caso, é obstativa de o Estado-juiz prestar tutela jurisdicional.

5. DEFESA

A doutrina mais recente vem dando destaque à "defesa", referindo-se a ela como um dos institutos fundamentais do direito processual civil[112]. A iniciativa é pertinentíssima e encontra justificativa no que este *Curso* chama de modelo constitucional do direito processual civil. Ao lado da garantia constitucional do exercício da ação, que decorre, como demonstra o n. 3, *supra*, do inciso XXXV do art. 5º da Constituição Federal, há, na própria Constituição, a garantia constitucional de *ampla defesa* no inciso LIV do mesmo art. 5º.

Se a (ampla) *defesa* do réu é a contrapartida do direito de ação, como expõe o n. 2.5 do Capítulo 3, ela, a *defesa*, só pode ser entendida como o direito de o réu pedir ao Estado-juiz

---

112. Monografia fundamental para o assunto é a de Heitor Vitor Mendonça Sica, *O direito de defesa no processo civil brasileiro: um estudo sobre a posição do réu*. A contribuição de Luiz Guilherme Marinoni em seu *Teoria geral do processo* também merece ser destacada, em especial, p. 313-393, tanto quanto a de Cleanto Guimarães Siqueira, *A defesa no processo civil*, esp. p. 245-281. Antes deles, Eduardo J. Couture, *Fundamentos del derecho procesal civil*, p. 35-56, propunha análise da *excepción* ao lado da *acción*, dado o paralelismo entre os dois institutos.

tutela jurisdicional em seu favor, entendida a expressão no *mesmo* sentido em que vem sendo empregada ao longo deste *Curso*: pedido de *proteção* a um direito que se afirma lesionado ou quando menos ameaçado mediante o exercício da função jurisdicional.

É essa a razão bastante para entender que a rejeição do pedido formulado pelo autor enseja a prestação de tutela jurisdicional para o réu. O Estado-juiz, ao declarar que o direito lesionado ou ameaçado não pertence ao autor, que o comportamento do réu (ou a ausência dele) não viola nem ameaça a higidez do ordenamento jurídico, ao contrário do que *afirma* o autor em sua petição inicial, reconhece, para todos os fins, a correção da posição jurídica ocupada pelo réu.

Esse *reconhecimento* judicial da postura do réu – é bastante frequente referir-se a ela como uma declaração de que o autor não tem o direito que afirmava ter em face do réu – gera efeitos relevantes para o plano do processo e também para o plano material. Por se tratar de decisão que analisa o "mérito", isto é, que examina o conflito supostamente existente pelas partes de acordo com a perspectiva do autor, e o faz com cognição exauriente, a decisão tende a transitar materialmente em julgado. Transitando materialmente em julgado, ela assume foros de *imutabilidade* e, por aqueles fundamentos, aquela mesma situação material já não poderá mais ser rediscutida entre aquelas partes e perante quaisquer órgãos jurisdicionais. Nesse sentido, o réu se protege suficiente e adequadamente com o exercício da função jurisdicional que se seguiu à iniciativa do autor. Por isso ele recebe *tutela jurisdicional*.

É correto entender a hipótese como se o magistrado atendesse a um pedido do próprio réu de acolher a sua defesa, afastando a pretensão do autor. E, para tanto, faz-se suficiente o *processo* que, mercê do exercício do direito de ação exteriorizado na petição inicial, já teve início, com o rompimento da inércia da jurisdição. E por isso, aliás, é correto o entendimento de que o réu não *age* em juízo (quem o faz é o autor); o réu, diferentemente, *reage*.

Compreendendo a ação como o direito proposto por este *Curso*, isto é, não só como direito de provocar a atuação do Estado-juiz, mas também o direito de *agir* ao longo do processo, isto é, *agir* enquanto o próprio Estado-juiz *age*, objeção fácil de colocar ao quanto apresentado pelos parágrafos anteriores é que o tema defesa, tal qual alinhavado, tornar-se-ia desnecessário. É como se ele fosse *absorvido* por aquela proposta de exposição mais ampla no conceito de ação. Rigorosamente, a crítica não merece reparo. É importante, contudo, o *destaque* da *defesa* como instituto fundamental de direito processual civil para que se tenha consciência de que ao *agir* do autor (compreendido no sentido tradicional) corresponde um *reagir* do réu (compreendido na forma aqui proposta). Até como forma de concretizar outro princípio constitucional, o da *isonomia*, que, para fins didáticos, merece ser lembrado no contexto da presente exposição como *paridade de armas*.

O que este *Curso* não nega, mas, por ora, não desenvolve, é que eventual *absorção* da "defesa" por aquela compreensão mais ampla da "ação" tem o condão de eliminar uma série de indesejáveis problemas quanto à técnica processual que, na sua visão, em nada contribuem para a compreensão do direito processual civil e para os seus diversos institutos na atualidade. Muito menos partindo das premissas eleitas por este *Curso*.

As considerações dos parágrafos anteriores mostram-se ainda mais interessantes, ainda que aqui sejam meramente referidas, ao se constatar que, diferentemente do que se dá com a *ação* e toda a rica dogmática sobre ela desenvolvida desde que o estudo do direito processual civil assumiu foros de cientificidade, a doutrina ainda não elaborou parâmetros mais precisos sobre a *defesa*, reservando seu estudo (apenas) para o exame das *técnicas* legislativas que a regem e, por isso mesmo, de sua manifestação concreta, como ato a ser exercido nos diversos procedimentos[113].

À guisa da apresentação de uma mais completa teoria geral do direito processual civil, há espaço para indicar alguns desdobramentos do tema que, a seu tempo, serão estudados e analisados com a profundidade cabível.

5.1 Mínimo indispensável ao exercício do direito de defesa

Não existe, na doutrina, um estudo sistemático a respeito do mínimo indispensável para o exercício da defesa, diferentemente do que se dá e se justifica, pelas razões expostas no n. 3.2, *supra*, para a ação. A própria lei processual civil, diferentemente do que faz com aquele tema na perspectiva da ação, não oferece parâmetros seguros para tal construção dogmática.

Não obstante, tem o seu apelo didático – e este *Curso* tem a pretensão de tê-lo – uma breve incursão no tema para oferecer algumas noções mais sólidas sobre o exercício da defesa.

O réu, mesmo quando convencido de sua *ilegitimidade*, tem legitimidade para arguir a ausência daquele mínimo indispensável ao exercício do direito de ação pelo autor, buscando, com sua iniciativa, o proferimento de sentença com fundamento no art. 485, VI. O réu é sempre parte legítima para sustentar, quando menos, sua ilegitimidade[114]. Os arts. 338 e 339 do Código de Processo Civil, em particular, disciplinam a hipótese, absorvendo, com vantagens, o que no CPC de 1973 era uma das modalidades de intervenção de terceiros, a chamada nomeação à autoria.

O n. 2.4 do Capítulo 3 refere-se à circunstância de que o exercício do contraditório como um todo – aí compreendida a defesa pelas razões expostas no n. 2.5 daquele mesmo Capítulo – é um *ônus* para o réu e, como tal, se a defesa não for exercida a tempo e modo oportunos, disso poderá, pelo menos em tese, advir algum prejuízo a ele. Essa noção traz à tona, pertinentemente, o *interesse* do réu de se defender.

Há casos que a doutrina chama de "exceções em sentido estrito", em que o réu terá de exercer sua defesa, sob pena de o direito que afirma possuir não poder ser levado em consideração pelo Estado-juiz. Nessa perspectiva, é difícil negar que o réu poderá vir a ser preju-

---

113. É tema analisado largamente pelos autores mencionados na nota anterior.
114. *Mutatis mutandis*, é o que o n. 3.2.1, *supra*, afirma sobre ser a parte legítima para recorrer da decisão que a reputa ilegítima.

dicado pela sua própria inércia. É correto, ao menos em casos como estes, tratar do tema na perspectiva da *necessidade* e da *utilidade* na apresentação da defesa: em algumas hipóteses, o transporte de determinados elementos do plano material para o processual depende da iniciativa do réu, sem o que será interditado ao magistrado considerá-los.

Pena que o Código de Processo Civil não categorize mais como mínimo indispensável para o exercício do direito de ação a "possibilidade jurídica do pedido". Isso porque, no que diz respeito à defesa, importa colocar em destaque a circunstância de o sistema repelir qualquer posição que se mostre abusiva, temerária ou protelatória por parte do réu. Exemplo seguro da pertinência dessa afirmação está não só no exame dos deveres indistintamente previstos para todos os sujeitos processuais (art. 77, I e II) mas, tendo em especial conta a posição do réu, na viabilidade de ser concedida tutela provisória independentemente de urgência quando "ficar caracterizado o abuso do direito de defesa ou o manifesto propósito protelatório da parte" (art. 311, I). Nesse contexto, mesmo diante do silêncio do Código de Processo Civil sobre uma categoria assimilável à possibilidade jurídica do pedido, é correto assinalar o dever do réu de observar os padrões de uma resistência *devida*.

5.2 Comportamentos do réu

O *caput* do art. 335 dá a entender que a única resposta do réu, quando citado, é a contestação. O dispositivo, contudo, é insuficiente para albergar todos os comportamentos que o réu pode assumir no processo a partir de sua citação.

Além de oferecer contestação, na qual devem ser veiculadas as defesas processuais de que trata o art. 337 e, bem assim, as defesas de mérito, diretas e indiretas (arts. 336, 341, 350 e 538, §§ 1º e 2º), acompanhadas das respectivas provas documentais (art. 434, *caput*) e, se for o caso, com parecer técnico com vistas a dispensa de eventual prova pericial (art. 472), o réu poderá também reconvir, formulando, na própria contestação, pedido de tutela jurisdicional qualitativamente diversa da que obterá da rejeição do pedido de tutela jurisdicional formulado pelo autor (art. 343)[115]; formular pedido de gratuidade da justiça (art. 99, *caput*); impugnar idêntico benefício eventualmente concedido ao autor (art. 100, *caput*); denunciar a lide (art. 126); chamar ao processo (art. 130) e suscitar a falsidade de documento apresentado pelo autor na petição inicial (arts. 430 e 436, III).

Ainda que não adstrito ao prazo para apresentar a contestação, que, como regra, terá início, no procedimento comum, após a realização da audiência de conciliação e de mediação, também cabe ao réu, a partir da citação, questionar a imparcialidade do magistrado, arguin-

---

115. A circunstância de o § 6º do art. 343 admitir a reconvenção independentemente da contestação só evidencia o acerto do entendimento quanto à insuficiência do *caput* do art. 335.

do seu impedimento ou suspeição, com observância do art. 146, e requerer o desmembramento do litisconsórcio (art. 113, § 2º).

O réu poderá também se omitir, deixando de apresentar contestação, hipótese na qual será considerado revel (art. 344). Ele pode também, em extremo oposto, comparecer em juízo para reconhecer juridicamente o pedido do autor, isto é, para confirmar, perante o magistrado, o acerto das alegações e imputações a ele feitas pelo autor, o que muito provavelmente conduzirá ao proferimento de sentença de mérito com fundamento no art. 487, III, *a*, do Código de Processo Civil. Tratando-se de reconhecimento *parcial* do pedido, é irrecusável a incidência do art. 356 do Código de Processo Civil.

A insuficiência do *caput* do art. 335 repousa também em outro fator, não menos relevante. Ele se refere, apenas e tão somente, à etapa de conhecimento do processo, deixando de lado que o réu também pode exercer defesa na etapa de cumprimento de sentença e, nem poderia ser diferente, também quando o pedido de tutela jurisdicional tiver como fundamento título executivo *extrajudicial*.

Não é o momento adequado para analisar cada uma das figuras mencionadas nos últimos parágrafos nem, tampouco, sua dinâmica procedimental. Aqui, interessa apenas destacar que o réu tem à sua frente – mercê da devida compreensão do princípio constitucional da *ampla* defesa – uma série de comportamentos *comissivos* que variam desde o reconhecer o pedido de tutela jurisdicional formulado pelo autor até apresentar todas as formas de resistência concebidas pelo sistema e até mesmo, legitimamente, um *omissivo* (o não responder, quando será considerado revel), que poderá assumir consoante o caso.

5.2.1 Contestação

Não obstante tais considerações, importa evidenciar que na *contestação*, que é o nome dado à defesa do réu na etapa de conhecimento do processo (tanto no procedimento comum como nos procedimentos especiais), o réu não precisa, ao contrário do que poderia parecer à primeira vista, se limitar a contradizer a versão dos fatos *constitutivos* do direito do autor.

Cabe ao réu também veicular nela, ao mesmo tempo, defesas que não dizem respeito apenas e tão somente ao plano do direito *material*, isto é, ao conflito de interesses narrado pelo autor, mas ao próprio plano do *processo*. Com efeito, o réu pode arguir eventuais defeitos que ele próprio localize na provocação do Estado-juiz (ausência do mínimo indispensável ao exercício do direito de ação) ou com relação à própria forma de atuação do Estado-juiz (ausência de pressupostos processuais de existência ou de validade ou presença de algum pressuposto processo negativo). A possibilidade de *cumulação* de defesas, no plano do próprio processo e no plano do direito material conflituoso, é usualmente identificada como princípios da "concentração da defesa" e da "eventualidade". A eles se referem o art. 336 e, de forma bem pormenorizada, o art. 337.

No que diz respeito ao plano *material*, a contestação pode veicular defesas *diretas* ou *indiretas*. Como elas concernem ao direito material, é comum a referência como "defesas *substanciais*" em contraposição às *formais* ou *processuais*, que são as relativas ao plano do processo e à regularidade do exercício do direito de ação.

O que distingue as defesas *diretas* das *indiretas* é o próprio conteúdo da alegação trazida pelo réu. Se o réu se limita a negar os fatos narrados pelo autor, apresentando, por exemplo, outra versão do quanto ocorrido ou, quando menos, negando as consequências jurídicas dos fatos alegados pelo autor, a defesa é *direta*. Se, contudo, o réu aceita como verdadeiros os fatos narrados pelo autor e leva ao conhecimento do magistrado *novos* fatos que, de alguma forma, interferem no acolhimento da pretensão do autor, a defesa é *indireta*: é o que ocorre quando o réu alega fatos *impeditivos*, *extintivos* ou *modificativos* do direito do autor (art. 350).

É comum a referência a que esses novos fatos levados ao conhecimento do magistrado pelo réu em sua contestação se contrapõem aos fatos trazidos pelo autor em sua inicial. A "causa de *pedir*" (*causa petendi*) da petição inicial, exigida pelo inciso III do art. 319, encontra-se, quando se analisa o tema deste ângulo, em oposição à "causa de *resistir*" (*causa excipiendi*) veiculada na contestação. Tanto assim que a "causa de resistir" *aumentará* necessariamente o "objeto de *conhecimento*" do magistrado, isto é, a matéria sobre a qual será desenvolvida a "cognição judicial". Há, mercê da iniciativa do réu, matéria *nova*, distinta daquela arguida pelo autor em sua petição inicial, que o magistrado não poderá deixar de apreciar.

A distinção entre defesas *diretas* e *indiretas* de mérito é relevante não só na perspectiva do direito material e de suas consequências para o acolhimento ou para a rejeição do pedido de tutela jurisdicional formulado pelo autor, mas também para fins processuais. A depender da *qualidade* das alegações do réu em sua contestação, haverá impacto sensível na distribuição do ônus da prova de cada fato, como revelam suficientemente para a presente exposição os dois incisos do *caput* do art. 373: "O ônus da prova incumbe: I – ao autor, quanto ao fato constitutivo de seu direito; II – ao réu, quanto à existência de fato impeditivo, modificativo ou extintivo do direito do autor".

Idêntica observação deve ser feita na hipótese de haver alegações do réu quanto à falta de higidez do exercício do direito de ação do autor e de irregularidade do processo.

É correto acentuar que, a depender do conteúdo da contestação, o próprio *procedimento* a ser observado a partir de então poderá sofrer variação, envolvendo, inclusive, a possibilidade de suspensão do processo. O tema, interessantíssimo, diz respeito ao que o Código de Processo Civil chama de "providências preliminares e saneamento" em seus arts. 347 a 353.

Os comentários aqui feitos com relação à "contestação", importante assinalar, têm plena aplicabilidade às *defesas* apresentadas também na etapa de cumprimento de sentença do processo, no "processo de execução" e também, com as variações de cada qual, nos procedimentos especiais.

Na etapa de cumprimento de sentença, cabe dar destaque ao § 1º do art. 525, que permite ao executado (réu) alegar indistintamente questões relacionadas ao plano material ou processual para se voltar ao pedido de concretização da tutela jurisdicional do exequente (autor). O meio para tanto é a *impugnação*.

No âmbito do "processo de execução", assim entendida a tutela executiva que é prestada de acordo com as regras do Livro II da Parte Especial do Código de Processo Civil, tendo como fundamento título executivo *extrajudicial*, há ampla discussão em sede doutrinária, com inescondíveis reflexos na jurisprudência, sobre se a atitude do executado (réu) que se volta à pretensão do exequente ostenta natureza de *defesa* ou se se trataria de uma *nova ação*, os chamados "embargos à execução" (arts. 914 a 920).

Deixando o aprofundamento crítico da questão para o momento oportuno deste *Curso*, é suficiente destacar, para os fins presentes, que aqueles *embargos à execução* veicularão toda a matéria defensiva, atinente aos planos *processual e material*, fazendo as vezes da contestação. Eloquente de maneira suficiente a este propósito é o disposto nos incisos e parágrafos do art. 917, em especial no seu inciso VI, segundo o qual: "Nos embargos à execução, o executado poderá alegar: [...] VI – qualquer matéria que lhe seria lícito deduzir como defesa em processo de conhecimento"[116].

5.2.2 Exceções e objeções

Há tradicional distinção feita pela doutrina entre "exceções" e "objeções", no que diz respeito aos comportamentos defensivos a serem assumidos pelo réu. Determinadas matérias pressupõem a iniciativa do réu de argui-las. A falta de sua arguição ou, o que rigorosamente é o mesmo, sua arguição fora do momento adequado significam a inviabilidade de o magistrado conhecer delas o que poderá, consoante o caso, trazer algum prejuízo para o réu. É *ônus* do réu, por exemplo, arguir e comprovar que pagou a dívida reclamada pelo autor. Se não arguir o pagamento (fato *extintivo* do direito do autor) ou não o comprovar suficientemente, o pedido do autor será acolhido em face do réu e será prestada a tutela jurisdicional em seu desfavor. São as alegações que dependem de iniciativa do réu para serem apreciadas pelo magistrado, que recebem o nome de "*exceções* em sentido estrito". Elas correspondem ao que o número anterior chama de "defesas substanciais indiretas".

A essas *exceções* contrapõem-se as chamadas *objeções*. São as matérias que, mesmo sem a provocação do réu – e isto vale, consoante o caso, também para o autor –, são passíveis de apreciação pelo magistrado. Elas, as *objeções*, caracterizam-se porque podem ser conhecidas de ofício, sem que o magistrado seja provocado para tanto. A presença do mínimo indispensável para o exercício do direito de ação e a análise da regularidade do processo (a presença

---

116. A expressão "processo de conhecimento" merece ser compreendida com as ressalvas feitas ao longo deste *Curso*, em especial as do n. 4.1, *supra*. A referência é feita à etapa de conhecimento do processo.

ou a ausência dos pressupostos processuais consoante o caso) são clássicos exemplos de *objeções*, como fazem prova suficiente os arts. 485, § 3º, e 337, § 5º.

Este último dispositivo, o § 5º do art. 337, ao ressalvar "a convenção de arbitragem e a incompetência relativa", dá a essas categorias o regime jurídico de *exceção*, nos termos apresentados no penúltimo parágrafo. Trata-se de legítima opção feita pelo direito brasileiro e que deve ser aplicada com suas respectivas consequências processuais, a mais relevante das quais é a de vedação de atuação oficiosa do magistrado a seu respeito.

No que diz respeito a opções e variações de cada ordenamento jurídico – mola propulsora de qualquer construção jurídica que pretenda estudá-lo e sistematizá-lo –, cabe trazer à tona o regime jurídico da prescrição. O instituto, que, para o direito brasileiro, sempre esteve fora da apreciação oficiosa do magistrado, passou, com a Lei n. 11.280/2006[117], a ter regime diverso, independendo da iniciativa da parte para que fosse reconhecida em juízo com a adoção das suas devidas consequências no plano do processo, que é a de proferimento de mérito nos moldes do art. 487, II. Nesse sentido, de um regime típico de "exceção em sentido estrito", passou-se a um regime jurídico de *objeção*, devidamente preservado pelo precitado inciso II do art. 487.

Não há como confundir, de qualquer sorte, a viabilidade de determinada questão, seja ela relativa ao plano processual ou ao material, ser apreciável de ofício pelo magistrado e a desnecessidade de *prévio* contraditório para que somente após sua realização seja proferida decisão relativa ao tema. Trata-se de imposição decorrente do modelo constitucional do direito processual civil, berço do contraditório, e que se encontra espelhada especialmente no art. 10. É nesse sentido que o parágrafo único do art. 487 merece ser interpretado: o reconhecimento de ofício da prescrição (ou da decadência) não é óbice para o prévio (e indispensável) contraditório, com a ressalva lá indicada que, a seu tempo, é analisada por este *Curso*.

No CPC de 1973 havia o emprego da palavra *exceções* em acepção diversa da utilizada até o momento. Eram exceções de cunho *processual* – "rituais", segundo alguns[118] –, que eram resquícios *formais* que exigiam que a veiculação de determinadas questões relacionadas ao plano do processo fosse concretizada por intermédio de petições diferenciadas da contestação ou de outras manifestações defensivas, que ostentavam regime jurídico peculiar, cuja característica mais marcante era a suspensão do processo (art. 265, III, do CPC de 1973). Era o que decorria dos arts. 112, 297, 304 a 314 daquele Código.

Independentemente de como a questão pudesse ser interpretada e até mesmo justificada na perspectiva do CPC de 1973[119], é correto entender que exceções naquele sentido processual – as chamadas "exceções de *incompetência*", "de *suspeição*" e de "*impedimento*" – foram banidas do sistema processual civil com o CPC de 2015. Para o sistema em vigor, a incompetência *re-*

---

117. Aquela lei, entre tantas outras e diversas modificações feitas no CPC de 1973, incluiu o § 5º em seu art. 219, assim redigido: "§ 5º O juiz pronunciará, de ofício, a prescrição".
118. Assim, por exemplo, a lição de Calmon de Passos em seus *Comentários ao Código de Processo Civil*, v. III, p. 244.
119. Para essa discussão, com profunda e exemplar pesquisa histórica, ver Heitor Vitor Mendonça Sica, *O direito de defesa no processo civil brasileiro*, p. 58-80.

lativa deve ser alegada em *contestação*, tanto quanto se se tratar de incompetência *absoluta*, aliás (arts. 64, *caput*, e 337, II). Eventuais questionamentos do réu quanto à imparcialidade do magistrado – seu impedimento ou suspeição, portanto – devem ser feitos por petições avulsas a serem apresentadas no prazo de 15 dias do conhecimento do fato que os justifique (art. 146).

Se é certo que o regime jurídico de tais petições é bastante similar ao das antigas *exceções* de impedimento ou suspeição – e não há por que negar tal proximidade –, elas já não são *exceções* no sentido conhecido pelo direito processual civil brasileiro até o CPC de 1973. A *substância* venceu a especial *forma* de sua alegação[120], até porque é irrecusável o entendimento – e já o era mesmo ao tempo do CPC de 1973 – de que, independentemente da iniciativa das partes, é *dever* do magistrado dar-se por suspeito ou por impedido quando presente pelo menos uma das circunstâncias dos arts. 144 e 145.

A palavra *exceção* foi empregada muito frequentemente nos últimos tempos de vigência do CPC de 1973 para designar a viabilidade de o executado se voltar à prática de atos executivos (na etapa de cumprimento de sentença ou no "processo de execução") independentemente da impugnação e dos embargos à execução. Eram as chamadas "exceções de pré-executividade".

A nomenclatura, a despeito de sua consagração, era criticada, no que diz respeito à discussão presente, porque o termo *exceção* devia ser empregado apenas para as matérias que dependiam de iniciativa do interessado, merecendo ser utilizada a palavra *objeção* para os temas passíveis de apreciação oficiosa.

Aquela técnica defensiva é *desnecessária* no sistema do CPC de 2015 porque a matéria porventura não alegada na *impugnação* ou nos *embargos à execução* é passível de ser levada a conhecimento do magistrado por meras petições, sem maiores formalidades e sem maiores justificativas, e o mais importante: o oferecimento da impugnação, dos embargos à execução e a apresentação daquelas petições não dependem de "prévia garantia" do juízo. É o que decorre do devido exame (e sistematização) dos arts. 518; 525, § 11; 917, § 1º, e 903, §§ 1º e 2º, cujo enfrentamento é feito por este *Curso* em seu volume 3, ao ensejo do exame aprofundado da tutela jurisdicional executiva[121].

5.3 Exercício do direito de ação pelo réu

Por fim, mas não menos importante, importa desenvolver um pouco mais a possibilidade de o réu assumir postura não meramente *defensiva* (*passiva*) no processo, mas, bem dife-

---

[120]. Que era a crítica já feita àquela disciplina pelas edições anteriores ao CPC de 2015 deste *Curso*, como se pode constatar, no mesmo contexto presente, do n. 3.2 do Capítulo 4 da Parte III de seu volume 1.

[121]. O autor deste *Curso* teve oportunidade de se dedicar ao tema em outro trabalho, seus *Comentários ao Código de Processo Civil*, v. X, esp. p. 233-235, onde o aborda com ampla indicação bibliográfica.

rentemente, postura *ativa*, entendida a dicotomia no sentido comum, não técnico, das palavras, já apresentadas pelo n. 5, *supra*.

O réu pode, sem prejuízo de *reagir*, *agir* em face do autor no *mesmo* processo que tem início por iniciativa do autor, exercendo, de acordo com a doutrina amplamente majoritária, direito de *ação* no mesmo processo. É o que o art. 343, ao admitir expressamente essa postura a cargo do réu, chama de *reconvenção*.

Mas não só. O réu também pode pretender tutela jurisdicional em face de terceiro na hipótese de ele ser condenado a pagar algum valor ao autor. Trata-se da *denunciação da lide*, instituto regulado pelos arts. 125 a 129, que é significativo, também de acordo com a doutrina amplamente majoritária, do exercício do direito de *ação* pelo próprio réu no *mesmo* processo em que o autor requereu a prestação da tutela jurisdicional.

De outra parte, os arts. 914 a 920 exigem, no que o Código de Processo Civil ainda chama de "processo de execução", que a postura "defensiva" do réu (do "devedor", ou do "executado", para empregar os nomes mais frequentes para descrever a hipótese) assuma feições de verdadeiro "direito de ação". São os já referidos "embargos à execução". Interessante notar, a respeito, que – e sempre de acordo com a doutrina vastamente predominante – esta ação (os embargos à execução) dá nascimento a *outro* e *distinto* "processo", um verdadeiro "processo de *conhecimento*", incidental ao "processo de *execução*", sempre recorrendo aqui à nomenclatura consagrada pela doutrina e, no particular, ainda empregada pelo Código de Processo Civil.

Aqui não há espaço para maiores considerações sobre cada um dos institutos e, tampouco, para a análise crítica de sua natureza de "ação". Sua menção destina-se apenas a justificar renovadas e necessárias reflexões sobre eles.

Reflexões que são tanto mais pertinentes porque não é de hoje que existem diversos casos em que "posturas" assimiláveis àquelas, quando tomadas pelo réu, independem do exercício de uma "nova ação" (seja ela exercitada, ou não, em um "novo processo"). São situações como as do art. 556 para as "ações possessórias", do art. 602 para a "ação de dissolução parcial de sociedade" e do *caput* do art. 31 da Lei n. 9.099/95 no âmbito dos Juizados Especiais[122], que permitem ao réu formular pedido de tutela jurisdicional em face do autor no *mesmo* processo, independentemente de maiores questionamentos formais, quiçá ritualísticos, sobre a necessidade de aquele pedido assumir sempre e invariavelmente as vestes de uma *ação* do próprio réu em face do autor, ainda que exercitada no mesmo processo.

O próprio chamamento ao processo autoriza esse viés crítico das construções usualmente feitas a seu respeito. Nele, desde que acolhido o pedido do autor, o título executivo aca-

---

122. É a seguinte a redação daquele dispositivo: "Art. 31. Não se admitirá a reconvenção. É lícito ao réu, na contestação, formular pedido em seu favor, nos limites do art. 3º desta Lei, desde que fundado nos mesmos fatos que constituem objeto da controvérsia. Parágrafo único. O autor poderá responder ao pedido do réu na própria audiência ou requerer a designação da nova data, que será desde logo fixada, cientes todos os presentes".

bará se formando não só em face do réu originário, mas também em face dos chamados (art. 132), e nem por isso entende-se que o réu terá, ele mesmo, exercido alguma "ação" em face daqueles que, na perspectiva do direito material, são coobrigados pela dívida cobrada em juízo pelo autor.

A par da ampla discussão sobre a subsistência ou não da *reconvenção* no CPC de 2015, que ocupou todo o desenrolar do processo legislativo[123], é irrecusável verificar que o atual Código deixou de regular a chamada "ação declaratória incidental", ao menos para os fins de a questão prejudicial ser alcançada com a coisa julgada (art. 503, § 1º). Embora o tema gere, como qualquer novidade tem o condão de gerar, pertinentes discussões no campo da doutrina, é irrecusável o avanço do Código de Processo Civil no sentido de descartar a *forma* em prol da substância, na perspectiva de um resultado mais *eficiente* do processo e, pois, da prestação da tutela jurisdicional.

Sem prejuízo do que é objeto de análise a respeito daquele dispositivo no volume 2 deste *Curso*, para cá cabe enfatizar a correta compreensão de que o alcance da coisa julgada se dá *independentemente* de pedido do autor ou, como aqui interessa evidenciar, do réu, sendo bastante a ocorrência dos pressupostos por ele exigidos (art. 503, § 1º) e a ausência do quanto repelido pelo § 2º do mesmo art. 503, isto é, restrições probatórias ou limites à cognição do magistrado[124]. Destarte, o que para o CPC de 1973 era, de acordo com a doutrina amplamente majoritária, verdadeira "ação", passa a se confundir, no sistema atual, com o próprio objeto de conhecimento do magistrado. A ampliação *objetiva* do processo, em tais casos, é decorrência da eficiência processual e diante das exigências feitas pelo próprio art. 503, totalmente harmônicas com as exigências do devido processo constitucional. Correto, por isso mesmo, compreender que a possibilidade de ampliação do objeto do processo, em tais casos, com a consequente formação da coisa julgada material (com eficácia externa), é mais uma hipótese de efeito anexo da decisão jurisdicional, isto é, efeito que, independentemente da iniciativa e da vontade das partes ou do próprio magistrado, decorrem naturalmente do tão só proferimento da decisão[125].

A própria *impugnação* referida nos números anteriores tem sido analisada, por larga parcela da doutrina, longe da concepção de *ação*, que ainda caracteriza a compreensão amplamente majoritária dos embargos à execução[126].

---

123. Neste sentido manifestou-se o autor deste *Curso* em seu *Projetos de novo Código de Processo Civil comparados e anotados*, p. 188-189, destacando que a proposta do Projeto do Senado Federal (art. 326 do PLS n. 166/2010) era o de admitir que o réu formulasse *pedido contraposto* em sua contestação.
124. É o que vêm sustentando, por exemplo, Cândido Rangel Dinamarco, *Instituições de direito processual civil*, v. III, p. 379, José Rogério Cruz e Tucci, *Comentários ao Código de Processo Civil*, v. VIII, p. 193, e João Francisco N. da Fonseca, *Comentários ao Código de Processo Civil*, v. IX, p. 139.
125. Assim também é o entendimento de Cândido Rangel Dinamarco, *Instituições de direito processual civil*, v. III, p. 379-380.
126. Para o ponto, mais uma vez, ver a referência bibliográfica dos *Comentários ao Código de Processo Civil*, v. X, esp. p. 233-235, do autor deste *Curso*.

A temática é reflexo suficiente da urgência na reflexão mais adequada e mais demorada sobre os impactos que a *evolução* do direito brasileiro teve e que tem sobre os institutos fundamentais do direito processual civil e sobre a indispensabilidade, também ela urgente, de tal análise levar em conta, partir, como *deve ser* – e bem na linha do que sempre propôs e continua a propor este *Curso* –, do modelo constitucional do direito processual civil.

São aquelas profundas alterações contrastadas à luz daquele modelo que permitirão a devida (re)elaboração da teoria geral do direito processual civil e de seus próprios institutos fundamentais.

Capítulo 5

Neoconcretismo e tutela jurisdicional

1. CONSIDERAÇÕES INICIAIS

O tema relativo à tutela jurisdicional não é dos mais comumente tratados pela doutrina tradicional. Ela prefere analisar – e assim continua analisando – o que sempre foi chamado – e assim continua chamando – de "efeitos", de "ações", de "sentenças", apresentando, para cada "tipo de processo", uma tipologia própria[1].

No chamado "processo de conhecimento", os tipos de "efeitos", das "ações" ou "sentenças" típicos eram – e para muitos continuam sendo – "declaratórios" (voltados a solucionar crises de certeza), "constitutivos" (voltados a solucionar crises de situação jurídica) e "condenatórios" (voltados a solucionar crises de adimplemento)[2]. Algumas vozes, embora com imensa discrepância, começaram a tratar e ainda tratam, ao lado dessas três classes, dos "efeitos", "ações" ou "sentenças" "executivas *lato sensu*" e "mandamentais"[3]. É o que em geral é chamado de classificação *ternária* (há quem a chame *trinária*) ou *quinária* dos "efeitos", "ações" ou "sentenças", respectivamente[4].

Pelas razões expostas nos n. 3.1 e 4.1 do Capítulo 4, este *Curso* rejeita aquelas classificações, sua nomenclatura e seu regime jurídico. O que se mostra apto a ser estudado em classes diversas (classificado, portanto) – mais ainda quando se parte do modelo constitucional do direito processual civil e levando em conta as radicais transformações pelas quais atravessou o direito processual civil legislado no Brasil, culminando no atual Código de Processo

---

1. Luiz Guilherme Marinoni e Sérgio Cruz Arenhart, *Curso de processo civil*, v. 2, p. 423-430.
2. Assim, por exemplo, Cândido Rangel Dinamarco, *Instituições de direito processual civil*, v. I, p. 240-250, e Araken de Assis, *Processo civil brasileiro*, v. I, p. 677.
3. Apenas para ilustrar o acerto da afirmação, cabe mencionar o pensamento de Humberto Theodoro Júnior, *Curso de direito processual civil*, v. I, p. 169.
4. Para essa discussão específica, ver José Roberto dos Santos Bedaque, *Efetividade do processo e técnica processual*, p. 531-536.

Civil – é a *tutela jurisdicional*, não "ações" nem "processos". Menos ainda as "sentenças", como se só elas, as "sentenças", pudessem *veicular* tutela jurisdicional.

Ademais – e talvez ainda mais importante do que as observações anteriores –, o exame mais tradicional da matéria acaba por separar em planos nem sempre intercomunicáveis (os diferentes tipos de "processo") facetas e feições de uma *mesma* realidade jurídica. O caso da "ação" ou "sentença" condenatória é o mais significativo de todos. Para o plano do "processo de conhecimento", a "condenação" representaria, no máximo, uma *declaração qualificada* de que houve inadimplemento no plano do direito material. Já no plano do "processo de execução", essa "declaração qualificada", verdadeira "reprovação", assume foros bem diversos, pois autoriza, ela própria, a prática de diversos atos jurisdicionais voltados à realização concreta do direito tal qual reconhecido pelo Estado-juiz. Fosse, contudo, um caso de execução fundada em título executivo *extrajudicial* – documento que autoriza a prática de atos jurisdicionais voltados à realização concreta de um direito devidamente reconhecido que não seja uma decisão proferida pelo Estado-juiz (uma "sentença condenatória") –, a dicotomia "condenação/execução" já não faz sentido. A razão é mais que justificável porque o momento "declaração" (reconhecimento do direito) da "condenação" não é necessário em se tratando de título executivo *extrajudicial*, justamente porque esse título desempenha o mesmo papel de uma "sentença condenatória". Mas – e é este o ponto que merece ser ressaltado neste momento da exposição – o "efeito executivo" ou, mais propriamente, os "efeitos executivos" de uma e de outra espécie eram rigorosamente idênticos na origem do CPC de 1973. Por que cuidar de um mesmo efeito jurídico de duas formas diversas? Por que não reconhecer que a "ação" ou "sentença" de "condenação" equivalia, pelo menos nos seus efeitos práticos, à "ação de execução"?

Para não ir além dos limites deste *Curso*, o que deve ser extraído dos parágrafos anteriores é que, à luz do modelo constitucional do direito processual civil *e* das modificações legislativas que culminaram no atual Código de Processo Civil, não há mais como se limitar a tentar "encaixar" uma classificação de "efeitos", de "ações", de "sentenças" e de "processos" concebidos para descrever outras realidades normativas na matéria-prima de direito positivo que se põe ao processualista civil na atualidade. Por isso, é fundamental ir além e propor novos critérios classificatórios. Não, que fique bem clara a proposta assumida por este *Curso*, pelo gosto pela novidade. A proposta justifica-se para descrever adequada e suficientemente uma *nova* realidade jurídica, que fica ainda mais evidente quando se parte, como aqui se partiu, do modelo constitucional.

Há, com efeito, como já ressaltado, severo condicionamento histórico na discussão sobre os institutos fundamentais do direito processual civil. Por isso, como também evidenciado, é tão fundamental desenvolver sua revisitação levando em conta elementos de direito positivo e as técnicas atualmente empregadas para compreender, sistematizar e aplicar o direito positivo. Esta é a tarefa à qual se voltou o Capítulo 3, dedicado ao modelo constitucional do direito processual civil, e antes dele, consciente e propositadamente, o Capítulo 2, com sua resenha, breve mas suficiente, das "bases para o pensamento contemporâneo do direito processual civil".

Adotando estas premissas, é não só viável como também fundamental diversificar a forma de compreender aqueles institutos fundamentais, máxime quando – e justamente por causa dos seus respectivos condicionamentos históricos – há muito pouco para acrescentar de *novo* na discussão da *jurisdição*, da *ação*, do *processo* e da *defesa* em si mesmos considerados.

Uma das conclusões já lançadas anteriormente, em especial no n. 3.1 do Capítulo 4, é o de que existe nítida distinção entre *ação* e *tutela jurisdicional*. Por outro lado, o estudo "tradicional" da jurisdição busca analisá-la na sua perspectiva *estática*, sem dar relevo ao que, sendo essencial a ela, precisa ser evidenciado no âmbito do direito processual civil, a prestação da tutela jurisdicional, a finalidade última de ser do Estado-juiz e de todo o arcabouço teórico desenvolvido a seu propósito.

Por isso é de fundamental importância deslocar da jurisdição a temática da *tutela jurisdicional* que, associada a elementos que tradicionalmente são estudados na perspectiva da ação (e da própria defesa), permite compreender com maior clareza – e sem prejuízo de tudo o que ainda há para meditar sobre os institutos fundamentais do direito processual civil mesmo na sua perspectiva clássica – determinados (e novos) fenômenos do direito processual civil, buscando conservar (e desenvolver) o grau de evolução científico da disciplina.

Não se trata – e nunca se tratou – de mero capricho intelectual. Bem diferentemente, trata-se de necessidade que decorre do próprio sistema processual civil considerado como um todo e sempre, invariavelmente sempre, a partir da consciente adoção do modelo constitucional do direito processual civil. O que aqui se pretende, destarte, não é só insistir na necessidade de *reconstrução* do sistema de tutelas jurisdicionais, partindo de pressuposto *diferente* daquele empregado pela doutrina tradicional, mas também – e principalmente – apresentar uma proposta de reconstrução.

2. O NEOCONCRETISMO

As reflexões desenvolvidas até aqui e sintetizadas no número anterior convergem ao que este *Curso*, desde suas edições anteriores ao CPC de 2015[5], vem propondo que seja chamado de *neoconcretismo*, querendo, com o neologismo, trazer à tona as considerações em torno da concepção *concreta* da ação geralmente atribuída a Giuseppe Chiovenda[6] e que encontrou no Brasil, embora por fundamentos diversos, árduo defensor no saudoso Professor Titular da Faculdade de Direito da Universidade de São Paulo, José Ignácio Botelho de Mesquita[7].

---

5. Para essa discussão naquele contexto, ver, em especial, o n. 8.5.6 do Capítulo 1 da Parte III do volume 1.
6. Assim, por exemplo: Arruda Alvim, *Manual de direito processual civil*, p. 151-152.
7. A referência é feita ao seu *Da ação civil*, publicada originalmente em 1975 e republicada mais recentemente no volume 1 de coletânea de trabalhos do autor intitulada *Teses, estudos e pareceres de processo civil*.

"Neo" porque é novo. "Concretismo" porque, na linha doutrinária preconizada pelos precitados autores, não havia sentido falar de *ação* como mera possibilidade de agir, independentemente do resultado (o que caracteriza, dentre os autonomistas, os *abstracionistas*), mas, sim, e apenas, quando o pedido do autor fosse acolhido.

Não é o caso de sustentar se aquela concepção de *ação* é ou não a correta, muito pelo contrário. O que importa evidenciar é que a ação não se confunde com o direito material nem mesmo na perspectiva chiovendiana, que reconhece expressamente "ação como direito *autônomo*"[8]. Tanto que, de antemão, para deixar clara a proposta, importa evidenciar o emprego do prefixo *neo*.

O que se mostra absolutamente correto é (re)formular a mesma consideração, levando em conta o estudo da *tutela jurisdicional*, isto é, da proteção a ser prestada e concretizada pelo Estado-juiz. Essa proteção (a tutela) será prestada a quem tem razão, seja o autor, que provoca a atuação do Estado-juiz, rompendo a sua inércia, seja o réu, que é tutelado ao menos com a negativa do pedido formulado pelo autor. Pode até acontecer de a proteção a ser reconhecida ao réu não ser a ideal e que ele, por isso mesmo, queira pretender mais do que a tutela correspondente à rejeição do autor. Há técnicas processuais para tanto, das quais a mais pertinente de ser lembrada nesse contexto é a *reconvenção*. De qualquer sorte, tutela jurisdicional existe em favor do réu sempre que o pedido do autor for rejeitado, no sentido de o direito material ser seu, não do autor.

Nesse contexto, a máxima chiovendiana de que "o processo deve dar, quanto for possível praticamente, a quem tenha um direito, tudo aquilo e exatamente aquilo que ele tenha direito de conseguir"[9] ganha todo seu sentido e amplitude sem necessidade de desconsiderar invencíveis sincretismos metodológicos. Importa sublinhar: este *Curso* não entende que só tem *ação* o autor que vê o seu direito reconhecido. O que este *Curso* propõe é o entendimento de que é merecedor de *tutela jurisdicional* o autor *ou* o réu que tem, na perspectiva do direito material, direito. De forma mais sintética: só tem "tutela jurisdicional" quem tem direito seu reconhecido mediante a atividade do Estado-juiz, isto é, no processo. A diferença é enorme. Por isso, cabe insistir, *neoconcretismo*.

Em termos mais próximos ao pensamento original de Chiovenda, o que este *Curso* sustenta é que: "o processo dará a quem tenha um direito tudo aquilo e exatamente aquilo que ele tenha direito de conseguir". Para evitar a tautologia evidenciada com a substituição intencional das palavras, basta evidenciar que a ênfase repousa na ideia de que deverá ser prestada *tutela jurisdicional* a quem tem direito de consegui-la.

O que é (e deve ser) *concreto* é a *tutela jurisdicional*. Tutela jurisdicional a ser prestada a quem tem direito e que necessita da atuação do Estado-juiz para satisfazê-lo. Tutela

---

8. É o próprio Chiovenda quem o diz em suas *Instituições de direito processual civil*, v. I, p. 25-29.
9. É o que se lê na tradução de J. Guimarães Menegale nas *Instituições de direito processual civil*, v. I, p. 46, de Chiovenda.

jurisdicional para além do reconhecimento de quem faz jus a ela, mas de sua efetiva prestação, de sua *concretização*, portanto. O *processo*, lembrado no trecho original transcrito acima, é, só pode ser, o método de exercício da função jurisdicional para atingimento daquela finalidade. A ação, no *neoconcretismo*, é, só pode ser, o direito (não *potestativo*[10], mas *fundamental*, porque estamos no século XXI) que rompe a inércia da jurisdição viabilizando o início do processo com vistas à prestação da tutela jurisdicional, independentemente da existência do direito material a partir do qual aquela tutela é pedida. A ação, como demonstra o n. 3 do Capítulo 4, é direito que deve ser exercitado ao longo do processo para aquele fim.

O *neoconcretismo* entende e defende que não tem sentido estudar o direito processual civil exceto na perspectiva de viabilizar a *concreta* prestação da *tutela jurisdicional* a quem faz jus a ela na perspectiva do plano material. Já não se trata, assim, de confundir ou, quando menos, sobrepor os planos material e processual, vinculando a compreensão de institutos do direito processual civil, inclusive os fundamentais, a um direito cuja existência ou inexistência não infirma o plano do processo. Bem diferentemente, trata-se de aceitar, conscientemente, que o processo não *cria* o direito material; que ele permite que o direito material seja *concretizado* na medida em que seja reconhecido pelo magistrado – e há variadas técnicas para tanto – ou, ainda, quando reconhecido pelas próprias partes, como se dá nos "títulos executivos *extrajudiciais*". E que, assim, todos os institutos do direito processual civil só têm sentido na *dinâmica* da prestação da tutela jurisdicional, justificando sua razão de ser nela. A devida (re)contextualização dos institutos fundamentais, tal qual a que prega este *Curso*, permite afastar qualquer crítica que se poderia fazer quanto à falta de separação suficiente e adequada dos planos material e processual, verdadeiro fantasma que assombrou gerações de processualistas civis e, é correto afirmar, a própria construção *científica* do direito processual civil.

Entender, pensar e aplicar o direito processual civil na perspectiva *neoconcretista* é compreender *processo* como método de atuação do Estado-juiz para prestar tutela jurisdicional a quem, no plano material, faz jus a ela. Direito que é reconhecido suficiente pelo próprio Estado-juiz ou, até mesmo, por ato estranho e anterior ao processo pouco importa, mas o direito aplicável ao caso concreto. É entender que tão importante quanto o *reconhecimento* do direito aplicável ao caso é torná-lo realidade, mesmo contra ou a despeito da vontade de seu destinatário. É, portanto, *concretizá-lo*. Trata-se de eleger conscientemente a *tutela jurisdicional* como polo metodológico do direito processual civil na atualidade. Que os demais institutos chamados de "fundamentais" – jurisdição, ação, processo e defesa – o são mais em perspectiva histórica do que atual. Eles são *fundamentais* para o amadurecimento e o desenvolvimento do direito processual civil tal qual ele

---

[10]. Que era a concepção defendida por Giuseppe Chiovenda, como se pode ler de suas *Instituições de direito processual civil*, v. I, p. 24.

merece ser entendido nos dias de hoje, inclusive no e por causa do modelo constitucional. Mas é possível, e desejável, alterar o centro gravitacional das reflexões sobre o direito processual civil.

Ser neoconcretista é saber discernir os planos do direito processual civil (o "plano processual") e do direito material (o "plano material") dentro das suas peculiaridades evidentes; não, contudo, isolar o direito processual civil e contrapô-lo ao direito material. É, portanto, entender o direito processual civil como *instrumento* do direito material; como *meio,* não como *fim. Meio* de prestar tutela jurisdicional a quem tem, na perspectiva do direito material, direito devida e suficientemente reconhecido. Prestar tutela jurisdicional sempre na compreensão de que, tanto quanto saber quem tem o direito (na perspectiva ideal), é satisfazer, efetivando, *concretizando* este mesmo direito (na perspectiva prática). É transformar em "ser" o que, na perspectiva do reconhecimento do direito, ainda é "dever-ser".

Importa destacar a propósito destas considerações que, diferentemente do que ocorreria no passado, nenhum processualista civil da atualidade que se ocupar e preocupar com a *realização* dos direitos devidamente *reconhecidos* existentes pelo Estado-juiz poderá ser acusado de não discernir adequadamente os planos material e processual, sendo rotulado com viés conscientemente crítico de *imanentista* ou, quando menos, de *concretista* (ver n. 1 do Capítulo 2). Muito pelo contrário. O processualista civil que direcionar seus estudos para o reconhecimento e a concretização do direito estará aplicando adequadamente a revisitação de sua disciplina, estará acentuando que o seu objeto de investigação tem finalidades a serem atingidas e que elas se localizam fora do processo, justamente porque não se confundem com ele e não se esgotam nele.

Para tanto, é imperioso indicar, como quer este *Curso,* a "tutela jurisdicional" como eixo metodológico do direito processual civil, distinta de outros temas como a "ação", o "processo", a "defesa" e a própria "jurisdição". Entender as técnicas processuais como aptas à *concretização* do direito material suficientemente reconhecido como tal pelo Estado-juiz e, até mesmo, independentemente do exercício da função jurisdicional não significa que só tem "ação", "processo" ou "defesa" aquele que, no plano material, é carente da tutela *material* de direitos. Obter tutela jurisdicional é o *resultado* ambicionado com a provocação e a atuação do Estado-juiz e, portanto, é nessa perspectiva que o estudo de todas as técnicas predispostas para tanto deve ser feito.

A construção da teoria aqui denominada de *neoconcretismo,* tal como este *Curso* a propõe, convida a verdadeira revisitação das estruturas clássicas e tradicionais do nosso direito processual civil, do contexto de seu exame e da indicação de um novo eixo metodológico (a tutela jurisdicional), para adequá-las, de uma vez por todas, aos anseios, por todos compartilhados, do papel a ser desempenhado pelo processualista civil do século XXI e, mais amplamente, pelo próprio direito processual civil, inclusive o legislado, a partir de seu modelo constitucional.

Todo o cuidado é pouco com o entusiasmo que as ideias dos parágrafos anteriores podem causar. Embora o *neoconcretismo* coloque, conscientemente, a tutela jurisdicional como elo metodológico fundamental do direito processual civil da atualidade, isso não autoriza – nem quer autorizar – que o *neoconcretista* se preocupe mais com a *efetivação* do direito do que com seu *reconhecimento*. Não há espaço, no modelo constitucional do direito processual civil, para compreender que o *fim* (a prestação da tutela jurisdicional) possa justificar os *meios*. A explicação vem do próprio modelo de Estado, o Estado Constitucional, *criado* pela Constituição Federal: o agir do Estado é *também* condicionado desde a Constituição.

Assim, até para evitar erros do passado (e é tão fácil quanto cômodo apontá-los no momento presente), todo o exagero é vedado. Prestar tutela jurisdicional, concretizando o direito sim, mas sempre, invariavelmente, de acordo com o devido processo constitucional, expressão suficientemente eloquente que *sintetiza* o que, na perspectiva da atuação do Estado-juiz, para reconhecer *e* para satisfazer o direito é absolutamente indispensável, para aplicar as reflexões do n. 2.3 do Capítulo 3.

3. TUTELA JURISDICIONAL

Cumpre destacar que a tutela jurisdicional nada mais é do que a própria razão de ser da jurisdição ou, como prefere este *Curso*, a jurisdição estudada em perspectiva *dinâmica*, isto é, de seu concreto e escorreito funcionamento.

Aceita esta proposta, cabe ir além da identificação do ato jurisdicional típico em contraposição aos demais atos estatais (e dos particulares), objeto do n. 2.1 do Capítulo 4, e da classificação da jurisdição que acaba se resumindo ao que, como aponta o n. 2.3 do mesmo Capítulo, é estudado suficientemente na perspectiva da *competência*, objeto da devida análise no n. 6 do Capítulo 2 da Parte II, aspectos da perspectiva *estática* da jurisdição.

Para tanto, importa dar relevo a uma série de classificações que quer identificar e estudar mais adequadamente as diversas facetas da tutela jurisdicional e suas distintas aplicações, permitindo que ela dialogue intrinsecamente não só com o modelo constitucional do direito processual civil – nem haveria espaço para propor algo diverso –, mas também com as diversas técnicas que o legislador, no afã de concretizar aquele modelo, concebeu.

A hipertrofia da *tutela jurisdicional* pretendida por este *Curso* tem o condão de distinguir com bastante nitidez o que é do que não é *ação*, o que é do que não é *processo* e o ponto culminante: o que é do que não é *mérito*, no sentido de direito material lesionado ou ameaçado e, por isso, carente de tutela jurisdicional.

A iniciativa, portanto, tem o condão de revisitar questões clássicas do direito processual civil, confirmando o acerto do *neoconcretismo* de estudar determinados temas na perspectiva da tutela jurisdicional e não da jurisdição, da ação, do processo e da defesa.

3.1 Tutela (material) de direitos e tutela (jurisdicional) de direitos

O tema relativo à tutela *material* de direitos não é objeto do direito processual civil. O direito material existe para ser cumprido e observado independentemente da atuação jurisdicional. O que importa ao processualista é a situação em que aquela tutela, na perspectiva do plano *material*, é lesionada ou ameaçada, justificando que se rompa a inércia da jurisdição com vistas à tutela *jurisdicional* daquele direito.

A razão pela qual a tutela *material* do direito não se deu, posto ser interessantíssima, é absolutamente indiferente para as preocupações presentes. O que interessa para cá é o fato objetivamente constatável de que há direito (no plano material) ameaçado ou lesionado e, por isso, há campo para se cogitar da *necessidade* da *tutela jurisdicional* daquele mesmo direito: seja para evitar a consumação da lesão, imunizando o estado de ameaça ou para reparar a lesão já consumada; seja eliminando a causa da lesão ou da ameaça ou eliminando os seus efeitos presentes e futuros.

A tutela *material* de direitos, isto é, sua proteção no plano material, externo ao processo, interessa ao direito processual civil como *causa* da *necessidade* de exercício da função jurisdicional. A referência e a complementaridade entre os dois planos (material e processual) são irrecusáveis, mas é necessário analisá-los distintamente, recusando que se tratem, porque não se tratam, de uma só realidade. É a tutela *jurisdicional* de direitos que diz respeito ao estudo do direito processual civil.

É esta a razão pela qual o n. 4.2.1 do Capítulo 4 propugna pelo não emprego da expressão "tutela jurisdicional *diferenciada*" para tratar dos procedimentos especiais em geral. O que há de diferenciado naqueles casos – na consignação em pagamento, por exemplo – não guarda nenhuma relação com a tutela jurisdicional em si mesma considerada, mas no *procedimento* a ser adotado no processo em que se pretende o reconhecimento da extinção da obrigação pela consignação (art. 334 do Código Civil) e, evidentemente, nas razões pelas quais o direito material reconhece aquela extinção. A concessão da tutela jurisdicional, se for o caso, deve ser examinada na perspectiva da classificação proposta pelo n. 4, *infra*.

Por razões não muito diversas é que a celebrada distinção entre tutela *específica* e tutela *genérica*, tão divulgada desde a introdução do art. 461 do CPC de 1973 pela Lei n. 8.952/94 – e que já encontrava fundamento específico no ordenamento jurídico brasileiro desde o art. 84 do Código do Consumidor, a Lei n. 8.078/90 –, deve ser analisada na perspectiva do plano *material* e não do plano *processual*. O que aquelas expressões querem identificar repousa naquele e não neste plano[11].

---

11. No particular, este *Curso* altera posicionamento externado nas suas edições anteriores ao CPC de 2015, como se pode verificar do n. 8.1.2.1 do Capítulo 1 da Parte III do volume 1, que tratava daquelas classes no âmbito da tutela *jurisdicional*.

"Tutela *específica*" é expressão a ser compreendida como a máxima coincidência possível entre o que, no plano material, é ou era devido e o que é reconhecido como devido pelo Estado-juiz ao conceder a tutela jurisdicional.

"Resultado prático equivalente", por sua vez, é expressão genérica que merece ser entendida no sentido de que cabe ao credor (exequente) sopesar se se satisfaz com algo que, embora não seja a "tutela *específica*", não é (ainda) a transformação da obrigação em perdas e danos.

A "tutela *genérica*" corresponde às perdas e danos decorrentes do inadimplemento da tutela específica e/ou da inviabilidade de obtenção do "resultado prático equivalente".

A distinção encontra fundamento claro nos arts. 497 a 500.

No *caput* do art. 497, tendo como referência as obrigações de fazer ou de não fazer, a tutela específica vem tratada na perspectiva de o magistrado concedê-la em contraposição ao estabelecimento de providências que assegurem a obtenção da tutela pelo resultado prático equivalente.

No *caput* do art. 498, dispositivo voltado às obrigações de entrega de coisa, a concessão da "tutela específica" é atrelada à fixação de prazo para o cumprimento da obrigação.

Por sua vez, o *caput* do art. 499 estabelece que "a obrigação somente será convertida em perdas e danos se o autor o requerer ou se impossível a tutela específica ou a obtenção de tutela pelo resultado prático equivalente", diretriz que é reforçada pelo art. 500, que distingue com nitidez a indenização por perdas e danos (realidade de direito *material*) e a "multa fixada periodicamente para compelir o réu ao cumprimento específico da obrigação" (realidade de direito *processual*).

Tais dispositivos merecem ser interpretados na perspectiva do direito *material*, sobre o magistrado entender que o pedido de tutela jurisdicional formulado pelo autor (ou até mesmo pelo réu) merece ou não, naquela perspectiva, ser concedido ou não, criando condições para que o cumprimento específico de uma dada obrigação – ou, mais amplamente, de um *dever* jurídico – seja alcançado em juízo com a adoção das técnicas que se mostrem adequadas para tanto. Se os autores requerem, por exemplo, tutela jurisdicional consistente no cumprimento de obrigação de fazer personalíssima (a realização da apresentação de um prestigiado quarteto de cordas na celebração de suas bodas de cristal, tocando o *Heiliger Dankgesang* do opus 132 de Beethoven), sua concessão pressupõe que, na perspectiva do direito material, o magistrado se convença suficientemente de que aquela obrigação deve ser implementada tal qual assumida pelos réus, o que levará à *imposição* de que o prestigiado quarteto toque aquela música na precitada celebração.

O que ocorre, no plano *processual*, é a pesquisa sobre quais técnicas devem ser adotadas para *concretizar* aquela tutela jurisdicional e a análise de sua efetiva adoção, na medida em que elas se revelem mais ou menos aptas àquela finalidade: que o quarteto execute a obra indicada nas condições acertadas com o casal. É esse o objeto da disciplina dos arts. 536 e 537.

Contudo, caso o implemento *in natura* da obrigação, tal qual ajustada entre as partes, não seja possível, não haverá outra solução aos autores que não se contentarem com o "resultado prático equivalente" (por exemplo, com outro quarteto, menos prestigiado, tocando nas bodas do casal ou o mesmo grupo instrumental executando não o referido movimento do opus 132 de Beethoven, mas a não menos comovente *Cavatina* do opus 130). Se nem isso for possível, cabe ao casal se limitar às perdas e danos (art. 499, *caput*), contentando-se com elas, que poderão compreender, apenas a título de ilustração, o valor do contrato já pago e os danos morais derivados da sua frustração ao não ter suas bodas celebradas da forma como pretenderam[12]. Tais perdas e danos serão exigidos dos réus mediante o emprego de *outras* técnicas processuais, que, como qualquer outra obrigação pecuniária, estão disciplinadas, na sua essência, nos arts. 523 a 527.

Se é certo que a impossibilidade da tutela *específica* pode ser constatada ao longo do próprio processo, mormente no desenvolvimento de sua etapa de cumprimento, a gradação indicada pelo *caput* do art. 499 encontra fundamento no próprio plano do direito *material* e não no do processual: o que atende suficientemente à pretensão do autor para fins de "resultado prático equivalente"? O que pode e o que não pode compor as perdas e danos em favor do autor? As respostas para esses questionamentos residem, só podem residir, no plano do direito material. Ao plano do direito processual se põem problemas de ordem diversa sobre a transformação[13] e a concretização[14] daquela tutela (material) de direitos.

Sem prejuízo do devido enfrentamento desse assunto em outras passagens deste *Curso*, importa evidenciar desde logo que o parágrafo único do art. 499, incluído pela Lei n. 14.833/2024, não pode ser interpretado de modo a infirmar as conclusões já expostas. Não só pela especificidade de situações por ele alcançadas[15], mas porque o que deve ser extraído daquela regra – e que confirma o acerto do quanto exposto – é a necessária ênfase de o magistrado observar, em primeiro lugar, as vicissitudes e possibilidades do plano material para, só em seguida, implementá-las no processual. Assim, desde que a opção do *devedor* (e réu na perspectiva processual) de cumprir de modo específico a obrigação, recusando-se às perdas e danos pretendidos pelo

---

[12]. O valor dos danos morais deverá levar em conta todas as peculiaridades do direito material e do impacto que o inadimplemento total da obrigação causou. No exemplo fornecido, o casal escolhera aquele movimento do quarteto opus 132 de Beethoven também porque, além do agradecimento que lhe dá título, foi o próprio músico imortal quem descreveu o *andante* que se segue ao *molto adagio* como *Neue Kraft fühlend* e, não menos importante, porque, na terceira e última retomada do tema do *molto adagio*, é de sua própria pena, que se lê na partitura original: "Mit innigster Empfindung". Estas palavras, incompreensíveis para quem não entende alemão, dizem tudo e suficientemente quando aquela música é ouvida, ainda mais a propósito de celebrar, agradecendo a Deus, a sua união.

[13]. Apenas a título de exemplo: a gradação da tutela específica para as perdas e danos depende de prévio pedido do autor? Se ela pode ser concedida de ofício, ela pressupõe prévia oitiva do autor e do réu? Qual é o significado de eventual oposição do réu à transformação?

[14]. Também apenas para fins ilustrativos: haverá reabertura de prazo para compelir o réu a fazer coisa diversa da que foi pedida de início? Multa imposta para fins da tutela específica subsiste para perseguimento do resultado prático equivalente? Ela pode ser cumulada com a multa a ser fixada para pagamento das perdas e danos?

[15]. As hipóteses são as seguintes: entrega (ou doação) de coisa viciada ou com defeitos ocultos (art. 441 do CC), contratos de empreitada (art. 618 do CC), contratos de seguro (art. 757 do CC, que corresponde ao art. 1º da Lei n. 15.040/2024, que revogou aquele dispositivo) e responsabilidade subsidiária e solidária.

credor (autor, no plano processual), não a torne inócua ou mais prejudicial a este, o credor, não há qualquer crítica a ser feita ao parágrafo único do art. 499.

Robustece esta necessária distinção de planos a peculiaridade de o Código de Processo Civil, diferentemente da opção feita pelas Leis n. 8.952/94 e 10.444/2002 ao reformar, no particular, o CPC de 1973, ter se voltado ao tema, na perspectiva da *sentença*, na Seção IV do Capítulo XIII ("Da sentença e da coisa julgada") do Título I ("Do procedimento comum") do Livro I ("Do processo de conhecimento e do cumprimento de sentença") da Parte Especial do Código de Processo Civil, intitulada eloquentemente "Do julgamento das ações relativas às prestações de fazer, de não fazer e de entregar coisa" e não, como fazia o antecessor, no âmbito do cumprimento de sentença, tratando, no mesmo dispositivo, de regras de conteúdo de direito material e de direito processual, como se dava no antigo art. 461.

Tanto assim que o CPC de 2015, pressupondo a concessão (o julgamento) da tutela específica, limita-se a disciplinar, entre as regras do cumprimento de sentença (Capítulo VI do Título II do Livro I da Parte Especial), a *efetivação* da tutela específica ou a obtenção de tutela pelo resultado prático equivalente, determinando as medidas necessárias à satisfação do exequente, quando se tratar de obrigação de fazer e de não fazer (art. 536, *caput*), indicando nos parágrafos do art. 536 e no art. 537 técnicas para aquele fim, e expedição de mandado de busca e apreensão ou de imissão na posse em favor do credor caso "Não cumprida a obrigação de entregar coisa no prazo estabelecido na sentença" (art. 538, *caput*).

O que há naqueles dispositivos, os arts. 536 a 538, são *técnicas* de *concretização* da tutela jurisdicional das modalidades obrigacionais de fazer, de não fazer e de entrega de coisa. Neles, a disciplina normativa recai sobre a *eficácia* das decisões jurisdicionais que prestem tutela jurisdicional sobre obrigações de fazer, de não fazer ou de entrega de coisa. As regras relativas ao "julgamento" daquelas modalidades obrigacionais e suas eventuais gradações em direção às perdas e danos estão, no âmbito do Código de Processo Civil, nos arts. 497 a 500[16]. Estes dispositivos tratam dos possíveis *conteúdos* daquelas decisões, veiculadoras de tutela jurisdicional executiva a ser concretizada por aqueles.

Em suma: o que importa para o estudo do direito processual civil não é o estudo do momento formativo do direito no seu aspecto material, seus contornos e respectivo regime jurídico, inclusive de desfazimento e respectivas consequências jurídicas. A isso se dedica a maior parte dos ramos do direito: civil, comercial, consumidor, agrário, constitucional, administrativo, tributário e previdenciário, apenas para mencionar oito. Para o direito processual interessa *como* aqueles direitos serão ou não tutelados jurisdicionalmente e de que modo. Há – e deve haver – indispensável diálogo entre os planos material e processual: o magistrado só vai julgar procedente o pedido de tutela jurisdicional do autor se conseguir, na pers-

---

16. A ressalva é importante porque o "julgamento" das obrigações de fazer, de não fazer e de entrega de coisa deve levar em conta os respectivos regimes jurídicos de direito material, que vão muito além dos precitados dispositivos do CPC.

pectiva do direito material, constatar que é o autor o seu titular. Isso, contudo, não autoriza que se tratem indistintamente os dois planos. Bem diferentemente, pressupõe sua distinção.

4. CLASSIFICAÇÕES DA TUTELA JURISDICIONAL

Ao tratar das classificações da tutela jurisdicional propostas por este *Curso*, importa evidenciar algo que comumente não o é: critérios de classificação nada mais são do que métodos empregados para conhecer mais adequada e mais minudentemente determinados fenômenos, descrevendo-os. Os critérios classificatórios não são os próprios fenômenos descritos. Eles não existem em si mesmos, independentemente do que se predispõem a escrever. O que, por alguma razão, se põe para estudar são determinados objetos. São eles que são classificados, como métodos de estudo.

No exame proposto para a tutela jurisdicional, cabe distinguir, de plano, o que é e o que não é objeto de estudo do direito processual civil. É o objetivo do número anterior, que quer distinguir a tutela *material* de direitos da tutela *jurisdicional* de direitos: sem que a iniciativa seja tomada, transportando para o plano do processo as vicissitudes do direito material, o risco de cometer algum sincretismo metodológico é enorme. E não há mais espaço, na base contemporânea do estudo do direito processual civil, para confundir os planos de direito material e de direito processual. Coisa bem diversa é ter consciência da necessidade de suas relações e recíprocas referências, objeto de exposição do n. 2.1 do Capítulo 2.

Na perspectiva da tutela jurisdicional, a grande utilidade da classificação ora proposta, que ocupa os números seguintes, é que sua análise em classes distintas, cada qual construída a partir de um critério diverso, permite analisá-la de múltiplas perspectivas, mas que, justamente por dizerem respeito a um só e mesmo objeto, podem ser combinadas entre si, com resultados importantes e sensíveis para os fins objetivados por este *Curso*. É correta, por isso mesmo, adotando os critérios adiante propostos e justificados, a referência a uma tutela jurisdicional que, ao mesmo tempo, seja *preventiva*, *antecipada*, *provisória*, *satisfativa* e *executiva*, em contraposição a outra que, concomitantemente, seja *repressiva*, *ulterior*, *definitiva*, *conservativa* e *não executiva*.

Importa, por fim, fazer um alerta: o estudo da tutela jurisdicional aqui proposto não envolve o exame das *técnicas* empregadas para a sua concretização. Este seria o traçado ideal *se* o objetivo fosse tratar de maneira monográfica da tutela jurisdicional e de todas as suas facetas e de todas as suas classificações. Para a construção de uma teoria geral do direito processual civil, é suficiente indicar a relevância da tutela jurisdicional, como verdadeiro centro de preocupações para o estudo do direito processual civil e apresentar as suas diversas facetas.

Como transformar em realidade palpável o que, na perspectiva das decisões proferidas pelo Estado-juiz, é ideal, *concretizando* a tutela jurisdicional – e isto é assunto pertinente ao estudo da tutela jurisdicional *executiva* de que trata o n. 4.5, *infra* –, é assunto que se volta ao exame de um sem-número de dispositivos do Código de Processo Civil, transbordando, por definição, do que, por ora, importa trazer à tona. É tema ao qual se volta este *Curso* em diversos outros momentos, em especial em seu volume 3.

4.1 Tutela jurisdicional classificada pela perspectiva do dano: tutela preventiva e tutela repressiva

O princípio constitucional contido no art. 5º, XXXV, da Constituição Federal fornece condições seguras para a construção de um novo paradigma de tutela jurisdicional, em busca de uma maior "efetividade jurisdicional". Um paradigma que contrapõe a "tutela jurisdicional *repressiva*" à "tutela jurisdicional *preventiva*". "Tutela jurisdicional *repressiva*" no sentido de criar condições para que a *lesão* a direito seja devidamente *reparada*, determinando a recomposição das coisas no estado anterior, e "tutela jurisdicional *preventiva*" no sentido de evitar a lesão, isto é, de ser *imunizada* a ameaça, evitando que ela, ameaça, se transforme em lesão.

Forte na dicotomia estabelecida pelo inciso XXXV do art. 5º da Constituição Federal, entre *ameaça* a direito e *lesão* a direito, não há como desconsiderar a importância de desenvolver toda uma sistematização sobre as formas de tutela jurisdicional a partir dessas duas situações. Uma coisa é conceber a tutela jurisdicional a partir de uma visão *prospectiva* (voltada para o futuro), para evitar a ameaça e a propagação de efeitos de alguma lesão já ocorrida. Outra é conceber a tutela jurisdicional de uma visão *retrospectiva* (voltada para o passado), destinada a eliminar a lesão e seus efeitos até então experimentados.

É o que basta para, levando em conta a ocorrência ou não de dano, distinguir a "tutela jurisdicional *preventiva*" da "tutela jurisdicional *repressiva*" para os fins acima indicados.

4.1.1 Uma palavra adicional sobre a tutela jurisdicional preventiva

Para a compreensão do devido alcance que tem a dicotomia ressaltada no número anterior, é fundamental observar que o estudo científico do direito processual civil tomou como base para sua construção o que aqui é chamado de "tutela jurisdicional *repressiva*": dado o dano, no sentido de lesão já consumada, deve se dar a reparação o mais completa possível. O que a Constituição Federal de 1988 quer, sem abandono disso (já que se refere, ainda, a que nenhuma *lesão* seja afastada do Poder Judiciário), é que *também* a *mera ameaça* enseje pronta e adequada intervenção jurisdicional *com* uma pronta e adequada solução jurisdicional. Que a ameaça sequer venha a se converter em lesão. Seja porque, uma vez lesionado o direito, é *impossível* voltar ao *status quo ante* ou, até mesmo, apagar os efeitos que a lesão (já consumada) tenha gerado ou porque, e simplesmente, não é desejável que ocorra a lesão, não obstante seja possível o retorno ao estado anterior. É nesta preocupação destacada pela própria Constituição Federal que reside a noção suficiente de "tutela jurisdicional *preventiva*", de proteção de uma situação de ameaça.

Algumas considerações complementares fazem-se necessárias. A análise da importância do exame da tutela *preventiva* nesta perspectiva constitucional fica ainda mais interessante na medida em que há determinados direitos, tais quais assegurados no plano do direito material, que não permitem, pela sua própria natureza, compensação monetária ou reparação. Muitos deles sequer têm expressão monetária. São direitos que, por sua natureza, devem ser fruídos *in natura*. É o que se dá, para fazer menção a duas hipóteses, com os direitos relacionados à personalidade (art. 5º, X, da CF, e arts. 12 e 21 do CPC) ou com os direitos relacionados ao meio ambiente (art. 225 da CF).

Mesmo outros direitos que admitam, de alguma forma, expressão monetária e que, por isso mesmo, aceitariam a "tutela jurisdicional *repressiva*" também justificam a prestação da "tutela jurisdicional *preventiva*" porque a isso não se pode furtar o aplicador da lei processual civil, em função do que irradia o modelo constitucional do direito processual civil, em específico o inciso XXXV do art. 5º da Constituição Federal: toda a estrutura do direito processual civil deve ser (re)construída a partir da noção de *ameaça* a direito e não só, como tradicionalmente se deu, a partir da compreensão de *lesão*. Uma forma de tutela jurisdicional já não pode se sobrepor à outra, excluindo-a. Ambas têm que ser pensadas e sistematizadas, desde o plano constitucional, para proteger suficiente e adequadamente todas as possibilidades de *lesão* e de *ameaça* a direito consoante sejam as vicissitudes de cada caso concreto.

É por essa razão que parcelas da doutrina, capitaneadas nas letras jurídicas nacionais por Luiz Guilherme Marinoni, vêm sustentando ser mister, para a adequada compreensão do que este *Curso* chama de "tutela jurisdicional *preventiva*", distinguir entre "ilícito" e "dano"[17]. Para o Professor Titular da Faculdade de Direito da Universidade do Paraná, a tutela jurisdicional deve se voltar a evitar o ilícito, assim entendido qualquer ato praticado em desconformidade com o direito, independentemente da existência de dano. Quando menos, que a tutela jurisdicional tenha aptidão de remover eventuais ilícitos continuados ou repetidos, independentemente dos danos eventualmente ocorridos. Tudo para que a tutela jurisdicional evite situações, o mais amplas possível, contrárias ao direito, e, na hipótese de elas ocorrerem, para evitar que seus efeitos se propaguem no tempo e no espaço.

A influência do pensamento do referido processualista na construção do pensamento contemporâneo do direito processual é inegável. O parágrafo único do art. 497 é, no melhor sentido da expressão, extraído do livro mencionado. É lê-lo: "Para a concessão da tutela específica destinada a inibir a prática, a reiteração ou a continuação de um ilícito, ou a sua remoção, é irrelevante a demonstração da ocorrência de dano ou da existência de culpa ou dolo".

Não obstante, a chamada "tutela *inibitória*", máxime diante dos contornos que a ela dá Marinoni, é questão que diz respeito ao plano material. É, para empregar a distinção que

---

[17]. É o que o prestigiado autor desenvolve em seu *Curso de processo civil*, v. 1, p. 253-263.

propõe o n. 3.1, *supra*, tutela *material* de direito e não tutela *jurisdicional* de direito. A abrangência do que deve ser considerado pelo Estado-juiz para evitar que ameaças se transformem em lesões é (e deve ser) extraída do plano material e não do processual. Para este, importa dar o devido realce à amplitude do inciso XXXV do art. 5º da Constituição Federal, enfatizando o papel que a tutela jurisdicional *preventiva* deve desempenhar. Assim, o correto é acentuar que a tutela jurisdicional deve assegurar indistintamente reparação de *lesões e* evitar que *ameaças* a direito se convertam em *lesões*, em *danos*. Mas não só: importa acentuar que o *ilícito*, independentemente da ocorrência de dano – porque suficiente, para sua caracterização, situação contrária ao direito –, é passível de tutela jurisdicional. E o que o impõe é o precitado dispositivo constitucional.

4.2 Tutela jurisdicional classificada pelo momento de sua prestação: tutela antecipada e tutela ulterior

Outra classificação relativa à tutela jurisdicional que merece destaque nesta sede toma como critério distintivo o *momento* em que ela, a tutela jurisdicional, é prestada ou, mais precisamente, em que instante seus *efeitos* práticos podem ser liberados, isto é, podem ser sentidos no plano exterior ao processo. A tutela jurisdicional, nesta perspectiva, é *antecipada* ou *ulterior*.

Para ser bem compreendida, a classificação impõe uma explicação preliminar.

Não há vinculação entre a *eficácia* das decisões, isto é, a aptidão de elas produzirem seus regulares efeitos, ao seu trânsito em julgado ou à sua preclusão, ou seja, quando já não são cabíveis recursos contra elas. Até se pode admitir que, do ponto de vista da máxima segurança jurídica, o ideal é que os efeitos das decisões jurisdicionais dependam da impossibilidade de sua modificação. Isso, contudo, é questão que se põe no plano pré-jurídico. O sistema processual pode, justamente porque "eficácia" e "imutabilidade" das decisões jurisdicionais *não se confundem conceitualmente*, fazer *escolhas* que separem ou que aproximem aquelas duas realidades. Pode haver, portanto, eficácia de uma decisão instável, tanto quanto ineficácia de uma decisão estável.

No direito brasileiro (ainda) é regra – pelo menos regra *literal* – que a sentença não produza efeitos de imediato, simplesmente pelo fato de estar sujeita ao recurso de apelação. Esse estado de *ineficácia* da sentença é o que comumente se chama de "efeito *suspensivo* da apelação" e que (ainda) está estampado no *caput* do art. 1.012. Nesses casos que, vale repetir, são a regra, somente depois de julgada a apelação (o que leva algum tempo) é que os efeitos da sentença, eventualmente *substituída* pela decisão que julga aquele recurso (art. 1.008), poderão ser *exteriorizados* do plano do processo. Isso porque eventuais recursos extraordinário e especial interponíveis do acórdão *não têm* efeito suspensivo (art. 995, *caput*) e, por isso, nesta perspectiva, não inibem que os efeitos das decisões por eles recorridas sejam, desde logo, exteriorizados. Segue-se, nesses casos, o que o Código de Processo Civil chama de "cumprimento *provisório* da sentença".

De outro lado, pode ocorrer que se negue a possibilidade do cumprimento provisório da sentença quando se atribuir efeito *suspensivo* aos recursos extraordinário e/ou especial (art. 1.029, § 5º). Nesses casos, a tendência é que haja coincidência temporal entre o trânsito em julgado e a eficácia da decisão. Nos casos em que a Fazenda Pública é condenada a pagar alguma soma em dinheiro a alguém, a *coincidência temporal* entre eficácia da decisão e trânsito em julgado é realidade imposta pela própria Constituição Federal (art. 100, §§ 1º, 3º e 5º) e, dentre outros, pelo art. 2ºB da Lei n. 9.494/97.

Em tais hipóteses, o "cumprimento da sentença", para empregar a nomenclatura dada pelo próprio Código de Processo Civil, é *definitivo*. São os casos em que a liberação dos efeitos da decisão depende de seu trânsito em julgado ou da existência de um "título executivo extrajudicial", que é o documento que dispensa prévia manifestação do Estado-juiz sobre a existência da lesão ou da afirmação de direito que justifica o exercício da função jurisdicional.

Desta muito breve exposição – consciente, porque o exame do regime jurídico do cumprimento *provisório* e do *definitivo* é tema que ocupa o volume 3 deste *Curso* – é importante extrair que o direito positivo brasileiro prevê *instantes procedimentais* em que as decisões passam a surtir seus regulares efeitos. A regra do Código de Processo Civil é que sentenças não produzam efeitos quando proferidas porque sujeitas a recursos de apelação que têm "efeito suspensivo" (art. 1.012, *caput*). Os casos em que a eficácia da sentença é imediata (casos de "cumprimento provisório da sentença") são exceção, assim, por exemplo, as hipóteses indicadas no § 1º do art. 1.012. As demais decisões produzem seus efeitos desde quando publicadas porque os recursos delas interponíveis não ostentam como regra efeito suspensivo (art. 995, *caput*), sendo excepcionais (e expressos) os casos em que isso se dá. Em quaisquer casos, contudo, se não houver recurso da decisão que veicula a tutela jurisdicional, seus efeitos poderão ser sentidos de imediato.

A tutela jurisdicional *antecipada*, nessa perspectiva, é aquela em que o magistrado, diante de alguns pressupostos (*ope judicis*, portanto), autoriza a prestação da tutela jurisdicional, antecipando, por deliberação judicial, o instante procedimental pré-valorado pelo legislador para que a decisão surtisse seus efeitos. O magistrado, nesse sentido, *modifica* as escolhas feitas pelo legislador quanto aos momentos mais adequados e necessários para liberar a eficácia das decisões. A tutela jurisdicional *ulterior* é aquela em que a própria lei (*ope legis*) prevê o momento em que a tutela jurisdicional pode ser prestada.

A distinção entre as duas classes repousa, por isso mesmo, *também* na pessoa de quem, o magistrado ou o legislador (considerado em sentido amplo, porque a opção pode ser feita pela própria Constituição Federal), escolhe o *momento* em que a tutela jurisdicional será prestada no sentido de liberar seus efeitos para a sua concretização. O legislador concebe um sistema com cálculos abstratos e genéricos, ponderando o que deve ocorrer como regra, ora liberando ora retardando o início da produção dos efeitos da tutela jurisdicional. Cabe ao magistrado *variar* o sistema criado em abstrato para, diante das características, das vicissitudes e das necessidades de cada caso concreto, autorizar o início da produção dos efeitos da tutela jurisdicional.

Uma ressalva final é importante: a despeito da nomenclatura empregada, é correto não confundir o critério aqui proposto com o que o Código de Processo Civil, em diversos dispositivos, denomina de "tutela *antecipada*". Na perspectiva do Código, tutela antecipada é tutela que, embora provisória, é *satisfativa* de direito. De qualquer sorte – e nisso há identidade ideológica com o critério aqui proposto –, sempre a partir de uma decisão do magistrado que autoriza a produção imediata dos efeitos em instante não previsto em abstrato pelo legislador, antecipando-os na exata perspectiva aqui posta em relevo. Uma autorização *ope judicis*, portanto.

4.3 Tutela jurisdicional classificada pela necessidade de sua confirmação: tutela provisória e tutela definitiva

De acordo com este critério classificatório, o importante é verificar se a tutela jurisdicional prestada depende, ou não, de confirmação, pelo próprio juízo que a proferiu ou por juízo diverso, "superior", nos termos que expõe o n. 2.3.5 do Capítulo 4. As classes sugeridas neste número, *destarte*, contrapõem-se de acordo com o critério da necessidade, ou não, de ser proferida outra decisão pelo mesmo ou por outro órgão jurisdicional que *confirme* a decisão veiculadora da tutela jurisdicional.

A tutela jurisdicional é *provisória* no sentido de que a decisão que a veicula deverá ser *confirmada* ou, se for o caso, *substituída* por outra. A tutela jurisdicional, nessa perspectiva, tem validade e eficácia enquanto outra decisão não for proferida para ratificá-la ou para valer e ter eficácia em seu lugar[18]. A "tutela jurisdicional *definitiva*" é aquela que prescinde de tal confirmação ou substituição.

Nos casos da "tutela jurisdicional *provisória*", é correto afirmar que a decisão judicial que lhe dá fundamento é instável e, por isso, carente de confirmação oportuna. Quando se tratar de "tutela jurisdicional *definitiva*", não há esse traço característico[19].

A importância de saber se se está diante de uma tutela jurisdicional *provisória* ou *definitiva* reside no regime jurídico de seus efeitos. Já que, por definição, a tutela *provisória* depen-

---

18. A distinção indicada no texto encontra eco na lição de Calamandrei que, em seu célebre *Introduzione allo studio sistematico dei provvedimenti cautelari*, p. 9-12, distinguia entre "*temporariedade*" (*temporaneità*) e "*provisoriedade*" (*provvisorietà*). A dicotomia não interfere no critério classificatório aqui proposto, sendo retomada no n. 4.3 do Capítulo 5 da Parte II.
19. O art. 304, ao menos na sua literalidade, sugere, se não uma exceção, uma variação da dicotomia aqui proposta, ao aceitar que, nas circunstâncias nele previstas, a tutela *provisória* pode se tornar *estável*. O tema, que não interfere na classificação aqui proposta, é analisado no n. 6.5 do Capítulo 5 da Parte II.

de de ulterior deliberação judicial, pode acontecer de ela vir a ser modificada, colocando-se a questão relativa a saber o que acontecerá com os efeitos anteriormente produzidos com base nela. A diretriz assumida pelo sistema processual civil brasileiro é a de que os efeitos da tutela provisória sentidos entre as *partes* devem ser desconsiderados, preservando-se, contudo, os efeitos produzidos perante *terceiros*, aqueles que não são partes. É o que decorre da interpretação dos incisos I a III do art. 520.

O Código de Processo Civil dedica a íntegra do Livro V de sua Parte Geral à disciplina da tutela *provisória*. No Capítulo 5 da Parte II, este *Curso* volta-se ao tema, oportunidade em que se aprofunda também nas classificações sugeridas pelo *caput* e pelo parágrafo único do art. 294.

4.4 Tutela jurisdicional classificada em função de suas relações com o direito material: tutela satisfativa e tutela conservativa

Sem prejuízo da ressalva que conclui o número anterior, importa trazer à tona distinção feita pelo precitado parágrafo único do art. 294 do Código de Processo Civil, que distingue o que lá é chamado de "tutela *antecipada*" da "tutela *cautelar*". É elemento que pertence ao estudo da tutela jurisdicional como um todo e não apenas a uma de suas classificações, a *provisória*, como sugere aquele dispositivo.

O critério empregado diz respeito ao *modo* em que a tutela jurisdicional se relaciona com o direito material. Quando ela envolver técnicas predestinadas à *satisfação* do direito, a tutela será, na linguagem do Código de Processo Civil, *antecipada*. Quando se tratar de técnicas destinadas a salvaguardar ou assegurar o direito (sem satisfazê-lo), a tutela será, também na nomenclatura empregada pelo Código de Processo Civil, *cautelar*.

Para evitar dificuldades nominais, tais como as indicadas no n. 4.3, *supra*, este *Curso* prefere rotular a primeira classe (antecipada) de tutela *satisfativa* e a segunda (cautelar) de tutela *conservativa*, o que traz à tona a opção feita por ordenamentos jurídicos estrangeiros e o rico desenvolvimento acerca do tema que neles existe, o que, a seu tempo, em especial no Capítulo 5 da Parte II, é desenvolvido por este *Curso*.

Cabe evidenciar que a tutela jurisdicional *satisfativa* e a *conservativa* não são peculiaridade da tutela *provisória* de *urgência*, tal qual sugere o referido parágrafo único do art. 294. Pode ocorrer que a tutela jurisdicional *definitiva* perseguida pelo autor (ou, se for o caso, pelo réu) seja para *conservar* direito seu e não para *satisfazê-lo*. A própria concepção da tutela inibitória sugerida por Luiz Guilherme Marinoni, como se evidencia no n. 4.1.1, *supra*, apresenta elementos seguros dessa realidade. Não obstante os inegáveis traços de direito material que aquela concepção porta, a distinção apresenta primazia de elementos *processuais* no contexto aqui evidenciado.

4.5 Tutela jurisdicional classificada pela eficácia: não executiva e executiva

Nas edições anteriores ao CPC de 2015, este *Curso* dedicou algumas dezenas de páginas para expor o que chamou de tutelas *declaratória, constitutiva, condenatória, executiva* (*lato sensu*) e *mandamental*, tendo em vista a eficácia, isto é, a propensão à produção de efeitos concretos da tutela jurisdicional. Sustentavam as edições anteriores a correção de aquelas classes serem expostas, analisadas e criticadas na perspectiva da *tutela jurisdicional* e não como parecia – e ainda parece – à maior parte da doutrina na perspectiva das *ações* ou das *sentenças*.

A razão pela qual o deslocamento de perspectiva já foi evidenciado: *ação* não aceita variações ou classificações e sim o que ela, quando exercida, direito que é, veicula ao Estado-juiz. O pedido de tutela jurisdicional, destarte, é que guarda relação com os referidos efeitos. Importa, pois, discernir conteúdo (tutela jurisdicional) de continente (exercício do direito de ação).

Por sua vez, a sentença, mesmo entendendo-a, como já devia ser entendida e continua a ser, como sinônimo de decisão jurisdicional, de qualquer decisão, não guarda nenhuma relação com aquelas classes. Os critérios, uma vez mais, dizem respeito a algo que a sentença (sempre no sentido de decisão) poderá ou não conter, a veiculação de tutela jurisdicional. Ela, a *tutela*, não a sentença que eventualmente a veicule, é que aceita aquelas classificações[20]. Também aqui, pois, o correto é discernir *conteúdo* de *continente*.

Em seguida, o volume 1 deste *Curso*, em suas edições anteriores ao CPC de 2015, analisava, uma a uma, aquelas classes para demonstrar seus traços característicos e a dificuldade de discernir uma da outra, considerando não suas preferências metodológicas, mas, também neste ponto e invariavelmente, o impacto que a evolução do direito processual civil brasilei-

---

20. Para fins didáticos, cabe transcrever, ainda que em nota, passagem extraída do n. 8.5 do Capítulo 1 da Parte III do volume 1 deste *Curso* em suas edições anteriores ao CPC de 2015: "Assim sendo, partindo das premissas eleitas para desenvolvimento deste *Curso*, não há como emprestar adesão ao entendimento de que existam 'ações' ou 'sentenças' declaratórias, constitutivas, condenatórias, executivas ou mandamentais. Não, pelo menos sem fazer algumas ressalvas que expliquem suficientemente bem o emprego destas expressões largamente consagradas na doutrina do direito processual civil brasileiro: o que é propriamente *declaratório, constitutivo, condenatório, executivo* ou *mandamental*, a bem da verdade, são as tutelas jurisdicionais voltadas à proteção de direitos materiais reconhecidos pelo Estado-juiz. São, assim, formas (classes) de tutela jurisdicional, meios utilizáveis pelo Estado-juiz, reflexos, pois, do exercício da função jurisdicional para proteger direitos materiais. É, como se lê do n. 6, *supra*, a *função jurisdicional* que deve ser distinguida em 'reconhecimento de direitos', 'realização prática ou concreta de direitos' – 'proteção de direitos', enfim –, não a *ação* ou as *decisões*, quaisquer decisões, proferidas no processo. Assim, melhor do que restringir o problema à 'ação' ou a um específico 'ato processual' (sentença), parece mais proveitoso tratar dos *efeitos* 'declaratório', 'constitutivo', 'condenatório', 'executivo' e 'mandamental' como formas diferenciadas de prestação da tutela jurisdicional, como meios de permitir que o Estado-juiz emita comandos que têm como função a proteção (a tutela) dos direitos materiais controvertidos. As diferentes formas de conformação destes *efeitos* no plano exterior ao processo é que permitem verificar as três ou as cinco classes a que a doutrina tradicional faz referência".

ro já havia causado na sua concepção teórica e descompassada das novas técnicas que passaram a dar forma à nova estrutura do sistema processual civil com as reformas legislativas dos anos 1990 em diante.

A dificuldade era ainda maior com relação à distinção entre as classes condenatória, executiva *lato sensu* e mandamental. Aquilo que a minoria da doutrina em um primeiro momento nelas reconhecia de diverso – ser ou não prestada em um "mesmo processo" – deixou de poder ser considerado, para as obrigações de fazer e de não fazer, com o art. 461 do CPC de 1973 (redação da Lei n. 8.952/94)[21]; para as obrigações de entrega de coisa, com o art. 461-A do CPC de 1973 (inclusão da Lei n. 10.444/2002); e, por fim, para as obrigações de pagar, com o art. 475-J do CPC de 1973 (inclusão da Lei n. 11.232/2005). Também o traço característico da *mandamental*, a *ordem*, que foi generalizado para todas as modalidades obrigacionais, inclusive as de pagar, por aqueles mesmos diplomas legais[22], diretriz que acabou comprometendo outro critério distintivo frequentemente mencionado entre as três classes, o da viabilidade de uso (e em que medida) de técnicas sub-rogatórias diretas, indiretas ou não sub-rogatórias.

Eram as seguintes as conclusões então alcançadas por este *Curso* para discernir, com as devidas (e inafastáveis) adaptações decorrentes do direito positivo que já vigorava, aquelas classes:

> Por tutela *declaratória* deve ser entendida aquela em que o juiz, ao declarar o direito a uma das partes, protege-o suficientemente. Ela elimina, de maneira fundamental, a crise de certeza existente no plano do direito material, declarando a existência ou a inexistência de uma relação jurídica ou a autenticidade ou a falsidade de um documento. É o que é expressamente previsto no art. 4º do Código de Processo Civil[23].[24]
>
> A tutela constitutiva volta-se à criação, extinção ou modificação (total ou parcial) de situações jurídicas preexistentes. São casos em que a intervenção jurisdicional justifica-se para a modificação do que existe fora do processo. É por esta razão que a doutrina tradicional refere-se à tutela *constitutiva* como voltada às crises de "situação jurídica". A atividade jurisdicional tem, nestes casos, a possibilidade de alterar o estado jurídico de pessoas ou coisas.[25]
>
> [É correto entender] a tutela condenatória como aquela que preparava um "processo de execução" porque sua função, dentro do "processo de conhecimento", limitava-se a declarar a

---

21. Esta realidade já era elemento de direito positivo que não poderia ser desconsiderado no âmbito dos processos alcançados pelo Código do Consumidor em função do art. 84 da Lei n. 8.078/90 e, antes dele, também para a tutela jurisdicional de interesses metaindividuais alcançáveis pela chamada lei da ação civil pública, mercê do art. 11 da Lei n. 7.347/85. O que a Lei n. 8.952/94 fez, a este respeito, foi *generalizar* um modelo de tutela jurisdicional para as demais obrigações de fazer e de não fazer.
22. No âmbito do mandado de segurança, a modificação com relação às obrigações de fazer, de não fazer e de entregar coisa diversa de dinheiro já havia atingido seu auge desde sua lei de regência, a Lei n. 12.016/2009, cujo art. 26 *criminalizou* o não cumprimento das decisões proferidas em mandado de segurança.
23. Que equivale ao atual art. 19.
24. Cf. n. 8.5.1 do Capítulo 1 da Parte III do volume 1 deste *Curso* nas edições anteriores ao CPC de 2015.
25. Cf. n. 8.5.2 do Capítulo 1 da Parte III do volume 1 deste *Curso* nas edições anteriores ao CPC de 2015.

existência de uma violação a alguma obrigação ou dever jurídicos e a necessidade de se aplicar a sanção daí decorrente. É por esta razão que a doutrina sempre reconheceu que o processo de execução é *efeito* necessário da sentença condenatória, sua *causa*. Causa e efeito; sentença condenatória e processo de execução. Tanto – e isto era expresso no Código de Processo Civil, no art. 463, *caput*, antes da Lei n. 11.232/2005 – que a "sentença (tutela) condenatória", ao acolher o pedido do autor (reconhecendo o direito controvertido em seu favor, portanto), *encerrava*, *extinguia*, o "processo de conhecimento".

E mais: justamente por esta peculiaridade da "tutela condenatória", que sempre se entendeu ser ela, a "tutela condenatória", a menos *eficiente* de todas as formas de tutela jurisdicional. Se o grau de eficácia da tutela jurisdicional mede-se pelos efeitos concretos que uma decisão jurisdicional tende a produzir, nunca houve espaço para discordar daquela observação: a tutela condenatória sempre produziu pouquíssimos efeitos para *fora* do processo, limitando-se a produzir seus efeitos principais *dentro* e para o próprio processo (a ideia de "encerramento da atividade jurisdicional" e, mais precisamente, do "processo de conhecimento", como ditava o art. 463, *caput*, antes da Lei n. 11.232/2005). A sua implementação prática, a sua realização, a sua concretização, a sua efetivação, todavia, exigia um *outro* processo, diverso do lhe era anterior, o "processo de execução".

[...]

O que é mais relevante para a caracterização da tutela condenatória como tal, distinguindo-a, suficientemente, de outras tutelas jurisdicionais (e uma tal distinção é o desiderato único de qualquer classificação), é a específica forma (técnica) em que a realização concreta da sanção reconhecida no título executivo verifica-se no plano material, isto é, no plano exterior ao processo. É correto entender, destarte, que há "condenação" independentemente de um "processo de execução". Estas duas figuras – "condenação" e "processo de execução" –, embora tenham andado lado a lado na história e na evolução do direito processual civil, inclusive o brasileiro, já não mais podem ser entendidas como as duas faces de uma mesma moeda. [...]

O que caracteriza a tutela *condenatória* como tal, destarte, é a específica forma de realização concreta dos direitos que ela reconhece existentes. Sua *técnica* de atuação é a de sub-rogação *indireta* sobre o patrimônio do devedor. Nota característica da condenação é que o método sub-rogatório a ser empregado em detrimento daquele que a sofre é patrimonial indireto, assim entendida a *transformação* do patrimônio do devedor em dinheiro suficiente para pagamento do credor. As técnicas processuais empregadas para tanto são a penhora, a avaliação e a alienação de bens do devedor.[26]

A tutela *executiva*, a cujo nome a doutrina tradicional sempre acrescenta a locução *lato sensu*, também se volta à prática de atos sub-rogatórios sobre o patrimônio do devedor. Mas, diferentemente do que ocorre com a tutela condenatória, estes atos são muito mais de apropriação física e imediata do bem, para fins de sua fruição direta, do que de sua substituição oportuna pelo equivalente monetário. Seu traço característico, para revelá-lo de vez, não é de

---

26. Cf. n. 8.5.3 do Capítulo 1 da Parte III do volume 1 deste *Curso* nas edições anteriores ao CPC de 2015.

transformação, mas de *apreensão* ou *fruição direta*. É técnica de sub-rogação *direta* e não *indireta*, como se dá no caso da "condenação".[27]

Por tutela *mandamental* deve-se entender a tutela que pretende extrair do devedor o cumprimento *voluntário* da obrigação, isto é, que pretende que o próprio obrigado, por ato seu, *cumpra* a obrigação, tal qual lhe foi imposta pela lei ou ajustada, por contrato, entre as partes, embora instado jurisdicionalmente a tanto. Trata-se de cumprimento *voluntário* do réu e, por isso mesmo, não *espontâneo*, que significaria ser prescindível ou, até mesmo, desnecessária a intervenção jurisdicional.

A tutela *mandamental*, diferentemente das tutelas condenatória e executiva, entretanto, não age por mecanismos sub-rogatórios (indiretos ou diretos, respectivamente) sobre o patrimônio do réu, mas por coerção psicológica exercida sobre a sua vontade. O que se busca, por intermédio da tutela mandamental, é obter do próprio destinatário da tutela jurisdicional o que ele deve prestar ou não (em sentido amplo), valendo-se, para tanto, de mecanismos que possam, de alguma forma, influenciar ou incentivar seu comportamento.[28]

Com o advento do CPC de 2015, este *Curso* entende que todo esforço – e os trechos transcritos das edições anteriores correspondem aos pontos culminantes de toda a exposição – não merece ser repetido[29]. Primeiro, porque reconhece a consolidação daquelas profundas alterações legislativas no atual Código de Processo Civil. Segundo, porque entende que a metodologia proposta desde então deve prevalecer sobre quaisquer tentativas de explicar o atual direito positivo brasileiro a partir do que foi construído para descrever e atender a realidades jurídicas muito diversas. Terceiro, porque não faz sentido *reconstruir* aqueles conceitos querendo usá-los para descrever fenômenos totalmente alheios ao que, na origem, se prestavam[30].

Não pretende este *Curso* usar, reusar, quiçá manipular a nomenclatura empregada para descrever realidades normativas totalmente diversas como se todo o sistema processual civil, por sê-lo, precisasse se basear em classificação que considere necessariamente aquelas mesmas classes: declaratória, constitutiva, condenatória, executiva *lato sensu* e mandamental. Importa compreender e justificar *novas* realidades de direito positivo, inequivocamente consolidadas no Código de Processo Civil e na legislação processual civil extravagante mais recente, adotando consequentemente nova nomenclatura. A alteração dos nomes é a *consequência*, não a *causa*, da empreitada que tem início nas edições deste *Curso* ante-

---

27. Cf. n. 8.5.4 do Capítulo 1 da Parte III do volume 1 deste *Curso* nas edições anteriores ao CPC de 2015.
28. Cf. n. 8.5.5 do Capítulo 1 da Parte III do volume 1 deste *Curso* nas edições anteriores ao CPC de 2015.
29. Para quem quiser ter contato com o desenvolvimento completo, na sua forma original, basta ler o n. 8.5 do Capítulo 1 da Parte III do volume 1 deste *Curso* em suas edições anteriores ao CPC de 2015. Formulação mais densa acerca do pensamento crítico que resultou naquele entendimento está no volume 113 da *Revista de Processo*, em trabalho do autor deste *Curso* intitulado "Ensaio sobre o cumprimento das sentenças condenatórias".
30. É a razão pela qual, nas edições anteriores ao CPC de 2015, este *Curso* empregava, para fins didáticos, expressões como "condenação *mandamentalizada*" ou "condenação *executivada*", pedindo vênia, neste caso, pelo neologismo, necessário para distingui-lo *cientificamente* do *executar*, ínsito ao binômio "condenação/execução" (ver n. 8.5.3 do Capítulo 1 da Parte III do volume 1).

riores ao CPC de 2015 e que agora alcança, *por força do atual estágio do direito positivo brasileiro*, sua consolidação.

O critério classificatório baseado na *eficácia* que propõe este *Curso* distingue a "tutela jurisdicional *não executiva*" da "tutela jurisdicional *executiva*". Naquela, o reconhecimento do direito coincide com a satisfação pretendida; nesta, a despeito do reconhecimento do direito – que sequer precisa ser estatal –, faz-se necessária a atuação jurisdicional *também* para sua satisfação, o que basta para justificar o prosseguimento do processo naquela direção.

É este o critério – "tutelas jurisdicionais *não executivas*" em contraposição a "tutelas jurisdicionais *executivas*" – que este *Curso* já entendia indispensável para substituir a classificação de "ações", de "processo" ou de "sentenças" em três ou em cinco classes diferentes, sempre a variar consoante o doutrinador que as sustenta(va): a "declaratória", a "constitutiva", a "condenatória", a "executiva *lato sensu*" e a "mandamental".

A ênfase se faz necessária porque, nas edições anteriores do volume 1 deste *Curso*, a exposição apontava, em certos pontos, para adoção de nomenclatura diversa, que distinguia as tutelas jurisdicionais *intransitivas* das *transitivas*. A referência, contudo, tinha finalidade exclusivamente *didática*, buscando distinguir o tipo de tutela jurisdicional que exigia complemento (transitivo) do que não o exigia (intransitivo). A tônica da classificação sempre residiu na distinção entre tutela jurisdicional "não executiva" e "executiva", para sublinhar, coerentemente com o critério eleito, sua *eficácia*.

Ademais, a adoção de uma classe identificada como "executiva" tinha (e continua a ter) o condão de superar a discussão existente em parcela da doutrina anterior que identificava uma "ação executiva *lato sensu*", mas que tinha enorme dificuldade em encontrar uma "ação executiva *stricto sensu*"[31].

Assim, diferentemente da classificação *ternária/trinária* ou *quinária* das *ações*, *pedidos* ou *sentenças*, este *Curso* propõe classificação *binária* para a *tutela jurisdicional*.

A tutela jurisdicional não executiva é aquela *que* não precisa de atividade jurisdicional complementar, outorgando, por si só, o bem da vida que se pediu ao Estado-juiz. A característica mais marcante desta classe de tutela jurisdicional é que ela opera exclusiva e suficientemente no plano ideal. É por isso que ela basta, é suficiente, para a satisfação do direito controvertido que se foi buscar perante o Estado-juiz: a atividade intelectual (cognitiva) desempenhada pelo magistrado corresponde à *concretização* da tutela jurisdicional.

A decisão que julga procedente pedido de investigação de paternidade é suficiente, por si só, para declarar, para todos os fins, que ECES é filho de PSF[32]. A decisão que julga pro-

---

[31]. Esta temática foi objeto da segura (e sempre elegante) crítica de José Carlos Barbosa Moreira, como se pode ver de três estudos seus: "A sentença mandamental – Da Alemanha ao Brasil", "Questões velhas e novas em matéria de classificação das sentenças" e "Sentença executiva?", publicados, respectivamente, na 7ª, 8ª e 9ª séries de seus *Temas de direito processual*.
[32]. A doutrina tradicional e a prática do foro referem-se a uma "ação de investigação de paternidade".

cedente pedido de renovação de contrato de locação é suficiente, por si só, para estabelecer as novas ou renovadas obrigações entre o locatário PSC e o locador PTA[33]. No máximo, o que se pode esperar em cada uma daquelas hipóteses – referidas apenas para fins ilustrativos – é alguma providência para fins de registro da decisão jurisdicional respectiva, o que é exigido pelo direito material e que, neste sentido, não se confunde com a tutela *jurisdicional* considerada em si mesma nem com a decisão que a *veicula*.

A tutela jurisdicional *executiva* é assim chamada porque reclama atividade jurisdicional *complementar* para a *concretização* da tutela jurisdicional. Ela não basta por si só porque não outorga por si só o bem da vida que motivou o pedido de tutela jurisdicional. Sem prejuízo de ela também poder ostentar atividade cognitiva, seu traço marcante reside na necessidade da atividade satisfativa para a *concretização* da tutela jurisdicional. O *reconhecer* o direito não é suficiente, por si só, para a satisfação daquele que faz jus à tutela jurisdicional. Trata-se, nesse sentido, de uma tutela jurisdicional que não se basta no plano *ideal*, reclamando a tomada de providências no plano *material*.

Que providências são estas, como e quando serão tomadas para a *concretização* da tutela jurisdicional é questão que não interfere na classificação aqui proposta. Insistir nesta distinção seria dar um passo para trás, revivendo as diferenças (e suas enormes dificuldades) entre as ações/sentenças *condenatórias, executivas lato sensu* e *mandamentais*. Tais técnicas são relevantes em perspectiva diversa, levando em conta sua juridicidade e seus impactos procedimentais. É tema que ocupa o que o Código de Processo Civil rotula de "cumprimento de sentença" e de "processo de execução". A ele se dedica o volume 3 deste *Curso*.

A afirmação do parágrafo anterior convida a enfatizar o entendimento de que a classificação aqui proposta permite superar dificuldade encontrada no emprego dos critérios tradicionais. A distinção entre as ações ou sentenças declaratórias, constitutivas, condenatórias, executivas *lato sensu* e mandamentais, com efeito, referia-se exclusivamente ao chamado "processo de conhecimento". Ficava pouco claro o que havia no "processo de execução" e no extinto "processo cautelar"[34]. Referir-se, como era comum, a uma *ação* de execução e a uma *ação* cautelar era, sem prejuízo do que a respeito expõe o n. 3.1 do Capítulo 4, mero truísmo.

---

33. Aqui, a doutrina tradicional e a prática enxergam uma "ação renovatória".
34. É o que se lia do n. 2 do Capítulo 2 da Parte III do volume 1 deste *Curso* em suas edições anteriores ao CPC de 2015 e do n. 8.5.6 do Capítulo 1 da Parte III do mesmo volume: "A classificação que a doutrina tradicional adota para a 'ação' mostra-se, assim, claramente insuficiente ou, pelo menos, restritiva porque descreve o fenômeno aqui tratado só no plano do que ela identifica como processo de conhecimento. É o que o n. 8.4, *supra*, destacou como uma identificação entre a 'atividade jurisdicional' e a 'tutela jurisdicional', embora rotuladas, uma e outra, com nomes diversos usualmente. Tanto assim que esta mesma doutrina, ao tratar do 'processo de execução' e do 'processo cautelar', volta ao tema da ação para explicar que naqueles 'processos' há outras 'ações', as 'ações de execução' e as 'ações cautelares'. O que não fica claro, contudo, é saber se, para aquela mesma doutrina, aquelas ações, as 'ações de execução' e as 'ações cautelares', *declaram, constituem, condenam, 'executivam'* (o neologismo é proposital) ou *mandam*".

Para este *Curso*, o que havia e, a despeito da nomenclatura imprópria, continua a haver no "processo de execução" é tutela jurisdicional *executiva* no preciso sentido evidenciado acima. É indiferente, para tanto, que a "certificação" do direito se dê por título executivo *judicial* ou por título executivo *extrajudicial*. Quanto àqueles, é irrelevante, outrossim, que se trate de título executivo formado no próprio processo em que tem lugar a etapa de cumprimento de sentença ou em outro, como ocorre nos casos do processo penal (art. 515, VI), do processo arbitral (art. 515, VII) ou, ainda, em processo que teve curso em algum país estrangeiro (art. 515, VIII).

A ênfase, em tais casos, não repousa – e, em rigor, nunca pôde repousar – na atividade *cognitiva* do magistrado, necessária, embora insuficiente, mas na atividade *executiva* a ser desenvolvida em prol da *concretização* da tutela jurisdicional. A *preponderância* da reflexão deve residir neste e não naquele ponto[35]. Até porque, cabe reiterar, a atividade cognitiva do magistrado para aquele fim, o de reconhecer quem faz jus à tutela jurisdicional, é desnecessária em todos os casos em que houver título executivo extrajudicial.

No que o Código de Processo Civil chama de "tutela *provisória*", que é o que está no lugar do antigo "processo cautelar", há indistintamente tutela jurisdicional *executiva* ou não executiva, a depender do interesse e do pedido do autor a ser manifestado em cada caso concreto. Pode ocorrer que a tutela jurisdicional coincida com a atividade intelectual do magistrado e pode ser que seja necessária a prática de atos para tanto, o que justifica, inclusive, o art. 297. Crítica que se poderia fazer a essa proposta é que ela não conseguiria responder a diversas questões clássicas que todo o livro de direito processual civil tem que enfrentar. Assim, por exemplo, a discussão sobre sentenças declaratórias terem efeitos retroativos e as constitutivas não, ou, ainda, sobre os regimes da prescrição e da decadência.

O que ocorre em tais casos, contudo, é que as respostas continuam a residir no seu devido lugar, no plano *material*. Também aqui a devida distinção entre os planos material e processual, tendo consciência dos limites de seu necessário diálogo, é indispensável. Trata-se de mais uma aplicação da necessária separação entre a "tutela *material* de direitos" e a "tutela *jurisdicional* de direitos".

Assim, é incorreto generalizar o entendimento de que os efeitos das sentenças declaratórias retroagem e os das constitutivas não o fazem, porque isso, em rigor, é peculiaridade do direito material. Se o Estado-juiz se limita a reconhecer a falsidade de um documento, esta situação de fato, porque meramente declarada, tem efeitos retroativos. A falsidade é um fato, preexistente ao processo, apenas reconhecido pelo magistrado; por tal razão, seus efeitos são

---

35. A preponderância da atividade satisfativa em detrimento da cognitiva é derivada da genial construção de Pontes de Miranda – e isto sempre foi sublinhado nas edições anteriores deste *Curso* – que se referia à *força* (como sinônimo de preponderância de eficácia) das cinco classes de *ações*, que ele, como ninguém, descreveu: *declaratórias*, *constitutivas*, *condenatórias*, *executivas* lato sensu e *mandamentais*. Para a construção original, ver *Tratado das ações*, t. I, esp. p. 117-142.

retroativos. Se, diferentemente, a inércia da jurisdição é rompida para que o Estado-juiz crie nova situação jurídica, renovando um contrato de locação, os efeitos respectivos não podem retroagir porque aquela situação não existia prévia e independentemente da intervenção jurisdicional. Uma vez mais, destarte, tudo se passa no plano *material* e não no processual.

A proposta classificatória aqui proposta, de resto, serve para chamar a atenção para que a rica discussão existente na doutrina clássica sobre, por exemplo, uma "ação consignatória" ou uma "ação de usucapião" ser *declaratória* ou *constitutiva* não diz respeito ao plano do processo, mas, também aqui, ao plano material e aos contornos que o direito material dá a cada um daqueles institutos. E o mais importante: mais do que querer entender como retroativos ou não determinados efeitos a partir de uma estanque catalogação de decisões jurisdicionais – decisões declaratórias retroagem; as constitutivas, não –, a classificação deste *Curso* permite que as partes e eventuais intervenientes em cada processo discutam, em amplo contraditório, *também* sobre aquela questão e construam a decisão mais adequada a seu respeito. Um singelo exemplo mostra o alcance da afirmação: o reconhecimento de que PTM é pai de NTOTF significa, automática e necessariamente, que verbas alimentares desde o nascimento de NTOTF são devidas? Não há como generalizar a resposta, que depende de um sem-número de condicionantes de direito material para ser enfrentada.

O encaminhamento quanto à prescrição e à decadência é idêntico: ambos são institutos de direito material e não processual. Não é por razão diversa, aliás, que cabe ao magistrado, ao reconhecer uma e outra, pronunciar decisão de mérito, no que é claro o art. 487, II, tanto quanto já o era o art. 269, IV, do CPC de 1973. Não cabe, destarte, se deixar impressionar pelas comuníssimas afirmações de que "ações declaratórias" são imprescritíveis, "ações constitutivas" estão sujeitas a decadência e a prescrição só diz respeito a "ações condenatórias"[36].

O que prescreve, deixa de prescrever ou decai não é – quem o afirma são os próprios civilistas, escudados, no particular, no aprimoramento do texto do art. 189 do Código Civil – a *ação*, mas sim a *pretensão* (que reside no plano material) e o próprio *direito*, respectivamente[37].

Nesse contexto, para o plano processual, destarte, basta verificar, desde a petição inicial, o que o autor pede e, com base nesse pedido, verificar se há, ou não, regra (invariavelmente de direito material) sobre prescrição ou sobre decadência. Se a pesquisa for positiva, a decisão é

---

36. Que vêm sendo adotadas desde a indispensável obra de Agnelo Amorim Filho, "Critério científico para distinguir a prescrição da decadência e para identificar as ações imprescritíveis", onde aquelas conclusões são alcançadas.
37. A lição de Nelson Nery Junior e de Rosa Maria de Andrade Nery (*Instituições de direito civil*, v. I, t. II, p. 362) é pertinentíssima a esse respeito (não obstante a discordância deste *Curso* com a parte final), até em função do diálogo que estabelecem com o plano processual: "Este critério é de fato o mais adequado porque não é exclusivamente processual, tampouco parte de premissa processual, como a princípio se poderia supor. Trata-se, em verdade, de critério fundado na pretensão de direito material e de seu exercício, que, por isso, culmina por informar os critérios para a classificação das ações. Isto porque a classificação dos direitos informa a classificação das ações".

de mérito, nos moldes do já mencionado art. 487, II. Assim, por exemplo, PVCM quer cobrar dívida relativa a serviços que prestou a METC. Cinco anos se passaram desde então. Saber qual é o prazo prescricional incidente na espécie envolve discussão do plano material, inclusive sobre a que título os serviços foram prestados. Se foram serviços prestados por profissional liberal ou, dentre eles, por um advogado, ou a outro título, o prazo variará. Assim, a pesquisa em torno do prazo prescricional é uma das inúmeras questões de direito *material* que dizem respeito ao tema. A depender das respostas a serem dadas, o art. 206, § 5º, II, do Código Civil impõe a rejeição do pedido do autor com base na ocorrência da prescrição.

Não há como negar a existência de diversas e fundamentais questões sobre prescrição e decadência para o plano do processo. Assim, por exemplo, sobre *como* ela pode ser reconhecida e de que maneira a citação influencia sua interrupção. Elas são tratadas ao longo deste *Curso*. Nenhuma delas, contudo, se relaciona com a compreensão que pressuporia ou, mais que isso, exigiria preservar critério classificatório das "ações" ou das "decisões" rejeitado por este *Curso*.

5. COGNIÇÃO JUDICIAL

A proposta deste *Curso* de estudar a *cognição judicial* logo após as classificações que apresenta para a *tutela jurisdicional* justifica-se porque o exame sobre conceder ou não a tutela jurisdicional depende invariavelmente da atividade cognitiva do magistrado. E esta atividade, invariavelmente destinada à prestação da tutela jurisdicional, como apontam os diversos critérios classificatórios, pode se alterar conforme o caso[38]. Isso não significa, evidentemente, que a cognição judicial não se relacione intimamente com diversos outros temas e institutos, inclusive os *fundamentais*, do direito processual civil, o que é objeto de outras passagens deste *Curso*. Aqui importa o exame da cognição judicial na perspectiva de que seu exercício autoriza a prestação da tutela jurisdicional.

Por *cognição judicial* deve ser entendido o estudo sobre as diversas formas pelas quais o legislador pode autorizar que o magistrado conheça, no sentido de apreciar, os conflitos de interesse para ele apresentados para solução.

Trata-se de saber, para bem implementar o modelo constitucional do direito processual civil, em que condições se pode otimizar a prestação jurisdicional, pensada a partir da *quantidade* e da *qualidade* de informações a serem levadas em conta pelo magistrado em cada caso concreto.

---

[38]. Sem prejuízo do que escrito acima, esta relação de a atividade cognitiva ser compreendida como "atividade-meio" para atingimento da tutela jurisdicional é que justifica o abandono de exposição que, nas edições anteriores ao CPC de 2015 deste *Curso*, ocupava o n. 8.4 do Capítulo 1 da Parte III de seu volume 1: "Tutela jurisdicional classificada pela atividade do juiz: cognitiva e executiva". Eventual coincidência entre a atividade cognitiva do juiz e a tutela jurisdicional rende ensejo à classificação que já era – e continua a ser – analisada como "tutela jurisdicional *não executiva*", objeto do n. 4.5, *supra*.

Quantidade, no sentido de se entender que em determinados casos o magistrado não precisa considerar todas as informações disponíveis para decidir. *Qualidade*, no sentido de que em determinados casos o magistrado está autorizado a decidir mesmo sem ter certeza. Esses *cortes* justificam-se na perspectiva de ser necessário buscar modelos que tornem mais *eficiente* a atuação do Estado-juiz e, consequentemente, mais *eficiente* a concretização da própria tutela jurisdicional.

É a proposta feita por Kazuo Watanabe, o mais célebre monografista da matéria[39]. Para o prestigiado processualista da Faculdade de Direito da Universidade de São Paulo, o estudo da cognição merece ser pensado em dois planos distintos: o *horizontal*, relativo à quantidade ou extensão das matérias a serem enfrentadas pelo magistrado; e o *vertical*, relativo à qualidade ou profundidade de reflexão que o magistrado está autorizado a fazer sobre as questões que lhe são endereçadas para resolução.

No plano *horizontal*, a cognição pode ser *parcial* ou *plena*, consoante haja, ou não, limitação aos tipos de pretensão ou de defesa a serem levadas e/ou apreciadas pelo magistrado.

Quando o Código de Processo Civil ou a legislação processual civil extravagante disciplinam os chamados "procedimentos especiais" (Título III do Livro I da Parte Especial) para determinadas situações, limitando os pedidos de tutela jurisdicional a serem formulados perante o Estado-juiz, bem assim as defesas exercitáveis, a hipótese deve ser compreendida como "cognição *parcial*"[40]. Assim, apenas para ilustrar, nas ações de consignação em pagamento (art. 539 a 549), nos inventários (art. 610 a 614)[41] e na lei de desapropriações, em que a defesa do expropriado fica limitada à discussão da justiça da indenização (art. 20 do Decreto-lei n. 3.365/41), para ficar com três exemplos bem conhecidos.

Não há, nesses casos e em tantos outros similares, qualquer *restrição* aos princípios do contraditório e da ampla defesa. A *restrição* dos tipos de pretensão e defesa arguíveis perante o Estado-juiz é legítima porque busca bem realizar os princípios do *devido processo constitucional*, da *efetividade* e da *eficiência* (art. 5º, LIV, XXXV e LXXVIII, da Constituição Federal, respectivamente), *otimizando* a prestação jurisdicional. Haveria ofensa reprovável àqueles princípios e, consequentemente, ao modelo constitucional do direito processual civil, se não fosse possível, *mediante outra e diversa provocação* do Estado-juiz, formular outros pedidos ou defesas.

---

39. A referência é feita ao seu indispensável *Da cognição no processo civil*, p. 111-113.
40. Antonio Carlos Marcato, *Procedimentos especiais*, p. 76.
41. Assim, v.g.: STJ, 3ª Turma, REsp 1.480.810/ES, rel. Min. Nancy Andrighi, j.un. 20-3-2018, *DJe* 26-3-2018, de cuja ementa se lê: "[...] 5 – O fato de o art. 984 do CPC/73 determinar ao juiz que remeta as partes às vias ordinárias se verificar a existência de questão de alta indagação não significa dizer que a parte está proibida de ajuizar ação autônoma perante o juízo cível se constatar, desde logo, a necessidade de dilação probatória incompatível com o rito especial do inventário". O art. 984 do CPC de 1973 corresponde ao art. 612 do CPC de 2015. Aplicando aquele mesmo entendimento: STJ, 3ª Turma, REsp 2.054.388/SP, rel. Min. Marco Aurélio Bellizze, j.un. 12-12-2023, *DJe* 14-12-2023.

A "cognição *plena*" caracteriza-se pela falta de qualquer limitação aos tipos de pedido e/ou defesa passíveis de serem apreciados pelo magistrado[42]. Ela é a típica cognição exercitada no procedimento comum. Em tais casos, qualquer pedido e de maneira correlata qualquer defesa são passíveis de serem levados à apreciação e resolução pelo Estado-juiz.

Quanto à *qualidade* ou *intensidade* ou *profundidade* no exercício da cognição, a chamada "cognição *vertical*", Kazuo Watanabe a divide em três espécies, *superficial*, *sumária* e *exauriente*. A diferença que existe entre essas três espécies de cognição no plano vertical repousa na circunstância de que, em alguns casos, o magistrado está autorizado a decidir sem ter certeza dos elementos importantes de sua decisão, o que, por definição, permite o proferimento de decisões mais céleres e até mesmo (embora em caráter excepcionalíssimo) independentemente da oitiva da parte contrária. É decidir, em determinadas situações, mais com a *aparência* do que parece ser certo e necessário do que decidir com certeza. O que distingue uma de outra espécie é a *profundidade* de pesquisa que o magistrado está autorizado a proceder para se convencer do acerto das alegações do autor ou do réu.

A tradição do direito processual civil é atrelar a decisão do magistrado ao grau de certeza, permitindo que ele a exteriorize após a formação irretorquível de sua convicção, aprofundando, na medida em que ele entender necessário, seu conhecimento do caso. É a cognição que se relaciona ao desenvolvimento amplo do contraditório – tão enfatizado, aliás, e de diversas formas, pelo Código de Processo Civil – e à viabilidade de produção de provas, inclusive como decorrência de iniciativa do próprio magistrado (art. 370). São casos em que o fator *tempo* não é relevante para o proferimento da decisão. É esta, para empregar a expressão de Watanabe, a cognição *exauriente*[43].

A noção de cognição exauriente pressupõe, por definição, a existência de "tempo" hábil para formação da convicção do juiz. Ela bem representa, porque se afina a ele, concretizando-o, os princípios do contraditório e da ampla defesa no sentido de "segurança jurídica". É a cognição que, na visão do legislador, justifica a liberação dos efeitos da tutela jurisdicional. São as decisões proferidas com base na cognição exauriente as aptas a transitar em julgado, passando a ostentar a característica da *imutabilidade*.

Em outras situações, no entanto, o magistrado não dispõe de *tempo* para formação de sua convicção. Premido, por exemplo, pela urgência do pedido de prestação jurisdicional, ele tem de decidir porque é *obrigado* a tanto, independentemente de ter condições de formar convicção *definitiva* em seu ânimo sobre o que está a acontecer entre o autor e o réu. Haverá casos, até mesmo, em que sequer a oitiva do réu sobre os fatos e documentos trazidos pelo autor em sua petição inicial será possível: não há *tempo hábil* para tanto. Para esses casos é que Watanabe fala em cognição *sumária*[44], típica de alguns procedimentos especiais,

---

[42]. Alexandre Freitas Câmara, *O novo processo civil*, p. 185.
[43]. *Da cognição no processo civil*, p. 115.
[44]. *Da cognição no processo civil*, p. 125.

e em cognição *superficial*[45], típica das decisões proferidas antes mesmo do estabelecimento do contraditório.

O que diferencia uma classe de cognição da outra é o grau de *aprofundamento* a que o magistrado está autorizado ou, quando menos, que tem condições de exercer em cada caso concreto. Justamente pela necessidade de se decidir, ainda que independentemente da formação de certeza, é correto entender que poderá o magistrado, na medida em que tenha condições de aprofundar sua cognição, redecidir, o que caracteriza, em larga parte, o que o n. 4.3, *supra*, chama de tutela provisória.

Assim, é correto acentuar a distinção entre as cognições *sumária* e *exauriente* no sentido de que nesta o magistrado decide diante da formação de um juízo de certeza; naquela, de *probabilidade*, *plausibilidade*, *verossimilhança*, *aparência* ou nomes correlatos, que se oponham de alguma forma à noção de certeza[46].

A cognição exauriente, como destacado, tende a se tornar *imutável* em virtude da chamada coisa julgada *material* (com eficácia externa). A cognição sumária, por definição, é instável, salvo a hipótese específica do art. 304, analisada pelo n. 6.5 do Capítulo 5 da Parte II.

O proferimento de decisões fundadas em cognição sumária, premidas pelo tempo, acarreta *legítimas* inversões do contraditório e da ampla defesa, o que afasta qualquer crítica de sua concepção diante do modelo constitucional do direito processual civil. O que decorre daquele modelo é a autorização constitucional para que o legislador e o próprio magistrado criem condições *diferenciadas* para que lesões e ameaças a direito sejam efetiva e eficientemente apreciadas pelo Estado-juiz. Nesse sentido, a cognição sumária é legítima autorização para se decidir de maneira mais eficiente possível.

Se o pedido de tutela jurisdicional que chega ao magistrado reclama *urgência*, e se urgência, para o que interessa ao tema, é noção avessa à de "tempo", por certo que o magistrado terá de decidir com os poucos elementos que lhe são apresentados pelo autor e, se for o caso, pelo réu. Quanto menos tempo, menos certeza o magistrado terá para decidir, mas, mesmo assim, *terá de decidir*. Os riscos derivados dessa situação são assumidos pelo legislador: em algumas situações, é preferível que a tutela jurisdicional seja apreciada sobre aparência do que não ser prestada[47].

Para além da *urgência*, o legislador faz opções para permitir a prestação da tutela jurisdicional independentemente de juízos de certeza, isto é, sem exercício de prévia cognição *exauriente*. É o que está espelhado nos incisos II e III do parágrafo único do art. 9º, nas hipóteses do art. 311, e em outros diversos institutos do Código de Processo Civil que, a seu tempo, são analisados por este *Curso*, inclusive na perspectiva de sua compatibilidade, ou não, com o modelo constitucional do direito processual civil.

---

45. *Da cognição no processo civil*, p. 121.
46. Expressão de largo uso para descrever o exercício da cognição sumária no sentido do texto é a latina *fumus boni iuris*, que em geral é traduzida por "fumaça do bom direito".
47. É nesse contexto que merece lembrança a afirmação de Rui Barbosa de que "justiça tardia não é justiça".

Parte II

Parte Geral do Código de Processo Civil

Capítulo 1

Normas processuais civis

1. CONSIDERAÇÕES INICIAIS

A Parte Geral do Código de Processo Civil é dividida em seis Livros, assim denominados: "Das normas processuais civis" (arts. 1º ao 15), "Da função jurisdicional" (arts. 16 ao 69), "Dos sujeitos do processo" (arts. 70 a 187), "Dos atos processuais" (arts. 188 a 293), "Da tutela provisória" (arts. 294 a 311) e, por fim, "Da formação, da suspensão e da extinção do processo" (arts. 312 a 315).

De acordo com a metodologia adotada por este *Curso* e anunciada desde a sua Apresentação, a Parte II do volume 1 é inteiramente dedicada ao assunto, correspondendo cada um dos Capítulos que a compõem a um dos Livros da Parte Geral. A iniciativa quer, ao mesmo tempo, ser didática e viabilizar o diálogo não só necessário, mas verdadeiramente inafastável, com tudo o que ao longo da Parte I deste volume foi apresentado à guisa de teoria geral do direito processual civil. Uma teoria geral, cabe sublinhar, que assume conscientemente o modelo constitucional do direito processual civil como ponto de partida de todo o pensamento jurídico e que revisita, a partir daquela perspectiva, os institutos fundamentais do direito processual civil para eleger como centro gravitacional da disciplina a tutela jurisdicional. É o que, no Capítulo 5, que fecha aquelas considerações, é chamado de *neoconcretismo*.

O Livro I da Parte Geral do Código de Processo Civil, ao qual se volta o presente Capítulo, é composto por um Título único ("Das normas processuais e da aplicação das normas processuais") e é dividido em dois Capítulos. O primeiro deles, que vai do art. 1º ao art. 12, é chamado "Das normas fundamentais do processo civil". O segundo, "Da aplicação das normas processuais", ocupa do art. 13 ao art. 15. A seu exame dedicam-se os números seguintes.

2. NORMAS FUNDAMENTAIS DO PROCESSO CIVIL

O Capítulo I do Título Único do Livro I da Parte Geral do Código de Processo Civil trata, em seus doze artigos, das normas fundamentais do processo civil. São as normas que querem ser fundantes não só do próprio Código, mas também de todo o direito processual civil.

À exceção do art. 12, os demais dispositivos encontram assento expresso, às vezes com o emprego do mesmo texto, no modelo constitucional do direito processual civil e, nesse sentido, seriam todos desnecessários, a começar pelo primeiro (e principal) deles, o art. 1º.

O caráter didático de cada um daqueles onze artigos, contudo, é inegável e por isso mesmo merece ser enaltecido e bem compreendido para viabilizar a interpretação e a aplicação do Código de Processo Civil – e, mais do que ele, de todo o direito processual civil –, mais harmônico com os valores do Estado constitucional brasileiro.

Em "disciplinas codificadas", como é o direito processual civil, há uma forte (e natural) tendência de entender que o Código compreende tudo o que merece atenção. Todo o cuidado é pouco para a demonstração contrária. Foi-se o tempo (se é que ele realmente existiu) em que o Código de Processo Civil poderia ser confundido com o próprio direito processual civil, no máximo acompanhado de suas leis extravagantes, mas igualmente *leis* processuais. O *constitucionalismo,* aliado às bases do pensamento contemporâneo do direito processual civil – se é que é possível, neste instante histórico, discernir uma coisa da outra –, obriga ir além. O Código de Processo Civil, em seus onze primeiros dispositivos, acolhe – e o faz expressamente – essa forma de pensar e refletir sobre o direito processual civil e sobre sua indispensável sistematização, *normatizando-a.*

O fato é que o Código de Processo Civil está repleto de aplicações explícitas dos princípios constitucionais. Não fosse suficiente o alcance do disposto no seu art. 1º sobre "o processo civil ser ordenado, disciplinado e interpretado conforme os valores e as normas fundamentais estabelecidas na Constituição", os seus primeiros onze dispositivos são, cada um a seu modo, vocacionados a expressar princípios constitucionais e, por isso mesmo, estão alocados em Capítulo que porta a pomposa nomenclatura de "Das normas fundamentais do processo civil".

São, sem dúvida, normas fundamentais. Não são, contudo, as únicas. É por isso mesmo que, em inúmeras outras passagens, o Código de Processo Civil volta a tratar de forma inequívoca, expressa – e até mesmo repetitiva –, de outros tantos princípios constitucionais do direito processual civil. Se é certo que, em rigor, justamente como decorrência da força normativa da Constituição, não poderia ser diferente, o didatismo assumido pelo Código de Processo Civil nesse particular é digno de nota. Que, ao menos em função dele, tratar de modelo constitucional do direito processual civil ou, mais especificamente, dos princípios constitucionais do direito processual civil, seja algo que não soe tão revolucionário quanto parecia outrora, inclusive quando veio à tona a 1ª edição do volume 1 deste *Curso* no ano de 2007.

O objetivo deste Capítulo, rente à metodologia anunciada desde o início deste *Curso,* é o de, assumindo o caráter didático dos primeiros onze artigos do Código de Processo Civil, indicar o alcance que eles merecem ter, demonstrando de que maneira eles dialogam com o modelo constitucional, deixando mais concretas determinadas opções normatizadas desde aquele nível normativo.

Com efeito, para além de indagações relacionadas ao mundo normativo, cabe enaltecer o lado verdadeiramente *didático* dos primeiros onze artigos do Código de Processo Civil, que permite uma compreensão mais ampla não só da nova codificação, mas também do próprio direito processual civil como um todo. Mesmo aos menos avisados, o conteúdo dos arts. 1º ao 11 do Código de Processo Civil é significativo da necessidade de pensar o Código e o direito processual civil de maneira mais ampla, a partir da Constituição e do modelo que ela *impõe* a eles, não limitado, portanto, às amarras textuais e às escolhas que o legislador *infraconstitucional* tenha feito. Este, aliás, é um dos diversos paradoxos do CPC: enaltecer, como enaltece, o modelo constitucional do direito processual civil desde seu art. 1º e descumpri-lo, com maior ou menor frequência, inclusive na etapa final de seu processo legislativo. É assunto que ocupa largos espaços no desenvolvimento deste *Curso*.

A exposição seguinte quer dar o destaque suficiente a cada uma das normas fundamentais eleitas pelo próprio CPC de 2015.

2.1 Ainda o modelo constitucional do direito processual civil

O art. 1º do CPC deriva do Anteprojeto elaborado pela Comissão de Juristas presidida pelo Ministro Luiz Fux e que foi repetido no Projeto do Senado Federal. O Projeto da Câmara subtraiu a previsão, colocando em seu lugar a de que "o processo civil será ordenado e disciplinado conforme as normas deste Código". Tratava-se de verdadeiro *retrocesso* que dava a falsa impressão de que "as normas deste Código" seriam bastantes para ordenar e disciplinar o processo civil (sempre compreendido de forma ampla, como *direito processual civil*), internando, no Código, o problema evidenciado no número anterior.

Felizmente, prevaleceu a versão original, até porque o contraste de qualquer lei com a Constituição é tarefa insuprimível no ordenamento jurídico nacional da atualidade. Trata-se de consequência inarredável do controle de constitucionalidade que, na sua modalidade *incidental*, pode e deve ser feito por qualquer magistrado em qualquer instância, observado, no âmbito dos tribunais, de qualquer um deles, o art. 97 da Constituição Federal.

O dispositivo alberga expressamente a necessidade de o Código de Processo Civil ser "ordenado, disciplinado e interpretado" com observância do "modelo constitucional" ou, como nele está escrito, "conforme os valores e as normas fundamentais estabelecidos na Constituição da República Federativa do Brasil". É certo que, em rigor, a norma é desnecessária em função, justamente, da "força normativa da Constituição". Trata-se, de qualquer sorte, de iniciativa importante para fins didáticos, quiçá educacionais e que, por isso mesmo, deve ser muito bem recebida pela comunidade do direito processual civil como um todo. Até porque, não fosse por ele, diversos outros dispositivos distribuídos no Capítulo I do Título Único do Livro I da Parte Geral do Código de Processo Civil preveem expressamente a incidência do modelo constitucional, notadamente dos princípios constitucionais do direito processual civil, o que deve ser compreendido como ênfase da importância de a perspectiva constitucional influenciar necessariamente na compreensão da interpretação e da aplicação das normas processuais civis.

É desnecessário repetir, aqui, o que expõe o Capítulo 3 da Parte I acerca do modelo constitucional do direito processual civil. Até para deixar bem claro que aquele modelo não deriva e não depende, em nenhuma circunstância, do art. 1º. Ainda que tivesse prevalecido o esdrúxulo art. 1º do Projeto da Câmara dos Deputados, transcrito acima, a resposta seria a mesma. O modelo que anima todo o desenvolvimento deste *Curso* e que motiva a revisitação dos institutos fundamentais do direito processual civil e a sua proposta teórica central, o *neoconcretismo*, decorre *diretamente* da própria Constituição. O art. 1º, destarte, tem apelo meramente didático para evidenciar a *necessidade* da adoção daquela perspectiva metodológica.

O estudo do direito processual civil em tal perspectiva, como já enfatizado, não se limita a pesquisar os temas de direito processual civil que são objeto da própria Constituição Federal. Muito mais do que isso, trata-se de aplicar *diretamente* as diretrizes constitucionais com vistas à obtenção das fruições públicas resultantes da atuação do Estado, inclusive no exercício de sua função jurisdicional, o Estado-juiz. A lei, nesse sentido, deve-se adequar necessariamente ao atingimento daqueles fins; não o contrário. E o Código de Processo Civil não está imune a esse contraste nem a essa crítica, não obstante e justamente por força do seu art. 1º.

Para o atingimento desse fim há três direções a seguir, todas elas decorrentes do modelo constitucional do direito processual civil tal qual expõe o Capítulo 3 da Parte I.

A primeira diz respeito à discussão do próprio processo legislativo que deu origem ao Código de Processo Civil. Há, com efeito, indagações importantes – e frequentemente desprezadas ou esquecidas (ou desconhecidas) – sobre a tramitação dos projetos de lei que deram origem ao novo Código. Para além de questões meramente teóricas sobre os limites da revisão e da modificação dos projetos nos termos do art. 65 da Constituição Federal, as consequências dessa temática rendem ensejo a complexos problemas interpretativos e práticos.

A segunda, embora relacionada com o processo legislativo, ostenta perspectiva diversa. Ela traz à tona a discussão sobre os limites legislativos de leis *federais*, editadas pela União Federal (como é o caso do CPC), seja em direção à identificação da competência normativa para os Estados-membros, para o Distrito Federal e para suas respectivas organizações judiciárias, seja, também, na perspectiva mais ampla da iniciativa legislativa para a edição de determinadas normas. É levar em conta, para aplicar concretamente, o que expõem os n. 6 e 6.2 do Capítulo 3 da Parte I.

A terceira direção, que é a mais ampla e variada – e também a mais difundida das três –, diz respeito à análise das escolhas feitas pelo Código de Processo Civil sobre os mais diversos assuntos, buscando saber se a iniciativa do legislador ao disciplinar técnicas e institutos de uma ou de outra forma foi além dos limites a ele *impostos* pela Constituição Federal.

Essas três direções, verdadeiras – e inevitáveis – pautas de reflexão crítica do Código de Processo Civil, não são excludentes, mas verdadeiramente *complementares*, e estão presentes em todas as discussões travadas ao longo deste *Curso*.

Existem cinco ações diretas de inconstitucionalidade em trâmite no STF (a ADI 5.492, em que é autor o Estado do Rio de Janeiro; a ADI 5.534, em que é autor o Estado do Pará; a ADI 5.737, em que é autor o Distrito Federal; a ADI 5.941, proposta pelo Partido dos Trabalhadores; e a ADI 5.953, a cargo da Associação dos Magistrados Brasileiros) que, juntas, questionam diversos dispositivos do Código de Processo Civil nas duas últimas perspectivas acima destacadas. Há primorosa decisão do Órgão Especial do Tribunal Regional Federal da 2ª Região que reconheceu, corretamente, a inconstitucionalidade *formal* do parágrafo único do art. 978, porque violador dos limites impostos pela Constituição Federal ao *processo* legislativo, também ele necessariamente *devido* na perspectiva constitucional[1]. Trata-se de entendimento que se ocupa da primeira das perspectivas acima destacadas.

A notícia daquelas iniciativas neste instante da exposição é suficientemente esclarecedora da importância, da atualidade e da indispensabilidade da devida compreensão acerca das diversas aplicações do modelo constitucional de direito processual civil. O exame dos temas versados em cada uma delas é feito ao longo do desenvolvimento deste *Curso*.

2.2 O princípio da inércia da jurisdição

O art. 2º, ao estabelecer que "o processo começa por iniciativa da parte e se desenvolve por impulso oficial, salvo as exceções previstas em lei", agasalha, em primeiro lugar, o princípio da inércia da jurisdição. Como visto no n. 2.2.6 do Capítulo 4 da Parte I, essa *necessária* inércia jurisdicional tem a função de garantir a imparcialidade do juízo, impondo ao interessado na prestação da tutela jurisdicional que tome a iniciativa de requerer o que entender devido ao Estado-juiz. A própria concepção da ação como direito subjetivo público que envolve *também* o direito de romper a inércia da jurisdição está adequadamente resguardado, no plano infraconstitucional, pelo art. 2º.

Na perspectiva infraconstitucional, o mesmo art. 2º dá ensejo à construção do consagrado "princípio dispositivo" ou da "inércia jurisdicional", basilar ao direito processual civil, amalgamando em um só dispositivo o que no CPC de 1973 vinha veiculado em seus arts. 2º e 262[2].

Aquele princípio deve ser compreendido no sentido de que tudo aquilo que, na perspectiva do direito material, depender de iniciativa do interessado deve também, na perspectiva do direito processual civil, depender dela. Trata-se de princípio, pois, que pressupõe a adequada compreensão do *necessário* diálogo entre os planos do direito *material* e do direito *processual*.

---

1. A referência é feita ao Conflito de Competência n. 0004214-80.2016.4.02.0000, rel. Des. Federal Poul Erik Dyrlund, j.m.v. 5-4-2018.
2. Cujas redações eram as seguintes: "Art. 2º Nenhum juiz prestará a tutela jurisdicional senão quando a parte ou o interessado a requerer, nos casos e forma legais" e "Art. 262 O processo civil começa por iniciativa da parte, mas se desenvolve por impulso oficial".

As "exceções previstas em lei" são os casos em que o ordenamento impõe a predominância do "princípio *inquisitório*", isto é, em que a atuação oficiosa do magistrado é admitida (em rigor, é *imposta*). Tal atuação, contudo, não significa – e não pode querer significar – dispensa ou eliminação de *prévio* contraditório, exigência esta que, na perspectiva do Código de Processo Civil, é enfatizada pelos arts. 6º, 9º e 10, reiterando, no particular, o que, superiormente, decorre *diretamente* do art. 5º, LIV, da Constituição Federal.

2.3 Acesso à justiça e meios alternativos de solução de conflitos

O *caput* do art. 3º ("Não se excluirá da apreciação jurisdicional ameaça ou lesão a direito") traz à mente o art. 5º, XXXV, da Constituição Federal. Trata-se do princípio do "acesso à Justiça" ou da "inafastabilidade da jurisdição", na perspectiva que ora interessa.

As exceções feitas pelos parágrafos – da arbitragem e dos "meios alternativos (*adequados*) de solução de conflitos" – são plenamente compatíveis com o referido princípio e devem ser – como, felizmente, o são – incentivadas pelas leis[3] e atos normativos em geral[4] e, de maneira absolutamente incisiva e reveladora, também pelo Código de Processo Civil[5]. Prova segura da afirmação está na obrigatoriedade da realização, como regra, de *audiência de conciliação ou de mediação* no procedimento comum antes mesmo de o réu apresentar sua contestação (art. 334, *caput* e § 4º, I)[6].

---

3. Apenas a título ilustrativo, cabe lembrar, a respeito da Lei n. 13.988/2020, que "estabelece os requisitos e as condições para que a União, as suas autarquias e fundações, e os devedores ou as partes adversas realizem transação resolutiva de litígio relativo à cobrança de créditos da Fazenda Pública, de natureza tributária ou não tributária" e a Lei n. 14.057/2020 que, regulamentando o disposto no § 20 do art. 100 da CF, "disciplina o acordo com credores para pagamento com desconto de precatórios federais e o acordo terminativo de litígio contra a Fazenda Pública[...]". Também a Lei n. 14.112/2020, ao modificar a Lei n. 11.101/2005, incentiva o emprego de meios alternativos no âmbito da recuperação judicial, inclusive de forma antecedente, como se pode ver de seus arts. 20-A a 20-D. A nova alínea "j" do inciso I do art. 22 impõe como dever ao administrador judicial: "j) estimular, sempre que possível, a conciliação, a mediação e outros métodos alternativos de solução de conflitos relacionados à recuperação judicial e à falência, respeitados os direitos de terceiros, na forma do § 3º do art. 3º da Lei n. 13.105, de 16 de março de 2015 (Código de Processo Civil)".
4. Assim, por exemplo, o Decreto n. 10.197/2020, do Presidente da República, que "estabelece o Consumidor.gov.br como plataforma oficial da Administração Pública Federal direta, autárquica e fundacional para a autocomposição nas controvérsias em relações de consumo".
5. Importante regra a este respeito está no art. 26 da LINDB, incluído pela Lei n. 13.655/2018, cujo *caput* dispõe que: "Para eliminar irregularidade, incerteza jurídica ou situação contenciosa na aplicação do direito público, inclusive no caso de expedição de licença, a autoridade administrativa poderá, após oitiva do órgão jurídico e, quando for o caso, após realização de consulta pública, e presentes razões de relevante interesse geral, celebrar compromisso com os interessados, observada a legislação aplicável, o qual só produzirá efeitos a partir de sua publicação oficial".
6. O que não significa dizer que a lei pode *obrigar* generalizadamente a prévia submissão a meios alternativos como forma de *condicionar* o acesso ao Estado-juiz. Embora tratando de dispositivos introduzidos na CLT, é o entendimento que já prevaleceu no Pleno do STF no julgamento das ADI 2.139 e 2.160, rel. Min. Cármen Lúcia, j.un. 1-8-2018, *DJe* 19-2-2019, cujos acórdãos receberam a ementa seguinte: "AÇÃO DIRETA DE INCONSTITUCIONALIDADE. §§ 1º A 4º DO ART. 625-D DA CONSOLIDAÇÃO DAS LEIS DO TRABALHO

O incentivo aos meios alternativos de solução de conflitos não quer significar e não pode querer ser entendido, contudo, como se a prestação da tutela jurisdicional pelo Estado-juiz, no exercício de sua função típica, seja uma "justiça" de segunda classe ou antiquada, representativa, necessariamente, de formas e ritos formais que remontam ao passado do direito processual civil, quiçá às suas origens. Que ela pode ser residual, no sentido de que os interessados buscaram, de todas as maneiras, uma composição consensual e não a conseguiram, devendo, por isso, reportar-se ao Poder Judiciário – porque é e continua a ser vedada a "autotutela" –, é uma constatação que não pode ser negada. A mentalidade, entretanto, não pode ser a de uma derrota apriorística, fadados os interessados a se perderem nos escaninhos judiciais em busca do reconhecimento de seu direito pelo Estado-juiz. Decisivamente não é isso o desejado pelo Código de Processo Civil e antes e independentemente dele pelas novas (e renovadas) formas de pensar o direito processual civil.

Assim, importa ter presente, na boa aplicação do art. 3º – e de tudo o que, para atingimento da finalidade dos seus parágrafos, é trazido pelo próprio Código de Processo Civil –, que a *mentalidade* do cultor do direito processual civil dos dias de hoje, tanto daquele que o estuda como daquele que o pratica, *deve ser* diversa daquela que, em tempos passados, caracterizava o processualista. O próprio *processo*, nessas condições, porta elementos não convencionais ou *alternativos* de solução de conflitos em seu *procedimento* padrão, rotulado de *comum*. Não só na perspectiva do direito processual normatizado, como faz prova sufi-

---

– CLT, ACRESCIDO PELA LEI N. 9.958, DE 12.1.2000. COMISSÃO DE CONCILIAÇÃO PRÉVIA – CCP. SUPOSTA OBRIGATORIEDADE DE ANTECEDENTE SUBMISSÃO DO PLEITO TRABALHISTA À COMISSÃO PARA POSTERIOR AJUIZAMENTO DE RECLAMAÇÃO TRABALHISTA. INTERPRETAÇÃO PELA QUAL SE PERMITE A SUBMISSÃO FACULTATIVAMENTE. GARANTIA DO ACESSO À JUSTIÇA. INC. XXXV DO ART. 5º DA CONSTITUIÇÃO DA REPÚBLICA. AÇÃO JULGADA PARCIALMENTE PROCEDENTE PARA DAR INTERPRETAÇÃO CONFORME A CONSTITUIÇÃO AOS §§ 1º A 4º DO ART. 652-D DA CONSOLIDAÇÃO DAS LEIS DO TRABALHO – CLT. 1. O Supremo Tribunal Federal tem reconhecido, em obediência ao inc. XXXV do art. 5º da Constituição da República, a desnecessidade de prévio cumprimento de requisitos desproporcionais ou inviabilizadores da submissão de pleito ao Poder Judiciário. 2. Contraria a Constituição interpretação do previsto no art. 625-D e parágrafos da Consolidação das Leis do Trabalho pelo qual se reconhecesse a submissão da pretensão à Comissão de Conciliação Prévia como requisito para ajuizamento de reclamação trabalhista. Interpretação conforme a Constituição da norma. 3. Art. 625-D e parágrafos da Consolidação das Leis do Trabalho: a legitimidade desse meio alternativo de resolução de conflitos baseia-se na consensualidade, sendo importante instrumento para o acesso à ordem jurídica justa, devendo ser estimulada, não consubstanciando, todavia, requisito essencial para o ajuizamento de reclamações trabalhistas. 4. Ação direta de inconstitucionalidade julgada parcialmente procedente para dar interpretação conforme a Constituição aos §§ 1º a 4º do art. 625-D da Consolidação das Leis do Trabalho, no sentido de assentar que a Comissão de Conciliação Prévia constitui meio legítimo, mas não obrigatório de solução de conflitos, permanecendo o acesso à Justiça resguardado para todos os que venham a ajuizar demanda diretamente ao órgão judiciário competente". Nas ADI 5.981 e 7.168, o STF considerou constitucional lei que impunha ao Estado a necessidade de desistência de demandas judiciais voltadas à discussão de dívida com a União Federal para aderir a regime de recuperação fiscal. Acentuou-se, na oportunidade, a facultatividade da adesão e a inviabilidade de comportamento contraditório do contribuinte, o que traz à mente o art. 5º do CPC. Na oportunidade, foi fixada a seguinte tese: "É constitucional a exigência legal de renúncia expressa e irrevogável pelos Estados-membros ao direito em que se fundam ações judiciais que discutem dívida ou contrato objeto de renegociação com a União".

ciente o próprio Código de Processo Civil, mas também na forma de ele ser pensado, interpretado, sistematizado e aplicado.

A afirmação do parágrafo anterior não permite que seja esquecida a circunstância de diversas leis extravagantes veicularem – e cada vez mais frequentemente – disciplina específica acerca de meios alternativos de resolução de conflitos, inclusive não jurisdicionais. É o caso de destacar, para ilustrar o assunto, a Lei n. 13.140/2015, que traz importantes novidades para o tema da mediação, inclusive a *extrajudicial* (ver, em especial, seus arts. 21 a 23), e sobre a autocomposição de conflitos no âmbito da administração pública (ver, em especial, seus arts. 32 a 40). Trata-se de verdadeiro marco legislativo, que se harmoniza por completo com os parágrafos do art. 3º do Código de Processo Civil, devendo ser interpretado e aplicado buscando sua máxima compatibilização com o Código e com a busca consensual (inclusive extrajudicial) dos conflitos, envolvendo também a Administração Pública de todos os níveis.

Também a arbitragem, fruto de disciplina específica pela Lei n. 9.307/96, foi reforçada mais recentemente – e em estreita harmonia com a ideia de serem aprimorados os meios não jurisdicionais de solução de conflitos – pela Lei n. 13.129/2015, que alargou seu campo de abrangência inclusive para tornar arbitráveis os conflitos envolvendo a administração pública direta e indireta[7].

2.4 Princípio da eficiência processual

O art. 4º reproduz, no plano infraconstitucional, o "princípio da eficiência processual" constante do art. 5º, LXXVIII, da Constituição Federal, incluído pela EC n. 45/2004, do qual trata o n. 2.16 do Capítulo 3 da Parte I.

Aqui, cabe enfatizar, em caráter de absoluta essencialidade, a compreensão de que o precitado dispositivo constitucional não busca um processo *rápido* no sentido de que somente o *tempo* (o menor) de sua duração, independentemente de quaisquer outros fatores, é relevante. A questão merece ser tratada muito mais em tons de *otimização* da prestação da tutela jurisdicional e, portanto, de *eficiência*, vale dizer, da obtenção do maior número de resultados com o menor número possível de atos processuais. Não há como descurar, contudo, do modelo constitucional e do *tempo* que ele, como forma de viabilizar *também* as garantias a todos os envolvidos no processo, consome.

Chama a atenção, na letra do art. 4º, a expressa inclusão, *pertinente*, da "atividade *satisfativa*" ao lado (e sem prejuízo) da "solução integral do mérito". É o reconhecimento expresso, pelo Código de Processo Civil, da compreensão que este *Curso* vem defendendo desde sua

---

7. A este propósito, cabe destacar o Decreto n. 10.025/2019, que dispõe sobre a arbitragem para dirimir litígios que envolvam a administração pública federal nos setores portuário e de transporte rodoviário, ferroviário, aquaviário e aeroportuário.

1ª edição e que é uma das bandeiras do *neoconcretismo* quanto a não poder a ênfase recair apenas na etapa cognitiva do processo. Ela deve incidir, e com idêntica intensidade, *também* na etapa *satisfativa*, o chamado "cumprimento de sentença". Até porque, não há como perder isto de vista, pode ocorrer de a etapa cognitiva do processo ser totalmente desnecessária quando se tratar de execuções fundadas em títulos executivos *extrajudiciais*. Cabe ao executado, em tais hipóteses, se esse for o caso, requerer o contrário, isto é, o reconhecimento de que o direito subjacente ao título executivo *não existe*.

Importa frisar, portanto, que o art. 4º permite, por si só, a compreensão de que a atividade jurisdicional pode não se esgotar com o reconhecimento (declaração) dos direitos, indo além, no caminho de sua *concretização*.

Por isso mesmo, o art. 4º também tem sua função didática ao permitir compreender mais adequadamente o modelo de "processo *sincrético*", indubitavelmente albergado pelo Código de Processo Civil, assim compreendido o processo que se divide em *fases* (ou *etapas*) sem solução de continuidade, nas quais se distribuem "*atividades* cognitivas" (de conhecimento) e "*atividades* satisfativas" (de cumprimento ou de execução) de diversa ordem, mas sempre com a finalidade principal de verificar para quem a tutela jurisdicional deve ser prestada e *também* criar condições de sua efetiva prestação, isto é, a satisfação do direito tal qual reconhecido existente pelo Estado-juiz ou, em uma palavra, a preferida por este *Curso*, sua *concretização*.

2.5 Boa-fé

O art. 5º impõe a todos os que participarem do processo – todos os *sujeitos processuais*, portanto – o *dever* de se comportar de acordo com a boa-fé. No contexto do dispositivo, é correto entender que se trata da boa-fé *objetivamente* considerada e, por isso, vai além dos deveres de probidade de que trata o art. 77 e, de resto, não se confunde com nem se restringe às diversas situações em que a ausência de boa-fé *subjetiva* é reprimida pelo Código de Processo Civil, embora, não há como negar, as reforce. Por isso, é correto entender que é indiferente vontade do agente para violar o art. 5º[8].

A doutrina ensina que a boa-fé *objetiva* é verdadeira cláusula geral – e é tratada como tal pelo art. 5º –, que encerra uma série de comportamentos desejados ou esperados dos agentes em geral e aqui, no plano do processo, de todos os sujeitos processuais que, em última análise, conduzem à proteção da confiança legítima.

Nesse amplo contexto, as aplicações da boa-fé objetiva são as mais variadas. Ela pode ser empregada como vetor hermenêutico, pode ser fonte de criação de deveres e, por isso mesmo,

---

[8]. Neste sentido é o Enunciado n. 1 da I Jornada de Direito Processual Civil do CJF: "A verificação da violação à boa-fé objetiva dispensa a comprovação do *animus* do sujeito processual".

modalidade de regulamentação do exercício de direitos. Há espaço para refletir um pouco sobre essas três facetas.

De acordo com a primeira faceta, a boa-fé objetiva é elemento que deve ser levado em conta necessariamente na interpretação dos atos jurídicos em geral e inclusive – nem poderia ser diferente – dos atos processuais. Há dois momentos em que o próprio Código de Processo Civil faz uso (expresso) dessa vertente. O primeiro está no § 2º do art. 322 sobre a interpretação do pedido formulado pelo autor quando ingressa em juízo: "A interpretação do pedido considerará o conjunto da postulação e observará o princípio da boa-fé". Similarmente, o § 3º do art. 489, ao ensejo da interpretação das decisões judiciais – que, em rigor, são a(s) resposta(s) ao(s) pedido(s) da(s) parte(s) –, é expresso no sentido de que "a decisão judicial deve ser interpretada a partir da conjugação de todos os seus elementos e em conformidade com o princípio da boa-fé".

A segunda faceta da boa-fé objetiva acima destacada relaciona-se a outros princípios como o da lealdade processual. Trata-se, nesse contexto, de entendê-la como meio de enaltecer o necessário cumprimento dos *deveres* processuais que garantam o atingimento daqueles valores, vedando quaisquer abusos processuais. Aqui também o Código de Processo Civil é expresso em diversas de suas passagens a respeito, sancionando, inclusive, o comportamento violador dos deveres processuais. É destacar, para fins ilustrativos, os parágrafos do já mencionado art. 77 em resposta à inobservância dos deveres indicados em seu *caput* e o parágrafo único do art. 774, que sanciona os atos atentatórios à dignidade da justiça no âmbito do cumprimento de sentença e da execução. A concessão de tutela provisória com fundamento no *abuso* do direito de defesa (art. 311, I) é também importante exemplo de *concretização* da boa-fé objetiva.

É nesse sentido também que a doutrina processual tem destacado a importância de transportar manifestações da boa-fé objetiva no campo do direito privado para justificar o que acima está chamado de regulamentação no exercício de direitos. São as situações que vedam o comportamento contraditório, assim compreendida a prática de ato (posterior) apto a frustrar a legítima expectativa de preservação da coerência de outro ato (anterior) por determinado sujeito (*venire contra factum proprium*) e suas variantes, como a *supressio* (tornar impossível a prática de um ato porque a omissão em praticá-lo é capaz de gerar confiança legítima em outro sujeito), a *surrectio* (o direito decorrente da *surrectio* em virtude do ato que a gerou) e o *tu quoque* (prática de ato que, ao romper a legítima confiança entre os sujeitos, introduz novo elemento prejudicial na relação jurídica).

Não há espaço para duvidar da importância da compreensão da boa-fé objetiva nos amplos moldes ora anunciados e de sua função, em boa hora tornada expressa pelo art. 5º.

Não obstante, importa constatar que o referido art. 5º não deve permitir o transporte, puro e simples, de formulações típicas do direito privado para o campo processual, em que, quando considerado em si mesmo, predomina o direito público. Uma coisa é entender (corretamente) que os sujeitos do processo, todos eles, devam se comportar de acordo com *standards* de boa-fé objetiva, de lealdade e de eticidade, até por causa (se não em função) dos princípios do devido processo *constitucional* e da cooperação (art. 6º). Na perspectiva do magistrado, até mesmo a *moralidade* que deve permear toda a atuação estatal (art. 37, *caput*, da CF) merece ser levada em conta para tanto, para fundamentar o *dever* de atuar de boa-fé, com a lealdade e com a eticidade desejadas e hipertrofiadas. Outra situação, bem diferente, é querer reinterpretar (reinventar, talvez) o direito processual civil com base naquela concepção, como se fosse bastante para a devida prestação jurisdicional enfatizar o ânimo dos sujeitos processuais e a sua autonomia da vontade.

É esta a razão pela qual este *Curso* não entende que a boa-fé possa querer se sobrepor a institutos processuais seculares e que são plenamente dominados pela doutrina, pela jurisprudência e pela prática do direito processual civil e, não fosse suficiente, que continuam a receber disciplina expressa pela nova codificação. Assim, não há espaço para falar, por exemplo, em *supressio* nos casos em que o que ocorreu foi a perda, pura e simples, de um prazo processual (uma *preclusão*, portanto).

Importa, isto sim, que o art. 5º conduza o intérprete a caminhos *diversos*, *não tipificados* pelo direito processual civil, nem pelo Código de Processo Civil. Quando menos, que os seus institutos conhecidos possam ser fortalecidos e robustecidos quando reanalisados na perspectiva do art. 5º. Como cláusula geral de conduta processual, é a prática do novo Código que demonstrará até onde o art. 5º conseguirá chegar, para além do casuísmo criado expressamente por ele próprio[9].

Um exemplo mostra suficientemente a abrangência dessa afirmação. Ao ensejo do saneamento e organização de um processo em que é autor PMDP (art. 357, II, do CPC), pedido de prova formulado pelo réu MDT é *deferido*. Semanas depois, contudo, o caso é sentenciado por magistrado diverso, que assumiu o processo, entendendo que o caso comportava julgamento antecipado do mérito (art. 355). A doutrina e a jurisprudência rotulam comumente a hipótese como de cerceamento de defesa. Cerceamento há, mas ele é *consequência*. A sua *causa* é a violação ao art. 5º, justamente pela legítima expectativa de direito gerada em prol do réu MDT quando do *deferimento* da prova ainda que por magistrado diverso. Para quem nega a existência de preclusões para o juiz, a hipótese mostra-se ainda mais pertinente e carente de uma releitura.

2.6 Cooperação

O art. 6º trata da *cooperação,* querendo estabelecer um modelo de processo *cooperativo*, nitidamente inspirado no modelo constitucional e dele decorrente, vocacionado à prestação

---

9. Pertinentíssimas a esse propósito as considerações de Darci Ribeiro Guimarães em seus "Comentários ao art. 5º", esp. p. 101-102.

efetiva da tutela jurisdicional, com ampla participação de todos os sujeitos processuais, do início ao fim da atividade jurisdicional.

Mesmo antes do advento do Código de Processo Civil, contudo, já era possível (e desejável) extrair a *cooperação* dos princípios constitucionais do contraditório, do devido processo *constitucional* e da eficiência processual, enfatizando o elemento de ampla *participação* no processo (o devido na perspectiva *constitucional*) com vistas a *contribuir* não só para seu desenvolvimento, mas também para o proferimento das decisões e a satisfação do direito tal qual reconhecido[10].

A iniciativa do Código de Processo Civil de *explicitar* aquele conteúdo, como faz em seu art. 6º, é inequivocamente pertinente e desempenha bastante bem o papel didático anunciado desde o início deste Capítulo.

É bastante frequente na doutrina brasileira a difusão do entendimento de Miguel Teixeira de Sousa, Professor Catedrático da Faculdade de Direito da Universidade de Lisboa, que ensina que a cooperação toma como base determinados deveres a serem observados, *inclusive* pelo magistrado. Estes deveres são o de *esclarecimento* (no sentido de o magistrado solicitar às partes explicações sobre o alcance de suas postulações e manifestações), de *consulta* (no sentido de o magistrado colher manifestação das partes preparatória de sua própria manifestação ou decisão), de *prevenção* (no sentido de as partes serem alertadas do uso inadequado do processo e da inviabilidade de julgamento de mérito) e de *auxílio* (no sentido de incentivar as partes a superar dificuldades relativas ao cumprimento adequado de seus direitos, faculdades, ônus ou deveres processuais)[11].

O Código de Processo Civil apresenta inúmeras *aplicações concretas* da cooperação naquelas quatro facetas, permitindo atestar, com segurança, que ele próprio já se preocupou em implementar aquele modelo processual. Assim, por exemplo, quando o magistrado, *antes* de indeferir a inicial, indica precisamente o que, no seu entender, macula aquele ato processual e deve ser corrigido sob pena de indeferimento (art. 321)[12] – dever de *esclarecimento*; quando o magistrado determina a prévia oitiva das partes para só depois decidir (art. 9º), ainda que se trate de matéria que ele *deva* apreciar de ofício (art. 10) – dever de *consulta*; quando o magistrado busca suprir a ausência de pressupostos processuais e, mais amplamente, de outros vícios que

---

10. Era a postura adotada pelas edições anteriores ao CPC de 2015 do volume 1 deste *Curso* (assim, principalmente, no n. 5 do Capítulo 1 da Parte I) e também do autor deste *Curso*, em seu *Amicus curiae no processo civil brasileiro: um terceiro enigmático*, esp. p. 84-102.
11. Para a exposição completa do pensamento do jurista português, ver seu *Estudos sobre o novo processo civil*, p. 62-68.
12. O Enunciado n. 95 da I Jornada de Direito Processual Civil do CJF captura pertinentemente a aplicação específica daquele dispositivo para a impugnação a ser ofertada pelo executado para se voltar ao cumprimento de sentença. É lê-lo: "O juiz, antes de rejeitar liminarmente a impugnação ao cumprimento de sentença (art. 525, § 5º, do CPC), deve intimar o impugnante para sanar eventual vício, em observância ao dever processual de cooperação (art. 6º do CPC)".

podem comprometer a prestação da tutela jurisdicional (arts. 139, IX, e 317), inclusive no âmbito recursal (art. 932, parágrafo único) – dever de *prevenção*; e no que diz respeito à modificação do ônus da prova diante dos pressupostos do art. 373, §§ 1º e 2º – dever de *auxílio*.

Tais hipóteses não esgotam, evidentemente, as múltiplas possibilidades de emprego do modelo cooperativo. Até porque o destinatário do art. 6º não é o legislador. O dispositivo é vocacionado a ser aplicado pelo magistrado e pelos demais sujeitos processuais na construção de soluções mais adequadas ao longo do processo[13].

Observação importante que merece ser feita é que a cooperação prevista no dispositivo em comento deve ser praticada por *todos* os sujeitos do processo. Não se trata, portanto, de envolvimento apenas entre as partes (autor e réu) e de seus procuradores, aí compreendidos também os membros do Ministério Público, da advocacia pública e da defensoria pública, mas também de eventuais terceiros intervenientes (em qualquer uma das diversas modalidades de intervenção de terceiros), do próprio magistrado e dos auxiliares da Justiça.

Os advogados do autor e do réu devem cooperar entre si. O que se espera deles, nesse contexto, é que não criem empecilhos um para o outro e, mais amplamente, para o desenvolvimento do processo. Devem, contudo, preservar deveres de sigilo e de probidade profissional, que impedirão determinadas condutas em relação ao advogado ou à parte contrária.

Manifestações seguras do princípio da cooperação nessa perspectiva estão no dever de declinar o endereço para o qual as intimações deverão ser encaminhadas, atualizando-o ao longo do processo (art. 77, V); realizando constante atualização de seus dados cadastrais perante os órgãos do Poder Judiciário (art. 77, VII, incluído pela Lei n. 14.195/2021); na viabilidade genérica de realização de "negócios processuais" (art. 190); na possibilidade de os advogados efetivarem intimações ao longo do processo (art. 269, § 1º); na identificação consensual das questões de fato e de direito pelas partes e sujeito à homologação judicial (art. 357, § 2º); e na escolha em comum, pelas partes, do perito para realização da chamada "perícia consensual" (art. 471), apenas para citar alguns de diversos exemplos.

Esse "modelo de processo cooperativo", máxime quando compreendido também à luz de outros elementos trazidos pelo Código de Processo Civil (cabe destacar, aqui, os arts. 4º e 5º), convida todos a terem presente a concepção do processo como método de solução (estatal) de conflitos – como "comunidade de trabalho", como sustentam alguns com base na doutrina alemã[14] – em que os seus sujeitos, cônscios de suas funções institucionais, agem com boa-fé e em regime de cooperação entre si para viabilizar a efetiva prestação da tutela jurisdicional a quem dela for merecedor; um processo, destarte, que seja, a um só tempo, devido e eficiente. Há até os que buscam identificar o modelo cooperativo como uma evolu-

---

13. Suficientemente ilustrativo deste ponto de vista é o Enunciado n. 7 da Carta de Tiradentes: "A cooperação constante do art. 6º do Novo CPC deve ser entendida como coparticipação, que se liga ao contraditório consistente nos princípios informação, reação, diálogo e influência na construção da decisão".
14. Para essa discussão, ver Daniel Mitidiero, *Colaboração no processo civil*, esp. p. 52-54.

ção de modelos pretéritos, assim o *adversarial* e o *inquisitivo*, que teriam sido suplantados com o Código de Processo Civil[15].

Este *Curso* entende que há certo exagero em tais afirmações, não obstante o seu caráter didático. O art. 6º não revoluciona o direito processual civil nem cria o tal modelo cooperativo. Tal modelo, bem compreendido, já merecia ser extraído – e já o era por parcela da doutrina, inclusive pelo volume 1 deste *Curso*, vale repetir – a partir do modelo constitucional do direito processual civil, em especial pela reconstrução do princípio constitucional do contraditório, apartando-o da ampla defesa, tal qual expõem os n. 2.4 e 2.5 do Capítulo 3 da Parte I[16]. Assim, tanto quanto o que está escrito a respeito do art. 5º, a carga de real *novidade* no art. 6º é menor do que se pode supor, embora o sabor de novidade tenha apelo inegavelmente didático e, nesse sentido, positivo.

O desafio do dispositivo, destarte, tanto quanto se dá com relação ao art. 5º, é o de permitir ao intérprete e ao aplicador do direito processual civil ir além dos casos em que o próprio Código de Processo Civil já se ocupou de solucionar questões ou de impor deveres na perspectiva da cooperação.

Trata-se, para dar um exemplo, de entender que o conteúdo das comunicações de citação precisa ir além dos requisitos exigidos pelo § 4º do art. 246 (fruto da Lei n. 14.195/2021) e pelo art. 250, indicando, consoante o caso, com clareza e com as explicações necessárias, onde se localiza a OAB ou a Defensoria Pública para permitir que o réu, desejando, possa entrar em contato com quem tenha capacidade postulatória para representá-lo em juízo. Nas hipóteses em que a citação for feita por oficial de justiça, é irrecusável que o oficial explique ao réu, justamente por causa da cooperação, o significado dela e a indispensabilidade de procurar auxílio técnico, levando em conta o prazo relativo aos atos processuais (comparecimento em audiência de conciliação ou de mediação ou apresentação de contestação).

Outra situação ilustrativa do alcance do art. 6º está no fazer constar do mandado para pagamento, que inicia a etapa de cumprimento de sentença do processo, ou da ordem de pagamento, que se segue à admissão da petição inicial da execução fundada em título executivo extrajudicial, o esclarecimento de que o prazo para a prática daquele ato deve ser computado em dias *úteis* ou *corridos*, dada a disparidade de entendimentos doutrinários acerca de sua natureza jurídica, quando analisado o tema à luz da dicotomia trazida pelo parágrafo único do art. 219.

---

15. Assim, por exemplo: Angélica Oliveira Alencar, *Processo civil cooperativo: um modelo constitucional de processo*, p. 51-63. Daniel Mitidiero refere-se aos modelos "isonômico" e "assimétrico" em seu *Colaboração no processo civil*, p. 53 e 97-100.
16. A este propósito, ver, em especial: Daniel Mitidiero, *Colaboração no processo civil*, esp. p. 100-106; Marcelo José Magalhães Bonício, *Princípios do novo processo civil*, p. 80-88; e Marcelo Mazzola, *Tutela jurisdicional colaborativa*, esp. p. 55-77.

2.7 Princípio da isonomia

O art. 7º, ao estatuir ser "[...] assegurada às partes paridade de tratamento em relação ao exercício de direitos e faculdades processuais, aos meios de defesa, aos ônus, aos deveres e à aplicação de sanções processuais, competindo ao juiz zelar pelo efetivo contraditório", assegura, em primazia, o princípio da *isonomia*, sem deixar de evidenciar, desde logo – e sem prejuízo do que dispõem os seus arts. 9º e 10 –, a importância do princípio do *contraditório*. Em rigor, nada além do que o modelo constitucional do direito processual civil não traga suficientemente no *caput* e nos incisos I e LV do art. 5º da Constituição Federal, sendo bastantes, por isso mesmo, as considerações feitas pelo n. 2.11 do Capítulo 3 da Parte I.

A mescla daqueles dois princípios constitucionais, que acabou sendo realizada pelo dispositivo em comento, convida à difusão de expressões menos comuns entre nós, mas não menos certas e inequivocamente didáticas, para descrever o conteúdo do art. 7º, quais sejam, "paridade de armas" e "bilateralidade da audiência". *Paridade,* no sentido de serem viabilizadas, pelo magistrado, *iguais chances* aos sujeitos do processo ao longo de todo o processo. *Bilateralidade,* no sentido de que o magistrado deve ouvir em igualdade de oportunidades os sujeitos do processo que estão nos polos opostos durante todo o processo.

A isonomia deve ser sempre entendida no seu devido contexto. As justificadas razões de desigualdade no plano material e/ou no plano processual devem estar espelhadas, mitigando o rigor *textual* da palavra e sempre dependentes da devida motivação. Para empregar lição bastante comum, a isonomia jurídica é tratar os desiguais desigualmente na exata medida de sua desigualdade.

2.8 Hermenêutica do direito processual civil

O art. 8º busca *aprimorar* e *atualizar*, para as escolas hermenêuticas atualmente em voga – sobretudo as de índole constitucional –, os arts. 4º e 5º da Lei de Introdução às Normas do Direito Brasileiro, o Decreto-lei n. 4.657/42.

Para tanto, estabelece as diretrizes que devem guiar o magistrado na interpretação – e, consequentemente, na *aplicação* – do ordenamento jurídico em cada caso concreto que lhe é submetido para análise e decisão.

São elas: o atendimento aos fins sociais e às exigências do bem comum, resguardando e promovendo a dignidade da pessoa humana (que dialogam, em última análise, com os princípios fundantes do Estado brasileiro, expressados pelo art. 3º da CF). Para atingimento daquela finalidade, o magistrado observará a proporcionalidade, a razoabilidade, a legalidade, a publicidade e a eficiência (que permitirão a escorreita *concreção* da norma jurídica à luz do caso concreto, o que é bastante para afastar, em plena harmonia com o art. 140, o *non liquet*).

O § 2º do art. 489, ao ensejo de disciplinar a fundamentação da sentença (e, metonimicamente, todas e quaisquer decisões judiciais), volta ao tema, estabelecendo que, "no caso de colisão entre normas, o juiz deve justificar o objeto e os critérios gerais da ponderação efetuada, enunciando as razões que autorizam a interferência na norma afastada e as premissas fáticas que fundamentam a conclusão". As modificações introduzidas pela Lei n. 13.655/2018 da Lei de Introdução às Normas do Direito Brasileiro desenvolvem o tema buscando estabelecer parâmetros objetivos a serem observados na *motivação* das decisões judiciais em geral, como evidencia o seu art. 20: "Nas esferas administrativa, controladora e judicial, não se decidirá com base em valores jurídicos abstratos sem que sejam consideradas as consequências práticas da decisão. Parágrafo único. A motivação demonstrará a necessidade e a adequação da medida imposta ou da invalidação de ato, contrato, ajuste, processo ou norma administrativa, inclusive em face das possíveis alternativas"[17].

Os dispositivos revelam, com transparência, o que é tão claro (e comum) nas escolas hermenêuticas da atualidade, e que é incentivado pelo próprio art. 8º: texto e norma jurídica não são realidades coincidentes. Interpretar o *texto* normativo na direção da construção da norma jurídica é ato de vontade, um ato criativo. Mas não se trata de ato livre, desvinculado de uma série de limitações e restrições. Inexiste discricionariedade judicial nessa tarefa[18]. É mister, por isso mesmo, que o magistrado indique as razões pelas quais chegou a uma e não a outra conclusão, revelando por que a partir do *texto* normativo alcançou a *norma* concretamente aplicada. Assim, o magistrado deverá, invariavelmente, justificar a sua interpretação na aplicação do direito. Interpretação esta que, longe os tempos em que o "juiz era boca da lei", deverá levar em consideração os valores dispersos pelo ordenamento jurídico (que não necessariamente coincidirão com os pessoais do magistrado) aplicáveis ao caso concreto e às suas especificidades.

Importa acentuar, a despeito do silêncio do art. 8º, que cabe ao magistrado, sempre e invariavelmente, também contrastar a constitucionalidade das leis, formal e substancialmente, para atender ao disposto no art. 1º, o que, no âmbito dos Tribunais, por imposição do art. 97 da Constituição Federal, deve ser observado no procedimento regulado pelos arts. 948 a 951 do Código de Processo Civil. As técnicas hermenêuticas de "interpretação conforme a Constituição" e de "arguição de nulidade sem redução de texto" são, por isso mesmo, invocáveis a respeito do art. 8º[19].

2.9 Princípio do contraditório

O art. 9º ocupa-se com os princípios constitucionais do contraditório e da ampla defesa (art. 5º, LV, da CF).

---

17. O dispositivo foi regulamentado pelos arts. 2º a 4º e 6º do Decreto n. 9.830/2019.
18. Corretíssima a esse respeito a lição de Georges Abboud, *Processo constitucional brasileiro*, p. 268-330.
19. Como propõe, pertinentemente, Georges Abboud, em seus "Comentários ao art. 8º", p. 137-139. O autor volta-se mais demoradamente ao tema em outra obra sua, *Processo constitucional brasileiro*, p. 547-563, para tratar da diferença existente entre aquelas duas técnicas.

Enfatizando o que decorre diretamente do modelo constitucional do direito processual civil, *todas as decisões* devem ser proferidas apenas depois de ser franqueado o *prévio* contraditório a seus destinatários. É enfático o *caput* do dispositivo: "Não se proferirá decisão contra uma das partes sem que ela seja previamente ouvida".

O objetivo do dispositivo é viabilizar a prévia *participação* dos destinatários da decisão. Participação no sentido de os destinatários terem condições efetivas de *influir* ou de *influenciar* o conteúdo da decisão a ser proferida. A iniciativa redunda, como se vê do art. 10, na expressa vedação das chamadas "decisões-surpresa".

As exceções previstas no parágrafo único do art. 9º representam hipóteses de prestação de tutelas jurisdicionais que, por sua própria natureza, seriam frustradas pelo *tempo* necessário ao estabelecimento do *prévio* contraditório ou se mostram aprioristicamente desnecessárias pela evidência do direito afirmado (e necessariamente comprovado de plano) pelo autor. Elas devem ser interpretadas restritivamente, para evitar afronta aos precitados princípios constitucionais do direito processual civil.

O que ocorre em tais casos é mero *postergamento* do contraditório, diante da escolha feita pelo legislador sobre a preponderância *momentânea* de outro princípio, no caso, o da efetividade do direito material pelo e no processo. Não se trata – nem poderia, sob pena de atrito não só com o referido dispositivo, mas, superiormente, com o "modelo constitucional" e o alcance do inciso XXXV do art. 5º da Constituição Federal – de *eliminação* do contraditório.

A primeira hipótese, prevista no inciso I do parágrafo único do art. 9º, reside nos casos de concessão de tutela provisória *fundada em urgência*. É típico caso em que o estabelecimento de prévio contraditório poderia comprometer a efetividade do direito material pelo e no processo e, por isso, não desperta maiores questionamentos quando analisada na perspectiva do modelo constitucional do direito processual civil.

As duas outras situações previstas nos incisos II e III do parágrafo único do art. 9º, contudo, são merecedoras de reflexão mais crítica na perspectiva do modelo constitucional[20].

De acordo com o inciso II do parágrafo único do dispositivo, a tutela provisória fundada em *evidência* pode ser concedida liminarmente, isto é, sem prévia oitiva do réu, quando o autor comprovar suas alegações documentalmente e em que sua pretensão se fundamentar em julgamento de recursos repetitivos ou súmula vinculante, ou, ainda, quando se tratar de pedido reipersecutório fundado em prova documental do contrato de depósito. A previsão encontra eco no parágrafo único no art. 311. A mesma noção de *evidência* explica também a exceção prevista no inciso III do parágrafo único do art. 9º, que autoriza a expedição do

---

20. A ADI 5.492 proposta pelo Rio de Janeiro questiona, dentre outros, o inciso II do parágrafo único do art. 9º, ao lado do parágrafo único do art. 311, desenvolvendo a tese, analisada no texto, de que só a *urgência* poderia ser fator determinante da postergação do contraditório. Aponta-se, a propósito, a violação ao contraditório, considerando que o réu não tem, com a técnica, oportunidade de influenciar na cognição judicial conducente da medida liminar.

mandado de pagamento, de entrega de coisa ou para execução de obrigação de fazer ou não fazer contra o réu na chamada "ação monitória" (art. 701).

A validade da opção do legislador diante do modelo constitucional, em tais casos, depende da inexistência de qualquer óbice para a concretização do contraditório efetivo *após* a prestação da tutela jurisdicional em favor do autor. É certo que o dispositivo exige, em ambas as hipóteses, a "evidência" do direito do autor. Ocorre que sem prévio contraditório (ou, o que parece ser mais correto no contexto da presente exposição, sem prévia ampla defesa) o magistrado pode não ter elementos seguros o suficiente para contrastar aquela evidência. É supor, apenas para ilustrar, que o documento apresentado pelo autor em sua petição inicial para embasar o pedido de tutela da evidência seja falso. Pode ser impossível ao magistrado verificar a falsidade do documento sem a prévia oitiva do réu por lhe faltarem elementos para tanto.

Por isso, é importante que o exame a ser feito pelo magistrado em tais casos seja redobrado, indeferindo o pedido de tutela provisória quando existir o mínimo de dúvida a respeito da higidez da prova que lhe dá fundamento e, se não indeferindo, determinando a emenda da petição inicial da "ação monitória" nos termos e para os fins do art. 700, § 5º.

A indicar a legitimidade da opção do legislador em tais casos, outrossim, cabe destacar que a concretização do contraditório *a posteriori*, nestes dois casos, não acarreta nenhum ônus adicional ao réu. No caso da "ação monitória", em particular, importa evidenciar, para destacar a harmonia da opção do legislador com o modelo constitucional, que a defesa a ser ofertada pelo réu – que o art. 702 chama de *embargos* – tem o condão de, por si só, suspender a eficácia do mandado de pagamento, de entrega ou de fazer/não fazer (art. 702, § 4º).

2.10 Ainda o contraditório: vedação das decisões-surpresa

O art. 10, aplicando (e desenvolvendo) o que se pode extrair do art. 9º, quer evitar o proferimento das chamadas "decisões-surpresa", isto é, aquelas decisões proferidas pelo magistrado sem que tenha permitido *previamente* às partes a *oportunidade* de influenciar sua decisão e, mais do que isso, sem permitir a elas que tivessem conhecimento de que decisão como aquela poderia vir a ser proferida[21].

---

21. Por esta razão não há como concordar com o Enunciado n. 3 da ENFAM, segundo o qual: "É desnecessário ouvir as partes quando a manifestação não puder influenciar na solução da causa". A desnecessidade da oitiva para aquele fim é relativa e, em rigor, depende da prévia oitiva dos sujeitos do processo, até porque o grau de influência ou não de qualquer manifestação deve estar espelhada na motivação das decisões judiciais (art. 489, § 1º, IV). Também merecem ressalva, em idêntico contexto, os Enunciados n. 2 ("Não ofende a regra do contraditório do art. 10 do CPC/2015 o pronunciamento jurisdicional que invoca princípio, quando a regra jurídica aplicada já debatida no curso do processo é emanação daquele princípio"), n. 5 ("Não viola o art. 10 do CPC/2015 a decisão com base em elementos de fato documentados nos autos sob o contraditório") e n. 6 ("Não constitui julgamento surpresa o lastreado em fundamentos jurídicos, ainda que diversos dos apresentados pelas partes, desde que embasados em provas submetidas ao contraditório") da ENFAM porque a efetiva realização do contraditório é *prius* em relação à decisão, *posterius*. Não há como supor ou pressupor o estabelecimento do contraditório, máxime na perspectiva de que sua ausência não traria prejuízo.

A vedação, novidade *textual* do Código de Processo Civil, é expressa: "O juiz não pode decidir, em grau algum de jurisdição, com base em fundamento a respeito do qual não se tenha dado às partes oportunidade de se manifestar, ainda que se trate de matéria sobre a qual deva decidir de ofício"[22].

Ressalva importante contida no dispositivo está em que o prévio contraditório deve ser observado mesmo quando se tratar de "matéria sobre a qual deva decidir de ofício". Assim, importa conciliar o *dever* do magistrado de apreciar determinadas questões ao longo de todo o processo, independentemente de provocação (*v.g.*: questões relativas à higidez do desenvolvimento do direito de ação ou do desenvolvimento do processo e, até mesmo, questões de ordem material), e o *direito* de as partes serem ouvidas *previamente* sobre a resolução de tais questões[23]. O objetivo é viabilizar que as partes possam se manifestar sobre o que, superado o contraditório, pode vir a se tornar decisão que as afete de alguma maneira, eliminando, com isso, qualquer pecha de surpresa no desenvolvimento do processo. Nesse contexto, aliás, a relação do art. 10 com a boa-fé do art. 5º é inconteste, tanto quanto com a cooperação do art. 6º[24].

O dispositivo exige que as *partes* sejam ouvidas previamente. É correto interpretar a previsão amplamente para albergar também os terceiros, assim entendido o Ministério Público quando atuar na qualidade de fiscal da ordem jurídica e aqueles outros cujo papel interventivo é, tanto quanto aquele mister do Ministério Público, influenciar a decisão a ser proferida. É o que se dá, por identidade de razões, com a Defensoria Pública, inclusive quando atuar na qualidade de *custos vulnerabilis* e com eventuais *amici curiae* que já tenham sido admitidos no processo. Até porque, a insistência nunca será demasiada, o contraditório deriva diretamente do modelo constitucional do direito processual civil, sendo mera expressão redacional sua a contida no dispositivo anotado[25].

Cabe destacar, por fim, que a palavra "fundamento" que se lê do dispositivo não deve ser entendida como sinônimo de "causa de pedir". O art. 10 não está a autorizar que a causa de

---

22. Textual, porque expressiva parcela da doutrina processual civil brasileira já pregava aquela diretriz. Para além do n. 5 do Capítulo 1 da Parte II do volume 1 das edições anteriores ao CPC de 2015 deste *Curso*, cabe mencionar, a título exemplificativo, os seguintes autores: Cândido Rangel Dinamarco, "O princípio do contraditório e sua dupla destinação", esp. p. 124-128 e 130-135; Carlos Alberto Alvaro de Oliveira, "O juiz e o princípio do contraditório", p. 31-38; Nelson Nery Junior, *Princípios do processo na Constituição Federal*, esp. p. 260-269; André Pagani de Souza, *Vedação das decisões-surpresa no processo civil*, esp. p. 134-151, e Welder Queiroz dos Santos, *Princípio do contraditório e vedação de decisão surpresa*, esp. p. 89-135.
23. Não há como concordar, portanto, com o entendimento do Enunciado n. 4 da ENFAM, segundo o qual "Na declaração de incompetência absoluta não se aplica o disposto no art. 10, parte final, do CPC/2015".
24. Por força dessa necessária aproximação, deve ser afastada a orientação da ENFAM cujo Enunciado n. 55 assim dispõe: "Às hipóteses de rejeição liminar a que se referem os arts. 525, § 5º, 535, § 2º, e 917 do CPC/2015 (excesso de execução) não se aplicam os arts. 9º e 10 desse Código". A hipótese merece ser interpretada, como propõe o Enunciado n. 95 da I Jornada de Direito Processual Civil do CJF, na perspectiva do dever de esclarecimento, permitindo ao executado emendar sua impugnação para atender àquelas exigências.
25. Correto, por isso mesmo, o Enunciado n. 167 da III Jornada de Direito Processual Civil do CJF, que entende aplicável o art. 10 aos Juizados Especiais Federais: "A garantia do contraditório aplica-se nos Juizados Especiais, inclusive nos federais, gerando a necessidade de intimação das partes acerca do laudo pericial antes de ser proferida a sentença".

pedir seja *alterada* pelo magistrado desde que as partes sejam previamente ouvidas. À hipótese, prevalecem o regime e os limites temporais do art. 329, de forma mais ampla, do princípio da vinculação do juiz ao pedido, extraível desde o art. 2º e estampado no art. 141. Tampouco cabe extrair do art. 10 qualquer novidade ou alteração na forma de compreender a causa de pedir e de seu papel não só na formulação escorreita da petição inicial (art. 319, III), mas também na identificação da "ação"[26].

Por essa razão, importa compreender "fundamento" como sinônimo de "argumento", de "razões" ou de "motivos" que, respeitados os limites objetivos do processo (pedido e causa de pedir), se mostrem aptos para justificar a decisão a ser tomada pelo magistrado, em um e em outro sentido. É sobre esse *argumento* (ou sobre essas razões) que as partes devem ser ouvidas. Após sua discussão específica entre os sujeitos do processo, segue-se a decisão.

2.11 Princípios da publicidade e da fundamentação

O art. 11, que encontra fundamento bastante no inciso IX do art. 93 da Constituição Federal, refere-se ao "princípio da publicidade" e ao "princípio da motivação".

De acordo com o *caput* do dispositivo, "todos os julgamentos dos órgãos do Poder Judiciário serão públicos, e fundamentadas todas as decisões, sob pena de nulidade".

A publicidade deve ser entendida menos em termos de televisionamento de julgamentos, como se vê na TV Justiça, por exemplo (embora esse elemento seja importante e já faça parte, conquistada, do modelo constitucional do direito processual civil), e mais no sentido de os atos judiciais de maneira geral (inclusive os autos ou o arquivo eletrônico em que se desenvolvem) serem acessíveis a todos, inclusive como forma de viabilizar o indispensável controle dos destinatários da função jurisdicional pelos que a exercem.

A exceção veiculada no parágrafo único do art. 11 diz respeito à publicidade, o chamado "segredo de justiça": "Nos casos de segredo de justiça, pode ser autorizada a presença somente das partes, de seus advogados, de defensores públicos ou do Ministério Público". A ressalva harmoniza-se com o referido dispositivo constitucional, sendo certo, todavia, que, de acordo com a própria previsão constitucional, o sigilo não pode prejudicar "o interesse público à informação"[27]. Cabe ao magistrado, consoante as peculiaridades de cada caso concreto, conjugar aqueles dois valores opostos (intimidade e interesse público à informação) para bem concretizar

---

26. Neste sentido é correto o Enunciado n. 1 da ENFAM: "Entende-se por 'fundamento' referido no art. 10 do CPC/2015 o substrato fático que orienta o pedido, e não o enquadramento jurídico atribuído pelas partes".
27. Não há como, portanto, generalizar a possibilidade de as partes optarem que o processo jurisdicional tramite em segredo de justiça. É indispensável a existência de alguma razão, para além de sua vontade, para que isso ocorra. Neste sentido, correta a orientação do Enunciado n. 37 da ENFAM que reputa nulas, "por ilicitude de objeto, as convenções processuais que violem garantias constitucionais do processo, tais como as que: [...] b) limitem a publicidade do processo para além das hipóteses expressamente previstas em lei;".

a norma constitucional e a codificada, objeto também do art. 189, ao qual se volta o n. 2 do Capítulo 4, sem prejuízo das considerações que ocupam o n. 2.12 do Capítulo 3 da Parte I.

A fundamentação, por sua vez, refere-se à necessidade de o magistrado explicar suficientemente nas decisões que profere as razões de seu convencimento. Inovação importante trazida pelo Código de Processo Civil acerca da questão está naquilo que o art. 11 *não enuncia*. O § 1º do art. 489, embora de forma indireta (e pela negativa), indica em que situações as decisões judiciais *não estão suficientemente motivadas,* impondo, em realidade, um padrão de motivação mínimo a ser observado, sob pena de nulidade, em todas as decisões. A previsão de nulidade em tais casos, importa o destaque, decorre do próprio inciso IX do art. 93 da Constituição Federal[28].

Diante desse quadro que, em última análise, decorre diretamente do modelo constitucional, é correto entender que a exigência da motivação, diferentemente do que se punha para o art. 165 do CPC de 1973 quando era interpretado na perspectiva infraconstitucional, não guarda nenhuma relação com ela poder ou não ser *concisa* ou *sucinta*[29]. Aquela regra, de discutível constitucionalidade, não foi repetida pelo CPC de 2015. O que se exige do magistrado ao proferir *qualquer* decisão é que a motivação seja *suficiente*, observando as exigências do precitado § 1º do art. 489[30], que, em rigor, e no seu devido contexto, são mero reflexo do que o sistema processual civil exige para o autor na fundamentação de sua petição inicial e para o réu ao fundamentar a sua contestação.

2.12 Ordem cronológica de conclusão

A última "norma fundamental do processo civil", na visão do Código de Processo Civil, é a ordem cronológica para o proferimento de sentenças e/ou acórdãos, prevista no art. 12, a ser atendida "preferencialmente" pelos magistrados, como quer a redação que o dispositivo ganhou ainda durante a *vacatio legis* com a Lei n. 13.256/2016.

Há certo exagero do legislador com relação ao ponto. A não ser pela *localização* do dispositivo, nada há nele que possa ser equiparado ao objeto dos artigos anteriores, do 1º a 11, eles sim verdadeiras *normas fundamentais*, até porque, em última análise, derivadas *diretamente* do modelo constitucional do direito processual civil. Tivesse o art. 12 sido inserido entre as atribuições do magistrado – a exemplo do que faz o art. 153 com relação à função a ser

---

[28]. Daí ser incorreto o entendimento de que as partes podem, por negócio processual, dispensar a motivação de decisões judiciais, quiçá pretendendo, com a iniciativa, que elas sejam proferidas com maior rapidez. Correta, no ponto, a orientação da letra "d" do Enunciado n. 37 da ENFAM, sustentando a nulidade de ajuste no sentido de dispensar o "dever de motivação" por "ilicitude do objeto".

[29]. Era a seguinte a redação daquele dispositivo: "Art. 165 As sentenças e acórdãos serão proferidos com observância do disposto no art. 458; as demais decisões serão fundamentadas, ainda que de modo conciso".

[30]. Neste sentido é o Enunciado n. 10 da ENFAM: "A fundamentação sucinta não se confunde com a ausência de fundamentação e não acarreta a nulidade da decisão se forem enfrentadas todas as questões cuja resolução, em tese, influencie a decisão da causa".

exercida pelo escrivão ou chefe de secretaria em harmonia com o aqui analisado – e o alcance da *regra* seria rigorosamente o mesmo.

Que a afirmação anterior seja entendida no seu devido contexto. O art. 12, mesmo com a flexibilização derivada do termo "preferencial" nele incluído, deve ser compreendido como regra de organização do gabinete dos magistrados e bem-intencionada, não há como negar, com vistas a criar maior *publicidade* e também *transparência* no gerenciamento dos processos prontos para proferir sentença ou acórdão, até como forma de tornar mais *eficiente* a prestação jurisdicional e assegurar a *isonomia* entre os litigantes a partir de critérios objetivos e adequados para tanto.

Insistindo na noção da *transparência*, que se relaciona com a própria gestão da coisa pública nos moldes do *caput* do art. 37 da Constituição Federal, a regra tem o condão de fornecer aos litigantes do caso concreto, à própria magistratura e, de forma ampla, à sociedade como um todo, previsões mais ou menos precisas de quanto tempo levará para que este ou aquele processo seja julgado. É providência clara, nesse sentido, que revela o tratamento isonômico que cabe a cada magistrado perseguir (art. 139, I)[31].

A lembrança, proposital, de outras normas fundamentais do direito processual civil, espalhadas entre os primeiros onze artigos do Código, contudo, não tem o condão de modificar a substância do art. 12. Há um espaço abismal entre aquelas duas realidades jurídicas. Por isso mesmo, é diante do inequívoco caráter gerencial e burocrático, verdadeiramente *administrativo*, do art. 12 que se mostra correto colocar em xeque sua constitucionalidade. É possível à União Federal legislar sobre o assunto com fundamento no inciso I do art. 22 da Constituição Federal? A matéria não seria mais afeita à regulação a ser efetuada pelos próprios Tribunais, com fundamento na alínea "b" do inciso I do art. 96 e, até mesmo, no *caput* do art. 99 da Constituição Federal?

Diante do exposto nos n. 6.2 e 6.3 do Capítulo 3 da Parte I, a primeira interrogação deve receber resposta negativa e a segunda, positiva. Daquela perspectiva de análise, é irrecusável a *inconstitucionalidade* da regra, por faltar à União Federal competência legislativa para disciplinar o assunto, justamente porque, à luz do modelo constitucional, a competência *privativa* para "organizar suas secretarias e serviços auxiliares e os dos juízos que lhes forem vinculados" é dos próprios Tribunais que ainda tem assegurada, desde aquele patamar, sua "autonomia administrativa".

A despeito dessas considerações, cabe estudar mais de perto o art. 12, rente à proposta metodológica anunciada desde o início deste *Curso*.

---

31. É justamente em face dessa inequívoca motivação da regra que não faz sentido que a ordem cronológica seja alterada por negócio processual. Correto, no particular, o Enunciado n. 36 da ENFAM segundo o qual, no que aqui interessa, "A regra do art. 190 do CPC/2015 não autoriza às partes a celebração de negócios jurídicos processuais atípicos que afetem poderes e deveres do juiz, tais como os que: [...] e) estabeleçam prioridade de julgamento não prevista em lei".

O dispositivo quer criar condições *objetivas* de controlar a ordem dos processos nos gabinetes judiciais. Para tanto, na sua versão original, os magistrados *deviam*, necessariamente, proferir sentenças (na primeira instância) ou acórdãos (nos Tribunais) com observância da ordem cronológica da conclusão, disponibilizada a lista respectiva, para fins de ciência e controle, ao público em geral no próprio cartório ou secretaria judicial, e também na rede mundial de computadores (§ 1º). A Lei n. 13.256/2016, como já apontado, flexibilizou a regra: os magistrados devem *preferencialmente* atender à ordem de conclusão para proferir sentenças ou acórdãos. O acréscimo é bastante para enfraquecer a rigidez do comando original da regra, quiçá torná-la inócua, verdadeiramente sem sentido, ao menos na perspectiva de sua concepção original.

É correto afirmar, diante da redação que entrou em vigor com o Código de Processo Civil, que a ordem estabelecida pelo art. 12 para que os magistrados em geral profiram decisões ou acórdãos não é rígida, mas apenas *indicativa*. É esta a interpretação que o advérbio "preferencialmente" inserido no *caput* do dispositivo merece receber. O que, a despeito da nova redação do *caput*, continua a ser obrigatória é a disponibilização, para consulta pública, em cartório e na rede mundial de computadores da "lista de processos aptos a julgamento" (art. 12, § 1º). Sem a divulgação da lista, aliás, não faz sentido nenhuma consideração sobre a observância, ainda que preferencial, da ordem cronológica de que trata o art. 12.

O § 2º indica uma série de exceções para a ordem preferencial do *caput*. Elas são as seguintes: sentenças proferidas em audiência, homologatórias de acordo ou de improcedência liminar do pedido (inciso I); julgamento de processos em bloco para aplicação de tese jurídica firmada em julgamento de casos repetitivos (inciso II); julgamento de recursos repetitivos ou de incidente de resolução de demandas repetitivas (inciso III); decisões proferidas com base nos arts. 485 (sentenças sem resolução de mérito) e 932 (hipóteses de proferimento de decisão monocrática no âmbito dos Tribunais) (inciso IV); julgamento de embargos de declaração (inciso V); julgamento de agravo interno (inciso VI); preferências legais (como se dá, por exemplo, com o *habeas corpus*, quando há réu preso[32], com o art. 1.048[33] e com o mandado de segurança[34]) e metas determinadas pelo CNJ (inciso VII); processos criminais, nos órgãos jurisdicionais que tenham competência penal (inciso VIII); e, por fim, a causa

---

32. É o que se extrai dos arts. 980; 1.035, § 9º; 1.037, § 4º; 1.038, § 2º, todos do CPC.
33. Cujo inciso I merece ser interpretado em conjunto com a prioridade especial estabelecida em favor dos idosos com mais de 80 anos criada pelo art. 4º da Lei n. 13.466/2017 diante dos idosos com 60 anos ou mais. A Lei n. 13.894/2019 introduziu um inciso III no art. 1.048, estabelecendo preferência também aos casos em que "... figure como parte a vítima de violência doméstica e familiar, nos termos da Lei n. 11.340, de 7 de agosto de 2006 (Lei Maria da Penha)". De sua parte, a Lei n. 14.133/2021 incluiu um inciso IV no dispositivo para dar preferência aos processos "em que se discuta a aplicação do disposto nas normas gerais de licitação e contratação a que se refere o inciso XXVII do *caput* do art. 22 da CF".
34. De acordo com o art. 20 da Lei n. 12.016/2009, que é a lei que atualmente disciplina aquele procedimento jurisdicional constitucionalmente diferenciado no plano infraconstitucional.

que exija urgência no julgamento[35], desde que reconhecida por decisão fundamentada (inciso IX). A previsão do inciso IX do § 2º do art. 12 é bastante para entender *exemplificativo* o rol, devendo, contudo, as urgências serem devidamente justificadas[36].

Os §§ 3º a 5º do art. 12 querem evitar eventuais burlas à cronologia decorrente do *caput*, não obstante o caráter meramente *indicativo* da regra. Os dispositivos devem dialogar necessariamente com o já mencionado art. 153, também *flexibilizado* pela mesma Lei n. 13.256/2016. Seja pela observância de outras preferências legais ilustradas suficientemente acima a partir das necessárias elaboração e divulgação da lista a que se refere o § 1º do art. 12, seja pela vedação de que o requerimento formulado pela parte possa provocar alteração na ordem cronológica, a não ser que acarrete a reabertura da instrução ou a realização de diligência.

O § 6º, por fim, quer criar condições para que os casos indicados em seus incisos – sentença ou acórdão anulado, salvo se houver necessidade de diligência ou reabertura da fase instrutória (inciso I) e quando for o caso de aplicação do paradigma decorrente de recurso extraordinário e/ou especial repetitivo (inciso II) – sejam julgados o mais rapidamente possível. Na primeira hipótese, de anulação da sentença ou do acórdão, a iniciativa quer evitar a sensação de "tempo perdido", que poderia ser experimentada com a nulidade da decisão anterior. Na segunda, a opção é claramente política, harmônica ao que quer o Código de Processo Civil quanto a transformar certas decisões proferidas pelos Tribunais Superiores (o art. 1.040 trata dos recursos extraordinários e especiais *repetitivos*) em verdadeiros "indexadores jurisprudenciais". É razão bastante, aliás, para interpretar o dispositivo amplamente para nele albergar as demais hipóteses referidas no art. 927, como indicado no n. 2.6.5 do Capítulo 2 da Parte I.

Questão interessante é a de saber o que ocorre se a ordem estabelecida pelo art. 12 for descumprida. Nada há no Código de Processo Civil, nem na sua versão original, nem na versão que entrou em vigor com a Lei n. 13.256/2016, que autorize o entendimento de que a decisão proferida fora de ordem seja, só por isso, *inválida*, isto é, que ela contenha algum vício capaz de comprometer a higidez de seus efeitos[37]. A flexibilização introduzida por aquela lei no *caput* do art. 12 vem, inequivocamente, para confirmar ser esse entendimento o mais adequado. Se assim é, a questão parece importar apenas ao âmbito administrativo: as

---

35. Correto, no particular, o Enunciado n. 33 da ENFAM: "A urgência referida no art. 12, § 2º, IX, do CPC/2015 é diversa da necessária para a concessão de tutelas provisórias de urgência, estando autorizada, portanto, a prolação de sentenças e acórdãos fora da ordem cronológica de conclusão, em virtude de particularidades gerenciais da unidade judicial, em decisão devidamente fundamentada".
36. Nesse sentido é o Enunciado n. 32 da ENFAM: "O rol do art. 12, § 2º, do CPC/2015 é exemplificativo, de modo que o juiz poderá, fundamentadamente, proferir sentença ou acórdão fora da ordem cronológica de conclusão, desde que preservadas a moralidade, a publicidade, a impessoalidade e a eficiência na gestão da unidade judiciária".
37. É o que já entendia o Enunciado n. 34 da ENFAM: "A violação das regras dos arts. 12 e 153 do CPC/2015 não é causa de nulidade dos atos praticados no processo decidido/cumprido fora da ordem cronológica, tampouco caracteriza, por si só, parcialidade do julgador ou do serventuário".

corregedorias de cada Tribunal e o Conselho Nacional de Justiça, cientes do ocorrido, poderão apurar o fato e, estabelecido o devido processo *administrativo*, aplicar as sanções e penalidades cabíveis, sem prejuízo de determinar a observância da ordem. Todos aqueles que se sentirem preteridos pelo julgamento fora da ordem têm inequívoca legitimidade para a provocação daqueles órgãos para aqueles fins.

Para garantir o cumprimento do art. 12, há expressa previsão para que o escrivão ou chefe de secretaria observe, também de maneira preferencial, a ordem cronológica de recebimento para publicação e efetivação dos pronunciamentos judiciais, elaborando e mantendo lista para consulta pública (art. 153, que também ganhou nova redação com a Lei n. 13.256/2016, com o acréscimo do advérbio "preferencialmente"). Não há sentido em exigir do magistrado determinada ordem para proferir suas decisões se esta mesma ordem não for observada para fins de sua concretização.

Ainda que de sabor meramente histórico, cabe lembrar o § 5º do art. 1.046, situado no Livro Complementar do Código de Processo Civil, que exigiu que a primeira lista de processos para julgamento em ordem cronológica observasse a antiguidade da distribuição entre os já conclusos na data de sua entrada em vigor.

3. APLICAÇÃO DAS NORMAS PROCESSUAIS

O art. 13, que abre o Capítulo II do Título Único do Livro I da Parte Geral do Código de Processo Civil, dispõe que a jurisdição civil será regida pelas normas processuais brasileiras, ressalvadas as disposições específicas previstas em tratados, convenções ou acordos internacionais de que o Brasil seja parte[38].

É dispositivo que traz importante inovação (ao menos *literal*) diante da primeira parte do art. 1.211 do CPC de 1973, que dava a (falsa) impressão de que era aquele Código, apenas ele, que regia o processo civil em todo o território nacional. Contudo, o art. 13 peca ao não fazer nenhuma menção expressa à Constituição ou ao que este *Curso* prefere, o modelo constitucional de direito processual civil. Importa, destarte, interpretar o art. 13 em conjunto com o art. 1º.

O art. 14 estabelece a irretroatividade da norma processual e a sua aplicabilidade imediata aos processos em curso. Também impõe o respeito aos atos processuais praticados e as situações jurídicas consolidadas sob a vigência do CPC de 1973, providência que se mostra de todo harmônica com o disposto no inciso XXXVI do art. 5º da Constituição Federal e a proteção ao direito adquirido e ao ato jurídico perfeito lá determinada.

---

38. A propósito do tema, cabe dar destaque ao Enunciado n. 4 da I Jornada de Direito Processual Civil do CJF: "A entrada em vigor de acordo ou tratado internacional que estabeleça dispensa da caução prevista no art. 83, § 1º, inc. I do CPC/2015, implica na liberação da caução previamente imposta".

A primeira parte do art. 14 agasalha expressamente o princípio do *tempus regit actum*, que deve ser entendido como a incidência *imediata* das novas leis no processo em curso, com a necessária preservação dos atos processuais já praticados. A regra é harmônica com o *caput* do art. 1.046, que estabelece expressamente a aplicação imediata do Código de Processo Civil aos processos em curso com a sua entrada em vigor (art. 1.045), com a expressa revogação do CPC de 1973.

Importa, pois, discernir a incidência *imediata* (permitida) da incidência *retroativa* (vedada) da lei processual civil nova. Para tanto, a doutrina acabou por cunhar o chamado princípio do isolamento dos atos processuais, segundo o qual cada ato processual deve ser regido pela lei vigente no instante em que o ato, em si mesmo considerado, pode ser praticado.

Há, contudo, uma dificuldade na aplicação do princípio porque os atos do processo não são isolados e independentes entre si. Pelo contrário, eles são concatenados, logicamente ligados e relacionados com e para a prática de outros atos deles dependentes[39]. E ainda mais: os atos processuais são destinados, em última análise, à prática de decisões que, ao *reconhecer* o direito, abrem caminho para sua *concretização* tal qual reconhecido, ou, embora de maneira frustrante, que reconhece não haver condições mínimas para o exercício da função jurisdicional. Nessas condições, o isolamento, puro e simples, dos atos processuais não é tarefa fácil[40].

---

39. Não é por outra razão que temas como o *procedimento* e a dinâmica da nulidade dos atos processuais são tão instigantes.
40. Cabe ilustrar a afirmação com dois recursos especiais repetitivos do STJ proferidos ao tempo do CPC de 1973. Em um deles (STJ, 1ª Seção, REsp repetitivo 1.404.796/SP, rel. Min. Mauro Campbell Marques, j.un. 26-3-2014, DJe 9-4-2014; Tema 696), decidiu-se que lei que vedava propositura de execuções fiscais abaixo de determinado valor não poderia retroagir para justificar a extinção dos processos em curso. No segundo (STJ, CE, REsp repetitivo 1.144.079/SP, rel. Min. Luiz Fux, j.un. 2-3-2011, DJe 6-5-2011; Tema 316), entendeu-se que a dispensa da remessa necessária de sentenças proferidas contra a Fazenda Pública não alcançava situações pretéritas àquela inovação processual, trazida pela Lei n. 10.352/2001. Também para fins ilustrativos, são transcritos os Enunciados administrativos do STJ que se ocupam com o assunto: "Enunciado n. 2: Aos recursos interpostos com fundamento no CPC/73 (relativos a decisões publicadas até 17 de março de 2016) devem ser exigidos os requisitos de admissibilidade na forma nele prevista, com as interpretações dadas, até então, pela jurisprudência do Superior Tribunal de Justiça"; "Enunciado n. 3: Aos recursos interpostos com fundamento no CPC/2015 (relativos a decisões publicadas a partir de 18 de março de 2016) serão exigidos os requisitos de admissibilidade recursal na forma do novo CPC"; "Enunciado n. 4: Nos feitos de competência civil originária e recursal do STJ, os atos processuais que vierem a ser praticados por julgadores, partes, Ministério Público, procuradores, serventuários e auxiliares da Justiça a partir de 18 de março de 2016, deverão observar os novos procedimentos trazidos pelo CPC/2015, sem prejuízo do disposto em legislação processual especial"; "Enunciado n. 5: Nos recursos tempestivos interpostos com fundamento no CPC/73 (relativos a decisões publicadas até 17 de março de 2016), não caberá a abertura de prazo prevista no art. 932, parágrafo único, c/c o art. 1.029, § 3º, do novo CPC"; "Enunciado n. 6: Nos recursos tempestivos interpostos com fundamento no CPC/2015 (relativos a decisões publicadas a partir de 18 de março de 2016), somente será concedido o prazo previsto no art. 932, parágrafo único, c/c o art. 1.029, § 3º, do novo CPC para que a parte sane vício estritamente formal" e "Enunciado n. 7: Somente nos recursos interpostos contra decisão publicada a partir de 18 de março de 2016, será possível o arbitramento de honorários sucumbenciais recursais, na forma do art. 85, § 11, do novo CPC". De sua parte, o TJMG também editou os seguintes Enunciados a respeito do tema: "Enunciado n. 4: Os prazos processuais, inclusive aqueles de natureza sucessiva, são regidos pela legislação vigente à época do seu termo inicial"; "Enunciado n. 50: O artigo 1.009, § 1º, não se aplica às decisões proferidas antes da entrada em vigor do Código de Processo Civil de 2015"; "Enunciado n. 54: A legislação processual que rege os recursos é aquela da data da publicação da decisão judicial, assim considerada sua publicação em cartório, secretaria ou inserção nos autos eletrônicos".

Não obstante, é correto acentuar as seguintes regras, voltadas à solução de problemas práticos:

Primeira: todos os atos processuais praticados antes da entrada da nova lei processual civil devem ser respeitados e seus efeitos não podem ser desfeitos.

Segunda: todos os atos processuais ainda não praticados sob a égide da lei antiga serão praticados com observância da lei processual civil nova. A exceção a isso fica por conta de eventual disposição em sentido contrário trazida pela lei nova, tal qual há no Livro Complementar do Código de Processo Civil.

Terceira: a entrada em vigor da lei nova, quando está em curso a prática de atos processuais, deve respeitar os efeitos já consumados, sendo sua aplicação de rigor para disciplinar os novos efeitos que ainda se esperam. A lei nova, por assim dizer, captura e passa a reger tudo aquilo que não contradiz, que não anula, que não elimina a lógica, os efeitos e os próprios atos anteriores.

Diferentemente do que se dava no âmbito do CPC de 1973, o atual Código de Processo Civil optou por, além de estabelecer as diretrizes que derivam de seu art. 14 e do próprio *caput* do art. 1.046, atenuar a sua *própria* aplicação imediata para uma série de situações. Antes de examinar tais casos, constantes de seu Livro Complementar, contudo, importa enfrentar a questão sobre o dia em que o atual Código entrou em vigor.

A lembrança do art. 1.045, máxime quando interpretado ao lado do art. 14, exige que se saiba em que dia o Código de Processo Civil entrou em vigor.

A *vacatio legis* do Código de Processo Civil foi de um ano, contado da sua publicação oficial, que se deu no *Diário Oficial* da União de 17 de março de 2015.

A despeito da simplicidade do texto, acabaram se formando três correntes acerca de qual o dia exato em que o atual Código entrou em vigor, 16[41], 17 ou 18 de março de 2016. A Lei n. 13.256/2016, que alterou diversos dispositivos do Código de Processo Civil durante a *vacatio legis*, não tomou partido sobre a polêmica – como muitos sustentavam ser *necessário*, inclusive para *ampliar* o *insuficiente* prazo estabelecido pelo art. 1.045 –, limitando-se, em seu art. 4º, a estabelecer que: "Esta Lei entra em vigor no início da vigência da Lei n. 13.105, de 16 de março de 2015 (Código de Processo Civil)".

O entendimento defendido por este *Curso* é o de que o Código de Processo Civil entrou em vigor no dia 17 de março, já que o prazo de um ano teve início no próprio dia da sua publicação (17-3-2015), encerrando-se no dia 17 de março do ano seguinte, 2016. Não tem aplicação à espécie o disposto no § 1º do art. 8º da Lei Complementar n. 95/98, incluído pela Lei Complementar n. 107/2001, que regulamenta o art. 59 da Constituição Federal. É que o prazo reservado pelo art. 1.045 do Código de Processo Civil para sua entrada em vigor é de

---

41. Como sustentam Luiz Guilherme Marinoni, Sérgio Cruz Arenhart e Daniel Mitidiero em seu *Novo Código de Processo Civil comentado*, p. 992.

um *ano*, afastando a incidência daquela regra, que se volta a disciplinar as situações em que o prazo da *vacatio legis* é estabelecido em *dias*[42]. A contagem de prazos em anos é fornecida pelo art. 132, § 3º, do Código Civil, não por aquela Lei Complementar, que se ocupa, repita--se, apenas dos casos em que a *vacatio legis* corresponde a um período de tempo a ser contado em dias[43].

Não obstante, a maioria formou-se no sentido de que o dia de início de vigência do Código de Processo Civil foi 18 de março de 2016, defendendo a aplicabilidade do referido § 1º do art. 8º da Lei Complementar n. 95/98 para a espécie, de modo que o CPC teria entrado em vigor apenas "no dia subsequente" à consumação integral do prazo de *vacatio*[44].

Para afastar qualquer arremedo de insegurança jurídica que a discussão noticiada acima teria o condão de trazer, este *Curso* opta, para fins de exposição, por observar o entendimento majoritário. Até porque o dia exato em que o Código de Processo Civil entrou em vigor é pressuposto para a devida compreensão de diversos dos dispositivos que, como apontado, excepcionam a regra de sua aplicação imediata aos processos em curso. É o caso de examiná-los.

O § 1º do art. 1.046 preserva em vigor a disciplina do CPC de 1973 atinente ao procedimento sumário e aos procedimentos especiais revogados pelo CPC de 2015 aos processos em curso e não sentenciados até o início da vigência do novo Código. Também as disposições especiais de procedimentos regulados por outras leis permanecem em vigor, com a aplicação supletiva do CPC de 2015 (art. 1.046, § 2º).

Os processos mencionados no art. 1.218 do CPC de 1973 – que manteve em vigor, durante toda a sua vigência, algumas hipóteses ainda reguladas pelo CPC de 1939 – que não tinham, ainda, recebido nova disciplina legislativa passam a ser regidos pelo CPC de 2015, observando-se, quanto ao procedimento, o *comum* (art. 1.046, § 3º).

As remissões a disposições do CPC de 1973, existentes em outras leis, passam a se referir a seus correspondentes no CPC de 2015 (art. 1.046, § 4º).

---

[42]. Basta ler o dispositivo referido para concordar com a afirmação do texto: "Art. 8º A vigência da lei será indicada de forma expressa e de modo a contemplar prazo razoável para que dela se tenha amplo conhecimento, reservada a cláusula 'entra em vigor na data de sua publicação' para as leis de pequena repercussão. § 1º A contagem do prazo para entrada em vigor das leis que estabeleçam período de vacância far-se-á com a inclusão da data da publicação e do último dia do prazo, entrando em vigor no dia subsequente à sua consumação integral. § 2º As leis que estabeleçam período de vacância deverão utilizar a cláusula 'esta lei entra em vigor após decorridos (o número de) dias de sua publicação oficial'".

[43]. Exemplo curioso de *vacatio legis* em dias está no art. 4º da Lei n. 14.318/2022, que reformou a Lei n. 9.800/99 (que "Permite às partes a utilização de sistema de transmissão de dados para a prática de atos processuais") e a Lei n. 11.419/2006 (a lei do "processo eletrônico"). De acordo com aquele dispositivo, as modificações implementadas só entram em vigor "após decorridos 730 (setecentos e trinta) dias de sua publicação oficial", o que se deu no *DOU* de 30-3-2022.

[44]. Prova segura da afirmação está no Enunciado Administrativo n. 1 do STJ, assim redigido: "O Plenário do STJ, em sessão administrativa em que se interpretou o art. 1.045 do novo Código de Processo Civil, decidiu, por unanimidade, que o Código de Processo Civil aprovado pela Lei n. 13.105/2015, entrará em vigor no dia 18 de março de 2016".

O art. 1.047 contém importantíssima regra de direito intertemporal, que tem como objetivo isolar os atos processuais relativos ao direito probatório, tendo em vista as profundas alterações que, sobre o tema, traz o CPC de 2015. De acordo com o dispositivo, as novidades relativas ao direito probatório oferecidas pelo CPC de 2015 só se aplicam às provas que tenham sido requeridas (pelas partes e por eventuais intervenientes) ou determinadas de ofício (isto é, pelo próprio magistrado) a partir da data de início de sua vigência. Por isso, é indiferente que o processo tenha tido início antes da entrada em vigor do Código de Processo Civil ou até que a fase instrutória já tenha ocorrido e, por exemplo, tenha sido determinada a sua reabertura em sede recursal. O que importa para a aplicação das regras de direito probatório do atual Código é que a atividade probatória tenha início sob sua égide, de ofício ou a requerimento.

O art. 1.049 consagra a subsidiariedade e a supletividade do procedimento comum. O parágrafo único vai além, determinando a observância do procedimento comum também nos casos em que a lei extravagante faz alusão ao procedimento sumário, que não foi preservado pelo Código de Processo Civil, ressalvadas as especificidades da própria lei. Interessante notar, com relação ao parágrafo único, que ele não reproduz, para os casos em que o procedimento sumário é exigido pela lei extravagante anterior ao Código de Processo Civil, a regra do § 1º do art. 1.046.

O art. 1.052 mantém em vigor as disposições do CPC de 1973 sobre a execução contra devedor insolvente (arts. 748 a 786-A) até que lei específica venha tratar do assunto.

O Projeto do Senado Federal, por sugestão do saudoso Ministro Athos Gusmão Carneiro, trazia regra preferível, substituindo toda a complexa disciplina daquela modalidade de execução pela distribuição proporcional do valor arrecadado em relação aos credores.

Com efeito, ao manter vigentes os arts. 748 e 786-A do CPC de 1973, o art. 1.007 do Projeto do Senado facultava aos "interessados, de comum acordo, requererem a conversão do concurso universal em concurso particular, nos termos do art. 865", que tinha, por sua vez, a seguinte redação: "Caso qualquer dos credores alegue a insolvência do devedor, o juiz, ouvidos os demais credores concorrentes e o executado, determinará que o dinheiro, respeitadas as preferências legais, seja partilhado proporcionalmente ao valor de cada crédito".

Pena que, na etapa final do processo legislativo, o Senado tenha voltado atrás, iniciativa que conduz ao mesmo problema vivenciado por pouco mais de quarenta anos pelo art. 1.218 do CPC de 1973, que acabou por manter em vigor diversos procedimentos do CPC de 1939, alguns dos quais só passaram a ter nova disciplina legal com a entrada em vigor do atual Código de Processo Civil.

O art. 1.054 se ocupa especificamente com as questões de direito intertemporal derivadas da extinção da chamada "ação declaratória incidental" e da formação da coisa julgada sobre as questões prejudiciais (art. 503, § 1º). A opção do CPC de 2015 é clara: a nova sistemática só se aplica aos processos iniciados após sua entrada em vigor, preservando, para os anteriores, a disciplina dos arts. 5º, 325 e 470 do CPC de 1973, a exigir, no que por ora interessa, a iniciativa expressa do réu ou do autor, isto é, formulação de *pedido* para que a questão prejudicial também seja alcançada pela chamada coisa julgada material (com eficácia externa).

O art. 1.056 estabelece como início da prescrição intercorrente (art. 921, § 4º, que, não obstante a nova redação dada pela Lei n. 14.195/2021, preservou o mesmo sentido), que pode justificar a extinção da execução (art. 924, V), a data do início de vigência do Código de Processo Civil, inclusive para as execuções em curso. A regra acaba por tomar partido quanto à inaplicabilidade ou à inexistência da prescrição intercorrente no âmbito das execuções não abrangidas pela Lei n. 6.830/80, a lei de execuções fiscais, que dela trata no § 4º de seu art. 40, incluído pela Lei n. 11.051/2004. Todavia, para quem entendia possível a extinção da execução (e do cumprimento de sentença) regida pelo CPC de 1973 com base na prescrição intercorrente[45], o dispositivo não tem razão de ser aplicado como se ele pudesse "reabrir" o prazo prescricional.

O art. 1.057, de discutível constitucionalidade formal por extrapolar os limites dos Projetos do Senado e da Câmara[46], restringe às decisões transitadas em julgado *após* a entrada em vigor do Código de Processo Civil a incidência dos §§ 14 e 15 do art. 525 e dos §§ 7º e 8º do art. 535. A referência é feita à disciplina a ser observada na alegação, em impugnação a cumprimento de sentença (inclusive pela Fazenda Pública), de inexigibilidade da obrigação reconhecida em título executivo judicial fundado em lei ou ato normativo considerado inconstitucional pelo STF, ou fundado em aplicação ou interpretação da lei ou do ato normativo tido por aquele Tribunal como incompatível com a Constituição Federal, em controle de constitucionalidade concentrado ou difuso. O § 14 do art. 525 e o § 7º do art. 535 estabelecem que, para aquele fim, a decisão do STF "deve ser anterior ao trânsito em julgado da decisão exequenda". Se for posterior, complementam o § 15 do art. 525 e o § 8º do art. 535, "caberá ação rescisória, cujo prazo será contado do trânsito em julgado da decisão proferida pelo STF".

Para as decisões transitadas em julgado antes do advento da nova codificação, fica preservado o disposto no § 1º do art. 475-L e no parágrafo único do art. 741 do CPC de 1973, o que, em última análise, se harmoniza com a proteção constitucional da coisa julgada (art. 5º, XXXVI, da CF).

O art. 1.063 preserva, até o advento de lei que discipline diferentemente, a competência dos Juizados Especiais Cíveis para julgamento (exclusivo) das causas referidas pelo art. 275, II, do CPC de 1973, considerando a extinção, pelo CPC de 2015, do procedimento sumário[47]. A regra é tanto mais importante diante da extinção do procedimento comum *sumário*, para

---

45. Como propunha o volume 3 das edições anteriores ao CPC de 2015 deste *Curso* no n. 5 do Capítulo 2 de sua Parte I.
46. O dispositivo foi introduzido na revisão a que o texto do Código de Processo Civil foi submetido antes de ser enviado à sanção, como decorrência de destaque que antecedeu a última sessão deliberativa do Senado Federal, em dezembro de 2014, encontrando correspondência parcial no art. 1.071 do Projeto da Câmara. A análise do Parecer n. 1.099/2014 (Adendo ao Parecer n. 956/2014) pouco (ou nada) revela sobre a sua preservação – e não dos dispositivos nele mencionados – na versão final do Código de Processo Civil, que veio a público.
47. A nova redação dada ao dispositivo, pela Lei n. 14.976/2024, não interefere na discussão do texto, eis que se limitou a suprimir a locução "até a edição de lei específica", o que é inócuo normativamente diante do alcance do art. 2º, § 1º, da LINDB.

processos iniciados a partir de sua entrada em vigor (art. 1.046, § 1º). Em termos práticos e diretos, não haverá mais *opção* a ser exercida pelo autor entre demandar o réu pelo procedimento sumário ou pelo procedimento dos Juizados, que era o entendimento predominante no âmbito dos Juizados Especiais Cíveis disciplinados pela Lei n. 9.099/95. Assim, à falta daquele procedimento, o autor *deverá* formular seu pedido perante os Juizados Especiais em todos os casos previstos no inciso II do art. 275 do CPC de 1973. É esse o alcance do art. 1.063 em conjunto com o disposto no art. 3º, II, da Lei n. 9.099/95.

O art. 1.070 amplia o prazo do agravo interposto contra decisões monocráticas no âmbito dos Tribunais, indistintamente, de estarem previstos em leis extravagantes[48] ou nos regimentos internos dos tribunais[49], para os mesmos *quinze* dias (*úteis*, por força do *caput* do art. 219) previstos no § 5º do art. 1.003[50].

O art. 1.053, também tratando de regras de direito transitório ainda que em perspectiva diversa, preserva a substância do ato em detrimento de erro de forma em período de transição de um sistema (em papel) para outro (eletrônico), ao determinar que os atos processuais praticados por meio eletrônico até a transição definitiva para certificação digital ficam convalidados, ainda que não tenham observado os requisitos mínimos estabelecidos pelo Código de Processo Civil, mas desde que tenham atingido sua finalidade e não tenha havido prejuízo à defesa de qualquer das partes.

Com relação à segunda parte do art. 14, não há espaço para duvidar de que, também no plano processual, os atos processuais (porque praticados no âmbito e para o processo) e os fatos processuais (porque influentes no processo) devem ser apanhados pelo inciso XXXVI do art. 5º da Constituição Federal e a proteção lá prevista, que, em última análise, enaltece o princípio da segurança jurídica. É o que a doutrina chama, em geral, de "princípio do isolamento dos atos processuais", a ser analisado, caso a caso, para verificar em que medida a nova lei processual (inclusive o próprio Código de Processo Civil) pode incidir, por força da primeira parte do dispositivo e do *caput* do art. 1.046.

---

48. Correto, portanto, o Enunciado n. 58 da I Jornada de Direito Processual Civil do CJF, segundo o qual: "O prazo para interposição do agravo previsto na Lei n. 8.437/92 é de quinze dias, conforme o disposto no art. 1.070 do CPC".
49. Uma aberração jurídica, ao menos para o modelo constitucional do direito processual civil inaugurado com a CF de 1988, eram os chamados "agravos regimentais", recursos que eram, por vezes, previstos em regimentos internos dos Tribunais para viabilizar a colegialidade de decisões monocráticas. A iniciativa era agressiva ao art. 22, I, da Constituição Federal, que reserva à União Federal competência *privativa* para legislar sobre direito processual civil. A crítica correlata era feita pelas edições anteriores ao CPC de 2015 deste *Curso*, em especial no n. 1.2 do Capítulo 3 da Parte II do volume 1 e no n. 5.3 do Capítulo 7 da Parte I do seu volume 5.
50. A 3ª Seção do STJ vem entendendo que a preservação do art. 39 da Lei n. 8.038/90 – já que não revogado expressamente pelo inciso IV do art. 1.072 do CPC – deve ser interpretada no sentido de que, no âmbito dos processos *penais* em trâmite naquele Tribunal, o prazo do agravo interno ainda é o de cinco dias. Assim, v.g., o quanto decidido no AgRg na Rcl 30.714/PB, rel. Min. Reynaldo Soares da Fonseca, j.un. 27.42016, *DJe* 4-5-2016. No mesmo sentido, v. os seguintes acórdãos: STJ, 5ª Turma, AgRg no AREsp 2.468.226/MG, rel. Min. Messod Azulay Neto, j.un. 17-9-2024, *DJe* 19-9-2024; STJ, 5ª Turma, AgRg no AREsp 2.525.169/GO, rel. Min. Daniela Teixeira, j.un. 26-8-2024, *DJe* 29-8-2024; e STJ, 6ª Turma, AgRg no HC 903.941/PE, rel. Min. Rogerio Schietti Cruz, j.un. 17-6-2024, *DJe* 19-6-2024.

4. APLICAÇÃO SUPLETIVA E SUBSIDIÁRIA DO CPC

O art. 15, ao encerrar o Capítulo II do Título Único da Parte Geral do CPC de 2015, quer acentuar o caráter *supletivo* (no sentido de complementar aquelas normas, suprindo suas lacunas) e o *subsidiário* (no sentido de auxiliar e de contribuir na compreensão daquelas outras normas) da nova codificação aos demais *processos* jurisdicionais – o dispositivo faz referência expressa ao processo *trabalhista*[51] e ao processo *eleitoral*[52] – e ao processo *administrativo*[53].

O dispositivo, contudo, nada fala sobre a aplicação supletiva e subsidiária do Código de Processo Civil aos "processos *penais*". A questão, pertinentíssima, é saber se, não obstante esse silêncio, a aplicação continua a ser autorizada pelo art. 3º do Código de Processo Penal. A melhor resposta parece ser a positiva, o que se justifica até mesmo pela amplitude do texto da referida regra processual penal[54]. De resto, nos casos em que o Código de Processo Penal faz expressa remissão ao Código de Processo Civil (art. 139 [depósito e administração de bens arrestados]; art. 362 [citação por hora certa] e art. 790 [homologação de sentença estrangeira]), é irrecusável o prevalecimento da disciplina trazida pelo CPC de 2015.

Idêntica reflexão merece ser feita sobre o alcance e o impacto do Código de Processo Civil para os Juizados Especiais e suas leis de regência, as Leis n. 9.099/95, 10.259/2001 e 12.153/2009. Ainda que o Livro Complementar do Código de Processo Civil traga algumas (muito poucas) regras expressas àquele respeito em seus arts. 1.062 a 1.066, a falta de referência àquele sistema pelo art. 15 não é óbice, muito pelo contrário, para a discussão sobre os limites da aplicação do novo Código, supletiva e subsidiariamente, também aos Juizados[55].

---

51. Tão logo foi promulgado o CPC de 2015, o TST publicou a Instrução Normativa n. 39/2016 para tratar do assunto, indicando em que casos e com que modificações o CPC deveria ser aplicado ao processo do trabalho. De tão polêmica, a iniciativa teve sua inconstitucionalidade arguida pela ANAMATRA perante o STF. Trata-se da ADI 5.516/DF, não julgada até o momento, diante do pedido de desistência apresentada ao relator, Ministro Ricardo Lewandowski. Dois dos mais controvertidos pontos da aplicação do CPC à CLT, contudo, acabaram sendo objeto de expressas modificações promovidas pela Lei n. 13.467/2017 na CLT: a contagem dos prazos em dias *úteis* (art. 775 da CLT) e a aplicação do incidente de desconsideração da personalidade jurídica (art. 855-A da CLT).
52. O que motivou a edição da Resolução n. 23.478/2016, pelo TSE.
53. Na ADI 5.492, o Estado do Rio de Janeiro questiona a constitucionalidade do art. 15 ao impor a aplicação supletiva e subsidiária do CPC aos processos administrativos em geral, também os estaduais e os municipais, portanto, o que agrediria a autonomia federativa dos demais entes políticos da federação brasileira. É tese interessantíssima, que traz à tona o quanto desenvolvido no n. 6.2 do Capítulo 3 da Parte I acerca da *necessária* distinção entre *processo* e *procedimento* (ainda que na esfera administrativa) na perspectiva das competências legislativas constitucionalmente traçadas. O pedido formulado naquela ADI, no particular, é para que o STF dê "interpretação conforme à Constituição à expressão 'processos administrativos', constante do art. 15 do CPC/15, para restringir sua incidência à órbita federal;".
54. Nesse sentido é o Enunciado n. 3 da I Jornada de Direito Processual Civil do CJF: "As disposições do CPC aplicam-se supletiva e subsidiariamente ao Código de Processo Penal, no que não forem incompatíveis com esta Lei".
55. É também o entendimento da I Jornada de Direito Processual Civil do CJF, como comprova seu Enunciado n. 2: "As disposições do CPC aplicam-se supletiva e subsidiariamente às Leis n. 9.099/1995, 10.259/2001 e 12.153/2009, desde que não sejam incompatíveis com as regras e princípios dessas Leis".

Capítulo 2

Função jurisdicional

1. CONSIDERAÇÕES INICIAIS

O Livro II da Parte Geral do Código de Processo Civil tem o seguinte título: "Da função jurisdicional". Seus três Títulos disciplinam, respectivamente, a "jurisdição e a ação" (arts. 16 a 20); os "limites da jurisdição nacional e a cooperação internacional" (arts. 21 a 41) – dividido em dois Capítulos, "Dos limites da jurisdição nacional" e "Da cooperação internacional" –; e a "competência interna" (arts. 42 a 69), Título também dividido em dois Capítulos, "Da competência" e "Da cooperação nacional".

O Código de Processo Civil poderia ter dedicado Livros diversos ao tratamento da "ação", distinguindo-a da "jurisdição" e da "competência", considerando a diversidade dos assuntos, inclusive na perspectiva teórica, a despeito de ambos se relacionarem, por razões evidentes, com a "função jurisdicional". É muito pouco, contudo, para justificar seu tratamento conjunto. Até porque, com a ressalva de algum meio não estatal de resolução de conflitos mencionado pelo próprio Código de Processo Civil (como ocorre com a arbitragem e com algumas hipóteses de atuação cartorária que tornam desnecessária a atuação do Estado-juiz), todos os demais temas do direito processual civil são diretamente relacionados ao (necessário) exercício da função jurisdicional.

É o que basta, contudo, para a crítica à alocação da matéria feita pelo Código de Processo Civil. Sendo fiel à proposta metodológica deste *Curso*, os números seguintes dedicam-se àqueles assuntos na mesma ordem eleita pela atual codificação, sempre dialogando – é esta a iniciativa da qual não se pode abrir mão – com a teoria geral do direito processual civil que ocupa a Parte I deste volume e evitando, por isso mesmo, repetição do quanto já exposto suficientemente naquele contexto e para aquele fim.

2. JURISDIÇÃO

O Título I do Livro II da Parte Geral do CPC de 2015 reúne em seus cinco artigos a "jurisdição" e a "ação". Deles, apenas o primeiro refere-se à "jurisdição", objeto deste número. Os demais concernem a temas relativos à "ação" e, por isso, são analisados no número seguinte.

A jurisdição, como expõe o n. 2 do Capítulo 4 da Parte I, deve ser compreendida no sentido de exercício da *função jurisdicional*, função *típica* (fim) do Poder Judiciário, que a caracteriza como tal. O exercício da função jurisdicional pelo Estado-juiz é vocacionado à resolução de controvérsias intersubjetivas sempre que outros meios não estatais ou não jurisdicionais para aquele mesmo fim não atuarem a contento, não forem possíveis, ou, ainda, quando os interessados assim entenderem ser necessário, independentemente de qualquer outra ou prévia providência.

De outra parte, as características da jurisdição lá assinaladas, longe de quererem desenhar uma função estatal antiquada e despicienda, têm como objetivo confessado o de readequar e *reafirmar* a jurisdição como *método jurisdicional* de solução de conflitos. Ela pode não ter o sabor da novidade de outros métodos, os chamados alternativos (ou, mais propriamente, *adequados*), mas nem por isso é desnecessária ou dispensável. As novidades relativas aos meios adequados de solução de conflito, tão incentivados, inclusive, mas não só, pelos parágrafos do art. 3º, definitivamente não vieram para *substituir* o velho (o exercício da função jurisdicional para aquele mesmo fim), mas para atuar ao lado dele, em ampla consonância com as complexidades e as vicissitudes da sociedade atual. Até porque, no próprio contexto dos meios *adequados*, pode ser que o ingresso no Judiciário por intermédio do *processo* ínsito à sua atuação se mostre o mais apropriado para a solução pretendida pelos envolvidos.

Por mais paradoxal que possa parecer, contudo, o art. 16 não guarda nenhuma relação com essas observações. O dispositivo, a bem da verdade, é menos amplo e, em rigor, despiciendo. Ao prescrever que "A jurisdição civil é exercida pelos juízes e pelos tribunais em todo o território nacional, conforme as disposições deste Código", ele parece se voltar muito mais para questões relativas à *competência* e, portanto, para a distribuição de tarefas por toda a organização judiciária nacional do que para a jurisdição, propriamente dita.

E mais do que isso: ao prescrever que o exercício da jurisdição (leia-se: *competência*) se dá "conforme as disposições deste Código", passa a errada impressão de que o tema relativo à competência é esgotado no Código de Processo Civil. A matéria, todavia, tem assento constitucional expresso. E não só na Constituição *Federal*, mas também nas Constituições dos *Estados*. Não há como identificar o órgão jurisdicional competente senão após extrair da Constituição Federal e, consoante o caso, das Constituições dos Estados todas as informações relativas à organização judiciária e à competência dos diversos órgãos jurisdicionais por ela estabelecidas.

É só depois de realizada essa tarefa que o Código de Processo Civil passa a disciplinar a competência. Mesmo assim, contudo, as disposições do Código precisam ser interpretadas e aplicadas em conjunto com outras leis, federais e estaduais, que dispõem sobre a organização judiciária. São aquelas leis – e não o Código de Processo Civil – que dirão, por exemplo, quantas subseções judiciárias existem em uma seção judiciária ou em quantas comarcas é dividido um Estado e quais são seus respectivos limites territoriais. Até mesmo a divisão interna de uma mesma subseção judiciária ou comarca, a criar órgãos jurisdicionais diversos para a solução de determinadas matérias ou dentro de específicos territórios. Tudo isso interfere, decisivamente, na identificação do órgão jurisdicional e não encontra disciplina no Código.

Destarte, é correto concluir que o art. 16 não trata de jurisdição e que seu texto, naquilo que contém, tangencia a disciplina da *competência*. Mesmo assim, é insuficiente, porque o ponto de partida para tanto é – e só pode ser – o modelo constitucional. Trata-se, a bem da verdade, de derivação, com diferenças *textuais*, do art. 1º do CPC de 1973[1]. Se o dispositivo não tivesse sido reproduzido, não haveria nenhum déficit normativo e sequer perda do reforço "didático" expressamente assumido por diversos outros artigos, a começar pelo art. 1º do Código de Processo Civil. Pelo contrário, o art. 16 não merece ser interpretado sequer com aquela finalidade porque sua literalidade é enganosa.

Sobre jurisdição, portanto, ainda quando analisada na sua perspectiva *estática*, são suficientes e bastantes as reflexões que ocupam o n. 2 do Capítulo 4 da Parte I.

3. AÇÃO

A *ação* merece ser entendida como o direito (fundamental) de romper a inércia jurisdicional e de atuar ao longo do processo com vistas à concretização da tutela jurisdicional.

De outra parte, a despeito de o Código de Processo Civil não adotar a tradicional nomenclatura "condições da ação", não é errado, ao menos na perspectiva doutrinária, entender que a lei, a despeito do fundamento constitucional da ação, pode estabelecer certas (e justificadíssimas) exigências para sua constituição e seu regular exercício. É o que o n. 3.2 do Capítulo 4 da Parte I propõe seja denominado "mínimo indispensável para o exercício do direito de ação".

Não obstante, como também assinalam aqueles números, o Código de Processo Civil continua a *condicionar* o exercício da ação. É certo que o faz com uma "condição" a menos, quando contrastado com o CPC de 1973, a possibilidade jurídica do pedido, que deixou de ser expressa, mas nas outras duas que preservou o faz com *identidade absoluta* ao regime do seu antecessor. Subtraiu o nome, isso é inegável, porém não subtraiu o regime jurídico identificado por aquele mesmo nome. Nada de novo, destarte, a não ser o descarte de nomenclaturas e da demonstração da inabilidade de se trabalhar com categoria bem identificada pela doutrina brasileira, descartando quarenta anos de evolução doutrinária entre nós. E pior: na suposição de que apenas a possibilidade jurídica do pedido dizia respeito ao direito material...

---

1. A redação do art. 1º do CPC de 1973 era a seguinte: "A jurisdição civil, contenciosa e voluntária, é exercida pelos juízes, em todo o território nacional, conforme as disposições que este Código estabelece".

É o art. 17 que mantém vivas as restantes "condições da ação" ou, como prefere este *Curso*, o mínimo indispensável para o exercício do direito de ação. De acordo com o dispositivo, "para postular em juízo é necessário ter interesse e legitimidade". Estão aí preservados, portanto, o "interesse de agir" (ou "interesse processual") e a "legitimidade para agir" (ou "legitimidade para causa").

Não há razão para negar os avanços textuais do art. 17, quando comparado com o seu par do CPC de 1973, o art. 3º[2]. Ele evita, diferentemente daquele art. 3º, o emprego da palavra "ação", adotando em seu lugar a expressão "para postular em juízo", o que é indicativo do exercício do *direito* de ação.

Postular, contudo, não pode ser compreendido apenas do ponto de vista do autor, aquele que rompe a inércia da jurisdição para pedir tutela jurisdicional. Também o réu *postula* em juízo. E o faz mesmo quando se limita a *resistir* à pretensão autoral sem reconvir. Os terceiros, ao pretenderem intervir no processo, também *postulam*. É essa a razão pela qual este *Curso* adota, em diversas de suas passagens, a palavra *postulação,* querendo descrever com ela o exercício de direito de ação *ao longo do processo*, que não se confunde com a *ação* em si mesma considerada nem com a *petição inicial* (demanda para alguns) e menos ainda com algo que pode ser reputado exclusivo do autor, não dizendo respeito ao réu e até mesmo a outros intervenientes.

Nesse sentido, o texto do art. 17 no Código de Processo Civil é amplo o suficiente para albergar todos aqueles que, como autores, como réus ou como terceiros, *agem* em juízo. Agem porque *postulam*, independentemente de se querer tratar do tema na perspectiva (insuficiente) da ação e, até mesmo, do exercício do direito de ação. Por tais razões, é inegável que o art. 17 é mais adequado que o art. 3º do CPC de 1973, que dava a (falsa) impressão de que seu comando se dirigia somente ao autor e ao réu, porque contrapunha o "propor ação" ao "*contestar* ação". E com a vantagem de evitar interessantíssima e complexa discussão acadêmica consistente em saber se somente o autor exerce direito de ação e quando e de que maneira é concebível que o réu também o exerça[3].

É correto sustentar, outrossim, que a nova fórmula redacional quer evitar o emprego da consagradíssima expressão "condições da ação", o que se confirma também, mas não só, pela redação do inciso VI do art. 485, segundo o qual "o juiz não resolverá o mérito quando: [...] verificar ausência de legitimidade ou de interesse processual", que difere do inciso VI do art. 267 do CPC de 1973, que adotava a referida expressão. Não há como negar o acerto da iniciativa. O que se põe, doravante, é saber o que há (ou o que não há) entre o plano material e o julgamento de mérito, sobretudo nos casos em que ele seja no sentido de *rejeitar* o pedido

---

2. Que tinha a seguinte redação: "Para propor ou contestar ação é necessário ter interesse e legitimidade".
3. É assunto que traz à tona a subsistente *reconvenção* do art. 343.

do autor, mesmo sendo reconhecido seu interesse e a legitimidade das partes. O tema continua a ser atual: é o próprio art. 17 que insiste nele.

Para este *Curso*, a iniciativa do Código de Processo Civil no particular limita-se a uma alteração de linguagem. Não haveria nada de errado em continuar a se referir ao tema com a consagrada expressão, tão *significativa* para a cultura e para a doutrina do direito processual civil brasileiro. Não há que se duvidar, de outro lado, que haverá quem se impressione com a fórmula redacional adotada pelo art. 17 e irá sustentar a abolição da categoria das condições da ação, propondo, na linha de outros ordenamentos jurídicos, que o interesse e a legitimidade sejam tratados ao lado dos pressupostos processuais como pressupostos de admissibilidade do julgamento de mérito, genericamente considerados.

A observação é *parcialmente* correta. O interesse de agir e a legitimidade para agir são temas que devem ser analisados pelo magistrado antes do julgamento de mérito. Tanto que, sem esta ou sem aquele, é vedado ao magistrado emitir pronunciamento de mérito, reconhecendo o destinatário da tutela jurisdicional. O inciso VI do art. 485 é expresso quanto ao tema e o faz evitando tratar do assunto que os mesmos incisos, imediatamente anteriores a ele, que tratam do que a doutrina brasileira em geral sempre identificou (não exclusivamente) como "pressupostos processuais".

No entanto, mesmo no ambiente do Código de Processo Civil, parece ser absolutamente adequado entender que os fundamentos e o substrato do "interesse de agir" e da "legitimidade para a causa" não guardam nenhuma relação com o *processo*, nem com sua constituição nem com seu desenvolvimento. Muito pelo contrário, ambos os institutos só se justificam, no campo do mérito, na perspectiva da *afirmação* de direito feita por aquele que *postula em juízo*.

O "interesse de agir" é a *necessidade* de se postular em juízo em busca de uma determinada *utilidade*. Este binômio "necessidade" e "utilidade" é o que caracteriza o instituto. E onde ele é colhido? No plano material, a partir da *afirmação* de direito feita por aquele que postula em juízo. MDQI precisa (*necessidade*) cobrar dívida (*utilidade*), já vencida e não paga por PEC, a despeito de todas as promessas naquele sentido. Ato administrativo inviabiliza a promoção na carreira do servidor público municipal PECLD que, querendo a promoção (*utilidade*), tem *necessidade* de questionar o ato praticado pelo prefeito do Município de CLA perante o Poder Judiciário porque eventuais tentativas administrativas para aquele fim não resultaram em nada.

E se a dívida já tivesse sido paga? E se não havia direito a promoção nenhuma? As perguntas são pertinentes para ilustrar um pouco do funcionamento da categoria aqui examinada. Suas respostas, contudo, não interferem na compreensão do "interesse de agir" como tal, que toma como base a afirmação do direito feita por quem postula em juízo. Diferentemente, as respostas serão decisivas no julgamento do mérito: se a dívida já está paga, o pedido é improcedente. Também o é quando se constatar a inexistência do direito à promoção pretendida pelo servidor público municipal.

A "legitimidade para agir", por sua vez, é a tradução processual dos polos subjetivos da relação controvertida. Todo aquele que *afirmadamente* está naquela relação tem legitimidade para agir, a chamada "legitimidade *ativa*". Tanto quanto aquele que é descrito como ameaçador ou violador do direito afirmado pelo autor que ostente, por isso, a "legitimidade *passiva*"[4]. É o que a boa doutrina chama de "situação legitimante"[5]. Quem toma a iniciativa de ingressar em juízo, rompendo a inércia da jurisdição e formulando pedido de tutela jurisdicional (legitimado *ativo*), será o autor; aquele em face de quem é formulado o pedido de tutela jurisdicional será o réu (legitimado *passivo*). A legitimidade de eventuais terceiros para "postular em juízo" não é diversa. Também ela é aferida a partir da relação de direito material, levando em conta a afirmação de eventuais pontos de atrito ou de contato com a relação (material) que está em juízo. Há também, portanto, uma situação legitimante afirmada para dar supedâneo à intervenção do terceiro.

Nos exemplos anteriores, legitimados ativos são quem se afirma credor (MDQI) e o servidor público municipal (PECLD). São *autores*, no plano processual. Legitimados passivos são quem é afirmado devedor (PEC) e a administração pública (CLA). São *réus*, no plano processual. Saber se o direito *afirmado* pertence mesmo ao credor ou ao devedor no primeiro exemplo ou ao servidor público ou à administração pública no segundo já é questão que extrapola os limites da legitimidade para causa. Já é questão relativa ao mérito.

Decorre naturalmente da exposição que os temas aqui enfrentados não guardam nenhuma relação com a constituição e/ou o desenvolvimento do processo. A análise do *agir* em juízo – há necessidade de advogado para o credor MDQI do exemplo acima?; Se se tratar menor de idade, há necessidade de que ele seja representado ou assistido em juízo?[6]; Quem representa, no processo, a administração pública? –, esta sim é questão relativa ao *processo*, que rende ensejo à análise do que a doutrina brasileira consagrou, ao lado das "condições da ação", como "pressupostos processuais". São, portanto, realidades inconfundíveis, mesmo no atual Código de Processo Civil.

Que a ausência de uma ou de outro ensejarão decisões nos moldes do art. 485 (embora com fundamento em incisos diversos), não há dúvida. Mas não é possível sanear a ausência de interesse de agir ou a ilegitimidade para a causa ou diferentemente do que determina o Código de Processo Civil em diversos dispositivos com relação aos pressupostos processuais e a vícios de outra ordem (arts. 139, IX, e 317, por exemplo). A resposta correta é que, com relação ao interesse de agir e à legitimidade para a causa, o que se dá não se relaciona propriamente com saneamento. O que pode ocorrer é alteração no plano material a modificar o substrato fático rela-

---

4. Apenas para ilustrar o acerto da afirmação, cabe colacionar o enunciado da Súmula 666 do STJ: "A legitimidade passiva, em demandas que visam à restituição de contribuições de terceiros, está vinculada à capacidade tributária ativa; assim, nas hipóteses em que as entidades terceiras são meras destinatárias das contribuições, não possuem elas legitimidade *ad causam* para figurar no polo passivo, juntamente com a União".
5. Assim, v.g., Donaldo Armelin, *Legitimidade para agir no direito processual civil brasileiro*, esp. p. 85.
6. Bem ilustra esta discussão o quanto decidido pela 4ª Turma do STJ no REsp 1.462.840/MG, rel. Min. Maria Isabel Gallotti, j.un. 14-5-2024, *DJe* 21-5-2024.

tivo que informam aqueles institutos. É a dívida que vence e é a alteração da lei municipal que rege o regime jurídico do servidor público que pretende a promoção. Os *fatos* anteriores não são viciados. Eles são incapazes de viabilizar o julgamento de mérito. Nada, absolutamente nada, parecido com ausência de pressupostos processuais (ou a presença de pressupostos *negativos*) ou com qualquer outro vício que afete o *devido* processo. O problema, naquelas duas hipóteses, não está no *processo*. É mister discernir essas hipóteses na interpretação do § 1º do art. 486, que as generaliza indevidamente, na linha que propõe o n. 3.3.4 do Capítulo 4 da Parte I.

O tangenciamento entre o interesse processual e a legitimidade para agir e o plano material – o "mérito", para empregar a palavra usualmente aceita para identificar aquele plano no contexto que aqui interessa – é inerente àquelas figuras (tanto quanto se dava com a possibilidade jurídica do pedido). O curioso é que o art. 17, ao preservar o interesse e a legitimidade, nada trouxe de novo em relação à questão, simplesmente porque aqueles elementos repousam na afirmação de direito feita ao longo do processo – o direito de ação não é só exercido na petição inicial, mas *exercitado* ao longo do processo –, até o momento em que o magistrado decide a quem o direito afirmado pertence e quem deve, por isso mesmo, ser tutelado jurisdicionalmente.

Pena, diante de tudo isso, que o Código de Processo Civil, com o afã de inovar, tenha pretendido colocar por terra décadas de estudo científico no direito brasileiro a respeito da "ação" e das suas "condições". O ideal seria levá-las às suas últimas consequências, inclusive como técnicas de maior *eficiência* do processo, em atenção ao art. 5º, LXXVIII, da Constituição Federal e, em última análise, ao "modelo constitucional do direito processual civil". O silêncio do Código a esse respeito, contudo, não impede a doutrina e a jurisprudência de fazê-lo. É o que pretende este *Curso,* inclusive quando expõe o tema, desde a teoria geral do direito processual civil, na perspectiva do mínimo indispensável para o exercício do direito de ação.

A circunstância de o *direito* de ação ser, ainda, "condicionado" (embora limitadamente à demonstração do *interesse* e da *legitimidade nos termos do art. 17*) não atrita com aquele modelo. Importa, no particular, compreender este mínimo indispensável ainda exigido pelo legislador não como óbices ou como obstáculos para o exercício daquele direito, que deriva diretamente do art. 5º, XXXV, da Constituição Federal. Mas, bem diferentemente, como elementos seguros da necessidade de pontos de contato entre os planos material e processual que dão à iniciativa daquele que postula em juízo (expressão adotada pelo dispositivo anotado) seriedade mínima, representativa, em última análise, da *boa-fé* que deve presidir a atuação de *todos* os sujeitos processuais, como preceitua o art. 5º[7]. Nada há de novo em re-

---

7. A construção acaba por evocar a de Degenkolb que, segundo Chiovenda, foi "[...] o primeiro a definir a ação (1877) como um direito subjetivo público, correspondente a qualquer que, de boa-fé, creia ter razão a ser ouvido em juízo e constranger o adversário a apresentar-se" (*Instituições de direito processual civil*, v. I, p. 23). Embora, de acordo com o mesmo mestre italiano, o idealizador tenha abandonado a construção, passando a distinguir mera faculdade jurídica do direito de ação, a construção, quando somada aos elementos destacados no texto – os necessários e indispensáveis pontos de contato da "ação" com o direito material –, merece ser retomada e desenvolvida, inclusive por causa do precitado art. 5º do CPC.

lação a isso, aliás, a não ser, insista-se, na supressão da expressão "condições da ação" e no abandono da "possibilidade jurídica do pedido".

Para este *Curso* e para o *neoconcretismo* por ele proposto, não é mera coincidência, a este propósito, recordar a crítica feita por Chiovenda ao grau de *abstração* feito por Wach na sua teoria da ação: "Se a doutrina de Wach contém um grande fundo de verdade, ao pôr em evidência a autonomia da ação, devem-se, não obstante, reconhecer como exagero inaceitável dessa ideia de autonomia da ação aquelas teorias que, de um ou outro modo, revertem ao conceito do denominado *direito abstrato de agir*, conjecturado como simples *possibilidade jurídica* de agir em juízo, independentemente de um êxito favorável"[8].

Em suma: à *autonomia* concebida teoricamente ao direito de ação não se deve seguir que qualquer um, sem um mínimo de seriedade, queira obter tutela jurisdicional do Estado-juiz. Não é isso que garante o art. 5º, XXXV, da Constituição Federal. O mínimo indispensável para o exercício do direito de ação, destarte, desempenha importante papel de *filtro*, ainda que tênue, para viabilizar o descarte, mais prematuro possível, das iniciativas que, ainda quando sumariamente examinadas, não têm como viabilizar a prestação da tutela jurisdicional para aquele que a pede.

3.1 Especificamente o interesse de agir

Do interesse de agir ocupam-se, ainda que em contexto diverso, os arts. 19 e 20.

O art. 19 trata da chamada "ação declaratória", assim entendido o pedido de tutela jurisdicional que se resume a obter certeza do Estado-juiz, certeza essa consistente na existência, inexistência ou modo de ser de uma relação jurídica (inciso I) ou, ainda, no reconhecimento de autenticidade ou de falsidade de documento (inciso II).

Tal qual o art. 4º do CPC de 1973, o art. 19, abandonando a técnica do art. 17, refere-se a *interesse* do autor, o que é correto na compreensão de representar a *necessidade* e a *utilidade* da e na intervenção do Estado-juiz para solucionar lesão ou ameaça a direito. Por causa da eliminação da "possibilidade jurídica do pedido", já não há espaço para duvidar de que a temática merece ser enfrentada na perspectiva do *interesse de agir* do autor, e não sobre os pedidos voltados àquelas situações serem possíveis ou impossíveis juridicamente. Afirmar existente ou inexistente que se quer declarar como tal ou, ainda, autêntico ou falso um documento é questão relativa ao *mérito*, cujo enfrentamento pressupõe a existência do interesse de agir, à falta de outra categoria própria para descrevê-lo[9].

---

8. *Instituições de direito processual civil*, v. I, p. 23.
9. A este propósito, merecem ser lembradas as considerações do n. 3.2 do Capítulo 4 da Parte I acerca da iniciativa dos atualizadores do *Manuale* de Liebman que passaram a tratar nas edições mais recentes não da "possibilidade jurídica do pedido", que havia sido abandonada pelo autor, mas do *"possibile oggetto dell'azione"*, no mesmíssimo contexto aqui indicado. A referência é feita à 7ª edição daquele livro, p. 142-144, atualizada por Vittorio Colesanti, Elena Merlin e Edoardo F. Ricci.

O art. 19, outrossim, acabou por acolher expressamente o entendimento de que cabe a "ação declaratória" para definir o "modo de ser de uma relação jurídica", diretriz que já encontrava eco na Súmula 181 do Superior Tribunal de Justiça, assim enunciada: "É admissível ação declaratória, visando a obter certeza quanto a exata interpretação de cláusula contratual".

O art. 20, por sua vez, admite a "ação declaratória", ainda que tenha ocorrido a violação ao direito. É possível, assim, pedir tutela jurisdicional "meramente declaratória" quando a hipótese, em rigor – porque de lesão se trata (na perspectiva da *afirmação* do autor) –, já autorizaria a tutela jurisdicional "condenatória", querendo compelir o réu a fazer, não fazer, entregar algo diverso de dinheiro ou a pagar.

Na linguagem proposta por este *Curso* no Capítulo 5 da Parte I, a hipótese deve ser compreendida como de admissão plena da "tutela jurisdicional *preventiva*", ainda que, na perspectiva do direito material, o autor já pudesse formular pedido de "tutela jurisdicional *repressiva*". Uma tutela jurisdicional que também, adotando a mesma proposta, quererá se contentar com a mera censura do Estado-juiz ("tutela jurisdicional *não executiva*", portanto), embora fosse correto imaginar que se pudessem pleitear outras medidas para além daquele ato *ideal* a ser proferido pelo Estado-juiz ("tutela jurisdicional *executiva*").

A previsão do art. 20 justifica-se unicamente em função da polêmica perspectiva histórica a respeito da identificação e do desenvolvimento da "ação" como instituto fundamental do direito processual civil. Ela é despreocupada com a necessária e indispensável revisitação dos institutos fundamentais do direito processual civil à luz do "modelo constitucional do direito processual civil": diante do art. 5º, XXXV, da Constituição Federal, é inimaginável que a lei pudesse querer excluir lesão ou ameaça da apreciação jurisdicional, mesmo na hipótese pressuposta por aquele dispositivo. De qualquer sorte, preso à tradição e predisposto a evitar discussões que certamente aflorariam no silêncio, o art. 20 justifica-se, ainda que para fins "didáticos".

O art. 20 nada diz sobre a chamada "ação declaratória incidental" que, no CPC de 1973, se fazia necessária, ora por iniciativa do réu, ora do autor, para que a resolução de questões prejudiciais ao pedido ficasse também alcançada pela chamada coisa julgada material (com eficácia externa). É o que decorria da interpretação conjunta dos arts. 5º, 325 e 470, daquele Código.

O silêncio é eloquente, considerando que o CPC de 2015 não exige mais qualquer iniciativa formalizada, sequer pedido, nem do réu nem autor, para aquele fim. Basta que a questão prejudicial seja suficientemente debatida em contraditório perante o juízo competente para que a coisa julgada a atinja, nos termos do art. 503. A questão, destarte, repousa no campo do *interesse de agir*: não há mais *necessidade* para as partes, que queiram que a questão prejudicial seja resolvida com ânimo de definitividade (*utilidade*), se valer daquele expediente. Sequer que o réu apresente reconvenção para aquele específico fim que, com a inovação, passou a ser, neste particular, também desnecessária, devendo ser rejeitada por falta de interesse de agir.

Se, contudo, o intuito for a declaração de falsidade documental, o autor e/ou o réu, conforme o caso, precisarão formular pedido nesse sentido para que a declaração do magistrado, em um ou em outro sentido, transite materialmente em julgado, nos termos dos arts. 430 a 433 e 436, III. Sem que *formalizem* o pedido *incidental* de declaração do documento, eventual reconhecimento não fará a coisa julgada material (com eficácia externa).

3.2 Legitimação extraordinária

O art. 18 trata da "legitimação extraordinária", comumente considerada sinônimo de "substituição processual"[10]. Trata-se da possibilidade de o ordenamento jurídico admitir que alguém, em nome próprio, pleiteie direito alheio em juízo, sempre e invariavelmente na perspectiva de um direito *afirmado* existente.

O *caput* do dispositivo mantém a tradicional regra quanto a ser *excepcional* a "legitimação extraordinária" porque sempre dependente de autorização normativa. No particular, o CPC de 2015 substituiu a menção a "lei", que fazia o art. 6º do CPC de 1973, por "ordenamento jurídico". Coerente, não há por que deixar de observar, com o quanto se lê do art. 8º, do art. 140 e, até mesmo, com o nome que acabou sendo dado, em português, da atuação do Ministério Público como *custos legis*: não mais "fiscal da *lei*", mas "fiscal da *ordem jurídica*" (art. 178).

Para além de aprimoramentos textuais, contudo, pergunta importante a se formular com base no *caput* do art. 18 é se pode alguém *voluntariamente*, isto é, por ato seu, autorizar outrem a postular em juízo o seu próprio direito. A modificação redacional do art. 18 está a autorizar a legitimação extraordinária ou, se se preferir, a substituição processual *voluntária*, assim entendida aquela que não decorre diretamente de lei ou da Constituição Federal, mas, sim, da própria vontade dos sujeitos?

A resposta mais correta é a *positiva*. Importa dar rendimento máximo ao novo *texto* do *caput* do art. 18, interpretando-o para extrair dele regra até então desconhecida pelo ordenamento jurídico brasileiro, a que admite que as partes possam, de comum acordo, autorizar que uma vá em juízo, em nome próprio, buscar a tutela jurisdicional para direito alheio. Trata-se, neste sentido, de hipótese alcançada pelo *caput* do art. 190[11].

---

[10]. Tecnicamente, só se deve cogitar de *substituição processual* nos casos em que aquele que está ausente (o substituído) não age no processo porque não quer agir ou porque não pode agir. Somente em casos como tais é que há, propriamente, uma *substituição* processual. É o que José Carlos Barbosa Moreira sempre chamou de "legitimidade extraordinária autônoma e exclusiva" em seu "Apontamentos para um estudo sistemático da legitimação extraordinária", p. 12. Também importa dar destaque à visão de Donaldo Armelin, *Legitimidade para agir no direito processual civil brasileiro*, p. 133, acerca daquele ponto.

[11]. No mesmo sentido, embora com ressalvas quanto à legitimação extraordinária *passiva* de fonte negocial, é o entendimento de Fredie Didier Junior, *Curso de direito processual civil*, v. 1, p. 353-357. Mencionando as edições anteriores deste *Curso*, é o entendimento de Heitor Vitor Mendonça Sica, *Substituição e representação processual*, p. 82, nota 304.

Como todo contrato, a responsabilidade pelo adequado adimplemento das obrigações nele pactuadas, bem assim todos os assuntos a ele relacionados, inclusive na perspectiva da prestação de contas dos custos inerentes ao agir em juízo, não trazem nenhuma peculiaridade para a hipótese aqui aventada. O que será indispensável, em tais casos, é que se comprove que, por ato negocial, se operou a devida legitimação extraordinária. A coisa julgada, em tais casos, alcança quem não agiu em juízo, o que se fez substituir. Não há como entender diferentemente, sob pena de se esvaziar a razão de ser – e isso mesmo quando o assunto é tratado na sua perspectiva tradicional – do instituto.

Importa destacar que, em tais casos, o que se espera do magistrado é que, a tempo e modo oportunos, inclusive de ofício, controle a validade da cláusula negocial, reconhecendo, se for o caso, sua nulidade e recusando, consequentemente, sua eficácia. Razões para tanto não faltam na perspectiva do parágrafo único do art. 190, assunto ao qual se volta o n. 2.2 do Capítulo 4.

Hipóteses de legitimação extraordinária ou de substituição processual, dentre tantas[12], são as seguintes: do alienante ou do cedente que permanece no processo a despeito da alienação do objeto litigioso (art. 109, § 1º) e dos sócios que atuam em nome da sociedade quando todos forem citados para a "ação de dissolução parcial de sociedade" (art. 601, parágrafo único)[13]. No âmbito do direito processual coletivo, é correto entender que os legitimados ativos previstos desde o modelo constitucional e pela legislação respectiva atuam naquela qualidade: em nome próprio (o cidadão na ação popular, o Ministério Público, a Defensoria Pública ou uma associação de classe, por exemplo) buscam a tutela jurisdicional de direito de outrem, por vezes incapazes de serem individualmente considerados (dos munícipes, dos consumidores, dos necessitados ou dos associados, respectivamente)[14].

O parágrafo único do art. 18 prevê que, havendo substituição processual, o substituído poderá intervir no processo na qualidade de assistente litisconsorcial. A previsão é, em certa medida, irrealista, porque ela não trata de como e se necessariamente o magistrado deve dar ciência, ao substituído, do atuar do substituto. Ela apenas se preocupa com a consequência, não com a causa.

---

12. Para um rol extenso de situações albergadas por aquele instituto, com enfrentamento das críticas cabíveis ao critério classificatório de cada qual, v. Heitor Vitor Mendonça Sica, *Substituição e representação processual*, p. 61-83. A Lei n. 15.040/2024, que dispõe sobre normas de seguro privado, traz interessantes (e novas) hipóteses de legitimação extraordinária em seus arts. 28 e 35, *caput*. O § 2º do art. 35 da Lei n. 15.040/2024, a propósito, refere-se, expressamente, à formação da coisa julgada em relação ao substituído processualmente.
13. Valendo-se daquela regra para dispensar a citação da sociedade em hipóteses diversas da dissolução parcial de sociedades é o quanto decidido pela 3ª Turma do STJ no REsp 1.731.464/SP, rel. Min. Moura Ribeiro, j.un. 25-9-2018, *DJe* 1º-10-2018.
14. Bem ilustra as múltiplas aplicações (e dificuldades) do assunto naquele contexto o Tema 1.253 dos recursos especiais repetitivos do STJ, em que foi fixada a seguinte tese: "A extinção do cumprimento de sentença coletiva proposto pelo legitimado extraordinário, por prescrição intercorrente, não impede a execução individual do mesmo título".

Para suprir o silêncio do Código de Processo Civil, é correto o entendimento de que, com fundamento no art. 6º e no modelo de "processo cooperativo" lá espelhado, cabe ao magistrado de ofício (ou por provocação das partes ou de outros intervenientes) dar ciência ao substituído para, querendo, intervir no processo. Informações sobre a localização do substituído para este fim podem ser extraídas da cooperação também[15]. Trata-se, nesse sentido, de verdadeiro *dever-poder* do magistrado[16] e que, para os críticos do instituto, acaba por afastar qualquer pecha de inconstitucionalidade que poderia haver nas escolhas feitas pela lei (ou pelos próprios interessados) sobre não haver coincidência entre o afirmado titular do direito e aquele que pretende sua tutela jurisdicional em juízo. Para os embargos de terceiro há regra expressa, como se pode constatar do parágrafo único do art. 675[17].

A medida é de rigor, até porque o "verdadeiro" legitimado para a causa *não é*, nestes casos, quem age em juízo; é o que não age. Entender que o legitimado ordinário (substituído) não tenha o direito de saber que há alguém postulando por direito dele e, querendo, passar a agir em juízo é solução que parece atritar com o próprio inciso XXXV do art. 5º da Constituição Federal. O problema é tão mais agudo naqueles casos em que a fonte da legitimação extraordinária decorre do próprio ordenamento jurídico e não da vontade das partes.

Havendo a intervenção do substituído, contudo, deve prevalecer a escolha feita pelo Código de Processo Civil: ele atuará ao lado do substituto na qualidade de assistente litisconsorcial, aplicando-se, no particular, as considerações do n. 4.3.6.2 do Capítulo 3, inclusive com relação à formação da coisa julgada material (com eficácia externa), que atingirá o substituto e o substituído, impedindo-os de rediscutir o mesmo direito material controvertido em face da parte contrária.

4. LIMITES DA JURISDIÇÃO NACIONAL

O Título II do Livro II da Parte Geral do Código de Processo Civil trata dos "limites da jurisdição nacional e da cooperação internacional", dividindo cada um dos assuntos em seus dois Capítulos. Aqui cabe tratar do primeiro deles.

O art. 21 indica os casos em que o Poder Judiciário brasileiro tem *jurisdição* (no sentido correto da palavra) para o processo. Por isso, é correta a nomenclatura dada ao capítulo, "Dos

---

15. Sobre o ponto, é o Enunciado n. 110 do FPPC: "Havendo substituição processual, e sendo possível identificar o substituído, o juiz deve determinar a intimação deste último para, querendo, integrar o processo".
16. É indiferente, portanto, que não seja *expresso* no CPC o que o era no parágrafo único do art. 18 do PLS n. 166/2010, *verbis*: "Havendo substituição processual, o juiz determinará que seja dada ciência ao substituído da pendência do processo; nele intervindo, cessará a substituição".
17. Cuja redação é a seguinte: "Caso identifique a existência de terceiro titular de interesse em embargar o ato, o juiz mandará intimá-lo pessoalmente".

limites da *jurisdição nacional*", a ser exercida ao lado da cooperação internacional, objeto de nova e interessantíssima disciplina constante dos arts. 26 a 41.

Esses casos são os seguintes: quando o réu, qualquer que seja a sua nacionalidade, estiver domiciliado no Brasil (considerada domiciliada no Brasil a pessoa jurídica estrangeira que aqui tiver agência, filial ou sucursal, como preceitua o parágrafo único); quando no Brasil tiver de ser cumprida a obrigação; ou, ainda, quando o fundamento seja fato ocorrido ou ato praticado no Brasil.

Em todas essas situações, a lei brasileira não nega (nem teria como negar) a existência de processos perante órgãos jurisdicionais estrangeiros envolvendo as mesmas partes, com o mesmo pedido e a mesma causa de pedir. A *litispendência* e/ou a *coisa julgada*, nesses casos, pressupõem a homologação da decisão estrangeira para surtir seus efeitos no Brasil, disciplina que é dada pelos arts. 960 a 965 (art. 24). A competência para tanto é do Superior Tribunal de Justiça (art. 105, I, i, da CF).

O art. 22 complementa a prescrição do art. 21. O objeto da regra é também indicar hipóteses em que a autoridade judiciária brasileira pode exercer sua jurisdição ou, como quer o dispositivo, tem competência.

De acordo com aquele dispositivo, cabe ao Estado-juiz brasileiro processar e julgar ações de alimentos quando o credor tiver domicílio ou residência no Brasil ou quando o réu mantiver vínculos no Brasil, tais como posse ou propriedade de bens, recebimento de renda ou obtenção de benefícios econômicos (inciso I). Também será competente para julgar ações decorrentes de relações de consumo, quando o consumidor tiver domicílio ou residência no Brasil (inciso II).

Por fim, o inciso III do art. 22 reconhece a jurisdição da autoridade judiciária brasileira quando as partes, expressa ou tacitamente, se submeterem à jurisdição nacional, previsão que é nova em relação ao CPC de 1973 e merece destaque diante da sempre crescente globalização[18]. Trata-se de verdadeira cláusula de eleição de foro com opção pelo Judiciário nacional, hipótese em que será necessário discernir até que ponto o ajuste entre as partes – mesmo que celebrado sob as vestes de "negócio processual" (art. 190) – pode querer definir o juízo competente, levando em conta, inclusive, o que a esse respeito dispõe o ordenamento jurídico brasileiro para a definição da justiça brasileira para aquele fim. É correto, por isso mesmo, entender que seu eventual questionamento pode se dar até mesmo de ofício pelo magistrado, nos moldes dos §§ 3º, 4º e 5º do art. 63.

O art. 23 trata dos casos em que o direito brasileiro é considerado competente com caráter de *exclusividade* para o processamento e julgamento das causas. Eventual decisão estran-

---

[18]. A cláusula de eleição que indica a justiça brasileira como competente para a execução de um contrato deve ser interpretada no sentido de também ser da justiça brasileira a competência para julgamento de eventuais embargos à execução. Nesse sentido: STJ, 4ª Turma, REsp 1.966.276/SP, rel. Min. Raul Araújo, j.un. 9-4-2024, *DJe* 13-6-2024.

geira entre as mesmas partes, com a mesma causa de pedir e o mesmo pedido, não é idônea para ser homologada (art. 964, *caput*) e, por isso, não terá aptidão de produzir seus efeitos em território brasileiro.

A primeira referência é às ações relativas a imóveis situados no Brasil (inciso I). O inciso II inclui, em matéria de sucessão hereditária, a confirmação de testamento particular (novidade em relação ao CPC de 1973), além (e coerentemente com o inciso I) do inventário e da partilha de bens situados no Brasil, ainda que o autor da herança seja de nacionalidade estrangeira ou tenha domicílio fora do território nacional. O inciso III, por seu turno, reserva expressamente a competência exclusiva da autoridade judiciária brasileira para, em divórcio, separação judicial[19] ou dissolução de união estável, realizar a partilha de bens situados no Brasil, ainda que o titular seja de nacionalidade estrangeira ou tenha domicílio fora do território nacional. A previsão parece se harmonizar com o entendimento jurisprudencial, formado sob a vigência do CPC de 1973, de que não ofende o ordenamento brasileiro a possibilidade de as partes *acordarem* entre si sobre o destino dos imóveis situados no Brasil, ainda que perante o juízo estrangeiro[20]. O que era – e continua a ser – vedado é que o juízo estrangeiro *determine* a partilha dos bens imóveis situados no Brasil ou disponha sobre ela.

O art. 24 apresenta a disciplina que deve ser dada à concomitância de postulações idênticas perante o Judiciário brasileiro e o estrangeiro (litispendência). Segundo ele, não há impedimento para que a autoridade judiciária brasileira processe e julgue o caso, a despeito da identidade com o processo no exterior. Tampouco para as causas conexas. A única exceção, constante do *caput* do dispositivo, é a existência de tratados internacionais e acordos bilaterais em vigor no Brasil que enunciem diferentemente.

O parágrafo único do art. 24, ao confirmar a regra do *caput*, permite a homologação da sentença estrangeira, a despeito de seu similar nacional. Trata-se de solução que deve se limitar,

---

19. A expressa menção feita pelo inciso III do art. 23 à "separação judicial" – que se repete em outros artigos do CPC – foi alvo de acesas discussões ao longo do processo legislativo até os últimos momentos dos debates do Projeto no Senado Federal. Este Curso sempre defendeu ser oportuna a previsão por caber aos civilistas a discussão acerca da manutenção, ou não, da separação judicial na perspectiva do direito material após o advento da Emenda Constitucional n. 66/2010, que aboliu o prazo mínimo para o divórcio, facilitando-o; cabendo aos processualistas em geral e ao Código de Processo Civil em específico disciplinar os efeitos *processuais* daquela figura. O STF, no Tema 1.053 da Repercussão Geral, fixou tese no sentido de que a separação não subsiste como figura autônoma no ordenamento brasileiro, devendo ser preservados os efeitos das situações consolidadas. Em tal perspectiva, as menções feitas pelo CPC à separação judicial devem ser aplicadas apenas para aquelas hipóteses pretéritas. O tema está enunciado da seguinte forma: "Após a promulgação da Emenda Constitucional 66/2010, a separação judicial não é mais requisito para o divórcio, nem subsiste como figura autônoma no ordenamento jurídico. Sem prejuízo, preserva-se o estado civil das pessoas que já estão separadas por decisão judicial ou escritura pública, por se tratar de um ato jurídico perfeito".
20. Neste sentido: CE, SEC 14.233/EX, rel. Min. Og Fernandes, j.un. 21-11-2018, *DJe* 27-11-2018; CE, SEC 15.639/EX, rel. Min. Og Fernandes, j.un. 4-10-2017, *DJe* 9-10-2017; e STJ, CE, SEC 9.877/EX, rel. Min. Benedito Gonçalves, j.un. 16-12-2015, *DJe* 18-12-2015.

contudo, aos casos em que o direito brasileiro admite (ou reconhece) concorrência de jurisdições. Ela se refere, portanto, às situações albergadas pelos arts. 21 e 22, e não às do art. 23.

Do mesmo modo que o art. 22, III, permite às partes, consensualmente, optar pela sua *submissão* à jurisdição brasileira, o art. 25 possibilita a elas ajustar a sua *exclusão*. Para tanto, deverá haver cláusula específica de eleição de foro em contrato internacional e a questão deverá ser arguida pelo réu em contestação. Caso não o faça, competente será, ao menos concorrentemente, também a justiça brasileira.

Quando se tratar de hipóteses em que a jurisdição brasileira for exclusiva (art. 23), afasta-se a possibilidade da eleição de foro no estrangeiro (art. 25, § 1º).

A remissão ao art. 63, feita pelo § 2º do art. 25, permite que as regras relativas à eleição de foro sejam aplicadas à hipótese. Assim, a eleição de foro só produz efeito quando constar de instrumento escrito e aludir expressamente a determinado negócio jurídico. Cabe acrescentar, diante do *caput* do dispositivo, que se deve tratar de contrato internacional. O foro contratual obriga os herdeiros e sucessores das partes. Antes da citação, a cláusula de eleição de foro pode ser reputada ineficaz de ofício pelo juízo, se abusiva, determinando a remessa dos autos ao juízo do foro de domicílio do réu. Cabe ao réu, citado, alegar a abusividade da cláusula de eleição de foro na contestação. Se não o fizer, perderá o direito de suscitar a questão em virtude da preclusão.

5. COOPERAÇÃO INTERNACIONAL

O Código de Processo Civil inova ao tratar da "cooperação internacional", dedicando todo um Capítulo ao tema, que vem dividido em quatro seções.

Por "cooperação internacional" deve ser entendido o conjunto de técnicas que permitem a dois Estados colaborar entre si visando ao cumprimento de medidas jurisdicionais requeridas por um deles fora de seus territórios.

5.1 Disposições gerais

O art. 26 estabelece que a cooperação internacional será regida por Tratado de que o Brasil faça parte – e, não havendo Tratado, com base em reciprocidade manifestada por via diplomática (§ 1º), salvo no caso de homologação de sentença estrangeira (§ 2º) –, observando os princípios enumerados em seus incisos: respeito às garantias do devido processo legal no Estado requerente; igualdade de tratamento entre nacionais e estrangeiros, residentes ou não no Brasil, em relação ao acesso à justiça e à tramitação dos processos, assegurando assistência judiciária aos necessitados; publicidade processual, exceto nas hipóteses de sigilo previstas na legislação brasileira ou na do Estado requerente; existência de autoridade central para a recepção e transmissão dos pedidos de cooperação e espontaneidade na transmissão de informações a autoridades estrangeiras.

De acordo com o § 3º do art. 26, nenhum ato praticado no âmbito da cooperação internacional pode contrariar ou produzir resultados incompatíveis com as normas fundamentais que regem o Estado brasileiro.

O Ministério da Justiça exercerá as funções de autoridade central (art. 26, IV) na ausência de designação específica, consoante se extrai do § 4º do art. 26.

O art. 27 trata dos possíveis objetos da cooperação jurídica internacional: citação, intimação e notificação judicial e extrajudicial; colheita de provas e obtenção de informações; homologação e cumprimento de decisão; concessão de medida judicial de urgência; assistência jurídica internacional e qualquer outra medida judicial ou extrajudicial não proibida pela lei brasileira.

Das diversas formas pelas quais a cooperação jurídica internacional pode se dar no âmbito cível – e, com isso, fica excluída qualquer consideração sobre a extradição –, o CPC de 2015 vai além do de 1973 e, além de trazer novas regras relativas às *"cartas rogatórias"* (art. 36) e à *"homologação de sentença estrangeira"* (arts. 960 a 965), inova ao disciplinar o auxílio direto de maneira expressa em seus art. 28 a 35.

5.2 Auxílio direto

O auxílio direto é técnica de cooperação internacional que torna dispensável a expedição de carta rogatória para viabilizar não só a comunicação, mas também a tomada de providências solicitadas entre Estados estrangeiros. O art. 28 refere-se ao seu cabimento "quando a medida não decorrer diretamente de decisão de autoridade jurisdicional estrangeira a ser submetida a juízo de delibação no Brasil". Esse "juízo de delibação" é próprio das cartas rogatórias.

Existe acesa controvérsia sobre a constitucionalidade do auxílio direto no direito brasileiro. Isso porque o art. 105, I, *i*, da Constituição Federal prescreve competir ao Superior Tribunal de Justiça "processar e julgar, originariamente: [...] a homologação de sentenças estrangeiras e a concessão de *exequatur* às cartas rogatórias". A questão que se põe é sobre haver espaço, diante da previsão constitucional, para algum ato normativo, mesmo que multinacional, dispor diferentemente, *dispensando* a intervenção daquele Tribunal para admitir que atos originários de Estado estrangeiro pudessem surtir seus efeitos em território nacional. Os defensores da constitucionalidade do auxílio direto sustentam que a previsão acima transcrita, fruto da Emenda Constitucional n. 45/2004, é ampla o suficiente para albergar a hipótese. Diferentemente da previsão anterior (art. 102, I, *h*, da CF), que definia, para tanto, a competência do Supremo Tribunal Federal, a atual refere-se a "de", e não a "das" sentenças estrangeiras, o que seria bastante para reconhecer espaço para o estabelecimento de *outras* formas de cooperação internacional, que dispensam a necessária e prévia intervenção daquele Tribunal e, consequentemente, a carta rogatória.

Essa interpretação tem a simpatia do próprio Superior Tribunal de Justiça. Não só por força do parágrafo único do art. 7º da Resolução n. 9/2005, que disciplinou originalmente a então nova competência que lhe foi reconhecida pela referida Emenda Constitucional, mas também pelo § 2º do atual art. 216-O do seu Regimento Interno, que passou a tratar do assunto, e que tem a seguinte redação, sem o itálico: "Os pedidos de cooperação jurídica internacional que tiverem por objeto atos que não ensejem juízo deliberatório do Superior Tribunal de Justiça, ainda que denominados carta rogatória, serão encaminhados ou devolvidos ao Ministério da Justiça para as providências necessárias ao cumprimento *por auxílio direto*".

Aquela previsão regimental, tanto quanto o ato normativo a ela anterior, embora revogado, são, inequivocamente, elementos importantes para o reconhecimento do fundamento de validade constitucional da cooperação internacional, o que tem o apoio da doutrina especializada no assunto[21]. Nessa perspectiva, não há por que colocar em dúvida a constitucionalidade do art. 28 e da circunstância de ele albergar, generalizando, esse importante mecanismo de cooperação internacional no direito positivo brasileiro.

O art. 29 prescreve que o auxílio direto deve ser solicitado pelo órgão estrangeiro interessado à autoridade central – não, portanto, ao Estado-juiz que, no caso brasileiro, seria o Superior Tribunal de Justiça (art. 105, I, i, da CF) –, cabendo ao requerente assegurar a autenticidade e a clareza do pedido.

A previsão é complementada pelo art. 31, segundo o qual a autoridade central brasileira (que, de acordo com o art. 32, é a competente para o auxílio) comunicar-se-á diretamente com suas congêneres e, se necessário, com outros órgãos estrangeiros responsáveis pela tramitação e pela execução de pedidos de cooperação enviados e recebidos pelo Estado brasileiro, respeitadas disposições específicas constantes de tratado.

O art. 30 diz respeito aos possíveis objetos do auxílio direto: obtenção e prestação de informações sobre o ordenamento jurídico e sobre processos administrativos ou jurisdicionais findos ou em curso; colheita de provas[22], salvo se a medida for adotada em processo em curso no estrangeiro de competência exclusiva de autoridade judiciária brasileira, e qualquer outra medida judicial ou extrajudicial não proibida pela lei brasileira.

A previsão do inciso III, ao se referir a "qualquer outra medida judicial ou extrajudicial não proibida pela lei brasileira", assumia feição restritiva diante do art. 35, que impunha a

---

21. Para esta demonstração, ver a obra coordenada por Nadia de Araújo, *Cooperação jurídica internacional no Superior Tribunal de Justiça: comentários à Resolução n. 9/2005*.
22. A respeito, v. o interessante acórdão proferido pela 6ª Turma do STJ no RHC 102.322/RJ, rel. Min. Laurita Vaz, j.un. 12-5-2020, DJe 22-5-2020, que negou juridicidade a pedido de auxílio direto que resultou na colheita de prova diretamente por autoridades do Estado estrangeiro, ao arrepio das disposições processuais brasileiras.

carta rogatória ao "pedido de cooperação entre órgão jurisdicional brasileiro e órgão jurisdicional estrangeiro para prática de ato de citação, intimação, notificação judicial, colheita de provas, obtenção de informações e cumprimento de decisão interlocutória, sempre que o ato estrangeiro constituir decisão a ser executada no Brasil". Com o veto presidencial daquele dispositivo, não subsiste razão para deixar de entender que o auxílio direto será pertinente também naqueles casos. É o caso de ressalvar, apenas, o cumprimento de decisões interlocutórias estrangeiras concessivas de medida de urgência, hipótese em que prevalece o disposto no § 1º do art. 962, sem prejuízo, de qualquer sorte, do disposto no § 4º daquele mesmo dispositivo e no § 1º do art. 960.

Quando Estado estrangeiro formular pedido de auxílio direto ao brasileiro (auxílio direto *passivo*), caberá à Advocacia-Geral da União (que representa, em juízo, o Ministério da Justiça; art. 26, § 4º) e, se for o caso, ao Ministério Público, quando for ele a autoridade central, requerer em juízo a medida solicitada (art. 33).

O art. 34 complementa a regra do art. 33, indicando o juízo competente para apreciar, se for o caso de intervenção jurisdicional, o auxílio direto. A indicação da competência da Justiça Federal, para tanto, é expressamente prevista no dispositivo.

Importa, de qualquer sorte, questionar a constitucionalidade daquela regra, já que não há, no art. 109 da Constituição Federal, previsão similar, limitando-se seu inciso X a estatuir a competência da Justiça Federal para "os crimes de ingresso ou permanência irregular de estrangeiro, a execução de carta rogatória, após o *exequatur*, e de sentença estrangeira, após a homologação, as causas referentes à nacionalidade, inclusive a respectiva opção, e à naturalização".

É importante que o intérprete extraia da previsão constitucional mais seu sentido (a *regra* nela contida) do que sua literalidade (seu *texto*) sugere. Como o auxílio direto é verdadeira opção, em termos de cooperação internacional, à execução de carta rogatória e de sentença estrangeira, é coerente que, nos casos em que a prévia homologação do Superior Tribunal de Justiça não se faz necessária, seja reconhecido como competente o juízo federal com base naquele mesmo inciso para atingimento de fim similar ao lá previsto. Para quem discordar desse entendimento, a consequência inexorável é a *inconstitucionalidade* da previsão e, consequentemente, a identificação do juízo competente de acordo com as regras usuais, descartando a competência da justiça federal.

5.3 Carta rogatória

Carta rogatória é o meio de comunicação entre órgãos jurisdicionais de países (jurisdições) estrangeiros.

O *caput* do art. 36 refere-se ao caráter contencioso que o procedimento da carta rogatória assume no âmbito do Superior Tribunal de Justiça, que tem competência para sua homologação (art. 105, I, *i*, da CF, arts. 960 a 965 do CPC e arts. 216-O a 216-X do RISTJ), devendo assegurar às partes as garantias do devido processo *constitucional*. O § 1º do art. 36 limita a defesa a ser exercitada naquela sede à discussão quanto ao atendimento dos requisitos para que o pronunciamento judicial estrangeiro surta seus efeitos no Brasil. O § 2º do mesmo dispositivo veda a revisão do mérito do pronunciamento judicial estrangeiro pela autoridade judiciária brasileira.

Ambos os parágrafos preservam, destarte, a característica da atuação do Superior Tribunal de Justiça nesta matéria, limitada à análise do *juízo de delibação* do ato a ser praticado e/ou efetivado em território brasileiro, vedando o reexame do *mérito* do pronunciamento jurisdicional estrangeiro pelo Judiciário brasileiro. O que cabe àquele Tribunal é verificar, invariavelmente, a observância dos limites da ordem pública brasileira, como exige expressamente o art. 39, não, contudo, realizar qualquer juízo de valor que possa significar reapreciação, reanálise ou rejulgamento do quanto provém do Estado estrangeiro.

O art. 35, que também disciplinava a carta rogatória, foi vetado quando da promulgação do CPC de 2015. As consequências de seu veto – ampliar o campo de atuação do "auxílio direto" – são tema discutido no n. 5.2, *supra*.

5.4 Disposições comuns

A última Seção do Capítulo dedicado à "cooperação internacional" traz as "disposições comuns" aplicadas "às seções anteriores".

O art. 37 prescreve que o pedido de cooperação jurídica internacional originária de autoridade brasileira (*ativo*, portanto) deverá ser encaminhado à autoridade central (que, à falta de designação específica, é o Ministério da Justiça, consoante o § 4º do art. 26), que o enviará ao Estado estrangeiro (requerido) para os devidos fins.

O art. 38, complementando o art. 37, exige que o pedido de cooperação internacional ativo e os documentos respectivos sejam acompanhados de tradução para a língua oficial do Estado requerido.

O art. 39 impõe a recusa dos pedidos de cooperação internacional formulados por Estado estrangeiro às autoridades brasileiras (*passivos*) quando ocorrer manifesta ofensa à ordem jurídica. Trata-se de norma clássica do direito internacional preservada pelo Código de Processo Civil e generalizada pertinentemente a todos os mecanismos de cooperação jurídica internacional.

O art. 40 prescreve que a cooperação jurídica internacional para *execução* de decisão estrangeira será realizada por intermédio de carta rogatória ou de "ação de homologação de sentença estrangeira", observando-se o disposto no art. 960 e, cabe completar, também o disposto nos arts. 961 a 965. A exigência feita pelo art. 40, desde que aceita a distinção proposta no n. 5.2, *supra*, tem fundamento na alínea *i* do inciso I do art. 105 da Constituição Federal.

O art. 41, por fim, considera autênticos os documentos dos pedidos de cooperação jurídica internacional enviados ao Estado brasileiro por intermédio da autoridade central ou por via diplomática, caso em que é dispensada ajuramentação, autenticação ou qualquer procedimento de legalização. A previsão não impede a aplicação pelo Brasil do princípio da reciprocidade de tratamento, quando necessária (parágrafo único).

A razão de ser da regra é a de facilitar e agilizar o processamento de todas as formas de cooperação jurídica internacional, razão última de ser dos avanços pelos quais essa área do direito vem passando mais recentemente. É prova segura do acerto da afirmação a circunstância de o Código de Processo Civil voltar-se mais detidamente ao tema, disciplinando expressamente o auxílio direto.

6. COMPETÊNCIA

O n. 2.4 do Capítulo 4 da Parte I refere-se à competência como *medida* da jurisdição, isto é, a quantidade de jurisdição que pode e deve ser exercida pelo juiz em cada caso concreto.

É correto entender que a jurisdição, como qualquer outra função do Estado, é "una" e "indivisível". A afirmação não significa, contudo, que ela não possa ser compartimentada para ser exercida de maneira mais eficiente. A competência, por isso mesmo, é a forma pela qual se especializa o exercício da jurisdição, a forma pela qual se reparte, entre os diversos órgãos jurisdicionais, o seu exercício. Bastante significativo, a este propósito, o art. 42, segundo o qual "as causas cíveis serão processadas e decididas pelo juiz nos limites de sua competência, ressalvado às partes o direito de instituir juízo arbitral, na forma da lei". O "juízo arbitral" aí referido é excludente da *necessidade* da atuação jurisdicional, um pressuposto processual *negativo*, portanto, como aponta o n. 4.3.3.4 do Capítulo 4 da Parte I. A expressão "limites de sua competência" representa a noção precisa que se deve ter presente sobre o tema aqui analisado.

O Título III do Livro II da Parte Geral do Código de Processo Civil é intitulado "Da competência interna" e é dividido em dois Capítulos. No primeiro, sua disciplina volta-se não apenas à identificação do órgão jurisdicional *brasileiro* competente, mas também às modificações da competência e ao reconhecimento da incompetência. No segundo, sem similar no CPC de 1973, a disciplina trata da "cooperação *nacional*", que espelha, com as devidas adaptações, a "cooperação *internacional*", cuja disciplina também é fruto de profunda inovação trazida por ele.

6.1 Disposições gerais

As "disposições gerais", que abrem a disciplina da "competência *interna*", querem fornecer os elementos necessários para a identificação do órgão jurisdicional brasileiro. Pressupõem, portanto, que não se esteja diante de uma situação que imponha ou que permita a atuação jurisdicional estrangeira, assunto que ocupa os arts. 21 a 25, objeto de exame do n. 4, *supra*.

Não é o bastante, contudo. A identificação do órgão jurisdicional é tarefa mais complexa que deve levar em conta, assumida a hipótese de que o caso diz respeito à justiça brasileira, em primeiro lugar, a Constituição Federal. É nela que está regulada a competência, original e recursal, do Supremo Tribunal Federal (art. 102), do Superior Tribunal de Justiça (art. 105) – e, bem assim, de outros Tribunais Superiores –, dos Tribunais Regionais Federais (art. 108) e da Justiça Federal (art. 109).

A própria competência dos Tribunais de Justiça deve, por paralelismo, ser estudada e compreendida a partir do modelo constitucional *federal* (art. 125), dependendo, de qualquer sorte, da verificação das escolhas concretamente realizadas pelos Estados nas suas respectivas Constituições, quando da organização de sua própria Justiça, a Justiça Estadual. Ressalva a este entendimento se dá com relação à organização do Distrito Federal e dos Territórios. Para ela, a pesquisa é feita a partir das leis federais que a organizam, editadas com fundamento no art. 22, XVII, da Constituição Federal.

O próximo passo é verificar se a causa é de competência dos Juizados Especiais, a começar, por identidade de motivos, com a pesquisa sobre se estar diante de alguma hipótese que justifique a competência da Justiça Federal nos moldes do art. 109 da Constituição Federal. Se o for, não será o Código de Processo Civil a definir a sua competência, e sim o microssistema daqueles Juizados, a saber, o conjunto formado pelas Leis n. 9.099/95 (Juizados Especiais Cíveis), 10.259/2001 (Juizados Especiais federais) e 12.153/2009 (Juizados Especiais das Fazendas Públicas estaduais e municipais).

A competência dos Juizados Especiais, a propósito, tem tudo para se avolumar com o Código de Processo Civil, que extinguiu o procedimento comum sumário, e que, em termos práticos (embora questionáveis no ambiente teórico), dividia aquelas causas entre aquelas duas estruturas judiciárias[23]. A redação original do art. 1.063 era clara nesse sentido, ao preservar a competência dos Juizados para o processamento e julgamento das causas previstas no inciso II do art. 275 do CPC de 1973 – que tratava das diversas hipóteses que justificavam, pela matéria, o procedimento comum sumário –, "até a edição de lei específica"[24]. A atual, dada pela Lei n. 14.976/2024, preservou a mesma diretriz, embora tenha suprimido a expressão entre aspas. Como, contudo, o advento de eventual legislação em sentido contrário é bastante, por si só, para modificar a regra anterior (art. 2º, § 1º, da LINDB), a retirada daquele trecho do texto do dispositivo é totalmente inócua.

---

23. O que não significa entender que o CPC não seja *supletiva* e *subsidiariamente* aplicável aos Juizados Especiais Cíveis, Federais e das Fazendas Públicas estaduais e municipais. É assunto que ocupa o n. 4 do Capítulo 1 a propósito do art. 15 do CPC.
24. O que acaba por confirmar o entendimento de que a competência dos Juizados Especiais era "absoluta", inexistindo, portanto, escolha entre litigar perante aquele sistema ou perante os demais órgãos jurisdicionais, que já era o sustentado pelas edições deste *Curso* anteriores ao CPC de 2015, como se pode verificar do n. 4.1 do Capítulo 2 da Parte I de seu volume 2, tomo I e o n. 2 do Capítulo 1 da Parte III de seu volume 2, tomo II.

Excluída a competência de quaisquer Juizados Especiais, o caso passa a ser disciplinado pelo Código de Processo Civil. Mesmo assim, contudo, leis de organização judiciária, federais e/ou estaduais devem ser levadas em conta para verificar qual é o órgão jurisdicional existente na localidade indicada pelo Código de Processo Civil que tem competência para determinada causa.

Com propósito didático, cabe esquematizar os passos indicados acima: (i) identificação sobre se o caso deve ser julgado pela Justiça brasileira; (ii) se sim, se aquele caso é reservado originariamente para algum Tribunal Superior; (iii) se se trata de caso afeto a um órgão jurisdicional "especial", isto é, à Justiça do Trabalho, Eleitoral ou Militar; (iv) se negativa a resposta, e, portanto, na medida em que o caso deva ser julgado pelos órgãos jurisdicionais "comuns", se a hipótese é de competência da "Justiça Federal" de segunda instância (art. 108 da CF) ou de primeira instância (art. 109 da CF) e, neste caso, verificar se a hipótese cabe aos juizados *especiais* federais regidos pela Lei n. 10.259/2001; (v) com a resposta negativa à última questão, o caso é da justiça comum *estadual*, aí compreendida, em função da matéria, também a do Distrito Federal.

No âmbito da justiça estadual, (vi) ainda se põe a necessidade de pesquisar se há regra de competência *originária* do Tribunal de Justiça, pesquisa que deve considerar também as respectivas Constituições Estaduais e a legislação específica para o Tribunal de Justiça do Distrito Federal e Territórios e, na medida em que não haja nenhuma previsão, a competência é do juízo de primeira instância. Resta verificar, a esta altura, (vii) se a causa deve ser julgada por um "juizado especial estadual", de acordo com a Lei n. 9.099/95 ou com a Lei n. 12.153/2009, em se tratando de conflitos envolvendo as pessoas jurídicas de direito público estaduais, municipais ou distritais. Se não, (viii) a competência é da justiça comum.

Os passos dos números "iv" e "v" conduzem necessariamente a um complemento consistente na localização do *foro*, isto é, do território (seção ou subseção judiciária, em se tratando de justiça federal, ou comarca, em se tratando de justiça estadual) e do *juízo*, isto é, qual dos diversos órgãos jurisdicionais ("vara") que ocupam o mesmo foro competente.

Nesse sentido – e com fórmula muito mais bem acabada do que a do art. 16 –, o art. 44 dispõe que: "Obedecidos os limites estabelecidos pela Constituição Federal, a competência é determinada pelas normas previstas neste Código ou em legislação especial, pelas normas de organização judiciária e, ainda, no que couber, pelas constituições dos Estados". E não poderia ser diferente na República *Federativa* do Brasil.

Conclusão importante a ser apresentada é a de que a disciplina do Código de Processo Civil (e já era assim com o de 1973) quanto à descoberta do juízo competente é verdadeiramente residual. Ela pode simplesmente não vir a ser aplicada nos casos em que a competência originária é de algum Tribunal (porque a disciplina esgota-se com o exame da Constituição Federal ou das Constituições dos Estados) ou da própria Justiça Federal de primeira instância, cuja competência também decorre diretamente do art. 109 da Constituição Federal.

No entanto, as regras do Código de Processo Civil sobre o tema vão além da identificação do órgão jurisdicional competente. Elas dão as linhas mestras do que pode ser chamado de "teoria geral da competência", já que é nele que está a disciplina de variados outros assuntos. Assim, por exemplo, as regras relativas à *fixação*, à *modificação* e ao *controle* da competência encontram, no Código de Processo Civil, disciplina que não pode deixar de ser examinada.

Antes de fazer a análise devida do arcabouço constitucional em busca do órgão jurisdicional competente, seguindo-se a pesquisa do mesmo tema no âmbito do Código de Processo Civil e das demais questões por ele disciplinadas, cabe dedicar um espaço para as classificações usualmente empregadas para o exame da competência, considerando que sua compreensão é decisiva para a compreensão do tema e de seus desdobramentos.

6.1.1 Competência absoluta e relativa

A principal distinção a ser feita em termos de competência se dá com relação ao que é usualmente chamado de "competência *absoluta*" e "competência *relativa*". O critério distintivo de cada uma dessas classes repousa na existência de maior ou menor interesse público na determinação de que determinadas questões sejam julgadas por certos órgãos jurisdicionais, com exclusão de outros. A distinção assume relevância nos casos em que pode haver *modificação* da competência, objeto do n. 6.5.4, *infra*.

A competência *absoluta* é passível de apreciação de ofício, isto é, sem provocação das partes, pelo que ela pode ser questionada a qualquer tempo (art. 64, § 1º) e, por isso mesmo, não há preclusão quanto à ausência de sua alegação. Ela não se "prorroga" em nenhum caso, isto é, ela não pode ser *modificada*, nem mesmo por vontade das partes (arts. 54 e 62)[25]. A decisão de mérito proferida por juízo absolutamente incompetente é passível de ação rescisória (art. 966, II), razão pela qual é correto entendê-la como "pressuposto de *validade* do processo".

A competência *relativa*, por seu turno, não pode ser considerada pressuposto de *validade* do processo. Ela está sujeita a modificações (art. 54), inclusive pela vontade das partes, pela chamada cláusula contratual de "eleição de foro" (art. 63) ou pela inércia do réu em argui-la a tempo em preliminar de contestação (art. 64, *caput*). Ela não é passível de declaração de ofício[26]. Seu reconhecimento depende, por isso mesmo, de manifestação de vontade do réu, vedada a sua apreciação de ofício (art. 337, § 5º). Sua não observância *não* autoriza a rescisão da decisão após seu trânsito em julgado.

---

25. Correto entender, diante desta característica, que é nulo eventual negócio processual celebrado entre as partes querendo alterar critérios absolutos de competência. Neste sentido é o Enunciado n. 37 da ENFAM: "São nulas, por ilicitude do objeto, as convenções processuais que violem as garantias constitucionais do processo, tais como as que: [...] c) modifiquem o regime de competência absoluta;".
26. É orientação clássica, como faz prova a Súmula 33 do STJ: "A incompetência relativa não pode ser declarada de ofício".

O CPC de 2015 aboliu duas outras distinções com relação à competência absoluta e à competência relativa que se encontravam no CPC de 1973.

Diferentemente do que o CPC de 1973 exigia, do ponto de vista formal, a arguição da incompetência (da falta de competência, portanto) absoluta *ou* relativa deve ser feita em preliminar de contestação (arts. 64, *caput*, e 337, II). Não subsiste, no CPC de 2015, a chamada *exceção* de incompetência, que, no Código anterior, era o veículo (formal) próprio para a arguição da incompetência *relativa*.

O segundo traço distintivo que não foi preservado pelo CPC de 2015 está na compreensão da incompetência absoluta como fator inexorável de nulidade das decisões. Doravante, as decisões proferidas em qualquer caso, inclusive pelo juízo absolutamente incompetente, podem ser preservadas nos termos do § 4º do art. 64, assunto ao qual se volta o n. 6.5.4, *infra*.

Importa destacar, ainda a título introdutório, que, por mais grave que seja o vício relativo à competência, qualquer órgão jurisdicional é sempre competente para apreciar a sua própria competência ou a falta dela, determinando a prática de atos processuais derivados de sua decisão.

6.1.2 Outros critérios classificatórios da competência

Há outras classificações usualmente encontradas na doutrina que merecem destaque neste número e que são úteis para compreender o tema ao longo da apresentação e do desenvolvimento da matéria.

A competência pode ser *originária* ou *derivada*, consoante seja o órgão jurisdicional que primeiro conhece do processo. Para a formulação da petição inicial, interessam os casos de competência *originária*, por isso a preocupação com a identificação do órgão jurisdicional competente que deve ser indicado desde logo na petição inicial (art. 319, I). A competência *derivada* importa, por exemplo, para a etapa de cumprimento de sentença do processo (art. 516).

A competência pode ser *objetiva* ou *subjetiva*. É *objetiva* a competência definida pela matéria (natureza), pelo valor da causa e pelo território. É *subjetiva* quando a competência é definida pelas *pessoas* envolvidas no processo, como se dá, por exemplo, com o inciso I do art. 109 da Constituição Federal ou, tendo presente a organização judiciária dos Estados, quando há varas especializadas para julgamento das pessoas de direito público, usualmente denominadas de "varas da Fazenda Pública". É o que se verifica também, no âmbito dos Juizados Especiais, com a Lei n. 9.099/95, com a Lei n. 10.259/2001 e com a Lei n. 12.153/2009, respectivamente.

A competência pode ser *exclusiva* ou *concorrente*, assim entendidos os critérios que, quando aplicados, podem dar ensejo a diversidade de órgãos jurisdicionais igualmente competentes aprioristicamente para processar e julgar uma mesma causa. A chamada "competência *absoluta*" é, por sua própria natureza, *exclusiva*. Por esta razão é que a *concorrência* de competência só é concebível nos casos em que o critério para fixação da competência for *relativo*.

A competência pode ser de *foro* ou de *juízo*. A palavra "foro" deve ser entendida como o *território* no qual determinado órgão jurisdicional exerce competência. A regra geral da competência de *foro* é a dos *capi* dos arts. 46 e 47: domicílio do réu, em se tratando de direito obrigacional ou de direito real sobre bens *móveis*, e da situação da coisa, em se tratando de direito real sobre bens *imóveis*, respectivamente. A competência de *juízo*, de sua parte, diz respeito à identificação do específico órgão jurisdicional que atuará no caso. Para definir o juízo, é mister levar em conta critérios valorados pelo próprio Código de Processo Civil (assim, por exemplo, a competência de foro e a distribuição) e, sobretudo, as normas de organização local da Justiça Federal e de cada Justiça Estadual. Em um mesmo *foro* pode haver mais de um *juízo*.

Há diversas situações, desde a Constituição Federal, em que específicas classes de pessoas têm definidas situações diferenciadas de competência. É o que é usualmente chamado de "foro especial" ou "foro por prerrogativa", ou, ainda, "foro privilegiado" em contraposição ao "foro comum", que é aquele em que não há regra diferenciada quanto à fixação da competência em razão do território ou da pessoa[27].

O CPC de 2015 ainda faz referência, embora em menor escala quando comparado com o CPC de 1973, a outras classes de competência: a competência fixada em razão *da matéria, da pessoa e da função* (art. 62) e a competência fixada em razão *do valor e do território* (art. 63).

A chamada "competência *material*" é aquela estabelecida em razão da natureza da causa, a "matéria" sobre a qual versa o conflito levado ao Estado-juiz para solução. "Juízos de família", por exemplo, têm competência para processar e julgar quaisquer demandas que digam respeito a relações familiares ou as derivadas de união estável (art. 9º da Lei n. 9.278/96), sendo correto entender também que é delas a competência para as questões relativas à união homoafetiva[28]. Numa mesma seção judiciária ou subseção judiciária da Justiça Federal pode haver distinção, para julgamento, de execuções fiscais e conflitos relacionados à Previdência Social. A investigação desse critério de competência depende sempre do exame das mais variadas normas de organização judiciária e variam de Estado para Estado para a sua respectiva justiça e de Região para Região para a Justiça Federal.

---

27. O STF entende que as Constituições dos Estados não podem criar hipóteses de foro por prerrogativa fora do modelo estabelecido pela Constituição Federal. Assim, por exemplo, o quanto decidido na ADI 2.553/MA, rel. p/ acórdão Min. Alexandre de Moraes, j.m.v. 15-5-2019, *DJe* 17-8-2020; na ADI 5.591/SP, rel. Min. Cármen Lúcia, j.m.v. 20-3-2021, *DJe* 5-5-2021; nas ADI 6.501/PA, 6.508/RO, 6.515/AM e 6.516/AL, rel. Min. Roberto Barroso, j.un. 23.8.2021, *DJe* 16-9-2021; na ADI 6.506/MT, rel. Min. Nunes Marques, j.un. 11-11-2021, *DJe* 17-11-2021; na ADI 5.674/ES, rel. Min. Gilmar Mendes, j.un. 3-11-2022, *DJe* 9-11-2022; na ADI 6.511/RO, rel. Min. Dias Toffoli, j.un. 14-9-2022, *DJe* 5-10-2022; na ADI 6.507/MS, rel. Min. Nunes Marques, j.un. 16-5-2022, *DJe* 2-6-2022; na ADI 6.509/MA, rel. Min. Nunes Marques, j.un. 16-5-2022, *DJe* 2-6-2022; e na ADI 6.510/MG, rel. Min. Ricardo Lewandowski, j.un. 22-4-2022, *DJe* 27-4-2022.
28. Assim, v.g.: STJ, 3ª Turma, REsp 1.291.924/RJ, rel. Min. Nancy Andrighi, j.un. 28-5-2013, *DJe* 7-6-2013.

A competência também pode se definir tendo presentes as *pessoas* envolvidas no processo. É o que justifica em grande medida a competência da Justiça Federal (art. 109 da CF) e das varas de Fazenda Pública dos Estados e dos Municípios, já referidas.

A chamada "competência *funcional*" é aquela definida pela específica função que um órgão jurisdicional exerce em dado processo. Esse critério justifica-se quando em um mesmo processo faz-se necessário o desenvolvimento de atividades jurisdicionais de mais de um juízo. É o que se verifica, por exemplo, no plano dos recursos, no cumprimento de sentença (art. 516); na prática de atos derivados de carta precatória (art. 914, § 2º[29]).

A competência fixada em função do *valor* é aquela definida pelo valor envolvido no pedido de tutela jurisdicional, que é exigência para a elaboração da petição inicial (art. 319, V), o chamado "valor da causa".

Por fim, a chamada "competência *territorial*" é aquela que se define pelo território. É a competência de *foro*. O Código de Processo Civil ocupa-se extensivamente dela em seus arts. 46 a 53.

Na perspectiva dos precitados arts. 62 e 63, não há dúvida de que a competência que se relaciona com a *matéria*, com a *pessoa* ou com a *função* é considerada *absoluta*; a que se relaciona com o *valor* e com o *território* é considerada *relativa*.

Contudo, a equiparação não é necessariamente verdadeira porque são diversos os critérios que justificam a definição da competência em uma ou em outra classe, não sendo correto entender, como desde o início este *Curso* acentua, que a única fonte normativa para o trato do tema seja o próprio Código de Processo Civil. Não há, destarte, como deixar de levar em conta, para tanto, o que dispõem a Constituição Federal, as Constituições dos Estados e as leis de organização judiciária. Não há como lei federal pressupor ou *obrigar* que aqueles outros corpos normativos observem o mesmo regime a partir dos critérios indicados nos arts. 62 e 63.

Na comarca de São Paulo, por exemplo, o *valor* é decisivo na identificação do foro competente[30]. Idêntico entendimento é dado também à competência *territorial* dos chamados

---

29. Orientação que já encontrava eco na Súmula 46 do STJ: "Na execução por carta, os embargos do devedor serão decididos no juízo deprecante, salvo se versarem unicamente sobre vícios ou defeitos da penhora, avaliação ou alienação de bens".

30. A referência é feita à Resolução n. 148/2001 do Órgão Especial do Tribunal de Justiça de São Paulo, que deu nova redação ao inciso I do art. 54 da Resolução n. 2, de 15 de dezembro de 1976, que fixa em 500 salários mínimos a competência dos foros regionais daquela comarca. O entendimento (nem poderia ser diverso) é assente na jurisprudência do TJSP, como fazem prova os seguintes acórdãos, todos de sua Câmara Especial: CC 0039961-55.2017.8.26.0000, rel. Des. Dora Aparecida Martins, j.un. 14-5-2018, *DJe* 16-5-2018; CC 0005644-94.2018.8.26. 0000, rel. Des. Ana Lucia Romanhole Martucci, j.un. 19-3-2018, *DJe* 21-3-2018; CC 0055556-94. 2017.8.26.0000, rel. Des. Fernando Torres Garcia, j.un. 12-3-2018, *DJe* 13-3-2018, e CC 0047730-17.2017.8.26.0000, rel. Des. Ademir Benedito, j.un. 27-11-2017, *DJe* 1º-12-2017.

foros regionais naquela Comarca[31]. Se, de acordo com as leis paulistas de organização judiciária, o endereço de QEDPV, réu, justifica que o processo tenha início perante o Foro Regional do Butantã, porque a causa de pedir versa sobre direito obrigacional (art. 46), é vedado que ESPV, autor, pretenda a distribuição da petição inicial perante o Foro Regional de Pinheiros. A divisão territorial da comarca de São Paulo em mais de uma dezena de foros regionais quer facilitar o acesso à Justiça, aproximando órgãos jurisdicionais dos litigantes e isso não está à mercê da vontade das partes. Tanto que, nesta perspectiva, as partes podem se referir à Comarca de São Paulo como "foro de eleição". Se o processo deverá correr perante o foro central ou se perante um dos foros regionais é questão que levará em conta fatores normativos, alheios à vontade das partes[32].

Em rigor, se os arts. 62 e 63 fossem retirados do Código de Processo Civil não deixariam nenhuma lacuna, justamente porque a distinção entre competência absoluta e relativa deriva suficientemente do art. 54, cabendo à doutrina e à jurisprudência, sempre levando em consideração as mais diversas normas jurídicas incidentes sobre o tema, desde o modelo constitucional, até normas de organização judiciária dos Estados, verificar o grau de disponibilidade, ou não, de cada escolha feita (ou admitida) pelo legislador. No desenvolvimento de tal pesquisa, é certo, variados elementos sobre *matéria*, *pessoa*, *função*, *valor* e *território* serão necessariamente levados em conta porque são eles que conduzem à definição abstrata da competência. É verificar, apenas para fins exemplificativos, os múltiplos critérios que justificam a competência do Supremo Tribunal Federal de acordo com o art. 102 da Constituição Federal. A conclusão de tal análise, naquilo que interessa destacar para cá, sobre haver, ou não, grau de disponibilidade no critério, não pode ser preconcebida tal qual querem os arts. 62 e 63 do Código de Processo Civil.

6.2 Competência no âmbito da Constituição Federal

O ponto de partida para a descoberta do órgão jurisdicional competente brasileiro (arts. 21 a 23) é a Constituição Federal.

---

[31]. Assim, por exemplo, é o entendimento de Arruda Alvim, *Manual de direito processual civil*, p. 317-318; Athos Gusmão Carneiro, *Jurisdição e competência*, p. 136-138, e Nelson Nery Junior e Rosa Maria de Andrade Nery, *Comentários ao Código de Processo Civil*, p. 351, distinguindo, pertinentemente, competência de foro de competência de juízo. O parágrafo único do art. 10 da Lei n. 6.956/2015, que dispõe sobre a organização e divisão judiciárias do Estado do Rio de Janeiro, é claro a respeito: "A competência dos Juízos das Varas Regionais, fixada pelo critério funcional-territorial, é de natureza absoluta".

[32]. A existência de entendimento contrário (como, v.g., a de Leonardo Greco, *Instituições de processo civil*, v. I, p. 139-140, que invoca a competência da União para legislar sobre processo para emprestar constitucionalidade aos critérios eleitos pelo CPC e ao seu respectivo regimento jurídico) só enaltece a importância da discussão contida no texto. Para este *Curso*, não cabe ao Código de Processo Civil querer *impor* quaisquer *critérios* à organização judiciária de cada um dos Estados que se vinculam diretamente não a ele, mas, superiormente, à Constituição Federal e às suas respectivas Constituições, por isso a inaplicabilidade do art. 22, I, da Constituição Federal na espécie.

A proposta deste número é identificar cada um desses casos, dando ênfase, como não poderia deixar de ser, às hipóteses que dizem respeito ao objeto do direito processual civil.

6.2.1 Supremo Tribunal Federal

O art. 102, I, da Constituição Federal disciplina os casos em que o Supremo Tribunal Federal desempenhará competência *originária*, isto é, atuará como órgão de primeiro e único grau de jurisdição.

Para um *Curso de direito processual civil*, cabe dar destaque à seguintes: "a) a ação direta de inconstitucionalidade de lei ou ato normativo federal ou estadual e a ação declaratória de constitucionalidade de lei ou ato normativo federal; [...] e) o litígio entre Estado estrangeiro ou organismo internacional e a União, o Estado, o Distrito Federal ou o Território[33]; f) as causas e os conflitos entre a União e os Estados, a União e o Distrito Federal, ou entre uns e outros, inclusive as respectivas entidades da administração indireta; j) [...] a ação rescisória de seus julgados; l) a reclamação para a preservação de sua competência e garantia da autoridade de suas decisões; m) a execução de sentença nas causas de sua competência originária, facultada a delegação de atribuições para a prática de atos processuais; n) a ação em que todos os membros da magistratura sejam direta ou indiretamente interessados, e aquela em que mais da metade dos membros do tribunal de origem estejam impedidos ou sejam direta ou indiretamente interessados[34]; o) os conflitos de competência entre o Superior Tribunal de Justiça e quaisquer tribunais, entre Tribunais Superiores, ou entre estes e qualquer outro tribunal; p) o pedido de medida cautelar das ações diretas de inconstitucionalidade; q) o mandado de injunção, quando a elaboração da norma regulamentadora for atribuição do Presidente da República, do Congresso Nacional, da Câmara dos Deputados, do Senado Federal, das Mesas de uma dessas Casas Legislativas, do Tribunal de Contas da União, de um dos Tribunais Superiores, ou do próprio Supremo Tribunal Federal; r) as ações contra o Conselho Nacional de Justiça e contra o Conselho Nacional do Ministério Público"[35].

---

33. A hipótese exclui o cumprimento de sentença, como decidiu o Min. Celso de Mello, do STF, na ACO 709/SP, j. 28-8-2013, *DJe* 30-8-2013, com base em decisões do Plenário daquele Tribunal.
34. A hipótese é ilustrada pelas Súmulas 623 e 731 daquele Tribunal, cujos enunciados, respectivamente, são os seguintes: "Não gera por si só a competência originária do Supremo Tribunal Federal para conhecer do mandado de segurança com base no art. 102, I, *n*, da Constituição, dirigir-se o pedido contra deliberação administrativa do tribunal de origem, da qual haja participado a maioria ou a totalidade de seus membros" e "para fim da competência originária do Supremo Tribunal Federal, é de interesse geral da magistratura a questão de saber se, em face da LOMAN, os juízes têm direito à licença-prêmio".
35. A jurisprudência atual do STF entende que quaisquer iniciativas jurisdicionais contra o CNJ justificam a competência originária daquele Tribunal e não apenas quando o veículo processual eleito é o mandado de segurança. Assim, v.g.: 1ª Turma, REcl 53.116 AgR/AL, rel. Min. Roberto Barroso, j.un. 26-6-2023, *DJe* 3-7-2023; 2ª Turma, Rcl 15.551 AgR/GO, rel. Min. Cármen Lúcia, j. m.v. 26-11-2019, *DJe* 28-5-2020; Pleno, AO 2.424 AgR, rel. p/ acórdão Min. Alexandre de Moraes, j. 30-11-2020, *DJe* 6-4-2021.

Para os fins pretendidos por este *Curso*, a mera reprodução das hipóteses, com os breves apontamentos em notas, é bastante para que se tenha presente que, se a hipótese concreta corresponde a alguma delas, terá sido encontrado o órgão jurisdicional competente para o processo.

A competência recursal ordinária e recursal extraordinária do Supremo Tribunal Federal é examinada pela Parte II do volume 2 deste *Curso*, quando também são retomadas outras hipóteses em que, de acordo com o inciso I do art. 102 da Constituição Federal, exerce competência originária.

6.2.2 Superior Tribunal de Justiça

Também é multivariada a competência originária do Superior Tribunal de Justiça em matéria cível, como se pode constatar do inciso I do art. 105 da Constituição Federal.

Àquele Tribunal compete "processar e julgar, originariamente: [...] b) os mandados de segurança e os *habeas data* contra ato de Ministro de Estado, dos Comandantes da Marinha, do Exército e da Aeronáutica ou do próprio Tribunal; [...] d) os conflitos de competência entre quaisquer tribunais, ressalvado o disposto no art. 102, I, 'o', bem como entre tribunal e juízes a ele não vinculados e entre juízes vinculados a tribunais diversos; e) [...] as ações rescisórias de seus julgados; f) a reclamação para a preservação de sua competência e garantia da autoridade de suas decisões; g) os conflitos de atribuições entre autoridades administrativas e judiciárias da União, ou entre autoridades judiciárias de um Estado e administrativas de outro ou do Distrito Federal, ou entre as deste e da União; h) o mandado de injunção, quando a elaboração da norma regulamentadora for atribuição de órgão, entidade ou autoridade federal, da administração direta ou indireta, excetuados os casos de competência do Supremo Tribunal Federal e dos órgãos da Justiça Militar, da Justiça Eleitoral, da Justiça do Trabalho e da Justiça Federal; i) a homologação de sentenças estrangeiras e a concessão de *exequatur* às cartas rogatórias;". Também compete ao STJ julgar originariamente: "os conflitos entre entes federativos, ou entre estes e o Comitê Gestor do Imposto sobre Bens e Serviços, relacionados aos tributos previstos nos arts. 156-A e 195, V". A previsão, incluída pela EC n. 132/2023, aprovada no contexto da chamada "Reforma Tributária", terá amplíssima aplicabilidade no âmbito do "direito processual tributário".

No âmbito recursal, a competência desempenhada pelo Superior Tribunal de Justiça, para os fins dos incisos II e III do mesmo art. 105 da Constituição Federal – competência recursal *ordinária* e competência recursal *especial* –, é analisada na Parte II do volume 2 deste *Curso*, quando também é feita a análise das hipóteses em que aquele Tribunal atua com competência originária naquele contexto.

6.2.3 Tribunais Regionais Federais

A competência dos Tribunais Regionais Federais é estabelecida pelo art. 108 da Constituição Federal, assim redigido, no que diz respeito ao direito processual civil:

Art. 108. Compete aos Tribunais Regionais Federais:

I – processar e julgar, originariamente:

b) [...] as ações rescisórias de julgados seus ou dos juízes federais da região;

c) os mandados de segurança e os *habeas data* contra ato do próprio Tribunal ou de juiz federal;

[...]

e) os conflitos de competência entre juízes federais vinculados ao Tribunal;

II – julgar, em grau de recurso, as causas decididas pelos juízes federais e pelos juízes estaduais no exercício da competência federal da área de sua jurisdição.

Também aqui, a mera indicação das hipóteses previstas constitucionalmente é suficiente.

6.2.4 Justiça Federal de primeira instância

A competência da Justiça Federal de primeira instância ou "juízes federais" é disciplinada pelo art. 109 da Constituição Federal.

Para fins da Justiça Federal de primeira instância, cada Estado, assim como o Distrito Federal, é considerado uma seção judiciária, que tem como sede a respectiva capital (art. 110, *caput*). O mesmo dispositivo constitucional autoriza que haja "varas localizadas segundo o estabelecido em lei", dando ensejo à criação de *subseções judiciárias*.

No âmbito da Justiça Federal, prevalece o entendimento de que a competência entre as diversas subseções judiciárias (que equivalem, no âmbito da Justiça Estadual, às *comarcas* e não aos foros regionais ou aos distritais) é *relativa*[36], aplicando-se, destarte, o regime que, para esta classe, é reservado pelo Código de Processo Civil.

Considerando os objetivos deste *Curso*, cabe dar atenção às seguintes hipóteses, todas elas extraídas do art. 109 da Constituição Federal.

O inciso I daquele dispositivo reserva para a Justiça Federal "as causas em que a União, entidade autárquica ou empresa pública federal forem interessadas na condição de autoras, rés, assistentes ou oponentes, exceto as de falência, as de acidentes de trabalho e as sujeitas à Justiça Eleitoral e à Justiça do Trabalho".

Desde que a União Federal ou outras pessoas que componham a chamada "administração pública *indireta*", assim as autarquias federais (o Banco Central do Brasil, o Conselho Administrativo de Defesa Econômica e o Instituto Nacional da Propriedade Industrial, por exemplo) e as empresas públicas federais (a Caixa Econômica Federal e a Empresa de

---

[36]. Expressa nesse sentido é a Súmula 23 do TRF3: "É territorial e não funcional a divisão da Seção Judiciária de São Paulo em Subseções".

Correios e Telégrafos, por exemplo) sejam autoras, rés, assistentes ou opoentes, a competência é da Justiça Federal[37].

A competência da Justiça Federal justifica-se tão só pela presença da União no processo, "[...] independentemente da existência de entidades autônomas que venha a constituir para realizar as atividades decorrentes do seu poder normativo [...]"[38], máxime quando for possível distinguir as competências fiscalizatórias e administrativas de cada uma das pessoas jurídicas envolvidas. Não havendo interesse das entidades referidas no inciso I do art. 109 da Constituição Federal, a competência não é da Justiça Federal[39].

As exceções são as expressas no próprio dispositivo constitucional em exame: prevalecimento de alguma "justiça especial"; processos de falência ou em que o direito conflituoso disser respeito a acidente de trabalho. Nesses casos, as pessoas referidas no dispositivo em exame deverão intervir perante outros órgãos jurisdicionais, que não os da primeira instância da Justiça Federal, seja perante alguma justiça especializada, seja, até mesmo, perante a Justiça Estadual.

Há algumas questões que merecem exame à luz do dispositivo.

A primeira delas diz respeito a saber se o art. 109, I, da Constituição Federal comporta interpretação ampla para também fixar a competência da Justiça Federal para as causas em que outras pessoas que componham a administração indireta federal, assim as fundações de direito público (Fundação Nacional do Índio, por exemplo), as agências reguladoras (Agência Nacional de Telecomunicações – Anatel, por exemplo) e, até mesmo, as sociedades de economia mista federal (Banco do Brasil, por exemplo), sejam "autoras", "rés", "assistentes" ou "opoentes". Também se a competência é da Justiça Federal para conhecer dos processos que, nas mesmas condições, digam respeito ao Ministério Público Federal e aos conselhos fiscalizadores das profissões regulamentadas.

Para as fundações públicas e as agências, tem prevalecido o entendimento de que a elas se aplica também o art. 109, I[40]. Não, contudo, para as sociedades de economia mista federal.

---

37. Se a causa de pedir se relacionar a ato atribuído a algum *órgão* da própria União Federal, assim, por exemplo, um de seus Ministérios, a competência da Justiça Federal é inquestionável. Assim, por exemplo, a Súmula 570 do STJ: "Compete à Justiça Federal o processo e julgamento de demanda em que se discute a ausência de ou o obstáculo ao credenciamento de instituição particular de ensino superior no Ministério da Educação como condição de expedição de diploma de ensino a distância aos estudantes".
38. STJ, 3ª Turma, REsp 1.116.553/MT, rel. Min. Massami Uyeda, j.un. 17-5-2012, DJe 29-5-2012.
39. Assim, v.g., em sede de Recurso Especial Repetitivo, a 2ª Seção do STJ: REsp 1.091.363/SC, rel. Min. Carlos Fernando Mathias, j.un. 11-3-2009, DJe 25-5-2009 (Temas 50 e 51), orientação que vem sendo observada desde então como fazem prova, dentre tantos, os seguintes julgados: 3ª Turma, AgInt no AREsp 2.048.941/PR, rel. Min. Marco Aurélio Bellizze, j.un. 12-9-2022, DJe 14-9-2022; 4ª Turma, AgInt no AREsp 804.315/PR, rel. Min. Marco Buzzi, j.un. 22-3-2018, DJe 2-4-2018; 3ª Turma, AgRg no AREsp 358.713/SC, rel. Min. Moura Ribeiro, j.un. 1º-12-2016, DJe 13-12-2016; e 2ª Seção, AgRg no CC 126.352/MG, rel. Min. Ricardo Villas Bôas Cueva, j.un. 26-6-2013, DJe 5-8-2013.
40. Assim, v.g.: STJ, 1ª Seção, AgInt no CC 196.337/MS, rel. Min. Benedito Gonçalves, j.un. 19-12-2023, DJe 6-2-2024; STJ, 1ª Seção, CC 149.906/SC, rel. Min. Mauro Campbell Marques, j.un. 14-12-2016, DJe 19-12-2016; e STJ, 1ª Turma, AgInt no REsp 1.699.951/SP, rel. Min. Gurgel de Faria, j.un. 10-4-2018, DJe 17-5-2018.

A competência para processamento e julgamento de processos das quais façam parte tais pessoas administrativas é, desta forma, da "justiça comum *estadual*". Claras, neste sentido, as Súmulas 556[41] e 517[42], ambas do STF, e a Súmula 42 do STJ[43]. A Súmula Vinculante 27, do Supremo Tribunal Federal, é também ilustrativa desse entendimento, capturando adequadamente o sentido da regra do precitado dispositivo constitucional[44].

Este *Curso*, invocando as devidas vênias, ousa discordar do entendimento cristalizado naquelas Súmulas e totalmente cristalizado na doutrina e nos usos e costumes forenses. É que não há, do ponto de vista do direito *material*, qualquer razão suficiente para distinguir o tratamento jurídico dado a uma sociedade de economia mista ou a uma empresa pública. Ambas têm, de acordo com a Constituição Federal de 1988 e subsequentes alterações – e, quanto a isso, os avanços e melhorias quanto ao estabelecimento do regime jurídico dessas pessoas jurídicas são aplaudidos pelos constitucionalistas e pelos administrativistas em geral, mormente quando analisada a questão desde as prescrições das Constituições de 1967 e 1969 –, o *mesmo* regime jurídico, a despeito de a sociedade mista, diferentemente da empresa pública, permitir, por definição, capital privado na sua formação. Assim, a circunstância de o art. 109, I, não fazer expressa referência a elas, sociedades mistas, não é razão suficiente para negar-lhes a competência da Justiça Federal. O direito processual civil e suas normas não podem desconsiderar as realidades que estão fora dele, no plano do direito *material*.

No que diz respeito ao Ministério Público Federal, embora prevaleça em sede de doutrina o entendimento de que ele, como *autor*, pode atuar em prol da realização de seus misteres institucionais, tanto na Justiça Federal como na Justiça Estadual, consoante as demais regras de competência, o entendimento mais correto, também com as vênias de estilo, é o de reconhecer que o interesse *federal* que move a atuação daquela instituição, componente do Ministério Público da *União* que é (art. 128, I, da CF), atrai, para si, a incidência do inciso I do art. 109 da Constituição Federal[45]. Idêntica orientação deve ser

---

41. "É competente a justiça comum para julgar as causas em que é parte sociedade de economia mista."
42. "As sociedades de economia mista só têm foro na Justiça Federal, quando a União intervém como assistente ou opoente."
43. "Compete à justiça comum estadual processar e julgar as causas cíveis em que é parte sociedade de economia mista e os crimes praticados em seu detrimento."
44. "Compete à Justiça Estadual julgar causas entre consumidor e concessionária de serviço público de telefonia, quando a Anatel não seja litisconsorte passiva necessária, assistente, nem opoente."
45. Há vários julgados do STJ neste sentido. Assim, v.g.: 1ª Turma, AgInt no AREsp 1.582.106/MS, rel. Min. Paulo Sérgio Domingues, j.un. 26-2-2024, *DJe* 29-2-2024; 1ª Turma, AgInt no REsp 1.972.146/SP, rel. Min. Regina Helena Costa, j.un. 25-4-2022, *DJe* 27-4-2022; 1ª Seção, AgInt no CC 151.506/MS, rel. Min. Assuste Magalhães, j.un. 27-9-2017, *DJe* 6-10-2017; 2ª Turma, AgInt no REsp 1.515.682/SP, rel. Min. Francisco Falcão, j.un. 21-9-2017, *DJe* 4-10-2017; 4ª Turma, AgInt no REsp 1.528.630/SP, rel. p/ acórdão Min. Maria Isabel Gallotti, j.m.v. 27-6-2017, *DJe* 8-9-2017; 1ª Turma, REsp 737.073/RS, rel. Min. Luiz Fux, j.un. 6-12-2005, *DJ* 13-2-2006, p. 700; e 1ª Turma, CC 40.534/RJ, rel. Min. Teori Zavascki, j.un. 28-4-2004, *DJ* 17-5-2004, p. 100.

observada para a Defensoria Pública da União, a despeito de orientação em sentido contrário da 4ª Turma do STJ[46].

Com relação aos conselhos de fiscalização profissional, eles devem ser equiparados, tendo presentes os específicos fins a que se destinam, a *autarquias federais* e, em função disso, quando comparecem em juízo para o exercício daquelas finalidades, ficam sujeitos à regra do inciso I do art. 109. É neste sentido o disposto na Súmula 66 do Superior Tribunal de Justiça[47].

Idêntico entendimento deve ser reservado para o Conselho Federal da Ordem dos Advogados do Brasil, embora, dada a *federalização* de sua organização interna (arts. 44, *caput*, e 45 da Lei n. 8.906/94), seja correto o entendimento de que, para as seccionais *estaduais*, a hipótese pode acarretar o deslocamento do processo para os juízos privativos da Fazenda Pública Estadual, desde que a hipótese esteja prevista em lei de organização judiciária local[48].

É bastante comum a crítica ao quanto exposto nos parágrafos anteriores com base na compreensão de que o inciso I do art. 109 merece ser interpretado taxativamente, sendo vedada qualquer aplicação sua por analogia. Renovando as vênias, o argumento não procede porque, fosse assim, as fundações públicas e as agências não poderiam litigar, como se reconhece sem qualquer dificuldade que litiguem, na Justiça Federal, porque o dispositivo constitucional não se refere a elas. Não se trata, assim, de uma interpretação ampliativa qualquer do art. 109, I. Trata-se de sua interpretação *contextualizada* no próprio ordenamento jurídico brasileiro, *atualizando-o* para o regime jurídico dado a cada uma das pessoas ou órgãos apontados acima.

Outro ponto digno de destaque sobre o art. 109, I, da Constituição Federal diz respeito às modalidades de participação mencionadas expressamente pelo dispositivo para a identificação da competência na Justiça Federal, isto é, em que a União e as demais pessoas referidas (ou subsumíveis) àquele artigo "forem interessadas na condição de autoras, rés, assistentes ou oponentes".

---

[46] A referência é feita ao REsp 1.120.169/RJ, rel. Min. Luis Felipe Salomão, j.un. 20-8-2013, *DJe* 15-10-2013, que acabou também desmembrando litisconsórcio facultativo passivo entre diversas instituições financeiras e empresa pública federal, única a justificar a competência da Justiça Federal.

[47] "Compete à Justiça Federal processar e julgar execução fiscal promovida por Conselho de fiscalização profissional." A orientação sumulada é tanto mais pertinente diante do que decidido pelo Supremo Tribunal Federal na ADI 1.717/DF, em que se declarou a inconstitucionalidade do art. 58, § 8º, da Lei n. 9.649/98, que alterava a natureza jurídica daqueles conselhos. Assim, v.g.: STJ, 1ª Seção, CC 70.051/SP, rel. Min. Eliana Calmon, j.un. 13-12-2006, *DJ* 12-2-2007, p. 224, e 1ª Seção, AgR no CC 80.665/MG, rel. Min. Denise Arruda, j.un. 27-8-2008, *DJe* 22-9-2008.

[48] O Plenário do STF, no RE 595.332/PR, rel. Min. Marco Aurélio, j.un. 31-8-2016, *DJe* 23-6-2017, entendeu de forma generalizada pela competência da Justiça Federal para o julgamento dos processos em que o Conselho Federal da OAB ou suas seccionais são partes. Na oportunidade, foi fixada a seguinte tese: "Compete à Justiça Federal processar e julgar ações em que a Ordem dos Advogados do Brasil, quer mediante o Conselho Federal, quer seccional, figure na relação processual" (Tema 258 da Repercussão Geral).

A compreensão de *autor* e de *réu* não oferece maiores dificuldades interpretativas: são quem pede e em face de quem se pede a tutela jurisdicional.

O *assistente* é o terceiro, isto é, o não autor e o não réu, que intervém em processo alheio em busca de uma decisão que, de alguma forma, lhe seja pessoalmente favorável, ainda que, para tanto, haja necessidade da tutela jurisdicional *imediata* de um direito alheio[49].

A oposição é a iniciativa de um terceiro (o "opoente") de demandar as partes de um processo pendente ("opostos") afirmando-se titular do direito sobre o qual elas litigam[50].

O Código de Processo Civil disciplina, contudo, outras modalidades de intervenção de terceiro, que não estão mencionadas no dispositivo. Até se poderia sustentar que a menção àquelas outras hipóteses é desnecessária porque, em rigor, nelas a União e as demais pessoas, intervindo, se tornam partes (rés), o que seria o suficiente para atrair a incidência do inciso I do art. 109 da Constituição Federal.

Como quer que seja, a melhor interpretação do dispositivo constitucional, que captura suficientemente a sua *ratio* e preserva o modelo constitucional do direito processual civil, é que toda vez que uma pessoa de direito federal, com as considerações feitas, intervier em processo alheio *independentemente* da modalidade de intervenção, isto é, não só nos casos expressamente referidos pela regra em exame, a competência passa a ser da Justiça Federal[51].

O "interesse jurídico" que motiva qualquer intervenção de terceiro, independentemente de sua maior ou menor intensidade ou difusão, justifica, por si só, a incidência do art. 109, I, da Constituição Federal. Tanto assim que a Súmula 150 do STJ impõe que a apreciação da ocorrência, ou não, do interesse do ente federal para os fins do precitado dispositivo constitucional cabe à própria Justiça *Federal* e não à Estadual[52].

Por seu turno, e para fins de ilustração, a Súmula 365 daquele mesmo Tribunal dispõe que a intervenção da União como sucessora da Rede Ferroviária Federal S/A (RFFSA) desloca a competência para a Justiça Federal, ainda que a sentença tenha sido proferida por Juízo estadual, embora a mais recente Súmula 505 do mesmo Tribunal negue a competência da Justiça Federal "para processar e julgar as demandas que têm por objeto obrigações decorrentes dos contratos de planos de previdência privada firmados com a Fundação Rede Ferroviária de Seguridade Social – REFER", entidade fechada de previdência privada, instituída pela mencionada RFFSA, sustentando como competente, para tanto, a Justiça Estadual.

---

49. O instituto é disciplinado pelos arts. 119 a 124 do CPC.
50. A oposição está disciplinada no CPC de 2015 como procedimento especial nos arts. 682 a 686.
51. Neste sentido é a Súmula 553 do STJ: "Nos casos de empréstimo compulsório sobre o consumo de energia elétrica, é competente a Justiça estadual para o julgamento de demanda proposta exclusivamente contra a Eletrobrás. Requerida a intervenção da União no feito após a prolação de sentença pelo juízo estadual, os autos devem ser remetidos ao Tribunal Regional Federal competente para o julgamento da apelação se deferida a intervenção".
52. Cujo enunciado é o seguinte: "Compete à Justiça Federal decidir sobre a existência de interesse jurídico que justifique a presença, no processo, da União, suas autarquias ou empresas públicas".

A razão do entendimento mais recente está em que a autorização da União para saldar os débitos da extinta RFFSA junto à referida entidade de previdência privada não implica o deslocamento da competência para a Justiça Federal e na circunstância de a REFER ser fundação, com personalidade jurídica diversa, portanto, da RFFSA.

A exceção ao quanto aqui afirmado resume-se à intervenção de pessoas federais na qualidade de *amicus curiae* pelas razões expostas no n. 4.7.6 do Capítulo 3.

De outra parte, a possibilidade de o resultado do processo que tramita perante a Justiça Federal influenciar processo que corre perante a Justiça Estadual não é suficiente para justificar a competência da Justiça Federal. Para os fins do art. 109, I, da Constituição Federal, as pessoas mencionadas devem efetivamente estar em juízo[53].

Os §§ 1º a 4º complementam o inciso I do art. 109 da Constituição Federal, ainda que os dois primeiros parágrafos só digam respeito à União Federal, sendo incorreta a sua extensão para as demais pessoas referidas expressa ou implicitamente naquele dispositivo.

De acordo com o § 1º, quando a União for autora, o processo deve ser instaurado na seção judiciária onde tiver domicílio o réu e, havendo, na subseção respectiva. Trata-se, em última análise, da mesma regra que consta do art. 46 do Código de Processo Civil.

Na hipótese de a União ser ré, disciplina o § 2º do art. 109 da Constituição Federal, o processo pode ser instaurado na seção judiciária (ou, consoante o caso, subseção) em que o autor for domiciliado, onde tiver ocorrido o ato ou fato que enseja o conflito, onde esteja situada a coisa ou no Distrito Federal. É hipótese em que há "foros concorrentes", que, como tais, podem ser *escolhidos* pelo autor, sem que a União, desde que respeitadas as opções oferecidas pela regra, possa se opor, mesmo quando houver "litisconsórcio ativo"[54].

O § 3º do art. 109, de sua vez, na redação que lhe deu a EC n. 103/2019, traz regra que autoriza que, excepcionalmente, a Justiça *Estadual* processe e julgue demandas que normalmente seriam da competência da Justiça *Federal*. O dispositivo prevê uma específica hipótese, a das chamadas "ações previdenciárias", em que é autor o segurado ou beneficiário da Previdência Social e é réu o Instituto Nacional da Seguridade Social, sempre que o domicílio do autor não for *subseção judiciária*, isto é, sempre que seu domicílio não for sede de órgão da Justiça Federal. Para estes casos, em iniciativa amplamente harmônica com o "princípio do acesso à justiça", observado o que a lei disciplinar, admite-se que o processo seja instaurado, processado e julgado pela Justiça Estadual, com observância das regras relativas à identificação do juízo competente. É o que se dá com o art. 15, III, da Lei n. 5.010/1966, na redação da Lei n. 13.876/2019. Os recursos cabíveis, contudo, serão invariavelmente dirigidos e julgados pelo Tribunal Regional

---

53. Nesse sentido: STF, 1ª Turma, RE 385.274/MT, rel. Min. Marco Aurélio, j.un. 10-5-2011, *DJe* 8-6-2011.
54. O Plenário do STF entendeu que aquela regra deve ser adotada também nas hipóteses em que a ré for autarquia federal. Trata-se do RE 627.709/DF, rel. Min. Ricardo Lewandowski, j.m.v. 20-8-2014, *DJe* 30-10-2014.

Federal da respectiva Região em que localizada a *comarca* e não pelos Tribunais de Justiça dos Estados. É o que preceitua, em complementação da regra, o § 4º do mesmo art. 109 da Constituição Federal.

A redação original do § 3º do art. 109 da CF, anterior à EC n. 103/2019, admitia que a lei expressamente previsse *outras hipóteses*, desde que a comarca não fosse sede de subseção judiciária. É o que se dava, por exemplo, com os incisos II e IV do art. 15 da Lei n. 5.010/66[55], a lei que cria a Justiça Federal de primeira instância[56]; com o art. 119, § 2º, da Lei n. 6.815/80 (para a entrega do certificado de naturalização), que excepcionava o inciso X do art. 109 da mesma Constituição; com o art. 4º, § 1º, da Lei n. 6.969/81 ("ações de usucapião especial"); com o parágrafo único do art. 237 do Código de Processo Civil, que trata das cartas de ordem, rogatória, precatória e arbitral[57] e com o § 4º do art. 381, também do CPC, que prevê a competência da Justiça Estadual para "... a produção antecipada de prova requerida em face da União, de entidade autárquica ou de empresa pública federal se, na localidade, não houver vara federal". Já era correto, contudo, afastar a compreensão de que havia autorização para aquele fim para as chamadas "ações civis públicas", no art. 2º da Lei n. 7.347/85, que se limitava (e ainda se limita) a veicular regra de competência *absoluta*. É este o entendimento, correto, do Supremo Tribunal Federal, que acabou por levar o Superior Tribunal de Justiça a cancelar Súmula sua, a 183[58], em sentido contrário. Com

---

55. Na atualidade, é correto entender que a única regra de direito positivo que se harmoniza com a redação do § 3º do art. 109 da CF, dada pela EC n. 103/2019, é o inciso III do art. 15 da precitada Lei n. 5.010/1966, que tem, por força da Lei n. 13.876/2019, a seguinte redação: "III – as causas em que forem parte instituição de previdência social e segurado e que se referirem a benefícios de natureza pecuniária, quando a Comarca de domicílio do segurado estiver localizada a mais de 70 km (setenta quilômetros) de Município sede de Vara Federal", cabendo, consoante o novel § 2º daquele dispositivo, aos Tribunais Regionais Federais especificarem as comarcas que se enquadram naquela distância. Todas as demais regras indicadas no texto perderam, à luz do novo texto constitucional, seu fundamento de validade.
56. A Súmula 349 do STJ relaciona-se com o inciso I do art. 15 da Lei n. 5.010/1996 que foi revogado pela Lei n. 13.043/2014, como se pode verificar de seu enunciado: "Compete à Justiça Federal ou aos juízes com competência delegada o julgamento das execuções fiscais de contribuições devidas pelo empregador ao FGTS". Em rigor, com a expressa revogação daquele dispositivo, é correto entender que a parte do enunciado sumular que faz menção à "competência delegada" perde seu fundamento de validade, ao menos com relação às execuções fiscais ajuizadas após o advento da Lei n. 13.043/2014, por força do que dispõe seu art. 75. A 1ª Seção do STJ definiu a seguinte tese, no julgamento do Tema IAC 15 (Conflito de Competência n. 188.314/SC), a respeito do tema: "O art. 109, § 3º, da CF/88, com redação dada pela EC 103/2019, não promoveu a revogação (não recepção) da regra transitória prevista no art. 75 da Lei n. 13.043/2014, razão pela qual devem permanecer na Justiça Estadual as execuções fiscais ajuizadas antes da vigência da lei referida".
57. O dispositivo tem a seguinte redação: "Se o ato relativo a processo em curso na Justiça Federal ou em tribunal superior houver de ser praticado em local onde não haja vara federal, a carta poderá ser dirigida ao juízo estadual da respectiva comarca". A Lei n. 13.876/2019 introduziu também um § 1º ao art. 15 da Lei n. 5.010/1966, complementando a regra, com a seguinte redação: "Sem prejuízo do disposto no art. 42 desta Lei e no parágrafo único do art. 237 da Lei n. 13.105, de 16 de março de 2015 (Código de Processo Civil), poderão os Juízes e os auxiliares da Justiça Federal praticar atos e diligências processuais no território de qualquer Município abrangido pela seção, subseção ou circunscrição da respectiva Vara Federal".
58. Cujo enunciado era o seguinte: "Compete ao Juiz Estadual, nas comarcas que não sejam sede de vara da Justiça Federal, processar e julgar ação civil pública, ainda que a União figure no processo".

a redação dada pela EC n. 103/2019 ao referido § 3º do art. 109 da CF, todas aquelas previsões perderam seu fundamento de validade a não ser que encontrem incidência nas chamadas "ações previdenciárias".

O inciso II do art. 109 da Constituição Federal reserva à Justiça Federal a competência para processamento e julgamento das demandas entre Estados estrangeiros ou organismos internacionais e município ou pessoa domiciliada ou residente no Brasil. É desnecessária, para os fins deste dispositivo, a participação, a qualquer título, de pessoa ou entidade administrativa federal brasileira. Se a demanda envolver organismo internacional e a União ou o Estado, o Distrito Federal ou Território, a competência é *originária* do Supremo Tribunal Federal (art. 102, I, *e*, da CF). Quando excluído do processo o organismo internacional, cessa a competência da Justiça Federal[59].

O inciso III do art. 109 reconhece a competência da Justiça Federal para as "causas fundadas em tratado ou contrato da União com Estado estrangeiro ou organismo internacional". A hipótese reclama a análise da *causa de pedir* como elemento identificador da competência.

O inciso V-A do art. 109 é novidade trazida pela Emenda Constitucional n. 45/2004. De acordo com ele, a Justiça Federal é competente para julgar as causas relativas aos direitos humanos, sendo indiferente, para tanto, que se trate de competência *criminal*, não obstante o anterior inciso V do dispositivo referir-se apenas e tão somente àquelas hipóteses. A competência reclama, contudo, que a causa de pedir diga respeito especificamente aos direitos humanos decorrentes de tratados internacionais em que o Brasil seja parte (art. 109, § 5º), sendo vedada sua interpretação para direitos humanos que decorram de outras fontes normativas. Pode até ocorrer, consoante disciplina o § 5º do art. 109, que o Procurador-Geral da República, com o objetivo de assegurar o cumprimento de obrigações decorrentes de tratados internacionais de direitos humanos que o Brasil tenha assinado, suscite, perante o Superior Tribunal de Justiça, incidente destinado a comprovar a ocorrência da hipótese do inciso V-A e, consequentemente, transferir à Justiça Federal a competência para julgamento da causa em qualquer fase do processo.

A 3ª Seção do Superior Tribunal de Justiça já teve oportunidade de se manifestar acerca da interpretação do referido § 5º do art. 109 da Constituição Federal quando acentuou que, para o *deslocamento da competência* lá regulado, faz-se mister *também* a demonstração concreta da incapacidade da justiça local em julgar, com as devidas garantias constitucionalmente exigidas, a causa, "resultante da inércia, negligência, falta de vontade política ou de condições reais do Estado-membro, por suas instituições"[60].

---

[59]. Nesse sentido: STJ, 1ª Turma, Ag 1.371.230/CE, rel. Min. Arnaldo Esteves Lima, j.un. 15-3-2011, *DJe* 21-3-2011.
[60]. Trata-se do IDC 1/PA, rel. Min. Arnaldo Esteves Lima, j.un. 8-6-2005, *DJ* 10-10-2005, p. 217. A orientação foi reiterada pelo mesmo órgão no julgamento do IDC 2/DF, rel. Min. Laurita Vaz, j.m.v. 27-10-2010, *DJe* 22-11-2010, e do IDC 3/GO, rel. Min. Jorge Mussi, j.un. 10-12-2014, *DJe* 2-2-2015.

O inciso VIII do art. 109 da Constituição Federal reserva a competência da Justiça Federal para os mandados de segurança e os *habeas data* em que o ato apontado como coator provenha de autoridade coatora que seja federal. O dispositivo excepciona, pertinentemente, as hipóteses em que, pelo *status* da autoridade, o mandado de segurança deva ser impetrado originariamente perante um dos Tribunais Regionais Federais.

O inciso X do art. 109 da Constituição Federal prevê, para os fins que interessam ao desenvolvimento deste capítulo[61], a competência da Justiça Federal para julgamento das "causas referentes à nacionalidade, inclusive à respectiva opção, e à naturalização". A opção pela nacionalidade brasileira é expressamente prevista no art. 32, § 4º, da Lei n. 6.015/73, a "Lei dos Registros Públicos". O julgamento de eventuais desdobramentos decorrentes da nacionalidade, da opção ou da naturalização, contudo, não é necessariamente de competência da Justiça Federal, a não ser que se verifique, por qualquer motivo, a ocorrência de algum outro elemento do art. 109 da Constituição Federal, mas da Justiça Estadual, quando deverá ser observada a disciplina do Código de Processo Civil e das normas de organização judiciária local, até para verificar se há, ou não, conforme o caso, "juízo privativo" de registros públicos e, se positiva a resposta, qual a sua competência.

O Superior Tribunal de Justiça já teve oportunidade de decidir, em função do dispositivo ora examinado, ser da competência da Justiça *Federal* o julgamento de pedido de retificação do registro de filho de brasileiro nascido no exterior[62]. Não, contudo, se o pedido for de mero traslado de registro de nascimento efetuado em consulado ou embaixada brasileira[63] ou, ainda, quando não houver "[...] relatos de crimes de ingresso ou permanência irregular de estrangeiros ou de questões referentes à naturalização ou opção por nacionalidade, mas, ao revés, tratando a ação originária de aplicação de medidas protetivas, consistente, principalmente, no pedido de registro civil de criança estrangeira refugiada"[64].

O inciso XI do art. 109 prevê a competência da Justiça Federal para julgar qualquer disputa sobre direitos indígenas. Não há razão para discernir, à luz do dispositivo constitucional, se a demanda envolve direito "individual" ou "coletivo" dos indígenas e, tampouco, se a causa envolve a disputa em torno dos direitos garantidos aos índios, como coletividade, pelo art. 231 da Constituição Federal, os chamados "interesses indígenas". Em quaisquer hipóteses, desde que um índio, ao menos, esteja envolvido no conflito, a competência para sua resolução é da Justiça Federal, hipótese em que, não custa lembrar, o Ministério Público atuará na qualidade de fiscal da ordem jurídica (art. 232 da CF). Por

---

61. Outra hipótese nele prevista, de cumprimento das sentenças estrangeiras, é tratada nos demais volumes deste *Curso*.
62. 2ª Seção, CC 18.074/DF, rel. Min. César Asfor Rocha, j.un. 10-9-1997, *DJ* 17-11-1997, p. 59399; 2ª Seção, CC 1.039/RS, rel. Min. Bueno de Souza, j.un. 16-6-1993, *DJ* 11-10-1993, p. 21277; CC 66.843/SP, rel. Min. Massami Uyeda, j.m.v. 1º-2-2007, *DJ* 7-2-2007.
63. 2ª Seção, CC 58.743/MG, rel. Min. Humberto Gomes de Barros, j.un. 9-8-2006, *DJ* 21-8-2006, p. 225.
64. 4ª Turma, REsp 1.475.580/RJ, rel. Min. Luis Felipe Salomão, j.m.v. 4-5-2017, *DJe* 19-5-2017.

tal razão, embora de cunho processual penal, não há como emprestar adesão ao entendimento da Súmula 140 do STJ[65].

6.3 Competência no âmbito do CPC: competência de foro

Como esclarece o n. 6, *supra*, a disciplina relativa à "competência *interna*" no Código de Processo Civil vem dividida nas "disposições gerais", dos arts. 42 a 53, na "modificação da competência", dos arts. 54 a 63, concluindo com a "incompetência", que ocupa os arts. 64 a 66.

Neste número, o objetivo é a análise das referidas "disposições gerais", que correspondem à pesquisa em torno da pesquisa do juízo competente na perspectiva do Código de Processo Civil.

O art. 42, que abre a Seção I do Capítulo I do Título III do Livro II da Parte Geral do Código de Processo Civil, prescreve competir aos órgãos jurisdicionais processar e decidir as causas cíveis nos limites de sua competência, definida invariavelmente desde a Constituição Federal. Ressalva expressamente a possibilidade de as partes instituírem o juízo arbitral "na forma da lei", que é a Lei n. 9.307/96, com a importante abertura trazida no § 1º de seu art. 1º pela Lei n. 13.129/2015. Sobre a ressalva, convém esclarecer que cabe ao réu alegar a existência de convenção de arbitragem, o que deve ser feito em *preliminar* de contestação (art. 337, X), sendo vedada a atuação oficiosa do magistrado naquele sentido (art. 337, § 5º). Eventual silêncio do réu a respeito é coerentemente compreendido pelo § 6º do art. 337 como aceitação da jurisdição estatal e renúncia ao juízo arbitral.

O art. 43 estatui a chamada *perpetuatio jurisdictionis*, isto é, o momento em que se dá a fixação da competência e a impossibilidade de sua alteração posterior, ressalvada a supressão do órgão jurisdicional ou alteração de competência absoluta[66].

Substituindo a usual expressão empregada para definir aquele momento – momento em que a "ação é proposta" –, o art. 43 estabeleceu para a fixação da *perpetuatio jurisdictionis* o registro ou a distribuição da petição inicial.

A mudança só surgiu, importa relevar, no retorno do Projeto da Câmara para o Senado Federal. Tanto o Projeto aprovado pelo Senado (art. 43 do PLS n. 166/2010) como

---

65. "Compete à justiça comum estadual processar e julgar crime em que o indígena figure como autor ou vítima."
66. Ilustrativa do alcance da regra é a Súmula 58 do STJ: "Proposta a execução fiscal, a posterior mudança de domicílio do executado não desloca a competência já fixada". Também de interesse é a tese fixada no âmbito do IAC 6, pela 1ª Seção do STJ: "Os efeitos da Lei n. 13.876/2019 na modificação de competência para o processamento e julgamento dos processos que tramitam na Justiça Estadual no exercício da competência federal delegada insculpido no art. 109, § 3º, da Constituição Federal, após as alterações promovidas pela Emenda Constitucional 103, de 12 de novembro de 2019, aplicar-se-ão aos feitos ajuizados após 1º de janeiro de 2020. As ações, em fase de conhecimento ou de execução, ajuizadas anteriormente a essa data, continuarão a ser processadas e julgadas no juízo estadual, nos termos em que previsto pelo § 3º do art. 109 da Constituição Federal, pelo inciso III do art. 15 da Lei n. 5.010, de 30 de maio de 1965, em sua redação original".

o da Câmara (art. 43 do PL n. 8.046/2010) fixavam, para a *perpetuatio*, o momento em que a ação era proposta, idêntica regra estabelecida pelo art. 87 do CPC de 1973. Nesse sentido, o artigo viola o processo legislativo (art. 65, parágrafo único, da CF) e, como tal, está sujeito ao reconhecimento de sua inconstitucionalidade pelas vias concentrada ou difusa.

É que a primeira parte do art. 312 do CPC de 2015 estatui que "considera-se proposta a ação quando a petição inicial for protocolada". O art. 43, por sua vez, prescreve que a *perpetuatio jurisdictionis* dá-se com o registro ou distribuição da petição inicial. Ocorre, contudo, que aqueles três atos (*protocolar, registrar e distribuir*) não coincidem necessariamente entre si e pode haver espaço de tempo entre um e outro que, ao menos em tese, pode levar a discussões sobre o instante em que se determinou a competência. É nesse sentido que o art. 43 padece de inconstitucionalidade formal. Ele acabou criando uma novidade legislativa que não foi submetida ao duplo exame das Casas congressuais.

A distinção de quando se dá o *registro* da inicial e de quando se dá sua *distribuição* é relevante porque o art. 43 vale-se de conjunção *alternativa*, não *aditiva*. Ela está estampada no art. 284: a inicial será registrada quando houver vara única; será distribuída quando houver mais de uma vara.

Assim, em se tratando de vara única, a *perpetuatio jurisdictionis* dar-se-á quando a petição inicial for registrada. Havendo mais de uma vara (órgão jurisdicional) igualmente competente, é a distribuição da petição inicial a uma delas que significará a determinação da competência. Nesses dois casos, são irrelevantes alterações de fato ou de direito para determinar ou modificar a competência, ressalvadas as hipóteses de supressão do órgão jurisdicional ou de alteração da competência *absoluta* (ver art. 44).

O *caput* do art. 45 busca disciplinar, em alguma medida, as hipóteses em que o art. 109 da Constituição Federal define a competência da Justiça Federal em confronto com os casos em que o processo originariamente tramita perante a Justiça Estadual. As situações em que não deve haver o deslocamento de competência (porque não se trata de competência da Justiça Federal) são as mesmas previstas no art. 109, I, da Constituição Federal, pelo que, em rigor, são inócuas.

Os parágrafos do art. 45 ocupam-se com a dinâmica do pedido que, ao menos em tese, justifica a competência da Justiça Federal e acabam por espelhar orientação segura anterior nas soluções por eles dadas. Assim, os autos não serão remetidos à Justiça Federal se houver pedido cuja apreciação seja de competência do juízo perante o qual foi proposta a ação (§ 1º). Nesse caso, prossegue o § 2º, se a cumulação de pedidos não for admitida em razão da incompetência, é vedada a apreciação do mérito do pedido em que exista interesse da União Federal, de suas autarquias ou de suas empresas públicas. O § 3º, ao determinar ao juízo federal que devolva os autos ao juízo estadual quando excluir do processo o ente federal que justificara sua competência sem suscitar conflito de competência, encontra eco nas Súmulas 150 e 224 do Superior Tribunal de Justiça[67].

O *caput* do art. 46 fixa a regra da competência do foro do domicílio do réu quando for a "ação fundada em direito pessoal ou em direito real sobre bens móveis", isto é, quando a causa de pedir que dá fundamento ao pedido envolver a análise de direito obrigacional ou quando o direito real recair sobre bens móveis[68].

Os parágrafos do dispositivo apresentam as seguintes variações para a regra, estabelecendo a chamada concorrência de foros: tendo o réu mais de um domicílio, é competente qualquer um deles (§ 1º). Sendo incerto ou desconhecido o domicílio do réu, competente será o foro onde ele for encontrado ou o foro de domicílio do autor (§ 2º). Quando o réu não tiver domicílio ou residência no Brasil, é competente o foro de domicílio do autor; se, contudo, o autor também residir fora do Brasil, é competente qualquer foro (§ 3º). Havendo dois ou mais réus com diferentes domicílios, são competentes os foros respectivos, à escolha do autor (§ 4º). O § 5º, por sua vez, trata da competência para a execução fiscal, que é, no mais, regida por lei extravagante, a Lei n. 6.830/80: ela será proposta no foro de domicílio do réu, no de sua residência ou no do lugar onde for encontrado[69].

É pertinente saber a que "domicílio do réu" faz menção o art. 46: se ao *residencial* ou ao *profissional*, levando em consideração a distinção que a esse respeito faz o art. 72 do Código Civil. A melhor interpretação do dispositivo da lei civil é no sentido de que o domicílio *profissional* reclama que o pedido de tutela jurisdicional seja fundado em conflitos derivados de relações profissionais (causa de pedir). Essa distinção deverá, portanto, guiar a aplicação dos dispositivos do Código de Processo Civil que se refiram a domicílio do réu.

Tratando-se de direito real sobre *imóveis*, a competência é estabelecida em consideração ao foro de situação da coisa (art. 47). É o que em geral é conhecido como *forum rei sitae* ou,

---

67. Cujos enunciados são, respectivamente, os seguintes: "Compete à Justiça Federal decidir sobre a existência de interesse jurídico que justifique a presença, no processo, da União, suas autarquias ou empresas públicas" e "Excluído do feito o ente federal, cuja presença levara o Juiz Estadual a declinar da competência, deve o Juiz Federal restituir os autos e não suscitar o conflito".
68. A propósito, cabe dar destaque ao Enunciado n. 160 da III Jornada de Direito Processual Civil do CJF: "A competência para julgamento de ações que envolvam violação aos direitos da personalidade, quando os atos ilícitos são praticados pela internet, é do foro do domicílio da vítima".
69. O dispositivo teve sua constitucionalidade questionada pelo Estado do Rio de Janeiro na ADI 5.492. Segundo a inicial, "a fixação de regra especial de competência territorial na execução fiscal, agora atrelada ao domicílio do réu, à sua residência ou ao local onde se encontrar, mesmo que situado em qualquer local do país, potencializa a guerra fiscal, mina a sustentabilidade financeira indispensável à autonomia federativa e esvazia, mais uma vez, a auto-organização dos Estados-membros". O STF, no particular, acolheu o pedido subsidiário então formulado, dando interpretação conforme à Constituição Federal à regra para restringir sua aplicação aos limites do território de cada ente subnacional ou ao local de ocorrência do fato gerador. O autor deste *Curso* analisa a Lei n. 6.830/80, que disciplina a execução fiscal, no Capítulo 1 da Parte III de seu *Poder Público em juízo*.

no vernáculo, o foro da localização da coisa (do bem imóvel)[70]. O § 1º admite, todavia, que o autor opte pelo foro de domicílio do réu ou pelo foro de eleição, se o litígio *não* recair sobre direito de propriedade, vizinhança, servidão, divisão e demarcação de terras e de nunciação de obra nova, verdadeira hipótese de concorrência de foros. O § 2º, querendo eliminar fundadas dúvidas sobre a competência, referindo-se a ações *possessórias* sobre imóveis[71], estende a elas a regra do *caput*, evidenciando que a competência é *absoluta*.

Robustecendo a crítica do n. 6.1.2, *supra*, é correto entender que o art. 47 expressa exceção ao regime jurídico que o art. 63 empresta para a competência fixada em razão do território. Isso porque é amplamente vencedor o entendimento de que, nesses casos, a competência é *absoluta* e, como tal, não pode ser modificada.

Também diz respeito à hipótese regrada pelo art. 47 a regra do art. 60. Segundo este dispositivo, se o imóvel se achar situado em mais de um Estado, comarca, seção ou subseção judiciária, a competência territorial do juízo prevento (estabelecido de acordo com o art. 59) estender-se-á sobre todo o imóvel.

Os demais dispositivos veiculam regras específicas de competência.

O art. 48 estabelece ser o foro de domicílio do autor da herança no Brasil (o falecido) o competente para o inventário, a partilha, a arrecadação, o cumprimento de disposições de última vontade, a impugnação ou anulação de partilha extrajudicial e para todas as ações em que o espólio for réu, ainda que o óbito tenha ocorrido no estrangeiro[72]. Na hipótese de o falecido não possuir domicílio certo – é o parágrafo único que complementa a previsão do *caput* nos seus três incisos –, é competente o foro de situação dos bens imóveis (inciso I); havendo bens imóveis em foros diferentes, é competente qualquer destes (inciso II); não havendo bens imóveis, é competente o foro do local de qualquer dos bens do espólio (inciso III). A novidade da regra, quando comparada com a do parágrafo único do art. 96 do CPC de 1973, está em que, para o CPC de 2015, havendo bens *imóveis* situados em foros diversos, qualquer um deles é competente (inciso II), tanto quanto, na inexistência de bens imóveis, é competente o foro do local de qualquer dos bens do espólio (inciso III). Não prevalece, destarte, a competência do foro do local em que ocorreu o óbito naquelas hipóteses, diferentemente do que estabelecia o art. 96, parágrafo único, II, do CPC de 1973.

As ações em que o ausente for réu serão propostas no foro de seu último domicílio, que também é competente para a arrecadação, o inventário, a partilha e o cumprimento de disposições testamentárias (art. 49).

---

70. Assim, por exemplo, a Súmula 110 do TJSP: "Nos conflitos de competência, julgados pela Câmara Especial, o foro competente para o ajuizamento da ação de adjudicação compulsória é o da situação do imóvel".
71. Bem ilustra a hipótese a Súmula 76 do TJSP, cuja orientação permanece válida para o CPC de 2015: "É da competência do foro da situação do imóvel, o processamento e julgamento de ação de rescisão contratual c.c. reintegração de posse ajuizada pela CDHU, ante o prescrito no art. 95 do CPC".
72. De acordo com a Súmula 71 do TJSP, trata-se de competência *relativa*: "A competência para o processamento de inventário ou arrolamento em razão do foro do domicílio do autor da herança é relativa".

Quando o incapaz for o réu, a ação será proposta no foro do domicílio de seu representante ou assistente (art. 50), sendo correto entender que, em tal caso, há presunção de maior fragilidade na atuação do incapaz[73].

O art. 51 espelha as hipóteses previstas nos §§ 1º e 2º do art. 109 da Constituição Federal sobre ser competente o foro de domicílio do réu para as causas em que a União for a autora (*caput*) e sobre a *concorrência* de foros existente quando a União for ré (parágrafo único). Nesta última hipótese, é competente o foro de domicílio do autor, o de ocorrência do ato ou fato que originou o conflito, o de situação da coisa ou, ainda, o Distrito Federal.

O art. 52, em seu *caput* e parágrafo único, replica, com adaptações para os Estados e para o Distrito Federal, a mesma regra que o art. 51 reserva para a União. A regra, tão interessante quanto polêmica[74], precisa, mormente no que diz respeito à previsão de seu parágrafo único, ser interpretada levando em conta o modelo constitucional do direito processual civil, em especial os casos em que a demanda contra Estados será necessariamente ajuizada perante o Supremo Tribunal Federal (art. 102, I, *e* e *f*, da CF) e a previsão do § 1º do art. 125 da Constituição Federal, que reserva aos Estados a organização da sua própria Justiça.

Fora de tais hipóteses, contudo, a aplicação da textualidade da regra pressupõe que o Estado e/ou o Distrito Federal quando demandados fora de seus respectivos territórios tenham condições plenas para exercer sua (ampla) defesa em função da existência de organização descentralizada de suas procuradorias públicas[75] ou, quando menos, importa acrescentar, que o Estado e/ou o Distrito Federal indicado como réus possam exercê-la a contento mediante acordos operacionais/

---

73. Neste sentido: STJ, 3ª Turma, CC 160.329/MG, rel. Min. Nancy Andrighi, j.un. 27-2-2019, *DJe* 6-3-2019; STJ, 4ª Turma, AgRg no AREsp 47.542/RJ, rel. Min. Antonio Carlos Ferreira, j.un. 5-5-2015, *DJe* 11-5-2015; e STJ, 4ª Turma, REsp 875.612/MG, rel. Min. Raul Araújo, j.un. 4-9-2014, *DJe* 17-11-2014.

74. Prova segura da afirmação está no questionamento de sua constitucionalidade na referida ADI 5.492 proposta pelo Estado do Rio de Janeiro perante o STF. Segundo o autor, "submeter os Estados-membros e o Distrito Federal ao foro de domicílio do autor, pela mera vontade deste e ainda que situado em qualquer lugar do país, compromete a efetividade da garantia do contraditório, esvazia a Justiça Estadual como componente da auto-organização federativa e dá margem ao abuso de direito no processo". O STF julgou, no particular, procedente o pedido para dar interpretação conforme à Constituição ao parágrafo único do art. 52 "para restringir a competência do foro de domicílio do autor às comarcas inseridas nos limites territoriais do estado-membro ou do Distrito Federal que figure como réu". Da ementa do acórdão, lê-se de pertinente: "5. A regra de competência prevista nos arts. 46, § 5º, e 52, *caput* e parágrafo único, do CPC, no ponto em que permite que estados e o Distrito Federal sejam demandados fora de seus respectivos limites territoriais, desconsidera sua prerrogativa constitucional de autoorganização. Não se pode alijar o Poder Judiciário Estadual de atuar nas questões de direito afetas aos entes públicos subnacionais. Além disso, os tribunais também possuem funções administrativas – como aquelas ligadas ao pagamento de precatórios judiciais – que não podem, sem base constitucional expressa, ser exercidas por autoridades de outros entes federados. Tal possibilidade produziria grave interferência na gestão e no orçamento públicos, além de risco ao direito dos credores à não preterição (entendimento prevalente do Ministro Roberto Barroso, vencido o relator)".

75. O autor deste *Curso* se voltou ao assunto na perspectiva do mandado de segurança em artigo intitulado Mandado de segurança e a regra de competência do art. 52, parágrafo único, do CPC, publicado no v. 305 da *Revista de Processo*. Voltou ao tema, para desenvolvê-lo, no n. 2.1 do Capítulo 6 da Parte I do seu *Poder Público em juízo*.

cooperacionais com as procuradorias dos Estados ou do Distrito Federal perante o qual o processo tramite, o que quer encontrar fundamento no § 4º do art. 75 do CPC[76].

O art. 53 trata, em seus cinco incisos, dos seguintes casos:

O inciso I do dispositivo define como competente para o divórcio, a separação[77], a anulação de casamento, o reconhecimento ou a dissolução de união estável o foro de domicílio do guardião de filho incapaz (alínea *a*). Se não houver filho incapaz, a competência será do foro de último domicílio do casal (alínea *b*). Se nenhuma das partes lá residir, será competente o foro de domicílio do réu (alínea *c*). Quando se tratar de vítima de violência doméstica e familiar, nos termos da Lei n. 11.340/2006, a "Lei Maria da Penha", competente é o domicílio da própria vítima (alínea *d*, introduzida pela Lei n. 13.894/2019)[78]. A hipótese é de foros *subsidiários*, isto é, de observância diante da situação especificada por cada uma das alíneas, e não *concorrentes*[79]. O CPC de 2015 aboliu, a propósito, a regra protetiva da mulher, constante do inciso I do art. 100 do CPC de 1973[80], que atritava, ao menos em abstrato, com o disposto no § 5º do art. 226 da Constituição Federal. A ressalva era importante porque naqueles casos em que *concretamente* a mulher conseguia demonstrar situação de desigualdade no plano material, a prerrogativa de foro em seu favor era postura correta a ser adotada em prol da superação do (des)equilíbrio existente entre as partes[81], razão que justifica a (oportuna) modificação introduzida pela precitada Lei n. 13.894/2019 na alínea *d* do dispositivo em destaque.

O inciso II do art. 53 fixa como competente o domicílio ou residência do alimentando para a ação em que se pedem alimentos[82].

O inciso III do art. 53 estabelece a competência ao foro do lugar onde está a sede, para a ação em que for ré pessoa jurídica[83]; onde se acha agência ou sucursal, quanto às obrigações

---

76. Não obstante a boa intenção da regra, sua constitucionalidade é duvidosa diante do art. 132, *caput*, da CF, assunto ao qual se volta o n. 2.4 do Capítulo 3 da Parte II.
77. Lembrando, quanto à separação, da ressalva derivada do Tema 1.053 da Repercussão Geral do STF.
78. A respeito do assunto é o Enunciado n. 163 da III Jornada de Direito Processual Civil do CJF: "O foro de domicílio da vítima de violência doméstica tem prioridade para a ação de divórcio, separação, anulação de casamento e reconhecimento ou dissolução de união estável".
79. Neste sentido é o Enunciado n. 108 da II Jornada de Direito Processual Civil do CJF.
80. Era a seguinte a redação do dispositivo: "É competente o foro: I – da residência da mulher, para ação de separação dos cônjuges e a conversão desta em divórcio, e para anulação de casamento;".
81. Era este o entendimento defendido pelas edições anteriores ao CPC de 2015 por este *Curso*, como se pode ver do n. 3 do Capítulo 2, da Parte I do volume 2, tomo I.
82. Orientação que já encontrava eco na Súmula 1 do STJ, assim enunciada: "O foro do domicílio ou da residência do alimentando é o competente para a ação de investigação de paternidade, quando cumulada com a de alimentos". Também a respeito do tema, cabe destacar a Súmula 70 do TJSP, segundo a qual: "Em execução de alimentos, prevalece sobre a competência funcional do Juízo em que formado o título executivo judicial, a competência territorial do domicílio do credor da prestação alimentar excutida, com vistas à facilitação do acesso à justiça".
83. Com base no art. 100, IV, *a*, do CPC de 1973, correspondente ao art. 53, III, do de 2015, a 2ª Seção do STJ entendeu, no julgamento do CC 133.244/RJ, rel. Min. Sidnei Beneti, j.un. 11-6-2014, *DJe* 1º-7-2014, que o

que a pessoa jurídica contraiu; onde exerce suas atividades, para a ação em que for ré sociedade ou associação sem personalidade jurídica; onde a obrigação deve ser satisfeita, para a ação em que se lhe exigir o cumprimento; de residência do idoso, para a causa que verse sobre direito previsto no respectivo estatuto (regra que auxilia na implementação da proteção do art. 230 da Constituição Federal, não obstante nada inovar diante do art. 80 do Estatuto do Idoso, Lei n. 10.741/2003, preservado incólume pela Lei n. 13.466/2017); da sede da serventia notarial ou de registro, para a ação de reparação de dano por ato praticado em razão do ofício.

O inciso IV do art. 53 trata da competência para a reparação de dano e das hipóteses em que o réu for administrador ou gestor de negócios alheios. Em ambas as situações, competente é o foro do lugar do ato ou do fato.

O inciso V do art. 53, por fim, define a competência de domicílio do autor ou do local do fato, para a ação de reparação de dano sofrido em razão de delito ou acidente de veículos, inclusive aeronaves[84].

Nas ADIs 6.792/DF e 7.055/DF, o STF conferiu interpretação conforme à CF ao art. 53, "... determinando-se que, havendo assédio judicial contra a liberdade de expressão, caracterizado pelo ajuizamento de ações a respeito dos mesmos fatos, em comarcas diversas, com o notório intuito de prejudicar o direito de defesa de jornalistas ou de órgãos de imprensa, as demandas devem ser reunidas para julgamento conjunto no foro de domicílio do réu". O entendimento é correto e deve ser prestigiado porque busca uma situação de equilíbrio entre a iniciativa do autor e a postura do réu, e merece ser compreendida no contexto mais amplo de "litigância predatória" ou "abuso do direito de ação" ao qual este *Curso* se volta no n. 2.6 do Capítulo 3 da Parte II.

Na Seção seguinte, sobre modificação da competência, há, ainda, duas regras que merecem ser destacadas no contexto deste número porque, em rigor, tratam da *fixação* da competência.

A primeira delas é a do art. 60, já mencionado ao lado do art. 47. A segunda, que está no art. 61, estabelece que a "ação acessória" será proposta no juízo competente para a ação principal. O dispositivo que estabelecer critérios de decisões uniformes e que acabam por dialogar com a previsão do art. 286 e com a distribuição "por dependência" lá prevista.

Foro Regional da Barra da Tijuca da Comarca do Rio de Janeiro é o competente para as demandas ajuizadas em face da Confederação Brasileira de Futebol – CBF, orientação que vem sendo aplicada desde então, v.g., no julgamento do AgInt no AREsp 406.239/RS, rel. Min. Isabel Gallotti, j.un. 19-3-2019, *DJe* 22-3-2019 pela 4ª Turma e no AgInt no CC 1.659.87/RJ, rel. Min. Marco Buzzi, j.un. 30-6-2020, *DJe* 4-8-2020 pela 2ª Seção do mesmo Tribunal.

84. A propósito, permanece hígida a orientação contida na Súmula 540 do STJ: "Na ação de cobrança do seguro DPVAT, constitui faculdade do autor escolher entre os foros do seu domicílio, do local do acidente ou ainda do domicílio do réu", secundada pela Súmula 10 do TJSP: "Na cobrança de seguro obrigatório o autor tem a opção de ajuizar a ação no foro do lugar do fato, do seu domicílio ou do réu".

6.4 Competência de juízo

Não é suficiente encontrar o *foro* competente, no sentido de verificar qual é o órgão jurisdicional competente levando em conta o território, objeto do número anterior. Uma vez que ele seja localizado, põe-se a pesquisa relativa ao *juízo* competente, isto é, qual é a unidade do órgão jurisdicional que tem competência para processamento e julgamento da causa.

Para esta finalidade, a única regra trazida pelo Código de Processo Civil é a do art. 284: onde houver mais de um "juízo" (o dispositivo se refere erradamente a *juiz*) deve se dar a chamada "distribuição", isto é, a escolha que fixará, dentre os vários juízos competentes, aquele que processará a causa.

No mais, contudo, o Código de Processo Civil é silente, como dá a entender o já referido art. 44. A pesquisa em torno do *juízo* competente, com efeito, deve se dar em três outras leis *extravagantes* de direito processual civil (as leis que disciplinam os chamados "juizados especiais cíveis" no âmbito da Justiça Federal e no âmbito da Justiça Estadual, aí compreendidos os Juizados Especiais da Fazenda Pública) e nas normas de organização judiciária, tanto no âmbito da Justiça Federal como no da Justiça Estadual.

A pesquisa em torno da competência de *juízo* é a que vai revelar qual é a "vara" perante a qual o processo será registrado e, consoante haja mais de uma igualmente competente, perante qual a petição inicial será distribuída (art. 284).

Por trás desse critério estão as seguintes questões cujas respostas variam de acordo com cada organização judiciária estadual: Qual é a competência das "varas cíveis"? Há "vara de família e sucessões"? Existe uma "vara" especializada para crianças, adolescentes ou idosos? Qual é a competência de uma "vara de registros públicos"? E de uma "vara empresarial"? Há alguma especialização para falências e recuperação judicial de empresas? Para acidentes de trânsito? Para ações coletivas? Para conflitos ambientais? Há juízos privativos para a Fazenda Pública? Se sim, há distinção entre Fazenda Pública *estadual* e a Fazenda Pública *municipal*? Os componentes da administração indireta dos Estados e dos Municípios, autarquias, empresas públicas e sociedades mistas, por exemplo, litigam perante o "juízo privativo" da Fazenda?

Tendo presente a organização judiciária do Estado de São Paulo, é pertinente a colação de algumas Súmulas do Tribunal de Justiça daquele Estado, que bem mostram a riqueza de discussões que as questões aventadas no parágrafo anterior ensejam. São elas: Súmula 68: "Compete ao Juízo da Infância e da Juventude julgar as causas em que se discutem direitos fundamentais de crianças ou adolescentes, ainda que pessoa jurídica de Direito Público figure no polo passivo da demanda"; Súmula 69: "Compete ao Juízo da Família e Sucessões julgar ações de guarda, salvo se a criança ou adolescente, pelas provas constantes dos autos, estiver em evidente situação de risco"; Súmula 73: "Compete ao Juízo Cível julgar as ações envolvendo pessoas jurídicas de Direito Privado, ainda que exerçam funções típicas da Administração Pública, salvo em se tratando de matéria de Direito Público"; Súmula 78: "Não desloca a competência ao Juízo da Fazenda Pública o ingresso de pessoa jurídica de Direito Público em ação em que se discute matéria de caráter privado, cujo resultado não lhe interesse direta e juridicamente"; Súmula 110: "Nos conflitos de competência, julgados pela Câmara Especial, o foro competente para o ajuizamento da ação de adjudicação compulsória é o da situação do imóvel"; e Súmula 115: "O Juízo da Infância e da Juventude é competente para o cumprimento das sentenças proferidas no âmbito de sua jurisdição".

Na Justiça Federal, não é diverso o que ocorre. Também para ela, há atos normativos que *especializaram* e que podem *especializar*, por variados critérios, a competência de juízo em uma mesma subseção judiciária. Assim, há (ou pode haver) varas cíveis, varas de execução fiscal, varas previdenciárias, varas ambientais, varas agrárias, varas criminais em geral e para crimes em específico, apenas para citar algumas, que, consoante a sua própria competência, processarão e julgarão determinadas causas com exclusão de outras.

A busca pelas respostas às questões formuladas, feitas apenas para ilustrar o desdobramento final do tema "identificação da competência de *juízo*", vale reiterar, impõe o exame de cada lei, código ou regulamento de organização judiciária, tanto do âmbito federal como do estadual, o que não é feito por este *Curso*. O que o Código de Processo Civil disciplina a respeito, vale frisar, é que, havendo mais de um juízo igualmente competente – é esta a pesquisa realizada de acordo com as considerações dos parágrafos anteriores –, deve se dar a *distribuição* com observância dos arts. 284 a 290, objeto de exame pelo n. 9 do Capítulo 4.

Este corte metodológico não impede, contudo, que sejam lançadas algumas palavras a respeito da Súmula 206 do Superior Tribunal de Justiça[85], para concluir este número.

É legítima a instituição, em cada comarca, de juízos privativos, assim, por exemplo, varas da Fazenda Pública ou varas de registro público. Isso, contudo, não significa dizer que todas as demandas ajuizadas contra as pessoas políticas ou administrativas estaduais ou que digam respeito aos registros públicos devam ser propostas naquela comarca em que há o *juízo* privativo (a "vara" especializada), porque isso significaria desconsiderar as demais regras codificadas, que estabelecem a "competência de *foro*". Primeiro, localiza-se o *foro* competente, quando deverão ser consideradas as questões tratadas no n. 6.3, *supra*. Depois, verificar-se-á se naquele *foro* (comarca) há algum *juízo* privativo perante o qual o processo deverá ter início. Nunca o contrário. Assim, se AHGP, residente e domiciliado na cidade e comarca de Campos do Jordão, no interior de São Paulo, pretende litigar em face da autarquia estadual CBSP, não precisa se deslocar à comarca da capital daquele Estado, tão só porque lá, e não em Campos do Jordão, há "juízos privativos" da Fazenda Pública[86].

---

85. Que tem o seguinte enunciado: "A existência de vara privativa, instituída por lei estadual, não altera a competência territorial resultante das leis de processo".
86. Tratando do tema, inclusive na perspectiva dos juizados especiais das fazendas públicas é o IAC 10, julgado pela 1ª Seção do STJ, em que foram fixadas as seguintes teses, para o que importa destacar para a exposição: "Tese A) Prevalecem sobre quaisquer outras normas locais, primárias ou secundárias, legislativas ou administrativas, as seguintes competências de foro: i) em regra, do local do dano, para ação civil pública (art. 2º da Lei n. 7.347/1985); ii) ressalvada a competência da Justiça Federal, em ações coletivas, do local onde ocorreu ou deva ocorrer o dano

6.5 Modificação da competência

Uma vez fixada a competência (com observância das regras e das considerações dos números anteriores), há variados eventos que podem modificá-la, desde que, a ressalva é fundamental, se trate de competência *relativa* (art. 54). É o que ocupa a Seção II do Capítulo I do Título III do Livro II da Parte Geral.

Há quatro fatores que podem modificar a competência: a conexão, a continência, o foro de eleição e a inércia do réu em alegar a incompetência relativa. É o caso de estudar cada uma dessas figuras no seu contexto codificado.

6.5.1 Conexão

A conexão, consoante o *caput* do art. 55, dá-se quando duas ou mais "ações" (no sentido destacado pelo n. 3.5 do Capítulo 4 da Parte I) tiverem comuns entre si o pedido (o bem da vida pretendido) *ou* a causa de pedir (os fundamentos fáticos e os jurídicos que justificam o pedido). É indiferente, nesse caso, eventual identidade de partes.

Nesse caso, os processos respectivos deverão ser reunidos para julgamento conjunto, salvo se um deles já tiver sido sentenciado (art. 55, § 1º)[87]. A reunião, imperativa, justifica-se para evitar o proferimento de decisões díspares sobre situações de direito material próximas, o que poderia dar ensejo a problemas teóricos e práticos complexos. Por isso, aliás, como excepciona expressamente o dispositivo, não haver determinação de reunião quando já houver decisão anterior. Em tais casos, a coerência de entendimentos deve ser buscada de maneira diversa, observando-se, por exemplo, o que já foi objeto de julgamento no processo ainda a julgar ou, ainda, ao longo do segmento recursal.

O juízo competente para o processamento e julgamento conjunto é o *prevento*, assim considerado aquele perante o qual foi registrada (quando há um só órgão jurisdicional com-

---

de impacto restrito, ou da capital do estado, se os danos forem regionais ou nacionais, submetendo-se ainda os casos à regra geral do CPC, em havendo competência concorrente (art. 93, I e II, do CDC). Tese B) São absolutas as competências: (...) iii) do Juizado Especial da Fazenda Pública, nos foros em que tenha sido instalado, para as causas da sua alçada e matéria (art. 2º, § 4º, da Lei n. 12.153/2009); iv) nas hipóteses do item (iii), faculta-se ao autor optar livremente pelo manejo de seu pleito contra o estado no foro de seu domicílio, no do fato ou ato ensejador da demanda, no de situação da coisa litigiosa ou, ainda, na capital do estado, observada a competência absoluta do Juizado, se existente no local de opção (art. 52, parágrafo único, do CPC/2015, c/c o art. 2º, § 4º, da Lei n. 12.153/2009). Tese C) A instalação de vara especializada não altera a competência prevista em lei ou na Constituição Federal, nos termos da Súmula n. 206/STJ (...). A previsão se estende às competências definidas no presente IAC n. 10/STJ. Tese D) A Resolução n. 9/2019/TJMT é ilegal e inaplicável quanto à criação de competência exclusiva em comarca eleita em desconformidade com as regras processuais, especificamente quando determina a redistribuição desses feitos, se ajuizados em comarcas diversas da 1ª Vara Especializada da Fazenda Pública da Comarca de Várzea Grande/MT. Em consequência: (...)".

87. A ressalva feita pelo precitado dispositivo evoca a orientação da Súmula 235 do STJ, assim enunciada: "A conexão não determina a reunião dos processos, se um deles já foi julgado". Aplicando a Súmula para negar prevenção em grau recursal se, na primeira instância, os processos tiveram (ou têm) curso perante juízos diversos: STJ, 3ª Turma, REsp 1.834.036/SP, rel. Min. Nancy Andrighi, j.un. 28-4-2020, *DJe* 27-5-2020.

petente) *ou* distribuída (quando houver mais de um órgão jurisdicional igualmente competente) em primeiro lugar a petição inicial (arts. 58 e 59). Não subsiste, no CPC de 2015, a dualidade de critérios para identificação do juízo prevento para os casos em que a conexão se dava entre demandas em trâmite no mesmo foro (território), quando se levava em conta o "primeiro despacho" no processo (art. 106 do CPC de 1973) ou em foro (território) diverso, quando importava a primeira citação (art. 219 do CPC de 1973).

Para além da conexão propriamente dita, o Código de Processo Civil, inovando, empresta o mesmo regime jurídico, de reunião dos processos perante o juízo prevento para julgamento conjunto salvo se um deles já tiver sido sentenciado, a outras situações. A reunião justifica-se nesses casos, de qualquer sorte, para evitar o risco de proferimento de decisões conflitantes, que é (e sempre foi) a razão de ser da reunião de processos determinada pela conexão.

É o que se dá, de acordo com o § 2º do art. 55, com a execução de título extrajudicial e a ação de conhecimento relativa ao mesmo ato jurídico e as execuções fundadas no mesmo título executivo. A regra quer eliminar dúvida corrente anterior ao CPC de 2015 sobre se a hipótese era ou não alcançada pela conexão[88].

O § 3º do art. 55, por sua vez, descarta a necessidade de conexão, ao determinar a reunião para julgamento conjunto dos processos que possam gerar risco de prolação de decisões conflitantes ou contraditórias caso decididos separadamente. É típico caso em que a finalidade do instituto (reunião de processos para decisão conjunta) suplantou a causa que a justificava (a existência de conexão)[89].

A previsão certamente terá, dentre tantas outras, intensa aplicação aos casos que têm como ponto de partida uma mesma lesão ou ameaça a direito envolvendo diversos interessados e que, não obstante, precisam ser homogeneamente resolvidos. É o que, no âmbito do processo coletivo, é chamado de direito individual homogêneo e que acaba por atrair até mesmo o *dever-poder* do magistrado previsto no inciso X do art. 139.

Embora seja louvável a regra do § 3º do art. 55, cabe destacar que a distribuição por dependência prevista no inciso III do art. 286, que a complementa, é *formalmente* inconstitucional porque não encontra fundamento no processo legislativo que antecedeu a promulgação do Código de Processo Civil[90]. Não obstante, a distribuição por dependência ao mesmo juízo como forma de evitar julgamentos incompatíveis entre si já era solução defendida pela doutrina e que encontrava eco na jurisprudência[91].

---

88. Para esta demonstração e a defesa de que o caso já deveria ser tratado como conexão, ver a clássica monografia de Olavo de Oliveira Neto, *Conexão por prejudicialidade*, esp. p. 93-95. A orientação já estava espelhada na Súmula 72 do TJSP: "Há conexão entre ação declaratória e executiva fundadas no mesmo título".
89. A defesa desse entendimento já era feita ao tempo do CPC de 1973 por Paulo Henrique dos Santos Lucon em seu *Relação entre demandas*, esp. p. 80-137.
90. Para esta demonstração, ver, do autor deste *Curso*, seu *Novo Código de Processo Civil anotado*, p. 296.
91. Assim, v.g., a Súmula 75 do TJSP: "Em se tratando de sustação de protesto de título cambial, precedida por ação análoga oriunda de discussão sobre a mesma relação jurídica subjacente, presente a conexão, justifica-se a distribuição por dependência para processamento e julgamento conjunto das demandas, em ordem a evitar decisões conflitantes".

6.5.2 Continência

Outro fator de modificação da competência é a *continência*.

De acordo com o art. 56, a continência, diferentemente da conexão, pressupõe não só a identidade da causa de pedir, mas também das *partes* de duas ou mais "ações" (sempre entendida a palavra no sentido do n. 3.4 do Capítulo 4 da Parte I). Ademais, e aqui repousa outro traço distintivo com aquele outro instituto, o *pedido* (o bem da vida pretendido) de uma é mais amplo que o da outra, abrangendo-o.

Havendo continência, a reunião dos processos para julgamento conjunto não é uma constante, havendo necessidade, de acordo com o art. 57, de distinguir duas situações.

A primeira se dá se o processo no qual está veiculada a "ação *continente*" (a que tem o objeto, isto é, o pedido mais amplo) tiver sido ajuizado anteriormente. Nesse caso, no processo no qual está veiculada a "ação *contida*" (a que tem o objeto, isto é, o pedido menos amplo) deverá ser proferida sentença sem resolução de mérito (art. 485, X). Trata-se de solução escorreita porque, bem compreendida, a hipótese é (e sempre foi) de litispendência *parcial*.

Se, contudo, o processo que contém a "ação contida" for anterior ao que contém a "ação continente" – é esta a segunda situação –, ambos devem necessariamente ser reunidos para julgamento conjunto perante o juízo prevento (arts. 58 e 59). O advérbio *necessariamente* pressupõe, vale o destaque, competência *relativa* (art. 54).

6.5.3 Foro de eleição

A terceira forma de alterar a competência é a vontade manifestada por ambas as partes no que é comumente chamado de "foro de eleição".

Embora o art. 54 seja silente a respeito, é correto também entender que essa hipótese pressupõe que se trate de competência *relativa*. É o que decorre da devida interpretação do art. 62 e do *caput* do art. 63, não obstante a crítica que o n. 6.1.1, *supra*, faz àqueles dois dispositivos. Aceitando-a é que se pode concluir que o mais correto (e, sobretudo, mais coerente) seria que os arts. 62 e 63 se valessem da dicotomia competência absoluta e competência relativa, reservando a viabilidade da cláusula de eleição de foro quando se tratar de competência *relativa*, não *absoluta*, seguindo os mesmos passos do precitado art. 54.

Superada a questão, importa destacar que, de acordo com o § 1º do art. 63, a eleição de foro só produz efeito quando constar de instrumento escrito[92] e aludir expressamente a determinado negócio jurídico. Consoante o acréscimo determinado pela Lei n. 14.879/2024,

---

92. Correto, por isto, o Enunciado n. 39 da ENFAM: "Não é válida convenção pré-processual oral (art. 4º, § 1º, da Lei n. 9.307/1996 e art. 63, § 1º, do CPC/2015)".

também quando "guardar pertinência com o domicílio ou a residência de uma das partes ou com o local da obrigação, ressalvada a pactuação consumerista, quando favorável ao consumidor". O dispositivo merece ser criticado porque interfere desnecessariamente na autonomia da vontade das partes para criar uma condicionante até então desconhecida pelo direito brasileiro. A iniciativa até se justifica em hipóteses em que há, como no caso do direito do consumidor, presumível situação de desequilíbrio entre as partes (embora, para tanto, já se mostrassem suficientes os §§ 3º e 4º do dispositivo), mas não pode ser generalizada. A escolha feita pelo legislador, contudo, não atrita com o "modelo constitucional do direito processual civil", e, por isso, deve ser observada.

A cláusula de eleição de foro, prossegue o § 2º do art. 63, vincula os herdeiros e os sucessores das partes.

Os §§ 3º e 4º do art. 63 aprimoram a disciplina que decorria das modificações implementadas no CPC de 1973 pela Lei n. 11.280/2006 sobre a abusividade da eleição de foro e as consequências jurídicas de seu reconhecimento judicial[93]. Assim, conforme o § 3º, cabe ao magistrado, antes mesmo da citação, analisar a cláusula para, se abusiva, reputá-la ineficaz. Nesse caso, e ainda de ofício, determinará a remessa dos autos ao juízo do foro de domicílio do réu. A prévia oitiva do autor sobre esse pronunciamento é irrecusável diante dos arts. 9º e 10. Realizada a citação, cabe ao réu, em consonância com o § 4º, alegar, se for o caso, que a cláusula de eleição de foro é abusiva, fazendo-o na própria contestação. Se nada alegar, a questão fica preclusa, o que deve ser compreendido no sentido de também o magistrado (de qualquer grau de jurisdição) nada mais poder decidir a esse respeito, por força, inclusive, do disposto no art. 5º.

A Lei n. 14.879/2024 também acrescentou um § 5º ao art. 63, relacionado ao acréscimo incluído no § 1º do dispositivo, que tem a seguinte redação: "O ajuizamento de ação em juízo aleatório, entendido como aquele sem vinculação com o domicílio ou a residência das partes ou com o negócio jurídico discutido na demanda, constitui prática abusiva que justifica a declinação de competência de ofício".

Trata-se de mais uma hipótese, a ser somada à previsão do § 3º, em que se pode querer indicar uma "exceção" ao regime "clássico" da competência relativa para permitir a atuação oficiosa do magistrado, isto é, independentemente do questionamento a ser feito pelo réu. O entendimento mais correto, de qualquer sorte, é no sentido de que o que autoriza a atuação de ofício do juiz repousa no plano material e, uma vez detectada, gera a consequência pro-

---

93. A abusividade da cláusula não repousa necessária e exclusivamente na disparidade de condições econômicas e/ou financeiras das partes. Assim, v.g.: STJ, 3ª Turma, REsp 1.685.294/MA, rel. Min. Nancy Andrighi, j.un. 28-8-2018, DJe 3-9-2018. Ela se relaciona, mais propriamente, à "... especial dificuldade de acesso à justiça ou no caso de hipossuficiência da parte" (assim, v.g.: STJ, 4ª Turma, AgInt no AREsp 2.489.955/RS, rel. Min. Antonio Carlos Ferreira, j.un. 14-10-2024, DJe 16-10-2024; STJ, 2ª Seção, AgInt no CC 196.410/DF, rel. Min. Marco Buzzi, j.un. 30-4-2024, DJe 7-5-2024; STJ, 4ª Turma, AgInt no AREsp 1.178.201/SP, rel. Min. Luis Felipe Salomão, j.un. 24-4-2018, DJe 2-5-2018; e STJ, 4ª Turma, AgInt no AREsp 1.020.821/SC, rel. Min. Raul Araújo, j.un. 12-2-2019, DJe 26-2-2019).

cessual de "declinação de competência". Até porque não há como descartar o entendimento de que o § 5º do art. 63 é verdadeira regra inserida fora de contexto, que estaria mais bem alocada alhures no CPC, quiçá dentre os deveres processuais das partes, já que sua literalidade autoriza a compreensão de que seu objetivo é atribuir consequência diante do exercício abusivo do direito de ação representado pela escolha do "juízo aleatório".

Nesse segundo sentido, aliás, crítica que o dispositivo merece é a da presunção que, pelo simples fato de o autor tomar a sua iniciativa judicial fundamentado em cláusula de eleição elaborada sem atentar ao novo conteúdo do § 1º do art. 63, estar-se-á diante de "prática abusiva". A realidade do foro demonstrará situações em que uma coisa não leva necessariamente a outra e, consequentemente, não haverá razão para o juiz interferir oficiosamente na cláusula e, consequentemente, na declinação da competência.

Independentemente de qual seja a forma mais correta de compreender o dispositivo, todavia, importa observar que o estabelecimento de prévio contraditório é essencial para legitimar o pronunciamento judicial a ele relacionado, qual seja, o de "declinação de competência de ofício", até para que se possa apurar a existência, ou não, de ressalva como aquela feita pelo parágrafo anterior.

6.5.4 Vontade do réu

O quarto e último critério de modificação de competência não é tratado pelo Código de Processo Civil na Seção própria e sim na seguinte, dedicada à incompetência. Isso porque ela depende da inércia do réu em alegar a incompetência *relativa* (art. 65, *caput*).

A "incompetência" a que se refere a Seção III do Capítulo I do Título III do Livro II da Parte Geral é a disciplina da *forma* de alegação da incompetência, tanto a "absoluta" como a "relativa". O disposto no *caput* do art. 64, nesse sentido, só desperta maior interesse quando contrastado com os seus pares no CPC de 1973, os arts. 112, *caput*, e 304, que estabeleciam *formas diversas* para alegação, pelo réu, da incompetência absoluta e da incompetência relativa. Esta deveria ser alegada pela chamada "exceção de incompetência"; aquela, em preliminar de contestação.

O CPC de 2015, em boa hora, eliminou a "exceção de incompetência". Aliás, ele foi além. Eliminou as três "exceções" formais que ainda estavam em vigor com o CPC de 1973, a de *incompetência*, a de *suspeição* e a de *impedimento*, colocando em prática uma das metas anunciadas desde sua Exposição de Motivos a respeito da necessária *desformalização* do processo.

Para o que interessa para cá, o réu alegará a incompetência relativa *e* a absoluta como *preliminar de contestação* (arts. 64, *caput*, e 337, II). Não obstante, o § 1º do art. 64 permite que a incompetência *absoluta* seja alegada em qualquer tempo e grau de jurisdição, sem prejuízo de ela também ser reconhecida de ofício pelo magistrado.

Questão interessante é sobre haver antinomia do § 1º com o *caput* do art. 64 no que diz respeito ao *momento* de sua alegação pelo réu. O melhor entendimento é no sentido de superar eventual incompatibilidade entre as duas regras, não havendo, no particular, nada de diferente do que já se dava no sistema do CPC de 1973. Assim, cabe ao réu arguir a incompetência absoluta desde logo, fazendo-o em preliminar de contestação. Se não o fizer, poderá levantá-lo ao longo do processo porque não há preclusão, considerando o especial regime dos casos catalogados como competência absoluta. Tanto assim que é *dever* do magistrado pronunciar-se sobre a incompetência absoluta de ofício (e sempre após prévio contraditório) em qualquer tempo e grau de jurisdição, o que é confirmado expressamente pelo § 5º do art. 337. Se decisão de mérito for proferida por juízo absolutamente incompetente, ela é passível de ser removida do ordenamento jurídico pela "ação rescisória" (art. 966, II).

O autor não tem legitimidade nem interesse para alegar incompetência. Sua escolha com relação ao juízo competente é exteriorizada na petição inicial, que deve indicar o órgão jurisdicional perante o qual rompe a inércia da jurisdição, com as devidas justificativas, se for o caso (art. 319, I). Não faz sentido, destarte, que o autor se volte àquela sua manifestação – eventual ato em sentido contrário seu merece ser questionado na perspectiva de violação da boa-fé (art. 5º) –, cabendo ao réu contrastá-la, fazendo-o na forma ora examinada ou, até mesmo, de ofício pelo magistrado, quando se tratar de incompetência *absoluta* (art. 64, § 1º).

Alegada pelo réu a incompetência – o que atrai, para o caso, a disciplina do art. 340, permitindo ao réu protocolar a petição no foro do seu domicílio[94] –, o autor será ouvido e o magistrado decidirá imediatamente (art. 64, § 2º). Se a alegação for acolhida, os autos serão enviados (se forem físicos) ou disponibilizados (se forem eletrônicos) ao juízo competente (art. 64, § 3º). Se for rejeitada, o processo terá seguimento com a redesignação da audiência de conciliação ou de mediação, caso a anteriormente marcada não tenha podido se realizar por causa da alegação (a despeito de ela não acarretar a suspensão do processo), entendimento que encontra fundamento no § 4º do art. 340.

Questão interessante está em saber se cabe ao réu indicar qual é o juízo que entende competente. A resposta, a despeito do silêncio do Código de Processo Civil, que não repetiu a exigência expressa no art. 307 do CPC de 1973[95], é positiva. Trata-se de entendimento que deriva dos princípios agasalhados nos arts. 5º e 6º, viabilizando, com a iniciativa, que aquela indicação seja, desde logo, submetida ao prévio contraditório com o autor, permitindo que as alegações de ambas as partes a esse respeito sejam consideradas na decisão (art. 10).

---

94. Aquele dispositivo, embora bem-intencionado, tanto quanto o seu antecessor, o art. 305, parágrafo único, do CPC de 1973, lá incluído pela Lei n. 11.280/2006, parece não ter levado em conta a alteração procedimental trazida pelo CPC de 2015 de ter transformado como regra o primeiro ato procedimental com a participação do réu a realização de audiência de conciliação e de mediação e não a apresentação da contestação.
95. Que tinha a seguinte redação: "O excipiente arguirá a incompetência em petição fundamentada e devidamente instruída, indicando o juízo para qual o declina".

Outra indagação importante, esta com base no § 4º do art. 64, é saber se a conservação dos efeitos de eventual decisão proferida pelo juízo incompetente até outra ser proferida, se o caso, pelo juízo competente, atinge indistintamente os casos de incompetência relativa e absoluta. No CPC de 1973, só as decisões proferidas por juízo *absolutamente* incompetente eram consideradas *nulas*[96]. O dispositivo atual, é certo, nada fala sobre a *validade* ou a *invalidade* da decisão, limitando-se a referir à *conservação* de seus *efeitos*, mas não esclarece se a regra alcança indistintamente decisões proferidas por juízos relativamente ou absolutamente incompetentes.

O melhor entendimento é o de que o § 4º do art. 64 aplica-se para ambos os casos, justamente porque seu objetivo é a preservação dos efeitos da decisão e não o questionamento de sua eventual nulidade. Trata-se da *translatio iudicii*, no sentido de que, mesmo nos casos de incompetência absoluta, os efeitos da decisão proferida pelo juízo incompetente *podem* ser preservados, a depender da compreensão que o juízo afinal reconhecido como competente tenha a respeito dela. A iniciativa evita desperdício de atividade jurisdicional, que decorria da opção do CPC de 1973 e que vinha sendo criticada pela doutrina brasileira capitaneada por Leonardo Greco[97].

Assim, do modo como o § 4º do art. 64 está redigido, é correto entender que a preservação, ou não, dos atos decisórios pode se dar também no âmbito do reconhecimento da incompetência *absoluta*, já que, em última análise, a manutenção, ou não, das decisões anteriores pressupõe o proferimento de *nova* decisão em um ou em outro sentido. E essa decisão será prolatada por juízo, ao menos no instante em que a pronuncia, competente.

A despeito dessa novidade, o CPC de 2015 preservou como causa de rescindibilidade a circunstância de a decisão ter sido proferida por juízo *absolutamente* incompetente (art. 966, II). A previsão faz avultar em importância a *necessidade* de o juízo reconhecidamente competente proferir *nova* decisão, ainda que no mesmo sentido da que havia sido proferida pelo juízo anterior. Se o fizer, elimina aquele vício, otimizando e racionalizando o processo.

De acordo com o *caput* do art. 65, se o réu não arguir a incompetência relativa como preliminar de contestação, prorroga-se a competência. O parágrafo único do dispositivo reconhece expressamente a legitimidade do Ministério Público para arguir a incompetência relativa nos casos em que atuar. Como é sempre difícil conceber que o Ministério Público seja réu, a previsão tende a se restringir aos casos em que atuar na qualidade de fiscal da ordem jurídica (art. 178).

---

96. Era o entendimento que derivava do disposto no art. 113, § 2º: "Declarada a incompetência absoluta, somente os atos decisórios serão nulos, remetendo-se os autos ao juiz competente".
97. Neste sentido, Leonardo Greco, "*Translatio iudicii* e reassunção do processo", p. 9-26, e, mais recentemente, em seu *Instituições de processo civil*, v. I, p. 135-137. Também se posicionou no mesmo sentido, Leonardo Carneiro da Cunha, *Jurisdição e competência*, p. 131-135.

6.6 Conflito de competência

O art. 66 enuncia os casos em que há conflito de competência.

O conflito pode ser *positivo*, quando dois ou mais juízos se afirmam competentes para a mesma causa ou determinam a *reunião* dos mesmos processos, ou *negativo*, quando nenhum juízo, entre os envolvidos, afirma sua competência para a mesma causa ou determina a *separação* de processos. Se um dos processos já tiver sido julgado, contudo, não há mais espaço para a suscitação do conflito[98].

Conforme o parágrafo único do art. 66, o juízo que não acolher a competência declinada deverá suscitar o conflito, salvo se a atribuir a outro juízo, não lhe cabendo devolver os autos ao mesmo juízo que os remeteu. Trata-se de generalização do que, no âmbito da Justiça Federal, já estava estampado na Súmula 224 do Superior Tribunal de Justiça[99] e que encontra eco no § 3º do art. 45.

A forma de resolução de tais conflitos ocupa Capítulo próprio localizado no Livro III da Parte Especial do Código de Processo Civil dedicado aos "processos nos Tribunais", que são os competentes para julgá-los (arts. 951 a 959), observando-se a competência estabelecida na Constituição Federal. É inovação que o CPC de 2015 traz quando comparado com o CPC de 1973, que tratava do tema ao lado do da competência. Considerando a metodologia empregada por este *Curso*, o assunto é desenvolvido na Parte II de seu volume 2.

7. COOPERAÇÃO NACIONAL

O Título III do Livro II da Parte Geral do CPC de 2015 traz um último Capítulo dedicado à cooperação nacional. Novidade em relação ao CPC de 1973, os arts. 67 e 68 estabelecem o "dever de recíproca cooperação por meio de seus magistrados e servidores" em todas as instâncias e graus de jurisdição, inclusive perante os Tribunais Superiores, para a prática de qualquer ato processual.

O § 3º do art. 69, em complemento, estabelece que o pedido de cooperação judiciária pode ser realizado entre órgãos jurisdicionais de diferentes ramos do Poder Judiciário, o que também é providência louvável e necessária diante das peculiaridades (e complexidades) da organização judiciária brasileira.

Trata-se de criar, no âmbito do Judiciário Nacional, condições ótimas de cooperação judicial, a exemplo do que, no contexto internacional, é disciplinado pelos arts. 26 a 41. Não há

---

[98]. É a orientação da Súmula 59 do STJ, que se mantém íntegra para o CPC: "Não há conflito de competência se já existe sentença com trânsito em julgado, proferida por um dos Juízos conflitantes".
[99]. Cujo enunciado é o seguinte: "Excluído do feito o ente federal, cuja presença levara o Juiz Estadual a declinar da competência, deve o Juiz Federal restituir os autos e não suscitar o conflito".

por que negar que a iniciativa é meio de concretizar também o modelo de "processo cooperativo", derivado do art. 6º, analisado na perspectiva de relação entre os próprios órgãos do Judiciário e seus personagens[100].

É correto entender, a despeito do silêncio dos dispositivos mencionados, que a cooperação deve ser praticada *também* entre o Judiciário e os tribunais ou juízos arbitrais. Trata-se de consequência necessária da importância dada não só pelo Código de Processo Civil, mas também pelo sistema como um todo, aos meios adequados de resolução de conflitos, e, em específico, da inegável equiparação que o direito brasileiro faz com a sentença arbitral, reputando-a título executivo *judicial* (art. 515, VII)[101].

Destarte, observadas as peculiaridades procedimentais da arbitragem e a existência de eventual sigilo[102], nada há que impeça, muito pelo contrário, que os órgãos arbitrais e os jurisdicionais cooperem entre si para os fins destacados nos arts. 68 e 69. O instrumento a ser utilizado para esta finalidade é a "carta arbitral", objeto de disciplina do art. 260, § 3º, do Código de Processo Civil e também prevista pelo art. 22-C da Lei n. 9.307/96, introduzido pela Lei n. 13.129/2015.

Os pedidos de cooperação podem envolver a prática de qualquer ato processual, independentemente de forma específica, e devem ser prontamente atendidos (arts. 68 e 69, *caput*).

Segundo os incisos do *caput* do art. 69, o pedido pode ser executado como: auxílio direto; reunião ou apensamento de processos; prestação de informações ou atos concertados entre os juízes cooperantes. É o § 2º daquele mesmo dispositivo que indica o que, dentre outros, podem consistir os atos concertados entre os juízes cooperantes: prática de citação, intimação ou notificação de ato; obtenção e apresentação de provas e a coleta de depoimentos[103]; efetivação de tutela provisória; efetivação de medidas e providências para recuperação e preservação de empresas; facilitação de habilitação de créditos na falência e na recuperação

---

[100]. Com expressa fundamentação no art. 6º, foi editada pelo CNJ a Resolução n. 350/2020 que "estabelece diretrizes e procedimentos sobre a cooperação judiciária nacional entre os órgãos do Poder Judiciário e outras instituições e entidades, e dá outras providências", modificada por sucessivas Resoluções (n. 421/2021, 436/2021, 498/2023 e 499/2023). O *caput* do art. 20 da Resolução, na redação dada pela Resolução n. 436/2021, cria o Comitê Executivo da Rede Nacional de Cooperação Judiciária que "organizará as ações nacionais dos núcleos de cooperação judiciária e providenciará a reunião, pelo menos uma vez por ano, mediante convocatória, dos núcleos e dos(as) Magistrados(as) de Cooperação de todos os tribunais". Compete a ele, outrossim, "dirimir conflitos de natureza administrativa entre os Núcleos de Cooperação e sanar eventuais dúvidas pertinentes à cooperação judiciária", sem prejuízo de outras atividades arroladas no art. 21 da Resolução.

[101]. É orientação que encontra eco no Enunciado n. 5 do FPPC: "O pedido de cooperação poderá ser realizado também entre o árbitro e o Poder Judiciário" e o amplo apoio de Claudio Finkelstein em seus "Comentários ao art. 29", p. 331, escrevendo que, "talvez por descuido, a Carta Arbitral não está expressa no art. 260 do NCPC".

[102]. Se recair sigilo sobre o processo arbitral, a solução a ser dada é a de também submeter sigilo ao processo jurisdicional. É previsão que encontra fundamento suficiente no art. 189, IV, e no parágrafo único do art. 22-C da Lei n. 9.307/96, incluído pela Lei n. 13.129/2015.

[103]. Bem ilustra o alcance da regra o Enunciado n. 671 do FPPC: "O inciso II do § 2º do art. 69 autoriza a produção única de prova comum a diversos processos, assegurada a participação dos interessados".

judicial[104]; centralização de processos repetitivos[105]; e o cumprimento (execução) de decisão jurisdicional[106].

As cartas de ordem, precatória e arbitral deverão observar o seu regime próprio, previsto nos arts. 260 a 268, de acordo com o § 1º do art. 69. A necessidade de expedição das duas primeiras, todavia, tende a diminuir justamente como decorrência da abrangência que o Código de Processo Civil deu à cooperação nacional e à *desformalização* admitida nesse tipo de comunicação[107].

---

[104] A Lei n. 14.112/2020, ao alterar a Lei n. 11.101/2005, ampliou sensivelmente a cooperação no âmbito dos processos de recuperação judicial e de falências (art. 6º, §§ 7º-A e 7º-B), inclusive no plano internacional (arts. 167-A, I, 167-P e 167-Q).

[105] Para esta específica temática, cabe consultar com proveito as interessantíssimas propostas de Antonio do Passo Cabral, *Juiz natural e eficiência processual: flexibilização, delegação e coordenação de competências no processo civil*, esp. p. 680-715, e Luiz Henrique Volpe Camargo, *A centralização de processos como etapa necessária do Incidente de Resolução de Demandas Repetitivas*, em especial a segunda e a terceira partes do trabalho, inteiramente voltadas ao estudo da cooperação nacional e às suas aplicações ao IRDR.

[106] A despeito de não haver forma predeterminada para a prática daqueles atos, a precitada Resolução n. 350/2020 do CNJ disponibiliza, em seus anexos, modelos de auxílio direto, atos conjuntos e atos concertados entre os juízos cooperantes (art. 8º da Resolução n. 350/2020, na redação dada pela Resolução n. 436/2021).

[107] Ilustrativo do acerto desta afirmação é o Enunciado 688 do FPPC: "Por ato de cooperação judiciária, admite-se a determinação de um juízo para a penhora, avaliação ou expropriação de bens de um mesmo devedor que figure como executado em diversos processos".

Capítulo 3

Sujeitos do processo

1. CONSIDERAÇÕES INICIAIS

O Livro III da Parte Geral do Código de Processo Civil é intitulado "Dos sujeitos do processo". Seus sete Títulos disciplinam os seguintes temas: "partes e procuradores", "litisconsórcio", "intervenção de terceiros", "juiz e os auxiliares da justiça", "Ministério Público", "advocacia pública" e "Defensoria Pública".

"Sujeitos do processo" é expressão ampla que quer compreender todo aquele que participa do processo, independentemente da razão pela qual isso se dê. Tanto o são os sujeitos *parciais* (as partes e os terceiros intervenientes) como os *imparciais* (o juiz e os seus auxiliares), como os demais exercentes das funções essenciais à administração da Justiça; advogados privados e públicos, membros do Ministério Público e da Defensoria Pública são sujeitos do processo nessa perspectiva ampla. É essa a razão pela qual a disciplina a eles reservada pelo Código de Processo Civil encontra-se nesse mesmo Livro e, por força da metodologia empregada por este *Curso*, estudados ao longo de um só Capítulo.

Não há como negar, de qualquer sorte, que há outros sujeitos que, a despeito de participarem do processo, não encontram aqui sua disciplina, mas alhures. É o caso, para dar alguns exemplos, das testemunhas, de eventuais credores do executado e daquele que quer adquirir o bem penhorado (arrematante). Essa constatação, contudo, não infirma a importância e a amplitude da disciplina que, sob aquela nomenclatura, ocupa os arts. 70 a 187.

2. PARTES E PROCURADORES

O Título I ("Das partes e dos procuradores") do Livro III da Parte Geral traz a disciplina normativa relativa às partes e aos seus procuradores, iniciando com a chamada "capacidade de ser parte", tratando em seguida da capacidade de estar em juízo, também denominada "legitimação processual".

Os deveres e as responsabilidades impostos à atuação processual das partes e de seus procuradores também são regulados, bem como as penalidades derivadas de sua inobservância.

Questões relativas ao patrocínio por advogados privados ("capacidade postulatória") são tratadas, inclusive as relativas aos honorários derivados do processo (honorários *sucumbenciais*) e, de forma mais ampla, as despesas processuais e sua responsabilidade pelo adiantamento e pagamento ao longo de todo o processo.

Novidade digna de destaque trazida pelo Código de Processo Civil está em reservar toda uma Seção à "gratuidade da justiça", providência que se justifica, inclusive, pela expressa revogação de diversos dispositivos da Lei n. 1.060/50, que até então cuidava (de forma muito incompleta e, sobretudo, defasada) do assunto, determinada pelo inciso III de seu art. 1.072.

A atuação dos advogados privados é objeto de disciplina específica nos arts. 103 a 107. Tais artigos são analisados no n. 7, *infra*, ao lado das demais funções essenciais à administração da Justiça diante da justificativa lá apresentada.

Encerrando o Título, os arts. 108 a 112 tratam da *sucessão* das partes e de seus procuradores.

É o caso de estudar mais detidamente cada um desses temas, objeto dos números seguintes.

2.1 Capacidade de estar em juízo e capacidade processual

O Capítulo I do Título I do Livro III da Parte Especial cuida da "capacidade processual". Sem prejuízo da abordagem do tema na perspectiva da legitimidade *ativa* e *passiva*, isto é, de verificar quem pode pretender assumir a posição de autor e/ou de réu a partir de afirmações de direito, respectivamente – na perspectiva do regular exercício do direito de ação, da legitimidade para agir, portanto –, a disciplina aqui dada pelo Código de Processo Civil volta-se à higidez da atuação da parte (e dos terceiros intervenientes) ao longo do processo como *pressuposto processual de validade*.

Os pressupostos processuais concernentes às partes, não obstante as polêmicas a respeito dos critérios classificatórios de que dá notícia o n. 4.3 do Capítulo 4 da Parte I, referem-se a três categorias distintas e *complementares*: a "capacidade de ser parte"; a "capacidade de estar em juízo"; e a "capacidade postulatória"[1]. As duas primeiras dizem respeito especificamente à parte em si mesma considerada. A "capacidade postulatória" relaciona-se a fenômeno diverso, qual seja, a de, para o sistema processual civil, os atos processuais deverem ser praticados por quem possui capacidade de *postulação*: advogados (públicos e privados), defensores públicos e membros do Ministério Público, cada qual em consonância com as fina-

---

1. É o entendimento de Moacyr Amaral Santos em suas *Primeiras linhas de direito processual civil*, v. 1, esp. p. 365-380. É também o critério adotado por Leonardo Greco em suas *Instituições de direito processual civil*, v. I, p. 330-337.

lidades que, desde o modelo constitucional, caracterizam suas funções como essenciais à administração da Justiça.

"Capacidade de ser parte" corresponde à capacidade de ter direitos e obrigações na ordem civil, como dispõe o art. 1º do Código Civil. Só aquele que, por força da lei civil, pode contrair obrigações (assumir direitos e ter deveres), isto é, ser sujeito de direitos, pode ser considerado titular de uma relação jurídica a ser levada ao Estado-juiz. É o objeto do art. 70.

A "capacidade de estar em juízo", por seu turno, corresponde à capacidade de exercício do direito civil, vale dizer, à verificação sobre em que condições o titular de direitos no plano material pode, validamente, exercê-los. Se é verdade que todo aquele que tem capacidade jurídica ou de gozo, ou seja, capacidade de ser titular de direitos e obrigações, na esfera civil, tem também capacidade de ser parte, isso não significa dizer, no entanto, que o *exercício* desses direitos, no plano processual, não precise, por vezes, ser *integrado* ou *complementado* por outro agente, do mesmo modo que ocorre no plano material. É disso que trata o art. 71, que, em verdade, traz para o plano do processo as formas de integração ou de complementação do plano material, inclusive as novidades trazidas pela Lei n. 13.146/2015, que instituiu o Estatuto da Pessoa com Deficiência. Aquele dispositivo do Código de Processo Civil, ao estabelecer a necessária representação ou assistência pelos pais, por tutor ou por curador para os incapazes, observando-se as aplicáveis leis materiais, convida também ao exame do que, sobre a tutela e a curatela, dispõem os arts. 759 a 763 do próprio Código de Processo Civil.

2.2 Curador especial

O art. 72 cuida do chamado "curador especial". Trata-se de especiais situações em que um curador (cuja função é exclusivamente *processual*) será convocado para atuar em juízo. Os casos são os seguintes: ao incapaz, se não tiver representante legal ou se os interesses deste colidirem com os daquele, enquanto durar a incapacidade (inciso I do art. 72), e ao réu preso revel, bem como ao réu revel citado por edital ou com hora certa, enquanto não for constituído advogado (inciso II do art. 72). Nesta específica hipótese, a da revelia derivada da citação *ficta*, cabe acrescentar que a possibilidade de nomeação de curador especial deve constar expressamente do mandado de citação (art. 253, § 4º) e do edital de citação (art. 257, IV).

A função de curador especial, é o que se lê do parágrafo único do art. 72, que a chama de "curatela especial", será exercida pela Defensoria Pública, uma de suas funções institucionais de acordo com o art. 4º, XVI, da Lei Complementar n. 80/94 na redação da Lei Complementar n. 132/2009. No exercício daquele mister devem ser observadas – e não poderia ser diferente – as leis de regência daquela instituição (inclusive as estaduais no que diz respeito às Defensorias Públicas mantidas pelos Estados), sem prejuízo das regras que estão estampadas nos arts. 185 a 187, que devem ser aplicadas à Defensoria Pública independentemente da qualidade e da razão de sua intervenção no processo[2].

Acerca da previsão, importa trazer à tona a importante discussão sobre se o mister de curadoria especial reconhecido à Defensoria Pública pelos precitados dispositivos *legais* é consentâneo com o modelo constitucional traçado àquela instituição. A indagação é tanto mais pertinente porque diz respeito a ser correto, ou não, reconhecer como vocação institucional *exclusiva* da Defensoria Pública a tutela dos necessitados *economicamente*, mormente quando ela se dá, como no caso, no plano individual.

O mais correto, contudo, é entender que os *necessitados* que impõem a intervenção daquela Instituição não são sempre e invariavelmente os desfavorecidos *economicamente*, mas que podem, por outras circunstâncias, ser considerados necessitados, ainda que presumivelmente na perspectiva do legislador[3]. Em tal perspectiva, aliás, não há qualquer censura a ser feita àquelas previsões legislativas na medida em que e enquanto se puder presumir, caso a caso, que as pessoas que se amoldam às hipóteses dos incisos I e II do art. 72 do Código de Processo Civil sejam necessitadas inclusive na perspectiva econômica. Caberá à parte contrária, em tais situações, demonstrar o contrário para, inclusive, questionar a intervenção defensorial nos moldes aqui suscitados.

Esta discussão também traz à tona a necessária reflexão sobre a viabilidade de a atuação na qualidade de curador especial ser realizada *preferencialmente* por eventuais conveniados que atuam ao lado da Defensoria Pública (art. 186, § 3º), como forma de liberar aquela instituição para atuar com o maior efetivo possível, pessoal e estrutural, na tutela dos hipossuficientes economicamente, inclusive na qualidade de *custos vulnerabilis*. Seria uma forma de, distinguindo, sempre diante das peculiaridades de cada caso, quem é mais ou menos necessitado, tornar mais concentrada e eficiente a atuação da Defensoria Pública com a otimização de seu espectro de atuação[4].

É relevante acrescentar que a função de curador especial não pode ser delegada genericamente ao Ministério Público, que só pode atuar em prol de interesses e de direitos individuais quando *indisponíveis* (art. 127 da CF). É o caso previsto no inciso II do art. 671 do Código de Processo Civil, que prevê a nomeação de curador especial "ao incapaz, se concorre na partilha com o seu representante, desde que exista colisão de interesses". Também é a hipótese do § 2º do art. 752 do mesmo Código, segundo o qual, se o interditando não constituir advogado, será nomeado curador especial.

---

2. Neste sentido: Rafael Vinheiro Monteiro Barbosa, "Defensoria Pública: Principais aspectos", esp. p. 111-116.
3. Patrícia Elias Cozzolino de Oliveira, *A legitimidade exclusiva da Defensoria Pública na prestação de assistência jurídica gratuita*, esp. p. 92, vale-se da expressão "necessitados *funcionais*" para descrever aquela realidade.
4. Ainda que de perspectiva e para fins diversos, Patrícia Elias Cozzolino de Oliveira (*A legitimidade exclusiva da Defensoria Pública na prestação de assistência jurídica gratuita*, esp. p. 146-152) desenvolve importante estudo na linha de que a exclusividade da atuação da Defensoria Pública na assistência jurídica gratuita é fator determinante para seu fortalecimento institucional.

Diante desse quadro, para quem discordar da solução proposta por este *Curso*, quiçá pela circunstância de inexistência de qualquer convênio firmado com a Defensoria Pública, ou concordar com a inconstitucionalidade do art. 4º, XVI, da Lei Complementar n. 80/94, na sua atual redação, e, por identidade de motivos, do parágrafo único do art. 72 do Código de Processo Civil, na linha proposta por Patricia Elias Cozzolino, é imperioso concluir que a solução a ser dada é a de reconhecer que serão advogados privados os responsáveis pelo exercício do papel do curador especial.

Nesse caso, caberá ao magistrado oficiar à Ordem dos Advogados do Brasil correspondente à sua comarca ou (sub)seção judiciária para que ela, a OAB, indique profissional da advocacia privada para atuar naquele papel. À falta de convênio com os Estados ou com a União Federal para disciplinar a remuneração do advogado em tais casos, é correto concluir que o advogado que faça as vezes do curador especial seja o titular de eventuais honorários advocatícios sucumbenciais a serem fixados com observância do art. 85[5].

Para quem não vislumbrar nenhum atrito entre a vocação constitucional da Defensoria Pública e os precitados dispositivos de lei, o da Lei Complementar n. 80/94 e o parágrafo único do art. 72 do Código de Processo Civil, a discussão aqui proposta é irrelevante.

2.3 Legitimidade dos cônjuges e companheiros em juízo

O art. 73 dispõe sobre a legitimidade dos cônjuges em juízo. Em rigor, não se trata de disciplina relativa à capacidade de ser parte ou de estar em juízo (legitimação processual), mas, mais ampla e genericamente, à *legitimidade para agir* dos cônjuges. De qualquer sorte, a regra relativa à legitimidade *ativa* está no *caput* do art. 73: o cônjuge necessitará do consentimento do outro para postular sobre direito real imobiliário. A mesma regra dispensa expressamente a necessidade de consentimento – e o faz corretamente, na perspectiva do plano material (art. 1.647, II, do CC) – quando os cônjuges forem casados sob o regime de separação absoluta de bens.

---

[5]. Embora tendo como pano de fundo o processo penal, cabe trazer à tona as teses fixadas pela 3ª Seção do STJ em sede de recurso especial repetitivo (Tema 984) a respeito do assunto: "Defensor dativo. Tabelas de honorários elaboradas unilateralmente pelos Conselhos Seccionais da OAB. Caráter vinculante. Inexistência"; "Advogado dativo. Honorários. Quantia indicada na tabela da OAB. Esforços despendidos. Desproporção. Arbitramento motivado de outro valor. Possibilidade"; "Advogado dativo. Honorários. Tabelas produzidas mediante acordo entre o Poder Público, a Defensoria Pública e a seccional da OAB. Caráter vinculante" e "Advogado dativo. Tabela de Honorários da Justiça Federal e similares. Caráter vinculante". No âmbito da CE do STJ, há outro Tema, o 1.181, voltado à seguinte discussão: "Definir se os efeitos da coisa julgada da sentença que fixa os honorários de defensor dativo se estendem ou não ao ente federativo responsável pelo pagamento da verba quando não participou do processo ou não tomou ciência da decisão (art. 506 do CPC)".

A legitimidade *passiva* é disciplinada pelo § 1º do art. 73, estabelecendo casos de litisconsórcio passivo *necessário* por força de lei. Ambos os cônjuges serão necessariamente *citados* se (*i*) a demanda versar sobre direito real imobiliário, a não ser que sejam casados sob o regime de separação absoluta de bens[6]; (*ii*) se a demanda resultar de fato que diga respeito a ambos os cônjuges ou de ato praticado por eles; (*iii*) se a demanda fundar-se em dívida contraída por um dos cônjuges a bem da família[7]; e (*iv*) se a demanda tiver por objeto o reconhecimento, a constituição ou a extinção de ônus sobre imóvel de um ou de ambos os cônjuges. O § 2º do art. 73 exige a participação do cônjuge do autor ou do réu nas possessórias (arts. 554 a 559) somente nas hipóteses de composse ou de ato praticado por ambos.

Idêntico regime jurídico, de participação conjunta dos cônjuges em litisconsórcio necessário, ativo ou passivo, aplica-se aos casos de *união estável* (art. 73, § 3º), regra absolutamente coerente com o ordenamento jurídico brasileiro, à luz da correta interpretação do art. 226, § 3º, da Constituição Federal. O que é questionável, do ponto de vista do processo legislativo de produção do Código de Processo Civil, é a exigência de que essa união estável esteja "*comprovada* nos autos", o que só apareceu na versão final do texto, sem correspondência nos projetos de lei do Senado e da Câmara. Para superar o vício, contudo, é suficiente interpretar o dispositivo no sentido de a união estável ser *comprovável*, isto é, que aquele estado seja passível de comprovação nos autos quando houver dúvida sobre sua existência. A aplicação do *mesmo* regime prescrito no referido § 3º é de rigor também para os casos em que a união estável se der entre pessoas do mesmo sexo e quando se tratar de uniões poliafetivas. Não há espaço para qualquer discriminação ou exceção nesse sentido, pouco importando o silêncio da lei acerca da questão.

Quando um dos cônjuges (ou companheiros) não concordar com a iniciativa do outro para os fins do art. 73 ou não puder conceder sua anuência, a autorização poderá ser suprida judicialmente. É o que estatui o *caput* do art. 74. O parágrafo único do mesmo art. 74 prescreve que a falta de consentimento necessário e não suprido pelo magistrado é motivo de invalidade do processo. O reconhecimento da nulidade pressupõe, de qualquer sorte, prévia intimação do outro cônjuge (companheiro) para suprir o vício, com a advertência

---

6. No caso de a anulação de partilha poder acarretar a perda de imóvel já registrado em nome de herdeiro casado sob o regime de comunhão universal de bens, a hipótese é de litisconsórcio necessário, impondo-se a citação do cônjuge. Assim, v.g.: STJ, 3ª Turma, REsp 2.083.367/SP, rel. Min. Nancy Andrighi, j.un. 3-10-2023, *DJe* 9-10-2023; e STJ, 3ª Turma, REsp 1.706.999/SP, rel. Min. Ricardo Villas Bôas Cueva, j.un. 23-2-2021, *DJe* 1-3-2021. É correto descartar, contudo, o litisconsórcio necessário passivo quando se tratar de mero aval prestado por um cônjuge em relação ao outro e não discussão sobre garantia real. Nesse sentido: STJ, 4ª Turma, REsp 1.475.257/MG, rel. Min. Maria Isabel Gallotti, j.un. 10-12-2019, *DJe* 13-12-2019.
7. Assim, v.g., quando o casal contrai dívidas em favor dos filhos. Contudo, se não houve citação de ambos para a etapa de conhecimento do processo, não se pode concretizar a tutela jurisdicional executiva em face do faltante. Nesse sentido: STJ, 4ª Turma, REsp 1.444.511/SP, rel. Min. Luis Felipe Salomão, j.un. 11-2-2020, *DJe* 19-5-2020.

sobre o significado de sua omissão. E mais: como toda a invalidade processual, a cominada neste caso também pressupõe *prejuízo*, a ser constatado (ou não) em cada caso concreto. É o que basta para mitigar o rigor do *texto* do dispositivo aqui examinado.

2.4 Representação processual

O art. 75 trata da representação processual das pessoas e entes nele referidos.

Serão representados em juízo, ativa e passivamente: (*i*) a União, pela Advocacia-Geral da União, diretamente ou mediante órgão vinculado; (*ii*) os Estados e o Distrito Federal, por seus procuradores; (*iii*) o Município, por seu prefeito, procurador ou Associação de Representação de Municípios, quando expressamente autorizada (redação dada pela Lei n. 14.341/2022)[8]; (*iv*) a autarquia e a fundação de direito público, por quem a lei do ente federado designar; (*v*) a massa falida, pelo administrador judicial; (*vi*) a herança jacente ou vacante, por seu curador; (*vii*) o espólio, pelo inventariante, sendo certo que, quando o inventariante for dativo, os sucessores do falecido serão intimados no processo no qual o espólio seja parte (art. 75, § 1º); (*viii*) a pessoa jurídica, por quem seus respectivos atos constitutivos designarem e, se não houver designação, a representação dar-se-á por seus diretores; (*ix*) a sociedade e associação irregulares e outros entes organizados sem personalidade jurídica, pela pessoa a quem couber a administração de seus bens, caso em que a irregularidade de sua constituição não poderá ser levantada em sua defesa (art. 75, § 2º); (*x*) a pessoa jurídica estrangeira, pelo gerente, representante ou administrador de sua filial, agência ou sucursal aberta ou instalada no Brasil, hipótese em que o gerente de filial ou agência presume-se autorizado pela pessoa jurídica estrangeira a receber citação para qualquer processo (art. 75, § 3º)[9]; e, por fim, (*xi*) o condomínio, pelo administrador ou síndico.

A respeito do assunto, inova o § 4º do art. 75 ao permitir que os Estados e o Distrito Federal ajustem compromisso recíproco para a prática de ato processual por seus procuradores em favor de outro ente federado. Para além de sustentar a necessidade de edição de leis específicas e de atos administrativos de cada ente federado para a implementação da regra, importa refletir se a previsão do Código de Processo Civil não viola, e, se sim, em que medida, o *caput* do art. 132 da Constituição Federal, que reserva aos Procuradores dos Estados e do Distrito Federal "a representação judicial e a consultoria jurídica *das respectivas unidades federadas*". É discussão levantada pelo Estado no Rio de Janeiro na ADI

---

[8]. Se a associação for constituída como pessoa jurídica de direito privado, ela não poderá desfrutar das prerrogativas dadas às pessoas de direito público. É o que dispõe, corretamente, o art. 12 da Lei n. 14.341/2022.
[9]. Acerca do dispositivo, cabe o destaque de importante decisão da CE do STJ na HDE 410/EX, rel. Min. Benedito Gonçalves, j.un. 20-11-2019, *DJe* 26-11-2019, que reconhece a regularidade da citação da pessoa jurídica estrangeira por meio de seu entreposto no Brasil, ainda que não seja formalmente a mesma pessoa jurídica, agência ou filial.

5.492, que, no particular, foi julgada *improcedente*, reconhecendo a constitucionalidade da regra[10]. Com o devido respeito, não há como este *Curso* concordar com aquela conclusão. É que o modelo constitucional do direito processual civil – é ler o mencionado *caput* do art. 132 da Constituição Federal – não autoriza que as advocacias estatais atuem em prol de outras entidades federadas[11].

Por fim, a representação judicial do Município pela Associação de Representação de Municípios, prevista no inciso III do art. 75, somente poderá ocorrer em questões de interesse comum dos Municípios associados e dependerá de autorização do respectivo chefe do Poder Executivo municipal, com indicação específica do direito ou da obrigação a ser objeto das medidas judiciais. É o que prescreve o § 5º do art. 75, incluído pela Lei n. 14.341/2022, que "dispõe sobre a Associação de Representação de Municípios". A previsão confirma o acerto da ressalva apontada no parágrafo anterior, na medida em que exige, apropriadamente, a iniciativa do próprio chefe do executivo municipal para viabilizar a atuação da associação para o fim previsto.

2.5 Vícios na representação processual

Questão importante diz respeito a eventuais vícios identificados na representação processual. O art. 76 regula a hipótese, criando condições de saneamento dos defeitos para o regular prosseguimento do processo. Assim é que, constatando-se a incapacidade processual ou a irregularidade da representação da parte, o órgão jurisdicional suspenderá o processo e designará prazo razoável para que seja sanado o vício. A *razoabilidade* do prazo deve levar em conta o caso concreto e a especificidade do vício, bem como o tempo necessário para sua sanação. Embora se trate de prazo a ser fixado casuisticamente pelo magistrado, é irrecusável entender aplicável à espécie a ampla diretriz do parágrafo único do art. 139, que permite a sua *ampliação* desde que requerida (e justificada) antes de seu término.

Se o vício não for sanado, as consequências variarão consoante se trate de processo em trâmite na instância originária ou nos Tribunais.

---

[10]. Eis a parte da ementa do acórdão respectivo, que aborda a questão: "6. Diante de seu caráter autorizativo, o art. 75, § 4º, do CPC não viola a autonomia dos estados-membros, não impondo a celebração do convênio. As procuradorias jurídicas estaduais e distrital, prévia e devidamente organizadas em carreira segundo os ditames da Constituição Federal, da Constituição Estadual ou da Lei Orgânica do Distrito Federal, bem como das normas constantes da lei que instituir a carreira, é que disporão, mediante ato consensual, acerca dessa cooperação mútua, mediante instrumento no qual serão definidos os contornos jurídicos dessa colaboração. Ausência de inconstitucionalidade."

[11]. Embora coerente com o entendimento alcançado pelo STF na referida ADI 5.492, este *Curso* não pode concordar com o Enunciado n. 172 da III Jornada de Direito Processual Civil do CJF: "Aplica-se o § 4º do art. 75 do CPC aos municípios que tiverem procuradoria regularmente constituída".

No primeiro caso, de "instância originária" – o que pode se dar, inclusive, nos casos em que os Tribunais exerçam competência originária, como acontece, por exemplo, com a ação rescisória ou com mandados de segurança, a depender do *status* da autoridade coatora –, preceitua o § 1º do art. 76 que o processo será extinto se a providência de saneamento couber ao autor (inciso I). Se couber ao réu, ele será considerado revel (inciso II). Se couber a terceiro, ele será considerado revel ou excluído do processo, dependendo do polo processual em que se encontre (inciso III). Esta última previsão pressupõe a distinção entre os casos em que o terceiro interveniente se torna *parte* daqueles em que, não obstante a admissão de sua intervenção no processo, sua qualidade de terceiro é preservada. Mesmo na primeira hipótese, contudo, a revelia propugnada pelo dispositivo só tem sentido se o terceiro intervier no polo *passivo* do processo (como se dá, por exemplo, no chamamento ao processo ou no incidente de desconsideração da personalidade jurídica, e como pode se dar também na denunciação da lide). Para as demais situações, em que o terceiro não se torna parte a despeito de sua intervenção (como ocorre com o assistente simples ou litisconsorcial e com o *amicus curiae*), é bastante sua exclusão do processo.

O § 2º do art. 76 ocupa-se da falta de saneamento do vício da representação quando o processo estiver *em fase recursal* perante qualquer tribunal. Nesses casos, compete ao relator não conhecer do recurso se a providência couber ao recorrente (inciso I) ou, se couber ao recorrido, determinar o desentranhamento das contrarrazões (inciso II). É inequívoco que a regra tem aplicação para quaisquer Tribunais que atuem, ao longo do processo, em seus respectivos segmentos recursais.

Além disso, cabe frisar que, antes do reconhecimento do vício e decretação das consequências previstas no dispositivo, cabe ao magistrado (e ao relator, no âmbito dos Tribunais) intimar as partes e/ou os terceiros para que sanem a irregularidade, especificando-a e indicando as consequências previstas que tendem a incidir no caso concreto diante de seu silêncio. Trata-se de inarredável conclusão decorrente dos arts. 6º, 9º e 10 e, no âmbito recursal, do parágrafo único do art. 932 e do próprio § 3º do art. 1.029, a despeito de sua redação mais restritiva. A ressalva é razão bastante para entender que, com o Código de Processo Civil, fica superada a orientação contida na Súmula 115 do STJ[12].

2.6 Deveres

Os deveres das partes e dos procuradores correspondem ao Capítulo II do Título I do Livro III da Parte Especial do Código de Processo Civil.

---

12. Que tem o seguinte enunciado: "Na instância especial é inexistente recurso interposto por advogado sem procuração nos autos". É entendimento que acabou consagrado também no Enunciado n. 83 do FPPC.

É o art. 77 que traz o rol sobre os deveres das partes, de seus procuradores e de todos aqueles que participarem do processo, salvo o próprio magistrado[13], além de detalhar também o destino da multa (§ 3º) e as condições a serem observadas para responsabilização pessoal dos advogados (públicos e privados), membros do Ministério Público e da Defensoria Pública (§ 6º).

O rol, contudo, não merece ser entendido de maneira exaustiva. Há, com efeito, diversos outros deveres dispersos pelo Código de Processo Civil, sobretudo quando se leva em consideração, como se deve levar, o princípio da boa-fé do art. 5º, e pela legislação processual civil extravagante, inclusive (e em especial) as que regem, até mesmo na perspectiva ética, as atividades profissionais dos advogados privados e públicos, dos membros do Ministério Público, dos da Defensoria Pública e próprios integrantes da magistratura.

Os deveres indicados no art. 77 são os seguintes: (i) expor os fatos em juízo conforme a verdade; (ii) não formular pretensão ou apresentar defesa quando cientes de que são destituídas de fundamento; (iii) não produzir provas e não praticar atos inúteis ou desnecessários à declaração ou à defesa do direito; (iv) cumprir com exatidão as decisões jurisdicionais, de natureza provisória ou final, e não criar embaraços à sua efetivação; (v) declinar, no primeiro momento que lhes couber falar nos autos, o endereço residencial ou profissional onde receberão intimações, atualizando essa informação sempre que ocorrer qualquer modificação temporária ou definitiva; (vi) não praticar inovação ilegal no estado de fato de bem ou direito litigioso – previsão que traz à mente a essência do "atentado", uma das "cautelares *nominadas*" que eram disciplinadas pelos arts. 879 a 881 do CPC de 1973[14], felizmente abandonado em sua *forma* pelo CPC de 2015 – e, por fim, (vii) "informar e manter atualizados seus dados cadastrais perante os órgãos do Poder Judiciário e, no caso do § 6º do art. 246 deste Código, da Administração Tributária, para recebimento de citações e intimações", inovação trazida pela Lei n. 14.195/2021, de discutível constitucionalidade na perspectiva *formal*, eis que oriunda de projeto de conversão de medida provisória, que sequer cuidava do tema (e nem o poderia, diante da vedação do art. 62, § 1º, I, *b*, da CF) em lei[15]. É assunto que ganha importância no contexto da prática daqueles atos processuais (*citação* e *intimação*), assunto ao qual se volta o n. 7.1 do Capítulo 4.

O magistrado deverá advertir as pessoas indicadas no *caput* do art. 77 de que as condutas previstas no inciso IV (não cumprir adequadamente as decisões jurisdicionais) e no inciso VI (inovação ilegal no estado de fato de bem ou direito litigioso) são puníveis como ato aten-

---

13. Nesse sentido: STJ, 4ª Turma, REsp 1.548.783/RS, rel. Min. Luis Felipe Salomão, j.un. 11-6-2019, *DJe* 5-8-2019, acentuando que eventuais descumprimentos dos deveres dos magistrados devem ser apurados e, se for o caso, sancionados, de acordo com o disposto na Lei Orgânica da Magistratura.
14. As hipóteses de cabimento do atentado eram as seguintes: "Art. 879. Comete atentado a parte que no curso do processo: I – viola penhora, arresto, sequestro ou imissão na posse; II – prossegue em obra embargada; III – pratica outra qualquer inovação ilegal no estado de fato".
15. É um dos fundamentos da ADI 7.005/DF, rel. Min. Flávio Dino, ajuizada perante o STF pelo Conselho Federal da OAB.

tatório à dignidade da justiça (art. 77, § 1º). Quando reconhecida violação ao disposto no inciso VI, o magistrado determinará o restabelecimento do estado anterior, podendo, ainda, proibir a parte de falar nos autos até então (o dispositivo refere-se inexplicavelmente a essa circunstância com a nomenclatura tradicional, típica do CPC de 1973: "purgação do atentado"), sem prejuízo da aplicação do § 2º (art. 77, § 7º)[16].

O § 2º do art. 77 indica as consequências pela violação dos incisos IV e VI: a configuração de ato atentatório à dignidade da justiça (cuja advertência prévia deve ser feita com base no anterior § 1º), devendo o magistrado, sem prejuízo das sanções criminais, civis e processuais cabíveis, aplicar ao responsável multa de até vinte por cento do valor da causa, de acordo com a gravidade da conduta. Quando o valor da causa for irrisório ou inestimável, a multa pode ser fixada em até dez vezes o valor do salário mínimo (art. 77, § 5º).

Se a multa não for paga no prazo a ser fixado, ela será inscrita como dívida ativa da União ou do Estado após o trânsito em julgado da decisão que a fixou, e sua execução observará o procedimento da execução fiscal, disciplinada pela Lei n. 6.830/80, não havendo razão para descartar o emprego dos mesmos autos do processo para tanto, tornando mais eficiente a cobrança, por força do que autoriza o art. 777. O destino do valor respectivo é um dos fundos a que se refere o art. 97 (art. 77, § 3º).

A multa de que trata o art. 77 aqui considerado, consoante preceitua o seu § 4º, independe da fixação das multas previstas no art. 523, § 1º (multa de 10% no caso de não pagamento de quantia certa fixada em título executivo judicial) e no art. 536, § 1º (multa visando ao cumprimento das obrigações de fazer e não fazer). A ressalva justifica-se (e se compatibiliza com o ordenamento jurídico) já que essas multas têm caráter *coercitivo*, querendo compelir seu destinatário a adotar determinado comportamento (pagar e fazer, nos casos destacados); as do art. 77, diferentemente, ostenta caráter *sancionatório*[17]. A especificidade na natureza e na finalidade de tais multas, outrossim, impede que sua aplicação possa comprometer de alguma forma benefício da justiça gratuita anteriormente concedido[18].

O § 6º do art. 77 põe fim a interessante questão surgida a partir de modificação operada com a inclusão do parágrafo único do art. 14 do CPC de 1973 sobre quem podia ser alcançado pelas repressões necessárias à inobservância dos deveres impostos pelos incisos do *caput* do dispositivo. Segundo aquele parágrafo, os §§ 2º a 5º não se aplicam aos advogados

---

16. Sem prejuízo, pode haver, a depender de quem pratique o ato, a tipificação criminal prevista no art. 23, *caput*, da Lei n. 13.869/2019, a "Lei do abuso de autoridade", prevista nos seguintes termos: "Inovar artificiosamente, no curso de diligência, de investigação ou de processo, o estado de lugar, de coisa ou de pessoa, com o fim de eximir-se de responsabilidade ou de responsabilizar criminalmente alguém ou agravar-lhe a responsabilidade:".
17. O Enunciado n. 3 do TJMG é neste sentido: "A multa por ato atentatório à dignidade da justiça pode ser cumulada com aquelas decorrentes do descumprimento de obrigações específicas". Com base nesse entendimento, a 3ª Turma do STJ entendeu, no REsp 1.689.074/RS, rel. Min. Moura Ribeiro, j.un. 16-10-2018, DJe 18-10-2018, pela possibilidade de cumulação de indenização por danos morais derivada de negativação indevida e a cobrança da multa aplicada para retirada do nome do cadastro negativo.
18. Nesse sentido: STJ, 3ª Turma, REsp 1.663.193/SP, rel. Min. Nancy Andrighi, j.un. 20-2-2018, DJe 23-2-2018.

públicos ou privados e aos membros da Defensoria Pública e do Ministério Público. Sua responsabilidade disciplinar deve ser apurada e aplicada pelo respectivo órgão de classe ou corregedoria, cabendo ao magistrado tão somente oficiá-los para tanto.

O § 8º do art. 77, por fim, dispõe que o representante judicial da parte não pode ser compelido a cumprir decisão em lugar da própria parte, o que confirma que as responsabilidades da parte e a de seus procuradores não se confundem e merecem, por isso mesmo, regime diverso.

Para além das sanções e consequências dos parágrafos do art. 77, o descumprimento dos demais deveres constantes dos seus incisos pode acarretar ao seu responsável a apenação nos termos dos arts. 79 a 81. No que diz respeito à hipótese do inciso VII do art. 77, incluída pela Lei n. 14.195/2021, sua inobservância pode comprometer a viabilidade ou, quando menos, a prática da citação ou da intimação *eletrônica* com as consequências (e eventuais sanções) daí derivadas. É assunto ao qual se volta o n. 7.1 do Capítulo 4.

O art. 78 veda o uso de expressões ofensivas pelos diversos sujeitos processuais em suas manifestações por escrito. Quando tais expressões ou condutas forem manifestadas oral ou presencialmente, cabe ao magistrado advertir da vedação, sob pena de cassação da palavra (art. 78, § 1º). O magistrado, de ofício ou a requerimento do ofendido, determinará que as expressões ofensivas sejam riscadas e, mediante requerimento do ofendido, determinará a expedição de certidão com inteiro teor daquelas expressões, disponibilizando-a à parte interessada (art. 78, § 2º) para os fins que entender pertinentes.

É no contexto da ruptura dos deveres processuais estatuídos no art. 77 que o que vem sendo chamado de "assédio judicial" ou "litigância predatória" ou, ainda, "litigância abusiva" deve ser enfrentado.

Como todo direito, o de ação e/ou de defesa não podem ser exercidos abusivamente com vistas a obter vantagens indevidas, o que, não por acaso, encontra no inciso III do art. 80 perfeita capitulação como ato a justificar aplicação de sanção pela ruptura da boa-fé (subjetiva) processual.

Não há, contudo, previsão expressa de como reprimir aqueles atos abusivos e, por isso, as soluções que vêm sendo encontradas têm variado[19].

Nas ADIs 6.792 e 7.055, o STF voltou-se ao assunto quando, no que importa destacar, fixou as seguintes teses: "1. Constitui assédio judicial, comprometedor da liberdade de expressão, o ajuizamento de inúmeras ações a respeito dos mesmos fatos, em comarcas diversas, com o intuito ou o efeito de constranger jornalista, ou órgão de imprensa, dificultar sua

---

19. No âmbito doutrinário, é indispensável a leitura da monografia de Paulo Henrique dos Santos Lucon, intitulada *Abuso do processo* e publicada pela Editora Direito Contemporâneo.

defesa ou torná-la excessivamente onerosa. 2. Caracterizado o assédio judicial, a parte demandada poderá requerer a reunião de todas as ações no foro de seu domicílio"[20].

A CE do STJ afetou o Tema 1.198 para discutir, a respeito, a "Possibilidade de o juiz, vislumbrando a ocorrência de litigância predatória, exigir que a parte autora emende a petição inicial com apresentação de documentos capazes de lastrear minimamente as pretensões deduzidas em juízo, como procuração atualizada, declaração de pobreza e de residência, cópias do contrato e dos extratos bancários". Antes, aquele Tribunal já havia se debruçado sobre o assunto, cabendo o destaque do quanto decidido pela Min. Nancy Andrighi em elucidativa passagem: "É por isso que é preciso repensar o processo à luz dos mais basilares cânones do próprio direito, não para frustrar o regular exercício dos direitos fundamentais pelo litigante sério e probo, mas para refrear aqueles que abusam dos direitos fundamentais por mero capricho, por espírito emulativo, por dolo ou que, em ações ou incidentes temerários, veiculem pretensões ou defesas frívolas, aptas a tornar o processo um simulacro de processo"[21].

O CNJ, por sua vez, editou a Recomendação n. 159/2024, que "Recomenda medidas para identificação, tratamento e prevenção da litigância abusiva". Não obstante a iniciativa, motivada pela preocupação e dificuldade que o tema provoca, o ato é de discutível constitucionalidade pelas razões no n. 3.6 do Capítulo 3 da Parte I.

2.7 Responsabilidade das partes por dano processual

O art. 79 fixa a responsabilidade por perdas e danos daquele que, como autor, réu ou interveniente, litigar de má-fé.

A tipologia da litigância de má-fé é dada pelo art. 80. Os comportamentos repudiados àquele título são os seguintes: (i) deduzir pretensão ou defesa contra texto expresso de lei[22] ou fato incontroverso; (ii) alterar a verdade dos fatos; (iii) usar do processo para conseguir objetivo ilegal; (iv) opor resistência injustificada ao andamento do processo; (v) proceder de

---

20. Na Rcl 23.899/SP, rel. Min. Rosa Weber, j.m.v. 2-10-2023, DJe 30-10-2023, o STF determinou a extinção de demandas ajuizadas em face de veículo de imprensa que entendeu abusivas a partir do entendimento externado por aquele Tribunal na ADPF 130 e na ADI 4.451 sobre a liberdade de imprensa e a impossibilidade de censura prévia.
21. A referência é feita ao REsp 1.817.845/MS, julgado pela 3ª Turma, rel. p/ acórdão Min. Nancy Andrighi, j.m.v. 10-10-2019, DJe 17-10-2019. No mesmo sentido, embora sem reconhecer, no caso concreto, o exercício abusivo do direito de ação, também da 3ª Turma do STJ, é o REsp 1.770.890/SC, rel. Min. Ricardo Villas Bôas Cueva, j.un. 18-8-2020, DJe 26-8-2020.
22. Amolda-se à hipótese o Enunciado n. 161 da III Jornada de Direito Processual Civil do CJF: "Considera-se litigante de má-fé, nos termos do art. 80 do CPC, aquele que menciona em suas manifestações precedente inexistente".

modo temerário em qualquer incidente ou ato do processo[23]; (vi) provocar incidente manifestamente infundado; e (vii) interpor recurso com intuito manifestamente protelatório. Não há como deixar de notar que o rol dos incisos do arts. 80 aproxima-se muito do rol do art. 77, inexistindo razão para entender os comportamentos apontados em e em outro uniformemente, na construção de um padrão de atuação proba e de boa-fé dos litigantes.

As consequências aplicáveis ao litigante de má-fé são objeto do art. 81, que aprimora, majorando, as sanções e as penalidades aplicáveis, quando contrastado com a disciplina reservada ao tema pelo CPC de 1973.

O litigante de má-fé poderá ser condenado como tal, de ofício ou a requerimento, a pagar multa, que deverá ser superior a 1% e inferior a 10% do valor corrigido da causa, a indenizar a parte contrária pelos prejuízos por ela sofridos e a arcar com os honorários advocatícios e com todas as despesas por ela efetuadas[24].

Sendo dois ou mais os litigantes de má-fé, preceitua o § 1º do art. 81, o magistrado condenará cada um na proporção de seu respectivo interesse na causa ou solidariamente aqueles que se coligarem para lesar a parte contrária.

Sendo o valor da causa irrisório ou inestimável, a multa poderá ser fixada em até dez vezes o valor do salário mínimo (art. 81, § 2º).

O valor da indenização, lê-se no § 3º do art. 81, será fixado pelo magistrado desde logo. Na impossibilidade de quantificá-lo imediatamente, ele será apurado mediante o procedimento da liquidação por arbitramento ou da liquidação pelo procedimento comum nos mesmos autos. Sua *cobrança* também se dará nos mesmos autos do processo, no que é expresso o disposto no art. 777, localizado no Livro II da Parte Especial do Código de Processo Civil.

2.8 Despesas processuais

A Seção III do Capítulo II do Título I do Livro III da Parte Geral trata das despesas, dos honorários advocatícios e das multas, estendendo-se do art. 82 ao art. 97.

---

23. Ilustra bem a hipótese o Enunciado n. 170 da III Jornada de Direito Processual Civil do CJF: "A caracterização do abuso processual pode ocorrer por comportamentos ocorridos em único processo ou a partir de um conjunto de atos em inúmeros processos".
24. Também aqui é correto entender que esta multa pode ser cumulada com outras que tenham natureza diversa, sem ofensa ao *ne bis in idem*. No âmbito dos recursos, há recurso especial repetitivo da CE do STJ (REsp 1.250.739/PA, rel. Min. Mauro Campbell Marques, j.un. 4-12-2013, *DJe* 17-3-2014), que fixou a seguinte tese: "A multa prevista no artigo 538, parágrafo único, do Código de Processo Civil tem caráter eminentemente administrativo – punindo conduta que ofende a dignidade do tribunal e a função pública do processo –, sendo possível sua cumulação com a sanção prevista nos artigos 17, VII, e 18, § 2º, do Código de Processo Civil, de natureza reparatória". As remissões são, respectivamente, para os seguintes dispositivos do CPC de 2015: art. 1.026, § 2º; art. 80, VII, e art. 81, § 2º. É forçoso discordar daquele entendimento porque a multa do art. 1.026, § 2º, não é diversa daquela que é devida pela infração ao disposto no inciso VII do art. 80. O que aquele artigo faz é especificar uma das variadas hipóteses a serem repelidas com base neste.

O § 2º do art. 82 preceitua que a sentença condenará o *vencido* a pagar ao vencedor as despesas que antecipou. É a sentença que define o responsável pelo pagamento das despesas (compreendidas amplamente, na forma do art. 84) e também dos honorários advocatícios, tema ao qual se volta o n. 2.9, *infra*.

O dispositivo em destaque convida para o entendimento de que o Código de Processo Civil abandonou o "princípio da *causalidade*" como fator de responsabilização das despesas (e também dos honorários) que, segundo a doutrina e a jurisprudência amplamente vencedoras do CPC de 1973, então regiam o tema[25]. Para o CPC de 2015, é mais correto entender, porque é isso que decorre do precitado § 2º do art. 82 (e *também* do *caput* do art. 85, relativo aos honorários advocatícios), que o princípio reitor do assunto é o da *sucumbência*: quem *perde* deve pagar as despesas de quem ganha e que, até então, foram meramente *antecipadas*[26]. A *causalidade*, no sentido de ser responsabilizado pelo pagamento final das despesas aquele que deu *causa* ao processo (no sentido de *motivo* ou de *razão*), ainda é prevista em algumas hipóteses, mas inequivocamente de maneira excepcional, a confirmar o acerto desta necessária guinada no sistema processual civil. Tais hipóteses são indicadas ao longo do desenvolvimento do texto.

Com relação ao regime das despesas, a regra é a de que cabe às partes prover as despesas dos atos que realizarem ou requererem no processo, *antecipando-lhes* o pagamento, desde o início, até a sentença final ou, na etapa de cumprimento da sentença ou na execução, até a plena satisfação do direito reconhecido no título executivo. O *caput* do art. 82 excepciona daquele regime os casos de gratuidade da justiça, que ganha, com o Código de Processo Civil, disciplina nova em seus arts. 98 a 102.

As despesas devem ser invariavelmente compreendidas de maneira ampla, na forma do art. 84: elas abrangem as custas dos atos do processo[27], a indenização de viagem, a remuneração do assistente técnico e a diária de testemunha. Elas não se confundem com os honorários advocatícios, que, quando sucumbenciais, encontram sua disciplina específica no art. 85. De qualquer sorte, é correto entender que a referência ampla (e comuníssima) a "verbas de *sucumbência*" deve ser entendida no sentido de albergar tanto os honorários *sucumbenciais* como as despesas[28].

---

25. Para fazer menção a duas célebres monografias sobre o assunto, ver Yussef Said Cahali, *Honorários advocatícios*, esp. p. 38-44 e 50-60, e Bruno Vasconcelos Carrilho Lopes, *Honorários advocatícios no processo civil*, p. 44-49.
26. No julgamento do Tema 1.050 dos recursos especiais repetitivos, a 1ª Seção do STJ partiu do pressuposto de que a regra, no sistema do CPC de 2015, é o da *sucumbência* e não o da *causalidade*. A tese então fixada foi assim enunciada: "O eventual pagamento de benefício previdenciário na via administrativa, seja ele total ou parcial, após a citação válida, não tem o condão de alterar a base de cálculo para os honorários advocatícios fixados na ação de conhecimento, que será composta pela totalidade dos valores devidos".
27. Também os honorários *periciais*, como já teve oportunidade de decidir a CE do STJ nos EREsp 1.519.445/RJ, rel. Min. Nancy Andrighi, j.m.v. 19-9-2018, *DJe* 10-10-2018.
28. Já os honorários advocatícios contratuais encontram sua disciplina jurídica na Lei n. 8.906/1994, têm natureza *extraprocessual*, e não estão compreendidos no art. 85, não decorrendo, destarte, da fixação judicial do responsável pelo pagamento das verbas de sucumbência devidas pelo processo, que têm natureza *endoprocessual*. Nesse sentido: STJ, 3ª Turma, REsp 2.060.972/SP, rel. Min. Nancy Andrighi, j.un. 13-6-2023, *DJe* 22-6-2023, e STJ, 3ª Turma, REsp 1.571.818/MG, rel. Min. Nancy Andrighi, j.un. 9-10-2018, *DJe* 15-10-2018. No caso em que

A "sentença *final*" referida no *caput* do art. 82 deve ser entendida como a decisão que encerra (por completo) a fase de cognição na primeira instância (art. 203, § 1º), sendo indiferente, portanto, o proferimento de eventuais decisões de julgamento *parcial* de mérito, o que pode ocorrer com fundamento no art. 356. Exceção a esse entendimento reside na circunstância de aquela decisão excluir do processo alguma das partes ou algum terceiro, atraindo para o excluído o sentido de *final* referido no dispositivo.

Também importa indicar que acórdãos que venham a ser proferidos a partir da sentença (e, no caso indicado, a partir da decisão interlocutória) também disponham sobre despesas e honorários advocatícios, ainda que para confirmar ou revisar o quanto estabelecido pela decisão recorrida.

De acordo com o § 1º do art. 82, incumbe ao autor *adiantar* as despesas relativas a ato determinado de ofício pelo magistrado ou a requerimento do Ministério Público, quando sua intervenção ocorrer como fiscal da ordem jurídica. A ressalva final merece ser interpretada no sentido de ser necessário distinguir os casos em que o Ministério Público age como *parte*, quando se sujeita aos ônus inerentes àquela condição (art. 177), hipótese que reclama a incidência do art. 91, daqueles casos em que age como *fiscal da ordem jurídica* (art. 178)[29].

Cabe, ainda, tratar do art. 83.

O dispositivo corresponde à previsão dos arts. 835 a 837 do CPC de 1973, que estavam inseridos entre um dos diversos "procedimentos cautelares específicos" então regulados: a "caução". Como o CPC de 2015 não traz disciplina relativa ao chamado "processo cautelar" nem aos "procedimentos cautelares específicos", determinadas normas e determinados institutos que, no CPC de 1973, estavam veiculados no Livro III foram redistribuídos – ou como prefere este *Curso*, *desformalizados*, ou, ainda melhor, *descautelarizados* – ao longo de todo o CPC de 2015. É o que se deu com relação ao tema em destaque.

Trata-se da hipótese de o autor, brasileiro ou estrangeiro, que residir fora do Brasil ou deixar de residir no país ao longo do processo e que não tenha bens imóveis no território nacional, dever caucionar o pagamento das custas e dos honorários de advogado da parte contrária[30]. Como forma de contornar a duvidosa constitucionalidade do dispositivo, é imperioso excluir de sua abrangência os casos que mereçam ser alcançados pela disciplina da gratuidade da justiça dos arts. 98 a 102. Não faz sentido exigir *caução* para garantir o pagamento de despesas e/ou custas processuais que estejam sujeitas a regime diferenciado de incidência.

---

se prevê contratualmente a hipótese de remuneração exclusivamente pelas verbas de sucumbência é possível ao advogado, que teve seu mandato revogado, pleitear em juízo o arbitramento do valor dos honorários pelos valores já prestados. Assim: STJ, 4ª Turma, AgInt no AREsp 1.560.257/PB, rel. Min. Luis Felipe Salomão, j.un. 20-4-2020, *DJe* 23-4-2020.

29. Nesse sentido: STJ, CE, RMS 59.638/SP, rel. p/ acórdão Min. Herman Benjamin, j.m.v. 4-3-2020, *DJe* 7-4-2021.
30. Havendo representação da sociedade estrangeira no Brasil, nos termos do parágrafo único do art. 21 do CPC, não se justifica a exigência do art. 83. Nesse sentido: STJ, 3ª Turma, REsp 1.584.441/SP, rel. Min. Moura Ribeiro, j.un. 21-8-2018, *DJe* 31-8-2018.

A caução não é exigível, consoante o § 1º do art. 83, quando houver dispensa prevista em acordo ou tratado internacional de que o Brasil faça parte (inciso I)[31-32], na execução fundada em título extrajudicial e no cumprimento da sentença (inciso II) e na reconvenção (inciso III).

O § 2º do art. 83, por sua vez, dispõe que, havendo desfalque da caução ao longo do processo, o interessado poderá exigir seu reforço da caução, justificando seu pedido com a indicação da depreciação do bem dado em garantia e a importância do reforço que pretende obter.

À falta de um "procedimento diferenciado", ainda que rotulado (erroneamente) de *cautelar*, tal qual se dava no CPC de 1973, todas as discussões relativas à caução prevista no art. 83 deverão ser feitas por petições e requerimentos dirigidos ao juízo competente nos mesmos autos do processo em que sua prestação se justificar, isto é, de maneira *incidental*. Com o estabelecimento do indispensável contraditório, segue-se decisão cuja recorribilidade observará o sistema geral, objeto de análise no volume 2 deste *Curso*.

A regra, destarte, é que a recorribilidade dependa de apelação ou de contrarrazões interposta contra a sentença que encerra a etapa de conhecimento do processo na primeira instância (art. 1.009, §§ 1º e 2º), reservando a pertinência do agravo de instrumento quando se tratar de decisão interlocutória proferida na liquidação, na etapa de cumprimento de sentença ou na execução (art. 1.015, parágrafo único). Não faz sentido, no atual sistema processual civil, querer entender o cabimento do agravo de instrumento contra interlocutórias que versem sobre o tema na etapa de conhecimento, lembrando da vetusta origem *cautelar* do instituto no CPC de 1973, buscando eventual justificativa no inciso I do art. 1.015 do CPC de 2015. No âmbito dos Tribunais, não há espaço para questionar que as decisões monocráticas que tratem do assunto são controladas pelo agravo interno do art. 1.021, seguindo-se, da decisão colegiada, eventuais recursos extraordinário e especial, quando presentes seus respectivos autorizadores constitucionais.

2.9 Honorários advocatícios

O art. 85 traz extensa e detalhada disciplina acerca dos honorários advocatícios *sucumbenciais* – originalmente eram dezenove parágrafos dedicados ao tema que, com a Lei n. 14.365/2022, foram, em parte, modificados e ampliados –, muito mais completa que a (tão

---

[31]. A respeito desta previsão, cabe lembrar do pertinente Enunciado n. 4 da I Jornada de Direito Processual Civil do CJF: "A entrada em vigor de acordo ou tratado internacional que estabeleça dispensa da caução prevista no art. 83, § 1º, inc. I do CPC/2015, implica na liberação da caução previamente imposta".

[32]. Analisando o art. 83 na perspectiva do Protocolo de Las Leñas, v.: STJ, 4ª Turma, REsp 1.991.994/SP, rel. Min. Raul Araújo, j.un. 7-6-2022, *DJe* 20-6-2022, em que se entendeu que "O Protocolo de Las Leñas, do qual o Brasil é signatário, não traz dispensa genérica da prestação de caução, limitando-se a impor o tratamento igualitário entre todos os cidadãos e residentes nos territórios de quaisquer dos Estados-Partes".

criticada) do CPC de 1973. A despeito do nome, importa destacar que se pode cogitar de honorários advocatícios *também* na atuação da Defensoria Pública[33]. Nesta hipótese, a disciplina do art. 85 deverá ser observada.

Os honorários, tanto quanto as demais verbas de sucumbência, devem ser entendidos como verdadeiros *efeitos anexos* das decisões que devem fixar a sua responsabilidade e o seu montante[34]. Isso significa que sua incidência depende de pedido da parte (ou, quando for o caso, do terceiro), devendo ser fixado quando estiverem presentes os elementos do art. 85.

A primeira regra a ser destacada é a que merece ser extraída do *caput* do art. 85. Ao preceituar que "A sentença condenará o vencido a pagar honorários *ao advogado* do vencedor", o Código de Processo Civil acaba por indicar expressamente o próprio advogado (e não a parte por ele patrocinada) como destinatário dos honorários *sucumbenciais*, isto é, os honorários devidos no âmbito do processo. Aperfeiçoa, assim, explicitando, o que já decorria suficientemente do art. 23 da Lei n. 8.906/94, o Estatuto da OAB.

Também no *caput* do art. 85 merece ser destacada a compreensão já exposta no n. 2.8, *supra*, de que a responsabilização pelos honorários sucumbenciais deve ser imposta ao *vencido*. É esta a regra que, com o Código de Processo Civil, passou a disciplinar a questão relativa à responsabilização das despesas e dos honorários no lugar da *causalidade*. Esta, a *causalidade*, é excepcional e depende, por isso mesmo, de previsão expressa, tal qual a do § 10 do art. 85.

O § 1º do art. 85 esclarece que os honorários são devidos na reconvenção, no cumprimento de sentença, provisório ou definitivo, na execução, resistida ou não, e nos recursos interpostos, cumulativamente. Essa "cumulação" deve ser compreendida com a ressalva constante do § 11, no sentido de que, na etapa de conhecimento do processo, os honorários *não podem* ultrapassar os limites dos §§ 2º a 6º, ainda que passíveis de majoração em eventual segmento recursal.

Os percentuais dos honorários advocatícios, quando a Fazenda Pública não for parte, é matéria tratada pelo § 2º do art. 85. Eles serão fixados no mínimo de 10% e no máximo de 20% sobre o valor da condenação, do proveito econômico obtido ou, não sendo possível mensurá-lo, sobre o

---

[33]. Nesse sentido: STJ, 3ª Turma, REsp 1.912.281/AC, rel. Min. Marco Aurélio Bellizze, j.un. 12-12-2023, *DJe* 14-12-2023, mencionando as teses fixadas pelo STF no âmbito do Tema 1.002 de sua Repercussão Geral: "1. É devido o pagamento de honorários sucumbenciais à Defensoria Pública, quando representa parte vencedora em demanda ajuizada contra qualquer ente público, inclusive aquele que integra; 2. O valor recebido a título de honorários sucumbenciais deve ser destinado, exclusivamente, ao aparelhamento das Defensorias Públicas, vedado o seu rateio entre os membros da instituição". Idêntica lógica se aplica aos núcleos de prática jurídica vinculados às Universidades que atuam em locais onde não há Defensoria Pública instalada ou em comarcas nas quais o quantitativo de defensores públicos é insuficiente para absorver a demanda da região. É o que decidiu a 4ª Turma do STJ, rel. Min. Antonio Carlos Ferreira, em recurso especial que corre em segredo de justiça, consoante consta do *Informativo STJ* – Edição Extraordinária n. 15, Direito Privado, janeiro de 2024.

[34]. A doutrina mais antiga refere-se à hipótese como de "pedido *implícito*", o que contraria a sistemática processual civil, máxime quando interpretada desde o modelo constitucional. Por isso, a preferência deste *Curso* pela expressão "efeito anexo", manifestada desde as edições anteriores do CPC de 2015, como se pode constatar do n. 2 do Capítulo 2 da Parte IV do volume 1 e do n. 7.6 do Capítulo 1 da Parte II do volume 2, tomo I.

valor atualizado da causa[35]. Para a fixação, devem ser observados os seguintes critérios: (i) o grau de zelo do profissional; (ii) o lugar de prestação do serviço; (iii) a natureza e a importância da causa; e (iv) o trabalho realizado pelo advogado, além do tempo exigido para o seu desenvolvimento[36].

Novidade importante trazida pelo Código de Processo Civil está nos §§ 3º a 7º do art. 85, que tratam dos honorários advocatícios quando a Fazenda Pública for parte, independentemente de ela ser autora ou ré, vencedora ou perdedora[37].

O § 3º do art. 85, abandonando a pífia e anti-isonômica regra equivalente do CPC de 1973[38], estabelece que a fixação dos honorários em tais casos deve observar os critérios do § 2º e os limites percentuais nele estabelecidos, que variam consoante o valor da condenação ou do proveito econômico[39]

Assim é que, de acordo com aquele dispositivo: (i) os honorários serão fixados no mínimo de 10% e no máximo de 20% sobre o valor da condenação ou do proveito econômico obtido até 200 salários mínimos; (ii) no mínimo de 8% e no máximo de 10% sobre o valor da condenação ou do proveito econômico obtido acima de 200 salários mínimos até 2.000 salários mínimos; (iii) no mínimo de 5% e no máximo de 8% sobre o valor da condenação ou do proveito econômico obtido acima de 2.000 salários mínimos até 20.000 salários mínimos; (iv) no mínimo de 3% e no máximo de 5% sobre o valor da condenação ou do proveito eco-

---

35. De acordo com o Enunciado n. 17 da ENFAM: "Para apuração do 'valor atualizado da causa' a que se refere o art. 85, § 2º, do CPC/2015, deverão ser utilizados os índices previstos no programa de atualização financeira do CNJ a que faz referência o art. 509, § 3º". A orientação deve ser entendida de maneira indicativa, já que a própria decisão pode disciplinar diferentemente. A questão relativa à atualização monetária, com efeito, extrapola (e muito) eventual padronização administrativa que possa ser estabelecida por normatização do CNJ.
36. Ilustrativo a respeito da fixação da verba honorária a partir daqueles indicativos é o Enunciado n. 14 da ENFAM: "Em caso de sucumbência recíproca, deverá ser considerada (sic) proveito econômico do réu, para fins do art. 85, § 2º, do CPC/2015, a diferença entre o que foi pleiteado pelo autor e o que foi concedido, inclusive no que se refere às condenações por danos morais".
37. Inclusive no âmbito das execuções fiscais e das execuções fundadas em título extrajudicial em face do Poder Público, como salienta, pertinentemente, o Enunciado n. 15 da ENFAM: "Nas execuções fiscais ou naquelas fundadas em título extrajudicial promovidas contra a Fazenda Pública, a fixação dos honorários deverá observar os parâmetros do art. 85, § 3º, do CPC/2015".
38. Cujo § 4º do art. 20 conduzia ao entendimento de que honorários advocatícios de sucumbência nos processos em que era *vencida* a Fazenda Pública não eram fixados em termos percentuais, mas "consoante apreciação equitativa do juiz". Era a seguinte a redação do dispositivo, tal qual lhe dera a Lei n. 8.952/94: "Nas causas de pequeno valor, nas de valor inestimável, naquelas em que não houver condenação ou for vencida a Fazenda Pública, e nas execuções, embargadas ou não, os honorários serão fixados consoante apreciação equitativa do juiz, atendidas as normas das alíneas *a*, *b* e *c* do parágrafo anterior".
39. Com o atual CPC, perde o fundamento normativo o entendimento de que a fixação dos honorários sucumbenciais quando vencida a Fazenda Pública estaria fora do alcance dos percentuais de 10 a 20% do § 3º do art. 20 do CPC de 1973, orientação amplamente vencedora na jurisprudência do Superior Tribunal de Justiça, como faz prova suficiente o REsp 1.155.125/MG, rel. Min. Castro Meira, DJe 6-4-2010, julgado em regime de *repetitivo* (art. 543-C do CPC de 1973), e que encontra eco em decisões mais recentes, tais como as seguintes: 1ª Turma, AgInt no REsp 1.585.836/SP, rel. Min. Sergio Kukina, j.un. 23-6-2016, DJe 30-6-2016; 1ª Turma, AgRg no REsp 1.531.758/BA, rel. Min. Regina Helena Costa, j.un. 3-5-2016, DJe 17-5-2016; 2ª Turma, AgRg no REsp 1.577.905/PR, rel. Min. Herman Benjamin, j.un. 19-4-2016, DJe 27-5-2016, e 2ª Turma, AgRg no REsp 1.572.665/SP, rel. Min. Humberto Martins, j.un. 12-4-2016, DJe 19-4-2016.

nômico obtido acima de 20.000 salários mínimos até 100.000 salários mínimos; e, por fim, (v) no mínimo de 1% e no máximo de 3% sobre o valor da condenação ou do proveito econômico obtido acima de 100.000 salários mínimos[40].

É correto entender, contudo, que as diferenciações decorrentes do § 3º do art. 85 são exclusivas à Fazenda Pública (credora ou devedora da honorária sucumbencial). Eventuais litisconsortes da Fazenda que não estejam sujeitos ao mesmo regime jurídico dela, devem ser regidos pelos percentuais do § 2º do art. 85.

O § 4º do art. 85, em continuação, estabelece que os precitados percentuais devem ser aplicados desde logo, quando for líquida a sentença, isto é, quando a sentença já indicar o valor devido. Se se tratar de sentença ilíquida, a definição do percentual somente ocorrerá quando o valor for apurado, o que pressupõe o desenvolvimento da "liquidação de sentença", objeto de disciplina dos arts. 509 a 512[41]. Se não houver imposição de cumprimento de obrigações de pagar, fazer, não fazer ou entregar coisa, ou, ainda, quando não for possível mensurar o proveito econômico obtido, a fixação dos honorários tomará como base o valor atualizado da causa. O salário mínimo, quando empregado, será o vigente quando da prolação da sentença líquida ou o que estiver em vigor na data da decisão de liquidação[42].

As regras dos §§ 4º e 5º do art. 85, a despeito de sua clareza, contudo, têm encontrado grande resistência na prática do foro, o que levou o conselho Federal da OAB a buscar o reconhecimento de sua constitucionalidade perante o STF[43].

O § 5º do art. 85 dispõe sobre o cálculo dos honorários, prescrevendo que, "quando, conforme o caso, a condenação contra a Fazenda Pública ou o benefício econômico obtido pelo vencedor ou o valor da causa for superior ao valor previsto no inciso I do § 3º, a fixação do percentual de honorários deve observar a faixa inicial e, naquilo que a exceder, a faixa subsequente, e assim sucessivamente". O dispositivo tem tudo para gerar acesas polêmicas acerca do cálculo a ser feito porque, em última análise, impõe a fixação de uma até cinco faixas de honorários, a depender do valor envolvido no caso concreto, que, depois, deverão ser somadas. Os honorários de sucumbência, em tais casos, serão a *soma* de tantas parcelas quantas sejam as "faixas" pelas quais o valor da condenação ou do proveito econômico atravessar.

O § 6º do art. 85 estabelece que os limites e os critérios previstos nos §§ 2º e 3º aplicam-se independentemente de qual seja o conteúdo da decisão, inclusive aos casos de improce-

---

40. O Enunciado n. 3 do FNPP sustenta que, nos casos de improcedência do pedido, a base de cálculo deva ser, em regra, o "proveito econômico obtido pelo vencedor".
41. Incorreto, portanto, que antes de sua fixação, os honorários sejam majorados no segmento recursal com fundamento no art. 85, § 11. Nesse sentido: STJ, 2ª Turma, EDcl no REsp 1.785.364/CE, rel. Min. Herman Benjamin, j.un. 6-4-2021, *DJe* 1-7-2021.
42. Questão instigante é saber se eventuais salários mínimos de referência dos Estados podem ser empregados ou se o índice deverá ser obrigatoriamente aquele divulgado pela União. Para o autor deste *Curso* a resposta merece ser positiva.
43. Trata-se da ADC 71/DF, que está sob relatoria do Min. Nunes Marques.

dência ou às sentenças sem resolução do mérito. Não há como querer afastar essa mesma regra para os casos em que a Fazenda Pública seja parte (autora ou ré, ainda de acordo com o § 3º), sob pena de violação ao princípio da isonomia[44].

O § 7º do art. 85, ainda tratando dos honorários advocatícios nos casos que envolvem a Fazenda Pública, dispõe que não serão devidos honorários no "cumprimento de sentença" contra ela que acarrete expedição de precatório, desde que não tenha sido impugnada. A regra corresponde ao polêmico art. 1º-D da Lei n. 9.494/97[45], na "interpretação conforme" que lhe deu o STF no julgamento do RE 420.816/PR, e encontra, em certa medida, eco na ressalva feita pela Súmula 345 do STJ[46]. É correto entender, destarte, que, se a hipótese for de dispensa de precatório, isto é, de expedição de RPV, a honorária deve incidir sem qualquer ressalva[47].

De outra parte, a orientação, quanto aos honorários deverem incidir nos cumprimentos *individuais*, decorrentes das chamadas "sentenças genéricas", subsiste, íntegra, para o atual sistema processual civil. Estão presentes, a despeito da letra do precitado dispositivo do CPC, os mesmos elementos que sensibilizaram o STJ quando da edição da referida Súmula: o cumprimento da "sentença genérica" proferida em processo coletivo (art. 95 da Lei n. 8.078/90) impõe, na perspectiva do credor, a *necessidade* de intervenção em juízo e da contratação de advogado. Não faz sentido, destarte, a aplicação do precitado § 7º do art. 85, que, por isso, deve ficar restrito aos casos em que a etapa de cumprimento de sentença deriva da etapa de conhecimento do *mesmo* processo, não gerando maior trabalho para o advogado a apresentação do requerimento para início da etapa de cumprimento de sentença, quando não houver resistência pela Fazenda Pública[48]. A Corte Especial do Superior Tribunal de Justiça teve oportunidade de se manifestar no sentido aqui propugnado em sede de recurso especial

---

[44]. Concordando expressamente com esse entendimento, com honrosa menção ao *Novo Código de Processo Civil anotado*, do autor deste *Curso*, é a lição de José dos Santos Carvalho Filho, *O estado em juízo no novo CPC*, p. 62. O Enunciado n. 3 do FNPP, por sua vez, sustenta que, nos casos de improcedência do pedido, a base de cálculo deva ser, em regra, o "proveito econômico obtido pelo vencedor", orientação com a qual este *Curso* não concorda.

[45]. Para tal demonstração, desde a introdução daquele dispositivo no ordenamento jurídico pela Medida Provisória n. 2.180/2001, v., do autor deste *Curso*, seu *O poder público em juízo*, p. 288-294.

[46]. Cujo enunciado é o seguinte: "São devidos honorários advocatícios pela Fazenda Pública nas execuções individuais de sentença proferida em ações coletivas, ainda que não embargadas".

[47]. A 1ª Seção do STJ, em sede de Recurso Especial Repetitivo (REsp 1.406.296/RS, rel. Min. Herman Benjamin, j.un. 26-2-2014, *DJe* 19-3-2014; Tema 721), já havia entendido que não deviam ser arbitrados honorários advocatícios quando houvesse renúncia ao valor excedente previsto no art. 87 do ADCT após o início do processo. Mais recentemente, a discussão evoluiu para a tese fixada no Tema 1.190, assim enunciada: "Na ausência de impugnação à pretensão executória, não são devidos honorários advocatícios sucumbenciais em cumprimento de sentença contra a Fazenda Pública, ainda que o crédito esteja submetido a pagamento por meio de Requisição de Pequeno Valor – RPV".

[48]. Nesse sentido: Luiz Henrique Volpe Camargo, *Breves comentários ao novo Código de Processo Civil*, p. 347, e Bruno Vasconcelos Carrilho Lopes, *Comentários ao Código de Processo Civil*, vol. II, p. 126. Mirna Cianci e Rita de Cassia Conte Quartieri (*Comentários ao Código de Processo Civil*, vol. 2, p. 754) lembram, com base em julgado do STF, da pertinência da incidência da verba honorária nos casos em que o cumprimento se dá por RPV. No mesmo sentido é a lição de Adriano Oliveira Chaves (*Novo Código de Processo Civil comentado na prática da Fazenda Nacional*, p. 738), que, por isso, defende que a Súmula 345 do STJ deve ser interpretada da seguinte maneira:

repetitivo[49]. É entendimento que já foi afirmado expressamente também na Súmula 133 do Tribunal Regional Federal da 4ª Região[50].

Não pode haver dúvida, ainda quanto ao mesmo § 7º do art. 85, de que, havendo impugnação ao cumprimento de sentença de iniciativa da Fazenda Pública, os honorários advocatícios serão devidos, com a observância dos critérios do § 3º do mesmo art. 85.

Questionamento também pertinente com relação ao § 7º do art. 85 é saber se aquela regra se aplica aos casos em que a execução do particular contra a Fazenda Pública tiver como fundamento título executivo extrajudicial (art. 910). Este Curso entende que a melhor resposta é a negativa porque, caso contrário, o advogado não receberia nenhuma contrapartida, do ponto de vista do processo, pelo seu trabalho naqueles casos, o que atritaria com a expressa disposição existente para as execuções fundadas em título extrajudicial entre particulares, constante do art. 827. À hipótese deve ser aplicado, na sua íntegra, o disposto no § 1º do art. 85, quando se refere à "execução, resistida ou não", até como forma de garantir a isonomia nos casos em que a Fazenda Pública é parte[51]. Não pode haver dúvida, ainda com base no mesmo § 7º do art. 85, que, havendo impugnação ao cumprimento de sentença (ou embargos, em se tratando de execução fundada em título executivo extrajudicial) de iniciativa da Fazenda Pública, os honorários advocatícios serão devidos, observando-se os critérios do § 3º do mesmo art. 85.

O § 8º do art. 85 trata da fixação dos honorários nas causas em que for inestimável ou irrisório o proveito econômico ou, ainda, quando o valor da causa for muito baixo. Em tais situações, o magistrado fixará o valor dos honorários por apreciação equitativa, observando os critérios constantes do § 2º. Dificuldade do dispositivo diz respeito ao que merece ser compreendido por "irrisoriedade do proveito econômico" ou valor da causa "muito baixo" para autorizar a fixação dos honorários por equidade, fora, portanto, dos padrões percentuais pre-

---

"somente serão devidos honorários advocatícios pela Fazenda Pública nas execuções individuais de sentença proferida em ações coletivas não embargadas que ensejem expedição de RPV".

49. A referência é feita ao REsp 1.648.238/RS (Tema 973), rel. Min. Gurgel de Faria, j. un. 20-6-2018, *DJe* 27-6-2018, oportunidade em que foi fixada a seguinte tese: "O art. 85, § 7º, do CPC/2015 não afasta a aplicação do entendimento consolidado na Súmula 345 do STJ, de modo que são devidos honorários advocatícios nos procedimentos individuais de cumprimento de sentença decorrente de ação coletiva, ainda que não impugnados e promovidos em litisconsórcio".

50. Cujo enunciado é o seguinte: "Na execução ou cumprimento individual de sentença proferida em ação coletiva, mesmo na vigência do CPC-2015, são cabíveis honorários advocatícios, ainda que não embargadas, mantendo-se válido o entendimento expresso da Súmula 345 do Superior Tribunal de Justiça".

51. A esta conclusão chegou também a Escola Nacional de Formação e Aperfeiçoamento de Magistrados (ENFAM) no Seminário "O Poder Judiciário e o novo Código de Processo Civil", como se verifica do Enunciado n. 15, então aprovado: "Nas execuções fiscais ou naquelas fundadas em título extrajudicial promovidas contra a Fazenda Pública, a fixação dos honorários deverá observar os parâmetros do art. 85, § 3º, do CPC/2015". Em idêntico sentido é o Enunciado n. 240 do Fórum Permanente de Processualistas Civis (FPPC): "São devidos honorários nas execuções fundadas em título executivo extrajudicial contra a Fazenda Pública, a serem arbitrados na forma do § 3º do art. 85", complementado pelo Enunciado n. 451, que tem o seguinte teor: "A regra decorrente do *caput* e do § 1º do art. 827 aplica-se às execuções fundadas em título executivo extrajudicial de obrigação de fazer, não fazer e entrega de coisa".

vistos nos §§ 2º e 3º do mesmo dispositivo. Os conceitos vagos devem ser, como sói ocorrer, preenchidos para alcançar o valor dos honorários considerando as características de cada caso concreto, permitindo analisar se o trabalho efetivamente desempenhado pelos advogados (públicos ou privados, isso não faz nenhuma diferença para incidência da regra) será condignamente remunerado levando em conta aqueles fatores. Para balizar *objetivamente* a pesquisa, deve o magistrado considerar os valores indicados como referência para a fixação de honorários advocatícios pela Ordem dos Advogados do Brasil em atos por ela publicados, as chamadas "tabelas de honorários", a despeito de elas não ostentarem caráter vinculante.

Entendimento contrário seria fazer prevalecer regra similar à do § 4º do art. 20 do CPC de 1973 que foi, como está destacado acima, abolida do sistema processual pelo atual CPC de 2015[52], razão suficiente para descartar o entendimento de que o § 8º do art. 85 seria aplicável quando a hipótese fosse de "exorbitância" do proveito econômico ou de valor da causa "muito elevado"[53].

A esse respeito, a Corte Especial do STJ fixou, em sede de julgamento de recurso especial repetitivo, as seguintes teses, a partir do julgamento do Tema 1.076: "i) A fixação dos honorários por apreciação equitativa não é permitida quando os valores da condenação, da causa ou o proveito econômico da demanda forem elevados. É obrigatória nesses casos a observância dos percentuais previstos nos §§ 2º ou 3º do artigo 85 do CPC – a depender da presença da Fazenda Pública na lide –, os quais serão subsequentemente calculados sobre o valor: (a) da condenação; ou (b) do proveito econômico obtido; ou (c) do valor atualizado da causa. ii) Apenas se admite arbitramento de honorários por equidade quando, havendo ou não condenação: (a) o proveito econômico obtido pelo vencedor for inestimável ou irrisório; ou (b) o valor da causa for muito baixo"[54].

---

[52]. Correto, por isso mesmo, o entendimento da 2ª Seção do STJ no julgamento do REsp 1.746.072/PR, rel. p/ acórdão Min. Raul Araújo, j.m.v. 13-2-2019, DJe 29-3-2019, no sentido de que a regra do § 8º do art. 85 é *excepcional* e *subsidiária*, devendo ser aplicada apenas nos casos em que não há subsunção do § 2º do mesmo dispositivo, regra geral. No mesmo sentido, também do STJ: 4ª Turma, AgInt no REsp 1.711.273/DF, rel. Min. Antonio Carlos Ferreira, j.un. 2-6-2020, DJe 12-6-2020.

[53]. A polêmica acerca do dispositivo rendeu ensejo a dois temas no ambiente dos recursos especiais repetitivos. O tema 1046, perante a 2ª Seção do STJ está assim enunciado: "A possibilidade de fixação de honorários advocatícios com fundamento em juízo de equidade, nos termos do art. 85, §§ 2º e 8º, do Código de Processo Civil de 2015". No âmbito da CE, a referência é ao Tema 1.076: "Definição do alcance da norma inserta no § 8º do artigo 85 do Código de Processo Civil nas causas em que o valor da causa ou o proveito econômico da demanda forem elevados". Com o julgamento daquele Tema pela CE do STJ, que deu origem às teses mencionadas neste Capítulo, o julgamento da primeira restou prejudicado, razão pela qual o rel. Min. Raul Araújo decidiu pela desafetação daquele recurso especial em 25-8-2022 (REsp n. 1.812.301). Ademais, a constitucionalidade do § 8º do art. 85 é objeto da já mencionada ADC 71/DF proposta pelo Conselho Federal da OAB perante o STF.

[54]. O acórdão do STJ acabou dando ensejo a recurso extraordinário que, com repercussão geral reconhecida, aguarda julgamento perante o STF. Trata-se do RE 1.412.069/PR (Tema 1.255 RG), tendo como relator o Min. André Mendonça e assim enunciado: "Recurso extraordinário em que se discute, à luz dos artigos 2º, 3º, I e IV, 5º, *caput*, XXXIV e XXXV, 37, *caput*, e 66, § 1º, da Constituição Federal, a interpretação conferida pelo Superior Tribunal de Justiça ao art. 85, §§ 2º, 3º e 8º, do Código de Processo Civil, em julgamento de recurso especial repetitivo, no sentido de não ser permitida a fixação de honorários advocatícios por apreciação equitativa nas hipóteses de os valores da condenação, da causa ou o proveito econômico da demanda serem elevados, mas tão somente quando, havendo ou não condenação: (a) o proveito econômico obtido pelo vencedor for inestimável ou irrisório; ou (b) o valor da causa for muito baixo (Tema 1.076/STJ)".

O § 6º-A do art. 85, incluído pela Lei n. 14.365/2022, reforça a compreensão da sistemática do CPC, inclusive a regra do § 4º do art. 85, e as situações em que está autorizada a fixação dos honorários por equidade, em harmonia com a tese fixada pelo STJ. De acordo com o dispositivo, é proibida a apreciação equitativa, salvo nas hipóteses expressamente previstas no § 8º, mesmo quando o valor da condenação ou do proveito econômico obtido ou o valor atualizado da causa for líquido ou liquidável. Em tais casos, devem prevalecer os percentuais dos §§ 2º e 3º.

Para guiar a devida aplicação da fixação dos honorários por equidade, cabe ao juiz observar os valores recomendados pelo Conselho Seccional da Ordem dos Advogados do Brasil nas chamadas "tabelas de honorários" ou o limite mínimo de 10% na forma do § 2º do art. 85, aplicando-se o valor mais elevado. É a regra constante do § 8º-A do art. 85, incluído pela Lei n. 14.365/2022.

Também para a devida aplicação dos percentuais dos §§ 2º e 3º do art. 85 nas suas respectivas hipóteses de incidência, importa ser levado em conta eventual questionamento feito desde o recebimento da petição inicial, de ofício pelo magistrado ou pelo réu, com relação ao valor da causa, para que a incidência do § 8º do art. 85 não seja uma forma de negar aplicação à base de cálculo imposta como regra para fixação dos honorários pelos §§ 2º e 3º do art. 85[55]. Correto entender, por isso, que, havendo cumulação de pedidos, o valor a ser considerado para a fixação da verba honorária é o da soma dos pedidos, que também deve corresponder ao valor da causa (art. 292, VI)[56].

Tratando-se de indenização por ato ilícito contra pessoa, o percentual de honorários, de acordo com o § 9º do art. 85, incidirá sobre a soma das prestações vencidas com mais doze prestações vincendas[57].

Havendo perda do objeto, os honorários serão devidos por quem deu *causa* ao processo (art. 85, § 10). A redação do dispositivo, ao empregar nessa (e só nessa) hipótese a palavra "causa", no sentido de quem deu *origem*, *motivo* ou *razão* ao processo, confirma o acerto do quanto escrito no início deste número e no n. 2.8, *supra*, de que o CPC de 2015, inovando em relação ao CPC de 1973, alterou substancialmente o princípio reitor da responsabilidade pelas despesas *e* pelos honorários. Abandonou o princípio da *causalidade*,

---

55. Neste contexto e com estas ressalvas, merece destaque o Enunciado n. 6 da I Jornada de Direito Processual Civil do CJF: "A fixação dos honorários de sucumbência por apreciação equitativa só é cabível nas hipóteses previstas no § 8º do art. 85 do CPC".
56. Expresso quanto ao ponto é o quanto julgado pela 4ª Turma do STJ no AgInt no AREsp 1.759.571/MS, rel. Min. Antonio Carlos Ferreira, j.un. 20-5-2024, *DJe* 23-5-2024.
57. De acordo com a Súmula 111 do STJ, na redação que lhe foi dada em 2006 pela 3ª Seção daquele Tribunal, "Os honorários advocatícios, nas ações previdenciárias, não incidem sobre as prestações vencidas após a sentença". A 1ª Seção daquele Tribunal, no julgamento do Tema 1.105 dos recursos especiais repetitivos, entendeu que aquela orientação mantém-se hígida mesmo com o advento do CPC de 2015. Eis a tese fixada: "Continua eficaz e aplicável o conteúdo da Súmula 111/STJ (com a redação modificada em 2006), mesmo após a vigência do CPC/2015, no que tange à fixação de honorários advocatícios".

reservando-o para hipóteses excepcionais, tais como a aqui referida[58], passando a ser regido pelo da *sucumbência*.

O § 11 do art. 85 estabelece que eventual majoração dos honorários devida pela existência do segmento recursal – independentemente de o recurso ser julgado monocrática ou colegiadamente – deve respeitar os limites estabelecidos nos §§ 2º e 3º para a etapa de conhecimento.

A ressalva feita pelo dispositivo merece ser compreendida no sentido de que, na etapa de cumprimento de sentença (ou na execução fundada em título executivo extrajudicial, por identidade de motivos), não há possibilidade de majoração de honorários na fase recursal. O que pode ocorrer naquela etapa (e também se dá na execução fundada em título executivo extrajudicial) é que sejam fixados novos honorários, tal qual autoriza o § 1º do art. 85. Eles só não podem ser majorados, afastada que está a regra do § 11 do mesmo dispositivo.

Dentre as variadas dúvidas acerca da "sucumbência recursal" estabelecida pelo § 11 do art. 85, cabe destacar a atinente à viabilidade de o Tribunal, ao julgar o recurso, fixar percentual *aquém* dos 10% referidos no § 2º do art. 85 ou, tratando-se de processo em que seja parte a Fazenda Pública, *aquém* dos pisos percentuais dos cinco incisos do § 3º do mesmo dispositivo. Isso porque o § 11 do art. 85 determina a observância, "conforme o caso", do disposto nos §§ 2º a 6º, local em que repousam os tais limites percentuais mínimos e máximos.

O entendimento mais correto é no sentido de que a verba honorária, em sede recursal, pode incidir aquém daqueles percentuais porque ela só pode *complementar* o valor faltante para atingir os tetos percentuais indicados nos mesmos dispositivos. Os honorários recursais não podem ir além dos 20%, em se tratando de processo envolvendo pessoas de direito privado, ou além dos percentuais indicados no § 3º do art. 85, em se tratando de processos em que uma das partes é pessoa de direito público[59]. Tanto assim que, se a sentença, por exemplo, já tiver imposto ao vencido o pagamento de honorários no teto legal, não há como o Tribunal majorá-los.

De qualquer sorte, pode ocorrer de os limites máximos dos §§ 2º e 3º do art. 85 não serem atingidos mesmo no âmbito recursal justamente porque outros recursos são cabíveis e, nesse sentido, dão ensejo, ao menos em tese, a sucessivas majorações, até os limites destacados. Assim, apenas para ilustrar a hipótese, no julgamento do apelo, os honorários são majorados dos originais 12% para 15%, permitindo que, nos recursos seguintes, haja majorações graduais até o limite de 20% nas hipóteses do § 2º do art. 85.

---

[58] A tese fixada no âmbito do Tema 961 dos recursos especiais repetitivos do STJ ilustra suficientemente bem a afirmação do texto. Eis seu enunciado: "Observado o princípio da causalidade, é cabível a fixação de honorários advocatícios, em exceção de pré-executividade, quando o sócio é excluído do polo passivo da execução fiscal, que não é extinta".

[59] O Projeto do Senado continha regra neste sentido, o § 7º de seu art. 87. Segundo aquele dispositivo, era possível ao Tribunal, ao julgar recurso, fixar nova verba honorária, até o limite de 25% para a fase de conhecimento do processo. O Projeto da Câmara (art. 85, § 11) não repetiu a regra, limitando-se a prever a majoração dos honorários em função da fase recursal, nada dispondo, contudo, sobre ela poder "ultrapassar os respectivos limites es-tabelecidos nos §§ 2º e 3º para a fase de conhecimento". Foi essa a diretriz que foi convertida em lei.

Sujeitos do processo

Outro ponto importante a ser destacado é se a majoração dos honorários recursais pode ser dar de ofício ou se ela, ao contrário, depende de pedido do interessado. O entendimento mais consentâneo com o sistema processual civil é a de que a incidência do § 11º do art. 85 independe de pedido, justamente porque se trata de *efeito anexo*, que, como tal, decorre do mero fato de seu proferimento. A atuação oficiosa do magistrado, contudo, não afasta que, na ausência de debate anterior sobre sua incidência e sobre seu montante, as partes não devam ser previamente ouvidas para evitar a "decisão surpresa" proscrita pelo art. 10.

Eventual majoração dos honorários, contudo, deve ser justificada à luz de novo trabalho do advogado. Assim, a apresentação de contrarrazões recursais ou a realização de sustentação oral, por exemplo, são fatores que devem ser levados em conta, dentre outros, para aquele fim[60].

Mais correto que questionar em quais recursos é cabível a incidência da regra é partir do pressuposto de que variadas decisões sujeitas a diferentes recursos podem ter fixados honorários advocatícios, e é justamente por isso que esses honorários, já fixados, estão sujeitos à sua *majoração* no segmento recursal que se seguir. Assim, nada há que afaste aprioristicamente que o julgamento de embargos de declaração justifique a majoração da verba honorária fixada anteriormente na sentença[61]. Também em sede de agravo de instrumento: é supor que o agravo de instrumento seja interposto contra decisão interlocutória de mérito (art. 356, § 5º) que, ao considerar ilegítimo um dos corréus, tenha responsabilizado o autor pela verba honorária nos termos do parágrafo único do art. 338. É irrecusável, neste caso, que o § 11º do art. 85 autoriza a majoração dos honorários, respeitando-se, todavia, os limites específicos de três a cinco por cento do valor da causa indicados naquele dispositivo[62]. Contudo,

---

60. Pertinente, a propósito, é o Enunciado n. 7 da I Jornada de Direito Processual Civil do CJF: "A ausência de resposta ao recurso pela parte contrária, por si só, não tem o condão de afastar a aplicação do disposto no art. 85, § 11, do CPC". Não obstante, importa destacar que, no âmbito da jurisprudência dos Tribunais Superiores, tem prevalecido o entendimento de que a majoração dos honorários para os fins do art. 85, § 11, independe da apresentação de contrarrazões pelo recorrido. Assim, v.g.: STF, Pleno, AO 2.063 AgR/CE, rel. p/ acórdão Min. Luiz Fux, j.m.v. 18-5-2017, DJe 14-9-217; STJ, 4ª Turma, AgInt nos EDcl no AREsp 1.569.596/SP, rel. Min. Luis Felipe Salomão, j.un. 8-6-2020, DJe 12-6-2020 e STJ, 1ª Turma, AgInt no AREsp 1.542.214/SP, rel. Min. Gurgel de Faria, j.un. 1-6-2020, DJe 9-6-2020.

61. Embora genérico, o Enunciado n. 16 da ENFAM é em sentido contrário: "Não é possível majorar os honorários na hipótese de interposição de recurso no mesmo grau de jurisdição (art. 85, § 11, do CPC/2015)".

62. O Enunciado n. 5 da I Jornada de Direito Processual Civil do CJF generaliza a hipótese: "Ao proferir decisão parcial de mérito ou decisão parcial fundada no art. 485 do CPC, condenar-se-á proporcionalmente o vencido a pagar honorários ao advogado do vencedor, nos termos do art. 85 do CPC". A 3ª Turma do STJ, ao julgar o REsp 1.895.919/PR, rel. Min. Nancy Andrighi, j.un. 1-6-2021, DJe 8-6-2021, entendeu diversamente, apontando que os percentuais do art. 338 não podem ceder espaço aos do § 2º do art. 85 fora de sua específica hipótese de incidência, com honrosa citação do autor deste *Curso*. Mais recentemente, contudo, há julgados do STJ inclinando-se ao entendimento oposto. Assim, v.g.: 4ª Turma, AgInt nos EDcl no REsp 2.065.876/SP, rel. Min. Marco Buzzi, j.un. 3-9-2024, DJe 26-9-2024; 3ª Turma, REsp 2.098.934/RO, rel. Min. Nancy Andrighi, j.un. 5-3-2024, DJe 7-3-2024; 3ª Turma, AgInt nos EDcl no REsp 1.902.149/DF, rel. Min. Paulo de Tarso Sanseverino, j.un. 3-4-2023, DJe 27-4-2023; 3ª Turma, REsp 1.935.852/GO, rel. Min. Paulo de Tarso Sanseverino, j.un. 4-10-2022, DJe 10-11-2022; e 3ª Turma, AgInt no REsp 1.814.222/SP, rel. Min. Moura Ribeiro, j.un. 29-8-2022, DJe 31-8-2022.

quando a decisão recorrida não fixa honorários advocatícios, como se dá, por exemplo, com as mais variadas interlocutórias, não há razão para incidência do § 11 do art. 85 ao ensejo de eventual agravo de instrumento dela interposto[63]. A existência de recursos ao longo do processo deve ser, em tais casos, significativa para guiar verba honorária a ser oportunamente fixada para além do piso legal, não, contudo, como fator que legitime a aplicação do § 11 do art. 85, que pressupõe fixação da verba na decisão recorrida. Afinal, só se pode majorar – como se lê expressamente do dispositivo – o que já está previamente estabelecido[64].

Questão correlata é se o § 11 do art. 85 tem aplicação na remessa necessária que, a despeito de sua maior flexibilização, foi preservada pelo art. 496. A incidência da nova verba honorária deve pressupor exercício de efetiva atividade pelo advogado, ainda que se trate de remessa necessária (embora ela não ostente natureza recursal). Assim, por exemplo, o oferecimento de contrarrazões à remessa necessária (embora a prática seja incomum) e a realização de sustentação oral por ocasião de sua análise[65], inclusive quando realizada pelo próprio advogado público[66], são fatores que devem justificar a majoração da verba honorária naquele instante do processo[67].

No caso de se dar provimento ao recurso, é correto entender que eventual inversão da responsabilização pelo pagamento dos honorários *não* afasta a incidência do § 11 do art. 85, cabendo ao órgão julgador fixar *novos* honorários, observando os limites estabelecidos. É correto entender, no particular, que uma coisa é examinar se os honorários advocatícios foram adequadamente aplicados na decisão recorrida levando em conta os elementos e as circunstâncias valorados pela decisão que os fixou originariamente; outra, é entender que eles necessitam ser *majorados* para os fins do parágrafo em análise. Tratar indistintamente as duas hipóteses é reduzir a nada a regra do § 11 do art. 85[68]. Também não interfere na majo-

---

[63]. É a razão pela qual este *Curso* concorda com o Enunciado n. 8 da I Jornada de Direito Processual Civil do CJF: "Não cabe majoração de honorários advocatícios em agravo de instrumento, salvo se interposto contra decisão interlocutória que tenha fixado honorários na origem, respeitados os limites estabelecidos no art. 85, §§ 2º, 3º e 8º, do CPC".

[64]. É a orientação que vem sendo prestigiada por diversos julgamentos do STJ desde o julgamento, pela 2ª Turma, do AREsp 1.050.334/PR, rel. Min. Mauro Campbell Marques, j.un. 28-3-2017, *DJe* 3-4-2017. Assim, v.g.: 1ª Turma, AgInt no AREsp 1.124.937/SP, rel. Min. Napoleão Nunes Maia Filho, j.un. 19-8-2019, *DJe* 22-8-2019 e 4ª Turma, AgInt no AREsp 1.341.886/SP, rel. Min. Antonio Carlos Ferreira, j.un. 27-5-2019, *DJe* 30-5-2019.

[65]. No âmbito da jurisprudência sumulada do STJ, cabe a lembrança da Súmula 325, que tem o seguinte enunciado: "A remessa oficial devolve ao Tribunal o reexame de todas as parcelas da condenação suportadas pela Fazenda Pública, inclusive dos honorários de advogado".

[66]. A este respeito, aliás, importa colacionar os incisos IV e XX do art. 37 da Lei n. 13.327/2016, que, dentre outras providências, "dispõe sobre honorários advocatícios de sucumbência das causas em que forem parte a União, suas autarquias e fundações", ao enaltecer (pertinentemente) a importância da realização de sustentações orais nas sessões de julgamento pelos Advogados Públicos.

[67]. Em sentido contrário, generalizando o entendimento quanto ao não cabimento da verba honorária nos casos de remessa necessária é o Enunciado n. 4 do FNPP: "A majoração dos honorários de sucumbência, prevista no § 11 do art. 85 do CPC, não se aplica ao julgamento da remessa necessária".

[68]. Por tal razão é que este *Curso* discorda do entendimento contrário, que vincula a aplicação do art. 85, § 11, ao desfecho do recurso, orientação que acabou por prevalecer no STJ, em função do Tema 1.059, que gerou a seguinte tese: "A majoração dos honorários de sucumbência prevista no art. 85, § 11, do CPC pressupõe

Sujeitos do processo **487**

ração prevista no § 11 do art. 85 a existência de sucumbência recíproca[69], tampouco se o resultado do recurso interferir apenas em consectários da condenação como, por exemplo, índice de juros e/ou de correção monetária[70].

A ocorrência de majoração dos honorários na fase recursal, nos termos (e nos limites) do § 11, não se confunde com a aplicação de eventuais multas e de outras sanções processuais, inclusive as reservadas para o descumprimento dos deveres constantes do art. 77. A cumulação das verbas – lícita porque são diversas as razões de sua incidência – é expressamente admitida pelo § 12 do art. 85. Por isso mesmo, a majoração da verba honorária ao longo do segmento recursal não pode ser adotada como mote para sancionar o recorrente. Para esse fim, deve ser aplicado o regime específico, como, por exemplo, a multa genérica prevista no § 2º do art. 77, e as multas específicas reservadas para os embargos de declaração (art. 1.026, §§ 2º e 3º) e para o agravo interno (art. 1.021, §§ 4º e 5º)[71].

O § 13 do art. 85 trata dos honorários advocatícios – e, mais amplamente, das verbas de sucumbência – fixados em embargos à execução rejeitados ou julgados improcedentes e de sua fixação na fase de cumprimento de sentença[72]. Os honorários serão acrescidos no valor do débito principal, para todos os efeitos legais. Nesse caso, é correto entender que incide

---

que o recurso tenha sido integralmente desprovido ou não conhecido pelo tribunal, monocraticamente ou pelo órgão colegiado competente. Não se aplica o art. 85, § 11, do CPC em caso de provimento total ou parcial do recurso, ainda que mínima a alteração do resultado do julgamento e limitada a consectários da condenação". Cabe frisar: a distinção de hipóteses feita pela tese não merece ser prestigiada porque, havendo provimento do recurso, ainda que parcial, a reversão da sucumbência prevista na decisão recorrida não guarda relação com o propósito dos honorários recursais, que é o de remunerar a atividade extra dos advogados em função do segmento recursal. Também não se confunde com o recurso interposto para questionar a inobservância, pela decisão recorrida, dos critérios que devem ser observados para a fixação dos honorários: uma coisa é dizer que a decisão impôs equivocadamente a verba honorária; outra, que pressupõe a sua fixação escorreita, é verificar se é o caso de majorá-la em virtude do próprio recurso e do trabalho desenvolvido desde sua interposição. Por tais razões, o resultado do recurso é, para todos os fins, desimportante para a majoração prevista no § 11 do art. 85.

69. Nesse sentido: STJ, 4ª Turma, AgInt no AREsp 1.495.369/MS, rel. Min. Luis Felipe Salomão, j.un. 1-9-2020, *DJe* 16-10-2020.

70. O que também mostra a discordância deste *Curso* com a tese fixada pela Corte Especial do STJ no precitado Tema 1.059.

71. Não há como concordar, destarte, com o entendimento de que a majoração dos honorários no âmbito recursal poderia ter como função sancionar o recorrente diante da (tão só) rejeição de sua pretensão recursal. Se a hipótese é de recurso interposto para fins protelatórios ou quejandos, a hipótese deve ser regrada pelo art. 80, VII, seguindo-se a multa do art. 81, sem prejuízo da responsabilização do recorrente por perdas e danos (art. 79).

72. A regra conduz ao entendimento de que a Súmula 519 do STJ ("Na hipótese de rejeição da impugnação ao cumprimento de sentença, não são cabíveis honorários advocatícios") não subsiste no sistema do CPC de 2015. Não só diante do próprio § 1º do art. 85, mas também porque o § 2º do art. 827 do CPC de 2015, embora tratando de embargos à execução, é expresso sobre a possibilidade de condenação em honorários em caso de *rejeição* daquela manifestação do executado, atraindo, por isso mesmo, a incidência dos arts. 513, *caput*, e 771, para que a fixação dos honorários no cumprimento de sentença leve em conta *também* eventual impugnação do executado, ainda que rejeitada. A Súmula 517 do STJ, por sua vez, ao enunciar que "São devidos honorários advocatícios no cumprimento de sentença, haja ou não impugnação, depois de escoado o prazo para pagamento voluntário, que se inicia após a intimação do advogado da parte executada", permanece hígida no sistema.

em sua plenitude a regra da "cumulação" constante do § 1º do art. 85 no sentido de os honorários fixados de início da etapa de cumprimento ou da execução serão majorados levando em conta o trabalho desenvolvido na impugnação ou nos embargos e invertidos os beneficiários, conforme o caso.

O § 14 do art. 85, na mesma linha do estabelecido pelo art. 23 da Lei n. 8.906/94 e da jurisprudência dos Tribunais Superiores, dispõe que os honorários constituem direito do advogado e que, além disso, ostentam natureza alimentar[73], com os mesmos privilégios dos créditos oriundos da legislação do trabalho[74]. Diante da dualidade de titulares, é vedada a sua compensação em caso de sucumbência parcial. É que a sucumbência é experimentada pela parte, e não pelo advogado, não se podendo falar em compensação de créditos que pertencem a credores diversos (arts. 368 e 371 do CC). Trata-se de previsão que enfatiza a compreensão extraída do *caput* do art. 85[75].

A reiteração feita pelo precitado dispositivo codificado, de que os honorários sucumbenciais pertencem ao advogado e não a seu constituinte, convida a reflexão sobre seus reflexos processuais, sobretudo quanto à legitimidade recursal e para seu oportuno cumprimento[76]. Em rigor, dada a dualidade de titulares, a legitimidade para aquelas duas iniciativas é do *advogado* e não da parte, inexistindo regra que permita a legitimação extraordinária na hipótese e, consequentemente, que a parte em nome próprio aja processualmente por direito alheio (os honorários de seu advogado)[77]. A prática forense, contudo, é (e sempre foi) toleran-

---

73. O destaque principal é o da Súmula Vinculante 47 do STF, cujo enunciado é o seguinte: "Os honorários advocatícios incluídos na condenação ou destacados do montante principal devido ao credor consubstanciam verba de natureza alimentar cuja satisfação ocorrerá com a expedição de precatório ou requisição de pequeno valor, observada ordem especial restrita aos créditos dessa natureza". O autor deste *Curso* teve oportunidade de demonstrar o surgimento e o desenvolvimento daquele entendimento na jurisprudência do STF, do STJ e do TJSP em artigo intitulado: "A natureza alimentar dos honorários advocatícios sucumbenciais", p. 213-234.
74. Ilustra suficientemente bem o alcance da regra a tese fixada pelo STJ no âmbito do Tema repetitivo 637: "I – os créditos resultantes de honorários advocatícios têm natureza alimentar e equiparam-se aos trabalhistas para efeito de habilitação em falência, seja pela regência do Decreto-Lei n. 7.661/1945, seja pela forma prevista na Lei n. 11.101/2005, observado o limite de valor previsto no artigo 83, inciso I, do referido Diploma legal. II – são créditos extraconcursais os honorários de advogado resultantes de trabalhos prestados à massa falida, depois do decreto de falência, nos termos dos arts. 84 e 149 da Lei n. 11.101/2005". O STF, por sua vez, reconheceu a repercussão geral da discussão acerca da inconstitucionalidade parcial do § 14 do art. 85 do CPC, no que tange à preferência do pagamento dos honorários advocatícios em relação aos créditos tributários (Tema 1.220 da Repercussão Geral).
75. É inquestionável, por isso mesmo, que a Súmula 306 do STJ ("Os honorários advocatícios devem ser compensados quando houver sucumbência recíproca, assegurado o direito autônomo do advogado à execução do saldo sem excluir a legitimidade da própria parte") perdeu (de vez) seu substrato normativo com o advento do CPC. Expresso, quanto ao ponto, é o acórdão da 3ª Turma do STJ no REsp 2.082.582/RJ, rel. Min. Nancy Andrighi, j.un. 11-6-2024, *DJe* 20-6-2024. No mesmo sentido é o Enunciado n. 244 do FPPC.
76. Na perspectiva do cumprimento de sentença, o autor deste *Curso* voltou-se ao tema em seus *Comentários ao Código de Processo Civil*, v. X, p. 241-242.
77. Não há como concordar, por isso mesmo, com o Enunciado n. 2 do FNPP em sentido radicalmente contrário: "A Fazenda Pública possui legitimidade extraordinária para discutir, recorrer e executar os honorários sucumbenciais nos processos em que seja parte".

te com a questão, o que não significa afirmar que ela esteja certa, muito pelo contrário[78]. A controvérsia sobre o assunto levou a CE do STJ a afetá-la no âmbito dos recursos repetitivos (Tema 1.242) da seguinte forma: "definir se há legitimidade concorrente do advogado e da parte para promover a execução dos honorários advocatícios".

A natureza *alimentar* indicada expressamente pelo dispositivo deve levar a aplicar à cobrança dos honorários advocatícios o mesmo regime existente no Código de Processo Civil para verbas daquela espécie, inclusive, se for *necessário*, a prisão civil (art. 5º, LXVII da CF, e arts. 528, § 3º, e 911, parágrafo único, do CPC)[79]. E, para evitar interpretação que privilegie advogados (públicos ou privados) em detrimento de outros profissionais liberais, é irrecusável emprestar esta mesma solução a seus respectivos honorários profissionais. Todos eles, sem exceção, são verbas que, por definição, têm natureza *alimentar*[80].

O § 15 do art. 85 autoriza ao advogado requerer que o pagamento dos honorários que lhe caibam seja efetuado em favor da sociedade de advogados que integra na qualidade de sócio. Mesmo nesse caso, contudo, o regime do § 14 deve ser observado.

Sendo os honorários fixados em quantia certa, os juros moratórios incidirão a partir da data do trânsito em julgado da decisão (art. 85, § 16)[81]. Neste caso, eventual cumprimento provisório que seja iniciado pelo advogado para perseguir aquela verba – que não se confunde com os novos honorários a serem fixados na e para aquela etapa, por força do § 2º do art. 520 – aceitará a correção monetária cabível[82], mas não os juros moratórios.

A atuação do advogado em causa própria (art. 103, parágrafo único) não afasta a pertinência da fixação dos honorários de advogado de sucumbência. É o que disciplina o § 17 do

---

78. O que pode existir, à falta de regra naquele sentido, é que, contratualmente, advogado e seu constituinte prevejam a regra de legitimação extraordinária, o que vai ao encontro do que, a propósito do art. 18, sustenta ser possível o n. 3.2 do Capítulo 2.
79. O Tema 1.153 dos recursos especiais repetitivos do STJ direciona-se em sentido contrário ao dispor que: "A verba honorária sucumbencial, a despeito da sua natureza alimentar, não se enquadra na exceção prevista no § 2º do art. 833 do CPC/2015 (penhora para pagamento de prestação alimentícia)". Para este *Curso*, pelas razões apresentadas no texto, não há como recusar o regime jurídico executivo inerente a verbas alimentares (ativa ou passivamente) na exata medida do reconhecimento dessa natureza especial. Ademais, o § 2º do art. 833 expressamente ressalva que a hipótese nele prevista independe da origem dos alimentos. A diretriz da tese fixada no Tema 1.153 foi empregada pela 4ª Turma do STJ para negar a viabilidade de penhora de valores provenientes do FGTS, dada a sua "absoluta impenhorabilidade" (art. 2º, § 2º, da Lei n. 8.036/90) para pagamento de honorários contratuais e sucumbenciais. A referência é feita ao REsp 1.913.811/SP, rel. Min. Antonio Carlos Ferreira, j.un. 10-9-2024, *DJe* 16-9-2024.
80. O autor deste *Curso* voltou-se mais demoradamente a essa demonstração em seus *Comentários ao Código de Processo Civil*, v. X, p. 306-307.
81. Ao julgar o REsp 1.984.292/DF, a 3ª Turma do STJ, rel. Min. Nancy Andrighi, j.un. 29-3-2022, *DJe* 1º-4-2022, entendeu que, em se tratando de recurso intempestivo, a fluência dos juros de mora se dá a partir do dia seguinte ao transcurso do prazo legal.
82. Pertinente a lembrança da Súmula 14 do STJ ao enunciar, a propósito da correção monetária na verba honorária, que: "Arbitrados honorários advocatícios em percentual sobre o valor da causa, a correção monetária incide a partir do respectivo ajuizamento".

art. 85. A melhor interpretação é a que entende incidente a regra tanto no caso em que o advogado litigante se sagrar *vencedor* (quando ele será o *credor* da verba) quanto no caso de sair *perdedor* (hipótese em que será o *devedor* da verba).

Se a decisão deixar de fixar os honorários e tiver transitado em julgado, é possível postular, autonomamente, sua fixação e sua cobrança (art. 85, § 18). Caso a omissão seja averiguada ao longo do processo, ela merece ser sanada pelos recursos cabíveis, a começar pelos embargos de declaração (art. 1.022, II). Fica superada, diante da regra, a orientação contida na Súmula 453 do STJ[83].

O § 19 do art. 85, ao estabelecer que "os advogados públicos perceberão honorários de sucumbência, nos termos da lei", deve ser compreendido como regra de eficácia contida, dependente, pois, de edição de leis próprias, de cada ente federado (União, Estados, Distrito Federal e Municípios), que o regulamentem, estabelecendo qual percentual dos honorários sucumbenciais será repassado, e de que maneira, aos advogados públicos respectivos. Entendimento diverso violaria o art. 61, § 1º, II, *a*, da Constituição Federal, que reserva ao Chefe do Executivo de cada ente a iniciativa de lei que trata da remuneração dos seus respectivos servidores públicos.

No âmbito federal, cabe destacar, a propósito do § 19 do art. 85, a edição da Lei n. 13.327/2016, cujo art. 29, *caput*, tem a seguinte redação: "Os honorários advocatícios de sucumbência das causas em que forem parte a União, as autarquias e as fundações públicas federais pertencem originariamente aos ocupantes dos cargos de que trata este Capítulo". De acordo com o art. 27 daquela Lei, a regra alcança: o Advogado da União, o Procurador da Fazenda Nacional, o Procurador Federal, o Procurador do Banco Central do Brasil e os quadros suplementares em extinção previstos no art. 46 da Medida Provisória n. 2.229-43/2001. O art. 33, por sua vez, cria o "Conselho Curador dos Honorários Advocatícios (CCHA)", vinculado à Advocacia-Geral da União, e sem personalidade jurídica própria[84], que tem como competência precípua, para o que aqui interessa, "editar normas para operacionalizar o crédito e a distribuição dos valores de que trata o art. 30" e "fiscalizar a correta destinação dos honorários advocatícios, conforme o disposto neste Capítulo" (art. 34, I e II, da Lei n. 13.327/2016)[85].

---

83. Cujo enunciado é o seguinte: "Os honorários sucumbenciais, quando omitidos em decisão transitada em julgado, não podem ser cobrados em execução ou em ação própria". Acolhendo tal orientação, embora acentuando tratar-se de superação parcial da referida Súmula, é o quanto decidido pela 3ª Turma do STJ no REsp 2.098.934/RO, rel. Min. Nancy Andrighi, j.un. 5-3-2024, *DJe* 7-3-2024, e pela 4ª Turma daquele Tribunal no AgInt no REsp. 1.979.888/PR, rel. Min. Raul Araújo, j.un. 6-3-2023, *DJe* 27-3-2023. É também o entendimento alcançado pelo Enunciado n. 8 do FPPC.
84. Como corretamente decidiu a 1ª Seção do STJ no CC 199.358/RJ, rel. Min. Gurgel de Faria, j.un. 24-4-2024, *DJe* 21-6-2024.
85. A constitucionalidade daquele diploma legal e de vários outros, editados pelos demais entes federados, disciplinando o pagamento dos honorários advocatícios aos próprios advogados públicos foi objeto de variadas ações diretas de inconstitucionalidade ajuizadas pela PGR perante o STF, contrastando as novas regras com o regime jurídico administrativo de remuneração daqueles profissionais que emana do modelo constitucional. Por todas, cabe referir a ADI 6.053/DF, julgada parcialmente procedente para, "[...] conferindo interpretação conforme à Constituição ao art. 23 da Lei n. 8.906/94, ao art. 85, § 19, da Lei n. 13.105/2015, e aos arts. 27 e 29 a 36 da Lei n. 13.327/2016,

É correto entender, em nome do princípio federativo, que eventual norma *preexistente* ao Código de Processo Civil que verse sobre o tema não é por ele afetada.

De acordo com o § 20 do art. 85, incluído pela Lei n. 14.365/2022, as regras dos §§ 2º, 3º, 4º, 5º, 6º, 6º-A, 8º, 8º-A, 9º e 10 do art. 85 devem ser aplicadas também aos honorários fixados por arbitramento judicial, isto é, aqueles que são resultantes de falta de estipulação prévia ou de acordo entre o advogado e a parte por ele representada. A previsão harmoniza-se com o § 2º do art. 20 da Lei n. 8.906/94, também modificado pela Lei n. 14.365/2022.

2.10 Dinâmica das despesas, honorários e multas

Após a disciplina dedicada aos honorários advocatícios no art. 85, os arts. 86 a 97 tratam casuisticamente de outras diversas questões relativas às despesas, aos próprios honorários e às multas. Elas são reunidas, por força da metodologia adotada por este *Curso*, no presente número.

Assim é que o *caput* do art. 86 se ocupa da hipótese de haver o que é comumente chamado "sucumbência recíproca", isto é, quando cada litigante for, em parte, vencedor e vencido. Nesse caso, as *despesas* serão proporcionalmente distribuídas entre eles, o que deve ser entendido no sentido de que cada parte pagará parcela das despesas totais, consoante sua responsabilidade na geração respectiva. A compensação dos honorários advocatícios, cabe reiterar o § 14 do art. 85, é expressamente vedada nessa hipótese, devendo a honorária incidir, de acordo com as regras dos §§ 2º e 3º do art. 85, sobre as respectivas bases de cálculo[86]. Se, a despeito da sucumbência recíproca, ela for mínima, as despesas – e, neste caso, também os honorários – serão de responsabilidade integral do litigante sucumbente (art. 86, parágrafo único). A regra veicula outra exceção ao princípio da sucumbência abraçado pelo Código de Processo Civil, preferindo o da *causalidade* como critério de responsabilização das verbas sucumbenciais.

Havendo litisconsórcio ativo ou passivo, os vencidos respondem proporcionalmente pelas despesas e pelos honorários advocatícios. É o que dispõe o *caput* do art. 87. O § 1º do mesmo artigo exige fundamentação específica para a distribuição proporcional pelo pagamento das verbas em tais condições[87]. Não havendo distribuição, presume-se a solidarieda-

---

estabelecer que a somatória dos subsídios e honorários de sucumbência percebidos mensalmente pelos advogados públicos não poderá exceder ao teto dos Ministros do Supremo Tribunal Federal, conforme o que dispõe o art. 37, XI, da Constituição Federal" (rel. p/ acórdão Min. Alexandre de Moraes, j.m.v. 24-6-2020, *DJe* 30-7-2020).

[86]. Expressa quanto ao ponto é a decisão da 4ª Turma do STJ nos EDcl no AgInt nos EDcl no AREsp 1.553.027/RJ, rel. Min. Marco Buzzi, j.un. 3-5-2022, *DJe* 6-5-2022. No mesmo sentido: STJ, 2ª Turma, AgInt nos EDcl no AREsp 2.225.328/PR, rel. Min. Teodoro Silva Santos, j.un. 2-9-2024, *DJe* 5-9-2024; e STJ, 3ª Turma, REsp 2.082.582/RJ, rel. Min. Nancy Andrighi, j.un. 11-6-2024, *DJe* 20-6-2024.

[87]. Bem ilustra a hipótese o quanto julgado pela 4ª Turma do STJ no AgInt no REsp 1.842.035/MT, rel. Min. Raul Araújo, j.un. 20-2-2024, *DJe* 5-3-2024, no AgInt no AREsp 1.701.927/RS, rel. Min. Marco Buzzi, j.un. 4-12-2023, *DJe* 7-12-2023, e no AgInt no AREsp 1.618.482/SP, rel. Min. Raul Araújo, j.un. 10-5-2021, *DJe* 9-6-2021.

de dos vencidos pelo pagamento das despesas e dos honorários, ou seja, a responsabilidade conjunta de cada qual pelo pagamento total (art. 87, § 2º).

Nos procedimentos de jurisdição voluntária (arts. 719 a 770), as despesas serão adiantadas pelo requerente e rateadas entre todos os interessados (art. 88). É correto entender que, na falta de conflito entre eles, o rateio seja em partes iguais, não havendo nenhum óbice, contudo, a que os próprios interessados disciplinem diferentemente a sua responsabilização pelo pagamento do que for devido.

Não havendo litígio nos juízos divisórios (arts. 569 a 598), os interessados pagarão as despesas proporcionalmente a seus quinhões (art. 89).

O art. 90 ocupa-se da responsabilidade pelo pagamento das despesas e dos honorários na hipótese de haver decisão com fundamento em desistência, reconhecimento jurídico do pedido ou, ainda – hipótese em que o CPC de 2015 inova em relação ao CPC de 1973, ao menos do ponto de vista textual –, renúncia. Nesses casos, as despesas e os honorários serão pagos pela parte que desistiu, reconheceu ou renunciou[88]. O § 1º do art. 90 estabelece que o pagamento das despesas seja proporcional à parcela do que se desistiu, do que se reconheceu ou do que se renunciou. São mais dois elementos importantes para, junto dos já mencionados, entender que a *causalidade* como fundamento da responsabilização pelas verbas de sucumbência no CPC de 2015 é a *exceção* e não a *regra*.

Os §§ 2º e 3º do art. 90 disciplinam a responsabilidade das despesas quando houver transação. De acordo com o § 2º, se as partes nada dispuserem a seu respeito, as despesas serão divididas entre elas igualmente. Se a transação ocorrer antes do proferimento da sentença, as partes ficam dispensadas do pagamento das custas processuais remanescentes, se houver (§ 3º)[89].

Embora a iniciativa da regra contida no § 3º do art. 90 seja louvável porque incentiva que as partes se valham da transação para a autocomposição de seus conflitos, em perfeita harmonia com os parágrafos do art. 3º, ela é de discutível constitucionalidade no âmbito da justiça *estadual* porque, nela, as custas respectivas só podem ser fixadas por leis estaduais e

---

88. No REsp 1.819.876/SP, a 3ª Turma do STJ, rel. Min. Ricardo Villas Bôas Cueva, j.un. 5-10-2021, *DJe* 8-10-2021, entendeu que, havendo desistência após a citação, ainda que antes da apresentação da contestação, devem ser observados, como regra, na hipótese, os percentuais do § 2º do art. 85. Decidiu-se, na oportunidade, que a isenção prevista nos §§ 1º a 3º do art. 1.040 só é aplicável quando a desistência estiver relacionada ao sistema de recursos repetitivos, não podendo ser generalizada. Mais recentemente, confirmando aquele entendimento: STJ, 1ª Turma, AgInt no REsp 2.121.838/RJ, rel. Min. Regina Helena Costa, j.un. 16-9-2024, *DJe* 19-9-2024; STJ, 3ª Turma, AgInt no AREsp 2.517.198/BA, rel. Min. Nancy Andrighi, j.un. 27-5-2024, *DJe* 29-5-2024; e STJ, 3ª Turma, AgInt no AREsp 2.324.527/SP, rel. Min. Nancy Andrighi, j.un. 27-11-2023, *DJe* 30-11-2023.
89. Sobre o assunto foi editado o Enunciado n. 10 da Carta de Tiradentes: "A isenção do pagamento de custas finais para o caso de transação, prevista no art. 90, § 3º, do Novo CPC, não abrange as custas que incidiram até a data do acordo". A 3ª Turma do STJ, no REsp 1.880.944/SP, rel. Min. Nancy Andrighi, j.un. 23-3-2021, *DJe* 26-3-2021, teve oportunidade de entender que o dispositivo aplica-se também no âmbito do "processo de execução".

não federal, como é o caso do Código de Processo Civil. No âmbito da justiça federal, contudo, é indubitável sua plena incidência.

O § 4º do art. 90, por fim, estabelece que, se o réu reconhecer a procedência do pedido e, simultaneamente, cumprir integralmente a prestação reconhecida, os honorários serão reduzidos pela metade. Trata-se de importante (e nova) regra a incentivar, diante do benefício econômico, não só o reconhecimento jurídico do pedido, mas também – e ainda mais importante – que realize o que se espera dele, merecendo recordar, nesse contexto, do art. 4º[90].

O art. 91 dispõe que as despesas dos atos processuais praticados a requerimento da Fazenda Pública, do Ministério Público (quando atua como parte) ou da Defensoria Pública serão pagas ao final pelo vencido. Excepciona, portanto, a regra de *adiantamento* das despesas relativas aos atos processuais constante do art. 82.

Buscando resolver dificuldades relativas ao pagamento de perícias e dos honorários periciais quando se tratar de ato requerido por uma daquelas pessoas, o § 1º estabelece que as perícias solicitadas por elas poderão ser realizadas por entidade pública ou, havendo previsão orçamentária, ter os valores adiantados por aquele que requisitar a prova. Se não houver previsão orçamentária no exercício financeiro para aquele fim, complementa o § 2º, os honorários periciais serão pagos no exercício seguinte ou ao final, pelo vencido, caso o processo se encerre antes do adiantamento a ser feito pelo ente público[91].

O art. 92 trata da obrigação de o autor, quando houver proferimento da sentença sem resolução de mérito a requerimento do réu, dever pagar ou depositar em cartório as despesas e os honorários a que foi condenado, sob pena de, não o fazendo, não poder demandar novamente. O dispositivo, que merece ser lido ao lado do art. 486, é flagrantemente inconstitucional, por atritar com o inciso XXXV do art. 5º da Constituição Federal. A cobrança das despesas e dos honorários gerados pelo processo anterior não pode ser óbice para ingressar no Judiciário, ainda que para discutir a mesma afirmação de direito.

Quem der causa ao adiamento ou à repetição do ato processual é responsável pelo pagamento das despesas respectivas (art. 93), mais uma regra para corroborar o entendimento

---

[90]. A I Jornada de Direito Processual Civil promovida pelo CJF teve oportunidade de editar dois enunciados acerca do dispositivo. São eles: Enunciado n. 9: "Aplica-se o art. 90, § 4º, do CPC ao reconhecimento da procedência do pedido feito pela Fazenda Pública nas ações relativas às prestações de fazer e de não fazer" e Enunciado n. 10: "O benefício do § 4º do art. 90 do CPC aplica-se apenas à fase de conhecimento".

[91]. De acordo com o *caput* do art. 1º da Lei n. 13.876/2019, "O pagamento dos honorários periciais referentes às perícias já realizadas e às que venham a ser realizadas em até 2 (dois) anos após a data de publicação desta Lei, nas ações em que o Instituto Nacional do Seguro Social (INSS) figure como parte e que sejam de competência da Justiça Federal, e que ainda não tenham sido pagos, será garantido pelo Poder Executivo federal ao respectivo tribunal.", inclusive quando o processo tramitar perante a Justiça Estadual por força do § 3º do art. 109 da CF, na redação dada pela EC n. 103/2019 (art. 1º, § 1º, da Lei n. 13.876/2019). O § 3º do mesmo dispositivo, por sua vez, estabelece que "A partir de 2020 e no prazo de até 2 (dois) anos após a data de publicação desta Lei, o Poder Executivo federal garantirá o pagamento dos honorários periciais referentes a 1 (uma) perícia médica por processo judicial.", admitindo, o § 4º, em caráter excepcional, "e caso determinado por instâncias superiores do Poder Judiciário", a realização (sob a responsabilidade financeira da União Federal) de uma segunda perícia.

de que o CPC de 2015 se afastou do princípio da *causalidade* como vetor da responsabilização genérica pelas verbas de sucumbência.

O art. 94 trata da responsabilidade do assistente pelas despesas processuais: se o assistido for vencido, o assistente será condenado ao pagamento das custas em proporção à atividade que houver exercido no processo. As *custas* referidas no dispositivo devem ser compreendidas no sentido de custeio dos atos processuais, excluídas a indenização de viagem, a remuneração do assistente técnico, a diária de testemunha (art. 84) e excluídos também os honorários de advogado (art. 85, *caput*).

O art. 95 disciplina, de forma muito mais bem-acabada, o pagamento dos honorários do perito e dos assistentes técnicos, levando em conta, inclusive, a hipótese de o ato ser praticado em favor do beneficiário da justiça gratuita. A regra, de acordo com o *caput*, é a de que cada parte adiante a remuneração do assistente técnico que houver indicado. A remuneração do perito será adiantada pela parte que houver requerido a perícia ou será rateada quando a perícia for determinada de ofício ou, ainda, quando requerida por ambas as partes. O § 1º permite que o magistrado determine que a parte responsável pelo pagamento dos honorários do perito deposite em juízo o valor correspondente. O valor, que ficará em depósito bancário à ordem do juízo, será corrigido monetariamente e será pago de acordo com o § 4º do art. 465, isto é, até 50% no início dos trabalhos e o restante depois de entregue o laudo e prestados todos os esclarecimentos necessários. É o que estabelece o § 2º do art. 95.

De acordo com o § 3º do art. 95, quando se tratar de perícia de responsabilidade de beneficiário de gratuidade da justiça, aquele meio de prova poderá ser custeado com recursos alocados ao orçamento do ente público e realizado por servidor do Poder Judiciário ou por órgão público conveniado. No caso da realização por particular, o valor será fixado conforme tabela do tribunal respectivo ou, em caso de sua omissão, do Conselho Nacional de Justiça[92], e pago com recursos alocados ao orçamento da União, do Estado ou do Distrito Federal, consoante o caso. O § 4º do art. 95 complementa a regra ao estabelecer que o magistrado, após o trânsito em julgado da decisão final, estimulará a Fazenda Pública para que efetue a cobrança dos valores devidos.

O § 5º do art. 95, por sua vez, veda a utilização de recursos do fundo de custeio da Defensoria Pública para os fins do § 3º do mesmo dispositivo, isto é, para custear perícia de beneficiário da justiça gratuita.

O art. 96 dispõe que o valor das sanções impostas ao litigante de má-fé reverterá em benefício da parte contrária. Se os apenados forem os serventuários, o valor das sanções

---

[92]. O tema é objeto da Resolução n. 232, de 13 de julho de 2016, alterada pelas Resoluções n. 326/2020 e 545/2024, que "fixa os valores dos honorários a serem pagos aos peritos no âmbito da justiça de primeiro e segundo graus, nos termos do disposto no art. 95, § 3º, II, do Código de Processo Civil, Lei 13.105/2015". Aplicando as regras da versão original daquele ato é o julgamento da 4ª Turma do STJ no RMS 61.105/MS, rel. Min. Maria Isabel Gallotti, j.un. 10-12-2019, *DJe* 13-12-2019.

respectivas pertencerá ao Estado ou à União, consoante se trate de servidor público estadual ou federal.

O art. 97 autoriza a União e os Estados a criarem fundos de modernização do Judiciário para os quais serão revertidos os valores das sanções pecuniárias aplicadas em virtude de processos jurisdicionais (art. 96), sem prejuízo de outras verbas previstas em lei. A locução verbal empregada pelo dispositivo ("serão revertidos") é imperativa e, como tal, enseja a interpretação de que a destinação das verbas é verdadeiro *dever*. É correto entender, contudo, que aqueles fundos e o modo de destinação dos valores a ele arrecadados dependem da edição de atos normativos de cada um dos entes federados. Lei federal, como é o caso do Código de Processo Civil, não pode dispor sobre o assunto sem agredir a repartição de competências que existe desde o modelo constitucional para assuntos relativos, com necessária observância do disposto no art. 99 da Constituição Federal.

2.11 Gratuidade da Justiça

A Seção IV do Capítulo II do Título I do Livro III da Parte Especial do Código de Processo Civil inova ao disciplinar detidamente a gratuidade da justiça, revogando diversos dispositivos da Lei n. 1.060/50 (art. 1.072, III). A iniciativa harmoniza-se com o inciso LXXIV do art. 5º da Constituição Federal e com a necessidade de renovar, atualizando, o tratamento legal da matéria, cuja disciplina legislativa específica acabou ficando obsoleta.

Os cinco dispositivos da referida Seção ocupam-se dos casos de concessão do benefício e de sua abrangência (art. 98), da dinâmica do requerimento e estabelecimento do contraditório (arts. 99 e 100), dos recursos interponíveis da concessão ou do indeferimento do pedido e seu respectivo regime (art. 101) e, por fim, das consequências decorrentes de sua revogação definitiva (art. 102).

2.11.1 Abrangência do benefício

De acordo com o *caput* do art. 98, a pessoa natural ou jurídica, brasileira ou estrangeira[93], com insuficiência de recursos para pagar as custas, despesas processuais e honorários advocatícios tem direito à gratuidade da justiça.

---

93. Com a previsão do CPC, à qual deve ser acrescentada a expressa revogação do art. 2º da Lei n. 1.060/50, que dispunha em sentido contrário (art. 1.072, III), fica afastada a impossibilidade de concessão do benefício da gratuidade da justiça aos estrangeiros não residentes no país, máxime diante do dever de igualdade de tratamento entre nacionais e estrangeiros, residentes ou não no Brasil, previsto no art. 26, II, no âmbito da cooperação internacional. É o entendimento da Corte Especial do STJ na Pet 9.815/DF, rel. Min. Luis Felipe Salomão, j.un. 29-11-2017, *DJe* 15-3-2018, que, contudo, negou a aplicação do entendimento no caso concreto, diante de peculiaridades do caso e da regra de direito intertemporal do art. 14.

O § 1º do art. 98 indica o que é abrangido pela gratuidade da justiça: (*i*) taxas ou custas judiciais; (*ii*) selos postais; (*iii*) despesas com publicação na imprensa oficial, que, se realizada, dispensa a publicação em outros meios; (*iv*) indenização devida à testemunha empregada, que receberá do empregador salário integral, como se estivesse em serviço; (*v*) despesas com a realização de exames considerados essenciais como, por exemplo, o de DNA; (*vi*) honorários do advogado e do perito, e a remuneração do intérprete ou do tradutor nomeado para apresentação de versão em português de documento redigido em língua estrangeira; (*vii*) custo com a elaboração de memória de cálculo, quando exigida para instauração da execução e também, cabe acrescentar, para o início da fase de cumprimento de sentença; (*viii*) depósitos previstos em lei para interposição de recurso, para exercer o direito de ação e para a prática de outros atos processuais inerentes ao exercício da ampla defesa e do contraditório; e, por fim, (*ix*) emolumentos devidos a notários ou registradores em decorrência da prática de registro, averbação ou qualquer outro ato notarial necessário à efetivação de decisão judicial ou à continuidade de processo judicial no qual o benefício tenha sido concedido.

A última previsão, do inciso IX, é complementada pelos §§ 7º e 8º do mesmo art. 98. O § 7º determina àquele caso a aplicação da sistemática de custeio reservada para a perícia de responsabilidade do beneficiário da gratuidade da justiça (art. 95, §§ 3º a 5º). O § 8º, por seu turno, autoriza o notário ou o registrador que duvidar do preenchimento das condições para a gratuidade pelo requerente requerer ao juízo competente a revogação total ou parcial do benefício ou o parcelamento do pagamento, nos moldes do § 6º, prevendo quinze dias para o beneficiário responder ao requerimento.

Apesar da extensão do rol do § 1º do art. 98, não há razão para entendê-lo restritivamente ou, pior, de maneira taxativa. A riqueza da vida forense e de suas experiências sempre será capaz de apresentar ao intérprete e ao aplicador do direito processual civil outras situações cujo custo respectivo, total ou parcial, será merecedor de ser alcançado pela disciplina aqui estudada, concretizando o que, desde o modelo constitucional, é desenhado[94].

O § 2º do art. 98 dispõe que a concessão da gratuidade não afasta a responsabilidade do beneficiário pelas despesas processuais e honorários advocatícios decorrentes de sua sucumbência. O que se dá, nesses casos, é que, vencido o beneficiário, as obrigações decorrentes de sua sucumbência ficarão sob condição suspensiva de exigibilidade e somente poderão ser executadas se, nos cinco anos subsequentes ao trânsito em julgado da decisão que as certificou, o credor demonstrar que deixou de existir a situação de insuficiência de recursos justificadora da concessão da gratuidade. Após esse prazo, extinguem-se as obrigações do beneficiário (art. 98, § 3º).

A gratuidade não é necessariamente integral. Pode ser concedida em relação a específicos atos processuais ou significar a redução percentual de despesas processuais que o

---

[94]. Correto, por isso mesmo, o Enunciado n. 171 da III Jornada de Direito Processual Civil do CJF: "O rol do § 1º do art. 98 do CPC é meramente exemplificativo, podendo englobar outras isenções, desde que sejam necessárias para garantir o acesso à justiça ao destinatário da gratuidade de justiça".

beneficiário tiver de adiantar no curso do processo (art. 98, § 5º) ou, ainda, seu parcelamento (art. 98, § 6º).

A concessão da gratuidade, por outro lado, não afasta o dever de o beneficiário pagar, ao final, as *multas* processuais que lhe sejam impostas, no que é claro o § 4º do art. 98, inclusive, se for o caso, as devidas por violação aos deveres de probidade processual. A regra, embora replicada no recurso de agravo interno (art. 1.021, § 5º) e no de embargos de declaração (art. 1.026, § 3º), diz respeito a quaisquer recursos e, mais amplamente, ao pagamento de quaisquer multas aplicadas ao beneficiário.

2.11.2 Dinâmica do requerimento

O art. 99, *caput*, disciplina o requerimento de gratuidade da justiça.

Ele pode ser pedido na petição inicial, na contestação, na petição em que o terceiro pretende seu ingresso no processo ou, ainda, em recurso. Sendo o pedido apresentado após a primeira manifestação do interessado, ele será formulado em petição simples, que não suspende o processo (art. 99, § 1º). A iniciativa é coerente com diversos outros dispositivos do Código de Processo Civil, que extinguem maiores formalidades, apensos, apartados e coisas que tais para as manifestações ao longo do processo. Ademais, a circunstância de o pedido não acarretar suspensão do processo é medida bem-vinda para evitar indesejadas procrastinações, em total harmonia com o princípio constitucional da eficiência.

O pedido somente será indeferido, é o que dispõe o § 2º do art. 99, se houver nos autos elementos que evidenciem a falta dos pressupostos legais para concessão da gratuidade. Mesmo assim, cabe ao magistrado, antes de indeferir o pedido, determinar ao interessado que comprove o preenchimento dos pressupostos respectivos, o que, não estivesse escrito, derivaria suficientemente não só do modelo constitucional, mas, também, dos arts. 6º e 10[95].

A esse respeito, cabe ressaltar que deve ser presumida verdadeira a alegação de insuficiência de recursos quando o pedido for formulado por pessoa natural. Caberá à parte contrária afastar a presunção criada pelo § 3º do art. 99, exercitando o contraditório nos termos do art. 100. Não há como recusar que o próprio magistrado, diante da iniciativa probatória que lhe dá o *caput* do art. 370, tome iniciativa de afastar a presunção, devendo franquear, em ambos os casos, a *prévia* oitiva do requerente sobre eventuais elementos de prova que infirmem a presunção para então decidir[96].

---

[95]. Preciso, no ponto, é o entendimento a que chegou a 3ª Turma do STJ no REsp 2.001.930/SP, rel. Min. Nancy Andrighi, j.m.v. 28-2-2023, *DJe* 10-3-2023, e no REsp 1.787.491/SP, rel. Min. Ricardo Villas Bôas Cueva, j.un. 9-4-2019, *DJe* 12-4-2019.

[96]. O assunto está afetado para discussão em sede de Recurso Especial repetitivo pela Corte Especial do STJ. Trata-se do Tema 1.178, assim enunciado: "Definir se é legítima a adoção de critérios objetivos para aferição da hipossuficiência na apreciação do pedido de gratuidade de justiça formulado por pessoa natural, levando em conta as disposições dos arts. 98 e 99, § 2º, do Código de Processo Civil".

A circunstância de o interessado estar representado por advogado particular não é fator bastante, por si só, para inibir a concessão da gratuidade (art. 99, § 4º). É correto entender, em tais casos, que a presunção do § 3º do art. 99 cede espaço à necessidade de o interessado, ainda que se trate de pessoa natural, demonstrar a necessidade do benefício pleiteado e porque a sua representação por advogado privado não interfere na sua concessão[97]. A respeito dessa hipótese, o § 5º do art. 99 dispõe que o recurso que verse exclusivamente sobre valor de honorários de sucumbência fixados em favor do advogado do beneficiário estará sujeito a preparo, a não ser que o próprio advogado demonstre que também tem direito à gratuidade[98]. A regra é harmônica com o entendimento de que os honorários sucumbenciais são do próprio advogado e não da parte por ele representada (art. 85, § 14).

O benefício é pessoal e não se estende ao litisconsorte ou ao sucessor do beneficiário, a não ser que, como exige o § 6º do art. 99, haja pedido e deferimento expressos nesse sentido[99].

O § 7º do art. 99 resolve questão comuníssima da prática forense sobre a necessidade de o beneficiário formular o pedido de gratuidade em recurso sujeito a preparo (recolhimento de custas prévias para exercer o direito de recorrer). Nesse caso, o recorrente fica dispensado de comprovar o recolhimento imediato do preparo, que é a regra constante do *caput* do art. 1.007. Se o relator indeferir o pedido, fixará prazo para o pagamento[100]. Tal prazo, em

---

97. Há diversos julgados do STJ (assim, v.g.: 3ª Turma, AgInt no AREsp 1.735.640/SP, rel. Min. Moura Ribeiro, j.un. 15-4-2024, *DJe* 17-4-2024; 2ª Turma, AgInt no RMS 65.840/AM, rel. Min. Herman Benjamin, j.un. 20-9-2021, *DJe* 13-10-2021; 1ª Turma, AgInt no AREsp 1.028.511/PE, rel. Min. Gurgel de Faria, j.un. 12-12-2017, *DJe* 19-2-2018; e 3ª Turma, AgRg no AREsp 772.756/RS, rel. Min. Marco Aurélio Bellizze, j.un. 1.9.2016, *DJe* 12-9-2016) defendendo que a atuação da Defensoria Pública não conduz necessária e invariavelmente à obrigatoriedade da concessão dos benefícios da justiça gratuita, devendo haver pedido para tanto.
98. A CE do STJ, no julgamento dos EREsp 1.832.063/SP, rel. p/ acórdão Min. Nancy Andrighi, j.m.v. 14-12-2023, *DJe* 8-5-2024, equiparou o advogado dativo ao defensor público para justificar a dispensa de preparo do recurso interposto exclusivamente para majoração dos honorários advocatícios.
99. V., a respeito do assunto, o acórdão proferido pela 3ª Turma do STJ no REsp 1.807.216/SP, rel. Min. Nancy Andrighi, j.un. 4-2-2020, *DJe* 6-2-2020, destacando a pessoalidade do benefício, ainda que se trate de representante de menor. Da ementa do acórdão se lê: "4. Em se tratando de menores representados pelos seus pais, haverá sempre um forte vínculo entre a situação desses dois diferentes sujeitos de direitos e obrigações, sobretudo em razão da incapacidade civil e econômica do próprio menor, o que não significa dizer, todavia, que se deva automaticamente examinar o direito à gratuidade a que poderia fazer jus o menor à luz da situação financeira de seus pais. 5. A interpretação que melhor equaliza a tensão entre a natureza personalíssima do direito à gratuidade e a notória incapacidade econômica do menor consiste em aplicar, inicialmente, a regra do art. 99, § 3º, do novo CPC, deferindo-se o benefício ao menor em razão da presunção de sua insuficiência de recursos, ressalvada a possibilidade de o réu demonstrar, com base no art. 99, § 2º, do novo CPC, *a posteriori*, a ausência dos pressupostos legais que justificam a gratuidade, o que privilegia, a um só tempo, os princípios da inafastabilidade da jurisdição e do contraditório". Adotando a mesma diretriz, v.g., STJ, 3ª Turma, REsp 2.057.894/SP, rel. Min. Nancy Andrighi, j.un. 17-10-2023, *DJe* 23-10-2023; e STJ, 3ª Turma, REsp 2.055.363/SP, rel. Min. Nancy Andrighi, j.un. 13-6-2023, *DJe* 23-6-2023.
100. O entendimento acabou sendo fixado também pela CE do STJ no julgamento dos EAREsp 742.240/MG, rel. Min. Herman Benjamin, j.un. 19-9-2018, *DJe* 27-2-2019, o que foi replicado pelos seguintes julgados do mesmo Tribunal: 1ª Turma, AgInt no AREsp 2.533.442/RS, rel. Min. Gurgel de Faria, j.un. 14-10-2024, *DJe* 21-10-2024; 3ª Turma, AgInt no AREsp 2.454.773/SP, rel. Min. Ricardo Villas Bôas Cueva, j.un. 16-9-2024, *DJe* 18-9-2024; e 4ª Turma, AgInt no AREsp 1.616.996/SP, rel. Min. Luis Felipe Salomão, j.un. 11-5-2020, *DJe* 13-5-2020. No

harmonia com o § 2º do art. 101, deve ser de cinco dias *úteis*, porque o recolhimento se dá por determinação de atividade jurisdicional.

O contraditório acerca da gratuidade da justiça é, com relação à parte contrária, *postergado*, isto é, ele pressupõe o *deferimento* do pedido (art. 100).

É essa a razão pela qual a impugnação, de acordo com o *caput* daquele dispositivo, será feita na contestação, na réplica ou nas contrarrazões recursais. Quando se tratar de pedido feito ao longo do processo ou formulado por terceiro, a impugnação deve ser apresentada (como o pedido originário) por petição simples nos mesmos autos e sem suspensão do processo. O prazo é de quinze dias úteis que, malgrado o silêncio, tem fluência quando da intimação do deferimento da gratuidade à parte ou ao terceiro.

Quando for revogado o benefício, é esta a regra do parágrafo único do art. 100, a parte será responsabilizada pelas despesas que deixou de adiantar. Havendo má-fé, estará sujeita a multa de até dez vezes o valor respectivo, a ser revertida em prol da Fazenda estadual ou federal, podendo ser inscrita em dívida ativa.

2.11.3 Recursos

A decisão que indeferir o pedido de gratuidade ou que acolher o pedido de sua revogação é recorrível imediatamente pelo recurso de agravo de instrumento. É o que estatui o art. 101, que ressalva expressamente a hipótese de a questão relativa à gratuidade ser resolvida na sentença, caso em que o recurso cabível é a apelação, disposição que se harmoniza com o § 3º do art. 1.009. O cabimento do agravo de instrumento na hipótese é reiterado pelo inciso V do art. 1.015.

Não obstante o texto da regra, não há espaço para questionar que, em se tratando de decisão proferida monocraticamente no âmbito dos Tribunais, o recurso cabível é o agravo interno (art. 1.021). Quando a decisão for colegiada, a hipótese desafia, consoante os pressupostos constitucionais, recurso extraordinário e/ou recurso especial.

O § 1º do art. 101 é inspirado no § 6º do art. 99: o recorrente estará dispensado do recolhimento de custas até decisão do relator sobre a questão, preliminarmente ao julgamento do recurso. O § 2º do art. 101, da mesma forma, determina que o relator ou o órgão colegiado, ao confirmar o indeferimento do pedido ou sua revogação, conceda o prazo de cinco dias (úteis) para o recolhimento das custas processuais, sob pena de não conhecimento do recurso.

---

entanto, entendendo que a concessão do benefício da gratuidade somente após o reconhecimento da deserção do recurso não afastaria aquela penalidade imposta ao recorrente, v.: 3ª Turma, AgInt no AREsp 2.525.927/SP, rel. Min. Moura Ribeiro, j.un. 23-9-2024, *DJe* 25-9-2024.

2.11.4 Revogação definitiva

O art. 102, *caput*, disciplina a hipótese de se tornar imutável a decisão de revogação da gratuidade da justiça. Nesse caso, a parte deverá efetuar o recolhimento de todas as despesas de cujo adiantamento foi dispensada, inclusive as relativas a eventual recurso, no prazo fixado pelo juiz, sem prejuízo de aplicação das sanções previstas em lei.

O parágrafo único do dispositivo complementa a regra, estabelecendo que, na hipótese de não haver o recolhimento, o processo será extinto sem resolução de mérito, tratando-se do autor. Nos demais casos, não poderá ser deferida a realização de qualquer ato ou diligência requerida pela parte enquanto não efetuado o depósito. A solução parece confrontar o inciso XXXV do art. 5º da Constituição Federal. A solução mais adequada para o caso (assim como é correto sustentar para o art. 92) é cobrar o valor devido e não transformar a dívida em óbice (quiçá intransponível) à prestação da tutela jurisdicional.

2.12 Sucessão das partes e dos procuradores

O Capítulo IV do Título I do Livro III da Parte Especial cuida da *sucessão* das partes e dos procuradores. Trata-se da disciplina das hipóteses em que as partes e os procuradores podem ser modificados ou sofrerão alterações ao longo do processo. Importa observar que o objeto deste Capítulo não guarda nenhuma relação com as hipóteses de *substituição* processual, autorizadas nos termos do art. 18.

O art. 108 estabelece a regra de que, durante o processo, a sucessão voluntária, isto é, a modificação por acordo ou por ato negocial das partes, só é admitida nos casos expressos em lei. A regra merece ser interpretada não apenas diante do que dispõe o § 1º do art. 109, mas também levando em conta o que o n. 3.2 do Capítulo 2 sustenta para os casos de legitimação extraordinária derivados de ato negocial.

Com efeito, o art. 109 estabelece que a alienação da coisa ou do direito litigioso por ato entre vivos (por acordo ou por ato negocial a título particular) não altera a legitimidade das partes. A intervenção do adquirente ou do cessionário no processo, no lugar do alienante ou do cedente, depende da concordância da parte contrária (art. 109, § 1º). A vedação não impede, contudo, que o adquirente ou o cessionário intervenha no processo, passando a atuar na qualidade de *assistente litisconsorcial* (art. 109, § 2º). E mais: a despeito da preservação da legitimidade inicial das partes, os efeitos das decisões (não apenas da sentença) a serem proferidas no processo e eventual coisa julgada material (com eficácia externa) que venha a sobre elas recair alcançarão o adquirente ou o cessionário (art. 109, § 3º)[101]. Nem poderia

---

101. Nesse sentido: STJ, 3ª Turma, REsp 1.978.261/SP, rel. Min. Ricardo Villas Bôas Cueva, j.un. 5-4-2022, *DJe* 8-4-2022; e STJ, 3ª Turma, REsp 1.837.413/PR, rel. Min. Marco Aurélio Bellizze, j.un. 10-3-2020, *DJe* 13-3-2020.

ser diferente já que, ocorrida a alienação ou a cessão (que ocorre no plano *material*) e mantidas as partes originais no processo, dá-se inequívoca situação de legitimação extraordinária. Aquele que se mantém no processo passa a atuar, desde a alienação, em nome próprio, *mas* por direito alheio (justamente aquele que foi alienado)[102].

O art. 110 autoriza a ocorrência da sucessão pelo espólio ou por seus sucessores na hipótese de morte de qualquer das partes. À hipótese são aplicáveis os §§ 1º e 2º do art. 313 e a suspensão do processo para os fins lá previstos. É no § 3º do mesmo art. 313, aliás, que reside a disciplina relativa à morte do procurador.

Os arts. 111 e 112, por fim, ocupam-se de hipóteses totalmente diversas, da revogação do mandato pela parte ou da renúncia ao mandato pelo advogado. No primeiro caso, de acordo com o art. 111, cabe à parte constituir, no mesmo ato em que formaliza a revogação, novo advogado. Se não o fizer, lê-se do parágrafo único do dispositivo, terá incidência o disposto no art. 76, isto é, a suspensão do processo para que a parte nomeie novo advogado com as consequências lá previstas, consoante se trate de autor, réu ou terceiro. No segundo caso, o advogado renunciante deve demonstrar que a parte está ciente de seu ato e que deve constituir novo advogado (art. 112, *caput*), a não ser que a mesma parte seja representada por vários advogados (art. 112, § 2º). Em sendo o único procurador, o advogado renunciante representará a parte nos dez dias seguintes à renúncia, quando necessário para evitar prejuízo (art. 112, § 1º).

3. LITISCONSÓRCIO

Litisconsórcio é tema que se relaciona ao estudo da pluralidade de partes em um mesmo processo.

A lei processual, por vezes, *autoriza* que diversas pessoas se reúnam como autoras para atuar ao mesmo tempo em face de um réu comum ou, inversamente, que um só autor formule pedido de tutela jurisdicional em face de mais de um réu.

Outras vezes, a lei *impõe* o litígio conjunto como decorrência natural da relação jurídica de direito material a ser deduzida em juízo ou porque alguma regra jurídica (de cunho material ou processual, pouco importa) assim o determina.

Em um e em outro caso, há litisconsórcio por causa da *pluralidade* de autores ou de réus, de *partes*, portanto. O litisconsórcio é tema que se relaciona intimamente com o cúmulo *subjetivo* no processo.

É correta a observação, pacífica em sede de doutrina e de jurisprudência, de que o litisconsórcio *não* é uma cumulação de "processos". O processo em que se verifica o litisconsór-

---

102. A 3ª Turma do STJ, ao julgar o REsp 1.562.583/DF, rel. Min. Paulo de Tarso Sanseverino, j.un. 28-8-2018, *DJe* 31-8-2018, admitiu a sucessão processual nos termos do texto no período compreendido entre o "ajuizamento da ação" e a citação do réu, destacando, pertinentemente, que, em tais casos, o autor passa a atuar no processo na qualidade de legitimado extraordinário já que, para ele, a coisa já é litigiosa.

cio é um só, sendo indiferente qual seja a classificação de litisconsórcio. A diferença é que em um ou em ambos os seus polos há uma pluralidade de partes. O *processo* em que atua essa pluralidade de partes é sempre e em qualquer caso um só.

Por sua vez, como a ação não se confunde com o direito material controvertido e que é submetido à tutela jurisdicional – é o que este *Curso* sustenta no n. 3 do Capítulo 4 da Parte I –, embora receba influências diretas da afirmação de direito que é formulada, desde a petição inicial, ao Estado-juiz, não faz maior sentido discutir quantas "ações" existem quando o caso é de litisconsórcio e se aquele número tende a variar consoante sejam as suas diversas classes. O que importa, em tais casos, é sempre e invariavelmente verificar as peculiaridades de direito material e, a partir delas, verificar se há maior ou menor autonomia entre os litisconsortes ou possibilidade de resultados diferentes para cada um deles, embora tal acontecimento conspire contra a razão de ser do instituto.

Com efeito, a pluralidade de partes em um único processo quer realizar a eficiência processual prevista no art. 5º, LXXVIII, da Constituição Federal (replicado no art. 4º do CPC) e é também forma de viabilizar o atingimento da isonomia, princípio fundante do Estado brasileiro (arts. 3º, IV, e 5º, *caput* e I, da CF). O litígio conjunto favorece a prática de atos processuais tendentes a afetar um maior número de sujeitos com maior eficiência e viabilizar até mesmo o proferimento de decisão desejavelmente uniforme (se não igual) para todos os envolvidos.

O tema é disciplinado pelos arts. 113 a 118, correspondentes ao Título II do Livro III da Parte Geral do Código de Processo Civil.

Há variadas formas de analisar o fenômeno, sendo bastante conhecidas e úteis, inclusive para entender a disciplina dedicada ao tema pelo Código de Processo Civil, algumas classificações sobre o litisconsórcio.

3.1 Classificações

Quanto à *posição* dos litisconsortes, o litisconsórcio pode ser *ativo* (quando há pluralidade de autores); *passivo* (quando há pluralidade de réus); ou *misto* (quando há pluralidade de autores e réus).

Quanto ao *momento* de sua formação, o litisconsórcio pode ser *inicial* (quando formado desde o início do processo, com a petição inicial) ou *ulterior* (quando formado ao longo do processo).

Quanto à *obrigatoriedade* da formação do litisconsórcio, ele pode ser *facultativo* ou *necessário*, a depender da *possibilidade* de sua formação (no sentido de ela ser *admitida* pela lei) ou da sua formação *compulsória* (quando ela é imposta pelo ordenamento jurídico ou porque ela deriva das peculiaridades do próprio direito material, da "natureza da relação jurídica controvertida", no que é clara a primeira parte do art. 114), respectivamente.

Quanto às *possíveis soluções* a serem reconhecidas aos litisconsortes, o litisconsórcio pode ser *simples* ou *unitário*. Será *simples* quando, ao menos em tese, embora isso não seja desejável, for possível que cada litisconsorte receba uma solução diversa da do outro no plano do processo. Será *unitário* quando a solução for igual (ou uniforme, como se lê do art. 116) para todos os litisconsortes.

O que acaba se mostrando decisivo para discernir essas duas classes é a constatação de haver uma ou mais de uma situação de direito material subjacente ao processo. Quando a situação for uma só, embora relativa a diversos sujeitos (um só contrato com mais de um contratante e/ou mais de um contratado simultaneamente, por exemplo), a hipótese será de litisconsórcio *unitário*. Quando cada litisconsorte for sujeito de sua própria situação de direito material (e, para ilustrar, basta alterar o exemplo anterior para a hipótese de vários contratantes pretenderem discutir seus próprios contratos em face do mesmo contratado em um só processo), a hipótese será de litisconsórcio *simples*.

Há, ainda, um quinto critério classificatório menos comum na doutrina tradicional, mas não menos importante e atual, inclusive no âmbito do Código de Processo Civil[103]. Trata-se de levar em conta as possíveis combinações entre as cumulações de pedidos e a formação do litisconsórcio. Em tal perspectiva, o litisconsórcio pode ser *sucessivo*, *alternativo* (arts. 325 e 326, parágrafo único) ou *eventual* (art. 326, *caput*), consoante a cumulação de pedidos se relacione com cada uma daquelas classes, assunto ao qual se dedica a Parte I do volume 2 deste *Curso*.

Nesta perspectiva, litisconsórcio *sucessivo* é aquele em que o pedido formulado em face do litisconsorte depende do acolhimento de um primeiro pedido, formulado em face de outrem, que lhe é prejudicial. Litisconsórcio *alternativo* é aquele que pressupõe obrigações alternativas no plano material (assumidas por sujeitos diferentes), dando ensejo a pedidos de tutela jurisdicional em face de diferentes pessoas ou, ainda, quando o autor formular pedidos diversos na expectativa de que um deles, ainda que formulados em face de pessoas diferentes, seja acolhido. Litisconsórcio *eventual* é aquele em que o pedido formulado em face do litisconsorte depende do não acolhimento de pedido cuja preferência é manifestada pelo autor formulado em face de outra pessoa.

Porque as diversas classificações partem de critérios diversos, é possível (e frequentíssimo) que cada uma delas se combine com outras, ensejando, por exemplo, litisconsórcios ativos, iniciais, facultativos, simples e sucessivos ou litisconsórcios passivos, ulteriores, necessários, unitários e eventuais. De todas as combinações possíveis, de qualquer sorte, a mais comum é a do litisconsórcio *necessário* e *unitário* e a do litisconsórcio *facultativo* e *simples*, justamente pela unidade da relação de direito material, no primeiro caso, e da pluralidade, no segundo. Embora excepcionalmente, contudo, há casos em que o litisconsórcio *necessário* será *simples* (como se dá, por exemplo, na "ação popular", na "ação de improbidade administrativa"[104]

---

103. O critério já era defendido (e aplicado) pelas edições anteriores ao CPC de 2015 deste *Curso* (ver n. 2.3 do Capítulo 2 da Parte VII do volume 2, tomo I). Mais recentemente, Silas Silva Santos dedicou monografia a seu respeito, intitulada *Litisconsórcio eventual, alternativo e sucessivo*.
104. É rica a jurisprudência do STJ no sentido de que, na "ação de improbidade administrativa", o litisconsórcio é *facultativo* e não *necessário* (assim, v.g: 2ª Turma, AgInt no REsp 2.124.162/PB, rel. Min. Herman Benjamin, j.un. 19-8-2024, *DJe* 22-8-2024; 1ª Turma, AgInt no REsp 1.872.310/PR, rel. Min. Benedito Gonçalves,

ou quando o pedido de tutela jurisdicional for de usucapião) e em que o litisconsórcio *facultativo* será *unitário*, que é o que ocorre sempre que houver a possibilidade de atuação de um legitimado extraordinário ou substituto processual em juízo ao lado do substituído, dando aplicação concreta ao parágrafo único do art. 18.

Também é correto afirmar que a distinção entre o litisconsórcio *facultativo* e o *necessário*, bem assim seu consequente regime jurídico, rende ensejo ao maior número de discussões e, não por acaso, é para sua combinação que se volta o art. 115. Antes da análise desse dispositivo, cabe estudar um pouco mais de perto outras possíveis combinações dos tipos de litisconsórcio.

3.1.1 Litisconsórcio ativo necessário

O Código de Processo Civil não se refere ao litisconsórcio *ativo* e *necessário*.

Não é errado, contudo, entender aplicável a ele o regime do próprio art. 115. É que "citação" não é, coerentemente com o que se lê do *caput* do art. 238, apenas convocação do *réu* ou do *executado*, mas também do *interessado* "para integrar a relação processual" (isto é, o *processo*). É irrecusável que o litisconsorte faltante, mesmo quando no polo *ativo*, mereça ser tratado como *interessado* para aquela finalidade.

O instituto rende ensejo a diversos questionamentos, inclusive com relação à sua compatibilidade com o modelo constitucional, por não ser possível obrigar alguém a litigar como autor[105]. A objeção não deve ser aceita. Se as peculiaridades do direito material impõem o litígio conjunto, agressivo àquele modelo seria a hipótese oposta, de privar alguém de litigar porque o outro não quer ou não permite. Também o seria não cogitar, de alguma forma, a participação de todos os interessados no processo. De resto, a discussão merece ser posta no seu devido contexto: não se trata propriamente de obrigar alguém a litigar na qualidade de autor. Menos que isso, é bastante dar ciência ao "interessado" para que, querendo, e somen-

---

j.un. 5-10-2021, *DJe* 8-10-2021; 2ª Turma, AgInt no AREsp 1.790.481/GO, rel. Min. Herman Benjamin, j.un. 8-6-2021, *DJe* 3-8-2021; 2ª Turma, AgInt no AREsp 1.148.140/SP, rel. Min. Assusete Magalhães, j.un. 10-4-2018, *DJe* 17-4-2018; 2ª Turma, REsp 1.696.737/SP, rel. Min. Herman Benjamin, j.un. 16-11-2017, *DJe* 19-12-2017; e 1ª Turma, AgRg no AREsp 724.744/SC, rel. Min. Sérgio Kukina, j.un. 27-10-2015, *DJe* 10-11-2015). O entendimento deve ser interpretado com ressalvas, ao menos nos casos em que se pretender corresponsabilizar algum particular porque, para tanto, é indispensável sua participação ao lado do agente público, sem o que não se configura, na perspectiva do direito material (art. 3º da Lei n. 8.429/92), o ato de improbidade administrativa. A ressalva feita prevalece mesmo diante das inúmeras (e profundas) modificações introduzidas pela Lei n. 14.230/2021 na Lei n. 8.429/1992. Para o assunto, v., do autor deste *Curso*, seu *Poder Público em juízo*, n. 6 do Capítulo 2 da Parte III.

105. Para essa discussão, ver, com proveito: Cândido Rangel Dinamarco, *Litisconsórcio*, p. 214-239, Fábio Caldas de Araújo, *Intervenção de terceiros*, p. 128-131, e Lia Carolina Batista Cintra, *Intervenção de terceiro por ordem do juiz*, p. 190-193. Interessante acórdão acerca do tema é o proferido pela 3ª Turma do STJ no REsp 1.737.476/SP, rel. Min. Nancy Andrighi, j.un. 4-2-2020, *DJe* 6-2-2020. Reconhecendo a possibilidade excepcional de o juiz determinar a inclusão de parte no polo ativo do processo, é a seguinte decisão: STJ, 3ª Turma, REsp 2.001.535/SP, rel. Min. Humberto Martins, j.un. 27-8-2024, *DJe* 3-9-2024.

te se quiser, atue no processo[106]. O que independe de sua vontade – e isto é peculiar a qualquer manifestação jurisdicional – é a sua vinculação ao quanto for decidido pelo Estado-juiz naquele processo.

Para as hipóteses em que há dispersão de interessados – o exemplo geralmente lembrado é de invalidação de assembleia de grandes sociedades anônimas por ações –, a citação pode ser efetuada mediante edital, no que é claro o inciso III do art. 259: "em qualquer ação em que seja necessária, por determinação legal, a provocação, para participação no processo, de interessados incertos ou desconhecidos"[107].

3.1.2 Intervenção litisconsorcial

O Código de Processo Civil também não se refere expressamente à intervenção litisconsorcial. Não no sentido do parágrafo único do art. 115 (por vezes denominada, não sem impropriedade na perspectiva do direito processual civil italiano, pela doutrina brasileira de *iussu iudicis*[108]), que trata do litisconsórcio necessário, mas na perspectiva do litisconsórcio *facultativo*.

A figura não deve ser descartada aprioristicamente, cabendo ao magistrado, diante das peculiaridades do caso concreto, admiti-la ou não. Não se trata – é esta a crítica usual – de viabilizar ao litisconsorte "escolher" o órgão jurisdicional perante o qual litigará, o que atritaria com o princípio do juiz natural. Trata-se, mais do que isso, de concretizar outros princípios processuais, inclusive o da isonomia e o da eficiência em um mesmo processo.

Tanto assim que o inciso II do art. 286, embora timidamente, se refere ao assunto, mesmo que para fim diverso, ao determinar a distribuição por dependência da petição inicial ao juízo prevento[109].

Fora do Código de Processo Civil, o destaque vai para o § 2º do art. 10 da Lei n. 12.016/2009, que *nega* generalizadamente a intervenção de litisconsortes ativos *após* a concessão de liminar em mandado de segurança[110].

---

106. A este respeito, cabe a menção ao Enunciado n. 118 do FPPC: "O litisconsorte unitário ativo pode optar por ingressar no processo no polo ativo ou passivo ou, ainda, adotar outra postura que atenda aos seus interesses".
107. É entendimento que encontra eco no Enunciado n. 119 do FPPC: "Em caso de relação jurídica plurilateral que envolva diversos titulares do mesmo direito, o juiz deve convocar, por edital, os litisconsortes unitários ativos incertos e indeterminados (art. 259, III), cabendo-lhe, na hipótese de dificuldade de formação do litisconsórcio, oficiar ao Ministério Público, à Defensoria Pública ou a outro legitimado para que possa propor a ação coletiva".
108. Para o assunto, a monografia de referência para o CPC de 2015 é a de Lia Carolina Batista Cintra, *Intervenção de terceiro por ordem do juiz*, esp. p. 219-235.
109. É solução que as edições deste *Curso* anteriores ao CPC de 2015 já propugnavam. A respeito, ver o n. 6 do Capítulo 3 da Parte I de seu volume 2, tomo I.
110. Para a discussão do alcance da regra no contexto que aqui interessa, ver, do autor deste *Curso*, seu *A nova lei do mandado de segurança*, p. 96-98.

3.1.3 Litisconsórcio ulterior

Importa dar destaque ao disposto no § 2º do art. 339, novidade trazida pelo CPC de 2015 para regular, com enormes vantagens, hipótese que, no CPC de 1973, era objeto de uma modalidade de intervenção de terceiros chamada de "nomeação à autoria".

De acordo com aquele dispositivo, quando o réu alegar a sua ilegitimidade em contestação (art. 337, IX), indicará o legitimado, sempre que tiver conhecimento, e caberá ao autor, no que aqui interessa, "[...] optar por alterar a petição inicial para incluir, como litisconsorte passivo, o sujeito indicado pelo réu". É típico caso de formação de litisconsórcio passivo ulterior.

No mesmo contexto, cabe lembrar do § 3º do art. 343, que admite que a reconvenção seja dirigida ao autor e ao terceiro, formando-se um litisconsórcio ulterior *passivo* no processo entre eles, e também do § 4º do mesmo dispositivo, que admite que a reconvenção seja formulada pelo réu em litisconsórcio (ulterior e ativo) com terceiro. A previsão é novidade trazida pelo CPC de 2015.

Se o réu decidir chamar ao processo os coobrigados da dívida exigida apenas em face dele pelo autor, a hipótese deve ser entendida e regrada como de litisconsórcio passivo ulterior (art. 131).

3.2 Hipóteses de formação do litisconsórcio

Os incisos do art. 113 referem-se indistintamente a hipóteses de formação de litisconsórcio *facultativo* e de litisconsórcio *necessário*. A ressalva é importante porque o texto do seu *caput*, empregando a locução verbal "podem litigar", remete aos casos de litisconsórcio *facultativo*.

Contudo, a hipótese do inciso I é, em rigor, hipótese de litisconsórcio *necessário* porque, se entre duas ou mais pessoas "houver comunhão de direitos ou de obrigações relativamente à lide", elas *deverão* litigar em conjunto, a não ser que haja norma que autorize o contrário, nos termos do art. 18, isto é, quando for autorizada a legitimação *extraordinária*[111]. A palavra "lide", usada com enorme frequência pelo CPC de 1973, é ainda empregada algumas vezes[112] pelo CPC de 2015. Ela deve ser entendida como sinônima da relação de direito material

---

[111]. Como se verifica, por exemplo, nos casos de condomínio, em função do disposto no art. 1.314, *caput*, do CC. A propósito, é correta a orientação da Súmula 12 do TJSP assim enunciada: "A ação de cobrança pode ser direcionada contra todos ou qualquer dos condôminos individualmente, no caso de unidade autônoma pertencente a mais de uma pessoa".
[112]. Nove, para ser exato. Se não forem computados os casos em que o emprego daquela palavra deriva da "denunciação da lide" os casos são apenas seis, o primeiro dos quais é o tratado no texto.

subjacente ao processo ou de *mérito*. Assim, a hipótese é típica de litisconsórcio necessário derivado da peculiaridade do direito material[113].

As hipóteses dos incisos II e III do art. 113 são significativas do litisconsórcio *facultativo*, isto é, de autorização legal para o litígio em conjunto. Os pontos de contato lá referidos ("entre as causas houver conexão pelo pedido ou pela causa de pedir" e "ocorrer afinidade de questões por ponto comum de fato ou de direito") querem realizar a eficiência processual nos termos do art. 5º, LXXVIII, da Constituição Federal, e do art. 4º do Código de Processo Civil. Sem eles não haveria razão nenhuma para o litígio conjunto, justamente pela ausência de pontos de contato no plano material que pudessem, de alguma forma, otimizar a atuação do Estado-juiz para resolução de um maior número de litígios a partir de um mesmo ou similar contexto fático e/ou jurídico.

O art. 114, por sua vez, é a fonte normativa do litisconsórcio *necessário*. De acordo com ele, "O litisconsórcio será necessário por disposição de lei ou quando, pela natureza da relação jurídica controvertida, a eficácia da sentença depender da citação de todos que devam ser litisconsortes".

A parte do dispositivo que se refere à "eficácia da sentença" merece ser entendida com as ressalvas que o próprio Código de Processo Civil, nos incisos de seu art. 115, indica expressamente. Em rigor, o que marca a caracterização do litisconsórcio necessário como tal não é a eficácia ou a ineficácia da decisão de mérito sem que todos os litisconsortes tenham tido ciência do processo, no sentido de terem tido possibilidade de participar dele, e sim a peculiaridade do direito material ou disposição normativa que exija o litígio conjunto. Eventual ineficácia é *consequência* da não formação e não *causa* de formação do litisconsórcio. Não parece científico estudar um fenômeno na perspectiva das consequências que ocorrem quando ele não se verifica, mas sim, com precedência lógica, o que justifica ou não sua ocorrência.

Destarte, embora em menor grau que se impunha com relação ao art. 47 do CPC de 1973, que corresponde ao art. 114 do CPC de 2015, importa interpretar o art. 114 com a supressão daquele trecho, no sentido de que "O litisconsórcio será necessário por disposição de lei ou quando, pela natureza da relação jurídica controvertida", todos devam ser citados para o processo. O que ocorre com o processo e com as decisões de mérito (não só sentenças) nele proferidas sem a participação de todos os litisconsortes é relevante e é típico do regime do litisconsórcio necessário, não há como negar. Trata-se, contudo, de *posterius*, e não integra a caracterização do litisconsórcio necessário como tal, contrapondo-o ao litisconsórcio facultativo[114].

---

113. A ressalva já era conhecida ao tempo do art. 46, I, do CPC de 1973 e indicada por Ovídio Baptista da Silva em seu *Curso de processo civil*, v. I, 198-199. Na doutrina mais recente, dedica-se ao tema Lia Carolina Batista Cintra, em seus "Comentários ao art. 113", p. 494.

114. A proposta ora feita por este *Curso* busca um critério classificatório mais nítido para o litisconsórcio *necessário*, totalmente divorciado do regime do litisconsórcio *unitário* e, tendo em conta as distinções feitas pelo art. 115, também do regime das decisões proferidas no processo. Neste sentido, é dado um passo adiante ao que propunha o n. 3 do Capítulo 2 da Parte VII do volume 2, tomo I, das edições anteriores ao CPC de 2015 deste *Curso* com relação ao desmembramento interpretativo do art. 47 daquele Código.

Para além das múltiplas situações de direito material que justificam o litisconsórcio necessário[115], há diversas hipóteses em que sua formação é obrigatória por força de lei. É o próprio Código de Processo Civil que indica diversas delas, cabendo destacar, apenas para fins ilustrativos, as seguintes: O § 1º do art. 73, ao impor o litisconsórcio necessário (e passivo) entre os cônjuges para as hipóteses previstas nos seus quatro incisos, estendendo a obrigatoriedade à união estável *comprovável* nos autos (art. 73, § 3º). Também no *caput* do art. 601 quando, na "ação de dissolução parcial de sociedade", é determinada a citação da sociedade e dos sócios para concordar com o pedido ou para apresentar contestação. Nos embargos de terceiro, a citação do "sujeito a quem o ato de constrição aproveita, assim como [...]" a do "[...] seu adversário no processo principal quando for sua a indicação do bem para a constrição judicial", exigida pelo § 4º do art. 677, é típica do litisconsórcio necessário. Uma quarta hipótese está no § 4º do art. 903, ao tratar do pedido de invalidação da arrematação após a expedição da carta respectiva. Nesse caso, o arrematante será litisconsorte necessário do executado.

Pelas mesmas razões sustentadas a propósito da viabilidade de a legitimação extraordinária ser derivada de negócio jurídico entre as partes pelo n. 3.2 do Capítulo 2, este *Curso* entende viável que as partes podem, por negócio jurídico, estabelecer casos em que deve ocorrer o litígio conjunto, isto é, hipóteses em que a fonte do litisconsórcio necessário é a vontade das partes (art. 190, *caput*) e não, apenas e exclusivamente, a imposição do direito positivo ou as vicissitudes do direito material[116]. Como tudo na vida dos negócios privados, contudo, cláusula naquele sentido não é vinculante ao magistrado que controlará, inclusive de ofício, sua validade e, consequentemente, sua eficácia, analisando-a de múltiplas perspectivas, inclusive na do acesso à justiça e da eficiência processual. É típico caso da devida aplicação da regra de controle do parágrafo único do art. 190.

3.2.1 Limitação do litisconsórcio facultativo

O § 1º do art. 113 – que se refere exclusivamente aos casos de litisconsórcio *facultativo* – impõe a *limitação* do litisconsórcio quando não se confirmar, no caso concreto, a pressuposição de que o litígio conjunto tornará mais eficiente a atuação do Estado-juiz sem prejuízo das garantias inerentes aos litigantes, inclusive a "ampla defesa". É feliz nesse sentido o texto do referido dispositivo ao estabelecer que a limitação deve se dar sempre que o litisconsórcio "[...] comprometer a rápida solução do litígio ou dificultar a defesa ou o cumprimento da sentença"[117].

---

115. Assim, por exemplo, quando se questiona em juízo a classificação em concurso público e o resultado pretendido tem aptidão de afetar outros classificados no mesmo concurso. É o que decidiu a 2ª Turma do STJ no REsp 1.831/507/AL, rel. Min. Mauro Campbell Marques, j.un. 6-8-2024, DJe 9-8-2024.
116. No mesmo sentido é o entendimento de Fredie Didier Junior, *Curso de direito processual civil*, v. 1, p. 471-472.
117. A regra, que encontra eco no parágrafo único do art. 46 do CPC de 1973, incluído pela Lei n. 8.952/94, deriva de construção doutrinária de Cândido Rangel Dinamarco, que, em seu *Litisconsórcio*, p. 344-353, se referia à hipótese como litisconsórcio *multitudinário*.

A limitação dos litisconsortes facultativos pode se dar na etapa de conhecimento (e, nesse sentido, ser liminarmente imposta pelo magistrado desde o juízo de admissibilidade da petição inicial) ou deixada para ser decidida em outros momentos do processo, na fase de liquidação ou na fase de cumprimento de sentença do processo. É irrecusável que a limitação se justifica também quando se tratar de título executivo *extrajudicial* no âmbito do chamado "processo de execução", no que é expresso o dispositivo[118].

Ela pode ser imposta de ofício – e, neste caso, o prévio contraditório com o autor, que formou o litisconsórcio facultativo em sua petição inicial é inafastável – ou mediante o acolhimento de requerimento a ser formulado pelo réu, também observado, neste caso, o contraditório prévio com o autor.

Com efeito, o réu pode formular pedido de limitação de litisconsórcio. Esse requerimento *interrompe* o prazo para manifestação ou resposta do réu, que voltará a fluir da intimação da decisão que o acolher ou o rejeitar. A regra é clara quanto a se tratar de *interrupção* e não de *suspensão* de prazo, o que significa que o prazo recomeçará a ser contado *integralmente* após a resolução do incidente, independentemente de seu desfecho, favorável ou desfavorável, a quem o formulou.

No procedimento comum, a apresentação do requerimento pode interferir até mesmo na realização da audiência de conciliação e de mediação para a qual os réus são, como regra, citados, o que não se confunde com a hipótese tratada pelo § 6º do art. 334, que se volta unicamente à não realização daquela audiência. Aqui, na perspectiva dos §§ 1º e 2º do art. 113, o que está em discussão é limitar ou não o litisconsórcio para, em seguida, o processo prosseguir com a prática dos atos que lhe são correlatos, inclusive a realização da referida audiência.

Tendo presente o procedimento comum, importa indagar se o réu que deixar de apresentar o requerimento de limitação do litisconsórcio *antes* de sua contestação pode formulá-lo posteriormente. Também se eventual rejeição anterior geraria a inviabilidade de formulação de novo pedido *a posteriori*. Idem no que diz respeito a eventual manifestação oficiosa do magistrado. A melhor solução para tais questões é a de admitir que *novos* fatos podem justificar a formulação de *novos* pedidos, sendo indiferentes, justamente por essa peculiaridade, eventuais decisões ou comportamentos anteriores tomados à luz de circunstâncias pretéritas. O que é vedado pelo sistema processual civil (art. 507) é a *redecisão* do que já foi soberanamente decidido[119]. Não decidir *novas* questões que se justifiquem diante de *novos* fatos[120].

---

118. É entendimento que já era manifestado pelas edições anteriores ao CPC de 2015 deste *Curso*. A propósito, ver o n. 2.2 do Capítulo 2 da Parte VII de seu volume 2, tomo I.
119. Tão mais pertinente a lembrança daquele dispositivo neste contexto porque a não interposição do recurso cabível contra a decisão proferida no incidente de limitação do litisconsórcio gera preclusão imediata àquele que teria interesse recursal.
120. Tanto assim que nada obsta ao magistrado indeferir a limitação do litisconsórcio na etapa de conhecimento, determinando, em substituição, a dilatação de prazos, limitando-o na etapa de cumprimento. É o que sugere o Enunciado n. 116 do FPPC: "Quando a formação do litisconsórcio multitudinário for prejudicial à defesa, o juiz poderá substituir a sua limitação pela ampliação de prazos, sem prejuízo da possibilidade de desmembramento na fase de cumprimento de sentença".

Assim, para ilustrar, pode acontecer de o próprio magistrado que entendera, em um primeiro momento, pela rejeição do pedido de limitação do litisconsórcio formulado pelo réu verifique, ao ensejo do saneamento e da organização do processo, que será mais eficiente ao processo que os litisconsortes passivos sejam desmembrados em dois ou mais grupos para otimizar a produção probatória sobre fatos que digam respeito a cada qual. Com maior razão a hipótese de se negar a limitação na etapa de conhecimento, deixando que sua análise se dê ao ensejo da liquidação ou do cumprimento, quando eventuais particularidades fáticas passam a ser mais relevantes.

A decisão que *rejeitar* o pedido de limitação de litisconsórcio é contrastável imediatamente pelo recurso de agravo de instrumento (art. 1.015, VIII). Mas também o é a decisão que o acolher, diante da hipótese de incidência daquele dispositivo: em ambas as situações, a decisão (interlocutória) *versou* sobre o pedido de limitação do litisconsórcio, o que é bastante, nos precisos termos do *caput* do art. 1.015, para admitir o cabimento do agravo de instrumento. A idêntica conclusão é correto chegar também por força da previsão do inciso VII do art. 1.015: acolhido o pedido de limitação, haverá *exclusão* de litisconsorte, a atrair a regência daquela outra situação codificada.

Nos casos de competência originária dos Tribunais, eventual decisão monocrática acerca do assunto será passível de controle por agravo interno (art. 1.021). Se colegiada, o recurso cabível é, consoante estejam presentes seus respectivos pressupostos constitucionais de admissibilidade, o extraordinário e/ou o especial.

O que não está claro no Código de Processo Civil é o que ocorre quando há limitação do litisconsórcio em decorrência da aplicação dos parágrafos do art. 113.

O art. 113 do PL n. 8.046/2010, Projeto da Câmara dos Deputados, propunha a introdução de parágrafos que buscavam solucionar legislativamente muitas daquelas questões[121]. Eles refletiam orientação segura doutrinária e, em boa parte, refletida nos usos e costumes forenses. Assim, ainda que a sua rejeição no retorno do Projeto ao Senado Federal por força do art. 65, parágrafo único, da Constituição Federal mereça ser criticada[122], sua ausência não infirma o entendimento de que a limitação do litisconsórcio significará a reagrupação dos litisconsortes em tantos novos grupos consoante seja determinado, dando ensejo a novos

---

121. Aqueles parágrafos tinham a seguinte redação: "§ 3º Na decisão que limitar o número de litigantes no litisconsórcio facultativo, o juiz estabelecerá quais deles permanecerão no processo e o número máximo de integrantes de cada grupo de litisconsortes, ordenando o desentranhamento e a entrega de todos os documentos exclusivamente relativos aos litigantes considerados excedentes"; "§ 4º Cópias da petição inicial originária, instruídas com os documentos comuns a todos e com aqueles exclusivos dos integrantes do grupo, serão submetidas a distribuição por dependência"; "§ 5º A distribuição prevista no § 4º deverá ocorrer no prazo de quinze dias e somente depois de ocorrida os nomes dos litigantes excedentes serão excluídos dos autos origi-nários" e "§ 6º No processo originário, o órgão jurisdicional não apreciará o mérito dos pedidos que envolvem os litigantes excedentes".
122. Como faz o autor deste *Curso* e o fez desde seu *Novo Código de Processo Civil anotado*, p. 176-177.

processos distribuídos por dependência ao original, que prosseguirá com o número e/ou grupo de litisconsortes a ser indicado, com as devidas anotações no distribuidor[123].

A distribuição por dependência encontra fundamento nos incisos do art. 286, ainda que nenhum deles, em sua textualidade, se refira à hipótese aqui comentada, tanto quanto os registros a serem feitos, nos termos do parágrafo único do mesmo dispositivo. É tema ao qual se volta o n. 9 do Capítulo 4.

A hipótese, destarte, não deve ser entendida como extinção do processo, mas sim, meramente, como simples desdobramento do processo originário para fins de maior eficiência dos atos processuais, tendo presente também a necessidade do escorreito exercício do direito à ampla defesa pelo réu[124].

3.3 Regime jurídico

As diversas classes evidenciadas no n. 3.1, *supra*, dão ensejo à construção dos seus respectivos regimes jurídicos.

O art. 115 combina dois critérios classificatórios, o relativo à obrigatoriedade do litisconsórcio (facultativo ou necessário) e o relativo ao resultado do processo (simples ou unitário), tendo presente, para mitigá-la, a regra constante da segunda parte do art. 114 de que, nos casos de litisconsórcio *necessário*, a eficácia da sentença depende da citação de todos os que devam ser litisconsortes.

Se, a despeito da obrigatoriedade, todos os litisconsortes *necessários* não tiverem integrado o processo (no sentido de não terem sido citados), a decisão de mérito será *nula* quando o litisconsórcio for também *unitário* (arts. 115, I, e 116)[125]. A decisão de mérito será, contudo, *ineficaz* com relação aos litisconsortes não citados quando se tratar de litisconsórcio necessário e *simples* (art. 115, II).

---

[123]. Por isso é correto entender, com os Enunciados n. 10 e 117 do FPPC, que: "Em caso de desmembramento do litisconsórcio multitudinário, a interrupção da prescrição retroagirá à data de propositura da demanda original" e "Em caso de desmembramento do litisconsórcio multitudinário ativo, os efeitos mencionados no art. 240 são considerados produzidos desde o protocolo originário da petição inicial". Aplicando expressamente esse entendimento é o quanto decidido pela 3ª Turma do STJ no REsp 1.868.419/MG, rel. Min. Nancy Andrighi, j.un. 22-9-2020, *DJe* 28-9-2020, e pela 4ª Turma do mesmo Tribunal no AgInt no REsp 1.863.843/MG, rel. Min. Maria Isabel Gallotti, j.un. 17-6-2024, *DJe* 19-6-2024.

[124]. É o que já defendiam as edições anteriores ao CPC de 2015 deste *Curso* (ver n. 2.2 do Capítulo 2 da Parte VII do volume 2, tomo I), e que, mais recentemente, está expresso nos Enunciados n. 386 e 387 do FPPC: "A limitação do litisconsórcio facultativo multitudinário acarreta o desmembramento do processo" e "A limitação do litisconsórcio multitudinário não é causa de extinção do processo".

[125]. Conjugando esta previsão com a do art. 503, dispõe o Enunciado n. 638 do FPPC que: "A formação de coisa julgada sobre questão prejudicial incidental, cuja resolução como principal exigiria a formação de litisconsórcio necessário unitário, pressupõe contraditório efetivo por todos os legitimados, observada a parte final do art. 506".

Para obviar tais situações, o parágrafo único dispõe que, "Nos casos de litisconsórcio passivo necessário, o juiz determinará ao autor que requeira a citação de todos que devam ser litisconsortes, dentro do prazo que assinar, sob pena de extinção do processo". A intervenção litisconsorcial, em tais casos, é exemplo seguro de litisconsórcio *ulterior*, isto é, formado ao longo do processo, tema que ocupa o n. 3.1.3, *supra*. Trata-se de regra que se harmoniza com o "dever-poder geral de saneamento" do processo, cuja matriz está, no plano infraconstitucional, no inciso IX do art. 139.

3.3.1 Aplicações

Sobre o regime jurídico aplicável aos litisconsortes, cabe dar destaque aos arts. 117 e 118.

O art. 117 consagra o que a doutrina usualmente chama, e já chamava, de "princípio da autonomia dos litisconsortes": "Os litisconsortes serão considerados, em suas relações com a parte adversa, como litigantes distintos".

A ressalva feita pelo dispositivo quando se tratar de litisconsórcio *unitário* – "exceto no litisconsórcio unitário, caso em que os atos e as omissões de um não prejudicarão os outros, mas os poderão beneficiar" – é coerente com o que sempre foi sustentado para aquela espécie litisconsorcial. Nesse caso, justamente pela unidade da relação de direito material subjacente ao processo, não há como conceber dualidade de resultados para os diversos litisconsortes individualmente considerados.

A regra, contudo, limita-se a mitigar os impactos *processuais* dos atos e das omissões dos litisconsortes: eles só podem beneficiar, não prejudicar os demais. No plano *material*, é correto o entendimento de que os atos e as omissões tendem a surtir seus efeitos plenos, inclusive, se for o caso, os eventualmente prejudiciais[126]. Tanto assim que os atos e as omissões de um litisconsorte podem *beneficiar* os demais, não prejudicá-los, o que não deixa de ganhar ainda maior relevo, mesmo que em perspectiva diversa, diante da opção feita pelo Código de Processo Civil sobre a *coisa julgada não poder prejudicar terceiros*, como se verifica do art. 506.

Se, por qualquer razão, os litisconsortes concordarem com eventuais atos dispositivos praticados por um deles, é irrecusável que seus efeitos, mesmo os prejudiciais, podem alcançar o processo. O entendimento, de qualquer sorte, vai além da previsão literal do art. 117, cuja incidência pressupõe a falta de concordância entre os litisconsortes a justificar a vedação nele imposta.

A regra do art. 117 é harmônica com outras dispersas no Código de Processo Civil: a do inciso I do art. 345, que afasta a presunção de veracidade dos fatos alegados pelo autor quan-

---

[126]. É a distinção defendida por Arruda Alvim desde os seus *Comentários ao Código de Processo Civil*, v. 2, p. 414-423. Na doutrina mais recente, cabe dar destaque a Elie Pierre Eid, *Litisconsórcio unitário*, p. 169-184.

do pelo menos um dos litisconsortes apresentar contestação; a do *caput* do art. 391, segundo a qual a confissão judicial faz prova contra o confitente, mas não *prejudica* os litisconsortes (trata-se de ato *dispositivo* de direito) e, por fim, a do art. 1.005, pelo qual o recurso interposto por um dos litisconsortes a todos aproveita, salvo se distintos ou opostos os seus interesses, sendo que, se se tratar de solidariedade passiva, o recurso interposto por um dos devedores aproveitará aos outros se as defesas opostas ao credor lhes forem comuns.

Em qualquer caso, contudo, cada litisconsorte – e isto é pertinente para todas as suas espécies – tem o direito de promover o andamento do processo, devendo todos serem intimados dos respectivos atos (art. 118).

O *prazo* para qualquer manifestação dos litisconsortes, em qualquer grau de jurisdição, é *dobrado* quando representados por procuradores diversos e, tratando-se de advogados privados, pertencentes a escritórios de advocacia diversos. Isso independentemente de prévio deferimento judicial (art. 229, *caput*).

Cessa a fluência dobrada dos prazos quando, havendo dois réus, somente um apresentar defesa (art. 229, § 1º)[127]. A melhor interpretação para a regra é a de que, se o réu que não apresentou defesa se manifestar ao longo do processo com relação aos atos ulteriores, o prazo passará a ser dobrado para as manifestações ulteriores, independentemente de qualquer deliberação judicial. Na hipótese de a defesa ter sido apresentada a destempo, é correto entender a incidência do § 1º do art. 229 porque se trata de ato *comissivo* a justificar os prazos dobrados, inclusive no que diz respeito a eventuais questionamentos das consequências da intempestividade tal qual reconhecida.

O § 2º do art. 229, querendo eliminar fundada dúvida surgida ainda no CPC de 1973, exclui expressamente a incidência dos prazos dobrados quando se tratar de processo eletrônico, ainda que meramente digitalizado, porque, em tais casos, é plenamente factível o acesso simultâneo aos autos pelos diversos interessados a tornar inócua a dilação dos prazos.

3.4 Outras regras sobre o litisconsórcio

Além das já mencionadas ao longo deste número, há diversas outras regras dispersas pelo Código de Processo Civil que tratam do litisconsórcio. Sem prejuízo de seu exame ao longo deste *Curso*, cabe, para fins didáticos, dedicar algumas palavras a elas nesta sede.

---

[127]. Similarmente, no âmbito recursal, a jurisprudência entende que, havendo sucumbência de apenas um dos litisconsortes, o prazo para apresentação do recurso é simples e não dobrado. Trata-se da Súmula 641 do STF ("Não se conta em dobro o prazo para recorrer, quando só um dos litisconsortes haja sucumbido"), aplicada, sob a égide do CPC de 2015, pela 3ª Turma do STJ no REsp 1.709.562/RS, rel. Min. Nancy Andrighi, j.un. 16-10-2018, *DJe* 18-10-2018, e no AgInt no AREsp 2.132.609/RS, rel. Min. Nancy Andrighi, j.un. 10-10-2022, *DJe* 13-10-2022.

Com relação às verbas de sucumbência, o § 1º do art. 87 estabelece a necessidade de distribuição expressa e proporcional da responsabilidade pelo pagamento das despesas processuais e pelos honorários advocatícios entre os litisconsortes. É indiferente, em tais casos, o tipo de litisconsórcio formado. O que deve ser valorado pelo magistrado é a quantidade e a qualidade da atuação de cada um à luz do resultado do processo, que é a chave a reger o tema na perspectiva da responsabilização por aquelas verbas.

O § 6º do art. 99 dispõe que o direito à gratuidade da justiça é pessoal, não se estendendo a litisconsorte, a não ser que haja requerimento e deferimento expressos, o que pressupõe que a situação do próprio litisconsorte justifique a concessão nos termos e para os fins do art. 98 e respectivo § 1º. Também aqui é indiferente o tipo de litisconsórcio formado.

O § 6º do art. 334, cuidando das hipóteses em que não será realizada a audiência de conciliação ou de mediação, estabelece que o desinteresse na realização da audiência deve ser manifestado por *todos* os litisconsortes. Pergunta pertinente é a de se saber se a regra alcança indistintamente as hipóteses de litisconsórcio *simples* e *unitário*. Tal como formulada, a regra só faz sentido para os casos de litisconsórcio *simples*. É nesta classe que qualquer um dos litisconsortes pode chegar a consenso com a parte contrária, independentemente da concordância ou da vontade do outro litisconsorte. Assim, ainda que parte dos litisconsortes se oponha à audiência – e desde que não haja nenhum outro fator que possa impedi-la –, sua realização deve ser garantida para que os demais litisconsortes alcancem a autocomposição como melhor lhes aprouver. Quando o litisconsórcio for *unitário*, a audiência e eventual solução consensual até podem ocorrer com apenas parte dos litisconsortes. A diferença é que os efeitos de tal solução no plano do *processo* podem não ser sentidos, gerando, inclusive, novos litígios entre os próprios litisconsortes. Neste caso, e para obviar o problema, parece preferível ao magistrado, rente à relação jurídica material característica daquela espécie de litisconsórcio, que deixe de designar a audiência, a não ser que todos os litisconsortes estejam concordes com sua realização, dando, também aqui, aplicação *textual* ao dispositivo.

O § 1º do art. 335 complementa a regra anterior, estabelecendo que o termo inicial do prazo para a resposta correrá *individualmente* para cada litisconsorte, contando-o da data de apresentação do respectivo pedido de cancelamento de audiência. Se a hipótese for de desistência do pedido em relação a algum litisconsorte ainda não citado nos casos em que não se admite autocomposição, o prazo para resposta terá início com a intimação da decisão homologatória da desistência (art. 335, § 2º).

Por fim, de acordo com o § 1º do art. 364, a existência de litisconsorte na audiência de instrução e julgamento ampliará para trinta minutos o prazo para suas alegações finais, a serem divididos entre todos os litisconsortes em partes iguais, a não ser que convencionem diversamente. A especificidade da regra afasta a incidência do art. 229, inclusive no que diz respeito a processo eletrônico e ainda que a audiência seja realizada por meios de comunicação eletrônicos, já que seu objetivo é viabilizar tempo mais dilargado para que os litisconsortes analisem o caso de seu próprio ponto de vista.

A despeito de inexistência de regra específica no Código de Processo Civil, é correto sustentar a dobra do prazo para a sustentação oral de procuradores diversos de litisconsortes, sendo indiferente, por idênticas razões às do parágrafo anterior, que os autos do processo sejam eletrônicos. Neste caso, no lugar dos quinze minutos referidos no *caput* do art. 937, deve ser franqueada a palavra aos procuradores dos recorrentes e/ou dos recorridos por *trinta* minutos (art. 229, *caput*). Cabe aos interessados ajustar como dividir o tempo entre si[128].

4. INTERVENÇÃO DE TERCEIROS

O Título III do Livro III da Parte Geral reúne cinco institutos sob o rótulo "intervenção de terceiros". São figuras muito diferentes entre si, já que em duas dessas situações o terceiro interveniente continuará a sê-lo para todos os fins do processo (assistência e *amicus curiae*), enquanto nos demais o terceiro passará a ser *parte* (denunciação da lide, chamamento ao processo e incidente de desconsideração da personalidade jurídica).

Nesse sentido, a opção do CPC de 2015 difere substancialmente da que fora feita pelo CPC de 1973, que distinguia as hipóteses de intervenção de terceiros da própria assistência, então alocada em Capítulo apartado das intervenções de terceiro, junto com o litisconsórcio, considerando, justamente, a circunstância de o assistente não se tornar parte no processo em que intervinha.

As razões pelas quais terceiros – sempre entendidos como aqueles que não são partes porque não formularam ou em seu desfavor não foi formulado pedido de tutela jurisdicional – podem ou devem intervir no processo são multifacetadas. Elas se relacionam com os *efeitos* das decisões judiciais – de quaisquer decisões que sejam aptas a veicular tutela jurisdicional, que afetam indistintamente as partes e os terceiros – e, tendo presente o próprio Código de Processo Civil, até mesmo a possibilidade de atingimento do terceiro pela chamada *coisa julgada material* (com eficácia externa), ainda que para seu *benefício* (art. 506).

É justamente a intensidade de tais efeitos que justifica a intervenção de terceiros em variadas modalidades. Quanto mais intenso o grau de influência da decisão sobre a relação material da qual faz parte o terceiro, maior a importância da sua participação (tornando-se, consoante o caso, até mesmo parte ao lado das demais partes que, como tais, já figuravam no processo, típica situação de intervenção de litisconsorte necessário faltante) e, consequentemente, também maior o plexo de atividades que poderá desenvolver ao longo do processo. A recíproca é verdadeira: quando se tratar de atingimento meramente reflexo ou indireto dos

---

128. É a expressa previsão, aqui mencionada para fins ilustrativos, do § 3º do art. 147 do RITJSP: "§ 3º No processo civil, se houver litisconsortes ou terceiros intervenientes não representados pelo mesmo procurador, o prazo será contado em dobro e dividido igualmente entre os do mesmo grupo, salvo quando convencionarem em contrário".

efeitos das decisões judiciais (e, nessa hipótese, nem sequer há espaço para se cogitar o problema da coisa julgada acima ventilado), mais tênue é a possibilidade de intervenção e também mais modestas as possibilidades de atuação do terceiro interveniente. É correto identificar, doutrinariamente, uma classe de terceiros que, por não serem afetados sequer reflexa ou indiretamente pelas decisões proferidas nos processos alheios, não têm razão nenhuma para intervir. São os terceiros juridicamente desinteressados.

Diante disso, é pertinente entender que a intervenção de terceiros pressupõe conflito ou confronto de relações jurídicas entre aqueles que são partes e aqueles que, como terceiros, poderão ou deverão intervir. A depender das especificidades de cada situação, analisada sempre na perspectiva do direito material, variam as modalidades interventivas. O *caput* do art. 119, ao se referir ao assistente como "terceiro *juridicamente* interessado", tem em foco o alcance de tais efeitos (ou da própria coisa julgada) na esfera jurídica do terceiro a justificar (e legitimar) sua intervenção.

Também as intervenções de terceiro são técnicas que querem implementar concretamente o disposto no art. 5º, LXXVIII, da Constituição Federal e o princípio da eficiência processual dele derivado e espelhado no art. 4º do CPC. Também aqui é correta a compreensão de que um mesmo processo pode ter o condão de resolver situações de fato mais complexas que a originalmente exposta na petição inicial (ou na contestação ou na reconvenção), envolvendo um maior número de sujeitos, como forma de otimizar a prestação jurisdicional, fomentar a segurança e a previsibilidade jurídicas, além da isonomia e a coerência das decisões.

Há intervenções de terceiro *espontâneas* no sentido de o terceiro tomar a iniciativa de intervir no processo. Outras dependem de determinação judicial, merecendo, por isso, serem chamadas de intervenções *provocadas*. Em alguns casos, a intervenção do terceiro amplia o objeto decisório do magistrado, ofertando novo pedido de tutela jurisdicional para solução judicial, por vezes fundado em distinta causa de pedir (intervenção por *pedido*). Em outros, a intervenção de terceiro não traz nenhuma novidade naquele campo, incorporando ao processo, tão somente, maior amplitude cognitiva (intervenção por *inserção*)[129].

Ainda à guisa de introdução do tema, cabe evidenciar que as decisões interlocutórias que *admitirem* e as que *inadmitirem* a intervenção de terceiros estão sujeitas a agravo de instrumento (art. 1.015, IX), o que significa dizer que o prejudicado pela decisão (inclusive o terceiro, se for o caso) pode pleitear, junto ao Tribunal competente, seu *imediato* reexame[130].

---

[129]. A célebre monografia de Athos Gusmão Carneiro, *Intervenção de terceiros*, p. 85-87, emprega as classificações mencionadas no texto. É certo, contudo, que o saudoso processualista gaúcho se vale da nomenclatura intervenção *por ação* para se referir ao que este *Curso* chama de intervenção por pedido.

[130]. O cabimento do agravo de instrumento, na hipótese, deve ser admitido, ainda que acarrete alteração de competência. Nesse sentido: STJ, 3ª Turma, REsp 1.797.991/PR, rel. Min. Nancy Andrighi, j.un. 18-6-2019, *DJe* 21-6-2019.

O texto do *caput* do art. 138, ao disciplinar a intervenção do *amicus curiae*, sugere solução mais restritiva para aquela modalidade interventiva, assunto que merece exame mais detido e que é objeto do n. 4.7.2, *infra*.

4.1 Outras hipóteses de intervenção de terceiros

A despeito da nomenclatura do Título III do Livro III da Parte Geral, há diversas outras situações de intervenção de terceiros dispersas pelo Código. Com efeito, as cinco figuras nele disciplinadas sob aquele rótulo – assistência, denunciação da lide, chamamento ao processo, incidente de desconsideração da personalidade jurídica e *amicus curiae* – não são excludentes de outras que se encontram espalhadas por todo o Código e até mesmo pela legislação processual civil extravagante.

É o que se dá com a alegação da ilegitimidade passiva pelo réu, que poderá, consoante o caso, trazer um terceiro para o processo em verdadeira hipótese de *sucessão processual* ou, a depender da manifestação do autor, de litisconsórcio passivo ulterior (arts. 338 e 339); com a reconvenção que, na roupagem que lhe deu o CPC de 2015, admite a intervenção de terceiros em relação à demanda originária (art. 343, §§ 3º e 4º); com a exibição de documento ou coisa formulada em face de terceiro (art. 401); com a autocomposição judicial que pode compreender "sujeito estranho ao processo", *terceiro*, portanto (art. 515, § 2º); com a oposição (arts. 682 a 686)[131]; com os embargos de terceiro (arts. 674 a 681); com o recurso de terceiro prejudicado (art. 996, parágrafo único); e com a ação rescisória proposta por terceiro em relação ao processo originário (art. 967, II).

Intervenções de terceiro ocorrem até mesmo em variadas situações na fase de cumprimento de sentença e/ou na execução fundada em título executivo extrajudicial. É o que se verifica, apenas para fins ilustrativos, com a necessidade de intimação de determinadas pessoas ou determinados credores a depender dos bens a serem penhorados (arts. 799, que recebeu o acréscimo dos incisos X e XI por força da Lei n. 13.465/2017, e 804), com o rol de legitimados para a adjudicação (art. 876, § 5º) ou para a arrematação (art. 890).

É certo que, nestes últimos casos, a intervenção do terceiro não se justifica para os mesmos fins da assistência, da denunciação da lide, do chamamento ao processo, da desconsideração da personalidade jurídica ou do *amicus curiae*: o cumprimento de sentença e a execução pressupõem *título executivo*. Não deixam, contudo, de ser hipóteses para além daquelas identificadas como "intervenção de terceiro" pelo Código de Processo Civil, entendido o fenômeno de maneira mais ampla em que terceiros poderão (ou deverão) intervir no processo para participar dos atos nele praticados, defendendo, direta ou indiretamente, direitos seus.

---

131. Tendo como pano de fundo a oposição cabe lembrar da Súmula 637 do STJ, cujo enunciado é o seguinte: "O ente público detém legitimidade e interesse para intervir, incidentalmente, na ação possessória entre particulares, podendo deduzir qualquer matéria defensiva, inclusive, se for o caso, o domínio".

Não obstante essa notícia, que tem como objetivo apenas evidenciar a amplitude do tema, o objeto dos números seguintes corresponde à análise das cinco modalidades de intervenção de terceiros denominadas e identificadas como tais pelo Código de Processo Civil. As demais figuras ocupam, cada uma a seu tempo, seu próprio lugar ao longo deste *Curso*.

4.2 Negócios processuais e intervenção de terceiros

Ainda à guisa introdutória do tema, cabe tecer uma palavra sobre os negócios processuais, generalizados pelo art. 190 e intervenção de terceiros.

Não há razão para descartar aprioristicamente que as partes pactuem entre si, antes ou depois do processo, como exercerão (ou deixarão de exercer) sua *própria* iniciativa (*seus próprios ônus, poderes, faculdades e deveres*, portanto) quanto a convocar algum terceiro para intervir no processo. Poderão, por exemplo, ajustar que autor e réu não denunciarão à lide, reservando necessariamente o exercício de sua pretensão de regresso a novo processo (iniciativa que se harmoniza com o regime de *facultatividade* da denunciação da lide do CPC) ou que o réu não chamará codevedores ao processo, a despeito da solidariedade passiva existente entre eles no plano material. Podem pactuar, não há por que negar, justamente o oposto: que a denunciação e o chamamento ao processo lhes são obrigatórios. Há até quem sustente que o negócio processual pode ter como objeto a criação de "intervenções *atípicas* de terceiros", assim entendidas espécies interventivas além daquelas identificadas como tais pelo Código de Processo Civil.

As partes podem até mesmo – e nisso não há nenhuma novidade trazida com o CPC de 2015 – dispor de seus direitos (materiais), situação que terá necessária repercussão no plano do processo. Assim, por exemplo, quando há renúncia à evicção (art. 448 do Código Civil), a esvaziar a razão de ser da denunciação da lide ou ao benefício da ordem pelo fiador (art. 828, I, do Código Civil), a afastar o chamamento ao processo.

Não há espaço, contudo, para que as partes possam celebrar negócio processual para evitar que o próprio magistrado tome a iniciativa de dar ciência do processo a terceiro para, querendo, nele intervir (como pode ocorrer, por exemplo, em se tratando de *amicus curiae* e, embora excepcionalmente, na assistência) e, tampouco, pretender que seu negócio afete os terceiros que pretendam intervir no processo e, mais amplamente, as técnicas que o Código de Processo Civil disponibiliza para viabilizar a intervenção quando a iniciativa é do próprio terceiro, inclusive do ponto de vista de seu *procedimento* e respectivo regime jurídico.

Para que o terceiro esteja vinculado a negócio processual firmado entre as partes, é necessário que ele, em nome próprio, participe do próprio negócio processual ou, ao menos, anua com sua realização. Neste caso, contudo, o terceiro deixará de sê-lo no que diz respeito ao próprio negócio processual, no plano material, portanto, que passa a lhe dizer respeito diretamente; preservará, no entanto, seu *status* de terceiro com relação ao processo.

4.3 Assistência

O Capítulo I, que abre o Título III do Livro III da Parte Geral, é dedicado à *assistência*. Trata-se de modalidade interventiva de terceiro pela qual um terceiro (*assistente*) atua em prol de uma das partes (*assistido*) para se beneficiar direta ou indiretamente da decisão a ser proferida no processo.

Trata-se de típica hipótese em que a intervenção é *espontânea*, no sentido de que é o próprio terceiro que, tomando ciência do processo, toma a iniciativa de nele intervir, justificando a razão para tanto. É certo, todavia, que eventual cientificação dirigida pelo magistrado ao terceiro para estimular sua intervenção – de ofício ou a pedido da parte – não descaracteriza a assistência como tal[132].

O CPC de 2015 preserva a dicotomia já conhecida pelo CPC de 1973 da assistência *simples* e da assistência *litisconsorcial*. Inova quando reserva para cada uma delas uma seção específica, ambas precedidas de outra, dedicada às disposições comuns.

Prevalece correta a compreensão, de qualquer sorte, de que a intervenção do assistente (simples ou litisconsorcial) não o torna parte do processo. É que ele, a despeito da intervenção, não formula nem em face dele é formulado pedido de tutela jurisdicional. É caso, por isso mesmo, de intervenção por *inserção*, para empregar a dicotomia indicada no n. 4, *supra*.

4.3.1 Modalidades de assistência

A distinção entre a "assistência *simples*" (Seção II do Capítulo I do Título III do Livro III da Parte Geral, arts. 121 a 123) e a "assistência *litisconsorcial*" (Seção III do Capítulo I do Título III do Livro III da Parte Geral, art. 124) repousa no plano *material*, reverberando no plano processual. As relações de direito material que, quando contrastadas com o plano processual, justificam uma e outra modalidade são bastante diversas entre si, a dar ensejo àquelas duas classes da assistência e, consequentemente, à sua dualidade de regimes jurídicos no plano do processo.

A posição de direito material, que autoriza a intervenção do assistente *simples*, é diversa daquela que está exposta em juízo, entre o assistido e seu adversário. Há, em verdade, *duas* relações jurídicas de direito material (uma entre as partes e outra entre o assistente e o assistido), embora guardem, entre si, algum ponto de contato. É, aliás, esse ponto de contato que justifica o "interesse jurídico", que legitima a intervenção do assistente simples. A tutela jurisdicional a ser recebida pelo assistente simples, em tais condições, é *indireta* ou *reflexa*, por depender, justamente, da relação material que já está exposta em juízo à qual ele é estranho.

---

132. É o que se dá, por exemplo, no art. 59, § 2º, da Lei n. 8.245/91, que trata das locações de imóveis urbanos e também no art. 575, relativo à "ação de demarcação de terras".

É o caso, para ilustrar o afirmado, do sublocatário em relação ao pedido de despejo formulado pelo locador em face do locatário. Com o desfazimento do contrato de locação (o contrato principal), o contrato de sublocação (o contrato acessório) será desfeito. É inegável, destarte, o interesse jurídico *indireto* a ser defendido pelo assistente em tais situações, dada a dualidade de relações jurídicas existentes no plano material, embora seja inegável a relação que existe entre elas. Não é por outra razão que o já mencionado § 2º do art. 59 da Lei n. 8.245/91 determina que se dê ciência ao sublocatário do despejo pretendido pelo locador. É indiferente, para os fins aqui indicados, que a sublocação seja consentida ou não. Independentemente de prévia autorização, a subsistência do contrato de sublocação depende da manutenção do contrato principal[133]. É dessa dependência entre os dois contratos que decorre o *interesse jurídico* do assistente.

Nos casos de assistência *litisconsorcial*, há uma só relação de direito material a autorizar a intervenção, entre as partes e entre o assistente e as partes. O assistente participa dela e só não é autor e/ou réu, por força de alguma regra de legitimação *extraordinária*, que o autoriza a não participar obrigatoriamente do processo. Seu direito, por isso mesmo, já está sendo *diretamente* discutido em juízo, embora ele não seja parte. É o que se verifica, por exemplo, na hipótese do art. 575 ao estatuir que: "Qualquer condômino é parte legítima para promover a demarcação do imóvel comum, requerendo a intimação dos demais para, querendo, intervir no processo".

Na hipótese de o credor demandar um de dois devedores solidários, por exemplo, o não demandado (aquele que não é réu no processo) pode, querendo, intervir no processo para atuar ao lado do codevedor. Seu direito já está sendo discutido em juízo, mas, por força da solidariedade passiva da obrigação, a legitimidade passiva satisfaz-se apenas com a participação do outro réu. É o que decorre do art. 275 do Código Civil.

Em casos como esses, o assistente litisconsorcial poderia ter sido litisconsorte passivo desde o início do processo. Ocorre que, sendo o litisconsórcio em tais casos *facultativo*, sua presença como *réu* no processo *não é obrigatória* (não se trata de litisconsórcio *necessário*). Assim, precisamente porque o codevedor permaneceu como *terceiro* (e não é litisconsorte), pode pretender intervir, fazendo-o como assistente litisconsorcial. Tão forte a relação de direito material neste caso que a situação rende ensejo a *outra* modalidade de intervenção de terceiro, que depende da iniciativa do réu do processo (um dos devedores solidários), o chamamento ao processo, como se pode verificar do inciso III do art. 130.

Importa enfatizar que, em se tratando de assistência litisconsorcial, a relação jurídica existente entre o assistente e o assistido é a *mesma* que existe com o adversário do assistido.

---

[133]. É o que se lê do art. 15 da Lei n. 8.245/91, que disciplina as "locações dos imóveis urbanos e os procedimentos a elas inerentes".

No exemplo dado, é o contrato que gerou a dívida. Tanto que o art. 124, ao tratar do assistente litisconsorcial, dispõe que: "Considera-se litisconsorte da parte principal o assistente sempre que a sentença influir na relação jurídica entre ele e o adversário do assistido".

4.3.2 Interesse jurídico que legitima a intervenção do assistente

O art. 119 trata do pressuposto fático que autoriza a intervenção do terceiro como assistente (simples ou litisconsorcial). Trata-se de previsão genérica, a mais genérica entre todas as modalidades de intervenção de terceiro, porque, diferentemente das demais, não se preocupa em peculiarizar nenhuma situação de direito material que justifique a intervenção. O ingresso do assistente dá-se desde que o assistente seja "*juridicamente interessado* em que a sentença seja favorável" a uma das partes do processo (o assistido). Trata-se da possibilidade de atingimento dos efeitos (ou, consoante o caso, da própria coisa julgada) na esfera jurídica do terceiro, a legitimar seu pedido de intervenção.

A palavra "sentença" empregada no dispositivo deve ser interpretada amplamente, como sinônimo de qualquer decisão judicial que veicule tutela jurisdicional. Assim, serão as sentenças em sentido técnico (art. 203, § 1º), acórdãos (art. 204), decisões monocráticas no âmbito dos Tribunais (art. 932, IV e V) e decisões interlocutórias proferidas na primeira instância (art. 203, § 2º). É insuficiente limitar a produção de efeitos jurídicos que justifiquem a intervenção de terceiros a partir da sentença propriamente dita em um Código, como o de 2015 – e a afirmação já era correta também para o CPC de 1973 após as amplas (e estruturais) reformas pelas quais ele passou, sobretudo após o ano de 1994 –, que generaliza a possibilidade de a tutela jurisdicional ser prestada, ainda que sob o regime de provisoriedade, por decisões interlocutórias[134].

Como destacado no n. 4.3.1, *supra*, a depender da interferência indireta ou direta dos efeitos da decisão na esfera jurídica do assistente, a hipótese será de assistência *simples* ou de assistência *litisconsorcial*, respectivamente. Tudo a depender, importa sublinhar, do adequado exame da relação jurídica material deduzida em juízo e da posição do candidato a assistente em relação a ela.

4.3.3 Cabimento e oportunidade da assistência

O parágrafo único do art. 119 admite a assistência em qualquer procedimento (comum e os especiais; codificados ou disciplinados pela legislação processual civil extravagante) e em todos os graus de jurisdição. A previsão tem que ser compreendida no sentido de que o assistente desenvolve, ao lado do assistido, atividade *cognitiva* em busca de uma *decisão* (não

---

[134]. Trata-se de entendimento já defendido pelas edições anteriores ao CPC de 2015 do volume 2, tomo I, deste *Curso*, como se pode verificar do n. 2.4 do Capítulo 1 da Parte VII.

apenas "sentença") favorável a este (e também, com maior ou menor intensidade, consoante se trate de assistência simples ou litisconsorcial, a si próprio). Destarte, não faz sentido admitir sua intervenção na etapa de cumprimento de sentença ou na execução fundada em título executivo extrajudicial, a não ser no que diz respeito a eventuais episódios *cognitivos*, como, por exemplo, a impugnação (art. 525, § 1º) ou os embargos à execução (art. 914). Dado o seu inegável caráter cognitivo, é perfeitamente viável o ingresso do assistente na liquidação, ainda quando ela se desenvolva incidentalmente ao cumprimento de sentença ou no processo de execução[135].

O referido parágrafo único ressalva, ainda, que o assistente recebe o processo "no estado em que se encontre", o que significa dizer que a intervenção do assistente não reabrirá oportunidades, atos, ou fases do processo que já tenham sido ultrapassadas ou consumadas[136]. Eventuais preclusões ocorridas ao longo do processo para o assistido afetam também o assistente.

De qualquer sorte, a análise do caso concreto pode, justamente diante da regra decorrente do parágrafo único do art. 119, ser fator decisivo para desautorizar ou desincentivar a intervenção do assistente, máxime diante de sua vinculação à chamada "justiça da decisão", assunto ao qual se volta o n. 4.3.5.2, *infra*.

4.3.4 Pedido de intervenção

O pedido de intervenção a ser formulado pelo terceiro que quer se tornar assistente de uma das partes deve ser submetido ao contraditório. Ouvidas as partes (aquele a quem o interveniente quer assistir, o assistido, e a parte oposta), o magistrado deferirá ou não o pedido, consoante verifique a presença do interesse jurídico a que se refere o *caput* do art. 119 e que se trata de intervenção justificável diante de atividade cognitiva a ser desenvolvida no âmbito do processo. Não é porque o assistente pode, em processo futuro, esquivar-se da "justiça da decisão" a que se refere o art. 123 que o magistrado não possa, ainda que de ofício, deixar de examinar se o caso comporta a intervenção.

O texto do *caput* do art. 120 não pode ensejar a interpretação de que o magistrado não pode indeferir o pedido de intervenção formulado pelo assistente, salvo se o fizer liminarmente. O entendimento mais correto é que o magistrado *deve* indeferir pedido que, desde

---
[135]. Assim, v.g.: STJ, 3ª Turma, REsp 1.798.937/SP, rel. Min. Nancy Andrighi, j.un. 13-8-2019, *DJe* 15-8-2019.
[136]. Se o caso for de intervenção da União como assistente, é forçoso reconhecer o necessário deslocamento da competência para a justiça federal, inclusive para deliberar acerca do deferimento ou não do pedido na perspectiva da existência de interesse jurídico, por força do disposto no inciso I do art. 109 da CF. Sobre o assunto, v.: STJ, CE, EREsp 1.265.625/SP, rel. Min. Francisco Falcão, j.m.v. 30-3-2022, *DJe* 1-8-2022; e STJ, 4ª Turma, AgInt no REsp 1.486.434/RJ, rel. Min. João Otávio de Noronha, j.un. 23-9-2024, *DJe* 25-9-2024.

logo, se apresente descabido à míngua dos pressupostos exigidos pelo art. 119[137]. Caso não o faça, deverá submeter o pedido ao contraditório das partes (a indicada como assistida e a adversária) para, em seguida, decidir. Se, a despeito da sua primeira análise, o magistrado acabar por entender, mesmo diante das alegações das partes, que a hipótese *não é* de assistência, o indeferimento da intervenção é de rigor.

Independentemente do momento, isto é, liminarmente ou após o estabelecimento do contraditório, e do teor da decisão, ou seja, de deferimento ou de indeferimento da intervenção, o cabimento do agravo de instrumento é expressamente previsto no inciso IX do art. 1.015. Tratando-se de intervenção pleiteada no âmbito recursal – o assistente pode pretender intervir "em todos os graus de jurisdição" (art. 119, parágrafo único) –, o recurso cabível (do deferimento ou do indeferimento) será o agravo interno, tratando-se de decisão monocrática (art. 932, I, c/c art. 1.021). Tratando-se de decisão colegiada, a hipótese comporta recurso especial e/ou extraordinário consoante se façam presentes seus pressupostos constitucionais. Antes dos recursos anunciados, não há como descartar aprioristicamente a pertinência dos embargos declaratórios quando estiverem presentes seus pressupostos de admissibilidade nos moldes dos incisos do art. 1.022. Sendo apresentados os declaratórios, o prazo para a interposição dos demais recursos será interrompido nos termos do *caput* do art. 1.026.

O incidente criado com o pedido de intervenção no processo formulado pelo terceiro não suspende o processo (art. 120, parágrafo único). A previsão se harmoniza com a regra do parágrafo único do art. 119, segundo a qual o assistente receberá o "processo no estado em que se encontre".

4.3.5 Assistência simples

A Seção II do Capítulo I do Título III do Livro III reserva à disciplina da assistência *simples* três dispositivos, os arts. 121 a 123. A assistência litisconsorcial é objeto da Seção seguinte, que compreende um único dispositivo, o art. 124. A alocação do art. 123 na Seção dedicada à assistência simples, de qualquer sorte, dá ensejo à discussão apresentada no n. 4.3.5.2, *infra*, sobre sua incidência do regime nele estatuído sobre a "justiça da decisão" também ao assistente litisconsorcial.

O art. 121 ocupa-se da atuação do assistente simples. Uma vez admitida a sua intervenção, ele "[...] atuará como auxiliar da parte principal, exercerá os mesmos poderes e sujeitar-se-á aos mesmos ônus processuais que o assistido".

---

[137]. Questão interessante a esse respeito refere-se à *necessidade* de o magistrado ouvir previamente o assistente sobre a negativa de sua intervenção, caso se trate de motivo não discutido na apresentação do pedido de intervenção. É interpretação que decorre necessariamente do art. 10.

O assistente simples, como já advertia Arruda Alvim, exerce atuação *subordinada* à do assistido[138]. Ubiratan de Couto Maurício, por sua vez, escrevia, em lição que permanece atual para o CPC de 2015, que o assistente "não pode praticar nenhum ato processual que esteja em oposição com a atividade processual do assistido. Porém, se chegar a efetivá-lo, deve ser tido como inválido"[139].

Exemplos seguros de assistência *simples* são, dentre outros, os seguintes: sublocatário em despejo requerido contra o sublocador (locatário); tabelião em demanda em que se pretende a nulidade de escritura pública por algum vício a ele imputado; credor do falido habilitado em falência em prol da massa falida em todos os processos em que ela seja parte[140]; parentes colaterais em processo voltado ao reconhecimento e à dissolução de união estável *post mortem* em função do disposto no art. 1.829 do CC a eles aplicável[141]; e o art. 62, § 1º, da Lei n. 15.040/2024, que admite expressamente a intervenção das resseguradoras como assistentes simples.

A regra derivada do *caput* do art. 121 é da tradição do direito brasileiro de compreender o assistente simples como mero coadjuvante do assistido, atuando em paridade de armas com ele e sempre de acordo com sua vontade expressa ou subentendida[142].

Justifica-se esse regime jurídico na medida em que a situação de direito material que autoriza a intervenção do assistente simples é-lhe *indireta*. Como destaca o n. 4.3.1, *supra*, o assistente simples *não tem* relação jurídica sua em juízo, justificando a sua intervenção pelos reflexos que eventual decisão relativa à posição jurídica do assistido pode assumir na sua própria posição jurídica *indireta* ou *reflexamente*. Trata-se, na verdade, de uma situação em que a situação posta em juízo afeta *outra* situação jurídica titularizada, no plano material, pelo assistido e pelo assistente e que depende, em maior ou em menor grau, do que está sendo discutido no processo.

Assim – e coerentemente com sua relação *indireta* com a relação jurídica deduzida em juízo –, o assistente simples é coadjuvante do assistido. Ele não tem como ir além nem querer se equiparar ao assistido no que diz respeito à possibilidade de sua atuação processual porque, insisto, não é dele o direito deduzido em juízo.

A primeira parte do *caput* do art. 121 espelha, com exatidão, esse entendimento. A parte final do dispositivo, segundo a qual o assistente "exercerá os mesmos poderes e sujeitar-se-á aos mesmos ônus processuais que o assistido", precisa ser compreendida no contexto da primeira parte, isto é, de o assistente atuar como *auxiliar, subsidiando a atuação do assistido*.

---

138. *Código de Processo Civil comentado*, v. III, p. 60.
139. *Assistência simples no direito processual civil*, p. 124.
140. STJ, 4ª Turma, AgInt no REsp 1.481.588/MT, rel. Min. Antonio Carlos Ferreira, j.un. 24-4-2023, *DJe* 28-4-2023; e STJ, 3ª Turma, REsp 1.025.633/RJ, rel. Min. Massami Uyeda, j.un. 24-5-2011, *DJe* 29-9-2011.
141. STJ, 3ª Turma, REsp 1.759.652/SP, rel. Min. Paulo de Tarso Sanseverino, j.un. 22-9-2020, *DJe* 25-9-2020.
142. Não é por outra razão, aliás, que é comum a doutrina brasileira referir-se ao assistente simples também com o adjetivo de assistente *adesivo*.

A atuação conjunta de ambos pode até coincidir e, neste sentido, é possível afirmar que ambos exercem os "mesmos poderes" e sujeitam-se aos "mesmos ônus processuais": ambos requerem a produção de determinado meio de prova ou ambos recorrem, por exemplo. Quando não houver coincidência, a atuação do assistido é a preponderante, em detrimento da do assistente.

Na hipótese de se tratar de disposição de direito *material* (que *não pertence* ao assistente), nada há que o assistente possa fazer, a não ser suportar as consequências, ainda que reflexas, da atuação do assistido, na linha do art. 122.

Por isso, é correto entender que ao assistente simples é vedado obstaculizar eventual composição entre o assistido e a parte contrária, renunciar a pretensão, reconhecer juridicamente o pedido, confessar e transigir.

No plano do *processo*, contudo, o parágrafo único do art. 121 acaba prevendo duas exceções. De acordo com o dispositivo, "sendo revel ou, de qualquer outro modo, omisso o assistido, o assistente será considerado seu substituto processual".

O texto admite que o assistente simples atue na qualidade de *substituto processual* não somente quando o assistido for revel, mas também – e mais genericamente – quando o assistido for omisso "de qualquer outro modo". São inegáveis, no particular, as novidades, ao menos *textuais*, que merecem ser notadas no dispositivo quando comparado com o seu correspondente no CPC de 1973, o parágrafo único do art. 52[143].

É correto interpretar a regra no sentido de ela propor alteração no entendimento de que a atuação do assistente simples, sempre e invariavelmente, está subordinada à vontade do assistido, o que decorre, como visto, do *caput* do art. 121, a "regra de ouro" da assistência[144].

A primeira situação que excepciona o regime de mero coadjuvante do assistente simples – e esta já encontrava eco expresso no CPC de 1973 – é a hipótese de o assistido ser *revel*, isto é, não ter apresentado contestação. A segunda novidade textual trazida pelo Código de Processo Civil pressupõe que o assistido seja omisso "de qualquer modo", o que vai, portanto, muito além da hipótese de revelia. Em ambos os casos, o assistente atuará como *substituto processual* do assistido[145] e, nessa qualidade, o Código de Processo Civil acabou criando verdadeira ficção legislativa (uma hipótese de legitimação extraordinária ou substituição processual) que permite a alguém (o assistente), em nome próprio, tutelar direito alheio (do assistido) nos casos em que, *do ponto de vista processual*, houver omissão generalizada (porque

---

143. Que tinha a seguinte redação: "Sendo revel o assistido, o assistente será considerado seu gestor de negócios".
144. Expressão empregada por Athos Gusmão Carneiro, *Intervenção de terceiros*, p. 197-199, e, mais recentemente, por Fabio Caldas de Araújo, *Intervenção de terceiros*, p. 202-203.
145. O CPC de 1973, embora limitasse a previsão à hipótese de revelia, referia-se ao assistente como "gestor de negócios", figura de direito material, o que conduzia a doutrina a pertinentes críticas. A respeito, ver, nas edições anteriores ao CPC de 2015 do volume 2, tomo I, deste *Curso*, o quanto escrito no n. 4 do Capítulo 3 da Parte VII.

não limitada à revelia) do assistido[146]. Assim, por exemplo, se o assistido perder o prazo para a prática de algum ato, é correto entender que o mesmo ato eventualmente praticado pelo assistente seja o bastante e, como tal, surta seus regulares efeitos.

Quando o ato dispositivo do assistido, contudo, disser respeito ao plano de direito *material*, é o caso de entender que prevalece a regra do art. 122 sobre a do parágrafo único do art. 121. Assim, por exemplo, se o assistido *desiste* do recurso que interpôs, eventual recurso do assistente fica necessariamente prejudicado. Também quando o assistido, de alguma forma, manifestar-se contrário à interposição do recurso, não há como se admitir recurso do assistente. Nesses casos e em tantos outros que poderiam ser construídos a partir de hipóteses fáticas similares, não há, em rigor, *omissão* do assistido, mas, bem diferentemente, a prática de ato dispositivo seu que, surtindo efeitos regulares no plano material, influencia o plano processual.

Diante da nova regra, parece ser correto admitir que, ao menos nas hipóteses de *omissão processual* do assistido, é dado ao assistente simples atuar para além da vontade externada até o momento ou presumida do assistido no âmbito do plano processual.

Ao ensejo do tema relativo à atuação do assistente no processo, cabe lembrar do art. 94, segundo o qual "se o assistido for vencido, o assistente será condenado ao pagamento das custas em proporção à atividade que houver exercido no processo".

4.3.5.1 Os limites à atuação do assistente simples

A assistência simples justifica-se diante do interesse jurídico que terceiro (o assistente) possui no desfecho de processo em que aquele com quem tem alguma relação jurídica é parte. A relação jurídica do terceiro (o assistente) é *indireta* ou *reflexa* em relação àquela que está sendo discutida em juízo, esta sim titularizada pelo assistente (que é parte).

Por isso a atuação do assistente simples ser vocacionada a coadjuvar o assistido em juízo. Seus atos devem ser praticados em consonância com a vontade externada pelo assistido, até porque é dele o direito material questionado, sendo inalcançável aquela posição jurídica pelo assistente.

Mesmo nos casos em que o assistido for revel ou quando ele for omisso "de qualquer outro modo", a atuação do assistente como substitutivo processual, tudo em conformidade com o parágrafo único do art. 121, não pode esbarrar em eventual manifestação de vontade do assistido. Uma coisa, destarte, é o assistido não recorrer e, diante dessa sua omissão, o assistente recorrer e sua iniciativa ser bastante para submeter a decisão desfavorável ao assistido à supe-

---

[146]. O Enunciado CEAPRO n. 19 parece sugerir distinção entre a substituição processual do art. 18 e aquela prevista no art. 121, parágrafo único. Eis sua redação: "A hipótese do parágrafo único do artigo 121 não configura substituição processual, prevista no artigo 18. Por consequência, o regime jurídico permanece o da assistência". Não obstante, a parte final do enunciado é correta no sentido de que a distinção entre os planos material e o processual merece ser considerada para fixação das possibilidades de atuação do assistente. É assunto ao qual se voltam os n. 4.3.5.1 e 4.3.6.1, *infra*.

rior instância, dando início à fase recursal do processo. Outra, bem diferente, é o assistido desistir de recurso já interposto ou renunciar ao direito de recorrer. Tais atos, porque dispositivos, impedem a atuação do assistente. Em rigor, aliás, nem se poderia pretender entender diferentemente até diante da literalidade do parágrafo único do art. 121: em nenhuma dessas hipóteses há *omissão* do assistido a autorizar a substituição processual criada por aquele dispositivo. O que há, diferentemente, é a prática de atos dispositivos de direitos.

Por isso mesmo – e em consonância com o quanto escrito no número anterior –, o art. 122 é claro ao estatuir que "a assistência simples não obsta a que a parte principal reconheça a procedência do pedido, desista da ação, renuncie ao direito sobre o que se funda a ação ou transija sobre direitos controvertidos".

Todos aqueles atos – e o rol do art. 122 merece ser compreendido como meramente *exemplificativo*[147] – são atos de disposição do direito material e, como tais, estão fora do alcance do assistente. São atos que, em rigor, não pertencem ao assistente justamente porque não dizem respeito à sua *própria* esfera jurídica, mas, bem diferentemente, do assistido. Por isso mesmo, eles não são alcançados nem mesmo pela previsão do parágrafo único do art. 121, que tem sua incidência limitada à atuação *processual* do assistente quando a omissão (ou o silêncio) do assistido não comprometer disposição de direito material seu.

4.3.5.2 *Justiça da decisão (eficácia da intervenção)*

O art. 123 veda ao assistente que discuta a "justiça da decisão" proferida no processo em que interveio após seu trânsito em julgado.

Por "justiça da decisão" deve ser entendida a inviabilidade de o assistente, em processo posterior, discutir os fundamentos da decisão tomada no processo em que interveio. Isso porque, é a pressuposição, é na fundamentação da decisão que a razão de ser da intervenção é apreciada. É como se a previsão do art. 123 fosse uma exceção ao disposto nos incisos I e II do art. 504 sobre os limites *objetivos* da coisa julgada.

Para retomar exemplo clássico da doutrina em que as partes questionam a invalidade de escritura pública imputando ao tabelião algum vício na sua elaboração, o tabelião pode, querendo, intervir na qualidade de assistente simples da parte que sustenta a higidez do ato. As consequências da decisão de invalidade da escritura sobre sua esfera jurídica são indesmentíveis. A relação de direito material discutida em juízo, contudo, não lhe pertence porque ele não é parte no negócio jurídico retratado na escritura. O que lhe diz respeito é a discussão sobre a ocorrência de algum vício no ato que celebrou, alegação que deverá necessariamente ser resolvida pela decisão a ser proferida no caso[148]. Justamente por isso é que o que

---

147. Expresso nesse sentido é o Enunciado FPPC n. 389: "As hipóteses previstas no art. 122 são meramente exemplificativas".
148. Por essa razão, aliás, é que parece ser correto entender que, observados os §§ 1º e 2º do art. 503, aquela declaração fará coisa julgada entre as partes. Sobre eventual atingimento do assistente pela coisa julgada nesta hipótese, ver o n. 4.3.5.3, *infra*.

for decidido a esse respeito – reconhecendo a invalidade ou a validade do ato – vinculará o tabelião, desde que tenha intervindo e tido oportunidade de atuar para demonstrar seu ponto de vista (que coincidirá com o da parte assistida).

A ressalva acima é importante. A eficácia da intervenção não incide em duas hipóteses, previstas nos dois incisos do art. 123. Na primeira, quando a intervenção do assistente tiver sido tardia e, como tal, incapaz de modificar o resultado desfavorável à parte assistida e, consequentemente, também a si próprio; na segunda, terá que comprovar o desconhecimento de alegações ou de provas não empregadas pelo assistido por dolo ou culpa, que o prejudicaram. É o que a doutrina comumente chama de *exceptio male gesti processus*[149].

Questão importante que a *alocação* do art. 123 sugere é sobre se a eficácia da intervenção nele regulada, tanto quanto as hipóteses em que tal eficácia pode ser afastada, dizem respeito apenas ao assistente *simples* ou também ao assistente *litisconsorcial*[150].

A localização do instituto dentro da Seção II do Capítulo I do Título III do Livro III da Parte Geral é insuficiente para concluir pelo entendimento restritivo no sentido de que aquele instituto só diz respeito à assistência simples. A questão atrela-se à dinâmica da intervenção do assistente, simples ou litisconsorcial, e que opera como verdadeiro ônus à qualidade de sua atuação processual. Em ambas as situações, mesmo na assistência litisconsorcial, a razão de intervir será investigada pelo magistrado nas razões de decidir.

É correto, por isso mesmo, entender que a eficácia da intervenção do art. 123 atinge não só o assistente simples, mas também o assistente litisconsorcial. Quiçá o receio de sua sujeição àquela eficácia possa inibir que o terceiro requeira sua intervenção na qualidade de assistente. Ambos, de qualquer sorte, poderão, nos processos em que tenham intervindo, demonstrar a ocorrência de ao menos uma das hipóteses dos incisos daquele dispositivo para afastá-la em processo posterior[151], o que é o bastante para afastar qualquer pecha de inconstitucionalidade àquela regra[152].

4.3.5.3 Coisa julgada

Embora a justiça da decisão não se confunda com a coisa julgada, é pertinente questionar se a coisa julgada atinge o assistente simples.

---

149. Assim, por exemplo, Genacéia da Silva Alberton, *Assistência litisconsorcial*, p. 98.
150. O CPC de 1973 disciplinava a assistência de forma unitária, sendo pouco claro o que era característico do regime da assistência simples ou da assistência litisconsorcial. O art. 55, que se ocupava da eficácia da intervenção, tanto quanto o atual art. 123, vinha logo em seguida ao dispositivo que previa a assistência litisconsorcial, similarmente ao art. 124 do CPC.
151. É o entendimento que já defendia o n. 6 do Capítulo 3 da Parte VII das edições anteriores ao CPC de 2015 do volume 2, tomo I, deste *Curso*.
152. Entendimento defendido por Leonardo Greco em suas *Instituições de processo civil*, v. I, p. 479-480.

Este *Curso* defendeu em suas edições anteriores ser o entendimento mais correto poupar o assistente simples da coisa julgada por ser ele terceiro alheio ao conflito de direito material existente no plano do processo[153].

O art. 506 convida a reflexão diversa. Isto por causa da *novidade* trazida naquele dispositivo de que a coisa julgada pode *beneficiar* terceiros, assim, por exemplo, aquela formada no processo em que contendem o assistido e o seu adversário. Em tais casos, não há como, de qualquer sorte, admitir que a coisa julgada possa querer *prejudicar* o assistente simples.

No clássico exemplo sobre a intervenção do tabelião, não parece ser dissonante com o regime dos limites subjetivos da coisa julgada autorizado pelo precitado art. 506 o entendimento de que eventual coisa julgada *benéfica* sobre a validade da escritura atinja-o, entendimento que se harmoniza, por sua vez, com a extensão *objetiva* da coisa julgada à questão prejudicial, desde que ocorrentes as previsões dos §§ 1º e 2º do art. 504.

4.3.6 Assistência litisconsorcial

Como expõe o n. 4.3.1, *supra*, é a relação de direito material que justifica a intervenção de terceiro na qualidade de assistente litisconsorcial, distinguindo-a da assistência simples. São casos em que a relação de direito material deduzida em juízo pertence não só ao assistido, mas *também* ao assistente.

O terceiro só o é – o que equivale a entender que ele não é parte – porque há alguma regra de legitimação extraordinária que empresta regularidade ao processo independentemente de sua participação. Não houvesse previsão naquele sentido e a hipótese seria de litisconsórcio *necessário* a colocar em risco de alguma forma a higidez do processo, na ausência do litisconsorte ou, quando menos, a ineficácia da decisão em relação a si (art. 115). Tanto assim – e coerentemente – que, "havendo substituição processual, o substituído poderá intervir como assistente litisconsorcial" (art. 18, parágrafo único).

São exemplos de assistência *litisconsorcial* os seguintes: intervenção do adquirente ou do cessionário no processo em que é parte o alienante ou cedente quando a parte contrária não concordar com a sucessão processual (art. 109, §§ 2º e 3º); intervenção do substituído processualmente (art. 18, parágrafo único); intervenção de credores ou devedores solidários no processo em que não são partes e, no caso dos devedores, enquanto não chamados ou se não chamados ao processo (arts. 267 e 275 do Código Civil); intervenção dos fiadores no processo em que não são partes enquanto não chamados e se não chamados ao processo (art. 818 do Código Civil); condôminos na defesa da coisa comum no processo em que apenas algum ou alguns são partes (art. 1.314 do Código Civil); herdeiros

---

[153]. A respeito, ver o n. 5 do Capítulo 3 da Parte VII das edições anteriores ao CPC de 2015 do volume 2, tomo I, deste *Curso*.

na defesa dos bens da herança possuídos injustamente por terceiro (art. 1.719 c/c art. 1.314 do Código Civil); intervenção de colegitimados quando for parte no processo outro colegitimado[154] e avalista de contrato de arrendamento mercantil que requer sua intervenção em reintegração de posse[155].

Hipótese que merece exame apartado é a prevista no § 3º do art. 752, que admite a intervenção do cônjuge ou companheiro ou qualquer parente sucessível no processo voltado ao reconhecimento da interdição na hipótese de o interditando não constituir advogado.

Há quem defenda que a intervenção se dá na qualidade de assistente *litisconsorcial* porque o assistente passará a atuar em prol do interditando, na qualidade de litisconsórcio ulterior unitário, perfazendo verdadeira situação de legitimação extraordinária[156].

Para concordar com aquele entendimento, é fundamental destacar a condicionante do dispositivo: que o interditando, embora podendo, não tenha constituído advogado, como lhe faculta o § 2º do mesmo art. 752. Neste caso, nada há que impeça a lei de permitir que alguém – *in casu*, cônjuge, companheiro ou qualquer parente sucessível nos termos do art. 1.829 do Código Civil – passe a atuar em nome próprio (o interveniente) para a tutela de direito alheio (do interditando) preocupado, como parece ser o caso, com o exercício da ampla defesa do assistido (o mesmo interditando)[157]. Fixada essa premissa e ressalvada a condicionante do dispositivo, tudo se passa como ocorre em outras hipóteses em que há legitimação *extraordinária* e em que um dos colegitimados, até então ausente, resolve intervir[158].

Aquela previsão legislativa, que não encontra paralelo expresso no CPC de 1973, contudo, não tem o condão de evitar que o cônjuge, o companheiro ou outro parente decida intervir no processo de interdição, mesmo que para atuar em *desfavor* do interditando. A hipótese, diversa daquela prevista no § 3º do art. 752, torna-se ainda mais pertinente porque ela não se limita à finalidade daquele dispositivo, de viabilizar a ampla defesa do interditando, mas, bem diferentemente, de permitir que colegitimados para o pedido de interdição (art. 747) intervenham, querendo, ao longo do processo. Justamente por isso, a intervenção neste caso pode ser requerida por qualquer parente (não apenas os sucessíveis) e independe da constituição de advogado pelo próprio interditando. É suficiente que o colegitimado que decida intervir não tenha sido o autor do pedido. Em verdade, será assistente litisconsorcial todo o colegitimado para a intervenção que, não sendo o autor, intervier ao longo do processo.

---

154. Hipótese que traz à tona o disposto no art. 575 sobre a "ação de demarcação de terras".
155. STJ, 3ª Turma, REsp 660.833/SP, rel. Min. Nancy Andrighi, j.un. 26-9-2006, *DJ* 16-10-2006, p. 364.
156. Fredie Didier Junior, "Comentários ao art. 752", p. 1.823-1.824.
157. Justamente por isso, é indiferente para a intervenção permitida pelo § 3º do art. 752 que, nos termos do já destacado § 2º do dispositivo, o magistrado nomeie curador especial ao interditando.
158. Não deixa de ser interessante notar que a hipótese evidenciada no texto é a inversa daquela expressa no parágrafo único do art. 18.

4.3.6.1 Atuação do assistente litisconsorcial

A peculiaridade da situação de direito material que justifica a intervenção do assistente litisconsorcial interfere nas possibilidades de atuação do assistente litisconsorcial.

Diferentemente do que se dá com relação ao assistente simples, o assistente litisconsorcial pode atuar não só como coadjuvante do assistido, mas ir além disso, contrastando com a atuação do assistido mesmo quando há inequívoca manifestação de vontade sua em juízo. É essa a razão pela qual o art. 124, no que interessa ao ponto, aproxima expressamente o assistente litisconsorcial do litisconsorte. A hipótese, em rigor, é *equiparável* à do litisconsórcio unitário e, por isso, merecem ser lembrados os questionamentos trazidos ao ensejo do art. 117.

Assim é que o assistente litisconsorcial poderá, uma vez admitida sua intervenção no processo, "[...] agir no processo, e conduzir sua atividade, sem subordinar-se à orientação tomada pelo assistido: pode contraditar a testemunha que o assistido teve por idônea; pode requerer o julgamento antecipado da lide, embora o assistido pretenda a produção de provas em audiência; pode impugnar a sentença, não obstante o assistido haja renunciado à faculdade de recorrer"[159]. Pode, até mesmo, cumprir a sentença "em substituição processual ao assistido"[160]. O regime de atuação do assistente litisconsorcial é, destarte, *equiparável* ao do litisconsorte unitário.

Correto entender, diante da peculiaridade de direito material que justifica a intervenção do assistente litisconsorcial, que a prática de eventual ato dispositivo de direito pelo assistido é *ineficaz processualmente* em relação ao assistente, já que os atos daquele, assistido, só poderão beneficiar o assistido, nunca prejudicá-lo. A ressalva sobre a ineficácia do ato dispositivo ficar restrita ao plano *processual* é importante porque, eventualmente, a questão pode dar ensejo a novos questionamentos entre assistente e assistido ou, até mesmo, com a parte contrária, para avaliar eventuais consequências do ato no plano *material*. Isso, todavia, não infirma o acerto do entendimento, dada a equiparação de regimes promovida pelo art. 124.

4.3.6.2 Coisa julgada

Sempre pareceu a este *Curso* o melhor entendimento o de que a coisa julgada, favorável ou desfavorável, atinge o assistente *litisconsorcial*. Isso porque em tais casos há, por definição, hipótese de legitimação extraordinária a justificar a ocorrência da coisa julgada material (com eficácia externa). Ainda que aquele que pudesse intervir como assistente litisconsorcial não o faça, ele estará sujeito à coisa julgada, precisamente em função da regra de legitimação extraordinária existente na hipótese[161].

---

159. Athos Gusmão Carneiro, *Intervenção de terceiros*, p. 200.
160. Athos Gusmão Carneiro, *Intervenção de terceiros*, p. 200.
161. A respeito, ver o n. 5 do Capítulo 3 da Parte VII das edições anteriores ao CPC de 2015 do volume 2, tomo I, deste *Curso*.

Também a eficácia da intervenção atingirá o assistente litisconsorcial pelas razões expostas acima, a propósito do art. 123, sendo indiferente para tanto a localização que ao instituto deu o CPC de 2015.

4.4 Denunciação da lide

A denunciação da lide é a modalidade de intervenção de terceiros pela qual o autor e/ou o réu (denunciantes) formulam, no mesmo processo, pedido de tutela jurisdicional em face de um terceiro (denunciado), viabilizando, desde logo, o exercício de eventual direito de regresso em face dele (terceiro/denunciado) na eventualidade de virem (autor e/ou réu) a sucumbir em juízo.

Trata-se de intervenção de terceiros *provocada*, por iniciativa do autor e/ou do réu, apta a viabilizar o exercício de eventual direito de regresso no mesmo processo de que autor e réu participam.

O CPC de 2015 trouxe diversas alterações para a denunciação da lide, preservando, contudo, a característica principal do instituto tal qual conhecido pelo CPC de 1973, que é a de permitir o exercício de pretensão regressiva em face de terceiro pelo autor e/ou pelo réu no mesmo processo, consoante sejam as necessidades derivadas do julgamento em seu favor ou desfavor.

A respeito do tema, cabe lembrar que o Anteprojeto de novo CPC propunha a junção da denunciação da lide e do chamamento ao processo em um só instituto, que recebeu o nome genérico de "chamamento", como se pode verificar dos arts. 327 e 330 daquele trabalho[162]. Mais próxima à denunciação do que ao chamamento, da forma como eram majoritariamente conhecidos no CPC de 1973, a novel modalidade de intervenção de terceiros também tinha como finalidade viabilizar o exercício do direito de regresso pelo autor e/ou pelo réu na hipótese de insucesso de sua pretensão principal. Já no Projeto do Senado Federal, contudo, a proposta foi abandonada, seguindo-se a disciplina separada da denunciação da lide e do chamamento ao processo, iniciativa que foi acompanhada pelo Projeto da Câmara dos Deputados, não obstante as profundas distinções que aqueles dois Projetos apresentam quando contrastados um ao outro.

---

[162]. Que tinham a seguinte redação: "art. 327 É admissível o chamamento ao processo, requerido pelo réu: I – do afiançado, na ação em que o fiador for réu; II – dos demais fiadores, na ação proposta contra um ou alguns deles; III – dos demais devedores solidários, quando o credor exigir de um ou de alguns o pagamento da dívida comum" e "art. 330 Também é admissível o chamamento em garantia, promovido por qualquer das partes: I – do alienante, na ação em que é reivindicada coisa cujo domínio foi por este transferido à parte; II – daquele que estiver obrigado por lei ou por contrato a indenizar, em ação regressiva, o prejuízo da parte vencida".

4.4.1 Hipóteses de cabimento

A denunciação da lide é cabível nas hipóteses indicadas nos dois incisos do art. 125: (*i*) ao alienante imediato, no processo relativo à coisa cujo domínio foi transferido ao denunciante, a fim de que possa exercer os direitos que da evicção lhe resultam e (*ii*) àquele que estiver obrigado, por lei ou pelo contrato, a indenizar, em postulação regressiva, o prejuízo de quem for vencido no processo.

O inciso I do art. 125, ao estatuir, genericamente, o cabimento da denunciação da lide "ao alienante imediato, no processo relativo à coisa cujo domínio foi transferido ao denunciante, a fim de que possa exercer os direitos que da evicção lhe resultam", refere-se a qualquer situação que possa ser subsumida ao conceito de evicção e, portanto, de discussão sobre as consequências da alienação onerosa de propriedade *a non domino* e da responsabilidade daí decorrente.

O inciso II do art. 125, por sua vez, prevê o cabimento da denunciação da lide "àquele que estiver obrigado, por lei ou pelo contrato, a indenizar, em postulação regressiva, o prejuízo de quem for vencido no processo". São as hipóteses, por exemplo, das comuníssimas situações de contrato de seguro, que passou a ser disciplinado pela Lei n. 15.040/2024.

4.4.2 Facultatividade da denunciação

Importante modificação introduzida pelo CPC de 2015 quando confrontado com o CPC de 1973 é que a denunciação da lide passou a ser *permitida*, não mais *obrigatória*, em todas as hipóteses, inclusive nos casos em que ela tiver como fundamento o exercício do direito decorrente da *evicção*. É o que se extrai inequivocamente do *caput* do art. 125. De maneira coerente, o inciso II do art. 1.072 revogou expressamente o *caput* do art. 456 do Código Civil, que impunha, naquelas situações, a denunciação da lide, sob pena de o adquirente do bem perder seu direito correspondente diante do alienante do bem.

A doutrina do CPC de 1973 sustentava que, em rigor, a obrigatoriedade da denunciação da lide não derivava propriamente do verbo empregado pelo *caput* do art. 70 daquele Código, mas do regime jurídico da evicção, mercê do art. 1.116 do Código Civil de 1916, que ganhou correspondência no *caput* do art. 456 do Código Civil de 2002. Tanto assim que a mesma doutrina ensinava que, fora os casos de evicção, não havia nenhuma norma de direito material a *impor* a denunciação da lide[163].

A nova regra do Código de Processo Civil parece querer se justificar diante do entendimento que se formou no Superior Tribunal de Justiça no sentido de que, mesmo nos casos de evicção, a ausência da denunciação da lide não poderia justificar o enriquecimento sem

---

163. A respeito, ver o n. 2 do Capítulo 6 da Parte VII das edições anteriores ao CPC de 2015 do volume 2, tomo I, deste *Curso*.

causa do alienante. Bem entendido o posicionamento do Superior Tribunal de Justiça, contudo, mostra-se mais correto distinguir o reconhecimento da recuperação do preço pago pela aquisição *a non domino* dos prejuízos decorrentes da evicção, que são mais amplos. A aceitar esta *distinção* naquele entendimento, é irrecusável que o Código de Processo Civil acabou por *generalizar* situações diversas ao transformar também a denunciação da lide nos casos de evicção em mera *faculdade* do interessado, ao mesmo tempo que revogou a integralidade do art. 456 do Código Civil.

4.4.2.1 Resguardo da ação autônoma

Generalizada a *facultatividade* da denunciação da lide, o § 1º do art. 125 entendeu por bem resguardar expressamente o exercício da "ação autônoma" quando a denunciação da lide "deixar de ser promovida" e também quando ela for indeferida[164] ou não for permitida[165].

A relação entre a ausência de qualquer norma que imponha a denunciação da lide e a chamada "ação de regresso" é clara: o autor e/ou o réu entendem que não é o caso de, no mesmo processo, em que demandam ou são demandados, demandar terceiro *na eventualidade* de ser necessário o exercício de direito de regresso do qual se afirmam titulares. Nesse sentido, acabam optando por aguardar o desfecho do processo em que litigam para, se for o caso, demandar em regresso em novo processo.

A nova sistemática, contudo, passa ao largo da razão de ser do instituto tal qual disciplinado no direito brasileiro desde o CPC de 1973 – e preservada no CPC de 2015 – como técnica apta a *internar* a "ação regressiva" no mesmo processo.

Com efeito, ao tornar *facultativa* em quaisquer casos a denunciação da lide e resguardar, ao mesmo tempo, a "ação de regresso", o CPC de 2015 sugere que autor e/ou réu deixem de denunciar a lide, postergando o exercício de eventual direito de regresso para momento oportuno, após verem negada a prestação de tutela jurisdicional em seu favor[166]. Como o Código de Processo Civil não exige sequer a cientificação do litígio àquele que, em demanda futura, poderia vir a ser réu, a opção feita mais recentemente pelo legislador brasileiro acaba por esvaziar a razão de ser do instituto da denunciação da lide e, mais amplamente, de toda

---

[164]. É o que ocorrerá quando, por exemplo, o denunciado não foi citado no prazo do art. 131, invocável, para a espécie, diante do art. 126.
[165]. Assim, por exemplo, no âmbito dos Juizados Especiais por força do art. 10 da Lei n. 9.099/95 ou por força dos arts. 88 e 101, II, do Código do Consumidor. Também nos casos previstos no § 2º do mesmo art. 125, tanto que a parte final do dispositivo também resguarda expressamente o exercício de eventual direito de regresso em "ação autônoma".
[166]. Tanto mais diante do parágrafo único do art. 129 e da expressa responsabilização do denunciante pelas verbas de sucumbência em favor do denunciado quando a denunciação restar prejudicada, assunto ao qual se volta o n. 4.4.12, *infra*.

e qualquer modalidade de intervenção de terceiros. E pior: criar dificuldades para vincular o terceiro a quem poderia haver a denunciação ao resultado do primeiro processo.

Que o legislador pátrio é livre, desde que observe o "modelo constitucional do direito processual civil", para criar seus próprios modelos interventivos, deixando-se, ou não, inspirar por modelos estrangeiros é inquestionável. O que ocorre é que o modelo preconizado pelo Código de Processo Civil para a denunciação da lide é, em rigor, avesso à própria razão de ser do instituto porque não cria, como era de esperar, nenhum incentivo para a intervenção do terceiro e a realização de um processo mais eficiente.

4.4.2.2 *A facultatividade da denunciação e a prescrição*

A despeito das considerações do número anterior, a facultatividade na denunciação da lide generalizada pelo *caput* do art. 125 parece não colocar em risco a prescrição da "ação de regresso". É que prevalece o entendimento de que o início do prazo prescricional em situações cobertas pelos atuais incisos I e II do art. 125 só tem início quando do trânsito em julgado da decisão que deixa de reconhecer o direito em favor daquele que poderia denunciar[167]. Assim, o adquirente que pretende demandar com fundamento na evicção só verá iniciar o prazo prescricional respectivo em face do alienante quando transitar em julgado a decisão que acarrete a perda da propriedade[168]. Similarmente, o prazo inicial da prescrição da pretensão daquele que paga por dano para ressarcir-se em face de outrem só inicia quando transitar em julgado a decisão que determina o pagamento[169].

A não se aceitar esse entendimento ou a supor situações em que o prazo prescricional, dada inequívoca ciência do ato ou do fato que dá ensejo à "ação de regresso", é (ou possa ser) anterior ao trânsito em julgado da decisão que reconhece a pretensão regressiva (ou independentemente dela), a opção do Código de Processo Civil impõe redobrada atenção. Embora não haja – e, no particular, nunca tenha havido no sistema brasileiro – obrigatoriedade *generalizada* na denunciação da lide, ela, ao menos em tais casos, será *necessária* como forma de evitar a consumação do prazo prescricional, que seria interrompido com a determinação de citação do denunciado (art. 240, § 1º). Quando menos, que aquele que poderia denunciar

---

[167]. Nos casos específicos da evicção, importa destacar o disposto no inciso III do art. 199 do Código Civil, segundo o qual: "Não corre igualmente a prescrição: [...] III – pendendo ação de evicção".
[168]. Assim, v.g.: STJ, 4ª Turma, AgRg no Ag 1.323.028/GO, rel. Min. Marco Buzzi, j.un. 16-10-2012, *DJe* 25-10-2012; STJ, 4ª Turma, AgRg no Ag 917.314/PR, rel. Min. Fernando Gonçalves, j.un. 15-12-2009, *DJe* 22-2-2010; STJ, 4ª Turma, REsp 66.558/SP, rel. Min. Aldir Passarinho Junior, j.un. 2-6-2005, *DJ* 1º-7-2005, p. 537; e STJ, 3ª Turma, REsp 9.552/SP, rel. Min. Nilson Naves, j.un. 25-5-1992, *DJ* 3-8-1992, p. 11.308.
[169]. É o que se vê, por exemplo, do seguinte julgado: STJ, 3ª Turma, AgRg nos EDCl no REsp 1.409.242/SC, rel. Min. Paulo de Tarso Sanseverino, j.un. 17-5-2016, *DJe* 1º-6-2016, que invoca a teoria da *actio nata* para justificar o início da prescrição somente a partir do trânsito em julgado da decisão que faz nascer a pretensão ressarcitória.

e não o fez deva fazer uso de algum expediente para suspender ou interromper eficazmente a prescrição nos termos do art. 202 do Código Civil[170].

Não obstante tais considerações ou até mesmo por causa delas, nada há que impeça que aquele que deixou de denunciar quando devia tê-lo feito – e, nesse sentido, é irrecusável a ocorrência de *preclusão*, fenômeno de ordem exclusivamente processual, àquele seu direito[171] – acabe demandando, desde logo, ainda que em *outro* processo, o garante de sua pretensão de regresso. Em tal hipótese, é irrecusável a conexão entre as postulações a exigir, até mesmo, seu trâmite perante o juízo prevento e, consequentemente, seu julgamento conjunto em observância do art. 58. Exata e rigorosamente, destarte, o objetivo da própria denunciação da lide, o que, se ocorrente, só robustece a pertinência da crítica que ocupa o número anterior[172].

4.4.3 Denunciações sucessivas

Com a revogação integral do art. 456 do Código Civil[173], o § 2º do art. 125 passou a admitir "[...] uma única denunciação sucessiva, promovida pelo denunciado, contra seu antecessor imediato na cadeia dominial ou quem seja responsável por indenizá-lo, não podendo o denunciado sucessivo promover nova denunciação, hipótese em que eventual direito de regresso será exercido por ação autônoma". A regra encontra eco no inciso I do *caput* do mesmo art. 125, que também se refere, limitando, a denunciação ao "alienante *imediato*".

As denunciações sucessivas da lide, tão comuns e bem conhecidas da doutrina e da jurisprudência do CPC de 1973, estão, destarte, vedadas por força do § 2º do art. 125. O que é permitido (e nunca obrigatório) é *uma única* denunciação sucessiva e, mesmo assim, sem permitir que haja denunciação a alguém que não seja alienante *imediato* na cadeia dominial. Sim, porque o dispositivo em foco limita a denunciação da lide a uma única, a ser feita pelo denunciado em face de seu antecessor imediato na cadeia dominial (e isso só tem sentido nos casos de evicção, hipótese autorizada pelo art. 125, I) ou a quem seja responsável por indenizá-lo (art. 125, II).

---

170. O que, se tivesse constado da lei processual civil, daria, na perspectiva do texto, segurança e estabilidade para as relações jurídicas subjacentes ao processo, resguardando, em sentido amplo, a "ação de regresso" nos moldes do § 1º do art. 125.
171. Bem ilustra a afirmação o Enunciado FPPC n. 120: "A ausência de denunciação da lide gera apenas a preclusão do direito de a parte promovê-la, sendo possível ação autônoma de regresso".
172. E, ainda que se queira recusar a conexão entre as postulações, não se pode desconhecer o alcance do § 3º do art. 55, segundo o qual: "Serão reunidos para julgamento conjunto os processos que possam gerar risco de prolação de decisões conflitantes ou contraditórias caso decididos separadamente, mesmo sem conexão entre eles".
173. É pertinente a notícia de que o Projeto do Senado propunha a revogação apenas do parágrafo único do art. 456 do Código Civil (art. 1.008 do PLS n. 166/2010), preservando seu *caput* e, coerentemente, aceitando a denunciação da lide sucessiva e também a denunciação *per saltum*, no que era expresso o inciso I de seu art. 314. A norma restritiva descende do Projeto da Câmara, mais especificamente dos arts. 1.086, II, e 125, I, respectivamente, do PL n. 8.046/2010.

Também está vedada, por força do mesmo § 2º do art. 125, a chamada denunciação *per saltum*, isto é, a possibilidade, inaugurada pelo art. 456 do Código Civil de 2002, de a denunciação ser dirigida a qualquer outro componente da cadeia dominial, iniciativa que, para este *Curso*, era digna de aplausos[174].

Trata-se, aqui também, de alteração de discutível utilidade quando contrastada com a adequada compreensão que o tema tinha sob a égide do CPC de 1973, cuja doutrina e jurisprudência mostravam segurança suficiente para evitar abusos consistentes em denunciações descabidas ou sucessivas a ponto de comprometer a *eficiência* processual, razão última de ser de qualquer modalidade de intervenção de terceiros[175].

Ademais, a chamada denunciação *per saltum*, admitida pelo precitado art. 456 do Código Civil, permitia ao denunciante pinçar da cadeia dominial aquele que, na sua perspectiva, tinha condições mais adequadas de ressarcir o dano decorrente da evicção, propondo interessante hipótese de legitimação *extraordinária*, já que a autorização provinha expressa e inequivocamente do direito material.

A inovação representa um dos tantos retrocessos do Código de Processo Civil, que não teve sensibilidade de verificar quão sadia era a inovação trazida pelo Código Civil de 2002, e, mais amplamente, as ricas possibilidades de inter-relação entre os planos material e processual.

Outrossim, ao vedar uma e outra dessas iniciativas, o Código de Processo Civil cai em contradição, já que tanto enaltece a eficiência processual (art. 4º) e o gerenciamento do processo, não só por iniciativa judicial, mas também das partes (arts. 139, VI, e 190, respectivamente), ao mesmo tempo que engessa as conquistas anteriores da denunciação da lide. Para quem afirmar que a crítica aqui feita é descabida em função da ressalva da "ação de regresso" feita pelo final do § 2º do art. 125 e que redunda na previsão do próprio § 1º do mesmo dispositivo, importa reiterar a análise, não menos crítica, daquele dispositivo, objeto do n. 4.4.2.1, *supra*.

4.4.4 Denunciação e novo fundamento

O CPC de 2015 não resolveu a discussão que já existia no CPC de 1973 e que tem tudo para continuar existindo, agora com base no inciso II do art. 125. Que a denunciação, naquelas hipóteses, se justifica toda vez que houver alguma relação jurídica (estabelecida convencionalmente ou imposta pela lei) que *garante* um determinado proveito econômico a

---

[174]. A respeito, ver o n. 5 do Capítulo 6 da Parte VII das edições anteriores ao CPC de 2015 do volume 2, tomo I, deste *Curso*.
[175]. A respeito, ver o n. 5 do Capítulo 6 da Parte VII das edições anteriores ao CPC de 2015 do volume 2, tomo I, deste *Curso*.

alguém, mesmo diante da ocorrência de dano, como acontece, por exemplo, no contrato de seguro, não há por que duvidar[176].

No entanto, nas hipóteses em que a denunciação da lide, como "ação regressiva" que é, se mostrar *qualitativamente* mais complexa que a "ação principal", é o caso de admiti-la? É a situação, por exemplo, de alguém pleitear perante um hospital indenização com base em erro médico, alegando a responsabilidade *objetiva* daquele estabelecimento. Poderá o hospital denunciar a lide para o médico, o que toma como base necessariamente a responsabilidade *subjetiva*? Idêntica dúvida reside nos casos em que o Estado como réu (que responde objetivamente perante o particular) pretende denunciar a lide ao funcionário público causador do dano, tema que traz à lembrança o disposto no art. 37, § 6º, da Constituição Federal.

À falta de solução expressa pelo CPC de 2015, é correto continuar entendendo, tal qual se dava no CPC de 1973, que, quando não houver compatibilidade entre o objeto de *conhecimento* de um e de outro pedido (o "principal" e o da "denunciação") ou nos casos em que não for possível compatibilizar a instrução processual do pedido principal com o da denunciação, por reclamar cada um deles o conhecimento de fatos diversos ou fundamento novo e não necessariamente conciliáveis – e isso só pode ser aferido caso a caso, a partir da análise das alegações de defesa, tanto fáticas quanto jurídicas, trazidas pelo réu-denunciante –, a denunciação *deve ser indeferida*, inclusive liminarmente, por conspirar contra a sua própria razão de ser[177]. A admissão da intervenção de quaisquer terceiros, inclusive por intermédio da denunciação da lide, tem que ter aptidão de realizar concretamente o princípio da eficiência processual[178]. Por isto é que se a discussão da culpa, para ficar com a situação proposta para exemplificar, já estiver incorporada à causa de pedir trazida com o autor na inicial, não há razão para indeferir a denunciação da lide[179].

---

176. Tal qual a ilustrada suficientemente bem pela Súmula 188 do STF: "O segurador tem ação regressiva contra o causador do dano, pelo que efetivamente pagou, até ao limite previsto no contrato de seguro".
177. A respeito, ver o n. 3 do Capítulo 6 da Parte VII das edições anteriores ao CPC de 2015 do volume 2, tomo I, deste *Curso*, com ampla pesquisa jurisprudencial.
178. Por essa razão é que se mostra correta a orientação da Súmula 67 do TJSP, que tem o seguinte enunciado: "Não se admite denunciação da lide em relação à União tratando-se de ações relacionadas ao fornecimento de medicamentos e insumos de competência da Justiça da Infância e da Juventude", com o acréscimo de que a vedação, em tais casos, também se justifica pelo óbice da competência absoluta. A jurisprudência do STJ é firme no tema, como faz prova o seguinte julgado: "Recurso Especial. Processual civil e civil. Ação de cobrança movida por fornecedor de material hospitalar em face do hospital. Próteses e órteses. Denunciação da lide aos planos e seguros de saúde. Descabimento (CPC, art. 70, III). Relações jurídicas contratuais distintas e independentes. Dissídio jurisprudencial não demonstrado. Recurso desprovido. [...] 3. Aceitar a denunciação à lide, na espécie, implicaria a introdução de fundamento novo na demanda, relativo às razões pelas quais cada plano de saúde se recusou ao pagamento das notas apresentadas pelo hospital, referentes às próteses, o que não é possível em lide secundária, voltada para a economia processual. [...] 5. Recurso especial desprovido" (STJ, 4ª Turma, REsp 1.376.520/SE, rel. Min. Raul Araújo, j.un. 12-8-2014, *DJe* 26-8-2014). Negando, pelo mesmo fundamento, a denunciação da lide pela seguradora àquele que, em contrato de contragarantia, assumiu a posição de fiador para o fim de ressarcir o pagamento de eventual indenização securitária, v.: STJ, 3ª Turma, REsp 1.713.150/SP, rel. Min. Moura Ribeiro, j.un. 20-4-2021, *DJe* 23-4-2021.
179. Preciso no ponto é o REsp 1.832.317/MG, da 3ª Turma do STJ, rel. Min. Nancy Andrighi, j.un. 22-6-2021, *DJe* 1-7-2021.

De qualquer sorte – e, no ponto, o Código de Processo Civil é expresso no § 1º e na parte final do § 2º, ambos do art. 125 –, a inadmissão da denunciação da lide, inclusive por esse fundamento, *não impede* que o interessado (que seria o denunciante) pleiteie de quem de direito (que seria o denunciado) a tutela jurisdicional que entender pertinente em outro processo, no que a prática forense consagra com o nome de "ação regressiva autônoma", tema do n. 4.4.2.1, *supra*.

4.4.5 A petição inicial da denunciação da lide

O pedido de denunciação da lide poderá ser formulado pelo autor (em sua petição inicial) ou pelo réu (em sua contestação), como permite o art. 126.

É importante assinalar que não se trata de mero requerimento a ser feito pelo autor ou pelo réu naquelas suas manifestações. A denunciação da lide representa verdadeiro exercício de direito de regresso que o autor e/ou o réu entendem que possuem em face de terceiro e, por isso, é mister que haja indicação do pedido, da causa de pedir e do legitimado passivo (denunciado) com todo o rigor que qualquer petição inicial impõe a quem a elabora. A circunstância de haver verdadeira "cumulação de atos" em uma mesma petição (como se fossem duas petições iniciais em uma só ou uma contestação seguida de uma petição inicial) é indiferente no que tange à exigência da descrição bastante – e correlata comprovação – da demanda tal qual ajuizada pelo autor e/ou pelo réu naquele instante.

O art. 319, por isso mesmo, tem inegável incidência na regência da prática daquele ato com as adaptações necessárias, dispensada, em função da instrumentalidade dos atos processuais, qualquer petição apartada[180]. É irrecusável, de outra parte, que o *capítulo* da petição inicial e/ou o capítulo da contestação relativo à denunciação da lide seja passível de emenda nos termos do art. 321, inclusive para que se atribua, com observância das regras do art. 292, o valor da causa.

4.4.6 Citação do denunciado

O art. 126, fazendo expressa remissão ao art. 131, exige que a citação do denunciado, uma vez deferido o pedido de denunciação da lide formulado pelo autor e/ou pelo réu[181], seja "realizada na forma e nos prazos previstos" naquele dispositivo, isto é: trinta dias, quando o denunciado residir na mesma comarca, seção ou subseção judiciária em que tramita o processo, ou dois meses, se o denunciado residir em comarca, seção ou subseção judiciária

---

[180]. A respeito, ver o n. 4 do Capítulo 6 da Parte VII das edições anteriores ao CPC de 2015 do volume 2, tomo I, deste *Curso*.

[181]. Há interessante e correto acórdão da 3ª Turma do STJ (REsp 1.310.319/SP, rel. Min. Ricardo Villas Bôas Cueva, j.un. 27-4-2021, *DJe* 4-5-2021) que não reconhece interesse ao autor para recorrer da decisão que indeferiu o pedido de denunciação da lide formulado pelo réu, com honrosa citação deste *Curso*.

diversa ou, ainda, quando o denunciado residir em lugar incerto[182]. O não atendimento dos prazos, é o *caput* do art. 131 que estabelece, torna "sem efeito" a denunciação.

Preocupação pertinente é saber o que deve ser compreendido por "realização" da denunciação e, portanto, qual é o alcance da previsão destacada. O melhor entendimento é no sentido de que o objetivo a ser alcançado naquele prazo é a efetiva citação do denunciado e não apenas que o denunciante pratique os atos que lhe caibam para aquele mister[183]. A solução aqui proposta mostra-se mais harmônica com o princípio da eficiência processual que ilumina a denunciação da lide, máxime porque durante aquele tempo o processo ficará suspenso.

De qualquer sorte, é certo que o denunciante não poderá ser prejudicado por eventual falha ou demora na atividade jurisdicional, incluindo nela a dos auxiliares do juízo, desde que pratique, a seu tempo, as providências que lhe cabem, situação que atrai a incidência do disposto no § 3º do art. 240.

Além disso, nada há que impeça que o magistrado, à luz das circunstâncias concretas e fundamentadamente – inclusive a pedido do denunciante –, amplie o prazo para a efetivação da citação, o que encontra expresso fundamento no inciso VI do art. 139, desde que o faça antes da consumação do prazo (art. 139, parágrafo único).

A consequência do não atendimento "da forma e dos prazos previstos no art. 131" pelo denunciante é que o processo prossiga entre o denunciante e seu adversário, independentemente da denunciação da lide. Ela fica, como se lê do *caput* do art. 131, "sem efeito". Neste caso, é correto entender que está resguardada "a ação de regresso autônoma", nos moldes do § 1º do art. 125, atraindo para cá as mesmas considerações (e críticas) do n. 4.4.2.1, *supra*.

4.4.7 Suspensão do processo

O CPC de 2015, diferentemente do CPC de 1973, não prevê de maneira expressa a suspensão do processo enquanto o denunciado é citado[184].

A despeito do silêncio, é correto entender que o processo deve ficar suspenso para que a citação seja realizada, sem o que não haveria sentido em se admitir a denunciação da lide que, em última análise, é forma de viabilizar a cumulação de pedidos em um mesmo processo, otimizando, com a iniciativa, a solução conjunta e compatível de pretensões inegavelmente conexas. Entendimento contrário conspiraria contra o princípio da eficiência proces-

---

[182]. Não deixa de ser curiosa a falta de padrão temporal empregada pelo *caput* (dias) e pelo parágrafo único (meses) do art. 131, distinção que assume, no CPC de 2015, feição ainda mais interessante na medida em que prazos *processuais* (como é o caso) só fluem em dias *úteis*, nos termos do parágrafo único do art. 219.

[183]. Tanto assim que o *caput* do art. 131 distingue de forma clara – mais que se dava no art. 71 do CPC de 1973 – o "requerer" e "promover" (preservando, aqui, o verbo empregado pelo § 2º do art. 72 do CPC de 1973) a citação, dando a esta os prazos destacados.

[184]. A referência é com relação ao *caput* do art. 72 daquele Código, segundo o qual: "Ordenada a citação, ficará suspenso o processo".

sual, que anima todas as intervenções de terceiro. Ademais, a conclusão encontra amparo nas atitudes que o denunciado pode ou não tomar, a partir de sua citação, assunto ao qual se voltam os arts. 127 e 128.

Tudo há de se passar, destarte, como se o prazo de que trata o art. 131, ao qual faz expressa remissão o art. 126, contivesse, posto que implicitamente, a determinação de suspensão do processo pelo mesmo período por ele enunciado.

4.4.8 Denunciação feita pelo autor

O art. 127 trata das consequências da denunciação da lide quando a iniciativa é do autor.

Segundo o dispositivo, o denunciado, citado, "[...] poderá assumir a posição de litisconsorte do denunciante e acrescentar novos argumentos à petição inicial, procedendo-se em seguida à citação do réu".

Boa parte da doutrina que se manifestou sobre o art. 74 do CPC de 1973, correspondente ao art. 127, sustentava que, a despeito da expressa menção à "posição de *litisconsorte*", o denunciado passaria a atuar, no processo, na qualidade de *assistente*. Isso porque as relações jurídicas de direito material entre o autor e o réu e o denunciante e o denunciado são diversas, embora seja possível localizar ponto de contato entre ambas. Era esse também o entendimento defendido pelas edições anteriores deste *Curso*[185].

O advento do Código de Processo Civil convida à alteração daquele posicionamento. Menos pela letra do art. 127, que encontra correspondência quase que literal no já mencionado art. 74 do CPC de 1973, e mais por uma das consequências inequivocamente pretendidas pelo CPC de 2015 e que reside no parágrafo único do art. 128.

É que, como demonstrado no n. 4.4.10, *infra*, só faz sentido a possibilidade da "condenação *direta*" entre autor/réu e denunciado lá regrada se a posição do denunciado for, ainda que por ficção legal, de *litisconsorte*. Justamente porque as relações jurídicas de direito material entre autor e réu e entre denunciante e denunciado são diversas (e isso não há como negar), o litisconsórcio anunciado pelo art. 127 (e também pelos incisos do art. 128) só pode ser compreendido como hipótese de *legitimação extraordinária*. Importa entender, portanto, que esses dois dispositivos estão a autorizar (expressa e literalmente) que o denunciado atue em nome próprio para defender direito alheio.

Destarte, desde que o denunciado citado pelo autor compareça e assuma a posição de litisconsorte[186], ele poderá também "acrescentar novos argumentos à petição inicial"[187]. Tal

---

[185]. A respeito, ver o n. 6 do Capítulo 6 da Parte VII das edições anteriores ao CPC de 2015 do volume 2, tomo I, deste *Curso*.
[186]. O que faz atrair para a espécie, com as ressalvas de seus parágrafos, os prazos em dobro do art. 229.
[187]. O art. 74 do CPC de 1973 referia-se ao *aditamento* da petição inicial.

acréscimo, no sentido de robustecer o que já está sendo postulado, mas sem alterações substanciais, é coerente com o entendimento de que o denunciado, a despeito de ser litisconsorte, não titulariza o direito material sobre o qual o autor formula seu pedido de tutela jurisdicional, que é, por isso mesmo, um legitimado extraordinário e, nesse sentido, é textualmente superior ao art. 74 do CPC de 1973, que se referia à possibilidade de o denunciado *aditar* a petição inicial, o que poderia ensejar compreensão mais ampla que os limites de direito material já impunham.

A despeito da redação do art. 127, que determina, logo após a intervenção do denunciado, a citação do réu, o mais correto é entender que, antes daquele ato, caiba ao autor manifestar-se sobre a postura assumida pelo denunciado e sobre eventuais acréscimos argumentativos por ele trazidos à petição inicial. Depois disso, o réu será citado, observando-se, para tanto, o disposto no art. 319, VII, quanto a se realizar, ou não, a audiência de conciliação e de mediação.

Pode ocorrer, contudo, que o denunciado questione a admissibilidade da denunciação da lide em qualquer uma de suas perspectivas, inclusive quanto ao descumprimento do prazo do art. 126. É hipótese clara a robustecer a importância da oitiva do autor/denunciante antes de a citação do réu ser determinada.

A propósito do tema, não há por que recusar que o denunciado, a um só tempo, se volte contra a denunciação, embora adira ao pedido autoral. Trata-se de aplicação do princípio da concentração da defesa (arts. 336 e 337) e é posição isonômica com o quanto exposto no n. 4.4.5, *supra*, sobre a denunciação dever observar, no essencial, as mesmas exigências de qualquer petição inicial.

O denunciado poderá também ser revel. Ele poderá, em perspectiva diversa, não só negar a pertinência da denunciação da lide, mas também (ou só) negar o direito de regresso pretendido pelo autor/denunciante. Em tais casos, o réu também será citado, mas não há aplicação da primeira parte do art. 127. São situações em que, pela ausência de manifestação de vontade do denunciado sobre "assumir a posição de litisconsorte do denunciante", deve ser afastado o especial regime da legitimação extraordinária e a possibilidade de "condenação direta" prevista no parágrafo único do art. 128[188].

É irrecusável compreender que, desde quando requerida, cabe ao magistrado decidir sobre a denunciação da lide. Sua respectiva a respeito, qualquer que seja seu conteúdo, é sujeita a agravo de instrumento (art. 1.015, IX). Se for o caso, a citação do réu deverá aguardar o desfecho recursal instaurado a partir deste instante procedimental.

---

[188]. O "querer ser litisconsorte do denunciante", como sugere o próprio art. 127, é manifestação inequívoca de vontade do denunciado. É, dentre outras, uma opção que ele, diante da citação que lhe é dirigida e diante da demanda principal, deve fazer e expressamente.

4.4.9 Denunciação feita pelo réu

O art. 128, ao tratar da denunciação da lide feita pelo réu (em sua contestação), assume a ocorrência de hipóteses mais variadas quando comparado com o antecedente art. 127, que se ocupa da denunciação feita pelo autor.

Assim, se o denunciado contestar o pedido formulado pelo autor, o processo prosseguirá tendo em litisconsórcio, na "ação principal" (a postulação originária), denunciante e denunciado (art. 128, I). É a hipótese simetricamente oposta àquela prevista no art. 127: o denunciado decide atuar ao lado do réu/denunciante, hipótese em que a lei também lhe dá o regime do litisconsórcio[189].

Se o denunciado for revel, o denunciante *pode deixar* de prosseguir com sua defesa, eventualmente oferecida, e abster-se de recorrer, restringindo sua atuação à "ação regressiva", isto é, à própria denunciação (art. 128, II). O silêncio do denunciado, para além das consequências que eventualmente possam ser sentidas no julgamento da própria denunciação (art. 355, II), autoriza o réu/denunciante a focar sua atuação na denunciação da lide, deixando de se defender ou de recorrer em relação à postulação principal. Trata-se de solução um pouco diversa da que estava prevista no inciso II do art. 75 do CPC de 1973 porque acabou sendo "temperada", no CPC de 2015, por uma das interpretações possíveis do pouco inteligível parágrafo único do art. 456 do Código Civil, que foi expressamente revogado pelo inciso II do art. 1.072[190].

Se o denunciado confessar os fatos alegados pelo autor na postulação principal, o denunciante poderá prosseguir com sua defesa ou, aderindo a tal reconhecimento, pedir apenas a procedência da denunciação (art. 128, III). Trata-se de previsão que completa o inciso anterior levando em conta também o tempero do que se podia extrair do precitado parágrafo único do art. 456 do Código Civil em relação ao antigo inciso III do art. 75 do CPC de 1973. Caberá ao réu/denunciante, diante da confissão perpetrada pelo denunciado, insistir na defesa contra a postulação inicial ou focar sua atenção na denunciação da lide.

Ainda no que diz respeito à denunciação da lide por iniciativa do réu, nada há de novo no Código de Processo Civil que afaste o entendimento de que a denunciação pode ser requerida ainda que o réu argua, em preliminar, sua ilegitimidade passiva. Trata-se, também aqui, de decorrência natural do princípio da concentração da defesa. Inexiste, outrossim, qualquer óbice para que um réu denuncie a lide em relação a outro réu, para que possa exercer, desde logo, eventual direito de regresso em face dele no mesmo processo em que demandados pelo autor comum, razão de ser do instituto[191].

---

189. Também atraindo a incidência dos prazos em dobro nos moldes e com as exceções do art. 229.
190. O inciso II do art. 75 do CPC de 1973, com efeito, era mais enérgico ao sugerir que cumpriria (obrigatoriamente) "ao denunciante prosseguir na defesa até final". De outra parte, o parágrafo único do art. 456 do Código Civil, tinha a seguinte redação: "Não atendendo o alienante à denunciação da lide, e sendo manifesta a procedência da evicção, pode o adquirente deixar de oferecer contestação, ou usar de recursos".
191. Expresso nesse sentido: STJ, 4ª Turma, AgInt no AgInt no AREsp 603.993/GO, rel. Min. Maria Isabel Gallotti, j.un. 28-8-2023, DJe 31-8-2023; e STJ, 3ª Turma, REsp 1.670.232/SP, rel. Min. Nancy Andrighi, j.un. 16-10-2018, DJe 18-10-2018.

4.4.10 A condenação "direta" do denunciado

A conclusão do número anterior, admitindo que o comportamento do denunciado pode ser a de *litisconsorte* (e não mero *assistente*) do denunciante, é a chave para compreender adequadamente a regra do parágrafo único do art. 128 (sem paralelo no CPC de 1973), que admite o cumprimento da sentença "também contra o denunciado, nos limites da condenação deste na ação regressiva"[192].

Sem entender que há regra de legitimação extraordinária – e, consequentemente, o litisconsórcio *textualmente* expressado pela regra –, não é juridicamente sustentável o cumprimento direto, à falta de título executivo que alcance, ao mesmo tempo, a situação envolvendo o denunciante e seu adversário *e* este com o denunciado.

O "se for o caso" que se lê do mesmo dispositivo deve ser compreendido não só no sentido de o interessado não pretender cumprir a sentença em face do denunciado – e sempre haverá razões para isso –, como também de não ter se formado título executivo contra ele, a despeito da formação do litisconsórcio nos moldes em que os incisos do art. 128 o admitem. Basta, para tanto, que o magistrado entenda, como boa parte da doutrina sempre entendeu, que a posição do denunciado *não é* de litisconsorte e, sim, de *assistente* ou que, na linha do n. 4.4.8, *supra*, o denunciado não tenha expressado sua vontade de aderir à posição processual do denunciante, litisconsorciando-se com ele. Concordando com uma ou com outra colocação, não obstante o disposto no inciso I do art. 128, é inviável a formação de título executivo contra o denunciado: apenas entre o autor e o réu originário (o denunciante) e entre este e o denunciado (dois títulos, cada um correspondendo a um capítulo da decisão), a inviabilizar o "cumprimento *direto*".

Também é o que ocorrerá na situação de o denunciado assumir a posição prevista nos incisos II e III do art. 128, que não o tratam como litisconsorte do denunciante. Não há como, em tais casos, mesmo diante da regra do parágrafo único do art. 128, querer imputar ao denunciado o comportamento adotado pelo denunciante de concentrar seus esforços na "ação regressiva", isto é, na própria denunciação, autorizando o cumprimento direto. Para empregar a expressão do próprio dispositivo, "não é o caso" para tanto.

Mesmo para quem queira *generalizar* o alcance do parágrafo único para todos os incisos do *caput* do art. 128[193], a observância dos limites da responsabilização do *denunciado* é de rigor e *expressa* no parágrafo único do dispositivo e ela depende, como qualquer *condenação*, da escorreita análise das peculiaridades de direito material que caracterizam o litígio posto para debate judicial. Destarte, na hipótese de o autor pretender cumprir a sentença em face

---

[192]. A iniciativa busca contornar o pragmatismo "com severo sacrifício da melhor técnica processual", apontado por Daniel Amorim Assumpção Neves, *Novo Código de Processo Civil comentado*, p. 210.
[193]. Nesse sentido é o Enunciado FPPC n. 121: "O cumprimento da sentença diretamente contra o denunciado é admissível em qualquer hipótese de denunciação da lide fundada no inciso II do art. 125".

do denunciado, importa ter presente exatamente o que é devido por ele, e que pode *não coincidir* com aquilo que é devido pelo denunciante em face do próprio autor.

A Súmula 537 do STJ, editada durante a *vacatio legis* do Código de Processo Civil, autoriza essa ressalva, ao enunciar que, "Em ação de reparação de danos, a seguradora denunciada, *se aceitar a denunciação ou contestar o pedido do autor,* pode ser condenada, direta e solidariamente junto com o segurado, ao pagamento da indenização devida à vítima, nos limites contratados na apólice"[194].

A regra merece redobrado cuidado na sua aplicação prática para que não se admita cumprimento da sentença ao arrepio das responsabilidades previamente fixadas no título executivo, como, aliás, fica claro quando a referida Súmula é interpretada – como deve ser qualquer súmula ou, melhor, seu enunciado textual – a partir do punhado de julgados que querem lhe dar fundamento[195].

Coerentemente, cabe trazer à colação a Súmula 529 do STJ, que tem o seguinte enunciado: "No seguro de responsabilidade civil facultativo, não cabe o ajuizamento de ação pelo terceiro prejudicado direta e exclusivamente em face da seguradora do apontado causador do dano".

Na perspectiva da jurisprudência do Superior Tribunal de Justiça acerca do tema, essa Súmula justifica-se porque os elementos relativos à configuração da responsabilidade civil do segurado são *conditio sine qua non* para justificar o pagamento pela seguradora à vítima do dano, exigindo, consequentemente, a participação do segurado no processo em que se queira responsabilizar a seguradora[196]. Trata-se, como se lê de diversos julgados indicados como "precedentes" daquela Súmula, de uma imposição do devido processo legal (*constitucional*) e da ampla defesa. Por isso estar vedada a postulação da vítima (terceiro prejudicado) única e exclusivamente em face da seguradora[197].

Está escrito no n. 4.4.9, *supra*, que os incisos I e II do art. 128 não regulam, ao menos expressamente, a hipótese de o denunciado recusar a denunciação. O silêncio dos disposi-

---

[194]. Os itálicos são da transcrição. O parágrafo único do art. 101 da Lei n. 15.040/2024, ao estatuir que "O segurado poderá chamar a seguradora a integrar o processo, na condição de litisconsorte, sem responsabilidade solidária", confirma tal orientação a despeito de afastar a solidariedade. Sem ela, aliás, robustece a necessidade de se identificar a responsabilidade de cada qual na perspectiva do plano material.

[195]. É demonstração que ocupa o autor deste *Curso* em seus "Comentários ao art. 128", p. 558-561.

[196]. Na perspectiva do direito material, cabe colacionar a propósito a Súmula 616 do STJ, assim enunciada: "A indenização securitária é devida quando ausente a comunicação prévia do segurado acerca do atraso no pagamento do prêmio, por constituir requisito essencial para a suspensão ou resolução do contrato de seguro".

[197]. Diferentemente do que sugere o enunciado da Súmula 529 do STJ, aliás, há expressa admissão em mais de um julgado quanto à postulação "única e exclusiva", sempre a depender de peculiaridades do caso concreto. É ver o que se decidiu, por exemplo, no já mencionado REsp repetitivo 962.230/RS – Tema 471 (cuja ementa faz, pertinentemente, a ressalva expressa de eventual litígio direto independentemente do litisconsórcio com o segurado), e no REsp 1.076.138/RJ, rel. Min. Luis Felipe Salomão, j.un. 22-5-2012, *DJe* 5-6-2012. O art. 102 da Lei n. 15.040/2024 convida a um renovado entendimento sobre o tema, ao exigir que o prejudicado pode exercer seu direito de ação em face da seguradora desde que em litisconsórcio passivo com o segurado, dispensando-o quando o segurado não tiver domicílio no Brasil.

tivos a respeito, contudo, não pode ser entendido no sentido de ser vedado ao denunciado assumir aquela posição. Ela decorre, antes de tudo, do princípio constitucional da ampla defesa e permeia, associado ao princípio da eficiência processual, o sistema do próprio Código. É o princípio da concentração da defesa constante do art. 336.

A consequência a ser assumida em eventual questionamento da denunciação da lide pelo denunciado é que a sua compreensão como *litisconsorte* do denunciante deve ser afastada, ao menos aprioristicamente. Aquela posição processual somente poderá ser considerada se, a despeito da irresignação, a denunciação for, a final, aceita pelo magistrado. Na hipótese oposta, de rejeição da denunciação, não há como sustentar o litisconsórcio e, mais do que ele, a ocorrência de legitimação extraordinária, apta a justificar, na hipótese de o pedido principal ser julgado em desfavor do denunciante, o cumprimento direto contra o denunciado nos termos do parágrafo único do art. 128.

Se o denunciado, contudo, alegar o descabimento da denunciação e, indo além justamente por força do referido princípio da concentração da defesa, voltar-se *também* à postulação principal, é irrecusável a incidência do parágrafo único do dispositivo, sempre com as ressalvas aqui evidenciadas.

Outro questionamento sobre a aplicação do parágrafo único do art. 128 reside em saber se a viabilidade da "condenação direta" nele prevista alcança também as hipóteses em que a denunciação da lide é feita pelo *autor*. A despeito da textualidade da regra[198] e de sua localização, não há como, só por isso, recusar sua incidência para aqueles casos desde que – é este o ponto distintivo – o denunciado assuma a posição de *litisconsorte* do denunciante, o que encontra fundamento no art. 127. Em tal situação, é correto sustentar, sempre com as ressalvas evidenciadas acima sobre o que consta ou não do título executivo, que o denunciado poderá responder diretamente ao adversário do denunciante para pagar a ele as verbas de sucumbência, inclusive honorários advocatícios, derivadas da *improcedência* do pedido formulado pelo autor (denunciante) em face do réu.

4.4.11 Denunciação da lide como cumulação eventual de pedido

Com a denunciação, o *mesmo* processo acaba por cumular diferentes pretensões: a demanda originária, em que contendem autor e réu, e uma demanda secundária (a própria denunciação), em que é autor o denunciante (autor e/ou réu) e é réu o denunciado. Havendo julgamento conjunto, a decisão deverá conter capítulos distintos para tratar de uma e de outra.

---

[198]. Que se refere à hipótese de "o pedido da ação principal" – isto é, o pedido de tutela jurisdicional formulado pelo autor (denunciante) em face do réu – ser julgado *procedente*.

É correto entender, portanto, que denunciação da lide é verdadeiro caso de cumulação eventual (ou subsidiária) de pedidos em um mesmo processo, ainda que perante partes diversas. Isso porque o pedido de regresso formulado em face do denunciado pelo denunciante (que o CPC chama de "ação regressiva") só será apreciado (e, portanto, julgado) se for necessário, ou seja, na *eventualidade* de o pedido formulado pelo denunciante em face do réu originário ser rejeitado (casos de denunciação da lide feita pelo autor) ou se acolhido o pedido formulado em seu desfavor pelo autor (casos de denunciação da lide feita pelo réu)[199].

É nesse sentido que devem ser compreendidos o *caput* do art. 129 e a primeira parte de seu parágrafo único, segundo os quais: "Se o denunciante for vencido na ação principal, o juiz passará ao julgamento da denunciação da lide" e "Se o denunciante for vencedor, a ação de denunciação não terá o seu pedido examinado", respectivamente. A "ação principal" a que se refere o *caput* do art. 129 é, em verdade, o pedido formulado pelo autor em face do réu. A "ação de denunciação" tratada no parágrafo único é a "ação regressiva" mencionada pelo inciso II do art. 125 e pelo inciso II e pelo parágrafo único do art. 128[200], isto é, o exercício da pretensão de regresso em face de terceiro pelo autor e/ou pelo réu, consoante o caso, no *mesmo* processo em que demanda/é demandado.

Assim, é correto entender que o *interesse processual* no julgamento da denunciação só se concretiza quando e se o denunciante for vencido na demanda originária, seja como autor ou como réu. Caso contrário, a denunciação da lide fica *prejudicada* e, como tal, deve ser extinta com fundamento no art. 485, VI. Nada de diferente, aliás, do que ocorre se houver cumulação de pedidos em caráter eventual (ou subsidiário) em face de um mesmo réu, o que encontra fundamento expresso no art. 326, *caput*.

4.4.12 A responsabilização pelas verbas de sucumbência

Nas hipóteses cobertas pelo *caput* e pelo início do parágrafo único do art. 129, põe-se o problema de fixação das verbas de sucumbência, assim compreendidas as despesas processuais *e* os honorários advocatícios.

Na primeira hipótese, de o interesse na denunciação da lide subsistir porque o denunciante não recebeu a tutela jurisdicional pretendida, incide a regra extraída do § 2º do art. 82 e do *caput* do art. 85: é o *vencido* na denunciação o responsável pelo pagamento das despesas e dos honorários advocatícios[201].

---

199. Não é errado, nesse contexto, lembrar do *caput* do art. 326, segundo o qual: "É lícito formular mais de um pedido em ordem subsidiária, a fim de que o juiz conheça do posterior, quando não acolher o anterior".
200. Também rotulada de "ação de regresso" pelo inciso III do art. 128 e de "ação autônoma" pelo § 2º do art. 125.
201. Por tal razão é que este Curso discorda do entendimento alcançado na III Jornada de Direito Processual Civil do CJF na qual foi aprovado o Enunciado n. 159: "É incabível a condenação sucumbencial do litisdenunciado quando não houver resistência ao pedido de denunciação".

Na segunda hipótese, em que a denunciação da lide fica *prejudicada* porque o denunciante recebe a tutela jurisdicional pretendida, é pertinente a lembrança do § 10 do art. 85, embora ele trate expressamente apenas dos honorários advocatícios. Como quem deu *causa* à denunciação (que acabou se mostrando desnecessária) foi o denunciante, é ele que deve suportar aqueles custos. Tão mais correto esse entendimento porque, no Código de Processo Civil, a obrigatoriedade da denunciação da lide deixou de existir em qualquer uma das suas hipóteses. É essa a razão de ser da parte final do parágrafo único do art. 129, assim escrito: "Se o denunciante for vencedor, a ação de denunciação não terá o seu pedido examinado, sem prejuízo da condenação do denunciante ao pagamento das verbas de sucumbência em favor do denunciado".

Passando a ser facultativa a denunciação da lide em todas as hipóteses, não há mais lugar para distinguir hipóteses em que o denunciante seria, ou não, responsável pelas verbas de sucumbência, ponto que merecia aceso debate na vigência do CPC de 1973[202].

4.5 Chamamento ao processo

O chamamento ao processo é a modalidade de intervenção de terceiros pela qual o réu (chamante) convoca terceiro (chamado), que passará a ser litisconsorte passivo, com o objetivo de ser responsabilizado conjunta e imediatamente em face do autor[203].

Trata-se de intervenção de terceiros *provocada*, por iniciativa do réu, e que acarretará a formação de litisconsórcio passivo *ulterior* destinado a viabilizar a formação de título executivo judicial em desfavor do chamante *e* dos chamados perante o autor, que passa a ser comum.

O Código de Processo Civil não trouxe nada de novo em relação ao instituto. Uma pena porque, no transcorrer dos trabalhos legislativos, o Projeto do Senado chegou a ampliar as hipóteses de cabimento, generalizando-as para *quaisquer situações de corresponsabilidade*, o que daria maior rendimento à figura.

Com efeito, o art. 319 do PLS n. 166/2010 continha um inciso a mais daqueles que acabaram por prevalecer no art. 130 do Código de Processo Civil, para admitir expressamente o chamamento ao processo "IV – daqueles que, por lei ou contrato, são também corresponsáveis perante o autor". A iniciativa justificava-se e era pertinentíssima para albergar, dentre outras, situações como a da responsabilidade dos pais por atos de seus filhos nos termos do inciso I do art. 932 ou dos parentes pelos alimentos na forma do art. 1.698, ambos do Có-

---

202. Era ponto largamente discutido nas edições anteriores ao CPC de 2015 do volume 2, tomo I deste *Curso*, como se pode constatar do n. 7.1 do Capítulo 6 da Parte VII.
203. O regime do instituto, tal qual dado pelo direito brasileiro – e diferentemente do que se dá para a denunciação da lide – só admite o chamamento ao processo por iniciativa do réu. Por isso mesmo, é descabido que o autor possa manifestar-se em sentido contrário ou desistir da demanda em relação aos chamados.

Sujeitos do processo

digo Civil[204], indo além, destarte, das relações entre devedor principal e fiadores e devedores solidários[205] que já caracterizavam (e limitavam) o instituto desde os tempos do CPC de 1973 e que foram replicadas no precitado art. 130.

Trata-se de típico caso em que a restritiva regra de direito *processual* acaba por dificultar maior – ou quiçá plena – efetividade a situações de direito *material*. Para contornar o problema, é correto entender que o *procedimento* do incidente de desconsideração da personalidade jurídica merece ser aplicado também a outras situações em que o processo em curso convida a (ou, mais que isso, impõe) reflexão relativa a corresponsabilização de terceiros para além dos questionamentos envolvendo as partes[206]. Quando menos – e a exemplo do que particularmente a este *Curso* já parecia ser possível sob a égide do CPC de 1973 –, que a *própria estrutura procedimental* do chamamento ao processo possa ser adotada para aquele fim, mesmo em situações estranhas às peculiaridades *materiais* do contrato de fiança ou em que *não* haja solidariedade passiva[207].

---

204. Que já era assunto palpitante na doutrina anterior, como as edições anteriores do volume 2, tomo I deste *Curso* enfatizavam no n. 3.1 do Capítulo 7 da Parte VII, além de outros trabalhos de seu autor, em especial "Chamamento ao processo e o devedor de alimentos: uma proposta de interpretação para o art. 1.698 do Novo Código Civil", p. 81-96.
205. Com relação aos alimentos, cabe excepcionar a situação de alimentos fundamentada no Estatuto do Idoso, Lei n. 10.741/2003, cujo art. 12 estabelece o caráter de *solidariedade* da obrigação alimentar em prol do idoso. Expresso nesse sentido: STJ, 3ª Turma, REsp 775.565/SP, rel. Min. Nancy Andrighi, j.un. 13-6-2006, *DJ* 26-6-2006, p. 143. Fora desta hipótese, prevalece, na perspectiva do direito material, o entendimento cristalizado na Súmula 596 do STJ: "A obrigação alimentar dos avós tem natureza complementar e subsidiária, somente se configurando no caso de impossibilidade total ou parcial de seu cumprimento pelos pais".
206. A tese, desenvolvida no n. 4.5, *supra*, tem o apoio de André Pagani de Souza em substancioso artigo intitulado "O art. 1.698 do Código Civil e o 'Novo Código de Processo Civil'", p. 814, que conclui da seguinte forma: "Apesar de o 'Novo Código de Processo Civil' não ter trazido expressamente uma disciplina processual para a aplicação do disposto no art. 1.698 do Código Civil, a exemplo do que fez com o art. 50 do mesmo diploma legal ao criar o 'Incidente de Desconsideração da Personalidade Jurídica' previsto nos arts. 133 a 137 do referido diploma processual, não se pode negar a utilidade deste novo instituto para realização do direito material envolvendo *alimentos*. A controvérsia existente antes do advento da Lei n. 13.105/2015 sobre qual seria a modalidade de intervenção de terceiros que mais se amoldava à hipótese do art. 1.698 do Código Civil perdeu a sua força devido à criação do incidente de desconsideração da personalidade jurídica, pois grande parte das dificuldades processuais enfrentadas na aplicação do art. 50 do Código Civil são bastante semelhantes aos problemas processuais envolvendo o art. 1.698 do mesmo Código. Por isso, em atenção aos princípios de índole constitucional consagrados pelo próprio 'Novo Código de Processo Civil', em seus arts. 1º, 3º, 4º, 7º, 8º e 9º, inerentes ao 'Modelo Constitucional de Direito Processual Civil', devem ser utilizados os arts. 133 a 137 da Lei n. 13.105/2015, para se criar o 'Incidente de Redirecionamento da Demanda de Alimentos do art. 1.698 do Código Civil', nos moldes acima sugeridos". Sobre o assunto, ver também as considerações de Daniel Colnago Rodrigues, *Intervenção de terceiros*, p. 146-160, e de Daniel Ustárroz em seu *Intervenção de terceiros*, p. 80-86.
207. O TJSP instaurou o IRDR 2129986-75.2020.8.26.0000 (Tema 38), rel. p/ acórdão Des. Francisco Loureiro, j.m.v. 30-11-2023, *DJe* 30-1-2024, a propósito da interpretação do art. 1.698 do Código Civil, em que, embora fixando a tese de que "Inexiste litisconsórcio necessário entre os parentes codevedores da obrigação alimentar prevista no art. 1.698 do Código Civil, diante da natureza divisível da prestação", não evidenciou qual o veículo processual (se é que existente, na sua concepção) a ser utilizado para, ao longo do processo, convocar terceiros para responderem à pretensão alimentar do autor.

É iniciativa que preserva, para compatibilizar na medida certa, a integridade do direito material – porque só haverá corresponsabilização se estiverem presentes os respectivos pressupostos autorizadores no plano material devida e regularmente apurados e reconhecidos pelo magistrado – e o modelo constitucional do direito processual civil, vez que oportuniza o devido (e inafastável) desenvolvimento da ampla defesa e do contraditório.

4.5.1 Hipóteses de cabimento

O CPC de 2015, como apontado, não trouxe nenhuma novidade quanto às hipóteses de cabimento do chamamento ao processo, preservando incólumes as que já constavam dos incisos do art. 77 do CPC de 1973. Assim é que o chamamento ao processo, a despeito das considerações críticas do número anterior, somente é admitido nos casos de fiança e de solidariedade passiva.

No primeiro caso, o réu que, no plano material, é fiador pode chamar ao processo o *afiançado*, isto é, o devedor principal (art. 130, I). Também é cabível o chamamento ao processo dos demais fiadores quando apenas um ou alguns dos fiadores forem réus (art. 130, II). Cabe notar que o contrato de fiança não impõe a necessidade de o credor cobrar a dívida obrigatoriamente em face do devedor principal e do(s) fiador(es). Não se trata, destarte, de litisconsórcio passivo *necessário*. Fosse esta a situação em exame e não haveria espaço para o chamamento ao processo porque o ônus de formação do litisconsórcio daquela classe não é do réu.

É nos casos de fiança, aliás, que o chamamento ao processo assume importante papel porque a iniciativa do réu (chamante) é imprescindível para que, na etapa de cumprimento de sentença, ele alegue o chamado "benefício da ordem" (art. 828, I, do CC, e art. 794, *caput*, do CPC) para resguardar seu patrimônio enquanto são excutidos, em primeiro lugar, os bens do patrimônio do devedor principal (chamado) que, com o chamamento ao processo, tornou-se, também, réu e, como tal, foi inserido no título executivo judicial.

Não há espaço para que o devedor principal chame ao processo eventuais fiadores porque tal iniciativa subverteria a razão de ser daquele contrato acessório (art. 818 do Código Civil). A providência, de qualquer sorte, não pode ser negada naqueles casos em que, a despeito de *nominada* de fiança, a garantia prestada pelo garante tomou ares de solidariedade passiva, como se verifica, por exemplo, quando há expressa renúncia, pelo fiador, do já mencionado benefício da ordem (art. 828, I, do Código Civil), no que, aliás, é claro o § 3º do art. 794.

No segundo grupo em que o chamamento ao processo é admitido, qualquer um dos devedores solidários (solidariedade passiva na perspectiva do direito material) que seja réu pode chamar os demais ou alguns que não o são (art. 130, III). Também aqui importa relevar que, graças às suas características de direito material, a solidariedade passiva dispensa que os devedores tenham que ser demandados em conjunto a desautorizar, destarte, o litisconsórcio *necessário*.

A *solidariedade* referida no inciso III do art. 130 não se restringe a hipóteses do direito obrigacional. Também no campo dos *deveres* impostos pela Constituição Federal às pessoas de direito público exsurgem situações de solidariedade para a implementação de determinadas fruições[208]. Nesse sentido, é correto entender a aplicabilidade do chamamento ao processo para convocar, com fundamento na solidariedade, pessoas de direito público para integrar o polo passivo do processo.

Outro exemplo de *solidariedade* decorrente diretamente da lei que merece destaque é o do art. 42, § 1º, I, da Lei n. 13.709/2018, na redação da Lei n. 13.853/2019, a chamada "Lei Geral de Proteção de Dados Pessoais (LGPD)". De acordo com o dispositivo, "§ 1º A fim de assegurar a efetiva indenização ao titular dos dados: I – o operador responde solidariamente pelos danos causados pelo tratamento quando descumprir as obrigações da legislação de proteção de dados ou quando não tiver seguido as instruções lícitas do controlador, hipótese em que o operador equipara-se ao controlador, salvo nos casos de exclusão previstos no art. 43 desta Lei". Complementando-o, dispõe o § 4º do mesmo art. 42 que "aquele que reparar o dano ao titular tem direito de regresso contra os demais responsáveis, na medida de sua participação no evento danoso". Havendo chamamento ao processo, tal direito pode ser exercitado no mesmo processo.

É inegável o caráter facultativo do chamamento ao processo em suas três hipóteses. Assim, se o réu, a despeito de estar diante de uma das hipóteses do art. 130, não chamar o codevedor ao processo, poderá, oportunamente, demandá-lo em regresso, desde que não tenha se consumado eventual prazo prescricional. A falta de chamamento ao processo não acarreta nenhuma nulidade para o processo.

Há, a esse respeito, interessante Recurso Especial repetitivo da 1ª Seção do STJ, de cuja ementa se lê o seguinte:

> 1. O chamamento ao processo da União com base no art. 77, III, do CPC [leia-se, para o CPC de 2015: art. 130, III], nas demandas propostas contra os demais entes federativos res-

---

208. Assim, ilustrativamente, o quanto decidido pela 2ª Turma do STJ no AgInt no REsp 1.584.514/RN, rel. Min. Humberto Martins, j.un. 19-5-2016, *DJe* 30-5-2016, de cuja ementa destaco o seguinte trecho: "3. A jurisprudência do Superior Tribunal de Justiça é uníssona no sentido de que a responsabilidade dos entes federativos é solidária, em face da competência comum, podendo qualquer um deles figurar no polo passivo, em demanda na qual se vindica o fornecimento de medicamentos. Nesse sentido: STJ, AgRg no REsp 1.538.225/PB, Rel. Ministro Humberto Martins, Segunda Turma, *DJe* de 14/09/2015; STJ, REsp 1.432.276/MG, Rel. Ministro Og Fernandes, Segunda Turma, *DJe* de 28/04/2014; STJ, AgRg no REsp 1.225.222/RR, Rel. Ministro Herman Benjamin, Segunda Turma, *DJe* de 05/12/2013. [...]". A orientação foi reiterada pelo mesmo órgão jurisdicional no julgamento do REsp 1.655.741/RS, rel. Min. Herman Benjamin, j.un. 20-6-2017, *DJe* 30-6-2017. Também a CE do STJ confirmou o entendimento em recente julgamento no AgInt na Rcl 46.111/SC, rel. Min. Herman Benjamin, j.un. 30-4-2024, *DJe* 6-5-2024. O entendimento está em consonância com o Tema 793 da Repercussão Geral, no qual o STF fixou a seguinte tese: "Os entes da federação, em decorrência da competência comum, são solidariamente responsáveis nas demandas prestacionais na área da saúde, e diante dos critérios constitucionais de descentralização e hierarquização, compete à autoridade judicial direcionar o cumprimento conforme as regras de repartição de competências e determinar o ressarcimento a quem suportou o ônus financeiro".

ponsáveis para o fornecimento de medicamentos ou prestação de serviços de saúde, não é impositivo, mostrando-se inadequado opor obstáculo inútil à garantia fundamental do cidadão à saúde. Precedentes do STJ.

2. A Primeira Turma do Supremo Tribunal Federal entende que "o recebimento de medicamentos pelo Estado é direito fundamental, podendo o requerente pleiteá-los de qualquer um dos entes federativos, desde que demonstrada sua necessidade e a impossibilidade de custeá-los com recursos próprios", e "o ente federativo deve se pautar no espírito de solidariedade para conferir efetividade ao direito garantido pela Constituição, e não criar entraves jurídicos para postergar a devida prestação jurisdicional", razão por que "o chamamento ao processo da União pelo Estado de Santa Catarina revela-se medida meramente protelatória que não traz nenhuma utilidade ao processo, além de atrasar a resolução do feito, revelando-se meio inconstitucional para evitar o acesso aos remédios necessários para o restabelecimento da saúde da recorrida" (RE 607.381 AgR, Relator Ministro Luiz Fux, Primeira Turma, *DJ* 17-6-2011). [...]

4. Recurso Especial não provido. Acórdão submetido ao regime do art. 543-C do CPC e da Resolução STJ 8/2008.[209]

O acórdão acima é tanto mais interessante porque traz à tona questão que já era bem conhecida na vigência do CPC de 1973 ao ensejo de sucessivas denunciações da lide e sua aptidão de prejudicar a eficiência processual objetivada, em última análise, pelas variadas intervenções de terceiro. Se a vedação pura e simples de mais de uma denunciação sucessiva da lide pelo § 2º do art. 125 quer resolver a questão *de lege lata* para aquela modalidade interventiva, a diretriz mostra-se pertinente para outras hipóteses, como revela o entendimento repetitivo acima destacado com relação ao chamamento ao processo.

De outra parte, nada há que impeça que o devedor não chamado ao processo resolva intervir espontaneamente no processo. Nesta hipótese, é correto entender, em qualquer uma das hipóteses previstas no art. 130, que sua intervenção dar-se-á na qualidade de assistente *litisconsorcial* (art. 124).

Da decisão que defere ou que indefere o chamamento ao processo, é irrecusável o cabimento do agravo de instrumento, diante do inciso IX do art. 1.015.

4.5.2 Procedimento do chamamento ao processo

O chamamento ao processo é requerido pelo réu em contestação e a citação dos chamados "deve ser promovida no prazo de 30 (trinta) dias, sob pena de ficar sem efeito o chamamento" (art. 131, *caput*), a não ser que o chamado resida "[...] em outra comarca, seção ou

---

[209]. STJ, 1ª Seção, REsp repetitivo 1.203.244/SC, rel. Min. Herman Benjamin, j.m.v. 9-4-2014, *DJe* 17-6-2014 (Tema 686).

subseção judiciárias, ou em lugar incerto", quando o prazo será de dois meses (art. 131, parágrafo único)[210].

Tem cabimento, aqui, a mesma observação do n. 4.4.6, *supra*: o prazo de trinta dias (ou de dois meses, consoante o caso) deve ser entendido como o *limite* para a efetiva ocorrência da citação dos chamados, cabendo ao chamante tomar as medidas que estejam a seu alcance para a concretização da citação. Importa ressalvar, de qualquer sorte, que eventual demora imputável *exclusivamente* ao serviço judiciário (art. 240, § 3º) isentará o chamante das consequências de eventual intempestividade do chamamento.

Sobre a exigência feita pelo art. 131 de que "a citação daqueles que devem figurar no litisconsórcio passivo será requerida pelo réu *na contestação*" – e não "*no prazo* para contestar", como constava do art. 78 do CPC de 1973 –, importa interpretar o dispositivo amplamente para permitir que, ao menos em tese, o réu se limite ao chamamento, não o obrigando a contestar somente para aquela finalidade. Nesse sentido, é correto entender que as duas manifestações, quando conjuntas, sejam manifestadas em uma mesma petição.

4.5.3 Suspensão do processo

É correto entender, tanto quanto no caso de denunciação da lide (art. 126), que, a despeito do silêncio do Código de Processo Civil, o processo deve ficar suspenso enquanto ocorrem as diligências para a citação do(s) chamado(s). Não há sentido em que o processo prossiga se o objetivo do chamamento ao processo é a convocação de terceiros para que, assumindo o *status* de réus, venham, consoante o caso, a ser responsabilizados perante o credor comum (autor), de modo a autorizar que os atos executivos sejam praticados também contra o seu patrimônio.

Aplica-se à hipótese, por isso mesmo, o disposto no inciso VIII do art. 313, entendendo subentendida a suspensão do processo nas diligências determinadas pelo art. 131 e pelos prazos por ele indicados.

4.5.4 Citação para que os chamados contestem

Na dinâmica do procedimento comum estabelecida pelo Código de Processo Civil, faz-se pertinente, também com relação ao chamamento ao processo, a questão levantada ao ensejo da denunciação da lide: como a iniciativa do réu em chamar os codevedores deve ser exercida em contestação, eles não serão citados para comparecer à audiência de conciliação e de mediação. Serão citados para, querendo, apresentarem suas contestações. Nelas, nada há que

---

210. A exemplo do art. 126 (ver n. 4.4.6, *supra*), também há falta de sintonia entre o *caput* e o parágrafo único do art. 131 no que diz respeito à unidade temporal. Máxime porque prazos *processuais* fixados em *dias* só fluem nos úteis, consoante dispõe o parágrafo único do art. 219, regra que não alcança prazos fixados em meses.

os impeça de questionar também a pertinência do próprio chamamento ao processo, por força do princípio da concentração da defesa. O oferecimento de contestação pelo réu no procedimento comum, aliás, pressupõe que a audiência de conciliação e de mediação não tenha sido realizada ou que as tentativas de autocomposição das partes tenham sido frustradas, no que são claros os incisos I e II do art. 335.

Apresentadas as contestações pelos chamados, o autor e o chamante deverão ser ouvidos a seu respeito – não fosse pela aplicação analógica do art. 351, em função do disposto no art. 10 – e, se for o caso, nova manifestação dos chamados justificar-se-á, mais uma vez por força do próprio art. 10. Tomadas tais providências, o processo alcançará a fase do "julgamento conforme o estado do processo".

4.5.5 Julgamento e seus efeitos

A sentença que acolher o pedido do autor criará título executivo não somente em face do chamante (o réu originário), mas também em face de todos os chamados, que se transformam, com o chamamento, em litisconsortes passivos. Por se transformarem em *parte*, não há espaço para duvidar de que são alcançados não só pela eficácia da decisão, mas também pela coisa julgada que ela, eventualmente, venha a adquirir.

É o que decorre não só do art. 132, mas também, senão principalmente, do art. 131, que, inovando, ao menos textualmente, em relação ao CPC de 1973, passou a se referir expressamente ao litisconsórcio passivo a ser formado, por causa do chamamento, entre o réu originário (chamante) e os terceiros (chamados).

Não obstante esse apontamento, a possibilidade de o cumprimento de sentença dirigir-se indistintamente aos chamados é amplamente aceita pela doutrina que se pronunciou sobre o art. 132[211].

Em tais condições, merece ser superada interessante, embora minoritária, corrente doutrinária formada sob a égide do CPC de 1973, que não admitia o cumprimento direto da sentença em face dos chamados, mas apenas do chamante que, pagando a dívida, poderia cobrar o que entendesse devido dos chamados no mesmo processo, em verdadeira "ação de regresso", similar à denunciação da lide[212]. Aliás, como consta do n. 4.5, *supra*, pareceu ter

---

[211]. É esta também a impressão de Luiz Henrique Volpe Camargo, *Comentários ao novo Código de Processo Civil*, p. 228; Sandro Gilbert Martins, *Breves comentários ao novo Código de Processo Civil*, p. 452; Fredie Didier Junior, *Curso de direito processual civil*, v. 1, p. 515-516; Luiz Rodrigues Wambier e Eduardo Talamini, *Curso avançado de processo civil*, v. 1, p. 372; Cândido Rangel Dinamarco e Bruno Vasconcelos Carrilho Lopes, *Teoria geral do novo processo civil*, p. 162, e Artur César de Souza, *Código de Processo Civil anotado, comentado e interpretado*, p. 717 e p. 723-724.

[212]. É o que defendiam, por exemplo, Nelson Nery Junior e Rosa Maria de Andrade Nery, que preservam o entendimento para o CPC de 2015, como se pode verificar de seus *Comentários ao Código de Processo Civil*, notas 3 e 4 ao art. 132. Para a discussão no âmbito do CPC de 1973, ver o n. 2 do Capítulo 7 da Parte VII das edições anteriores ao CPC de 2015 do volume 2, tomo I, deste *Curso*.

sido esta a intenção do Anteprojeto de novo Código de Processo Civil ao amalgamar aquele instituto e o chamamento ao processo em novo instituto, então nominado genericamente de *chamamento*, cuja finalidade era a de viabilizar o direito de regresso no mesmo processo por quem pagasse a dívida em face do credor, como se podia extrair do art. 329 daquele trabalho[213].

Embora sem prevalecer a proposta do Anteprojeto ao fim do processo legislativo, é correto entender, diante do que se pode extrair dos arts. 131 e 132, que o autor poderá cumprir a sentença diante de qualquer um dos réus (o originário e/ou os chamados) ou em face de todos. Aquele que pagar (ou perante o qual o cumprimento de sentença for frutífero) poderá, no mesmo processo, cobrar o que entender de direito dos demais, exercendo o seu direito de regresso a partir da mesma decisão.

Um dado a mais para alcançar essa conclusão está no § 5º do art. 513, segundo o qual "O cumprimento da sentença não poderá ser promovido em face do fiador, do coobrigado ou do corresponsável que não tiver participado da fase de conhecimento".

A regra, que até poderia ser rotulada de despicienda, acaba por reforçar a necessidade de haver *prévio* título executivo que retrate, no que aqui interessa, certeza *subjetiva*, a legitimar a prática de atos executivos ao longo da etapa de cumprimento de sentença.

4.6 Incidente de desconsideração da personalidade jurídica

O incidente de desconsideração da personalidade jurídica é novidade (ao menos *textual*) trazida pelo Código de Processo Civil. Não que ao resultado por ele objetivado não fosse possível chegar anteriormente, porque, em última análise, a questão sempre se resumiu à devida concretização dos princípios constitucionais do contraditório e da ampla defesa no plano do processo[214]. Com a expressa disciplina dada pelos arts. 133 a 137 ao assunto, contudo, é irrecusável a percepção de que a sua observância é de rigor, inclusive, como dispõe o art. 1.062, no âmbito dos Juizados Especiais.

O instituto tem como objetivo legitimar, corrigindo, o que a prática forense anterior consagrou com o nome de "redirecionamento da execução" ou, de forma mais precisa, criar condições para que, ao longo do processo (de forma *incidental*, portanto, daí o nome "incidente"), sejam apuradas as razões pelas quais o *direito material* autoriza a "desconsideração da personalidade jurídica" e, como consequência, a prática de atos executivos contra o pa-

---

213. Que tinha a seguinte redação: "Art. 329. A sentença de procedência condenará todos os coobrigados, valendo como título executivo em favor do que pagar a dívida para exigi-la do devedor principal ou dos codevedores a quota que tocar a cada um".
214. É o que o n. 3 do Capítulo 3 da Parte II das edições anteriores ao CPC de 2015 do volume 3 deste *Curso* já sustentava.

trimônio da pessoa natural, e não apenas contra o da pessoa jurídica[215]. Coerentemente, o inciso VII do art. 790 preceitua que ficam sujeitos à execução os bens do responsável, nos casos de desconsideração da personalidade jurídica. De forma mais ampla, mas não menos pertinente, o *caput* do art. 795 prescreve que "Os bens particulares dos sócios não respondem pelas dívidas da sociedade, senão nos casos previstos em lei", acentuando seu § 4º que "Para a desconsideração da personalidade jurídica é obrigatória a observância do incidente previsto neste Código".

Trata-se de intervenção *provocada* e que transformará o sócio, até então *terceiro* em relação ao processo – justamente porque sua personalidade jurídica e seu patrimônio são diversos do da sociedade (art. 49-A do CC, incluído pela Lei n. 13.874/2019) –, em *parte* e, como tal, ficando sujeito aos atos executivos[216].

4.6.1 Legitimidade

O *caput* do art. 133 exige que o incidente de desconsideração da personalidade jurídica seja requerido pela parte, qualquer que seja ela, ou pelo Ministério Público quando sua atuação se justificar na qualidade de fiscal da ordem jurídica. Quando não requerido pelo Ministério Público, sua atuação no incidente somente será devida nas hipóteses em que sua atuação como fiscal da ordem jurídica se justificar nos moldes do art. 178.

É correto descartar, por isso mesmo, iniciativa oficiosa do magistrado, prevalecendo, no particular, a inércia jurisdicional derivada do art. 2º e, mais amplamente, das garantias constitucionais do direito processual civil.

4.6.2 Hipóteses

As hipóteses pelas quais ocorrerá a desconsideração da personalidade jurídica são as previstas no direito material. É o que estatui o § 1º do art. 133. É o que se dá, por exemplo, com a regra genérica do art. 50 do Código Civil[217], com o art. 28 do Código do Consumi-

---

[215]. Interessante acórdão da 3ª Turma do STJ (REsp 1.954.015/PE, rel. Min. Nancy Andrighi, j.un. 26-10-2021, DJe 3-11-2021) analisa o impacto do advento do incidente de desconsideração da personalidade jurídica dos arts. 133 a 137 do CPC nos processos em curso à época da entrada em vigor do CPC.

[216]. Enfatizando a necessidade de o incidente ser instaurado mesmo quando se tratar de Empresa Individual de Responsabilidade Limitada (EIRELI) é o entendimento da 3ª Turma do STJ no REsp 1.874.256/SP, rel. Min. Nancy Andrighi, j.un. 17-8-2021, DJe 19-8-2021.

[217]. Com as modificações introduzidas pela Lei n. 13.874/2019, que "Institui a Declaração de Direitos de Liberdade Econômica". Interessante acórdão da 3ª Turma do STJ que trata do tema na perspectiva da nova redação do dispositivo é o REsp 1.838.009/RJ, rel. Min. Moura Ribeiro, j.un. 19-11-2019, DJe 22-11-2019, trazendo à tona a jurisprudência do STJ quanto à necessária observação da chamada "teoria *maior*" para fins de desconsideração, isto é, à "[...] a efetiva demonstração do abuso da personalidade jurídica, caracterizado pelo desvio de finalidade ou pela confusão patrimonial". Replicando o julgado mencionado no âmbito da 3ª Turma é o REsp 2.047.782/SP, rel. Min. Moura Ribeiro, j.un. 12-3-2024, DJe 14-3-2024.

dor, com o art. 4º da Lei n. 9.605/98 em relação ao ressarcimento por danos ao meio ambiente, com o art. 34 da Lei n. 12.259/2011 em relação às infrações à ordem econômica com o art. 14 da Lei n. 12.846/2013, conhecida como "Lei anticorrupção", em relação à prática de atos ilícitos ou, ainda, no âmbito da falência (art. 82-A, parágrafo único, da Lei n. 11.101/2005, incluído pela Lei n. 14.112/2020). Até mesmo a ocorrência de hipóteses como a do art. 2º, § 2º, da Consolidação das Leis do Trabalho ou dos arts. 134 e 135 do Código Tributário Nacional merece ser constatada pelo incidente aqui analisado, ainda que se queira negar que tais hipóteses possam ser tratadas como de desconsideração da personalidade jurídica[218].

O que o Código de Processo Civil exige, destarte, é que as razões de direito material que justificam a responsabilização do sócio pela pessoa jurídica (e vice-versa, no caso da "desconsideração *inversa*", expressamente autorizada pelo § 2º do art. 133) sejam apuradas (e decididas) em amplo e *prévio* contraditório. Típico caso de transporte escorreito das realidades materiais para dentro do processo.

A propósito do § 1º do art. 133, é correto entender que *outras causas* de corresponsabilização de sócios, que não guardem relação ou que não se confundam com a *desconsideração da personalidade jurídica* – e, por isso mesmo, que pretendam responsabilizar até mesmo *administradores* ou *grupos de empresas*[219] –, *também* podem ser discutidas ao longo do processo, no *incidente cognitivo* disciplinado pelos arts. 133 a 137. O fundamental, para tanto, é que a discussão observe o *procedimento* disciplinado pelos dispositivos do incidente em exame, respeitando-se a ampla defesa e o contraditório sobre as especificidades do direito *material* que dão fundamento (a "causa de pedir") ao pedido.

Esse entendimento merece ser difundido e aplicado largamente, não cabendo ao intérprete deixar-se levar pelo *nome* que o legislador acabou por dar ao instituto, *limitando-o*, por força de sua enunciação textual. Exigir o incidente para a desconsideração da personalidade

---

218. Bem ilustra a afirmação do texto o Tema 1.232 da Repercussão Geral do STF, que versa, precisamente, sobre a necessidade ou não de se adotar o procedimento dos arts. 133 a 137 para redirecionamento da execução para empresa de um mesmo grupo econômico. A controvérsia está assim sintetizada: "Possibilidade de inclusão no polo passivo da lide, na fase de execução trabalhista, de empresa integrante de grupo econômico que não participou do processo de conhecimento". De seu turno, a 1ª Seção do STJ afetou como recurso especial repetitivo (Tema 1.225) as seguintes controvérsias: "I. Tema Principal: Possibilidade de redirecionamento da execução a pessoa jurídica de direito público, em razão da insolvência de concessionária de serviço público, ainda que aquela não tenha participado da fase de conhecimento e não conste do título executivo judicial; II. Tema Subsidiário: Termo inicial do prazo prescricional quinquenal para fins de redirecionamento da execução contra o ente público".

219. O tema também foi levado a debate na ADPF 488/DF, em que foi proferido voto-vista pelo Min. Gilmar Mendes no sentido de declarar a incompatibilidade da inclusão de sujeitos que não participaram da fase de conhecido somente na fase de execução, a despeito de comprovação de efetiva fraude na sucessão ou sem contraditório prévio. A ADPF mencionada, contudo, não foi conhecida, por maioria, em julgamento realizado na sessão virtual de 3-11-2023 a 10-11-2023. No STJ, constam corretíssimas decisões da 4ª Turma favorável à possibilidade de instauração do IDPJ no caso de grupo de empresas: REsp 1.900.149/RJ, rel. Min. Maria Isabel Gallotti, j.un. 3-9-2024, *DJe* 10-9-2024; e REsp 1.864.620/SP, rel. Min. Antonio Carlos Ferreira, j.un. 12-9-2023, *DJe* 19-9-2023.

jurídica (art. 795, § 4º) de forma a sujeitar os bens do "responsável" à execução (art. 790, VII) não é excludente de querer sujeitar os bens do sócio "nos termos da lei" (art. 790, II), isto é, para *além* das hipóteses em que tal responsabilização se funda na desconsideração da personalidade jurídica, mas sempre – é o que mais importa destacar – de acordo com o modelo constitucional do direito processual civil. A exigência feita pelo § 4º do art. 795 apenas para o incidente aqui estudado merece ser interpretada de maneira ampla para albergar *outros* casos de responsabilização que não sejam, não se limitam e não se confundem com aquele específico instituto de direito material. O ideal, nesse sentido, seria se referir ao incidente aqui tratado como incidente de *corresponsabilização*, englobando até mesmo o que o Código de Processo Civil acabou, *restritiva e inexplicavelmente*, por preservar para o chamamento ao processo.

Ademais, como a doutrina anterior ao Código de Processo Civil já reconhecia corretamente, o que importa em casos que tais é que a formação do *novo* título executivo *judicial* (apontando como devedor ou responsável também o sócio ou o administrador diante das respectivas razões de direito material que justificam sua corresponsabilização ao lado da sociedade) derive de *prévio* devido processo legal[220].

Para além dessa discussão, e não obstante a pertinente remissão feita pelo § 1º do art. 133 à necessária observância das hipóteses de direito material que autorizam a desconsideração (e, a se aceitar a proposta deste *Curso*, *também* por outros motivos), posto que genérica, o § 2º do art. 133 vai além e admite também o emprego do mesmo incidente para a hipótese de querer responsabilizar pessoa jurídica por atos praticados pelas pessoas naturais que a controlam ou comandam. É o sentido da previsão do § 2º do art. 133, ao se referir à "desconsideração inversa da personalidade jurídica", admitindo, portanto, que pessoa jurídica seja responsabilizada por atos praticados por pessoas naturais.

Até o advento da Lei n. 13.874/2019, não eram claras, na perspectiva do direito material, em que situações a "desconsideração *inversa*" poderia ocorrer. As edições anteriores deste *Curso* sustentaram que o melhor entendimento, diante daquela lacuna, era o de compreender tais situações como aquelas em que a confusão patrimonial entre pessoa natural e pessoa jurídica pudesse prejudicar o interesse de credores[221]. O § 3º do art. 50 do Código Civil, introduzido pelo precitado diploma legal, resolveu a questão de maneira expressa ao estabelecer que: "O disposto no *caput* e nos §§ 1º e 2º deste artigo também se aplica à extensão das obrigações de sócios ou de administradores à pessoa jurídica". Trata-se de hipótese que tem tudo para ser frequentíssima em questões envolvendo alimentos.

---

220. Para essa demonstração, ver o n. 3 do Capítulo 3 da Parte II do volume 3 das edições anteriores ao CPC de 2015 deste *Curso*.
221. A tomada de posição do CPC traz à tona o Enunciado n. 283 da IV Jornada de Direito Civil: "É cabível a desconsideração da personalidade jurídica denominada 'inversa' para alcançar bens de sócio que se valeu da pessoa jurídica para ocultar ou desviar bens pessoais, com prejuízo a terceiros".

4.6.3 Cabimento

O objetivo do incidente aqui analisado é, em última análise, criar título executivo (judicial) contra sócio ou, em se tratando da "desconsideração inversa", contra a pessoa jurídica a autorizar, consequentemente, a prática de atos executivos contra o patrimônio de quem, até então, era terceiro em relação ao processo.

O *caput* do art. 134, coerentemente com essa finalidade, admite a instauração do incidente ao longo de todo o processo[222], inclusive na etapa de cumprimento de sentença[223].

Também quando a execução tiver como fundamento título *extrajudicial* o incidente cognitivo disciplinado pelos arts. 133 a 137 pode se justificar para perseguir aquele mesmo desiderato, viabilizando àquele que, até então, era terceiro possa se manifestar em juízo acerca das razões pelas quais se justifica a sujeição de seu patrimônio à execução já iniciada. O caráter *cognitivo* do incidente em nada infirma a circunstância de o "processo de execução" ser predestinado à prática de atos *materiais*. O que se pretende com o incidente é justamente viabilizar a prática daqueles atos visando à satisfação do crédito do exequente que, de outro modo, pode restar frustrado. Como, de acordo com o inciso LIV do art. 5º da Constituição Federal, "ninguém será privado [...] de seus bens sem o devido processo legal", põe-se, necessariamente, a pesquisa, em contraditório, sobre as razões pelas quais o terceiro deve passar a responder. Trata-se, em última análise, da escorreita aplicação do já mencionado inciso VII do art. 790 interpretado à luz do modelo constitucional do direito processual civil.

A aplicação do incidente no âmbito dos Juizados Especiais é expressamente autorizada pelo art. 1.062. A previsão legislativa quer afasta qualquer discussão que a genérica vedação de intervenções de terceiros imposta pelo art. 10 da Lei n. 9.099/95 poderia levantar a esse respeito com o advento da nova codificação processual civil.

A despeito de inexistência de regra expressa, é correto entender que o incidente aqui comentado também merece (e já merecia) ter aplicação também no âmbito do processo do trabalho, por força do art. 15[224], e que deve ser aplicado no âmbito das execuções fiscais disciplinadas pela Lei n. 6.830/80[225]. Nada que caracteriza aqueles procedimentos como tais, muito

---

[222]. Pertinente, a propósito, a lembrança de Leonardo Greco, em suas *Instituições de processo civil*, v. I, p. 504, de que a previsão vem para excepcionar a regra genérica do art. 329 de estabilização da demanda.

[223]. Em rigor, está errada a remissão feita pelo *caput* do dispositivo ao "processo de conhecimento". Tal modelo processual está extinto, de vez, pelo CPC, que, coerentemente, se refere ao "processo de conhecimento *e* cumprimento de sentença" no Livro I da Parte Especial.

[224]. A Lei n. 13.467/2017, superando a polêmica existente sobre o tema, introduziu o art. 855-A na CLT, dispondo expressamente sobre o cabimento daquele incidente no processo do trabalho.

[225]. Sobre a questão, cabe lembrar do Enunciado ENFAM n. 53, segundo o qual "O redirecionamento da execução fiscal para o sócio-gerente prescinde do incidente de desconsideração da personalidade jurídica previsto no art. 133 do CPC/2015", que parece descartar a pertinência do incidente porque a hipótese de corresponsabilização de sócio-gerente não é, necessariamente, de desconsideração da personalidade jurídica, como se o modelo constitucional só exigisse a prévia participação daquele em face de quem se pretende passar a praticar os atos executivos neste e não naquele caso. No TRF3, foi instaurado IRDR sobre o tema (Processo n. 0017610-97.2016.4.03.0000, rel. Des. Federal

menos a tão falada "celeridade", tem o condão de afastar o que é impositivo desde o modelo constitucional do direito processual civil: a ampla defesa, o contraditório e o devido processo *constitucional* para que seja autorizada a prática de atos executivos contra o patrimônio de alguém diante de alguma razão que, de acordo com o plano de direito material, os justifique.

Não há como confundir eventual elasticidade do que, na perspectiva da lei trabalhista ou tributária, pode ser compreendido como "desconsideração da personalidade jurídica" com a necessidade de realização de incidente cognitivo para discutir, em contraditório, as razões pelas quais a dualidade "pessoa jurídica/pessoa natural" pode ser momentaneamente superada levando-se em conta, até por força do que de maneira repetida dispõem os §§ 1º e 4º dos arts. 133 e 134, respectivamente, as pertinentes normas de direito material[226]. O que os

---

Baptista Pereira), no qual foi fixada a seguinte tese: "Não cabe instauração de incidente de desconsideração da personalidade jurídica nas hipóteses de redirecionamento da execução fiscal desde que fundada, exclusivamente, em responsabilidade tributária nas hipóteses dos artigos 132, 133, I e II e 134 do CTN, sendo o IDPJ indispensável para a comprovação de responsabilidade em decorrência de confusão patrimonial, dissolução irregular, formação de grupo econômico, abuso de direito, excesso de poderes ou infração à lei, ao contrato ou ao estatuto social (CTN, art. 135, incisos I, II e III), e para a inclusão das pessoas que tenham interesse comum na situação que constitua o fato gerador da obrigação principal, desde que não incluídos na CDA, tudo sem prejuízo do regular andamento da Execução Fiscal em face dos demais coobrigados", que gerou o REsp 1.985.935/SP, pendente de julgamento perante a 2ª Turma do STJ, rel. Min. Francisco Falcão. Em sentido similar, decidiu o TRF5, que fixou a seguinte tese, também em sede de IRDR: "É obrigatória a prévia instauração de incidente de desconsideração da personalidade jurídica para fins de redirecionamento da execução fiscal contra pessoa jurídica que supostamente faz parte do mesmo grupo econômico da empresa executada, bem como contra os sócios daquela, desde que não se enquadrem nas hipóteses dos artigos 134 e 135 do Código Tributário Nacional (CTN), ou em outras hipóteses legais de responsabilização de terceiros". Como referido no texto, não há como concordar com tal entendimento, cabendo lembrar do entendimento que prevaleceu na I Jornada de Direito Processual Civil do CJF estampado no seu Enunciado n. 11: "Aplica-se o disposto nos arts. 133 a 137 do CPC às hipóteses de desconsideração indireta e expansiva da personalidade jurídica". A questão tem dividido a jurisprudência do STJ, havendo decisões que exigem o incidente para a desconsideração na execução fiscal (STJ, 1ª Turma, AgInt no REsp 2.030.033/PR, rel. Min. Gurgel de Faria, j.un. 5-6-2023, DJe 16-6-2023; 1ª Turma, AgInt no REsp 1.686.800/SC, rel. Min. Paulo Sérgio Domingues, j.un. 22-5-2023, DJe 29-5-2023; 1ª Turma, REsp 1.775.269/PR, rel. Min. Gurgel de Faria, j.un. 21-2-2019, DJe 1-3-2019, embora excepcionando que a hipótese não se relacionava aos arts. 134 e 135 do CTN) e outras reputando-o desnecessário (2ª Turma, AREsp 1.455.240/RJ, rel. Min. Francisco Falcão, j.un. 15-8-2019, DJe 23-8-2019, e 2ª Turma, REsp 1.786.311/PR, rel. Min. Francisco Falcão, j.un. 9-5-2019, DJe 14-5-2019. Atrelando a possibilidade de redirecionamento com a ocorrência do contraditório prévio, ainda que entendendo pela incompatibilidade entre o IDPJ e execução fiscal, v.: STJ, 2ª Turma, AgInt no REsp 2.035.053/SP, rel. Min. Francisco Falcão, j.un. 14-8-2023, DJe 16-8-2023; e STJ, 2ª Turma, AgInt no AREsp 2.216.614/RJ, rel. Min. Herman Benjamin, j.un. 22-5-2023, DJe 5-6-2023), o que acabou ensejando a afetação do assunto como repetitivo (Tema 1.209) assim enunciado: "Definição acerca da (in)compatibilidade do Incidente de Desconsideração de Personalidade Jurídica, previsto no art. 133 e seguintes do Código de Processo Civil, com o rito próprio da Execução Fiscal, disciplinado pela Lei n. 6.830/1980 e, sendo compatível, identificação das hipóteses de imprescindibilidade de sua instauração, considerando o fundamento jurídico do pleito de redirecionamento do feito executório". O autor deste *Curso* voltou-se, mais detidamente ao tema no n. 3.3.1 do Capítulo 1 da Parte III de seu *Poder Público em juízo*.

226. Tanto mais importante essa observação para quem concordar com o exposto no n. 4.6.2, *supra*, sobre a aplicabilidade do incidente para discussão de *outras* causas de responsabilização de sócios e, até mesmo, de administradores perante atos praticados pela sociedade que não se confundam, na perspectiva do direito material, com a desconsideração da personalidade jurídica. Em tal sentido, v. as seguintes decisões da 3ª Turma do STJ: REsp 1.812.929/DF, rel. Min. Marco Aurélio Bellizze, j.un. 12-9-2023, DJe 28-9-2023, e REsp 2.055.325/MG, rel. Min. Nancy Andrighi, j.un. 12-9-2023, DJe 2-10-2023.

arts. 133 a 137 regulam é, em suma, *como* a desconsideração da personalidade jurídica deve ser feita e não *por que* ela deve ser aplicada[227].

4.6.4 Anotação no distribuidor

De acordo com o § 1º do art. 134, "a instauração do incidente será imediatamente comunicada ao distribuidor para as anotações devidas".

É correto interpretar o dispositivo no sentido de que as anotações devidas, seguidas da imediata comunicação ao distribuidor não dependem do *recebimento* do incidente, é dizer, do proferimento de juízo *positivo* de admissibilidade relativo ao seu processamento, mas, menos que isso, tão somente da formulação de pedido de que ele seja instaurado. Basta o pedido (que pode até mesmo ser formulado com a petição inicial, como permite o § 2º do art. 134) para que as anotações cabíveis sejam realizadas.

Se, a despeito do pedido, o incidente não for admitido, ainda que liminarmente, ou, se admitido, acabar sendo rejeitado após regular instrução, se haverá interposição de recurso numa ou noutra hipótese, tudo isso não deve interferir na comunicação ao distribuidor e, tampouco, na realização das respectivas anotações. É o que ocorre também com a *distribuição* de qualquer petição inicial, não se podendo confundir eventual litigância de má-fé (mesmo que por parte de algum sedizente credor) com os cuidados que devem permear todo o ato processual, inclusive para preservar interesses e direitos de boa-fé. Máxime diante da regra do art. 137 conjugada com a do § 3º do art. 792.

Destarte, não deve prevalecer interpretação no sentido de que a "*instauração* do incidente" referida no § 1º do art. 134 pressupõe a sua *admissão* pelo magistrado, sendo bastante, para tanto, a *apresentação* de pedido para a sua instauração.

4.6.5 Desconsideração requerida com a petição inicial

O § 2º do art. 134, de maneira que não deixa de ser curiosa, dispensa a instauração do incidente quando a iniciativa for "requerida na petição inicial, hipótese em que será citado o sócio ou a pessoa jurídica".

O que ocorre em tais casos, contudo, não é propriamente a "dispensa" da instauração do incidente. O que se dá é que a petição inicial já trará, coerentemente com a postulação nela manifestada, não só o *pedido*, mas também a *causa de pedir* que, na visão do autor, justificam a corresponsabilização do sócio (ou da pessoa jurídica, em se tratando da "desconsideração *inversa*") desde logo, independentemente de qualquer insucesso na fase de cumprimento de

---

[227]. Por isso é correto o Enunciado FPPC n. 247: "Aplica-se o incidente de desconsideração da personalidade jurídica no processo falimentar".

sentença ou, quando for o caso, na petição inicial que abre o chamado "processo de execução"[228].

Não há, destarte, nenhuma discussão "incidental" nos moldes disciplinados pelos arts. 133 a 137, mas, diferentemente, *cumulação* de pedidos e/ou de causas de pedir que justificam, como este *Curso* já sustentava mesmo antes do CPC de 2015, a formação de litisconsórcio passivo, ainda que *eventual* ou *subsidiário*, consoante o caso[229]. Como *réu* neste caso, o sócio, ou, se for o caso, a pessoa jurídica, terá o ônus de contestar o pedido do autor como um todo[230], não se limitando, destarte, ao que diz respeito à desconsideração[231]. Trata-se de decorrência inafastável diante dos arts. 336 e 341.

Em tais casos, a imediata comunicação ao distribuidor (art. 134, § 1º) já se dá automaticamente junto com as necessárias anotações relacionadas à própria petição inicial (art. 284). É importante ter presente que, na hipótese de a corresponsabilização ser requerida com a petição inicial, o sócio (ou a pessoa jurídica, em se tratando de "desconsideração inversa") será, desde logo, *réu*, e não terceiro, justamente porque haverá, na petição inicial, pedido (e respectiva causa de pedir) formulado em seu desfavor.

Por idêntica razão à do parágrafo anterior é que não há espaço para a suspensão do processo no caso de a corresponsabilização ser requerida já com a petição inicial, como se pode ver da parte final do § 3º do art. 134.

4.6.6 Suspensão do processo

O § 3º do art. 134 determina que "A instauração do incidente suspenderá o processo", com a ressalva do número anterior, isto é, quando a desconsideração for requerida já com a petição inicial a dispensar, por isso mesmo, a instauração do incidente.

A regra do § 3º do art. 134, embora seja harmônica com a genérica previsão do art. 313, VIII, deve ser interpretada de maneira a não comprometer o andamento do processo em face da parte original e, se for o caso, da prática de atos executivos contra o seu patrimônio, sem prejuízo da instauração e desenvolvimento do incidente com relação

---

228. Também aqui não deve causar nenhum espanto que, num processo cuja finalidade precípua é a prática de atos materiais/satisfativos, seja necessária a prática de atos cognitivos com vistas à formação de um título executivo *judicial* após o regular contraditório. Trata-se de uma, dentre tantas, consequências do modelo (único ou sincrético) de processo expressamente acolhido e assumido pelo CPC.
229. A respeito, ver as edições anteriores ao CPC de 2015 do volume 2, tomo I, deste *Curso*, n. 2.3 do Capítulo 2 da Parte VII.
230. Quando superada, evidentemente, a realização de eventual audiência de conciliação ou de mediação nos moldes do art. 334.
231. Neste sentido é o Enunciado n. 248 do FPPC: "Quando a desconsideração da personalidade jurídica for requerida na petição inicial, constitui ônus do sócio ou da pessoa jurídica, na contestação, impugnar não somente a própria desconsideração, mas também os demais pontos da causa".

aos terceiros[232]. Também não há como entender que a suspensão do processo determinada pelo dispositivo em referência inviabilize o regular desenvolvimento do próprio incidente.

Por isso, a melhor interpretação é a de que atos executivos em face do sócio (ou da pessoa jurídica, quando se tratar de "desconsideração inversa") não podem ser praticados antes da resolução do incidente. Não obstante, para frisar o que está exposto no n. 4.6.10, *infra*, não há como, sem agredir o modelo constitucional do direito processual civil, recusar a prática de algum ato executivo, ainda que sob as vestes de "tutela provisória de urgência", ao menos para a "*asseguração* do direito", isto é, visando viabilizar a prática futura dos atos executivos tendentes à *satisfação* do exequente, bem ao estilo do art. 301. O entendimento, ademais, encontra autorização pertinente no art. 314, ao excepcionar expressamente a "realização de atos urgentes a fim de evitar dano irreparável" mesmo durante a suspensão do processo.

A suspensão do processo determinada pelo § 4º do art. 134 cessa com o julgamento do incidente. Como se trata de decisão *interlocutória*, por não colocar fim à fase cognitiva do processo na primeira instância nem, tampouco, à fase de cumprimento de sentença ou ao próprio processo de execução, o processo volta a ter seu regular trâmite imediatamente, considerando a ausência de efeito suspensivo *ope legis* do agravo de instrumento cabível daquela decisão (art. 995, *caput*, e 1.019, I). Idêntico raciocínio deve ser empregado quando o incidente for instaurado originariamente perante o tribunal (art. 932, VI) – o que pressupõe que se trate de hipótese de competência originária do Tribunal, em observância ao modelo constitucional do direito processual civil[233]–, considerando que também o agravo interno, cabível da decisão do relator (art. 1.021), não tem efeito suspensivo legal (art. 995, *caput*).

Eventual concessão *ope iudicis* de efeito suspensivo àqueles recursos (art. 995, parágrafo único) não significa que o processo recupere invariavelmente seu estado de suspensão determinado pelo § 4º do art. 134. O mais correto é entender que estará suspensa a prática de atos determinados a serem indicados (e justificados devidamente) na decisão respectiva.

4.6.7 Pressupostos de instauração

O § 4º do art. 134 exige que o requerimento pelo qual a parte ou o Ministério Público, na qualidade de fiscal da ordem jurídica, requer a instauração do incidente "deve demonstrar o preenchimento dos pressupostos legais específicos para a desconsideração da personalidade jurídica".

---

232. É o que dispõe o Enunciado n. 110 da II Jornada de Direito Processual Civil do CJF: "A instauração do incidente de desconsideração da personalidade jurídica não suspenderá a tramitação do processo de execução e do cumprimento de sentença em face dos executados originários".

233. A propósito, cabe lembrar do Enunciado n. 168 da III Jornada de Direito Processual Civil do CJF: "Salvo nos casos de competência originária dos tribunais, o incidente de desconsideração da personalidade jurídica deve ser instaurado em primeiro grau".

A regra parece ser supérflua diante do rendimento que é possível dar ao § 1º do art. 133 ou, quando menos, estar fora do lugar, merecendo ser examinada na perspectiva do art. 133, que regulamenta, embora tímida e insuficientemente, o pedido de instauração do incidente.

De qualquer sorte, em estreita harmonia com a exigência feita pelo § 1º do art. 133, cabe ao requerente justificar seu pedido com a apresentação das razões de direito material segundo as quais a hipótese comporta a desconsideração.

Eventual pedido que não veicule justificadamente o porquê da desconsideração deve ser objeto de emenda, nos termos do art. 321 – "indicando com precisão o que deve ser corrigido ou completado" –, e, não suprida a omissão, o caso só pode ser de indeferimento do pedido. A hipótese assemelha-se a de uma petição inicial em que, apesar da formulação do pedido, não indica sua respectiva causa de pedir (art. 330, § 1º, I).

Para quem entender com este *Curso* que, a despeito da nomenclatura empregada pelo Código de Processo Civil, o incidente aqui estudado é apto a alcançar *outras* formas de corresponsabilização de sócios e também de administradores, as razões respectivas, sempre de acordo com o direito material, devem ser apresentadas no requerimento respectivo, sem prejuízo da produção da prova correspondente que seja possível de acompanhar o pedido.

4.6.8 Admissão do incidente

Formulado o pedido a que se refere o *caput* do art. 133, põe-se a questão relativa à sua admissibilidade.

Atendidos os pressupostos processuais e materiais – para os quais cabe chamar a atenção, uma vez mais, ao disposto no § 1º do art. 133 e no § 4º do art. 134 –, o magistrado deve determinar a instauração do incidente. Caso falte algum elemento ou pressuposto, a hipótese é de determinação de emenda nos moldes do art. 321.

Superada eventual possibilidade de correção de vícios constantes do pedido, nos termos do precitado art. 321, é irrecusável compreender que compete ao magistrado indeferir o incidente quando entender ilegítima a parte em face da qual ele é direcionado. É o que se dá, para ilustrar, com o pedido de desconsideração daquele que não é sócio ou administrador ou que, ainda que tenha sido, tenha se retirado da sociedade anteriormente aos fatos narrados no incidente e que justificariam sua responsabilização. Trata-se de julgamento que se amolda à hipótese do art. 330, II, c/c 485, VI, de reconhecimento da ilegitimidade passiva. A não ser, evidentemente, que as razões pelas quais a instauração do incidente é pleiteada expliquem e contextualizem aquela circunstância, dando ensejo ao desenvolvimento do contraditório para escorreita investigação dos fatos e da causa de responsabilização.

4.6.9 Citação e manifestação do sócio ou da pessoa jurídica

Admitido o incidente – ou, como se lê do art. 135, desde que ele seja "instaurado" –, o sócio ou a pessoa jurídica, quando se tratar da "desconsideração inversa" admitida pelo § 2º do art. 133, será *citado* para que, no prazo de quinze dias, se manifeste e, se quiser, requeira a produção dos meios de prova de suas alegações sobre o pedido de desconsideração da personalidade jurídica.

A "manifestação" referida no dispositivo ora comentado é, em verdade, a *contestação* a ser apresentada pelo sócio ou pessoa jurídica. Por isso mesmo, em se tratando de prova documental, é correto entender que ela deva ser produzida de imediato, nos termos do *caput* do art. 434.

A *citação* exigida pelo art. 135 justifica-se porque, até aquele instante, o sócio ou a pessoa jurídica (no caso da "desconsideração inversa") é *terceiro* em relação ao processo. Trata-se, inequivocamente, de intervenção de terceiro pela qual há a introdução de um novo "pedido" ou "demanda" (ou, ainda, "ação"), embora incidental, no processo.

Com a citação, o sócio ou, se for o caso, a pessoa jurídica, passa a ser parte, sendo certo que as anotações relativas ao incidente perante o distribuidor devem ser feitas desde quando o pedido respectivo for apresentado, antes mesmo, portanto, de sua efetiva instauração e independentemente dela.

Não há nenhuma peculiaridade digna de ser destacada com relação às formas de citação e ao início da fluência do prazo para contestação, aplicáveis, por isso mesmo, as regras respectivas.

Os quinze dias a que se refere o art. 135 devem ser contados na forma do parágrafo único do art. 219 e, portanto, só serão computados os dias *úteis*. Se os autos não forem eletrônicos e se houver ao menos dois citandos com advogados pertencentes a escritórios diversos, é irrecusável também que o prazo seja contado em dobro (e, ainda aqui, em dias úteis), nos termos do art. 229, *caput*, e respectivo § 2º. Inaplicável, aqui, o entendimento pacificado quanto à não duplicação do prazo, nos moldes do parágrafo único do art. 683 para a oposição, porque o art. 135 não pressupõe que o incidente de desconsideração seja formulado invariavelmente em face de duas ou mais pessoas em litisconsórcio.

Aspecto que chama a atenção na determinação do art. 135 é que a citação não se dá para que o sócio ou pessoa jurídica, se a hipótese for de "desconsideração inversa", compareça a audiência de conciliação e de mediação. Trata-se, nesse sentido, de exceção quando a disposição é confrontada com o quanto estatuído pelo art. 334 relativamente ao procedimento comum, coerente, aliás, com o que se dá com relação à denunciação da lide (arts. 127 e 128) e, embora de iniciativa exclusiva do réu, também com o chamamento ao processo (art. 131).

4.6.10 Tutela provisória

Pode acontecer de o *tempo* necessário para a concretização da citação poder, de alguma forma, comprometer a efetividade do direito material pelo e no processo. Neste caso, é viável, sistematicamente, a concessão de tutela provisória fundamentada em *urgência* (arts. 300 e

301) que signifique, por exemplo, a indisponibilidade de bens do citando – inclusive por meio eletrônico, observando-se, no particular, a disciplina do art. 854 –, com vistas à satisfação futura do direito do exequente também contra o patrimônio do sócio ou da pessoa jurídica, quando se tratar de "desconsideração inversa". É conclusão que decorre do sistema processual civil – "ordenado, disciplinado e interpretado" a partir do "modelo constitucional do direito processual civil" –, sendo indiferente, pois, a inexistência de previsão expressa a esse respeito entre os arts. 133 a 137[234].

Não há razão para descartar aprioristicamente que o requerente possa fundamentar seu pedido de tutela provisória no art. 311, isto é, formular pedido de tutela provisória da *evidência*. O que é questionável, em tais casos, é a *tempestividade* da medida, ao menos nos casos em que a concessão do pedido depender da prévia oitiva do terceiro cujo patrimônio quer-se alcançar com o incidente.

4.6.11 Julgamento e recursos

Analisada a manifestação do sócio ou, se for o caso, da pessoa jurídica, e produzidas eventuais provas, sempre com observância do contraditório, o magistrado decidirá pela desconsideração ou não, tal qual requerida. Proferirá decisão acolhendo ou rejeitando pedido, expondo justificadamente suas razões.

Se o incidente tiver sido instaurado na primeira instância, tratar-se-á de decisão interlocutória e agravável de instrumento (art. 1.015, IV). Será decisão monocrática (e igualmente interlocutória), proferida pelo(a) relator(a), se o incidente for instaurado perante o Tribunal (art. 932, VI). Nesta hipótese, o recurso cabível é o agravo interno do art. 1.021. A distinção é expressamente prevista pelo *caput* e pelo parágrafo único do art. 136, que confirma, nesse contexto, a pertinência dos dois recursos indicados.

Em se tratando de decisão colegiada proferida no âmbito dos Tribunais, inclusive em virtude do julgamento do agravo interno, os recursos cabíveis são o especial e o extraordinário, consoante se façam presentes seus respectivos pressupostos constitucionais de admissibilidade. Se houver julgamento por maioria, ainda que em sede de agravo de instrumento, para *modificar* a decisão recorrida, é correto entender aplicável à espécie, ainda que sem ostentar natureza recursal, a ampliação de colegiado prevista no inciso II do § 3º do art. 942. Isso porque não há como recusar o entendimento de que a discussão versa sobre *mérito* – saber se deve ou não haver a desconsideração e por quais motivos –, atraindo a incidência

---

[234]. Neste sentido é o Enunciado n. 42 da I Jornada de Direito Processual Civil do CJF: "É cabível a concessão de tutela provisória de urgência em incidente de desconsideração da personalidade jurídica". André Pagani de Souza dedicou-se especificamente ao tema, já na vigência do CPC de 2015, em artigo intitulado "Tutela antecipada recursal e desconsideração da personalidade jurídica".

daquele dispositivo, conjugado com o inciso II do art. 1.015, que prevê o cabimento de agravo de instrumento contra decisões interlocutórias de mérito[235].

A despeito do silêncio do art. 136, é irrecusável o cabimento dos embargos de declaração quando presentes seus pressupostos autorizadores na esteira do art. 1.022, tanto da decisão interlocutória como da monocrática no âmbito dos Tribunais.

Na hipótese de o incidente vir a ser resolvido na sentença, o recurso cabível é, não obstante a previsão do art. 136, a apelação. A este caso tem aplicação o disposto no § 3º do art. 1.009, segundo o qual: "§ 3º O disposto no *caput* deste artigo [isto é, a apelação como recurso cabível de sentenças] aplica-se mesmo quando as questões mencionadas no art. 1.015 [as questões sujeitas a agravo de instrumento] integrarem capítulo da sentença". A hipótese tem tudo para ser frequente quando a desconsideração for requerida com a petição inicial, em observância ao § 2º do art. 134.

As questões decididas ao longo do incidente, quando instaurado na etapa de conhecimento, enquanto o processo estiver na primeira instância, só desafiarão o agravo de instrumento quando a decisão respectiva se amoldar a alguma das hipóteses do art. 1.015. Caso contrário, elas serão contrastadas, nos termos dos §§ 1º e 2º do art. 1.009, ao ensejo de futura e eventual apelação e/ou contrarrazões de apelo. Se a instauração do incidente for requerida na fase de cumprimento de sentença ou quando se tratar de execução fundada em título extrajudicial (art. 134, *caput*), é irrecusável o cabimento do agravo de instrumento contra *qualquer* decisão interlocutória, o que encontra fundamento no parágrafo único do art. 1.015.

Ressalva importante diz respeito a eventual decisão que indefira, desde logo, a instauração do incidente na primeira instância. Embora o texto do *caput* do art. 136 possa sugerir o descabimento do agravo de instrumento, à hipótese merece ter aplicação, para confirmar a pertinência daquele recurso, o disposto no inciso IV do art. 1.015, suficientemente amplo para aquele fim. No âmbito dos Tribunais, a decisão, nessa hipótese, é inquestionavelmente passível de controle pelo agravo interno diante da ampla hipótese de incidência do art. 1.021.

Ainda sobre os recursos interponíveis no âmbito do incidente de desconsideração da personalidade jurídica, é pertinente perguntar quem tem legitimidade para sua apresentação.

Não há como colocar em dúvida que aquele que requereu a instauração do incidente e aquele em face de quem ele foi requerido ostentam legitimidade recursal.

Quando se tratar de desconsideração da pessoa jurídica, para responsabilização do sócio, contudo, tem a própria pessoa jurídica legitimidade recursal? E se se tratar da chamada "desconsideração inversa", o próprio sócio tem legitimidade recursal?

As respostas positivas a essas duas questões pressupõem que a pessoa jurídica e a pessoa natural consigam demonstrar interesse *jurídico próprio* no caso concreto para que, ainda que

---

[235]. Preciso quanto ao ponto é o quanto julgado pela 3ª Turma do STJ no REsp 2.120.429/SP, rel. Min. Ricardo Villas Bôas Cueva, j.un. 2-4-2024, *DJe* 10-4-2024.

na qualidade de *terceiros em relação ao incidente*, atestem a sua legitimidade recursal. Ao caso merece ser aplicada, portanto, a mesma diretriz que o parágrafo único do art. 966 reserva para o recurso de terceiro.

Tanto mais pertinente esta necessária distinção do fundamento do recurso para reconhecer a consequente legitimidade recursal porque a jurisprudência que se formou no Superior Tribunal de Justiça antes do CPC de 2015 era no sentido de *negar* a legitimidade recursal da sociedade "para discutir a desconsideração da própria personalidade jurídica, quando suas razões vierem embasadas no interesse dos sócios"[236].

Correto, por isso mesmo, o entendimento da Corte Especial daquele Tribunal que acabou por reconhecer legitimidade recursal à pessoa jurídica quando o recurso veicular direito *seu*, da própria pessoa jurídica, distinto dos sócios[237]. Idêntico raciocínio pode ser empregado para legitimar a atuação da pessoa jurídica como *assistente simples* de quem requereu a desconsideração ou, se for o caso, do sócio em face de quem ela foi requerida[238].

---

[236]. A esse respeito, ver os seguintes acórdãos: 1ª Turma, AgInt no AREsp 714.039/DF, rel. Min. Napoleão Nunes Maia Filho, j.un. 25-5-2020, DJe 28-5-2020; 4ª Turma, AgInt no REsp 1.625.563/MG, rel. Min. Luis Felipe Salomão, j.un. 16-5-2017, DJe 19-5-2017; 3ª Turma, AgInt no AREsp 882.075/SP, rel. Min. Marco Aurélio Bellize, j.un. 15-9-2016, DJe 22-9-2016; 4ª Turma, AgRg no AREsp 745.118/MS, rel. Min. Luis Felipe Salomão, j.un. 17-11-2015, DJe 25-11-2015; e, superiormente, o acórdão proferido pela 1ª Seção no REsp 1.347.627/SP, rel. Min. Ari Pargendler, j.un. 9-10-2013, DJe 21-10-2013, julgado no rito dos recursos especiais repetitivos do CPC de 1973.

[237]. A referência é feita aos EREsp 1.208.852/SP, rel. Min. Og Fernandes, j.un. 4-5-2016, DJe 20-5-2016, julgados pela Corte Especial do STJ e assim ementado: "PROCESSUAL CIVIL. EMBARGOS DE DIVERGÊNCIA. PESSOA JURÍDICA. DESCONSIDERAÇÃO. PEDIDO DEFERIDO. IMPUGNAÇÃO. LEGITIMIDADE RECURSAL. EMBARGOS DE DIVERGÊNCIA NÃO PROVIDOS. 1. Trata-se de embargos de divergência interpostos contra acórdão que decide legitimidade da pessoa jurídica para interpor recurso de pronunciamento judicial que desconsidera a personalidade jurídica. 2. No caso, entendeu-se que, diante do rol de legitimados à interposição de recursos (arts. 499 do Código de Processo Civil de 1973 e 996 do Código de Processo Civil de 2015), do qual emerge a noção de sucumbência fundada no binômio necessidade/utilidade, a pessoa jurídica detém a mencionada legitimidade quando tiver potencial bastante para atingir o patrimônio moral da sociedade. Fundamenta-se tal entendimento no fato de que à pessoa jurídica interessa a preservação de sua boa fama, assim como a punição de condutas ilícitas que venham a deslustrá-la. 3. Os fundamentos trazidos no acórdão recorrido estão mais condizentes com a própria noção de distinção de personalidades no ordenamento jurídico pátrio. A pessoa jurídica, como ente com personalidade distinta dos sócios que a compõem, também possui direitos a serem preservados, dentre eles o patrimônio moral, a honra objetiva, o bom nome. De fato, o argumento da falta de interesse na reforma da decisão, tendo em vista o fato de que apenas os sócios seriam prejudicados com a resolução (já que é sobre os seus bens particulares que recairia a responsabilidade pelas obrigações societárias), mostra-se frágil. 4. 'O interesse na desconsideração ou, como na espécie, na manutenção do véu protetor, pode partir da própria pessoa jurídica, desde que, à luz dos requisitos autorizadores da medida excepcional, esta seja capaz de demonstrar a pertinência de seu intuito, o qual deve sempre estar relacionado à afirmação de sua autonomia, vale dizer, à proteção de sua personalidade. Assim, é possível, pelo menos em tese, que a pessoa jurídica se valha dos meios próprios de impugnação existentes para defender sua autonomia e regular administração, desde que o faça sem se imiscuir indevidamente na esfera de direitos dos sócios/administradores incluídos no polo passivo por força da desconsideração' (REsp 1.421.464/SP, Rel. Ministra Nancy Andrighi, Terceira Turma, julgado em 24/4/2014, DJe 12/5/2014). 5. Embargos de divergência conhecidos, aos quais se nega provimento". No mesmo sentido: STJ, 3ª Turma, REsp 2.057.706/RO, rel. Min. Nancy Andrighi, j.un. 13-6-2023, DJe 16-6-2023.

[238]. Em se tratando de "desconsideração inversa", a conclusão é idêntica, admitindo-se a atuação do sócio em desfavor ou em prol da pessoa jurídica, consoante o caso.

4.6.12 Efeitos do julgamento

Desconsiderada a personalidade jurídica, passa a ser legítimo que os atos constritivos alcancem o patrimônio do sócio. Não é outra a razão de ser do já mencionado art. 795, *caput*, segundo o qual "Os bens particulares dos sócios não respondem pelas dívidas da sociedade, senão nos casos previstos em lei", máxime quando interpretado ao lado de seu § 4º: "Para a desconsideração da personalidade jurídica é obrigatória a observância do incidente previsto neste Código"[239].

Em se tratando de desconsideração inversa, os bens da pessoa jurídica passarão a responder pelas dívidas do sócio, legitimando-se, consequentemente, atos constritivos praticados em seu desfavor.

Os efeitos da desconsideração em um e em outro caso perduram até que a dívida seja satisfeita[240].

4.6.13 Coisa julgada

Para além dos efeitos do julgamento e da ineficácia dos atos diante da desconsideração aplicada pelo magistrado, cabe perguntar se a decisão respectiva faz coisa julgada tornando imutável o quanto decidido para outros processos em que envolvam identidade de partes, de causa de pedir e de partes.

Existente a "tríplice identidade", inclusive com relação ao que, no primeiro processo, justificou a decisão favorável à desconsideração, a resposta positiva mostra-se correta porque se trata de decisão proferida com base em cognição *exauriente* proferida após a realização (ou, ao menos, sua possibilidade) da ampla defesa (art. 136)[241].

Disso não se segue, contudo, que a desconsideração alcançada em determinado processo é generalizada e automática para todo e qualquer caso envolvendo aquele conjunto de pessoas jurídicas e/ou sócios. O objeto do incidente aqui examinado é o reconhecimento da *ineficácia* da alienação ou da oneração de bens (art. 137), e não, como se poderia supor para alcançar aquela conclusão, de *desconstituição* da personalidade jurídica. Destarte, impõe que se demonstre nos futuros processos que há a indispensável "tríplice identidade" para justificar a invocação da coisa julgada anterior.

---

239. Os §§ 1º e 2º do art. 795 permitem ao sócio invocar o benefício da ordem em relação à sociedade. A pertinência e a utilidade de tal alegação serão tão menores quanto maiores forem as chances de acolhimento da desconsideração. O § 3º do dispositivo, por sua vez, permite que o sócio recobre o valor da sociedade "nos autos do mesmo processo", o que também pode se mostrar, na prática, regra inócua diante das razões que conduzem à desconsideração.
240. Sobre o assunto, não obstante as peculiaridades do caso concreto, vale a leitura do acórdão da 3ª Turma do STJ no REsp 1.733.403/SP, rel. Min. Nancy Andrighi, j.un. 27-8-2019, *DJe* 29-8-2019.
241. Assim, v.g.: STJ, 3ª Turma, REsp 2.123.732/MT, rel. Min. Nancy Andrighi, j.un. 19-3-2024, *DJe* 21-3-2024.

O entendimento aqui sustentado não sofre qualquer alteração na hipótese de o pedido de desconsideração ser *indeferido*. Tratando-se de decisão proferida com base em cognição exauriente, ela tende a transitar em julgado quando esgotados ou não interpostos os recursos cabíveis.

A existência de coisa julgada, de qualquer sorte, não é fator impeditivo para, diante de *novos* fatos, *novo* pedido de desconsideração vir a ser formulado a justificar reavaliação do Estado-juiz, justamente porque, em tal situação, não se faz presente a tríplice identidade destacada acima, ao menos no que diz respeito à sua *causa de pedir*[242].

4.6.14 Despesas e honorários advocatícios

Em sendo o pedido de desconsideração formulado desde a petição inicial (art. 134, § 2º), não há espaço para duvidar de que o regime das despesas processuais e dos honorários advocatícios observará a disciplina codificada integralmente. Em tais casos, o status de *réu* do sócio ou da sociedade, em se tratando de "desconsideração inversa", é inquestionável.

Questão mais delicada apresenta-se quando o pedido for formulado e a respectiva decisão for proferida incidentalmente, ao longo do processo, como expressamente admitem os *capi* dos arts. 134 e 136.

Não devem impressionar, nesse caso, os *textos* dos *capi* dos arts. 82 e 85, que dão a entender que a fixação da responsabilidade pelas despesas e pelos honorários, respectivamente, é atividade restrita à *sentença*. É que, a despeito de a desconsideração desenvolver-se e resolver-se incidentalmente, a decisão a ser proferida nela é equiparada a uma sentença que cria uma nova realidade jurídica, relativa à desconsideração. Na mesma proporção em que o Código de Processo Civil enaltece o contraditório que prepara o proferimento daquela decisão com a prévia (e inafastável) *citação* nos moldes do art. 135, mostra-se coerente entender que a decisão *também* imporá ao sucumbente a responsabilidade pelas despesas e pelos honorários. Ainda que se trate de decisão interlocutória que resolva questão incidente ao longo do processo[243].

Nesse caso, pelas mesmas razões, é correto entender que o recurso interposto da decisão fica sujeito à majoração dos honorários advocatícios nos moldes (e nos limites) do § 11 do art. 85.

---

242. Nesse sentido: STJ, 3ª Turma, REsp 1.758.794/PR, rel. Min. Nancy Andrighi, j.un. 21-5-2019, *DJe* 24-5-2019.
243. Contra este entendimento, v.: STJ, 3ª Turma, AgInt no AREsp 1.630.422/DF, rel. Min. Nancy Andrighi, j.un. 10-8-2020, *DJe* 14-8-2020; STJ, 3ª Turma, AgInt no REsp 1.852.515/SP, rel. Min. Moura Ribeiro, j.un. 24-8-2020, *DJe* 27-8-2020; STJ, 3ª Turma, REsp 1.845.536/SC, rel. p/ acórdão Min. Marco Aurélio Bellizze, j. m.v. 26-5-2020, *DJe* 9-6-2020; STJ, 4ª Turma, AgInt no AREsp 1.561.339/RS, rel. Min. Maria Isabel Gallotti, j.un. 20-4-2020, *DJe* 24-4-2020 e STJ, 4ª Turma, AgInt no REsp 1.834.210/SP, rel. Min. Raul Araújo, j.un. 12-11-2019, *DJe* 6-12-2019. No REsp 1.925.959/SP, a 3ª Turma do STJ, j.m.v. 12-9-2023, *DJe* 22-9-2023, acabou reconhecendo a incidência da honorária na hipótese, sob a relatoria do Min. Ricardo Villas Bôas Cueva, com honrosa citação deste *Curso*. O assunto acabou sendo afetado para decisão perante a CE do STJ no REsp 2.072.206/SP, rel. Min. Ricardo Villas Bôas Cueva.

4.6.15 Embargos de terceiro

O sócio, ou a sociedade, quando a hipótese for de "desconsideração inversa", que teve bem seu penhorado, independentemente da instauração do incidente aqui comentado, tem legitimidade para apresentar embargos de terceiro, como expressamente prevê o inciso III do § 2º do art. 674.

A regra, pertinente e coerente com o sistema da novel modalidade de intervenção de terceiros, põe fim a acirrada discussão doutrinária e jurisprudencial anterior ao Código de Processo Civil que, partindo do pressuposto de que o mero redirecionamento dos atos executivos ao sócio (embora o título executivo tivesse se formado exclusivamente contra a sociedade) era o bastante para transformá-lo em parte, entendia-o parte ilegítima para os embargos de terceiro.

4.6.16 Fraude à execução

O art. 137 aponta uma das consequências do acolhimento do pedido, a de reconhecer a *ineficácia* da alienação ou da oneração de bens em relação àquele que formulou o pedido. Trata-se, nesse contexto, de um caso de fraude à execução (art. 792, V), que, quando devidamente reconhecida, fará com que os bens do(s) sócio(s) sejam direcionados à satisfação do crédito na medida em que se tenha reconhecido a prática do ato ilícito que justifica a instauração do incidente (arts. 133, § 1º, e 134, § 4º)[244].

A fraude à execução, nesses casos, verifica-se a partir da citação da parte cuja personalidade foi desconsiderada (art. 792, § 3º)[245].

Diante do amplo espaço de tempo que pode decorrer entre a citação, a desconsideração e os questionamentos relativos à existência de eventual fraude, importa destacar que o reconhecimento da fraude à execução, mesmo diante do art. 137, não pode ser entendido como "efeito anexo" da decisão que reconhece a desconsideração. A fraude à execução precisa ser identificada caso a caso, devendo ser pesquisada, inclusive, a existência de eventuais adquirentes de boa-fé.

Para esse fim, importa fazer adequada aplicação do disposto no § 2º do art. 792 e, mais amplamente, para fins de presunção da fraude, eventual averbação nos moldes autorizados pelos arts. 792, I e II, e 828. Também deverá ser levado em conta para esse fim que tenham sido realizadas as "anotações devidas" determinadas pelo § 1º do art. 134 e o instante em

---

[244]. A previsão codificada não afasta que a hipótese seja questionada também de perspectiva diversa, por exemplo, buscando a invalidação de eventual alienação diante da ocorrência de fraude a credores.

[245]. O Enunciado n. 52 da ENFAM dispõe a respeito que: "A citação a que se refere o art. 792, § 3º, do CPC/2015 (fraude à execução) é a do executado originário, e não aquela prevista para o incidente de desconsideração da personalidade jurídica".

que as providências tenham sido tomadas, considerando, inclusive, a polêmica a que a redação daquele dispositivo rende ensejo quanto ao ponto.

4.7 *Amicus curiae*

Seguindo os passos da Comissão de Juristas, que propôs a figura em seu Anteprojeto, e os Projetos do Senado e da Câmara, o Código de Processo Civil acabou por disciplinar expressamente a intervenção do *amicus curiae* como modalidade diferenciada de intervenção de terceiros, *generalizando-a*, em contraposição às específicas previsões que até então se encontravam dispersas no sistema processual civil.

Trata-se da possibilidade de terceiro intervir no processo por iniciativa própria, por provocação de uma das partes ou, até mesmo, por determinação do magistrado com vistas a fornecer elementos que permitam o proferimento de uma decisão que leve em consideração interesses dispersos na sociedade civil e no próprio Estado. Interesses que, de alguma forma, serão afetados pelo que vier a ser decidido no processo em que se dá a intervenção.

Em um Código que aceita a força *criativa* da interpretação judicial, abandonando inequivocamente o padrão de mera *legalidade* hermenêutica (arts. 8º e 140), e o caráter normativo dos precedentes (não obstante as críticas e as ressalvas que, a este respeito, merecerem ser feitas), a *prévia* oitiva do *amicus curiae* para viabilizar um maior controle da qualidade e da valoração dos fatos e das normas jurídicas a serem aplicadas é de rigor. O *amicus curiae* é o agente que quer viabilizar aquele *modus operandi*, *legitimando* e *democratizando* as decisões jurisdicionais.

Importa frisar que o art. 138 convida ao entendimento de que a figura do *amicus curiae* foi, vez por toda, *generalizada* no direito brasileiro. Não há mais razão, destarte, para questionar – como era pertinente para o CPC de 1973 – se era possível (ou desejável) estender aquela modalidade interventiva para além dos casos que, de uma forma ou de outra, diziam respeito a ele.

Havendo espaço para desenvolvimento de atividade *cognitiva* ao longo de todo o processo, a intervenção do *amicus curiae* deve ser admitida. Nesse sentido, o art. 138 é uma das diversas regras explicitadoras, explicativas, didáticas ou, o que é mais coerente com o que este *Curso* sempre sustentou, *repetitivas* do Código de Processo Civil, que, apenas e tão somente, quer evidenciar o que já constava no *sistema* processual civil brasileiro, embora implicitamente.

Sem prejuízo da generalização promovida pelo art. 138, continua a ser correto visualizar amplas possibilidades de atuação do *amicus curiae* em todos aqueles casos que, na perspectiva do Código de Processo Civil, são predestinados à criação (ou alteração) de seus "índices jurisprudenciais" (art. 927). Este ponto, que já vinha marcando a evolução legislativa mais recente do CPC de 1973, encontra, na atual codificação, seu ápice[246]. É o que se dá nos seguintes dispositivos: art. 927, § 2º (alteração de tese jurídica fixada em "precedente"); art. 950, §§ 1º a 3º (incidente de inconstitucionalidade); art. 983, *caput*, e § 1º, e art. 984, II, *b* (incidente de resolução de demanda repetitiva); art. 1.035, § 4º (repercussão geral no recurso extraordinário); e art. 1.038 (recursos extraordinário e especial repetitivos).

Não que os "interessados" ou os "terceiros" referidos naqueles dispositivos sejam necessária e invariavelmente *amici curiae*[247]. Quando o forem, contudo, é inegável que a disciplina genérica do art. 138 seja aplicada como verdadeiro guia da intervenção, observando-se, consequentemente, o regime demonstrado pelos números seguintes. Para as previsões constantes da legislação processual civil extravagante, a conclusão mais acertada é no sentido de aplicar supletiva e subsidiariamente o regime codificado, preservando o que há de especial ou característico nelas.

4.7.1 Pressupostos para a intervenção

O *caput* do art. 138 trata dos pressupostos para a intervenção do *amicus curiae*. São eles: (i) relevância da matéria; (ii) especificidade do tema objeto da demanda; ou (iii) repercussão social da controvérsia.

Embora os pressupostos possam (e tendam) a aparecer conjuntamente, não há óbice para que a intervenção do *amicus curiae* se legitime a partir da ocorrência de apenas um deles. Até porque pode ser difícil – ou extrema e desnecessariamente *teórico*, sem maior importância ou relevância *prática* – querer distinguir aqueles três fatores uns dos outros.

É claro que, quanto maior a "relevância da matéria", mais adequada (ou, até mesmo, *necessária*) a participação de *amici curiae* para ampliar o debate acerca da interpretação do direito e da fixação da tese jurídica em dado processo. Por isso, aliás, é correto entender que cabe ao magistrado, independentemente de pedido ou de concordância das partes, criar condições efetivas dessa ampla participação, valendo-se até mesmo de convocação

---

246. Fredie Didier Junior e Marcus Seixas Souza, no seu "Formação do precedente e *amicus curiae* no direito imperial brasileiro: o interessante Dec. 6.142/1876", visualizam, no que são apoiados por Marta Valéria C. B. Patriota ("A natureza jurídica do *amicus curiae* no novo Código de Processo Civil", p. 1.017), no Decreto n. 6.142, de 10 de março de 1876, que "Regula o modo por que devem ser tomados os assentos do Supremo Tribunal de Justiça", traços de *amicus curiae* na elaboração dos "assentos". É ler o § 2º do art. 6º ("O Tribunal poderá tambem ouvir, quando julgue conveniente, o Instituto da Ordem dos Advogados, os Tribunaes do Commercio e Jurisconsultos de melhor nota") e o *caput* de seu art. 9º ("Findos os prazos marcados ás Relações, na fórma do art. 7º, § 3º, o Presidente do Supremo Tribunal de Justiça entregará os pareceres recebidos e mais papeis a uma commissão de tres membros por elle nomeados, a qual, depois do necessario exame, apresentará em mesa seu parecer em relatorio escripto").

247. É irrecusável que as partes (autor e réu e, até mesmo, os demais terceiros "tradicionais") dos processos afetados e sobrestados podem, querendo, intervir, para participar, ainda que individualmente, na criação e/ou alteração do "precedente". Sua intervenção, contudo, não é nem pode ser na qualidade de *amicus curiae*.

editalícia para esse fim, inclusive por meios eletrônicos, e designando data para realização de audiências públicas[248], fomentando a inscrição prévia de todos os interessados[249].

Com relação à "repercussão social da controvérsia", cabe acentuar que ela não se confunde e não se esgota com hipóteses do chamado "processo coletivo". Ela também pode decorrer de situações derivadas de "processos individuais", de molde tradicional, em que Tício e Caio são partes. É o que ocorrerá toda vez que a discussão subjacente ao caso puder interessar mais que aqueles dois sujeitos, ainda que não haja notícia de outros processos relativos à mesma questão.

4.7.2 Modos de intervenção e controle

A intervenção do *amicus curiae* pode ser determinada de ofício pelo magistrado, admitida quando requerida por uma (ou mais de uma) parte ou, ainda, ao ser acolhido pedido feito por quem pretende intervir no processo naquela qualidade. É o que se extrai do *caput* do art. 138 quando nele se lê que a solicitação ou a admissão da participação do *amicus curiae* "de ofício ou a requerimento das partes ou de quem pretenda manifestar-se".

A "decisão irrecorrível" que se lê do *caput* do art. 138 deve ser entendida de forma restritiva. Ela se circunscreve às hipóteses de "solicitar" ou "admitir" a intervenção. As decisões opostas, isto é, a que se *recusa* a solicitar a intervenção e a que *inadmite* a intervenção, são recorríveis. Para estas, é correto sustentar a incidência da regra genérica do inciso IX do art. 1.015, diante da falta de previsão em sentido contrário, admitindo, destarte, sua recorribilidade *imediata* por agravo de instrumento[250]. Se tais decisões *negativas* forem proferidas monocraticamente no âmbito dos Tribunais, o recurso cabível será o de agravo interno (art. 1.021)[251].

---

[248]. Audiências públicas têm se mostrado o *locus* ideal (embora não exclusivo) da atuação do *amicus curiae* perante o Supremo Tribunal Federal mesmo antes do advento do CPC. O autor deste *Curso* dedicou trabalho específico ao tema, intitulado "*Amicus curiae* e audiências públicas na jurisdição constitucional: reflexões de um processualista civil". O CNJ editou, a propósito, ato específico sobre o assunto, a Recomendação n. 158/2024, que "Recomenda aos tribunais brasileiros que considerem a realização de consultas ou audiências públicas em processos nos quais a eficácia da decisão possa atingir um grande número de pessoas".

[249]. É a orientação do Enunciado FPPC n. 575: "Verificada a relevância da matéria, a repercussão social da controvérsia ou a especificidade do tema objeto da demanda, o juiz poderá promover a ampla divulgação do processo, inclusive por meio dos cadastros eletrônicos dos tribunais e do Conselho Nacional de Justiça, para incentivar a participação de mais sujeitos na qualidade de *amicus curiae*".

[250]. Para quem recusar a conclusão exposta no texto, é correto entender, em função do sistema recursal do CPC, que a decisão proferida na primeira instância pode ser renovada perante o Tribunal por ocasião do julgamento da apelação, em função do que dispõem os §§ 1º e 2º do art. 1.009. Para tanto, contudo, o interessado deve renovar seu inconformismo em razões ou contrarrazões de apelo.

[251]. Não obstante, o Pleno do STF, no julgamento do Segundo Agravo Regimental no RE 602.584/DF, rel. p/ acórdão Min. Luiz Fux, j. m.v. 17-10-2018, *DJe* 20-3-2020, e do Agravo Regimental na ADI 6.661/DF, rel. Min. Ricardo Lewandowski, j.m.v. 27-4-2021, *DJe* 12-5-2021, alcançou entendimento contrário, sustentando a irrecorribilidade da decisão relativa à intervenção do *amicus curiae*, compreensão que é seguida pelo STJ (assim, v.g.: 2ª Seção,

Para além do *texto* do dispositivo, a possibilidade de contraste da decisão *contrária* à intervenção do *amicus curiae* harmoniza-se com o modelo cooperativo do processo (art. 6º), uma vez que viabiliza maior discussão sobre os parâmetros que precisam ser observados com relação à intervenção deste terceiro, e que, reflexamente, redunda em prestação jurisdicional mais eficiente e legítima.

4.7.3 Representatividade adequada e interesse institucional

O art. 138 exige do *amicus curiae*, que poderá ser pessoa natural ou jurídica, órgão ou entidade especializada, "representatividade adequada", isto é, que mostre satisfatoriamente a razão de sua intervenção e de que maneira seu "interesse *institucional*" – que é o traço distintivo desta modalidade interventiva, que não se confunde com o "interesse *jurídico*" das demais modalidades interventivas, como consta do n. 4, *supra* – se relaciona com o processo.

O "interesse *institucional*" não pode ser confundido (em verdade, reduzido) com o interesse *jurídico* que anima as demais intervenções de terceiro, no que é expresso o *caput* do art. 119, ao tratar da assistência, menos ainda com o interesse que legitimaria (ou imporia, a depender da situação) a atuação de alguém como parte do processo[252]. Fossem realidades coincidentes e, certamente, não haveria necessidade de o Código de Processo Civil – e, antes dele, algumas leis esparsas, a jurisprudência e a doutrina – disciplinar expressamente o *amicus curiae*. O "interesse *institucional*", por isso mesmo, deve ser compreendido de forma ampla, a qualificar quem pretende ostentar o *status* de *amicus curiae* em perspectiva metaindividual, apta a realizar interesses que não lhe são próprios nem exclusivos como pessoa (natural ou jurídica) ou como órgão ou entidade. São, por definição, interesses que pertencem a grupo (determinado ou indeterminado) de pessoas e que são canalizados (devidamente representados) pelo *amicus curiae*. O *amicus curiae* representa aqueles interesses em juízo como *adequado portador* deles que é. Seja porque constituem decisões que significam tomadas de decisão valorativas, seja porque são decisões que têm aptidão para criar padrões decisórios a serem observados por outras tantas decisões a serem proferidas posteriormente e a partir delas.

RCD na PET no REsp 2.090.060/SP, rel. Min. Humberto Martins, j.un. 15-10-2024, *DJe* 17-10-2024; 1ª Seção, AgInt nos EREsp 1.439.753/PE, rel. Min. Teodoro Silva Santos, j.un. 12-6-2024, *DJe* 18-6-2024; e 1ª Seção, AgInt na PET no REsp 1.908.497/RN, rel. Min. Assusete Magalhães, j.un. 13-9-2023, *DJe* 20-9-2023). No julgamento do Agravo Regimental na ADI 3.396/DF, rel. Min. Celso de Mello, j. m.v. 6-8-2020, *DJe* 14-10-2020, contudo, prevaleceu, no STF, a orientação defendida no texto, reconhecendo a recorribilidade da decisão que nega a intervenção do *amicus curiae*. A 1ª Turma do STF reconheceu a recorribilidade de decisão que indefere o ingresso do terceiro como interessado em Recurso Extraordinário (Agravo Regimental no RE 1.003.433/RJ, rel. Min. Marco Aurélio, j.m.v. 29-3-2021, *DJe* 20-4-2021).

252. É correta, por isso, decisão do Pleno do STF que indeferiu o ingresso de procurador da Fazenda Nacional, na qualidade de *amicus curiae*, em processo de controle de constitucionalidade ajuizado pelo Conselho Federal da OAB em que se discute os limites de aplicação do Estatuto da Advocacia e da OAB (Lei n. 8.906/1994) à administração pública direta e indireta (ADI 3.396/DF, rel. Min. Celso de Mello, j.un. 6-8-2020, *DJe* 14-10-2020).

4.7.4 Candidatos a *amicus curiae*

É correto entender que o *amicus curiae* seja compreendido ao lado e para além da figura que tradicionalmente desempenhou e ainda desempenha o Ministério Público no direito processual civil, de fiscal da ordem jurídica. Em um Estado Constitucional e Democrático como o brasileiro, parece demasiado entender que apenas uma instituição – e nisso não vai nenhuma crítica a ela – possa querer se desincumbir a contento de atuar *pela* totalidade da ordem jurídica em juízo. Esta tutela é e deve ser multifacetada. Todos aqueles que ostentem a qualidade de *amicus curiae*, destarte, devem ser equiparados a "fiscais da ordem jurídica"[253].

Assim é que, considerando os altos misteres institucionais dos canalizadores das funções essenciais à administração da justiça, cabe reconhecer, ao lado do Ministério Público, que a OAB seja vocacionada ao exercício daquele papel. Não só perante a magnitude da posição do advogado diante do art. 133 da Constituição Federal, mas também por força do art. 44, I, de sua lei de regência, a Lei n. 8.906/94, segundo o qual é finalidade da OAB "defender a Constituição, a ordem jurídica do Estado democrático de direito, os direitos humanos, a justiça social, e pugnar pela boa aplicação das leis, pela rápida administração da justiça e pelo aperfeiçoamento da cultura e das instituições jurídicas". No mesmo contexto das funções essenciais à administração da justiça, é irrecusável entender que a atuação da Defensoria Pública na qualidade de *custos vulnerabilis* seja equiparável à de *amicus curiae* – embora não seja correto reduzir aquela modalidade interventiva a esta –, justamente porque será naqueles casos em que a missão institucional da Defensoria Pública justificará o seu agir coletivo. É por isso que, no n. 4.4.1 do Capítulo 3 da Parte I, este *Curso* entende aplicável ao desempenho da Defensoria Pública naquele mister o que os arts. 178 e 179 do CPC reservam para o agir do Ministério Público na qualidade de *custos iuris*.

De outra parte, são inequívocos "fiscais da ordem jurídica", ainda que setorialmente – e, portanto, pertinentíssimos exemplos de *amicus curiae* –, determinados órgãos ou entidades

---

[253]. Exemplo interessantíssimo a respeito do tema, embora sem ter recebido tratamento na perspectiva do *amicus curiae* está no julgamento do REsp 1.698.635/MS, rel. Min. Nancy Andrighi, j.un. 1º-9-2020, DJe 9-9-2020, em que se entendeu indispensável a intervenção da Fundação Nacional do Índio (Funai) em processo em que se discutia a destituição de poder familiar e criança cuja genitora possui origem indígena levando em consideração o art. 157, § 2º, do Estatuto da Criança e do Adolescente. Como se lê da ementa do julgado: "4. A intervenção da Funai nos litígios relacionados à destituição do poder familiar e à adoção de menores indígenas ou menores cujos pais são indígenas é obrigatória e apresenta caráter de ordem pública, visando-se, em ambas as hipóteses, que sejam consideradas e respeitadas a identidade social e cultural do povo indígena, os seus costumes e tradições, bem como suas instituições, bem como que a colocação familiar ocorra prioritariamente no seio de sua comunidade ou junto a membros da mesma etnia. [...] 6. Nesse contexto, a obrigatoriedade e a relevância da intervenção obrigatória da Funai decorre do fato de se tratar do órgão especializado, interdisciplinar e com conhecimentos aprofundados sobre as diferentes culturas indígenas, o que possibilita uma melhor verificação das condições e idiossincrasias da família biológica, com vistas a propiciar o adequado acolhimento do menor e, consequentemente, a proteção de seus melhores interesses, não se tratando, pois, de formalismo processual exacerbado apenar de nulidade a sua ausência".

como a CVM, o CADE ou o INPI, que, não por acaso, remontam a exemplos clássicos e dispersos de *amicus curiae* no direito processual civil brasileiro[254].

Mas não só. São predispostos para atuar como *amicus curiae* todos aqueles que detêm legitimidade para as "ações coletivas" de acordo com o ordenamento jurídico brasileiro, interpretando o multivariado rol disperso pela legislação extravagante de maneira ampla para incluir todo aquele que consiga demonstrar a "representatividade adequada" diante das questões discutidas no processo em que se pretende intervir e à luz, sempre e invariavelmente, da demonstração de seu "interesse *institucional*".

A vocação de determinada pessoa ou ente à tutela de determinado interesse que, de alguma forma, interfere na ou pode ser afetado pela decisão a ser proferida em dado processo é, destarte, o ponto-chave da compreensão do *amicus curiae*. É o "interesse *institucional*", que pode ser titularizado até mesmo – o *caput* do art. 138 é expresso nesse sentido – por pessoas *naturais* que reúnam uma especial *expertise* sobre determinada questão, sobre determinada área de conhecimento (muito além e independentemente do jurídico, aliás), tornando a sua opinião relevante para o desate da questão discutida. É como se se dissesse que alguém, por ser quem é, merece ter sua opinião sobre determinado assunto manifestada. É opinião que importa à formação de decisões, inclusive no âmbito jurisdicional.

Quando houver múltiplos pedidos de intervenção e havendo razões para não aceitá-los todos, cabe ao magistrado verificar quais são os mais representativos, sempre dando oportunidade ao estabelecimento da paridade de armas, equilibrando os diferentes pontos de vista pessoalizados pelos diversos *amici curiae*[255].

4.7.5 Prazo para manifestação

O *caput* do art. 138 reserva o prazo de quinze dias para que o *amicus curiae* se manifeste, contados "desde sua intimação".

A previsão aplica-se aos casos em que o magistrado, de ofício, ou ao atender o pedido de alguma das partes, determina ou defere a intervenção do *amicus curiae*. Da intimação respectiva, a ser feita com observância das regras genéricas (arts. 269 a 275), tem início o prazo

---

[254]. É o entendimento que o autor deste *Curso* já sustentava em seu *Amicus curiae no processo civil brasileiro: um terceiro enigmático*, p. 267-328, dando ensejo ao que, mais à frente naquele trabalho, p. 479-480, foi catalogado de "intervenção *vinculada*" do *amicus curiae*.

[255]. Neste sentido é o Enunciado n. 82 da I Jornada de Direito Processual Civil do CJF: "Quando houver pluralidade de pedidos de admissão de *amicus curiae*, o relator deve observar, como critério para definição daqueles que serão admitidos, o equilíbrio na representatividade dos diversos interesses jurídicos contrapostos no litígio, velando, assim, pelo respeito à amplitude do contraditório, paridade de tratamento e isonomia entre todos os potencialmente atingidos pela decisão".

de quinze dias que serão, como inquestionável prazo *processual*, contados apenas em dias *úteis* (art. 219, parágrafo único)[256].

Quando se tratar de intervenção que parte da própria iniciativa do *amicus curiae* – intervenção *espontânea* –, esse prazo não faz nenhum sentido.

Questão interessante diz respeito a saber o que ocorre se, não obstante sua intimação, o *amicus curiae* não se manifestar.

A ausência de manifestação, máxime porque, como preceitua o dispositivo, pressupõe regular intimação, afasta qualquer pecha de irregularidade ou de invalidade para o processo ou, menos que isso, para qualquer ato processual. O que ocorre em casos que tais é que a discussão que justificaria a intervenção do *amicus curiae* será menos profunda, quiçá menos útil ou interessante. Nada, contudo, que possa comprometer a higidez do processo ou da decisão a ser proferida, ainda que para fins paradigmáticos nos moldes do art. 927.

De qualquer sorte – e até como forma de enaltecer e destacar a importância do modelo "cooperativo de processo" espelhado no art. 6º –, é inegável que, de ofício, a pedido do próprio *amicus curiae* ou da parte, o magistrado, sempre justificadamente, *amplie* o prazo para manifestação, o que encontra fundamento expresso no inciso VI do art. 139. Importa, contudo, que a ampliação seja determinada antes do término do prazo, em obediência ao parágrafo único daquele mesmo dispositivo.

4.7.6 Alteração de competência

A intervenção do *amicus curiae* não acarreta modificação de competência, como prescreve o § 1º do art. 138.

A previsão legal precisa de meditação crítica para verificar se ela não atrita com regras fixadoras de competência absoluta, inclusive, tendo presente a Justiça Federal, com as do inciso I do art. 109 da Constituição Federal e, até mesmo, as condições exigidas pelo § 3º daquele dispositivo constitucional para autorizar excepcionalmente a competência da Justiça Estadual. Isso porque mesmo a existência de lei expressa a delegar à Justiça Estadual competência para apreciar a intervenção de pessoa de direito federal encontra naquele parágrafo constitucional inequívoca limitação: a comarca não pode ser sede de vara de juízo federal. Destarte, ainda que o § 1º do art. 138 esteja a afastar a alteração da competência mesmo diante da intervenção do *amicus curiae*, a escorreita aplicação do dispositivo parece pressupor a ocorrência daquela (e de nenhuma outra) hipótese constitucional.

---

256. Quando o *amicus curiae* for a Fazenda Pública, é correto entender que as regras diferenciadas de sua intimação devem ser observadas. Nesse sentido é o Enunciado n. 7 do I FNPP: "A prerrogativa de intimação pessoal da Fazenda Pública aplica-se a todos os casos em que ela participe do processo, como parte, interessada ou *amicus curiae*".

Mesmo antes do Código de Processo Civil, contudo, sempre prevaleceu o entendimento de que a intervenção do *amicus curiae* não justifica a alteração de competência, dando-se ao inciso I do art. 109 da Constituição Federal interpretação restritiva a afastar qualquer outra modalidade de participação ou interventiva que não as nele mencionadas, a saber: autor, réu, assistente ou opoente. Não obstante as edições deste *Curso* terem manifestado opinião em sentido contrário[257], parece ser mais correto entender legítima a opção exteriorizada pelo legislador. Não em função do § 3º do art. 109 da CF, na sua redação anterior à EC n. 103/2019, contudo. A harmonia com o modelo constitucional justificava-se e ainda se justifica diante do inciso I do dispositivo: o *amicus curiae*, diferentemente do que se dá nas demais intervenções de terceiro lá previstas – e, muito mais amplamente, quando a entidade federal for autora ou ré –, não defende direito seu, sequer fruível diretamente. É essa a razão, ínsita à atuação do *amicus curiae*, que afasta eventual deslocamento de competência.

4.7.7 Legitimidade recursal

É possível querer entender que o Código de Processo Civil limita a legitimidade recursal do *amicus curiae*, reconhecendo-a apenas para os embargos de declaração (art. 138, § 1º) e para a decisão que julgar o "incidente de resolução de demandas repetitivas" (art. 138, § 3º).

A legitimidade para a apresentação dos embargos de declaração relaciona-se intimamente com a própria razão da intervenção do *amicus curiae*: se se trata de intervenção que busca pluralizar o debate acerca da fixação de teses jurídicas e/ou pluralizar o debate quanto à interpretação do direito longe das amarras da "legalidade", é irrecusável que a decisão que deixar de enfrentar os argumentos trazidos pelo *amicus curiae* acaba por frustrar aquela modalidade interventiva. Tanto assim que o parágrafo único do art. 1.022 qualifica como hipóteses de omissão a serem superadas pelos embargos de declaração a ausência de enfrentamentos de teses jurídicas do "direito jurisprudencial" ao caso, bem assim a inobservância do § 1º do art. 489[258].

Com relação à legitimidade do *amicus curiae* para o incidente de resolução de demandas repetitivas, importa também reconhecer legitimidade recursal para a decisão que julgar recursos especiais e extraordinários repetitivos e, embora não tratada como hipótese de "julgamento de casos repetitivos" pelo art. 928, para a decisão que julgar o incidente de assunção de competência, eis que todas são técnicas predispostas à criação de indexadores jurisprudenciais.

---

257. Ver o n. 2.3 do Capítulo 2 da Parte I das edições anteriores ao CPC de 2015 do volume 2, tomo I, deste *Curso*.
258. Bem aplicando tal compreensão é o Enunciado n. 207 da III Jornada de Direito Processual Civil do CJF: "Nos processos em que houver intervenção de *amicus curiae*, deve-se garantir o efetivo diálogo processual e, por consequência, constar na fundamentação da decisão proferida a adequada justificativa acerca dos argumentos por ele trazidos".

A solução, restritiva, quanto ao descabimento do recurso pelo *amicus curiae*, salvo nos dois casos indicados expressamente pelos §§ 1º e 3º do art. 138, afina-se com a jurisprudência que, mesmo sob o CPC de 1973, acabou predominando, e com a qual este *Curso* não concordava.

O ideal seria permitir expressamente que o *amicus curiae* recorresse em prol do interesse, o "interesse *institucional*", que justifica a sua intervenção. Até porque, bem entendida a razão de ser da sua intervenção, pode ser que as informações por ele aportadas ao processo não tenham sido devidamente compreendidas pelo magistrado, a justificar a *sucumbência* autorizadora do recurso, a exemplo, aliás, do que se dá no chamado recurso de terceiro prejudicado (art. 996, parágrafo único). O cabimento dos embargos de declaração é medida positiva para esse fim, mas tem tudo para se mostrar insuficiente, a despeito das considerações lançadas acima.

Assim é que, não obstante não tenha prevalecido na *letra* do § 3º do art. 138 orientação mais ampla com relação à legitimidade recursal do *amicus curiae*, é correto entender que ela deve se dar em todos os casos em que o que estiver em jogo for o estabelecimento de uma decisão que, para o sistema processual civil, não só, mas também o do Código de Processo Civil, tende a assumir o *status* de indexador jurisprudencial. Entendimento contrário seria minimizar a atuação do *amicus curiae* e emprestar a uma das técnicas criadas pelo Código de Processo Civil para o estabelecimento daqueles indexadores, o incidente de resolução de demandas repetitivas, regime diferenciado quando comparada com as demais, colocando por terra a coerência que o próprio Código de Processo Civil quer construir para aquele sistema, como se pode verificar dos inegáveis pontos de contato daquele incidente com a sistemática dos recursos repetitivos, como se verifica dos arts. 976, § 4º, e 987.

Ademais, como consta do n. 4.7.2, *supra*, a propósito do *caput* do art. 138, é correto entender que a irrecorribilidade nele sugerida quanto à intervenção do *amicus curiae* seja interpretada *restritivamente*, isto é, irrecorrível é a decisão judicial que *determina* ou que *defere* a intervenção. Não, contudo, a que *indefere* pedido de convocação do *amicus curiae* ou que *indefere* a sua intervenção. Neste caso, por força da falta de regra específica em sentido contrário, prevalece a regra genérica da recorribilidade imediata do inciso IX do art. 1.015. Em se tratando de decisão monocrática proferida no âmbito dos Tribunais, quaisquer Tribunais, a recorribilidade para o colegiado competente é expressamente assegurada pelo art. 1.021.

4.7.8 A atuação do *amicus curiae*

De acordo com o § 2º do art. 138: "caberá ao juiz ou ao relator, na decisão que solicitar ou admitir a intervenção, definir os poderes do *amicus curiae*", fixando, portanto, as possibilidades e os limites de *participação* daquele interveniente no processo.

A fixação judicial, é certo, não poderá apequenar o que o próprio art. 138 e seus parágrafos reservam, de maneira expressa, ao *amicus curiae*, ou seja: a possibilidade de participação no processo, manifestando-se, quando for o caso, no prazo de quinze dias (úteis) de sua intimação, a legitimação recursal (observando, a propósito, o exposto no n. 4.7.2, *supra*), a necessidade de enfrentamento dos argumentos levados ao processo pelo próprio interveniente, e a inviabilidade de alteração da competência.

É correto, nesse contexto, autorizar o *amicus curiae* a sustentar oralmente as suas razões na sessão de julgamento no prazo existente ou a ser fixado para tanto[259], a comparecer e a participar de audiências públicas, a suscitar a necessidade de realização de audiências públicas e a apresentar meios de prova a robustecer suas alegações e/ou as consequências do julgamento.

Na medida em que o *amicus curiae* se limite a oferecer manifestação por escrito ou oral em juízo, não há por que entender necessária a sua representação por advogado, máxime quando sua intervenção for *provocada* pelo magistrado. Quando tomar a iniciativa de intervir, quando recorrer, ainda que observados os limites que lhe são impostos pelos §§ 1º e 3º do art. 138 ou, ainda, a depender das tarefas que lhe sejam reservadas para os fins do § 2º do art. 138, sua representação por advogado (ou por quem detenha capacidade postulatória) é irrecusável.

Sem prejuízo da capacidade postulatória nos casos indicados, é irrecusável que, sendo o *amicus curiae* pessoa jurídica, precisa ostentar *legitimação processual*, consoante seus atos de constituição, como, se for o caso, demonstrar, concretamente, as razões que autorizam ou conduzem a sua intervenção. Assim, por exemplo, quando o estatuto da associação impõe que determinado órgão interno delibere acerca da intervenção e estabelece determinado quórum para tanto, votação por unanimidade, por maioria qualificada ou simples e assim por diante[260]. O que importa em casos que tais é que prevaleça o que o próprio órgão, entidade ou sociedade disciplinar a respeito do assunto.

O art. 138 e seus parágrafos nada dizem sobre o limite temporal à intervenção do *amicus curiae*, sendo insuficiente, a esse respeito, o prazo de quinze dias dado pelo *caput* para que a intervenção se aperfeiçoe. O melhor entendimento sobre o tema é o de permitir que o *amicus curiae* ingresse no processo enquanto sua manifestação puder ser útil para os fins que justificam a sua própria atuação. É essa a razão pela qual, após o início do julgamento colegiado, a oitiva do *amicus curiae* só deve ser autorizada quando ela se justificar diante de alguma diligência (assim, *v.g.*, nos casos dos §§ 1º e 3º do art. 938) ou – o que é mais comum – pedido de vista de algum julgador (art. 940).

---

259. Dentro do prazo existente para a sustentação oral, as partes e os *amici curiae* podem, por negócio processual, dividi-lo da maneira que melhor lhes aprouver.
260. O exame casuístico é fundamental para aferir a legitimação processual nos moldes destacados no texto. Não é possível, destarte, querer generalizá-la como faz o Enunciado FPPC n. 127, ao que tudo indica inspirado na Súmula 630 do STF e no art. 21, parágrafo único, II, da Lei n. 12.016/2009, nos seguintes termos: "A representatividade adequada exigida do *amicus curiae* não pressupõe a concordância unânime daqueles a quem representa".

O *amicus curiae*, independentemente da forma de sua intervenção, provocada ou espontânea, não deve ser responsabilizado por quaisquer despesas processuais, tampouco honorários de advogado das partes, afastada a incidência, ainda que analógica, do disposto no art. 94 diante das razões que justificam sua intervenção e, mais particularmente, a sua atuação no processo.

O que pode ocorrer é que a intervenção do *amicus curiae* gere despesas às partes do processo. Nesta hipótese, o adiantamento e a responsabilização final de tais despesas e de eventuais honorários de advogado observarão a sistemática geral.

O que é irrecusável é que o *amicus curiae* responda, em nome próprio, pelas consequências da prática de atos que venham a ser caracterizados como de má-fé. Neste caso, a ampla previsão do art. 79, que se refere, independentemente de qualquer qualificação, a interveniente, alcança-o. Em tal hipótese, aliás, considerando os motivos que justificam a intervenção do *amicus curiae*, o ideal é que a apenação seja o mais exemplar possível.

A coisa julgada, tanto em seu aspecto *objetivo* como no *subjetivo*, e, bem assim, a eficácia interventiva disciplinada pelo art. 123 não alcançam o *amicus curiae*. O direito material questionado em juízo, apesar de justificar sua intervenção para a tutela do "interesse *institucional*", não lhe diz – nem pode lhe dizer – respeito diretamente. Por isso, a nota de imutabilidade que caracteriza aqueles dois institutos é estranha ao *amicus curiae*.

5. MAGISTRADO

Sem prejuízo do que deve ser extraído diretamente do modelo constitucional do direito processual civil e da legislação que o disciplina, foco do n. 4 do Capítulo 3 da Parte I, há diversos dispositivos do Código de Processo Civil que se voltam a estabelecer regras de conduta para as funções essenciais à administração da Justiça.

Se é certo, como escrito no n. 2, *supra*, que o Código de Processo Civil acaba deslocando indevidamente o tema no que diz respeito ao advogado privado, com relação aos magistrados, membros do Ministério Público, da advocacia pública e da defensoria pública, o Código traz a sua respectiva disciplina em sequência própria.

Entre os sujeitos do processo, há aqueles que devem ser *imparciais*. São os magistrados que atuarão ao longo do processo nas diversas instâncias e graus de jurisdição, e também seus auxiliares da justiça. Não é por outra razão, aliás, que o Código de Processo Civil se ocupa da sua respectiva disciplina logo após os dispositivos dedicados à dos magistrados.

A *imparcialidade* imposta desde a Constituição Federal é garantida pelo disposto nos arts. 144 e 145, que indicam diversas situações em que, em função de *impedimento* ou de *suspeição*, resta inviabilizada a participação do magistrado e/ou do auxiliar da justiça, além das demais pessoas referidas no art. 148.

O Título IV do Livro III da Parte Geral ocupa-se da disciplina do juiz e dos auxiliares da justiça, dividindo a matéria em diversos Capítulos, abaixo analisados.

5.1 Deveres-poderes

Em primeiro lugar, cabe esclarecer que não há como tratar, como quer o Código de Processo Civil, da temática ora analisada, tendo em vista a nomenclatura empregada pelo Capítulo I do Título IV do Livro III da Parte Geral, na perspectiva de "poderes" do juiz.

Em um modelo de Estado Constitucional, como é o caso do brasileiro, mercê da Constituição de 1988, o que é chamado de "poder" tem que ser compreendido invariavelmente como "*dever*-poder". Os magistrados exercem *função* pública. E, ao exercê-la, têm de atingir determinadas finalidades que, por definição, podem não coincidir com suas vontades pessoais. Aliás, qualquer elemento de vontade pessoal que seja constatado em um magistrado ou em quaisquer de seus auxiliares, até mesmo no âmbito do Ministério Público, é fator de inibição de sua atuação, como demonstra o n. 5.4, *infra*, ao cuidar do impedimento e da suspeição. Nesse sentido, é correto identificar um *dever* a ser atingido pelo magistrado – prestar tutela jurisdicional – e, correlatamente a esse dever, de maneira inequivocamente instrumental, constatar que há poderes para tanto, na exata medida em que o emprego de tais poderes seja necessário. Por isso, a ênfase deve recair no *dever*, e não no *poder*. Poder só existe como meio diretamente proporcional e exato para atingimento do dever. Fora disso, há abuso de poder e, como tal, nulo de pleno direito. Qualquer abuso atrita com o Estado Constitucional.

Esta forma de tratar a questão, que apenas quer sintetizar a exposição mais ampla e devidamente contextualizada do n. 4 do Capítulo 4 da Parte I, é importante até para que as críticas que vêm se avolumando com relação ao Código de Processo Civil, de que ele daria muitos "poderes" aos magistrados, caiam por terra. Não há "poderes" no Código de Processo Civil para ninguém, nem mesmo para os membros da magistratura. O que há, inclusive no art. 139 agora em foco, é um rol de *deveres* a serem atingidos ao longo do processo pelos magistrados. Para o atingimento de tais deveres, pode ser que seja necessário – e na exata medida de sua necessidade – o uso de algum correlato *poder*, para firmar o magistrado como *autoridade* e, mais amplamente, para lembrar a todos os caracteres da jurisdição, notadamente a sua *imperatividade* e a sua *substitutividade*. O "poder", contudo, jamais poderá caminhar isoladamente, sem que seja mero *meio* para o atingimento de um *fim*, justamente os deveres aqui em exame. Máxime em um Código, como o de 2015, que determina o exercício da jurisdição na perspectiva de um modelo cooperativo de processo entre todos os sujeitos processuais (art. 6º).

Os deveres-poderes que, segundo os dez incisos do art. 139, são verdadeiramente instrumentais para a direção do processo, merecem exame especificado.

5.1.1 Igualdade de tratamento

O primeiro é o asseguramento às partes da igualdade de tratamento (art. 139, I).

A previsão quer enaltecer ao magistrado a necessidade do tratamento isonômico entre as partes e, mais amplamente, entre quaisquer sujeitos do processo, harmonizando-se, assim, com o art. 7º, sem prejuízo do que, diretamente, deve ser extraído do modelo constitucional do direito processual civil, assunto do n. 2.11 do Capítulo 3 da Parte I.

5.1.2 Velar pela razoável duração do processo

Cabe ao juiz também velar pela duração razoável do processo, o que traz à mente não só o art. 5º, LXXVIII, da Constituição Federal, mas também o art. 4º do Código de Processo Civil (art. 139, II).

A duração razoável do processo, convém lembrar, não deve ser limitada à compreensão de o processo dever ser conduzido de maneira *eficiente*, inclusive na perspectiva de viabilizar o (tão somente) *proferimento* de decisões. Com mesma intensidade de preocupação e comprometimento, aquele princípio abrange a realização prática das decisões. Tutela jurisdicional não pode ser entendida apenas como sinônimo de *reconhecimento* de direitos, mas também – senão principalmente – de sua *concretização*, que é, pelas razões desenvolvidas com o vagar necessário ao longo do Capítulo 5, que encerra a Parte I, o cerne das preocupações do direito processual civil na atualidade.

5.1.3 Zelar pela probidade processual

O inciso III do art. 139 indica outro dever-poder do magistrado: "prevenir ou reprimir qualquer ato contrário à dignidade da justiça e indeferir postulações meramente protelatórias".

Trata-se de dispositivo que dialoga com os deveres e as responsabilidades previstas expressamente para as partes e seus procuradores. Importa, até mesmo em função dos arts. 6º e 10, que o magistrado *advirta* as partes e os terceiros da consequência de seus atos, como forma, até mesmo, de coibir sua prática.

5.1.4 Flexibilização de técnicas executivas (dever-poder geral de concretização)

O inciso IV do art. 139 refere-se a "determinar todas as medidas indutivas, coercitivas, mandamentais ou sub-rogatórias necessárias para assegurar o cumprimento de ordem judicial, inclusive nas ações que tenham por objeto prestação pecuniária".

Trata-se de regra que convida à reflexão sobre o Código de Processo Civil ter passado a admitir, de maneira expressa, verdadeira regra de *flexibilização* das técnicas *executivas*, permitindo ao magistrado, consoante as peculiaridades de cada caso concreto, modificar os modelos preestabelecidos pelo Código, determinando a adoção – sempre e invariavelmente de forma fundamentada – dos mecanismos que se mostrem mais adequados para a satisfação do direito, levando em conta as peculiaridades do caso concreto. Um verdadeiro "dever--poder geral *executivo*", de *efetivação*[261], de *coerção*[262], ou, como prefere este *Curso*, um "*dever--poder de concretização*".

Aceita essa proposta – que, em última análise, propõe a adoção de um modelo *atípico* de atos executivos, ao lado da tipificação feita pelos arts. 513 a 538, que disciplinam o cumprimento de sentença, e ao longo de todo o Livro II da Parte Especial, voltado ao processo de execução –, será correto ao magistrado *flexibilizar* as regras previstas naqueles dispositivos codificados consoante se verifiquem insuficientes para a efetivação da tutela jurisdicional.

Os termos "indutivas, coercitivas e mandamentais" empregados pelo dispositivo merecem ser compreendidos em contraposição ao que é chamado de medida "sub-rogatória". Técnicas *indutivas* são aquelas que querem sensibilizar o executado a adotar certo comportamento; as *coercitivas* e as *mandamentais* são aquelas em que a tônica de convencimento repousa na possibilidade de aplicação de consequências mais gravosas para o executado na não observância da determinação judicial. Todas, contudo – e aqui a distinção com as técnicas sub-rogatórias – pressupõem que o comportamento (pagar, fazer, não fazer e/ou entregar) seja desempenhado pelo próprio executado e não por terceiro ou pelo próprio aparato jurisdicional.

Chama a atenção neste inciso IV do art. 139, outrossim, a expressa referência às "ações que tenham por objeto *prestação pecuniária*", que convida o intérprete a abandonar (de vez, e com mais de uma década de atraso quando da promulgação do CPC de 2015) o modelo "condenação/execução" e sua clássica (e rígida) tipicidade, que, até o advento da Lei n. 11.232/2005, caracterizou o padrão executivo do CPC de 1973 para aquelas prestações e suas consequentes "obrigações de pagar quantia". Até porque, com relação às demais modalidades obrigacionais, de fazer, de não fazer e de entrega de coisa, essa *atipicidade* já é conhecida pelo direito processual civil brasileiro desde o início da década de 1990. Primeiro com o art. 84 da Lei n. 8.078/90 (Código do Consumidor) e depois, de forma generalizada, pela introdução do art. 461 no CPC de 1973 pela Lei n. 8.952/94 e, por fim, com o art. 461-A daquele Código, fruto da Lei n. 10.444/2002. É dispositivo que consegue revelar, quando devida e contextualizadamente interpretado, o acerto da proposta *neoconcretista* que ocupa o Capítulo 5 da Parte I.

A *atipicidade* admitida no inciso IV do art. 139, todavia, depende da demonstração casuística de que as técnicas disponibilizadas em abstrato pelo legislador não têm o condão de

---

261. Referindo-se a "poder geral de efetivação" é o Enunciado n. 48 da ENFAM: "O art. 139, IV, do CPC/2015 traduz um poder geral de efetivação, permitindo a aplicação de medidas atípicas para garantir o cumprimento de qualquer ordem judicial, inclusive no âmbito do cumprimento de sentença e no processo de execução baseado em títulos extrajudiciais".

262. É a proposta de Olavo de Oliveira Neto em seu *O poder geral de coerção*, esp. p. 229-233.

viabilizar a prestação da tutela jurisdicional – sempre entendida na compreensão ampla de *concretização* do direito prévia e suficientemente reconhecido a um dos litigantes – de maneira *eficiente*. É dizer: a adoção de técnicas não previstas no Código de Processo Civil ou, se for o caso, na legislação processual extravagante, assume caráter verdadeiramente subsidiário decorrente do confronto entre as peculiaridades do caso concreto e o modelo preconcebido pelo legislador para aquela finalidade[263].

Cabe pontuar, todavia, que a subsidiariedade defendida por este *Curso* não pressupõe, sempre e invariavelmente, o esgotamento e o insucesso *concretos* das medidas *típicas* predispostas pelo legislador, sendo bastante a demonstração de que o modelo idealizado pelo legislador é, por si só, incapaz da concretização pretendida da tutela jurisdicional.

Um exemplo é capaz de ilustrar suficientemente o alcance do parágrafo anterior: o magistrado *deverá* reduzir o prazo para que o devedor pague a dívida quando sua determinação tiver como fundamento a concessão de tutela provisória de *urgência* e verificar que o modelo legal, que reserva quinze dias para pagamento (art. 523, *caput*), é insuficiente para a adequada tutela jurisdicional do credor. Cabe ao magistrado, nesse caso, justificar a sua decisão e a redução do prazo legal, com a demonstração aqui evidenciada, sempre com vistas à concretização adequada e tempestiva da tutela jurisdicional executiva[264]. Trata-se de interpretação que pode ser alcançada, no contexto da tutela provisória, também a partir do art. 297.

Mas não só. É correto o entendimento de que as técnicas a serem empregadas pelo magistrado com vistas à concretização da tutela jurisdicional não podem interferir em direitos do executado legitimamente titularizados por ele e que não guardam nenhuma relação com a circunstância de ele ser reconhecido como devedor ou não. Como todo o dever a ser empregado por autoridades constituídas em um modelo de Estado Constitucional, há limites, ainda que não expressos, no sistema, que não podem ser ultrapassados ainda que para atingimento da finalidade que o justifica[265].

---

263. Nesse sentido, da 3ª Turma do STJ: RHC 196.004/PI, rel. Min. Nancy Andrighi, j.un. 4-6-2024, *DJe* 6-6-2024; REsp 1.864.190/SP, rel. Min. Nancy Andrighi, j.un. 16-6-2020; *DJe* 19-6-2020; AgInt no REsp 1.785.726/DF, rel. Min. Marco Aurélio Bellizze, j.un. 19-8-2019, *DJe* 22-8-2019; e REsp 1.788.950/MT, rel. Min. Nancy Andrighi, j.un. 23-4-2019, *DJe* 26-4-2019. E também a 4ª Turma, AgInt no AREsp 1.728.825/SP, rel. Min. Raul Araújo, j.un. 1º-7-2024, *DJe* 2-8-2024. O assunto está afetado para julgamento perante a Corte Especial do STJ. Trata-se do Tema 1.137, assim enunciado: "Definir se, com esteio no art. 139, IV, do CPC/15, é possível, ou não, o magistrado, observando-se a devida fundamentação, o contraditório e a proporcionalidade da medida, adotar, de modo subsidiário, meios executivos atípicos".
264. Por essa razão é que se mostra correto descartar a aplicação do art. 139, IV, nas obrigações de pagar quando o magistrado se convencer de que não há, pelo executado, ocultação de patrimônio. Nesse sentido: STJ, 3ª Turma, AgInt no REsp 1.837.680/SP, rel. Min. Paulo de Tarso Sanseverino, j.un. 23-2-2020, *DJe* 25-3-2020.
265. Ilustração eloquente deste entendimento é o quanto decidido pela 4ª Turma do STJ no REsp 1.699.022/SP, rel. Min. Luis Felipe Salomão, j.un. 28-5-2019, *DJe* 1-7-2019, que recusou a aplicação de medidas que vedavam o uso da área comum a condômino inadimplente, reputando ilícita disposição da convenção condominial em sentido contrário. Isto porque, segundo se entendeu, o Código Civil estabeleceu as formas de cobrança e as consequências a serem suportadas pelo condômino faltoso. No mesmo sentido: STJ, 3ª Turma, AgInt no AREsp 2.103.308/MG, rel. Min. Moura Ribeiro, j.un. 21-8-2023, *DJe* 23-8-2023.

É nesse contexto que ganha interesse o quanto discutido no âmbito da ADI 5.941/DF perante o Supremo Tribunal Federal, de iniciativa do Partido dos Trabalhadores, que pretendeu o reconhecimento de nulidade sem redução do texto daquele dispositivo para excluir dele qualquer interpretação que resulte em apreensão de Carteira Nacional de Habilitação e/ou suspensão de dirigir, apreensão de passaporte, proibição de participar de concurso público e proibição de participar de licitação[266].

A tese da inconstitucionalidade do art. 139, IV, foi afastada pelo STF, no voto do relator, o Ministro Luiz Fux, que enfatizou sua plena harmonia com o modelo constitucional do direito processual civil, acentuando, ainda, que: "... não se pode concluir pela inconstitucionalidade de toda e qualquer hipótese de aplicação dos meios atípicos indicados na inicial, mercê de este entendimento, levado ao extremo, rechaçar quaisquer espaços de discricionariedade judicial e inviabilizar, inclusive, o exercício da jurisdição, enquanto atividade eminentemente criativa que é. Inviável, pois, pretender, apriorística e abstratamente, retirar determinadas medidas do leque de ferramentas disponíveis ao magistrado para fazer valer o provimento jurisdicional".

Das múltiplas possibilidades e correlatas dificuldades interpretativas do inciso IV do art. 139[267], devidamente "validado" pelo STF na referida ADI, contudo, não segue a genérica tipificação do crime previsto no art. 33 da Lei n. 13.869/2019, a "Lei do abuso de autoridade", nos seguintes termos: "Exigir informação ou cumprimento de obrigação, inclusive o dever de fazer ou de não fazer, sem expresso amparo legal:", quando o ato for praticado pelas pessoas referidas pelo art. 2º daquele diploma legislativo, dentre elas, o magistrado (inciso IV). Não só porque o art. 139, IV, é o "expresso amparo legal" reclamado por aquela regra, mas também porque o § 2º do art. 1º da Lei n. 13.869/2019 afasta a configuração do abuso de autoridade quando houver "divergência na interpretação de lei ou na avaliação de fatos e provas".

Não há razão para confundir a coerção ínsita ao exercício da função jurisdicional – na qualidade, invariável, de *dever-poder* – com a conduta tal qual criminalizada.

---

266. Naquela ADI também se pediu que fosse conferida a mesma interpretação restritiva aos arts. 297; 390 parágrafo único; 400, parágrafo único; 403, parágrafo único; 536, *caput* e § 1º, e, por fim, 773.

267. Embora tenha havido a afetação do Tema 1.137 perante a CE do STJ, avolumam-se discussões, as mais variadas, sobre a melhor interpretação do art. 139, IV, do CPC. Ilustra-a, sem prejuízo do que já indicado, o entendimento da 3ª e da 4ª Turma do STJ no sentido de ser possível a "... utilização da Central Nacional de Indisponibilidade de Bens (CNIB) nas demandas cíveis, de maneira subsidiária, isto é, desde que exauridos os meios executivos típicos". Assim, v.g.: 3ª Turma, REsp 2.141.068/PR, rel. Min. Nancy Andrighi, j.un. 18-6-2024, DJe 21-6-2024; STJ, 4ª Turma, AgInt no REsp 1.869.942/RJ, rel. Min. João Otávio Noronha, j.un. 15-4-2024, DJe 18-4-2024; e 3ª Turma, REsp 1.963.178/SP, rel. Min. Marco Aurélio Bellizze, j.un. 12-12-2023, DJe 14-12-2023. Entendo que o acesso àquela Central pressupõe a observância aos "princípios da proporcionalidade e razoabilidade no caso concreto", o que prevaleceu na 2ª Turma daquele Tribunal no REsp 1.968.880/RS, rel. Min. Afrânio Vilela, j.un. 19-9-2024, DJe 17-9-2024. O Órgão Especial do TJSP chegou a instaurar IRDR a respeito do acesso à CNIB (Tema IRDR 44, rel. Des. Matheus Fontes), que está sobrestado aguardando o julgamento do Tema 1.137 no STJ.

5.1.5 Estímulo à autocomposição

"Promover, a qualquer tempo, a autocomposição, preferencialmente com auxílio de conciliadores e mediadores judiciais", é o objeto do inciso V do art. 139, que dialoga com o art. 3º, em especial em seus §§ 2º e 3º.

Assim, mesmo fora do padrão do procedimento comum, cuja regra é a citação do réu para comparecimento à audiência de conciliação ou de mediação, cabe ao magistrado promover a autocomposição ao longo do processo, isto é, mesmo após a realização daquela audiência ou independentemente de ela ter se realizado, orientando as partes e eventuais intervenientes, inclusive, com base na cooperação do art. 6º, sobre a importância (e a pertinência à luz do caso concreto) das técnicas de autocomposição.

A *intermediação* dos conciliadores e dos mediadores judiciais para tal fim avulta em importância a disciplina que o próprio Código de Processo Civil dá àqueles auxiliares da justiça nos arts. 165 a 175, objeto do n. 5.5.5, *infra*.

5.1.6 Dilatação de prazos e inversão na ordem de produção de provas

O inciso VI do art. 139 é novidade importante trazida pelo CPC de 2015.

Segundo a regra, é dever-poder do magistrado "dilatar os prazos processuais e alterar a ordem de produção dos meios de prova, adequando-os às necessidades do conflito de modo a conferir maior efetividade à tutela do direito".

A previsão atesta, a exemplo do inciso IV, a tendência, que já era aplaudida pela doutrina, inclusive pelas edições anteriores ao CPC de 2015 deste *Curso*[268], *de flexibilização procedimental* a permitir trato mais adequado ao conflito, levando em conta a maior ou a menor complexidade e as peculiaridades de cada caso concreto, inclusive na perspectiva do direito material envolvido.

Importa acentuar, contudo, que o *texto* do inciso VI é bem mais restrito do que a doutrina já propunha e que, em última análise, era retirado – e ainda merece sê-lo – do modelo constitucional do direito processual civil. Destarte, para além das hipóteses expressamente previstas no dispositivo em exame, cabe ao magistrado estabelecer alterações com o objetivo de tornar mais eficiente o procedimento em direção ao reconhecimento e à concretização da tutela jurisdicional. Tudo se passa como se as escolhas *procedimentais* feitas em abstrato pelo legislador se mostrassem menos aptas do que aquelas a serem implementadas pelo magistrado à luz das vicissitudes e/ou das pessoas envolvidas no processo[269].

---

268. É o que defendia o n. 3 do Capítulo 2 da Parte IV do volume 1. Ainda sob o manto do CPC de 1973, Guilherme Peres de Oliveira dedicou importante monografia ao tema (*Adaptabilidade judicial: a modificação do procedimento pelo juiz no processo civil*). Já sob a égide do CPC de 2015, cabe o destaque da monografia de Bruno Garcia Redondo, *Adequação do procedimento pelo juiz*, e dos "Comentários ao art. 139", da autoria de Fernando da Fonseca Gajardoni, p. 252-255.
269. Neste sentido é o Enunciado n. 35 da ENFAM: "Além das situações em que a flexibilização do procedimento é autorizada pelo art. 139, VI, do CPC/2015, pode o juiz, de ofício, preservada a previsibilidade do rito, adaptá-lo às especificidades da causa, observadas as garantias fundamentais do processo".

As alterações procedimentais, contudo, tanto as que estão expressamente autorizadas, quanto as eventualmente idealizadas pelo magistrado, pressupõem que as partes sejam consultadas previamente a seu respeito. Não necessariamente para buscar consenso a respeito do tema, mas para que o magistrado possa se certificar de que eventuais mudanças não têm o condão de agredir posições jurídicas e/ou expectativas legítimas dos litigantes construídas a partir do modelo legal. O diálogo desta previsão com a do art. 190, com sua cláusula genérica de negócio processual, é irrecusável, tal qual propõe o n. 2.2 do Capítulo 4.

Com relação aos prazos mencionados no inciso VI do art. 139, importa notar que eles só podem ser *dilatados* (aumentados), não reduzidos, salvo as excepcionais hipóteses, devidamente justificadas, aventadas pelo n. 5.1.4, *supra*. E mais: a dilação, lê-se do parágrafo único do art. 139, deve ser determinada *antes* de sua consumação, ou seja, antes do encerramento do prazo. Não há por que descartar a possibilidade de a dilação ser determinada de ofício, sempre justificada a razão pela qual o magistrado a concede. Trata-se, em última análise, de uma decorrência necessária do modelo cooperativo de processo (art. 6º). Não custa lembrar que a isonomia no cumprimento dos prazos modificados é de rigor, inclusive por força do art. 7º.

Questão pertinente acerca do inciso VI do art. 139 diz respeito a saber se a dilação nele prevista envolve também alteração do *início* do prazo, isto é, de seus *dies a quo*. O melhor entendimento é o negativo. Eventual dificuldade no cumprimento do prazo deve conduzir o magistrado, ainda que a pedido do interessado (sempre formulado com a ressalva do parágrafo único do art. 139, isto é, antes do término do prazo), a *ampliá-lo,* e não alterar o início de sua fluência, o que poderia comprometer a segurança jurídica e acarretar, em termos práticos, notas de retrocesso processual, o que não faz nenhum sentido[270].

A tradicional distinção entre prazos *peremptórios* e *dilatórios* perde sua razão de ser diante da previsão ora examinada. Isso porque o critério que distinguia doutrinariamente uma classe da outra – prazos que não podem ser alterados nem pelo magistrado nem pelas partes e prazos que o podem – não faz mais nenhum sentido no sistema do CPC de 2015.

A expressa menção, no § 1º do art. 222, a "prazos peremptórios" não interfere nessa conclusão. A uma, porque aquela regra quer coibir a *redução* dos prazos previstos em lei, salvo concordância das partes, hipótese oposta à do inciso VI do art. 139 e não permitida por ele[271]. A duas, porque, mesmo naqueles casos, é permitida a *redução* do prazo desde que as partes

---

270. Contra este entendimento é o Enunciado n. 13 da I Jornada de Direito Processual Civil do CJF ("O art. 139, VI, do CPC autoriza o deslocamento para o futuro do termo inicial do prazo") e o Enunciado n. 581 do FPPC ("O poder de dilação do prazo, previsto no inciso VI do art. 139 e no inciso I do § 1º do art. 303, abrange a fixação do termo final para aditar o pedido inicial posteriormente ao prazo para recorrer da tutela antecipada antecedente").
271. A previsão, de outro lado, não pode se sobrepor ao entendimento defendido no n. 5.1.4, *supra*, quanto à possibilidade, ainda que excepcional e justificável de *redução* de prazos para fins de *concretização* da tutela jurisdicional.

estejam de acordo com ela. Na perspectiva do art. 191 e da viabilidade de as partes e o magistrado fixarem um verdadeiro calendário para os atos processuais, aquele dispositivo acaba também por merecer reflexão mais profunda, tal qual a proposta no n. 2.2.1 do Capítulo 4.

5.1.7 Dever-poder geral de polícia

O inciso VII do art. 139 ocupa-se do comumente chamado "poder de polícia" – que merece ser chamado, pelas razões já evidenciadas, de "dever-poder geral de polícia" – a ser exercitado pelo magistrado em termos administrativos ao longo do processo, fazendo-o nos seguintes termos: "Exercer o poder de polícia, requisitando, quando necessário, força policial, além da segurança interna dos fóruns e tribunais".

É dispositivo que pressupõe a autoridade do magistrado para garantir a adequada postura de todos os sujeitos processuais em qualquer momento ou fase do processo, inclusive no que diz respeito ao seu ambiente administrativo e forense.

5.1.8 Interrogatória livre

O inciso VIII do art. 139 permite ao magistrado a realização do que setores da doutrina[272] já chamavam de "interrogatório informal". É lê-lo: "Determinar, a qualquer tempo, o comparecimento pessoal das partes, para inquiri-las sobre os fatos da causa, hipótese em que não incidirá a pena de confesso".

Trata-se do exercício de dever-poder de cunho probatório, de iniciativa do magistrado, que se harmoniza com a autorização contida no art. 370, *caput*.

A ressalva quanto à inaplicabilidade da "pena de confesso" é de rigor e justificável, ficando resguardada para os casos em que a solicitação do depoimento partir da parte contrária (art. 385, § 1º). Não teria sentido que o magistrado, ao pretender conhecer, a partir do depoimento das próprias partes, o que ocorrido, pudesse querer obter delas o reconhecimento da veracidade dos fatos. Seria comportamento certamente violador da boa-fé (art. 5º).

5.1.9 Dever-poder geral de saneamento

"Determinar o suprimento de pressupostos processuais e o saneamento de outros vícios processuais" é o dever-poder encartado no inciso IX do art. 139 e que é importante novidade *expressada* pelo Código de Processo Civil.

Bem compreendida, a norma acaba por revelar verdadeiro "dever-poder geral de *saneamento*" a cargo do magistrado para que, diante da ausência de pressupostos processuais e de

---

[272] Merece destaque, no particular, a lição de João Batista Lopes em seu *A prova no direito processual civil*, p. 107-110.

outros vícios do processo, crie condições efetivas para sua correção, viabilizando, com a iniciativa, o julgamento de mérito.

É medida que se afina com a sistemática das nulidades processuais e que não reduz a importância de diversos outros dispositivos dispersos pelo Código de Processo Civil no mesmo sentido, como, por exemplo, o art. 317, o § 7º do art. 485 e, no âmbito dos recursos, o parágrafo único do art. 932 e (embora *textualmente* menos amplo) o § 3º do art. 1.029.

É correto entender que o inciso IX do art. 139 quer viabilizar que o magistrado profira decisão sobre o conflito de interesses, uma decisão *substancial*, portanto, que define quem e em que medida faz jus à concretização da tutela jurisdicional, não se limitando a proferir decisão sobre o processo ou sobre a falta do mínimo indispensável ao exercício do direito de ação, decisão meramente *formal*, e que, por definição, obsta o Estado-juiz de prestar a tutela jurisdicional a quem tem direito.

Trata-se, nesse sentido, de postura inegavelmente *neoconcretista*, portanto, e que merece (e já merecia mesmo quando não escrita) os aplausos deste *Curso*.

A iniciativa, a despeito de sua correção, merece, contudo, o cuidado de não generalizar a viabilidade de decisão meritória em detrimento das condições mínimas que assegurem o devido processo constitucional. Não há como tender, destarte, à concretização da tutela jurisdicional se, a par dos esforços do magistrado e dos demais sujeitos processuais, não há condições de superação do vício que, reconhecido, impõe o proferimento de decisão nos moldes do art. 485.

É essa a razão pela qual este *Curso* descarta o emprego da expressão, que vem se mostrando comum na doutrina, de "princípio da primazia da decisão de mérito"[273]. Não há tal primazia, que reside, isto sim, na atividade, verdadeiro dever-poder do magistrado de estimular os sujeitos do processo para superar o vício para prosseguimento do processo em direção ao "julgamento de mérito", isto é, à definição de quem faz jus à tutela jurisdicional. O proferimento de um tal julgamento é a razão de ser do Estado-juiz e, em última análise, de todo o sistema processual civil; a higidez do processo (e do exercício do direito de ação) é *meio* para chegar a ele. Aqui também importa lembrar que não há como confundir *causa* com *consequência*; *prius* com *posterius*.

5.1.10 Estímulo ao processo coletivo

A última previsão do art. 139, a de seu inciso X, tem a seguinte redação: "Quando se deparar com diversas demandas individuais repetitivas, [cabe ao magistrado] oficiar o Ministério Público, a Defensoria Pública e, na medida do possível, outros legitimados a que se

---

[273]. Assim, v.g.: Fredie Didier Junior em seu *Curso de direito processual civil*, v. 1, p. 137-138. Fernando da Fonseca Gajardoni, em seus "Comentários ao art. 139", p. 256-257, refere-se à hipótese como "princípio do interesse jurisdicional no conhecimento do mérito".

referem o art. 5º da Lei n. 7.347, de 24 de julho de 1985, e o art. 82 da Lei n. 8.078, de 11 de setembro de 1990, para, se for o caso, promover a propositura da ação coletiva respectiva".

A comunicação referida pela norma é medida importante para viabilizar um diálogo mais intenso entre o Código de Processo Civil e o sistema de direito processual coletivo, que decorre, não exclusivamente, mas principalmente, dos diplomas legislativos a que ele mesmo faz expressa remissão.

A previsão não substitui, infelizmente, o art. 333 e a previsão nele constante de "*conversão da ação individual em ação coletiva*", e que foi, lamentavelmente, vetado, por razões absolutamente tão pífias quanto insustentáveis, quando da promulgação do Código de Processo Civil[274]. As "ações coletivas" previstas naquelas leis, aliás, é que deveriam assumir maior protagonismo na prática forense no lugar das técnicas desenvolvidas e criadas pelo Código de Processo Civil à guisa de "julgamento de casos repetitivos" (art. 928). Não foi, contudo, o caminho trilhado pela nova codificação.

De qualquer sorte, na medida em que o magistrado consiga, por intermédio dos representantes adequados dos direitos e dos interesses coletivos em sentido amplo, promover maior acesso *coletivo* à Justiça – que é, em última análise, a razão de ser do art. 139, X –, é irrecusável que aquelas outras técnicas tenderão a ter menor protagonismo.

---

[274] Era a seguinte a redação do dispositivo, que teve origem do Substitutivo apresentado por quatro Diretores do IBDP: a saudosa Ada Pellegrini Grinover, Paulo Henrique dos Santos Lucon, Carlos Alberto Carmona e o autor deste *Curso*: "Art. 333. Atendidos os pressupostos da relevância social e da dificuldade de formação do litisconsórcio, o juiz, a requerimento do Ministério Público ou da Defensoria Pública, ouvido o autor, poderá converter em coletiva a ação individual que veicule pedido que: I – tenha alcance coletivo, em razão da tutela de bem jurídico difuso ou coletivo, assim entendidos aqueles definidos pelo art. 81, parágrafo único, incisos I e II, da Lei n. 8.078, de 11 de setembro de 1990 (Código de Defesa do Consumidor), e cuja ofensa afete, a um só tempo, as esferas jurídicas do indivíduo e da coletividade; II – tenha por objetivo a solução de conflito de interesse relativo a uma mesma relação jurídica plurilateral, cuja solução, por sua natureza ou por disposição de lei, deva ser necessariamente uniforme, assegurando-se tratamento isonômico para todos os membros do grupo. § 1º Além do Ministério Público e da Defensoria Pública, podem requerer a conversão os legitimados referidos no art. 5º da Lei n. 7.347, de 24 de julho de 1985, e no art. 82 da Lei n. 8.078, de 11 de setembro de 1990 (Código de Defesa do Consumidor). § 2º A conversão não pode implicar a formação de processo coletivo para a tutela de direitos individuais homogêneos. § 3º Não se admite a conversão, ainda, se: I – já iniciada, no processo individual, a audiência de instrução e julgamento; ou II – houver processo coletivo pendente com o mesmo objeto; ou III – o juízo não tiver competência para o processo coletivo que seria formado. § 4º Determinada a conversão, o juiz intimará o autor do requerimento para que, no prazo fixado, adite ou emende a petição inicial, para adaptá-la à tutela coletiva. § 5º Havendo aditamento ou emenda da petição inicial, o juiz determinará a intimação do réu para, querendo, manifestar-se no prazo de 15 (quinze) dias. § 6º O autor originário da ação individual atuará na condição de litisconsorte unitário do legitimado para condução do processo coletivo. § 7º O autor originário não é responsável por nenhuma despesa processual decorrente da conversão do processo individual em coletivo. § 8º Após a conversão, observar-se-ão as regras do processo coletivo. § 9º A conversão poderá ocorrer mesmo que o autor tenha cumulado pedido de natureza estritamente individual, hipótese em que o processamento desse pedido dar-se-á em autos apartados. § 10 O Ministério Público deverá ser ouvido sobre o requerimento previsto no *caput*, salvo quando ele próprio o houver formulado".

5.2 Critérios decisórios

Para além dos deveres-poderes do magistrado do art. 139, o *caput* do art. 140 proíbe expressamente o chamado *non liquet*, isto é, veda ao magistrado deixar de decidir alegando lacuna ou obscuridade no ordenamento jurídico.

Cabe ao magistrado colmatar eventual lacuna e superar eventual obscuridade, encontrando (ou, mais propriamente, *criando*) a regra jurídica aplicável ao caso concreto, de acordo com as suas peculiaridades fáticas, sem se preocupar, como fazia seu par no CPC de 1973, o art. 126, com qualquer "ordem" preestabelecida nos mecanismos aptos a afastar a lacuna ou a obscuridade.

O art. 140 merece ser interpretado ao lado do art. 8º e que, em rigor, é até mesmo despiciendo quando bem compreendido aquele outro dispositivo. É irrecusável o caráter *criativo* da função judicante no atual estágio do direito (e de seus estudos), permitindo ao magistrado, para *decidir*, valer-se *sempre* da "analogia", dos "costumes", dos "princípios gerais do direito" e, em suma, de qualquer outra técnica hermenêutica que viabilize a *concreção* do *texto* normativo, *criando* a norma jurídica a ser aplicada ao caso concreto. A própria função do *amicus curiae*, generalizada pelo art. 138, deve ser lembrada (e enaltecida) a propósito do alcance que o *caput* do art. 140 e o art. 8º têm.

O emprego da *equidade* para viabilizar ou dar fundamento a decisão do magistrado, dispõe o parágrafo único do art. 140, depende de expressa previsão legislativa, tal qual a feita pelo parágrafo único do art. 732, que, embora sem nominá-la, a ela se refere como "decisão que considerar mais conveniente ou oportuna", em contraposição ao que chama de "legalidade estrita". Pergunta sofisticada diante do art. 190 e das convenções processuais por ele admitidas é saber se as partes podem, de comum acordo, estabelecer que o magistrado decida por equidade. A resposta parece ser *negativa*, diferentemente do que, no âmbito da arbitragem (art. 2º, *caput*, da Lei n. 9.307/96), é permitido, desde que expressamente pactuado entre as partes[275].

O art. 141, por sua vez, fixa os limites *objetivos* e *subjetivos* da atuação do magistrado, impondo-os em consonância com o que lhe for posto para decisão pelas próprias partes (em sua petição inicial e/ou em sua reconvenção). É o que, em geral, é chamado de "princípio da vinculação do juiz ao pedido", que, bem entendido, deriva do princípio dispositivo (e, portanto, da *inércia* da jurisdição), no sentido de que cabe às próprias partes estabelecer o que pretendem submeter à decisão do magistrado (art. 2º). Reflexo claro, pois, da autonomia da vontade.

A previsão também evidencia que é vedado ao magistrado pronunciar-se sobre questões a cujo respeito a lei exige iniciativa da parte, o que confirma o acerto da compreensão anterior. Mesmo nos casos em que a atuação *oficiosa* do magistrado se justifica – é o que se dá,

---

275. Em se tratando de processo em que o Poder Público seja parte, fica afastado sistematicamente o emprego da equidade, consoante preconiza o § 3º do art. 2º da mesma Lei n. 9.307/96, incluído pela Lei n. 13.129/2015.

por exemplo, com as questões de ordem pública –, o *prévio* contraditório a ser estabelecido pelo magistrado é de rigor, no que é claro (e até mesmo repetitivo) o Código de Processo Civil, como se verifica de seus arts. 9º e 10.

O art. 142 ocupa-se de assunto diverso. De acordo com a regra, o magistrado deverá impedir que autor e réu se valham do processo para praticar ato simulado (art. 167 do CC) ou obter fim vedado por lei. Para tanto, proferirá decisão que impeça os objetivos das partes, sem prejuízo de aplicar as penalidades relativas à litigância de má-fé. A despeito do silêncio do dispositivo, é irrecusável que cabe ao magistrado também tomar outras providências mediante as autoridades e os entes competentes, a depender da gravidade dos fatos e de quem são seus envolvidos. A despeito da previsão codificada, eventual decisão que venha a ser proferida com aquele objetivo é passível de ser rescindida como expressamente admite o inciso III do art. 966.

5.3 Responsabilidade

O art. 143 disciplina a responsabilidade do magistrado.

Sua responsabilidade, que é *subjetiva*, depende da ocorrência das hipóteses dos incisos I e II do dispositivo, a saber: quando (i), no exercício de suas funções, proceder com dolo ou fraude e quando (ii) recusar, omitir ou retardar, sem justo motivo, providência que deva ordenar de ofício ou a requerimento da parte. A configuração desta segunda hipótese, exige o parágrafo único do dispositivo, depende de a parte requerer ao magistrado que determine a providência e o requerimento não for apreciado no prazo de dez dias.

A previsão do art. 143 não afasta – nem o poderia – as estabelecidas na Lei Orgânica da Magistratura (Lei Complementar n. 35/79), tampouco a responsabilidade (objetiva) do próprio Estado, tal qual prevista genericamente no § 6º do art. 37 e, mais especificamente, no inciso LXXV do art. 5º, ambos da Constituição Federal. É tema que, nessa perspectiva, ocupa o n. 4.1.1 do Capítulo 3 da Parte I.

No âmbito criminal, cabe o destaque da (polêmica) Lei n. 13.869/2019, a chamada "Lei do abuso de autoridade", aplicável aos magistrados por força do disposto em seu art. 2º, IV, que pretende punir as condutas que descreve "... quando praticadas pelo agente com a finalidade específica de prejudicar outrem ou beneficiar a si mesmo ou a terceiro, ou, ainda, por mero capricho ou satisfação pessoal" (art. 1º, § 1º), independentemente da aplicação de outras sanções, de ordem civil ou administrativa (art. 6º).

5.4 Impedimento e suspeição

A *imparcialidade* de determinados sujeitos processuais, a começar pelos magistrados – exigência derivada do modelo constitucional do direito processual civil –, é realizada infraconstitucionalmente, pelo que o Capítulo II do Título IV do Livro III chama de "impedimentos e suspeição". São os variados fatos em que, ora por razões objetivamente constatáveis (casos de *impedimento*), ora por questões de ordem subjetiva (casos de *suspeição*), é defeso (vedado) ao magistrado – e também às demais pessoas enumeradas no art. 148 – exercer suas funções no processo.

O *impedimento* caracteriza-se, de acordo com o art. 144, nos seguintes casos: (*i*) quando o magistrado atuou no processo como mandatário da parte, oficiou como perito, funcionou como membro do Ministério Público ou prestou depoimento como testemunha; (*ii*) quando o magistrado atuou no processo em outro grau de jurisdição, tendo proferido decisão; (*iii*) quando no processo estiver postulando, como defensor público, advogado ou membro do Ministério Público, que for seu cônjuge ou companheiro, ou qualquer parente, consanguíneo ou afim, em linha reta ou colateral, até o terceiro grau, inclusive, com a observância do § 1º, de que o impedimento só se verifica quando o defensor público, o advogado ou o membro do Ministério Público já integrava o processo antes do início da atuação do magistrado e do § 3º, que espraia a hipótese, com as devidas adaptações, a escritórios de advocacia que tenham em seus quadros advogado(a) que individualmente ostente a hipótese, mesmo quando não intervier diretamente no processo; (*iv*) quando o próprio magistrado for parte no processo, seu cônjuge ou companheiro, ou parente, consanguíneo ou afim, em linha reta ou colateral, até o terceiro grau, inclusive; (*v*) quando for sócio ou membro de direção ou de administração de pessoa jurídica parte no processo; (*vi*) quando o magistrado for herdeiro presuntivo, donatário ou empregador de qualquer das partes; (*vii*) quando figurar como parte do processo instituição de ensino com a qual o magistrado tenha relação de emprego ou decorrente de contrato de prestação de serviços; (*viii*) quando no processo figurar como parte cliente do escritório de advocacia de seu cônjuge, companheiro ou parente, consanguíneo ou afim, em linha reta ou colateral, até o terceiro grau, inclusive, mesmo que patrocinado por advogado de outro escritório[276]; (*ix*) quando o magistrado for parte em outro processo em face das mesmas partes ou de seus advogados. Cabe destacar, ainda, ser vedada a criação de fato superveniente para o fim de caracterizar impedimento do magistrado (art. 144, § 2º).

O art. 147 trata do impedimento, regrando situação em que dois ou mais magistrados forem parentes, consanguíneos ou afins, em linha reta ou colateral, até o terceiro grau, inclusive. Nesta hipótese, o primeiro que conhecer do processo impede que o outro nele atue, cabendo ao segundo escusar-se e remeter os autos ao seu substituto legal.

A *suspeição*, de acordo com o art. 145, dá-se nas seguintes situações: (*i*) quando o magistrado for amigo íntimo ou inimigo de qualquer das partes ou de seus advogados; (*ii*) quando o magis-

---

[276] A regra foi objeto da ADI 5.953, proposta pela AMB, que questiona sua constitucionalidade "por não observar o princípio da razoabilidade e da proporcionalidade", além de violar "o princípio constitucional de que a pena não passará da pessoa do condenado", derivado do art. 5º, XLV, da Constituição Federal. O pedido foi julgado procedente, com o reconhecimento da inconstitucionalidade daquela específica regra.

trado receber presentes de pessoas que tiverem interesse na causa antes ou depois de iniciado o processo, que ele aconselhar alguma das partes acerca do objeto da causa ou que subministrar meios para atender às despesas do litígio; (iii) quando qualquer das partes for credora ou devedora do magistrado, de seu cônjuge ou companheiro ou de parentes destes, em linha reta até o terceiro grau, inclusive; e (iv) quando o magistrado for interessado no julgamento do processo em favor de qualquer das partes[277]. Além dessas hipóteses, pode o magistrado declarar-se suspeito por motivo de foro íntimo, sem necessidade de declarar as razões respectivas (art. 145, § 1º), sendo vedado, contudo, interpretar ampliativamente o rol legal, de caráter taxativo[278].

Não será aceita a alegação de suspeição, lê-se do § 2º do art. 145, quando o motivo que lhe dá fundamento for provocado por quem a alega (hipótese que se harmoniza com a previsão do § 2º do art. 144 e mais amplamente) e quando a parte que a alega houver praticado ato significativo de aceitação manifesta do arguido. Ambas as hipóteses são aplicações escorreitas do princípio da boa-fé referido no art. 5º.

5.4.1 Forma de arguição

Além de ampliar os casos de impedimento e suspeição, em comparação ao CPC de 1973, o CPC de 2015 alterou profundamente a *forma* de sua alegação, extinguindo as chamadas "exceções de impedimento e de suspeição", que, até então, se faziam necessárias para tanto.

De acordo com o *caput* do art. 146, será bastante que a parte, autor ou réu, argua o fato em petição apresentada ao próprio magistrado no prazo de quinze dias (úteis) contados de sua ciência, instruindo-a, se for o caso, com documentos e rol de testemunhas.

Recebendo a petição, pode ser que o magistrado reconheça o impedimento ou a suspeição. Nesse caso, determinará a remessa dos autos ao seu substituto legal (art. 146, § 1º, 1ª parte). Se não, fixará a autuação em apartado da petição e apresentará, no prazo de quinze dias (úteis), as razões que entender pertinentes, acompanhadas, se for o caso, de documentos e de rol de testemunhas. Com a sua resposta, ordenará a remessa do incidente ao tribunal, que tem competência para julgá-lo (art. 146, § 1º, 2ª parte).

No Tribunal, o incidente será distribuído, cabendo ao relator declarar se o recebe com ou sem efeito suspensivo, o que merece ser compreendido levando em conta também a suspen-

---

[277]. A respeito do assunto, cabe dar destaque à Súmula 88 do TJSP: "Reiteradas decisões contrárias aos interesses do excipiente, no estrito exercício da atividade jurisdicional, não tornam o juiz excepto suspeito para o julgamento da causa". As palavras "excipientes" e "excepto" empregadas no enunciado referem-se àquele que formulava a *exceção* de suspeição do magistrado e em face de quem ela era formulada (o magistrado). Para o sistema do CPC de 2015, serão o requerente e o requerido, respectivamente.
[278]. Nesse sentido: STJ, 2ª Seção, AgInt na ExSusp 266/MT, rel. Min. Raul Araújo, j.un. 5-3-2024, *DJe* 11-3-2024; STJ, 6ª Turma, AgRg no AgRg no AgRg no AREsp 772.761/SP, rel. Min. Antonio Saldanha Palheiro, j.un. 6-6-2023, *DJe* 14-6-2023; e STJ, 2ª Seção, AgInt na ExSusp 198/PE, rel. Min. Marco Aurélio Bellizze, j.un. 17-3-2020, *DJe* 20-3-2020.

são do processo ocasionada com a arguição, nos termos do inciso III do art. 313 (art. 146, § 2º). Enquanto o relator não decidir acerca da atribuição, ou não, do efeito suspensivo, eventual tutela provisória fundamentada na urgência será requerida ao substituto legal do magistrado cuja imparcialidade está em questionamento (art. 146, § 3º), orientação que robustece o entendimento de que o processo está, ao menos até aquele momento, suspenso por força do precitado inciso III do art. 313.

No julgamento do incidente, o magistrado que a ele resistiu pode ser condenado ao pagamento de custas nos casos de impedimento ou em que for manifesta a suspeição. O § 5º do art. 146 reconhece expressamente a legitimidade recursal do magistrado, independentemente de ter sido imposta a sua responsabilidade pelo pagamento de custas e/ou honorários[279].

Quando acolhido o incidente, é o substituto legal que passará a conduzir o processo (art. 146, §§ 4º e 5º). Cabe também ao Tribunal fixar o momento a partir do qual o magistrado deveria ter parado de atuar (art. 146, § 6º), decretando, em conformidade, a nulidade dos atos praticados sob a égide dos motivos que levaram ao reconhecimento do impedimento ou da suspeição (art. 146, § 7º).

Os dispositivos examinados não tratam da oitiva da parte contrária ou de eventuais terceiros ao longo do incidente. Não obstante, eles podem participar dele. A resposta justifica-se não só na perspectiva do princípio constitucional do contraditório, mas também na do modelo de "processo cooperativo" imposto pelo art. 6º.

5.4.2 Outros destinatários das normas

Para além dos magistrados em geral, o art. 148 espraia os motivos de impedimento e de suspeição ao membro do Ministério Público – e é mais correto entender que aquelas vedações alcançam a sua atuação como parte *ou* como fiscal da ordem jurídica porque ela se dá com relação ao *integrante* (à pessoa natural, portanto) do Ministério Público e não com relação à instituição –, aos auxiliares da justiça e aos demais sujeitos imparciais do processo. A arguição da imparcialidade das testemunhas, geralmente chamada de "contradita", tem disciplina própria, como ressalva o § 4º do dispositivo, que se encontra no § 1º do art. 457.

Nos casos do art. 148, a parte interessada deverá arguir o impedimento ou a suspeição em petição fundamentada e devidamente instruída, na primeira oportunidade em que lhe couber falar nos autos (§ 1º), observando-se, nos Tribunais, o que dispuser o respectivo regimento interno (§ 3º). Determinando o processamento do incidente em separado e sem suspensão do processo – diferentemente do que se dá quando a imparcialidade questionada disser respeito ao magistrado –, o magistrado colherá a manifestação do arguido no prazo

---

279. Expresso quanto ao ponto: STJ, 2ª Turma, REsp 1.881.175/MA, rel. Min. Herman Benjamin, j.un. 14-3-2023, *DJe* 4-4-2023; e STJ, 4ª Turma, REsp 1.237.996/SP, rel. Min. Marco Buzzi, j.un. 20-10-2020, *DJe* 3-11-2020.

de quinze dias, podendo ser produzida a prova que se faça necessária (§ 2º), seguindo-se a decisão respectiva.

Pelas mesmas razões indicadas no número anterior, a parte contrária e eventuais terceiros intervenientes podem, querendo, se manifestar no incidente externando seu ponto de vista sobre a imparcialidade questionada.

5.5 Auxiliares da Justiça

O Capítulo III do Título IV do Livro III da Parte Geral cuida dos chamados *auxiliares da Justiça*, que são os sujeitos do processo que atuam ao lado do magistrado (em todos os graus de jurisdição) desempenhando funções-meio, viabilizadoras do exercício do atingimento da função-fim do Poder Judiciário, a prestação da tutela jurisdicional.

Seu rol é enumerado pelo art. 149 da seguinte forma: "São auxiliares da Justiça, além de outros cujas atribuições sejam determinadas pelas normas de organização judiciária, o escrivão, o chefe de secretaria, o oficial de justiça, o perito, o depositário, o administrador, o intérprete, o tradutor, o mediador, o conciliador judicial, o partidor, o distribuidor, o contabilista e o regulador de avarias".

Os números seguintes ocupam-se do tratamento dado, pelo Código de Processo Civil, àqueles sujeitos.

5.5.1 Escrivão, chefe de secretaria e oficial de justiça

É correto entender, diante do art. 150, que o escrivão ou o chefe de secretaria e o oficial de justiça são a célula mínima dos ofícios de justiça, que nada mais são dos que os cartórios ou as secretarias que auxiliam, na perspectiva administrativa e burocrática, a atuação dos magistrados.

São as normas de organização judiciária (inclusive as estaduais) que dispõem acerca desses ofícios e das específicas atribuições de cada um de seus membros, podendo ir além, evidentemente, do modelo traçado pelo Código de Processo Civil. Essas normas devem observar a diretriz do art. 151 de que o número de oficiais de justiça será, no mínimo, igual ao número de juízos (órgãos jurisdicionais) de determinada localidade.

As funções a serem desempenhadas pelo escrivão ou chefe de secretária estão indicadas no art. 152: (*i*) redação de ofícios, mandados, cartas precatórias; (*ii*) concretizar as ordens judiciais, realizar citações e intimações; (*iii*) comparecer a audiências; (*iv*) preservar os autos (físicos) em seu poder, não permitindo sua saída do cartório (secretaria), senão excepcionalmente; (*v*) expedir certidões do que lhe for solicitado, resguardando o segredo de justiça; e (*vi*) praticar atos meramente ordinatórios. Tais atos – que só podem ser, por definição, atos sem conteúdo decisório e de mero impulso processual – podem ser objeto de indicação em ato a ser editado pelo magistrado (art. 152, § 1º, que concretiza a previsão do inciso XIV do art. 93 da CF). No impedimento do escrivão ou chefe de secretaria, o magistrado convocará seu substituto ou, na impossibilidade, nomeará pessoa para a prática do ato (art. 152, § 2º).

O art. 153 é pertinente porque ele dialoga, do ponto de vista da organização judiciária e das funções desempenhadas pelo escrivão ou chefe de secretaria, com o que o Código de Processo Civil propõe em seu art. 12 sobre a "ordem cronológica de conclusão" dos processos para os fins que especifica: publicação e efetivação dos pronunciamentos judiciais recebidos. O dispositivo também passou, durante a *vacatio legis* do Código, por nova redação, dada pela Lei n. 13.256/2016, para flexibilizar o comando original, transformando o que era inequivocamente impositivo em meramente *preferencial*, o que atrai, para cá, as mesmas considerações do n. 2.12 do Capítulo 1[280]. Cabe sublinhar, a propósito, que a "preferência" a ser dada no proferimento de decisões e acórdãos em consonância com o art. 12 deve ser a mesma "preferência" da publicação e da efetivação dos pronunciamentos do art. 153, sob pena de esvaziamento total de ambas as normas.

O § 1º do art. 153 quer dar publicidade à lista a ser preparada (obrigatoriamente, tanto quanto a referida no § 1º do art. 12), considerando também o disposto no § 3º, e, consequentemente, viabilizar o controle acerca da observância, ainda que preferencial, do disposto no *caput*. A previsão, nesse sentido, harmoniza-se com o disposto nos §§ 4º e 5º, que dá legitimidade à parte, nos próprios autos, para reclamar de eventual preterição ao magistrado[281]. O § 2º exclui da regra do art. 153 os atos reputados urgentes reconhecidos como tais pelo magistrado no próprio ato a ser efetivado, sem prejuízo das preferências legais.

As funções a serem exercidas pelo oficial de justiça estão no art. 154. São elas: (*i*) realizar citações, penhoras e outras diligências, de preferência na presença de duas testemunhas, certificando o ocorrido, com menção ao lugar, dia e hora; (*ii*) executar as ordens dadas pelo juiz; (*iii*) entregar o mandado em cartório após seu cumprimento; (*iv*) auxiliar o juiz na manutenção da ordem; (*v*) efetuar, se for o caso, avaliações; e (*vi*) certificar, em mandado, proposta de autocomposição apresentada por qualquer das partes, na ocasião de realização de ato de comunicação que lhe couber. Neste caso, o juiz ordenará a intimação da parte contrária para manifestar-se, no prazo de cinco dias, sem prejuízo do andamento regular do processo, entendendo-se o silêncio como recusa (art. 154, parágrafo único).

---

[280]. É correto entender, também para o art. 153, que seu eventual descumprimento, até por força da flexibilização que nele acabou sendo prevista pela Lei n. 13.25/2016, não é fator de nulidade do ato. É o sentido do Enunciado n. 34 da ENFAM: "A violação das regras dos arts. 12 e 153 do CPC/2015 não é causa de nulidade dos atos praticados no processo decidido/cumprido fora da ordem cronológica, tampouco caracteriza, por si só, parcialidade do julgador ou do serventuário".

[281]. De acordo com o Enunciado n. 14 da I Jornada de Direito Processual Civil do CJF: "A ordem cronológica do art. 153 do CPC não será renovada quando houver equívoco atribuível ao Poder Judiciário no cumprimento de despacho ou decisão".

O art. 155 trata da responsabilidade civil e regressiva do escrivão ou chefe de secretaria e do oficial de justiça quando, sem justo motivo, se recusarem a cumprir no prazo os atos impostos pela lei ou pelo magistrado a que estão subordinados ou quando praticarem ato nulo com dolo ou culpa. Também aqui a responsabilidade (objetiva) do Estado é irrecusável.

5.5.2 Perito

O perito é o auxiliar da justiça que atuará "quando a prova do fato depender de conhecimento técnico ou científico" (art. 156, *caput*), sendo nomeado pelo magistrado para desempenhar aquela função (art. 465, *caput*), quando for determinada a realização de prova pericial (arts. 464 a 480).

A nomeação do perito no sistema do CPC de 2015 é muito diferente da disciplinada pelo CPC de 1973. Ela deve se dar entre os profissionais legalmente habilitados e os órgãos técnicos ou científicos devidamente inscritos em cadastro mantido pelo tribunal ao qual o juiz estiver vinculado (art. 156, § 1º). Esse cadastro, que é a grande novidade trazida pelo CPC de 2015 para o tema, deve ser formado após consulta pública e direta a diversas entidades, dentre elas o Ministério Público, a Defensoria Pública e a OAB, que indicarão profissionais ou órgãos técnicos interessados para dele fazer parte (art. 156, § 2º). Cabe aos Tribunais mantê-los atualizados, realizando avaliações e reavaliações periódicas nos termos do § 3º do art. 156. Nos locais em que não houver nenhum perito inscrito no cadastro – e só nestes casos –, a nomeação será de livre escolha do magistrado, devendo a sua escolha recair, contudo, sobre profissional ou órgão técnico ou científico que detenha, comprovadamente, o conhecimento necessário à realização da perícia (art. 156, § 5º).

O § 2º do art. 157 estabelece, ainda, a necessidade de organização de lista de peritos na vara ou na secretaria, com disponibilização dos documentos exigidos para habilitação à consulta de interessados, para que a nomeação seja distribuída de modo equitativo, observadas a capacidade técnica e a área de conhecimento.

O perito tem o dever de desempenhar sua função no prazo estabelecido pelo magistrado. Pode, contudo, escusar-se do encargo, alegando motivo legítimo (art. 157, *caput*), desde que o faça no prazo de quinze dias contado da intimação relativa à sua nomeação, da suspeição ou do impedimento supervenientes. Se não o fizer no prazo, entende-se que renunciou ao direito de se escusar do encargo (art. 157, § 1º). De outra parte, cabe ao órgão técnico ou científico nomeado para a perícia, de acordo com o § 4º do art. 156, informar ao juízo o nome e os dados de qualificação técnica dos profissionais que participarão da atividade para viabilizar eventual questionamento sobre sua imparcialidade.

A responsabilidade do perito está regulada no art. 158. Aquele que, por dolo ou culpa, prestar informações inverídicas responderá pelos prejuízos que causar à parte e ficará inabilitado para atuar em outras perícias no prazo de dois a cinco anos, independentemente das demais sanções previstas em lei, devendo o juiz comunicar o fato ao respectivo órgão de classe para adoção das medidas que entender cabíveis.

O cadastro a que se refere o art. 156 foi objeto de regulamentação pela Resolução n. 233, de 13 de julho de 2016, do Conselho Nacional de Justiça, alterada pela Resolução n. 475/2022, também do CNJ, que o chama de "Cadastro Eletrônico de Peritos e Órgãos Técnicos ou Científicos" (CPTEC).

5.5.3 Depositário e administrador

O depositário ou o administrador é o auxiliar da justiça cuja finalidade é guardar e conservar os bens penhorados, arrestados, sequestrados ou arrecadados, a não ser que a lei disponha de outro modo (art. 159).

O trabalho será remunerado em valor a ser fixado pelo magistrado, levando em conta a situação dos bens, o tempo do serviço e as dificuldades de sua execução (art. 160, *caput*). O juiz também poderá nomear, a pedido do depositário ou administrador, um ou mais prepostos para auxiliar no desempenho de sua atividade (art. 160, parágrafo único).

A responsabilidade do depositário ou administrador é subjetiva, dependente, pois, de ocorrência de dolo ou culpa. No cômputo da indenização, deve ser levado em conta o valor que legitimamente empregou no exercício do encargo, perdendo, de qualquer sorte, a remuneração arbitrada em seu favor (art. 161, *caput*).

Tratando-se de depositário infiel, isto é, aquele que não devolve os bens que estão sob sua guarda, embora instado a tanto, a responsabilidade civil não afasta a responsabilidade penal e a imposição de sanção por ato atentatório à dignidade da justiça (art. 161, parágrafo único). É vedada, contudo, a prisão *civil* do depositário infiel, a despeito da *literalidade* do inciso LXVII do art. 5º da Constituição Federal. Trata-se de entendimento, absolutamente pacífico, derivado do Pacto de São José da Costa Rica, do qual o Brasil é signatário, espelhado, inclusive, na Súmula Vinculante 25 do Supremo Tribunal Federal e na Súmula 419 do Superior Tribunal de Justiça[282].

5.5.4 Intérprete e tradutor

O intérprete ou tradutor é o auxiliar de justiça que tem como função traduzir documento redigido em língua estrangeira (art. 162, I); verter para o português as declarações das partes e das testemunhas que não conhecem o idioma nacional (art. 162, II); ou, ainda, realizar a interpretação simultânea dos depoimentos das partes e testemunhas com deficiên-

---

[282]. Cujos enunciados, respectivamente, são os seguintes: "É ilícita a prisão civil de depositário infiel, qualquer que seja a modalidade de depósito" e "Descabe a prisão civil do depositário judicial infiel".

cia auditiva que se comuniquem por meio da Língua Brasileira de Sinais, ou equivalente, quando assim for solicitado (art. 162, III)[283].

O art. 163 impede o exercício da função de intérprete ou tradutor por quem não tiver a livre administração de seus bens, quando tiver sido arrolado como testemunha ou atuar como perito no processo ou, ainda, quando estiver inabilitado para o exercício da profissão por sentença penal condenatória, enquanto durarem seus efeitos.

O intérprete ou tradutor, seja ele oficial ou não, é, a exemplo do perito, obrigado a desempenhar seu ofício quando instado a tanto pelo magistrado. Não obstante, tem aplicação o disposto no art. 157 com relação aos casos de escusa e à sua forma de apresentação. Também a responsabilidade prevista no art. 158 para os peritos incide sobre o intérprete ou tradutor, tudo por força do art. 164.

5.5.5 Conciliadores e mediadores judiciais

Desde seu art. 3º, o Código de Processo Civil enaltece a importância das soluções não jurisdicionais de conflito, dando especial destaque, como se lê dos §§ 2º e 3º daquele dispositivo, à conciliação e à mediação. Não é por outra razão que um dos deveres-poderes contidos no art. 139 é o de "promover, a qualquer tempo, a autocomposição, preferencialmente com auxílio de conciliadores e mediadores judiciais" (inciso V).

Coerentemente àquele intuito, o Capítulo III do Título IV do Livro III da Parte Geral dedica toda uma Seção à disciplina dos conciliadores e mediadores judiciais, no que inova – e muito – em relação ao CPC de 1973, que não conhecia disciplina similar. No regime daquele Código, iniciativas como essa repousavam em atitudes isoladas dos Tribunais e, mais amplamente, na Resolução n. 125 do Conselho Nacional de Justiça, cujo art. 1º, na sua redação original, estabelecia que: "Fica instituída a Política Judiciária Nacional de tratamento dos conflitos de interesses, tendente a assegurar a todos o direito à solução dos conflitos por meios adequados à sua natureza e peculiaridade. Parágrafo único. Aos órgãos judiciários incumbe, além da solução adjudicada mediante sentença, oferecer outros mecanismos de soluções de controvérsias, em especial os chamados meios consensuais, como a mediação e a conciliação, bem assim prestar atendimento e orientação ao cidadão"[284].

---

283. A participação do intérprete e, *a fortiori*, também do tradutor deriva do art. 8º, n. 2, letra *a*, da Convenção Interamericana de Direitos Humanos e integra o devido processo constitucional brasileiro, como destaca o n. 2.3 do Capítulo 3 da Parte I.
284. Na atualidade, o texto tem a seguinte redação, dada pela Resolução n. 326/2020: "Art. 1º Fica instituída a Política Judiciária Nacional de Tratamento Adequado dos Conflitos de Interesses, tendentes a assegurar a todos o direito à solução dos conflitos por meio adequados à sua natureza e peculiaridade. Parágrafo único. Aos órgãos judiciários incumbe, nos termos do art. 334 do Código de Processo Civil de 2015, combinado com o art. 27 da Lei n. 13.140, de 26 de junho de 2015 (Lei de Mediação), antes da solução adjudicada mediante sentença, oferecer outros mecanismos de soluções de controvérsias, em especial os chamados meios consensuais, como a mediação e a conciliação, bem assim prestar atendimento e orientação ao cidadão". Posteriormente, foram

O *caput* do art. 165 impõe a criação de centros judiciários vocacionados à solução consensual de conflitos, orientando e estimulando a autocomposição, estabelecendo as diretrizes básicas e os princípios que devem guiar a atuação de conciliadores e mediadores no atingimento daquele mister. São esses centros os responsáveis pela realização de sessões e audiências de conciliação e mediação e pelo desenvolvimento de programas destinados a auxiliar, orientar e estimular a autocomposição.

A observância das normas pertinentes do Conselho Nacional de Justiça a respeito do tema é de rigor, como se verifica do § 1º do art. 165[285], merecendo destaque a precitada Resolução n. 125/2010, alterada pelas Emendas n. 1/2013 e 2/2016 e pelas Resoluções n. 290/2019, n. 326/2020 e n. 390/2021. Também a Lei n. 13.140/2015, a chamada "lei da mediação", deve ser observada, no âmbito da mediação *judicial*, naquilo que ela não confrontar com a disciplina dada pelo Código de Processo Civil, que prevalece por entrar em vigor depois daquela. O parágrafo único do art. 1º daquele diploma legal, a propósito, refere-se à mediação como "[...] a atividade técnica exercida por terceiro imparcial sem poder decisório, que, escolhido ou aceito pelas partes, as auxilia e estimula a identificar ou desenvolver soluções consensuais para a controvérsia". A Resolução n. 358/2020 do CNJ, por sua vez, "regulamenta a criação de soluções tecnológicas para a resolução de conflitos pelo Poder Judiciário por meio da conciliação e mediação".

Os §§ 2º e 3º do art. 165 traçam o perfil básico do conciliador e do mediador, respectivamente, apresentando as principais diferenças na atuação de um e de outro e nas técnicas disponíveis para obtenção da autocomposição, em absoluta harmonia com o precitado parágrafo único do art. 1º da Lei n. 13.140/2015: o conciliador atuará preferencialmente nos casos em que não houver vínculo anterior entre as partes; o mediador, nos casos em que existir esse vínculo. Ademais, o mediador, consoante o § 1º do art. 4º da Lei n. 13.140/2015, "conduzirá o procedimento de comunicação entre as partes, buscando o entendimento e o consenso e facilitando a resolução do conflito".

O art. 166 se ocupa dos princípios regentes da conciliação e da mediação: independência, imparcialidade, autonomia da vontade, confidencialidade, oralidade, informalidade e decisão informada. Os parágrafos do dispositivo trazem importantes elementos em relação ao alcance e à configuração do princípio da *confidencialidade* (§§ 1º e 2º), do princípio da *decisão informada* (§ 3º) e do princípio da *autonomia da vontade* (§ 4º). O art. 2º da Lei n. 13.140/2015 robustece, ampliando, os princípios relativos à mediação, ao indicar os seguintes: imparcialidade do mediador, isonomia entre as partes, oralidade, informalidade, autonomia da von-

---

editadas as Resoluções n. 390/2021 e 431/2021 do CNJ, que modificaram a Resolução n. 125 para adequá-la ao desenvolvimento da temática no âmbito do próprio CNJ, tendo a Resolução n. 390, por exemplo, disposto sobre a criação de novas regras de tecnologia no âmbito daquele órgão.

285. Neste sentido é o Enunciado n. 58 da ENFAM: "As escolas judiciais e da magistratura têm autonomia para formação de conciliadores e mediadores, observados os requisitos mínimos estabelecidos pelo CNJ".

tade das partes, busca do consenso, confidencialidade e boa-fé. É inequívoca a necessidade (e a possibilidade) de interpretação e aplicação conjunta dos dispositivos, inclusive no que diz respeito à conciliação.

A compreensão da maioria daqueles princípios é dada pelo Código de Ética de Conciliadores e Mediadores Judiciais, Anexo III da precitada Resolução n. 125/2010 do Conselho Nacional de Justiça (com as modificações já destacadas). Segundo aquele ato normativo (que trata de outros princípios regentes da atuação dos conciliadores e mediadores, que *também* devem ser observados, sem prejuízo dos estabelecidos pelo art. 2º da Lei n. 13.140/2015, para a mediação):

– A "independência e autonomia" consistem no "dever de atuar com liberdade, sem sofrer qualquer pressão interna ou externa, sendo permitido recusar, suspender ou interromper a sessão se ausentes as condições necessárias para seu bom desenvolvimento, tampouco havendo dever de redigir acordo ilegal ou inexequível". O § 2º do art. 2º da Lei n. 13.140/2015, a propósito, evidencia que "ninguém será obrigado a permanecer em procedimento de mediação", o que assume enorme importância, na visão deste *Curso*, no que toca à regra eleita para o procedimento comum pelo Código de Processo Civil de citar o réu para comparecimento à audiência de conciliação e de mediação.

– A "imparcialidade" é o "dever de agir com ausência de favoritismo, preferência ou preconceito, assegurando que valores e conceitos pessoais não interfiram no resultado do trabalho, compreendendo a realidade dos envolvidos no conflito e jamais aceitando qualquer espécie de favor ou presente"[286].

– A "confidencialidade" merece ser entendida como o "dever de manter sigilo sobre todas as informações obtidas na sessão, salvo autorização expressa das partes, violação à ordem pública ou às leis vigentes, não podendo ser testemunha do caso, nem atuar como advogado dos envolvidos, em qualquer hipótese"[287]. Ela encontra detalhada disciplina nos arts. 30 e 31 da Lei n. 13.140/2015.

– A "decisão informada" consiste no "dever de manter o jurisdicionado plenamente informado quanto aos seus direitos e ao contexto fático no qual está inserido".

---

[286]. A respeito, cabe colacionar o Enunciado n. 1 do FNPP: "Após atuar como mediador ou conciliador no âmbito da Administração Pública, o advogado público não fica impedido de assessorar, representar ou patrocinar o respectivo ente público, senão em relação ao outro participante da mediação e ao seu objeto, cumulativamente". Também é de se trazer à tona o Enunciado n. 14 do CEAPRO: "O juiz deve estimular a adoção da autocomposição, sendo a ele vedada a condução da sessão consensual por força dos princípios da imparcialidade e confidencialidade".

[287]. A propósito, cabem ser destacados os Enunciados n. 56 e 62 da ENFAM, respectivamente: "Nas atas das sessões de conciliação e mediação, somente serão registradas as informações expressamente autorizadas por todas as partes" e "O conciliador e o mediador deverão advertir os presentes, no início da sessão ou audiência, da extensão do princípio da confidencialidade a todos os participantes do ato". O Enunciado n. 6 do FNPP, por sua vez, dispõe que: "A confidencialidade na mediação com a Administração Pública observará os limites da lei de acesso à informação".

– A despeito de não ser mencionado no referido Código de Ética, a "oralidade" deve ser compreendida como o predomínio da palavra oral sobre a escrita e a "informalidade" como a ausência de ritos ou formas preestabelecidas para realização da mediação ou da conciliação.

Todos esses princípios são facilmente harmonizáveis com os arts. 4º, 5º e 6º do Código de Processo Civil.

O art. 167, no *caput* e em seus §§ 1º a 4º, em harmonia com os arts. 11 e 12 da Lei n. 13.140/2015, trata dos cadastros, nacionais e locais, de conciliadores e mediadores a serem formados e que devem ser atualizados constantemente pelos tribunais, estabelecendo as condições mínimas para neles se inscrever[288]. As regras harmonizam-se com as regras constantes dos arts. 11 e 12 da Lei n. 13.140/2015. Cabe o destaque do § 6º do art. 167 do Código de Processo Civil sobre a possibilidade de o tribunal, mediante concurso público, criar quadro próprio de conciliadores e mediadores[289].

Há, outrossim, previsão de impedimento para os advogados que também sejam conciliadores ou mediadores judiciais: eles estão *impedidos* de exercer a advocacia nos juízos em que desempenharem aquela função (art. 167, § 5º)[290]. Não se trata, pois, de vedação *territorial*; menos que isso, ela é limitada ao órgão jurisdicional em que atue na qualidade de conciliador ou mediador. Quando não houver tal vinculação funcional – e, em rigor, ela não deve existir –, não há por que se dar o referido impedimento, máxime porque a Lei n. 13.140/2015, a Lei da Mediação, nada dispõe sobre o assunto, sendo suficientes os já indicados princípios para afastar qualquer dúvida sobre a seriedade e a imparcialidade do mediador a cada caso concreto. Tanto assim que o art. 5º, *caput*, da Lei n. 13.140/2015 determina a aplicação, aos mediadores, das mesmas hipóteses legais de impedimento e suspeição do magistrado.

O art. 168 trata da possibilidade de escolha do conciliador ou do mediador. Como regra, ele será escolhido de comum acordo pelas partes, inclusive fora dos profissionais cadastrados junto ao Tribunal[291]. É o que se lê do § 1º do dispositivo, que se harmoniza com o art. 9º da Lei n. 13.140/2015. Sendo recomendável, a designação será de mais um mediador ou conciliador (art. 168, § 3º, e art. 15 da Lei n. 13.140/2015). Não existindo acordo quanto à escolha, haverá distribuição entre aqueles cadastrados no âmbito dos tribunais (art. 168, § 2º), previsão que se repete no art. 25 da Lei n. 13.140/2015.

---

288. De acordo com o Enunciado n. 57 da ENFAM: "O cadastro dos conciliadores, mediadores e câmaras privadas deve ser realizado nos núcleos estaduais ou regionais de conciliação (Núcleos Permanentes de Métodos Consensuais de Solução de Conflitos – NUPEMEC), que atuarão como órgãos de gestão do sistema de autocomposição".
289. A respeito é o Enunciado n. 9 do TJMG segundo o qual: "As audiências de conciliação poderão ser realizadas pelos conciliadores existentes na comarca ou pelo próprio juiz, até que o Tribunal forme o quadro respectivo".
290. O Enunciado n. 60 da ENFAM é no sentido de que "À sociedade de advogados a que pertença o conciliador ou mediador aplicam-se os impedimentos de que tratam os arts. 167, § 5º, e 172 do CPC/2015".
291. Para tanto, importa que seja preenchido o requisito de capacitação mínima prevista no § 1º do art. 167, na linha do que sustenta, corretamente, o Enunciado n. 59 da ENFAM.

O art. 169 trata da remuneração dos conciliadores ou mediadores. Ela será fixada por tabela a ser editada pelos tribunais, observando os parâmetros estabelecidos pelo Conselho Nacional de Justiça, previsão conforme com o art. 13 da Lei n. 13.140/2015, vedando-a quando houver quadro próprio nos tribunais, o que se justifica porque, nesse caso, os conciliadores ou mediadores são servidores públicos e são remunerados como tais. O § 1º do dispositivo trata das condições em que aquela função pode ser desempenhada como trabalho voluntário. O § 2º, por seu turno, refere-se ao percentual de audiências não renumeradas que deverão ser suportadas pelas câmaras privadas de conciliação e mediação, com o fim de atender aos processos em que deferida gratuidade da justiça, como contrapartida de seu credenciamento.

O art. 170 regulamenta a hipótese de haver impedimento do conciliador ou do mediador, impondo a necessidade de redistribuição do processo a outro.

O art. 171 cuida do dever de o conciliador ou mediador comunicar o centro sobre a impossibilidade temporária de exercício da função, cessando, durante aquele período, novas distribuições.

O art. 172 estabelece prazo de um ano como "quarentena" aos conciliadores ou mediadores, contado do término da última audiência em que atuaram, para assessorar, representar ou patrocinar qualquer das partes, regra repetida pelo art. 6º da Lei n. 13.140/2015.

O art. 173 lida com as situações que justificam a exclusão do conciliador ou do mediador do cadastro a que se refere o art. 167, observando, sempre, o prévio (e indispensável, na perspectiva do modelo constitucional) processo administrativo (§ 1º). O § 2º do art. 173 prevê a possibilidade de afastamento temporário das funções por até cento e oitenta dias quando for constatada atuação inadequada do mediador ou conciliador.

O art. 174 quer espraiar para a Administração Pública os benefícios da mediação e da conciliação no âmbito administrativo, determinando que ela crie câmaras de mediação e conciliação. Trata-se de importante norma programática a ser implementada por leis próprias de cada ente federado e que encontra maior desenvolvimento nos arts. 32 a 34 e 43 da Lei n. 13.140/2015, cujos arts. 35 a 40 a concretizam para a Administração Pública federal.

O art. 175, o último da Seção destinada a disciplinar os conciliadores e os mediadores judiciais, ressalva a possibilidade de serem empregados outros meios extrajudiciais para resolução de conflitos. É o que os especialistas da matéria chamam de sistema multiportas, no sentido de deverem coexistir variadas soluções para viabilizar, além da conciliação, da medição e da arbitragem, referidas pelo Código de Processo Civil desde os §§ 2º e 3º de seu art. 3º, a solução extrajudicial (ou as soluções, a serem empregadas escalonadamente) mais *adequada* possível de acordo com as peculiaridades de cada caso concreto[292]. O art. 41 da Lei

---

292. No âmbito da arbitragem, cabe o destaque da promulgação, durante o período de *vacatio legis* do CPC, da Lei n. 13.129/2015, que passou a permiti-la, expressamente, nos casos envolvendo pessoas de direito público, tanto da administração pública direta como da indireta, nos termos do § 1º do art. 1º e do § 3º do art. 2º da Lei n. 9.307/96.

n. 13.140/2015, a propósito, dispõe que a Escola Nacional de Mediação e Conciliação, no âmbito do Ministério da Justiça, poderá criar banco de dados sobre boas práticas em mediação, bem como manter relação de mediadores e de instituições de mediação.

O parágrafo único do art. 175 estabelece que os dispositivos pertinentes à conciliação e à mediação judiciais constantes do Código de Processo Civil aplicam-se, no que couber, às câmaras privadas de conciliação e mediação. Trata-se da diretriz também assumida pelo art. 42 da Lei n. 13.140/2015 que se refere, expressamente, às mediações comunitárias e escolares e àquelas efetivadas no âmbito das serventias extrajudiciais, respeitadas as suas competências.

6. MINISTÉRIO PÚBLICO

O Ministério Público é uma das funções essenciais à administração da justiça e, como tal, compõe o modelo constitucional do direito processual civil.

Como expõe o n. 4.2 do Capítulo 3 da Parte I, a disciplina do Ministério Público está expressa na Constituição Federal, que estabelece suas diretrizes e princípios institucionais (art. 127); sua organização (art. 128) e suas funções *institucionais* (art. 129).

No plano infraconstitucional federal, é a Lei Complementar n. 75/93, que dispõe sobre a organização, as atribuições e o estatuto do Ministério Público da União, aí incluindo o Ministério Público do Distrito Federal e dos Territórios. A Lei n. 8.625/93, por sua vez, institui a Lei Orgânica Nacional do Ministério Público e dispõe sobre normas gerais para a organização do Ministério Público dos Estados. Este diploma legislativo deve ser entendido, portanto, como verdadeira "norma geral" de observância compulsória para cada Estado-membro regular o seu próprio Ministério Público sem prejuízo das prescrições impostas pela Constituição Federal e pelas Constituições dos respectivos Estados e correlata legislação estadual.

Neste complexo panorama legislativo, sobrou muito pouco espaço para o Código de Processo Civil tratar do assunto. Não obstante, seus arts. 176 a 181 são dedicados exclusivamente ao Ministério Público, acentuando a viabilidade de sua atuação dar-se como *parte* e como *fiscal da ordem jurídica*, expressão cunhada pelo Código de Processo Civil para substituir a consagradíssima, mas insuficiente, "fiscal da *lei*", correspondente à latina "*custos legis*"[293]. Em tempos de inevitáveis processos hermenêuticos que partem da Constituição Federal, a alteração é pertinente e merece ser aplaudida.

O art. 176 trata da atuação do Ministério Público "na defesa da ordem jurídica, do regime democrático e dos interesses e direitos sociais e individuais indisponíveis". É a função institucional da essência do próprio Ministério Público e que, em rigor, é expressa de

---

[293]. A iniciativa se deveu a uma série de contribuições apresentadas pela Escola do Ministério Público do Estado de São Paulo, por intermédio do Procurador de Justiça daquele Estado, Professor Ricardo Leonel de Barros, à Comissão de revisão do Anteprojeto de novo CPC no âmbito do Senado Federal.

maneira bastante pelo art. 127 da Constituição Federal e está adequadamente capturada pelo texto da regra.

O art. 177, ocupando-se da atuação do Ministério Público como *parte*, prescreve que a instituição "exercerá o direito de ação em conformidade com suas atribuições constitucionais". Também aqui, não se poderia esperar algo diverso, sob pena de agressão ao modelo constitucional, sendo decisivos, para a devida compreensão do dispositivo, o alcance do art. 129 da Constituição Federal e as múltiplas possibilidades de atuação do Ministério Público, inclusive (e sobretudo) no plano do processo coletivo.

Naquele dispositivo constitucional, colhem-se as seguintes funções institucionais do Ministério Público que se relacionam ao direito processual civil: (*i*) zelar pelo efetivo respeito dos Poderes Públicos e dos serviços de relevância pública aos direitos assegurados nesta Constituição, promovendo as medidas necessárias a sua garantia; (*ii*) promover o inquérito civil e a ação civil pública, para a proteção do patrimônio público e social, do meio ambiente e de outros interesses difusos e coletivos[294]; (*iii*) promover a ação de inconstitucionalidade ou representação para fins de intervenção da União e dos Estados nos casos previstos na Constituição; (*iv*) defender judicialmente os direitos e interesses das populações indígenas; e (*v*) exercer outras funções que lhe forem conferidas, desde que compatíveis com sua finalidade[295], sendo-lhe vedada a representação judicial e a consultoria jurídica de entidades públicas, porque é esta a função institucional reservada às advocacias públicas.

A participação do Ministério Público na qualidade de "fiscal da ordem jurídica" é objeto de regulação do art. 178. São os casos em que a *intervenção* do Ministério Público se justifica não para atuar em favor de uma das partes, mas para atuar de forma reconhecidamente desvinculada do interesse individual, subjetivado, trazido ao processo. De uma forma *imparcial* ou, para ser mais preciso, para exercer uma atuação processual que *transcende* o interesse subjetivado, próprio, de cada uma das partes que estão na relação processual perante o Estado-juiz.

Os casos em que esta intervenção é *obrigatória* são os seguintes: (*i*) interesse público ou social; (*ii*) interesse de incapaz; (*iii*) litígios coletivos pela posse de terra rural ou urbana; e (*iv*) demais casos previstos na Constituição Federal, no próprio Código de Processo Civil[296]

---

[294]. A respeito, cabe colacionar a Súmula 601 do STJ, assim enunciada: "O Ministério Público tem legitimidade ativa para atuar na defesa de direitos difusos, coletivos e individuais homogêneos dos consumidores, ainda que decorrentes da prestação de serviço público".

[295]. Assim, apenas para fins de ilustração, a Súmula 594 do STJ, cujo enunciado é o seguinte: "O Ministério Público tem legitimidade ativa para ajuizar ação de alimentos em proveito de criança ou adolescente independentemente do exercício do poder familiar dos pais, ou do fato de o menor se encontrar nas situações de risco descritas no art. 98 do Estatuto da Criança e do Adolescente, ou de quaisquer outros questionamentos acerca da existência ou eficiência da Defensoria Pública na comarca".

[296]. É o que se dá no âmbito da "jurisdição voluntária" (art. 721), com o conflito de competência (art. 951, parágrafo único), e na ação rescisória (art. 967, parágrafo único). Em todos esses casos, contudo, o que legitima a intervenção ministerial é a ocorrência de, ao menos, uma das hipóteses do art. 178, das "ações de família em que figure como parte vítima de violência doméstica e familiar, nos termos da Lei n. 11.340, de 7 de agosto de

e nas leis extravagantes, como ocorre, por exemplo, no mandado de segurança[297] e na ação popular[298].

O parágrafo único do art. 178, sem paralelo no CPC de 1973, dispõe que a circunstância de a Fazenda Pública ser parte do processo não é fator suficiente para a participação do Ministério Público como fiscal da ordem jurídica. A melhor interpretação para o dispositivo é que cabe àquele órgão analisar se, a despeito da atuação da Fazenda Pública, o caso concreto reclama sua intervenção, o que encontrará fundamento bastante no inciso I do mesmo art. 178 e, superiormente, nos incisos I e III do art. 129 da Constituição Federal, observando, em qualquer caso, a vedação do inciso IX daquele mesmo artigo constitucional.

A hipótese, aliás, permite discernir com nitidez o interesse que *pode* justificar a intervenção ministerial como fiscal da ordem jurídica daquela que diz respeito exclusivamente à advocacia pública e que é, no desinteresse do Ministério Público em intervir, suficientemente desempenhada por aquela instituição para a tutela dos direitos e dos interesses da pessoa jurídica de direito público.

Cabe ao magistrado, em todos esses casos, determinar a intimação do Ministério Público, que terá o prazo de trinta dias (úteis) para se manifestar (art. 178, *caput*). Se entender que o caso não reclama sua intervenção, caberá a ele suscitar a questão ao magistrado, que decidirá. A recorribilidade imediata da decisão a ser proferida encontra fundamento suficiente no inciso IX do art. 1.015, já que o Ministério Público é, quando atuante como fiscal da ordem jurídica, verdadeiro *terceiro* em relação ao processo.

A ausência de *intimação* do Ministério Público para atuar na qualidade de fiscal da ordem jurídica acarreta a nulidade do processo desde então (art. 279, *caput* e § 1º), sendo certo que a ocorrência, ou não, de prejuízo pressupõe intimação do Ministério Público para se manifestar sobre ela (art. 279, § 2º), típica hipótese em que a lei concretiza o princípio do "aproveitamento dos atos processuais". Cabe destacar que o que rende ensejo à nulidade é a falta de intimação, isto é, de criação de oportunidade para a participação do Ministério Público e não a inexistência de manifestação daquele órgão, mormente quando seu entendimento for no sentido de que a hipótese concreta não justifica sua intervenção.

2006 (Lei Maria da Penha)." (art. 698, parágrafo único, introduzido pela Lei n. 13.894/2019). Nesse sentido é o Enunciado n. 177 da III Jornada de Direito Processual Civil do CJF: "No procedimento de alteração de regime de bens, a intervenção do Ministério Público somente se dará nos casos dos arts. 178 e 721 do Código de Processo Civil".

[297]. É o que prevê o art. 12 da Lei n. 12.016/2009. O dispositivo é criticado pelo próprio Ministério Público porque não haveria razão constitucional para a intervenção ministerial naqueles casos. O entendimento merece ser afastado por absolutamente descabido na perspectiva do modelo constitucional, o que não significa afirmar que eventual alteração legislativa possa regular diversamente, quiçá dispensando, a *obrigatoriedade* que hoje emana daquela regra para a atuação do MP. Para esta discussão, ver, do autor deste *Curso*, seu *A nova lei do mandado de segurança*, esp. p. 100-105, preservando (e desenvolvendo) o que já sustentava anteriormente em seu *Mandado de segurança*, p. 130-135.

[298]. Consoante dispõe o art. 6º, § 4º, da Lei n. 4.717/65.

Intervindo como fiscal da ordem jurídica, o Ministério Público terá vista dos autos depois das partes, sendo intimado de todos os atos do processo (art. 179, I), e poderá produzir provas, requerer as medidas processuais pertinentes e recorrer (art. 179, II).

Não há espaço para criticar aquelas situações em que a atuação do Ministério Público no exercício deste seu mister institucional for coincidente com o interesse postulado por uma das partes em detrimento da outra. É supor o exemplo de a atuação do Ministério Público se justificar em virtude de o autor PNNC ser menor de idade. Eventual manifestação ministerial que apoie com veemência o pedido de tutela jurisdicional feito por PNNC, o menor, em face de PNPN, acrescentando argumentos, pugnando pelo acolhimento do pedido e requerendo provas, não é transbordante da intervenção àquele título. Muito pelo contrário, é exatamente essa a postura que se espera daquele órgão[299].

O prazo para a manifestação do Ministério Público é contado em dobro (art. 180, *caput*), a não ser que a lei estabeleça prazo próprio para a sua manifestação (como se dá, por exemplo, no caso do *caput* do art. 179), consoante a ressalva feita pelo § 2º do art. 180. A fluência do prazo pressupõe sua intimação pessoal por carga, remessa dos autos ou meio eletrônico (art. 180). Cabe acrescentar que o dispositivo, indo além do art. 188 do CPC de 1973, generaliza, para *todas* as manifestações do Ministério Público, o prazo em dobro, que *também* será, quando processual, contado apenas em dias úteis, por força do art. 219[300].

O § 1º do art. 180, inovando em relação ao CPC de 1973, dispõe que, se o prazo para a manifestação do Ministério Público findar sem a apresentação de sua manifestação, caberá ao magistrado dar andamento regular ao processo, requisitando, para tanto, os autos (se físicos) do processo. Em se tratando de autos digitalizados ou eletrônicos, basta que o magistrado dê seguimento ao processo. É solução que pressupõe o desinteresse na intervenção e, como destacado acima, não é capaz de gerar, por si só, qualquer nulidade no processo, *desde que* a intimação tenha sido regular.

O art. 181 estabelece a responsabilidade civil e regressiva do membro do Ministério Público quando agir com dolo ou fraude no exercício de suas funções. A previsão, em rigor

---

[299]. É o que escreve pertinentemente Maria Carolina Silveira Beraldo ("Atuação do Ministério Público no novo Código de Processo Civil", p. 82): "Como se vê, houve relativa racionalização da atuação do Ministério Público enquanto fiscal da ordem jurídica em demandas cíveis, o que se revela em sintonia com os ditames constitucionais. Há tempos o Ministério Público brasileiro tem buscado desempenhar suas funções para além da emissão de mero parecer, ultrapassando a ideia de 'aparente assessor do juiz no processo judicial', deixando de lado sua postura passiva para intervir, de forma efetiva, na instrução do processo, na fase de saneamento, e, inclusive, com formulação de pedido de antecipação de efeitos de tutela provisória".

[300]. Aqui, diferentemente do que este *Curso* sustenta para o art. 183, dirigido à advocacia pública, não há atrito com o princípio constitucional da isonomia, sendo justificável, diante dos misteres desempenhados pelo Ministério Público, a contagem diferenciada dos prazos. Tanto assim que no julgamento da ADI 758/RJ, j.un. 27-9-2019, *DJe* 18-11-2019, rel. Min. Dias Toffoli, o Pleno do STF entendeu constitucionais os dispositivos do Regimento Interno do TRF2 que permitem a intervenção oral do Ministério Público naquela qualidade nos julgamentos independentemente de limitação temporal.

desnecessária diante do que dispõem as leis de regência da instituição, comporta as mesmas observações feitas ao ensejo do art. 143.

No âmbito criminal, importa lembrar da Lei n. 13.869/2019, a chamada "Lei do abuso de autoridade", que é aplicável, no que inova na ordem jurídica, também aos membros do Ministério Público (art. 2º, V).

7. ADVOCACIA PRIVADA

Como destaca o n. 2, *supra*, é relevante estudar os dispositivos que o Código de Processo Civil reserva para a advocacia no contexto das funções essenciais à administração da Justiça. Por isso, o "transporte" da disciplina que ocupa os arts. 103 a 107 para cá.

O Capítulo III do Título I do Livro III da Parte Geral do Código de Processo Civil chama "procuradores" o que, em rigor, deveria chamar "advocacia *privada*", em contraposição ao que o Título VI do mesmo Livro (arts. 182 a 184) chama "advocacia *pública*".

Seria mais adequado, aliás, justamente diante do referido Título VI – máxime quando analisados *também* os Títulos IV, V e VII, dedicados ao juiz, ao Ministério Público e à Defensoria Pública, respectivamente – que a "advocacia privada" tivesse recebido um Título próprio, ao lado das demais funções essenciais à Administração da Justiça. Seria providência mais que adequada e justificável diante do alcance do modelo constitucional do direito processual civil e que é enfatizado pelo próprio Código de Processo Civil desde seu art. 1º.

A opção do CPC de 2015 deve ser lamentada porque a disciplina da advocacia privada sob o rótulo de *procuradores*, ao lado das partes, acaba por reproduzir a forma e o local de disciplinar a matéria adotada pelo CPC de 1973, podendo ensejar alguma dificuldade sobre o alcance das várias normas lá previstas, inclusive sobre e de que maneira elas se aplicam aos advogados – e mais amplamente aos demais titulares de capacidade postulatória – e não às partes. É certo que não era o caso de esperar que o próprio Código de Processo Civil criasse regras próprias e específicas para quaisquer das funções essenciais da Justiça, inclusive para a advocacia, que tem lei de regência própria, a Lei n. 8.906/94, o Estatuto da Advocacia e da Ordem dos Advogados do Brasil.

Assim, ainda que se preocupando com questões típicas do dia a dia forense – ou até em função delas –, era importante que o Código de Processo Civil, rente ao modelo constitucional, desse o necessário destaque e a devida especificação ao que ele próprio se preocupou em disciplinar sob aquele rótulo amplo, "dos procuradores". Não é diverso, ademais, o que se dá com relação às demais funções essenciais à administração da justiça no plano do próprio Código de Processo Civil nos já referidos Títulos.

A ressalva acima e a realocação do exame dos referidos dispositivos codificados não têm o condão, de qualquer sorte, de interferir na disciplina codificada e na sua importância. Até porque não há espaço para duvidar de que a disciplina genérica dos advogados, desde sua específica lei de regência, diz respeito indistintamente a advogados privados e públicos.

A representação em juízo da parte por "advogado regularmente inscrito na Ordem dos Advogados do Brasil", anunciada pelo *caput* do art. 103, precisa ser compreendida no sistema jurídico, inclusive do próprio Código de Processo Civil. Trata-se, assim, de regra que cede diante da existência de outros fatores que colocam outras funções essenciais à administração da justiça como detentoras de capacidade postulatória. Assim é que a parte *não será representada* por advogado *privado* quando se tratar da atuação da *advocacia pública* (embora os advogados públicos sejam inscritos na OAB, mas podem ter restrições no exercício da advocacia fora de seus misteres institucionais) ou da *Defensoria Pública* (que não podem exercer advocacia fora de seus misteres institucionais). Também não tem aplicação o *caput* do art. 103 quando se tratar de atuação do *Ministério Público* cujos membros têm, como tais, capacidade postulatória plena para desempenho das finalidades institucionais daquela entidade.

O parágrafo único do art. 103 aceita que a parte atue "em causa própria" quando ela tiver habilitação legal, isto é, quando ela, a própria parte, for advogado ou advogada, hipótese em que também é indispensável a observância das exigências feitas pelo art. 106 sobre os meios necessários à realização das intimações ao advogado (que, naquela hipótese, é *também* parte) e, se for o caso, também à sociedade que integra. A ressalva de "atuar em causa própria" aplica-se exclusivamente aos advogados privados e, eventualmente, aos públicos que não ostentem, generalizadamente, vedação ao exercício privado da advocacia.

O advogado privado, estabelece o art. 104, atua mediante a apresentação da chamada "procuração". Trata-se do instrumento do contrato de mandato que o advogado estabelece com a parte, o mandante, seu cliente ou constituinte (art. 653 do Código Civil).

O próprio art. 104 excepciona a regra quando a atuação se justificar para evitar preclusão (novidade trazida pelo CPC de 2015 quando comparado com o CPC de 1973), decadência ou prescrição, ou, mais amplamente, para praticar ato considerado urgente. Em tais casos, complementa o § 1º, cabe ao advogado apresentar a procuração em juízo no prazo de quinze dias, prorrogável por outros quinze, quando deferido pelo magistrado[301]. Não há necessidade de caução, isto é, de qualquer garantia monetária para a intervenção autorizada nos termos do dispositivo. Se o advogado não apresentar a procuração, o ato será considerado ineficaz em relação àquele em cujo nome foi praticado (a parte), sendo o advogado responsável por eventuais despesas e perdas e danos (art. 104, § 2º) a serem questionados por quem se sentir prejudicado.

O art. 105 trata da "procuração geral para o foro", geralmente rotulada de "procuração *ad judicia*". Independentemente de ela ser passada por instrumento público ou particular assi-

---

[301]. O ato de constituição de advogado é de ordem material, embora surta efeitos processuais. É mais correto, por isso, entender que se trata de prazo *material* a impor, nos termos do parágrafo único do art. 219, que na sua contagem sejam computados os dias corridos e não apenas os úteis.

nado pela parte, inclusive digitalmente (art. 105, § 1º), e sem necessidade de autenticação da assinatura, ela permite ao advogado "praticar todos os atos do processo". As exceções são as indicadas pelo próprio dispositivo: "receber citação, confessar, reconhecer a procedência do pedido, transigir, desistir, renunciar ao direito sobre o qual se funda a ação, receber, dar quitação, firmar compromisso e assinar declaração de hipossuficiência econômica"[302]. Para que o advogado desempenhe, em nome da parte, uma ou mais dessas tarefas, elas precisam ser especificadas expressamente na própria procuração ou em outra que venha a ser apresentada ao longo do processo. A regra também é a de que a procuração outorgada para a etapa de conhecimento do processo seja eficaz para todas as demais, inclusive para os recursos a serem eventualmente interpostos e a de cumprimento de sentença, no que é expresso o § 4º do art. 105. Ajuste em sentido diverso entre o advogado e a parte precisa constar expressamente da procuração.

Além de eventuais "poderes expressos" ou a ressalva relativa à duração de sua outorga em relação às fases (ou atos) do processo, a procuração deverá conter o nome do advogado, o número de sua inscrição na OAB e o endereço completo (art. 105, § 2º), tanto o físico como o eletrônico. Se se tratar de advogado integrante de sociedade de advogados, a procuração deverá conter também o nome da sociedade com a indicação de seu respectivo registro na OAB, além do endereço completo, físico e eletrônico. A indicação da sociedade de advogados é novidade trazida pelo § 3º do art. 105 e quer viabilizar que a própria sociedade (e não seus membros, individualmente considerados) seja intimada dos atos ao longo do processo (art. 272, § 2º), além do recebimento de honorários advocatícios diretamente (art. 85, § 15).

O art. 107 lista os seguintes direitos ao advogado que, em rigor, nada acrescentam ao rol mais amplo do art. 7º e do art. 7º-A da Lei n. 8.906/94: (i) examinar, em cartório de fórum e secretaria de tribunal, mesmo sem procuração, autos de qualquer processo, independentemente da fase de tramitação, assegurados a obtenção de cópias e o registro de anotações, salvo havendo segredo de justiça, quando só o advogado constituído terá acesso aos autos; (ii) requerer, como procurador, vista dos autos de qualquer processo, pelo prazo de cinco dias[303]; e (iii) retirar os autos do cartório ou da secretaria, pelo prazo legal, sempre que neles lhe couber falar por determinação do juiz, nos casos previstos em lei.

A documentação da retirada dos autos – e a iniciativa com a disciplina aqui exposta pressupõe, por razões evidentes, que se trate de autos em papel – é feita mediante assinatura em livro ou documento próprio (art. 107, § 1º). Sendo o caso de prazo comum às partes, a retira-

---

[302]. De acordo com a Súmula 111 do TJSP, cuja orientação permanece hígida para o CPC de 2015: "Prescinde de procuração com poderes especiais e específicos a arguição de suspeição nos processos de natureza cível, sendo exigível apenas naqueles de natureza criminal".

[303]. A previsão não reduz o prazo de dez dias referido no art. 7º, XVI, da Lei n. 8.906/94, porque o decêndio lá referido pressupõe "autos de processos findos", isto é, processo encerrado, o que não é o suposto no inciso II do art. 107. Nesse sentido, a previsão do CPC harmoniza-se com a do inciso XV do art. 7º da Lei n. 8.906/94, que se refere a "prazo legal", que é o de cinco dias.

da dos autos depende da atuação conjunta ou mediante prévio ajuste, por petição nos autos (art. 107, § 2º). Sem prejuízo, independentemente de ajuste e sem prejuízo da fluência do prazo, o advogado tem o direito de retirar os autos para obtenção de cópias pelo prazo de duas a seis horas. É o que a prática forense consagrou com o nome de "carga rápida", que vem *ampliada* pelo § 3º do art. 107, quando comparada com sua previsão anterior, do art. 40, § 2º, do CPC de 1973, modificado pela Lei n. 11.969/2009. A falta de devolução dos autos no prazo estabelecido pelo § 3º acarretará a perda do exercício daquele direito no mesmo processo, a não ser que o magistrado prorrogue o prazo (art. 107, § 4º), o que, por analogia ao parágrafo único do art. 139, pressupõe pedido formulado *antes* de sua consumação.

A Lei n. 13.793/2019 introduziu um § 5º ao art. 107 do CPC evidenciando, em total harmonia com a redação que deu ao inciso XIII e ao novo § 13 do art. 7º da Lei n. 8.906/1994 e aos novos §§ 6º e 7º do art. 11 da Lei n. 11.419/2006, que o acesso aos autos garantido pelo *caput* do dispositivo deve ser observado integralmente mesmo quando se tratar de processo eletrônico.

8. ADVOCACIA PÚBLICA

Outro componente das funções essenciais à administração da justiça, em estreita observância ao modelo constitucional do direito processual civil, é a advocacia pública.

Não há, em rigor, nenhuma diferença ontológica entre ela e a "advocacia privada", como se verifica do § 1º do art. 3º da Lei n. 8.906/94, o Estatuto da OAB e da advocacia: "Exercem atividade de advocacia, sujeitando-se ao regime desta lei, além do regime próprio a que se subordinem, os integrantes da Advocacia-Geral da União, da Procuradoria da Fazenda Nacional, da Defensoria Pública e das Procuradorias e Consultorias Jurídicas dos Estados, do Distrito Federal, dos Municípios e das respectivas entidades de administração indireta e fundacional".

O que ocorre é que a Constituição de 1988 procurou, diferentemente das anteriores, enaltecer a função institucional dos procuradores das pessoas e dos entes públicos, criando, para a União Federal, uma advocacia própria, a chamada "advocacia-geral da União". Antes da Constituição de 1988 quem atuava como "advogado" da União Federal em juízo era o Ministério Público Federal. É essa a razão pela qual, com a institucionalização da advocacia da própria União, o inciso IX do art. 129 daquela Carta passou a vedar expressa (e coerentemente) a atuação do Ministério Público como procurador de quaisquer entidades públicas.

Assim, o que quis a Constituição de 1988 foi instituir um marco jurídico no sentido de que as pessoas de direito público precisam se fazer representar em juízo por intermédio de seus próprios procuradores. Criou, para tanto, uma advocacia própria para a União Federal (art. 131), impondo a mesma diretriz aos Estados e ao Distrito Federal nos termos de seu art. 132 (embora a existência de uma advocacia dos Estados, comumente chamada de "Procuradoria-Geral do Estado", já era uma realidade anterior à Constituição de 1988). Didática, neste sentido, a nomenclatura da Seção em que inseridos os arts. 131 e 132 da Constituição Federal, "Da advocacia pública", que veio, desde a Emenda Constitucional n. 19/98, substituir a antiga, que dava ênfase exclusivamente à advocacia-geral da União.

Os municípios terão sua própria advocacia se assim determinarem suas próprias leis, a começar pela Lei Orgânica (art. 29 da CF). As capitais dos Estados e os grandes municípios possuem, em geral, suas próprias procuradorias. Nos casos em que elas inexistirem, a representação judicial do Município (e, se for o caso, de entidades municipais) será feita por advogados contratados, observando-se o que o direito administrativo dispõe para tanto, questão tão interessante quanto polêmica[304].

No emaranhado de leis federais, estaduais e municipais que regem o assunto, o Código de Processo Civil limita-se a trazer para a advocacia pública três dispositivos, os arts. 182 a 184, que ocupam o Título VI do Livro III de sua Parte Geral.

Em consonância com o art. 182, cabe à Advocacia Pública, na forma da lei, defender e promover os interesses públicos da União, dos Estados, do Distrito Federal e dos Municípios, por meio da representação judicial, em todos os âmbitos federativos, das pessoas jurídicas de direito público que integram a administração direta e indireta. A expressão "na forma da lei" adotada pelo dispositivo conduz ao que consta dos parágrafos anteriores: são as leis de cada ente político/administrativo que decidem quem pode representá-lo em juízo, dando concretude não só ao dispositivo ora analisado, mas também aos incisos I a IV do art. 75.

Nesse sentido, cabe dar destaque às inovações trazidas pela Lei n. 14.341/2022 ao art. 75.

Aquele diploma legislativo, ao dispor sobre a "Associação de Representação de Municípios", deu nova redação ao inciso III do art. 75 do CPC para passar a admitir a representação do município não só pelo Prefeito ou por seu procurador, mas também – eis a novidade – pela "Associação de Representação de Municípios, quando expressamente autorizada".

O § 5º do art. 75 do CPC, também inovação da mesma Lei n. 14.341/2022, complementa a previsão anterior ao exigir que "A representação judicial do Município pela Associação de Representação de Municípios somente poderá ocorrer em questões de interesse comum dos Municípios associados e dependerá de autorização do respectivo chefe do Poder Executivo

---

304. A referência é feita porque há intensa discussão sobre a viabilidade e sobre a forma de contratação de advogados pela Administração Pública. O STF enfrentou a questão no julgamento do RE 656.558/SP, relatado pelo Ministro Dias Toffoli, em que decidiu, por maioria, pela fixação da seguinte tese: "a) O dolo é necessário para a configuração de qualquer ato de improbidade administrativa (art. 37, § 4º, da Constituição Federal), de modo que é inconstitucional a modalidade culposa de ato de improbidade administrativa prevista nos arts. 5º e 10 da Lei n. 8.429/92, em sua redação originária. b) São constitucionais os arts. 13, V, e 25, II, da Lei n. 8.666/93, desde que interpretados no sentido de que a contratação direta de serviços advocatícios pela Administração Pública, por inexigibilidade de licitação, além dos critérios já previstos expressamente (necessidade de procedimento administrativo formal; notória especialização profissional; natureza singular do serviço), deve observar: (i) inadequação da prestação do serviço pelos integrantes do Poder Público; e (ii) cobrança de preço compatível com a responsabilidade profissional exigida pelo caso, observado, também, o valor médio cobrado pelo escritório de advocacia contratado em situações similares anteriores" (Tema 309 da Repercussão Geral).

municipal, com indicação específica do direito ou da obrigação a ser objeto das medidas judiciais"[305]. O *caput* do art. 183 concede à União, aos Estados, ao Distrito Federal, aos Municípios, às suas respectivas autarquias e fundações de direito público prazo em dobro para *todas* as suas manifestações processuais. Os prazos não serão contados em dobro quando a lei estabelecer de forma expressa prazo próprio para o ente público (art. 183, § 2º)[306]. É o caso, apenas para ilustrar, do art. 535, que concede o prazo de trinta dias (úteis) para que a Fazenda Pública, querendo, apresente impugnação ao cumprimento de sentença. A expressa previsão daquele prazo levando em conta que ele é concedido para a Fazenda afasta a precitada regra, sendo descabido entender, portanto, que o prazo poderia ser de *sessenta* dias (úteis).

O destaque à circunstância de serem *todas* as manifestações que terão prazo dobrado para serem apresentadas em juízo se justifica porque a regra vai muito além do que o CPC de 1973 reservava para a hipótese, cujo art. 188 se limitava a alterar o prazo para apresentação de contestação e para a interposição de recursos. Com o CPC de 2015, é correto entender que para qualquer ato processual (a não ser que haja disposição legal estabelecendo prazo específico) o advogado público contará com o prazo em dobro para a prática dos atos processuais e que, por sua vez, só fluirá nos dias úteis (art. 219)[307].

O início do prazo para os advogados públicos dos entes mencionados depende de intimação pessoal, o que, consoante esclarece o § 1º do mesmo art. 183, faz-se por carga, remessa ou meio eletrônico[308].

O art. 184, por sua vez, trata da responsabilidade civil e regressiva do membro da advocacia pública quando atuar com dolo ou fraude no desempenho de suas funções. É regra idêntica à do art. 181 e, por isso, atrai para cá o que está escrito a respeito daquele dispositivo.

---

305. O STJ tinha jurisprudência contrária à possibilidade de representação de municípios por associações antes do advento da Lei n. 14.341/2022, e que merece ser revista diante do advento da nova legislação pelas razões que o autor deste *Curso* expõe no n. 2.1 do Capítulo 3 da Parte III de seu *Poder Público em juízo*. Também destaca naquela sede a existência da ADI 7.246, de iniciativa da Associação Nacional dos Procuradores Municipais – ANPM, que questiona a inconstitucionalidade formal e substancial da inovação, ainda não julgada.
306. É o argumento que acabou levando a maioria do STF a entender que a contagem de prazos em dobro não se aplica aos recursos interpostos nos chamados "processos *objetivos*" (ação direta de inconstitucionalidade, ação declaratória de constitucionalidade e arguição de descumprimento de preceito fundamental). Trata-se do AgRg no AgRg na MC na ADI 5.814/RR, rel. Min. Roberto Barroso, j.m.v. 6-2-2019, *DJe* 7-8-2019, e do ARE AgR 830.727/SC, rel. p/ acórdão, Min. Carmen Lúcia, j.m.v. 6-2-2019, *DJe* 26-6-2019. Mais recentemente, o mesmo entendimento fora replicado pelo Pleno no ARE AgR 1.477.542/PE, rel. Min. Luiz Fux, j.un. 30-9-2024, *DJe* 4-10-2024.
307. A discussão sobre a violação ao princípio da isonomia de tal regra, mormente quando comparada com a do CPC de 1973, muito mais restrita e específica, é inevitável. O tema assume foros de maior interesse quando se leva em conta – como se deve levar – a circunstância de ser princípio regente da Administração Pública o da *eficiência*. Este *Curso* tem enorme simpatia pela tese que, infelizmente, é solenemente desconsiderada – como ocorre, aliás, com todas as demais "prerrogativas do Poder Público" – por boa parte da doutrina e, sobretudo, pela prática do foro.
308. Sobre a previsão, cabe destacar dois Enunciados do FNPP, que bem ilustram suas aplicações: "7. A prerrogativa de intimação pessoal da Fazenda Pública aplica-se a todos os casos em que ela participe do processo, como parte, interessada ou *amicus curiae*" e "8. A intimação por meio eletrônico a que se refere o § 1º do art. 183 do CPC não se realiza por Diário da Justiça eletrônico, nem por e-mail".

No âmbito criminal, é irrecusável a aplicação das prescrições da Lei n. 13.869/2019, a "Lei do abuso de autoridade", também aos advogados públicos, por força do que estabelecem o inciso I e o parágrafo único de seu art. 2º.

9. DEFENSORIA PÚBLICA

No Título VII, fechando o Livro III da Parte Geral, os arts. 185 a 187 trazem a disciplina codificada da Defensoria Pública, que foi criada pelo art. 134 da Constituição Federal, modificado, para aprimorar suas finalidades institucionais, pela Emenda Constitucional n. 80/2014, e pertencente ao "modelo constitucional do direito processual civil".

A disciplina é, em rigor, despicienda, porque as leis de regência daquela instituição, em especial a Lei Complementar n. 80/94, máxime depois das alterações promovidas pela Lei Complementar n. 132/2009, são bastantes para todos os temas disciplinados pelo Código de Processo Civil e vão muito além dela[309]. De qualquer sorte, a iniciativa de alocar a Defensoria Pública ao lado das demais funções essenciais à Administração da Justiça no contexto do Código é louvável e didática[310].

A Defensoria Pública, de acordo com o art. 185, "[...] exercerá a orientação jurídica, a promoção dos direitos humanos e a defesa dos direitos individuais e coletivos dos necessitados, em todos os graus, de forma integral e gratuita", adotando fórmula mais sintética, mas não menos precisa, que a do art. 134 da Constituição Federal.

Com base nessa missão institucional, é correto aplaudir e desenvolver o entendimento de que a Defensoria Pública deve atuar, em processos jurisdicionais individuais e coletivos, na qualidade de *custos vulnerabilis* para promover a tutela jurisdicional adequada dos interesses que lhe são confiados, desde o modelo constitucional, similarmente ao que se dá com o Ministério Público quanto ao exercício de sua função de *custos legis,* ou, como pertinentemente prefere o Código de Processo Civil, fiscal da ordem jurídica (*custos iuris*).

O art. 186, similarmente aos *capi* do art. 180 para o Ministério Público e do art. 183 para a advocacia pública, estabelece, de forma generalizada, os prazos em dobro para a prática de atos processuais pelos membros da Defensoria Pública. Também aqui o início do prazo pressupõe intimação pessoal mediante carga, vista dos autos ou correio eletrônico (art. 186, § 1º), e a regra cede espaço à existência de prazo específico (art. 186, § 4º).

---

309. Assim, por exemplo, no que diz respeito à necessária fixação de honorários advocatícios no caso em que a Defensoria Pública atuar, *inclusive* quando a parte contrária for a pessoa de direito público que a criou. É tema que ocupa o n. 4.4 do Capítulo 3 da Parte I.
310. Cabe lembrar que o Anteprojeto de novo Código de Processo Civil não fazia nenhuma menção à Defensoria Pública, omissão tempestivamente corrigida pela Comissão que revisou aquele trabalho no âmbito do Senado Federal. É ler os arts. 159 a 162 do PLS n. 166/2010, cuja evolução resultou nos dispositivos aqui estudados. Sobre o assunto, ver, do autor deste *Curso*, seu *Projetos de novo Código de Processo Civil comparados e anotados*, p. 111-112.

O que é diverso – e justificável diante do múnus exercido pela Defensoria, que é institucional e não baseado na confiança, como ocorre no âmbito da advocacia privada – é a previsão do § 2º do art. 186: o membro da Defensoria Pública pode requerer que o magistrado determine a intimação da parte patrocinada quando o ato processual depender de providência ou informação que somente por ela possa ser realizada ou prestada[311]. Tanto assim que o próprio Código de Processo Civil se encarrega, vez ou outra, de prever a intimação pessoal da parte, e não do membro da Defensoria Pública, para aquele fim. Exemplo marcante está no inciso II do § 2º do art. 513, acerca da *ordem* de pagamento no início da etapa de cumprimento da sentença.

O § 3º do art. 186 espraia a contagem dos prazos em dobro para os escritórios de prática jurídica das faculdades de Direito reconhecidas na forma da lei e para as entidades que prestam assistência jurídica gratuita em razão de convênios firmados com a Defensoria Pública[312]. Também aqui, dada a função, embora delegada, exercida pelas pessoas mencionadas, a ampliação do prazo é justificável, não havendo espaço para qualquer questionamento na perspectiva da isonomia, diferentemente do que se dá para a advocacia pública[313]. É indiferente, por isso mesmo, que se trate de escritórios de prática jurídica vinculados a instituições de ensino superior públicas ou privadas[314].

O art. 187 traz à tona a temática da responsabilidade do membro da Defensoria Pública. Também ele é civil e regressivamente responsável quando agir com dolo ou fraude no exercício de suas funções[315]. À espécie aplicam-se as mesmas considerações que o n. 6, *supra*, faz a propósito do art. 181.

Por fim, no âmbito criminal, também não há como negar a aplicação das prescrições da Lei n. 13.869/2019, a "Lei do abuso de autoridade", aos defensores públicos, por força do que estatuem o inciso I e o parágrafo único de seu art. 2º.

---

311. A 3ª Turma do STJ no julgamento do RMS 64.894/SP, rel. Min. Nancy Andrighi, j.un. 3-8-2021, *DJe* 9-8-2021, teve oportunidade de entender aplicável aquele mesmo dispositivo para o defensor dativo.
312. Indo além da previsão legal e atenta ao regime jurídico daquela atuação, ao lado da Defensoria Pública, o Enunciado n. 15 da I Jornada de Direito Processual Civil do CJF entende que "Aplicam-se às entidades referidas no § 3º do art. 186 do CPC as regras sobre intimação pessoal das partes e suas testemunhas (art. 186, § 2º; art. 455, § 4º, IV; art. 513, § 2º, II, e art. 876, § 1º, II, todos do CPC)". A Súmula 644 do STJ exige, como regra, a apresentação de instrumento de mandato em tais casos. Eis seu enunciado: "O núcleo de prática jurídica deve apresentar o instrumento de mandato quando constituído pelo réu hipossuficiente, salvo nas hipóteses em que é nomeado pelo juízo".
313. Patrícia Elias Cozzolino de Oliveira sustenta entendimento contrário, pugnando pela inconstitucionalidade da regra em seu *A legitimidade exclusiva da Defensoria Pública na prestação de assistência jurídica integral*, p. 95-97, e também em seus "Comentários ao art. 186", p. 735-736.
314. Assim, v.g.: STJ, CE, EAREsp 1.772.397/DF, rel. Min. Og Fernandes, j.un. 16-10-2024, *DJe* 24-10-2024; STJ, 5ª Turma, AgRg no AREsp 2.470.239/DF, rel. Min. Daniela Teixeira, j.un. 7-5-2024, *DJe* 10-5-2024; e STJ, CE, REsp 1.986.064/RS, rel. Min. Nancy Andrighi, j.un. 1-6-2022, *DJe* 8-6-2022. Em sentido contrário, negando a aplicabilidade do prazo em dobro para núcleo de prática jurídica vinculado a instituição de ensino privada: STJ, 3ª Turma, EDcl no AgInt no AREsp 2.144.638/DF, rel. Min. Moura Ribeiro, j.un. 27-5-2024, *DJe* 29-5-2024.
315. Há interessante acórdão da 5ª Turma do STJ sobre o assunto, que entendeu correto aplicar, no âmbito do processo penal, sanção pecuniária à própria Defensoria Pública diante de ato praticado pelo defensor, sem prejuízo da aplicação de outras sanções administrativas e direito regresso para reaver o valor da multa. Trata-se do RMS 54.183/SP, rel. p/ acórdão Min. Reynaldo Soares da Fonseca, j.m.v. 13-8-2019, *DJe* 2-9-2019.

Capítulo 4

Atos processuais

1. CONSIDERAÇÕES INICIAIS

Os chamados "atos processuais" podem ser entendidos como todos os atos jurídicos que têm relevância para o plano do processo. Eles, na sua gênese, são atos jurídicos que, quando praticados, assumem (ou, ao menos, tendem a assumir) importância no plano do processo. É o que pode ser extraído do *caput* do art. 200.

Até mesmo alguns atos praticados "fora" do processo (fora do plano processual) e antes dele têm o condão de afetá-lo decisivamente. É o que se dá com os chamados "negócios processuais", generalizados pelo art. 190, dos quais são exemplos clássicos do direito processual civil brasileiro a cláusula de eleição de foro (art. 63) e a convenção de arbitragem (art. 3º da Lei n. 9.307/96). Até mesmo um acordo que seja realizado pelas partes durante o processo tendo como objeto o direito material controvertido poderá ter efeitos processuais relevantíssimos, justificando, até mesmo, o seu término quando homologado pelo magistrado (art. 487, III, *b*). Mesmo um acordo *extrajudicial* realizado antes e independentemente da existência de qualquer processo, isto é, independentemente e previamente à atividade do Estado-juiz, pode assumir importância para o direito processual civil, desde que devidamente homologado em juízo (art. 515, III). Idêntico raciocínio merece ser feito com base nos arts. 21 a 23 da Lei n. 13.140/2015, sobre a realização de eventual mediação *extrajudicial*.

Ao lado dos "atos processuais", não há razão para deixar de fazer alusão aos *fatos processuais*. Adotando, para fins de exposição, clássica distinção feita pela doutrina entre "atos" e "fatos", o "fato" é um acontecimento que não depende da vontade humana, que não exterioriza, de alguma forma, um comportamento ou uma omissão de uma pessoa. O "fato", em si mesmo considerado, é o que acontece involuntariamente, mas ao assumir significado no mundo do direito passa a ser um "fato *jurídico*"[1]. Para cá interessa que a relevância do fato atinja, em alguma medida, o plano do processo; por isto, "fatos *processuais*".

É o que se dá, por exemplo, com a morte de alguma das partes ou intervenientes que adquiram aquele *status* (caso em que o processo será suspenso para os fins de habilitação de herdeiros, art. 313, §§ 1º e 2º, c/c os arts. 687 a 692); com a morte do advogado da parte (caso em que o processo será suspenso com observância do disposto no § 3º do art. 313); com a revogação, pela parte, de procuração que havia outorgado a seu advogado (art. 111); com a deflagração de greve de servidores da Justiça durante o transcurso de um prazo processual (que pode justificar a suspensão ou, quando menos, a prorrogação do prazo para a prática de atos processuais, art. 221, *caput*)[2]; com a superveniência de dias *feriados* durante a fluência dos prazos processuais que interferirão na sua respectiva contagem, diante da distinção feita pelo art. 219, bem como no seu término (arts. 214 e 224, § 1º).

No plano do Código de Processo Civil é o Livro IV da sua Parte Geral que se dedica aos "atos processuais", dividindo sua disciplina em cinco Títulos, a saber: "Da forma, do tempo e do lugar dos atos processuais", "da comunicação dos atos processuais"; "das nulidades"; "da distribuição e do registro" e "do valor da causa".

Este Capítulo volta-se ao estudo de cada um daqueles temas, observando, de acordo com a metodologia adotada por este *Curso*, a ordem de exposição do próprio Código de Processo Civil. Algumas alterações e destaques são justificados para fins didáticos.

2. FORMA

O Título I do Livro IV da Parte Geral é dividido em três Capítulos, em que residem as normas relativas à *forma* (Capítulo I), ao *tempo* e ao *lugar* (Capítulo II) e aos *prazos* (Capítulo III).

Cada um dos Capítulos, por sua vez, é dividido em Seções que, em linhas gerais, correspondem à divisão temática desenvolvida nos números seguintes.

---

1. Para esta discussão, ver, com proveito, Rosa Maria de Andrade Nery e Nelson Nery Junior, *Instituições de direito civil*, v. I, t. II, p. 145-152.
2. Em sede de IRDR (Tema 50), o Órgão Especial do TJSP, rel. Des. Xavier de Aquino, j.un. 19-10-2022, *DJe* 18-11-2022 e 12-12-2022, entendeu que greve de caminhoneiros de âmbito nacional foi fato bastante para justificar a suspensão de processos com fundamento no art. 221 e com base em atos normativos, editados à época, por aquele Tribunal. Eis a tese então fixada: "Processo civil – Prazos processuais – Greve dos Caminhoneiros 2018 – Fixação da interpretação do cômputo dos prazos processuais consoante os Comunicados n. 77/2018, 79/2018, 87/2018 e 88/2018, consolidados pelo Comunicado n. 93/2018, todos da e. Presidência do Tribunal de Justiça do Estado de São Paulo 2018. Consideram-se suspensos os prazos processuais durante a greve dos caminhoneiros do ano de 2018. Inteligência do artigo 219 combinado com o artigo 221, ambos do Código de Processo Civil". Do acórdão, foi interposto recurso especial, que, indeferido, deu ensejo ao AREsp 2.558.240/SP, em trâmite perante a 3ª Turma do STJ, rel. Min. Humberto Martins.

2.1 Atos em geral

O Código de Processo Civil trata da forma dos atos processuais a partir de elementos comuns, distinguindo-os quando sua prática for eletrônica e a depender de quem os pratica, se as partes, o magistrado, o escrivão ou quem lhe faça as vezes.

Em termos gerais, os atos processuais não dependem de forma determinada, o que só ocorre nos casos em que a lei for expressa em sentido contrário (art. 188). Mesmo nestes casos, de acordo com o mesmo art. 188, os atos serão considerados válidos desde que atinjam a sua finalidade, ainda quando realizados de modo diverso. Trata-se do "princípio da liberdade das formas", inerente aos atos processuais, e influenciador da temática sobre as nulidades.

A publicidade dos atos processuais é assegurada expressamente pelo art. 189, que concretiza adequadamente o "princípio da publicidade" (art. 93, IX, da CF, e art. 11 do CPC), ao prescrever o sigilo apenas (i) quando exigir o interesse público ou social; (ii) quando o processo disser respeito a casamento, separação de corpos, divórcio, separação[3], união estável, filiação, alimentos e guarda de crianças ou adolescentes; (iii) quando no processo houver dados ou informações protegidos pelo direito constitucional à intimidade e, ainda, (iv) quando se relacionarem à arbitragem, inclusive no que diz respeito ao cumprimento da carta arbitral, desde que a confidencialidade seja comprovada ao órgão jurisdicional.

Nos casos de sigilo, a consulta aos autos e o pedido de certidões de seus atos são restritos às partes e aos seus procuradores (art. 189, § 1º). Eventual acesso de terceiro depende da demonstração do interesse jurídico e será limitado à obtenção de certidão da parte dispositiva da sentença, de inventário e partilha resultante de divórcio ou separação (art. 189, § 2º)[4]. É correto entender a palavra "sentença" como sinônimo de outras decisões judiciais que veiculam tutela jurisdicional. Assim, por exemplo, a decisão concessiva de tutela provisória pelo magistrado da primeira instância ou por decisão monocrática no âmbito dos Tribunais e as decisões colegiadas proferidas naquela sede, os *acórdãos*. Até porque os efeitos das decisões em geral é que podem justificar, por variadas razões, a intervenção de terceiros em processos alheios.

---

[3]. Quanto à separação, cabe ter presente a tese fixada pelo STF no Tema 1.053 de sua Repercussão Geral que entende que se trata de instituto jurídico que não subsistiu à EC n. 66/2010, preservando-se, apenas, os atos jurídicos perfeitos.

[4]. A solução dada pelos dispositivos é harmônica com o entendimento da 1ª Seção do STJ no REsp repetitivo 1.349.363/SP, Rel. Min. Mauro Campbell Marques, j.un. 22-5-2013, *DJe* 31-5-2013, no sentido de que: "As informações sigilosas das partes devem ser juntadas aos autos do processo que correrá em segredo de justiça, não sendo admitido o arquivamento em apartado", entendendo não haver "[...] nenhuma previsão para que se crie 'pasta própria' fora dos autos da execução fiscal para o arquivamento de documentos submetidos a sigilo" (Tema 590). A orientação, embora fixada em contexto de execução fiscal, permanece pertinente para o CPC de 2015.

O uso da língua portuguesa é obrigatório em todos os atos e termos do processo. Eventual documento em língua estrangeira deverá ser acompanhado de tradução decorrente da via diplomática ou da autoridade central – esta referência traz à tona os atos praticados em cooperação internacional (arts. 26, IV, e 29) – ou, ainda, elaborada por tradutor juramentado (art. 192).

2.2 Negócios processuais

Dentre a disciplina dos "atos em geral" reside o art. 190, importante novidade trazida pelo Código de Processo Civil que merece ser destacada, a justificar a criação de um número próprio para examinar mais de perto a regra por ele anunciada.

O dispositivo admite que as partes realizem verdadeiros acordos de procedimento para otimizar e racionalizar a atividade jurisdicional nos seguintes termos: "versando o processo sobre direitos que admitam autocomposição, é lícito às partes plenamente capazes estipular mudanças no procedimento para ajustá-lo às especificidades da causa e convencionar sobre os seus ônus, poderes, faculdades e deveres processuais, antes ou durante o processo". É o que vem sendo chamado de negócios processuais.

A regra está a autorizar que partes capazes – o que exclui de sua incidência, portanto, qualquer espécie de incapacidade, sempre entendida a exigência na perspectiva do plano *material*, dada a especialidade da regra – ajustem alterações no procedimento (ajustando-o às especificidades da causa), além de poderem convencionar sobre os seus ônus, poderes, faculdades e deveres processuais.

O *caput* do art. 190 admite que os acordos sejam feitos *antes* do processo (em cláusula de contrato, por exemplo, como sempre ocorreu com o chamado foro de eleição, clássico exemplo de negócio processual *típico*) ou durante sua tramitação (razão pela qual é importante entender que o incentivo à autocomposição feito desde os §§ 2º e 3º do art. 3º deve se voltar *também* ao próprio processo, e não só ao direito material controvertido)[5]. Trata-se, portanto, da possibilidade de as partes estabelecerem entre si negócios processuais *atípicos*, para além daqueles já previstos e estabelecidos pelo CPC e pela legislação processual civil extravagante, que são os negócios processuais *típicos*.

Em qualquer caso, contudo, importa que o processo (futuro ou presente) diga respeito a "direitos que admitam *autocomposição*", conceito mais amplo (e mais preciso) que o mais tradicional, de direitos *patrimoniais disponíveis*[6].

---

5. Ilustrativo deste entendimento é o Enunciado n. 628 do FPPC: "As partes podem celebrar negócios jurídicos processuais na audiência de conciliação ou mediação".
6. O art. 3º, *caput*, da Lei n. 13.140/2015 dispõe, a respeito, que "Pode ser objeto de mediação o conflito que verse sobre direitos disponíveis ou sobre direitos indisponíveis que admitam transação". Neste caso, o § 2º do dispositivo impõe a homologação da autocomposição pelo magistrado, após a oitiva do Ministério Público na

Trata-se, nessa perspectiva, de regra inequivocamente voltada às *partes* e que, bem entendida, deveria estar alocada ao lado dos demais atos das partes, indo além das disposições que ocupam os arts. 200 a 202.

Cabe a ênfase: as *partes* podem celebrar negócios processuais. É o que basta para excluir de seu campo os *terceiros* a não ser que eles, embora mantenham tal *status* em relação ao processo, participem *pessoalmente* da celebração. Assim, uma coisa é as *partes* ajustarem entre si que não denunciarão a lide a quem de direito; outra é as partes quererem impedir a intervenção de um assistente ou de um *amicus curiae* em seu processo. Qualquer cláusula das partes (como ocorre em qualquer contrato) não tem eficácia em relação a terceiros.

Ao magistrado cabe, de ofício ou a requerimento, controlar a validade destas convenções, os negócios processuais, recusando-lhes aplicação somente nos casos de nulidade, de inserção abusiva em contrato de adesão ou em que alguma parte se encontre em manifesta situação de vulnerabilidade (art. 190, parágrafo único). É o que basta para afastar o entendimento de que as partes têm a primeira e/ou a última palavra do que pode ser objeto de negociação para os fins do *caput* do dispositivo, concepção que não se confunde com o entendimento, não compartilhado por este *Curso*, de que qualquer negócio processual precisaria ser homologado pelo magistrado para surtir seus efeitos[7].

Não há, a propósito, nenhuma peculiaridade em relação ao tema alcançado pelo art. 190: qualquer negócio jurídico, de índole material ou processual, não está imune ao controle judicial de sua existência, validade e eficácia, ainda que *a posteriori*, havendo diversas razões que, na perspectiva do direito material, impõem, ao magistrado, controle oficioso da situação. É irrecusável o entendimento de que o negócio celebrado com fundamento e para os fins do art. 190 atrai para si todo o sistema de nulidades e anulabilidades dos negócios jurídicos em geral a ser contrastado sem nenhuma peculiaridade[8].

Que as partes capazes (sempre na perspectiva do plano material) podem realizar acordos pelas mais diversas formas em relação ao direito controvertido que admite autocomposição,

---

qualidade de fiscal da ordem jurídica. Não obstante, o § 1º do art. 1º da Lei n. 9.307/96, incluído pela Lei n. 13.120/2015, admite que a Administração Pública, direta e indireta, se submeta à arbitragem "para dirimir conflitos relativos a direitos patrimoniais disponíveis". Coerentemente, o art. 25 da Lei n. 9.307/96, que determinava a suspensão da arbitragem quando em seu curso sobreviesse "controvérsia acerca de direitos indisponíveis", para que o Estado-juiz o resolvesse, foi expressamente revogado pela Lei n. 13.129/2015.

7. Correto, neste sentido, é o Enunciado n. 133 do FPPC ("Salvo nos casos expressamente previstos em lei, os negócios processuais do art. 190 não dependem de homologação judicial"), que é complementado pelo Enunciado n. 260 ("A homologação, pelo juiz, da convenção processual, quando prevista em lei, corresponde a uma condição de eficácia do negócio"). No mesmo sentido é o Enunciado n. 115 da II Jornada de Direito Processual Civil do CJF: "O negócio jurídico processual somente se submeterá à homologação quando expressamente exigido em norma jurídica, admitindo-se, em todo caso, o controle de validade da convenção".

8. Bem ilustra este entendimento o Enunciado n. 132 do FPPC: "Além dos defeitos processuais, os vícios da vontade e os vícios sociais podem dar ensejo à invalidação dos negócios jurídicos atípicos do art. 190". É correta, por isso mesmo, a orientação do Enunciado n. 38 da ENFAM: "Somente partes absolutamente capazes podem celebrar convenção pré-processual atípica".

não há por que duvidar, sendo indiferente, para tanto, eventual intervenção do Ministério Público no processo[9] ou que se trate de entes despersonalizados[10]. A novidade do *caput* do art. 190 diz respeito ao possível *objeto* de tais negócios jurídicos, até porque a regra quanto aos sujeitos é expressa: somente as *partes* podem celebrar negócios processuais[11]. Segundo o dispositivo, tais negócios podem dizer respeito a mudanças no procedimento (ajustando-o às especificidades da causa) e convencionar sobre os *seus* ônus, poderes, faculdades e deveres processuais[12].

A dificuldade reside menos em listar exemplos de negociação processual (negócios *atípicos*) e mais em saber os *limites* destes negócios processuais, máxime quando as regras relativas ao *procedimento* são de competência dos Estados e do Distrito Federal, consoante estabelece o absolutamente ignorado, inclusive pelo próprio Código de Processo Civil como um todo e pelo dispositivo agora em foco, inciso XI do art. 24 da Constituição Federal. Trata-se, como acentua o n. 6.2 do Capítulo 3 da Parte I, de uma das facetas do modelo constitucional do direito processual civil que, como tal, não poderia ter sido deixada de lado pelo Código de Processo Civil, não sendo adequado o costumeiro silêncio doutrinário a seu respeito.

Para tanto, é mister ter presente o disposto no parágrafo único do art. 190, que permite ao magistrado, controlando sua validade, negar aplicação aos negócios processuais em três hipóteses diversas e independentes entre si: quando entendê-los inválidos; quando inseridos de forma abusiva em contrato de adesão; ou, ainda, quando alguma parte se encontrar em manifesta situação de vulnerabilidade.

A primeira situação, de invalidade, relaciona-se com o que merece ser chamado de ordem pública processual ou, para quem preferir, de normas *cogentes*. Tudo aquilo que estiver fora do alcance negocial das partes com relação ao plano do processo não pode ser objeto de negócio processual. Uma coisa é atestar a plena capacidade negocial das partes diante de um direito (material) que aceita autocomposição. Outra, bem diferente, é querer comunicar esta liberdade para o *modo de atuação do Estado-juiz*, isto é, para o plano do processo, inclusive na perspectiva da organização de seus próprios atos, ou seja, do *procedimento*. As tais normas de ordem pública ou cogentes o são a ponto de não se poder querer desprezá-las, desconsiderá-las, esquecê-las, ainda que se queira. É esta a sua característica.

---

9. Expresso neste sentido é o Enunciado n. 112 da II Jornada de Direito Processual Civil do CJF: "A intervenção do Ministério Público como fiscal da ordem jurídica não inviabiliza a celebração de negócios processuais".
10. É o entendimento do Enunciado n. 114 da II Jornada de Direito Processual Civil do CJF: "Os entes despersonalizados podem celebrar negócios jurídicos processuais".
11. Não há, por isso mesmo, nada que afaste aprioristicamente a viabilidade de o Poder Público celebrar negócios processuais (assim, por exemplo, o Enunciado n. 256 do FPPC, o Enunciado n. 9 do FNPP, referindo-se, expressamente, à execução fiscal, e o Enunciado n. 17 da I Jornada de Direito Processual Civil do CJF) e, até mesmo, o Ministério Público (Enunciado n. 253 do FPPC).
12. O pronome "seus", em itálico no texto, é bastante para descartar negócios processuais que envolvam *terceiros*, o que não se confunde com a possibilidade de as partes ajustarem entre si o exercício ou não de direitos em face deles. A justificativa e as necessárias distinções estão no n. 4.2 do Capítulo 3.

Mesmo no campo do direito civil, ninguém pode colocar em dúvida óbice similar para todo e qualquer negócio jurídico. Tanto assim que, de acordo com o art. 104 do Código Civil, a validade do negócio jurídico requer, além de agente capaz e forma prescrita ou não defesa em lei, "objeto *lícito*, possível, determinado ou determinável". É esta "licitude" de "objeto" que diz respeito ao ponto aqui versado.

Não há razão para entender o art. 190 de forma ampla e generalizada. As escolhas feitas pelo legislador nos mais diversos campos do direito processual civil não podem ser alteradas pelas partes a seu próprio e exclusivo alvedrio. A liberdade delas com relação ao procedimento, aos seus próprios ônus, poderes, faculdades e deveres processuais fica restrita àqueles casos em que o ato processual não é regido por norma cogente. Não se trata de exigir ou deixar de exigir *forma* específica. Disto se ocupa suficientemente o art. 188. Trata-se, isto sim, de negar validade e aplicação a negócios processuais que queiram alterar o que não é passível de alteração nos precisos termos da primeira parte do parágrafo único do art. 190. O óbice aqui aventado localiza-se no *objeto* do negócio jurídico, a afastar a sua validade.

Por mais intenso que seja – e deve ser – o diálogo entre os planos material e o processual, inclusive para criar condições ótimas para a resolução de conflitos por intermédio do processo jurisdicional, a liberdade dada às partes para "ajustá-lo às especificidades da causa" referida pelo *caput* do art. 190 encontra limites no modelo de atuação estatal[13]. Até porque muito do que se propaga como sendo casos de negócios processuais atípicos reside, verdadeiramente, na renúncia ou no não exercício de um direito que se funda no próprio direito material e neste campo, a tendência é de haver mais opções legítimas de disposição de direitos das partes do que no campo processual.

Não se trata de hipertrofiar o "processo" em detrimento do "direito" (material), mas de ter (cons)ciência dos limites que existem para o exercício da função jurisdicional – sempre e invariavelmente desde o modelo constitucional –, e que o processo, o procedimento e, de forma ampla, a atuação das partes não estão sujeitos a negociações que atritem com o seu núcleo duro, muito bem representado pelas normas de ordem pública ou cogentes. Não pode a lei federal, passando por cima do inciso XI do art. 24 da Constituição Federal, em verdade desconsiderando-o – e isso é uma tônica do Código de Processo Civil –, "delegar" liberdade a determinados sujeitos do processo para estabelecer o *seu* próprio procedimento ou os *seus* próprios ônus, poderes, faculdades e deveres processuais.

---

13. Tratando do tema na perspectiva de um acordo realizado entre herdeiros em inventário, recusando que se tratava de negócio processual atípico para os fins do art. 190, v. o interessante acórdão da 3ª Turma do STJ no REsp 1.738.656/RJ, rel. Min. Nancy Andrighi, j.un. 3-12-2019, *DJe* 5-12-2019. No âmbito da recuperação judicial e da falência, importa dar destaque ao novel § 2º do art. 189 da Lei n. 11.101/2005, introduzido pela Lei n. 14.112/2020, que admite a realização de negócios processuais naqueles processos desde que seja expressa a manifestação de vontade do devedor e que a dos credores seja alcançada por maioria, observado o art. 42 do mesmo diploma legal.

É essa a razão pela qual este *Curso* não aceita como válidos negócios processuais que tenham como objeto: (*i*) deveres-poderes do magistrado[14] ou sobre deveres regentes da atuação das partes e de seus procuradores; (*ii*) significado jurídico dos pressupostos de constituição e desenvolvimento válido do processo e/ou do exercício do direito de ação; (*iii*) força probante dos meios de prova; (*iv*) hipóteses e regime procedimental da tutela provisória; (*v*) formas e técnicas de cumprimento, inclusive o provisório, das decisões judiciais; (*vi*) coisa julgada; (*vii*) recursos cabíveis ou interponíveis e seu respectivo regime jurídico; e (*viii*) hipóteses de rescindibilidade.

A hipótese indicada sob o número (*ii*) não significa, contudo, que as partes não possam estabelecer voluntariamente hipóteses de legitimação extraordinária (art. 18) e litisconsórcio necessário (art. 114). O que está fora de sua disponibilidade é o significado e as consequências jurídicas daquele ajuste, inclusive sobre limites subjetivos da coisa julgada, litispendência e verbas de sucumbência. Ademais, a *validade* de tal cláusula não está imune ao controle judicial (art. 190, parágrafo único), sendo campo fértil para invalidações toda vez que o ajuste, na visão do magistrado, a ser devidamente motivada, possa comprometer o acesso à Justiça ou o exercício da ampla defesa.

Sobre a força probante dos meios de prova, cabe acrescentar que a vedação aqui defendida não obsta que as partes, fora do ambiente judicial, estabeleçam os mais variados ajustes em termos de colheita de prova, que podem, até mesmo, redundar em meios adequados de resolução de conflito[15]. É lembrar, a propósito, da avaliação por terceiro neutro. O que extrapola os limites objetivos do art. 190 é o entendimento de que o ajuste das partes sobre a suficiência ou não de um parecer técnico, por exemplo, possa ser imposto ao magistrado. A isto lhes opõe o art. 370.

Acerca dos meios executivos e dos recursos, é importante distinguir o que pode ocorrer (e ocorre, validamente) no plano material e o que não pode ter valia para o plano processual. Assim, por exemplo, não faz sentido que credor e devedor celebrem negócio jurídico para modificar as hipóteses legais de impenhorabilidade, na expectativa de que o magistrado o respeite e, eventualmente, veja o Estado-juiz diante de um cumprimento de sentença ou uma execução infrutífera por ato concertado entre as partes. O que credor e devedor podem é celebrar acordos de pagamento levando em conta variantes daquele rol como garantia. No âmbito recursal, importa não confundir eventual desistência de recurso interposto, renúncia ao prazo de sua interposição ou, simplesmente, a concordância do sucumbente com a deci-

---

14. Expresso quanto ao ponto é o entendimento da 4ª Turma do STJ no REsp 1.810.444/SP, rel. Min. Luis Felipe Salomão, j.un. 23-2-2021, *DJe* 28-4-2021.
15. Há trabalho de referência obrigatória sobre o tema, escrito por Júlio Guilherme Muller, intitulado *Negócios processuais e desjudicialização da produção da prova*.

são proferida em seu desfavor com a criação de um sistema recursal que não encontre fundamento, como deve encontrar, no modelo constitucional ou no sistema processual civil[16].

De outro lado, não há por que recusar que as partes aperfeiçoem, consoante as necessidades de cada caso concreto, as diversas (e amplas) possibilidades *típicas* de negócios processuais, reconhecidas pelo próprio Código de Processo Civil. Para além da clássica e já mencionada eleição de foro (art. 63), cabe fazer menção às seguintes hipóteses: (i) escolha do conciliador, do mediador ou da câmara privada de conciliação ou de mediação (art. 168); (ii) suspensão do processo (art. 313, II)[17]; (iii) delimitação consensual das questões de fato e de direito ao ensejo do saneamento e da organização do processo (art. 357, § 2º)[18]; (iv) distribuição convencional do ônus da prova (art. 373, §§ 3º e 4º)[19]; (v) escolha do perito (art. 471); ou (vi) escolha do administrador-depositário no caso de penhora de frutos e rendimentos de coisa móvel ou imóvel (art. 869).

No que diz respeito aos *prazos*, não há problemas de eles serem *reduzidos*, consoante as necessidades do caso. É o próprio § 1º do art. 222, a propósito, que aceita que, mesmo os (ainda) chamados prazos peremptórios, podem ser *reduzidos* desde que concordes as partes. O *aumento* dos prazos, de outro lado, é dever-poder do magistrado (art. 139, VI), o que basta para entender que esta possibilidade está fora do campo de autocomposição das partes. Não há como entender que o pedido de uma ou de ambas as partes para dilatar um prazo possa ser equiparado a um negócio jurídico nos moldes do art. 190, no sentido de que o magistrado deve acatar aquela determinação ainda que não presentes as circunstâncias do parágrafo único do art. 190. O que pode ocorrer é a fixação de verdadeiro "calendário processual", o que pressupõe, contudo, *prévia* concordância do Estado-juiz e das partes (bem ao estilo do processo cooperativo do art. 6º), que conduz ao art. 191, objeto de exame no número seguinte. É, nesse sentido, hipótese diversa do que é tratado pelo art. 190.

Também não é de se recusar validade à possibilidade de os procuradores concordarem sobre a não realização de sustentação oral no âmbito dos recursos (art. 937). É medida

---

16. Não há como concordar, portanto, com o Enunciado n. 10 do TJMG, segundo o qual "No Negócio Jurídico Processual as partes podem pactuar por julgamento em instância única". O que elas podem fazer, e que não guarda nenhuma relação com o art. 190 tal qual estudado, é deixar de recorrer da decisão a ser proferida. Inócuo, portanto, admitir, como faz o Enunciado n. 11 do TJMG, que caberia ação rescisória mesmo quando as partes tenham pactuado o julgamento em instância única. É que o cabimento da rescisória não guarda nenhuma relação com esta pseudodisponibilidade do duplo grau, tendo sua fonte normativa exclusiva e bastante no art. 966.
17. Hipótese que merece levar em conta, inclusive, o quanto disposto no art. 16 da Lei n. 13.140/2015, a Lei da Mediação, que tem tudo para se sobrepor ao limite temporal previsto no § 4º do art. 313, assunto ao qual se volta o n. 3.2 do Capítulo 6.
18. A hipótese é interessantíssima porque ela pode envolver a possibilidade de atos dispositivos de direito pelas partes aptas a gerar importantes modificações *objetivas* não só na atividade cognitiva do magistrado, mas também na sua atividade decisória.
19. Para este tema, a monografia de referência é a de Robson Godinho, *Negócios processuais sobre o ônus da prova no novo Código de Processo Civil*.

que, longe de violar qualquer prerrogativa profissional, representa bem a disponibilidade consciente (e necessariamente casuística) de um direito para o atingimento de maior eficiência processual.

No âmbito dos honorários advocatícios sucumbenciais, eventuais modificações da destinação dos honorários ou, até mesmo, redução nos padrões legais mostram-se plenamente válidas porque são significativas, também, de atos dispositivos de direito. Importa, contudo, que os próprios advogados do caso concreto em que se pretende eficácia daquele negócio jurídico tenham participado de sua celebração, porque são eles, e não as partes, os verdadeiros titulares daquela verba[20].

Ambas as listas querem ser exemplificativas no sentido de terem como finalidade precípua *ilustrar* os limites e as possibilidades dos negócios processuais a que se refere o *caput* do art. 190 a partir das premissas indicadas acima e que se mostram, na perspectiva deste *Curso*, as mais relevantes para o desenvolvimento do tema[21].

As duas outras hipóteses em que o magistrado, controlando a validade dos negócios processuais, negará sua aplicação, tal qual prevê o parágrafo único do art. 190, não despertam maiores questionamentos. Para aqueles casos, mesmo supondo que o objeto do negócio processual esteja dentro dos seus devidos limites de validade na percepção do magistrado, a circunstância de eles estarem inseridos em contratos de adesão (inesgotáveis fontes de conflito dada a sua própria natureza, máxime em economias massificadas como a atual) *ou* terem aptidão de gerar situação de desequilíbrio marcante entre as partes envolvidas é fator que, por si só, pode conduzir o magistrado a negar sua aplicação. Aqui e lá, é o próprio princípio da isonomia (arts. 7º e 139, I) que, depositado nas mãos do magistrado, viabilizará não só a invalidade da cláusula (passível de ser pronunciada, inclusive, de ofício, após o prévio e regular contraditório), mas também a sua ineficácia. É como se a convenção não estivesse escrita.

---

20. Trata-se de desdobramento do que está no n. 4.2 do Capítulo 3 sobre o "terceiro" (o advogado) participar do negócio jurídico que quererá ter aplicação e significado processual, para atender à exigência do *caput* do art. 190, de que cada qual pode negociar (dispor) de *seus* direitos, não dos direitos de outrem.

21. Outras hipóteses de *inadmissibilidade* de negócios processuais com as quais concorda este *Curso* estão nos Enunciados 36, 37 e 41 da ENFAM, assim redigidos, respectivamente: "A regra do art. 190 do CPC/2015 não autoriza às partes a celebração de negócios jurídicos processuais atípicos que afetem poderes e deveres do juiz, tais como os que: a) limitem seus poderes de instrução ou de sanção à litigância ímproba; b) subtraiam do Estado/juiz o controle da legitimidade das partes ou do ingresso de *amicus curiae*; c) introduzam novas hipóteses de recorribilidade, de rescisória ou de sustentação oral não previstas em lei; d) estipulem o julgamento do conflito com base em lei diversa da nacional vigente; e e) estabeleçam prioridade de julgamento não prevista em lei"; "São nulas, por ilicitude do objeto, as convenções processuais que violem as garantias constitucionais do processo, tais como as que: a) autorizem o uso de prova ilícita; b) limitem a publicidade do processo para além das hipóteses expressamente previstas em lei; c) modifiquem o regime de competência absoluta; e d) dispensem o dever de motivação" e "Por compor a estrutura do julgamento, a ampliação do prazo de sustentação oral não pode ser objeto de negócio jurídico entre as partes".

Mesmo sendo mais restritivo com relação ao campo de incidência do art. 190, menos pelo que se lê do seu *caput* e mais pelo que se lê do seu parágrafo único, que redunda na existência de limites para a celebração dos negócios processuais, este *Curso* não vê por que não aplaudir a regra que, mesmo nos seus devidos confins, tem tudo para permitir, ao lado do incentivo da busca de outros meios de resolução de conflitos além do jurisdicional (art. 3º, § 3º), que as próprias partes, ainda quando se valham do aparato jurisdicional, otimizem os atos de acordo com suas conveniências e interesses. O próprio órgão jurisdicional, nessas circunstâncias, tenderá a ter trabalho reduzido, o que significará, em termos diretos, a possibilidade de dedicar mais de seu tempo e esforços a outros casos que não admitam este tipo de solução.

Este *Curso* não nega que sua visão do assunto pode vir a ser tachada de *hiperpublicista*, de *conservadora*, até mesmo, de *ativista* e, quiçá, de *autoritária*. Tudo porque este *Curso* entende que há limites no direito de as partes disporem sobre o que *não* é seu, justamente porque o processo não se confunde com o direito material nele discutido e que reclama – e por vezes, justamente no malogro de outras técnicas para solução de conflitos intersubjetivos, *impõe* – a *necessidade* da intervenção do Estado-juiz para a concretização, a quem de direito, da tutela jurisdicional. *Diálogo* entre os planos processual e material é premissa fundante do pensamento contemporâneo do direito processual civil. A sobreposição e/ou o sincretismo de um plano sobre o outro, qualquer que seja o plano a predominar, é avesso àquela premissa. Modelo *cooperativo* de processo, sim; *privatista*, não. Até porque, no âmbito do direito público e do serviço público no qual o direito processual civil está inserido, a alocação de recursos, de tempo e de tecnologias é diversa da lógica e da razão existente fora dele.

Não obstante eventuais críticas, a questão resume-se em ser livre para pensar e refletir, de assumir uma (ou outra) ideologia, uma (ou outra) forma de ver todo o fenômeno processual, como método (estatal) de solução de conflitos; de dar maior ou menor ênfase às normas cogentes do modelo processual civil e ao maior ou ao menor espaço deixado por elas às partes para definirem, elas próprias, ainda que de comum acordo, sobre *como* o Estado-juiz atuará para resolver o seu conflito.

Esta concepção, importa distinguir, não se confunde nem impede que as partes acordem sobre a própria sorte de seu direito material, inclusive dispondo dele ou não exercendo direitos que lhe pertençam, ainda que também nesse campo, sempre e invariavelmente, devam observar os limites existentes no ordenamento jurídico. Para recuperar uma ilustração anterior: uma coisa é entender válido o comportamento de uma parte de não querer recorrer de uma decisão que lhe é contrária; outra, impensável no modelo constitucional, é entender que as partes possam interpor recursos diretamente ao Supremo Tribunal Federal ou ao Superior Tribunal de Justiça, como se a competência daqueles Tribunais não derivasse única e exclusivamente dos arts. 102 e 105, respectivamente, da Constituição Federal.

Também não merece ser tratada com o mesmo rigor quanto à invalidade de objeto dos negócios processuais aqui defendida a possibilidade de as partes *e* o magistrado em conjunto irem além dos limites *textuais* do inciso VI do art. 139 e estabelecerem alterações procedimentais concretas ao longo do processo, ainda que para "ajustá-lo às especificidades da causa". Neste caso, o que buscam aqueles sujeitos processuais, em nítido regime cooperativo, é tornar o processo mais eficiente e não tratá-lo como método *particular*, quiçá *egoístico*, de resolução de conflitos.

A Lei n. 13.874/2019, que "Institui a Declaração de Direitos de Liberdade Econômica", acrescenta um novo § 12 ao art. 19 da Lei n. 10.522/2002, para admitir que os órgãos do Poder Judiciário e a Procuradoria-Geral da Fazenda Nacional, realizem, de comum acordo, "... mutirões para análise do enquadramento de processos ou de recursos nas hipóteses previstas neste artigo e celebrar negócios processuais com fundamento no disposto no art. 190 da Lei n. 13.105, de 16 de março de 2015 (Código de Processo Civil)".

Trata-se, do ponto de vista *substancial*, de derivação da regra genérica do art. 190 do CPC, já que os negócios processuais, em tais casos, são realizados sem a participação da parte contrária (o particular), ainda quando se limitem a realizar os "mutirões" referidos, que têm como objetivo a localização e o enquadramento de processos para os fins do *caput* do art. 19 da Lei n. 10.522/2002, de permitir que a Fazenda Nacional deixe de contestar, de oferecer contrarrazões, de interpor recursos e de desistir dos já interpostos em determinadas hipóteses, a maior delas quando já houver *indexador jurisprudencial* em sentido contrário (art. 927 do CPC).

Embora louvável a iniciativa, há de se perquirir por que o desprezo com, ao menos, a prévia oitiva (e, mais que isto, a própria *cooperação*) da parte contrária na consecução daqueles fins, sobretudo para evitar que se inclua processo ou que exclua processo indevidamente com tal objetivo. É correto entender, por isso mesmo, que os efeitos concretos daqueles negócios só podem ser experimentados na esfera jurídica da parte contrária se, previamente ouvida, ela manifestar sua concordância, sendo indiferente, para tanto, prévia aquiescência judicial.

Do ponto de vista *formal*, é questionável que a inovação, que deriva da conversão em lei de medida provisória editada em franca violação à proibição do art. 62, § 1º, *b*, da CF, supere questionamento de sua inconstitucionalidade naquela perspectiva, em total harmonia com o que expõe o n. 6 do Capítulo 3 da Parte I com relação ao quinto grupo do modelo constitucional de direito processual civil.

2.2.1 Calendário processual

O *caput* do art. 191 autoriza que as partes *e* o magistrado, *de comum acordo*, estabeleçam verdadeiro calendário para a prática de atos processuais, quando for o caso. É campo fértil para *reduzir* (art. 222, § 1º) ou *ampliar* prazos, antecipando e generalizando o disposto no inciso VI do art. 139. O art. 357, § 8º, ao ensejo do saneamento e organização do processo, incentiva que, havendo necessidade de produção de prova pericial, seja estabelecido calendário processual atinente à sua produção, com vistas à maior eficiência processual.

Por pressupor acordo entre os sujeitos processuais já indicados – as partes e o magistrado –, o calendário vincula-os, e os prazos nele estabelecidos serão modificados em casos excepcionais, quando devidamente justificados. A regra, estampada no § 1º do art. 191, é decorrência clara do art. 5º e da boa-fé nele constante.

Importa entender, em virtude desta necessária vinculação do magistrado com o calendário, máxime quando analisada a questão com a lembrança do art. 5º, que a regra deve ser compreendida de forma ampla, de modo a compreender todo o Poder Judiciário, independentemente de seus membros individualmente considerados. Assim, fixado calendário pelas partes e pelo juízo da primeira instância (que estará pessoalizado, necessariamente, em um magistrado ou uma magistrada), não poderão as partes e outros membros do Poder Judiciário que venham a atuar ao longo daquele processo, inclusive na primeira instância, questionar o quanto lá estabelecido, independentemente de sua participação *pessoal* naquele ato. Mesmo invalidação do calendário, pelas razões expostas mais abaixo, precisa ser mitigada no sentido de proteger adequadamente eventual legítima confiança depositada nos termos nele ajustados.

Com o estabelecimento do calendário, é dispensada, pertinentemente, a realização de intimações para a prática de atos processuais ou para audiências nele previstas (art. 191, § 2º). A razão de ser da regra repousa na desnecessidade de prévia intimação para a prática ou comparecimento em atos processuais que, de antemão, são conhecidos por todos. É um caso claro de aplicação concreta da eficiência processual (art. 4º).

Pergunta sofisticada é saber se o calendário pode ser controlado pelo juiz, recusando-o por alguma razão. A resposta é inequivocamente positiva. Também aqui se está no campo do direito *público*. O que o *caput* do art. 191 admite – e o Código de Processo Civil, desde o § 3º de seu art. 3º, incentiva – é que sejam buscados meios alternativos de resolução de conflitos, considerando (sempre com a observância dos devidos limites) eventual alteração das normas relativas ao procedimento, aos ônus, poderes, faculdades e deveres processuais. Para tanto, é possível, como o art. 191 deixa claro, a elaboração de verdadeiro calendário para atos processuais em geral, que afetará, não há por que duvidar, o *procedimento*, sempre compreendido no (correto) sentido de organização dos atos (e fatos) que dizem respeito ao processo.

Para além do diálogo idealizado pelo *caput* do art. 191 que, evidentemente, *pressupõe* concordância do magistrado (que atua em nome do Estado-juiz, vinculando-o, como um todo, ao calendário, e não pessoal) quanto aos termos do calendário, não há como negar que o magistrado, justamente por discordar dele, negue aplicação ao ajuste das partes. Nada de diferente, portanto, do que pode se dar com relação aos negócios processuais em geral, como se lê, com toda a clareza, do parágrafo único do art. 190, estando naquele dispositivo referencial amplo o suficiente para justificar esta *decisão* do magistrado.

Aquele dispositivo, aliás, até o último estágio do processo legislativo, era amplo o suficiente para se referir, a um só tempo, aos negócios processuais em geral e ao calendário. É que ambos os institutos, desde seu nascimento no Projeto da Câmara, faziam parte de um só dispositivo legal, que tinha, então, quatro parágrafos[22]. O quarto deles correspondia, justamente, à cláusula de controle ampla, que se referia indistintamente à "validade das convenções previstas neste artigo", que acabou parando no parágrafo único do art. 190. Certamente para dificultar (ou impedir) o entendimento aqui sustentado, da possibilidade de o magistrado recusar validade e eficácia *também* ao calendário processual, caso entenda que ocorra ao menos um dos critérios objetivos hoje constantes do parágrafo único do art. 190.

O mais interessante é constatar como esta alteração se deu, o que importa até para destacar o quanto é importante a devida análise das "normas de concretização do direito processual civil", objeto do n. 6 do Capítulo 3 da Parte I. O *desmembramento* daquele art. 191 do PL n. 8.046/2010 – que havia sido aprovado pelo Senado – simplesmente *apareceu* no texto enviado à sanção presidencial no dia 24 de fevereiro de 2015, após mais de dois meses de revisão, o que bem merece ser conhecido como *limbo* revisional[23]. A violação ao devido processo legislativo em função da extrapolação dos limites do art. 65 da Constituição Federal é constatável por quem seja minimamente alfabetizado e capaz de ler linhas de texto independentemente de compreender seu conteúdo. Mas não só: o Senado Federal, responsável pelo encaminhamento do texto à sanção presidencial, estava em recesso. Não há como, sem violar regras comezinhas do processo legislativo, pretender desmembrar em dois o texto que o Plenário daquela Casa havia aprovado como um só.

Infelizmente, a razão pela qual isto efetivamente se deu está guardada com algum arauto da *liberdade processual* que, deixando de lado os limites *constitucionais* do *devido processo legislativo*, resolveu aplicar tal liberdade no âmbito do processo legislativo para *impor* sua própria visão do problema, para o espanto e para a surpresa de todos aqueles que acompanhavam e participavam aberta e francamente daquele mesmo processo. Trata-se de verda-

---

22. A referência é ao art. 191 do PL n. 8.046/2010, que tinha a seguinte redação, que foi preservada no retorno do Projeto ao Senado Federal: "Art. 191. Versando a causa sobre direitos que admitam autocomposição, é lícito às partes plenamente capazes estipular mudanças no procedimento para ajustá-lo às especificidades da causa e convencionar sobre os seus ônus, poderes, faculdades e deveres processuais, antes ou durante o processo. § 1º De comum acordo, o juiz e as partes podem fixar calendário para a prática dos atos processuais, quando for o caso. § 2º O calendário vincula as partes e o juiz, e os prazos nele previstos somente serão modificados em casos excepcionais, devidamente justificados. § 3º Dispensa-se a intimação das partes para a prática de ato processual ou a realização de audiência cujas datas tiverem sido designadas no calendário. § 4º De ofício ou a requerimento, o juiz controlará a validade das convenções previstas neste artigo, recusando-lhes aplicação somente nos casos de nulidade ou inserção abusiva em contrato de adesão ou no qual qualquer parte se encontre em manifesta situação de vulnerabilidade".
23. Proposta feita em diversos outros textos de sua lavra pelo autor deste *Curso*, dentre os quais: *A "revisão" do texto do novo CPC*, *Ainda a "revisão" do texto do novo CPC*, e *Processo legislativo e o CPC de 2015: 30 anos da CF*. A mais completa incursão no tema, artigo a artigo, está em seu *Novo Código de Processo Civil anotado*.

deiro contrassenso, de verdadeiro paradoxo, que faz ruir as normas fundamentais eleitas pelo próprio Código de Processo Civil, a começar por uma das tantas que nem precisava estar escrita nele, a boa-fé.

Como a cláusula de controle foi modificada de modo indevido, a única forma de superar a (patente) inconstitucionalidade formal da modificação aqui noticiada é entendê-la aplicável *também* ao calendário processual. Em suma – e para quem não extrair essa conclusão do *sistema* processual civil –, o parágrafo único do art. 190 aplica-se também, como fator de controle, para o calendário do art. 191, a permitir ao magistrado, diante daqueles pressupostos fáticos, que negue sua validade e eficácia.

2.3 Prática eletrônica

O Código de Processo Civil é tímido no que diz respeito à prática eletrônica dos atos processuais. Não há como duvidar, aliás, que ele poderia ter ido muito além neste específico tema, deixando de regular o processo em papel e suas práticas e costumes tão enraizados na cultura e na prática do foro. Poderia, até mesmo, ir além da disciplina hoje constante da Lei n. 11.419/2006, que, além de não alterada, foi preservada por ele. Tampouco a Lei n. 14.195/2021, que, dentre outras modificações, instituiu, como regra, a citação por meio eletrônico, alterou, ainda que implicitamente, a disciplina estabelecida pela Lei n. 11.419/2006.

De qualquer sorte, esta falta de criatividade do Código de Processo Civil não infirma a necessidade de serem estudadas as regras específicas que ele traz a respeito – e o faz em Seção própria – e as demais que, sobre o assunto, trata de maneira dispersa.

Assim é que o art. 193 admite que os atos processuais sejam praticados total ou parcialmente de maneira digital, de forma a viabilizar que sua produção, comunicação, armazenamento e validação se deem por meio eletrônico "na forma da lei", que é, justamente, a precitada Lei n. 11.419/2006.

Por força da inclusão, pela EC n. 115/2022, do inciso LXXIX ao art. 5º da CF, importa sublinhar que o direito à proteção de dados pessoais, inclusive nos meios digitais, é direito fundamental, competindo privativamente à União Federal "organizar e fiscalizar a proteção e o tratamento de dados pessoais, nos termos da lei" (art. 21, XXVI, da CF, também incluído pela EC n. 115/2022).

O parágrafo único do art. 193 espraia o seu comando, no que for cabível, aos atos notariais e de registro.

Os sistemas de automação processual deverão respeitar a publicidade dos atos, o acesso e a participação das partes e de seus procuradores, inclusive nas audiências e sessões de julgamento, observadas as garantias da *disponibilidade, independência da plataforma computacional, acessibilidade* e a *interoperabilidade* dos sistemas, serviços, dados e informações que o Poder Judiciário administre no exercício de suas funções (art. 194).

Para o atingimento daquelas garantais – inerentes ao chamado "processo eletrônico" –, o art. 195 estabelece que "o registro de ato processual eletrônico deverá ser feito em padrões abertos, que atenderão aos requisitos de autenticidade, integridade, temporalidade, não repúdio, conservação e, nos casos que tramitem em segredo de justiça, confidencialidade, observada a infraestrutura de chaves públicas unificada nacionalmente, nos termos da lei", que, na falta de outra norma àquele respeito, é a Medida Provisória n. 2.200-2/2001, preservada em vigor pelo art. 2º da Emenda Constitucional n. 32/2001. O tema é objeto de regulamentação, no âmbito do Conselho Nacional de Justiça, pela Resolução n. 185/2013 daquele órgão, com as modificações promovidas pelas Resoluções n. 242/2016, 245/2016, 281/2019, 320/2020, 335/2020, 469/2022 e 529/2023, que institui o "Sistema Processo Judicial Eletrônico – PJe como sistema de informações e prática de atos processuais e estabelece os parâmetros para sua implementação e funcionamento". Também se volta ao assunto a Resolução n. 420/2021, alterada pela Resolução n. 469/2022, que "Dispõe sobre a adoção do processo eletrônico e o planejamento nacional da conversão e digitalização do acervo processual físico remanescente dos órgãos do Poder Judiciário."

A interoperabilidade dos sistemas, serviços, dados e informações referidos no art. 194 deverá ser facilitada pelo Conselho Nacional de Justiça e pelos próprios Tribunais, ainda que supletivamente, que regulamentarão a prática e a comunicação oficial de atos processuais por meio eletrônico, devendo velar pela compatibilidade dos sistemas, disciplinando a incorporação progressiva de novos avanços tecnológicos e editando, para esse fim, os atos que forem necessários[24]. É o que dispõe o art. 196, exigindo, como se pudesse ser diverso, que sejam "respeitadas as normas fundamentais deste Código".

O Conselho Nacional de Justiça editou, originalmente, com fundamento no precitado art. 196, no art. 246, § 1º (na sua redação original, antes de sua alteração pela Lei n. 14.195/2021), e no art. 205, § 3º, a Resolução n. 234, de 13 de julho de 2016, que "institui o Diário de Justiça Eletrônico Nacional (DJEN), a Plataforma de Comunicações Processuais (Domicílio Eletrônico) e a Plataforma de Editais do Poder Judiciário, para os efeitos da Lei 13.105, de 16 de março de 2015, e dá outras providências"[25]. Posteriormente, o CNJ editou a Resolução n. 455/2022, que "Institui o Portal de Serviços do Poder Judiciário (PSPJ), na Plataforma Digital do Poder Judiciário (PDPJ-Br) para usuários externos", revogando a precitada Resolução n. 234/2016, e que foi alterada pela Resolução n. 569/2024, que disciplina a utilização do Domicílio Judicial Eletrônico e do *Diário de Justiça Eletrônico Nacional* (DJEN)[26].

---

24. A propósito, o CNJ editou a Resolução n. 408/2021, que "Dispõe sobre o recebimento, o armazenamento e o acesso a documentos digitais relativos a autos de processos administrativos e judiciais".
25. Para a discussão daquela Resolução no ambiente normativo que o CPC confia ao CNJ, v., com proveito, o artigo de Henrique Ávila e José Magalhães Neto, *Novo Código de Processo Civil e o papel regulamentar do Conselho Nacional de Justiça*, p. 18-19.
26. A iniciativa, embora interessante, é de discutível constitucionalidade e legalidade. Quanto à constitucionalidade, cabe lembrar a competência do CNJ, tal qual definida pelo § 4º do art. 103-B da Constituição Federal, na

Todos os Tribunais devem ter (e já têm) páginas na internet para a divulgação das informações constantes de seu sistema de automação. A divulgação terá presunção de veracidade e confiabilidade (art. 197, *caput*). Eventual falha técnica no sistema ou erro ou omissão do responsável pelo lançamento das informações pode, consoante o caso, justificar *justa causa* para a renovação ou prática do ato processual nos termos do § 1º do art. 223 (art. 197, parágrafo único).

O *caput* do art. 198, querendo concretizar o princípio do acesso à justiça, inclusive na perspectiva do hipossuficiente economicamente, impõe às unidades do Poder Judiciário que mantenham gratuitamente à disposição dos interessados equipamentos necessários não só à *prática* de atos processuais, mas também à *consulta* e ao *acesso* ao sistema e aos documentos dele constantes. Sem isto, a abolição do "processo em papel" em prol do "processo eletrônico" significará, pura e simplesmente, inviabilizar acesso aos autos do processo àqueles que não tenham condições para tanto, fazendo ruir todas as garantias processuais, que decorrem desde o modelo constitucional. Um verdadeiro caso de violação do art. 5º, XXXV, da CF na perspectiva tecnológica pela ausência dos meios necessários que garantam o *efetivo* acesso à Justiça.

Por isso é que se mostra correto entender compreendidos no referido art. 198 os meios para a consecução do depoimento pessoal, oitiva e acareação de testemunhas por videoconferência (arts. 385, § 3º; 453, § 1º; e 461, § 2º) e também para a realização de sustentações orais no âmbito dos julgamentos dos Tribunais, nos moldes do § 4º do art. 937, concretizando, com isso, a previsão ampla do § 3º do art. 236.

O parágrafo único do art. 198, antevendo a possível realidade estrutural subjacente à aplicação da regra Brasil afora – o que sempre convida à irrealidade de leis federais de *processo* querendo ter validade e eficácia para todo o território nacional quando, em rigor, deveriam os Estados tratar destas questões à luz de suas peculiaridades por leis de *procedimento* –, admite a prática de atos por meio não eletrônico nos casos em que os equipamentos não forem disponibilizados. Nos casos da sustentação oral, a falta de equipamentos que permitam a sua realização por videoconferência ou métodos de transmissão de vídeo e áudio similares, acarreta a necessidade de o procurador apresentar-se na sede do Tribunal para a prática do ato.

Estabelecendo importante política de inclusão, o art. 199 determina ao Judiciário que assegure às pessoas com deficiência acessibilidade aos seus sítios na rede mundial de computadores, ao meio eletrônico de prática de atos judiciais, à comunicação eletrônica dos atos processuais e à assinatura eletrônica.

---

redação dada pela EC n. 103/2019, não cabendo ao CPC extrapolá-la. A *ilegalidade* reside no devido exame do art. 196 do CPC e verifica que a implantação do Portal idealizado pelo CNJ tem aptidão de impedir que os Tribunais exerçam sua própria competência, ainda que supletiva, de "regulamentar a prática e a comunicação oficial de atos processuais por meio eletrônico". Tais indagações, de outra parte, não afastam os pertinentes questionamentos sobre a inconstitucionalidade *formal* da Lei n. 14.195/2021, que alterou os dispositivos do CPC que dão preferência às citações e intimações de modo eletrônico, na forma como acabaram sendo regulamentadas pelos atos aqui mencionados do CNJ.

Em função da pandemia do coronavírus, a prática de atos processuais de maneira eletrônica, inclusive audiências e sessões de julgamento telepresenciais em tempo real, acabou sendo generalizada, com ampla regulamentação por atos editados pelo CNJ e pelos próprios Tribunais, que editaram atos próprios para tanto[27]. O necessário distanciamento social e o fechamento de fóruns e tribunais em todo o Brasil para conter o avanço do vírus acabou justificando a edição daqueles atos para viabilizar a prática de atos processuais durante aquele período e durante a gradativa (e tímida) retomada das atividades presenciais.

Na exata medida em que sejam garantidos meios efetivos de acesso à tecnologia que se faz necessária para a prática do ato, mormente quando praticado em tempo real, dando generosa interpretação ao precitado art. 199, nenhum questionamento se pode fazer diante do *conteúdo* daquelas resoluções[28], a despeito de ser duvidosa a competência do CNJ para sua expedição na perspectiva do art. 103-B da CF, mesmo em tempos de pandemia e a despeito da previsão do art. 196 do CPC.

A Resolução n. 345/2020, com as modificações da Resolução n. 378/2021 e da Resolução n. 481/2022, querendo generalizar a prática de atos processuais por meio eletrônico, "dispõe sobre o 'Juízo 100% Digital' e dá outras providências". Trata-se de interessante iniciativa, certamente influenciada pela necessária migração generalizada e urgente para o sistema eletrônico imposto pela pandemia do coronavírus, para colocar (de vez) em prática o que, desde a Lei n. 11.419/2006, já era autorizado legislativamente. O caráter *facultativo* da adoção daquele sistema (art. 3º, *caput*, da Resolução n. 345/2020), com o incentivo do art. 3º-A, incluído pela precitada Resolução n. 378/2021, para que as partes celebrem negócios processuais para sua adoção, aliado à necessidade de os Tribunais disponibilizarem os meios para sua utilização (art. 4º da Resolução n. 345/2020, inclusive na perspectiva do uso de salas do Judiciário para tanto, como se vê do parágrafo único do art. 5º da mesma resolução) e ao atendimento telepresencial dos procuradores ao longo do processo (art. 6º da Resolução n. 345/2020) são pontos extremamente positivos daquele ato, a despeito, também aqui, de sua duvidosa constitucionalidade diante da competência reservada

---

27. Ainda que o art. 6º da Resolução n. 481/2022 do CNJ as tenha revogado expressamente, cabe destacar, para fins ilustrativos, as seguintes Resoluções do CNJ a respeito do tema: n. 318 (que "prorroga, no âmbito do Poder Judiciário, em parte, o regime instituído pelas Resoluções n. 313, de 19 de março de 2020, e n. 314, de 20 de abril de 2020, e dá outras providências"); n. 322/2020, que havia sido alterada pela Resolução n. 397/2021 (que "estabelece, no âmbito do Poder Judiciário, medidas para retomada dos serviços presenciais, observadas as ações necessárias para prevenção de contágio pelo novo Coronavírus – Covid-19, e dá outras providências"); n. 329/2020, que chegou a ser alterada pela Resolução n. 357/2020, também revogada (que "regulamenta e estabelece critérios para a realização de audiências e outros atos processuais por videoconferência, em processos penais e de execução penal, durante o estado de calamidade pública, reconhecido pelo Decreto Federal n. 06/2020, em razão da pandemia mundial por Covid-19"). De sua parte, a Resolução n. 317/2020 (que "dispõe sobre a realização de perícias em meios eletrônicos ou virtuais em ações em que se discutem benefícios previdenciários por incapacidade ou assistenciais, enquanto durarem os efeitos da crise ocasionada pela pandemia do novo Coronavírus, e dá outras providências") continua em vigor.
28. A respeito, cabe o destaque da Resolução n. 341/2020, que "determina aos tribunais brasileiros a disponibilização de salas para depoimentos em audiências por sistema de videoconferência, a fim de evitar o contágio pela Covid-19".

pelo art. 103-B da CF para o CNJ. Também merecem destaque, na mesma toada, a Resolução n. 337/2020, que "Dispõe sobre a utilização de sistemas de videoconferência no Poder Judiciário", e a Resolução n. 354/2020, que "dispõe sobre o cumprimento digital de ato processual e de ordem judicial e dá outras providências", modificada pelas Resoluções n. 481/2022 e 508/2023, com os acréscimos da Resolução n. 555/2024.

Em sentido similar, cumpre destacar também a Resolução n. 372/2021, com as modificações da Resolução n. 403/2021 e da Resolução n. 473/2022, que "Regulamenta a criação de plataforma de videoconferência denominada 'Balcão Virtual'".

O impacto da adoção da disciplina de tais Resoluções ao longo do tempo na prática do foro merecerá, a tempo e modo oportunos, a devida análise, que levará em conta a questão que, no momento atual, ainda não se pode responder: superados de vez a pandemia e os riscos de novas necessidades de distanciamento social, o que do "velho normal" será substituído por um "novo normal", compreendendo nele a prática dos mais variados atos processuais telepresencialmente e com a adoção de verdadeiros modelos de processo eletrônico? É tema que certamente ocupará edições futuras deste *Curso*[29].

Por isso mesmo é que, nesse momento, se faz suficiente sublinhar, como já destacado, que boa parte das Resoluções editadas pelo CNJ durante a pandemia e em função dela acabaram sendo expressamente revogadas pelo art. 6º da Resolução n. 481/2022 que, entre seus considerandos, destaca a necessidade do retorno de magistrados e servidores do Poder Judiciário à atividade presencial. Ainda é tempo, portanto, de esperar para ver o que das inegáveis conquistas e dos incontáveis avanços tecnológicos que se justificaram durante a pandemia serão incorporados na prática do foro e por quais mecanismos normativos.

2.4 Atos das partes

Os três dispositivos da Seção III do Capítulo I do Título I do Livro IV da Parte Especial não devem ser entendidos como se a disciplina de todos os atos das partes estivesse lá prevista. Na verdade, os atos praticados pelas partes vão muito além das regras aí inseridas e, por isso mesmo, são examinadas ao longo deste *Curso*. É o que ocorre, por exemplo, quando

---

29. Eloquente, a este respeito, a própria Resolução n. 345/2020, como se verifica da leitura de seu art. 7º ("Os tribunais deverão acompanhar os resultados do 'Juízo 100% Digital' mediante indicadores de produtividade e celeridade informados pelo Conselho Nacional de Justiça") e do § 7º de seu art. 8º, na redação dada pela Resolução n. 378/2021 ("O 'Juízo 100% Digital' será avaliado após um ano de sua implementação, podendo o tribunal optar pela manutenção, pela descontinuidade ou por sua ampliação, comunicando a sua deliberação ao Conselho Nacional de Justiça"). Também a Resolução n. 481/2022 modificou o art. 3º daquela primeira Resolução para dispor sobre a determinação excepcional e de ofício da realização de audiências telepresenciais em determinadas hipóteses, como em mutirões ou projetos específicos do Poder Judiciário, bem como indisponibilidade temporária do foro, calamidade pública ou força maior, devendo, em qualquer caso, a oposição à realização de audiência telepresencial ser sempre fundamentada e sujeita a controle judicial.

se dedica ao estudo da petição inicial (arts. 319 e 320), da contestação (arts. 337 a 342), da petição que inaugura a etapa de cumprimento de sentença (arts. 523, 528, 534, 536 e 538), da petição que rompa a inércia da jurisdição em busca da concretização de um título executivo extrajudicial (arts. 798 a 801) ou da elaboração de determinado recurso (arts. 1.010; 1.016 e 1.017; 1.021, § 1º; 1.023, *caput*; 1.028; 1.029; 1.042 e 1.043, § 4º).

Para cá, de maneira genérica, importa destacar que os atos das partes que veicularem declarações unilaterais ou bilaterais de vontade produzem imediatamente a constituição, modificação ou extinção de direitos processuais (art. 200, *caput*), isto é, independem da concordância da parte contrária ou da homologação prévia pelo magistrado para o atingimento daqueles fins.

A exceção àquela regra está estampada no parágrafo único do dispositivo: a "desistência da ação", isto é, a vontade de o autor deixar de pretender, ao menos momentaneamente, que o Estado-juiz tutele jurisdicionalmente o direito que afirma ter em face do réu, só produzirá efeito depois da homologação judicial e, considerando o instante em que aquele ato dispositivo é praticado, ela dependerá da prévia concordância do réu (art. 485, § 4º), sendo vedada após o proferimento da sentença (art. 485, § 5º).

O art. 201 assegura às partes o direito de exigir recibo de petições, arrazoados, papéis e documentos que entregarem em cartório. É o que a prática do foro consagra, por metonímia, com o nome de protocolo[30].

O art. 202, por sua vez, veda que cotas marginais ou interlineares sejam lançadas nos autos. O correto é que as manifestações das partes, de todas elas, sejam feitas por petições. Havendo-as, a despeito de proibição – esta é uma característica de regras *prescritivas* –, o magistrado determinará que elas sejam riscadas, impondo multa a seu responsável no valor correspondente à metade do salário mínimo. No ambiente eletrônico, é forçoso reconhecer que a viabilidade desta ocorrência é raríssima, para não dizer inexistente.

Para além dessa disciplina, cabe lembrar do § 4º do art. 966. Trata-se de dispositivo muito mal alocado no Capítulo VII do Título I do Livro III da Parte Especial do Código de Processo Civil – que, no particular, seguiu os passos do CPC de 1973 com seu art. 486 –, embora seja enorme o seu interesse para a disciplina dos atos das *partes* no processo[31].

De acordo com aquele dispositivo, "os atos de disposição de direitos, praticados pelas partes ou por outros participantes do processo e homologados pelo juízo, bem como os atos homologatórios praticados no curso da execução, estão sujeitos à anulação, nos termos da lei".

---

30. Típico caso de metonímia – e para ser mais específico, *sinédoque* –, porque a finalidade do ato (a entrega formal do ato processual perante o servidor judiciário competente) acabou por denominar o próprio ato.
31. Tanto que o PL n. 8.046/2010 propôs que aquela regra fosse realocada no Código de Processo Civil, veiculando-a no art. 284, no Livro dedicado aos atos processuais. Na volta do Projeto ao Senado Federal, contudo, sequer prevaleceu a orientação original do PLS n. 166/2010, de dedicar um artigo específico localizado em Seção própria para a previsão (art. 929).

Trata-se de regra que permite questionar a validade do ato das partes na perspectiva do direito material, mesmo quando seus efeitos sejam projetados para serem produzidos no plano do processo, e que, nessa perspectiva, devem dialogar com a previsão genérica do *caput* do art. 200, a justificar sua menção nesta sede. As razões para questionar aqueles atos, destarte, são as do direito material, observando-se, para a busca da tutela jurisdicional respectiva, os procedimentos previstos para aquele fim e, à falta de algum *especial*, o *comum*. A hipótese, destarte, não guarda nenhuma relação com a chamada "ação rescisória", cujas hipóteses de cabimento, previstas nos incisos do *caput* do art. 966, não guardam nenhuma relação com o assunto aqui noticiado. O assunto é retomado na Parte II do volume 2 deste *Curso*.

2.5 Pronunciamentos do juiz

O magistrado profere, ao longo do processo, diversos *pronunciamentos*. Os que têm conteúdo decisório são as decisões; outros, os despachos, não têm conteúdo decisório, residindo sua finalidade precípua no mero impulso processual ou no exercício de algum dever-poder que lhe compete. É este o sentido do *caput* do art. 203, ao estabelecer que "os pronunciamentos do juiz consistirão em sentenças, decisões interlocutórias e despachos".

Os dois primeiros parágrafos do art. 203 querem distinguir os pronunciamentos com conteúdo decisório praticados pelo juiz da primeira instância: as sentenças das decisões interlocutórias, ou melhor, definir o que são as sentenças, para, no § 2º, estabelecer que quaisquer outras decisões são interlocutórias.

Sentença é o ato do magistrado da primeira instância que, com fundamento nos arts. 485 e 487, põe fim à etapa de conhecimento ("fase cognitiva") do procedimento comum. É também o ato que "extingue a execução". Trata-se de conceito que se baseia, ao mesmo tempo, no *conteúdo do ato* (ter fundamento nos arts. 485 ou 487) *e* na sua *finalidade* (pôr fim à etapa cognitiva do procedimento comum ou à execução). A razão de ser da regra está diretamente relacionada às diversas críticas dirigidas ao § 1º do art. 162 do CPC de 1973, que, na sua textualidade, tomava como base para conceituação da sentença apenas seu *conteúdo*, não sua finalidade, o que rendeu ensejo a uma série de discussões importantes, não só do ponto de vista teórico, mas também prático[32].

Ocorre, contudo, que a previsão do precitado § 1º do art. 203 é insuficiente. Mesmo que o § 1º do art. 203 excepcione de seu alcance "as disposições expressas dos procedimentos

---

32. Luciano Vianna Araújo desenvolveu importante trabalho a respeito da insuficiência daquela conceituação legal com múltiplas aplicações em seu *Sentenças parciais?*, esp. p. 133-168. As edições anteriores deste *Curso* (ver, em especial, n. 4.1.2 do Capítulo 3 da Parte III do volume 1 e n. 5 do Capítulo 1 da Parte I do volume 5) optavam, não obstante o *texto* do referido dispositivo, por buscar a *finalidade* como elemento sistemático e integrativo do conceito de sentença em contraposição ao de decisão interlocutória.

especiais", era mister que fosse informado que sentenças, ao menos para o direito processual civil brasileiro, são decisões que só são passíveis de serem proferidas pelos órgãos jurisdicionais de primeira instância.

Mas não só. É também indispensável que se entenda a locução final não só com relação à extinção do *processo* de execução, isto é, aqueles processos cuja tutela jurisdicional tem como substrato um título executivo *extrajudicial*, mas também no tocante ao fim da etapa de cumprimento de sentença do processo. Ocorre que, para estes dois casos, o "fundamento" respectivo não reside nos arts. 485 e 487, e sim no art. 924, que trata dos possíveis conteúdos da *sentença* a ser necessariamente proferida para os fins do art. 925. Pode até acontecer de a etapa de cumprimento de sentença do processo ser extinta diante do acolhimento da impugnação apresentada pelo executado com fundamento no art. 525. Não há como deixar de levar em conta estas informações para saber quais decisões proferidas na primeira instância devem ser rotuladas de sentença.

Se a decisão não se amoldar ao que o § 1º do art. 203 exige para se ter uma sentença – e para tanto importa ter presentes os complementos evidenciados nos parágrafos anteriores –, a hipótese é de *decisão interlocutória*. É o que estabelece com admirável precisão, mas que nada significa, o § 2º do art. 203.

Uma vez mais, a rica discussão que paira sobre a dicotomia entre sentenças e decisões interlocutórias tem razão de ser em virtude das modificações que a Lei n. 11.232/2005 introduziu no CPC de 1973 e, no que interessa para cá, no § 1º do seu art. 162, que veiculava o conceito de sentença. Querendo desvencilhar a noção de sentença da de *extinção* do processo, não encontrou fórmula adequada, ao menos do ponto de vista redacional[33]. O CPC de 2015 pode parecer mais certeiro quanto ao ponto, mas não o é. Como expõe com maior vagar o n. 4 do Capítulo 6, a palavra "extinção" e a expressão "extinção do processo" foram retiradas de dispositivos como o § 1º do art. 203 e dos arts. 485 e 487. Contudo, aquela palavra e expressão continuam a ser empregadas alhures como, por exemplo, no art. 316 e para dar nome à Seção I do Capítulo X do Título I do Livro I da Parte Especial, "extinção do processo". Mais do que ser objeto de regulação legal, a discussão sobre o que caracteriza cada uma daquelas espécies de decisões deve ocupar a doutrina e a jurisprudência.

De qualquer sorte, não obstante eventuais dificuldades que o tema coloca, a distinção entre sentenças e decisões interlocutórias ainda é absolutamente fundamental para o Código de Processo Civil (e de forma mais ampla para a legislação processual civil extravagante). É que, a depender da natureza do ato judicial, o recurso cabível é um (a apelação para as sentenças) e outro (o agravo de instrumento para determinadas interlocutórias). Como o Código

---

33. Basta, para tanto, comparar as duas redações daquele dispositivo, antes e depois da Lei n. 11.232/2005, que eram a seguintes, respectivamente: "§ 1º Sentença é o ato pelo qual o juiz põe termo ao processo, decidindo ou não o mérito da causa" e "§ 1º Sentença é o ato do juiz que implica alguma das situações previstas nos arts. 267 e 269 desta Lei".

de Processo Civil indica quais as interlocutórias imediatamente recorríveis pelo agravo de instrumento na etapa de conhecimento do processo (art. 1.015), o problema, nesta perspectiva e para aquele campo, tende, em alguma medida, a ser *minorado*. Afinal, aquele dispositivo, embora com finalidade diversa, acaba indicando determinadas decisões que, em termos sistemáticos, merecem ser compreendidas como decisões interlocutórias. Isso não significa dizer, contudo, que a distinção entre cada um daqueles atos decisórios não seja relevante e que não coloque, ainda, desafios para o intérprete, com importantes reflexos na pesquisa sobre o recurso cabível, assunto ao qual este *Curso* se volta na Parte II de seu volume 2.

O § 3º do art. 203 também define os despachos por exclusão, entendendo-os como os demais pronunciamentos, o que impõe a conclusão de que só podem ser os que não têm conteúdo decisório, independentemente de eles serem praticados de ofício ou em resposta a algum requerimento.

Tratando-se de meros atos de impulso processual, chamados de "atos ordinatórios" pelo § 4º do art. 203, que os exemplifica com a juntada e a vista obrigatória dos autos, é o servidor que os praticará de ofício, isto é, independentemente de qualquer determinação, cabendo, nem poderia ser diferente, sua revisão pelo magistrado quando for necessário. O que distingue tais atos dos despachos, na perspectiva dos §§ 3º e 4º do art. 203, é a *pessoa* que os pratica. A delegação da prática de tais atos no âmbito do Poder Judiciário encontra fundamento constitucional expresso no art. 93, XIV, da Constituição Federal, incluído pela Emenda Constitucional n. 45/2004.

Acórdão, por sua vez, é o nome dado às decisões colegiadas no âmbito dos Tribunais (art. 204). É indiferente para sua caracterização como tal qual seja seu conteúdo ou sua finalidade, o que, em rigor, afasta a utilidade (teórica e prática) da distinção que os §§ 1º e 2º do art. 203 querem estabelecer para as decisões proferidas no âmbito da primeira instância. O conteúdo dos acórdãos, contudo, assume fundamental papel na sistemática dos recursos[34].

Não se tratando de ato colegiado, os membros do Tribunal, quando individualmente se pronunciarem, proferirão *decisões*, às quais a prática consagrou o emprego do adjetivo "monocráticas" e, com menos frequência, "unipessoais", para identificar que se trata de decisões proferidas isoladamente, e não pelo colegiado. Para elas também é indiferente seu conteúdo e sua finalidade para sua identificação. A elas o Código de Processo Civil refere-se em diversos artigos, principalmente em seu art. 932 e, com relação ao recurso cabível, no art. 1.021, denominado "agravo interno".

O art. 205 impõe exigências formais para os despachos, as decisões (inclusive as monocráticas proferidas no âmbito dos Tribunais), as sentenças e os acórdãos. Eles serão redigidos, datados e assinados, inclusive eletronicamente (§ 2º), pelos magistrados. Quando forem

---

[34]. Mesmo no caso do art. 942, que não deve ser compreendido tecnicamente como *recurso*, o que importa para a extensão do colegiamento nele previsto é o *conteúdo* do acórdão majoritário e não a sua *finalidade*.

proferidos oralmente, o servidor os documentará, cabendo aos magistrados sua revisão e assinatura (§ 1º). Por força do princípio da publicidade, o § 3º do mesmo dispositivo exige que os despachos, as decisões interlocutórias, o dispositivo (parte final das decisões) e a ementa dos acórdãos (a suma do caso julgado e a decisão tomada) sejam publicados no *Diário da Justiça*, órgão oficial de divulgação dos atos processuais, e que devem ser unificados no *Diário da Justiça Eletrônico Nacional* (DJEN), criado originalmente pela Resolução n. 234/2016 do CNJ e regulamentado posteriormente pela Resolução n. 455/2022, que foi alterada pela Resolução n. 569/2024, que disciplina "a utilização do Domicílio Judicial Eletrônico e do Diário de Justiça Eletrônico Nacional (DJEN)".

2.6 Atos do escrivão ou do chefe de secretaria

Os arts. 206 a 211 tratam dos atos a serem praticados pelo escrivão ou pelo chefe de secretaria. É importante entender que tais atos devem ser praticados ainda que os autos sejam eletrônicos, com as adaptações tecnológicas necessárias.

O art. 206 indica os elementos a serem observados na *autuação* da petição inicial, isto é, na abertura dos cadernos processuais, em que os atos respectivos serão documentados, e nos volumes que forem se formando.

Todas as folhas serão numeradas e rubricadas (art. 207, *caput*), sendo facultado à parte, ao procurador, ao membro do Ministério Público, ao defensor público e aos auxiliares da justiça rubricar as folhas correspondentes aos atos que praticarem (art. 207, parágrafo único).

Os termos de juntada, vista, conclusão e outros semelhantes constarão de notas datadas e rubricadas pelo escrivão ou pelo chefe de secretaria (art. 208). É certo, outrossim, que não são admitidos nos atos e termos processuais espaços em branco, salvo os que forem inutilizados, assim como entrelinhas, emendas ou rasuras, exceto quando expressamente ressalvadas (art. 211).

Os atos e os termos do processo serão assinados pelas pessoas que neles intervierem. Quando elas não puderem ou não quiserem firmá-los – como pode ocorrer, por exemplo, com uma testemunha que se recusa a assinar a assentada de sua oitiva (art. 460, § 1º) –, o escrivão ou o chefe de secretaria certificará a ocorrência (art. 209, *caput*). Tratando-se de processo total ou parcialmente documentado em autos eletrônicos, os atos processuais praticados na presença do juiz poderão ser produzidos e armazenados de modo integralmente digital em arquivo eletrônico inviolável, na forma da lei, mediante registro em termo, que será assinado digitalmente pelo juiz e pelo escrivão ou chefe de secretaria, bem como pelos advogados das partes (art. 209, § 1º). Eventuais contradições na transcrição devem ser levantadas oralmente no momento de realização do ato, sob pena de preclusão, devendo o juiz decidir de plano, e ordenar o registro da alegação e da decisão no termo (art. 209, § 2º).

O art. 210 permite o uso de outros métodos de documentação dos atos processuais, desde que idôneos, tais como a taquigrafia e a estenotipia. Não se trata, aqui, de incentivar o emprego de técnicas que, em rigor, são suficientemente bem substituídas pelas novas tecnologias, mas de a lei *federal* prever que nem sempre as novas tecnologias estarão disponíveis indistintamente em todo e qualquer órgão judiciário em território nacional.

3. TEMPO

Os atos processuais devem ser praticados nos dias úteis no período das seis às vinte horas (art. 212, *caput*). Feriados, para efeito forense, é o art. 216 que estabelece, são os sábados, os domingos e os dias, inclusive os estabelecidos por leis estaduais ou municipais, em que não há expediente forense.

Quando a prática do ato tenha se iniciado antes das vinte horas e seu adiamento puder prejudicá-lo ou causar grave dano, é permitida sua conclusão após aquele horário (art. 212, § 1º).

O § 2º do art. 212, por sua vez, dispõe que, independentemente de autorização judicial, as citações, intimações e penhoras poderão realizar-se no período de férias forenses, onde as houver, e nos feriados ou dias úteis fora do horário determinado no artigo, observado o direito de inviolabilidade garantido pelo inciso XI do art. 5º da Constituição Federal.

Quando se tratar de ato a ser praticado por meio de petição em autos não eletrônicos, o seu protocolo respectivo deverá ser feito de acordo com o horário de funcionamento do fórum ou tribunal estabelecido por suas normas de regência (art. 212, § 3º).

Sendo eletrônicos os autos, a regra é a do art. 213 (idêntico ao parágrafo único do art. 3º e ao § 1º do art. 10 da Lei n. 11.419/2006, específico para a hipótese), que permite a prática do ato até às vinte e quatro horas do dia do último dia do prazo. Neste caso, de acordo com o parágrafo único do art. 213, prevalece o horário vigente no órgão jurisdicional perante o qual o ato deve ser praticado, o que torna o assunto mais importante quando se lembra dos fusos horários do Brasil e da adoção diferenciada do horário de verão nos Estados.

No período de férias forenses e nos feriados, é vedada, em regra, a prática de atos processuais (art. 214, *caput*). As exceções, constantes dos dois incisos daquele dispositivo, são as referidas no § 2º do art. 212, acima indicadas, e as relacionadas às tutelas provisórias com fundamento em urgência. Neste particular, importa entender viável a prática de atos relativos não só à concessão, mas também à *concretização* da tutela provisória, desde que seu fundamento seja a urgência.

Mesmo nos locais onde houver, as férias forenses não inibem a prática dos atos relativos aos procedimentos de jurisdição voluntária e os necessários à conservação de direitos, quando puderem ser prejudicados pelo adiamento, os relativos a alimentos e de nomeação ou remoção de tutor e curador, além de outras causas previstas em lei, como, por exemplo, os processos relativos às locações de imóveis urbanos (art. 58, I, da Lei n. 8.245/91). É o que determina o art. 215.

4. LUGAR

A regra é que os atos processuais sejam praticados na sede do juízo, isto é, do órgão jurisdicional competente (art. 217).

Sua realização, contudo, pode se dar em lugar diverso em razão de deferência, de interesse da justiça, da natureza do ato ou de obstáculo arguido pelo interessado e acolhido pelo magistrado, tudo, ainda, de acordo com o mesmo dispositivo.

É o que ocorre, apenas para fins ilustrativos, com a possibilidade de a oitiva das autoridades a que se refere o art. 454 como testemunhas dar-se no local em que exercem suas funções, quando se tratar de testemunha enferma que justifique o deslocamento do magistrado para sua oitiva (art. 449, parágrafo único) ou quando o magistrado, com fundamento no art. 483, realiza inspeção judicial.

5. PRAZOS

Todos os atos processuais precisam ser praticados nos prazos previstos em lei (art. 218, *caput*). Prazo é o espaço de tempo existente entre dois termos, o inicial e o final – *dies a quo* e *dies ad quem* –, em que o ato processual deve ser praticado sob pena de não poder ser mais produzido. É o que comumente a doutrina identifica como "preclusão temporal", isto é, perda de um direito pelo seu não exercício em determinado prazo.

Mesmo quando o ato processual é praticado *antes* do início do prazo, ele é considerado tempestivo (art. 218, § 4º). A regra, que pode parecer supérflua, foi introduzida pelo Código de Processo Civil para combater entendimento em sentido contrário (e equivocado) que conquistou a simpatia de diversos julgados, inclusive do Superior Tribunal de Justiça[35], que desenvolveu a tese da "intempestividade por prematuridade", que mereceu, pertinentemente, duras críticas da doutrina[36], já que aquela construção desconsiderava a finalidade única da intimação: viabilizar o conhecimento suficiente de um ato processual para as tomadas de providências cabíveis. Nesse sentido, a prática do ato (que pressupõe a prévia ciência), ainda que independentemente da intimação, não há como ser considerada "intempestiva". Aquele entendimento, em última análise, já atritava com a sistemática das

---

35. Que chegou a editar, a respeito, a Súmula 418, assim enunciada: "É inadmissível o recurso especial interposto antes da publicação do acórdão dos embargos de declaração, sem posterior ratificação".
36. De especial interesse são os artigos de Cândido Rangel Dinamarco, "Tempestividade dos recursos", e de Heitor Vitor Mendonça Sica, "Recursos intempestivos por prematuridade?".

nulidades processuais e, felizmente, foi expressamente superado em função do advento do Código de Processo Civil[37].

Os prazos podem ser contados em horas, dias, semanas, meses e anos. No Código de Processo Civil são mais comuns os prazos contados em *dias*, que, sendo relativos à prática de atos *processuais*, só são os *úteis* (art. 219). Não havendo prescrição legal (fixada em lei) ou judicial (estabelecida pelo magistrado) em sentido diverso, será de *cinco* dias (úteis) o prazo para que a parte pratique o ato processual (art. 218, § 3º), sendo certo que, ressalvada expressa previsão em sentido contrário, as intimações só obrigarão depois do transcurso do prazo de quarenta e oito horas (art. 218, § 2º).

O *caput* do art. 220 estatui que, no período de 20 de dezembro a 20 de janeiro inclusive, ficam suspensos os prazos processuais, não podendo ser realizadas audiências nem sessões de julgamento (art. 220, § 2º). A inovação, tal qual prevista, não atrita com o inciso XII do art. 93 da Constituição Federal, que determina sejam ininterruptas as atividades judiciárias. É que o § 1º do art. 220 preserva, expressamente, o exercício das funções de todos os sujeitos processuais durante aquele período – resguardadas férias *individuais* de magistrados e servidores e feriados –, o que equivale a dizer que não é autorizado o fechamento de fóruns ou tribunais. O que ocorre, bem diferentemente, é que não há fluência de prazos processuais[38] nem, como já destacado, a realização de audiências e sessões de julgamento. A prática de eventuais atos urgentes em tais situações decorre suficientemente do disposto no inciso II do art. 214. Tais distinções foram bem disciplinadas pela Resolução n. 244, de 12 de setembro de 2016, do Conselho Nacional de Justiça, que também busca uniformizar a regra do art. 220 do Código de Processo Civil com o recesso estabelecido, a título de feriado, para a Justiça Federal, pelo art. 62, I, da Lei n. 5.010/66, entre os dias 20 de dezembro e 6 de janeiro de cada ano.

A contagem do prazo pode ser suspensa quando houver obstáculo criado em prejuízo da parte e também nos casos em que o processo fica suspenso nas hipóteses do art. 313 (art. 221, *caput*). Neste caso, cessada a razão da suspensão do prazo, ele voltará a fluir por tempo igual ao que faltava para sua complementação. Assim, *suspenso* um prazo processual de cinco dias no terceiro dia útil de sua contagem, cessada a causa da suspensão, haverá mais

---

[37]. Substituindo a Súmula 418, o STJ editou a Súmula 527, que quer se harmonizar com a regra do art. 1.024, § 5º: "Não é necessário ratificar o recurso especial interposto na pendência do julgamento dos embargos de declaração, quando inalterado o resultado anterior". Mais completa e consonante com o art. 218, § 4º, é a Súmula 67 do TJPR: "É tempestivo o recurso interposto antes da publicação oficial da decisão recorrida ou da decisão que a mantiver em sede de Embargos de Declaração, exigindo-se ratificação das razões recursais somente em caso de alteração do julgado no âmbito aclaratório".

[38]. A respeito é o Enunciado n. 21 da I Jornada de Direito Processual Civil do CJF: "A suspensão dos prazos processuais prevista no *caput* do art. 220 do CPC estende-se ao Ministério Público, à Defensoria Pública e à Advocacia Pública".

dois dias para a prática do ato. Em se tratando de prazos *processuais*, cabe lembrar que sua fluência só se dá em dias *úteis*.

Os prazos são suspensos também durante a execução de programa instituído pelo Poder Judiciário para promover a autocomposição, incumbindo aos tribunais especificar, com antecedência, a duração dos trabalhos. A previsão, que está no parágrafo único do art. 221, merece ser entendida de maneira restritiva, isto é, de forma a não afetar os processos que, por qualquer razão, não estejam ou não possam estar sujeitos àqueles programas.

Cabe ao magistrado *prorrogar* os prazos processuais por até dois meses sempre que for difícil o transporte no local em que o ato processual deva ser praticado (art. 222, *caput*). Em caso de calamidade pública, este prazo pode ser superior (art. 222, § 2º). Ao juiz, contudo, é vedado *reduzir* os (ainda) chamados prazos peremptórios, a não ser que haja anuência das partes (art. 222, § 1º), regra que ganha maior interesse diante do *calendário* a que diz respeito o art. 191. Esta classe, chamada de "prazos *peremptórios*", merece ser repensada, quiçá banida, a despeito de sua expressa referência no dispositivo aqui estudado, em função do dever-poder do inciso VI do art. 139, que admite a ampliação dos prazos, quaisquer prazos, pelo magistrado. Se, como exposto no n. 5.1.6 do Capítulo 3, o que, tradicionalmente, caracterizava como tais os prazos *peremptórios*, distinguindo-os dos *dilatórios*, era a inviabilidade de sua ampliação, não há mais espaço, mercê da evolução do direito positivo, para insistir na diferenciação.

Transcorrido o prazo, extingue-se o direito de praticar ou emendar o ato processual independentemente de qualquer manifestação judicial (art. 223, *caput*). É o que, em geral, é chamado, respectivamente, de "preclusão *temporal*", já mencionada, e "preclusão *consumativa*", que merece ser compreendida como a perda da possibilidade de correção ou de complementação de um ato do processo já praticado. Cabe ao interessado, contudo, justificar por que não praticou o ato, alegando e comprovando ter ocorrido justa causa para tanto, assim considerado o "evento alheio à vontade da parte e que a impediu de praticar o ato por si ou por mandatário" (art. 223, § 1º)[39]. Se o magistrado entender ocorrente a justa causa, abrirá novo prazo para a prática do ato (art. 223, § 2º). A preclusão *consumativa*, quando compreendida a partir do art. 5º, ganha ainda maior interesse porque, em última análise, é instituto voltado a evitar comportamento contraditório de uma parte em detrimento da outra.

5.1 Contagem e fluência

Novidade digna de destaque do CPC de 2015 em relação ao CPC de 1973 é a circunstância de os prazos *processuais*, sejam os legais (prescritos em lei) ou os judiciais (estabelecidos

---

39. É firme o entendimento do STJ no sentido de que a doença do advogado que o impossibilita de praticar o ato processual pressupõe que se trate do único advogado habilitado no processo para praticá-lo ou, ainda, para substabelecer. Nesse sentido: STJ, 4ª Turma, AgInt no AREsp 1.223.183/RS, rel. Min. Marco Buzzi, j.un. 2-10-2023, *DJe* 5-10-2023.

pelo magistrado), fixados em dias só fluírem em dias *úteis* (art. 219). Dias úteis, para fins forenses, são aqueles que não se amoldam à previsão do art. 216. Prazos *materiais* não estão sujeitos a esta regra, como evidencia o parágrafo único do art. 219. Assim, por exemplo, os trinta dias de uma notificação para que o devedor adimpla a obrigação serão contados de forma corrida, tanto quanto os sessenta dias para que o contribuinte, querendo, apresente impugnação a auto de infração lavrado contra si. A distinção, contudo, tem despertado controvérsias, tratadas ao longo deste *Curso*[40].

Nos prazos processuais, a regra é de *exclusão* do primeiro dia (termo inicial) e *inclusão* do último dia (termo final), sempre considerados somente os dias úteis (art. 224, *caput*). Quando o expediente forense for encerrado mais cedo, quando começar mais tarde (o que é novidade do Código de Processo Civil) ou, ainda, o que também é novo, quando houver indisponibilidade da comunicação eletrônica, os dias de início e/ou de vencimento dos prazos serão automaticamente deslocados para o primeiro dia útil seguinte (art. 224, § 1º). A derradeira hipótese deve ser compreendida amplamente, mesmo quando os autos do processo – e os respectivos atos – não forem eletrônicos, porque pode ocorrer da falta de comunicação dificultar ou impedir a devida prática do ato. É pensar no retardo da divulgação do *Diário da Justiça eletrônico*, que veicula também as intimações relativas aos processos em papel.

Para a contagem do prazo, cabe discernir, com base nos §§ 2º e 3º do art. 224, a *disponibilização* da informação forense no *Diário da Justiça eletrônico* (sobre o que versa o ato processual e quem deve praticá-lo) da sua *publicação*. A contagem do prazo depende da *publicação*, considerada ocorrida no primeiro dia útil que se seguir à *disponibilização*. Assim, por exem-

---

[40]. Para além delas, há intensa discussão sobre a aplicabilidade daquela regra para os procedimentos especiais regulados por legislação extravagante. A respeito, cabe dar destaque ao entendimento da ENFAM e da I Jornada de Direito Processual Civil do CJF sobre a contagem dos prazos em dias úteis no âmbito dos Juizados Especiais (Enunciados n. 45 e 19, respectivamente, orientação que acabou dando origem à Lei n. 13.728/2018, que introduziu um art. 12-A na Lei n. 9.099/1995 naquele sentido). A I Jornada de Direito Processual Civil do CJF também entendeu que o prazo para apresentação de embargos à execução fiscal (disciplinada pela Lei 6.830/80) conta-se em dias úteis (Enunciado n. 20). O FNPP, por sua vez, sustenta que "Os prazos processuais no mandado de segurança são contados em dias úteis, inclusive para as informações da autoridade coatora" (Enunciado n. 11). Não, contudo, os prazos processuais de falências e recuperação judicial, objeto da Lei n. 11.101/2005, como já teve oportunidade de decidir a 4ª Turma do STJ no AgInt no REsp 1.830.738/RS, rel. Min. Antonio Carlos Ferreira, j.un. 24-5-2022, *DJe* 30-5-2022, e no REsp 1.699.528/MG, rel. Min. Luis Felipe Salomão, j.un. 10-4-2018, *DJe* 13-6-2018 e, em específico, o prazo do chamado *stay period* previsto no art. 6º, § 4º, da Lei n. 11.101/2005, dada a sua natureza *material* (STJ, 3ª Turma, REsp 1.698.283/GO, rel. Min. Marco Aurélio Bellizze, j.un. 21-5-2019, *DJe* 24-5-2019). Em sentido similar, o Enunciado XIV do Grupo Reservado de Direito Empresarial do TJSP: "Todos os prazos previstos na Lei n. 11.101/2005 e no plano de recuperação judicial devem ser contados em dias corridos, contando-se em dias úteis apenas os previstos no próprio CPC, caso, em particular, dos recursais". A Lei n. 14.112/2020, ao acrescentar o inciso I do § 1º do art. 189 da Lei n. 11.101/2005 acolheu esta orientação ao determinar, que: "todos os prazos nela previstos ou que dela decorram serão contados em dias corridos". O STJ já teve oportunidade de entender também que a contagem em dias úteis não se aplica aos processos disciplinados pelo Estatuto da Criança e do Adolescente (6ª Turma, HC 475.610/DF, rel. Min. Rogério Schietti Cruz, j.un. 26-3-2019, *DJe* 3-4-2019, forte no novo § 2º do art. 152 daquele diploma legal, incluído pela Lei n. 13.509/2017, e 5ª Turma, AgRg no AREsp 1.891.258/SC, rel. Min. Messod Azulay Neto, j.un. 14-2-2023, *DJe* 22-2-2023).

plo, um prazo de cinco dias, *disponibilizado* na sexta-feira, considera-se *publicado* na segunda-feira seguinte (primeiro dia útil seguinte à disponibilização). Em tal condição, o início do prazo é terça-feira, primeiro dia útil seguinte à *publicação*. O prazo final para prática do ato será na segunda-feira da outra semana, quinto dia *útil* que se seguiu ao primeiro dia útil após a publicação.

O art. 225 permite que a parte renuncie ao prazo estabelecido exclusivamente em seu favor, desde que o faça expressamente. A regra é harmônica com a do § 4º do art. 218, que considera tempestivos os atos ainda quando praticados antes do termo inicial do prazo.

O art. 226 estabelece prazos a serem cumpridos pelo magistrado (cinco dias para proferir despachos, dez dias para proferir decisões interlocutórias e trinta dias para proferir sentenças). Havendo justo motivo, estes prazos podem ser excedidos por igual tempo (art. 227). É importante ter em mira que os prazos existem para serem cumpridos por todos os sujeitos do processo. Trata-se, em última análise, de imposição do princípio da eficiência processual, decorrente do art. 5º, LXXVIII, da Constituição Federal, e que é reproduzido, no plano infraconstitucional, no art. 4º do Código de Processo Civil. Assim, ao mesmo tempo que cabe reconhecer a possibilidade de motivos que justifiquem a dobra autorizada pelo art. 227, não é o caso de aceitar passivamente qualquer generalização a respeito do assunto e, por isto mesmo, a distinção usualmente (e ainda) feita pela nossa doutrina entre "prazos *próprios*" (aqueles sujeitos à extinção nos termos do art. 223, *caput*) e "prazos *impróprios*", aqueles que não impedem seu destinatário de praticá-lo após o transcurso do prazo, tais quais os prazos dirigidos aos magistrados. Não há fundamento *constitucional* nem legal para esta distinção[41].

O art. 228 reserva o prazo de um dia para que o escrivão remeta os autos para o magistrado. É o que se chama de "conclusão", daí a referência do dispositivo a "autos conclusos". O mesmo art. 228 prevê o prazo de cinco dias para o escrivão praticar os atos que estão sob sua responsabilidade. A regra do § 2º sobre autos eletrônicos é pertinentíssima: neles – e diferentemente do que se dá nos autos em papel –, "a juntada de petições ou de manifestações em geral ocorrerá de forma automática, independentemente de ato de serventuário da justiça".

O art. 229 ocupa-se dos prazos na hipótese de os litisconsortes terem advogados diversos *de escritórios de advocacia diferentes*, ressalva que inova em relação ao art. 191 do CPC de 1973. Neste caso, os prazos serão generalizadamente contados em *dobro*, independentemente de prévio requerimento. A dobra, contudo, cessará se só houver defesa de um dos litisconsortes (art. 229, § 1º), sendo certo, outrossim, que a previsão não se aplica na hipótese de os autos

---

41. A crítica já era feita, desde a década de 1960 por Calmon de Passos em importante estudo sobre o mandado de segurança contra ato judicial e abraçada pelas edições anteriores deste *Curso* (ver n. 4.3.1 do Capítulo 3 da Parte III do volume 1). A referência é ao "Do mandado e segurança contra atos judiciais", esp. p. 82 e 87-93, escrito em 1963 pelo saudoso processualista baiano.

serem eletrônicos (art. 229, § 2º)[42]. A ressalva é justificável porque, neste caso, o acesso aos autos pode ser feito indistinta e concomitantemente pelos diversos advogados. A regra dá ensejo a alguns questionamentos, abordados por ocasião do estudo do litisconsórcio no n. 3.3.1 do Capítulo 3.

O art. 230 dispõe que o prazo para a parte, para o advogado privado, para a Advocacia Pública, para a Defensoria Pública e para o Ministério Público será contado da citação, da intimação ou da notificação.

A regra merece ser interpretada em conjunto com o art. 231, que estabelece o *início* do prazo após a citação ou a intimação, levando em conta uma série de alternativas.

Assim, o *dies a quo* será: (i) a data de juntada aos autos do aviso de recebimento, quando a citação ou a intimação for pelo correio; (ii) a data de juntada aos autos do mandado cumprido, quando a citação ou a intimação for por oficial de justiça, mesmo quando se tratar de citação feita com hora certa (art. 231, § 4º); (iii) a data de ocorrência da citação ou da intimação, quando ela se der por ato do escrivão ou do chefe de secretaria; (iv) o dia útil seguinte ao fim da dilação assinada pelo magistrado, quando a citação ou a intimação for por edital; (v) o dia útil seguinte à consulta ao teor da citação ou da intimação ou ao término do prazo para que a consulta se dê, quando a citação ou a intimação for eletrônica; (vi) a data de juntada do comunicado de que trata o art. 232 ou, não havendo esse, a data de juntada da carta aos autos de origem devidamente cumprida, quando a citação ou a intimação se realizar em cumprimento de carta; (vii) a data de publicação, quando a intimação se der pelo *Diário da Justiça* impresso ou eletrônico; (viii) o dia da carga, quando a intimação se der por meio da retirada dos autos, em carga, do cartório ou da secretaria e, por fim, (ix) o quinto dia útil seguinte à confirmação, na forma prevista na mensagem de citação, do recebimento da citação realizada por meio eletrônico, regra que foi inserida pela Lei n. 14.195/2021 cuja inconstitucionalidade *formal* é inequívoca porque se trata de projeto de conversão em lei de medida provisória que sequer regulava tal assunto e que, em rigor, sequer poderia fazê-lo por força da expressa vedação constante do art. 62, § 1º, I, *b*, da CF[43].

Importa discernir as hipóteses dos incisos V e IX, novidade trazida com a Lei n. 14.195/2021, sempre ressalvado, para fins de exposição, qualquer questionamento acerca de sua inconstitucionalidade *formal*. Como consta do n. 2.3, *supra*, o "processo eletrônico", tal qual disciplinado pela Lei n. 11.419/2006 foi integralmente preservado pelo CPC de 2015. O que acabou por ocorrer desde sua vigência – e de maneira muito intensa a partir da pan-

---

[42]. A Súmula 58 do TJSP nega a aplicação do prazo dobrado aos processos de falência e de recuperação judicial, considerando os princípios reitores daqueles procedimentos. É o seguinte o seu enunciado: "Os prazos previstos na Lei n. 11.101/2005 são sempre simples, não se aplicando o artigo 191, do Código de Processo Civil". Embora a Lei n. 14.112/2020 não tenha tratado do tema, é correto entender que seu silêncio é indicativo da preservação daquele entendimento, que se harmoniza com a nova redação dada ao *caput* do art. 189 da Lei n. 11.101/2005.

[43]. Trata-se de um dos fundamentos utilizados pelo Conselho Federal da OAB para questionar as modificações da Lei n. 14.195/2021 perante o STF. A referência é à ADI 7.005/DF, rel. Min. Flávio Dino.

demia da Covid-19 – foi a digitalização dos atos processuais em geral e a adoção de meios eletrônicos para a prática e para a comunicação de atos processuais. Nesse sentido, a citação por meio eletrônico a que se refere a Lei n. 14.195/2021 e que, com sua vigência, passou a ser o modo preferencial para a prática daquele ato, não se confunde com a prevista naquela lei específica. Trata-se não de um ônus imposto ao réu de *consultar* autos eletrônicos, que é o sistema da Lei n. 11.419/2006, que se harmoniza com a previsão do inciso V do art. 231, mas de o réu *receber* um e-mail enviado pelo órgão jurisdicional que faz as vezes de uma carta de citação que era enviada pelo correio tradicional, sendo, até então, a modalidade preferida do CPC. É da confirmação do recebimento daquele e-mail que terá início o prazo nos termos do inciso IX do art. 231. A Lei n. 14.195/2021, nesse sentido, acabou por substituir a citação feita pelo correio tradicional pelo correio eletrônico o que, cabe repetir, não se confunde com a lógica da prática daquele ato nos moldes da Lei n. 11.419/2006.

Também as hipóteses dos incisos V e VII podem gerar algum conflito, mormente quando há sucessivas intimações eletrônicas, sendo uma delas pelo *Diário Oficial eletrônico*. Nesse caso, a fluência do prazo (*dies a quo*) deve ser considerada a partir da primeira ou da segunda intimação? A melhor resposta é entender que o prazo deve fluir da primeira intimação, supondo que ela não contenha, evidentemente, nenhum vício capaz de maculá-la e, pois, que a comunicação seguinte não se justificou para querer convalidá-la de alguma forma[44].

Havendo mais de um réu *citado* (litisconsórcio *passivo*), o dia de início do prazo para contestar corresponde à última das datas referidas nos incisos I a VI do *caput* do art. 231 (art. 231, § 1º). A despeito de o inciso IX não estar mencionado pelo § 1º do art. 231, é correto entender que a regra lá veiculada alcança-o também. Isto porque a previsão do § 1º do art. 231 fazia todo sentido, antes da alteração promovida pela Lei n. 14.195/2021, considerando que os incisos VII e VIII do *caput* do art. 231 só regulamentavam hipóteses de *intimação* e não de *citação*, enquanto que o § 1º sempre se referiu, única e exclusivamente, ao "prazo para contestar", denotativo (embora assistemático) da ocorrência da prévia e indispensável *citação*. E, não custa lembrar, o § 2º do art. 231 dispõe que "havendo mais de um *intimado*, o prazo para cada um é contado individualmente". Diz-se assistemático porque, ao menos tendo o procedimento comum como referência, a regra é que a citação do réu se dê para o seu comparecimento na audiência de conciliação e de mediação a que se refere o art. 334, *caput*, do CPC e não, propriamente, para *contestar*.

---

44. O Tema 1.180 dos recursos especiais repetitivos do STJ versa justamente sobre essa discussão. Ele está assim enunciado: "Definir o marco inicial do prazo recursal nos casos de intimação eletrônica e de publicação no Diário da Justiça eletrônico". De outra parte, no *Informativo STJ* n. 801, de 24-2-2024, foi divulgado julgamento da 4ª Turma do STJ, rel. Min. João Otávio de Noronha, que tramita em segredo de justiça, que enfrenta a questão em perspectiva diversa, de alteração (ou alternância), sem prévio aviso, do modo de realização das intimações, pelo Portal ou pelo Diário da Justiça eletrônicos. Nessa hipótese, prevaleceu o (correto) entendimento de que a intimação realizada pelo método diferente é nula diante do prejuízo experimentado pela parte e por violação ao "princípio da não surpresa" (art. 10 do CPC).

Assim, não obstante a atecnia, a melhor interpretação é a que compreende o evento do inciso IX do art. 231 (citação eletrônica) *também* no contexto do § 1º do art. 231. Isto é, havendo variadas formas de citação (dentre elas, a eletrônica ou, ainda, mais de uma citação eletrônica), o prazo a ser considerado para a manifestação ou comportamento do réu terá início a partir da juntada do *último* comprovante disponibilizado nos autos, aí compreendida, também, a "confirmação de recebimento" prevista no inciso IX do art. 231. Ademais, quando se estiver diante de uma citação (ainda que eletrônica) para comparecimento do réu em audiência de conciliação ou de mediação (que, insisto, é a *regra*, em se tratando procedimento comum), não soa crível que possa, em virtude de uma eventual compreensão diversa, haver tantas sessões para aquele fim quantos sejam os réus que, por qualquer razão, tenham a deflagração de seus prazos independentemente dos comprovantes de recebimento de citação dos demais. Além da total ausência de racionalidade processual, o desmembramento da audiência de conciliação ou de mediação por tal fundamento teria o condão de esvaziar sua razão de ser.

É correto entender, destarte, que o prazo para contestação é *comum* e contado do último episódio ocorrido nos termos dos precitados incisos (I a VI e IX do *caput* do art. 231). A hipótese, contudo, pressupõe que não seja realizada audiência de conciliação ou de mediação, no que é claro o inciso III do art. 335. Se ocorrer aquele ato, o prazo para contestação fluirá do término da própria audiência ou de sua última sessão (art. 335, I).

Quando houver mais de um *intimado*, como já adiantado, a regra é diversa. Neste caso, o prazo para cada um é contado individualmente (art. 231, § 2º).

O § 3º do art. 231, por sua vez, estabelece que quando o ato tiver de ser praticado diretamente pela parte ou por quem, de qualquer forma, participe do processo, sem a intermediação de representante judicial, isto é, advogados privados, públicos, defensores públicos e membros do Ministério Público, o dia do começo do prazo para cumprimento da determinação judicial corresponderá à data em que se der a comunicação. Neste caso, é correto entender que o início do prazo não depende da prévia juntada do comprovante de intimação aos autos, excepcionando, por isso, as regras dos incisos I a VI e IX do *caput* do art. 231. É irrecusável entender que a previsão também excepciona a regra do *caput* do art. 224, pela qual, "salvo disposição em contrário" – e o § 3º do art. 231 o é –, "os prazos serão contados excluindo o dia do começo e incluindo o dia do vencimento".

Importa destacar, ainda, que o § 3º do art. 231 não guarda necessária relação com a distinção feita pelo parágrafo único do art. 219 entre prazos *processuais* (contados em dias úteis) e prazos *materiais* (contados em dias corridos). É que o prazo pode ser *processual* mesmo quando a sua prática independa de "intermediação de representante judicial". Assim, ele será contado em dias úteis (por ser processual), mas seu *dies a quo* tem início independentemente da juntada do comprovante aos autos do processo (porque se trata de ato a ser praticado pela própria parte).

Atos processuais **653**

Cabe dar um exemplo para aclarar o quanto afirmado: PNNF requer a intimação de NNF para pagamento do valor reconhecido em seu favor por decisão transitada em julgado. Como o requerimento é formulado um ano após o trânsito em julgado, a intimação deve ser dirigida, por força do § 4º do art. 513, ao próprio devedor, NNF, por meio de carta com aviso de recebimento enviada ao endereço constante dos autos. O prazo de quinze dias para pagamento a que se refere o *caput* do art. 523 deve ser contado em dias úteis (porque é prazo processual), no entanto, independentemente da juntada do aviso de recebimento aos autos, porque, diante do transcurso do prazo ânuo, trata-se de ato que deva ser praticado por NNF, independentemente da "intermediação de representante judicial".

O art. 232 dispõe que, nos atos de comunicação por carta precatória, rogatória ou de ordem, a realização da citação ou da intimação será imediatamente informada, por meio eletrônico, pelo juízo deprecado (aquele que cumpre a determinação) ao juízo deprecante (aquele que determina a prática do ato). Em tais situações, o início do prazo correrá da comunicação feita ao juízo deprecante, no que é clara a primeira parte do inciso VI do art. 231.

5.2 Verificação e penalidades

Os arts. 233 a 235 ocupam-se da verificação dos prazos e das penalidades a serem aplicadas quando forem descumpridos.

De acordo com o *caput* do art. 233, compete ao magistrado verificar se o serventuário excedeu, sem motivo legítimo, os prazos estabelecidos em lei, sem prejuízo de as partes, os advogados (públicos ou privados), o Ministério Público e a Defensoria Pública poderem representar ao magistrado para o mesmo fim (art. 233, § 2º). Eventual falta deve ser apurada em processo administrativo (cuja imposição decorre direta e expressamente do art. 5º, LV, da CF), que poderá resultar na aplicação das sanções cabíveis (art. 233, § 1º).

O *caput* do art. 234 ocupa-se do prazo de devolução dos autos (físicos) quando retirados pelos advogados públicos ou privados, pelo defensor público ou pelo membro do Ministério Público. A regra é que os autos sejam restituídos no prazo em que o ato deve ser praticado. A devolução dos autos no prazo do *caput* pode ser exigida por qualquer interessado (art. 234, § 1º). Se, após intimado, o responsável não devolver os autos no prazo de três dias, ele perderá o direito à vista fora de cartório e incorrerá em multa correspondente à metade do salário mínimo (art. 234, § 2º). Tratando-se de advogado, o magistrado oficiará a seccional competente da OAB para apuração de eventual infração disciplinar e imposição de multa (art. 234, § 3º). O mesmo deve ser observado quando se referir a advogado público, a membro do Ministério Público ou da Defensoria Pública. Neste caso, a multa é aplicada ao *agente* individualmente considerado, e não à instituição (art. 234, §§ 4º e 5º). Processo administrativo para aqueles fins, em que seja assegurada ampla defesa ao faltoso, é, em qualquer caso, indispensável.

O *caput* do art. 235 cuida da possibilidade de qualquer parte (por intermédio de seu procurador), o membro do Ministério Público ou da Defensoria Pública, representar ao corregedor do Tribunal ou ao Conselho Nacional de Justiça contra o magistrado que injustificadamente exceder os prazos previstos em lei, regulamento ou regimento interno[45]. Os três parágrafos do dispositivo ocupam-se do procedimento relativo à representação, acentuando a necessidade de o contraditório ser observado (nem poderia ser diverso) com o próprio magistrado, e das consequências a serem aplicáveis. Na preservação da inércia, os autos serão enviados para o substituto legal do magistrado para a deliberação cabível.

6. PRECLUSÃO

Os números anteriores se referem, mais de uma vez, à preclusão. Embora não haja, no Código de Processo Civil, um Capítulo, Seção ou Subseção dedicada a ela, cabe, para fins didáticos, abrir um número próprio para tratar dela. Até porque o tema diz respeito intimamente à prática dos atos processuais e à ocorrência de *fatos* processuais.

Por "preclusão" deve ser entendida a perda da possibilidade da prática de um ato processual em virtude de algum acontecimento. É instituto umbilicalmente ligado à noção de *ônus* quando relativo às partes.

É comum a apresentação de três espécies de preclusão, temporal, lógica e consumativa[46].

A "preclusão *temporal*" é relativa à impossibilidade da prática de algum ato processual em virtude do transcurso do lapso de tempo que a lei reservava para a sua prática. Por exemplo: o art. 335, *caput*, reserva o prazo de quinze dias para que o réu apresente sua contestação. Caso não o faça ou faça depois da fluência do prazo, depois do advento do *dies ad quem*, o caso é de preclusão *temporal*. Ele será, diante disto, considerado *revel*, e determinadas consequências jurídicas poderão ser sentidas diante daquele estado de fato (arts. 344 e 346).

A "preclusão *lógica*" relaciona-se à noção da impossibilidade da prática de determinado ato processual por causa da prática anterior de outro com ele incompatível. Assim, para ilustrar a afirmação, quando o réu FJGSQ, a quem é imposto, por sentença, o dever de pagar uma determinada soma de dinheiro ao autor, pretende recorrer daquela decisão, apelando

---

[45]. A previsão é harmônica com a competência reconhecida pelo inciso III do § 4º e pelo inciso I do § 5º do art. 103-B para o CNJ, sendo indiferente, para tanto, a alteração promovida pela EC n. 103/2019 no inciso III do § 4º do art. 103-B da CF.

[46]. Nota dissonante quanto a essa tríplice classificação é a de Heitor Vitor Mendonça Sica. Para o Professor Titular da Faculdade de Direito da Universidade de São Paulo, é mais correto entender que "[...] a preclusão consumativa não existe, pois a prática do ato não impede, em si, que ele seja praticado novamente ou emendado. O que há, sim, é a falta de interesse processual da parte em praticar determinado ato novamente ou a impossibilidade temporal ou lógica de emendar ato já praticado, jamais a consumação do direito da parte pelo exercício do direito processual, seja válida, seja invalidamente (ou, por devolução ou rigor terminológico, eficaz ou ineficazmente)" (*Preclusão processual civil*, p. 154).

(art. 1.009, *caput*), mas efetua o pagamento diretamente ao autor NS sem fazer qualquer ressalva (art. 1.000, parágrafo único).

A "preclusão *consumativa*", por fim, justifica-se como o óbice de praticar um ato processual que foi realizado de maneira defeituosa ou insuficiente. É o caso de o réu apresentar contestação *sem* impugnar em preliminar, como lhe cabe, o valor da causa (arts. 293 e 337, III). A prática do ato sem aquele questionamento impede que o próprio réu queira questionar posteriormente a correção do valor dado à causa. É como se entendesse que as matérias de defesa que o réu entendia pertinentes para o caso correspondessem às constantes de sua contestação, que se consumou com sua apresentação, vedada a sua complementação. É expresso quanto ao ponto, cabe o destaque, o próprio art. 293.

A maior parte da doutrina nega que o fenômeno da preclusão possa dizer respeito à prática de atos processuais pelo juiz. É amplamente negada, com efeito, a ocorrência da chamada "preclusão *pro iudicato*" (preclusão para o juiz)[47]. Analisada a questão no contexto das considerações que ocupam os parágrafos anteriores, é, com efeito, difícil verificar em que medida o fenômeno pudesse dizer respeito ao magistrado, a não ser pela proposta de abandono de nomenclatura que, bem ou mal, é consagrada na literatura processual civil brasileira.

Não obstante, para este *Curso*, nada há de equivocado em entender que o magistrado fica sujeito a determinadas *estabilizações* expressas na lei para determinadas decisões judiciais proferidas a partir do legítimo exercício jurisdicional, excetuadas, é certo, as hipóteses em que a própria lei admite o reexame, como se dá, por exemplo, com relação ao art. 485, § 3º, e os pressupostos processuais e o mínimo indispensável ao exercício do direito de ação, aos arts. 505 e 507. Chamar tais *estabilizações* de preclusão *pro iudicato* é o menos importante; o que não é possível de ser negado é que elas existem e são aceitas pela doutrina em geral.

7. COMUNICAÇÃO

O Título II do Livro IV da Parte Geral cuida da "comunicação dos atos processuais".

Os atos processuais são cumpridos por ordem judicial (art. 236, *caput*), sendo certo que os incisos do art. 237 preveem, consoante o caso, a necessidade de serem expedidas *cartas* para a comunicação dos atos processuais.

A carta será *de ordem* quando o Tribunal determinar, aos juízes a ele vinculados, a prática de ato fora de seus limites territoriais do local de sua sede (art. 237, I, e art. 236, § 2º).

Quando se tratar de comunicação entre órgãos jurisdicionais brasileiros e estrangeiros, será expedida *carta rogatória* (art. 237, II), que deve ser dispensada – no que inova o Código

---

47. Para esta discussão, ver: Heitor Vitor Mendonça Sica, *Preclusão processual civil*, esp. p. 266-279; Maurício Giannico, *A preclusão no direito processual civil brasileiro*, p. 134-140, e Anissara Toscan, *Preclusão processual civil*, p. 85-88.

de Processo Civil – nos casos em que for viável o auxílio direto entre o órgão jurisdicional brasileiro e o estrangeiro (art. 28)[48].

A *carta precatória* será expedida para que órgão jurisdicional brasileiro pratique ou determine o cumprimento, na área de sua competência territorial, de ato relativo a pedido de cooperação judiciária formulado por órgão jurisdicional de competência territorial diversa (art. 237, III, e art. 236, § 1º).

O Código de Processo Civil traz novidade consistente na *carta arbitral*, que é a forma de comunicação a ser estabelecida entre o Poder Judiciário e o juízo arbitral para a prática, a pedido deste, de atos por aquele (art. 237, IV). O art. 22-C na Lei n. 9.307/96 (Lei de Arbitragem), incluído pela Lei n. 13.129/2015 também trata do assunto, bem como a Resolução n. 421/2021 do CNJ que "estabelece diretrizes e procedimentos sobre a cooperação judiciária nacional em matéria de arbitragem e dá outras providências", a exemplo do que, para a cooperação nacional jurisdicional, já era objeto da Resolução n. 350/2020, com suas posteriores modificações.

O parágrafo único do art. 237 também inova quando autoriza que a carta seja expedida a órgão jurisdicional da Justiça Estadual na ausência de órgão jurisdicional da Justiça Federal no local em que o ato deva ser praticado. É dispositivo que implementava bem o comando do § 3º do art. 109 da Constituição Federal antes da redação que lhe deu a EC n. 103/2019. Atualmente, não há mais previsão constitucional para tanto, passando a padecer, o dispositivo codificado, de inconstitucionalidade.

O § 3º do art. 236, outra novidade importante trazida pelo Código de Processo Civil, merece ser destacado. O dispositivo admite a prática de atos processuais por meio de videoconferência ou outro recurso tecnológico de transmissão de sons e imagens em tempo real. Em diversos outros artigos, a regra é especificamente mencionada, correlacionando-a à prática de variados atos processuais. É o que se dá com o depoimento pessoal (art. 385, § 3º); com a oitiva de testemunhas e/ou a sua acareação (art. 453, § 1º, e art. 461, § 2º), e com a sustentação oral (art. 937, § 4º). Para que a autorização atinja sua plena efetividade, importa entender generalizadamente a regra do § 2º do art. 453, isto é: os órgãos jurisdicionais *devem* manter equipamento que garanta a prática de atos por aqueles meios. É esta, como escrito no n. 2.3, *supra*, a interpretação mais correta também para o art. 198.

---

[48]. Tal viabilidade foi confirmada pelo STF na ADC 51/DF, ajuizada pela Federação das Associações das Empresas Brasileiras de Tecnologia da Informação – ASSESPRO NACIONAL, em que foi declarada, por unanimidade, a constitucionalidade do art. 237, II, do CPC. Da ementa do acórdão, relatado pelo Min. Gilmar Mendes, lê-se o seguinte: "5. Dispositivos que convivem com a possibilidade de solicitação direta de dados, registros e comunicações eletrônicas nas hipóteses do art. 11 do Marco Civil da Internet e do art. 18 da Convenção de Budapeste. 6. Pedido julgado parcialmente procedente para declarar a constitucionalidade dos dispositivos indicados e da possibilidade de solicitação direta de dados e comunicações eletrônicas das autoridades nacionais a empresas de tecnologia nos casos de atividades de coleta e tratamento de dados no país, de posse ou controle dos dados por empresa com representação no Brasil e de crimes cometidos por indivíduos localizados em território nacional".

7.1 Citação

A citação é conceituada pelo *caput* do art. 238 como o ato pelo qual o réu, o executado ou, mais amplamente, o interessado são convocados para integrar o *processo*.

É correto entender que a citação é pressuposto de *existência* do processo, embora o *caput* do art. 239 se limite a se referir a ela como pressuposto de *validade*, excepcionando as hipóteses de indeferimento da petição inicial (art. 330) e de improcedência liminar do pedido (art. 332), dando, adequadamente, preponderância ao princípio da efetividade sobre o da ampla defesa[49]. Naqueles dois casos, a sentença favorável ao réu deverá ser comunicada pelo escrivão ou chefe de secretaria, a despeito de a letra do art. 241 ser restritiva, referindo-se, apenas, à hipótese do trânsito em julgado, que pressupõe o proferimento de decisão de mérito. A hipótese é de verdadeira *citação*, ainda que diferida, como expõe o n. 4.3.1.3 do Capítulo 4 da Parte I.

Se o réu comparecer para arguir a nulidade ou a falta de citação, o vício fica suprido, fluindo, desde então, o prazo para a prática do ato processual pertinente, a saber, a designação da audiência de conciliação ou de mediação ou, se for o caso, a apresentação de contestação, tratando-se de processo em que se faz necessária a *formação* de título executivo *judicial*, ou a apresentação dos embargos à execução, quando se referir a execução fundada em título executivo *extrajudicial* (art. 239, § 1º). Se for rejeitada a alegação do vício da citação, o réu será considerado revel ou a prática dos atos executivos prosseguirá normalmente, respectivamente às duas hipóteses assinaladas (art. 239, § 2º).

O art. 240 indica os efeitos *processuais* e os efeitos *materiais* da citação, ainda quando determinada por juízo incompetente: ela induz litispendência, torna litigiosa a coisa e constitui em mora o devedor, com a pertinente ressalva do disposto nos arts. 397 e 398 do Código Civil, que tratam de hipóteses em que a mora *não* depende da citação, porque ela *preexiste* ao processo. Aqueles efeitos são estudados por este *Curso* ao ensejo do juízo *positivo* de admissibilidade da petição inicial na Parte I de seu volume 2.

A interrupção da prescrição dá-se pelo despacho que ordena a citação, ainda que proferido por juízo incompetente, e retroagirá à data em que a petição inicial foi *protocolada* (art. 240, § 1º), que é, de acordo com o art. 312, a data em que se considera "proposta a ação". O dispositivo está em consonância com o disposto no inciso I do art. 202 do Código Civil, que remete ao "prazo" e à "forma da lei processual" as condições para que aquele efeito interruptivo se dê.

O § 2º do art. 240 ressalva a hipótese de o autor deixar de tomar as providências que lhe cabem para viabilizar a citação no prazo de dez dias. Tais providências merecem ser com-

---

[49]. Para o exame crítico da regra, sustentando que o vício é de (in)eficácia do processo em relação ao réu, não de (in)validade ou de (in)existência do processo, v. Heitor Vitor Mendonça Sica, *Comentários ao Código de Processo Civil*, vol. V, esp. p. 108/111.

preendidas de forma mais ampla, no sentido de todas aquelas que dependem de iniciativa do próprio autor. Assim, por exemplo, fornecer o endereço do citando e, na medida em que seja necessário, apresentar novos endereços que se justifiquem para a sua localização; apresentar as cópias necessárias para instrução da carta ou mandado de citação; fazer o pagamento das despesas relativas ao selo postal ou às diligências do oficial de justiça[50]; retirar, do cartório ou secretaria judicial para o devido encaminhamento, a carta de citação ou a carta precatória e assim por diante.

O autor não pode ser prejudicado pela demora imputável *exclusivamente* ao serviço judiciário para a realização da citação (art. 240, § 3º)[51], o que pressupõe, portanto, que o autor tenha efetivamente praticado, a tempo e modo oportunos, todos os atos que dele se esperava para a prática daquele ato, tais como os indicados acima de maneira exemplificativa. É fundamental, destarte, pesquisar, para admitir ou não a retroação da interrupção da prescrição, quem deu causa – e de que maneira, exclusiva ou concorrente – à demora na citação.

A retroação do § 1º do art. 240 é aplicável também à decadência e aos demais prazos extintivos previstos em lei (art. 240, § 4º).

A Lei n. 14.195/2021 introduziu um parágrafo único no art. 238 segundo o qual "A citação será efetivada em até 45 (quarenta e cinco) dias a partir da propositura da ação". Não obstante a fundada dúvida acerca de sua inconstitucionalidade *formal*, já que originário de projeto de conversão de medida provisória que sequer tratava do assunto (e nem podia fazê-lo, sob pena de violar frontalmente o art. 62, § 1º, I, *b*, da CF), o dispositivo merece ser lido no mesmo contexto dos §§ 2º e 3º do art. 240, isto é, no sentido de que aquele prazo para a efetivação da citação não pode acarretar nenhum prejuízo para o autor que tomar as providências que lhe couber nos prazos legais ou judiciais estabelecidos para tanto, menos ainda quando seu extrapolamento se der por fatores alheios ao autor como eventual "demora imputável exclusivamente ao serviço judiciário" ou, ainda, o comportamento (omissivo ou comissivo) do próprio réu.

A confirmar esse entendimento e levando em conta as novidades trazidas ao regime da prescrição *intercorrente* (isto é, aquela que flui e se consuma durante o processo), cabe lembrar

---

50. Há interessante acórdão da 4ª Turma do STJ (AgInt no AREsp 2.150.655/RJ, rel. Min. Maria Isabel Gallotti, j.un. 13-8-2024, *DJe* 5-9-2024) em que se acentuou que as providências a cargo do autor podem envolver também o recolhimento de custas complementares devidas pela distribuição da petição inicial. Acentuou-se na oportunidade que o autor deve ser intimado especificamente para aquela finalidade, não se podendo imputar a seus advogados o ônus de acompanhamento do caso pela proximidade do prazo prescricional. Também se distinguiu a hipótese de outra, diversa, que é a da determinação de emenda à petição inicial.
51. A regra, que encontra par no § 1º do art. 219 do CPC de 1973, nele incluído pela Lei n. 8.952/94, reitera orientação mais antiga, consagrada na Súmula 106 do STJ ("Proposta a ação no prazo fixado para o seu exercício, a demora na citação, por motivos inerentes ao mecanismo da Justiça, não justifica o acolhimento da arguição de prescrição ou decadência") e, antes dela, na Súmula 78 do TFR ("Proposta a ação no prazo fixado para o seu exercício, a demora na citação, por motivos inerentes ao mecanismo da Justiça, não justifica o acolhimento da arguição de prescrição").

do § 4º-A do art. 921, incluído pela mesma Lei n. 14.195/2021, segundo o qual o prazo de prescrição "não corre pelo tempo necessário à citação". Embora a regra se relacione com o chamado "processo de execução", que pressupõe o prévio reconhecimento do direito em título executivo *extrajudicial* (ou, ao menos, nos casos previstos no § 1º do art. 515, em que a etapa de cumprimento de sentença impõe prévia *citação* do executado), a diretriz deve ser aplicada para a etapa de *conhecimento* do processo para que o tempo necessário para a concretização da citação, inegável imposição constitucional, não gere, em alguma medida, prejuízo para o autor, que rompe a inércia da jurisdição na perspectiva do reconhecimento de direito seu e da oportuna concretização da tutela jurisdicional em seu favor.

Há várias disposições genéricas relativas à citação, independentemente da modalidade pela qual ela é realizada. São elas:

A citação, como se lê do *caput* do art. 242, deve ser feita na pessoa do citando (quando se tratar de pessoa natural), na de seu representante legal (quando se tratar de pessoa jurídica) ou, ainda, do procurador. Neste caso, salvo expressa disposição legal em sentido contrário, é de se exigir poderes expressos, inclusive em se tratando de advogado (art. 105, *caput*).

Os parágrafos do art. 242 trazem as seguintes regras específicas para a citação: (i) na ausência do citando, a citação será feita na pessoa de seu mandatário, administrador, preposto ou gerente, quando o litígio se originar de atos por eles praticados; (ii) o locador que se ausentar do Brasil sem cientificar o locatário de que deixou, na localidade onde estiver situado o imóvel, procurador com poderes para receber citação será citado na pessoa do administrador do imóvel encarregado do recebimento dos aluguéis, que será considerado habilitado para representar o locador em juízo[52]; (iii) a citação da União, dos Estados, do Distrito Federal, dos Municípios e de suas respectivas autarquias e fundações de direito público será realizada perante o órgão de Advocacia Pública responsável por sua representação judicial[53].

A citação é feita no local em que se encontra o citando (art. 243, *caput*). Tratando-se de militar na ativa, a citação será feita na unidade em que estiver servindo, se não for conhecida sua residência ou nela não for encontrado (art. 243, parágrafo único).

Nas hipóteses do art. 244 não se faz a citação, salvo se a hipótese envolver perecimento de direito. Elas são as seguintes: (i) durante ato ou culto religioso; (ii) ao cônjuge, companhei-

---

[52]. É correto entender que a hipótese é de legitimação extraordinária, que tende a cessar com o retorno do locador e seu ingresso, em nome próprio, no processo.

[53]. A ADI 5.492 questionou a constitucionalidade do art. 242, § 3º, arguindo que ele viola o sistema federativo, não cabendo à lei federal definir quem, em cada esfera administrativa, pode receber a citação em nome da pessoa jurídica ou órgão de direito público. O pedido era para que fosse declarada a inconstitucionalidade da expressão "dos Estados, do Distrito Federal, dos Municípios", que se lê do dispositivo. A pretensão foi rejeitada, sendo acentuado, na oportunidade, que a regra "... não fragilizou o direito de defesa dos entes estatais, e sim conferiu a ele maior assertividade, ao direcionar as citações ao órgão responsável por sua defesa em juízo (art. 132 da CF/88). Cada ente federado, no exercício da sua capacidade de auto-organização, pode estabelecer a quem competirá, dentro da estrutura da advocacia pública, o encargo de receber as citações que lhe forem endereçadas".

ro ou qualquer parente do morto, consanguíneo ou afim, em linha reta ou na linha colateral em segundo grau, no dia do falecimento e nos sete dias seguintes; (*iii*) aos noivos nos três primeiros dias seguintes ao casamento; e (*iv*) ao doente, enquanto seu estado for grave.

Quando se verificar que o citando é mentalmente incapaz ou está impossibilitado de receber a citação, devem ser observadas as regras dos parágrafos do art. 245, que culminarão na citação na pessoa do curador nomeado para a defesa do interessado (art. 245, § 5º). A previsão, específica, prevalece mesmo diante do Estatuto da Pessoa com Deficiência, Lei n. 13.146/2015, sendo certo, contudo, que, de acordo com o § 1º do art. 79 daquele mesmo Estatuto: "a fim de garantir a atuação da pessoa com deficiência em todo o processo judicial, o poder público deve capacitar os membros e os servidores que atuam no Poder Judiciário, no Ministério Público, na Defensoria Pública, nos órgãos de segurança pública e no sistema penitenciário quanto aos direitos da pessoa com deficiência".

7.1.1 Modalidades de citação

São cinco as modalidades de citação. É o que previam os incisos do *caput* do art. 246 em sua redação original e que, a despeito da alteração promovida pela Lei n. 14.195/2021, continua a ser admitido. São elas: por meio eletrônico, por correio (antes daquela Lei, tida como a modalidade preferencial), por oficial de justiça, pelo escrivão ou chefe de secretaria e por edital.

A despeito da fundada crítica acerca da inconstitucionalidade *formal* da precitada lei, por se tratar, importa reiterar, de conversão de medida provisória que sequer propunha qualquer alteração no CPC (e nem podia fazê-lo diante da expressa vedação imposta pelo art. 62, § 1º, I, *b*, da CF), é inconteste que, desde sua vigência que, no particular, coincide com a data de sua publicação no Diário Oficial, 27-8-2021 (art. 58, V, da Lei n. 14.195/2021), a citação por meio eletrônico passou a ser a *preferencial*.

A citação por meio eletrônico pressupõe que o citando, isto é, o próprio réu, tenha fornecido, a tempo e modo oportunos, seu endereço eletrônico, ao banco de dados do Poder Judiciário, conforme regulamento do CNJ (art. 246, *caput*, na redação dada pela Lei n. 14.195/2021). A propósito, cabe lembrar da Resolução n. 455/2022 (com suas posteriores alterações), que trata da chamada "Plataforma Digital do Poder Judiciário – PDPJ-Br", criando condições de funcionalidade para as inovações trazidas pela Lei n. 14.195/2021. A questão, contudo, é que aquela Plataforma ainda não está em operação, o que coloca em xeque a utilização genérica da nova redação do art. 246 do CPC, que acaba ficando restrita àqueles Tribunais que, de alguma forma, já criaram condições propícias para a efetivação de cadastros para os fins que aqui interessam, embora tal iniciativa seja discutível no contexto das normas de concretização do direito processual civil e do próprio teor da Lei n. 14.195/2021.

Quando empregada, a citação por meio eletrônico deverá ser realizada no prazo de até dois dias *úteis* contados da decisão que a determinar, o que corresponde ao proferimento do juízo de admissibilidade *positivo* da petição inicial.

O cadastro é obrigatório para as *empresas* públicas e privadas (art. 246, § 1º, na redação da Lei n. 14.195/2021), para as pessoas da *administração pública direta e indireta* de todos os níveis federados, incluindo suas respectivas advocacias públicas, e também para Ministério Público e para Defensoria Pública. Tal obrigatoriedade, no particular, não consiste em nenhuma novidade, considerando a redação original do § 1º do art. 246, interpretado ao lado do § 2º do mesmo art. 246 e dos arts. 1.050 e 1.051, que não sofreram nenhuma alteração pela Lei n. 14.195/2021.

Com efeito, o art. 1.050, previsto no Livro Complementar do CPC, impôs às pessoas de direito público (tanto as da administração direta como as da administração indireta), além do Ministério Público, da Defensoria Pública e da advocacia pública o dever de se cadastrarem perante a administração do tribunal no qual atuam para viabilizar a observância do disposto no § 2º do art. 246 no prazo de trinta dias da entrada em vigor do CPC de 2015.

Similarmente, o art. 1.051, também localizado no Livro Complementar, reservou o prazo de trinta dias para o cumprimento do § 1º do art. 246 pelas empresas públicas e privadas – excetuadas expressamente as microempresas e as empresas de pequeno porte (parágrafo único do art. 1.051) – a contar da data de inscrição do ato constitutivo da pessoa jurídica, perante o juízo onde tenham sede ou filial. A melhor interpretação para a regra, como já defendiam as edições anteriores deste *Curso*, é que ela tem como destinatário apenas *novas* empresas, constituídas após a vigência do CPC de 2015. Para as preexistentes, o entendimento mais correto era o de que elas deviam se cadastrar no mesmo prazo de trinta dias a que se refere o art. 1.050, a ser observado por analogia e à falta de outro. Compreensão diversa seria reservar a aplicação do § 1º do art. 246 somente para novas empresas, o que não faz sentido nenhum, menos ainda à luz dos princípios da isonomia e da eficiência processuais.

Novidade trazida pela Lei n. 14.195/2021 nesse panorama é que, com ela, as microempresas e as empresas de pequeno porte passaram a estar também sujeitas ao cadastro, sendo dispensadas, apenas se seu endereço eletrônico já constar do sistema integrado da Rede Nacional para a Simplificação do Registro e da Legalização de Empresas e Negócios (Redesim), a ser compartilhado com os órgãos do Poder Judiciário (art. 246, §§ 5º e 6º, incluídos pela Lei n. 14.195/2021). É correto entender, quanto ao tema, que está revogada, embora de modo implícito, a vedação constante do parágrafo único do art. 1.051 do CPC.

O assunto é objeto da precitada Resolução n. 455/2022 do CNJ e de suas posteriores alterações.

Questão pertinentíssima que já se punha quando da entrada em vigor do CPC e que, com a Lei n. 14.195/2021 robustece-se, diz respeito à ausência de cadastro feito por aqueles que, inequivocamente, têm o dever de fazê-lo. Como a citação por meio eletrônico deve ser feita no endereço eletrônico indicado pelo próprio *citando* (réu) nos bancos de dados do Poder Judiciário – e não, portanto, por eventual e-mail indicado pelo autor na petição inicial –, a hipótese só pode ser a de estar autorizada, desde logo, a adoção de outra modalidade para aquela finalidade. A falta de cadastro, quando ele estiver em efetivo funcionamento, contudo, não pode passar incólume, máxime porque se trata de *dever* imposto pelo inciso VII do art. 77, também fruto das modificações trazidas pela Lei n. 14.195/2021. Ela deve impor ao réu que apresente a devida justificativa por não tê-lo realizado que, se rejeitada, deve conduzir à aplicação da multa prevista no § 1º-C do art. 246, aplicável à espécie por analogia. Ainda que se descarte a utilização do critério previsto naquele dispositivo, é irrecusável que a hipótese justifica a aplicação das sanções previstas no art. 81.

Importante notar, de qualquer sorte, que não há obrigatoriedade de cadastro para pessoas *naturais* e para pessoas jurídicas de direito *privado* que não tenham natureza jurídica de *empresas*, como se dá, por exemplo, com as fundações e com as associações. Sem o cadastro e sendo inviável a realização da citação por meio eletrônico a hipótese deve significar a viabilidade, de pronto, da adoção de outras modalidades para que se realize a citação.

A respeito da inviabilidade da realização da citação por meio eletrônico cabe destacar também o conteúdo do art. 247. O *caput* do dispositivo que, na sua redação original, excepcionava algumas hipóteses de citação pelo correio (tradicional) e que era, reitere-se, a regra a ser observada para o sistema processual civil, passou, com a nova redação que lhe foi dada pela Lei n. 14.195/2021, a abranger também a citação por meio eletrônico. Assim, é correto entender que a citação por meio eletrônico *não deve ser realizada* nos seguintes casos: "nas ações de estado, observado o disposto no art. 695, § 3º" (inciso I); "quando o citando for incapaz" (inciso II) e "quando o autor, justificadamente, a requerer de outra forma" (inciso V).

As hipóteses dos incisos III e IV merecem consideração apartada.

De acordo com o inciso III do art. 247, a citação por meio eletrônico é vedada "quando o citando for pessoa de direito público". A regra, contudo, deve ser considerada não escrita, por ser absolutamente antinômica com o que, desde a promulgação do CPC de 2015, já era previsto e expressamente admitido para as pessoas de direito público, e que foi *preservado* pela Lei n. 14.195/2021. É destacar, uma vez mais, o disposto no § 2º do art. 246 e também do art. 1.050 (nenhum deles modificado por aquele diploma legislativo), sem prejuízo da lembrança do quanto previsto a respeito pelo art. 6º da Lei n. 11.419/2006.

O inciso IV do art. 247, por seu turno, proíbe a citação por meio eletrônico "quando o citando residir em local não atendido pela entrega domiciliar de correspondência". Aqui também a regra não faz nenhum sentido, ao menos na sua literalidade, quando se tratar de citação por meio eletrônico. Por isso, a única interpretação possível para a regra é a de que aquela modalidade de citação está interditada quando não houver condições efetivas de sua realização, porque, por exemplo, não há e-mail cadastrado pelo próprio réu nos cadastros do Poder Judiciário (a despeito de sua obrigatoriedade) ou, ainda, porque o endereço eletrônico informado não está em devido funcionamento, acarretando a devolução da mensagem eletrônica citatória.

As questões acerca dos incisos III e IV do art. 247 revelam o quanto foram açodadas as modificações (formalmente inadequadas, ademais) que o legislador quis implementar no CPC, deixando de fazer as adequadas e pertinentes remissões que justificariam eventual tratamento diferenciado para a citação por meio eletrônico. As interpretações aqui propostas, de qualquer sorte, buscam viabilizar sua adequada aplicação na prática forense, sempre desconsiderando, para fins de argumentação, sua inconstitucionalidade *formal*.

Nos casos em que admitida (art. 246, §§ 1º e 2º), feita a citação por meio eletrônico, cabe ao réu confirmar sua realização no prazo de até três dias úteis contados de seu recebimento. A ausência de tal confirmação autoriza a realização da citação pelo correio, por oficial de justiça, pelo escrivão ou chefe de secretaria (art. 246, § 1º-A, incluído pela Lei n. 14.195/2021). Nesse caso, de o réu não confirmar a tempo o recebimento da citação por meio eletrônico, cabe a ele, apresentar justa causa para tanto (art. 246, §1º-B, incluído pela Lei n. 14.195/2021). O dispositivo exige que o réu o faça "na primeira oportunidade de falar nos autos", o que variará conforme o caso e consoante a indicação constante da própria ordem de citação. Assim, pode ser que a primeira manifestação do réu no processo seja para expressar sua discordância com a realização da audiência de conciliação ou de mediação (art. 334, § 5º) ou, ainda, o comparecimento naquela audiência (art. 334, *caput*). Pode ocorrer também de o réu ser citado para ofertar contestação independentemente da prévia designação daquele ato (arts. 334, § 4º, e 335, *caput*). Nesse caso, é correto entender que dentre as *preliminares* de sua contestação (art. 337), terá o ônus de alegar (e provar) a justa causa que justificou a realização de sua citação por outras modalidades que não a por meio eletrônico.

A ausência de confirmação do recebimento da citação por meio eletrônico no prazo indicado sem justa causa (assim entendida também a rejeição da que eventualmente for apresentada) é considerada ato atentatório à dignidade da justiça, ensejando aplicação de multa de até 5% do valor da causa (art. 246, § 1º-C, incluído pela Lei n. 14.195/2021).

Dada a relevância desse específico tema, o § 4º do art. 246, incluído pela Lei n. 14.195/2021, determina que a citação por meio eletrônico seja acompanhada das orientações para realização da confirmação do recebimento e de código identificador que permitirá a sua identificação na página eletrônica do órgão judicial que determinou a sua realização. Tais diretrizes devem ser observadas sem prejuízo de outras que devem acompanhar a citação, independentemente de sua modalidade, o que é discutido em seguida.

Importa, de qualquer sorte, discernir eventual aplicação da multa da circunstância de o réu ser considerado revel. Ainda que seja afastada a justificativa por ele apresentada e aplicada a multa prevista no § 1º-C do art. 246, a hipótese não é (e nem pode ser) de revelia, considerando que, de uma forma ou de outra, o réu compareceu tempestivamente em juízo em função da citação que lhe foi feita pelas demais modalidades.

Por fim, não há como desconsiderar as regras sobre a citação estabelecidas pelos arts. 5º, 6º e 9º da Lei n. 11.419/2006, que disciplinou originalmente a informatização do processo judicial, e que foi preservada incólume com o advento do CPC de 2015. A Lei n. 14.195/2021, como já destacado, não alterou aquela sistemática porque se tratam, em última análise, de duas formas diferentes de organização, ainda que eletrônica, dos autos processuais. O que pode ser levado em conta daquele diploma legislativo para a citação por meio eletrônico nos moldes do art. 246, com a redação dada pela Lei n. 14.195/2021, é a compreensão de que a íntegra do processo deve estar disponibilizada para o réu quando de sua citação. Também que, quando se tratar (ainda) de processo documentado em autos físicos, a digitalização da petição inicial é indispensável para a realização da citação por meio eletrônico, o que é possível de ser extraído do § 2º do art. 9º daquela Lei.

Se ocorrente a hipótese prevista no § 1º-A do art. 246, incluído pela Lei n. 14.195/2021, ou se a hipótese não comportar a citação por meio eletrônico, a citação deverá ser feita com observância das demais modalidades previstas nos incisos I a IV daquele mesmo dispositivo, quais sejam: correio, oficial de justiça, escrivão ou chefe da secretaria ou por edital. É para disciplinar tais hipóteses que se voltam os arts. 247 a 259, doravante analisados.

Como já escrito, a citação pelo correio (tradicional) pode ser adotada para qualquer comarca, seção ou subseção judiciária, a não ser nas hipóteses previstas nos incisos do art. 247, que merecem ser recordadas: (i) nas ações de estado, sendo que, tratando-se de "ações de família", a citação deve ser feita na pessoa do réu (art. 695, § 3º); (ii) quando o citando for incapaz; (iii) quando o citando for pessoa de direito público; (iv) quando o citando residir em local não atendido pela entrega domiciliar de correspondência; e (v) quando o autor, justificadamente, a requerer de outra forma, indicando, com a devida justificativa, qual é a modalidade de citação a ser empregada.

O rol, quando comparado com o do CPC de 1973, revela que o CPC de 2015 acabou por admitir a citação pelo correio *também* nas execuções fundadas em título *extrajudicial*, embora esta modalidade citatória possa revelar-se pouco eficiente naquele campo, considerando a dinâmica dos atos processuais voltados para a imediata concretização do direito tal qual reconhecido no título executivo. De resto, as hipóteses dos incisos III e IV do art. 247 continuam a ter ampla aplicação para a citação pelo correio, não se aplicando a elas as considerações anteriores para a citação por meio eletrônico, em função da nova redação dada ao *caput* do dispositivo pela Lei n. 14.195/2021.

A citação pelo correio deve observar o disposto no art. 248: o escrivão ou o chefe de secretaria remeterá ao réu cópias da petição inicial e do despacho do juiz que a determina (o que pressupõe o juízo positivo de admissibilidade da petição inicial, ainda que com prévia determinação de emenda, que também deverá ser documentada) e comunicará o prazo para resposta, o endereço do juízo e o respectivo cartório e, tratando-se de citação para a etapa de conhecimento do processo, também os requisitos do art. 250 (art. 248, § 3º). A exigência precisa ser interpretada de maneira mais ampla, na forma proposta ao ensejo de seu exame mais abaixo.

A carta deve ser registrada e o carteiro exigirá do réu que assine o comprovante de recebimento (art. 248, § 1º). Se se tratar de pessoa jurídica, a citação considera-se válida com a entrega da carta à pessoa com poderes de gerência geral ou de administração ou, ainda, a funcionário responsável pelo recebimento de correspondências (art. 248, § 2º). A ressalva final encontra eco nos condomínios edilícios ou nos loteamentos com controle de acesso (art. 248, § 4º). Nestes casos e também de acordo com o mesmo § 4º, a citação será considerada válida quando entregue a carta a funcionário da portaria responsável pelo recebimento de correspondência. O funcionário poderá recusar o recebimento, se declarar, por escrito, sob as penas da lei, que o destinatário da correspondência está ausente. Ausentes aquelas situações de fato, a citação feita a terceira pessoa é nula[54].

Quando frustrada a citação eletrônica ou pelo correio ou, ainda, quando exigido pelo próprio Código de Processo Civil (nos casos dos incisos do art. 247, por exemplo) ou por lei extravagante, ela será feita por intermédio do oficial de justiça (art. 249), que é o auxiliar da justiça a quem incumbe "fazer pessoalmente citações" [...] "sempre que possível na presença de 2 (duas) testemunhas, certificando no mandado o ocorrido, com menção ao lugar, ao dia e à hora;" (art. 154, I).

O mandado de citação[55], a ser cumprido pelo oficial de justiça (art. 251), deve observar o disposto no art. 250, dele constando (i) os nomes do autor e do citando e seus respectivos domicílios ou residências; (ii) a finalidade da citação, com todas as especificações constantes da petição inicial (e de eventual emenda), bem como a menção do prazo para contestar, sob pena de revelia, ou para embargar a execução; (iii) a aplicação de sanção para o caso de descumprimento da ordem, se houver; (iv) se for o caso, a intimação do citando para comparecer, acompanhado de advogado ou de defensor público, à audiência de conciliação ou de mediação, com a menção do dia, da hora e do lugar do comparecimento; (v) a cópia da petição inicial, do despacho ou da decisão que deferir tutela provisória; e (vi) a assinatura do escrivão ou do chefe de secretaria e a declaração de que o subscreve por ordem do juiz.

Como está escrito no n. 2.6 do Capítulo 1, é correto ir além da *textualidade* do § 4º do art. 246 e do art. 250 para entender também necessária a criação de meios que concretizem a exigência relativa à presença de advogado ou de defensor público (art. 250, IV). Mas não só. É fundamental entender que o mandado de citação deve evidenciar para o réu que cabe a ele se manifestar contrário à realização da audiência de conciliação e de mediação (art. 334,

---

54. Nesse sentido: STJ, 2ª Turma, AgInt no AREsp 2.489.589/PR, rel. Min. Herman Benjamin, j.un. 19-8-2024, *DJe* 22-8-2024; STJ, 3ª Turma, AgInt nos EDcl no AREsp 2.488.338/SP, rel. Min. Moura Ribeiro, j.un. 8-4-2024, *DJe* 11-4-2024; e STJ, 3ª Turma, REsp 1.840.466/SP, rel. Min. Marco Aurélio Bellizze, j.un. 16-6-2020, *DJe* 22-6-2020.
55. Em rigor, também a carta de citação (art. 248, § 3º) e o edital de citação (art. 257) devem observar as exigências do art. 250 com os acréscimos explicitados no texto.

§ 5º), exigência que se torna ainda mais relevante para quem, como este *Curso*, entende suficiente a oposição de *uma* das partes para obstar a realização daquele ato. É importante, outrossim, que o magistrado esclareça para o réu como devem ser computados eventuais prazos relativos para cumprimento de ordem, distinguindo, se for o caso, seu entendimento quanto a se tratarem de prazos materiais e processuais e quanto a serem praticados pela própria parte ou por seus procuradores. Em se tratando de tutela provisória antecipada antecedente, é mister que do mandado de citação conste expressamente que a falta de "recurso" do réu dará ensejo à estabilização da medida nos termos do *caput* do art. 304.

Insistir na casuística tornaria a exposição complexa. O que importa evidenciar é que do mandado de citação devem constar, de forma clara (e o mais simples possível), as advertências necessárias para que o réu tenha plenas condições de *participar* do processo, exercendo, a contento, sua ampla defesa, a começar pela concreta representação por profissional habilitado. Trata-se, para reiterar o que está escrito no n. 2.6 do Capítulo 1, de decorrência não só do art. 6º do Código de Processo Civil, mas, mais amplamente, do próprio princípio constitucional do contraditório.

Se o oficial de justiça suspeitar da ocultação do réu, procederá sua citação "com hora certa", observando o disposto aos arts. 252 a 254. O parágrafo único do art. 252 inova em relação ao CPC de 1973 ao permitir que a citação seja feita ao funcionário da portaria responsável pelo recebimento de correspondência. É um dos dois casos – o outro é a citação por edital – em que a citação se dá de maneira *ficta*. Eventual crítica a esta modalidade citatória quando contrastada à luz do princípio constitucional da ampla defesa fica amenizada considerando que ao réu citado por hora certa que não contestar (que for revel, portanto) será nomeado *curador especial* (art. 253, § 4º)[56].

A citação pelo oficial de justiça pode realizar-se, independentemente de carta precatória, nas comarcas (ou seções ou subseções judiciárias) contíguas de fácil comunicação e nas que se situem na mesma *região metropolitana*, termo que merece ser lido também no sentido de *aglomerações urbanas* e *microrregiões*, na forma da Lei n. 13.089/2015, que instituiu o Estatuto da Metrópole. É o que autoriza o art. 255, que também permite a prática de intimações, notificações, penhoras e quaisquer outros atos executivos naqueles territórios independentemente da expedição de carta precatória.

A citação por edital é autorizada nas hipóteses do art. 256: (i) quando desconhecido ou incerto o citando; (ii) quando ignorado, incerto ou inacessível o lugar em que se encontrar o citando; e (iii) nos casos expressos em lei[57].

---

56. Cuja função, como discutem o n. 4.4 do Capítulo 3 da Parte I e o n. 9 do Capítulo 3, cabe à Defensoria Pública.
57. A propósito é a Súmula 51 do TJSP: "No pedido de falência, se o devedor não for encontrado em seu estabelecimento será promovida a citação editalícia independentemente de quaisquer outras diligências". As alterações promovidas pela Lei n. 14.112/2020 na Lei n. 11.101/2005 não têm o condão de infirmar tal entendimento, considerando o disposto no *caput* de seu art. 189.

Esta última hipótese traz à tona o disposto no art. 259, que exige a publicação de editais quando o pedido de tutela jurisdicional for relativo a usucapião de imóvel[58], de recuperação ou substituição de título ao portador[59] ou, ainda, nos casos em que for necessária, por determinação legal, a provocação, para participação no processo, de interessados incertos ou desconhecidos[60]. Nos casos de usucapião de imóvel, cabe lembrar ainda, do § 3º do art. 246 (não alterado pela Lei n. 14.195/2021), segundo o qual os confinantes serão citados pessoalmente, exceto quando tiver por objeto unidade autônoma de prédio em condomínio, caso em que tal citação é dispensada.

O § 1º do art. 256 considera inacessível para os fins do inciso II do *caput* o país que recusar o cumprimento de carta rogatória. Nos casos de inacessibilidade, sem prejuízo do edital, a notícia da citação será divulgada também pelo rádio se na comarca houver emissora de radiodifusão (art. 256, § 2º). O réu será considerado em local ignorado ou incerto quando infrutíferas as tentativas de sua localização, inclusive mediante requisição pelo juízo de informações sobre seu endereço nos cadastros de órgãos públicos ou de concessionárias de serviços públicos (art. 256, § 3º)[61].

Os requisitos da citação por edital estão indicados no art. 257: (i) afirmação do autor – e se o autor falseá-las, responde nos termos do art. 258, que prevê multa de cinco vezes o valor do salário mínimo a reverter em benefício do citando – ou a certidão do oficial informando a presença das circunstâncias autorizadoras pelo art. 256; (ii) publicação do edital na rede mundial de computadores, no sítio do respectivo tribunal e na plataforma de editais do Conselho Nacional de Justiça[62], que deve ser certificada nos autos; (iii) especificação do prazo, fixado entre vinte e sessenta dias, que fluirá da data da publicação única ou, sendo mais de uma, da primeira; e (iv) a advertência dirigida ao réu que, sendo revel, ser-lhe-á

---

58. A previsão substitui o procedimento especial disciplinado pelos arts. 941 a 945 do CPC de 1973. O Enunciado n. 25 do FPPC, que trata do assunto, embora sobreponha institutos processuais diversos e tenha acento imanentista, merece ser destacado a propósito da previsão. É lê-lo: "A inexistência de procedimento judicial especial para a ação de usucapião e de regulamentação da usucapião extrajudicial não implica vedação da ação, que remanesce no sistema legal, para qual devem ser observadas as peculiaridades que lhe são próprias, especialmente a necessidade de citação dos confinantes e a ciência da União, do Estado, do Distrito Federal e do Município".

59. Também aqui a regra vem para se sobrepor a vetusto procedimento especial disciplinado nos arts. 907 a 913 do CPC de 1973.

60. Interessante, a respeito, é o Enunciado n. 119 do FPPC: "Em caso de relação jurídica plurilateral que envolva diversos titulares do mesmo direito, o juiz deve convocar, por edital, os litisconsortes unitários ativos incertos e indeterminados (art. 259, III), cabendo-lhe, na hipótese de dificuldade de formação do litisconsórcio, oficiar ao Ministério Público, à Defensoria Pública ou a outro legitimado para que possa propor a ação coletiva".

61. No REsp 1.828.219/RO, rel. Min. Paulo de Tarso Sanseverino, j.un. 3-9-2019, *DJe* 6-9-2019, a 3ª Turma do STJ entendeu, corretamente, ser nula a citação por edital quando não houver a requisição exigida pelo § 3º do art. 256. No REsp 2.152.938/DF, rel. Min. Antonio Carlos Ferreira, j.un. 22-10-2024, *DJe* 30-10-2024, a 4ª Turma daquele Tribunal entendeu que a requisição prevista no § 3º do art. 256 depende da avaliação do caso concreto a ser feita pelo magistrado, não havendo obrigatoriedade para tanto.

62. Objeto da Resolução n. 234/2016 do CNJ, posteriormente substituída pela Resolução n. 455/2022, que, por sua vez, foi alterada pela Resolução n. 569/2024.

nomeado curador especial. A previsão, tanto quanto a que se dá nos casos em que a citação é feita por hora certa, ameniza eventual crítica de violação ao princípio constitucional da ampla defesa quando adotada esta modalidade *ficta* de citação[63].

Sem prejuízo da previsão do inciso II do art. 257, o magistrado pode determinar a publicação do edital em jornal local de ampla circulação ou por outros meios, considerando as peculiaridades da comarca, da seção ou da subseção judiciárias (art. 257, parágrafo único).

O escrivão ou chefe de secretaria fará a citação (e também a intimação) quando o citando comparecer ao cartório ou secretaria judicial (art. 246, § 1º-A, III, incluído pela Lei n. 14.195/2021). Trata-se de incumbência daqueles auxiliares da Justiça expressamente prevista no inciso II do art. 152.

7.2 Cartas

As cartas, que ocupam o Capítulo III do Título II do Livro IV da Parte Geral, são os meios de comunicação disponíveis para serem empregados entre magistrados de diversos graus de jurisdição (carta de *ordem*) ou localizados em territórios, isto é, comarcas, seções ou subseções judiciárias diversas (carta *precatória*), entre magistrados de jurisdições diferentes (carta *rogatória*) e, ainda, entre juízes estatais e arbitrais (carta *arbitral*). É o que, com base nos §§ 1º e 2º do art. 236 e no art. 237, está abordado no n. 7, *supra*.

Todas estas cartas devem conter os requisitos do art. 260: (i) indicação dos juízes de origem e de cumprimento do ato; (ii) inteiro teor da petição, do despacho judicial e do instrumento do mandato conferido ao advogado; (iii) menção do ato processual que lhe constitui o objeto; e (iv) assinatura do juiz.

Cabe ao magistrado, se for o caso, trasladar para a carta outras peças e instruí-la com outros elementos (mapas ou gráficos, por exemplo) sempre que seu exame for objeto da diligência (art. 260, § 1º). Se o objeto da carta for exame pericial sobre documento, este será enviado em original, mantida nos autos sua reprodução fotográfica (art. 260, § 2º). A carta arbitral será instruída com a convenção de arbitragem e com as provas da nomeação do árbitro e de sua aceitação da função (art. 260, § 3º), o que pode, consoante o caso, justificar o sigilo no âmbito do processo jurisdicional (art. 189, IV, e art. 22-C, parágrafo único, da Lei n. 9.307/96, acrescentado pela Lei n. 13.129/2015).

O prazo para cumprimento das cartas deve ser fixado levando em conta a natureza do ato a ser praticado e a facilidade das comunicações (art. 261, *caput*). As partes, que terão

---

63. Apenas para fins ilustrativos, cabe a menção à Súmula 38 do TJSP, assim enunciada: "No pedido de falência, feita a citação por editais e ocorrendo a revelia, é necessária a nomeação de curador especial ao devedor". As alterações promovidas pela Lei n. 14.112/2020 na Lei n. 11.101/2005 não têm o condão de infirmar tal entendimento, considerando o disposto no *caput* de seu art. 189.

ciência da expedição da carta, acompanharão seu cumprimento perante o juízo a que se destina, cabendo a quem interessar a diligência cooperar para observância do prazo do *caput* (art. 261, §§ 1º a 3º).

As cartas têm caráter itinerante (art. 262), o que significa dizer que elas podem ser encaminhadas ou reencaminhadas a juízo diverso para a qual foram expedidas com vistas à prática do ato, independentemente de voltarem ao juízo deprecante para nova determinação. O órgão expedidor deve ser comunicado do ocorrido e intimadas as partes (art. 262, parágrafo único).

A expedição das cartas deve se dar, preferencialmente, por meio eletrônico, assinando-a, o magistrado, também eletronicamente (art. 263) e observando, em resumo substancial, os requisitos do art. 260 (e não do art. 250, como erroneamente consta do art. 264).

Se a carta for expedida pelo telefone, observará o disposto no art. 265.

As despesas relativas aos atos serão depositadas no juízo deprecante, isto é, aquele que expede a carta, pela parte interessada (art. 266).

A recusa do cumprimento da carta é possível nos casos do art. 267: (*i*) quando a carta não estiver revestida dos requisitos legais; (*ii*) quando faltar ao juízo competência em razão da matéria ou da hierarquia – hipótese em que o juízo deprecado poderá, consoante o caso, enviar a carta ao juízo ou ao tribunal competente (art. 267, parágrafo único), providência que se harmoniza com o caráter itinerante das cartas expresso no art. 263 –; ou (*iii*) quando o magistrado tiver dúvida acerca de sua autenticidade. As hipóteses dos incisos I e III merecem ser compreendidas levando em conta os pilares do sistema de nulidades do Código de Processo Civil, inclusive no que diz respeito ao "dever-poder geral de saneamento" (art. 139, IX).

Quando cumprida a carta, ela será devolvida ao juízo deprecante (de origem) no prazo de dez dias, independentemente de traslado, pagas as custas pela parte (art. 268).

7.3 Intimações

Intimação, segundo o art. 269, deve ser compreendida como "o ato pelo qual se dá ciência a alguém dos atos e dos termos do processo", iniciativa que deve ser determinada de ofício pelo magistrado nos processos pendentes, a não ser que haja lei em sentido contrário (art. 271). Sua disciplina está no Capítulo IV do Título II do Livro IV da Parte Geral.

Novidade relevantíssima trazida pelo Código de Processo Civil está nos §§ 1º e 2º do art. 269, que autorizam que os advogados promovam intimações uns dos outros, pelo correio, juntando as cópias dos despachos ou decisões respectivas, documentando o ocorrido nos autos. O § 3º do art. 269, por sua vez, indica que é o órgão de representação judicial das pessoas de direito público que deve ser intimado.

O art. 270 é inequívoco quanto a ser a *eletrônica* a forma preferencial para as intimações processuais, inclusive com relação ao Ministério Público, à Defensoria Pública e à Advocacia

Pública, razão de ser da remissão feita pelo parágrafo único do dispositivo ao § 1º do art. 246 que, no particular, não sofreu nenhuma alteração pela Lei n. 14.195/2021. A preferência pela intimação por meio eletrônico é reafirmada pelos *capi* dos arts. 272, 273 e 275, que se ocupam, contudo, com disciplina diversa, da intimação a ser efetivada pela publicação dos atos no órgão oficial, pelo escrivão ou chefe de secretaria e pelo oficial de justiça, respectivamente.

O *modus operandi* de tais intimações é objeto de disciplina da Lei n. 11.419/2006 (referida indiretamente pelo *caput* do art. 270).

O art. 5º daquela Lei prevê que as intimações sejam feitas por meio eletrônico em "portal próprio" às pessoas que tenham nele se cadastrado[64].

Os parágrafos do dispositivo estabelecem as regras relativas à intimação em ambiente virtual, valendo como intimações *pessoais* para todos os fins, inclusive naqueles casos em que a lei assim exige, de acordo com o seu § 6º. A intimação considera-se realizada no dia em que o seu destinatário (a lei refere-se a ele como "intimando") efetivar a consulta eletrônica da intimação, certificando-se nos autos (isto é, no próprio sistema) o acontecimento (art. 5º, § 1º)[65]. Quando a consulta se der em dia não útil, a intimação será considerada feita no primeiro dia útil seguinte (art. 5º, § 2º). O § 3º do art. 5º estabelece a necessidade de a consulta ao "portal próprio" ser feita no prazo máximo de dez dias *corridos* contados da data do envio da intimação, isto é, de sua *disponibilização* no sistema, considerando-se, na negativa, a intimação automaticamente realizada ao término do decêndio[66].

Havendo urgência e desde que a observância das regras relativas às intimações eletrônicas puder causar prejuízo a quaisquer das partes ou nos casos em que for constatada qualquer forma de burla ao sistema, o magistrado poderá determinar outras *formas* para a prática do ato processual, desde que aptas a atingir a sua finalidade (art. 5º, § 5º).

O § 4º do art. 5º da Lei n. 11.419/2006, por fim, admite que, em caráter *informativo* e desde que haja manifestação do interessado, seja enviada correspondência eletrônica comunicando o envio da intimação e a consequente abertura do prazo[67].

---

64. O art. 2º da Lei n. 11.419/2006 já estabelecia a obrigatoriedade do credenciamento prévio no Poder Judiciário para aquele fim (e também para as citações) "conforme disciplinado pelos órgãos respectivos".
65. A 3ª Turma do STJ, no REsp 1.951.656/RS, rel. Min. Marco Aurélio Bellizze, j.un. 7-2-2023, *DJe* 10-2-2023, entendeu que, mesmo quando se tratar de réu revel em processo eletrônico, a intimação de acordo com a sistemática da Lei n. 14.419/2006 é necessária, só sendo dispensada quando o advogado do réu estiver cadastrado no sistema do Poder Judiciário, sem o que não se perfaz a exigência do art. 346 do CPC. No mesmo sentido: STJ, 1ª Turma, REsp 2.106.717/PR, rel. Min. Gurgel de Faria, j.un. 17-9-2024, *DJe* 25-9-2024; e STJ, 3ª Turma, AgInt no REsp 2.002.492/MG, rel. Min. Ricardo Villas Bôas Cueva, j.un. 13-12-2023, *DJe* 15-12-2023.
66. A referência expressa a dias *corridos*, neste caso, afasta, mesmo para os prazos *processuais*, a regra do art. 219 do CPC.
67. Todas as regras também devem ser aplicadas para a *citação* eletrônica, como estabelece o art. 6º da Lei n. 11.419/2006, que exige, de qualquer sorte (pertinentemente), "que a íntegra dos autos seja acessível ao citando".

Os requisitos de validade das intimações – inclusive as eletrônicas – e os efeitos de sua realização constam do art. 272 do Código de Processo Civil, cujo *caput* reitera a preferência pela forma eletrônica das intimações, deixando em segundo plano a sua realização por publicação no órgão oficial. Por isso mesmo é que, havendo duplicidade de intimações, deve prevalecer a intimação realizada *eletronicamente*[68].

De acordo com aquele dispositivo, as intimações devem indicar, de forma clara, o nome completo das partes, dos advogados, o número de sua inscrição na OAB, e, se for requerido, do nome da sociedade de advogados (art. 272, §§ 2º a 4º). O § 1º do mesmo art. 272 permite que os advogados requeiram que, na intimação a eles dirigida, figure apenas o nome da sociedade a que pertençam, desde que devidamente registrada na OAB. Não obstante, sempre que for requerido que a intimação seja feita em nome de algum advogado individualmente considerado, a intimação realizada em nome de outro é considerada nula (art. 272, § 5º). Idêntica diretriz deve ser observada quando o pedido for feito por advogado substabelecido[69].

O § 6º do art. 272, novidade trazida pelo Código de Processo Civil, prescreve que, feita carga dos autos, consideram-se feitas todas as intimações pendentes de publicação, tanto para advogados (privados e públicos) como para membros do Ministério Público e da Defensoria Pública. Ainda a respeito da carga dos autos, cabe ao advogado e à sociedade de advogado requerer o credenciamento para que preposto pratique aquele ato (art. 272, § 7º).

Os §§ 8º e 9º do art. 272 disciplinam a forma e o momento de arguição de nulidade nas intimações. Cabe à parte arguir a nulidade preliminarmente à prática do ato que pratica. Se o vício for reconhecido, o ato será considerado tempestivo. Nos casos em que a prática do ato não é possível pela inviabilidade de acesso prévio aos autos, a parte pode limitar-se a arguir a nulidade da intimação. Neste caso, reconhecido o vício, o prazo respectivo será contado da intimação da decisão respectiva.

O art. 273, reiterando a preferência pela intimação por meio eletrônico, e supondo a inexistência de órgão oficial para publicação, disciplina a intimação a ser feita pelo escrivão ou chefe de secretaria de todos os atos do processo aos advogados das partes. A intimação, nestes casos, será pessoal quando tiverem domicílio na sede do juízo – e a pessoalidade aí prevista pode se dar com o comparecimento ao cartório ou secretaria, como autoriza o art. 274, *caput* – ou por carta registrada quando domiciliados fora da sede do juízo.

---

68. Nesse sentido: STJ, 2ª Seção, AgInt nos EDcl nos AgInt nos EREsp 1.827.489/RJ, rel. Min. Marco Buzzi, j.un. 3-9-2024, *DJe* 5-9-2024; STJ, 4ª Turma, AgInt no AREsp 2.375.577/RO, rel. Min. João Otávio de Noronha, j.un. 1º-7-2024, *DJe* 8-7-2024; STJ, 6ª Turma, EDcl no AgRg no AREsp 1.681.231/RJ, rel. Min. Rogerio Schietti Cruz, j.un. 18-6-2024, *DJe* 26-6-2024; STJ, CE, EAREsp 1.663.952/RJ, rel. Min. Raul Araújo, j.m.v. 19-5-2021, *DJe* 9-6-2021; STJ, 4ª Turma, AgInt nos EDcl no AREsp 1.343.785/RJ, rel. Min. Raul Araújo, j.un. 18-6-2019, *DJe* 28-6-2019; STJ, 4ª Turma, EDcl no AgInt no AREsp 1.343.230/RJ, rel. Min. Luis Felipe Salomão, j.un. 18.6.2019, *DJe* 25-6-2019; e STJ, 4ª Turma, AgInt no AREsp 1.330.052/RJ, rel. Min. Luis Felipe Salomão, j.un. 26-3-2019, *DJe* 29-4-2019.
69. Nesse sentido: STJ, CE, EREsp 1.409.260/CE, rel. Min. Laurita Vaz, j.un. 6-9-2023, *DJe* 11-9-2023; e STJ, CE, EREsp 1.424.304/SP, rel. p/ acórdão Min. Jorge Mussi, j.m.v. 5-6-2019, *DJe* 10-10-2019.

O *caput* do art. 274, como acentuado, trata das hipóteses em que a intimação será feita pelo correio ou pessoalmente, quando presentes no cartório ou secretaria. O parágrafo único do dispositivo estatui a presunção de que se consideram válidas as intimações dirigidas ao endereço constante dos autos, ainda que não recebidas pessoalmente pelo interessado, se a modificação temporária ou definitiva não tiver sido devidamente comunicada ao juízo, fluindo os prazos a partir da juntada aos autos do comprovante de entrega da correspondência naquele endereço[70].

O art. 275, por fim, disciplina a intimação feita pelo oficial de justiça, em caráter inequivocamente residual[71]. A certidão, nestes casos, deve conter: (i) a indicação do lugar e a descrição da pessoa intimada, mencionando, quando possível, o número de seu documento de identidade e o órgão que o expediu; (ii) a declaração de entrega da contrafé; e (iii) a nota de ciente ou a certidão de que o interessado não a apôs no mandado. Se for o caso, completa o § 2º do dispositivo, a intimação poderá ser efetuada com hora certa ou por edital. À falta de regras específicas, prevalece, para a hipótese, o disposto nos arts. 253 e 254 e 255 a 259, respectivamente.

8. NULIDADES

Preocupação constante ao longo de todo o Código de Processo Civil e, em especial, no Livro IV de sua Parte Geral, dedicado aos "atos processuais", é com a *forma* de tais atos. É o que se verifica, por exemplo, com o art. 250, que regula os requisitos da carta e do mandado de citação; com o art. 257, que se ocupa dos requisitos do edital de citação; com o art. 260, que regula o que devem conter as cartas de ordem, precatória e rogatória ou, ainda, apenas para fins ilustrativos, com o modo como as partes serão intimadas (arts. 269 a 275). Não por acaso, o art. 280 dispõe que "As citações e as intimações serão nulas quando feitas sem observância das prescrições legais".

A doutrina e a jurisprudência que se formaram e se consolidaram sob a égide do CPC de 1973, contudo, são assentes no sentido de que a *forma* não pode querer se sobrepor ao *conteúdo* do ato processual quando, ainda que de outro modo, sua *finalidade* seja atingida. O CPC de 2015 absorve conscientemente esta tendência, deixando-a evidenciada em diversos de seus dispositivos. Não só os que aparecem no Título III do referido Livro IV, dedicado exclusivamente às nulidades processuais, mas também em outros, dispersos por todo o

---

70. Situação diversa é aquela em que a citação é realizada no endereço antigo do réu, a despeito de sua atualização perante a Junta Comercial respectiva, ainda que desatualizada a informação no site do réu. Nesse sentido: STJ, 3ª Turma, REsp 1.976.741/RJ, rel. Min. Paulo de Tarso Sanseverino, j.un. 26-4-2022, *DJe* 3-5-2022.
71. Não obstante, o Enunciado n. 12 do FNPP está assim redigido: "Quando a intimação, no processo eletrônico, frustrar-se ou não for possível, deve realizar-se por oficial de justiça mediante mandado que preencha os requisitos do art. 250, entre os quais se insere a cópia do despacho, da decisão ou da sentença (arts. 250, V e 269, § 2º, CPC), aplicando-se o disposto no inciso II do art. 231, CPC, quanto à contagem do prazo".

Código – e estudados ao longo deste *Curso*[72] –, e que permitem a identificação do que o n. 5.1.9 do Capítulo 3 chama, ao ensejo do exame do inciso IX do art. 139, de "dever-poder geral de *saneamento*".

É correto entender que a *forma* dos atos processuais deve ser considerada, por isso mesmo, como uma preconcepção do legislador de que a finalidade do ato só poderá ser atingida se ela, a forma, for observada. Desde que a finalidade do ato seja alcançada, contudo, mesmo sem a observância da *forma*, e desde que isto não acarrete qualquer prejuízo para as partes e seus direitos processuais e para o próprio processo, não há razão para declarar o defeito do ato processual, isto é, sua nulidade; nulidade que merece ser compreendida em sentido amplo, qual seja, como sinônimo de desconformidade ao direito, independentemente de tal desconformidade se localizar no plano da *existência* ou no plano da *validade*.

É superada a concepção clássica de que o atingimento das *finalidades* dos atos jurídicos em geral – e os relativos ao direito processual civil em particular – dependia invariavelmente da observância irrestrita da *forma* exigida pela lei. A *forma* no direito processual civil não é, por si só, decisiva. Só há defeito no ato processual na medida em que a não observância da forma puder acarretar algum prejuízo no atingimento das finalidades do ato concretamente praticado ou prestes a sê-lo.

O CPC de 1973 já era suficientemente claro a esse respeito. O CPC de 2015 repete-o, no particular. Felizmente.

O art. 188, por exemplo – e ele é o artigo que abre o Livro IV da Parte Geral –, continua a autorizar a construção do "princípio da liberdade das formas", no sentido de que não há, salvo regra em sentido contrário, forma preestabelecida para a prática dos atos processuais.

Aquele mesmo dispositivo, somado aos arts. 277, 282, *caput* e §§ 1º e 2º, e 283, dá ensejo à formulação do "princípio da instrumentalidade das formas", ou da "finalidade" ou, ainda, "do prejuízo", ao estabelecerem, com segurança, que não há invalidade no plano do processo pelo tão só descumprimento da forma. O que releva é verificar se e em que medida a *finalidade* do ato foi ou não alcançada e, por isto mesmo, constatar que o plano da *eficácia* do ato mitiga ou, quando menos, tende a mitigar, de alguma forma, eventuais defeitos derivados do plano da *existência* ou do plano da *validade*.

Todos os defeitos processuais, quer se localizem no plano da *existência* jurídica ou no plano da *validade*, devem ser entendidos como sanáveis. Todos os esforços da doutrina e do magistrado, em cada caso concreto, devem ser praticados no sentido de saneá-los, aproveitando os seus efeitos ou determinando a sua renovação para aproveitamento dos outros atos processuais que lhe são anteriores e que foram devidamente realizados. Até mesmo dos subsequentes que dele dependem em maior ou menor extensão. A *forma* dos atos processuais

---

72. Tais como o § 1º do art. 239 e os §§ 8º e 9º do art. 272 acerca da falta ou nulidade da citação e a nulidade da intimação, objeto dos n. 7.1 e 7.3, *supra*, respectivamente.

deve ser compreendida como garantia de que há fins (exteriores e estranhos aos sujeitos do processo) a serem atingidos. Se eles, os fins, forem atingidos, mesmo sem a *forma* previamente estabelecida na lei, não há por que declarar qualquer defeito no plano do processo.

Assim, só se pode cogitar de nulidade em direito processual civil na exata medida em que do descumprimento da *forma* exigida ou imposta pela lei decorrer algum prejuízo para o processo ou para qualquer uma das partes ou eventuais intervenientes. Sem o prejuízo, mesmo com a desconformidade do ato, não se deve pronunciar a nulidade, o que significa dizer que a *desconsideração* ou o *saneamento* da nulidade é a *regra*; o não aproveitamento do ato e do que ele representa para o processo, de seus efeitos, portanto, é a *exceção*.

Qualquer nulidade processual, destarte, *deve* ser analisada na perspectiva da possibilidade de seu saneamento ou, mesmo que ele não seja possível, do eventual aproveitamento dos efeitos do ato viciado. É correto entender que não há espaço para declarar apriorística e generalizadamente a nulidade do ato processual, ainda que sua prática tenha se dado ao arrepio da forma preconcebida pelo legislador e que a tendência do sistema processual civil é a de saneamento e/ou aproveitamento dos efeitos do ato. Quando o reconhecimento da nulidade tende a ser proveitoso à parte a quem eventual julgamento meritório favoreceria, esta diretriz é estampada expressamente no § 2º do art. 282 e, de maneira mais ampla, no art. 488. Esta última regra impõe, de forma mais ampla, a devida análise de cada caso concreto para verificar de que maneira a higidez do processo não está comprometida a ponto de comprometer também a decisão de mérito nele prevista.

A doutrina tradicional busca classificar as nulidades processuais a partir de duas classes.

A primeira delas abrange a chamada nulidade "sanável", "relativa" ou "não cominada": é aquela que admite, de alguma forma, sua mitigação, isto é, a repetição do ato viciado ou sua pura e simples desconsideração se não arguida de plano (arts. 276 e 278, *caput*). A segunda classe compreende a nulidade "insanável", "absoluta" ou "cominada": é a nulidade que não admite a renovação do ato viciado nem que seus efeitos sejam produzidos no processo ou fora dele, e que pode ser reconhecida independentemente de qualquer arguição ou prazo (art. 278, parágrafo único)[73].

Este *Curso*, desde suas edições anteriores ao CPC de 2015, sempre propugnou pelo abandono desta classificação, defendendo que o mais relevante para o tema das nulidades processuais não é tanto a sua classificação em uma variada gama de classes ou espécies – o que justifica os sinônimos do parágrafo anterior –, mas verificar em que medida o ato, embora viciado, isto é, praticado em desconformidade com o *tipo legal*, atingiu sua finalidade sem causar prejuízo às partes, a eventuais intervenientes e, de maneira mais ampla, ao próprio processo, e, por isto, ele mesmo ou, quando menos, seus efeitos *devem* ser aproveitados. Para

---

[73]. Para um panorama geral do tema (e respectiva crítica), ver, com proveito: Roque Komatsu, *Da invalidade no processo civil*, p. 196-225.

tanto, o exame casuístico, com a devida participação dos sujeitos processuais, e em perspectiva retrospectiva é indispensável.

Assim, mais relevante que distinguir as espécies ou subespécies de nulidade é verificar em que condições há possibilidade de saneamento do ato processual ou, quando menos, seu aproveitamento, mesmo que praticado em desconformidade com a *forma* prescrita em lei. Tanto assim que questões clássicas como a que decorre, por exemplo, do art. 276, que, a exemplo do seu par no CPC de 1973, o art. 243, continua a vedar àquele que deu ensejo à nulidade (*relativa*, de acordo com a doutrina tradicional) *legitimidade* para argui-la, tornam-se verdadeiramente secundárias, até porque enraizadas no plano do direito *privado*, alheio ao ser *público* do plano processual[74]. O magistrado pode e, a bem da verdade, sempre *deve* de ofício pronunciar-se sobre as nulidades processuais buscando a sua sanação. O "dever-poder geral de saneamento" previsto no inciso IX do art. 139 não faz – e não autoriza – aquela distinção[75]. Tampouco suas diversas aplicações dispersas pelo Código de Processo Civil, inclusive no âmbito das nulidades, como se verifica do já mencionado § 2º do art. 282.

O acerto da adoção deste entendimento, assim como o maior rendimento na sua aplicação, justifica-se também pela especial circunstância de que, no processo (dada a sua necessária conformação *procedimental*), os atos processuais correlacionam-se entre si, dependendo, a regularidade de cada um, da regularidade do que lhe é imediatamente anterior. Assim, para ilustrar, a sentença (arts. 203, § 1º, 485 e 487) depende da correção de todo o procedimento que a antecedeu. Qualquer defeito que ocorra no ato *anterior* afeta o ato *posterior*, contaminando-o. É o que usualmente é denominado de "princípio da causalidade" ou, com outras formulações textuais, mas de igual significado, "da conservação dos atos processuais", do "isolamento dos atos processuais" ou, ainda, da "concatenação dos atos processuais"[76]: um ato processual defeituoso tem o condão de afetar o outro que lhe é posterior e, direta ou indiretamente, dependente. É por isso que, de acordo com os arts. 281, 282 e 283, o magistrado sempre terá de acentuar em que medida os atos defeituosos podem ser aproveitados e quanto os atos a eles posteriores foram, ou não, afetados. Tendo presente especificamente o art. 283, importa acentuar que o "erro de forma do processo" nele previsto deve ser compreendido de forma ampla, justamente para dar o maior rendimento possível ao conteúdo

---

74. Trata-se de colocação exemplarmente desenvolvida por Teresa Arruda Alvim em seu *Nulidades do processo e da sentença*, esp. p. 116-131.
75. É a razão pela qual este *Curso* não pode concordar com o entendimento de Olavo de Oliveira Neto que, ao comentar aquele dispositivo, afasta sua aplicabilidade aos atos inexistentes e às nulidades absolutas ("Comentários ao art. 139", p. 630).
76. Para os variados sinônimos do mesmo princípio e, por vezes, alguma especificidade que justificaria a adoção de uma nomenclatura no lugar da outra, ver Rui Portanova, *Princípios do processo civil*, p. 184-197.

do ato processual em detrimento da forma empregada para a exteriorização da vontade relativa à sua prática[77].

O que, ao fim e ao cabo, o entendimento aqui proposto pretende, ao prestigiar o pensamento de que todo o ato processual defeituoso é passível de ser sanado ou, quando menos, aproveitados seus efeitos, é que se aproveitem ao máximo os atos processuais praticados, considerando-os como um todo e voltados, todos eles, para sua finalidade maior e última, que é a de viabilizar o Estado-juiz a concretizar tutela jurisdicional a quem for merecedor dela. Assim, melhor do que *individualizar* os atos processuais, exigindo, na sua prática, uma irrestrita observância à forma, é preferível que sua análise seja global no sentido de verificar em que medida a prática dos atos processuais em geral teve, ou não, condições de atingir suas finalidades sem prejuízo, mesmo que em detrimento, em alguma medida, da forma imposta pela lei.

Nesta perspectiva, todas as nulidades processuais, assim compreendidos os atos processuais praticados em desconformidade com as regras formais respectivas, podem ser entendidas como "sanáveis" ou "relativas" ou "não cominadas". É uma questão de verificar, em cada caso concreto, após a inafastável oitiva dos interessados, em que medida o aproveitamento do ato (ou, quando menos, de seus efeitos), mesmo que defeituoso, é possível. É este o enorme, riquíssimo e inarredavelmente *casuístico* campo de incidência do tema "nulidades dos atos processuais"[78]. Qualquer ato processual praticado em desconformidade com o tipo legal pode e *deve* ser aproveitado, desde que, sem prejuízo – ou, quando menos, com sua eliminação, mitigação ou, até mesmo, indiferença –, alcance a finalidade imposta pela lei. Até porque, como reconhece a doutrina tradicional, as chamadas "nulidades *relativas*" ficam sujeitas à *preclusão* quando não arguidas a tempo e modo oportunos, o que continua a encontrar eco na textualidade do *caput* do art. 278[79]. Se assim é, não há espaço para o reconhecimento da invalidade do ato e/ou de seus efeitos, que acabam, se não se convalidando, se

---

77. É tema que diz respeito a diversas outras passagens deste *Curso* como, por exemplo, no exame do art. 305, parágrafo único, para a tutela provisória, no âmbito da liquidação e no âmbito recursal, no qual se fala comumente em "princípio da fungibilidade" para aceitar que um recurso seja conhecido no lugar do outro.
78. É entendimento exemplarmente desenvolvido por Antonio do Passo Cabral em obra fundamental sobre o tema (*Nulidades no processo moderno*, esp. p. 109-245), que, embora escrita sob a égide do CPC de 1973, já antevia muitos dos avanços *textuais* incorporados ao CPC de 2015. Já sob o manto do CPC de 2015, o autor voltou-se ao tema em seu "Teoria das nulidades processuais no direito contemporâneo", esp. p. 119 e 140.
79. É o próprio Antonio do Passo Cabral que, em outra obra sua, ao comentar o art. 278, p. 440, escreve: "No sistema do novo CPC, qualquer alegação de vício e qualquer postulação pela invalidade pode precluir (seja pela preclusão temporal, seja pelas preclusões lógica e consumativa), independentemente da gravidade do defeito ou da possibilidade de cognição de ofício sobre o tema". Pouco antes, nas considerações introdutórias que apresenta aos arts. 276 a 283, Cabral escreve sobre a cooperação e boa-fé processual destacadas no texto (op. cit., p. 432): "Para as invalidades, são princípios relevantes porque trazem consigo aplicação de institutos diversos como preclusões temporais e lógicas, impedindo que alegações dos vícios formais sejam escondidos pelas partes, guardando trunfos para depois de anos pretender invalidar um processo por inteiro. [...] chamando os litigantes e o juiz para uma divisão de responsabilidades na condução do procedimento e para deveres de atuação ética, tempestiva e coerente a respeito dos defeitos dos atos processuais".

tornando irrelevantes diante do transcurso do tempo e ao longo do desenvolvimento do próprio processo, não podendo, destarte, ser reconhecidos pelo magistrado[80].

O melhor entendimento, destarte, é que qualquer *defeito* nos atos processuais deve ser considerado, em um primeiro momento, como caso de "nulidade sanável" ou "relativa" ou "não cominada". Na medida em que a prática de outros atos processuais ou a ocorrência de determinados atos ou fatos processuais tiverem o condão de revelar que a finalidade daquele primeiro ato foi atingida sem prejuízo ou, quando menos, que elas corrigem ou mitigam eventuais prejuízos, tornando-os, até mesmo, indiferentes, não há por que se "decretar" (é a palavra usualmente empregada, no lugar de reconhecimento) a nulidade. O que há é ato processual praticado que, embora fora do modelo legal, surtiu efeitos que serão aproveitados porque sua análise casuística assim indica ser preferível. Mais correto do que insistir na noção de nulidades processuais é destacar a viabilidade (verdadeiro *dever-poder*, nos termos do art. 139, IX) de sanação dos vícios e aproveitamento dos efeitos dos atos, ainda que viciados[81].

É entendimento que encontra largo eco na teoria da "convalidação" dos atos, amplamente empregada na doutrina do direito público em geral, mormente entre os administrativistas[82]. A noção de convalidar é a de reconhecer que o ato, não obstante defeituoso, pode ser aproveitado ou, quando menos, seus efeitos ou parte deles. Os resultados da *convalidação* do ato encontram fundamento, em última análise, na ideia de *eficiência* da atuação do Estado que, para o Estado-juiz, é expressa no art. 5º, LXXVIII, da Constituição Federal, e que se espelha no art. 4º do Código de Processo Civil.

Pertinente ilustrar o quanto escrito nos parágrafos anteriores com o disposto no art. 279. O *caput* do dispositivo prescreve ser nulo o processo à falta de intervenção do Ministério Público naqueles casos em que a lei a impõe na qualidade de fiscal da ordem jurídica (art. 178). O § 1º do art. 279, consequentemente, impõe ao magistrado a declaração de nulidade de todos os atos do processo desde o instante em que a intervenção daquele órgão se fazia necessária. Não obstante, o § 2º do art. 279 (que não encontrava similar expresso no CPC de 1973) acentua que "A nulidade só pode ser decretada após a intimação do Ministério Público, que se manifestará sobre a existência ou a inexistência de prejuízo". Trata-se de correta (e específica) aplicação da diretriz genérica do § 2º do art. 282. Importa também evidenciar, com base naquele dispositivo, que a preservação do ato ou, quando menos, de seus efeitos depende da oitiva dos interessados e do exame casuístico de seu aproveitamento

---

80. Nesse sentido, dentre tantos, v.: STJ, 2ª Turma, EDcl no AgInt nos EDcl no AREsp 2.433.838/SP, rel. Min. Afrânio Vilela, j.un. 19-8-2024, *DJe* 22-8-2024.
81. Para tanto, contudo, mister que a intimação da parte especifique o que dela se espera, sob pena de se comprometer, inclusive, a boa-fé. Nesse sentido: STJ, 1ª Turma, REsp 2.001.562/SC, rel. Min. Gurgel de Faria, j.un. 14-5-2024, *DJe* 18-6-2024.
82. Monografia clássica sobre o tema é a de Weida Zancaner, intitulada *Da convalidação e da invalidação dos atos administrativos*.

ou não. Exata e rigorosamente o que sempre foi defendido por este *Curso*, desde as edições anteriores ao CPC de 2015.

Diante da identificação de uma nulidade, sendo indiferente sua possível catalogação, o magistrado tomará as providências necessárias para eliminá-la do processo. Seja determinando a prática de novos atos processuais, seja estabelecendo a renovação de atos processuais anteriormente praticados, seja decidindo a respeito dos efeitos dos atos praticados e sobre a possibilidade de sua convalidação no plano do processo, retificando ou ratificando, com ou sem a necessidade da atuação das partes, os atos que entende viciados.

Pode ocorrer, todavia, que, a despeito dos esforços e da análise do caso concreto, não seja, por qualquer razão, possível repetir o ato que, praticado com algum defeito, gerou prejuízos, ou desconsiderar ou mitigar os prejuízos dos atos processuais defeituosos. Neste caso, o reconhecimento da nulidade (sua *decretação*, se se preferir) é de rigor.

A nulidade que não é passível de ser sanada, que contamina o ato *e* seus efeitos, a ponto de impedir que eles sejam, de alguma forma, aproveitados ou considerados para o processo, é, portanto, resultado de uma análise *retrospectiva* dos atos processuais. É só esta, que não pode ser corrigida, emendada, ratificada ou convalidada, a nulidade que, como tal, tem relevância para o estudioso do direito processual civil. As demais, analisada a questão da perspectiva aqui proposta, são muito mais *aparências* de nulidades. Elas não se *confirmam* como nulidades justamente porque são corrigidas, emendadas, ratificadas, convalidadas, a tempo e modo oportunos. Ou, até mesmo, menos do que isto, porque o magistrado consegue constatar que, a despeito de o ato ter sido praticado descumprindo o modelo legal (a *forma*), não porta nenhum defeito *substancial*. Neste caso, nem sequer sua convalidação é necessária[83]. Basta o reconhecimento judicial, com a análise escorreita das circunstâncias concretas, de que o ato cumpriu suficientemente sua finalidade, no que é claríssimo o § 1º do art. 282.

Sem pretender avançar em assuntos tratados em contexto diverso ao longo deste *Curso*, importa destacar que o *dever* de saneamento de nulidades se dá a todo o tempo e grau de jurisdição desde a apresentação da petição inicial. O que continua a haver no Código de Processo Civil é que há momentos *concentrados* para o saneamento de nulidades (arts. 317 e 357, I, para o primeiro grau de jurisdição, e art. 932, parágrafo único, para o âmbito recursal, por exemplo). Isso não impede, contudo, que, *em qualquer momento*, o magistrado, constatando uma "nulidade", aplique as considerações aqui desenvolvidas com vistas ao seu saneamento. É o que, no contexto dos sujeitos processuais, dispõe o art. 76; com relação à admissibilidade da petição inicial, o art. 321 e, novidade trazida pelo § 7º do art. 485, com a

---

83. Antonio do Passo Cabral desenvolve, a propósito, o que denomina de "princípio de validez apriorística dos atos processuais", salientando que "[...] existe uma preferência normativa pela validez dos atos processuais; uma diretiva alertando que, em caso de dúvida, se deve manter o ato e sua validade. Os atos processuais são válidos *prima facie*" (*Nulidades do processo moderno*, p. 194).

possibilidade generalizada de o magistrado alterar a sentença *terminativa* em juízo de retratação deflagrado pelo apelo do sucumbente.

O regime das nulidades processuais após o término do processo merece uma consideração apartada.

Neste caso – e diferentemente do que se dá com relação ao "processo em curso" (durante a "litispendência", como se costuma referir) –, é importante distinguir os planos da *existência* jurídica e os da *validade*. Aceitando-se esta distinção, tal qual propõe este *Curso* ao ensejo do exame dos pressupostos processuais no n. 4.3 do Capítulo 4 da Parte I, distinguindo-os, no que aqui interessa, em pressupostos processuais de *existência* e de *validade*, os casos de *inexistência* jurídica devem ser extirpados do ordenamento jurídico por mero reconhecimento jurisdicional. São as denominadas "ações declaratórias de inexistência de ato processual" ou "ações declaratórias de inexistência de relação jurídica processual", usualmente identificadas pela expressão latina *querela nullitatis*[84]. Os casos de nulidade, assim entendidas eventuais ofensas ao plano da *validade* do processo e dos atos processuais em geral, desafiam sua retirada do ordenamento jurídico pela chamada "ação rescisória". Sem prejuízo do que a seu respeito trata a Parte II do volume 2, cabe destacar que há nulidades que sobrevivem ao trânsito em julgado, dando ensejo à sua retirada do ordenamento jurídico por aquela especial técnica, observando-se o disposto nos arts. 966 a 975.

9. DISTRIBUIÇÃO E REGISTRO

O Título IV do Livro IV da Parte Geral trata da distribuição e do registro dos processos.

O *registro* exigido pelo art. 284 é o cadastramento do processo nos arquivos de dados do Poder Judiciário.

A *distribuição* é a necessidade de os processos serem compartilhados entre os órgãos jurisdicionais com mesma competência, viabilizando, com isto, equânime carga de trabalho. É esta a razão pela qual a parte final do art. 284 impõe a distribuição "onde houver mais de juiz". Não havendo, inexiste como repartir a carga de trabalho.

Para assegurar este objetivo, o *caput* do art. 285 estabelece que a distribuição será *alternada* e obedecerá a rigorosa *igualdade*. A *aleatoriedade* lá exigida relaciona-se com os princípios da *imparcialidade* e do *juiz natural*, ambos derivados do modelo constitucional. A indispensável publicação da lista de distribuição no *Diário da Justiça*, imposta pelo parágrafo único do art. 285, é medida impositiva à luz do princípio da publicidade. Quando se tratar de processo que justifica sigilo, serão omitidos os nomes das partes e/ou interessados, hipótese em que, geralmente, são indicadas apenas as iniciais dos respectivos nomes.

---

[84]. Sobre o tema, ver Teresa Arruda Alvim, *Nulidades do processo e da sentença*, esp. p. 400-415.

A distribuição pode ser realizada *eletronicamente*, mesmo quando os autos forem de papel. A possibilidade de sua fiscalização pela parte, por seu procurador, pelo Ministério Público e pela Defensoria Pública é expressamente assegurada pelo art. 289.

Sua realização, em todos os graus de jurisdição, deve ser *imediata*, comando que vem desde o art. 93, XV, da Constituição Federal, incluído pela Emenda Constitucional n. 45/2004.

Pode ocorrer que a existência de prévio processo justifique a distribuição *por dependência* do novo. A medida quer viabilizar que um mesmo magistrado aprecie processos diversos cujos *elementos* possuam algum ponto de contato e, com isto, criar condições para o proferimento de decisões coerentes entre si. Para garantir a igualdade na distribuição nestes casos, será feita a devida *compensação* perante os demais juízes, o que também ocorrerá quando houver erro ou falta de distribuição (art. 288).

As hipóteses em que a distribuição será feita por dependência estão no art. 286: (*i*) quando houver conexão ou continência entre os elementos do novo processo com os do anterior[85]; e (*ii*) quando houver reiteração de pedido, ainda que em litisconsórcio ativo ou perante réus diversos, sempre que o processo anterior tiver sido extinto sem resolução de mérito[86]. Mesmo sem a presença de identidade de elementos, a distribuição por dependência, ao juízo prevento, justifica-se (*iii*) quando houver risco de proferimento de decisões conflitantes nos termos do § 3º do art. 55.

Esta derradeira exigência é, contudo, *formalmente* inconstitucional porque introduzida indevidamente no final do processo legislativo que ensejou o Código de Processo Civil, não encontrando correspondência no inciso III do art. 261 do PLS n. 166/2010 nem no inciso III do art. 287 do PL n. 8.046/2010[87]. Deve, portanto, ser considerada como não escrita, ainda que a necessidade de distribuição por dependência nos casos previstos naquele dispositivo possa ser fundamentada nos princípios da eficiência processual e levando em conta *sistematicamente* a previsão do precitado § 3º do art. 55[88]. Para quem não compartilhar desse enten-

---

85. Assim, por exemplo, a Súmula 75 do TJSP: "Em se tratando de sustação de protesto de título cambial, precedida por ação análoga oriunda de discussão sobre a mesma relação jurídica subjacente, presente a conexão, justifica-se a distribuição por dependência para processamento e julgamento conjunto das demandas, em ordem a evitar decisões conflitantes".
86. A este respeito, cabe lembrar da Súmula 74 do TJSP: "Diverso o período da mora, sem identidade na causa de pedir, não se justifica distribuição por dependência (art. 253, II, do CPC) da nova ação de reintegração de posse de veículo objeto de arrendamento mercantil, em relação à ação possessória anterior, extinta sem exame de mérito".
87. Ambos os dispositivos tinham a seguinte e idêntica redação: "III – quando houver ajuizamento de ações idênticas ao juízo prevento", que correspondiam o inciso III do art. 253 do CPC de 1973, tal qual incluído pela Lei n. 11.280/2006. Com a aprovação do texto na forma do inciso III do art. 288, cabe destacar que o CPC de 2015 *não contém* nenhuma regra sobre a distribuição por dependência nos casos em que as "ações forem idênticas", isto é, quando houver litispendência. É certo que os processos devem merecer a sentença sem resolução de mérito a que se refere o inciso V do art. 485. Não há, contudo, nenhuma regra expressa que determine a distribuição por dependência.
88. Que era, como acentuado ao ensejo do exame daquele dispositivo, interpretação que, mesmo antes do CPC de 2015, já era defendida pela melhor doutrina, sendo prova segura do acerto da afirmação a monografia lá mencionada, da autoria de Paulo Henrique dos Santos Lucon, *Relação entre demandas*, esp. p. 80-137.

dimento, a distribuição será livre, reunindo-se os processos *a posteriori*, observando-se as regras de prevenção (art. 58).

O parágrafo único do art. 286 determina que, havendo intervenção de terceiro, reconvenção ou outra hipótese de ampliação objetiva do processo, deverá o magistrado, de ofício, determinar que elas sejam anotadas pelo distribuidor. O intuito é dar adequada publicidade àqueles acontecimentos que são relevantes, não só para a verificação de litispendência, da coisa julgada e para justificar a distribuição por dependência de outros processos, mas também para dar a publicidade adequada de quem é autor e/ou réu, dando maior segurança à prática dos mais variados atos jurídicos. Por isto mesmo importa destacar que "outra hipótese de ampliação objetiva do processo" diz respeito aos casos em que há resolução expressa da questão prejudicial a despeito de não subsistir, no CPC de 2015, a "ação declaratória incidental". A diferença com o CPC de 1973 é que a anotação será feita depois de o magistrado proferir sentença e enfrentar, para *decidir*, com fundamento no art. 503, § 1º, aquela questão.

Importa entender que a determinação do parágrafo único do art. 286 alcança também alterações *subjetivas* no processo, além das hipóteses nele mencionadas. Tanto para impor a distribuição por dependência, quanto para se proceder aos devidos lançamentos no distribuidor. O entendimento e a providência são especialmente importantes nas hipóteses em que houver limitação do litisconsórcio, nos termos dos §§ 1º e 2º do art. 113, como propõe o n. 3.2.1 do Capítulo 3.

O art. 287 trata de exigências relativas à distribuição da petição inicial: ela deve vir acompanhada de procuração (quando for o caso, isto é, quando se tratar de representação por advogado privado, excepcionados os casos de perecimento de direito ou de urgência ou, ainda, de atuação em causa própria) e deverá conter os endereços eletrônico e não eletrônico do procurador.

Também o recolhimento das custas e das despesas deve ser demonstrado de plano. A sua falta levará à necessária intimação do procurador do autor para realizá-lo em quinze dias. Na omissão, será cancelada a distribuição (art. 290)[89].

10. VALOR DA CAUSA

Toda petição inicial deverá indicar o valor da causa, consoante determina o *caput* do art. 292, que também o exige para a reconvenção, regra que ganha maior interesse considerando que o CPC de 2015 admite que a reconvenção seja apresentada *na* contestação (art. 343,

---

[89]. O cancelamento independe da intimação prévia do réu ou de seu procurador. Nesse sentido: STJ, 3ª Turma, AgInt no REsp 2.078.271/MG, rel. Min. Marco Aurélio Bellizze, j.un. 4-12-2023, *DJe* 6-12-2023; STJ, 3ª Turma, REsp 2.053.571/SP, rel. Min. Nancy Andrighi, j.un. 16-5-2023, *DJe* 25-5-2023; e STJ, 3ª Turma, REsp 1.906.378/MG, rel. Min. Nancy Andrighi, j.un. 11-5-2021, *DJe* 14-5-2021.

caput) e não em petição própria, verdadeiramente avulsa, como dava a entender o CPC de 1973 diante de seu art. 297[90]. A se tomar o art. 319, que se ocupa do assunto na perspectiva do procedimento comum, como referência a quaisquer petições iniciais, a exigência consta também de seu inciso V.

O valor da causa deve corresponder, em geral, à expressão econômica do direito reclamado pelo autor (ou pelo réu-reconvinte). A exigência prevalece mesmo quando o direito sobre o qual o autor requer que recaia a tutela jurisdicional não tiver expressão econômica imediata (art. 291). Seja quando se tratar de direito que não tem expressão *patrimonial*, como ocorre com enorme frequência, nas indenizações por dano moral, ou quando não for possível ao autor, desde logo, precisar as consequências do dano ou, mais amplamente, do ilícito. Nestes casos, cabe ao autor *estimar* o valor da causa, justificando-o na própria petição inicial (ou reconvenção), o que viabilizará adequada manifestação do réu (e do autor-reconvindo) e do próprio magistrado a este respeito (art. 293).

Os incisos do art. 292 indicam, sem exaurir o tema, os seguintes critérios que devem ser observados para aferição do valor da causa: (*i*) na cobrança de dívida, a soma monetariamente corrigida do principal, dos juros de mora vencidos e de outras penalidades, se houver, até a data da "propositura da ação", isto é, da entrega da petição inicial (ou da reconvenção) no protocolo correspondente (art. 312); (*ii*) quando se tratar de discutir a existência, a validade, o cumprimento, a modificação, a resolução, a resilição ou a rescisão de ato jurídico, o valor do próprio ato ou o da parte controvertida; (*iii*) na cobrança de alimentos, a soma de doze prestações mensais pedidas pelo autor; (*iv*) na divisão, demarcação e na reivindicação, o valor de avaliação da área ou bem objeto do pedido; (*v*) o valor pretendido a título de indenização, mesmo quando a hipótese for de dano moral[91]; (*vi*) o valor correspondente à soma de todos os pedidos quando houver cumulação própria, isto é, aquela em que os pedidos podem, ao menos em tese, ser acolhidos concomitantemente[92]; (*vii*) quando os pedidos forem alternativos, ou seja, quando o acolhimento de um(ns) significar a rejeição do(s) outro(s), o valor da causa deve corresponder ao de maior valor; (*viii*) havendo pedido subsidiário, vale

---

90. O que não significa afirmar que eventual apresentação de reconvenção na mesma petição que veiculava a contestação gerava a nulidade do ato. É típico caso que já justificava a aplicação dos princípios das nulidades processuais para o *aproveitamento* do ato, a despeito de eventual vício de forma (ver n. 8, *supra*).
91. A exigência feita pelo art. 292, V, mostra-se suficientemente clara para afastar a prática forense de que o dano moral, por sua própria natureza, não daria ensejo a um valor certo, inviabilizando que ele fosse indicado na petição inicial. Este *Curso* sempre defendeu, mesmo no silêncio do CPC de 1973, o entendimento de que *também* os pedidos de dano moral deviam ser certos e determinados e, consequentemente, seu valor respectivo ser indicado na petição inicial (ver n. 7.1.1 do Capítulo 1 da Parte II do volume 2, tomo I). A regra destacada, destarte, tem o condão de suplantar o entendimento contrário que, em última análise, pregava um menor rigor (ou tolerância) com aquela exigência.
92. Inclusive quando se tratar de cumulação de pedidos envolvendo danos materiais e morais. Nesse sentido: STJ, 3ª Turma, AgInt no AREsp 2.387.525/BA, rel. Min. Moura Ribeiro, j.un. 8-4-2024, *DJe* 11-4-2024; e STJ, 3ª Turma, REsp 1.698.665/SP, rel. Min. Ricardo Villas Bôas Cueva, j.un. 24-4-2018, *DJe* 30-4-2018.

dizer, aquele em que o acolhimento de um segundo pedido depende do acolhimento do primeiro, o valor da causa é o do pedido principal.

Os dois primeiros parágrafos do art. 292 ocupam-se da hipótese em que o pedido diga respeito a prestações vencidas e vincendas. Neste caso, o valor da causa será a soma de todas (§ 1º), sendo certo que o valor das prestações vincendas corresponderá a uma anuidade se a obrigação for por tempo indeterminado ou superior a um ano; se por tempo inferior, a soma compreenderá a totalidade das prestações vincendas (§ 2º).

O magistrado, desde a realização do juízo de admissibilidade da petição inicial, tem o dever-poder de determinar a correção do valor dado à causa pelo autor (art. 292, § 3º), determinando que as regras acima indicadas (e outras que existam para os diversos procedimentos especiais, inclusive na legislação extravagante) sejam observadas, sob pena de indeferimento. É fundamental, para tanto, que o magistrado indique o descompasso que entenda existir, o que se justifica não só em função do art. 6º, mas, também, por analogia ao disposto no art. 321. O não atendimento da determinação no prazo assinalado – e não há óbice algum para que ele seja majorado nos termos do art. 139, VI, observando-se o parágrafo único do dispositivo[93] – significará a rejeição da petição inicial (art. 485, I).

Independentemente da iniciativa do magistrado para este fim, cabe ao réu questionar o acerto do valor da causa. Diferentemente do que exigia o art. 261, *caput*, do CPC de 1973, o réu tomará aquela iniciativa em preliminar de contestação (art. 293 e art. 337, III), e não em petição avulsa, que deveria ser autuada em apenso, seguindo-se a decisão do magistrado que, se for o caso, determinará ao autor que providencie o recolhimento de eventual diferença de custas processuais (arts. 292, § 3º, e 293).

O valor da causa opera como verdadeiro indexador de um sem-número de atos do processo, servindo, inclusive, como base de cálculo para o recolhimento de custas processuais que, muito frequentemente, incidem desde logo, com apresentação da petição inicial (é a elas, aliás, que se refere o art. 290). Também a fixação de inúmeras multas imponíveis ao longo do processo, inclusive as relativas à litigância de má-fé, toma como referência o valor da causa, como se verifica, apenas para fins ilustrativos, do § 2º do art. 77 e art. 81. Os honorários sucumbenciais também podem, consoante o caso, ser arbitrados levando em conta o valor da causa (art. 85, § 2º, e art. 338, parágrafo único).

Sobre este último aspecto do valor da causa, é importante destacar que eventual dificuldade patrimonial para o autor (e/ou para o réu) de arcar com custas ou outras despesas por causa daquela exigência *não pode* interferir na sua *devida* fixação, levando em conta os padrões

---

93. O prazo que o art. 284 do CPC de 1973, equivalente ao art. 321 do CPC de 2015, para a emenda da inicial foi considerado "dilatório" em sede de recurso especial repetitivo pela 2ª Seção do STJ (REsp repetitivo 1.133.689/PE, rel. Min. Massami Uyeda, j.m.v. 28-3-2012, *DJe* 18-5-2012; Tema 321). Embora a distinção não pareça relevante para o atual sistema processual civil, aquele julgado ilustra a pertinência da lembrança do art. 139, VI, do CPC de 2015 no texto.

objetivos acima indicados. Se a questão diz respeito a não ter condições de pagar o que, diante do valor da causa, é devido aos cofres públicos, a solução dada pelo Código de Processo Civil é de outra ordem, relacionando-se com a viabilidade de ser concedida, ainda que parcialmente, a gratuidade da justiça, a ser requerida pelo autor desde a petição inicial ou, como aqui interessa evidenciar mais de perto, na própria petição em que se majora o valor da causa para atender a determinação judicial neste sentido[94].

A decisão do magistrado sobre o valor da causa rende ensejo a uma discussão importante, que deriva do sistema do Código de Processo Civil de não permitir, ao longo da etapa de cumprimento de sentença, a recorribilidade imediata de decisões interlocutórias fora do rol do art. 1.015.

Se a questão for decidida na sentença, não há dúvida de que o recurso cabível será a apelação, no que é claro o § 3º do art. 1.009, reiterado, em contexto diverso, pelo § 5º do art. 1.013.

Se a decisão for interlocutória, contudo – e, para tanto, basta que ela não seja sentença –, é correto entender que *não* cabe o agravo de instrumento, à falta de previsão no precitado art. 1.015. A recorribilidade da decisão deve ser feita em razões ou em contrarrazões de apelo, observando-se integralmente a sistemática recursal que decorre dos §§ 1º e 2º do art. 1.009[95].

O que ocorre, contudo, é que a prática do foro mostra que a ausência de recurso imediato daquela decisão pode gerar prejuízos a qualquer das partes envolvidas com a questão. Assim, para ilustrar, na determinação para que o autor NSQS complemente o depósito das custas processuais devidas pelo novo valor da causa fixado pelo magistrado a partir do questionamento formulado em preliminar de contestação pelo réu TRNF, que tende a impactar o valor a ser recolhido para o oportuno exercício do direito de recorrer da sentença (art. 1.007, *caput*).

---

[94]. Sem prejuízo, cabe evidenciar a Súmula 667 do STF segundo a qual: "Viola a garantia constitucional de acesso à jurisdição a taxa judiciária calculada sem limite sobre o valor da causa". Aplicando aquela diretriz mais recentemente, v. a ADI 5.470/CE, rel. Min. Alexandre de Moraes, j. m.v. 20-9-2019, DJe 2-12-2019 e a ADI 5.751/SE, rel. Min. Roberto Barroso, j.m.v. 11 a 18-6-2021, DJe 21-6-2021, onde foi fixada a seguinte tese: "(i) A incidência de custas e taxas judiciais não viola, por si só, os princípios da capacidade contributiva e da proporcionalidade; (ii) o valor da causa pode servir de base de cálculo das taxas judiciais desde que a legislação fixe limites máximos e respeite a razoabilidade". Na ADI 7.063/RJ, rel. Min. Edson Fachin, o STF voltou ao tema, dentre outros aspectos, quando se debruçou sobre lei do Rio de Janeiro que implementava mudanças no recolhimento das custas processuais naquele Estado.

[95]. A 3ª Turma do STJ, a propósito, já teve oportunidade de decidir que eventual resolução da impugnação ao valor da causa *após* o proferimento da sentença não gera nulidade daquele ato decisório. Trata-se do AgInt no REsp 1.667.308/SP, rel. Min. Paulo de Tarso Sanseverino, j.un. 30-3-2020, DJe 1º-4-2020. De forma similar: STJ, 4ª Turma, REsp 1.857.194/MT, rel. Min. Antonio Carlos Ferreira, j.un. 17-9-2024, DJe 4-10-2024.

A se entender cabível o agravo de instrumento diante do tema 988 da jurisprudência repetitiva do STJ[96], não há maiores dificuldades. Caso contrário, e para obviar eventuais danos decorrentes da determinação e de seus impactos na prática de futuros atos processuais, inclusive o direito de recorrer, importa entender que o autor NSQS, para ficar com o exemplo dado, pode, diante da nova realidade econômica do processo, requerer a concessão de gratuidade da justiça, ainda que para a prática de específicos atos (arts. 99, §§ 1º e 7º, e 98, § 5º). Para além desta hipótese, não há como descartar a pertinência de formulação de pedido de tutela provisória com a finalidade de imunizar eventuais situações de ameaça até o momento em que, mercê da devida utilização do sistema recursal, a decisão sobre a alteração do valor da causa pode ser revista. Ambas as hipóteses comportam reexame imediato por agravo de instrumento, no que são claros o art. 101 e o inciso V do art. 1.015 para a concessão da gratuidade da justiça e o inciso I do mesmo art. 1.015 para a tutela provisória, tornando desnecessário, portanto, invocar a aplicação, à espécie, do referido Tema 988.

É solução que se mostra mais consentânea com o sistema processual civil em vigor e que tem o grande mérito de não incentivar a utilização de quaisquer "sucedâneos recursais" que, em última análise, querem burlar a opção *legítima* que fez o legislador mais recente de reduzir o número de recursos das decisões interlocutórias ao longo da etapa de conhecimento do processo[97].

---

96. Assim enunciado: "O rol do art. 1.015 do CPC é de taxatividade mitigada, por isso admite a interposição de AI quando verificada a urgência decorrente da inutilidade do julgamento no recurso de apelação". Este *Curso* se volta ao assunto no n. 2 do Capítulo 3 da Parte III de seu v. 2.
97. A *legitimidade* constitucional daquela opção, evidenciada pelo n. 2.8 do Capítulo 3 da Parte I, não deve ser confundida com eventuais opções ou gostos do intérprete e do aplicador do direito que acabam querendo justificar o que, em rigor, não tem justificativa: admitir recurso onde não cabe recurso.

Capítulo 5

Tutela provisória

1. CONSIDERAÇÕES INICIAIS

O Livro V da Parte Geral disciplina o que acabou sendo chamado de "tutela provisória". Ele é dividido em três Títulos, "disposições gerais", "tutela de urgência" e "tutela da evidência", e ocupa os arts. 294 a 311.

A iniciativa, no particular, é muito superior ao sistema do CPC de 1973 que continha todo um Livro, o III, dedicado ao "processo cautelar" e passou a contar, desde as reformas introduzidas pela Lei n. 8.952/94 e aperfeiçoadas com a Lei n. 10.444/2002, com a "tutela antecipada".

Desde suas primeiras edições, este *Curso* defendeu o entendimento de que a dicotomia "processo cautelar/tutela antecipada" devia ser (re)analisada criticamente pela doutrina levando em conta dois fatores desde então propostos.

O primeiro era o abandono das tradicionais classificações de *processos* e *ações* para *reconstruir* a compreensão do que era chamado de *cautelar* como algo inerente às múltiplas formas de *tutela jurisdicional*, levando em consideração principalmente a "tutela jurisdicional *preventiva*", apta, portanto, para evitar a consumação de lesões e a imunização de ameaças, bem ao estilo do que decorre (e já decorria) do inciso XXXV do art. 5º da Constituição Federal[1].

O segundo era analisar a *tutela antecipada* não como algo oposto à tutela cautelar, bem ao gosto da doutrina amplamente majoritária, mas também na perspectiva das múltiplas facetas da tutela jurisdicional. Assim, a tutela jurisdicional antecipada já era descrita por este *Curso* – como o continua a ser – como a viabilidade de o magistrado, diante de peculiaridades do caso concreto, *antecipar* a eficácia das suas decisões variando, destarte, as opções feitas em

---
1. Ver n. 8.1.1 e 8.1.1.1 do Capítulo 1 da Parte III do volume 1 deste *Curso* nas edições anteriores ao CPC de 2015. Monografia sobre o assunto é de Marcos Destefenni, *Natureza constitucional da tutela de urgência*, totalmente harmônica com o CPC de 2015.

abstrato pelo legislador a este respeito[2]. Tanto assim que a própria noção de *cautelar* então reinante era passível de ser *antecipada*, no que era expresso, embora não textualmente, o art. 804 do CPC de 1973, que se referia à possibilidade de o magistrado "conceder liminarmente ou após justificação prévia a medida cautelar", o que era suficiente para colocar um alerta na visão amplamente predominante do fenômeno[3].

As aplicações de tais propostas eram variadíssimas, com a vantagem, destacada em inúmeras passagens das edições anteriores ao CPC de 2015 do volume 4 deste *Curso*, de superar um sem-fim de problemas teóricos, conceituais e práticos que na visão mais tradicional daquelas categorias apresentavam enorme dificuldade. Apenas para mencionar alguns: a desvinculação total das tutelas cautelar e antecipada de uma forma específica de processo e de ação[4]; a fonte comum das tutelas cautelar e antecipada no modelo constitucional do direito processual civil[5]; a existência de *fungibilidade* (e, em verdade, mais que isso: verdadeira *indiferença* funcional e procedimental) entre as tutelas cautelar e antecipada[6]; a compreensão de que cautelares poderiam *satisfazer* o direito material ainda que provisoriamente[7]; a viabilidade de as chamadas tutelas cautelar e antecipada serem postuladas ao longo do processo sem necessidade de quaisquer formalismos ou exigências formais de qualquer ordem[8], inclusive em sede recursal[9]; os reais problemas de *efetivação*, isto é, de *concretização*, daquelas tutelas, independentemente de elas serem cautelares ou antecipadas[10] e, apenas para colocar fim a uma lista muito mais longa e interessantíssima, a real faceta dos então chamados "procedimentos cautelares específicos", que eram cautelares muito mais pelo local em que disciplinados no CPC de 1973 do que por qualquer outro motivo[11].

---

2. Ver n. 2 do Capítulo 1 da Parte I do volume 4 deste *Curso* nas edições anteriores ao CPC de 2015.
3. Ver n. 3.8 do Capítulo 3 da Parte II do volume 4 deste *Curso* nas edições anteriores ao CPC de 2015.
4. Ver n. 2 da Introdução e n. 1.1 e 2.1 do Capítulo 1 da Parte II do volume 4 deste *Curso* nas edições anteriores ao CPC de 2015. O que chamava atenção das edições anteriores deste *Curso* é que a mesma doutrina que clamava pela existência e pela compreensão de um processo e de uma ação cautelar reconhecia com tranquilidade a tutela antecipada como algo ínsito ao "processo de conhecimento", o que levava muitos a indicar que este era um dos diversos traços distintivos entre os dois institutos.
5. Ver n. 1 do Capítulo 1 da Parte I e n. 1 do Capítulo 1 da Parte II do volume 4 deste *Curso* nas edições anteriores ao CPC de 2015.
6. Ver n. 1 do Capítulo 8 da Parte I do volume 4 deste *Curso* nas edições anteriores ao CPC de 2015. O tema era também alçado a componente do "modelo infraconstitucional do direito processual civil" no n. 5.2 do Capítulo 2 da Parte IV do volume 1 nas edições anteriores ao CPC de 2015.
7. Ver n. 2 do Capítulo 1 da Parte I e n. 2 do Capítulo 2 da Parte II do volume 4 deste *Curso* nas edições anteriores ao CPC de 2015.
8. Ver n. 2 do Capítulo 2 da Parte I e n. 5 do Capítulo 2 da Parte II do volume 4 deste *Curso* nas edições anteriores ao CPC de 2015.
9. Ver n. Capítulo 3 da Parte I e Capítulo 4 da Parte II do volume 4 deste *Curso* nas edições anteriores ao CPC de 2015.
10. Ver Capítulo 4 da Parte I e n. 6 do Capítulo 2 da Parte II do volume 4 deste *Curso* nas edições anteriores ao CPC de 2015.
11. Ver n. 2 do Capítulo 1 da Parte III do volume 4 deste *Curso* nas edições anteriores ao CPC de 2015, com a expressa menção da lição de Calmon de Passos e de sua concepção de cautelares *topológicas* desenvolvida em seus *Comentários ao Código de Processo Civil*, v. X, t. I, esp. p. 55-57.

O CPC de 2015 andou bem ao substituir o que então era dedicado a um *processo cautelar* e a uma tutela antecipada "avulsa" e mal alocada no antigo art. 273 do CPC de 1973 por um Livro próprio, o V, inserido na sua Parte Geral e com novo nome.

Não obstante as (diversas e graves) turbulências derivadas do processo legislativo depois que o Projeto da Câmara dos Deputados voltou ao Senado Federal, por força do art. 65 da Constituição Federal, objeto do número seguinte, são inegáveis os avanços que o Código de Processo Civil incorpora a respeito do tema. Embora ele ainda insista na distinção entre uma tutela cautelar em contraposição a uma tutela antecipada, é correta a percepção de que ela se restringe aos casos em que aquelas tutelas são requeridas "antecedentemente", deixando de ter maior relevância quando pleiteadas "incidentalmente".

De qualquer sorte, mesmo neste ponto, seu pior momento na opinião deste *Curso*, o Código de Processo Civil convida, não sem atraso em relação ao que já propunha este *Curso*, ao abandono do entendimento de que há (ou haveria) um *processo* e uma *ação* cautelar que se oporiam de alguma forma a outros processos e outras ações. O *sincretismo*, tão defendido por este *Curso* desde sua concepção inicial, alcançou em cheio também a disciplina dada ao que acabou sendo chamado de tutela provisória.

2. NOTAS DE PROCESSO LEGISLATIVO

Antes de tratar especificamente do tema relativo à "tutela provisória", é essencial destacar alguns pontos relativos ao processo legislativo que resultaram no conteúdo do precitado Título V da Parte Geral, tendo presentes as considerações que ocupam o n. 6.1 do Capítulo 3.

Dentre as várias modificações propostas pelos Projetos e, antes deles, pelo Anteprojeto elaborado pela Comissão de Juristas, a disciplina reservada, pelo Código de Processo Civil, ao que o CPC de 1973 denominava "tutela antecipada" e "processo cautelar" era uma das que mais chamava a atenção. Isso porque a realocação da matéria, lado a lado, e longe da *forma* como estava no CPC de 1973 – e isto era ainda mais evidente quando analisado na perspectiva do "processo cautelar" –, mostrava-se bastante radical e, não havia por que negar, extremamente positiva, ao menos naquela perspectiva.

O Projeto do Senado, seguindo os passos do Anteprojeto, propunha, em substituição aos dois mencionados institutos, o da "tutela antecipada" do art. 273 e do art. 461, § 3º, e do "processo cautelar" dos arts. 796 a 889, todos do CPC de 1973, disciplina que intitulou "tutela de urgência e tutela da evidência", veiculada em seus arts. 269 a 286. O Projeto da Câmara propôs, em seu lugar, disciplina denominada "tutela antecipada", que ocupava seus arts. 295 a 313.

Chama a atenção, portanto, constatar que o Código de Processo Civil se refere ao tema com *nomenclatura* diversa, como se verifica de seus arts. 294 a 311: "tutela *provisória*".

Para quem entender se tratar de mera mudança de nome, quiçá mais adequado para descrever a novel disciplina legislativa, não haverá maiores dificuldades de sustentar que as modificações ocorridas na última etapa do processo legislativo não esbarram no *devido processo legislativo* (art. 65, parágrafo único, da CF). Diferentemente, para quem compreender que a nova disciplina legal vai além de meras questões terminológicas, o vício no processo legislativo é conclusão irretorquível, a começar pelo nome dado ao instituto.

Ocorre que a demonstração de ter havido extrapolação na última etapa do processo legislativo pressupõe, ao menos em larga escala, que haja (ou que houvesse) alguma certeza sobre a *interpretação* do que fora projetado pelo Senado e pela Câmara para fornecer parâmetros seguros de comparação entre um e outro Projeto e, consequentemente, para aferir eventual inconstitucionalidade formal.

A conclusão a se chegar a respeito do tema não evidencia maiores problemas quanto ao ponto, diferentemente do que ocorre em diversas outras passagens do Código de Processo Civil, embora não se possa deixar de evidenciar a questão.

De qualquer sorte, o questionamento menos relevante que as peculiaridades que o tema tomou quando do retorno do Projeto ao Senado Federal é o relativo à nomenclatura que acabou sendo adotada ao Livro V da Parte Geral. Afinal, nenhum nome pode querer se sobrepor às realidades que ele descreve. Mormente quando elas são derivadas de normas jurídicas, bem ou mal textualizadas.

Ao longo da exposição que ocupa os números seguintes, a comparação entre os Projetos do Senado Federal e da Câmara dos Deputados volta à tona, no que de mais relevante ao assunto.

3. CLASSES

A expressão "tutela provisória", que acabou rotulando o Livro V da Parte Geral do Código de Processo Civil, merece ser compreendida como o conjunto de técnicas que permite ao magistrado, na presença de determinados pressupostos, que gravitam em torno da presença da "urgência" ou da "evidência", prestar tutela jurisdicional, antecedente ou incidentalmente, com base em decisão instável (por isso, *provisória*) apta a *assegurar* e/ou *satisfazer*, desde logo, a pretensão do autor, até mesmo de maneira liminar, isto é, sem prévia oitiva do réu.

A conceituação do parágrafo anterior leva em conta mais de um dos critérios classificatórios propostos pelo n. 4 do Capítulo 5 da Parte I. A iniciativa é consciente justamente em função do que lá está escrito: as diversas classificações, porque levam em conta critérios diversos, podem ser combinadas entre si. O elemento fundamental da tutela jurisdicional *provisória*, contudo, está presente. E não poderia ser diferente, sob pena de se partir de uma teoria geral que não se presta a explicar o direito positivo.

De outra parte, a enunciação quer ser não só fidedigna ao que consta dos arts. 294 a 311, mas também o menos complicada possível. Sim, porque ela esconde uma grande dificuldade que, infelizmente, não foi superada, que consiste na *necessária* distinção entre quais técnicas são aptas para *assegurar* o direito (o "resultado útil do processo", como querem os *capi* dos arts. 300, 303, 305 e 311), que o Código de Processo Civil ainda chama de *cautelar*, e quais são aptas para *satisfazer*, desde logo, a pretensão do autor, que o Código de Processo Civil ainda chama de *antecipada*. Dificuldade esta que conduz a caminhos (bem) diferentes, com consequências e regimes jurídicos (bem) diferentes, quando aquelas tutelas são requeridas *antecedentemente*, como os arts. 303 e 304, e 305 a 310, respectivamente, evidenciam. É assunto ao qual se dedicam os n. 6 e 7, *infra*.

O *caput* e o parágrafo único do art. 294 sugerem uma classificação própria para a tutela provisória, que permite a visualização de três *classes*: a fundada em *urgência* ou em *evidência*; a *antecedente* e a *incidente*; e, por fim, a *antecipada* e a *cautelar*. Sem prejuízo do que ocupam os n. 4.2 e 4.3 do Capítulo 5 da Parte I, em perspectiva mais ampla, cabe, aqui, o aprofundamento do tema.

3.1 Urgência e evidência

A distinção relevante para distinguir a tutela provisória da urgência e da evidência reside no fundamento que a justifica.

Será *urgente* a tutela provisória requerida diante de "elementos que evidenciem a probabilidade do direito" e quando houver "perigo de dano ou o risco ao resultado útil do processo" (art. 300, *caput*).

A tutela da evidência merece ser compreendida como aquela que independe da caracterização de situação urgente ou, para empregar a expressão codificada, "perigo de dano ou o risco ao resultado útil do processo", no que é extremamente didática a redação do *caput* do art. 311. Para sua concessão deve estar presente ao menos uma das situações dos incisos do art. 311, que são bastante diversas entre si.

A tutela provisória de urgência ocupa a maior parte dos dispositivos, arts. 300 a 310, que corresponde ao Título II do Livro V da Parte Geral. A tutela provisória de evidência restringe-se a um só, o art. 311, equivalente ao Título III do mesmo Livro. Seu exame se dá no n. 9, *infra*.

Cabe acentuar, ainda, que a textualidade do parágrafo único do art. 294 rende ensejo ao entendimento de que a tutela provisória de urgência (e só ela) apresenta duas outras classificações: a *antecedente* ou a *incidente* e a *cautelar* e a *antecipada*.

Deixando a indispensável discussão sobre se somente a tutela provisória de urgência (com exclusão da evidência, portanto) aceita aquelas classificações para o n. 9, *infra*, a propósito do exame do art. 311, cabe examinar mais de perto aquelas duas outras classes.

3.2 Antecedente e incidente

A distinção entre *antecedente* e *incidente* leva em conta o *momento* em que requerida a tutela provisória, isto é, em que apresentado o pedido relativo à sua concessão, contrapondo-

-o ao momento em que é apresentado o que o Código de Processo Civil chama ora de "tutela *final*" ora de "pedido *principal*", bastando, por ora, empregar a nomenclatura do próprio Código.

Será *antecedente* a tutela provisória fundamentada em urgência e requerida para dar início ao processo, independentemente da formulação da "tutela final" ou do "pedido principal". Os arts. 303 e 304 (tratando-a como "tutela *antecipada*") e 305 a 310 (tratando-a como "tutela *cautelar*") ocupam-se especificamente desses casos. Será *incidente* a tutela provisória requerida concomitantemente ou após a formulação do pedido de "tutela final" ou do "pedido principal", cuja disciplina está, na maior parte das vezes, sem levar em conta a dicotomia entre "cautelar" e "antecipada", nas Disposições Gerais e no Título II.

O que ocorre nos casos da tutela provisória *antecedente* – e nisto há uma enorme diferença em relação ao que de equivalente havia no CPC de 1973 – é que a exteriorização de seu pedido é anterior à formulação do pedido de tutela que o Código de Processo Civil chama ora de *final*, ora de *principal*. O pedido de tutela antecedente é bastante para motivar a formação de *um* processo destinado à sua concretização e, consoante o caso, independerá da formulação de *outro* pedido, o "final". Se for o caso de ser necessária sua formulação, ela se dará no *mesmo* processo, já iniciado.

3.3 Cautelar e antecipada

Separar com nitidez o que é *cautelar* do que é *antecipada* é tarefa bem mais complexa, quiçá fadada ao insucesso. Tivessem a doutrina e a jurisprudência nacionais sido bem-sucedidas neste particular, aliás, e, talvez, o Anteprojeto, o Projeto do Senado e, mesmo, o Projeto da Câmara, que usava a expressão "tutela antecipada" em sentido genérico – e no mesmo sentido que este *Curso* sempre propôs desde as edições anteriores ao CPC de 2015 –, diferentemente do que já era mais comum se reconhecer, não tivessem proposto o abandono daquela dicotomia tal qual subsistente no Código de Processo Civil.

A questão, contudo, não se põe no plano teórico e dogmático. Dada a opção feita pelo legislador – embora, nesta perspectiva, criticável à luz do devido processo legislativo –, é mister que o intérprete e o aplicador do direito processual civil tenham presentes critérios o mais seguros (e objetivos) possível para distinguir as duas classes entre si. A alternativa a este comportamento seria, pura e simplesmente, descartar boa parte do Livro V da Parte Geral do Código de Processo Civil porque formalmente inconstitucional. A iniciativa é correta porque deriva do modelo constitucional do direito processual civil. No entanto, é preocupante a lacuna que ela poderia acarretar em termos de legislação. Assim, todo o esforço é bem-vindo para dar uma espécie de "intepretação conforme" ao que ocorreu ainda no âmbito do processo legislativo.

Para tanto, cabe lembrar que o art. 269 do Projeto do Senado, ao distinguir medidas de natureza *cautelar (conservativa)* de *satisfativa* (antecipada), continha dois parágrafos que, embora não conservados ao término do processo legislativo, se mostram úteis para aquela finalidade, máxime para que fique claro que o formato dado ao instituto pelo Código de Processo Civil é (tem que ser) mais apuro redacional do que alteração substancial para não comprometer a higidez do processo legislativo. De acordo com o § 1º daquele dispositivo, "são medidas *satisfativas* as que visam a *antecipar* ao autor, no todo ou em parte, os efeitos da tutela pretendida". O § 2º, por seu turno, referia-se às medidas cautelares (conservativas) como "as que visam a afastar riscos e *assegurar* o resultado útil do processo".

Nessa perspectiva, a tônica distintiva recai (ainda e pertinentemente) na aptidão de a tutela provisória poder *satisfazer ou* apenas *assegurar, no sentido de conservar,* o direito (material) daquela que formula o pedido respectivo. Satisfazendo-o, é antecipada; assegurando-o, é cautelar. Trata-se, neste sentido, da lição imorredoura de Ovídio Baptista da Silva[12]: execução para segurança e segurança para execução, respectivamente, ou, na linguagem do Código de Processo Civil, "*cumprimento* (de decisões veiculadoras de tutela jurisdicional) para segurança (do direito material lesionado ou ameaçado) e *segurança* (do direito material lesionado ou ameaçado) para o cumprimento (de decisões veiculadoras de tutela jurisdicional)".

Assim, para evitar as discussões, riquíssimas e abundantes no CPC de 1973, mas que, em termos de prática de processo, isto é, de realização e proteção efetiva de direitos, são de questionável utilidade e, com isto, celebrar o que é novo, indo além da mera nomenclatura, a tutela provisória *cautelar* merece ser compreendida como as técnicas que buscam *assegurar* o resultado útil do processo. A tutela provisória *antecipada*, por sua vez, são as técnicas que permitem *satisfazer*, desde logo, a pretensão do autor. É o que n. 4.4 do Capítulo 5 da Parte I, ao tratar do tema na perspectiva da tutela jurisdicional como um todo, propõe seja distinguido entre tutela jurisdicional *conservativa* e tutela jurisdicional *satisfativa*, levando em conta suas relações com o direito material.

Mesmo para quem aceitar a proposta de distinção dos parágrafos anteriores, importa alertar que nem sempre é simples distinguir até os contornos do "assegurar" em detrimento do "satisfazer" e vice-versa. Até porque, a distinção repousa, quando bem compreendida, na *preponderância* ou na *ênfase* de uma característica sobre a outra, não na sua exclusividade, é dizer: assegurar pode também (ou é também) satisfazer, ainda que em menor intensidade; satisfazer pode também (ou é também) assegurar, ainda que em menor intensidade. E mais: a distinção entre "assegurar" e "satisfazer" tem que levar em conta também o direito (ou os direitos) a ser(em) assegurado(s) ou satisfeito(s). A satisfação fica mais evidente quando a tutela jurisdicional incide diretamente em um direito e o asseguramento quando se trata de tutelar um *outro* direito, relacionado àquele, mas em si mesmo considerado diverso.

---

12. *Teoría de la acción cautelar*, p. 61-90.

Um exemplo pode esclarecer a distinção: TAT formula pedido de tutela provisória consistente em evitar a transmissão da partida final do campeonato de futebol por QSA. A concessão da medida é, inegavelmente, satisfativa. Em outra situação, TAT formula pedido de tutela provisória consistente em evitar que a emissora concorrente, QSA, faça propaganda da transmissão da partida final do campeonato. Neste caso, nada é pedido sobre o direito, que TAT afirma ter, sobre o direito de transmissão da partida final, apenas sobre a propaganda. Nesta perspectiva, mesmo que a tutela seja concedida, ela se limitará a *assegurar* o direito de transmissão, ainda que, para tanto, acabe *satisfazendo* aquele *outro* direito (o de vedar a propaganda, que entende indevida). O que há, nesta segunda hipótese, é uma relação de "causa e efeito" entre aqueles direitos que, na doutrina de Ovídio Baptista da Silva, é pertinentemente chamada de *referibilidade*[13].

Aceita a distinção, é correto observar que a tutela *antecipada* acaba por revelar verdadeira *coincidência* de pedidos: o não fazer desejado a *final* (não, por acaso, a palavra usada ao longo do art. 303) é o mesmo não fazer desejado agora (antecipadamente). Por isto ela tem viés *satisfativo*. Na tutela *cautelar* não existe essa coincidência, mas algo diverso, quase que como causa e efeito, justamente a tal da "referibilidade" acima destacada. Por isto ela, sendo incapaz de satisfazer o direito, apenas o assegura para fruição oportuna, conserva-o.

Algumas passagens do Código de Processo Civil sugerem o emprego da distinção, como, por exemplo, no § 3º do art. 300 (que trata da tutela *antecipada* na perspectiva da irreversibilidade dos "*efeitos* da decisão"); no *caput* do art. 303 (que se refere, no âmbito da tutela antecipada, ao "direito que se busca *realizar*"); ou nos arts. 301 e 305, *caput* (que tratam da tutela *cautelar* "para *asseguração* do direito").

Se mesmo com estes esclarecimentos, a distinção ainda parecer artificial, importa assinalar que ela decorre do próprio Código de Processo Civil, mercê das profundas modificações que o Anteprojeto e o Projeto aprovado no Senado Federal em dezembro de 2010 sofreram com o substitutivo da Câmara dos Deputados e que, no particular, foram reescritos livremente pelo Senado Federal na etapa final do processo legislativo. Como assinalado, neste ponto em particular, todo o trabalho é pouco para preservar os *textos* do Livro V da Parte Geral do Código de Processo Civil diante das profundas alterações que ele sofreu na devolução do Projeto ao Senado.

De qualquer sorte, como aponta o n. 3.2, *supra*, a maior relevância da distinção ocorre quando o pedido de tutela provisória for requerido *antecedentemente* – os arts. 303 a 304 e 305 a 310 descrevem *procedimentos* diversos para uma e para outra, com nítido regime jurídico diferenciado –, sendo menos grave quando sua formulação se der *incidentalmente*. Não obstante, para as duas hipóteses, há soluções sistemáticas para minimizar quaisquer diferenças substanciais entre uma e outra classe de tutela provisória.

---

13. *A ação cautelar inominada no direito brasileiro*, p. 62-63 e 120.

4. DISPOSIÇÕES GERAIS

Além do art. 294, que permite a construção da classificação que expõem os números anteriores, o Título I do Livro V traz uma série de regras que merecem ser entendidas de forma ampla, abrangentes de todas as classes referidas.

A análise dos números seguintes não obedece à sequência numérica do Código de Processo Civil. Aqui, diferentemente do que se dá em outros momentos deste *Curso*, a opção é a de dar maior destaque aos temas em si mesmos considerados, colocando-os em ordem que parece mais didática, em detrimento das escolhas feitas pelo legislador. Até porque há disposições normativas que estão inseridas no local reservado para a disciplina da tutela cautelar requerida em caráter antecedente que dizem respeito também – e indistintamente – à tutela antecipada e, não há por que negar aprioristicamente, também à tutela da evidência.

4.1 Competência

O *caput* do art. 299 disciplina a competência para a formulação do pedido relativo à tutela provisória.

O dispositivo trata da regra de que o juízo (sempre no sentido de órgão jurisdicional) competente, quando se tratar de pedido *incidental*, é o mesmo do da "causa", isto é, do juízo perante o qual tramita o processo em que o pedido é formulado incidentalmente, ou seja, concomitantemente ou após a formulação do pedido "final" ou "principal".

Quando o caso for de "tutela provisória *antecedente*", a competência é do juízo competente para "conhecer do pedido principal", ou seja, aquele que tem competência para o processo, ainda que não houvesse pedido de tutela provisória antecedente. É uma forma confusa de afirmar que não há nenhuma regra de competência diversa quando se tratar de formulação de pedido de tutela provisória *antecedente*. Até porque, como sustentam os n. 6 e 7, *infra*, naqueles casos, o processo se inicia com a apresentação da petição inicial em que formulados os pedidos de tutela provisória, sendo sistematicamente correto, portanto, entender que a iniciativa se dê perante o juízo competente. O legislador, ao regular a hipótese, parece que deixou de levar em conta as inovações substanciais que a disciplina da tutela provisória introduz no sistema processual civil, duvidando que o pedido de tutela provisória, por si só, é suficiente para dar início ao processo, sempre compreendido como método de atuação do Estado Constitucional.

4.1.1 Tutela provisória perante os tribunais

O parágrafo único do art. 299 estatui que a tutela provisória requerida aos Tribunais será formulada perante o "órgão jurisdicional competente para apreciar o mérito", o que pressupõe a análise dos regimentos internos de cada Tribunal, que são os atos normativos que, respeitado o modelo constitucional de direito processual civil, podem dispor a este respeito.

A menção que o dispositivo faz a "ação de competência originária de tribunal" e a "recursos" é, neste sentido, de nenhuma relevância. Até porque, mediando o modelo constitucional e os regimentos internos dos Tribunais, deve ser considerado na pesquisa em torno do juízo competente o que o próprio Código de Processo Civil dispõe acerca do assunto, como se dá, por exemplo, com o art. 1.012, § 3º, com o art. 1.026, § 1º, e com o art. 1.029, § 5º, preservado, no que aqui interessa, pela Lei n. 13.256/2016. Estes três dispositivos atribuem ao relator a competência para concessão de efeito suspensivo à apelação, aos embargos de declaração e aos recursos extraordinário e especial, respectivamente. De forma mais ampla, o art. 932, II, estatui que cabe ao *relator* "apreciar o pedido de tutela provisória nos recursos e nos processos de competência originária do tribunal". A regra, para não atritar com o disposto no parágrafo único do art. 299, precisa ceder espaço a eventual disposição em sentido contrário constante de regimento interno. Feliz, no particular, a ressalva feita expressamente no início do próprio parágrafo único do art. 299.

É correto entender, diante do dispositivo aqui examinado, que qualquer providência relativa à tutela provisória desde quando interposto o recurso, inclusive para discutir sobre a sua subsistência ou a concessão de nova medida que faça as vezes da anterior, deve ser formulada diretamente ao órgão competente para julgamento do próprio recurso. A *forma* como isto se dá é menos relevante e, pela falta de qualquer indicação normativa, variará consoante os usos, costumes e necessidades forenses. Nada há que impeça que ela seja formulada nas próprias razões recursais ou por petição avulsa[14].

Não há espaço, de qualquer sorte – e já não havia, na percepção deste *Curso* –, para as tão costumeiras quanto equivocadas "ações/medidas/processos cautelares" para dar efeito suspensivo a recurso, tão comuns na prática do foro sob a égide do CPC de 1973. Não há uma nova "ação" que dá nascimento a um novo "processo" para formular pedidos de tutela provisória mesmo diante dos Tribunais. A ação e o processo são os mesmos que já estão em curso, nos precisos termos em que enfatizam os n. 3 e 4 do Capítulo 4 da Parte I. Trata-se de mais uma das inúmeras consequências da assunção expressa de um modelo *sincrético* de processo em que as postulações são feitas indistintamente pelo autor, pelo réu e por eventuais intervenientes ao longo de todo o processo.

Os fundamentos da tutela provisória perante os Tribunais são os mesmos que autorizam a concessão de qualquer tutela provisória, isto é, urgência ou evidência.

---

14. Neste sentido é o Enunciado n. 39 da I Jornada de Direito Processual Civil do CJF: "Cassada ou modificada a tutela de urgência na sentença, a parte poderá, além de interpor recurso, pleitear o respectivo restabelecimento na instância superior, na petição de recurso ou em via autônoma".

Com relação à concessão da tutela provisória no âmbito recursal[15], vale destacar que o tema é tratado pelo Código de Processo Civil sob vestes diversas, típicas dos recursos, prova suficiente, por ora, a referência à ausência ou à presença de "efeito suspensivo", isto é, à possibilidade de a decisão produzir seus efeitos de imediato, independentemente do segmento recursal, ou somente após o julgamento do recurso que o tem, respectivamente.

A este respeito, importa interpretar de maneira ampla o parágrafo único do art. 995, cuja textualidade insinua entendimento diverso, de que a tutela provisória só seria passível de concessão diante de elementos de *urgência*[16], conjugando-o com o disposto no § 4º do art. 1.012 para o recurso de apelação e com o § 1º do art. 1.026 para o recurso de embargos de declaração, que expressamente autorizam a "concessão de efeito suspensivo", isto é, a concessão da tutela provisória no âmbito recursal, não só quando "relevante a fundamentação" e "houver risco de dano grave ou de difícil reparação" (o que remonta às hipóteses de tutela provisória de *urgência*), mas também (e simplesmente) quando ficar "demonstrada a probabilidade de provimento do recurso", o que evoca a tutela provisória de *evidência*. O tema é objeto de maiores investigações no volume 2 deste *Curso* ao ensejo do exame dos recursos.

A referência ao parágrafo único do art. 299 é pertinente também quando o pedido de tutela provisória se justificar durante o sobrestamento do processo determinado em função do regime de recursos repetitivos *ou* de instauração de incidente de resolução de demandas repetitivas. De acordo com o § 2º do art. 982, que merece ser aplicado àqueles dois casos em função do regime comum irradiado pelo art. 928, "durante a suspensão, o pedido de tutela de urgência deverá ser dirigido ao juízo onde tramita o processo suspenso"[17]. Saber se a restrição feita pela regra à tutela de *urgência* deve ser observada na sua textualidade é assunto que também ocupa o volume 2 deste *Curso*, sem prejuízo do que à regra mais genérica do art. 314 dedica o n. 3.4 do Capítulo 6.

4.2 Motivação

A decisão que conceder, negar, modificar ou revogar a tutela provisória precisa ser fundamentada. É o que o art. 298 exige, ao dispor que o "juiz justificará as razões de seu convencimento de modo claro e preciso".

---

15. A monografia pioneira sobre o assunto é da autoria de William Santos Ferreira, intitulada *Tutela antecipada no âmbito recursal*.
16. É a seguinte a redação daquele dispositivo: "Parágrafo único. A eficácia da decisão recorrida poderá ser suspensa por decisão do relator, se da imediata produção de seus efeitos houver risco de dano grave, de difícil ou impossível reparação, e ficar demonstrada a probabilidade de provimento do recurso".
17. Assim, v.g., o Enunciado n. 41 da I Jornada de Direito Processual Civil do CJF: "Nos processos sobrestados por força do regime repetitivo, é possível a apreciação e a efetivação de tutela provisória de urgência, cuja competência será do órgão jurisdicional onde estiverem os autos".

Trata-se de mais um dispositivo inócuo porque o *dever* de fundamentação decorre direta e suficientemente do modelo constitucional do direito processual civil. Não só do art. 1º da Constituição Federal, ao anunciar que o Brasil é uma *República*, mas específica e expressamente no inciso IX de seu art. 93. Contudo, pelas razões expostas no n. 2.13 do Capítulo 3 da Parte I, forçoso reconhecer, também ao art. 298, seu caráter *didático*, sendo preferível a repetição ao desprezo que poderia se seguir de eventual silêncio a este respeito. É fundamental que os magistrados observem o *dever* de fundamentação *suficiente* que lhes é reiterado pelo precitado art. 298, interpretando-o em conjunto com o § 1º do art. 489. É errado, destarte, limitar-se a conceder a tutela provisória "diante da presença de seus pressupostos" ou negá-la porque "ausentes os seus pressupostos". Sempre deverá haver suficiente resposta à pergunta embutida na concessão ou na negação do pedido: quais são os pressupostos aptos a justificar a concessão no primeiro caso e a negativa no segundo. Cabe ao magistrado demonstrar uma ou outra coisa, *suficientemente*, levando em conta, e não há como ser diferente, as peculiaridades de cada caso concreto.

4.3 Duração

A despeito de sua provisoriedade, a tutela aqui estudada conserva sua eficácia, isto é, sua aptidão de produzir seus regulares efeitos enquanto o processo se desenvolver e, como dispõe o parágrafo único do art. 296, mesmo quando o processo for suspenso, salvo se houver decisão em sentido contrário. Esta previsão merece ser interpretada em conjunto com a do art. 314, que admite, como regra, a realização de atos urgentes durante a suspensão do processo para evitar a ocorrência de dano irreparável.

Não obstante, e justamente por causa de sua característica, a *provisoriedade*, a tutela aqui estudada pode ser revogada ou modificada "a qualquer tempo". A expressão, extraída do *caput* do art. 296, deve ser compreendida de acordo com o *sistema* do próprio Código de Processo Civil: a revogação ou modificação da tutela provisória pressupõe *aprofundamento* de cognição e, ainda quando for tomada de ofício pelo magistrado, prévio contraditório (arts. 9º e 10).

A revogação ou a modificação da tutela provisória também ocorrem quando do proferimento da decisão que veicula a "decisão *final*" que com ela seja incompatível, no todo ou em parte. A consequência decorre da ausência de efeito suspensivo do recurso cabível da nova decisão e, no que diz respeito ao recurso de apelação que ainda conserva, como regra, o efeito suspensivo, do disposto no inciso V do § 1º do art. 1.012, segundo o qual "[...] começa a produzir efeitos imediatamente após a sua publicação a sentença que: [...] confirma, concede ou revoga tutela provisória;". A possibilidade e os meios de conservação da tutela provisória anterior ou a concessão de nova tutela provisória que lhe faça as vezes durante o segmento recursal merecem ser discutidos na perspectiva do n. 4.1.1, *supra*.

Novidade do Código de Processo Civil, e isto vem desde o Anteprojeto, embora com formulação diferente, é a possibilidade de a tutela provisória estabilizar-se. É situação que pode ocorrer na hipótese do art. 304, à qual se volta o n. 6.5, *infra*. Para o momento, cabe evidenciar que a circunstância lá prevista de a tutela provisória *se estabilizar* não infirma sua característica principal (de ser *provisória*), muito pelo contrário, confirma-a: fosse ela "definitiva", não haveria necessidade de nenhuma regra de direito positivo prescrevendo, ainda que em situação especial, sua estabilidade. Seriam suficientes as regras genéricas, inclusive a viabilidade de a decisão respectiva transitar materialmente em julgado, o que é *expressamente* afastado pelo § 6º do art. 304.

4.4 Dever-poder geral de asseguramento (cautela) e de satisfação (antecipação). Efetivação da tutela provisória

O *caput* do art. 297 faz as vezes, no plano infraconstitucional, do que, no CPC de 1973, era desempenhado pelo "dever-poder geral de antecipação" (art. 273 daquele Código) *e* pelo "dever-poder geral de cautela" (art. 798 daquele Código). É nele que reside o acerto de afirmação do n. 3, *supra*, de que a tutela provisória deve ser compreendida como a *reunião* de técnicas aptas ao asseguramento do direito ou do resultado útil do processo e/ou, sempre a depender das peculiaridades de cada caso concreto, à *satisfação* imediata de um direito.

O emprego da expressão "*dever*-poder geral" no lugar do mais comum "*poder*-geral" deve-se às mesmas razões que expõe o n. 5.1 do Capítulo 3. Sempre cabe enfatizar a concepção de que o magistrado exerce *função jurisdicional* que, de acordo com o modelo de Estado criado pela Constituição Federal de 1988, merece ser compreendida como a síntese das finalidades a serem atingidas ("dever") mediante os meios adequados e suficientes para tanto ("poder"). Só há, destarte, "poder" enquanto vocacionado ao atingimento de um "dever". Não é concebível em um Estado Constitucional a anunciação de qualquer poder, independentemente de um correlato dever. Não há, destarte, espaço para o *poder*-geral de antecipação, nem, tampouco, para o *poder*-geral de cautela; há para o *dever*-poder geral de antecipação e para o *dever*-poder geral de cautela. É no *dever* (na *finalidade* a ser atingida pelo Estado-juiz) que deve residir a ênfase, reservando o *poder* para os meios adequados e proporcionais para atingi-la.

As "medidas que considerar adequadas para efetivação da tutela provisória" referidas no *caput* do art. 297 devem, por isso mesmo, ser entendidas amplamente para viabilizar que, sempre observado o modelo constitucional do direito processual civil, o magistrado crie condições efetivas para *assegurar* direitos e/ou *satisfazê-los* de imediato. Com relação às medidas *assecuratórias*, cabe mencionar também o art. 301 e o rol inequivocamente *exemplificativo* de medidas para aquele fim, a despeito da crítica que o dispositivo merece, feita pelo n. 5.5, *infra*.

O parágrafo único do art. 297 trata da disciplina a ser adotada para *efetivação* da tutela provisória, utilizando o parâmetro operacional do "cumprimento *provisório* da sentença", isto é, aquele que deve ser adotado antes e independentemente do trânsito em julgado da decisão formadora do título executivo, dos arts. 520 a 522[18]. Nada de novo, salvo o texto, diante do que o § 3º do art. 273 do CPC de 1973 já autorizava ao bom intérprete e ao bom aplicador do direito processual civil compreender[19]. Na própria disciplina relativa ao cumprimento provisório da sentença, o art. 519 enfatiza a regra, em perspectiva inversa, ao estabelecer que as técnicas de liquidação e de cumprimento *provisório* das sentenças – sempre compreendidas como sinônimo de *decisões veiculadoras de tutela jurisdicional* – aplicam-se, "no que couber", também aos casos de "tutela provisória"[20].

A ressalva feita pelo dispositivo de que a observância daquele parâmetro se dá "no que couber" deve ser compreendida no sentido de que a depender da classe de tutela provisória e das vicissitudes do caso concreto o modelo prefixado pelo legislador nos arts. 520 a 522 e no sistema de cumprimento (sempre no sentido de *concretização* da tutela jurisdicional) passará por necessárias adaptações a serem determinadas (invariavelmente de maneira motivada) pelo magistrado.

Assim, por exemplo, quando o fundamento da tutela provisória for a *urgência*, é irrecusável a compreensão de que o magistrado deverá *reduzir* o prazo de quinze dias previsto em abstrato pelo legislador para viabilizar o pagamento pelo réu (art. 523, *caput*). Também merecem ser interpretados amplamente, nos casos de tutela fundamentada na *urgência*, os critérios genéricos de exigência de caução para a satisfação do direito (arts. 520, IV, e 521), sob pena de haver óbice intransponível à *concretização* da tutela provisória, o que equivale, na perspectiva neoconcretista, a tornar inócua, meramente formal ou nominal, sua *concessão*.

4.5 Tutela provisória requerida em caráter incidental

A única regra específica do Código de Processo Civil sobre a tutela provisória requerida em caráter incidental está no art. 295. Como se lê daquele dispositivo, "a tutela provisória requerida em caráter incidental independe do pagamento de custas".

A previsão é, sem dúvida alguma, harmônica com o que dispõem o § 3º do art. 303 e o *caput* do art. 308, com relação aos aditamentos a serem realizados pelo autor nas hipóteses em que o pedido de tutela provisória antecipada ou cautelar for formulado antecedentemente.

---

18. Nesse contexto é pertinente a lembrança do Enunciado n. 38 da I Jornada de Direito Processual Civil do CJF: "As medidas adequadas para efetivação da tutela provisória independem do trânsito em julgado, inclusive contra o Poder Público (art. 297 do CPC)".
19. Era a seguinte a redação daquele dispositivo, na redação da Lei n. 10.444/2002: "A efetivação da tutela antecipada observará, no que couber e conforme sua natureza, as normas previstas nos arts. 588, 461, §§ 4º e 5º, e 461-A".
20. Para a discussão da regra naquele contexto, ver, do autor deste *Curso*, seus *Comentários ao Código de Processo Civil*, v. X, p. 160-165.

Resta saber se lei *ordinária federal* pode impor à Justiça dos *Estados* a isenção de custas (que tem natureza tributária), iniciativa que se harmoniza com o que expõe o n. 6 do Capítulo 3 da Parte I acerca das "normas de concretização do direito processual civil". A resposta é negativa, porque não há como conceber regra de isenção como esta no contexto das competências concorrentes entre União, Estados e Distrito Federal, que decorrem do inciso IV do art. 24 da Constituição Federal[21], máxime quando contrastado aquele dispositivo com o § 6º do art. 150 da mesma Constituição[22], que caracteriza o modelo constitucional tributário.

Os Estados não estão inibidos, portanto, de *legislarem* sobre custas judiciais, *inclusive* na hipótese aqui identificada, máxime diante da destinação imposta a tais verbas pelo § 2º do art. 98 da Constituição Federal. O art. 295 deve, portanto, ser interpretado no sentido de limitar sua incidência aos processos que tramitam perante a Justiça Federal e ao do Distrito Federal, considerando, neste caso, a específica previsão do inciso XVII do art. 22 da Constituição Federal.

Diante da falta de outras regras específicas, ganha interesse saber se à apresentação do pedido incidental de tutela provisória deve ser observado, ainda que por analogia, o procedimento reservado pelo CPC às hipóteses em que o pedido é *antecedente*. A resposta é negativa. O correto é entender que, diante do pedido, o magistrado deve, como regra, permitir a prévia oitiva da parte contrária antes de decidir. A exceção fica por conta das hipóteses em que o pedido é fundamentado na *urgência*, bem ao estilo do inciso I do parágrafo único do art. 9º. Em tais casos, o contraditório será (legitimamente) *postergado*, devendo ser permitida a manifestação da parte contrária sobre o pedido perante o mesmo juízo em que apresentado e independentemente de sua manifestação também sem sede recursal.

Com relação ao prazo para que a parte contrária se manifeste sobre o pedido de tutela provisória (antes ou depois de sua análise pelo magistrado) o mais correto é entender, diante da ausência de regra específica, que ele pode ser fixado pelo magistrado ou, na negativa, ser o de cinco dias (úteis), por força do art. 218, § 3º. Não faz sentido, justamente pela recusa em aplicar o *procedimento* da tutela provisória requerida em caráter *antecedente* para as hipóteses em que o requerimento for incidental, querer colmatar a lacuna com a dicotomia de prazos de quinze e de cinco dias reservada pelos arts. 303, § 1º, III, e 306 para a tutela provisória de índole *antecipada* e *cautelar*, respectivamente.

No mais, com ou sem o prévio contraditório, concedido ou não o pedido, seguindo-se ou não algum segmento recursal da decisão relativa à tutela provisória, o procedimento a ser

---

21. Que tem a seguinte redação: "Art. 24 Compete à União, aos Estados e ao Distrito Federal legislar concorrentemente sobre: [...] IV – custas dos serviços forenses;".
22. Assim redigido: "§ 6º Qualquer subsídio ou isenção, redução de base de cálculo, concessão de crédito presumido, anistia ou remissão, relativos a impostos, taxas ou contribuições, só poderá ser concedido mediante lei específica, federal, estadual ou municipal, que regule exclusivamente as matérias acima enumeradas ou o correspondente tributo ou contribuição, sem prejuízo do disposto no art. 155, § 2º, XII, g.".

observado é aquele que já deveria guiar a prática dos atos processuais independentemente da tutela provisória. A circunstância de ela ser requerida *incidentalmente* – e isso inclui a circunstância de o pedido respectivo ser formulado já com a petição inicial –, não tem o condão de afetar o procedimento. Trata-se de compreensão que mais se harmoniza não só com a de modelo *sincrético* de processo, mas também com a de que a tutela provisória é mera *técnica* de concretização da tutela provisória e não uma "nova ação" ou um "novo processo" como, ao tempo do CPC de 1973, era comum se pensar, ao menos com relação às cautelares nele disciplinadas.

4.6 Recorribilidade das interlocutórias relativas a tutela provisória

Embora silente o Livro V da Parte Geral, cabe destacar, com fundamento no inciso I do art. 1.015, que as decisões interlocutórias que *versarem* sobre tutelas provisórias são imediatamente recorríveis por agravo de instrumento quando proferidas pelos órgãos jurisdicionais de primeira instância.

O cabimento do agravo de instrumento é inquestionável quando se tratar de decisão que *concede* ou que *nega* ou que *posterga a análise*[23] ou que, de alguma forma, trata sobre a tutela provisória. É a melhor interpretação para dar à hipótese do inciso I do art. 1.015, levando em conta, como deve ser levado, o emprego do verbo *versar* no *caput* do dispositivo[24]. Indiferente para tanto, outrossim, qual seja a espécie de tutela provisória, isto é, se se trata de tutela de *urgência* ou da *evidência*, *antecedente* ou *incidente*, *cautelar* ou *antecipada*. Todas elas, indistintamente, desafiam seu contraste imediato por agravo de instrumento.

No que diz respeito a aspectos relativos ao *cumprimento* da tutela provisória, não fosse suficiente o disposto no inciso I do art. 1.015, máxime quando lido a partir do

---

23. A hipótese sempre mereceu ser tratada como de *indeferimento* do pedido. De qualquer sorte, mesmo para quem quisesse entender diferentemente, encontra a situação alcançada pelo precitado dispositivo codificado. Sobre o tema, cabe dar destaque ao Enunciado n. 70 da I Jornada de Direito Processual Civil do CJF: "É agravável o pronunciamento judicial que postergar a análise de pedido de tutela provisória ou condicioná-la a qualquer exigência".
24. Preciso, no ponto, é o quanto decidido pela 3ª Turma do STJ no REsp 1.827.553/RJ, rel. Min. Nancy Andrighi, j.un. 27-8-2019, *DJe* 29-8-2019, de cuja ementa se lê o seguinte: "O conceito de 'decisão interlocutória que versa sobre tutela provisória' abrange as decisões que examinam a presença ou não dos pressupostos que justificam o deferimento, indeferimento, revogação ou alteração da tutela provisória e, também, as decisões que dizem respeito ao prazo e ao modo de cumprimento da tutela, a adequação, suficiência, proporcionalidade ou razoabilidade da técnica de efetivação da tutela provisória e, ainda, a necessidade ou dispensa de garantias para a concessão, revogação ou alteração da tutela provisória, motivo pelo qual o art. 1.015, I, do CPC/15, deve ser lido e interpretado como uma cláusula de cabimento de amplo espectro, de modo a permitir a recorribilidade imediata das decisões interlocutórias que digam respeito não apenas ao núcleo essencial da tutela provisória, mas também que se refiram aos aspectos acessórios que estão umbilicalmente vinculados a ela".

verbo "versar" constante do *caput*, cabe dar destaque ao parágrafo único do mesmo art. 1.015: como a concretização da tutela provisória se dá com observância das regras atinentes ao cumprimento (provisório) da sentença (arts. 297, parágrafo único, e 519), é irrecusável a regência da espécie por aquela regra, para admitir o agravo de instrumento generalizadamente[25].

No âmbito dos Tribunais, as decisões monocráticas sobre o tema também são recorríveis imediatamente para o colegiado competente, por intermédio do recurso de agravo interno (art. 1.021). A recorribilidade dos acórdãos não traz peculiaridades a não ser pela inviabilidade de as questões fáticas, frequentemente ínsitas ao exame da tutela provisória, serem passíveis de reexame em sede de recurso extraordinário ou especial[26].

Em qualquer caso, é irrecusável o entendimento de que as decisões sobre tutela provisória são passíveis de controle também por embargos de declaração, observadas, para tanto, suas respectivas hipóteses de cabimento.

4.7 Outras questões

Para além da disciplina reservada à tutela provisória pelo Código de Processo Civil no que seu Livro V chama de "disposições gerais" e dos dispositivos "avulsos" nele espalhados, cabe indicar, à guisa de fechamento, outras questões relativas à tutela provisória como um todo.

4.7.1 Impossibilidade de concessão de ofício

A primeira é a percepção de que a tutela provisória, independentemente de ela ser fundamentada na urgência ou em evidência, pressupõe pedido da parte interessada.

Não subsiste no sistema processual civil a viabilidade de o magistrado conceder de ofício, isto é, independentemente de pedido, a tutela provisória, ainda que de índole cautelar, tal qual se sustentava com fundamento no art. 797 do CPC de 1973[27]. A iniciativa da parte, destarte, é indispensável, ainda quando se trate de tutela provisória *incidental*, o que se harmoniza, de qualquer sorte, com a sistemática da responsabilização *objetiva* decorrente do art. 302.

---

25. É esta a razão pela qual este *Curso* não pode concordar com o entendimento da 3ª Turma do STJ (REsp 1.752.049/PR, rel. Min. Nancy Andrighi, j.un. 12-3-2019, *DJe* 15-3-2019), que nega o cabimento do agravo de instrumento contra a decisão "que impõe ao credor fiduciário o dever de arcar com as despesas relacionadas ao depósito do bem em pátio de terceiro".
26. É correta, neste sentido, a orientação contida na Súmula n. 735 do STF, cujo enunciado é o seguinte: "Não cabe recurso extraordinário contra acórdão que defere medida liminar".
27. Eloquentemente, não sobreviveu ao processo legislativo o art. 277 do PLS n. 166/2010, que sequer foi validado no Projeto da Câmara dos Deputados, segundo o qual "Em casos excepcionais ou expressamente autorizados por lei, o juiz poderá conceder medidas de urgência de ofício". Aquele dispositivo espelhava o referido art. 797 do CPC de 1973, substituindo a menção a "medidas *cautelares*" por "medidas de urgência".

4.7.2 Legitimidade

A segunda ordem de questões a ser evidenciada é relativa à legitimidade para requerer a tutela provisória. Autor e réu são os legitimados por natureza para tanto, mais ainda o autor, desde a petição inicial, ainda que não pretenda apresentar seu pedido de maneira *antecedente*, como lhe permitem os arts. 303 e 305.

Contudo, também os terceiros intervenientes no processo ostentam legitimidade para requerer a tutela provisória naqueles casos em que passam a atuar como partes. Por sua vez, a despeito de não ser parte, o assistente litisconsorcial tem legitimidade para fazê-lo em virtude de seu regime processual de atuação, sempre na perspectiva de a medida beneficiar o assistido. O assistente simples também é legitimado para a tutela provisória quando atuar na qualidade de substituto processual do assistido.

4.7.3 Prazos e momentos

Por fim, importa destacar que não há prazo para que pedidos de tutela provisória sejam apresentados. Eles derivam, antes de tudo, de situações de direito material que poderão ou não sensibilizar as partes a formularem os pedidos respectivos. É incorreto destarte, mesmo que ainda de fato notório, entender que o prejudicado teria que formular pedido de tutela provisória no prazo genérico de *cinco* dias (art. 218, § 3º) sob pena de preclusão temporal. O que pode ocorrer, mas que é muito diferente, é que o magistrado indefira o pedido por entender que, quando formulado, já não há mais perigo ou risco a justificar a concessão.

Desdobramento importante acerca da questão diz respeito aos *momentos* em que o pedido de tutela provisória pode ser formulado.

Para além de sua formulação em caráter *antecedente*, a tutela provisória de natureza *antecipada* pressupõe a ineficácia sistemática da tutela jurisdicional perseguida a justificar a intervenção do magistrado para aquele fim. É o típico caso em que a tutela jurisdicional é *antecipada* (*ope iudicis*) na forma estabelecida pelo n. 4.2 do Capítulo 5 da Parte I. Destarte, enquanto a eficácia da tutela jurisdicional não derivar do próprio sistema (não for *ope legis*, portanto) há interesse e necessidade para a formulação do pedido de tutela jurisdicional de índole *satisfativa*. É tema que deve dialogar necessariamente com o efeito suspensivo recursal porque é ele, quando *presente*, que impede a eficácia das decisões recorridas ou recorríveis e é ele que, *ausente*, autoriza o cumprimento provisório das decisões, não obstante o recurso interposto (arts. 520, *caput*, e 995, *caput*).

Se se tratar de tutela provisória de natureza *cautelar*, o seu campo de incidência é mais amplo, no sentido de que ela pode se justificar *também* durante o espaço de tempo que pode se justificar para a *concretização* da tutela jurisdicional. É supor a necessidade de haver indisponibilidade de bens do executado, ao longo da etapa de cumprimento de sentença.

Destarte, o limite temporal para formulação da tutela provisória em tais casos corresponde ao término formal da atividade jurisdicional, isto é, do próprio processo.

5. TUTELA DE URGÊNCIA

O Livro V da Parte Geral reserva um Título próprio para tratar da "tutela de *urgência*", distinguindo-o de outro para tratar da "tutela da *evidência*", que se limita a um só dispositivo, o art. 311.

O Título II daquele Livro é, por sua vez, dividido em três Capítulos. O primeiro é dedicado às "disposições gerais" da tutela de urgência (arts. 300 a 302), o segundo ao "procedimento da tutela antecipada requerida em caráter antecedente" (arts. 303 e 304) e o terceiro ao "procedimento da tutela cautelar requerida em caráter antecedente" (arts. 305 a 310).

Neste número são analisadas as disposições gerais que, não obstante a divisão feita pelo Código de Processo Civil tal qual indicada no parágrafo anterior, não se limita àqueles três dispositivos.

5.1 Pressupostos

A concessão da "tutela de *urgência*" pressupõe: probabilidade do direito *e* perigo de dano ou o risco ao resultado útil do processo (art. 300, *caput*).

A "probabilidade do direito" deve ser entendida no sentido de que as alegações daquele que formula o pedido de tutela provisória fundamentada na urgência, somadas aos meios de prova pré-constituídos apresentados com a petição respectiva (ou, se for o caso, "após a justificação prévia"), são suficientes para que o magistrado desenvolva cognição *sumária* suficiente para antever o requerente como merecedor da tutela jurisdicional.

Não há como negar geral e aprioristicamente que a probabilidade do direito possa independer da produção da prova correlata aos fatos que dão embasamento ao pedido da tutela provisória. A questão, contudo, merece ser compreendida na perspectiva do devido desenvolvimento da cognição do magistrado quanto à percepção de que aquele que requer a tutela provisória aparenta ter mais direito que a parte contrária. Certamente a ausência de elementos probatórios tem o condão de interferir na formação da cognição e gerar, consequentemente, o indeferimento do pedido à falta de probabilidade do direito.

Sobre a palavra "probabilidade" empregada pelo legislador no *caput* do art. 300, é importante entendê-la como sinônima de qualquer outra que dê a entender que o requerente da tutela provisória se mostra em melhor posição jurídica que a da parte contrária. Assim, se se lesse no dispositivo *plausibilidade do direito, verossimilhança da alegação, fundamento relevante* ou a clássica expressão latina *fumus boni iuris*, isto é, fumaça (no sentido de *aparência*) do bom direito, apenas para lembrar de alguns referenciais muito conhecidos, o resultado seria o mesmo: o que cabe ao requerente da tutela provisória é demonstrar (e convencer) o magistrado de que tem *mais* direito que a parte contrária e, nesta perspectiva, que é merecedor da tutela provisória, seja para satisfazê-lo desde logo, seja, quando menos, para assegurá-lo. Na perspectiva do magistrado, o que ocorre é a formação de cognição *sumária* acerca da existência daqueles elementos.

A despeito da conservação da distinção entre "tutela antecipada" e "tutela cautelar" no Código de Processo Civil, com importantes reflexos *procedimentais* quando requeridas *antecedentemente*, é correto entender que os requisitos de sua concessão foram igualados. Não há mais espaço para discutir, como ocorria no CPC de 1973, que os requisitos para a concessão da tutela antecipada ("prova inequívoca da verossimilhança da alegação") seriam, do ponto de vista da cognição judicial, mais profundos que os da tutela cautelar, perspectiva que sempre pareceu *artificial* para este *Curso*[28]. Nesse sentido, a concessão de ambas as tutelas provisórias fundamentadas na urgência reclama, é isto que importa destacar, a *mesma* probabilidade do direito, no sentido de não poder haver distinção quanto à profundidade da cognição (invariavelmente *sumária*), que se mostra bastante para aquele fim.

Não é o suficiente, contudo. Sem prejuízo da *probabilidade* do direito, o requerente da tutela provisória tem o ônus de demonstrar *também* o "perigo de dano ou o risco ao resultado útil do processo".

As expressões merecem ser entendidas no sentido de que a tutela provisória deve ser concedida como forma de obviar as consequências deletérias que o tempo do processo e, até mesmo, do estabelecimento do contraditório prévio podem acarretar ao direito que o requerente afirma ser titular. É situação que se amolda com perfeição ao inciso XXXV do art. 5º da Constituição Federal e à situação de *ameaça* lá referida, buscando aquele que requer a tutela provisória imunizá-la evitando que ela se torne lesão ou, quando menos, minimizando e sustando seus efeitos.

Nesta perspectiva, a cognição *sumária* do magistrado deve conduzi-lo ao convencimento suficiente de que, *além* da probabilidade do direito, a hipótese reclama intervenção urgente do Estado-juiz para evitar o perigo e o risco indicados.

Não sobrevive para o Código Processo Civil a diferença (também artificial) entre o perigo de dano *e* o risco ao resultado útil do processo sugerida por alguns para distinguir, respectivamente, a tutela antecipada (vocacionada a tutelar o próprio direito material, isto é, o "perigo de dano") e a tutela cautelar (vocacionada a tutelar o processo, o "resultado útil ao processo", portanto) no contexto do CPC de 1973.

---

28. Para esta demonstração, ver o n. 4.1 do Capítulo 8 da Parte I do volume 4 deste *Curso* em suas edições anteriores ao CPC de 2015. Anteriormente, seu autor já havia se dedicado ao tema com maior vagar (e na perspectiva do cravo bem temperado de Bach) em seu *Tutela antecipada*, p. 148-157.

Aqueles dois referenciais – denotativos da *necessidade urgente* da intervenção jurisdicional – são empregados *indistintamente* para aquelas duas espécies nos quatro dispositivos que os empregam. É comparar os *capi* dos arts. 300, 303, 305 e 311, em especial os dos arts. 303 e 305, que distinguem, com nitidez, a tutela *antecipada* e a tutela *cautelar*, respectivamente, valendo-se, contudo, da mesma e invariável expressão: "perigo de dano ou o risco ao resultado útil do processo".

Ademais, ainda que se quisesse extrair daquela dicotomia algum significado jurídico, importa lembrar que aquelas redações só surgiram no texto do Código de Processo Civil, então já aprovado pelo Senado Federal, no espaço de tempo que se passou antes de seu envio à sanção presidencial, verdadeiro "limbo revisional". Assim, por não encontrar relação com as fórmulas redacionais até então adotadas no Projeto do Senado Federal[29] e no Projeto da Câmara dos Deputados[30], aquela distinção merece ser não só repudiada, mas também desconsiderada como se não estivesse escrita[31].

Também aqui, destarte, importa entender que o referencial textual que acabou sendo utilizado poderia ser substituído por outros, os mais diversos, inclusive pela consagradíssima expressão latina *periculum in mora* (perigo na demora da prestação jurisdicional) ou, como o próprio Código de Processo Civil faz ao longo do sistema recursal, quando se refere a "risco de dano grave, de difícil (ou impossível) reparação". Todas conducentes ao mesmo resultado: a necessidade da concessão da tutela provisória em função do tempo inerente ao desenvolvimento do processo.

É esta a razão, ademais, para se entender que não há necessidade de distinguir eventual "dano irreparável" de "dano de difícil reparação", a despeito do que se poderia querer extrair do art. 314 e dos já mencionados, indiretamente, arts. 995, parágrafo único (que chega a supor um dano de impossível reparação), 1.012, § 4º, e 1.026, § 1º.

O que basta é que o magistrado se convença de que há dano, sem qualquer adjetivação semântica, capaz de interferir na tutela jurisdicional adequada e tempestiva do direito do requerente da tutela provisória. Sem dúvida que uma situação caracterizada por "dano irreparável" ou de "impossível reparação" será capaz de sensibilizar mais o magistrado do que uma situação de "dano de difícil reparação", mormente quando se pensar na viabilidade, neste e não naquele caso, de substituir a tutela específica pela tutela genérica, ainda mais quando se leva em conta o disposto no § 1º do art. 300.

Nada autoriza, levando em conta o alcance do inciso XXXV do art. 5º da Constituição Federal, que eventual gradação do dano gere consequências processuais distintas. Uma vez

---

29. Que se valia da expressão "risco de dano irreparável ou de difícil reparação".
30. Que adotava a expressão "perigo da demora na prestação da tutela jurisdicional".
31. O autor deste *Curso* dedicou artigo profundo sobre o tema, intitulado "A tutela provisória de urgência do CPC de 2015 na perspectiva dos diferentes tipos de *periculum in mora* de Calamandrei".

mais, tudo se passa no plano da devida formação da cognição sumária do magistrado sobre a situação merecedora de intervenção urgente do Estado-juiz.

Sobre os pressupostos do *caput* do art. 300, cabe evidenciar que a tutela provisória fundamentada na urgência deve ser concedida *apenas* na presença dos dois pressupostos exigidos pelo *caput* do art. 300. A ausência da probabilidade do direito *ou* a ausência do perigo de dano ou o risco ao resultado útil do processo deve significar, se não a colheita de mais elementos de convicção sobre um e/ou outro, o seu indeferimento. Assim, por mais clara que possa parecer ao magistrado a situação de urgência, demonstrada soberbamente pelo perigo de dano ou o risco ao resultado útil do processo, o requerimento deve ser indeferido se não houver probabilidade do direito. A recíproca pode até se mostrar verdadeira. Contudo, a hipótese não merece ser analisada e aplicada como hipótese de tutela de *urgência* e, sim, diferentemente, de tutela da *evidência*, objeto do art. 311.

A última palavra é no sentido de que a análise dos pressupostos do art. 300, *caput*, não envolvem nenhuma "discricionariedade" do magistrado. A hipótese é de devido exame acerca do preenchimento dos conceitos vagos e indeterminados empregados naquele dispositivo e, diante deles, o *dever* de conceder a tutela provisória; na sua ausência, o *dever* de indeferi-la, a não ser que haja espaço para aprofundamento da cognição nos moldes do § 2º do art. 300. Em um e em outro caso, a motivação é indispensável, justamente para viabilizar o adequado controle da *interpretação* dos fatos e do direito que se espera do magistrado. É o que reafirma o art. 298, na expectativa de que não se saiba que o dever de motivação decorre diretamente do modelo constitucional do direito processual civil, mais precisamente no art. 93, IX, da Constituição Federal.

5.2 Caução

O magistrado pode exigir prestação de caução dos danos a serem suportados pela parte contrária (aquela em face de quem a tutela provisória é requerida), ressalvada, expressamente, a situação do hipossuficiente economicamente (art. 300, § 1º). A ressalva é pertinentíssima porque eventuais ônus financeiros não podem se transformar em obstáculo ao acesso à Justiça. A solução dada pelo dispositivo, destarte, é plenamente harmônica com os incisos XXXV e LXXIV do art. 5º da Constituição Federal.

A necessidade de maior tolerância com a caução, para além dos casos que envolvem pessoas hipossuficientes economicamente, também deriva da interpretação que o n. 4.4, *supra*, sugere para o art. 297, mormente nos casos em que o fundamento da tutela provisória é a *urgência*.

Ademais, é correto entender que a exigência da caução se relaciona mais intimamente ao momento de *cumprimento* da decisão concessiva da tutela provisória do que propriamente com a sua concessão, o que encontra fundamento na compreensão de que as técnicas de *cumprimento* da tutela provisória devem observar o mesmo padrão que a de quaisquer outras decisões jurisdicionais (arts. 297, parágrafo único, e 519), o que acaba por atrair a regra do inciso IV do art. 520. Justamente por isso, aliás, é que a caução de que trata o § 1º do art. 300 não pode ser exigida nos casos em que o art. 521 a dispensa, sem prejuízo da hipótese relativa à parte economicamente hipossuficiente.

5.3 Concessão liminar ou mediante audiência de justificação

A "tutela de urgência" pode ser concedida liminarmente, isto é, no início do processo e sem a oitiva prévia da parte contrária, ou após justificação prévia (art. 300, § 2º). A concessão *liminar* é absolutamente harmônica com o "modelo constitucional". É situação bem aceita de *preponderância* do princípio da efetividade do direito material pelo e no processo sobre os do contraditório e da ampla defesa. É correto considerar que a hipótese envolve mera *postergação* (adiamento) do contraditório e não sua eliminação. Concedida a tutela provisória, é mister que o réu seja citado (para o processo) *e intimado* de sua concessão para reagir a ela, inclusive, se assim entender, apresentar o recurso cabível.

Se o magistrado compreender que o caso concreto, a despeito da alegação de urgência formulada pelo autor, aceita o prévio estabelecimento do contraditório, a determinação de citação do réu equivale ao *indeferimento* da tutela provisória de urgência, sendo irrecusável entender que a decisão respectiva é imediatamente recorrível, inclusive quando proferida por juízo da primeira instância, por agravo de instrumento.

A "justificação prévia" referida pela parte final do § 2º do art. 300 merece ser compreendida como a designação de audiência para que o requerente da tutela provisória produza prova (notadamente, embora não necessariamente, a oral) relativa à presença dos respectivos requisitos que autorizam a sua concessão. Aqui também, justamente por se tratar de tutela provisória fundamentada em urgência, é legítima a *postergação* da citação do réu, ainda que o caso seja de designação da referida audiência.

Embora destoando totalmente da prática e dos usos e costumes forenses, o mais acertado, do ponto de vista teórico, máxime a partir do modelo constitucional do direito processual civil, é que, nos casos aqui referidos, de concessão da tutela de urgência *antes* da oitiva do réu, ele, uma vez citado, pudesse se manifestar perante o mesmo órgão jurisdicional que concedeu a tutela provisória, exercendo sua *ampla defesa*. A iniciativa teria o condão de viabilizar o *aprofundamento* da cognição judicial, agora com o contraditório efetuado, e, se fosse o caso, a modificação e até a revogação da tutela provisória pelo próprio juízo que a concedeu, o que está autorizado pelo *caput* do art. 296. Desta *nova* decisão, seriam interpostos os recursos cabíveis, voltados ao seu reexame.

A construção é a única que se harmoniza completamente com o entendimento (correto) de (mero) *postergamento* do contraditório e também com o princípio constitucional do duplo grau na medida em que somente quando o réu pode se voltar à tutela provisória perante o juízo que a concedeu é que toda a matéria fática respeitante ao tema poderá ser avaliada e *re*avaliada em sede recursal.

Na hipótese oposta – que é a que habita o dia a dia do foro –, a interposição imediata do recurso por aquele em face de quem a tutela provisória foi concedida sempre acaba por desprezar o *duplo* reexame do acervo fático subjacente à tutela provisória. Seja porque tira-se o exame em contraditório desta questão porque o agravo de instrumento já transfere ao Tribunal de Justiça ou ao Tribunal Regional Federal o conhecimento da questão, seja porque leva ao colegiado, por agravo interno, o que poderia ser objeto de exame mais detido (por causa do contraditório) perante o relator. Mais importante o tema porque eventuais recursos extraordinários e especiais interpostos das decisões proferidas no âmbito dos Tribunais de Justiça e Regionais Federais não têm, cabe repetir, aptidão de rever aqueles mesmos fatos. E pior: a prática mostra que eventual questionamento imediato do prejudicado pela tutela provisória ao juízo que a concedeu acarretará a *preclusão* do direito de recorrer da decisão respectiva.

Para obviar estas consequências, aliando prática e teoria, bem ao estilo do que este *Curso* entende ser a tônica do estudo do direito processual civil na atualidade, é o caso de entender que, *sem prejuízo* da interposição do recurso cabível no prazo reservado ao prejudicado pela concessão da tutela provisória, haja a manifestação do recorrente perante o juízo que concedeu a tutela provisória com vistas à sua revogação, o que encontra fundamento, não fosse toda esta construção, no já mencionado art. 296, *caput*, e, de maneira mais específica, na própria dinâmica dos recursos de agravo de instrumento (art. 1.018, em especial seu § 1º) e do agravo interno (art. 1.021, § 2º).

5.4 Risco de irreversibilidade

De acordo com o § 3º do art. 300: "a tutela de urgência, de natureza antecipada, não será concedida quando houver perigo de irreversibilidade dos efeitos da decisão". Trata-se de verdadeiro "pressuposto *negativo*" que quer inibir a concessão da tutela *antecipada*, isto é, de natureza *satisfativa* quando se está diante do que, comumente, é chamado de "*periculum in mora* inverso".

A irreversibilidade de que trata o dispositivo em análise diz respeito aos efeitos *práticos* que decorrem da decisão que concede a tutela provisória. Trata-se, propriamente, de irreversibilidade daquilo que a tutela jurisdicional, inclusive a provisória, máxime quando *antecipada*, tem de mais sensível e importante: seus efeitos práticos e concretos, a transformação da realidade.

A vedação contida no § 3º do art. 300 não é arbitrária. Já que a tutela provisória antecipada, isto é, de caráter satisfativo, é concedida com base em juízo de probabilidade de direito (art. 300, *caput*), e já que ela é "revogável e modificável" nos termos do *caput* do art. 296, o ideal para o comum dos casos é que seus efeitos práticos não provoquem qualquer situação irreversível porque se ela, durante o processo, for "revogada" ou "modificada" ou, a final, não for "confirmada" pela sentença, é possível que tudo volte ao *status quo ante*.

Se um dos fundamentos de toda a construção da tutela provisória fundamentada na urgência é a busca de igualdade substancial entre os litigantes no plano do processo, ela não pode criar, para nenhum deles, situação de desigualdade tal qual a da tutela provisória apta a causar prejuízos ou efeitos irreversíveis ao outro.

Posta a questão nesses termos, a vedação do § 3º do art. 300 apresenta elementos para ser justificada no plano abstrato do legislador: o "remédio" a ser dado ao autor diante da presença dos pressupostos do *caput* do art. 300 não pode causar a mesma doença ao réu, tampouco efeitos colaterais que possam ser reputados irreversíveis. O retorno ao *status quo ante* é, em tal perspectiva, essencial. O dispositivo em foco representa forte incidência dos princípios constitucionais da ampla defesa, do contraditório e do próprio devido processo constitucional na perspectiva da parte em face de quem a tutela provisória é requerida.

Contudo, nem sempre os bens jurídicos conflituosos que justificam que alguém rompa a inércia da jurisdição em busca de tutela jurisdicional são de idêntica *qualidade*. Pode ocorrer de o autor pleitear em juízo bem jurídico *qualitativamente* diverso daquele que é pretendido pelo réu. Essa desigualdade valorativa de bens jurídicos abre ensejo a uma interpretação mais cuidadosa do dispositivo. É o caso de exemplificar:

DNDN requer em face do plano de saúde EDS que seja determinada sua internação em hospital e iniciados os tratamentos que descreve na petição inicial. Fundamenta seu pedido de tutela provisória antecipada no *caput* do art. 300, forte no perigo de dano: ou o plano de saúde cobre os custos do tratamento ao qual o autor o vê obrigado contratualmente ou, pela documentação médica que acompanha a inicial, a sobrevida do autor é diminuta. Em casos como tais é fácil verificar que são colocados em conflito dois bens jurídicos *qualitativamente* diversos. O autor provoca o Estado-juiz para obter tutela jurisdicional de sua *saúde*, quiçá de sua própria vida, enquanto o réu, no exemplo figurado um plano de saúde, defende bem jurídico diverso, redutível, em última análise, a dinheiro.

Não se trata de afirmar que toda vez que houver colidência dos valores ínsitos aos bens jurídicos em disputa autoriza-se o magistrado a antecipar a tutela jurisdicional em prol do bem que o sistema reputa mais importante (a saúde ou a vida: arts. 1º, III; 5º, *caput*, e 196, da CF). Menos ainda de sustentar que quanto mais intenso ou objetivamente constatável for o *perigo de dano*, menor o rigor para exame do *outro* indispensável fundamento relativo à tutela provisória de urgência, a *probabilidade* do direito. O que é necessário destacar é que a tutela provisória de urgência *deve ser* concedida toda vez que seus pressupostos legitimadores estiverem presentes, mesmo – e aqui a atenção se volta ao § 3º do art. 300 – que haja risco de irreversibilidade (prática, fática, concreta, real) para a parte contrária.

No exemplo dado, a tutela deve ser concedida mesmo que o autor não tenha dinheiro para pagar o plano de saúde, caso, a final, fique demonstrado que seu contrato não cobria o tratamento solicitado.

Não se trata de defender um "processo do autor". A tutela provisória, em tais casos, é de rigor porque ela decorre da solução imposta desde o modelo constitucional do direito processual civil. Trata-se de um *risco* que, tendo berço constitucional (art. 5º, XXXV e LXXVIII, da CF), foi assumido expressamente pelo legislador (art. 300 do CPC) e que é passível de ser concretizado caso a caso pelo magistrado. É essa a razão pela qual se faz imprescindível destacar a *necessidade* da presença de *ambos* os pressupostos autorizadores da concessão da tutela provisória fundamentada na urgência (art. 300, *caput*). O magistrado, no exemplo figurado, não concede a tutela provisória porque fica condoído com a narrativa do autor, e não faz nenhum sentido que o faça. Ele a concede porque se convenceu da presença dos elementos que a autorizam, a probabilidade do direito (o plano de saúde comprometeu-se a pagar determinado tratamento e não honrou o seu compromisso) *e* o perigo de dano ou o risco ao resultado útil do processo (se o tratamento não for iniciado desde logo sua situação de enfermidade pode evoluir, levando o autor à própria morte).

Essa "preponderância de valores" deriva da própria Constituição Federal e dos princípios que ela agasalha, inclusive para o direito processual civil. É o que o n. 2.1.1 do Capítulo 3 da Parte I chama, fazendo parte do coro da doutrina amplamente predominante, de "princípio da proporcionalidade", ferramenta que permite a flexibilização do rigor da *letra* do § 3º do art. 300 (que consagra, em termos bem diretos, os princípios da isonomia e o da segurança jurídica) diante de outros valores dispersos no sistema; assim, por exemplo, o direito à saúde, o direito à vida e, no plano processual, os princípios do acesso à justiça, da eficiência processual e da efetividade do direito material pelo e no processo[32].

Pelo referido princípio, é dado ao magistrado *ponderar* as situações de cada um dos litigantes para verificar qual, diante de determinados pressupostos, deve proteger (ainda que *provisoriamente*, como interessa para cá), mesmo que isso signifique colocar em situação de *irreversibilidade* a outra. É por intermédio desse princípio que o magistrado consegue *medir* os valores diversos dos bens jurídicos postos em conflito e decidir, concretamente, qual deve proteger em detrimento do outro. Se o caso é mesmo de *preponderância* do princípio da efetividade do direito material pelo e no processo, porque a tutela provisória fundamentada na urgência é *adequada* e *necessária* para tutelar um direito mais

---

[32]. Neste sentido são o Enunciado n. 25 da ENFAM ("A vedação da concessão de tutela de urgência cujos efeitos possam ser irreversíveis (art. 300, § 3º, do CPC/2015) pode ser afastada no caso concreto com base na garantia do acesso à Justiça (art. 5º, XXXV, da CRFB)") e o Enunciado n. 40 da I Jornada de Direito Processual Civil do CJF ("A irreversibilidade dos efeitos da tutela de urgência não impede sua concessão, em se tratando de direito provável, cuja lesão seja irreversível").

provável que o outro, que assim seja. O sistema autoriza, desde o modelo constitucional, o magistrado à concessão da tutela provisória, não podendo ser óbice para tanto a textualidade do § 3º do art. 300.

Assim, quando houver bens jurídicos de valores diversos em conflito, o magistrado está autorizado a não aplicar o § 3º do art. 300, quando estiver diante dos pressupostos autorizadores (de ambos) da tutela provisória de urgência. A iniciativa permite que o magistrado tenha condições *concretas e reais* de bem aquilatar as variadas situações de perigo e de risco que lhe são apresentadas no dia a dia forense e que o mais criativo dos legisladores não teria condições de colocar, exaustivamente, em uma lista a ser seguida passiva e acriticamente pelo Estado-juiz.

Mesmo nos casos em que a diferença entre a *qualidade* dos valores em conflito não for tão evidente quanto no exemplo figurado acima, importa afastar a genérica e abstrata interpretação *literal* do § 3º do art. 300 do CPC, superando-a como resultado da ponderação a ser feita, em cada caso concreto, entre os princípios da *efetividade* e da *ampla defesa*.

Seja porque a situação de *irreversibilidade* referida no § 3º do art. 300 do CPC deve ser interpretada de forma restritiva como um direito que não aceita ser ressarcido pelo seu equivalente, seja porque, fora de tal situação, não há como descartar a viabilidade, ainda que teórica, de *transformação* do direito menos evidente em dado instante processual em perdas e danos, o que justifica a atração do art. 302 e a responsabilização (objetiva) nele prevista.

Não se trata de afastar, pura e simplesmente, a incidência do § 3º do art. 300, mas de interpretá-lo ao lado do art. 302, entendendo que a viabilidade da transformação do direito menos provável em perdas e danos se não afasta completamente a viabilidade de sustentar um dano como "irreversível", ao menos deve ser levada em conta para minimizar o rigor da textualidade do primeiro dispositivo, cabendo ao magistrado fazer, justificando, a devida ponderação entre os direitos em conflito.

Em suma: importa superar a interpretação *textual* do dispositivo para contornar o reconhecimento de sua inconstitucionalidade *substancial*: a vedação da concessão da tutela *antecipada* fundamentada em urgência nos casos de irreversibilidade não deve prevalecer nos casos em que o dano ou o risco que se quer evitar ou minimizar mostrar-se mais relevante para o requerente do que para o requerido. É aplicação inequívoca do chamado "princípio da *proporcionalidade*" a afastar o rigor *textual* do dispositivo[33]. Não há razão para

---

33. Nas edições anteriores ao CPC de 2015, o volume 4 deste *Curso* dava notícia de uma malograda alteração legislativa no § 2º do art. 273 do CPC de 1973, que introduziria no dispositivo um complemento assim redigido: "[...] exceto se da denegação puder resultar, manifestamente, maior e irreversível prejuízo ao autor do que benefício do réu". Apesar de a proposta nunca ter sido convertida em lei, ela assume inegável caráter didático que bem sintetiza as considerações teóricas constantes do texto.

reconhecer, ainda que a título provisório, a existência de um direito se ele se mostrar incapaz de ser fruído imediatamente. A concretização da tutela jurisdicional, mesmo em tais situações, é de rigor.

Entendimento diverso teria o condão, cabe a insistência, de, em tais casos, negar aprioristicamente a concessão da tutela *antecipada* justamente pelo que ela tem de mais característico – a possibilidade de viabilizar a *satisfação* imediata do direito mais provável em detrimento do menos provável –, reduzindo-a, quando menos, a *mera* tutela *cautelar*, de *asseguramento* do direito, o que atrita, por mais paradoxal que possa parecer, com o próprio sistema proposto pelo Código de Processo Civil em plena harmonia com o modelo constitucional de direito processual civil.

5.5 Efetivação da tutela provisória de urgência de natureza cautelar

O art. 301 quer *ilustrar* as medidas passíveis de concessão à guisa de tutela provisória urgente e de natureza *cautelar*, isto é, cuja preponderância é meramente assecuratória, não satisfativa. É dispositivo que merece ser interpretado e aplicado em conjunto com o art. 297, não obstante a radical distinção de locais em que veiculados pelo legislador mais recente, quiçá saudoso do CPC de 1973 e de sua *rígida* (e criticável) separação do "processo cautelar" e da "tutela antecipada".

De acordo com o art. 301, "a tutela de urgência de natureza cautelar pode ser efetivada mediante arresto, sequestro, arrolamento de bens, registro de protesto contra alienação de bem e qualquer outra medida idônea para asseguração do direito".

As medidas nele enunciadas, contudo, só fazem sentido para quem conhece(ia) o CPC de 1973 e compreende(ia), à luz dele, o que é(era) *arresto, sequestro, arrolamento de bens* e *protesto contra alienação de bens*, todas espécies de procedimentos cautelares *nominados* (típicos) que encontravam sua disciplina no Capítulo II do Livro III daquele Código.

Sem qualquer referencial de direito positivo àquele respeito, porque expressamente revogado pelo Código de Processo Civil (art. 1.046, *caput*), será muito difícil distinguir arresto do sequestro e do arrolamento de bens, para ficar com três dos quatro exemplos fornecidos pelos dispositivos.

Seria preferível, já que a proposta do art. 301 é a de descrever medidas a serem adotadas pelo magistrado para *conservar* direitos (e não para satisfazê-los) – o dispositivo trata da tutela *cautelar* –, que fosse indicada sua *finalidade* e não o *nomen iuris* pelo qual aquelas técnicas eram conhecidas pelo CPC de 1973, a exemplo do que faz o *caput* do art. 297 para o "dever-poder geral de *antecipação*".

Para tanto, é suficiente ler o art. 301, desprezando a sua parte do meio, *interpretando-o* como se ele estivesse assim redigido: "a tutela de urgência de natureza cautelar pode ser efetivada mediante [...] qualquer [...] medida idônea para asseguração do direito".

Para dar alguma valia aos nomes empregados no dispositivo em comento, não há outra forma que não levar em conta o que sempre foi bem aceito pela doutrina e jurisprudência do CPC de 1973, quanto às *finalidades* daquelas medidas: *arresto* é(era) medida destinada a salvaguardar o resultado útil do cumprimento de sentença ou da execução fundada em título extrajudicial em se tratando de obrigações de pagar dinheiro; *sequestro* é(era) medida destinada a salvaguardar o resulto útil do cumprimento de sentença ou da execução fundada em título extrajudicial em se tratando de obrigações de entrega de coisa; *arrolamento de bens* é(era) medida destinada à identificação e à conservação de bens e *protesto contra alienação de bens*, a comunicação formal de determinada manifestação de vontade, no caso, alienação patrimonial pretendida por alguém, para salvaguardar direitos[34].

Se, a despeito de todo o esforço argumentativo em direção à *desnecessidade* daqueles nomes, prevalecerem as *finalidades* supraindicadas, não há maiores críticas a serem feitas. O que não faz nenhum sentido é que se queira extrair da menção àquelas antigas cautelares nominadas seu regime jurídico ou, quando menos, os seus respectivos *pressupostos de concessão*. Seja porque elas não subsistem no ordenamento jurídico – e o precitado art. 1.046 é bastante para dar certeza ao acerto desta afirmação –, seja porque o art. 300 unifica esta exigência em seu *caput*, ao se referir indistintamente à "[...] probabilidade do direito e [a]o perigo de dano ou [a]o risco ao resultado útil do processo" como apta a conceder *qualquer* tutela provisória de urgência, qualquer uma, sem exceção.

Em suma: é importante que doutrina e jurisprudência se preocupem menos com a *textualidade* das técnicas enunciadas no art. 301 – afastando-as de qualquer saudosismo do CPC de 1973 – e mais com a viabilidade de pleno exercício do "dever-poder geral de *cautela*" pelo magistrado com fundamento na parte final do dispositivo, o que, de resto, já está suficientemente garantido nos incisos XXXV e LXXVIII do art. 5º da Constituição Federal[35].

---

34. No Projeto da Câmara havia dispositivo expresso que, ao menos buscava ofertar elementos para distinguir o "arresto" do "sequestro", que infelizmente (a julgar pela preservação do art. 301 tal qual redigido), não foi conservado até o final dos trabalhos legislativos. A referência é feita ao § 4º do art. 301 do PL n. 8.046/2010, que tinha a seguinte redação: "§ 4º Pode ser objeto de arresto bem indeterminado que sirva para garantir execução por quantia certa; pode ser objeto de sequestro bem determinado que sirva para garantir execução para a entrega de coisa".

35. Corretíssima, no ponto, decisão da 4ª Turma do STJ no REsp 1.847.105/SP, rel. Min. Antonio Carlos Ferreira, j.un. 12-9-2023, *DJe* 19-9-2023 que, com base no art. 301, aceitou a viabilidade de ser determinada a chamada "averbação premonitória" na etapa de conhecimento, não sendo óbice para tanto que os efeitos dali decorrentes tenham aptidão de coincidir com os do art. 828.

5.6 Responsabilidade pela prestação da tutela de urgência

O art. 302 é regra genérica que deve ser observada independentemente de se tratar de tutela concedida incidental ou antecedentemente, cautelar ou antecipadamente (parágrafo único do art. 294).

A regra estatui a responsabilidade do requerente da tutela de urgência, estabelecendo seu *caput*, àquele que a requereu, o dever de reparar os prejuízos que a efetivação da tutela de urgência causar à parte contrária, sem prejuízo de sua responsabilização por dano processual (arts. 79 a 81), nas hipóteses de seus quatro incisos: (*i*) quando a sentença lhe for desfavorável; (*ii*) quando, obtida liminarmente a tutela em caráter antecedente, não fornecer, em cinco dias, os elementos necessários para a citação da parte contrária (fundamental para o pronto estabelecimento do contraditório legitimamente postergado diante da urgência); (*iii*) quando ocorrer a cessação da eficácia da medida em qualquer hipótese legal (inclusive nos casos do art. 309); e, ainda, (*iv*) quando o magistrado reconhecer a ocorrência da prescrição ou decadência, o que, a despeito do que sugere a redação empregada no dispositivo, *não depende de pedido* da parte (art. 487, II).

O parágrafo único do art. 302 dispõe que indenização será liquidada (apurada) nos autos em que a medida tiver sido concedida, sempre que possível. Se não for – e a prática consegue mostrar muitas razões para tanto –, a postulação respectiva será exercitada em outros autos (físicos ou eletrônicos), o que não significa sustentar a necessidade e nem existência de um *novo processo* ou de uma *nova ação* para aquela finalidade[36]. Uma vez apurado o valor dos prejuízos, o procedimento a ser observado é o do cumprimento de sentença, definitivo ou provisório, consoante o respectivo título executivo tenha, ou não, transitado em julgado.

É amplamente predominante o entendimento de que a responsabilização em tais casos é *objetiva*, isto é, perfaz-se tão só com o dano e o nexo causal, independentemente de culpa ou dolo daquele que requereu a tutela provisória e com ela se beneficiou até sua modificação ou revogação[37], decorrendo automaticamente da ocorrência de alguma das hipóteses previstas

---

[36]. Preciso no ponto é o entendimento da 4ª Turma do STJ no REsp 1.770.124/SP, rel. Min. Marco Aurélio Bellizze, j.un. 21-5-2019, *DJe* 24-5-2019, e o da 3ª Turma no AgInt nos EDcl no REsp 1.942.245/DF, rel. Min. Nancy Andrighi, j.un. 23-10-2023, *DJe* 25-10-2023. Posteriormente, em interessante decisão da 4ª Turma, negou-se a possibilidade de inaugurar fase instrutória para apurar os danos processuais suportados pelo cumprimento da tutela provisória diante do falecimento da parte requerente que pleiteava a concessão de direito personalíssimo. Trata-se do AgInt no AREsp 2.387.394/SP, rel. Min. Antonio Carlos Ferreira, j.un. 20-11-2023, *DJe* 28-11-2023.

[37]. Assim, por exemplo, Tércio Chiavassa, *Tutela de urgência cassadas: a recomposição do dano*, esp. p. 211-234, e o Enunciado n. 4 do CEAPRO: "É objetiva a responsabilidade da parte favorecida com a concessão de tutela antecipada, pelos eventuais danos que este evento vier a ocasionar à parte adversa". Voz dissonante a este entendimento é a de Fábio Luiz Gomes, que estudou monograficamente o tema em seu *Responsabilidade objetiva e antecipação de tutela (direito e pós-modernidade)*, esp. p. 156-176.

nos incisos do *caput* do art. 302[38], verdadeiro *efeito anexo* da decisão final, portanto[39]. Neste sentido, a *liquidação* referida no parágrafo único deve se ocupar apenas da *quantificação* do dano a partir da prática dos atos e da ocorrência dos fatos relacionados à tutela provisória e à sua concretização.

O art. 302 nada diz sobre como a pesquisa em torno do valor devido será realizada. Para tanto, é irrecusável a observância do disposto nos arts. 509 a 512.

Assim, havendo necessidade de prova de fatos novos, a hipótese será de "liquidação pelo procedimento comum" (ar. 509, II, e 511). A depender das vicissitudes do caso concreto, a hipótese será de liquidação por arbitramento (arts. 509, I, e 510)[40], não havendo razão para

---

[38]. A 1ª Seção do STJ fixou no REsp repetitivo 1.401.560/MT, rel. p/ acórdão Min. Ari Pargendler, j.m.v. 12-2-2014, *DJe* 13-10-2015 (Tema 692), a tese de que: "A reforma da decisão que antecipa a tutela obriga o autor da ação a devolver os benefícios previdenciários indevidamente recebidos", sendo certo que o STF recusou ao tema *status* de Repercussão Geral no ARE RG 722.421/MG (Tema 799), rel. Min. Ricardo Lewandoski, j.m.v. 19-3-2015, *DJe* 30-3-2015. A tese foi, posteriormente, reafirmada "com acréscimo redacional para ajuste à nova legislação de regência", recebendo o seguinte enunciado: "A reforma da decisão que antecipa os efeitos da tutela final obriga o autor da ação a devolver os valores dos benefícios previdenciários ou assistenciais recebidos, o que pode ser feito por meio de desconto em valor que não exceda 30% (trinta por cento) da importância de eventual benefício que ainda lhe estiver sendo pago" (STJ, 1ª Seção, Pet 12.428/DF, rel. Min. Og Fernandes, j.un. 11-5-2022, *DJe* 24-5-2022). No âmbito da 2ª Seção do STJ (REsp 1.548.749/RS, rel. Min. Luis Felipe Salomão, j.un. 13-4-2016, *DJe* 6-6-2016), há entendimento, em se tratando de previdência privada, no sentido de ser: "... possível reconhecer à entidade previdenciária, cujo plano de benefícios que administra suportou as consequências materiais da antecipação de tutela (prejuízos), a possibilidade de desconto no percentual de 10% do montante total do benefício mensalmente recebido pelo assistido, até que ocorra a integral compensação da verba recebida.", orientação que vem sendo observada, por exemplo, pela 4ª Turma no AgInt nos EDcl no REsp 1.557.342/RS, rel. Min. Maria Isabel Gallotti, j.un. 19-3-2019, *DJe* 22-3-2019. Outros temas foram decididos pela 1ª Seção do STJ para reger o assunto no plano administrativo, dando azo às seguintes teses: "Com relação aos pagamentos indevidos aos segurados decorrentes de erro administrativo (material ou operacional), não embasado em interpretação errônea ou equivocada da lei pela Administração, são repetíveis, sendo legítimo o desconto no percentual de até 30% (trinta por cento) de valor do benefício pago ao segurado/beneficiário, ressalvada a hipótese em que o segurado, diante do caso concreto, comprova sua boa-fé objetiva, sobretudo com demonstração de que não lhe era possível constatar o pagamento indevido" (Tema 979, com modulação para ser aplicado nos processos distribuídos, desde a publicação de seu acórdão, 23-4-2021); e "Os pagamentos indevidos aos servidores públicos decorrentes de erro administrativo (operacional ou de cálculo), não embasado em interpretação errônea ou equivocada da lei pela Administração, estão sujeitos à devolução, ressalvadas as hipóteses em que o servidor, diante do caso concreto, comprova sua boa-fé objetiva, sobretudo com demonstração de que não lhe era possível constatar o pagamento indevido" (Tema 1009, também com modulação para aplicação aos processos distribuídos desde a publicação do acórdão, 19-5-2021). Ainda sobre o assunto, cabe noticiar que está afetada no âmbito da 1ª Seção do STJ a seguinte controvérsia: "Possibilidade ou não de rediscussão, em ações individuais, de coisa julgada formada em ação coletiva que tenha determinado expressamente a devolução de valores recebidos em razão de tutela antecipada posteriormente revogada". Trata-se do IAC no REsp 1.860.219/SC (Tema IAC 17), rel. Min. Paulo Sérgio Domingues, j.un. 28-5-2024, *DJe* 17-6-2024.

[39]. Assim, v.g., Ovídio Baptista da Silva, *Curso de processo civil*, v. III, p. 155-157. Enfatizando este aspecto na jurisprudência do STJ, v.: 3ª Turma, REsp 2.049.053/RS, rel. Min. Nancy Andrighi, j.un. 12-12-2023, *DJe* 15-12-2023; 4ª Turma, AgInt no REsp 1.536.959/SP, rel. Min. Raul Araújo, j.un. 7-5-2019, *DJe* 22-5-2019; e 3ª Turma, REsp 1.767.956/RJ, rel. Min. Moura Ribeiro, j.un. 32-10-2018, *DJe* 26-10-2018.

[40]. Assim, por exemplo: STJ, 4ª Turma, REsp 1.641.020/RJ, rel. Min. Marco Buzzi, j. m.v. 15-9-2020, *DJe* 23-10-2020.

descartar que a quantificação dos danos se perfaça com apresentação de meros cálculos aritméticos, a autorizar, desde logo, que o interessado requeira o cumprimento de sentença com a apresentação da memória correspondente (arts. 509, § 2º, e 523, *caput*).

5.7 Outras regras gerais

Não obstante a divisão de temas feita pelo Código de Processo Civil, a disciplina dos arts. 309 e 310, localizada no Capítulo dedicado ao "procedimento da tutela cautelar requerida em caráter antecedente", merece atenção especial no que diz respeito à sua aplicação para qualquer hipótese de tutela provisória, seja ela fundamentada em urgência *ou* em evidência, tenha ela índole cautelar *ou antecipada* ou, ainda, tenha ela sido requerida antecipada ou incidentalmente.

Como para alcançar esta conclusão maiores considerações acerca do regime jurídico daquelas outras classes merecem ser feitas, o seu enfrentamento se dá ao longo da exposição que ocupa os números seguintes.

6. TUTELA ANTECIPADA REQUERIDA EM CARÁTER ANTECEDENTE

Os arts. 303 e 304 disciplinam o que o Código de Processo Civil chama de "procedimento da tutela antecipada requerida em caráter antecedente". São os dispositivos que se ocupam do *procedimento* a ser observado na hipótese de a tutela provisória antecipada fundamentada em urgência ser requerida *antes* da formulação do "pedido de tutela final". Tal pedido só pode ser compreendido como a tutela jurisdicional pretendida pelo autor independentemente da tutela requerida antecedentemente, desempenhando o papel do que, no CPC de 1973, era chamado de *lide* ou, mais propriamente, de *mérito*. Trata-se da tutela jurisdicional pretendida pelo autor sobre o conflito de interesses que justifica o seu interesse de agir levando ao rompimento da inércia jurisdicional como exercício do seu direito de ação.

A afirmação do parágrafo anterior merece ser *interpretada* para além do que seu texto sugere, de modo coerente com as diversas espécies (ou classificações) da tutela provisória, extraíveis do art. 294.

Com efeito, a afirmação tem significado muito mais amplo porque, até o advento do CPC de 2015, o direito processual civil brasileiro desconhecia, ao menos *de lege lata*, uma tutela antecipada *antecedente*, característica então descrita como exclusiva da tutela cautelar, o que encontrava fundamento suficiente no art. 796 do CPC de 1973.

Independentemente de como a questão pudesse ou merecesse ser tratada sob a égide daquele Código, é inegável que o CPC de 2015 foi além neste ponto. Doravante, há uma tutela antecipada *antecedente*. As regras a serem observadas para que ela seja requerida ao juízo competente estão no art. 303. A possibilidade de sua estabilização, outra interessantíssima novidade, está no art. 304.

O que o art. 303 faz é criar verdadeiro *procedimento* a ser observado por aquele que formula pedido de tutela provisória antecipada fundamentado em urgência antes da formulação do pedido de tutela que o Código de Processo Civil chama de "final". Um procedimento tão especializado que até poderia estar alocado dentre os procedimentos especiais do Título III do Livro I da Parte Especial, buscando, máxime diante da possibilidade de "estabilização" da tutela provisória, a criação *de lege lata* de procedimentos ultrassumários para a *concretização* da tutela jurisdicional, toda a vez que o réu abrisse mão de exercer a ampla defesa e o contraditório.

O Código de Processo Civil, contudo, não chegou a tanto, não havendo necessidade de maior especulação acerca do tema neste *Curso*. Sua opção foi a de regular este *procedimento* dentro do Título dedicado à "tutela de urgência", em Capítulo próprio, porque a ênfase por ele dada está, justamente, na *prestação* desta *tutela* que é, a um só tempo, *provisória*, *urgente*, *antecipada* e *antecedente*. Sua estabilização é circunstancial e depende de fatores a ela externos, como explica o n. 6.5, *infra*, a propósito do art. 304.

Uma última consideração para fechar esta breve introdução: para além do *procedimento* que decorre do art. 303, há, inequivocamente, um *processo* que tem início com a petição inicial por ele disciplinada, no exato momento em que o autor a apresenta, rompendo a inércia da jurisdição. É inconcebível que o Estado-juiz se manifeste a não ser processualmente. Não sendo o caso de estabilização, ademais, é este *mesmo* processo, já iniciado com o pedido de tutela provisória, que prosseguirá em direção ao reconhecimento, ou não, da tutela jurisdicional "final" e de sua respectiva concretização.

6.1 Petição inicial

De acordo com o *caput* do art. 303, quando a urgência for contemporânea à "propositura da ação", ou seja, à época do protocolo da petição inicial (art. 312), o autor pode limitar-se a apresentar petição em que requeira a tutela *antecipada* – conquanto deva *indicar* o pedido de "tutela final" (a ser compreendido nos termos expostos no início do número anterior) –, e na qual exponha a "lide", isto é, a controvérsia com a parte contrária, que justifica o pedido de tutela (antecipada e final), o direito que pretende *realizar*, além do perigo de dano ou o risco ao resultado útil do processo.

A exigência da contemporaneidade da urgência à "propositura da ação" é o traço marcante desta espécie de tutela antecipada. Não fosse por ela, o caso *não seria* de tutela antecipada *antecedente*, afastada, destarte, a incidência do art. 303 e, consequentemente, a possibilidade de sua estabilização nos termos do art. 304.

A petição inicial elaborada pelo autor, no caso de a tutela antecipada ser requerida antecedentemente, deverá também indicar o valor da causa levando em consideração "o pedido de tutela final" (art. 303, § 4º). A exigência é de rara infelicidade: como exigir do autor a indicação do valor da causa levando em conta a "tutela final" se o caso é de tamanha urgência a ponto de o *caput* do próprio art. 303 sugerir, até mesmo, o afrouxamento de regras formais mínimas de elaboração da petição inicial? O mais correto, do ponto de vista sistemático, é permitir ao autor que, naquele momento, se limite a indicar o valor da causa condizente com o pedido da tutela *antecipada*. Se houver necessidade de aditamento da petição inicial (tema ao qual se voltam os n. 6.2 e 6.4, *infra*), aí sim caberá ao autor a indicação escorreita do valor da causa, levando em conta a totalidade de sua pretensão, vale dizer, a "tutela final".

Por fim, cabe ao autor, na petição inicial em que requerer a tutela antecipada em caráter antecedente, manifestar sua vontade de se valer do "benefício previsto no *caput deste artigo*" (art. 303, § 5º). Este "benefício" merece ser compreendido, a despeito da inequívoca remissão legislativa, em duas acepções diversas. A primeira diz respeito ao que aqui interessa: para que a petição inicial elaborada com o menor rigor formal tolerado pelo *caput* do art. 303, flexibilizando, portanto, o art. 319, que é o referencial para a prática daquele ato, não seja mal compreendida, comprometendo, quiçá, seu próprio juízo de admissibilidade. A segunda relaciona-se com a possibilidade de a tutela concedida vir a se estabilizar na hipótese do art. 304. Na exposição que segue, esta dualidade assume relevo, a ponto de tornar inócuo o "benefício" na primeira acepção, a despeito de ser a decorrente da remissão feita pelo próprio dispositivo.

6.2 Se concedida a tutela antecipada antecedente

Se *concedida* a tutela antecipada, o autor deve aditar a petição inicial, complementando a sua argumentação, juntando, se for o caso, novos documentos e *confirmando* o pedido de "tutela final" (meramente *indicado* de início), tudo no prazo de quinze dias (úteis), salvo se o magistrado conceder prazo maior (art. 303, § 1º, I). O aditamento será feito nos mesmos autos, vedada a incidência de novas custas (art. 303, § 3º), isenção que merece as mesmas censura e ressalva que faz o n. 4.5, *supra*, para o art. 295, com relação aos processos que tramitam perante a Justiça Estadual.

O dispositivo não é claro sobre o que é ou deva ser o "aditamento" da petição inicial em que o autor formulou o pedido de tutela antecipada. Não há razão nenhuma para entender que a iniciativa do autor deva se limitar à mera *complementação* da argumentação anterior e à *confirmação* do pedido formulado à guisa de tutela antecipada, a não ser o *texto* restritivo do inciso I do § 1º do art. 303. Nada há que vede, mormente quando o tema é analisado, como deve ser, desde a perspectiva do inciso XXXV do art. 5º da Constituição Federal, que o autor vá além do que lhe pareceu suficiente quando deu início ao processo e formulou o pedido de tutela provisória antecipada antecedente. Não é correto confundir o acesso à Justiça com a técnica de que o legislador se valeu para concretizá-la e, mais especificamente, para buscar a "estabilização" prevista no art. 304.

Destarte, no que diz respeito ao pedido de tutela antecipada *concedido*, é correto entender a exigência no sentido de sua *confirmação* e eventual *complementação* argumentativa, até porque aquela iniciativa pode se mostrar indispensável para fins de estabilização, embora sempre a depender das variantes expostas no n. 6.5, *infra*. E mais: a não ser pelo aditamento da petição inicial compreendido neste sentido, é difícil recusar que se aplique ao caso *também* o disposto no inciso I do art. 309, o que comprometeria a subsistência da eficácia da própria tutela antecipada concedida anteriormente.

Disso não decorre, contudo, que o autor não possa formular, no instante procedimental aqui analisado, *novos* pedidos fundados em *novas* causas de pedir e produzir, desde logo, os meios de prova disponíveis para os devidos fins, inclusive para *novos* pedidos de tutela antecipada que serão, doravante, *incidentais*. Aceito tal entendimento, eventual estabilização afetará o pedido de "tutela *antecipada antecedente*", prosseguindo o processo quanto ao(s) outro(s) pedido(s), o(s) de "tutela *final*", para empregar o nome que lhe(s) dá o dispositivo em exame.

Ainda tratando da hipótese de a tutela antecipada ter sido *concedida*, o inciso II do § 1º do art. 303 impõe a *citação* (para o processo, que teve início com a petição inicial da tutela antecipada antecedente) e a *intimação* (da concessão desta mesma tutela) do réu para a audiência de conciliação ou de mediação nos termos do art. 334. Trata-se da regra procedimental para o procedimento comum, que prevalece para os casos em que a tutela antecedente é *antecipada*, isto é, tem viés *satisfativo*. É irrecusável o entendimento de que aquela audiência não será realizada em todos os casos em que, não fosse o pedido de tutela antecipada antecedente, ela não teria lugar (art. 334, § 4º), inclusive se o autor manifestar desinteresse para tanto na petição inicial (art. 319, VII). De outra parte, nada há que impeça que o próprio réu declare seu desinteresse naquela audiência, iniciativa que deflagrará o prazo para oferta de sua contestação (art. 335, II)[41]. Não havendo autocomposição ou não realizada a audiência, o prazo para contestação observará o disposto no art. 335 (art. 303, § 1º, III).

Questão interessante é saber se o inciso III do § 1º do art. 303 viola o parágrafo único do art. 65 da Constituição Federal, já que o Projeto do Senado não tratava deste tema e o da Câmara limitava-se a estabelecer que o prazo para contestação do réu fluiria depois de emendada a inicial (art. 304, § 1º, II, do Projeto da Câmara). A regra, por isso mesmo, parece inovar indevidamente o processo legislativo. Como a opção feita pela Câmara, que não encontrava similar no Senado, era a de o prazo para contestar fluir a partir da intimação da

---

41. Tem gerado acirrados debates o entendimento de que basta a vontade de *uma* das partes para a não realização da audiência de conciliação e de mediação. É o entendimento defendido por este *Curso* e que vem sendo externado pelo seu autor em outros trabalhos seus, inclusive no seu *Manual de direito processual civil*, n. 2.7 do Capítulo 8. Trata-se de conclusão inarredável à luz dos princípios que guiam os meios autocompositivos, a começar pelo da autonomia da vontade.

emenda da inicial, tudo indicava que não haveria audiência de conciliação ou mediação como ato processual nestes casos de tutela antecipada antecedente, a justificar a deflagração do prazo para contestação naqueles termos. Ao estabelecer a realização daquela audiência como regra, acabou-se, na reta final do processo legislativo, criando nova regra sem observância da bicameralidade, incidindo, assim, em inconstitucionalidade *formal*.

O problema que o reconhecimento da inconstitucionalidade formal põe, contudo, é o que fazer para colmatar a lacuna deixada pela supressão do inciso III do § 1º do art. 303. Isto porque, em rigor, à falta de regra diversa (como a do Projeto da Câmara), só se pode cair na regra geral e, portanto, citar o réu para comparecimento à referida audiência, aplicando-se, a partir de então, a sua respectiva disciplina, inclusive no que tange ao prazo para apresentação da contestação. Nesse sentido, mesmo que reconhecida a inconstitucionalidade formal do dispositivo, a regra daí decorrente será idêntica, por ser a genérica.

Independentemente dos problemas relativos à *citação* e à dinâmica da audiência de conciliação ou de mediação, é certo que o prazo para que o réu interponha agravo de instrumento da decisão concessiva da tutela antecipada fluirá de sua *intimação* (art. 231). É fundamental ter certeza quanto a isto porque o silêncio do réu tem tudo para ser interpretado, com fundamento no *caput* do art. 304, como fator suficiente para *estabilizar* a tutela antecipada. Tão fundamental que o mandado de citação e *intimação* do réu *deve* conter esta consequência de maneira expressa, sob pena de comprometer os princípios do contraditório e da ampla defesa. Trata-se, ademais, de decorrência necessária, no plano infraconstitucional, do disposto nos arts. 5º, 6º, 9º e 10[42].

6.3 Se não concedida a tutela antecipada antecedente

O § 6º do art. 303 ocupa-se da hipótese de o magistrado não vislumbrar elementos que autorizem a concessão da tutela antecipada.

Nesse caso, será determinada ao autor a emenda da petição inicial no prazo de até cinco dias (o magistrado é que o fixará, portanto, até o limite de cinco dias, sempre contados somente os úteis). Como se trata de prazo especial, ele prevalece sobre o genérico de quinze dias previsto no art. 321, embora seja indispensável que o magistrado indique o que deve ser trazido ao processo pelo autor à guisa de emenda da inicial, como exige a parte final daquele dispositivo. Não há por que recusar, contudo, a *ampliação* deste prazo, quando devidamente justificada e pedida *antes* de seu término, o que encontra guarida no parágrafo único do art. 139.

---

42. Indiferente, portanto, que não tenha sobrevivido até o final dos trabalhos legislativos o § 1º do art. 280 do PLS n. 166/2010, que era expresso quanto ao ponto: "§ 1º Do mandado de citação constará a advertência de que, não impugnada a decisão ou medida liminar eventualmente concedida, esta continuará a produzir efeitos independentemente da formulação de um pedido principal pelo autor".

Se a inicial não for emendada, prossegue o § 6º do art. 303, a inicial será indeferida e o processo será extinto sem resolução de mérito.

O que não está claro é se a determinação de emenda à inicial regrada pelo dispositivo aqui analisado deve ser entendida no sentido de o autor ser instigado a trazer, ao conhecimento do magistrado, outros elementos conducentes à concessão da tutela antecipada (antecedente) ou, em direção completamente oposta, de impor ao autor que deixe o pedido de tutela antecipada (antecedente) de lado e que, desde já, formule o "pedido de tutela final", nos moldes do inciso I do § 1º do art. 303.

Não há como recusar aprioristicamente a juridicidade das duas alternativas. Justamente por isso, cabe ao magistrado, por força do precitado art. 321, esclarecer em que consiste a emenda da inicial por ele pretendida, justificando o seu entendimento: trata-se de "reforçar" o pedido de tutela antecipada antecedente, visando, até mesmo, a sua estabilização, nos termos do art. 304 ou, diferentemente, trata-se de formular, desde logo, o pedido de tutela "final", hipótese em que, isso é irrecusável, poderá o autor formular *incidentalmente* pedido de tutela antecipada. Para a primeira opção, cabe destacar que eventual audiência de justificação pode permitir ao autor produzir prova capaz de convencer o magistrado não só da probabilidade do seu direito, mas também do perigo de dano ou do risco ao resultado útil do processo.

6.4 Se não houver aditamento da petição inicial

Se, a despeito da concessão da tutela antecipada, o autor não aditar a petição inicial nos termos e para os fins do § 1º do art. 303, o § 2º do mesmo dispositivo dispõe que o processo será extinto sem resolução de mérito. O que será extinto nestes casos é o processo que teve início com o registro da petição inicial em que o autor requereu a tutela antecipada antecedente.

Com a extinção, a tutela antecipada concedida perde sua eficácia. Trata-se, em rigor, de hipótese que merecia estar prevista expressamente no art. 309, cuja função não se esgota exclusivamente, como sua alocação no Código de Processo Civil sugere, em disciplinar a tutela *cautelar* requerida em caráter antecedente. Não obstante, é correto extrair a hipótese aqui examinada do inciso I daquele dispositivo, quando se refere à não apresentação do "pedido principal" – no contexto da tutela antecipada, chamado de "tutela final" – no prazo legal.

Mesmo para quem não concordar com a conclusão do parágrafo anterior, a perda da eficácia da tutela *antecipada* encontra fundamento bastante no inciso III do mesmo art. 309, a despeito de sua localização.

As relações que existem entre o § 2º do art. 303 aqui examinado e a estabilização da tutela antecipada, máxime diante da literalidade do *caput* do art. 304, estão expostas no número seguinte.

6.5 Estabilização da tutela provisória

Inovando substancialmente, o Código de Processo Civil aceita a *estabilização* da tutela *concedida* nos termos do art. 303, isto é, da tutela provisória de urgência *antecipada* antecedente: a tutela antecipada nos termos do art. 303 torna-se estável se não houver interposição do respectivo recurso (art. 304, *caput*), hipótese em que o processo será extinto (art. 304, § 1º).

A que recurso se refere o dispositivo? Se se tratar de processo na primeira instância, o recurso cabível é, inequivocamente, o de agravo de instrumento (art. 1.015, I). Se a tutela antecipada antecedente for pleiteada perante algum Tribunal – em casos em que aqueles órgãos jurisdicionais exerçam competência originária –, a decisão muito provavelmente será monocrática. Como tal, contra ela cabe agravo interno (art. 1.021). Na eventualidade de se tratar de acórdão, não custa aventar esta possibilidade, contra ele caberá recurso especial e/ou extraordinário (art. 1.029), consoante o caso.

Contudo, a decisão concessiva da tutela antecipada também é sujeita a embargos de declaração, que, na sistemática do Código de Processo Civil, é *recurso* (art. 994, IV). A apresentação de embargos de declaração será capaz de evitar a estabilização nos termos do *caput* do art. 304? A melhor resposta é a positiva, desde que – e a ressalva, diante do que está escrito mais abaixo, é fundamental – os embargos queiram infirmar a concessão da tutela, isto é, manifestem de alguma forma o inconformismo do réu com relação àquela decisão, e não apenas o intuito de seu esclarecimento, complementação ou integração para fins de adequado cumprimento.

Diante da inequívoca consequência reservada pelo *caput* do art. 304 à ausência de recurso, importa frisar o entendimento do n. 6.2, *supra*, de que a legítima incidência da consequência prevista no dispositivo (a estabilização) pressupõe que o mandado de citação e de intimação expedido ao réu para os fins do inciso II do § 1º do art. 303 contenha *expressamente* a advertência de que a não interposição do recurso significará a estabilização da tutela concedida em seu desfavor. É correto entender que, havendo dúvida sobre o papel que os embargos de declaração podem assumir neste particular, ela seja esclarecida naquela mesma oportunidade, o que decorre suficientemente dos arts. 6º e 10[43].

A despeito de todas estas considerações, é certo que basta a *interposição* do recurso para que a tutela provisória não se estabilize. Seu julgamento, qualquer que seja seu resultado, não interfere naquela consequência. Ainda que o recurso não seja *conhecido* por intempestividade ou porque lhe falta algum outro critério formal de admissibilidade, deve prevalecer

---

43. Para quem entender que, com a estabilização, o réu não pagará custas processuais e os honorários de advogado serão fixados em 5% do valor da causa, o que encontraria fundamento no *caput* e no § 1º do art. 701, tais consequências devem *também* constar expressamente do mandado de citação/intimação, permitindo, com a iniciativa, que o réu as leve em consideração na sua decisão de permitir ou não a estabilização da tutela provisória.

a exteriorização de vontade manifestada pelo recorrente, ainda que deficiente, contrário à tutela provisória. É o que basta para afastar a estabilização[44].

Dúvida pertinente é saber se a estabilização só pode se dar na falta do *recurso* apropriado para seu reexame. São variadas as possibilidades: o réu não recorreu, mas compareceu à audiência de conciliação ou de mediação; o réu se manifestou nos autos pugnando pela revogação da tutela provisória concedida independentemente da interposição do recurso cabível; o réu, dando-se por citado e independentemente da referida audiência, manifestando sua discordância com sua realização (art. 335, II), contestou; o réu apresentou, como suscitado, embargos de declaração da decisão concessiva indicando vício que tem a aptidão de conduzir o magistrado a modificá-la ou, ainda, e apenas a título exemplificativo, em se tratando de Poder Público, houve a formulação do pedido de suspensão a que se refere o art. 4º da Lei n. 8.437/92, cogitável para a espécie, mercê do art. 1.059. Em suma, é pertinente saber se é possível interpretar ampliativamente o disposto no *caput* do art. 304 para afastar, diante desses acontecimentos e de outros que lhes sejam similares, a estabilização da tutela provisória.

A melhor resposta é a de aceitar interpretação *ampliativa* do texto do *caput* do art. 304. Qualquer manifestação expressa do réu em sentido contrário à tutela provisória antecipada em seu desfavor deve ser compreendida no sentido de inviabilizar a incidência do art. 304, indo além, evidentemente, do rol, mera sugestão, do parágrafo anterior[45].

Destarte, desde que o réu, de alguma forma, se manifeste *contra* a decisão que concedeu a tutela provisória, o processo, que teve início na perspectiva de se limitar à petição inicial "facilitada" pelo *caput* do art. 303 (que é a primeira acepção da palavra "benefício" do § 5º do art. 303, como aponta o n. 6.1, *supra*), prosseguirá para que o magistrado, em amplo contraditório, aprofunde sua cognição e profira oportunamente decisão sobre a "tutela final", apta a transitar materialmente em julgado. A hipótese, importa esclarecer, não tem o condão de infirmar a tutela antecipada já concedida. Ela, apenas, evita a sua estabilização.

A corroborar o acerto desse entendimento, está o inciso I do § 1º do art. 303 a exigir do autor a emenda da petição inicial quando a tutela provisória for concedida, *independentemente* de saber se o réu recorrerá, deixará de fazê-lo ou assumirá qualquer outro comportamen-

---

44. O Enunciado n. 28 da ENFAM só afasta a estabilização se o recurso for *admitido*: "Admitido o recurso interposto na forma do art. 304 do CPC/2015, converte-se o rito antecedente em principal para apreciação definitiva do mérito da causa, independentemente do provimento ou não do referido recurso".
45. Neste sentido é a decisão da 3ª Turma do STJ no REsp 1.760.966/SP, rel. Min. Marco Aurélio Bellizze, j.un. 4-12-2018, *DJe* 7-12-2018, entendendo suficiente, para evitar a estabilização, a apresentação de contestação pelo réu, orientação que já encontrou eco também na 4ª Turma daquele Tribunal (REsp 1.938.645/CE, rel. Min. Maria Isabel Gallotti, j.un. 4-6-2024, *DJe* 6-9-2024 e REsp 2.025.626/RS, rel. Min. Maria Isabel Gallotti, j.un. 4-6-2024, *DJe* 5-9-2024). No julgamento do REsp 1.797.365/RS, rel. p/ acórdão Min. Regina Helena Costa, j. m.v. 3-10-2019, *DJe* 22-10-2019, a 1ª Turma do STJ alcançou, por maioria, conclusão diversa, sustentando que somente o agravo de instrumento tem o condão de evitar a estabilização da tutela provisória, o que foi reafirmado no AgInt no REsp 2.040.096/MG, rel. Min. Paulo Sérgio Domingues, j.un. 13-5-2024, *DJe* 20-5-2024.

to após suas regulares citação e intimação, tratadas no n. 6.2, *supra*[46]. Nesse sentido, o "benefício" do § 5º do art. 303 o atrai para a hipótese da estabilização do art. 304 porque, em última análise, aquele benefício mostra-se inócuo no que diz respeito à elaboração da petição inicial, máxime diante da interpretação ampla que merece ser dada ao § 6º do art. 303. Assim, a petição inicial *deverá* ser emendada quando concedida a tutela (art. 303, § 1º, I) porque o autor não tem como saber, quando a elabora, como o réu se comportará diante da concessão da tutela provisória antecipada requerida antecedentemente (ele sequer tem como saber se aquela tutela será concedida). A estabilização da tutela antecipada depende, portanto, não somente de comportamento *omissivo* do réu (ao menos, a não apresentação de recurso), mas, também, de comportamento *comissivo* do autor (o aditamento da inicial).

Fosse o prazo previsto no § 1º do art. 303 maior ou, o que seria preferível, tivesse ele início somente após a adoção (ou não) de alguma postura do réu, a remissão que o § 5º do art. 303 faz teria algum significado relevante para aquela primeira acepção[47].

O que pode ocorrer, mas que é bem diverso do que decorre das previsões codificadas, é que o magistrado *amplie* o prazo para que o autor emende a petição inicial a ponto de haver tempo suficiente para verificar o comportamento do réu, o que encontra expresso fundamento na parte final do inciso I do § 1º do art. 303. Havendo tal ampliação – que pode, até mesmo, ser requerida e justificada pelo autor em sua petição inicial, lembrando-se, inclusive, do inciso VI do art. 139 –, diante da omissão do réu em assumir alguma postura contrária à tutela antecipada, *somada* à indicação de que o autor "pretende valer-se do benefício previsto no *caput* deste artigo" (art. 303, § 5º), dar-se-á a estabilização da tutela antecipada, independentemente do aditamento da petição inicial.

A interpretação aventada no parágrafo anterior não pode ser descartada, até porque harmônica com o modelo de processo cooperativo que caracteriza (e já caracterizava) o sistema processual civil. Ela depende, contudo, necessariamente, de um terceiro fator, que é a efetiva ampliação do prazo a cargo do magistrado, sem o que ela não aperfeiçoa. E mais: é ela a única capaz de conciliar os comandos dos arts. 303, § 1º, I, e 304, § 1º, que, em rigor, tornam inviável na prática que o autor aguarde o transcurso do prazo recursal do réu – ou de outra

---

46. Destacando a indispensabilidade da intimação para a prática daquele ato é o quanto decidido pela 3ª Turma do STJ no REsp 1.766.376/TO, rel. Min. Nancy Andrighi, j.un. 25-8-2020, *DJe* 28-8-2020. No mesmo sentido: STJ, 4ª Turma, REsp 2.025.626/RS, rel. Min. Maria Isabel Gallotti, j.un. 4-6-2024, *DJe* 5-9-2024; e STJ, 4ª Turma, REsp 1.938.645/CE, rel. Min. Maria Isabel Gallotti, j.un. 4-6-2024, *DJe* 6-9-2024.
47. Admitindo a alteração do termo inicial dos prazos com fundamento no art. 139, VI, são o Enunciado n. 13 da I Jornada de Direito Processual Civil do CJF ("O art. 139, VI, do CPC autoriza o deslocamento para o futuro do termo inicial do prazo") e o Enunciado n. 581 do FPPC ("O poder de dilação do prazo, previsto no inciso VI do art. 139 e no inciso I do § 1º do art. 303, abrange a fixação do termo final para aditar o pedido inicial posteriormente ao prazo para recorrer da tutela antecipada antecedente"). Embora de maneira implícita é este também o entendimento do TJMG, como se extrai de seu Enunciado n. 19: "O autor do requerimento de tutela antecipada antecedente concedida só estará obrigado a aditar a petição inicial se houver a interposição de recurso".

manifestação contrária à tutela antecipada – sem aditar a petição inicial. Se o autor deixar de atender, em quinze dias, a regra do inciso I do § 1º do art. 303, seu processo *será* extinto (art. 303, § 2º) e, com ele, a tutela antecipada revogada, como conclui o n. 6.4, *supra*.

Não há nada de próprio com relação ao regime das custas processuais e dos honorários advocatícios nos casos de estabilização da tutela provisória. Eles serão fixados, portanto, pela sentença proferida em função do § 1º do art. 304, levando em conta as diretrizes do art. 82, § 2º, e, quanto aos honorários, do art. 85, observando-se as alterações da Lei n. 14.365/2022.

Este *Curso* não concorda com o entendimento de que seriam aplicáveis ao caso a isenção de custas e a redução para metade dos honorários advocatícios prevista pelo *caput* e pelo § 1º do art. 701 para a *ação monitória*[48]. A razão é simples: a estabilização da tutela provisória não é assimilável ao que o Código de Processo Civil continua a tratar como *ação monitória*, um *procedimento especial*, não havendo razão nenhuma para tratar similarmente seus pressupostos de cabimento, o que acarretaria, em última análise, redução sensível nos casos em que a tutela provisória pode ser concedida com fundamento na *urgência*.

Tampouco há espaço para considerar, aqui, a incidência da regra específica do art. 827, § 1º, idealizada para estimular o réu (executado) ao cumprimento da obrigação constante de título executivo extrajudicial, reduzindo os honorários pela metade: não há, no âmbito dos arts. 303 e 304, nenhum título executivo prévio para justificar a adoção daquela técnica e menos ainda para compreender as hipóteses de concessão da tutela provisória fundamentada na urgência a partir da teoria dos títulos executivos.

A estabilização da tutela provisória não guarda nenhuma relação com o aprofundamento da cognição judicial ou com a percepção judicial de algum elemento anterior assimilável ao que autoriza a execução fundada em título *extrajudicial* ou, menos que ela, a *ação monitória*. Ela, diferentemente, toma como base circunstancial omissão do réu em se voltar contra decisão proferida em seu desfavor com base em cognição *sumária*. Ainda que se entenda com este *Curso* que cabe ao autor emendar a petição inicial para evitar a extinção do processo nos moldes acima discutidos, esta providência não guarda nenhuma relação com o aprofundamento da cognição judicial, evidenciando a percepção de que a análise feita pelo magistrado para *conceder* a tutela provisória não será aprofundada para fins de estabilização.

Ademais, a *ação monitória*, como relata o n. 4.2.1 do Capítulo 4 da Parte I, chegou a ser abandonada pelo Anteprojeto e pelo Projeto do Senado Federal e por insistência do Projeto da Câmara acabou voltando ao Código de Processo Civil ampliadíssima. Lá mesmo é lamentado que o Código de Processo Civil poderia ter ido mais longe com relação ao tema da tutela provisória da *evidência* e poderia, não há por que negar, ter estabelecido diálogo mais intenso entre aquela categoria e a estabilização para viabilizar a *concretização* de tutela juris-

---

[48]. É o entendimento, v.g., do Enunciado n. 18 da ENFAM: "Na estabilização da tutela antecipada, o réu ficará isento do pagamento das custas e os honorários deverão ser fixados no percentual de 5% sobre o valor da causa".

dicional mais eficiente a determinados direitos materiais. Não o fez, contudo; não cabendo ao intérprete, agora, fazê-lo. A falta de regra específica é o bastante para afastar os elementos da *ação monitória* da estabilização, devendo o réu buscar alhures os meios de estímulo para aceitar, ou não, a estabilização da tutela provisória em seu desfavor.

6.5.1 Dinâmica da estabilização

Superadas as questões derivadas do *caput* e do § 1º, os demais parágrafos do art. 304 pressupõem a tutela antecipada já estabilizada, disciplinando o que as partes – qualquer uma delas, a que tenha requerido ou a em face de quem se tenha requerido a tutela provisória, portanto – podem, querendo, fazer.

De acordo com o § 2º do art. 304, qualquer das partes pode demandar a outra "[...] com o intuito de rever, reformar ou invalidar a tutela antecipada estabilizada nos termos do *caput*".

Para este fim, qualquer das partes poderá "[...] requerer o desarquivamento dos autos em que foi concedida a medida, para instruir a petição inicial da ação a que se refere o § 2º, prevento o juízo em que a tutela antecipada foi concedida" (art. 304, § 4º).

É certo, outrossim, que o direito de rever, reformar ou invalidar a tutela antecipada estabilizada cessa após dois anos contados da ciência da decisão que extinguiu o processo nos termos do § 1º do art. 304 (art. 304, § 5º).

Enquanto nenhuma das partes tomar a iniciativa, os efeitos da tutela antecipada ficam preservados, porque eles só cedem espaço se ela for "revista, reformada ou invalidada por decisão de mérito proferida na ação de que trata o § 2º" (art. 304, § 3º).

Tal manutenção dos *efeitos* da tutela antecipada, aliás, é o que parece querer significar a *estabilização* prevista pelo *caput* do art. 304. Nada além disso. Tanto que o § 6º do art. 304 afasta, expressamente, a viabilidade de haver formação de coisa julgada daquela decisão, repetindo que seus *efeitos* se estabilizam até que haja "decisão que a revir, reformar ou invalidar, proferida em ação ajuizada por uma das partes", em alusão à previsão do § 2º do mesmo dispositivo.

O § 6º do art. 304, a propósito, tem o condão de evitar discussões interessantíssimas sobre haver, ou não, coisa julgada material (com eficácia externa) na decisão que concedeu a tutela antecipada a final estabilizada. Não há, e nisto o dispositivo é claríssimo, revelando qual é a *opção política* que, a este respeito, fez o legislador. O dispositivo ensaia, até mesmo, resposta à pergunta inevitável diante do § 1º do art. 304: trata-se de extinção do processo *com* ou *sem* resolução de mérito? Para quem associa coisa julgada material a decisão de mérito, a resposta é imediata e é negativa. De resto, não parece possível, sem agressão ao modelo constitucional do direito processual civil, querer emprestar o regime de imutabilidade típico da coisa julgada a decisão que não possui, por definição, cognição exauriente, como é o caso em exame[49].

A circunstância de, passados os dois anos do § 5º do art. 304, não haver mais meios de rever, reformar ou invalidar os efeitos da tutela antecipada não faz com que a decisão respectiva transite materialmente em julgado. Há, aqui, mera coincidência (não identidade) de regimes jurídicos, em prol da própria segurança jurídica. Não há como, por isso mesmo, querer infirmar aquela decisão com fundamento no art. 966, que trata da "ação rescisória", técnica processual codificada para o desfazimento da coisa julgada em determinadas hipóteses. É certo que o Código de Processo Civil ampliou as hipóteses de cabimento da ação rescisória no § 2º daquele dispositivo, admitindo-a para contrastar decisões que não sejam de mérito. Não há espaço, contudo, para entender que aquela iniciativa alcance a estabilização da tutela antecipada.

Questão relevante é saber a que "demanda" se refere o § 2º do art. 304, isto é, qual(is) é(são) o(s) pedido(s) de tutela jurisdicional e sobre qual(is) fundamento(s) uma das partes pode apresentar em face da outra, tendo como referência a tutela provisória estabilizada.

A resposta mais adequada é a restritiva[50]. O que é alcançado por aqueles dois anos só pode ser o questionamento dos próprios *efeitos* práticos da tutela antecipada e de suas respectivas consequências, ampliando-os por iniciativa do autor da medida; eliminando-os ou reduzindo-os, a cargo do réu. Pensar diferentemente é compreender que as mais variadas pretensões de direito material, que derivam do que outrora ensejou a concessão da tutela provisória que circunstancialmente adquiriu estabilidade, passaram a estar sujeitas ao prazo de dois anos a que se refere o § 5º do art. 304. O disparate da conclusão é motivo suficiente para descartá-la.

Assim, o prazo de dois anos referido no § 5º do art. 304 extingue o direito de os interessados se voltarem aos *efeitos* da tutela antecipada antecedente, revendo-os, reformando-os ou invalidando-os. Por isso, trata-se de prazo *decadencial*, a fulminar *aquele* (e só aquele) direito (material). O regime jurídico daquela demanda observará alguma especificidade (procedimentos especiais) ou a falta dela (procedimento comum), considerando que não há nenhuma regra diversa a seu respeito no art. 304.

O biênio do § 5º do art. 304, por isso, não afeta o direito de os interessados questionarem em juízo as *razões* pelas quais foi concedida a tutela antecipada e/ou consequências derivadas de sua concessão, isto é, o *direito* sobre o qual versou a tutela antecipada estabilizada. É o que se dará, por exemplo, sempre que o autor dessa *nova* postulação (que terá sido réu no

---

49. Para o assunto, voltou-se Marcos de Araújo Cavalcanti em seu *Coisa julgada e questões prejudiciais: limites objetivos e subjetivos*, esp. p. 325-327, recusando que a hipótese envolva, inclusive, a chamada coisa julgada *formal* (com eficácia interna).
50. O autor deste *Curso* chegou a manifestar opinião contrária nas duas primeiras edições de seu *Manual*, alterando expressamente seu posicionamento a partir da 3ª edição, de 2017, como se pode ver do n. 6.5.1 de seu Capítulo 6.

processo em que a tutela antecipada se estabilizou) pretender responsabilizar o beneficiário da tutela provisória antecipada antecedente (o autor da medida, no processo em que ela se estabilizou) pelos danos que tenha experimentado. Tais iniciativas ficam na dependência de serem exercidas em consonância com seus respectivos prazos *prescricionais* e variarão consoante a multiplicidade de direitos materiais de que os interessados se afirmem titulares. Também aqui a pretensão assumirá o procedimento comum ou será formulada de acordo com algum procedimento especial conforme as especificidades de direito material, considerando, uma vez mais, que o art. 304 nada diz de diverso a respeito do assunto.

O que pode ocorrer é que, no prazo de dois anos do § 5º do art. 304, o interessado demande a parte contrária pelas mais variadas razões de direito material e que pretenda *também*, com tal iniciativa, "rever, reformar ou invalidar a tutela antecipada estabilizada nos termos do *caput*", justamente porque exercida dentro daquele prazo.

É possível que o autor da nova demanda formule pedido de tutela provisória em face do réu, pretendendo, se for o caso, comprometer os efeitos da tutela antecipada estabilizada desde logo. A despeito de o § 3º do art. 304 insinuar resposta negativa, por parecer vincular a cessação dos efeitos da tutela antecipada antecedente ao proferimento de "decisão de mérito proferida na ação de que trata o § 2º", a melhor resposta, diante do inciso XXXV do art. 5º da Constituição Federal, só pode ser a *positiva*, cabendo ao autor demonstrar, conforme o caso, o preenchimento dos respectivos pressupostos[51].

7. TUTELA CAUTELAR REQUERIDA EM CARÁTER ANTECEDENTE

Os arts. 305 a 310 disciplinam o procedimento da tutela provisória de urgência *cautelar* antecedente. A disciplina é quase cópia do processo cautelar antecedente (à época mais conhecido como *preparatório*) do CPC de 1973, com meros aprimoramentos redacionais.

O art. 305 trata da petição inicial em que aquela tutela (*provisória de urgência, cautelar* e *antecedente*) é pleiteada. Nela, o autor indicará "a lide, seu fundamento e a exposição sumária do direito que se objetiva assegurar". Também o perigo de dano ou o risco ao resultado útil do processo deve ser demonstrado.

Nada há de errado em entender tais requisitos, que não excluem os outros que, em harmonia com o art. 319, precisam constar de qualquer petição inicial, como os correspondentes às consagradas expressões latinas *fumus boni iuris* e *periculum in mora* ou, como quer a regra geral do *caput* do art. 300: "probabilidade do direito" e o já mencionado "perigo de

---

51. Nesse sentido é o Enunciado n. 26 da ENFAM: "Caso a demanda destinada a rever, reformar ou invalidar a tutela antecipada estabilizada seja ajuizada tempestivamente, poderá ser deferida em caráter liminar a antecipação dos efeitos da revisão, reforma ou invalidação pretendida, na forma do art. 296, parágrafo único, do CPC/2015, desde que demonstrada a existência de outros elementos que ilidam os fundamentos da decisão anterior".

dano" ou "risco ao resultado útil do processo". A palavra "lide", empregada pelo *caput* do art. 305, merece ser compreendida, também aqui, como *conflito* sobre o qual pretende o autor seja prestada a tutela jurisdicional pedida. Também o valor da causa deverá ser indicado levando em conta os reflexos patrimoniais do direito que o autor pretende, com sua iniciativa, *assegurar*[52].

7.1 Citação do réu e suas atitudes

Recebida a petição inicial na qual o autor pretende a tutela *cautelar* em caráter antecedente, o magistrado determinará a citação do réu para contestar, em cinco dias (úteis), o pedido e apresentar as provas que objetiva produzir (art. 306). À falta de regra expressa em sentido diverso, aquele prazo fluirá de acordo com as diversas hipóteses previstas no art. 231.

O art. 306 é claro quanto à finalidade da contestação: trata-se de citar o réu para se defender do pedido de tutela *cautelar* e não para comparecer à audiência de conciliação ou mediação, que só ocorrerá, ao menos como regra, diante da hipótese do § 3º do art. 308, que pressupõe, contudo, que o "pedido principal" já tenha sido formulado pelo autor. O *procedimento* da tutela *cautelar* requerida antecedentemente, destarte, diverge substancialmente daquele desenhado pelo inciso II do § 1º do art. 303 para a tutela antecipada requerida antecedentemente.

O *caput* do art. 307 trata da hipótese de o réu não apresentar contestação. Nesse caso, os fatos alegados pelo autor para justificar a concessão da tutela *cautelar podem* ser presumidos verdadeiros, cabendo ao magistrado decidir nos cinco dias seguintes. Não há como afastar do autor a necessidade de se desincumbir, consoante o caso, do ônus da prova dos fatos que alega, a despeito da revelia, descartando, por isso mesmo, o automatismo sugerido pelo texto legal entre a falta de contestação e a decisão contrária a seus interesses a ser proferida pelo magistrado. Aplica-se, aqui, o mesmo raciocínio do art. 348.

Havendo contestação, deverá ser observado o procedimento comum a partir de então (art. 307, parágrafo único).

7.2 Apresentação do pedido principal

Efetivada a "tutela cautelar", o "pedido principal" deve ser formulado pelo autor no prazo de trinta dias nos mesmos autos, sem adiantamento de novas custas processuais, tudo con-

---

52. Exigindo a indicação do valor da causa na petição inicial da tutela cautelar requerida antecedentemente é o Enunciado n. 44 da I Jornada de Direito Processual Civil do CJF: "É requisito da petição inicial da tutela cautelar requerida em caráter antecedente a indicação do valor da causa".

soante determina o *caput* do art. 308[53]. Com relação às custas, cabe aqui também a mesma crítica do n. 4.5, *supra*, a propósito do art. 295. O trintídio, por ter natureza *processual*, só flui em dias *úteis*, mercê da distinção feita pelo art. 219 do CPC[54].

O "pedido principal" a que se refere o dispositivo deve ser compreendido no sentido do objeto (o bem da vida) sobre o qual o autor requer recaia a tutela jurisdicional para além da tutela *cautelar* que já lhe foi concedida e que, na perspectiva do próprio Código, não vai além de criar condições para *assegurar* sua oportuna fruição.

É interessante notar, no particular, que o Código de Processo Civil abandonou – e, no particular, fez muito bem – a compreensão de que haveria uma "ação cautelar" em contraposição a uma "ação principal", lição encontradiça e defendida largamente até então[55]. As edições anteriores ao CPC de 2015 deste *Curso* já defendiam a *inexistência* de uma "ação cautelar" e, tampouco, de uma "ação principal". O que há, antes e depois do advento do CPC de 2015, é ação no sentido de o autor exercer seu direito de romper a inércia jurisdicional e agir ao longo do processo visando à concretização da tutela jurisdicional. Se, para tanto, põe-se a necessidade de *assegurar* o seu direito, basta que formule pedido neste sentido. Este *pedido* é uma dentre várias manifestações possíveis do pleno exercício do direito de ação, e não a própria ação em si mesma considerada. É ato de *postulação*, nos precisos termos do art. 17.

Ainda tratando do "pedido principal", permite o § 2º do art. 308 que a causa de pedir seja aditada quando da sua formulação. Qualquer semelhança disso com a dualidade existente no CPC de 1973 entre a petição inicial da "ação cautelar" e a da "ação principal" *não é* mera coincidência. O que o dispositivo do CPC de 2015 está a admitir é que o pedido "principal" seja justificado em fundamentos de direito e de fato diversos daqueles que justificam o pedido de "tutela cautelar".

Tal aditamento, aliás, muito provavelmente ocorrerá com enorme frequência graças à compreensão que o próprio Código de Processo Civil tem do que é e de qual é a finalidade da tutela *cautelar*, distinguindo-a do direito material propriamente dito: uma coisa (cautelar) é indisponibilizar o patrimônio do devedor para viabilizar o oportuno pagamen-

---

[53]. Correto entender, com a 3ª Turma do STJ (REsp 1.954.457/GO, rel. Min. Moura Ribeiro, j.un. 9-11-2021, *DJe* 11-11-2021) que os trinta dias só têm início após a efetivação da *totalidade* da tutela cautelar. Em sentido similar: STJ, 2ª Turma, AgInt no REsp 2.044.060/PB, rel. Min. Mauro Campbell Marques, j.un. 13-11-2023, *DJe* 17-11-2023.

[54]. Expressas nesse sentido são as seguintes decisões: STJ, CE EREsp 2.066.868/SP, rel. Min. Sebastião Reis Jr., j.un. 3-4-2024, *DJe* 9-4-2024; STJ, 4ª Turma, AgInt no REsp 2.095.453/SP, rel. Min. Maria Isabel Gallotti, j.un. 1-7-2024, *DJe* 3-7-2024; STJ, 3ª Turma, AgInt no REsp 2.076.508/DF, rel. Min. Moura Ribeiro, j.un. 10-6-2024, *DJe* 24-6-2024; e STJ, 4ª Turma, REsp 1.763.736/RJ, rel. Min. Antonio Carlos Ferreira, j.un. 21-6-2022, *DJe* 18-8-2022. Em idêntica direção é o Enunciado n. 165 da III Jornada de Direito Processual do CJF: "Conta-se em dias úteis o prazo do *caput* do art. 308 do CPC".

[55]. Apenas para fins ilustrativos, cabe a indicação dos seguintes estudos, desenvolvidos, ambos, na perspectiva das condições da "ação cautelar": Marcelo Lima Guerra, *Estudos sobre o processo cautelar*, p. 63-79, e Márcio Louzada Carpena, *Do processo cautelar moderno*, esp. p. 127-145.

to de uma dívida; outra (principal) é responsabilizá-lo pelo pagamento. A *causa de pedir* da indisponibilização relaciona-se com eventual alienação do patrimônio; a do pedido de responsabilização, por sua vez, guarda relação com o não pagamento de dívida no dia ajustado para tanto.

O § 3º do art. 308, por sua vez, dispõe que, apresentado o "pedido principal", as partes serão *intimadas* para a audiência de conciliação ou de mediação (art. 334). A intimação será feita a seus advogados ou pessoalmente, dispensada nova *citação* do réu, que já integra o processo (o mesmo processo, que é um só, a despeito da dualidade de pedidos) para todos os fins desde sua citação para os efeitos do art. 306, já que tudo se passa em um só *processo*, que teve início com o pedido de tutela cautelar antecedente.

Se não houver autocomposição, terá início o prazo para que o réu conteste o "pedido principal", observando-se o art. 335 (art. 308, § 4º). A mesma diretriz deve ser observada quando a hipótese não comportar a designação daquela audiência ou se autor e/ou réu manifestarem-se contrários à sua realização, aplicadas aqui, pelas mesmas razões, as considerações do n. 6.2, *supra*[56].

O § 1º do art. 308 permite que o pedido principal seja formulado juntamente com o pedido de "tutela cautelar". Neste caso, a melhor interpretação é de que deve ser observado, desde logo, o procedimento comum, citando-se o réu para comparecer à audiência de conciliação ou mediação, independentemente do segmento recursal que, porventura, tenha início contra a decisão concessiva (ou negatória) daquela tutela.

A conclusão parece ser a mais correta porque a *cumulação* do pedido da tutela cautelar e do "pedido final" na petição inicial afasta, inclusive do ponto de vista lógico, que a hipótese possa ser tratada como de tutela *antecedente*. Já que o processo se inaugura naquele instante porque o autor exerce direito de ação ("um só", embora formulando dois pedidos diversos, um *assecuratório* e imediato e outro *satisfativo* e final), a tutela cautelar já terá sido formulada em caráter incidental. As regras gerais, portanto, merecem incidir.

Esta última afirmação pode ensejar a sensação de que o procedimento decorrente dos arts. 305 a 308 contém alguma repetição de atos, ainda que realizados em um só processo, ou, quando menos, que o procedimento da tutela cautelar requerida antecedentemente poderia ser mais eficiente. A observação é correta. Para quem vivenciou o processo cautelar do CPC de 1973 no dia a dia forense, não se justificam muitas das opções que o CPC de 2015 acabou por fazer ao longo do processo legislativo. Contudo, o alcance dos dispositivos destacados é claro, tanto quanto a sua inegável diferença com o procedimento da tutela *antecipada* requerida antecedentemente.

---

[56]. A inobservância do procedimento estabelecido pela lei, máxime quando causar prejuízo a uma das partes, é causa de nulidade. Nesse sentido: STJ, 3ª Turma, REsp 1.802.171/SC, rel. Min. Ricardo Villas Bôas Cueva, j. un. 21-5-2019, *DJe* 29-5-2019.

7.3 Duração

O art. 309 prevê os casos em que cessa a eficácia da "tutela concedida em caráter antecedente": (i) quando o autor não deduzir o "pedido principal" no prazo legal, que são os trinta dias da efetivação da tutela cautelar a que se refere o *caput* do art. 308[57]; (ii) quando a tutela concedida não for efetivada, isto é, concretizada, dentro de trinta dias[58]; ou (iii) quando o magistrado julgar improcedente o "pedido principal" formulado pelo autor ou, ainda, quando extinguir o processo sem resolução de mérito.

O parágrafo único do art. 309 ressalva, na hipótese de cessação dos efeitos da "tutela *cautelar*", a possibilidade de o pedido ser reformulado, *desde que* com novo fundamento, isto é, com diversa causa de pedir. Também deve ser excluída a possibilidade de reformulação de pedido que tenha sido indeferido pelo reconhecimento da decadência ou da prescrição, como dispõe o art. 310.

Questão pertinente, já aventada, é saber se o regime jurídico do art. 309 aplica-se também às situações em que a tutela antecedente for *antecipada*. A melhor resposta é a *positiva* porque, para além das regras do art. 303 e, sobretudo, do art. 304, pode acontecer de as hipóteses previstas por aquele dispositivo ocorrerem também nos casos em que a tutela antecedente for de natureza *antecipada*. É o que, no contexto daqueles dispositivos, está no n. 6.4, *supra*.

7.4 Indeferimento da tutela cautelar e pedido principal

De acordo com o art. 310, não obstante o indeferimento da "tutela *cautelar*", a parte poderá formular o "pedido principal" observando o art. 308, cujo julgamento não estará prejudicado pela anterior rejeição e que não necessariamente influenciará na análise daquele pedido.

A única hipótese em que a interferência de um no outro é admitida – nem poderia ser diverso – reside no reconhecimento da decadência ou da prescrição. Nesses casos, aquele reconhecimento é considerado resolução de mérito (art. 487, II) e, como tal, apto a inviabilizar a apreciação do *mesmo* direito.

---

[57]. A hipótese é clássica para o direito processual civil brasileiro desde o CPC de 1973. Com referência àquele Código e seus respectivos dizeres é a Súmula 482 do STJ, assim enunciada: "A falta de ajuizamento da ação principal no prazo do art. 806 do CPC acarreta a perda da eficácia da liminar deferida e a extinção do processo cautelar". Aplicando a diretriz da referida Súmula para o CPC de 2015 e acentuando se tratar de prazo *decadencial*, v.: STJ, 1ª Turma, AgInt no REsp 1.982.986/MG, rel. Min. Benedito Gonçalves, j.un. 20-6-2022, *DJe* 22-6-2022.

[58]. Correto entender que a omissão conducente à perda da eficácia da tutela provisória deve ser exclusiva do autor, requerente da medida. Nesse sentido é o Enunciado n. 46 da I Jornada de Direito Processual Civil do CJF: "A cessação da eficácia da tutela cautelar, antecedente ou incidental, pela não efetivação no prazo de 30 dias, só ocorre se caracterizada omissão do requerente".

O art. 310 convida a uma interessante questão sobre o *caput* do art. 308: este dispositivo pressupõe, na disciplina que traça e que é objeto de exame no n. 7.2, *supra*, que seja "efetivada a tutela cautelar", o que, por sua vez, só faz sentido se o pedido respectivo tiver sido *concedido*. No entanto, a questão mais relevante a ser respondida diz respeito a saber o que acontece se o pedido de tutela cautelar requerido antecedentemente for *indeferido* e, portanto, nada houver para ser efetivado.

A melhor resposta merece ser extraída do próprio art. 310. Assim, independentemente de o autor pretender reverter a decisão que indeferiu o pedido de "tutela cautelar" em grau recursal, caberá a ele, querendo, formular o "pedido principal", valendo-se, para tanto, do mesmo processo e obedecendo ao procedimento dos parágrafos do art. 308. O prazo para tanto não fica sujeito aos trinta dias do *caput* do art. 308, prazo *processual* cuja inobservância conduz à cessação da eficácia da tutela cautelar (art. 309, I e II). Para a hipótese aqui aventada, só se pode cogitar da observância dos prazos *prescricionais*, que variarão consoante as múltiplas pretensões de direito material a serem levadas ao Estado-juiz. Nada de substancialmente diverso, portanto, do que é necessário distinguir a partir do prazo referido no § 5º do art. 304.

Uma última observação: a despeito da localização do art. 310, é irrecusável o entendimento de que ele, tanto quanto o art. 309, pode ter ampla valia também para as hipóteses em que o pedido de tutela antecedente tiver viés satisfativo, isto é, quando se tratar de tutela *antecipada* antecedente.

8. RELAÇÕES ENTRE AS TUTELAS PROVISÓRIAS REQUERIDAS EM CARÁTER ANTECEDENTE

Questão que pela sua relevância e por força da solução propugnada por este *Curso* merece exame apartado, ao cabo da exposição relativa aos procedimentos das tutelas *antecipada e cautelar* requeridas em caráter *antecedente*, é o relativo ao alcance do parágrafo único do art. 305.

Segundo aquele dispositivo, na hipótese de o pedido de tutela *cautelar* requerida em caráter antecedente ter natureza de tutela *antecipada*, "[...] o juiz observará o disposto no art. 303".

A determinação traz à lembrança o § 7º do art. 273 do CPC de 1973. Contudo, a situação prevista pelo parágrafo único do art. 305 é diferente daquele outro dispositivo, em rigor, ela é rigorosamente a oposta do que lá estava previsto. Naquele, o que se admitia era que "Se o autor, a título de antecipação de tutela, requerer providência de natureza cautelar, poderá o juiz, quando presentes os respectivos pressupostos, deferir a medida cautelar em caráter incidental do processo ajuizado", ou seja, um pedido formulado como tutela *antecipada* acabava sendo concedido, por decisão do magistrado, como tutela *cautelar*. No parágrafo único do art. 305 do CPC de 2015, o que é formulado é um pedido de tutela *cautelar* que o magistrado entende ostentar natureza *antecipada*.

A grande crítica que merece ser feita ao parágrafo único do art. 305 é que ele parte do pressuposto de que há uma linha objetiva, clara e certa, que distingue, para todos e quaisquer fins, a "tutela cautelar" da "tutela antecipada". Esta linha, contudo, não é objetiva, não é clara e não é certa. Em rigor, ela nem existe. Os debates que a este respeito vêm sendo travados pela doutrina e pela jurisprudência brasileiras desde quando a Lei n. 8.952/94 introduziu o instituto da tutela antecipada no CPC de 1973 e que, como não poderia deixar de ser, ocuparam todas as comissões que atuaram na elaboração do CPC de 2015, conduzindo os trabalhos legislativos a direções completamente opostas entre a primeira versão do Senado Federal e a segunda da Câmara dos Deputados – para não falar da "terceira", que corresponde ao Código de Processo Civil promulgado –, são prova segura do acerto desta afirmação[59].

Para obviar maiores questionamentos a este respeito, suficientes, para tanto, as considerações do n. 2, *supra*, e tendo em vista a necessidade de tornar o parágrafo único do art. 305 o mais operacional possível, é suficiente entender que a discordância sobre uma ou outra forma de tutela se dê a partir da petição inicial que chega ao conhecimento do magistrado. Assim, para trabalhar com a hipótese lá prevista, a hipótese é de tutela *cautelar* requerida antecedentemente, formulada (e certamente justificada) como tal pelo subscritor da petição respectiva em atenção ao *procedimento* dos arts. 305 a 308 e que o magistrado, examinando-a, entende que o correto seria de tutela *antecipada* e, consequentemente, que o pedido respectivo deveria ter sido formulado com observância do *procedimento* dos arts. 303 e 304.

É nesta hipótese que o magistrado "observará o disposto no art. 303".

Questão interessante é saber se esta *observância* prescinde de qualquer ato a ser praticado pelo autor em termos de readequação formal de sua petição para cumprir não mais as exigências do art. 305 a 308 e sim as dos arts. 303 e 304 ou se, diferentemente, aquela petição precisará ser emendada para tanto.

A primeira alternativa tem tudo para se mostrar como fonte de insegurança que em nada contribui para a higidez do processo e, mais do que isto, com a possibilidade de o réu exercer sua "ampla defesa". Até porque, para ela ser aceita, o magistrado precisaria se substituir ao autor na identificação do "pedido de tutela final" que é relevante para os fins do art. 303, *caput*, mas não para a petição que lhe chegou para análise, nos termos do art. 305, *caput*. O "pedido principal", que equivale àquele "pedido de tutela final", no caso da tutela *cautelar* antecedente só será formulado no prazo do art. 308, *caput*, isto é, trinta dias após "efetivada a tutela cautelar". A textualidade do dispositivo deve ser descartada, portanto.

---

[59]. Uma análise lado a lado dos dois Projetos, máxime quando contrastados com o texto final, convertido no CPC de 2015, é reveladora. Para tanto, do autor deste *Curso*, ver seu *Projetos de novo Código de Processo Civil comparados e anotados*, p. 156-167, e seu *Novo Código de Processo Civil anotado*, p. 300-338.

Resta, destarte, o entendimento de que o parágrafo único do art. 305 impõe ao magistrado que determine ao autor a *emenda* da petição inicial, para que ela seja reformulada com observância dos arts. 303 e 304. Para tal finalidade e para bem cumprir as exigências específicas que o Código de Processo Civil faz para cada um daqueles *procedimentos*, o magistrado determinará que o autor faça as correções e complementações que considerar devidas, sempre (e invariavelmente) indicando-as[60]. A este propósito, a lembrança do art. 321 mostra-se pertinente.

Não se trata, destarte, de uma "fungibilidade" entre a tutela cautelar (originalmente formulada) e a tutela antecipada (cujo procedimento deverá ser observado dali em diante). É necessário que o *outro* procedimento seja estabelecido e observado *formalmente*, bem ao estilo da distinção, *formal* e *procedimental*, estabelecida pelo Código de Processo Civil no particular. Na perspectiva do réu, esta alteração é fundamental para que ele exerça, a tempo e modo oportuno, sua ampla defesa, cônscio das posições que poderá assumir ao longo do processo (que variam consoante o procedimento) e das consequências de eventual silêncio seu, inclusive na perspectiva de a tutela provisória concedida ser passível de estabilização, o que pressupõe sua natureza *antecipada*.

A hipótese, destarte, merece ser compreendida como *aproveitamento* dos atos processuais já praticados, cabendo a lembrança, a propósito, do art. 283. Fosse verdadeira hipótese de *fungibilidade*, bastaria levar em consideração a *vontade* exteriorizada na prática do ato processual, independentemente da forma eleita para tanto. Infelizmente não é o caso, em virtude do que prevaleceu no texto final do Código de Processo Civil[61].

Em suma, é correto interpretar o parágrafo único no sentido de que o que compete ao magistrado é estimular o autor a "observar o disposto no art. 303", indicando a ele no que exatamente consiste aquela observância, o que refletirá, necessariamente, nas eventuais tomadas de posição do réu. Em última análise, é o *autor*, não o magistrado, que observará o disposto no *outro* procedimento (arts. 303 e 304), não o próprio magistrado.

Duas questões merecem ser enfrentadas a partir deste entendimento. A primeira diz respeito à viabilidade de a tutela provisória requerida ser deferida enquanto o autor pratica os atos acima indicados. A segunda é sobre a viabilidade de o entendimento ser aplicado se o pedido original for de tutela *antecipada* e não *cautelar*.

Sobre a primeira indagação, é irrecusável entender, desde que estejam presentes os devidos pressupostos, indispensável a concessão da tutela provisória desde logo, até para que o

---

[60]. Diante do inciso I do art. 1.015, é irrecusável o cabimento do agravo de instrumento contra esta decisão, eis que ela *versa* sobre tutela provisória. Neste sentido é o Enunciado 693 do FPPC: "Cabe agravo de instrumento contra a decisão interlocutória que converte o rito da tutela provisória de urgência requerida em caráter antecedente".

[61]. Diferentemente, pois, do que sugere a primeira parte do Enunciado n. 45 da I Jornada de Direito Processual Civil do CJF, a despeito de sua segunda parte ser irrepreensível: "Aplica-se às tutelas provisórias o princípio da fungibilidade, devendo o juiz esclarecer as partes sobre o regime processual a ser observado".

direito descrito pelo autor em sua petição não sofra os efeitos do tempo que a readequação que lhe foi determinada levará. Não faria sentido sobrepor a forma e o procedimento dela derivado ao fim objetivado pelo autor, o que agrediria o art. 5º, XXXV, da Constituição Federal. Se, contudo, as diligências estabelecidas ao autor não forem tomadas a modo e tempo oportunos, a hipótese é de revogação da tutela provisória anteriormente concedida, o que encontra fundamento no art. 309, III.

Sobre a segunda indagação, o mesmo art. 5º, XXXV, da Constituição Federal, impõe o entendimento de que o parágrafo único do art. 305 merece ser interpretado amplamente para albergar, também, a hipótese oposta, qual seja, a de o magistrado, analisando petição inicial fundamentada no art. 303 ("tutela *antecipada*" requerida antecedentemente), compreender que o caso amolda-se mais adequadamente à "tutela *cautelar*" requerida antecedentemente, determinando, por isso, a observância dos arts. 305 a 308[62]. Não há como interpretar o dispositivo diferentemente, sem agredir o modelo constitucional do direito processual civil, orientação que, como já destacado, encontrava eco seguro no § 7º do art. 273 do CPC de 1973.

A este respeito, não é despiciendo recordar que, no CPC de 1973, a diferença *textual* da gradação das cognições judiciais relativas às tutelas antecipada e cautelar (menos intensa para esta e mais intensa para aquela) levava boa parte da doutrina e da jurisprudência a sustentar que não era viável que a tutela cautelar pudesse ser convertida em antecipada, entendimento com o qual as edições anteriores ao CPC de 2015 deste *Curso* nunca concordaram. O que importa relevar, para o sistema atual, é que aquelas diferenças não subsistem e, por isto, não há, sequer no plano textual da lei, aquele entrave para alcançar a solução aqui propugnada.

A interpretação ampla do parágrafo único do art. 305 para nela albergar *também* a hipótese inversa é tanto mais correta porque, como destacado ao longo deste Capítulo, é difícil (senão impossível) encontrar, no Código de Processo Civil, elementos suficientes para estabelecer segura e objetiva distinção entre os casos de tutela cautelar e de tutela antecipada, distinção que, para a sua formulação *antecedente*, hipertrofiou as dificuldades da discussão aqui desenvolvida. Neste sentido, no plano codificado, é pertinente trazer à tona, uma vez mais, o disposto no art. 283.

9. TUTELA DA EVIDÊNCIA

O art. 311 do Código de Processo Civil disciplina o que chamou de "tutela da *evidência*", ou, mais precisamente, a tutela *provisória* fundamentada em *evidência*, distinguindo-a, inclusive no local em que regulamentada, da "tutela de *urgência*", iniciativa plenamente harmônica com a distinção feita desde o *caput* do art. 294 entre uma e outra.

---

[62]. Neste sentido é o Enunciado n. 502 do FPPC: "Caso o juiz entenda que o pedido de tutela antecipada em caráter antecedente tenha natureza cautelar, observará o disposto no art. 305 e seguintes".

Correto entender, a partir da afirmação do parágrafo anterior, que é irrelevante para a tutela da evidência que ela tenha natureza *antecipada* ou *cautelar*, isto é, que sua finalidade seja *satisfativa* ou *assecuratória*. Também não há por que negar a viabilidade de a tutela da evidência ser requerida *antecedentemente*, não apenas de modo incidental, ao menos nos casos em que o parágrafo único do art. 311 admite sua concessão liminarmente[63]. Neste caso, desde que ostente natureza antecipada, ela pode vir a se *estabilizar* consoante se façam presentes as exigências do art. 304.

A concessão da "tutela da *evidência*" independe da demonstração de perigo de dano ou de risco ao resultado útil do processo, isto é, para empregar a expressão geralmente usada para descrever uma e outra situação, de *periculum in mora*. É esta a sua marca característica, contrapondo-se à tutela de urgência: a desnecessidade de urgência para a sua concessão.

Este entendimento, que decorre do próprio *caput* do art. 311, permite compreensão mais ampla do instituto em busca de outras hipóteses, ao menos assimiláveis à tutela da evidência aqui examinada, que podem ser localizadas no próprio Código de Processo Civil ou na legislação extravagante. Não que elas mereçam ser interpretadas à luz do art. 311 ou que o rol desse dispositivo deva ser interpretado ampliativamente. O que ocorre é que o art. 311 é regra que veio para generalizar hipóteses que, em rigor, já eram encontradas no direito brasileiro e que continuam previstas pelo Código de Processo Civil, a autorizar o magistrado, mesmo independentemente de urgência, a tutelar *imediatamente* determinados direitos. É o que se dá, apenas para fins ilustrativos, com a colheita de provas antecipadamente (art. 381, II e III); com as "ações possessórias" (art. 562, *caput*); com a fruição de bens por herdeiros ao longo do inventário (art. 647, parágrafo único); com o resguardo de bens para o nascituro em nome do inventariante (art. 650); e, de forma mais ampla, com a própria pretensão recursal (arts. 1.012, § 4º, e 1.026, § 1º).

As hipóteses de tutela da evidência estão nos incisos do art. 311. Os números seguintes dedicam-se ao estudo mais minudente de cada uma destas hipóteses.

9.1 Abuso do direito de defesa ou manifesto propósito protelatório da parte

A primeira hipótese de tutela da evidência é a do inciso I do art. 311: quando "ficar caracterizado o abuso do direito de defesa ou o manifesto propósito protelatório da parte".

A regra tem que ser compreendida levando em conta a exigência genérica do *caput* do art. 300 no sentido de haver elementos que evidenciem a *probabilidade* – sempre entendi-

---

[63]. É o entendimento do Enunciado n. 16 da Carta de Tiradentes: "É cabível tutela de evidência antecedente nas hipóteses previstas nos incisos II e III do art. 311 e no parágrafo único, inciso II, do art. 9º do Novo CPC, aplicando-se, quanto ao procedimento, o disposto no art. 303 do Novo CPC, no que for compatível".

da no sentido de maior juridicidade – do direito daquele que pleiteia a tutela provisória. O que o *caput* do art. 311 dispensa é a "demonstração de perigo de dano ou de risco ao resultado útil do processo" e não a circunstância de o direito do requerente da tutela provisória ser mais "evidente" – ou, como apontado, mais merecedor de tutela jurisdicional – que o do requerido. O mau comportamento de uma das partes (abusando do direito de defesa ou atuando de modo procrastinatório) nada diz sobre a maior ou a menor juridicidade do direito da outra. E a tutela provisória, por ser da *evidência*, pressupõe este elemento (juridicidade do direito), a despeito de dispensar aquele (perigo de dano ou risco ao resultado útil do processo).

Importa frisar o ponto: quem litiga de má-fé *deve ser* sancionado como tal, nos moldes do art. 81. Este comportamento, contudo, nada revela sobre o direito da outra parte ser mais ou menos evidente para quaisquer fins, inclusive para a concessão da tutela em exame. Por isto, é mister conjugar os casos do inciso I do art. 311 com a exigência genérica do *caput* do art. 300 de que há *probabilidade* no direito daquele que pleiteia a tutela provisória[64].

Quando o abuso do direito de defesa for, ele próprio, conotativo da maior juridicidade do direito, é irrecusável a pertinência da tutela da evidência com fundamento no inciso I do art. 311. Assim, por exemplo, a orientação administrativa em sentido contrário àquele defendido pela administração pública em juízo é *indicativa* da probabilidade do direito do administrado[65]. No entanto, é irrecusável, mesmo nestes casos, que o magistrado examine o caso para constatar suas peculiaridades porque pode ocorrer de os fatos questionados em juízo não reclamarem a incidência da súmula administrativa invocada na petição inicial. Em casos como estes, não há espaço para incidir o inciso I do art. 311.

Importa evidenciar que o inciso I do art. 311 não se refere a quem pratica o ato ímprobo que pode resultar na concessão da tutela provisória em desfavor da outra parte. Inova, neste sentido, em relação ao inciso II do art. 273 do CPC de 1973, do qual descende, que atribuía aqueles comportamentos exclusivamente ao *réu*. Assim, pode ser que o próprio réu, valorando negativamente o comportamento do autor ao longo do processo, requeira a tutela provisória com fundamento no art. 311, I. É o que pode ocorrer, por exemplo, quando o réu reconvier (art. 343) e ao longo da fase recursal, pugnando pela manutenção de decisão que lhe é favorável diante de recurso protelatório do autor.

---

64. Neste sentido é o Enunciado n. 47 da I Jornada de Direito Processual Civil do CJF: "A probabilidade do direito constitui requisito para concessão da tutela da evidência fundada em abuso do direito de defesa ou em manifesto propósito protelatório da parte contrária".
65. Neste sentido é o Enunciado n. 34 do FPPC: "Considera-se abusiva a defesa da Administração Pública, sempre que contrariar entendimento coincidente com orientação vinculante firmada no âmbito administrativo do próprio ente público, consolidada em manifestação, parecer ou súmula administrativa, salvo se demonstrar a existência de distinção ou da necessidade de superação do entendimento".

9.2 Alegações de fato comprovadas documentalmente e tese firmada em repetitivos ou em súmula vinculante

De acordo com o inciso II do art. 311, a tutela provisória pode ser concedida quando "as alegações de fato puderem ser comprovadas apenas documentalmente e houver tese firmada em julgamento de casos repetitivos ou em súmula vinculante".

Cabe interpretar a regra ampla e sistematicamente com o que o próprio Código de Processo Civil desenha para o seu "direito jurisprudencial". Assim, é correto entender que a "tese jurídica" aplicável aos fatos constantes da petição inicial possa derivar não só dos "casos repetitivos" (art. 928) ou de súmula vinculante, mas também de *todos* os referenciais decisórios (os "indexadores jurisprudenciais") dos incisos do art. 927[66].

Também é correto interpretar a exigência de prova *documental* feita pelo dispositivo de maneira ampla para abranger qualquer *prova pré-constituída* que possa ser apresentada com a petição inicial, ainda que não se trate propriamente de *documento*: prova *documentada*, portanto. É, apenas para ilustrar, o que se dá com relação a provas colhidas antecipadamente com esteio nos arts. 381 a 383, à ata notarial (art. 384) ou, ainda, quando o autor faz uso de trabalho técnico nos moldes do art. 472.

9.3 Pedido reipersecutório

O inciso III do art. 311 autoriza a tutela da evidência quando "se tratar de pedido reipersecutório fundado em prova documental adequada do contrato de depósito, caso em que será decretada a ordem de entrega do objeto custodiado, sob cominação de multa".

A previsão remonta à "ação de depósito", que, no CPC de 1973, era disciplinada como um dos procedimentos especiais, em seus arts. 901 a 906.

A novel regra veio para substituir aquela previsão – um caso pertinente de abandono de procedimento especial defasado do CPC de 1973 pela ampliação de outras técnicas processuais –, promovendo necessária *adaptação* na cominação então prevista para a atual. Com efeito, de acordo com o § 1º do art. 902 do CPC de 1973, a não entrega da coisa depositada podia gerar a *prisão civil* do depositário infiel, o que encontrava autorização expressa no inciso LXVII do art. 5º da Constituição Federal. Mercê do Pacto de São José da Costa Rica, contudo, aquele permissivo constitucional já devia ser considerado proscrito do ordenamen-

---

66. No mesmo sentido são o Enunciado n. 48 da I Jornada de Direito Processual Civil do CJF ("É admissível a tutela provisória da evidência, prevista no art. 311, II, do CPC, também em casos de tese firmada em repercussão geral ou em súmulas dos tribunais superiores") e o Enunciado n. 30 da ENFAM: "É possível a concessão da tutela de evidência prevista no art. 311, II, do CPC/2015 quando a pretensão autoral estiver de acordo com orientação firmada pelo Supremo Tribunal Federal em sede de controle abstrato de constitucionalidade ou com tese prevista em súmula dos tribunais, independentemente de caráter vinculante".

to jurídico. Em seu lugar, o CPC de 2015 prevê a incidência de multa, com inequívoco propósito *cominatório*, isto é, para convencer o réu de que a melhor solução é a entrega imediata do bem depositado, cujo regime jurídico deve observar o quanto disposto (embora de maneira insuficiente) no art. 537.

O art. 311, III, merece ser interpretado no sentido de que a prova "documental" nele referida é também, na verdade, prova *documentada*, o que é suficiente para acolher qualquer prova pré-constituída, a exemplo do que este *Curso* propõe para o inciso II do mesmo dispositivo. A este propósito, cabe evidenciar que, a depender do caso concreto, pode ser que *também* deva ser necessário comprovar a *mora* do devedor com relação ao adimplemento contratual com vistas à concessão da tutela provisória[67].

9.4 Suficiência de provas

A última hipótese de tutela provisória fundamentada na evidência é a do inciso IV do art. 311, segundo o qual ela será deferida quando "a petição inicial for instruída com prova documental suficiente dos fatos constitutivos do direito do autor, a que o réu não oponha prova capaz de gerar dúvida razoável".

A redação do dispositivo é confusa, talvez pelo emprego de conceitos vagos e indeterminados em excesso, uma das características do Código de Processo Civil, aliás. Sua devida interpretação, contudo, revela situação em que a análise do acervo fático e probatório da petição inicial, já com sua submissão ao contraditório do réu, resulta na percepção de que o autor está dispensado do ônus da prova de suas alegações, cabendo ao réu produzir a prova relativa às suas alegações. Nesta análise, o magistrado levará em conta, inclusive, a efetiva oferta de contestação pelo réu (ou a falta e/ou a deficiência dela), extraindo daquele ato (ou fato) as devidas consequências previstas pelo sistema, a que mais importa para cá, a possibilidade de presumir verdadeiros os fatos alegados pelo autor, sendo pertinente a lembrança dos incisos II e III do art. 374.

A hipótese aqui tratada, que poderia ser confundida com o julgamento antecipado do mérito, ainda que parcial (arts. 355 e 356), é diversa e complementar àquele instituto. Ela merece ser compreendida no sentido de a concessão da tutela provisória viabilizar, de imediato, o cumprimento da sentença independentemente de eventual manifestação do réu, o que encontra eco no inciso V do § 1º do art. 1.012. Mas não só: ainda que o magistrado, por qualquer razão, não entenda que o caso comporte julgamento antecipado, ele poderá conceder, diante dos pressupostos do inciso IV do art. 311, a tutela provisória. O momento mais

---

67. Neste sentido é o Enunciado n. 29 da ENFAM: "Para a concessão da tutela de evidência prevista no art. 311, III, do CPC/2015, o pedido reipersecutório deve ser fundado em prova documental do contrato de depósito e também da mora".

apropriado para tanto é o "das providências preliminares e do saneamento", que compreende os arts. 347 a 353.

A previsão é perfeita para ilustrar a "retirada" do efeito suspensivo da apelação pela concessão da tutela provisória fundada na evidência: a ausência de "prova capaz de gerar dúvida razoável" a cargo do réu, em contraposição à "prova documental suficiente dos fatos constitutivos do direito do autor", é fator que enseja, a um só tempo, a concessão da tutela da evidência e o julgamento antecipado do mérito, nos precisos termos do inciso I do art. 355. Fosse a prova do réu capaz de comprometer a "suficiência" da prova documental dos fatos constitutivos do direito do autor, e a hipótese não seria nem da tutela da evidência, tampouco do julgamento antecipado do mérito. É que, neste caso, na exata medida em que o magistrado duvida do fato constitutivo do direito do autor diante das provas trazidas pelo réu, há necessidade de identificar o ponto controvertido e determinar a produção da prova que lhe permita julgar. O caso, destarte, é de saneamento e organização do processo (art. 357) e não de julgamento antecipado do mérito (art. 355, I).

Sobre o dispositivo, cabe destacar, a exemplo do quanto escrito sobre os incisos II e III do art. 311, que não há sentido em restringir a hipótese à prova "documental", máxime quando parecem ser inconcebíveis ou de remota importância prática a formulação e a concessão *liminar* do pedido. Importa, por isso mesmo, interpretar a referência aos meios de prova empregados pelo autor, quaisquer que sejam eles, desde sua petição inicial até o instante em que formula o pedido de tutela provisória fundamentada na evidência.

Mesmo depois do proferimento da sentença sem que ela tenha *concedido* tutela provisória fundamentada na evidência, não há razão para descartar que a tutela da evidência seja, ainda, passível de concessão. O pedido respectivo será dirigido ao Tribunal ou ao relator, o que encontra amparo no § 3º do art. 1.012, interpretado ampliativamente, para dele se extrair não só a *concessão* do efeito *suspensivo* a apelo dele desprovido, mas também a *subtração* do efeito suspensivo da apelação que o ostenta, a regra preservada pelo *caput* do art. 1.012.

9.5 Concessão liminar

O parágrafo único do art. 311 admite que as hipóteses dos incisos II e III sejam "decididas liminarmente", o que deve ser entendido como a possibilidade de o magistrado, diante de seus respectivos pressupostos, conceder a tutela provisória antes e independentemente da prévia oitiva do réu. A previsão encontra eco no inciso II do parágrafo único do art. 9º.

Nenhuma daquelas duas hipóteses confunde-se, na perspectiva do Código de Processo Civil, com a possibilidade de o magistrado proferir julgamentos *parciais* de mérito. Tal possibilidade, expressa no atual Código, encontra-se no art. 356, casos em que a decisão respectiva, a que julga antecipada e parcialmente o mérito, tem aptidão de produzir *imediatamente* seus efeitos, porque o recurso dela interponível, o agravo de instrumento (arts. 356, §

5º, e 1.015, II), *não* tem efeito suspensivo *ope legis,* prevalecendo, por isto mesmo, a regra geral do *caput* do art. 995, confirmada, no particular, pela do inciso I do art. 1.019. Já que a eficácia imediata daquela decisão decorre do próprio sistema codificado, independentemente da intervenção judicial, não há espaço, por falta de necessidade, para se cogitar da tutela provisória, ainda que fundamentada na evidência, para desempenhar aquele papel. É típico caso de aplicação da distinção da tutela jurisdicional *ope legis* e *ope iudicis* proposta pelo n. 4.2 do Capítulo 5 da Parte I.

De qualquer sorte, a concessão da tutela da evidência em qualquer uma de suas hipóteses será de enorme valia para retirar ou evitar o efeito suspensivo do recurso de apelação lamentavelmente preservado como regra pelo Código de Processo Civil (art. 1.012, *caput*), tal qual já era possível (e correto) sustentar no CPC de 1973 com fundamento no inciso II (reproduzido no inciso I do art. 311) e, sobretudo, no § 6º do art. 273 daquele mesmo Código[68].

Assim, concedida a tutela da evidência liminarmente, com base nos incisos II ou III do art. 311, observar-se-á o procedimento comum – não há nenhum outro a ser observado, diferentemente do que se dá para as tutelas de urgência requeridas antecedentemente, consoante sejam antecipadas ou cautelares – até o proferimento da sentença que estará apta a surtir efeitos imediatos desde logo, ainda que haja interposição de apelo pelo sucumbente, aplicando-se, à espécie, o disposto no inciso V do § 1º do art. 1.012, que se refere expressamente à hipótese de a sentença *confirmar* a tutela provisória.

Mesmo quando a hipótese não seja de concessão *liminar* da tutela provisória, é possível a tutela provisória ser concedida *na própria* sentença, o que significa dizer, em termos bem diretos, que a apelação eventualmente interposta pelo sucumbente não será recebida no efeito suspensivo. É o que merece ser extraído do mesmo inciso V do § 1º do art. 1.012, que também se refere à *concessão* da tutela provisória na sentença, que, no particular, distingue, com nitidez, a "sentença" (como, de resto, qualquer outra decisão jurisdicional) daquilo que ela contém (a concessão da tutela jurisdicional) e de seus efeitos (a viabilidade do cumprimento *imediato* da sentença).

Admitir, como o parágrafo único o faz, a concessão *liminar* nas hipóteses destacadas deve conduzir o magistrado a um redobrado cuidado na análise do pedido respectivo para não arranhar, em nome do princípio da efetividade, o do contraditório e o da ampla defesa. É imaginar, para mostrar o quanto de polêmica existe atrás da previsão legislativa, lembrando do quanto escrito sobre o art. 9º no n. 2.9 do Capítulo 1, que os documentos apresentados pelo autor para dar fundamento ao seu pedido contenham alguma falsidade imperceptível pelo magistrado, podendo, contudo, ser descortinada pelo réu. Na dúvida quanto à "evidência" do substrato fático dos incisos II e III do art. 311, destarte, o caso é de *indeferimento* do

---

68. É o que sustentava o autor deste *Curso* desde seu *Execução provisória e antecipação da tutela,* esp. p. 299-311.

pedido *liminar*. É interpretação que, além de chamar a atenção do indispensável exame casuístico dos pedidos, evita a pecha de inconstitucionalidade genérica da previsão legislativa[69].

De resto, justamente porque o parágrafo único do art. 311 não se relaciona com situações de urgência, não há nenhuma inconstitucionalidade na opção nele feita pelo legislador, que restringe a concessão da tutela provisória da evidência *liminar* aos casos dos incisos II e III do *caput*.

10. TUTELA PROVISÓRIA E O DIREITO PROCESSUAL PÚBLICO

Tema clássico do "direito processual público" é o relativo à tutela provisória. No particular, é correto entender que a concepção do mandado de segurança em sua origem, como procedimento jurisdicional constitucionalmente diferenciado voltado para viabilizar um controle mais eficiente dos atos do Estado pelo Poder Judiciário, deve-se a este contexto, no exato momento em que foi aprovada Emenda Constitucional em 1926 para restringir o uso do *habeas corpus* para o direito de locomoção.

A evolução do mandado de segurança desde então até nossos dias é marcada por vedações e restrições de toda a ordem. Foi o que ocorreu também com relação às cautelares em que figurava como réu o Poder Público e, no momento oportuno, com a tutela antecipada. Nesse sentido, o art. 1.059 do Código de Processo Civil é regra que consolida verdadeira *tradição* de dificuldade de acesso à Justiça, de ineficiência processual e de inefetividade do direito material pelo e no processo. Seu exame ocupa os números seguintes.

De outra parte, para além daquela regra, expressa com relação ao regime da "[...] tutela provisória requerida contra a Fazenda Pública", há considerações importantes relativas à aplicação da disciplina dos arts. 294 a 311 em relação ao Poder Público.

Uma delas diz respeito a viabilidade de a tutela provisória estabilizar-se quando concedida em desfavor do Poder Público. Há quem entenda que para que aquilo ocorra é mister que a decisão respectiva seja reexaminada (e confirmada) pelo Tribunal, por força do disposto no art. 496, excepcionadas apenas as hipóteses em que os §§ 3º e 4º daquele dispositivo reputam desnecessário o reexame. A propósito, é comum a lembrança do § 4º do art. 700, que trata do assunto na perspectiva da "ação monitória", impondo a submissão do ato que, atestando o silêncio do Poder Público, determina a conversão do mandado inicial em mandado de cumprimento, ao Tribunal competente para os fins do art. 496. Há aqueles que negam a estabilização em desfavor do Poder Público porque aquele instituto dependeria de

---

[69]. Tal qual a desenvolvida pelo Estado do Rio de Janeiro na ADI 5.492, noticiada a propósito do exame do art. 9º no n. 2.9 do Capítulo 1.

direito disponível, idôneo, portanto, de ser presumido verdadeiro em desfavor do réu nos casos de sua omissão, invocando o inciso II do art. 344[70].

Este *Curso* entende que a estabilização da tutela provisória em face do Poder Público em Juízo – partindo do pressuposto de que ele não se manifestou de nenhuma forma contra a decisão – depende da realização da remessa necessária, ressalvadas as hipóteses dos §§ 3º e 4º do art. 496. Não, contudo, por analogia do que o Código de Processo Civil reserva para a *ação monitória*, pelas mesmas razões expostas no n. 6.5, *supra*. É indiferente, de outra parte, que o art. 496 se refira a *sentença* e a decisão que concede a tutela provisória seja, nos casos aqui examinados, *interlocutória*. O argumento, textual, não resiste à menor análise sistemática do direito processual civil, menos ainda com a qualidade da cognição jurisdicional alcançada pelo magistrado ao conceder a tutela provisória, que *não* se modifica nas hipóteses de estabilização[71].

A razão decorre da (infeliz e reiterada) opção do legislador de atrelar a eficácia *e a* imunização das decisões contra ao Poder Público ao prévio reexame do Tribunal, independentemente da interposição do recurso cabível[72]. Fosse a hipótese de recurso, aliás, não haveria nenhuma dificuldade em recusar a possibilidade da estabilização diante do § 1º do art. 304.

No entanto – e aqui a nota distintiva –, remessa necessária, em todos os casos em que há concessão da tutela provisória, não pode comprometer a *eficácia imediata* da decisão que a veicula. Seria um contrassenso, a ser proscrito sistematicamente. O que fica na dependência de sua realização é a *imutabilidade* da decisão concessiva da tutela provisória ou, como quer o art. 304, sua *estabilização*.

Negar a estabilização com a lembrança do inciso II do art. 344 é argumento que conduziria a inviabilidade de a tutela provisória ser concedida, ao menos antes do estabelecimento prévio de contraditório, em todos os casos que possam ser compreendidos como "indisponíveis"[73]. Além de a discussão ir muito além dos casos relacionados ao Poder Público, ela geraria uma situação de imunização apriorística para a concessão de tutela provisória arredia ao art. 5º, XXXV e LXXVIII, da Constituição Federal, agravado, ademais, quando a hipótese for de tutela provisória concedida com fundamento na *urgência*. O que pode ocorrer diante de uma situação de direito material amoldável àquele dispositivo codificado é de

---

70. Para a exposição destas correntes, consultar, com proveito, o trabalho de Fernanda Machado Pillar, *Tutela provisória e Fazenda Pública: a estabilização no processo tributário*, esp. p. 133-140. A autora sustenta o entendimento de que a estabilização depende da remessa necessária às p. 140-146.
71. Não há como concordar, por tais razões, com o Enunciado n. 21 do TJMG: "A Fazenda Pública se submete ao regime de estabilização da tutela antecipada, por não se tratar de cognição exauriente sujeita a remessa necessária".
72. Este *Curso* entende que o art. 496 viola o modelo constitucional do direito processual civil, ao menos nos casos em que o Poder Público tem advocacia institucionalizada. A opção do legislador viola a isonomia e as eficiências processual *e* administrativa. A exposição, contudo, assume a regra harmônica àquele modelo para viabilizar a discussão e alcançar as situações em que o Poder Público não tem advocacia institucionalizada, como ocorre, por exemplo, com a maior parte dos municípios brasileiros.
73. É o Enunciado n. 22 do TJMG: "O réu absolutamente incapaz não se submete ao regime de estabilização da tutela antecipada".

o magistrado não verificar *probabilidade* do direito ao autor suficiente para a concessão da tutela provisória. Nesta hipótese, contudo, fica prejudicada qualquer discussão sobre a viabilidade de sua estabilização.

Outro campo de discussão fértil, tendo presente a inter-relação da tutela provisória e o direito processual público, diz respeito ao art. 151 do Código Tributário Nacional. Aquele dispositivo indica diversas hipóteses de suspensão da exigibilidade do crédito tributário, dentre elas, "IV – a concessão de medida liminar em mandado de segurança" e "V – a concessão de medida liminar ou de tutela antecipada, em outras espécies de ação judicial".

Qualquer interpretação textual daqueles dois dispositivos deve ceder espaço para a sistemática, sendo correto entender que também *tutela provisória* concedida em desfavor do Poder Público terá o condão de suspender a exigibilidade do crédito tributário nas mesmas condições nele referidas.

É certo que o inciso V do art. 151 do Código Tributário Nacional foi incluído pela Lei Complementar n. 104/2001 para evidenciar que "outras liminares" ou a "tutela antecipada" seriam também aptas à suspensão da exigibilidade do crédito tributário, além do mandado de segurança, considerando a majoritária compreensão de que os incisos daquele art. 151 merecem ser interpretados *restritivamente*. Mesmo para quem concordar com este entendimento, contudo, basta compreender que a "tutela provisória dos arts. 296 a 311" tem tudo para desempenhar o papel da "medida liminar", inclusive satisfativa (tutela *antecipada*), "em outras espécies de ação judicial".

10.1 Restrições à tutela provisória (art. 1.059)

O art. 1.059, escondido no Livro Complementar do Código de Processo Civil, consagra regra restritiva que, lamentavelmente, é típica do direito processual civil brasileiro e, como destaca o número anterior, tendo o Poder Público como réu, evolui (ou, no particular, *involui*) com ele, desde os primórdios das leis que regulamentaram o mandado de segurança. Trata-se de inovação introduzida quando o Projeto tramitava na Câmara dos Deputados e que acabou sendo preservada pelo Senado Federal na reta final do processo legislativo[74].

O referido dispositivo, a um só tempo, veda ou impõe restrições à tutela provisória, disciplinada pelos arts. 294 a 311 da nova codificação, requerida em face da Fazenda Pública em determinadas hipóteses (arts. 1º a 3º da Lei n. 8.437/92 e § 2º do art. 7º da Lei n. 12.016/2009). Também determina a aplicação a ela do que, na prática do foro, é chamado de "suspensão de segurança" ou "suspensão de liminar" (e, para o CPC de 1973, também de "suspensão de tutela antecipada"), consoante seja a origem da decisão proferida contra o Poder Público e cujos efeitos se pretende suspender (art. 4º da Lei n. 8.437/92).

---

74. Para o confronto dos Projetos do Senado e da Câmara, ver, do autor deste *Curso*, seu *Projetos de novo Código de Processo Civil: comparados e anotados*, p. 156-157.

É o caso de estudar mais detidamente uma e outra determinação, a começar pelas hipóteses em que há restrição ou limitação à tutela provisória requerida contra a Fazenda.

O *caput* do art. 1º da Lei n. 8.437/92 (diploma legislativo que "dispõe sobre a concessão de medidas cautelares contra atos do Poder Público e dá outras providências") dispõe que "não será cabível medida liminar contra atos do Poder Público, no procedimento cautelar ou em quaisquer outras ações de natureza cautelar ou preventiva, toda vez que providência semelhante não puder ser concedida em ações de mandado de segurança, em virtude de vedação legal".

Trata-se de regra que, no contexto do Código de Processo Civil, conduz às restrições que a lei do mandado de segurança, a Lei n. 12.016/2009, estabelece sobre o assunto e, neste sentido, já estão suficientemente albergadas pela remissão àquele outro diploma legislativo pelo mesmo art. 1.059. Idêntica solução deve ser dada ao § 5º do art. 1º da Lei n. 8.437/92: a vedação de *tutela provisória* que defira compensação de créditos tributários e previdenciários decorre, de forma bastante, do § 2º do 7º da Lei n. 12.016/2009.

Não há por que duvidar, de qualquer sorte, que a *repetição* das normas tem o sentido de eliminar qualquer dúvida que pudesse (ou possa) haver sobre a subsistência das regras veiculadas pelo diploma legislativo de 1992 diante da superveniência da Lei de 2009. É como se se dissesse que a tutela provisória do Código de Processo Civil está vedada naqueles casos, independentemente de a questão merecer ser analisada na perspectiva da antiga tutela cautelar (Lei n. 8.437/92) ou do subsistente mandado de segurança (Lei n. 12.016/2009). Para a tutela antecipada requerida contra o Poder Público, também tendo presente o CPC de 1973, é bastante para confirmar idêntica vedação a lembrança do art. 1º da Lei n. 9.494/97, que chegou a ser considerado *constitucional* pelo Plenário do Supremo Tribunal Federal no julgamento da ADC 4/DF[75], diferentemente do que, no âmbito da ADI 4.296/DF, prevaleceu para o precitado art. 7º, § 2º, da Lei n. 12.016/2009[76].

---

75. É a seguinte a ementa do acórdão: "Ação Declaratória de Constitucionalidade – Processo objetivo de controle normativo abstrato – Natureza dúplice desse instrumento de fiscalização concentrada de constitucionalidade – Possibilidade jurídico-processual de concessão de medida cautelar em sede de ação declaratória de constitucionalidade – Inerência do poder geral de cautela em relação à atividade jurisdicional – Caráter instrumental do provimento cautelar cuja função básica consiste em conferir utilidade e assegurar efetividade ao julgamento final a ser ulteriormente proferido no processo de controle normativo abstrato – Importância do controle jurisdicional da razoabilidade das leis restritivas do poder cautelar deferido aos juízes e tribunais – Inocorrência de qualquer ofensa, por parte da Lei n. 9.494/97 (art. 1º), aos postulados da proporcionalidade e da razoabilidade – Legitimidade das restrições estabelecidas em referida norma legal e justificadas por razões de interesse público – Ausência de vulneração à plenitude da jurisdição e à cláusula de proteção judicial efetiva – Garantia de pleno acesso à jurisdição do Estado não comprometida pela cláusula restritiva inscrita no preceito legal disciplinador da tutela antecipatória em processos contra a Fazenda Pública – Outorga de definitividade ao provimento cautelar que se deferiu, liminarmente, na presente causa – Ação Declaratória de Constitucionalidade julgada procedente para confirmar, com efeito vinculante e eficácia geral e 'ex tunc', a inteira validade jurídico-constitucional do art. 1º da Lei 9.494, DE 10/09/1997, que 'disciplina a aplicação da tutela antecipada contra a Fazenda Pública'". (STF, Pleno, ADC 4/DF, rel. p/ acórdão Celso de Mello, j.m.v. 1º-10-2008, *DJe* 30-10-2014).
76. Para essa exposição, v., do autor deste *Curso*, o n. 9.4 do Capítulo 1 da Parte II de seu *Poder Público em juízo*.

O § 1º do art. 1º da Lei n. 8.437/92 deve ser compreendido como a vedação da tutela provisória em qualquer caso em que, fosse o ato do Poder Público contrastado por intermédio do mandado de segurança, a hipótese reclamaria, por disposição constitucional, competência *originária* de Tribunal. São variados os exemplos, dentre eles, apenas para ilustração, atos do Presidente da República, dos Ministros dos Estados e dos Governadores, em que os mandados de segurança, por força da Constituição Federal e das Constituições dos Estados, devem ser impetrados originariamente no Supremo Tribunal Federal, no Superior Tribunal de Justiça e nos Tribunais de Justiça, respectivamente. A exceção trazida pelo § 2º do mesmo dispositivo é indiferente para o tema na perspectiva da tutela provisória do Código de Processo Civil: a disciplina da "ação popular" e a da "ação civil pública" *não* se encontram nele, mas, sim, em leis extravagantes, a saber: a Lei n. 4.717/65 e a Lei n. 7.347/85. Tivesse havido cuidadosa revisão do texto aprovado na Câmara ou na reta final, perante o Senado Federal, e certamente a menção àquele § 2º do art. 1º da Lei n. 8.437/92 teria sido pertinentemente eliminada.

O § 3º do art. 1º da Lei n. 8.437/92 veda a *tutela provisória* que, no todo ou em parte, "esgote o objeto da ação". Trata-se de regra que merece receber a mesma interpretação do § 3º do art. 300[77]. A depender da relevância dos interesses e direitos envolvidos no caso concreto, o interesse ou direito mais evidente e mais carente de tutela *deve-ser* tutelado ainda que de maneira *satisfativa*, isto é, ainda que "esgotando o objeto da ação". É para esta finalidade, aliás, que a tutela provisória *antecipada* é predisposta[78]. Fosse ela *limitada* a *assegurar* algum direito, bastaria sua feição *cautelar* que, aliás, é inequivocamente preservado pelo Código de Processo Civil, como se verifica suficientemente de seus arts. 301 e 305, *caput*.

O § 4º do art. 1º da Lei n. 8.437/92 trata da necessária intimação do dirigente do órgão ou entidade públicos *e* de seu representante judicial da decisão relativa à tutela provisória. A providência quer viabilizar a apresentação do recurso cabível por quem, nos precisos termos dos incisos I a IV art. 75, detém a representação processual do ente público. Não custa lembrar que é expresso cabimento do agravo de instrumento da decisão que concede *e* também da que nega a liminar (art. 1.015, I[79]).

O art. 2º da Lei n. 8.437/92 estabelece necessário contraditório, prévio ao exame do pedido de tutela provisória, a ser estabelecido em setenta e duas horas, quanto se tratar de

---

77. "§ 3º A tutela de urgência de natureza antecipada não será concedida quando houver perigo de irreversibilidade dos efeitos da decisão."
78. Aceitando esta interpretação – de resto, amplamente vencedora diante do § 2º do art. 273 do CPC de 1973 –, é o Enunciado 419 do FPPC: "Não é absoluta a regra que proíbe tutela provisória com efeitos irreversíveis". Também o Enunciado 25 da ENFAM: "A vedação da concessão de tutela de urgência cujos efeitos possam ser irreversíveis (art. 300, § 3º, do CPC/2015) pode ser afastada no caso concreto com base na garantia do acesso à Justiça (art. 5º, XXXV, da CRFB)".
79. Na perspectiva do mandado de segurança, a recorribilidade imediata da decisão que concede e da que nega a liminar é expressamente assegurada pelo § 1º do art. 7º da Lei n. 12.016/2009, previsão que se harmoniza com a genérica previsão do inciso XIII do art. 1.015 do CPC.

mandado de segurança coletivo e em ação civil pública[80]. A constitucionalidade da regra – inegavelmente harmônica com o contraditório, tão enfatizado, no plano infraconstitucional pelo Código de Processo Civil – depende da viabilidade concreta de observância daquele prazo. Para tanto, não há razão para deixar de considerar o largo emprego das novas tecnologias para viabilizar céleres (e seguras e legítimas) *intimações*, embora o CPC de 2015 seja tímido a este respeito. Caso contrário – inclusive para quem descartar o emprego das novas tecnologias para este fim – e sempre a depender da concreta iminência de risco, o princípio do contraditório *deve ceder espaço* ao princípio da efetividade do direito material pelo processo, sendo, pois, legitimamente *postergado*[81].

Questão interessante sobre aquele dispositivo diz respeito à sua aplicação a hipóteses que não sejam de mandado de segurança coletivo ou de ação civil pública, isto é, a qualquer caso de tutela provisória requerida em face do Poder Público. A necessidade de interpretação *restritiva* de regras que, de alguma forma, queiram criar obstáculos à efetividade do processo em face do Poder Público recomenda a resposta negativa[82]. Não obstante, é também excepcional a própria concepção de um contraditório postergado. Nesse sentido, é correto entender que, *sempre* que for possível o estabelecimento do contraditório prévio sobre o pedido de tutela provisória, ele deve ser estabelecido, ainda que não se trate de mandado de segurança coletivo ou de ação civil pública e, no que aqui interessa mais de perto, mesmo quando não se tratar de pedido de tutela provisória requerida em face do Poder Público. Não há qualquer critério que autorize tratamento não isonômico na espécie.

A remissão ao art. 3º da Lei n. 8.437/92[83], por sua vez, deve ser entendida no sentido de que não produzirá efeito imediato a sentença "que importe em outorga ou adição de vencimentos ou de reclassificação funcional". Seja porque, como quer aquele dispositivo, a apelação dela interponível terá efeito suspensivo ou também porque ela está sujeita ao "recurso *ex officio*" que, no âmbito do CPC de 2015, corresponde à "remessa necessária" (art. 496).

---

80. O § 2º do art. 22 da Lei n. 12.016/2009 veicula a mesma regra para o mandado de segurança coletivo. A despeito da inequívoca *derrogação* do art. 2º da Lei n. 8.437/92 pelo referido dispositivo mais recente, parece fadada ao insucesso qualquer discussão sobre o art. 1.059 não dizer respeito indistintamente àquelas duas manifestações de acesso coletivo à justiça. A regra também teve sua constitucionalidade questionada na ADI 4.296/DF, mas a tese foi rejeitada pela maioria votante.
81. Trata-se de clássica (e correta) compreensão sustentada, dentre tantos, também por Nicolò Trocker, em seu *Processo civile e costituzione*, especialmente p. 406-409, para o processo alemão e para o italiano. Na perspectiva da jurisprudência do Tribunal Constitucional português, ver José Lebre de Freitas; Cristina Máximo dos Santos, *O processo civil na Constituição*, p. 107-108.
82. Prova suficiente do acerto dessa afirmação está estampada na Súmula 729 do STF, cujo enunciado é o seguinte: "A decisão na ADC-4 não se aplica à antecipação de tutela em causa de natureza previdenciária". Refletindo sobre a observação do texto, ver o Capítulo 7 da Parte I e o Capítulo 5 da Parte II do volume 4 deste *Curso* em suas edições anteriores ao CPC de 2015.
83. "Art. 3º O recurso voluntário ou *ex officio*, interposto contra sentença em processo cautelar, proferida contra pessoa jurídica de direito público ou seus agentes, que importe em outorga ou adição de vencimentos ou de reclassificação funcional, terá efeito suspensivo."

Assim, ainda que a sentença proferida contra o Poder Público *conceda* ou *confirme* tutela provisória para o fim de outorgar ou aditar vencimentos ou determinar reclassificação funcional, ela, na perspectiva do referido art. 3º da Lei n. 8.437/92, não produzirá efeitos imediatamente. Está excepcionada, assim, a regra do inciso V do § 1º do art. 1.012 do CPC de 2015 que, para hipóteses de *concessão* ou de *confirmação* da tutela provisória, *retira* o efeito suspensivo do apelo e permite, como consequência, a viabilidade de início dos atos de cumprimento *provisório* da sentença[84]. É certo, contudo, que os casos de *dispensa* da remessa necessária previstos nos §§ 3º e 4º do art. 496 devem ser aplicados à hipótese, a pressupor, quando ocorrentes, a necessidade de interposição de recurso pela pessoa de direito público.

Pergunta pertinentíssima acerca do assunto é a de saber se é constitucional regra que impede, como esta, casuisticamente, o cumprimento provisório da sentença. A melhor resposta é a negativa[85]. A *necessidade* de fruição *imediata* da tutela jurisdicional sobrepõe-se à segurança jurídica corporificada pelo efeito suspensivo do apelo e, mais amplamente, do reexame necessário. Ademais, no que diz respeito à incidência da sentença à remessa necessária, é irrecusável a aplicação das dispensas expressamente autorizadas pelos §§ 3º e 4º do art. 496.

Por sua vez, a aplicação do § 2º do art. 7º da Lei n. 12.016/2009 (que "disciplina o mandado de segurança individual e coletivo e dá outras providências") significa que é vedada a tutela provisória requerida em face da Fazenda Pública quando ela objetivar a compensação de créditos tributários, a entrega de mercadorias e bens provenientes do exterior, a reclassificação ou equiparação de servidores públicos e a concessão de aumento ou a extensão de vantagens ou pagamento de qualquer natureza. Trata-se de dispositivo que consolida a (in)justificável) tendência de as leis brasileiras estrangularem os mecanismos de tutela jurisdicional eficazes contra atos do Poder Público[86].

10.2 Em especial a "suspensão da tutela provisória"

Com relação ao que, em função do alcance do art. 1.059, tem tudo para, coerentemente, passar a ser conhecida como "suspensão de *tutela provisória*", cabe esclarecer que se trata de

---

84. É só nesses casos que a remissão do art. 3º da Lei n. 8.437/92 faz sentido. Nas demais, em rigor, prevalece o efeito suspensivo do apelo e/ou a remessa necessária. Diferentemente se passava com o CPC de 1973, cujo inciso IV do art. 520 *retirava* o efeito suspensivo da apelação interposta no chamado "processo cautelar". Naquele sistema, o art. 3º da Lei n. 8.437/92 desempenhava o papel da regra oposta daquele específico dispositivo.
85. Para a demonstração, ver, do autor deste *Curso*: *O poder público em juízo*, p. 206-210; *Mandado de segurança*, p. 286-290, e, mais recentemente, sob a égide da Lei n. 12.016/2009, *A nova Lei do Mandado de Segurança*, p. 114-119.
86. Para o assunto, v., do autor deste *Curso*, seu *Mandado de segurança*, p. 99-102, e, mais demoradamente, seu *Liminar em mandado de segurança: um tema com variações*, p. 137 e s. Posteriormente, inclusive à luz do significado do julgamento da ADI 4.296/DF, v. o n. 7 do Capítulo 5 da Parte I e o n. 9.4 do Capítulo 1 da Parte II de seu *Poder Público em juízo* e também seu *Tutela provisória e compensação tributária*: os efeitos práticos da declaração de inconstitucionalidade do art. 7º, § 2º, da Lei 12.016/2009 e seu artigo *ADI 4296 e liminar em mandado de segurança: uma proposta de compreensão de seu alcance*.

pedido a ser formulado, pelo Ministério Público ou pela "pessoa jurídica de direito público interessada", diretamente ao presidente do Tribunal competente para o julgamento do recurso cabível da decisão para suspender seus efeitos "em caso de manifesto interesse público ou de flagrante ilegitimidade, e para evitar grave lesão à ordem, à saúde, à segurança e à economia públicas" (art. 4º, *caput*, da Lei n. 8.437/92).

A prática forense desmente a exigência legal de que haja *prévio* contraditório com a parte contrária (que é a beneficiária da decisão cujos efeitos se pretende suspender), o que se extrai dos §§ 2º e 7º do art. 4º da Lei n. 8.437/92. Que, no particular, o princípio do contraditório e o modelo de processo cooperativo repetitivamente desenhado pelo Código de Processo Civil alterem a rotina, ao menos nos casos em que não há urgência, alegada e demonstrada, apta a postergar o contraditório.

Contra o ato presidencial, que concede ou do que nega o pedido, cabe agravo *interno* (art. 4º, § 3º, da Lei n. 8.437/92), o que, na perspectiva do Código de Processo Civil, deixa de ter sabor de novidade diante de seu art. 1.021 e da *generalização* daquela espécie recursal. O prazo de interposição daquele recurso – o referido § 3º reserva, para a iniciativa, o prazo de *cinco* dias – passa a ser, contudo, de *quinze dias,* diante do art. 1.070, que fluem apenas em dias *úteis* por força do parágrafo único do art. 219. Como é recurso que somente será interposto por pessoas de direito público, dadas as peculiaridades do instituto, não há razão para sua duplicação nos moldes do *caput* do art. 183, aplicável, ao caso, a ressalva constante do § 2º do mesmo dispositivo.

Se o julgamento colegiado for contrário à suspensão, cabe a formulação de *novo* pedido de suspensão ao presidente do Supremo Tribunal Federal ou do Superior Tribunal de Justiça, consoante o fundamento da decisão cujos efeitos se quer suspender sejam constitucionais ou infraconstitucionais, respectivamente (art. 4º, § 4º, da Lei n. 8.437/92). Idêntica providência, requerida diretamente ao presidente dos Tribunais Superiores, tem lugar também contra o acórdão que, improvendo colegiadamente o recurso de agravo de instrumento cabível contra a decisão relativa à tutela provisória (art. 1.015, I), conservá-la (art. 4º, § 5º, da Lei n. 8.437/92).

Que o pedido de suspensão de segurança não é e não deve ser tratado como recurso, há menos dúvidas[87]. Prevalece, contudo, o entendimento, largamente difundido na jurisprudência, e não raro aplaudido pela doutrina, de que o julgamento da suspensão leva em consideração aspectos mais políticos e/ou administrativos do que jurídicos[88]. Nela não se examina

---

[87]. Para a discussão (crítica) da natureza jurídica do instituto, ver as monografias de Marcelo Abelha Rodrigues (*Suspensão de segurança*, esp. p. 97-106) e de Elton Venturi (*Suspensão de liminares e sentenças contrárias ao Poder Público*, p. 63-106). O autor deste *Curso* também se voltou ao tema em variadas oportunidades, desde seu *Liminar em mandado de segurança*, esp. p. 210-260, passando por seu *Mandado de segurança*, p. 249-252, *A nova lei do mandado de segurança*, p. 127-129, e *O poder público em juízo*, p. 15-21 e 106-114, até o n. 13 do Capítulo 1 da Parte I do volume 2, tomo III, deste *Curso*, em suas edições anteriores ao CPC de 2015.

[88]. Árdua defensora daquele entendimento é Ellen Gracie Northfleet em seu "Suspensão de sentença e de liminar", esp. p. 183-185.

se o magistrado, ao conceder a tutela provisória em desfavor da Fazenda Pública, errou ou acertou, se ele avaliou adequada ou inadequadamente os pressupostos autorizadores de sua concessão. Avalia-se, em primeiro plano, de que maneira aquela decisão (mais precisamente, seus efeitos concretos) é inconveniente à ordem administrativa.

Em um Estado Constitucional, a distinção não tem razão de ser porque não consta haver nada a ser protegido pelo Estado-juiz à margem do ordenamento jurídico. Se o magistrado errou, é o caso de corrigi-lo e os recursos existem para tanto, inclusive com a possibilidade de suspensão imediata dos efeitos da decisão recorrida (art. 1.019, I). Se sua decisão é certa, problemas relativos ao cumprimento de sua determinação, mesmo que impactantes do ponto de vista administrativo e organizacional do Estado, reclamam providências de ordem diversa. Não obstante – e para dar supedâneo ao entendimento contrário (e majoritário) –, o § 6º do art. 4º da Lei n. 8.437/92, justamente por força deste caráter distintivo da medida e para robustecê-la, dispõe que o julgamento do agravo de instrumento não prejudica nem condiciona o da suspensão.

O § 8º do art. 4º da Lei n. 8.437/92 aceita que um só pedido de suspensão possa atingir diversas decisões, provenientes de variados processos, aditando o original. É um caso interessante que a lei processual civil extravagante já conhecia de aglutinação *vertical* de processos, de cima para baixo, que a técnica de recursos repetitivos, levada às últimas consequências pelo CPC de 2015[89], acaba empregando, ainda que em sentido e para fins diversos.

Embora a conclusão final deste *Curso* seja no sentido da inconstitucionalidade do instituto e de seus desdobramentos, inclusive o que agora está em foco, é irrecusável entender que não pode haver estabilização da tutela provisória concedida em face do Poder Público nos casos em que o pedido de suspensão é formulado ao Presidente do Tribunal, ainda que não ele seja deferido. A despeito de o instituto não ostentar natureza recursal, é irrecusável que ele deve ser compreendido de forma ampla como manifestação de vontade contrária e bastante para impedir a estabilização de que trata o art. 304. Em se tratando de hipóteses amoldáveis ao § 8º do art. 4º da Lei n. 8.437/92, é correto entender que também não pode ocorrer a estabilização. Tudo se passa, dentro da lógica daquela "suspensão múltipla", como se os efeitos da primeira decisão presidencial, enquanto vigentes, tolhessem aprioristicamente os efeitos de decisões em sentido contrário, dentre eles o da viabilidade de sua estabilização.

O último dispositivo relativo ao "pedido de suspensão de tutela *provisória*" é o § 9º do art. 4º da Lei n. 8.437/92, pelo qual "A suspensão deferida pelo presidente do Tribunal vigorará até o trânsito em julgado da decisão de mérito na ação principal". É o que a boa doutrina produzida acerca do tema identifica com o nome "ultra-atividade" do pedido de suspensão e que significa, em termos diretos, a predisposição legislativa de a suspensão perdurar

---

89. A referência é feita aos arts. 1.036 a 1.041. Cabe lembrar, outrossim, que o novo Código considera, em seu art. 928, "julgamento de casos repetitivos" também o novel incidente de resolução de demandas repetitivas, disciplinado pelos arts. 976 a 987.

até o trânsito em julgado da decisão a ser proferida no fecho da etapa cognitiva do processo, o que é inócuo porque a decisão cujos efeitos são suspensos, justamente por ser provisória, não subsiste como tal com o proferimento da "decisão final", que a absorve[90].

É o que o Código de Processo Civil, no particular, prevê de forma suficiente no inciso V do § 1º de seu art. 1.012. Se esta *nova* decisão desafia correlato e *novo* pedido de suspensão porque ela, não a anterior, atrita com o que o *caput* do art. 4º da Lei n. 8.437/92 quer proteger, é o caso de o Ministério Público ou a pessoa de direito público interessada formular *novo* pedido de suspensão ao presidente do Tribunal, que julgará o apelo, interpretação que recebe o beneplácito do § 1º do art. 4º da Lei n. 8.437/92. Não, contudo, preservar a suspensão originária como se a decisão suspensa subsistisse ao desenvolvimento do processo.

10.3 O art. 1.059 e a tutela da evidência

O Código de Processo Civil, como demonstra o n. 1, *supra*, inova em relação ao de 1973 quando distingue, com clareza, dois fundamentos diversos para a concessão da tutela provisória, a urgência e a evidência *(que merece ser compreendido com a desnecessidade de urgência)*, como expressamente prescreve o *caput* do art. 294.

Diante disso, questão que se mostra pertinente é saber se o art. 1.059 do CPC de 2015 alcança as novéis hipóteses de tutela provisória quando fundamentadas em *evidência*.

Dadas as especificidades das remissões legislativas feitas por aquele dispositivo codificado, não há como querer alcançar as hipóteses em que a tutela provisória é concedida com fundamento na *evidência*. É que todos os casos vedados ou limitados pela Lei n. 8.437/92 e pela Lei n. 12.016/2009 pressupõem *urgência*, que era, à época de sua edição, o único critério autorizador de tutelas cautelares em face do Poder Público e de liminares em mandado de segurança[91]. De outra parte, a *evidência* autorizadora das medidas previstas nos incisos do art. 311 é reveladora, por si só, da pouca probabilidade de reversão da medida e, consequentemente, o afastamento dos costumeiros receios quanto a eventual irreversibilidade da medida[92].

---

90. Trata-se de orientação que encontra eco na *literalidade* do enunciado da Súmula 626 do STF, não, contudo, no que em seus precedentes foi decidido. Para essa discussão, o autor deste *Curso* voltou-se em seu *Mandado de segurança*, p. 256-258, e em seu *O Poder Público em juízo*, p. 81-88.
91. Admitindo que as liminares em mandado de segurança tenham como fundamento também a evidência é o Enunciado n. 49 da I Jornada de Direito Processual Civil do CJF: "A tutela da evidência pode ser concedida em mandado de segurança". Admitindo-a, embora com a sombra do art. 1.059, é o Enunciado n. 13 do FNPP: "Aplica-se a sistemática da tutela da evidência ao processo de mandado de segurança, observadas as limitações do art. 1.059 do CPC".
92. O Enunciado n. 35 do FPPC acolhe esse entendimento: "As vedações à concessão de tutela provisória contra a Fazenda Pública limitam-se às tutelas de urgência". Em sentido contrário é o Enunciado n. 14 do FNPP: "Não é cabível concessão de tutela provisória de evidência contra a Fazenda Pública nas hipóteses mencionadas no art. 1.059, CPC".

10.4 (In)constitucionalidade do art. 1.059

Exposto o alcance (amplíssimo) da remissão feita pelo art. 1.059, cabe enfrentar dois questionamentos. O primeiro é acerca da constitucionalidade das restrições por ele determinadas à tutela provisória. O segundo refere-se à constitucionalidade da "suspensão da tutela provisória".

Restringir, como inequivocamente faz o art. 1.059, a "tutela provisória" é agredir, frontalmente, o acesso à justiça garantido (expressamente) pelo inciso XXXV do art. 5º da Constituição Federal. Não há espaço para o legislador desdizer ou limitar o que lá está garantido sem qualquer ressalva, independentemente de quem seja a parte contrária. É o próprio § 1º do art. 5º da Constituição Federal que dá estofo suficiente a este entendimento. Mesmo nos casos em que as regras buscam menos que restringir, limitar ou "disciplinar" sua concessão, há inconstitucionalidade porque há criação de óbices à efetividade da tutela jurisdicional modelada desde a Constituição Federal[93].

Não há como ser aceito, a propósito da conclusão exposta no parágrafo anterior, o argumento de que o art. 1.059 não seria inconstitucional porque não é ele que restringe a concessão da tutela provisória em face do Poder Público em Juízo, mas as normas para as quais ele faz remissão. Como a única razão de ser do dispositivo é a de fazer aquelas remissões com o intuito de evitar qualquer questionamento sobre se as restrições relativas às cautelares e à tutela antecipada em detrimento do Poder Público alcançariam também a tutela provisória, não há muita dificuldade para concluir, por essa razão, pela inconstitucionalidade.

A pesquisa em torno da inconstitucionalidade da regra – e se se quiser das remissões por ela feitas – merece também ser enfrentada na perspectiva da isonomia (arts. 5º, *caput*, e 37, *caput*, da CF): não há nenhum critério que consiga justificar por que processos contra o Poder Público podem ser ou, quando menos, tendam a ser menos eficazes do que os processos em que as partes são exclusivamente particulares. Em um Estado Constitucional não há como sustentar a noção de que um "interesse público", assim entendido o interesse do próprio Estado em oposição ao dos demais sujeitos, possa prevalecer, ainda que momentaneamente, sem que haja base normativa suficiente, desde a Constituição Federal, que o justifique.

A circunstância de o Supremo Tribunal Federal ter chegado a conclusão oposta na já mencionada ADC 4/DF, quando considerou *constitucional* lei que restringia a tutela antecipada

---

93. É este também o entendimento de Daniel Mitidiero, em seu *Antecipação da tutela*, p. 190-193, no qual conclui, p. 192-193: "O direito à tutela antecipada decorre expressamente do direito fundamental à tutela jurisdicional adequada e efetiva e tem foro constitucional entre nós. Pensar de modo diverso importa grave ofensa à adequação da tutela jurisdicional e à paridade de armas no processo civil (art. 5º, I, CF), sobre admitir-se que, quando ré a Fazenda Pública em processo judicial, pouco interessa à ordem jurídica a lesão ou a ameaça de lesão dos direitos dos particulares, lógica essa que é evidentemente contrária ao Estado Constitucional, fundado na dignidade da pessoa humana (art. 1º, III, CF) e preocupado com a efetiva tutela dos direitos (art. 5º, XXXV, CF)".

do CPC de 1973 nos mesmos moldes pretendidos pelo art. 1.059, é, na perspectiva que aqui interessa, indiferente[94]. É supor que o Supremo Tribunal, passadas quase duas décadas daquela decisão, verifique que dispositivos como o que aqui está sendo estudado efetivamente violam o precitado dispositivo constitucional[95]. Máxime quando – e aí vai elemento suficiente para *distinguir* o que outrora foi julgado por aquela Corte – o instituto do Código de Processo Civil quer amalgamar, nessa perspectiva ampla, a tutela *antecipada* com a tutela *cautelar*. Trata-se, pois, de direito *novo* a exigir do Supremo Tribunal Federal *nova posição* sobre o tema, bem ao gosto do que, a propósito da *evolução do direito jurisprudencial* e dos *indexadores jurisprudenciais* que o caracterizam, exigem os §§ 1º a 4º do art. 927.

A inconstitucionalidade do "pedido de suspensão da tutela provisória", a exemplo de seus antecessores, está não só no seu *desenvolvimento* formalmente inconstitucional (sete dos nove parágrafos são fruto de medida provisória editada sem a necessária urgência e relevância constitucionalmente exigida pelo *caput* do art. 62 da CF)[96], mas também porque não cabe à lei federal estabelecer competência *originária* para os Tribunais de Justiça, Regionais Federais nem para o Supremo Tribunal Federal ou para o Superior Tribunal de Justiça. Só a Constituição Federal – ou, já que não se trata de cláusula pétrea, eventual Emenda à Constituição – poderia fazê-lo nestes três últimos casos e só as Constituições dos Estados (ou eventuais Emendas Constitucionais) poderiam fazê-lo no primeiro.

Há também outro argumento extremamente relevante para robustecer o entendimento relativo à inconstitucionalidade do pedido de suspensão: a medida, por dizer respeito a apenas um dos litigantes, o Poder Público, viola o princípio da isonomia ao criar um verdadeiro *sucedâneo recursal* destinado à imunização do que é mais caro ao direito processual civil, ao menos na perspectiva *neoconcretista*, os *efeitos* das decisões jurisdicionais. Se, no histórico do direito brasileiro, medida como esta poderia se justificar à míngua de recursos aptos para evitar prejuízos aos interesses públicos, este dado *não* é verdadeiro desde o advento da Lei n. 9.139/95, que, ainda no sistema do CPC de 1973, generalizou a possibilidade de efeito suspensivo *ope judicis* nos recursos, a começar pelo agravo de instrumento.

No âmbito do CPC de 2015, o recurso cabível das decisões relativas às tutelas provisórias concedidas na primeira instância, o agravo de instrumento, processa-se de imediato perante o Tribunal competente e, consoante seja o caso, tem aptidão de sustar, também de pronto, os efeitos da decisão agravada (art. 1.019, I). Ainda quando concedida a tutela provisória em

---

94. Para as relações entre o diploma legislativo de 1997, a Lei n. 12.016/2009 e o art. 1.059 do CPC de 2015, ver, do autor deste *Curso*, seu *Novo Código de Processo Civil anotado*, p. 1.016.
95. De resto, não há razão para deixar de entender que, com o advento do CPC de 2015 e a expressa revogação do arcabouço da "tutela antecipada" do CPC de 1973 (art. 1.046, *caput*, do CPC de 2015), o art. 1º da Lei n. 9.494/97 foi implicitamente revogado e, por isso, é incapaz, por si só, de querer regular, para o futuro, os casos que, na perspectiva do art. 1.059, serão alcançados pelo novel instituto, da tutela provisória.
96. A esta demonstração e à análise de cada um daqueles dispositivos voltou-se o autor deste *Curso* longamente em seu *O poder público em juízo*, p. 15-114.

desfavor do Poder Público em processos que tenham trâmite originário nos Tribunais, é irrecusável entender que eventual agravo interno (art. 1.021) também possa vir a receber efeito suspensivo, mercê do amplo parágrafo único do art. 995. Não há espaço para entender, destarte, que seja juridicamente viável e, mesmo do ponto de vista prático, *necessária* a existência de um mecanismo *diferenciado* para sustar a eficácia da decisão a cargo de apenas um dos litigantes.

Não obstante estes argumentos, a prática do foro demonstra o largo uso da medida, sendo raros, raríssimos, esta é a verdade, os casos em que sua constitucionalidade é seriamente colocada em xeque.

Que o quanto escrito neste *Curso* possa sensibilizar a reflexão diversa sobre o tema, no sentido de que o adequado uso dos recursos é suficiente para tutelar adequada, tempestiva e suficientemente quaisquer interesses, inclusive os "públicos".

Capítulo 6

Formação, suspensão e extinção do processo

1. CONSIDERAÇÕES INICIAIS

A disciplina relativa à *formação*, à *suspensão* e à *extinção* do processo ocupa o Livro VI, que encerra a Parte Geral do Código de Processo Civil. Cada um de seus Títulos dedica-se a um daqueles eventos.

No n. 2.2.6 do Capítulo 4 da Parte I a *inércia* é indicada como uma das características da jurisdição. Até como forma de ser garantida a *imparcialidade* do magistrado, é vedado, de acordo com o modelo constitucional do processo civil brasileiro, que o Estado-juiz dê início ao exercício da função jurisdicional independentemente de sua provocação.

É neste contexto que deve ser lembrado (e compreendido) o art. 2º: o Estado-juiz deverá ser devidamente provocado para que exerça a função jurisdicional. Uma vez provocado "por iniciativa da parte", contudo, o processo desenvolve-se por "impulso oficial". É este o contexto em que deve ser analisada a "formação do processo", nos termos do art. 312.

Na perspectiva *neoconcretista* adotada por este *Curso*, o desenvolvimento do processo deve desaguar não só no reconhecimento de quem faz jus à tutela jurisdicional – que pode até ser desnecessária porque preexistente[1] –, mas, também (ou só), na sua concretização. O ideal, nesta perspectiva, é que o Estado-juiz reconheça que concretizou a tutela jurisdicional e, por isso, não há mais necessidade de sua atuação. Pode ocorrer, contudo, de o Estado-juiz reconhecer que não tem mais condições para prosseguir na sua atuação. Ambas as hipóteses merecem ser analisadas na perspectiva da "extinção do processo", objeto dos arts. 316 e 317.

---

1. Como ocorre, por exemplo, com as sentenças arbitrais (art. 515, VII) e com os títulos executivos extrajudiciais (art. 784).

Durante seu desenvolvimento, desde sua "formação" até a sua "extinção", podem ocorrer determinados *atos* ou *fatos* que têm aptidão de interferir no andamento do processo. São as hipóteses de *suspensão* do processo, que ocupam os arts. 313 a 315.

2. FORMAÇÃO DO PROCESSO

O processo deve ser compreendido, na perspectiva do modelo constitucional do direito processual civil, como o método de exercício da função jurisdicional pelo Estado-juiz. É compreensão à qual este *Curso* se volta em diversas passagens deste volume 1, merecendo especial destaque as considerações do n. 4.1 do Capítulo 4 da Parte I.

Nesta perspectiva, chama a atenção a circunstância de o art. 312 abrir o Livro VI da Parte Geral, dedicado à disciplina da formação, suspensão e extinção do *processo*, referir-se à *ação*, considerando-a proposta "quando a petição inicial for protocolada".

A questão não se põe no plano da ação e, sim, do processo. Ainda que se queira entender que aquele dispositivo quis evidenciar a exteriorização da vontade do autor de romper a inércia da jurisdição para obtenção de tutela jurisdicional, seria mais correto entender que a iniciativa se põe em termos de *processo* e não de ação. Até porque a vontade do autor só é relevante para o processo na medida em que ela seja minimamente formalizada, o que, para empregar a linguagem técnica, depende de uma petição inicial.

O tema apresenta-se, destarte, na perspectiva do *processo* e, seguindo a proposta adotada por este *Curso*, deve levar em conta seus pressupostos, de *existência*, de *validade* e os *negativos*.

Não é necessário retomar aqui aquela exposição, nem, tampouco, lembrar da divergência classificatória que tradicionalmente ocupa a doutrina a seu respeito. O que importa é entender que determinados acontecimentos, atos ou fatos interferem em alguma medida na formação *e/ou* no desenvolvimento válido do processo. Afetam de tal maneira que pode ocorrer de o magistrado, reconhecendo sua ocorrência, manifestar-se no sentido de que não pode mais atuar e proferir decisão neste sentido, descartando o processo, que não tem condições de se desenvolver de forma *devida*, como *impõe* o modelo constitucional do direito processual civil. É o que, no contexto da extinção do processo, é tratado no n. 4, *infra*, e a que os incisos IV, V e VII do art. 485 referem-se de forma clara e inequívoca: "o juiz não resolverá o mérito quando: [...] IV – verificar a ausência de pressupostos de constituição e de desenvolvimento válido e regular do processo; V – reconhecer a existência de perempção, de litispendência ou de coisa julgada; [...] VII – acolher a alegação de existência de convenção de arbitragem ou quando o juízo arbitral reconhecer sua competência".

No que diz respeito à *formação* do processo, cabe evidenciar que tudo começará, tem de começar, sob pena de não haver nada parecido com um processo na perspectiva que interessa ao estudo do direito processual civil, com a petição inicial. Seja a do procedimento comum, a de algum procedimento especial (do próprio Código ou da legislação processual civil extravagante) ou, até mesmo, com um pedido de tutela provisória antecedente de natureza cautelar ou antecipada, para ilustrar a afirmação com uma das novidades trazidas pelo CPC de 2015, que deve ser formalizado por uma petição inicial.

Este ato processual, contudo, nada diz necessariamente sobre ser escorreita a provocação jurisdicional, bem como sobre se o processo se desenvolverá de forma adequada. Faz-se, portanto, irrecusável seu exame escorreito, o que o magistrado fará no que este *Curso* chama de "juízo de admissibilidade". A depender do caso, desde então, o magistrado determinará ao autor que sane o que for possível para que o processo prossiga, de maneira hígida, inclusive em direção à citação do réu. Pode ocorrer de não haver como o processo desenvolver-se e, desde logo, o magistrado proferirá decisão neste sentido.

Feitos estes esclarecimentos, importa voltar à análise do art. 312. Aquele artigo não diz respeito ao início da "ação". Ele se refere – e é neste sentido que merece ser compreendido – ao *processo*. Ações não são passíveis de ser "propostas". Ela (no singular) só pode ser compreendida como um direito que, como tal, pode ser exercido e o será mediante um primeiro e fundamental ato, o de retirar o Estado-juiz de sua necessária inércia, imposta pelo modelo constitucional. Este ato é a petição inicial.

Assim, é correto (e importante) entender, a despeito do *texto* do art. 312, que o *processo* se inicia com o *protocolo* da *petição inicial*; porque é nela que o primeiro estágio do direito de ação (o de romper a inércia da jurisdição) é exteriorizado. É o instante em que a vontade do autor de postular em face do réu, pedindo tutela jurisdicional (e agindo para obtê-la), faz-se relevante para o mundo do direito.

O que é novo (e adequado) no art. 312 é que o início do *processo* já não guarda nenhuma relação com a necessária prévia *distribuição* da petição inicial onde houver mais de um órgão jurisdicional igualmente competente (art. 284, 2ª parte), diferentemente, pois, do que ocorria no CPC de 1973. Basta que a petição inicial seja *protocolada*, isto é, que ela seja entregue ao servidor responsável pelo recebimento de petições do fórum, isto é, do prédio onde funciona o aparato jurisdicional ou do Tribunal. É o que a primeira parte do art. 284 chama de *registro*.

O início do processo concebido desta forma, contudo, nada diz sobre o réu. Para ele, é o próprio art. 312 que o estabelece, os efeitos do art. 240 (litispendência, tornar litigiosa a coisa e, se for o caso, constituir em mora o devedor) só serão experimentados depois que o réu for *validamente* citado a insinuar, destarte, que a citação é, a um só tempo, pressuposto de existência *e* de validade, exatamente como sustenta este *Curso* desde os n. 4.3.1.3 e 4.3.2.6 do Capítulo 4 da Parte I.

3. SUSPENSÃO DO PROCESSO

Desde que "formado" o processo, isto é, desde o instante em que pode ser concebida a sua existência jurídica, preenchidos, portanto, os pressupostos processuais de *existência*, podem acontecer atos ou fatos que, interferindo no seu desenvolvimento (sendo indiferente, no particular, que ele seja regular ou irregular), impõem a sua suspensão.

Uma vez suspenso o processo, é vedada a prática de qualquer ato processual, não podendo ter início a fluência de prazos processuais[2]. Atos urgentes, contudo, são passíveis de serem praticados com a finalidade de evitar dano irreparável, salvo se a causa da suspensão for a arguição de impedimento ou de suspeição (art. 314). Para eles, há regra própria, reconhecendo a competência de outros órgãos jurisdicionais para apreciar tais pedidos daquela natureza (art. 146, §§ 2º e 3º). A tutela provisória, por sua vez, conservará a sua eficácia durante a suspensão do processo, salvo se houver decisão em sentido contrário (art. 296, parágrafo único). O art. 221, *caput*, evidencia, outrossim, que, durante o período em que o processo estiver suspenso, serão suspensos, também, os prazos processuais, voltando a fluir, naquilo que lhes faltar, quando cessada a causa da suspensão do processo.

A despeito da expressa vedação, caso sejam praticados durante a suspensão do processo, fora das hipóteses em que são admitidos, os atos são *nulos*. Como tais, deve-se aplicar a eles a sistemática das nulidades processuais, exposta no n. 8 do Capítulo 4, o que pode, consoante a análise do caso concreto, significar a preservação do ato ou, quando menos, de seus efeitos.

Diversas hipóteses em que pode ocorrer a suspensão do processo estão indicadas no art. 313, cujo inciso VIII, pertinentemente, não exclui outras tantas dispersas no próprio Código de Processo Civil e, importa acrescentar, também na legislação processual civil extravagante. É o caso de estudá-las mais de perto.

3.1 Morte ou perda da capacidade processual de qualquer das partes, de seu representante legal ou de seu procurador

A hipótese do inciso I do art. 313 é a suspensão do processo pela morte ou perda da capacidade processual de qualquer das partes, de seu representante legal ou de seu procurador.

Havendo morte de partes, o caso é de suspensão do processo para que os interessados se habilitem no processo, valendo-se do procedimento especial disciplinado pelos arts. 687 a 692 (art. 313, § 1º). Neste caso, a suspensão do processo durará até o trânsito em julgado da decisão a ser proferida naquele outro processo (art. 692).

Pode acontecer, contudo, de os interessados não tomarem aquela iniciativa. Neste caso, o magistrado, ao ter conhecimento da morte, determinará a suspensão do processo. Tratan-

---

2. Nesse sentido: STJ, 2ª Turma, AgRg no REsp 1.540.221/SC, rel. Min. Mauro Campbell Marques, j.un. 7-6-2016, *DJe* 12-9-2016; e STJ, 2ª Turma, REsp 1.306.463/RS, rel. Min. Herman Benjamin, j.un. 4-9-2012, *DJe* 11-9-2012.

do-se de morte do réu, determinará a intimação do autor para que promova a citação do respectivo espólio, de quem for o sucessor ou, se for o caso, dos herdeiros, no prazo que designar, de no mínimo dois e no máximo seis meses (art. 313, § 2º, I). Se a morte for do autor e desde que o direito em conflito seja transmissível, o magistrado determinará a intimação de seu espólio, de quem for o sucessor ou, se for o caso, dos herdeiros, pelos meios de divulgação que reputar mais adequados, para que manifestem interesse na sucessão processual e promovam a respectiva habilitação no prazo designado. Não tomadas as providências, é o caso de proferir decisão sem resolução do mérito (art. 313, § 2º, II)[3]. Nas hipóteses em que o direito reclamado pelo autor não for transmissível, a hipótese também é de proferimento de decisão sem resolução de mérito com fundamento no inciso IX do art. 485.

É correto o entendimento, que encontra eco na jurisprudência do Superior Tribunal de Justiça, de que atos processuais praticados a despeito da morte da parte não são necessariamente inválidos, considerando que a regra objetiva preservar o interesse do espólio e dos herdeiros do falecido. É de ser aplicado à hipótese, portanto, o sistema de nulidades do Código de Processo Civil que afasta aquela consequência quando não houver prejuízo[4].

Se o morto for o procurador de qualquer das partes, o magistrado determinará, com fundamento no § 3º do art. 313, que a parte constitua novo mandatário, no prazo de quinze dias, ainda que iniciada a audiência de instrução e julgamento. Se o autor for inerte, o caso é de extinção do processo sem resolução de mérito. Se a omissão for do réu, o processo prosseguirá à sua revelia, o que merece ser entendido no sentido de não haver intimação específica dos atos processuais a ele (art. 346, *caput*).

Cabe esclarecer que a hipótese de morte do procurador disciplinada pelo Código de Processo Civil diz respeito ao advogado privado que representa uma das partes com exclusividade. Havendo mais de um advogado privado para a mesma parte ou, ainda, quando se tratar de representação por advocacia pública, por defensoria pública e quando a hipótese for de atuação do Ministério Público, as consequências previstas no § 3º do art. 313 devem ser recebidas com temperamentos porque, no primeiro caso, outro profissional tende a continuar no patrocínio normalmente e, nos demais, caberá à instituição nomear um substituto.

---

3. A CE do STJ afetou como recurso especial repetitivo a seguinte controvérsia: "Definir se ocorre ou não a prescrição para a habilitação de herdeiros ou sucessores da parte falecida no curso da ação" (Tema 1.254).
4. Assim, por exemplo, as seguintes decisões: 2ª Turma, AgInt no REsp 2.107.479/CE, rel. Min. Herman Benjamin, j.un. 24-6-2024, *DJe* 28-6-2024; CE, AgInt no EREsp 1.960.721/RJ, rel. Min. Sebastião Reis Júnior, j.un. 9-4-2024, *DJe* 24-4-2024; 2ª Turma, AgInt no AREsp 1.920.723/DF, rel. Min. Francisco Falcão, j.un. 11-12-2023, *DJe* 18-12-2023; 4ª Turma, AgInt no AREsp 1.823.104/SP, rel. Min. Luis Felipe Salomão, j.un. 20-6-2022, *DJe* 24-6-2022; 4ª Turma, AgInt no AREsp 1.704.641/RJ, rel. Min. Raul Araújo, j.un. 12-4-2021, *DJe* 12-5-2021; 3ª Turma, REsp 1.541.402/RS, rel. Min. Ricardo Villas Bôas Cueva, j.un. 8-10-2019, *DJe* 11-10-2019; 4ª Turma, AgInt no AREsp 1.047.272/SC, rel. Min. Maria Isabel Gallotti, j.un. 19-10-2017, *DJe* 27-10-2017; 1ª Seção, EDcl no REsp 1.339.313/RJ, rel. Min. Benedito Gonçalves, j.un. 26-3-2014, *DJe* 2-4-2014; 2ª Seção, AR 3.743/MG, rel. Min. Ricardo Villas Bôas Cueva, j.un. 13-11-2013, *DJe* 2-12-2013; e 4ª Turma, REsp 959.755/PR, rel. Min. Luis Felipe Salomão, j.un. 17-5-2012, *DJe* 29-5-2012.

Não há, em tais casos – salvo alguma peculiaridade a ser alegada e justificada consoante o caso –, razão para a suspensão do processo e, menos ainda, como querer imputar as graves consequências previstas pelo dispositivo nestes casos ao autor ou ao réu.

3.2 Convenção das partes

Pode ocorrer de o processo vir a ser suspenso por deliberação das próprias partes. É a hipótese prevista no inciso II do art. 313. Trata-se de hipótese que tem tudo para ser frequente no Código de Processo Civil, considerando que, a todo o tempo, as partes serão convidadas a refletir sobre se não é preferível e mais adequado buscar outros meios (que não os jurisdicionais) para solução de conflito. É o que se extrai, apenas para ilustrar a afirmação, do § 3º do art. 3º; do inciso V do art. 139; do art. 359, já em audiência de instrução e julgamento; e do parágrafo único do art. 694, específico para as chamadas "ações de família"[5].

Havendo suspensão para a busca de autocomposição entre as partes, o prazo máximo de suspensão do processo é de seis meses, findos os quais deverá ser retomada a prática dos atos processuais normalmente (art. 313, §§ 4º e 5º).

É correto entender que as partes podem convencionar a suspensão do processo para *além* do prazo estabelecido no § 4º do art. 313. A hipótese é alcançada pelo *caput* do art. 16 da Lei n. 13.140/2015, a Lei da Mediação, que admite a suspensão do processo "por prazo *suficiente* para a solução consensual do conflito"[6].

A propósito do assunto, devem prevalecer as regras dos parágrafos daquele dispositivo, dada a sua especificidade. De acordo com o § 1º do art. 16 da Lei n. 13.140/2015, "é irrecorrível a decisão que suspende o processo nos termos requeridos de comum acordo pelas partes", o que, de resto, harmoniza-se com a falta de previsão de recurso imediato de acordo com o art. 1.015 do Código de Processo Civil. O § 2º do referido art. 16, por sua vez, estabelece, pertinentemente, que "a suspensão do processo não obsta a concessão de medidas de urgência pelo juiz ou pelo árbitro", o que encontra eco bastante no art. 314 do Código de Processo Civil.

---

5. Na legislação extravagante, pertinente exemplo da suspensão convencional do processo está na Lei n. 13.988/2020. Embora a proposta de transação com vistas a extinguir litígio relativo à cobrança de créditos da Fazenda Pública Federal, de natureza tributária ou não tributária, não suspenda a exigibilidade dos créditos por ela abrangidos e, tampouco, o andamento das respectivas execuções (art. 12, *caput*), o § 1º daquele dispositivo excepciona expressamente a possibilidade de as partes, de comum acordo, requererem a suspensão do processo enquanto a autoridade administrativa decide acerca da concessão do pedido.
6. O art. 12, § 2º, da referida Lei n. 13.988/2020 veicula regra similar formulada nos seguintes termos: "O termo de transação preverá, quando cabível, a anuência das partes para fins da suspensão convencional do processo de que trata o inciso II do *caput* do art. 313 da Lei n. 13.105, de 16 de março de 2015 (Código de Processo Civil), até a extinção dos créditos nos termos do § 3º do art. 3º desta Lei ou eventual rescisão", regra que excepciona o prazo dos §§ 4º e 5º do art. 313 do CPC".

3.3 Arguição de impedimento ou suspeição

O inciso III do art. 313 merece ser interpretado no contexto da diferente dinâmica que o CPC de 2015 deu à forma de arguição de impedimento ou suspeição, abandonando a "exceção" exigida para tanto pelo CPC de 1973.

A suspensão do processo dá-se, justamente, por força do dispositivo em foco, quando a arguição é apresentada, independentemente de a iniciativa ter sido tomada pelo autor ou pelo réu. Pode ocorrer de o magistrado não reconhecer os motivos de seu afastamento e com suas razões determinar o envio do incidente para solução pelo Tribunal (art. 146, § 1º). Neste caso, é possível que o relator não conceda efeito suspensivo ao incidente, hipótese em que o processo voltará a fluir com a prática dos atos processuais normalmente (art. 146, § 2º, I). Se atribuir o efeito suspensivo a que se refere o inciso II do § 2º do mesmo art. 146, é correto entender que a suspensão do processo, justificada desde a arguição, nos termos do inciso III do art. 313, é prolongada até ulterior manifestação do Tribunal.

Destarte, a suspensão do processo prevista no inciso III do art. 313 não é necessariamente constante, ainda que a tão só arguição de imparcialidade imponha de pronto a suspensão do processo. Ela fica na dependência do que vier a ser decidido pelo Tribunal quando já instaurado o incidente perante ele. Tanto assim que o § 3º do art. 146 indica como competente para apreciar eventual tutela provisória, enquanto não se sabe se a suspensão do processo será prolongada ou não, o substituto do magistrado cuja imparcialidade está sendo questionada.

Pode ocorrer, outrossim, de o problema relativo à suspensão do processo nem se colocar. É supor que, alegado o impedimento ou a suspeição, o magistrado VSD reconheça de plano o motivo alegado pela parte e passe os autos a sua substituta legal ESS. Neste caso, a problemática a ser resolvida diz respeito não, em rigor, à suspensão do processo, mas à higidez de eventuais atos praticados pelo magistrado *antes* de seu afastamento, embora *posteriores* ao fato que o ensejou. A hipótese atrai a incidência dos §§ 5º a 7º do art. 146, para regulá-la adequadamente.

3.4 Admissão de incidente de resolução de demandas repetitivas

Uma das grandes novidades do Código de Processo Civil é o chamado "incidente de resolução de demandas repetitivas", disciplinado nos arts. 976 a 987.

Desde que admitido aquele incidente pelos Tribunais de Justiça ou pelos Tribunais Regionais Federais, os processos em que a mesma "tese jurídica" é discutida devem ser suspensos no aguardo de seu desfecho ou, quando menos, do transcurso do prazo de um ano em que o incidente deve ser julgado, salvo decisão fundamentada em sentido contrário (art. 980 e respectivo parágrafo único). Não obstante a textualidade da regra, é correto entender que a suspensão dos processos em função do IRDR não é necessária e invariavelmente obrigatória. É assunto retomado pelo n. 7.1 do Capítulo 8 da Parte II do vol. 2 deste *Curso*.

Neste sentido, o inciso IV do art. 313 harmoniza-se com o disposto no inciso I do art. 982, sendo certo que, diante da hipótese do art. 1.029, § 4º, pode ocorrer de aquela suspensão alcançar todo o território nacional por deliberação do Supremo Tribunal Federal ou do Superior Tribunal de Justiça.

3.5 Relações externas com a decisão de mérito

Pode acontecer de a questão discutida no processo depender da solução de outra que é objeto de processo diverso, de fato ou ato que ainda não se verificou ou, também, de prova a ser produzida em outro juízo[7].

É para essas situações que o inciso V do art. 313 em suas alíneas *a* e *b* determina a suspensão do processo até que as questões externas ao processo sejam resolvidas ou concluídas as diligências que podem interferir no processo em que se dá a suspensão.

A hipótese da alínea *a* é conhecida como "questão prejudicial *externa*" que, se fosse decidida no próprio processo, estaria sujeita a coisa julgada material (com eficácia externa) desde que observadas as exigências dos §§ 1º e 2º do art. 503. É, para ilustrar, com exemplo clássico, a situação de o pedido de alimentos formulado por BSC em face de QSC ter que aguardar o desfecho da investigação de paternidade existente entre as mesmas partes, mas que se desenvolve em *outro* processo[8].

A suspensão do processo, em todos os casos alcançados pelo inciso V do art. 313, quer evitar o proferimento de decisões conflitantes entre si e, em última análise, tornar mais harmônicas as relações de direito material, ainda que elas ocupem, por qualquer razão (inclusive de competência), processos diversos.

Nestas hipóteses, o prazo máximo de suspensão do processo é de um ano, findo o qual o magistrado deve determinar a retomada dos atos processuais (art. 313, §§ 4º e 5º). O risco de proferimento de decisões contraditórias ou, até mesmo, no caso da alínea *b*, a de interferência no acolhimento ou rejeição do pedido diante da ausência de prova nele referida é

---

[7]. O art. 377, harmônico com a previsão da alínea *b* do inciso V do art. 313, dispõe que "A carta precatória, a carta rogatória e o auxílio direto suspenderão o julgamento da causa no caso previsto no art. 313, inciso V, alínea 'b', quando, tendo sido requeridos antes da decisão de saneamento, a prova neles solicitada for imprescindível".

[8]. A 1ª Seção do STJ, no REsp repetitivo 1.111.099/PR, rel. Min. Hamilton Carvalhido, j.un. 25-8-2010, DJe 5-10-2010 (Tema 130), entendeu que a concessão de cautelar em ADI pelo STF não é fator para a suspensão do processo. O entendimento é reiterado em decisões mais recentes como, v.g.: STJ, 1ª Turma, AgInt no REsp 1.350.391/PR, rel. Min. Gurgel de Faria, j.un. 8-8-2017, DJe 14-9-2017, e STJ, 2ª Turma, AgRg no REsp 1.482.960/RJ, rel. Min. Herman Benjamin, j.un.26-5-2015, DJe 18-11-2015. Em sentido contrário: 2ª Turma, EDcl no AgInt no AREsp 1.973.779/SP, rel. Min. Mauro Campbell Marques, j.un. 19-9-2022, DJe 22-9-2022.

risco que, ultrapassado o prazo ânuo, é assumido pelo legislador. Que sua expressa previsão possa, na medida do possível, sensibilizar o outro juízo, no qual são praticados os atos ou a produção da prova que ensejam a suspensão do processo, para agilizá-lo na medida do possível. A adoção desta postura, de resto, harmoniza-se com a *eficiência* processual imposta desde o modelo constitucional e, no plano infraconstitucional, com a disciplina da cooperação nacional, notadamente com o disposto no art. 69, § 2º, II[9].

3.5.1 Relação entre processos civil e penal

O art. 315 trata de hipótese que merece ser analisada no mesmo contexto do inciso V do art. 313.

Preceitua o dispositivo que, "se o conhecimento do mérito depender da verificação da existência de fato delituoso, o juiz pode determinar a suspensão do processo até que se pronuncie a justiça criminal". Se, prossegue, o § 1º do art. 315, o processo penal não tiver iniciado em até três meses contados da intimação do ato de suspensão do processo (civil), serão retomados os atos processuais, cabendo ao magistrado oficiante no âmbito civil "examinar incidentemente a questão prévia". É irrecusável que, nesta hipótese, a coisa julgada tende a atingir aquela questão, sempre com observância dos §§ 1º e 2º do art. 503.

Na hipótese de o processo no âmbito penal ter início, é o § 2º do art. 315 que estabelece, o processo na esfera civil ficará suspenso pelo prazo máximo de um ano, findo o qual a questão será apreciada incidentemente nos moldes e para os fins já destacados pelo § 1º do mesmo art. 315.

3.6 Força maior

A força maior a que se refere o inciso VI do art. 313 e que acarreta a suspensão do processo deve ser entendida como todo aquele evento ou acontecimento não previsível que possa comprometer o desenvolvimento do processo ou a prática de algum ato processual.

É a greve marcada sem prévio aviso, a manifestação que impede a chegada ao fórum porque interditada a região em que ele funciona, o incêndio, a inundação etc. Em todas essas situações, caberá ao magistrado, de ofício ou a requerimento, reconhecer a ocorrência do fato e, consoante o caso, admitir a suspensão do processo, decidindo, inclusive, sobre a necessi-

---

9. Enfatizando que o prazo ânuo é máximo é a jurisprudência do STJ, como fazem prova os seguintes julgados: 4ª Turma, REsp 1.237.567/MT, rel. Min. Marco Buzzi, j.un. 22-3-2022, *DJe* 1º-4-2022; CE, EDcl no MS 22.157/DF, rel. Min. Luis Felipe Salomão, j.m.v. 14-3-2019, *DJe* 11-6-2019; 4ª Turma, AgInt no REsp 1.364.521/RJ, rel. Min. Antonio Carlos Ferreira, j.un. 12-9-2017, *DJe* 2-10-2017; e 3ª Turma, AgInt no REsp 1.606.542/SP, rel. Min. Moura Ribeiro, j.un. 23-5-2017, *DJe* 2-6-2017.

dade de renovação de prazos, observando, de qualquer sorte, o disposto no art. 221, *caput*, ou a tempestividade dos atos processuais que não foram praticados naquele período.

3.7 Tribunal Marítimo

O inciso VII do art. 313 prevê a suspensão do processo "quando se discutir em juízo questão decorrente de acidentes e fatos da navegação de competência do Tribunal Marítimo". Este Tribunal é órgão *administrativo* vinculado ao Ministério da Marinha, considerado auxiliar do Poder Judiciário, e tem como atribuições julgar os acidentes e fatos da navegação marítima, fluvial e lacustre e as questões relacionadas com aquelas atividades, tal qual regula a Lei n. 2.180/54 (art. 1º daquela Lei, na redação da Lei n. 5.056/66).

A hipótese de suspensão aqui examinada não era conhecida pelo CPC de 1973 e queria se harmonizar com outra referência àquele Tribunal, muito mais contundente, que o CPC de 2015 fazia no inciso X de seu art. 515 (e que rotulava de títulos executivos *judiciais* os acórdãos daquele Tribunal acerca de acidentes e fatos da navegação), mas que foi vetada quando de sua promulgação[10].

Não obstante o veto, a hipótese de suspensão do processo manteve-se intacta.

A literalidade do dispositivo pode ensejar a interpretação de que a suspensão do processo se dá pelo simples fato de o Tribunal Marítimo ser competente para discutir a questão sobre acidente (art. 14 da Lei n. 2.180/54) e fatos da navegação (art. 15 da Lei n. 2.180/54). Isto, contudo, não se mostra suficiente para a suspensão.

É mais correto interpretar a regra no sentido de que a suspensão do processo (civil) pressupõe que haja, naquele Tribunal, processo relativo ao *mesmo* acidente e aos *mesmos* fatos da navegação que animam o processo judicial. Neste caso, de *efetivo exercício da competência do Tribunal Marítimo*, o processo judicial deve ficar suspenso.

A razão da suspensão é mais que justificável. É que, de acordo com o art. 18 da Lei n. 2.180/54, as decisões proferidas por aquele Tribunal "quanto à matéria técnica referente aos acidentes e fatos da navegação têm valor probatório e se presumem certas". Embora "suscetíveis de reexame pelo Poder Judiciário" (a ressalva é feita pelo mesmo dispositivo legal, o que se harmoniza, inclusive, com o noticiado veto presidencial ao inciso X do art. 515 do CPC), a suspensão do processo quer aproveitar aqueles elementos e a *expertise* do Tribunal a respeito da apuração dos fatos e de seu entendimento acerca da responsabilização eventualmente devida (art. 74 da Lei n. 2.180/54).

---

10. Era a seguinte a redação do dispositivo: "o acórdão proferido pelo Tribunal Marítimo quando do julgamento de acidentes e fatos da navegação". As razões do veto presidencial foram as seguintes: "Ao atribuir natureza de título executivo judicial às decisões do Tribunal Marítimo, o controle de suas decisões poderia ser afastado do Poder Judiciário, possibilitando a interpretação de que tal colegiado administrativo passaria a dispor de natureza judicial".

Não há regra expressa acerca do prazo de suspensão do processo. Dada a similitude com o que consta do inciso V do mesmo art. 313, é correto emprestar à hipótese o *mesmo* regime jurídico dado pelos §§ 4º e 5º do mesmo dispositivo. O prazo máximo de suspensão é de um ano, findo o qual o processo civil retomará seu curso, independentemente de decisão no âmbito do Tribunal Marítimo.

3.8 Outros casos previstos no Código de Processo Civil

O inciso VIII do art. 313 – que era, até o advento da Lei n. 13.363/2016, a norma de encerramento do dispositivo – evidencia que há outras hipóteses dispersas pelo Código de Processo Civil que impõem a suspensão do processo.

Estes casos são os seguintes: art. 76 (regularização de representação processual); art. 134, § 3º (instauração do incidente de desconsideração da personalidade jurídica[11]); art. 221 (obstáculo criado em detrimento da parte); art. 337 (carta precatória ou rogatória e auxílio direto quando a prova neles requerida for indispensável); art. 685, parágrafo único (oposição apresentada após o início da audiência de instrução e julgamento); art. 689 (habilitação); art. 694, parágrafo único (mediação nas "ações de família"); art. 702, § 4º (embargos à "ação monitória"); art. 989, II (quando for o caso, reconhecido em reclamação, de evitar dano irreparável); art. 1.035, § 5º (reconhecimento de repercussão geral em recurso extraordinário); e arts. 1.036, § 1º, e 1.037, II (afetação de recurso extraordinário e especial repetitivo).

Se a hipótese for de execução fundada em título extrajudicial, há também específicas hipóteses de suspensão previstas no art. 921, com as modificações trazidas pela Lei n. 14.195/2021. Elas se aplicam à etapa de cumprimento do processo, assunto ao qual se volta a Parte II do volume 3.

Também disposições das leis extravagantes podem ensejar a suspensão do processo, sendo irrelevante que o inciso VIII do art. 313 nada diga a respeito[12]. Hipótese que merece ser destacada a este propósito é a do art. 23 da Lei n. 13.140/2016. De acordo com o dispositivo, havendo previsão contratual de cláusula de mediação na qual as partes se comprometem a não iniciar processo judicial durante certo prazo ou até o implemento de determinada condição, cabe ao magistrado suspender o processo pelo prazo previamente acordado ou até o implemento dessa condição. Pelas mesmas razões do n. 3.2, *supra*, é correto entender que,

---

11. A hipótese, contudo, precisa ser interpretada de maneira restritiva, como propõe o n. 4.6.6 do Capítulo 3.
12. A 3ª Turma do STJ (REsp 1.796.664/RS, rel. Min. Nancy Andrighi, j.un. 19-11-2019, *DJe* 22-11-2019) já teve oportunidade de entender que a interdição de entidade de previdência complementar acarreta a suspensão do processo, ainda que na sua etapa de cumprimento de sentença. Mais recentemente, no entanto, a 3ª Turma adotou entendimento contrário no julgamento do REsp 2.006.054/SP, rel. Min. Nancy Andrighi, j.un. 7-2-2023, *DJe* 9-2-2023, dando parcial provimento ao recurso especial para determinar a suspensão de cumprimento de sentença por conta da interdição de entidade da previdência complementar.

neste caso, não faz sentido aplicar o limite de seis meses para a suspensão do processo (art. 313, § 4º), mas, diferentemente, o tempo suficiente para a concretização da autocomposição idealizada pelas partes.

O parágrafo único do precitado art. 23 também merece ser lembrado. A regra excepciona, pertinentemente, a *necessidade* de alguma das partes requerer ao Estado-juiz tutela provisória fundamentada na *urgência* "para evitar o perecimento de direito". É inegável, nessa perspectiva, sua sintonia com o disposto no art. 314.

3.9 Parto ou concessão de adoção

A Lei n. 13.363, de 25 de novembro de 2016, que "altera a Lei n. 8.906, de 4 de julho de 1994, e a Lei n. 13.105, de 16 de março de 2015 (Código de Processo Civil), para estipular direitos e garantias para a advogada gestante, lactante, adotante ou que der à luz e para o advogado que se tornar pai", que entrou em vigor no dia de sua publicação no *Diário Oficial* (28-11-2016), acrescentou dois incisos ao *caput* do art. 313, e dois parágrafos. O inciso IX e o § 6º daquele dispositivo são tratados neste número; o inciso X e o § 7º, no seguinte.

De acordo com o novel inciso IX do art. 313, suspende-se o processo "pelo parto ou pela concessão de adoção, quando a advogada responsável pelo processo constituir a única patrona da causa". A previsão é complementada pelo novo § 6º do art. 313, segundo o qual, "No caso do inciso IX, o período de suspensão será de 30 (trinta) dias, contado a partir da data do parto ou da concessão da adoção, mediante apresentação de certidão de nascimento ou documento similar que comprove a realização do parto, ou de termo judicial que tenha concedido a adoção, desde que haja notificação ao cliente".

As novas regras, de inspiração inequivocamente salutar, harmonizam-se com novo direito reconhecido à advogada no Estatuto da Advocacia e da OAB, que, com a mesma Lei n. 13.363/2016, ganhou um novo art. 7º-A. O novo inciso IV daquele dispositivo prescreve ser direito da advogada adotante ou que der à luz a "suspensão de prazos processuais quando for a única patrona da causa, desde que haja notificação por escrito ao cliente". O § 3º daquele art. 7º-A, por sua vez, faz expressa remissão ao prazo do § 6º do art. 313 do Código de Processo Civil[13].

---

13. Esta remissão mostra-se suficiente para afastar a antinomia apontada pertinentemente por Alexandre Freitas Câmara entre o art. 7º-A, IV, da Lei n. 8.906/94 (que se limita a prever a "suspensão dos *prazos processuais*") e o art. 313, IX, do CPC (que trata da suspensão do *processo*). Ademais, nos termos do *caput* do art. 221 do CPC, a suspensão do processo acarreta *também* a suspensão dos prazos, com expressa referência ao art. 313. Não fosse isso e a antinomia também estaria afastada, como decorrência do princípio da isonomia, porque para *o advogado*, que se torna pai, a hipótese é de suspensão do *processo*. É esta a proposta do processualista e Desembargador do TJRJ em seus "Comentários ao art. 313", p. 979-980.

Há duas exigências a serem cumpridas pela advogada para usufruir do direito que lhe é reconhecido: que ela seja a única advogada constituída nos autos para uma das partes *e* que haja prévia notificação ao seu constituinte (a *parte* do processo em favor de quem a advogada atua ou o seu "cliente", como se lê do texto legal).

Em relação à primeira, a ressalva feita expressamente pelo inciso IX do art. 313, quanto a dever ser a advogada a única a atuar no processo em favor de uma das partes, traz à tona as mesmas reflexões realizadas a propósito do inciso I do art. 313 no n. 3.1, *supra*: havendo mais de um advogado ou advogada atuando no caso para a mesma parte, não há a ausência de procurador constituído, ainda que momentânea, que a regra quer evitar ao determinar a suspensão do processo.

Quanto à segunda, importa destacar que não se trata de exigir *concordância* da parte com a suspensão do processo pelo prazo estabelecido pelo § 6º do art. 313; basta sua *ciência* para que a advogada exerça plenamente o direito que lhe é previsto e que decorre desde o inciso IV do art. 7º-A da Lei n. 8.906/94.

O período de suspensão do processo, lê-se do § 6º do art. 313, é de trinta dias contados, conforme o caso, da data do parto (ou, evidentemente, se for o caso, da cesariana), a ser comprovada pela certidão de nascimento da criança ou documento similar que certifique a realização do parto (ou cesariana), ou da data da concessão da adoção, a ser documentada pelo termo judicial respectivo.

Considerando que o motivo que dá fundamento à suspensão do processo tem natureza *material*, é correto entender que o prazo de suspensão deve ser contado em dias corridos, afastada a incidência do parágrafo único do art. 219. O que será computado apenas em dias úteis é, conforme o caso, o prazo de algum ato processual a ser praticado ao longo do período de suspensão, o que pode se justificar diante do art. 314 ou o restante do prazo que transcorreu até a ocorrência da suspensão do processo. Não o período de suspensão propriamente dito, contudo.

O início do prazo de suspensão do processo dá-se na data do próprio parto (ou da cesariana) ou da concessão da adoção. Nisto é claro o § 6º do art. 313, o que não significa, até em função daqueles eventos, que a advogada (que, para usufruir desse direito, deve ser a única a atuar em prol de uma das partes do processo) tenha condições de comunicar de imediato o ocorrido ao juízo e/ou a seu constituinte.

Por isso, cumpre entender que aquele fato (o parto, a cesariana ou a adoção) é invariavelmente o marco temporal que deflagra, independentemente de qualquer comunicação, a suspensão do processo, irradiando seu respectivo regime[14]. O que ocorrerá é que a *posterior*

---

14. Preciso nesse sentido é o quanto decidido pela 3ª Turma do STJ no REsp 1.799.166/GO, rel. Min. Nancy Andrighi, j.un. 2-4-2019, *DJe* 4-4-2019, de cuja ementa se lê: "4. A suspensão do processo em razão da paternidade se opera tão logo ocorre o fato gerador (nascimento ou adoção), não se podendo exigir do causídico, para tanto, que realize a comunicação imediata ao Juízo, porque isso seria esvaziar o alcance do benefício legal.

comunicação (e respectiva comprovação) daquele evento quererá justificar que não houve início do prazo (porque o processo estava suspenso desde o parto, cesariana ou concessão da adoção) ou, quando menos, que eventual prazo que estava em curso quando da ocorrência de um daqueles fatos foi *suspenso*, a justificar a *restituição* do tempo igual (em dias úteis) ao que faltava à complementação do período original nos moldes do *caput* do art. 221. Nesse sentido, a lembrança do disposto no art. 223 mostra-se pertinente. Idênticas observações merecem ser feitas com relação ao momento em que deve ser dada ciência ao constituinte do evento. Até porque é mister que o juízo perante o qual tramita o processo tenha conhecimento da notificação realizada pela advogada ao seu "cliente", não só em razão da exigência feita pela parte final do inciso IX do art. 313, mas também por força do inciso IV do art. 7º-A da Lei n. 8.906/94.

3.10 Advogado que se tornar pai

A Lei n. 13.363/2016 também acrescentou um novo inciso X ao art. 313, estabelecendo a suspensão do processo "quando o advogado responsável pelo processo constituir o único patrono da causa e tornar-se pai". Complementando a previsão, o § 7º do mesmo art. 313, fruto da Lei n. 13.363/2016, dispõe que, "No caso do inciso X, o período de suspensão será de 8 (oito) dias, contado a partir da data do parto ou da concessão da adoção, mediante apresentação de certidão de nascimento ou documento similar que comprove a realização do parto, ou de termo judicial que tenha concedido a adoção, desde que haja notificação ao cliente".

A circunstância de a Lei n. 8.906/94 não ter incluído no rol de direitos dos advogados e das advogadas em geral o aqui tratado, diferentemente, pois, do que seu art. 7º-A fez com *as* advoga*das*, é indiferente. Ele emerge suficientemente da nova previsão codificada.

A similitude dessa hipótese – que traz à mente uma verdadeira "licença-paternidade" para o advogado que seja o "único patrono da causa" – com a do inciso IX e respectivo § 6º do mesmo art. 313 autoriza o transporte para cá das mesmas reflexões do número anterior. A única diferença é que o prazo de suspensão para o pai é de oito dias, enquanto para a mãe que dá à luz ou que adota criança é de trinta dias, sempre considerados os dias corridos, dada a natureza *material* de tais prazos (art. 219, parágrafo único).

É desejável, contudo, ir além a partir dos textos legais aqui examinados. A pressuposição para a fruição dos direitos previstos nos novéis incisos IX e X do art. 313 é que haja uma mãe e um pai. No entanto, pode ocorrer – e ocorre – de a adoção ser concedida em favor de um

---

5. Se a lei concede ao pai a faculdade de se afastar do trabalho para acompanhar o filho nos seus primeiros dias de vida ou de convívio familiar, não é razoável lhe impor o ônus de atuar no processo, durante o gozo desse nobre benefício, apenas para comunicar e justificar aquele afastamento". O entendimento foi adotado também pela 6ª Turma com aplicação subsidiária do art. 313, X, do CPC, ao processo penal, no julgamento do AgRg no REsp 1.831.002/SC, rel. Min. Sebastião Reis Júnior, j.un. 24-8-2021, *DJe* 31-8-2021.

casal do mesmo sexo. Neste caso, qual deverá ser o prazo da suspensão do processo em prol do advogado/advogada que atue sozinho(a) em favor de seu constituinte: trinta ou oito dias?

Com relação à advogada (desde que seja a única a atuar em favor da parte) que deu à luz, parece não haver dúvida de que o prazo de suspensão é invariavelmente de trinta dias, até por força do inciso IV e respectivo § 3º do art. 7º-A da Lei n. 8.906/94. Mas e quando se tratar de adoção concedida, por exemplo, a um casal de duas mulheres, uma delas advogada exclusiva da parte em processo em que atua? A resposta mais adequada, nesse caso, parece residir no plano fático e depender da alegação (e respectiva comprovação) de quem, perante o casal, comprometeu-se a cuidar, em primeiro plano, do(a) adotado(a) nos primeiros dias em seu novo lar. A quem desempenhar essa função é correto o reconhecimento do prazo de *trinta* dias de suspensão do processo. Não há identidade desse prazo para um casal de diferente sexo a autorizar interpretação diversa para a hipótese aqui ventilada.

Outra pergunta não menos pertinente nessa mesma perspectiva textual dos dispositivos pressupõe a adoção concedida a um advogado, representante exclusivo de uma das partes, que não é casado e que não vive em união estável. Nesse caso, a levar em conta a preocupação do legislador no inciso IX do art. 313, parece ser mais correto reconhecer a ele o prazo de suspensão do processo de *trinta* dias.

4. EXTINÇÃO DO PROCESSO

Extinção do processo é expressão que significa que o Estado-juiz reconhece não haver mais razão para sua atuação, mais especificamente, para o desenvolvimento da função jurisdicional. Seja porque o processo exauriu sua função com a concretização da tutela jurisdicional – sempre entendida no sentido de satisfazer o direito material reclamado, ao autor e/ou ao réu consoante o caso, isto é, prestar tutela jurisdicional a quem a ela fazia jus –, seja porque o Estado-juiz reconhece não haver mais como o processo se desenvolver. Processo e necessidade de atuação do Estado para exercício da função jurisdicional são as duas faces de uma mesma moeda.

As situações do primeiro caso, de prestação da tutela jurisdicional, não se confundem, necessariamente, com o proferimento de sentenças de mérito, mesmo daquelas que acolham ou rejeitam o pedido do autor (art. 487, I). É que pode ocorrer que a sentença, nestes casos, se limite a reconhecer o direito do autor que ainda precisa ser satisfeito. São os casos que o n. 4.5 do Capítulo 5 da Parte I chama de "tutela jurisdicional *executiva*". O que a sentença nestes casos extingue não é o processo, é, muito menos que isso, a *etapa de conhecimento* na primeira instância, bem ao estilo do conceito do § 1º do art. 203.

Assim, em tais hipóteses, independentemente dos recursos (que, por sua vez, também pressupõem *processo*, a afastar a noção de sua extinção), o processo prossegue (porque extinto não está) em nova etapa, a de cumprimento da sentença, com vistas à concretização (forçada, se for o caso) do direito tal qual reconhecido na sentença. Pode até ser que o processo prossiga em direção à etapa de liquidação para apurar o valor devido e somente após ter início a etapa de cumprimento da sentença. O que extingue o processo, nestes casos, não é a sentença prevista no inciso I do art. 487, mas, bem diferentemente, o *reconhecimento judicial* da hipótese do inciso II do art. 924 (quando "a obrigação for satisfeita"), que deverá ser feito por sentença (uma *outra* sentença, que não se confunde com aquela do art. 487), como determina o art. 925.

Pode ocorrer de a sentença a que se refere o art. 925 reconhecer que o direito está extinto por outra razão na perspectiva do direito material: extinção total da dívida por outro meio (art. 924, III); renúncia ao crédito (art. 924, IV) e, até mesmo, a ocorrência de prescrição intercorrente (art. 924, V). Não se trata, contudo, e em nenhuma das hipóteses, de uma sentença que extingue o processo, mas, bem diferentemente, de uma sentença que, ao atestar a ocorrência daquelas circunstâncias no plano material, reconhece a desnecessidade de o Estado-juiz continuar a atuar e, por isto, o processo é extinto.

Em todos estes casos, importa frisar, não é a sentença que extingue o processo. A sentença do art. 925 reconhece que uma das razões dos incisos II a V do art. 924 autoriza, ela própria, a extinção do processo.

A ressalva anterior, sobre a própria sentença atender ao direito discutido em juízo, é relevantíssima. Seja quando o pedido do autor é julgado improcedente e o réu satisfaz-se com a tutela jurisdicional que recebe neste caso; seja quando o acolhimento do pedido do autor, pela sua própria natureza, dispensa a prática de quaisquer outros atos processuais tendentes à satisfação do direito reconhecido. São os casos que este *Curso* chama de "tutela jurisdicional *não executiva*" e que a doutrina, em geral, denomina "sentenças *declaratórias* ou *constitutivas*". À míngua de qualquer outro ato processual necessário para satisfazer o direito *declarado* ou *constituído, modificado* ou *extinto*, não há mais por que o processo se desenvolver, devendo, por isso mesmo, ser extinto.

Mesmo nestes casos, contudo, a compreensão da "extinção do processo" merece ser mais bem entendida, vedada a sua generalização. É que haverá verbas de sucumbência a serem perseguidas, conduzindo o processo à etapa de cumprimento de sentença. Antes disto, pode ser que seja interposto recurso por quem foi prejudicado pela decisão e o processo, por isso, continue a se desenvolver em fase recursal. Aqui também, portanto, é errado correlacionar a extinção do processo com o proferimento da sentença, mesmo que de mérito e ainda que ela não dependa de nenhum outro ato para satisfazer o direito que ela reconhece. Isto até *pode* acontecer; mas não é necessário. Assim, é correto evitar a correlação de uma coisa à outra. É bem provável que, também nestas hipóteses, seja mais adequado afirmar que o que conduz à extinção do processo é o reconhecimento, por sentença (art. 925), da ocorrência de uma das hipóteses dos incisos II a V do art. 924. E eventual recurso desta sentença também será o bastante para, mesmo nestes casos, evitar que o processo seja extinto.

O segundo caso referido no início deste número, de não haver mais como o processo se desenvolver, relaciona-se com as hipóteses em que as mais variadas circunstâncias interferem na formação ou no desenvolvimento do processo. Elas estão, em grande parte, nos incisos do art. 485, que trata das situações em que o magistrado proferirá sentença *sem* resolução de mérito. Também o inciso I do art. 924, no contexto da execução fundada em título extrajudicial, ocupa-se de uma destas específicas hipóteses, a do indeferimento da petição inicial. Do ponto de vista teórico, nada há que distinga uma hipótese da outra, até porque é irrecusável que as dos incisos do art. 485 podem, consoante o caso, conduzir à extinção de um "processo de execução" (para empregar a nomenclatura do CPC) a ser reconhecida por sentença lá proferida, como impõe o art. 925.

O que é relevante destacar em todos estes casos, para os fins que aqui interessam, é que os defeitos ou os outros acontecimentos que ocorrem dentro ou fora do processo inibem o desenvolvimento do atuar do Estado-juiz e, por isto, por força deste reconhecimento, o processo deverá ser extinto. A decisão de extinção nestes casos é, também, eminentemente declaratória no sentido de ela não ser, propriamente, a causa da extinção, mas o que a reconhece.

Ainda aqui, contudo, importa ressalvar que pode acontecer de o prejudicado pela decisão recorrer dela. Em tal caso, não há extinção do processo; que prossegue em etapa recursal. Também pode ocorrer – e provavelmente ocorrerá – que a decisão que reconhece a extinção imponha a alguém o pagamento de verbas de sucumbência. Desde que o interessado pretenda cobrá-las, o processo manterá seu curso, em nova etapa, a de cumprimento de sentença, só sendo extinto nos moldes dos incisos II a V do art. 924, por sentença que reconheça sua ocorrência (art. 925), embora ela também seja passível de recurso e, portanto, preservação do processo.

Por tudo isto, é importante ter cuidado ao interpretar o art. 316 em sua literalidade: em rigor, a extinção do processo *não se dá* por sentença. O que ocorre é que uma sentença – e, se for o caso, um acórdão – tem a aptidão de *reconhecer* algo que justificará a extinção do processo. O ideal, na perspectiva da tutela jurisdicional, é que seja a satisfação da obrigação direta (art. 924, II) ou indiretamente (art. 924, III). As demais hipóteses previstas nos incisos III e IV do art. 924 são, ao menos para o exequente, frustrantes, embora sejam capazes de gerar tutela jurisdicional para o executado.

Mesmo quando não houver condições mínimas de prestação da tutela jurisdicional e, por isto, o processo mereça ser descartado, não é a sentença (nem mesmo o acórdão) que o extingue. Ainda aqui, a decisão jurisdicional estará a *reconhecer* um ato ou um fato, do próprio processo ou do direito material, que impedem o seu desenvolvimento, tais quais os dos incisos do art. 485. Nestes casos, importa destacar, pode ocorrer de o processo prosseguir em função de etapa recursal ou de cumprimento de sentença.

4.1 Extinção do processo e prévio saneamento

O art. 317, voltando-se às hipóteses em que o processo tende a ser extinto pelo reconhecimento de uma das situações do art. 485 ou, mais amplamente, em qualquer caso *sem* resolução de mérito, estabelece que, antes de proferir decisão naquele sentido, "o juiz deverá conceder à parte oportunidade para, se possível, corrigir o vício".

Trata-se de regra salutar que merece ser compreendida na perspectiva de que o processo deve ser pensado em perspectiva cooperativa (art. 6º) apta a viabilizar que os próprios interessados sanem, na medida de suas possibilidades e interesses, os eventuais vícios ou obstáculos que inviabilizam a atuação do Estado-juiz com vistas à concretização da tutela jurisdicional.

Em rigor, o art. 317 não é necessário para quem extrai o que é possível e desejável extrair da sistemática das nulidades processuais. Também se pode pensar ser supérfluo o dispositivo diante do "*dever-poder geral* de saneamento" do magistrado contido no inciso IV do art. 139, de "determinar o suprimento de pressupostos processuais e o saneamento de outros vícios processuais".

De qualquer sorte, o Código de Processo Civil, ao expressar a regra contida no art. 317 – reexpressá-la, com texto diverso, a bem da verdade –, assume inegável caráter didático porque evidencia o que, por vezes, não é tão claro para muitos: o processo *não é* coisa privada ou particular das partes; é, antes e em primeiro lugar, do próprio Estado que, vocacionado ao atingimento de um *dever* (a concretização da tutela jurisdicional a quem, na perspectiva do direito material, merece recebê-la), tem que criar condições legítimas – *devidas*, como quer o "modelo constitucional" – para tanto.

E para frisar algo que já deve ter ficado claro: se o Estado-juiz, embora estimulando as partes (e eventuais terceiros) a regularizar o que for passível de ser regularizado com vistas ao prosseguimento do processo (sempre e invariavelmente *devido* na perspectiva constitucional), não há outra alternativa que não a de proferir sentença que impeça o seu desenvolvimento.

A propósito do art. 317 dois outros dispositivos merecem vir à tona.

O primeiro é o § 7º do art. 485, que agrega ao recurso de apelação interposto da sentença terminativa "efeito *regressivo*", permitindo ao magistrado se retratar dela, isto é, redecidir, alterando seu anterior julgamento diante da interposição do apelo. Trata-se de generalização do que já era conhecido pelo CPC de 1973 para os casos de rejeição liminar da petição inicial, sem e com mérito[15].

---

15. A referência é feita aos arts. 296 e 285-A do CPC de 1973, que correspondem aos arts. 331 e 332 do CPC de 2015, respectivamente.

O segundo é o art. 488, que permite ao magistrado prestar tutela jurisdicional, isto é, julgar o mérito em favor de quem o proferimento de sentença terminativa aproveitaria. É regra que se afina com o disposto, no contexto das nulidades processuais, no art. 282, § 2º.

A previsão tem que ser interpretada de forma a não comprometer o *devido* processo *constitucional* em prol da obtenção de algum resultado. Em um modelo de Estado Constitucional como o brasileiro, não é correto entender que os *fins* ("resolver o mérito", para empregar a expressão do dispositivo) possam justificar os *meios* (desprezar em todo e qualquer caso a idoneidade na atuação do Estado-juiz). Não é por outra razão que o estudo do direito processual civil precisa tomar como indispensável ponto de partida o modelo constitucional, ainda que na perspectiva *neoconcretista*, tal qual propõe este *Curso*.

Bibliografia citada e consultada

ABBOUD, Georges. Comentários ao art. 8º. In: SCARPINELLA BUENO, Cassio (coord.) *Comentários ao Código de Processo Civil*. São Paulo: Saraiva, 2017. v. 1.

_____. *Constituição Federal comentada*. São Paulo: Revista dos Tribunais, 2023.

_____. *Processo constitucional brasileiro*. 5. ed. São Paulo: Revista dos Tribunais, 2021.

ABELHA, Marcelo. *Manual de direito processual civil*. 6. ed. Rio de Janeiro: GEN/Forense, 2016.

ABELHA RODRIGUES, Marcelo. Comentários ao art. 15. In: SCARPINELLA BUENO, Cassio (coord.). *Comentários ao Código de Processo Civil*. São Paulo: Saraiva, 2017. v. 1.

_____. *Suspensão de segurança*. 4. ed. Salvador: JusPodivm, 2016.

ABREU, Rafael Sirangelo de. *Igualdade e processo: posições processuais equilibradas e unidade do direito*. São Paulo: Revista dos Tribunais, 2015.

ANDRIGHI, Fátima Nancy. Comentários ao art. 105. In: CANOTILHO, J. J. Gomes; MENDES, Gilmar Ferreira; SARLET, Ingo Wolfgang; STRECK, Lenio Luiz (coords.). *Comentários à Constituição do Brasil*. São Paulo: Saraiva/Almedina, 2013.

ALBERTON, Genacéia da Silva. *Assistência litisconsorcial*. São Paulo: Revista dos Tribunais, 1994.

ALENCAR, Angélica Oliveira. *Processo civil cooperativo: um novo modelo constitucional de processo*. Rio de Janeiro: Lumen Juris, 2014.

ALVES, Aline Jurca Zavaglia Vicente; SANTOS, Ceres Linck dos. Anamnese e o juiz: contribuições à efetividade sistêmica da tutela antecipada antecedente nas ações individuais de saúde. *Revista de Processo*. São Paulo: Revista dos Tribunais, 2017. v. 266.

ALVIM, Eduardo Arruda. *Tutela provisória*. 2. ed. São Paulo: Saraiva, 2017.

ALVIM, Teresa Arruda. Comentários aos arts. 203 ao 205. In: SCARPINELLA BUENO, Cassio (coord.). *Comentários ao Código de Processo Civil*. São Paulo: Saraiva, 2017. v. 1.

_____. *Nulidades do processo e da sentença*. 9. ed. São Paulo: Revista dos Tribunais, 2017.

ALVIM, Thereza. *O direito processual de estar em juízo*. São Paulo: Revista dos Tribunais, 1996.

AMARAL SANTOS, Moacyr. *Primeiras linhas de direito processual civil*. 27. ed. São Paulo: Saraiva, 2010. v. 1. Atualização de Maria Beatriz Amaral Santos Köhnen.

AMENDOEIRA JUNIOR, Sidney. *Poderes do juiz e tutela jurisdicional*. São Paulo: Atlas, 2006.

ANDOLINA, Italo; VIGNERA, Giuseppe. *Il modello costituzionale del processo civile italiano*. Turim: Giappichelli, 1990.

_____. *I fondamenti costituzionali della giustizia civile: il modello costituzionale del processo civile italiano*. 2. ed. Turim: Giappichelli, 1997.

APRIGLIANO, Ricardo de Carvalho. *Ordem pública e processo: o tratamento das questões de ordem pública no direito processual civil*. São Paulo: Atlas, 2011.

ARAÚJO, Taís Santos de. *Tutela provisória contra o Poder Público*: após e de acordo com a ADI 4.296/DF. Londrina: Thoth, 2024.

_____. Um prognóstico sobre as liminares em face do Poder Público após o julgamento da ADI 4.296/DF. In: NUNES JÚNIOR, Vidal Serrano (coord.). *Desafios do Direito na sociedade 5.0*. São Paulo: Almedina, 2023.

ARAÚJO, Fabio Caldas de. *Intervenção de terceiros*. São Paulo: Malheiros, 2015.

ARAÚJO, Luciano Vianna. Comentários aos arts. 108 ao 112. In: SCARPINELLA BUENO, Cassio (coord.). *Comentários ao Código de Processo Civil*. São Paulo: Saraiva, 2017. v. 1.

_____. Ilegitimidade passiva e alteração subjetiva no Código de Processo Civil de 2015. *Revista de Processo*. São Paulo: Revista dos Tribunais, 2017. v. 265.

_____. *Sentenças parciais?* São Paulo: Saraiva, 2011.

ARAÚJO, Nadia de. *Cooperação jurídica internacional no Superior Tribunal de Justiça: comentários à Resolução n. 9/2005*. Rio de Janeiro: Renovar, 2010.

ARMELIN, Donaldo. *Legitimidade para agir no direito processual civil brasileiro*. São Paulo: Revista dos Tribunais, 1979.

ARRUDA ALVIM. *Código de Processo Civil comentado*. São Paulo: Revista dos Tribunais, 1975. v. II.

_____. *Comentários ao Código de Processo Civil*, v. III. São Paulo: Revista dos Tribunais, 1976.

_____. *Curso de direito processual civil*. São Paulo: Revista dos Tribunais, 1971. v. I.

_____. *Manual de direito processual civil*. 17. ed. São Paulo: Revista dos Tribunais, 2017.

_____. *Tratado de direito processual civil*. São Paulo: Revista dos Tribunais, 1990. v. 1.

ASSIS, Araken de. *Processo civil brasileiro*. 2. ed. São Paulo: Revista dos Tribunais, 2016. v. I.

ASSIS, Carlos Augusto de. Técnicas aceleratórias e devido processo legal. *Revista Brasileira de Direito Processual*. Belo Horizonte: Fórum, 2016. v. 95.

ASSIS, Carlos Augusto de; LOPES, João Batista. *Tutela provisória*. Brasília: Gazeta Jurídica, 2018.

ATAÍDE JÚNIOR, Jaldemiro Rodrigues de. Negócios jurídicos materiais e processuais – Existência, validade e eficácia – Campo-invariável e campos-dependentes: sobre os limites dos negócios jurídicos processuais. *Revista de Processo*. São Paulo: Revista dos Tribunais, 2015. v. 244.

AURELLI, Arlete Inês. A cooperação como alternativa ao antagonismo garantismo processual/ativismo judicial. *Revista Brasileira de Direito Processual*. Belo Horizonte: Fórum, 2015. v. 90.

_____. Institutos fundamentais do processo civil: jurisdição, ação e processo. *Revista Brasileira de Direito Processual*. Belo Horizonte: Fórum, 2015. v. 89.

_____. Normas fundamentais no Código de Processo Civil brasileiro. *Revista de Processo*. São Paulo: Revista dos Tribunais, 2017. v. 271.

_____. Tutelas de urgência no Código de Processo Civil de 2015. In: Instituto Brasileiro de Direito Processual; SCARPINELLA BUENO, Cassio (orgs.). *PRODIREITO: Direito Processual Civil*: Programa de Atualização em Direito: Ciclo 2. Porto Alegre: Artmed Panamericana, 2016 (Sistema de Educação Continuada a Distância, v. 1).

ÁVILA, Henrique; MAGALHÃES NETO, José. Novo Código de Processo Civil e o papel regulamentador do Conselho Nacional de Justiça. In: Instituto Brasileiro de Direito Processual; SCARPINELLA BUENO, Cassio (orgs.). *PRODIREITO: Direito Processual Civil*: Programa de Atualização em Direito: Ciclo 3. Porto Alegre: Artmed Panamericana, 2018 (Sistema de Educação Continuada a Distância, v. 4).

ÁVILA, Humberto. *Teoria da segurança jurídica*. 4. ed. São Paulo: Malheiros, 2016.

_____. *Teoria dos princípios: da definição à aplicação dos princípios jurídicos*. 4. ed. São Paulo: Malheiros, 2009.

BARACHO, José Alfredo de Oliveira. *Processo constitucional*. Rio de Janeiro: Forense, 1984.

BARBOSA, Rafael Vinheiro Monteiro. Defensoria pública: principais aspectos. In: Instituto Brasileiro de Direito Processual; SCARPINELLA BUENO, Cassio (orgs.). *PRODIREITO: Direito Processual Civil*: Programa de Atualização em Direito: Ciclo 2. Porto Alegre: Artmed Panamericana, 2016 (Sistema de Educação Continuada a Distância, v. 2).

BARBOSA, Rafael Vinheiro Monteiro; LIMA, Fábio Lindoso e. A contradição externa e o *venire contra factum proprium* do juízo. *Revista de Processo*. São Paulo: Revista dos Tribunais, 2015. v. 245.

BARBOSA MOREIRA, José Carlos. A sentença mandamental – Da Alemanha ao Brasil. *Temas de direito processual (sétima série)*. São Paulo: Saraiva, 2001.

_____. Apontamentos para um estudo sistemático da legitimação extraordinária. *Revista dos Tribunais*. São Paulo: Revista dos Tribunais, 1969. v. 404.

_____. Aspectos da "execução" em matéria de obrigação de emitir declaração de vontade. *Temas de direito processual (sexta série)*. São Paulo: Saraiva, 1997.

_____. Conteúdo e efeitos da sentença: variações sobre o tema. *Revista de Processo.* São Paulo: Revista dos Tribunais, 1985. v. 40.

_____. Questões velhas e novas em matéria de classificação das sentenças. *Temas de direito processual (oitava série).* São Paulo: Saraiva, 2004.

_____. Reflexões críticas sobre uma teoria da condenação civil. *Revista dos Tribunais.* São Paulo: Revista dos Tribunais, 1972. v. 436.

_____. Sentença executiva? *Temas de direito processual (nona série).* São Paulo: Saraiva, 2007.

BARROSO, Luís Roberto. *O direito constitucional e a efetividade de suas normas.* 7. ed. Rio de Janeiro: Renovar, 2003.

BEDAQUE, José Roberto dos Santos. Comentários aos arts. 276 ao 283 e 294 a 311. In: SCARPINELLA BUENO, Cassio (coord.). *Comentários ao Código de Processo Civil.* São Paulo: Saraiva, 2017. v. 1.

_____. *Direito e processo: influência do direito material sobre o processo.* 4. ed. São Paulo: Malheiros, 2006.

_____. *Efetividade do processo e técnica processual.* 3. ed. São Paulo: Malheiros, 2010.

_____. Instrumentalismo e garantismo: visões opostas do fenômeno processual? In: BEDAQUE, José Roberto dos Santos; CINTRA, Lia Carolina Batista; EID, Elie Pierre (coords.). *Garantismo processual: garantias constitucionais aplicadas ao processo.* Brasília: Gazeta Jurídica, 2016.

BELLOCCHI, Márcio. Tutela satisfativa: uma espécie do gênero tutela de urgência. Pontos de convergência com a técnica assecuratória (cautelar): algumas peculiaridades de seu procedimento. *Revista de Processo.* São Paulo: Revista dos Tribunais, 2017. v. 269.

BENAVENTE, Omar Sumaria. La 'constitucionalización' del derecho procesal: significado y contenido del derecho a la tutela jurisdiccio-nal. *Revista Iberoamericana de Derecho Procesal.* São Paulo: Revista dos Tribunais, 2015. v. 1.

BENEDUZI, Renato. *Actio und Klagrecht bei Theodor Muther.* Heidelberg, 2016.

BERALDO, Maria Carolina Silveira. A atuação do Ministério Público no novo CPC. In: Instituto Brasileiro de Direito Processual; SCARPINELLA BUENO, Cassio (orgs.). *PRODIREITO: Direito Processual Civil:* Programa de Atualização em Direito: Ciclo 2. Porto Alegre: Artmed Panamericana, 2016 (Sistema de Educação Continuada a Distância, v. 2).

_____. *O comportamento dos sujeitos processuais como obstáculo à razoável duração do processo.* São Paulo: Saraiva, 2013.

_____. *Processo e procedimento à luz da Constituição Federal de 1988: normas processuais e procedimentais civis.* São Paulo: Universidade de São Paulo, 2015.

BERMUDES, Sergio. A favor do "contra". *Revista de Processo.* São Paulo: Revista dos Tribunais, 1992. v. 65.

BETTI, Emilio. Il concetto della obbligazione costruito dal punto di vista dell'azione. In: *Diritto sostanziale e processo*. Milão: Giuffrè, 2006.

BODART, Bruno Vinicius da Rós. *Tutela de evidência: teoria da cognição, análise econômica do direito processual e comentários sobre o novo CPC*. São Paulo: Revista dos Tribunais, 2015.

BONATO, Giovanni. Os *référés*. *Revista de Processo*. São Paulo: Revista dos Tribunais, 2015. v. 250.

BONAVIDES, Paulo. *Curso de direito constitucional*. 15. ed. São Paulo: Malheiros, 2004.

BONÍCIO, Marcelo José Magalhães. *Princípios do processo no novo Código de Processo Civil*. São Paulo: Saraiva, 2016.

BONIZZI, Marcelo José Magalhães. Estudo sobre os limites da contratualização do litígio e do processo. *Revista de Processo*. São Paulo: Revista dos Tribunais, 2017. v. 269.

_____. Evicção e denunciação da lide no novo CPC brasileiro. *Revista de Processo*. São Paulo: Revista dos Tribunais, 2016. v. 258.

BRAGA, Paula Sarno. *Norma de processo e norma de procedimento: o problema da repartição de competência legislativa no direito constitucional brasileiro*. Salvador: JusPodivm, 2015.

BRUNELLO, Mario; ZAGREBELSY, Gustavo. *Interpretare: dialogo tra un musicista e un giurista*. Bolonha: Il Mulino, 2016.

BRUSCHI, Gilberto Gomes. *Aspectos processuais da desconsideração da personalidade jurídica*. São Paulo: Saraiva, 2009.

BÜLOW, Oskar Von. *La teoría de las excepciones procesales y los presupuestos procesales*. Trad. Miguel Angel Rosas Lichtschein. Buenos Aires: EJEA, 1964.

CABRAL, Antonio do Passo. Comentários aos arts. 276 a 283. In: CABRAL, Antonio do Passo; CRAMER, Ronaldo (coords.). *Comentários ao novo Código de Processo Civil*. 2. ed. Rio de Janeiro: GEN/Forense, 2016.

_____. *Convenções processuais*. 2. ed. Salvador: JusPodivm, 2018.

_____. *Juiz natural e eficiência processual: flexibilização, delegação e coordenação de competências no processo civil*. Rio de Janeiro: Universidade Estadual do Rio de Janeiro, 2017.

_____. *Nulidades no processo moderno: contraditório, proteção da confiança e validade* prima facie *dos atos processuais*. Rio de Janeiro: Forense, 2009.

_____. Teoria das nulidades processuais no direito contemporâneo. *Revista de Processo*. São Paulo: Revista dos Tribunais, 2016. v. 255.

CABRAL, Trícia Navarro Xavier. *Ordem pública processual*. Brasília: Gazeta Jurídica, 2015.

CAHALI, Francisco José. *Curso de arbitragem*. 7. ed. São Paulo: Revista dos Tribunais, 2018.

CAHALI, Francisco José; CAHALI, Claudia Elisabete Schwerz. Comentários ao art. 3º. In: SCARPINELLA BUENO, Cassio (coord.). *Comentários ao Código de Processo Civil*. São Paulo: Saraiva, 2017. v. 1.

CAHALI, Yussef Said. *Honorários advocatícios*. 3. ed. São Paulo: Revista dos Tribunais, 1997.

CAIS, Fernando Fontoura. *Comentários ao Código de Processo Civil*: disposições finais e transitórias. São Paulo: Saraiva, 2017. v. XXI.

CALAMANDREI, Piero. *Instituciones de derecho procesal civil*. Trad. de Santiago Sentís Melendo. Buenos Aires: Libreria El Foro, 1996. v. I.

_____. *Introduzione allo studio sistematico dei provvedimenti cautelari*. Pádua: CEDAM, 1936.

_____. La condena. In: *Estudios sobre el proceso civil*. Buenos Aires: Editorial Bibliográfica Argentina, 1945.

_____. *La illegitimità costituzionale delle leggi nel processo civile*. Pádua: CEDAM, 1950.

CALMON DE PASSOS, José Joaquim. *Comentários ao Código de Processo Civil*. 8. ed. Rio de Janeiro: Forense, 1998. v. III.

_____. *Comentários ao Código de Processo Civil*. São Paulo: Revista dos Tribunais, 1984. v. X, t. I.

_____. Do mandado de segurança contra atos judiciais. In: *Estudos sobre o mandado de segurança*. Rio de Janeiro: Instituto Brasileiro de Direito Processual Civil – Estado da Guanabara, 1963. Parcialmente republicado em *Comentários ao Código de Processo Civil*. São Paulo: Revista dos Tribunais, 1984. v. X, t. I.

CÂMARA, Alexandre Freitas. A influência do novo CPC sobre o microssistema dos Juizados Especiais: primeiras reflexões. In: Instituto Brasileiro de Direito Processual; SCARPINELLA BUENO, Cassio (orgs.). *PRODIREITO: Direito Processual Civil: Programa de Atualização em Direito: Ciclo 1*. Porto Alegre: Artmed Panamericana, 2015 (Sistema de Educação Continuada a Distância, v. 2).

_____. Comentários aos arts. 312 ao 317. In: SCARPINELLA BUENO, Cassio (coord.). *Comentários ao Código de Processo Civil*. São Paulo: Saraiva, 2017. v. 1.

_____. Dimensão processual do princípio do devido processo constitucional. *Revista Iberoamericana de Derecho Procesal*. São Paulo: Revista dos Tribunais, 2015. v. 1.

_____. *O novo processo civil brasileiro*. São Paulo: Atlas, 2015.

CAMARGO, Luiz Henrique Volpe. *A centralização de processos como etapa necessária do Incidente de Resolução de Demandas Repetitivas*. São Paulo: Pontifícia Universidade Católica de São Paulo, 2017.

_____. Comentários ao art. 85. In: WAMBIER, Teresa Arruda Alvim; DIDIER JR., Fredie; TALAMINI, Eduardo; DANTAS, Bruno (coord.). *Breves comentários ao novo Código de Processo Civil*. 3. ed. São Paulo: Revista dos Tribunais, 2016.

_____. Comentários aos arts. 12 e 98 a 102. In: SCARPINELLA BUENO, Cassio (coord.). *Comentários ao Código de Processo Civil*. São Paulo: Saraiva, 2017. v. 1.

CAMBI, Eduardo. *Neoconstitucionalismo e neoprocessualismo: direitos fundamentais, políticas públicas e protagonismo judiciário*. São Paulo: Almedina, 2016.

CAMPOS, Eduardo Luiz Cavalcanti. *O princípio da eficiência no processo civil brasileiro*. Rio de Janeiro: GEN/Forense, 2018.

CANARIS, Claus-Wilhelm. *Pensamento sistemático e conceito de sistema na ciência do direito*. Trad. de A. Menezes de Cordeiro. 3. ed. Lisboa: Fundação Calouste Gubelkian, 2002.

CAPPELLETTI, Mauro. *Juízes irresponsáveis?* Trad. de Carlos Alberto Alvaro de Oliveira. Porto Alegre: Sergio Antonio Fabris, 1989.

_____. *Juízes legisladores?* Trad. de Carlos Alberto Alvaro de Oliveira. Porto Alegre: Sergio Antonio Fabris, 1993.

_____. *Processo, ideologias e sociedade*. Trad. e notas de Elício de Cresci Sobrinho. Porto Alegre: Sergio Antonio Fabris, 2008. v. I.

CAPPELLETTI, Mauro; GARTH, Bryant. *Acesso à justiça*. Trad. de Ellen Gracie Northfleet. Porto Alegre: Fabris, 1988.

CARMONA, Carlos Alberto. *Arbitragem e processo: um comentário à Lei n. 9.307/96*. 3. ed. São Paulo: Atlas, 2009.

_____. Meios alternativos de solução de conflitos e o novo CPC. In: Instituto Brasileiro de Direito Processual; SCARPINELLA BUENO, Cassio (orgs.). *PRODIREITO: Direito Processual Civil*: Programa de Atualização em Direito: Ciclo 1. Porto Alegre: Artmed Panamericana, 2016 (Sistema de Educação Continuada a Distância, v. 3).

CARNEIRO, Athos Gusmão. *Intervenção de terceiros*. 18. ed. São Paulo: Saraiva, 2009.

_____. *Jurisdição e competência*. 17. ed. São Paulo: Saraiva, 2010.

CARNEIRO, Paulo Pinheiro Cezar. Comentários ao art. 1º. In: WAMBIER, Teresa Arruda Alvim; DIDIER JUNIOR, Fredie; TALAMINI, Eduardo; DANTAS, Bruno (coords.). *Breves comentários ao novo Código de Processo Civil*. 3. ed. São Paulo: Revista dos Tribunais, 2017.

CARNELUTTI, Francesco. *Direito e processo*. Trad. de Júlia Jimenes Amador. Campinas: Péritas, 2001.

_____. Diritto e processo nella teoria delle obligazioni. In: *Diritto sostanziale e processo*. Milão: Giuffrè, 2006.

_____. *Instituições de processo civil*. Trad. de Adrián Sotero De Witt Batista. Campinas: Servanda, 1999. v. I.

_____. *Teoria geral do direito*. Trad. de Antônio Carlos Ferreira. São Paulo: Lejus, 1999.

CARPENA, Márcio Louzada. *Do processo cautelar moderno*. Rio de Janeiro: Forense, 2004.

CARPI, Frederico. La metamorfose del monopolio statale sulla giurisdizione. *Revista de Processo*. São Paulo: Revista dos Tribunais, 2016. v. 257.

CARVALHO, Fabiano. Comentários aos arts. 21 a 25. In: SCARPINELLA BUENO, Cassio (coord.). *Comentários ao Código de Processo Civil*. São Paulo: Saraiva, 2017. v. 1.

CARVALHO, José Orlando. *Teoria dos pressupostos e dos requisitos processuais*. Rio de Janeiro: Lumen Juris, 2005.

CARVALHO FILHO, José dos Santos. *O Estado em juízo no novo CPC*. São Paulo: Atlas, 2016.

CASTRO, Daniel Penteado de. *Antecipação de tutela sem o requisito da urgência: panorama geral e perspectivas no novo Código de Processo Civil*. Salvador: JusPodivm, 2017.

_____. Tutela da evidência no novo Código de Processo Civil. In: Instituto Brasileiro de Direito Processual; SCARPINELLA BUENO, Cassio (orgs.). *PRODIREITO: Direito Processual Civil*: Programa de Atualização em Direito: Ciclo 3. Porto Alegre: Artmed Panamericana, 2017 (Sistema de Educação Continuada a Distância, v. 1).

CAVALCANTE, Bruno Braga. *A atuação defensorial como* custos vulnerabilis *no processo penal*. Disponível em: <https://www.conjur.com.br/2018-mai-22/tribuna-defensoria-atuacao-defensorial-custos-vulnerabilis-processo-penal>. Acesso em: jun. 2018.

CAVALCANTI, Marcos de Araújo. *Coisa julgada e questões prejudiciais: limites objetivos e subjetivos*. São Paulo: Revista dos Tribunais, 2019.

CHAVES, Adriano Oliveira. Comentários ao art. 535. In: CAMPOS, Rogério; SEEFELDER FILHO, Claudio Xavier; ADÃO, Sandro Brandi; GOMES, Leonardo Rufino de Oliveira; DAMBROS, Cristiano Dressler (coord.). *Novo Código de Processo Civil comentado na prática da Fazenda Nacional*. São Paulo: Revista dos Tribunais, 2017.

CHIARLONI, Sergio. Relação entre as partes, os juízes e os defensores. *Revista de Processo*. São Paulo: Revista dos Tribunais, 2016. v. 251.

CHIAVASSA, Tércio. *Tutelas de urgência cassadas*. São Paulo: Quartier Latin, 2004.

CHIOVENDA, Giuseppe. *Instituições de direito processual civil*. 2. ed. Trad. de J. Guimarães Menegale. São Paulo: Saraiva, 1965. v. 1

CHIZZINI, Augusto. *Pensiero e azione nella storia del processo civile: studi*. 2. ed. Turim: Utet Giuridica, 2014.

CIANCI, Mirna. A estabilização da tutela antecipada como forma de desaceleração do processo (uma análise crítica). *Revista de Processo*. São Paulo: Revista dos Tribunais, 2017. v. 264.

CIANCI, Mirna; QUARTIERI, Rita de Cassia Conte. Comentários aos arts. 182 ao 184. In: SCARPINELLA BUENO, Cassio (coord.). *Comentários ao Código de Processo Civil*. São Paulo: Saraiva, 2017. v. 1.

_____. Comentários aos arts. 534 e 535. In: SCARPINELLA BUENO, Cassio (coord.). *Comentários ao Código de Processo Civil*. São Paulo: Saraiva, 2017. v. 2.

CINTRA, Antonio Carlos de Araújo; GRINOVER, Ada Pellegrini; DINAMARCO, Cândido Rangel. *Teoria geral do processo*. 22. ed. São Paulo: Malheiros, 2006.

CINTRA, Lia Carolina Batista. Comentários os arts. 113 ao 118. In: SCARPINELLA BUENO, Cassio (coord.). *Comentários ao Código de Processo Civil*. São Paulo: Saraiva, 2017. v. 1.

_____. *Intervenção de terceiro por ordem do juiz: a intervenção* iussu judicis *no processo civil*. São Paulo: Revista dos Tribunais, 2017.

CLÈVE, Clèmerson Merlin. Prefácio. In: SCHIER, Paulo Ricardo. *Filtragem constitucional: construindo uma nova dogmática jurídica*. Porto Alegre: Sergio Antonio Fabris, 1999.

COELHO, Glaucia Mara. Partes e terceiros no novo Código de Processo Civil. *Revista do Advogado*. São Paulo: Associação dos Advogados de São Paulo, maio 2015. v. 126.

COELHO, Inocêncio Mártires. *Interpretação constitucional*. 2. ed. Porto Alegre: Sergio Antonio Fabris, 2003.

COLLUCCI, Ricardo. Interpretação normativa: o caso da "revisão" final do texto do novo Código de Processo Civil. *Revista de Processo*. São Paulo: Revista dos Tribunais, 2016. v. 260.

COMOGLIO, Luigi Paolo. Principi costituzionali e processo di esecuzione. *Rivista di Diritto Processuale*. Pádua: Cedam, 1994. v. 2.

CORRÊA, Fábio Peixinho Gomes. Fungibilidade entre tutela de urgência e tutela de evidência: intersecção entre processos sumários com função cautelar e decisória. *Revista de Processo*. São Paulo: Revista dos Tribunais, 2017. v. 270.

COSTA, Eduardo José da Fonseca; MOURÃO, Luiz Eduardo Ribeiro; NOGUEIRA, Pedro Henrique (coords.). *Teoria quinária da ação*. Salvador: JusPodivm, 2010.

COSTA, José Augusto Galdino da. *Princípios gerais no processo civil: princípios fundamentais e princípios informativos*. Rio de Janeiro: Forense, 2007.

COSTA, Moacir Lobo da. *Breve notícia histórica do direito processual civil brasileiro e de sua literatura*. São Paulo: Revista dos Tribunais/Edusp, 1970.

COSTA, Susana Henriques da. Comentários aos arts. 16 a 20. In: SCARPINELLA BUENO, Cassio (coord.). *Comentários ao Código de Processo Civil*. São Paulo: Saraiva, 2017. v. 1.

COUTURE, Eduardo J. *Fundamentos del derecho procesal civil*. 2. ed. Buenos Aires: Depalma, 1951.

_____. *Interpretação das leis processuais*. 3. ed. Trad. de Gilda Maciel Corrêa Meyer Russomano. Rio de Janeiro: Forense, 1993.

_____. *Introdução ao estudo do processo civil*. 3. ed. Trad. de Mozart Victor Russomano. Rio de Janeiro: Forense, 1998.

_____. "Las garantías constitucionales del proceso civil". In: *Estudios de Derecho Procesal Civil: la Constitución y el proceso civil*. Buenos Aires: Ediar, 1948. t. 1.

CRAMER, Ronaldo. Comentários aos arts. 82 a 97 e 103 a 107. In: SCARPINELLA BUENO, Cassio (coord.). *Comentários ao Código de Processo Civil*. São Paulo: Saraiva, 2017. v. 1.

_____. Impactos do novo Código de Processo Civil na advocacia. In: Ins-tituto Brasileiro de Direito Processual; SCARPINELLA BUENO, Cassio (orgs.). *PRODIREITO: Direito Processual Civil: Programa de Atualização em Direito: Ciclo 3*. Porto Alegre: Artmed Panamericana, 2018 (Sistema de Educação Continuada a Distância, v. 3).

CRETELLA NETO, José. *Fundamentos principiológicos do processo civil*. Rio de Janeiro: Forense, 2002.

CRUZ, José Raimundo Gomes da. *Estudos sobre o processo e a Constituição de 1988*. São Paulo: Revista dos Tribunais, 1993.

CUNHA, Leonardo Carneiro da. A *translatio iudicii* no projeto do novo Código de Processo Civil brasileiro. *Revista de Processo*. São Paulo: Revista dos Tribunais, 2012. v. 208.

_____. *Jurisdição e competência*. 2. ed. São Paulo: Revista dos Tribunais, 2013.

CUNHA, Paulo Ferreira da Cunha. Constituição e constitucionalismos: síntese prospetiva. In: HELLMAN, Renê Francisco; MARGRAF, Alencar Frederico. *Os efeitos do constitucionalismo contemporâneo no direito: uma visão interdisciplinar*. Telêmaco Borba: FATEB, 2014.

DALL'OLIO, Gustavo. *Competência legislativa em matéria de processo e procedimento*. São Paulo: Pontifícia Universidade Católica de São Paulo, 2010.

DANTAS, Ivo; BARROS, Livia Dias; GOUVEIA, Gina. A terminologia do processo constitucional e o novo Código de Processo Civil (2015). In: LEITE, George Salomão; LEITE, Glauco Salomão; SARLET, Ingo Wolfgang; STRECK, Lenio Luiz (coords.). *Ontem, os Códigos! Hoje, as Constituições: homenagem a Paulo Bonavides*. São Paulo: Malheiros, 2016.

DELFINO, Lúcio. Cooperação processual: inconstitucionalidades e excessos argumentativos – Trafegando na contramão da doutrina. *Revista Brasileira de Direito Processual*. Belo Horizonte: Fórum, 2016. v. 93.

DEMERCIAN, Pedro Henrique; MALULY, Jorge Assaf. Comentários ao art. 15. In: SCARPINELLA BUENO, Cassio (coord.). *Comentários ao Código de Processo Civil*. São Paulo: Saraiva, 2017. v. 1.

DESTEFENNI, Marcos. *Natureza constitucional da tutela de urgência*. Porto Alegre: Sergio Antonio Fabris, 2002.

DIAS, Ronaldo Brêtas de Carvalho. Novo Código de Processo Civil e processo constitucional. *Revista Brasileira de Direito Processual*. Belo Horizonte: Fórum, 2016. v. 92.

_____. *Processo constitucional e Estado democrático de direito*. 3. ed. Belo Horizonte: Del Rey, 2015.

DIDIER JUNIOR, Fredie. Comentários ao art. 752. In: WAMBIER, Teresa Arruda Alvim; DIDIER JUNIOR, Fredie; TALAMINI, Eduardo; DANTAS, Bruno (coords.). *Breves comentários ao novo Código de Processo Civil*. 3. ed. São Paulo: Revista dos Tribunais, 2017.

_____. Comentários aos arts. 1.045 a 1.061 e 1.067 a 1.070. In: SCARPINELLA BUENO, Cassio (coord.). *Comentários ao Código de Processo Civil*. São Paulo: Saraiva, 2017. v. 4.

_____. *Cooperação judiciária nacional*: esboço de uma teoria para o direito brasileiro. Salvador: JusPodivm, 2021.

_____. *Curso de direito processual civil*. 18. ed. Salvador: JusPodivm, 2016. v. 1.

_____. *Pressupostos processuais e condições da ação: o juízo de admissibilidade do processo*. São Paulo: Saraiva, 2005.

_____; FERNANDEZ, Leandro. *O Conselho Nacional de Justiça e o direito processual*: administração judiciária, boas práticas e competência normativa. Salvador: JusPodivm, 2022.

DINAMARCO, Cândido Rangel. *Comentários ao Código de Processo Civil: das normas processuais civis e da função jurisdicional*. São Paulo: Saraiva, 2018. v. I.

_____. *A instrumentalidade do processo*. 12. ed. São Paulo: Malheiros, 2005.

_____. *Fundamentos do processo civil moderno*. 3. ed. São Paulo: Malheiros, 2000. t. I.

_____. *Instituições de direito processual civil*. 8. ed. São Paulo: Malheiros, 2016. v. I.

_____. *Instituições de direito processual civil*. 7. ed. São Paulo: Malheiros, 2017. v. II.

_____. *Instituições de direito processual civil*. 7. ed. São Paulo: Malheiros, 2017. v. III.

_____. *Litisconsórcio*. 6. ed. São Paulo: Malheiros, 2001.

_____. Tempestividade dos recursos. *Revista Dialética de Direito Processual*. São Paulo: Dialética, 2004. v. 16.

_____. *Vocabulário do processo civil*. São Paulo: Malheiros, 2009.

DINAMARCO, Cândido Rangel; LOPES, Bruno Vasconcelos Carrilho. *Teoria geral do novo processo civil*. São Paulo: Malheiros, 2016.

DOMIT, Otávio Augusto Dal Molin. Comentários ao art. 2º. In: SCARPINELLA BUENO, Cassio (coord.). *Comentários ao Código de Processo Civil*. São Paulo: Saraiva, 2017. v. 1.

_____. *Iura novit curia e causa de pedir: o juiz e a qualificação jurídica dos fatos no processo civil brasileiro*. São Paulo: Revista dos Tribunais, 2016.

DUARTE, Bento Herculano; OLIVEIRA JUNIOR, Zulmar Duarte de. *Princípios do processo civil: noções fundamentais*. São Paulo: Método, 2012.

EID, Elie Pierre. *Litisconsórcio unitário: fundamentos, estrutura e regime*. São Paulo: Revista dos Tribunais, 2016.

ENGISCH, Karl. *Introdução ao pensamento jurídico*. 8. ed. Lisboa: Fundação Calouste Gulbekian, 2001. Trad. de J. Baptista Machado.

ESTEVES, Diogo; SILVA, Franklyn Roger Alves. *Princípios institucionais da defensoria pública*. Rio de Janeiro: GEN/Forense, 2014.

FAZZALARI, Elio. *Instituições de direito processual*. Campinas: Bookseller, 2006. Tradução da 8ª edição por Elaine Nassif.

FERRAZ, Sérgio; DALLARI, Adilson Abreu. *Processo administrativo*. São Paulo: Malheiros, 2001.

FERREIRA, William Santos. *Tutela antecipada no âmbito recursal*. São Paulo: Revista dos Tribunais, 2000.

FERREIRA FILHO, Manoel Gonçalves. *Do processo legislativo*. 3. ed. São Paulo: Saraiva, 1995.

FIGUEIREDO, Sylvia Marlene de Castro. *Controle de convencionalidade: novo paradigma para a magistratura brasileira*. São Paulo: Noeses, 2018.

FINKELSTEIN, Claudio. Comentários aos arts. 26 ao 41. In: SCARPINELLA BUENO, Cassio (coord.). *Comentários ao Código de Processo Civil*. São Paulo: Saraiva, 2017. v. 1.

FONSECA, João Francisco N. da. *Comentários ao Código de Processo Civil: da sentença e da coisa julgada (arts. 485 a 508)*. São Paulo: Saraiva, 2017. v. IX.

FÔNSECA, Vitor Moreira da. Comentários ao art. 4º. In: SCARPINELLA BUENO, Cassio (coord.). *Comentários ao Código de Processo Civil*. São Paulo: Saraiva, 2017. v. 1.

_____. *Processo civil e direitos humanos: o controle de convencionalidade no processo civil*. São Paulo: Pontifícia Universidade Católica de São Paulo, 2017.

FRANCO, Fernão Borba. *Processo administrativo*. São Paulo: Atlas, 2008.

FREITAS, José Lebre de; SANTOS, Cristina Máximo dos. *O processo civil na Constituição*. Coimbra: Coimbra Editora, 2008.

FREITAS, Juarez; JOBIM, Marco Félix. Resolução alternativa de disputas: cláusula inovadora do CPC. *Revista Brasileira de Direito Processual*. Belo Horizonte: Fórum, 2015. v. 91.

FUX, Luiz. *Exposição de Motivos do Anteprojeto de novo Código de Processo Civil*. Disponível em: <http://legis.senado.leg.br/mateweb/arquivos/ mate-pdf/160823.pdf>. Acesso em: jun. 2018.

GAJARDONI, Fernando da Fonseca. Comentários ao art. 139. In: CABRAL, Antonio do Passo; CRAMER, Ronaldo (coords.). *Comentários ao novo Código de Processo Civil*. 2. ed. Rio de Janeiro: GEN/Forense, 2016.

_____. *Flexibilidade procedimental (um novo enfoque para o estudo do procedimento em matéria processual)*. São Paulo: Atlas, 2008.

GASPARETI, Marco Vanin. *Competência internacional*. São Paulo: Saraiva, 2011.

GERAIGE NETO, Zaiden. *O princípio da inafastabilidade do controle jurisdicional*. São Paulo: Revista dos Tribunais, 2003.

GIANNICO, Mauricio. *A preclusão no direito processual civil brasileiro*. 2. ed. São Paulo: Saraiva, 2007.

GODINHO, Robson. *Negócios processuais sobre o ônus da prova no novo Código de Processo Civil*. São Paulo: Revista dos Tribunais, 2015.

GOMES, Fabio Luiz. *Responsabilidade objetiva e antecipação de tutela: direito e pós-modernidade*. 2. ed. Porto Alegre: Livraria do Advogado, 2014.

GOMES, Gustavo Gonçalves. *Juiz participativo: meio democrático de condução do processo*. São Paulo: Saraiva, 2014.

GONÇALVES FILHO, Edilson Santana; ROCHA, Jorge Bheron; MAIA, Maurílio Casas. *Custos vulnerabilis: a defensoria pública e o equilíbrio nas relações jurídicas dos vulneráveis*. Belo Horizonte: CEI, 2020.

GORDILLO, Augustín. *Princípios gerais de direito público*. São Paulo: Revista dos Tribunais, 1977. Trad. de Marco Aurélio Greco.

GRECO, Leonardo. *Instituições de processo civil*. 5. ed. Rio de Janeiro: Forense, 2015. v. I.

_____. *Jurisdição voluntária moderna*. São Paulo: Dialética, 2003.

_____. *Translatio iudicii* e reassunção do processo. *Revista de Processo*. São Paulo: Revista dos Tribunais, 2008. v. 166.

GRINOVER, Ada Pellegrini. *As garantias constitucionais do direito de ação*. São Paulo, Revista dos Tribunais, 1973.

_____. Comentários aos arts. 165 a 175. In: SCARPINELLA BUENO, Cassio (coord.). *Comentários ao Código de Processo Civil*. São Paulo: Saraiva, 2017. v. 1.

_____. *Ensaio sobre a processualidade: fundamentos para uma nova teoria geral do processo*. Brasília: Gazeta Jurídica, 2016.

_____. Os métodos consensuais de solução de conflitos no novo CPC. In: Instituto Brasileiro de Direito Processual; SCARPINELLA BUENO, Cassio (orgs.). *PRODIREITO: Direito Processual Civil*: Programa de Atualização em Direito: Ciclo 1. Porto Alegre: Artmed Panamericana, 2015 (Sistema de Educação Continuada a Distância, v. 1).

_____. *Os princípios constitucionais e o Código de Processo Civil*. São Paulo: José Bushatsky, 1975.

GUERRA, Marcelo Lima. *Estudos sobre o processo cautelar*. São Paulo: Malheiros, 1995.

GUIMARÃES, Luiz Machado. *Comentários ao Código de Processo Civil*. Rio de Janeiro: Forense, 1942. v. IV.

HALE, Durval; PINHO, Humberto Dalla Bernardina de; Cabral, Trícia Navarro Xavier (orgs.). *O marco legal da mediação no Brasil: comentários à Lei n. 13.140, de 26 de junho de 2015*. São Paulo: GEN/Atlas, 2016.

HENNING, Fernando Alberto Corrêa. *Ação concreta: relendo Wach e Chiovenda*. Porto Alegre: Sergio Antonio Fabris, 2000.

HESSE, Konrad. *A força normativa da Constituição*. Porto Alegre: Sergio Antonio Fabris, 1991. Trad. de Gilmar Ferreira Mendes. Também In: *Temas fundamentais do direito constitucional*. São Paulo: Saraiva, 2009.

HILL, Flávia Pereira. *O direito processual transacional como forma de acesso à justiça no século XXI: os reflexos e desafios da sociedade contemporânea para o direito processual civil e a concepção de um título executivo transacional*. Rio de Janeiro: LMJ Mundo Jurídico, 2013.

_____. Muito prazer, *amicus curiae*: desvendando o enigma desse terceiro interveniente. *Revista Brasileira de Direito Processual*, v. 111. Belo Horizonte: Forum, 2020.

HILL, Flavia Pereira; PAUMGARTTEN, Michele Pedrosa; SIQUEIRA, Tatiana Paula Cruz e. Os limites da jurisdição nacional no Código de Processo Civil e a densificação do acesso à justiça. *Revista de Processo*. São Paulo: Revista dos Tribunais, 2016. v. 262.

HOFFMAN, Paulo. *Razoável duração do processo*. São Paulo: Quartier Latin, 2006.

JAMPAULO Júnior, João. *O processo legislativo: sanção e vício de iniciativa*. São Paulo: Malheiros, 2008.

JOBIM, Marco Félix. *As funções da eficiência no processo civil brasileiro*. São Paulo: Revista dos Tribunais, 2018.

_____. *Cultura, escolas e fases metodológicas do processo*. 2. ed. Porto Alegre: Livraria do Advogado, 2014.

_____. *O direito à duração razoável do processo: responsabilidade civil do Estado em decorrência da intempestividade processual*. 2. ed. Porto Alegre: Livraria do Advogado, 2012.

KESSLER, Gladys; FINKELSTEIN, Linda J. *The evolution of a multi-door courthouse*. EUA, 1988. Disponível em: <http://scholarship.law.edu/lawreview/vol37/iss3/2>. Acesso em: jun. 2018.

KÖHLER, Ricardo Carlos. Amicus curiae: *amigos del tribunal*. Buenos Aires: Astrea, 2010.

KOMATSU, Roque. *Da invalidade no processo civil*. São Paulo: Revista dos Tribunais, 1991.

LANES, Júlio Cesar Goulart. *Fato e direito no processo civil cooperativo*. São Paulo: Revista dos Tribunais, 2014.

LEAL, Rosemiro Pereira. Fundamentos democráticos da imparcialidade judicial no direito brasileiro. *Revista Brasileira de Direito Processual*. Belo Horizonte: Fórum, 2016. v. 93.

LEAL, Victor Nunes. Passado e futuro da Súmula do STF. *Revista de Direito Administrativo*. Rio de Janeiro, 1981. v. 145. Disponível em: <http://bibliotecadigital.fgv.br/ojs/index.php/rda/article/view/ 43387/42051>. Acesso em: jun. 2018.

LEITE, Clarisse Frechiani Lara. *Evicção e processo*. São Paulo: Saraiva, 2013.

LEONCY, Léo Ferreira; CAVALCANTI, Marcos de Araújo. Federalismo Judiciário brasileiro e a impossibilidade de um Estado-membro submeter-se à competência jurisdicional de outro: uma análise dos arts. 46, § 5º, e 52, *caput* e parágrafo único, do novo Código de Processo Civil. *Revista de Processo*. São Paulo: Revista dos Tribunais, 2017. v. 267.

LEONEL, Ricardo de Barros. Comentários aos arts. 176 ao 181. In: SCARPINELLA BUENO, Cassio (coord.). *Comentários ao Código de Processo Civil*. São Paulo: Saraiva, 2017. v. 1.

_____. Ministério Público e despesas processuais no novo Código de Processo civil. *Revista de Processo*. São Paulo: Revista dos Tribunais, 2015. v. 249.

_____. *Tutela jurisdicional diferenciada*. São Paulo: Revista dos Tribunais, 2010.

LIEBMAN, Enrico Tullio. Diritto costituzionale e processo civile. *Rivista di Diritto Processuale*. Pádua: CEDAM, 1952. v. 7, 1ª parte.

_____. *Manual de direito processual civil*. 2. ed. Trad. e notas de Cândido Rangel Dinamarco. Rio de Janeiro: Forense, 1985. v. I.

_____. *Manuale di diritto processual civile: principi*. Atualização de Vittorio Colesanti, Elena Merlin e Edoardo F. Ricci. 7. ed. Milão: Giuffrè, 2007.

LIMA, Alcides Mendonça. *O poder judiciário e a nova constituição*: Rio de Janeiro: Aide, 1989.

LIMA, Fernando Antonio Negreiros. *A intervenção do Ministério Público no processo civil brasileiro como* custos legis. São Paulo: Método, 2007.

LIMA, Francisco Gérson Marques de. *Fundamentos constitucionais do processo*. São Paulo: Malheiros, 2002.

LIMA, Maria Rosynete Oliveira. *Devido processo legal*. Porto Alegre: Sergio Antonio Fabris, 1999.

LOPES, Bruno Vasconcelos Carrilho. *Comentários ao Código de Processo Civil: das partes e dos procuradores*. São Paulo: Saraiva, 2017. v. II.

_____. *Honorários advocatícios no processo civil*. São Paulo: Saraiva, 2008.

LOPES, João Batista. *A prova no direito processual civil*. 2. ed. São Paulo: Revista dos Tribunais, 2002.

LUCON, Paulo Henrique dos Santos. Honorários de advogado no novo Código de Processo Civil. In: Instituto Brasileiro de Direito Processual; SCARPINELLA BUENO, Cassio (orgs.). *PRODIREITO: Direito Processual Civil*: Programa de Atualização em Direito: Ciclo 1. Porto Alegre: Artmed Panamericana, 2015 (Sistema de Educação Continuada a Distância, v. 2).

_____. *Relação entre demandas*. Brasília: Gazeta Jurídica, 2016.

MACHADO, Fábio Cardoso. *Jurisdição, condenação e tutela jurisdicional*. Rio de Janeiro: Lumen Juris, 2004.

MACHADO, Fábio Cardoso; AMARAL, Guilherme Rizzo (orgs.). *Polêmica sobre a ação: a tutela jurisdicional na perspectiva das relações entre direito e processo*. Porto Alegre: Livraria do Advogado, 2006.

MAIA, Luciano Mariz; LIRA, Yulgan (orgs.). *Controle de convencionalidade: temas aprofundados*. Salvador: JusPodivm, 2018.

MAIA, Maurilio Casas (org.). *Defensoria Pública, democracia e processo*. Florianópolis: Empório do Direito, 2017.

_____. Defensoria Pública no novo Código de Processo Civil (NCPC): primeira análise. *Revista de Processo*. São Paulo: Revista dos Tribunais, 2017. v. 265.

MALLET, Estevão. Comentários ao art. 15. In: SCARPINELLA BUENO, Cassio (coord.). *Comentários ao Código de Processo Civil*. São Paulo: Saraiva, 2017. v. 1.

MANCUSO, Rodolfo de Camargo. *A resolução dos conflitos e a função judicial no contemporâneo Estado de Direito*. São Paulo: Revista dos Tribunais, 2009.

_____. *Ação civil pública: em defesa do meio ambiente, do patrimônio cultural e dos consumidores: Lei 7.347/1985 e legislação complementar*. 12. ed. São Paulo: Revista dos Tribunais, 2011.

_____. *Acesso à justiça: condicionantes legítimas e ilegítimas.* São Paulo: Revista dos Tribunais, 2011.

_____. *Interesses difusos: conceito e legitimação para agir.* 7. ed. São Paulo: Revista dos Tribunais, 2011.

MARCATO, Antonio Carlos. *O processo monitório brasileiro.* 2. ed. São Paulo: Malheiros, 2001.

_____. *Procedimentos especiais.* 16. ed. São Paulo: Atlas, 2016.

MARINONI, Luiz Guilherme. *Curso de processo civil: teoria geral do processo.* 5. ed. São Paulo: Revista dos Tribunais, 2011. v. 1.

MARINONI, Luiz Guilherme; ARENHART, Sérgio Cruz. *Curso de processo civil.* 9. ed. São Paulo: Revista dos Tribunais, 2011. v. 2.

MARINONI, Luiz Guilherme; ARENHART, Sérgio Cruz; MITIDIERO, Daniel. *Novo Código de Processo Civil comentado.* São Paulo: Revista dos Tribunais, 2015.

MARINONI, Luiz Guilherme; MAZZUOLI, Valerio de Oliveira (coords.). *Controle de convencionalidade: um panorama latino-americano.* Brasília: Gazeta Jurídica/ABDPC, 2013.

MARINS, James. *Direito processual tributário brasileiro.* 9. ed. São Paulo: Revista dos Tribunais, 2016.

MARQUES, José Frederico. *Ensaio sobre a jurisdição voluntária.* Rev., atual. e compl. por Ovídio Rocha Barros Sandoval. Campinas: Millenium, 2000.

_____. *Instituições de direito processual civil.* Rev., atual. e compl. por Ovídio Rocha Barros Sandoval. Campinas: Millenium, 2000. v. I-V.

_____. *Manual de direito processual civil.* 12. ed. São Paulo: Saraiva, 1987. v. 1.

MAURÍCIO, Ubiratan de Couto. *Assistência simples no direito processual civil.* São Paulo: Revista dos Tribunais, 1983.

MAZZEI, Rodrigo Reis. *Código de Processo Civil do Espírito Santo: texto legal e breve notícia histórica.* Vila Velha: ESM, 2014.

MAZZOLA, Marcelo Leite da Silva. *Tutela jurisdicional colaborativa: a cooperação como fundamento autônomo de impugnação.* Curitiba: CRV, 2017.

MEDAUAR, Odete. *A processualidade no direito administrativo.* São Paulo: Revista dos Tribunais, 1993.

MEIRELES, Edilton. Cooperação judiciária nacional. *Revista de Processo.* São Paulo: Revista dos Tribunais, 2015. v. 249.

MEIRELLES, Hely Lopes. *Direito administrativo brasileiro.* 26. ed. São Paulo: Malheiros, 1996.

MELLO, Celso Antônio Bandeira de. *Ato administrativo e direitos dos administrados.* São Paulo: Revista dos Tribunais, 1981.

_____. *Curso de direito administrativo.* 8. ed. São Paulo: Malheiros, 1996.

MELLO, Marco Bernardes. *Teoria do fato jurídico: plano da existência*. 20. ed. São Paulo: Saraiva, 2014.

_____. *Teoria do fato jurídico: plano da validade*. 14. ed. São Paulo: Saraiva, 2015.

_____. *Teoria do fato jurídico: plano de eficácia*, 1ª parte. 10. ed. São Paulo: Saraiva, 2015.

MELO, Gustavo de Medeiros. Ação direta da vítima contra a seguradora no seguro de responsabilidade civil. *Revista de Processo*. São Paulo: Revista dos Tribunais, 2015. v. 243.

_____. *Ação direta da vítima no seguro de responsabilidade civil*. São Paulo: Contracorrente, 2016.

_____. Intervenção de terceiros no direito securitário. In: Instituto Brasileiro de Direito Processual; SCARPINELLA BUENO, Cassio (orgs.). *PRODIREITO: Direito Processual Civil*: Programa de Atualização em Direito: Ciclo 3. Porto Alegre: Artmed Panamericana; 2018 (Sistema de Educação Continuada a Distância, v. 3).

MENDES, Aluisio Gonçalves de Castro; SILVA, Larissa Clare Pochmann da. A tutela provisória no ordenamento jurídico brasileiro: a nova sistemática estabelecida pelo CPC/2015 comparada às previsões do CPC/1973. *Revista de Processo*. São Paulo: Revista dos Tribunais, 2016. v. 257.

_____. Restrições à tutela de urgência em face da Fazenda Pública em demandas individuais e coletivas. *Revista de Processo*. São Paulo: Revista dos Tribunais, 2015. v. 242.

MENDES, Gilmar Ferreira; BRANCO, Paulo Gustavo Gonet. *Curso de direito constitucional*. 11. ed. São Paulo: Saraiva, 2016.

MESQUITA, José Ignácio Botelho de. *Da ação civil*. São Paulo: Revista dos Tribunais, 1975.

_____. *Teses, estudos e pareceres de processo civil*. São Paulo: Revista dos Tribunais, 2005. v. 1.

MITIDIERO, Daniel. *Antecipação da tutela: da tutela cautelar à técnica antecipatória*. 3. ed. São Paulo: Revista dos Tribunais, 2017.

_____. *Colaboração no processo civil: pressupostos sociais, lógicos e éticos*. 3. ed. São Paulo: Revista dos Tribunais, 2015.

MOFFIT, Michael L. *Before the big bang: the making of an ADR pioneer*. Negotiation Journal, out. 2006.

MOLLICA, Rogerio. A garantia a um processo sem armadilhas e o novo Código de Processo Civil. *Revista Brasileira de Direito Processual*. Belo Horizonte: Fórum, 2015. v. 90.

MONACO, Gustavo Ferraz de Campos. Competência internacional (limites à jurisdição nacional) em matéria de ação revisional de prestação alimentícia e partilha de bens. *Revista de Processo*. São Paulo: Revista dos Tribunais, 2017. v. 266.

MOREIRA, Egon Bockmann. *Processo administrativo: princípios constitucionais e a Lei 9.784/1999*. 3. ed. São Paulo: Malheiros, 2007.

MOREIRA, Egon Bockmann; FERRARO, Marcella Pereira. Pluralidade de interesse e participação de terceiros no processo (da assistência simples à coletivização, passando pelo *amicus*: notas a partir e para além do novo Código de Processo Civil). *Revista de Processo*. São Paulo: Revista dos Tribunais, 2016. v. 251.

MOTTA, Otávio Verdi. *Justificação da decisão judicial: a elaboração da motivação e a formação de precedente*. São Paulo: Revista dos Tribunais, 2015.

MÜLLER, Julio Guilherme. *Negócios processuais e desjudicialização da produção da prova: análise econômica e jurídica*. São Paulo: Revista dos Tribunais, 2017.

NEGRI, André Del. *Controle de constitucionalidade no processo legislativo: teoria da legitimidade democrática*. 2. ed. Belo Horizonte, Fórum, 2008.

NERY, Carmen Ligia Barreto de Andrade Fernandes. *O negócio jurídico processual como fenômeno da experiência jurídica: uma proposta de leitura constitucional adequada da autonomia privada em processo civil*. São Paulo: Pontifícia Universidade Católica de São Paulo, 2017.

NERY, Rosa Maria de Andrade; NERY JUNIOR, Nelson. *Instituições de direito civil*. 2ª tiragem. São Paulo: Revista dos Tribunais, 2015. v. I, t. II.

NERY JUNIOR, Nelson. *Princípios do processo na Constituição Federal*. 12. ed. São Paulo: Revista dos Tribunais, 2016.

NERY JUNIOR, Nelson; ABBOUD, Georges. *Direito constitucional brasileiro: curso completo*. São Paulo: Revista dos Tribunais, 2017.

NERY JUNIOR, Nelson; NERY, Rosa Maria de Andrade. *Comentários ao Código de Processo Civil*. São Paulo: Revista dos Tribunais, 2015.

NEVES, Celso. *Comentários ao Código de Processo Civil*. 6. ed. Rio de Janeiro: Forense, 1994. v. VII.

NOGUEIRA, Paulo Lúcio. *Instrumentos de tutela e direitos constitucionais: teoria, prática e jurisprudência*. São Paulo: Saraiva, 1994.

NOLASCO, Rita Dias. O poder público em juízo no novo CPC. In: Instituto Brasileiro de Direito Processual; SCARPINELLA BUENO, Cassio (orgs.). *PRODIREITO: Direito Processual Civil*: Programa de Atualização em Direito: Ciclo 1. Porto Alegre: Artmed Panamericana, 2016 (Sistema de Educação Continuada a Distância, v. 4).

NORTHFLEET, Ellen Gracie. Suspensão de sentença e de liminar. *Revista de Processo*. São Paulo: Revista dos Tribunais, 2000. v. 97.

NUNES, Dierle; PEDRON, Flávio Quinaud; BAHIA, Alexandre. *Teoria geral do processo: com comentários sobre a virada tecnológica no direito processual*. Salvador: JusPodivm, 2020.

OLIVEIRA, Carlos Alberto Alvaro. O juiz e o princípio do contraditório. *Revista de Processo*. São Paulo: Revista dos Tribunais, 1993. v. 71.

_____. *Teoria e prática da tutela jurisdicional*. Rio de Janeiro: Forense, 2008.

OLIVEIRA, Evandro Carlos de. *A multa no Código de Processo Civil*. São Paulo: Saraiva, 2011.

OLIVEIRA, Guilherme Peres de. *Adaptabilidade judicial: a modificação do procedimento pelo juiz no processo civil*. São Paulo: Saraiva, 2013.

OLIVEIRA, Patrícia Elias Cozzolino de. *A legitimidade exclusiva da defensoria pública na prestação de assistência jurídica gratuita*. São Paulo: Verbatim, 2018.

_____. Comentários aos arts. 185 a 187. In: SCARPINELLA BUENO, Cassio (coord.). *Comentários ao Código de Processo Civil*. São Paulo: Saraiva, 2017. v. 1.

OLIVEIRA, Rodrigo D'Orio Dantas de. Princípio da probidade processual e as sanções no novo Código de Processo Civil. In: Instituto Brasileiro de Direito Processual; SCARPINELLA BUENO, Cassio (orgs.). *PRODIREITO: Direito Processual Civil*: Programa de Atualização em Direito: Ciclo 3. Porto Alegre: Artmed Panamericana, 2017 (Sistema de Educação Continuada a Distância, v. 2).

OLIVEIRA NETO, Olavo de. Comentários aos arts. 139 ao 148. In: SCARPINELLA BUENO, Cassio (coord.). *Comentários ao Código de Processo Civil*. São Paulo: Saraiva, 2017. v. 1.

_____. *Conexão por prejudicialidade*. São Paulo: Revista dos Tribunais, 1994.

_____. O perfil das novas formas positivadas de intervenção de terceiros no Projeto do CPC: desconsideração da personalidade jurídica e *amicus curiae*. In: AURELLI, Arlete Inês; SCHMITZ, Leonard Ziesemer; DELFINO, Lúcio; RIBEIRO, Sérgio Luiz de Almeida; FERREIRA, William Santos (coords.). *O direito de estar em juízo e a coisa julgada: estudos em homenagem a Thereza Alvim*. São Paulo: Revista dos Tribunais, 2014.

OLIVEIRA NETO, Olavo de; SANTOS, Renato dos. Comentários aos arts. 149 a 164. In: SCARPINELLA BUENO, Cassio (coord.). *Comentários ao Código de Processo Civil*, v. 1. São Paulo: Saraiva, 2017.

ONODERA, Marcus Vinicius Kiyoshi. Atuação do magistrado no Novo Código de Processo Civil. In: Instituto Brasileiro de Direito Processual; SCARPINELLA BUENO, Cassio (orgs.). *PRODIREITO: Direito Processual Civil*: Programa de Atualização em Direito: Ciclo 2. Porto Alegre: Artmed Panamericana, 2017 (Sistema de Educação Continuada a Distância, v. 4).

ORESTANO, Riccardo. Azione. *Enciclopedia del diritto*. Milão: Giuffrè, 1959. v. IV.

ORRAC, Nazareno Díaz. Tutela anticipada y la pretendida reformulación de los pilares del debido proceso: Una visión desde la atalaya de las garantías constitucionales. *Revista Brasileira de Direito Processual*. Belo Horizonte: Fórum, 2016. v. 95.

OSNA, Gustavo. *Processo civil, cultura e proporcionalidade: análise crítica da teoria processual*. São Paulo: Revista dos Tribunais, 2017.

PACHECO, José da Silva. *Evolução do processo civil brasileiro*. 2. ed. Rio de Janeiro: Renovar, 1999.

_____. *Tratado das execuções – Processo de execução*. 2. ed. São Paulo: Saraiva, 1976. v. 1.

PACÍFICO, Luiz Eduardo Boaventura. *Ações concorrentes*. São Paulo: Quartier Latin, 2016.

PARIZ, Ângelo Aurélio Gonçalves. *O princípio do devido processo legal: direito fundamental do cidadão*. Coimbra: Almedina, 2009.

PEKELIS, Alessandro. Azione (teoria moderna). *Novissimo Digesto Italiano*. Turim: UTET, 1980. v. II.

PEÑA, Eduardo Chemale Selistre. *Poderes e atribuições do juiz*. São Paulo: Saraiva, 2014.

PESSOA, Fabio Guidi Tabosa. Comentários aos arts. 13 a 15. In: SCARPINELLA BUENO, Cassio (coord.). *Comentários ao Código de Processo Civil*. São Paulo: Saraiva, 2017. v. 1.

PICÓ I JUNOY, Joan. *Las garantías constitucionales del proceso*. 3ª reimpressão. Barcelona: Bosch, 2002.

PILLAR, Fernanda Machado. *Tutela provisória e Fazenda Pública: a estabilização no processo tributário*. São Paulo: Faculdade de Direito da Pontifícia Universidade Católica de São Paulo, 2017.

PIMENTA, Paulo Roberto Lyrio. Algumas inconstitucionalidades do novo Código de Processo Civil. *Revista Dialética de Direito Processual*. São Paulo: Dialética, 2015. v. 150.

PINHO, Américo Andrade; CHIQUEZI, Adler. A execução de honorários sucumbenciais em face da Fazenda Pública no novo Código de Processo Civil. *Revista Dialética de Direito Processual*. São Paulo: Dialética, 2015. v. 153.

PINHO, Humberto Dalla Bernardina de; STANCATI, Maria Martins Silva. A ressignificação do princípio do acesso à Justiça à luz do art. 3º do CPC/2015. *Revista de Processo*. São Paulo: Revista dos Tribunais, 2016. v. 254.

PIRES, Luis Manuel Fonseca. Comentários ao art. 15. In: SCARPINELLA BUENO, Cassio (coord.). *Comentários ao Código de Processo Civil*. São Paulo: Saraiva, 2017. v. 1.

PISANI, Andrea Proto. *Appunti sulla tutela di condanna*. Studi in onore di Enrico Tullio Liebman. Milão: Giuffrè, 1979. v. 3.

PIZZOL, Patricia Miranda. Comentários aos arts. 42 a 69. In: SCARPINELLA BUENO, Cassio (coord.). *Comentários ao Código de Processo Civil*. São Paulo: Saraiva, 2017. v. 1.

PONTES DE MIRANDA, Francisco Cavalcanti. *Tratado das ações*. São Paulo: Revista dos Tribunais, 1970. t. I.

_____. *Tratado das ações*. Campinas: Bookseller, 1999. t. 5.

PORTANOVA, Rui. *Princípios do processo civil*. 2ª tiragem. Porto Alegre: Livraria do Advogado, 1997.

POSNER, Richard A. *Economic analysis of law*. 5. ed. Nova York: Aspen Publishers, 1998.

PUOLI, José Carlos Baptista. *Responsabilidade civil do promotor de justiça na tutela aos interesses coletivos: meio ambiente, consumidor, improbidade administrativa*. São Paulo: Juarez de Oliveira, 2007.

REDENTI, Enrico. *Legittimità delle leggi e corte costituzionale*. Milão: Giuffrè, 1957.

REDONDO, Bruno Garcia. *Adequação do procedimento pelo juiz*. Salvador: JusPodivm, 2017.

RESNIK, Judith. Los jueces como diretores del proceso. *Revista de Processo*. São Paulo: Revista dos Tribunais, 2017. v. 268.

REZENDE FILHO, José Gabriel de. *Direito processual civil*. 6. ed. São Paulo: Saraiva, 1963. v. 3.

RIBEIRO, Darci Guimarães. Comentários aos arts. 5º ao 7º. In: SCARPINELLA BUENO, Cassio (coord.). *Comentários ao Código de Processo Civil*. São Paulo: Saraiva, 2017. v. 1.

_____. *Da tutela jurisdicional às formas de tutela*. Porto Alegre: Livraria do Advogado, 2010.

ROCHA, Bheron Jorge. Entre reafirmações e inovações: o título reservado à Defensoria Pública no novo CPC. In: VIANA, Juvêncio Vasconcelos (org.). *O novo CPC: parte geral*. Fortaleza: Expressão Gráfica e Editora, 2018.

ROCHA, Bheron; MAIA, Maurílio Casas; BARBOSA, Rafael Vinheiro Monteiro (coords.). *Autonomia e Defensoria Pública: aspectos constitucionais, históricos e processuais*. Salvador: JusPodivm, 2018.

RODRIGUES, Daniel Colnago. *Intervenção de terceiros*. São Paulo: Revista dos Tribunais, 2017.

ROQUE, André Vasconcelos; GAJARDONI, Fernando da Fonseca; DELLORE, Luiz; OLIVEIRA JUNIOR, Zulmar Duarte de. *Novo CPC: a "revisão" final*. Disponível em: <https://www.jota.info/justica/novo- cpc-a-revisao-final-13032015>. Acesso em: jun. 2018.

SÁ, Djanira Maria Radamés de. *Duplo grau de jurisdição: conteúdo e alcance constitucional*. São Paulo: Saraiva, 1999.

SAGÜÉS, Néstor Pedro. *Compendio de derecho procesal constitucional*. 1ª reimpressão. Buenos Aires: Astrea, 2011.

SALLES, Carlos Alberto de. Comentários aos arts. 70 a 81. In: SCARPINELLA BUENO, Cassio (coord.). *Comentários ao Código de Processo Civil*. São Paulo: Saraiva, 2017. v. 1.

_____. Mecanismos alternativos de solução de controvérsias e acesso à Justiça: a inafastabilidade da tutela jurisdicional recolocada. In: FUX, Luiz; NERY JUNIOR, Nelson; WAMBIER, Teresa Arruda Alvim (coords.). *Processo e Constituição: estudos em homenagem ao Professor José Carlos Barbosa Moreira*. São Paulo: Revista dos Tribunais, 2006.

SANTOS, Fabio Marques Ferreira. O limite cognitivo do poder humano judicante a um passo de um novo paradigma cognitivo da justiça: poder cibernético judicante – O direito mediado por inteligência artificial. Tese de Doutorado apresentada à Faculdade de Direito da Pontifícia Universidade Católica de São Paulo, 2016. Orientação: Cassio Scarpinella Bueno.

SANTOS, Marina França. *A garantia do duplo grau de jurisdição*. Belo Horizonte: Del Rey, 2012.

_____. Intervenção de terceiro negociada: possibilidade aberta pelo novo Código de Processo Civil. *Revista Brasileira de Direito Processual*. Belo Horizonte: Fórum, jan./mar. 2015. v. 89.

SANTOS, Silas Silva. *Litisconsórcio eventual, alternativo e sucessivo*. São Paulo: Atlas, 2013.

SANTOS, Welder Queiroz dos. Comentários aos arts. 9º ao 11. In: SCARPINELLA BUENO, Cassio (coord.). *Comentários ao Código de Processo Civil*. São Paulo: Saraiva, 2017. v. 1.

_____. *Princípio do contraditório e vedação de decisão surpresa*. Rio de Janeiro: Forense, 2018.

SASSANI, Bruno. *Lineamenti del processo civile italiano*. 6. ed. Milão: Giuffrè, 2017.

SCARPINELLA BUENO, Cassio. A denunciação da lide e o art. 456 do Novo Código Civil. In: ASSIS, Araken de; ALVIM, Eduardo Arruda; NERY JUNIOR, Nelson; MAZZEI, Rodrigo; WAMBIER, Teresa Arruda Alvim; ALVIM, Thereza (coords.). *Direito civil e processo: estudos em homenagem ao Professor Arruda Alvim*. São Paulo: Revista dos Tribunais, 2008.

_____. *A nova etapa da reforma do Código de Processo Civil: comentários sistemáticos às Leis n. 11.187, de 19-10-2005 e 11.232, de 22-12-2005*. 2. ed. São Paulo: Saraiva, 2007. v. 1.

_____. *A nova lei do mandado de segurança: comentários sistemáticos à Lei n. 12.016, de 7 de agosto de 2009*. 2. ed. São Paulo: Saraiva, 2010.

_____. *A "revisão" do texto do novo CPC*. Disponível em: <http://www.scarpinellabueno.com/artigos/258-76-a-revisao-do-texto-do-novo- cpc.html>. Acesso em: jun. 2018.

_____. A tutela provisória de urgência do CPC de 2015 na perspectiva dos diferentes tipos de *periculum in mora* de Calamandrei. *Revista de Processo*. São Paulo: Revista dos Tribunais, 2017. v. 269.

_____. ADI 4296 e liminar em mandado de segurança: uma proposta de compreensão de seu alcance. *Revista Suprema. Suprema: Revista de Estudos Constitucionais*. Brasília, v. 2, n. 1, p. 157-184, jan./jun. 2022. Disponível em: <https://suprema.stf.jus.br/index.php/suprema/article/view/150/57>. Acesso em: nov. 2022.

_____. *Ainda a "revisão" do texto do novo CPC*. Disponível em: <http://www.scarpinellabueno.com/images/textos-pdf/031.pdf>. Acesso em: jun. 2018.

_____. *Amicus curiae* como interlocutor hermenêutico. In. PIOVESAN, Flávia; SALDANHA, Jânia Maria Lopes (coords.). *Diálogos jurisdicionais e direitos humanos*. Brasília: Gazeta Jurídica, 2016.

_____. *Amicus curiae* e a evolução do direito processual civil brasileiro. In: MENDES, Aluisio Gonçalves de Castro; WAMBIER, Teresa Arruda Alvim (coords.). *O processo em perspectiva: Jornadas Brasileiras de Direito Processual*. São Paulo: Revista dos Tribunais, 2013.

_____. *Amicus curiae* e audiências públicas na jurisdição constitucional: reflexões de um processualista civil. *Revista Brasileira de Estudos Constitucionais, RBEC*, ano 6, n. 24. Belo Horizonte: Fórum, 2013.

_____. *Amicus curiae* en el Derecho Procesal Civil Brasileño: una presentación. *Revista del Instituto Colombiano de Derecho Procesal*. Bogotá, 2013. v. 39.

_____. *Amicus curiae* no IRDR, no RE e REsp repetitivos: suíte em homenagem à Professora Teresa Arruda Alvim. In: DANTAS, Bruno; SCARPINELLA BUENO, Cassio; CAHALI, Cláudia Elisabete Schwerz; NOLASCO, Rita Dias (coords.). *Questões relevantes sobre recursos, ações de impugnação e mecanismos de uniformização da jurisprudência após o primeiro ano de vigência do novo CPC em homenagem à Professora Teresa Arruda Alvim*. São Paulo: Revista dos Tribunais, 2017.

_____. Amicus curiae *no processo civil brasileiro: um terceiro enigmático*. 3. ed. São Paulo: Saraiva, 2012.

_____. *Amicus curiae* no projeto de novo Código de Processo Civil. *Revista de Informação Legislativa*. Brasília: Senado Federal/Subsecretaria de Edições Técnicas, 2011. n. 190, t. I.

_____. *Amicus curiae*: uma homenagem a Athos Gusmão Carneiro. In: DIDIER JUNIOR, Fredie; CERQUEIRA, Luís Otávio Sequeira de; CALMON FILHO, Petrônio; TEIXEIRA, Sálvio de Figueiredo; WAMBIER, Teresa Arruda Alvim (coords.). *O terceiro no processo civil brasileiro e assuntos correlatos: estudos em homenagem ao Professor Athos Gusmão Carneiro*. São Paulo: Revista dos Tribunais, 2010.

_____. Aspectos gerais da intervenção de terceiros no novo Código de Processo Civil. In: LUCON, Paulo Henrique dos Santos; APRIGLIANO, Ricardo de Carvalho; SILVA, João Paulo Hecker da; VASCONCELOS, Ronaldo; ORTHMANN, André (coords.). *Processo em jornadas*. Salvador: JusPodivm, 2016.

_____. Bases para um pensamento contemporâneo do direito processual civil. In: CARNEIRO, Athos Gusmão; CALMON, Petrônio (orgs.). *Bases científicas para um renovado direito processual*. 2. ed. Salvador: JusPodivm, 2009.

_____. Chamamento ao processo e o devedor de alimentos: uma proposta de interpretação para o art. 1.698 do Novo Código Civil. In: DIDIER JUNIOR, Fredie; WAMBIER, Teresa Arruda (coords.). *Aspectos polêmicos e atuais sobre os terceiros no processo civil e assuntos afins*. São Paulo, Revista dos Tribunais, 2004.

_____. Comentários ao art. 1º e 119 a 138. In: SCARPINELLA BUENO, Cassio (coord.). *Comentários ao Código de Processo Civil*. São Paulo: Saraiva, 2017. v. 1.

_____. *Comentários ao Código de Processo Civil: da liquidação e do cumprimento de sentença*. São Paulo: Saraiva, 2018. v. X.

_____. *Curso sistematizado de direito processual civil: direito processual público e direito processual coletivo*. 4. ed. São Paulo: Saraiva, 2014. v. 2, t. III.

_____. *Curso sistematizado de direito processual civil: procedimento comum: ordinário e sumário*. 7. ed. São Paulo: Saraiva, 2014. v. 2, t. I.

_____. *Curso sistematizado de direito processual civil: procedimentos especiais do Código de Processo Civil. Juizados Especiais*. 3. ed. São Paulo: Saraiva, 2014. v. 2, t. III.

_____. *Curso sistematizado de direito processual civil: recursos, processos e incidentes nos Tribunais e sucedâneos recursais. Técnicas de controle das decisões jurisdicionais*. 5. ed. São Paulo: Saraiva, 2014. v. 5.

_____. *Curso sistematizado de direito processual civil: teoria geral do direito processual civil*. 8. ed. São Paulo: Saraiva, 2014. v. 1.

_____. *Curso sistematizado de direito processual civil: tutela antecipada, tutela cautelar e procedimentos cautelares específicos*. 6. ed. São Paulo: Saraiva, 2014. v. 4.

_____. *Curso sistematizado de direito processual civil: tutela jurisdicional executiva*. 7. ed. São Paulo: Saraiva, 2014. v. 3.

_____. Da legitimidade do IASP como *amicus curiae*. *Revista do Instituto dos Advogados de São Paulo*, ano 17, n. 34. São Paulo: IASP, 2014.

_____. Desconsideração da personalidade jurídica no Projeto de novo Código de Processo Civil. In: BRUSCHI, Gilberto Gomes; COUTO, Mônica Bonetti; SILVA, Ruth Maria Junqueira de A. Pereira e; PEREIRA, Thomaz Henrique Junqueira de A. (coords.). *Direito processual empresarial: estudos em homenagem a Manoel de Queiroz Pereira Calças*. Rio de Janeiro: Elsevier, 2012.

_____. Direito, interpretação e norma jurídica: uma aproximação musical do direito. In: NANNI, Giovanni Ettore (coord.). *Temas relevantes do direito civil contemporâneo: estudos em homenagem ao Professor Renan Lotufo*. São Paulo: Atlas, 2008.

_____. Do incidente de desconsideração da personalidade jurídica ao incidente de corresponsabilização. In: RODRIGUES, Marcelo Abelha; CASTRO, Roberta Dias Tarpinian de; SIQUEIRA, Thiago Ferreira; NAVARRO, Trícia (coord.). *Desconsideração da personalidade jurídica: aspectos materiais e processuais*. Indaiatuba: Foco, 2023.

_____. El "modelo constitucional del derecho procesal civil": un paradigma necesario de estudio del derecho procesal civil y algunas de sus aplicaciones. *Revista Peruana de Derecho Procesal*. Trad. para o espanhol de Christian Delgado Suárez. Lima: Communitas, 2010. v. 16.

_____. El pensamiento de Eduardo J. Couture y las necesarias relaciones entre proceso y Constitución en el nuevo Código de Proceso Civil brasileño. In: SOSA, Ángel Landoni; CAMPOS, Santiago Pereira (coord.). *Estudios de derecho procesal en homenaje a Eduardo J. Couture, tomo II: Constitución y proceso. Principios y garantías*. Montevidéu: La Ley Uruguay, 2017.

_____. Ensaio sobre o cumprimento das sentenças condenatórias. *Revista de Processo*. São Paulo: Revista dos Tribunais, 2004. v. 113. Também In: WAMBIER, Luiz Rodrigues e WAMBIER, Teresa Arruda Alvim (orgs.). *Tutela executiva – Coleção doutrinas essenciais*. São Paulo: Revista dos Tribunais, 2011. v. VIII.

_____. *Execução provisória e antecipação da tutela – dinâmica do efeito suspensivo da apelação e da execução provisória: conserto para a efetividade do processo*. São Paulo: Saraiva, 1999.

_____. Honorários advocatícios e o art. 85 do CPC de 2015: reflexões em homenagem ao Professor José Rogério Cruz e Tucci. In: SICA, Heitor Vitor Mendonça; YARSHELL, Flávio Luiz; BEDAQUE, José Roberto dos Santos (coord.). *Estudos de direito processual em homenagem ao Professor José Rogério Cruz e Tucci*. Salvador: JusPodivm, 2018.

_____. Honorários advocatícios e Poder Público em juízo: ensaio sobre o CPC de 2015. In: RODRIGUES, Marco Antonio; SCARPINELLA BUENO, Cassio (coord.). *Fazenda Pública em juízo e o novo CPC*. Salvador: JusPodivm, 2016.

_____. (In)devido processo legislativo e o Novo Código de Processo Civil. *Revista do Advogado*, n. 126. Coordenação de José Rogério Cruz e Tucci e Heitor Vitor Mendonça Sica. São Paulo: Associação dos Advogados de São Paulo, mar. 2015.

_____. Intervenção de terceiros e *amicus curiae* no novo CPC. In: MENDES, Aluísio Gonçalves de Castro (org.). *O novo Código de Processo Civil: Programas de estudos avançados em homenagem ao Ministro Arnaldo Esteves Lima*. Rio de Janeiro: EMARF, 2016.

_____. *Liminar em mandado de segurança: um tema com variações*. 2. ed. São Paulo: Revista dos Tribunais, 1999.

_____. *Mandado de segurança: comentários às Leis n. 1.533/51, 4.348/64 e 5.021/66*. 5. ed. São Paulo: Saraiva, 2009.

_____. Mandado de segurança e a regra de competência do art. 52, parágrafo único, do CPC. *Revista de Processo*, v. 305. São Paulo: Revista dos Tribunais, 2020.

_____. *Manual de direito processual civil*. 1. ed. São Paulo: Saraiva, 2015; 3. ed. São Paulo: Saraiva, 2017; 4. ed. São Paulo: Saraiva, 2018.

_____. *Manual do Poder Público em Juízo*. São Paulo: Saraiva, 2022.

_____. *Novo Código de Processo Civil anotado*. 3. ed. São Paulo: Saraiva, 2017.

_____. O incidente de desconsideração da personalidade jurídica para além da desconsideração: uma homenagem ao Professor Fabio Ulhoa Coelho. In: FRAZÃO, Ana; CASTRO, Rodrigo R. Monteiro de; CAMPINHO, Sérgio (coord.). *Direito empresarial e suas interfaces: homenagem a Fábio Ulhoa Coelho*, vol. IV. São Paulo: Quartier Latin, 2022.

_____. *O Poder Público em juízo*. 5. ed. São Paulo: Saraiva, 2009.

_____. Os 50 anos da teoria geral do processo: um depoimento. In: YARSHELL, Flávio Luiz; ZUFELATO, Camilo (coord.); FROIS, Felipe; VAUGHN, Gustavo (org.). *Os 50 anos da Teoria geral do processo*. Salvador: Malheiros/JusPodivm, 2024.

_____. Os honorários advocatícios em face da Fazenda Pública no CPC de 2015 e suas implicações em matéria tributária. In: CARVALHO, Paulo de Barros; SOUZA, Priscila de (coords.). *XII Congresso Nacional de Estudos Tributários*. São Paulo: Noeses, 2015.

_____. Os impactos do novo Código de Processo Civil no mandado de segurança. *Revista de Processo*, v. 297. São Paulo: Revista dos Tribunais, 2019.

_____. Os princípios constitucionais e o Código de Processo Civil: uma (merecida) homenagem à Professora Ada Pellegrini Grinover. *Revista Brasileira de Advocacia*, ano 2. São Paulo: Revista dos Tribunais, 2017. v. 7.

_____. Os princípios do processo civil transnacional e o Código de Processo Civil brasileiro: uma primeira aproximação. *Revista de Processo*. São Paulo: Revista dos Tribunais, 2005. v. 122.

_____. *Partes e terceiros no processo civil brasileiro*. 2. ed. São Paulo: Saraiva, 2006.

_____. *Poder Público em juízo*. 2. ed. São Paulo: Editora Direito Contemporâneo, 2025.

_____. Principles and Rules of Transnational Civil Procedure and Brazilian Civil Procedure Compared: A First Assessment. *Uniform Law Review (revue de droit uniforme)*, 2004, 4. v. IX.

_____. Processo legislativo e o Código de Processo Civil de 2015: celebrando os 30 anos da Constituição Federal de 1988. In: FERRAZ, Sérgio (coord.). *Obra comemorativa aos 30 anos da Constituição Federal*. São Paulo: Instituto dos Advogados de São Paulo, 2018.

_____. *Projetos de novo Código de Processo Civil: comparados e anotados: Senado Federal (PLS n. 166/2010) e Câmara dos Deputados (PL n. 8.046/2010)*. São Paulo: Saraiva, 2014.

_____. Relatório apresentado às XXII Jornadas Iberoamericanas de Derecho Procesal – Tutelas urgentes y cautela judicial. *Revista de Processo*. São Paulo: Revista dos Tribunais, 2010. v. 190.

_____. Resenha. Código de Processo Civil do Espírito Santo: texto legal e breve notícia histórica, organizada por Rodrigo Mazzei. *Revista de Processo*. São Paulo: Revista dos Tribunais, fevereiro de 2015. v. 240.

_____. Sentenças concessivas de mandado de segurança em matéria tributária e efeitos patrimoniais: estudo de um caso. In: SANTOS, Ernane Fidélis dos; WAMBIER, Luiz Rodrigues; NERY JÚNIOR, Nelson; WAMBIER, Teresa Arruda Alvim (coords.). *Execução civil: estudos em homenagem ao Professor Humberto Theodoro Júnior*. São Paulo: Revista dos Tribunais, 2007.

_____. *Tutela antecipada*. 2. ed. São Paulo: Saraiva, 2007.

_____. Tutela provisória contra o Poder Público no CPC de 2015. In: SCARPINELLA BUENO, Cassio; MEDEIROS NETO, Elias Marques de; OLIVEIRA NETO, Olavo; OLIVEIRA, Patricia Elias Cozzolino de; LUCON, Paulo Henrique dos Santos (coords.). *Tutela provisória no CPC: dos 20 anos de vigência do art. 273 do CPC/1973 ao CPC/2015*. 2. ed. São Paulo: Saraiva, 2018.

_____. Tutela provisória e a declaração de inconstitucionalidade do art. 7º, § 2º, da Lei 12.016/2009 na ADI 4296: reflexões em homenagem ao prof. Arruda Alvim. In: SARLET, Ingo Wolfgang; MENDES, Gilmar; RODRIGUES JR., Otavio Luiz; RIBEIRO, Paulo Moura (coord). *Estudos em Homenagem ao Prof. Arruda Alvim*. São Paulo: Editora Direito Contemporâneo, 2023.

_____. Tutela provisória e compensação tributária: os efeitos práticos da declaração de inconstitucionalidade do art. 7º, § 2º, da Lei 12.016/2009. In: CARVALHO, Paulo de Barros (coord.); SOUZA, Priscila de (org.). *XVIII Congresso Nacional de Estudos Tributários do Instituto Brasileiro de Estudos Tributários – IBET*. São Paulo: Noeses, 2021.

_____. Tutela provisória no novo Código de Processo Civil e sua influência no processo do trabalho. *Revista do Tribunal Regional do Trabalho da 2ª Região*. São Paulo: Tribunal Regional do Trabalho da 2ª Região, 2016. v. 18.

_____. Tutelas urgentes y cautela judicial en la legislación brasilera. In: TAVOLARI OLIVEROS, Raúl (coord.). *Derecho procesal contemporáneo: ponencias de las XXII Jornadas Iberoamericanas de Derecho Procesal*. Santiago: Editorial Juridica de Chile/Puntolex, 2010. t. I.

_____. Uma primeira visão do Código de Processo Civil de 2015. In: Instituto Brasileiro de Direito Processual; SCARPINELLA BUENO, Cassio (orgs.). *PRODIREITO: Direito Processual Civil*: Programa de Atualização em Direito: Ciclo 1. Porto Alegre: Artmed Panamericana, 2015. (Sistema de Educação Continuada a Distância, v. 1.)

SCARPINELLA BUENO, Cassio; CÂMARA, Alexandre Freitas; DOTTI, Rogéria Fagundes; CUNHA, Leonardo Carneiro da; EID, Elie Pierre. Manifestação do Instituto Brasileiro de Direito Processual – IBDP sobre o Projeto de Lei 3.401/2008 (procedimento da desconsideração da personalidade jurídica). *Revista de Processo*, v. 340. São Paulo, 2023

SCARPINELLA BUENO, Cassio; CUNHA, Leonardo Carneiro da; RODRIGUES, Marco Antônio dos Santos; DOTTI, Rogéria Fagundes. Manifestação do Instituto Brasileiro de Direito Processual – IBDP como *amicus curiae* no Incidente de Assunção de Competência – IAC n. 15 do Superior Tribunal de Justiça (sobre competência estadual delegada para o julgamento de execuções fiscais). *Revista de Processo*, v. 345. São Paulo: Revista dos Tribunais, 2023.

SCARPINELLA BUENO, Cassio; LEITE, Clarisse Frechiani Lara; CUNHA, Leonardo Carneiro da; MAZZOLA, Marcelo; MINAMI, Marcos; FUX, Rodrigo. Manifestação do Instituto Brasileiro de Direito Processual – IBDP no Tema 1137 dos Recursos Repetitivos do Superior Tribunal de Justiça (Art. 139 IV do CPC). *Revista de Processo*, v. 336. São Paulo: Revista dos Tribunais, 2023.

SCARPINELLA BUENO, Cassio; LUCON, Paulo Henrique dos Santos; ARSUFFI, Arthur Ferrari. Parecer do IBDP apresentado na ADI 7005 (inconstitucionalidade formal da Lei n. 14.195/2021 para criar normas de direito processual civil). *Revista de Processo*, v. 327. São Paulo: Revista dos Tribunais, 2022.

SCARPINELLA BUENO, Cassio; MEDEIROS NETO, Elias Marques de; OLIVEIRA NETO, Olavo; OLIVEIRA, Patricia Elias Cozzolino de; LUCON, Paulo Henrique dos Santos (coords.). *Tutela provisória no CPC: dos 20 anos de vigência do art. 273 do CPC/1973 ao CPC/2015*. 2. ed. São Paulo: Saraiva, 2018.

SCARPINELLA BUENO, Cassio; TALAMINI, Eduardo; CUNHA, Leonardo Carneiro da; LUCON, Paulo Henrique dos Santos; DOTTI, Rogéria Fagundes. Memorial do

IBDP (Instituto Brasileiro de Direito Processual) como *amicus curiae* na ADI 5941-DF sobre medidas atípicas na execução. *Revista de Processo*, v. 314. São Paulo: Revista dos Tribunais, 2021.

SCHIER, Paulo Ricardo. *Filtragem constitucional: construindo uma nova dogmática jurídica*. Porto Alegre: Sergio Antonio Fabris, 1999.

SCHMITZ, Leonard Ziesemer. *Fundamentação das decisões judiciais*: a crise na construção de respostas no processo civil. São Paulo: Revista dos Tribunais, 2015.

SENNA, João Marcos de Almeida. Diálogos entre processo civil e tecnologias emergentes. Dissertação de mestrado apresentada à Faculdade de Direito da PUCPS, 2020. Orientação: Cassio Scarpinella Bueno.

SICA, Heitor Vitor Mendonça. Comentários aos arts. 188 ao 202 e 206 ao 235. In: SCARPINELLA BUENO, Cassio (coord.). *Comentários ao Código de Processo Civil*. São Paulo: Saraiva, 2017. v. 1.

_____. *Comentários ao Código de Processo Civil*. São Paulo: Saraiva, 2019. v. V.

_____. *O direito de defesa no processo civil brasileiro: um estudo sobre a posição do réu*. São Paulo: Atlas, 2011.

_____. *Preclusão processual civil*. 2. ed. São Paulo: Atlas, 2008.

_____. *Recurso intempestivo por prematuridade?* In: NERY JUNIOR, Nelson; WAMBIER, Teresa Arruda Alvim (coords.). *Aspectos polêmicos e atuais dos recursos cíveis e assuntos afins*. São Paulo: Revista dos Tribunais, 2007. v. 11.

_____. *Substituição e representação processual*. São Paulo: Revista dos Tribunais, 2024.

_____. Três velhos problemas do processo litisconsorcial à luz do CPC/2015. *Revista de Processo*. São Paulo: Revista dos Tribunais, 2016. v. 256.

SILVA, João Paulo Hecker da. Comentários aos arts. 236 ao 275. In: SCARPINELLA BUENO, Cassio (coord.). *Comentários ao Código de Processo Civil*. São Paulo: Saraiva, 2017. v. 1.

SILVA, José Afonso da. *Curso de direito constitucional positivo*. 12. ed. São Paulo: Malheiros, 1996.

_____. *Processo constitucional de formação das leis*. 2. ed. São Paulo: Malheiros, 2006.

SILVA, Ovídio Araújo Baptista da. *As ações cautelares e o novo processo civil*. 2. ed. Rio de Janeiro: Forense, 1976.

_____. *Cautelar inominada no direito brasileiro*. Rio de Janeiro: Forense, 1991.

_____. *Curso de processo civil*. 2. ed. Porto Alegre: Sergio Antonio Fabris, 1991. v. I.

_____. *Curso de processo civil*. Porto Alegre: Sergio Antonio Fabris, 1990. v. II.

_____. *Curso de Processo civil*. Porto Alegre: Sergio Antonio Fabris, 1993. v. III.

_____. *Sentença e coisa julgada*. Porto Alegre: Sergio Antonio Fabris, 1995.

_____. *Teoria de la acción cautelar*. Porto Alegre: Sergio Antonio Fabris, 1993.

SILVA, Paula Costa e. *A litigância de má fé*. Coimbra: Coimbra Editora, 2008.

_____. *A nova face da justiça: os meios extrajudiciais de resolução de controvérsias*. Coimbra: Coimbra Editora, 2009.

SILVA, Ticiano Alves e. O devido processo convencional: levando a sério os direitos humanos processuais. *Revista de Processo*. São Paulo: Revista dos Tribunais, 2016. v. 259.

SIQUEIRA, Cleanto Guimarães. *A defesa no processo civil: as exceções substanciais no processo de conhecimento*. 2. ed. Belo Horizonte: Del Rey, 1997.

SOARES, Marcos José Porto; ZANARDI, Glazieli. Distinção entre processo e procedimento. *Revista de Processo*. São Paulo: Revista dos Tribunais, 2015. v. 246.

SOUSA, Miguel Teixeira de. *Estudos sobre o novo processo civil*. 2. ed. Lisboa: Lex, 1997.

SOUZA, André Pagani de. *Desconsideração da personalidade jurídica: aspectos processuais*. 2. ed. São Paulo: Saraiva, 2011.

_____. O art. 1.698 do Código Civil e o "Novo Código de Processo Civil". In: DIDIER JUNIOR, Fredie; EHRHARDT JÚNIOR, Marcos; MAZZEI, Rodrigo (coords.). *Repercussões do novo CPC – Direito Civil*. Salvador: JusPodivm, 2016. v. 14.

_____. Partes e terceiros no novo Código de Processo Civil. In: Instituto Brasileiro de Direito Processual; SCARPINELLA BUENO, Cassio (orgs.). *PRODIREITO: Direito Processual Civil*: Programa de Atualização em Direito: Ciclo 1. Porto Alegre: Artmed Panamericana, 2015 (Sistema de Educação Continuada a Distância, v. 1).

_____. *Vedação das decisões-surpresa no processo civil*. São Paulo: Saraiva, 2014.

SOUZA, Márcia Cristina Xavier. A competência constitucional para legislar sobre processo e procedimento e o Código de Processo Civil de 2015. Revista de Direito da Faculdade Guanambi, v. 4, n. 1. 2017.

SULLA, João Antônio Barbieri. Amicus curiae: *análise e perspectivas ao processo civil brasileiro*. São Paulo: Universidade de São Paulo, 2017.

SUNDFELD, Carlos Ari. *Fundamentos de direito público*. 4. ed. São Paulo: Malheiros, 2000.

TALAMINI, Eduardo. A (in)disponibilidade do interesse público: consequências processuais (composições em juízo, prerrogativas processuais, arbitragem, negócios processuais e ação monitória) – versão atualizada para o CPC/2015. *Revista de Processo*. São Paulo: Revista dos Tribunais, 2017. v. 264.

_____. Comentários ao art. 138. In: WAMBIER, Teresa Arruda Alvim; DIDIER JUNIOR, Fredie; TALAMINI, Eduardo; DANTAS, Bruno (coords.). *Breves comentários ao novo Código de Processo Civil*. 2. ed. São Paulo: Revista dos Tribunais, 2016.

TAMER, Maurício Antonio. *O princípio da inafastabilidade da jurisdição no direito processual civil brasileiro*. Rio de Janeiro: LMJ Mundo Jurídico, 2017.

TARTUCE, Fernanda. *Mediação nos conflitos civis*. 2. ed. São Paulo: GEN/Método, 2015.

TARUFFO, Michele. *A justiça civil: da Itália ao Brasil, dos setecentos a hoje*. Nota prévia, apresentação, organização e trad. dos originais italianos de Daniel Mitidiero. São Paulo: Revista dos Tribunais, 2018.

_____. *Ensaios sobre o processo civil: escritos sobre processo e justiça civil*. Organizador e revisor das traduções Darci Guimarães Ribeiro. Porto Alegre: Livraria do Advogado, 2017.

THEODORO JÚNIOR, Humberto. *A execução de sentença e a garantia do devido processo legal*. Rio de Janeiro: Aide, 1987.

_____. *Processo cautelar*. 24. ed. São Paulo: Leud, 2008.

TESSER, André Luiz Bäuml. *Tutela cautelar e antecipação de tutela: perigo de dano e perigo de demora*. São Paulo: Revista dos Tribunais, 2014.

THAMAY, Rennan; GARCIA JUNIOR, Vanderlei Garcia. Controle de constitucionalidade no Código de Processo Civil de 2015. In: Insti-tuto Brasileiro de Direito Processual; SCARPINELLA BUENO, Cassio (orgs.). *PRODIREITO: Direito Processual Civil: Programa de Atualização em Direito: Ciclo 3*. Porto Alegre: Artmed Panamericana, 2018 (Sistema de Educação Continuada a Distância, v. 4).

TOSCAN, Anissara. *Preclusão processual civil: estática e dinâmica*. São Paulo: Revista dos Tribunais, 2015.

TROCKER, Nicolò. *Processo civile e Costituzione: problemi di diritto tedesco e italiano*. Milão: Giuffrè, 1974.

TUCCI, José Rogério Cruz e. *Comentários ao Código de Processo Civil (artigos 485 a 538)*. São Paulo: Revista dos Tribunais, 2016. v. VIII.

_____. Contra o processo autoritário. *Revista de Processo*. São Paulo: Revista dos Tribunais, 2015. v. 242.

_____. *Tempo e processo*. São Paulo: Revista dos Tribunais, 1998.

TUCCI, José Rogério Cruz e (coord.). *Garantias constitucionais do processo civil*. 1. ed. 2ª tiragem. São Paulo: Revista dos Tribunais, 1999.

TUCCI, Rogério Lauria; TUCCI, José Rogério. *Constituição de 1988 e processo*. São Paulo: Saraiva, 1989.

_____. *Devido processo legal e tutela jurisdicional*. São Paulo: Revista dos Tribunais, 1993.

USTÁRROZ, Daniel. *Intervenção de terceiros*. 2. ed. Porto Alegre: Livraria do Advogado, 2018.

VASCONCELOS, Ronaldo. Comentários aos arts. 284 ao 293. In: SCARPINELLA BUENO, Cassio (coord.). *Comentários ao Código de Processo Civil*. São Paulo: Saraiva, 2017. v. 1.

VEIGA, Daniel Brajal. *Cumprimento de obrigações de pagar em tutela provisória: técnicas para o cumprimento de decisões urgentes*. Curitiba: EDC, 2022.

VENTURI, Elton. A voz e a vez do interesse público em juízo: (re)tomando a sério a intervenção *custos legis* do Ministério Público no novo processo civil brasileiro. *Revista de Processo*. São Paulo: Revista dos Tribunais, 2015. v. 246.

_____. *Suspensão de liminares e sentenças contrárias ao poder público*. 3. ed. São Paulo: Malheiros, 2017.

VIEIRA, Christian Garcia. *Desconsideração da personalidade jurídica no novo CPC: natureza, procedimentos, temas polêmicos*. Salvador: JusPodivm, 2016.

VIGORITI, Vincenzo. *Garanzie costituzionali del processo civile*. Milão: Giuffrè, 1970.

VITORELLI, Edilson. *O devido processo legal coletivo: dos direitos aos litígios coletivos*. São Paulo: Revista dos Tribunais, 2016.

WACH, Adolf. *Conferencias sobre la ordenanza procesal civil alemana*. Trad. de Ernesto Krotoschin. Buenos Aires: EJEA, 1958.

_____. *La pretensión de declaración: un aporte a la teoría de la pretensión de protección del derecho*. Trad. de Juan M. Semon. Buenos Aires: EJEA, 1962.

WAMBIER, Luiz Rodrigues. *Tutela jurisdicional das liberdades públicas*. Curitiba: Juruá, 1991.

WAMBIER, Teresa Arruda Alvim. Nulidades processuais no novo CPC. In: Instituto Brasileiro de Direito Processual; SCARPINELLA BUENO, Cassio (orgs.). *PRODIREITO: Direito Processual Civil*: Programa de Atualização em Direito: Ciclo 1. Porto Alegre: Artmed Panamericana, 2016 (Sistema de Educação Continuada a Distância, v. 3).

WATANABE, Kazuo. *Da cognição no processo civil*. 2. ed. Campinas: Bookseller, 2000.

WINDSCHEID, Bernhard; MUTHER, Theodor. *Polemica sobre la actio*. Trad. de Tomás A. Banzhaf. Buenos Aires: EJEA, 1974.

WOLKART, Erik Navarro. Novo Código de Processo Civil x sistema processual civil de nulidades. Xeque-mate? *Revista de Processo*. São Paulo: Revista dos Tribunais, 2015. v. 250.

WOLKART, Erik Navarro; LUCON, Paulo Henrique dos Santos; NUNES, Dierle (org.). Inteligência artificial e direito processual: os impactos da virada tecnológica no direito processual. 2. ed. Salvador: JusPodivm, 2021.

YOSHIKAWA, Eduardo Henrique de Oliveira. *Origem e evolução do devido processo legal substantivo: o controle da razoabilidade das leis do século XVII ao XXI*. São Paulo: Letras Jurídicas, 2007.

ZANCANER, Weida. *Da convalidação e da invalidação dos atos administrativos*. 3. ed. São Paulo: Malheiros, 2008.

ZANETI JUNIOR, Hermes. *A constitucionalização do processo: o modelo constitucional da justiça brasileira e as relações entre o processo e constituição*. 2. ed. São Paulo: Atlas, 2014.

ZAVASCKI, Teori Albino. Sentenças declaratórias, sentenças condenatórias e eficácia executiva dos julgados. *Revista de Processo*. São Paulo: Revista dos Tribunais, 2003. v. 109.

ZENKNER, Marcelo. *Ministério Público e efetividade do processo civil*. São Paulo: Revista dos Tribunais, 2006.

ZUFELATO, Camilo. Legitimidade recursal do *amicus curiae* no novo CPC. *Revista do advogado*. São Paulo: Associação dos Advogados de São Paulo, maio 2015. v. 126.

ZUFELATO, Camilo; YARSHELL, Flávio Luiz (coords.). *40 anos da teoria geral do processo no Brasil: passado, presente e futuro*. São Paulo: Malheiros, 2013.

Sites consultados

Advocacia-Geral da União (www.agu.gov.br)
Associação dos Advogados de São Paulo (www.aasp.org.br)
Associação dos Juízes do Rio Grande do Sul (www.ajuris.org.br)
Associação dos Magistrados Brasileiros (www.amb.org.br)
Associação dos Procuradores do Estado de São Paulo (www.apesp.org.br)
Associação Nacional dos Procuradores da República (www.anpr.org.br)
Associação Paulista do Ministério Público (www.apmp.com.br)
Câmara dos Deputados (www2.camara.leg.br)
Conselho da Justiça Federal (www.cjf.jus.br/cjf)
Conselho Federal da Ordem dos Advogados do Brasil (www.oab.org.br)
Conselho Nacional de Justiça (www.cnj.jus.br)
Conselho Nacional do Ministério Público (www.cnmp.mp.br)
Defensoria Pública da União (www.dpu.gov.br)
Defensoria Pública do Estado de São Paulo (www.defensoria.sp.gov.br)
Defensoria Pública do Estado do Rio de Janeiro (www.dpge.rj.gov.br)
Diário da Justiça Eletrônico do Estado de São Paulo (dje.tjsp.jus.br)
Escola Nacional de Formação e Aperfeiçoamento de Magistrados (https://www.enfam.jus.br/)
Instituto Brasileiro de Direito Processual (www.direitoprocessual.org.br)
Ministério da Justiça (www.mj.gov.br)
Ministério Público do Estado de São Paulo (www.mp.sp.gov.br)
Ministério Público Federal no Estado de São Paulo (www.prsp.mpf.gov.br)
Ordem dos Advogados do Brasil – Secção de São Paulo (www.oabsp.org.br)
Portal da Justiça Federal (www.jf.jus.br)
Presidência da República (www.presidencia.gov.br)

Procuradoria-Geral do Banco Central (www.bcb.gov.br/acessoinformacao/procuradoriageralbancocentral)
Procuradoria Regional da República da 1ª Região (www.prr1.mpf.gov.br)
Procuradoria Regional da República da 2ª Região (www.prr2.mpf.gov.br)
Procuradoria Regional da República da 3ª Região (www.prr3.mpf.gov.br)
Procuradoria Regional da República da 4ª Região (www.prr4.mpf.gov.br)
Procuradoria Regional da República da 5ª Região (www.prr5.mpf.gov.br)
Procuradoria-Geral da República (www2.pgr.mpf.gov.br)
Procuradoria-Geral do Estado de São Paulo (www.pge.sp.gov.br)
Senado Federal (www.senado.leg.br)
Superior Tribunal de Justiça (www.stj.jus.br)
Superior Tribunal Militar (www.stm.jus.br)
Supremo Tribunal Federal (www.stf.jus.br)
Tribunal de Justiça do Distrito Federal e dos Territórios (www.tjdft.jus.br)
Tribunal de Justiça do Estado de Minas Gerais (www.tjmg.jus.br)
Tribunal de Justiça do Estado de São Paulo (www.tjsp.jus.br)
Tribunal de Justiça do Estado do Paraná (www.tjpr.jus.br)
Tribunal de Justiça do Estado do Rio de Janeiro (www.tjrj.jus.br)
Tribunal Regional do Trabalho da 15ª Região (www.trt15.jus.br)
Tribunal Regional do Trabalho da 2ª Região (www.trt2.jus.br)
Tribunal Regional Federal da 1ª Região (www.trf1.jus.br)
Tribunal Regional Federal da 2ª Região (www.trf2.jus.br)
Tribunal Regional Federal da 3ª Região (www.trf3.jus.br)
Tribunal Regional Federal da 4ª Região (www.trf4.jus.br)
Tribunal Regional Federal da 5ª Região (www.trf5.jus.br)
Tribunal Regional Federal da 6ª Região (portal.trf6.jus.br)
Tribunal Superior do Trabalho (www.tst.jus.br)
Tribunal Superior Eleitoral (www.tse.jus.br)